The University of Chicago
A History

# 反思与超越
## 芝加哥大学发展史
### （增订版）

［美］约翰·博耶 著

和静 梁路璐 译

生活·讀書·新知 三联书店

Licensed by The University of Chicago Press, Chicago, Illinois, U.S.A
© 2015 by The University of Chicago. All rights reserved.
Simplified Chinese Copyright © 2018 by SDX Joint Publishing Company.
All Rights Reserved.
本作品简体中文版权由生活·读书·新知三联书店所有。
未经许可，不得翻印。

**图书在版编目（CIP）数据**

反思与超越：芝加哥大学发展史／（美）约翰·博耶著；和静，
梁路璐译 .—北京：生活·读书·新知三联书店，2018.11 （2024.9 重印）
ISBN 978 - 7 - 108 - 06404 - 2

Ⅰ.①反⋯　Ⅱ.①约⋯②和⋯③梁⋯　Ⅲ.①芝加哥大学－校史
Ⅳ.① G649.712.8

中国版本图书馆 CIP 数据核字（2018）第 223262 号

责任编辑　李　佳
特约编辑　吴　浩
装帧设计　康　健
责任印制　董　欢
出版发行　生活·讀書·新知 三联书店
　　　　　（北京市东城区美术馆东街 22 号 100010）
网　　址　www.sdxjpc.com
图　　字　01-2018-6218
经　　销　新华书店
印　　刷　河北鹏润印刷有限公司
版　　次　2018 年 11 月北京第 1 版
　　　　　2024 年 9 月北京第 2 次印刷
开　　本　635 毫米 ×965 毫米　1/16　印张 49.5
字　　数　736 千字　图 47 幅
印　　数　4,001－6,500 册
定　　价　158.00 元
（印装查询：01064002715；邮购查询：01084010542）

约翰·C. 伯勒斯，1859年至1874年任老芝加哥大学校长
（来源：芝加哥历史博物馆）

道格拉斯礼堂，老芝加哥大学
（来源：芝加哥历史博物馆）

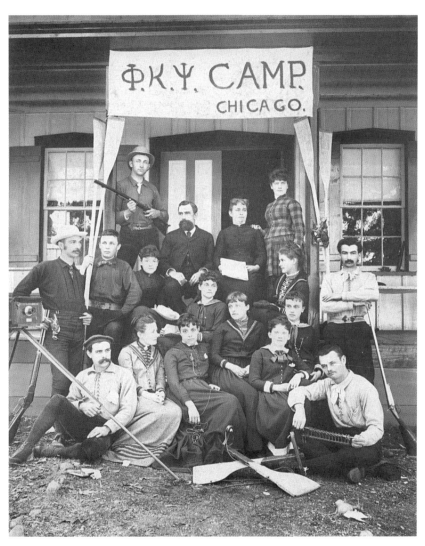

ΦΚΨ兄弟会去威斯康星远足,老芝加哥大学,1885年
(来源:芝加哥大学特色馆藏研究中心)

加卢沙·安德森,老芝加哥大学,1878-1885年
(来源:芝加哥大学特色馆藏研究中心)

弗雷德里克·T.盖茨,浸信会牧师、芝加哥大学董事
(来源:芝加哥大学特色馆藏研究中心)

托马斯·W. 古德斯皮德，芝加哥大学董事会秘书，约 1890 年
(来源：芝加哥大学特色馆藏研究中心)

约翰·D. 洛克菲勒，芝加哥大学创始人，1880 年
(来源：芝加哥大学特色馆藏研究中心)

威廉·雷尼·哈珀，1891—1906 年任芝加哥大学校长
(来源：芝加哥大学特色馆藏研究中心)

漫画《哈钦森塔楼》,"一切准备就绪,就等约翰·D. 圣诞老人来芝加哥大学了",《芝加哥先驱纪事》,1902 年 12 月 2 日
(来源:芝加哥大学特色馆藏研究中心)

《洛克菲勒先生的一天》，1900年2月，漫画家未知，所载报纸未知
（来源：芝加哥大学特色馆藏研究中心）

威廉·雷尼·哈珀与学生乐队,约1900年
(来源:芝加哥大学特色馆藏研究中心)

1904年3月,德尔布吕克、艾尔里希、赫尔曼、科勒和迈耶教授与校长哈珀、教员及董事会成员一起参加芝加哥大学第50次大会的荣誉学位授予仪式
(来源:《芝加哥论坛报》)

赫尔曼·冯·霍尔斯特,历史系教授
(来源:芝加哥大学特色馆藏研究中心)

阿尔比恩·W. 斯莫尔,社会学教授
(来源:芝加哥大学特色馆藏研究中心)

詹姆斯·H. 布雷斯特德,埃及学和东方历史系教授
(来源:芝加哥大学特色馆藏研究中心)

詹姆斯·劳伦斯·劳克林,政治经济学教授
(来源:芝加哥大学特色馆藏研究中心)

哈里·普拉特·贾德森,1906—1923年任芝加哥大学校长
(来源:芝加哥大学特色馆藏研究中心)

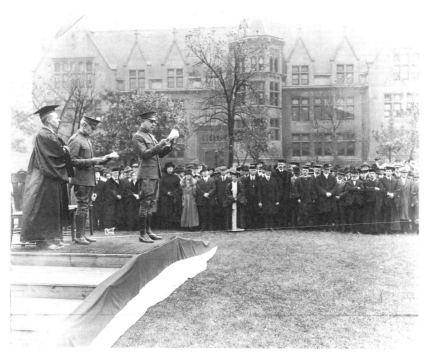

1918年10月1日,副校长詹姆斯·R.安吉尔与指挥官陆军少校亨利·S.威甘特及副官在芝加哥大学学生军事训练团第一次大会上。威甘特少校正在宣读来自威尔逊总统和陆军部官员的训示
(来源:芝加哥大学特色馆藏研究中心)

哈罗德·斯威夫特，1922—1949 年任芝加哥大学董事会主席
（来源：芝加哥大学特色馆藏研究中心）

欧内斯特·D. 伯顿，1923—1925 年任芝加哥大学校长
（来源：芝加哥大学特色馆藏研究中心）

查尔斯·E.梅里安姆,政治科学教授
(来源:芝加哥大学特色馆藏研究中心)

朱利叶斯·罗森沃尔德,芝加哥大学
董事
(来源:芝加哥大学特色馆藏研究中心)

20世纪20年代末,本科生院学生在科布礼堂前
(来源:芝加哥大学特色馆藏研究中心)

查尔斯·Z.克劳德为本科生院设计的南校区规划，1927年10月
（来源：芝加哥大学特色馆藏研究中心）

洛克菲勒纪念教堂，1928 年
（来源：芝加哥大学特色馆藏研究中心）

罗伯特·梅纳德·哈钦斯，1929—1951年任芝加哥大学校长
（来源：芝加哥大学特色馆藏研究中心）

昌西·S. 布歇，1926—1930年任本科生院院长，1930–1935年任新本科生院院长
（来源：芝加哥大学特色馆藏研究中心）

莫蒂默·J. 阿德勒,法哲学教授
(来源:芝加哥大学特色馆藏研究中心)

哈钦斯校长的主要反对者哈里·吉第昂斯教授在曼德尔会堂向
社会科学概论课程的学生们授课
(来源:《财富杂志》,1937年12月)

20 世纪 50 年代的核心班级
（来源：芝加哥大学特色馆藏研究中心）

战争抗议,佛兰德斯学院,1940年4月17日
(来源:芝加哥大学特色馆藏研究中心)

芝加哥大学学生委员会反战活动，1940年春
（来源：芝加哥大学特色馆藏研究中心）

气象学训练,1943 年春
(来源:芝加哥大学特色馆藏研究中心)

劳伦斯·A.金普顿，1951—1960年任芝加哥大学校长
（来源：芝加哥大学特色馆藏研究中心）

朱利安·H.列维，东南芝加哥委员会主任
（来源：芝加哥大学特色馆藏研究中心）

爱德华·H.列维，1968—1975年任芝加哥大学校长
（来源：芝加哥大学特色馆藏研究中心）

约瑟夫·瑞根斯坦图书馆,1970 年
(来源:芝加哥大学特色馆藏研究中心)

1968年11月14日,与会者参加于芝加哥希尔顿酒店举行的芝加哥大学校长爱德华·H.列维的就职晚宴。从左至右:麦克乔治·邦迪、爱德华·H.列维、罗伯特·M.哈钦斯和乔治·W.比德尔
(来源:芝加哥大学特色馆藏研究中心)

汉娜·H.格雷,1978—1993年任芝加哥大学校长
(来源:芝加哥大学特色馆藏研究中心)

1985年,库维阿桑斯内尔克节(Kuviasungsnerk)最后一日的部分活动,名为"向太阳致敬";该节是为了庆祝冬天而设立的为期一周的节日
(来源:芝加哥大学特色馆藏研究中心)

1991年1月,学生们为了庆祝库维阿桑斯内尔克节在亨利·克朗体育馆里做集体操(来源:芝加哥大学特色馆藏研究中心)

雨果·F.索南夏因,1993—2000年任芝加哥大学校长
(来源:芝加哥大学特色馆藏研究中心)

1994年,教务长杰弗里·R.斯通和副校长、财务总监劳伦斯·J.菲尔恩斯塔尔在学校的一场情况通报会上讨论预算危机问题
(来源:芝加哥大学特色馆藏研究中心)

乔和丽卡·曼索托图书馆 ©芝加哥大学
(图片：汤姆·罗西特)

蕾妮·格兰维尔-格罗斯曼公共食堂 ©芝加哥大学
(图片：罗布·科兹洛夫)

列娃和大卫·洛根艺术中心 ©芝加哥大学
（图片：汤姆·罗西特）

寻物游戏 ©杰森·史密斯
（图片：杰森·史密斯）

本书献给
奥利维亚、阿米莉亚、塞巴斯蒂安、露西、
布里吉扎、夏洛特、约瑟芬以及乔斯林

目 录

Contents

中文版序言 \1

前言 \1

第 1 章　两所芝加哥大学（1857—1892）\1
　　第一所芝大的成立 \4
　　加卢沙·安德森与第一所芝大的倒闭 \26
　　旧芝大到新芝大的过渡期 \34
　　关于旧芝大的记忆 \57

第 2 章　威廉·雷尼·哈珀和新芝大的建立（1892—1906）\86
　　哈珀早期的职业生涯 \86
　　哈珀对芝大的愿景 \92
　　早期教育制度 \99
　　董事会及哈珀领导下芝大的发展 \120
　　宗教在新芝大中的作用 \133
　　哈珀的公众：教会、社区和城市 \140
　　芝大与世界：一所"德国式"研究型大学？\151
　　哈珀的遗产 \165

第 3 章　稳定与革新（1906—1929）\199
　　均衡与紧缩的年代：哈里·普拉特·贾德森（1906—1922）\199
　　复兴年代：欧内斯特·德威特·伯顿（1922—1925）\214
　　20 世纪 20 年代的学术和社会生活 \236

第 4 章　一个人的革命：罗伯特·梅纳德·哈钦斯（1929—1951）\293
　　开始的举措 \293
　　服务社会的通识教育 \321
　　制度压力、战争及战后余波 \367

第 5 章　生存时期（1951—1977）\436
　　实用主义的反革命主义者：劳伦斯·A.金普顿 \436
　　本科生院的困境 \440
　　列维那些年："芝大必须是统一的芝大" \470

第 6 章　当代芝大（1978 年至今）\526
　　芝大人口结构转型 \528
　　研究生学习的进化 \564
　　作为一个世界学术社区的芝大 \590
　　变革之潮：2006—2021 年齐默任职期间 \597
　　终章：持续培养敏感度、鉴赏力和判断力 \639

参考文献 \677

索引 \705

本书增订版致谢 \771

本书第一版致谢 \773

# 中文版序言

美国顶级研究型大学的地位和声誉来自很多方面，包括教职人员卓越的学术工作、学校课程的教学效果、校友的美好回忆和高度忠诚。近年来，一些复杂的国家政策也是影响大学定位的关键因素，例如，各种社会经济背景的学生获得进入大学资格的能力、入学的费用，包括校园氛围和自由言论在内的文化争议，以及它们的学术学位对于毕业生职业发展的感知价值。所有这些问题都表明了大学这一机构在当今世界的大规模社会流动、专业进步和经济发展中扮演着重要角色，但也凸显了在21世纪管理和运营大学的复杂挑战。

人们普遍认为，大学这一机构为美国大部分人口创造了社会和经济发展的重要机会，是记者赫伯特·克罗利在1909年提出的"美国生活的希望"的维护者。由于承载着公民的愿景，也因为它们遍布全国的足迹，大学在传统的科学探索和学术研究领域之外也承受着公众对其社会影响和文化功效的严格审视。

要理解21世纪大学的角色和使命，需要先理解它们的起源和历史沿革。在美国高等教育历史上，1945年以后的岁月通常被看作黄金岁月，主要指在这段不同寻常的时期,美国大学享受了充足的财政资金,招生规模、研究资源和教师地位都大幅提升。而且,普通大众对于高等教育基本使命的认可程度也提高了。不过,这个黄金时代之前的19世纪70年代晚期至1914年,也是一个丰富有活力的非凡时代。在美国,这是很多重要的研究型大学成立或者重建的时期。像哈佛、耶鲁和哥伦比亚这些可以追溯到美国内战之前的老牌东部大学,在这一时期,转变成了教育和研究变革的主要场所,采取了新的课程模式。不过1870年之后兴办的"新兴"私立研究型大学,尤其是约翰·霍普金斯、克拉克、斯坦福和芝加哥大学,以及大型公立大学如密歇根、威斯康星、加利福尼亚和伊利诺伊州立大学,也为新的模式贡献了同样重要的力量。芝加哥大学的历史在某些方面是这种新模式的典型例子。1890年,芝加哥大学在约翰·D.洛克菲勒的雄厚资金支持下创办,其前身是成立于1857年的同名浸会大学。

对于芝加哥、霍普金斯和斯坦福大学这样的新兴私立大学来说,它们成功的关键是四个特征,这四个特征决定了它们在20世纪的影响和特色。第一,这些机构将前沿学术研究看作一种新的职业生活方式。19世纪的美国,在高等教育方面占主要地位的是小规模的,通常位于郊区的文理学院。与这些学校形成对比的是,在新兴大学,学术研究本身就是一种价值,随之而来的是教师身份的职业化和专业标准的概念,这些概念将彻底改变美国研究型大学。研究的意义,不仅在于它是一种推进新知识的方式,还在于它可以展示新的,受过博士培训的教师队伍的想象力、创造力和专业水准。另外,研究也是组织和运用新式大学的专业知识,改善和丰富大都市的公民世界的一种方式。正如詹姆斯·特纳和保罗·伯纳德曾指出的,到19世纪90年代时,研究成为"大学教授标准概念"[1]的一个基本特征。科研作为社会和专业性预防措施的这种形象与美国大学教授日益提高的信心和声望很是匹配。大学教授,自19世纪80年代以来,成为一个新兴职业群体。他们有更高的学术标准,有对质量控制的积极投入,也有不断提高的薪酬水平,并且受到学科不断提高的权力和权威的保护。芝加哥大学的首任校长威廉·雷尼·哈珀非常清楚,如果要在芝加哥新创办一所大学,美国构建全国教育新体系的大背景是一个千载难逢的机会,这就解释了他为了尽快推进自己的计划,疯狂投入资金,甚至是不属于自己的资金的行为。

第二,参与到全球模式中的新式大学适应国家体系的要求。美国新式私立研究型大学深受德国和奥地利的学术(Wissenschaft)模式和教学自由(Lehr-und Lernfreiheit)的理念影响。米歇尔·阿什教授和其他人曾仔细研究过19世纪晚期德国大学的所谓洪堡模式在镀金时代的美国的性质和影响,而德国与美国之间的转变和模式类型极其复杂,绝不是线性或者单一维度的[2]。不过,让人震惊的是,1914年之前,美国大学非常在意如何让他们的欧洲同行了解自己的初步成果。首个美国顶级大学组织——美国高校联合会(AAU),于1900年在芝加哥大学成立——最初的成员有14个,这其中的八所大学都是在1870年前后成立的。AAU成立的部分原因是美国担心德国大学领导人认为美国早期博士教育达不到德国标准[3]。这种对得不到认可的担忧将在1918年以后发生彻底的改变,此时的美国高校在世界高等教育领域获得了领军地位。与此同时,AAU的成立也表明除了课堂教学,新式研究型大学之间还有更多共同之处,它们将在一个全新的全国性科研体系的形成中发挥关键作用。这个系统将设立自己的标准(相对于政府标准而言),创造交流、竞争和人才流动的模式。此外,明确的全国性政策也很关键。如同马克·内梅克所说:"作为一个机构,AAU站出来,不但为研究生教育,也为职业教育设立了全国性标准……AAU和它的成员,而非联邦州政府,将首先确立先进知识和相关文凭的国家标准。"[4] 这些新兴的大学也试图吸引来自全国各地的研究生和教师,并在30年内成功发展了一个由学生和校友组成的赞助人体系。这与19世纪典型的美国高校传统的地方主义做法形成了鲜明的对比。

第三,新兴大学的最成功之处也有赖于慈善事业和城市化的独特融合。它们面临着没有任何重要的政府/州府支持的境遇,需要找到新的向镀金时代公民社会最富有的团体求助的方式。且不论美国公立大学的历史,美国顶尖私立研究机构可说是从新兴私人慈善捐助中获益良多。他们积聚的财富主要是新式财富,也即19世纪中晚期工业化、商业和交通运输的产物。芝加哥大学是这一进程的绝佳范例,因为它不光是一所私立基督教高校,也是一所属于大城市的大学,它的创办根基也和建立芝加哥这座大都市的精英们同样需要自己身边的顶级大学的声望有很大关系。这些资助者们动机很多,既有宗教方面的,也有世俗的,而芝加哥大学的历史清楚地展示了这些类型的结合——芝加哥得到的早期捐助很多,既有来自洛克菲勒方面出于宗教原因的捐款,也得益于镀金时代的芝加哥中心商业区的精英们的市民荣誉感。后一个群体尤其相信,科学远不仅指本科生教学工作,而将成为一种立竿见影的灵丹妙药,可以医治社会弊病,扩大城市本身的文化知名度,还可以彰显学术生活的价值。不过与私人资本的这种联系也给刚刚确立的学术自由原则带来了新的危险与挑战,而学术自由原则是这些大学所渴求的。

第四,这些机构开始采用新的课程规划和职业培养模式。前三个结构趋势被用于继续维持旧式的大学教学,主要是构成19世纪美国大学教学基础的文科教学。使这些大学获得了广泛的公众认可,也让它们蒙上了恶名。不过新兴的大学也在新创办的文学与科学研究生院以及法学院、商学院、工学院和医学院增加了博士科研培训,其课程的结构极其灵活。与同时代的欧洲前辈们相比,这种新式美国系统的优势之一就是,它在19世纪与20世纪之交,把科学、金融和统计学的发展汇聚到了由强有力的大学校长主导的统一的机构里。新型的美国大学也同样面向特定的劳动力市场,不过,他们和欧洲那些受政府约束或由政府许可,专注于大量培养和鉴定公务员、法律工作者或者高级中学教师的机器不一样。由于美国大学缺少那种界定德国大学的、哈特穆特·蒂策曾经描述为"政府与文化融合的新人文主义概念",私立高校可以灵活界定属于自己的、更加开放的就业市场,这将很快成为旧世界与新世界高等教育模式的基本区别。[5] 而且,由于美国顶尖私立大学的学生和教职人员数量不多,它们处处强调知识和专业素质,而非规模,把大众高等教育的职责留给公立大学承担。与公立高校不同,私立高校的目标是创立精英式研究和教育的模式,而且它们相信这种模式也能够增强公立大学的雄心和自主权。哈佛大学历史学家阿尔伯特·布什内尔·哈特清楚地表达了这个观点。他在评论芝加哥大学,这座在美国中部成立的重点私立大学时,认为芝加哥大学的成功也推动了美国西北地区以及中西部地区大型公立大学的成功。因为那些高校都寻求资金"以便和芝加哥大学竞争,每个好邻居都因为这所新大学的崛起而受益"。[6]

和所有顶尖大学一样，芝加哥大学的历史也包含着很多引人入胜的学术争议、不断变革的财务结构、革命性的课程设置，以及许多私人回忆，友谊与敌意，还有私人对话、个人故事和有趣的传言。在定义芝加哥的教育文化方面，特别重要的是其针对本科生的严格通识教育（核心课程）传统。通过让我们的学生参与到更广泛的人文知识和发现的挑战中，让他们在开始职业生涯的时候能表现出很高的人文水平，通识教育帮助我们将知识严肃性赋予整个课程体系。在我们教育学生如何分辨好与坏的思想，从错误的推理中发出声音，从不正确的论证中获得正确时，通识教育在培养一代代年轻本科生学习技能方面具有强大的催化效果：在智力上参与课程，学会在争议中保持冷静，以及获得面对知识不确定性的勇气。

芝加哥大学的独特传统不仅限于海德公园校区。自大学创办时起，它的教师学者就开始和全世界的研究者和领导人进行合作，与来自全球的同行和机构进行合作。同样，我们的博士和本科生志愿者、实习生、行为研究和海外留学项目遍布各大洲近40个国家。我们在主要的欧亚城市都开办了研究与教学中心。例如，在巴黎、伦敦、德里、北京和香港，我们中心为支持这一动态的全球网络提供了切实的平台，也代表了联合项目、教育与研究活动结合起来的新模式。

芝加哥大学向其视为主要的文化和教育合作伙伴的东亚和欧洲做出了深刻而坚定的承诺，这是我们全球战略的基础。为了这个目标，在与欧、亚两洲同事一个多世纪以来的合作和学术研究基础上，我们在巴黎、北京和香港等城市建立了中心。我们的全球中心和项目支持新形式的学术活动，推动国际合作关系的建立，以便共同解决我们作为全球化时代一员所面临的紧迫的人才、科学、文化与人道主义问题。这些问题不光跨越了地理的边界，也超越了政治的界限，而我们在寻求当代和传统问题答案的同时，也提醒自己不忘大学在联合国家和改善世界中所扮演的关键角色。思考我们提供的全部教育，就是思考我们可以给予学生最宝贵的礼物——一种充满创造力和好奇心的思想，一个通过自信和对世界的信心而更加强大的人，以及一种对学习充满热爱的生活。

约翰·W. 博耶
（本部分由肖洁茹翻译）

## 注释

1　詹姆斯·特纳，保罗·伯纳德：《德国模式与研究生院——密歇根大学与美国大学起源的迷思》，引自罗杰·盖革编辑的《19世纪美国大学》（纳什维尔，2000），第236页。

2　米切尔·G.阿什编，《德国大学：过去与未来；危机或重生？》（普罗维登斯，1997）；以及阿什，《什么学士？谁的硕士？德语欧洲和美国高等教育的洪堡迷思和历史转变》，《欧洲教育杂志》41（2006）：第245-267页。加布里尔·林格尔巴克，"文化转借还是自主发展：19世纪晚期的美国和德国大学"，托马斯·亚当和露丝·V.格罗斯编，《在世界之间穿行：德国与美国的邂逅》（学院站，得克萨斯州，2006），第111页。安雅·维尔纳：《大西洋彼岸的高等教育世界——1776—1914年德国大学里的美国人》（纽约，2013）。

3　参见马克·R.内梅克的《象牙塔与民族主义思想——大学、领导与美国国家的发展》（安娜堡，2006），第143-177页。

4　同上书，第172页。

5　参见哈特穆特·蒂策：《德国的扩招与学术拥挤》，引自康拉德·H.贾劳施编辑的《1860—1930年的高等教育变革——发生在英国、德国、俄罗斯与美国的扩张、分化、社会开放与职业化》（芝加哥，1983），第87页。

6　阿尔伯特·布什内尔·哈特：《威廉·雷尼·哈珀》，《波士顿晚报》，1906年1月11日，第11页。

# 前言

本书部分是基于我于1996年至2013年间就芝加哥大学历史的诸多方面所撰写的17篇历史专题论文而著的历史专论。[1]这些论著具有内在的逻辑联系,反映了我作为本科生院[i]院长在过去二十年间学院及大学发生重大变革时所面临的政治、文化及学术挑战。芝加哥大学(简称芝大)近年来的变化呈加速之势,与此同时,人们对其历史的记忆愈加矛盾,甚而有些人对其更久远的历史已无记忆,而这些历史恰恰定义并构成了芝大及其多个团体的工作及身份。无历史主义甚或反历史主义有诸多危害[2],就一个机构而言,仅仅活在当下、对其自身的历史毫无观照也是十分危险的。如若无视过去,我们就无法采取令人信服的方式来理解之前的领导者们对他们的(以及我们的)未来所做的选择,更遑论按照今天学校员工们的希冀去拥抱并理智地塑造未来。本书试图勾勒出芝加哥大学历史的轮廓,寄望于读者能够对其深

---

[i] 为了与其他不得不译为"学院"的相关概念相区别,译者特将原文中以大写表示的College译为"本科生院",下同。——译者注

层次的复杂渊源和发展有更好的了解。

我是从20世纪90年代中期开始撰写历史专论的，那时的芝大正处于一个关键时期，时任校长雨果·F. 索南夏因和其他学科带头人倡导的机构改革时常会遭遇相左的意见，来自教员、校友和学生们的反对之声不绝于耳。这些"愤愤"的意见通常言辞激烈，强有力地诘问着大学究竟应该"代表"什么，许多人甚至靠援引他们臆想中高贵的过去来为安逸的现状进行辩护。那些不经意间讲出的（通常包含误解的）关于芝大历史的小趣闻总让我感到痴迷而又无奈，尽管大多数人都承认他们对于芝大作为一个机构的历史知之甚少。我不禁回忆起修昔底德对于传统的观点，他说传统在被传递的同时也被接受，"无须应用任何批判性检验"[3]。出于自己的苦恼，当然也出于好奇心，我决定自己去探求那些"真实发生过"的事情。本书是大量文献研究的成果，我选择的题目反映了某些基本的主题。芝大的文献库浩如烟海，它们提供的丰富信息令人着迷，其中包含了大量关于芝加哥历史的已知或未知事件以及更大范围的文化思潮。当然，一份文献本身并不代表一段历史，正如阿莱特·法尔热所言，如果文献有"重新连接过去和现在"的作用，其故事的意义"只有当你问出一个相关的具体问题时才会显现，而并非最初发现这些故事时，无论发现时多么开心"[4]。

芝大的历史异常繁复且经常充满争议，其中有许多故事包裹着神秘传闻的外衣。芝大是一个热衷于创造并复制神话的机构。像所有伟大的大学一样，它的历史也包含了太多的个人记忆、情谊和敌意、私人谈话、独家故事以及引人关注的流言蜚语。许多信息的源头是可以得到验证的，也可以与其他类似的源头进行比照，通过向这些源头质询，便可以最为准确而公正地发现一所大学的历史。因此，以基于史料的丰富文献作为基础，对于本书的逻辑和特性而言至关重要。

本书并非关于芝大每一所院系的历史，亦非扎根于我们这座校园里的那些著名学者的生平传记。它讲述的故事与一个复杂而多元的学术社群——尤其是本科生院——的出现和发展有关。它关注的是这个社群的学术文化和课程体系的性质，关注学生们的体验，关注与芝加哥的公民社群之间的互动，以及使芝大得以延续的财政资源和发展条件。这便意味着有许多值得注意甚至特别吸引人的主题并不包含在本书所讨论的话题之中。爱德华·列维曾评论说，没有一个人能够"拥有"芝大，就这所大学的历史及其历史学家们而言，此言不虚。

本书中的历史是由一个在过去二十年间发生的许多事件中发挥了一定作用的人代为描述的，因此，本书非常谨慎地把握了学术客观性原则和一些敏感甚至绝密的内容间的微妙关系。这一立场既有优势，又不无风险，读者应对此多加留意。在撰写关于当代芝大的内容时，我遇到的特殊难题是，最后一章中所叙述的许多发展动力仍在演变之中，无法将其归结为尘埃落定的过去。随着叙述走向现在，部分内容的呈现方式势必是粗线条的。与此同时，我力图解释芝大长久以来不断出现的那些问题是如何相互交织并在最近一段时间中得以化解的。这些问题同时对曾经引起强烈反应的事件产生了影响。总的说来，我尽量遵循了叙事的红线，同时努力尊重某些事件中所牵涉的问题和人物个性的敏感融合。

尽管也曾经历过风雨飘摇，也曾遭遇过困顿时刻，芝大在规范性价值观和教育实践方面非凡的延续性却是有目共睹的。延续和变革是不可避免的，无论是对个人的还是机构的生存而言都是如此。这些变革和延续的模式并不单纯是一些启发式的手段，历史学家将其附会于关于过去的那些凌乱细节之上[5]；它们包含着一些界定芝大运作方式的基本方法，涉及教育方针、管理架构以及规范性的话语传统，它们历经世代，在许多颠覆性的变革洪流中依然坚挺不倒。大学这种机构都有其根深蒂固的历史现实和最基本的组织逻辑，这使得它们的历史迥异于民族认同、品位及宗教偏见等文化现象的历史。本书从不同视角讨论了芝大在教育革新方面所做的努力及其在发起（或经历）重大变革时维护其核心价值观的能力。诚如罗伯特·梅纳德·哈钦斯在谈论大学的长期福祉时所指出的："问题的实质在于你如何才能将一个地方的活力持续不断地激发出来并使其获得新生。"[6]

本书还关注了尤其与大型研究型大学本科文理学院相关的两个问题。其一，芝大与本科生院及本科教育间的关系已发生改变且通常不可预知，而这种关系对较大机构的学术定位和财务稳定有着举足轻重的影响。如果本科生院遭到忽视，资源匮乏，或被放在次要的位置上，便意味着

"整个芝大都将濒临死亡,至少对于一所一流的机构而言必然如此"[7]。其二,芝加哥的历史展示给人们的是一个与众不同的时间序列,因为它的"黄金时代"比其他大多数地方来得都要早——"黄金时代"这个词语通常被人们用来描述1945年之后的二十年间美国高等教育富足的财政状况和不断膨胀的雄心。事实上,在爱德华·列维20世纪60年代晚期和70年代早期所作的演说中,提振20年代、30年代和40年代早期的趋势是非常清楚的。这反映出了芝加哥人一种真实的自豪感,因为这座城市突然之间以其巨大的学术优势取得了其他大学在"二战"之前很少能达到的成就。然而,正如我们之后看到的,这些所谓的成就是如此脆弱,以致芝大在1945年之后便开始不堪重负,究其原因正是芝加哥走上了一条与其他所有城市几乎截然不同的(和灾难性的)人口道路,其本科生入学率在20世纪50年代遭遇了意料之外和措手不及的急剧下滑,由此对之后四十年间芝大的长期发展造成了重大的负面影响。

本书断言,芝大雄心勃勃的现在和未来与过去的抉择是紧密相连的,这种说法也暗合了欧内斯特·德威特·伯顿校长1924年在追悼芝大早期董事和领导者查尔斯·L.哈钦森时所说的话。哈钦森深入地参与了芝大新哥特式建筑的设计工作,那些建筑至今仍然代表着早期芝大建筑环境的美学要义。伯顿认为哈钦森"对于建筑在品位的形成方面产生的影响有着敏锐的直觉,且心怀一个强烈的、他的同事们无不赞赏的愿望,即芝大所建造的东西应屹立不倒,并值得一直存续下去。他的建筑是为了长远的未来"[8]。今天的芝大活在自己的时代里,但是这样的现状是由之前各个时代所锻造的延续和变革形成的一个复杂的文化和学术综合体。芝加哥大学存在于伯顿和哈钦森这样的学者和董事们所创造的长久未来之中,但它同样有义务为其继承者续写这一未来。

## 注释

1 这些专著的电子版详见:http://college.uchicago.edu/about-college/college-publications。

2 克里斯蒂安·迈耶,《从雅典到奥斯维辛集中营:历史的用途》(坎布里奇,马萨诸塞州,2005),第1—33页,重点参阅第20—23页。

3 罗伯特·斯特拉斯勒编,《划时代的修昔底德:"伯罗奔尼撒战争"概览》(纽约,

1998),第 14 页。

4  阿莱特·法尔热,《档案的诱惑》(纽黑文,康涅狄格州,2013),第 8、12 页。

5  亚历山大·格申克隆,《历史的连续性选集》(坎布里奇,马萨诸塞州,1968),第 21、38—39、44 页。

6  罗伯特·M. 哈钦斯,乔治·W. 戴尔所作的采访,1977 年 1 月 13 日,罗伯特·M. 哈钦斯和同事,"口述历史访谈",第 1 盒,文件夹 12。

7  关于该阐述,我要感谢由芝加哥大学出版社委托的本手稿的匿名外审之一。

8  欧内斯特·D. 伯顿,"查尔斯·L. 哈钦森和芝加哥大学",《查尔斯·劳伦斯·哈钦森,1854—1924》(芝加哥,1925),第 24 页。

# 第1章
# 两所芝加哥大学
# （1857—1892）

芝加哥大学于1890年创校，值此125周年纪念日之际，我们不妨思考一下芝大在过去数十年间是如何延续传统并成为一所杰出的研究型大学的。于19世纪晚期建立伊始，芝大便胸怀革命的抱负，立志成为其所在城市、地区乃至整个国家大学的楷模。如今，公众对大学核心任务的理解已不似从前那般清晰，大学及其教员们在许多方面也面临着诸多挑战，在此种情形下，回溯一个机构从其创立之初所走过的风雨历程是不无裨益的，我们不仅要聚焦于它的学术价值观与实践，同样也要关注它为维持自身福祉和学术声誉等而付出的努力。我们需要这样的认同，尤其是在面对那些或友好或缺乏善意地质疑芝大这样的美国研究型大学运作方式的人士之时。

五十年前，克里斯托弗·詹克斯就美国本科教育的未来做出过一个悲观的、或许为人熟悉的评估。在詹克斯看来，问题是双重的：在精英学院和大学中，多数教员只关心教授专业知识，他们希望能够说服自己的学生走上学术生涯，成为像他们一样的教授。詹克斯认为哈佛实际上已经沦为一个"研究生学习的补习班"，而在詹克斯看来，哈钦斯校长在芝大推行的本科生院改革被那些试图调拨其教职人员的研究生院系粗暴地对待了。相形之下，在主要的公立大学中，多数学生并不关注思想或学识，这使得努力想要做好本职教学工作的教师们备感绝望。在詹克斯看来，这些机构里的学生们并不关心思想，教师们也没法强迫他们去学习知识。詹克斯的观点中遗漏了通识型的学术教育，这样的教育旨在培养学生的批判性分析能力，拓宽他们的视野，而非竭力让每个本科生都成为迷你博士生。[1]

在过去的五十年间，詹克斯所明确的这些问题一直存在，不仅如此，还出现了许多新的问题。[2]尽管在许多批评人士看来，从1945年到1975年这段时间是美国高等教育的黄金时代，但这一时代的乐观情绪很快就被学术和教学诸多领域内的不确定性粉碎了。[3]但是詹克斯的悲观看法并不适合于芝大，因为芝大的教员们从未忽视这一事实，即那些以通识理念教育出来的学生通常能够成长为最优秀的青年学者，正如他们中另一部分人成长为最出色的年轻律师、医生和商人一样。1960年之前和之后的很长时间内，芝大都在竭力维护一个以通识教育为核心的体系，另一方面，学校也十分重视创建一种以学习、平等价值以及学术严谨为特色的校园文化，这种文化对所有上进心强、极具才华的学生提出了挑战，无论他们最终的职业生涯目标是什么。

从芝大19世纪90年代建校伊始，其将高等教育作为一种公有和私有产品的理念就在美国高等教育的市场环境中显得不同寻常。况且，芝大的黄金时代在1945年之前就已经到来了，这所大学那时候掌管着突如其来且数额庞大的财富，并成功地将其与非凡的学科严谨性和学术成就结合了起来。在这个意义上，芝大对所谓"学术革命"的许多特性都有预期，这场革命使得1945年之后顶级美国研究型大学的自我认知发生了深刻的转变。[4]

但是，在"二战"结束之后的数十年间，芝大陷入过危机四伏的境地，它曾竭力试图摆脱哈钦斯的本科生院机构改革所产生的社会、文化和学术的紧张局面，维持大学整体财务清偿能力，而其学术文化的确也曾危机四伏。到了20世纪40年代和50年代，相较于芝大雄心勃勃的目标，其财务和发展的基础已显得颇为薄弱，在向自己的校友和其他的潜在支持者作出解释时，这种不足一直使它缺乏底气。因此，芝大的历史成为一场引人注目的运动，其秉持原则的学术雄心不断地与顽固、令人不悦的社会和经济现实相冲突。

芝大如何以及为何能够在如此动荡的财务状况中维持其教育上的成功？面对就其未来而言时常会导致自我毁灭的政策决策，它又是如何保持其独特的校园文化的？众所周知，这种文化以及（通常与之抵触的）

既使其活跃又使其分裂的课程实践，有赖于几代教书人对于卓越教学的追求。而同样是这些教员也渴望着成为杰出的学者——他们认为这必定是自己的职业目标，若如其所愿，教学无疑本该是一件无用的让他们分心的工作。芝大长期以来在教研相长方面取得的成功绝非一蹴而就，这个过程充满了严重的内部混乱、争议和激辩。这些斗争背后的故事十分复杂和曲折。

对于大多数在 1892 年之后到来的人而言，芝加哥大学指的就是新的芝加哥大学。罗伯特·赫里克是早期从哈佛招募过来的一个成员，1895 年，他的笔下对芝大的新奇之处所流露出的赞赏之情令人印象深刻，仿佛这所学校就是为了满足雄心、开放、乐于冒险的嗜好，以及严肃认真的特性才被重新打造的；让赫里克尤为自豪的是"这个新机构非凡的诞生和成长经历以及它物质的一面"[5]。在赫里克看来，这所新大学的出现几乎就是顺应天意而为之，是注定要大获成功的，因为它坐落在日新月异的"西部"和这样一座生机勃发的城市，这里勤劳的人们对丰富的知识和文化生活充满渴望。威廉·雷尼·哈珀[i]在 1892 年发起的这个崭新的、具有疯狂革新精神的创造成为一幅标志性的图景，大多数关于现代美国大学起源的历史描述都与之相仿，1876 年约翰·霍普金斯大学的开创也是如此。瞬时创造[ii]的图景同样也占据了 20 世纪中芝大制作的筹资宣传册的大部分篇幅。为 1955—1958 年间的募款运动编纂的重要期刊《伟大的责任》曾自豪地称，"没有任何其他大学有过芝大这样的开端。其创始人非常清楚自己在做什么。其他大学是从小的学院发展起来的，而芝大是作为一所大学发端的。芝大在六十五年前创立伊始就以成为领导者作为目标，才过了短短的十年它就已经成为领袖了"。在 1925 年那本厚重的宣传书册中，作者还指出，"1892 年，约翰·D. 洛克菲勒先生有一种深层次的冲动，进而产生了灵感，他想要推动文明，具体而言，要满足超过五千万人口对于知识领导力的需求，于是便在中西部的中心建立了一所伟大的大学……（他）命名为芝加哥大学"[6]。

---

i 芝加哥大学第一任校长，美国 19 世纪末（20 世纪初）顶尖教育家和学术领袖。

ii 源于《圣经·创世记》开篇中上帝在短短六天内便创造出天地万物的说法。

这两句陈述无不准确。然而不可否认的是，这所大学有一个名义上的前身，即之前的第一所芝加哥大学，它于1857年成立，于1886年倒闭，将这两个机构联系起来的历史脉络十分复杂。芝大的焕然一新绝非源于偶然。与1888年和1889年芝加哥重新建立这所大学关系最为密切的莫过于弗雷德里克·盖茨和托马斯·古德斯皮德二人，他们清醒地觉知了第一所芝大倒闭带来的痛苦和在公众面前蒙受的耻辱；约翰·D.洛克菲勒当时打算出资60万美元在芝加哥重建一所一流的浸信会大学，要匹配这一创纪录的出价，二人就必须募集到40万美元，这对他们而言十分困难。于是，他们便给自己找了托词，一直说需驱散旧芝大留下的浓重而长久的阴霾。但是新的芝大也应深深感谢受到旧芝大及其教育目标和教学理念深刻影响的领导团体。

## 第一所芝大的成立

第一所取名为芝加哥大学的机构是由参议员斯蒂芬·A.道格拉斯于1856—1857年创立的，起初是一家不起眼的教派学校。芝加哥的浸信会教派规模很小，1872年时大约只有5500名成员；西部各州的浸信会团体早就希望能有一个高等教育机构来教育他们各自区域内的神职人员。[7]从1849年到1851年，斯蒂芬·道格拉斯买下了芝加哥南区31街到33街之间一块75英亩的湖畔地块。道格拉斯将此地块的一部分卖给了伊利诺伊中央铁路，并计划在余下的土地上建一幢大的宅邸。[8]道格拉斯的墓位于35街上，而湖区成了这笔房产最后的遗迹，道格拉斯称之为奥肯瓦尔德。道格拉斯强烈倡导芝加哥发展商业和文化，特别是联邦政府对基础设施的投资。他还坚定地信仰"实践科学"，是1846年建立史密森学会[iii]及横贯美洲大陆的电报系统的主要支持者之一。道格拉斯对芝加哥的发展抱有热忱，他常规劝年轻人改变信仰；他曾说服一位来自伊利诺伊州边陲的年轻律师保罗·康奈尔于1853年买下了300英亩的土地，这片土地日

---

iii　唯一由美国政府资助、半官方性质的公益博物馆机构。由英国科学家詹姆斯·史密森遗赠捐款，根据美国国会法令于1846年在美国首都华盛顿成立。

后成为海德公园社区的核心区域。但讽刺的是，康奈尔也曾试图将一个高等教育机构吸引到他所投资的区域，他向长老会教徒免费提供土地来建立一个神学院，但这个策略没能成功。

道格拉斯意识到了"高等教育在蓬勃发展的西部的重要性"，因此想要在芝加哥建立一所大学。[9]道格拉斯近来亡故的妻子玛莎·道格拉斯是一名浸信会教徒，因此，道格拉斯愿意赠土地给浸信会教徒据说反映了他尊重妻子信仰的心愿。但他建立一所大学的真正动机也许来自于他于1853年去欧洲的一次游历，那时候他参观了几所顶尖大学；约翰·C. 伯勒斯是芝加哥第一浸信会教堂的牧师，他对道格拉斯的动机非常了解，据他称，"虽然（道格拉斯）出国的主要目的是政治方面的，但其敏锐的洞察力却成功地让他捕捉到了那些大学对欧洲社会和政治发展产生的影响；回来之后，他脑海中满是在芝加哥建立一所大学的想法，这所大学对于芝加哥的影响应该不亚于他在英格兰、德国、法国和俄罗斯看到的那些学校对上述国家的影响。这才是他计划的真正源动力"[10]。

道格拉斯对伯勒斯在19世纪50年代中期给予他的支持心存感激，那时候围绕《堪萨斯—内布拉斯加法案》[iv]的争议声四起，而道格拉斯恰是该法案的主要推动者。[11]然而，当道格拉斯决定在芝加哥创建一所大学时，他于1855年春首先开启了与当地长老会教徒的对话，承诺如果他们能够在12月1日之前募集到10万美元（道格拉斯后来将期限延长到了1856年3月1日），便向他们提供他在南区的10英亩土地。在芝加哥著名的浸信会教徒——包括查尔斯·沃克和丹尼尔·卡梅隆——的敦促下，伯勒斯于1855年11月去印第安纳州的泰瑞豪特造访了当时住在那里的道格拉斯，并建议说如果长老会教徒无法遵守他们的约定，可以把土地改赠给浸信会教徒。后来长老会的教徒们果真决定放弃履行约定，多半是因为反对道格拉斯在奴隶制问题上的消极态度；道格拉斯便于1856年4月通知了伯勒斯，说他愿意提供34大街上位于卡蒂奇格罗夫大道和罗兹大街之间的一处地点给浸信会教徒。[12]伯勒斯与道格拉斯太太的前任牧师G.W. 参孙一道商议，提出了一个让道格拉斯能够接受的建议，其中包

---

iv 1854年美国国会通过的取消限制奴隶制扩展到西部新开发地区的法案。

括承诺于一年之内用不少于 10 万美元的资金在那块土地上建造一栋建筑。许多人对道格拉斯这一馈赠的动机有各种不同的解读,但比较明显的事实是,他不仅把增设一所大学看作这个新兴城市的一笔资产,还希望借此提升其计划开发的南区土地的价值。[13]

伯勒斯还同意为建造新楼组织一次筹款活动。他有能力让许多浸信会领袖做出口头允诺,从各方募集的承诺捐款也远远超过 10 万美元,可是当他去说服那些募捐者兑现诺言时却遇到了麻烦。浸信会教派中有许多反对奴隶制的派系对道格拉斯的名字和他与这个项目的密切联系存在争议,尤其是在东部各州和芝加哥。总之,他们认为道格拉斯只会妨害而不会帮助浸信会的教徒,除了最初的土地捐赠外,他当然也不会对这所新兴的大学做出什么支持。1857 年 8 月,道格拉斯向伯勒斯发出了一封公开信,提出收回他的土地赠与,代之以 5 万美元的捐款。[14] 伯勒斯和他的董事伙伴们同样以一封公开信的形式一致拒绝了道格拉斯的提议,他们在信中就创办人的目标提出了一个理想主义的声明,称这所大学是一个非政治机构,因此绝不会参与党派政治活动,无论道格拉斯对某些特定问题的看法是怎样的:

> 董事会将芝加哥大学之创办视为一件高于并超越所有政治考量的大事,并非只顾眼前,而是着眼未来,看作一件并非与你或任何其他人产生直接联系,却与芝加哥和西北地区年轻人都息息相关的大事,不仅是今日之芝加哥,更是有朝一日成长起来那个芝加哥,那将是一座让热血乐观的年轻人勇于构想、勇于实现的城市,让人们达成他们不断追求的高远而确实的目标并从各党派和各教派的人那里寻得捐助和赠与……令董事会委员们达成一致的决定屈从于纯粹一时的个人抑或政治的考量,这与辜负了交到他们手中那份神圣委任几无差别,他们所有的自尊将随之丧失殆尽。[15]

在其章程中,新机构并未被定义为浸信会教徒所专有,伯勒斯后来坚称道格拉斯已经把那块土地立契转让给了一个受托之人(他自己),此人恰巧是一个浸信会教徒,而并未作为一个社团转让给这个教派,这样做是为了避免让这所新大学有公开属于此教派之嫌。[16]但芝加哥的大众媒体和公众观点则正是这样认为的(《基督时报》于1856年10月自豪地宣布,"用于在我市建设一所浸信会大学的10万美元已经就位")。[17]虽然规定了董事会的多数成员和董事长必须是浸信会教徒,该章程还是对有任何其他信仰的学生和教员敞开了大门,这就为学校制度的统一和务实的政策制造了一种紧张的氛围,也给这所新学校招致了麻烦。

这个机构于1857年1月30日在伊利诺伊州成立了,命名为"芝加哥大学",董事会的首次会议于当年的5月21日至22日召开。第一届董事会由36名成员组成,其中包括鲜为人知的当地浸信会牧师,也包括著名的商界和政治领袖,如威廉·B. 奥格登和约翰·H. 坎齐。道格拉斯同意担任董事会主席。早期董事会中其他著名的芝加哥人还包括威廉·琼斯——一个硬件商人和房地产投资者,詹姆斯·H. 伍德沃思——一个干货商人和前市长,托马斯·霍因——美国律师和政治家,查尔斯·沃克——一个主要的房地产和木材开发者,以及J. 杨·斯开蒙——一个杰出的银行家和报纸出版商。然而,董事会中却少有人把这所大学当作他们主要的慈善事业。除了琼斯和斯开蒙,再没有其他人在其任期内为这所新大学做出过重要的捐赠。[18]斯蒂芬·道格拉斯于1861年6月去世之时已负债累累,早已将自己在芝加哥拥有的大部分财产变卖掉,也无法再给这所大学做出任何遗赠。[19]

一番犹豫之后,约翰·伯勒斯于1859年7月同意出任这所新大学的首位校长。[20]他在任超过16年,结交了许多忠诚的朋友和坚定的拥护者。《标准》的编辑贾斯汀·A. 史密斯后来坚称:"伯勒斯博士作为一名教育者、领导者和管理者已经证明了其非凡的能力,当然还包括他的耐心和人脉。他的学生们和那些了解他真性情的人们满含爱戴与敬重珍藏着关于他的记忆,毫无疑问对他的个人品质十分珍视。"[21]即便如此,如果以领导者决策所带来的长期制度影响作为评价标准,伯勒斯留下的遗产仍是不甚明确的。

这所大学的第一幢建筑是一个大体量的架构,由当地著名的建筑师威廉·W. 博因顿设计,采用了类城堡哥特式造型。建成的第一部分是南翼,为了纪念威廉·琼斯而命名为琼斯会堂,因为威廉·琼斯对其奠基进行过资助。会堂其余部分的建设所需的资金却久未解决。到1858年中期，伯勒斯为大学的建设争取到了超过20万美元的捐助承诺，但在1857年的大恐慌[v]过后，其中大部分的承诺最终都不了了之。例如，1858年7月，伯勒斯向董事会报告称已募集了11.26万美元的当地捐助承诺，但他最终只是将这个数字中的2万美元变成了真金白银。[22]据托马斯·古德斯皮德后来估计，早期的承诺中超过75%是无法兑现的，因此一文不值。[23]一直到了1858年8月下旬，斯蒂芬·道格拉斯终于被说服了，将土地所有权转给了董事会，伯勒斯这才以地产作为抵押发行了2.5万美元的债券，开始搭建大楼的外墙。这次行动引发了一个以负债为特征的财务策略——这在西部很有代表性，不久之后却被证明是灾难性的。三年后的1861年，董事会与缅因州的合众人寿保险公司谈成了一笔2.5万美元的贷款以清偿这笔债务，该保险公司将以地产为抵押发放第一笔抵押贷款。惊人的利益冲突出现了。该保险公司在芝加哥的代理人是李维·D. 布恩，大学的一名董事、医学博士，以及芝加哥的前任市长，他很愉快地促成了一笔年利率为10%的五年期贷款。董事会所面临的最根本的问题是获得基本的运营收入，同时还要争取从更大的城市社区赢得支持，从这两方面来讲，他们显得既不称职也不走运。在19世纪中期的美国，多数大学都在习以为常的贫困和令人窒息的财政困境之间苦苦支撑，它们不得不依靠临时的慈善捐款、时常无法兑现的捐赠，以及微薄的学费收入来苟延残喘，刚刚成立的芝加哥大学便是这方面的一个典型。[24]如果说这所大学有什么与众不同之处，那便是它的好高骛远，其耗资巨大的建设项目足以说明这一点，而领导者的实际能力远不足以维持一个配得上这些梦想的机构。

在于1857年7月4日为琼斯厅举行的奠基仪式上，数千名参与者聆听了几篇冗长的演讲，从政治上含沙射影地批评道格拉斯在奴隶制问题上的模糊态度到呼吁教育真正服务于公共道德的事业。但是当来自伊利诺伊州埃尔金的雷夫·亚多尼兰·J. 乔斯林宣告新大学对于"宗教、科学

---

v 美国历史上最严重的经济危机之一，由国际经济的下滑和美国国内经济的过度扩张引起。

和自由"[25] 这个牢不可破的三角共同体的虔诚时，全场还是为之一振。道格拉斯的大学有一个使命，即在浸信会教派的管理下成为一所"坚定地信仰基督教但不产生宗派偏狭"的机构。在日常的层面上，这个理想转化为致力于惯常领域的一所大学：古典文学和语法居于首位，针对某些人开设的更加现代的科学课程，以及科学农业。这所大学单独辟出科学学科，这反映了自19世纪40年代开始的改革潮流，映射出既要有更强的专业相关性，又要更好地反映现代需求，因此将科学从古典研究中分离出来。[26] 布朗大学校长弗朗西斯·韦兰曾对内战前的美国大学作过经典的评论，在许多方面，芝大的课程恰恰反映了这些评论中明确表达过的许多关注点。[27] 1856年的春天，约翰·伯勒斯曾在去华盛顿特区会见斯蒂芬·道格拉斯的途中拜访过韦兰；伯勒斯后来回顾说："两天中的大部分时间里他都在分析我们这个项目的优缺点，检视各州的人口数据和西北部地区的边界，大学的数量和状况，尤其是芝大的状况和前景，然后很快地起身说出结论；迅速成为讨论焦点的事项还包括关于大学运营和影响的所有问题，尤其是大学作为宗教发展方式之一的问题。"伯勒斯赞赏韦兰思想的力量，称其"要打破旧的因循主义，拓展大学的办学范围，以满足人们的实际需求"[28]。由道格拉斯和伯勒斯建立的大学代表了19世纪传统的教育价值和对更强的职业实用主义呼声之间的一种不稳定的妥协[29]。

## 课程计划、教员和学生

第一所芝大的校址在1858年之前基本上是无人居住的。托马斯·古德斯皮德是早期大学的一个学生，据他后来回忆，那个半农村的地方位于被遗弃的市郊，十分荒凉：

> 有轨电车，公共马车，它们沿卡蒂奇格罗夫大道向南最多只能行驶到31大街，离学校北边还有将近半英里的距离。在35街上，"大道"以西，有一家昏暗的小酒吧，名字取得恰如其分，"阴影"。在35街上的"阴影"酒吧和州街之间，西边将近1英里的地方，那里只有一幢建筑物，一座单层的小房子。在东南方向的克利弗维尔有几座房

子——南边和西南边再也没有了，大学和31街之间也只有两三座。大学在"大道"的对面是"奥肯瓦尔德"，参议员道格拉斯在芝加哥的家。大道两边有几百英尺的地面覆盖着漂亮的橡树林，大学南边的整个农村有一片片橡树林空地，每一条小小的田埂上都种着树木。[30]

芝加哥大学1859年的秋季学期开放了。一共只有20名学生，包括12名新生，8名二年级学生，尽管大学还经营着一所预备学校；这所学校最初设立在位于沃巴什和范布伦街角的圣保罗普救派教堂的地下室里。一学年分为三个学期，秋季学期为15周，紧随其后的是冬季和春季学期，分别为13周和12周——这是一个结构上的创新，为哈珀在1892年做出建立学季制的决定提供了强有力的先例。学生必须年满15周岁，并证明已拥有拉丁语、希腊语、数学、地理、美国历史和英文语法方面的先备知识。课程设置分为两支，一支专注于古典文化，重点是古代语言，另一支专注于科学课程，侧重现代语言和自然科学（化学、动物学、生理学、气象学、土木工程等），古典部分的比重降低了。到了1870年，对科学分支的申请人不再要求关于古希腊的先备知识了，对于拉丁语的要求也不再那样严格了。两个分支都可以授予文学或科学学士学位。

从1859年开始，大学两年的科学农业课程学习"自身足以满足自由耕种的要求，农民们的儿子对其求知若渴，程度并不亚于其他的年轻人"[31]。为期两年的课程涵盖数学、自然科学、历史和哲学，还包括记账和测量。然而，这个课程并没有扎下根来，19世纪70年代到80年代的目录册中甚至没有提及它。相反，这所大学尝试设立了天文学和"应用化学"，却也未能招收到报考者。大学还宣布，将对顺利通过其文科学士学位课程的学生以及在（至少）额外三年的过程中致力于文学或科学研究的学生授予硕士学位。

伯勒斯增添了法律系，位于市中心与联邦法院相邻的大楼里。该系提供为期两年的课程，在六个学期中，学生研究普通法、宪法、衡平法、商法、国际海商法以及美国法理学历史。在三个完整学期结束时，如果能够通过考试，学生可以获得法学学士学位。与其他本科生不同，法学学生不必满足年龄或知识储备的要求，只须展示出"受过良好的普通英文教育"即可。法律系一直存续至 1873 年，后被并入法律联合学院，后者也是由西北大学支持的。这样的试验一直持续至 1886 年，在芝大破产后，法律系成为西北大学的一部分。它在那里很快取得了成功——在1859—1860 学年中，有 48 名学生被法律系录取，到了 1884 年，已经有745 名学生从该系毕业，而从同期大学课程毕业的学生不过 290 人。

总的来说，芝加哥大学的那些课程结构在当时是进步的，为学生提供了各种学士学位的选择，同时维持稳定收费，通过树立学生的道德品行来教化年轻人，培养出能够领导未来前沿社会的绅士，并为社会流动提供大量机会[32]。这些课程的学术质量参差不齐。艺术和人文的教学一向严苛并受人尊敬，而自然科学教学却被许多学生认为较为枯燥。1873 年，学生报纸抨击了科学课程，说其"散漫且无章法"，"对学生是一种欺骗，对学校是一种耻辱"，还说教学非常差劲，学生们毫无动力；应该开发出一种更精简、更高效的"实用"科学课程[33]。但这样的评论可能反映了仍然阻碍 19 世纪大学发展高水平自然科学课程的文化偏见以及长期的资源匮乏（芝加哥大学的一位教员同时负责教授化学、地质学、矿物学和农学）。[34] 考虑到科学知识的进步并非中世纪大学使命的一部分，在某些领域中甚至被人以怀疑的眼光来看待，实验科学备感孤立也就是自然而然的事了。[35]

在最初的二十年间，该大学只招收男学生，但在 1873—1874 学年，女学生也能以同等条件被录取。第一个毕业的女性是爱丽丝·博伊西，詹姆斯·R. 博伊西教授的女儿。博伊西女士因获得文学学士学位的革命性成就而被称为"先导人物"[36]。男女同校是 1860 年之后国家和地区的大势所趋——威斯康星大学于 1867 年录取了第一个女性学生，密歇根大学是在 1871 年，康奈尔大学则是在 1872 年——它也展示出芝大即便在面临男性学生反对的情况下也能进行适度创新的能力。[37]

就一所城市大学而言，芝大的入学率非常之低，一般只有 10—20 个毕业班。截至 1884 年，该大学在世的校友大约有 1035 名，其中有超过700 人上的都是法律联合学院。在将近 300 名文理科毕业生中，有 74 人选择了成为牧师，72 人选择继续去法学院学习，55 人从商，35 人成为教师和教授，15 人当上了医生，13 人从事记者的职业，6 人务农。从地理上说，其校友遍布美国，但有90人留在了芝加哥。[38]

在1870年到1880年之间，本科生院平均每年有102名学生。虽然说1870年美国大学的平均规模也只有112名学生，该大学的学生人数还是没能跟上芝加哥这座城市在1870年到1880年之间人口迅速膨胀的节奏——人口从298977人增长到了503185人——这说明这所大学并没有利用好身处大都市这个优势。[39] 在接下来的十年中，这个城市的人口增加了一倍以上，而该大学的年度入学人数却急剧下降，从1880年的107人降到了1883年的67人和1885年的73人。

1860年时一个完整学年的学费为50美元。许多学生住在家中或寄宿公寓里，不过大学也的确为那些希望在校园里居住的人提供了住宿。住宿费是一年15美元，在食堂吃饭一星期需要花费2美元。学生们还必须自备供取暖用的木柴以及点灯用的油。据估计，在该大学住宿上学的总成本大约为每年150美元。当时只有极少数的年轻人才有机会上大学（1869年至1870年，在18岁到24岁的美国人口中只有1.3%的人被当时563所高等教育机构之一录取）。[40] 在芝加哥，大部分非常富有的家庭都把自己的孩子送到东部去上大学，因此，这所大学也就无法得到家境殷实的校友的慷慨资助。1869年是可以了解学生家长职业背景的唯一年份，在选择把孩子送到芝大就读的家长中，25%是农民，25%是商人或其他生意人，如银行业者，21%是牧师，另一个20%是由医师和律师组成的，另外还有少数教师、房地产开发商和艺术家。少数学生家境富有，但绝大多数都是从努力拼搏的中产阶级和中低阶层家庭出来的孩子，他们的父母愿意让自己的孩子离开劳动力市场较长一段时间，这些父母中的一些人也能够在孩子上学读书时提供部分帮助。尽管如此，许多学生仍不得不去打工挣钱才能抵得过大学的开销，这（在理论上）就只赋予中等收入的学生进入这所大学学习的机会。

一种学生文化开始凝聚，他们还成立了一个学生协会来表达学生们的关切和利益，以及几个荣誉社团（包括"三卡帕"和"雅典娜神殿"）和四希腊字母兄弟会（Delta Kappa Epsilon、Phi Kappa Psi、PsiUpsilon和Zeta Psi）。19世纪70年代初，学生们开始定期出版校报，名为《沃兰特》，编辑是从高年级班级中挑选出来的。除了例行公事地表达对学校的自豪感和对人文科学的信心外,该报还刊登一些针对学校和其财务风险发表的颇有价值的学生见解,包括对学生的宗教信仰、课程改进以及学校招生问题的分析。此外,一些其他的学生特设组织也涌现出来——在内战期间,学生们常帮助道格拉斯营附近的囚犯们,因此还成立了一支学生民兵小组。关于早期学生文化最令人好奇之处是它缺少的那些东西——记载中并未发现兄弟会和大学领导层之间发生过冲突,也没有正式的体育联盟[有一个棒球俱乐部,名为"九校"(College Nine),每年会与西北大学打一个系列赛,另外学生们还有一个业余划船俱乐部]。关于小规模暴力、酗酒、流氓行为和社会享乐主义的报道也十分少见,而这些现象在19世纪美国大学在校生中可谓司空见惯。[41]据一份后来关于学生生活的回忆录显示,芝大与几个邻校间常举行竞争激烈的演讲比赛,这些比赛取代橄榄球赛,为学生们的娱乐和社交提供了舞台。[42]大多数学生不得不找一份兼职甚至全职工作才能维持生活,这也就使他们没有兴趣也无暇去做一些离经叛道的事情了。[43]1873年,在描述东部大学和芝大之间的文化差异时,有学生写道:"在划船比赛、棒球比赛和其他体育活动中,我们可能无法与东部大学的俱乐部相提并论;尽管这些活动本身很有益处,但从对学生的重要性而言,却要往后放一放。训练和增强心智能力才是大学生活的重中之重;在这方面贯彻得最好的学校才是最成功的。"[44]总而言之,旧芝大的学术文化是认真的、参与式的、(异常)严肃的,就其与浸信会的渊源而言是名副其实的;尽管如此,董事会的会议纪要中还是记录了1883年发生的一起事件:由于不满演讲比赛的奖项设置,一名学生持手枪要挟校长,因此被当场开除。[45]

在一个典型的学年中,文科和理科教员加起来约有十几人(包括校长在内,校长也经常代课),另外在法学院还有四到五名教员。他们中有些人在某些领域颇有建树,如詹姆斯·R.博伊西在希腊文学方面,约翰·C.弗里曼在拉丁语方面,还有少数前任教员最终在其他大学成了著名教授。教员们所出版的书中通常是关于语法或其他有关教学方面的文章,包括古时作家的著作以及选自《圣经》的一些文本。[46]有时某个教员可能会赢得广泛认可,如威廉·马修斯,他之前是一名律师,转行成了时事评论员、金融作家和修辞学教授,并于1872年出版了一本名为《出人头地——人生成功之要诀》的手册,此书大获成功,卖出了7万册之多。[47]在多数情况下,教员中的大部分人都只是称职的讲师而已,作为学者他们是默默无闻的。他们的学术背景恰恰反映了人们对教员知识素养的期望:他们是有头脑、有奉献精神的教书匠,对人文理想有强烈的忠诚,但他们不是有创见的思想家、作家或科学家。1875年时,尚没有一位教员获得过博士学位。

旧芝大很难留住教员,董事会记录中关于人员为提高待遇而调动的离职记录比比皆是。董事会为了支付教员们的正常工资而费尽心力的情况十分常见,结果还是时常遭到教员们迫不得已的投诉,要求校方遵守合同——实际上许多19世纪的大学都有关于赔偿员工的简要记录,有时是因为根本无法支付工资,抑或是认为教职员工要么应该义务工作,要么有能力支持他们的家人。[48]弗雷德里克·盖茨于1888年就浸信会大学的现状做过一次综合调查,他发现大多数西部浸信会大学教员所挣的工资大约只有东部那些更有名望的大学教师工资的一半。[49]工资支付的随意意味着教员们不得不承担校外兼职工作来维持生计。1878年,一位年轻的植物学讲师埃德森·S.巴斯汀向他的姐姐解释说,他"仍然对芝大抱有希望,学校一定能够甩掉沉重的债务负担,更好的时代将会来临,届时工资将会立即悉数发放;仍然希望学校不要总是要求我去教这么多不同的课程,做这么多不同的工作,让我能有机会把一件事情做好"[50]。到了19世纪80年代中期,芝大仅能够支付教师年工资面值的59%(885美元,而其应付的工资为1500美元)。

从现存的关于芝大为筹措资金所做努力的记录中可以看出,芝大一直在努力向当地和地区浸信会会众寻求小规模的捐助,而这些人所承诺的捐助有许多是根本不可能兑现的。财务档案中充斥着这样的描述,如发现林肯·帕特森"已经去世,家庭贫困;无法捐助",I.R.盖尔"人老体弱,没法资助,因为他没有财产",还有S.S.戴维斯"已经去了加州,没有财产,很可能无法捐助"[51]。尽管竭力说服芝加哥的"有钱人"进行捐助,芝大在19世纪70年代和80年代仍然失去了所有主要资本家的支持。另一种途径是重点依赖浸信会的神职人员来承担筹募资金的任务,但这样做有利也有弊,因为牧师往往有着复杂的情结,他们往往要从自己的会众那里募款以解决预算,而这通常需要为会众提供开导,从而导致重点失衡,并影响更大意义上的机构优先事项的执行。[52] 威廉·W. 埃弗茨便是如此,他宣称为新大学募集了15万美元资金,早期的人物简介将他吹捧为一个利用"其了不起的教员队伍来'募集资金'且收效甚丰"的人,可正是这样一个人,多年来一直与众多董事同僚口舌相诛。[53]

## 19世纪60年代和70年代的财务危机

芝大被深深地卷入了美国内战所造成的动荡和纷乱之中。校园北部边界的马路对面是道格拉斯营,里面羁押着数千名盟军战俘。然而战争给芝大带来的最为严重的影响却是财政资源的枯竭。在1857年大恐慌之后,许多捐助者发现自己无法兑现承诺,资产负债表上赤字连连使他们不堪重负。本科和法学专业的招生尚能保持稳定,预备学校却因此受到影响。

然而,董事会无视财政困局,于1864年启动了芝大大楼主体部分的建设,这幢建筑被命名为道格拉斯会堂,造价为12万美元。他们发起了一场筹款运动来应对这笔开销,却无果而终。董事会没有推迟建设,反而继续冒险行为,因为他们迫切想要一座天文台,而主楼大厅必须先要建好。[54] 为了把尚未封顶的建筑建成,董事们通过投票表决,决定从最近得到的一笔为数2.3万美元的捐赠中拨出1.4万美元,这笔捐款原本是要用于设立一个希腊语教授职位的。[55] 该教职是由一位心直口快的牧师威廉·W. 埃弗茨提出的,他是芝加哥第一浸信会教堂的牧师,来自纽约城浸信会;当董事会投票决定从该资金中拨款时,埃弗茨恰巧出城去了。[56]

19世纪60年代,学校的财政困境恶化了,一些董事开始指责伯勒斯的财务助理詹姆斯·B. 奥尔科特,说他把财务搞得一团糟,不是一个合格的决策者。1862年7月,奥尔科特沮丧地辞了职,并对伯勒斯心怀怨恨,认为他不仅没能帮他捍卫名誉,还贪了他的功劳,因那些成功的捐助承诺而备受好评,而那些捐助是奥尔科特本人苦心谋划才争取到的。[57] 董事会中对伯勒斯最为不满的人当属埃弗茨,他认为伯勒斯是一个软弱无能的领导,只会做一些对学校财务不负责任的事情,比如他争取到的捐助许诺多半都不可靠,那些所谓的潜在捐助者或者没有能力,或者没有真正的意愿出钱，此人还要将这些无法兑现的许诺当作一种道德说辞来为学校高筑的债台解释开脱。1863年夏天，埃弗茨没有跟其他董事商议便把伯勒斯请到了自己家中，敦促他辞职，并许诺（不妨说是一种直截了当的贿赂）将他送去欧洲，免除其费用。[58]伯勒斯拒绝了，于是两人开始交恶，这种不和逐渐升级并公开化，之后的多年中，他们之间的缠斗愈演愈烈。

同年，财务委员会被要求就芝大的财务状况提交报告，但委员会对预算事务的真实状况知之甚少。而董事会又做出了另一个冒险的举动，于1864年10月从合众人寿保险公司取出了第二笔数额为1.5万美元的贷款，对芝大的实物财产增加了第二笔抵押。[59]董事会希望能在学校的主体建筑上添加一个北翼楼，以此来完成建设。1864年，他们已经得到了董事会主席威廉·B.奥格登的许诺，承担建设那座翼楼所需的5万美元资金，但前提是能够筹措到足够的钱，即10万美元来清偿债务并为芝大的永久经营提供资金保障。由于不断的争斗和内耗（包括两个人被指控带头游说建设该大楼而突然遭到辞退），奥格登提出的条件没能达到，董事会也就没能把这座北翼楼建起来。[60]

在1865年军事敌对状态停止之后，财务问题继续困扰着芝大。在1865年6月30日的一次会议上，托马斯·霍因提出了一个决议，大意是"本董事会认为有必要对当前的形势和状况——无论是否涉及金钱方面——有一个更加清楚的理解和认识，即应当对其所有事务进行归纳整理，报道得更加清楚，将其汇总到一份'报告'中呈示给董事会"[61]。几周之后，一份关于芝大财务状况的总结报告出来了，报告显示，就芝大的可用资源而言，当前的形势是严重透支。[62]1866年8月，董事会再次向合众人寿保险公司申请贷款，这次申请了2.5万美元以支付拖欠的账单以及该市通过评估要求芝大改善街道和照明的费用。截至1866年，芝大连本金带利息共欠下保险公司7.5万美元。[63]

1869年，董事会偶然想到，可以求助于其他的基督教教派来资助某些教员职位。然而，当时任数学教授的阿朗佐·J.索耶听到他的工资要靠长老会教徒们来支付时，他断然拒绝，并扬言要辞去职务。索耶抱怨道："希望董事们也能记得，每一位学者都有自己非常厌恶之事，比如要他们去为自己感兴趣的东西摇尾乞怜，或者牺牲美好情感的追求；这样他们就能体会到让我去做的事情是多么令人难堪了。"[64]董事会"虽然对于一位如此忠诚的老教授的离开感到遗憾"，"但鉴于本校不得不解决的当务之急，只能接受辞呈"[65]。该事件最令人不解之处在于，董事会不明缘由地深信，只要将一些教授职位廉价卖给别的教派，就能"令这所大学跻身于这个国家效力最高和最顶尖一流的学府之列"。然而，索耶的辞职恰恰表明教员们在该校生活中的边缘化倾向已经非常严重。董事会不是把教员当作重要的人力资源加以尊重，也没有把他们当作能够带给学校高贵身份的人，而是将其视为（至多是）和颜悦色、受学生爱戴的老师，但是当遇到财务问题时，他们绝非不可取代或不可交换。

面对此等问题，伯勒斯校长没有经受住诱惑，他对那些极端的非常规做法予以默许和纵容，比如1871年年初所谓的土地方案。来自第一浸信会教堂的两个教友从伯勒斯那里获得了5万美元的保证金来购置牲畜饲养场附近的160英亩土地，然后他们提出以高价将其出售，将赚得的差价利润与芝大分享。伯勒斯在没有得到董事会正式批准的情况下就行动了，但事实上，他并没有可用的资金来参与这个计划。这个方案很快就落空了，除了给自己的名声又添了一个污点之外，芝大一无所获。[66]于是，董事会于1869年7月再次找到合众人寿保险公司，又申请了一笔为数2.5万美元的贷款，使得当时的总负债达到了10万美元。[67]董事会中对于如何解决债务这个问题的争吵从未间断，不久，1871年那场大火[vi]和1873年的大萧条[vii]又使芝大的状况雪上加霜。董事会于1872年10月写道："由于去年10月的那场大火，芝大过去三年中在芝加哥获得的很大一部分捐助都已经无法收回了。"[68]就连一向持乐观态度的学生报纸也被迫承认，火灾所造成的损失是"无法估量的；本市的许多有钱人对于捐赠都曾表达过强烈的意愿，有些人正准备为学校的重大事项慷慨解囊，可

---

vi 指1871年芝加哥因奶牛踩翻马灯而引发的大火事件。那场大火中，由于房屋多为木质结构，该市三分之一被毁，近半数人无家可归。

vii 当时德国和美国在各自国内对建设投资的过度膨胀所导致的经济危机。它很快波及其他资本主义国家，成为19世纪持续时间最长、打击最为沉重的一次经济危机。

是现在实现起来却希望渺茫或根本不可能了。学校已经几近瘫痪,正在如此窘迫的境况下挣扎,因此需要所有国内外朋友的鼎力相助"[69]。

威廉·埃弗茨仍在继续攻击伯勒斯,想迫使他下台,甚至请人代笔在《芝加哥论坛报》上对其进行笔伐。[70]1872年10月,埃弗茨迫于压力,终于从董事会请辞;尽管他本人竭力否认过失,却仍由于向媒体泄露关于破坏学校声誉的相关财务资料而被冠以"傲慢、失信、不忠"之名。[71]伯勒斯最终(原则上)同意了,只要能够找到合适的继任者,他将立即辞去校长之职。然而事实上,他却拒绝放弃自己的职务。1874年,一位新校长通过选举产生了,莱缪尔·莫斯,一位受人尊敬的神学教授,来自费城附近的克罗泽神学院,但此时,伯勒斯已经成功地为自己谋求到了另一个职位,在新成立的芝大校监办公室工作,专责监督该校的财务。[72]

这一安排存在的问题是,没有人事先与莫斯沟通过此事,他原以为自己得到的任命是"全权负责"的校长,包括"一切责任和特权"[73]。未出数月,莫斯与伯勒斯就因为校长职权的问题剑拔弩张,伯勒斯认为没有自己的事先许可,莫斯无权就涉及财务问题做出任何决定,而莫斯则向董事会施压,要求解除伯勒斯的职务。董事会因此变得严重两极分化。莫斯的支持者包括弗朗西斯·E.欣克利、乔治·沃克,以及E.纳尔逊·布莱克,这几位捐助者在日后摩根公园神学院以及新芝大的发展中将发挥主要作用。反伯勒斯一派的人主张撤除伯勒斯的职位,带着"董事会和所有关注学校发展的人士所认可的荣誉和尊敬"退休。[74]该提议与另外一派解雇莫斯的提议针锋相对。结果是,1875年7月13日,董事会以16票对8票的决议将莫斯解雇,理由是散布"不满情绪",破坏了管理层"利益的和谐",伯勒斯得以回来重新掌管芝大,直到确定代校长的人选。[75]

莫斯丑闻成了该机构管理史上的一个转捩点。首先,它的负面宣传效应将芝大笼罩在了巨大的阴影之中,使得董事会中的多数人被指责为毫无尊严、狭隘自私和不负责任。《标准》作为芝加哥这座城市浸信会各团体的主要报纸报道说:"校董事会在其最近一次会议上的行为引发了普通民众和教派媒体群情激愤的抗议。在本周这种令人焦虑和煽动性的氛围中,我们还没有亲眼见过一个人不指责该举为不公正和自寻死路的做法；而无论是教派媒体还是世俗媒体的发声实际上都在指责董事会的决议过程毫无依据。"[76] 其次，很明显，这场纷争背后的动机与伯勒斯不愿放弃自己的地位紧密相关，而他丝毫没有顾及芝大的利益。李维·D. 布恩作为反莫斯派的发言人站出来在媒体上发表了几封解释性的信件，坚称该事件的症结在于正式的承诺——莫斯原本是答应接受这种双重管理体制的（莫斯本人予以否认），可如今他发现行不通。这却让情形变得更糟了，因为布恩并没有就莫斯被解雇道出实质性的原因，正如 J.A. 史密斯董事所言，"（布恩的）信中从头至尾……几乎从未提起芝大被视为高等学府，代表高等教育最高利益等字眼，也没有在任何段落暗示莫斯除了与伯勒斯博士个人存在争议之外，还有其他任何问题"[77]。而竭力调停董事会派系纷争的史密斯则公开将莫斯遭罢免一事描述成一种"典型的不公"，他也正确地预言了，"许多人对于芝大至少在当前这一代人的发展前景抱有莫大的希望，并努力为之奋斗，现在，所有的希望很可能都要破灭了"[78]。莫斯并未因此一蹶不振，他很快便被聘为印第安纳大学的校长，并在 1875 年到 1884 年间一直供职且业绩出色。

尽人皆知的丑闻让董事会担惊受怕。詹姆斯·R. 杜利特尔是来自威斯康星州的一名前任参议员，也是莫斯的支持者，董事会说服了他，在寻找更为合适的人选期间，请他担任代理校长一职。1876 年年中，芝大的一位校友，时任爱荷华州公共教育督学的阿朗佐·阿伯内西被选为正式校长，但是连阿伯内西本人对自己是否能够胜任该职务也心存疑虑，结果他在任的两年果然政绩平平。[79]

关于董事会内部成员不和的报道使得筹款的可能性几乎为零。[80]1875 年 12 月，《芝加哥论坛报》刊登了一篇社论，其中写道："芝大如今面临的状况可能更加严峻了，若单论财务问题，比其历史上的任何时期都要严峻……无论是让董事会成员出钱还是从芝大在本市的朋友那里要钱都很困难，因为他们已经连续资助了好几年，看到的只是学校每况愈下，他们终于对做善事感到厌倦了。"这些话似乎在暗示，学校的财务困局要归因于校方行政管理能力低下，而非董事会之责。[81] 但造成芝大惨遇的主要原因还是在于董事会反复无常的举动。尽管董事会已于 1872 年 10 月做出承诺，"如果一个财年中有债务到期，董事会不应超出该财年的现金来源欠下更多的债务",1876年2月,他们还是从合众人寿保险公司又获取了一笔1.32万美元的贷款来支付拖欠的员工工资。该公司借机将以往的债务和未付利息合并成为一张15万美元的抵押票据,利率为8%,但同时约定,如果利息未付,利率将升至10%。[82] 而请求1876年浸信会百年运动设立的希望教育基金伸出援手的努力也失败了,因为伯勒斯拒绝了美国浸信会教育委员会的代表检查芝大财务记录的要求。[83]

1862年至1878年间,芝大有数百名学生毕业,但一直资金短缺,加之被董事会内部的紧张关系所拖累,使其在这座大都市蓬勃发展的环境中被加速孤立起来。1873年2月,由董事会指定的一个规划委员会就芝大的状况做出了一次批判性的探讨,承认在芝大的教育方案和芝加哥日新月异的经济和人口之间存在着严重脱节。"(在)我们这样一座城市,贸易繁荣,行业发达,人民精神饱满,富于进取",芝大应求助于那些谋求"理论学习结合实务"的人。委员会建议,叵以与那些"富有且慷慨的市民"接洽,来捐助"这样的学校,给予其适当的委任,使之成为芝大的有机组成部分……(以)大力协助恢复一个公众关注并投之以热情的机构"。委员会同时也敦促,应当对稳定芝大的财务状况投入更多的关注,为此,应着力扩大学生规模。[84]

细心洞察不难发现,这样的一张药方对于其提出的转变指导方针实际上并没有多少具体思路,董事会之后的业绩记录也说明这些所谓的建议不过又是一厢情愿罢了。到了1877年,董事会援引事实道,"许多芝加哥市民为了芝大未来的发展纷纷解囊,而芝大透支了这些慷慨的支持与鼓励,因此,这些人已经无法继续捐助下去了,他们的预期也很有可能会落空",因此考虑出售"一百份永久性奖学金,每份一千美元",以此方式为学校的运营直接筹措现金;结果,此举又是竹篮打水一场空。[85]

1870年之后,各类新派精英开始凸显出他们的地位,这也进一步加深了芝大和这座城市之间的分裂。一些民众领袖,如威廉·奥格登、J. 杨·斯开蒙,以及詹姆斯·伍德沃思(均为各机构董事),他们作为新的工商界领导者开始取代老一代的"基督教绅士";他们所关注的重点是管理纪律、金融效率,以及作为社会消费显著标志的财富产生。1871年发生的芝加哥大火则进一步使得这些新的"富豪"精英将这座城市的社会和文化领导大权揽入手中。[86]据凯瑟琳·麦卡锡称，这些人"与（他们的）内战前的那些前辈相比，更有钱、更年轻、更有雄心。如果说战前的一代是从大草原上的一片沼泽地中建起了一座城市，那么这一群人则是立志将芝加哥建成这个国家的第二大城市，建成全国乃至国际企业的一个网络枢纽"[87]。这些精英们——如像马歇尔·菲尔德、菲利普·D.阿穆尔、乔治·普尔曼、理查德·T.克兰、查尔斯·L.哈钦森，以及N.K.费尔班克这样的人——更加坚定而自信地看好对文化机构的投资，认为这样做能够让这座城市焕发光彩，提升其知名度，他们倾向于将自己慈善事业的重心放在以稳健的经营方式运营、有着广博的自立使命来改善胸怀大志的穷人的生活，以及将会巩固芝加哥这座城市地位的组织上面。正如海伦·霍洛维茨所说，哈钦森这样的人"不仅想让他们的城市成为一个理想的工作栖息之地，还想让它成为人们公认的最佳城市。随着眼界的扩展，他们越来越多地将自己的城市与世界上其他伟大的城市进行比较。仅仅让芝加哥经济强盛已经不够了，甚至连精神富足也不是最终目标了：它必须接受的考验是文化层面的"[88]。对于有着这种思维模式的一群人，芝大债务缠身、管理糟糕的落魄形象是无法吸引那些使该机构配得上这座新兴工业大都市的投资的。对于他们而言，一种不同类型的、聚焦于显著生产和消费研究的大学应该能够更好地展示科学和高等教育领域最新投资的道德权威和公众威信。[89]遗憾的是，第一所芝大的教员们是无法承担这一转型任务的。

**神学院的分裂**

在1872年到1878年那段不景气的时期还发生了另一件令人不悦的事情，芝加哥浸信会联盟神学院的领导们决定断绝与芝大的关系，并将其校园迁至大都会区内一个较为偏远的地点。芝大建立之时，教派中有许多人期望日后它能为浸信会的神职人员们设立神学院。但是，尽管截至19世纪80年代中期，芝大各学院课程三百多名毕业生中近三成选择神职作为职业，但芝大最初遇到的财务和规划困境却使得建立一所神学院的想法化为了泡影。

1863年8月，一些浸信会领导人在芝加哥会晤并建立了浸信会神学联盟,总部设在芝加哥,可作为一所神学院的创始组织团体。⁹⁰ 与会者中有几个人是芝大董事会成员(包括纳撒尼尔·卡尔弗和威廉·埃弗茨),但摆在眼前的问题是神学院是否应该与芝大一起联合筹款。例如,埃弗茨找到的几个可能为芝大捐助的人表示,他们更愿意捐给神学院。这就不可避免地导致了芝大董事会和神学院董事会之间的紧张关系。

神学院于 1866 年 9 月成立,当时的理解是,它可以"和芝加哥大学一道却不产生有机关联地"存在。⁹¹ 神学院董事会特批准在芝大的街对面建一幢楼,该楼于 1869 年 7 月投入使用。建楼用的那块地并非道格拉斯赠地的一部分,而是单独购得的,并且一直到 20 世纪都为浸信会教堂所有。⁹² 神学院的第一任院长是乔治·W. 诺思拉普,他曾于纽约罗切斯特神学院供职,在教会历史中扮演过重要角色,并且在 1890 年至 1891 年新芝大建立时发挥过次要却关键的作用。

近十年里,神学院看起来似乎取得了成功,吸引了一群为数不多但十分虔诚的学生(入学人数从 1867 年的 20 人增加到了 1875 年年底的 60 人)。⁹³ 神学院吸引了来自全国各地的学生,包括布朗大学、耶鲁大学、哈佛大学、普林斯顿大学、阿默斯特学院和罗切斯特大学。⁹⁴ 但是,它同样依赖于来自西部各州的小规模自愿捐款以及来自东部的慷慨捐助,和芝大一样,19 世纪 60 年代晚期到 70 年代早期对神学院而言也是一段相当艰难的时期。到了 1876 年,由于 1874 年发生的第二次芝加哥大火"对我们的利益造成了比第一次更为严重的影响,"神学院董事会主席 D.B. 切尼诉苦说学院已经无法从其自身的财源集资了,也无法求助于朋友(或诉诸陌生人):"我们已经处理不掉手头大量的不动产了,我们有许多票据换不回任何东西,那些最热忱的企业界朋友也不得不向时艰低头,压抑住自己的兴趣,把自己珍视的慷慨计划搁置起来。想从陌生人或新朋友那里寻求帮助更是难上加难。"⁹⁵

面对这种资金危机,神学院的领导们开始相信,他们最后的希望就是与奥肯瓦尔德这个地方一刀两断,卖掉或出租土地和现有房产来为搬迁提供资金,去一个远离这座城市的冷酷和喧嚣的地方,重新来过。以审美的眼光来看,位于摩根公园的新校址和旧校址之间的差异让人惊叹:

> 新校址是在一片凸起的高原上，比湖的平面高出100英尺，能够较少地暴露在从湖面刮来的又湿又冷的风中，俯瞰可以观赏到周边乡野广阔而绮丽的风光，且排水系统极佳。这里迷人又令人心旷神怡……神学院如今就在芝大的正后方，相比之下，芝大顿时相形见绌、黯然失色，蜷缩在那块不足1英亩的土地上，被其他建筑围得密不透风，那些高楼遮住了视野，加剧了噪声，也使火灾的隐患增加了好几倍。此外，芝大为与神学院相关的教授们建造的住处太大了，且价格不菲，超出其承受能力；每一位专注于学问的教师都强烈地渴望一种安静的退休生活，而住在这里过于吵闹了……神学院新址占地5英亩，为未来的发展提供了充足的空间；它三面临街，可以阻挡可能的侵占，同时保证了阳光和空气，远离噪声和火灾隐患。

25

此举最终将大大提升财务状况，因为"新建的楼房能够为当前一切所需提供宽敞而舒适的膳宿条件……（从34街的原址）搬迁……使我们得以处置现有的场地和建筑，并将收益用于清偿债务，让我们拥有了新校址和完备的建筑。它给了我们大片土地，将其售出之时，会给我们带来一大笔财富"[96]。

神学院的领导们同时也为乔治·C.沃克的慷慨赠与所激励，这个金融家与其他的房地产投资者一起控制着摩根公园中的大宗土地。[97] 沃克召集了一群投资者，一起为浸信会教徒们提供了一大片土地，为神学院的领导们提供了几块小规模的土地来建造家园，另外还提供了一块土地供他们售卖盈利。此外，沃克的财团还为神学院出资建造了第一座建筑——摩根会堂。[98] 托马斯·古德斯皮德本人得到了位于112街和奥克利大道交会处的半英亩土地来建造自己的居所，这幢房屋保留至今。沃克的父亲查尔斯与斯蒂芬·道格拉斯有过私交，1856年，道格拉斯在一场晚宴上宣布了自己打算向浸信会教徒捐赠土地以建立学院的意向，查尔斯当时也在场。老沃克成了一名董事，后由其子继任，小沃克后来则成为第二所芝大的董事。1892年，他向新芝大捐赠了10万美元，建立了一座自然科学博物馆，但他坚持该馆不能用作课堂教学。[99]

身为老芝大的一名校友，又在罗切斯特大学研习过神学，托马斯·古德斯皮德于1876年成为新摩根公园神学院的秘书和财务代理。1876年1月，古德斯皮德为神学院发起了一场筹资活动，筹得了可观的5万美元。五年后，他在芝加哥地区发起了第二次更有野心的筹款活动，这一次他想要募集到10万美元，结果，他从一位异常慷慨的浸信会商人E.纳尔逊·布莱克那里成功地筹得了3万美元的匹配捐赠。另一位财富远多于布莱克的浸信会教徒约翰·D.洛克菲勒随后匹配了布莱克的捐赠。[100]这些赠与使得古德斯皮德为神学院筹措到了另一笔20万美元的赠与，这一记录与芝大可怜兮兮的筹款数字可谓天差地别。古德斯皮德于1885年秋发起了第三次筹款活动，准备筹得5万美元来建一座图书馆、一幢宿舍楼，并用来支付运营开销；他再次说服了洛克菲勒提供一笔匹配捐赠，这次的匹配额为2万美元。[101]古德斯皮德公开承认，"我们需要大笔的捐款，希望那些已经为神学院贡献了很多的人能够用心倾听我们的请求，在这个紧要关头，请给予我们更多的资助，以使您的善行臻于圆满。我们必须得到这些资助。没有它们我们便无法取得成功"[102]。这些努力让古德斯皮德结识了全国范围内浸信会团体内的不少人，包括洛克菲勒，并且让他积累了丰富的筹资经验，在1887年到1891年那段关键的岁月里，这些经验令他获益颇丰。他的同事C.E.休伊特将他描述为一个"在金融领域所向披靡的将军"；随着时间的推移，古德斯皮德磨炼出一种不可思议的从富有的捐赠者那里争取到大笔捐款的能力，这种本领和才能恰是为旧芝大筹措资金的那些人所忽视的。[103]

神学院迁往摩根公园的决定是这动荡的十年中芝大所经历的最为负面的转折性事件。自此以后，芝加哥的浸信会教徒就不得不为两所独立的机构募捐了，在这场面对面的竞争中，芝大一败涂地，因为神学院所提供的实用性职业课程有着清晰的教育使命，这一使命是多数没有接受过大学培训的浸信会教徒能够更加容易理解的。如果神学院仍留在奥肯瓦尔德，芝大存活下来的概率应该会大得多。到1892年止，神学院积累的捐赠已经达到了近25万美元，学生规模稳步扩大至逾百人，图书馆藏书近3万册，包括著名的亨斯滕贝格圣经文学图书馆，拥有藏书1.2万册，是诺思拉普和埃弗茨于1869年购得的。[104]神学院不仅生存了下来，而且达到了一定程度的繁荣，在其新生的过程中，还吸引了来自教派和一支可敬的教员队伍始终如一的支持，这些人中就包括一位非常年轻有为的闪族语教授威廉·雷尼·哈珀，他是于1880年的冬季学期加入教员队伍的。哈珀的成名首先始于19世纪80年代初期他在摩根公园开设的希伯来语函授学校以及希伯来深入研究暑期班课程。[105] 神学院同时也受益于一个总体而言相处和谐的董事会班子。财务问题固然没有完全解决，但是到了19世纪80年代初期，与芝大相比，神学院英明的管理却堪称典范。古德斯皮德后来回忆道，"神学院总是有一群忠贞而慷慨的朋友，一个有能力、守传统、兴趣浓、诚意足的董事会班子。董事会始终在以最大的和谐开展工作……他们赢得并守住了人们的信心。一个和睦的董事会背后是一个和睦的教派"[106]。

神学院的领导们自信他们的学院能够成为阿勒格尼山脉以西居于领导地位的神学院。作为其东部的一名同僚，马萨诸塞州坎布里奇的J. 沃伦·梅里尔在临别祝语中不无羡慕地说道，"帝国之星已然西进了。你们一定会崛起，我们一定会陨落。你们的学生数量将会持续增加。你们一定要让他们有容身之所。你们一定要把教授的席位留给最有才干的人，你们（也）一定要提高工资……如果罗马、社会主义和无信仰不会如洪水般一发不可收拾的话，芝加哥必定会成为这个国家最大的城市，它必将求助于你们，而你们一定要承担起重要的责任，使之避免重蹈所多玛[viii]的覆辙"[107]。后来的芝加哥急速膨胀，迎来了一个镀金时代，却同时充满了天启般的希望与可怖的罪恶，在西部也有着不一般的命运。弗雷德里克·盖茨和威廉·雷尼·哈珀便利用上述告诫来肯定这座日新月异的大都市中高等教育的新形式将会迎接的特殊机遇。

这个时期的芝大还面临着其他问题。在它寻求加深与其他基督教教派的联系之时，这座城市迎来了一场与宗教派别无关的福音传道新形式的大爆发，如基督教青年会运动和"大帐篷"[ix]穆迪运动，以及对为新到来的穷人举行大规模慈善活动日益高涨的兴趣。[108] 这些事业迫切地希望提供一些途径来教化那些涌入芝加哥的文明程度不高的移民，因此要求芝

---

viii  据《圣经·旧约·创世记》，所多玛是一个由于人们的邪恶和放纵欲望而被上帝毁灭的城市。

ix  即包容各种不同政治和社会观点的政治策略。

加哥的富有阶层作出实质性的财政支援；而这些轰轰烈烈的运动却对位于南区的芝大视而不见。芝加哥的浸信会领导者当时对那些移民有着复杂的矛盾情绪，他们不顾一切地向芝加哥的新富阶层寻求慈善援助以实施一些社会工程，从而提升该教派利他主义的社会形象。[109]

同样带来挑战的还有西北大学的成功。西北大学是1851年由卫理公会教徒创立的，和芝加哥大学一样，也遭遇过相同的财务困境和生源挑战。但是西北大学有其核心优势，对其相对成功发挥了关键作用。[110] 它拥有一群早期捐助者，为帮助启动学校的建筑施工项目做出过相对较大数额的捐赠；它与其姐妹神学院加勒特圣经学院之间保持着友好互惠的关系；西北大学早期的几任校长发挥了强有力而稳定的领导作用，其董事会也予以了坚定而慷慨的支持；一些重要的资本家，如约翰·埃文斯和托灵顿·伦特，给予了该校很大支持，并在大学陷入困境时并肩作战。

1884年，芝加哥一位杰出的浸信会教育家抱怨道："在卫理公会教徒的领导下，位于埃文斯顿市的西北大学已经基本上还清了债务，并且其不动产的大部分为捐赠性质。"在提及伯洛伊特学院和诺克斯学院相似的励志故事后，该作者评论道，"平心而论，许多其他学校也在经历类似的情形，而我们自己的大学则在挨家挨户、一个教堂接一个教堂地乞讨。校长把礼帽拿在手中，伸向每一个过路人，直到看到其他同行在别的学校所做的事情，才因羞愧难当而面红耳赤"[111]。做出与西北大学这番不愉快比较的正是加卢沙·安德森，第一所芝加哥大学的最后一任校长。

## 加卢沙·安德森与第一所芝大的倒闭

到了1880年，芝大坐落的这座城市与1855年它最初建立时所在的那个边陲小镇已经有了天壤之别。芝加哥的人口已经增加到了50多万（十年后将会达到100万），这座城市的经济结构变得十分多样且复杂，由不断涌入的大批新移民带来的社会问题也变得比以往更加尖锐。拥有巨大财富的新一代企业家、商人和投机者已经在芝加哥安家落户，这些人正在形成新的慈善资源网络。芝大没有令人信服的理由或有理有据的方式去吸引这些新的精英，其乏善可陈的制度也决定了要建立重要的人脉关系几无可能。浸信会教徒之中也无人拥有大笔财富,原因正如弗雷德里克·盖茨后来指出的:"事实是,他们的钱寥寥可数。(1871)大火将本就不多的钱也卷走了,多数的教友们从那时候起便只能做小本生意,负债累累。"[112]

作为第一所芝加哥大学最后一任校长,安德森将感受到芝大美好愿景与岌岌可危的差距带来的巨大挫败感。安德森就这样成为老芝大最后一段历史最显而易见的牺牲者。从罗切斯特大学和罗切斯特神学院毕业之后,安德森曾是东部和中西部浸信会会众的领导者,后于1876年继承托马斯·古德斯皮德成为芝加哥第二浸信会教堂的牧师,并在那里给人们留下了非常好的印象。在1878年年初阿朗佐·阿伯内西突然离任后,他似乎成了填补领导真空和应对管理混乱的最佳人选。董事会对当时的状况感到绝望,约翰·伯勒斯迫于压力最终递交辞呈。[113]

安德森于1878年3月当选为校长。他住在北肯伍德,在当地的文化生活中是一名受人爱戴的领袖。安德森在当地的共和党政治圈中结交甚广,力图将民主党从市政领导的位子上赶下去。他在公众面前是一个受人欢迎的公共时政演说家,与海德公园的创建者保罗·康奈尔私交甚好。从表面看来,芝大的选择似乎是正确的。安德森为人坦诚、率真、正直,他对芝大的定位是一个教学机构,一个高雅文化的聚集地,使得浸信会教区的孩子们,无论男女,都能有机会获得通识教育的知识和技能,从而有效地为任何职业打好基础。安德森力图驳斥芝大的主要使命是培养神职人员的看法,认为芝大真正的使命是"培育有教养的人,有教养的商人,有教养的机械工人以及各行各业有教养的人"[114]。但是摆在面前的任务是如此艰巨,芝大许多所谓的财产根本一文不值,教员们已经数月没有领过工资,伯勒斯和他的亲信们竟然在学校的运营预算中累积了大笔未付的债务,使得芝大连购买主楼供暖燃煤这样最基本的事情都越来越困难了,看到这一切,他感到回天乏力。[115]

1881年6月,安德森向董事会报告称:"我们只有600美元的捐款和用于清偿旧账所剩不多的几美元了。我们只能依赖学费了。"尽管法学院勉强用学费抵住了开销,本科生院和预备学校却无法做到收支相抵,部分上是由于"(为)奖学金所做的捐赠刚刚拿到就被用光了"且"所有教派牧师的孩子都只须缴纳普通学费的一半"。1882年,安德森再次向董事们抱怨说:"有能力的教授们理应得到更高的薪酬。他们的工资待遇比这个城市公立学校中某些教师的工资还要低……关于学校的建筑,无论从美观还是从方便实用的角度都有许多需要改进之处。一些地板和天花板已经严重破损,急需更换;房顶漏水,有些屋子一遇暴雨天气便潮湿不堪,图书馆也遭到了雨水的侵蚀。"[116]安德森以同等批判的眼光发现,伯勒斯已将赠款用于当前开支,这样的做法实际上使得芝大每年能够招收的缴费生数量不断减少。

合众人寿保险公司的债务令安德森十分气愤,他努力寻求解决办法。[117]1878年,保险公司提议说,如果芝大能够在一个日历年中支付10万美元现金,便可免除所有债务。安德森答应尽力达成这个方案,可是他发现要筹得这么大一笔钱实在超出自己的能力,于是保险公司撤回了提议。1881年,董事会与保险公司接洽,提出了一个类似的方案,但是这一次,保险公司坚持要求学校清偿所有的债务。

安德森勤勉地工作着,努力为芝大筹款,付出了无数的时间和精力去说服市中心的商人和整个地区的浸信会团体,但是他的努力收效甚微。即便直接求助于约翰·D.洛克菲勒,结果同样令人失望;洛克菲勒直言不讳地告诉安德森他非常遗憾,"没法给你任何资助。我已经答应了(摩根公园)神学院为他们做些什么……再加上其他资助,这是目前我能拿出来的所有经费了;但是我真诚地希望你们能顺利渡过难关"[118]。到了1884年,芝大的财政已经非常困难了,安德森写信给一个朋友说,"我已经好几个月白辛苦拿不到工资了,只是因为礼拜天的布道才偶尔挣得几块钱;我现在负债累累,实在不知如何是好。现在的情形很明显,人们愿意出资帮助任何事情,就是不愿帮助芝大"[119]。在一本关于自己父亲在芝大经历的回忆录中,弗雷德里克·L.安德森写道:

> 他舍弃了自己最宽松、最舒适、最有建树、可以挣到5000美元工资的牧师职位,接手了一份麻烦不断、一年只能挣3000美元工资的工作。有三四位董事对他的待遇做出过保证,可是在那场持续七年的战争中,他们仅在第一个季度中付给了他全额工资,其余时间分文

未付。后六年中，正如他自己所言，"芝大校长没有固定工资；他为此事争论过……"他教授心理学、伦理学、逻辑学和国际法，通常还教一个学期的英国历史。每天早上，他和我一道步行或乘车两英里来到芝大，教学，完成他的行政工作，而后在大约十点钟抽身去市中心的办公室，开始乞讨。每个本应休息的晚上，甚至经常在午夜，包括在乘火车和公共马车之时，他都在努力地为自己教的科目备课。不过学校是个好学校，他的教学评估成绩优异。正如他离开时所说，"与美国的任何其他机构相比，芝大在过去七年中用更少的钱做了更多的事"[120]。

1884年11月至1885年2月间的几个月，芝大在公众面前蒙受了最后的羞辱，合众人寿保险公司通过诉讼取消了芝大对其不动产的抵押赎回权。1877年首先出现了几篇报道，大意是芝大几近破产，《芝加哥论坛报》报道称保险公司正因对方拒付贷款利息而威胁取消芝大的不动产抵押赎回权。[121] 作为回应，一些董事会成员辩称19世纪60年代投票批准原始贷款的那些老董事们并不理解，一个非营利性组织是不能够让渡其自身财产的，这一点在1856年4月参议员道格拉斯最初的赠与章程里有明确的规定。况且，芝大所持有的土地是受到保护的，不受任何的止赎诉讼影响。该立场被广泛解读为芝大试图赖掉其背负的债务。1877年，保险公司同意重新就贷款问题与芝大进行协商，这才避免了双方闹到法庭；但是，到了19世纪80年代早期，芝大的财政状况每况愈下，很明显，公司已经不可能得到偿付了。[122] 加卢沙·安德森上任伊始，便支持了芝大的友人于1881年3月在州立法院上提起的诉讼，目的是澄清原先的董事们是否有权将芝大不动产进行抵押的问题。那场诉讼引发合众人寿在联邦地方法院提起了取消抵押赎回权的诉讼以收回公司声称对方拖欠的3.2万美元本息。1884年11月末，保险公司的律师伦纳德·斯维特向董事会发难，指责他们财务管理不善和缺乏道德的行为：

这所机构竟然宣称能代表美国伟大的浸信会！一个平凡的异端罪人，如果寄望于来世获得救赎，断不敢做出此举。上帝的选民，预先注定之人，被命运眷顾的人，只有他们才能去借别人的钱，垒起自己的屋墙，盖上屋顶，让凛冬的风雪吹不进去，为建起的房屋支付早已到期的账单，为那房屋年复一年地投保，竖起灯杆夜间照亮自己，铺好人行道和小径从上面走过，甚至临近终了，还借了13000美元支付自己的工资，又赖掉这些债务，却仍相信自身作为上帝选民的身份无可辩驳。当这位校长和这些教授们对我们国家的年轻人传授道德哲学和基督教教义的证据和原则时，但愿他们只教授书本里写明的原则，切莫举出他们自己的例子，如若可能，将那些事情彻底藏好，不要见人。"[123]

加卢沙·安德森的辩护律师坚持说他愿意与保险公司协商出一个合理的解决方案，可惜为时已晚。无论保险公司是否真要将学校的不动产抵债还是仅仅想运用这一法律武器来向安德森和董事会施压作为合理还价的策略，现在已无从知晓，但最终的结果都一样：对于芝大而言又一起公共关系的惨剧，甚至比莫斯事件还要糟糕。1885年1月初，法官亨利·W. 布洛杰特做出最终裁决，驳回了学校不可让与的辩护，理由是当道格拉斯于1858年9月向浸信会教徒们立契转让土地时，他已经无条件地将地产的绝对处置权一并转让了，"对大学以何种名头进行处置未加约束和限制"。由于芝大在法律上有权使用其不动产作为抵押获得贷款，布洛杰特法官宣布，保险公司有权取消该抵押赎回权。[124]

财务混乱对安德森的职业名声造成了极其严重的不利影响。1885年7月，他在几乎就要当选瓦萨学院校长之时又最终被拒绝了，原因是芝加哥大学破产这起事件造成了挥之不去的负面效应。不堪重负的安德森于当月辞去了校长一职，接替他的是乔治·C. 洛里默，以马内利浸信会教堂的牧师，只是为了暂时的过渡。但是不久之后安德森便重整旗鼓，成为丹尼森大学的校长，后来他又返回了芝加哥教授讲道术，起初是在摩根公园，之后在芝加哥大学神学院；1904年，他以正教授的身份从芝加哥大学神学院退休。[125]

1886年1月，合众人寿拒绝了洛里默走投无路而提出的方案，即支付一笔一次性的为数10万美元的款项以抵偿债务，游戏终于结束了。芝加哥的浸信会牧师们于2月8日开会讨论了是否将旧机构弃给保险公司，然后在一个不同的地点将其重建,给它配备新的领导层和新的财政支持,此举实际上便是要"建立一所新的芝大"。乔治·诺思拉普敦促浸信会教徒们在城里租房,留住当前的教员,他当即筹措了 1 万美元以维持最基本的运营,然后他们努力去筹集一笔为数 25 万美元的永久性捐赠。相形之下,托马斯·古德斯皮德则辩称,最合理的做法是合法地将旧芝大埋葬,制订一份新的章程,并指定一个新的董事会,搬去南边的摩根公园,新芝大可以在那里和神学院结合起来。牧师们投票认可了建立一个新芝大的想法。[126] 2 月 12 日,乔治·洛里默将牧师们和他自己也认同的看法转达给了董事会成员。

随着结局临近,人们对芝大为何会走到财政崩溃的边缘进行了诸多诘问和反思。一个简单的答案是归结于其教派特征,正如早在 1874 年《芝加哥论坛报》的一篇社论所强烈批评的那样,"芝大在财政上的不成功最终会导致其教育上的不成功,究其原因,是由于它有一个根本的缺陷,需要一个根本的补救措施——它是一个宗派机构。你可以否认这一点,却改变不了这个事实,所到之处,凡是知道它的人都认为它是一所浸信会大学。属于教派学校和大学的时代已经过去了。他们是旧时代的遗物,一个佐证便是,全国各地像这样快要饿死的大学比比皆是"[127]。十二年后,《海德公园先驱报》以同样的声音断言,"芝加哥大学的一大弊病是它掌握在一个教派手中——而这样一个教派,西部的人们对其有一种强烈的感觉,那就是它容不下别的基督教教派"[128]。与之不同,乔治·诺思拉普则表示,旧芝大之所以倒闭,既是因为领导无方,也是因为它并非纯粹的浸信会机构,因此与其神学院相比,失去了教派内部的支援:

> 芝大的教育大业以及它最初的宏伟誓言之所以会遭遇毁灭,其董事会管理不善即使不是唯一原因,也是主要原因;这个董事会是一家封闭的公司,没有和我们的教会保持直接联系,其最有影响力的成员中有犹太人、斯维登堡信徒、一位论派[x]以及没有宗教信仰的人。这个团体在其历史中发生过激烈的个人冲突,滥用过信托基金,还违背

---

x 反对三位一体说的教派。

过神圣的许诺;正是这样一个团体,在二十五年的过程中,彻头彻尾地毁掉了我们这些人的信心、兴趣和希望。"[129]

这番言论部分上是出于酸葡萄心理,像诺思拉普这样的人觉得老董事会允许那些不受约束的、不负责任的非浸信会教徒加入到他们的行列中,就应该为此负责。问题是:如果说第一所芝大从一开始就注定要失败,那么是否就是因为它的浸信会身份?抑或芝大的最终失败是其董事会和其历任校长所做的不明智和不利的决策造成的?即便考虑到他们也被卷入了当时一系列灾难性的经济危机之中。

1882年4月,埃德森·巴斯汀再次写信给他的姐姐,讲述了教员们悲观失落的状态,并将大部分责任归结于浸信会社团:"过去我的心里对浸信会这个教派还有些敬意,但是恐怕很快就要荡然无存了。我一度认为他们对高等教育感兴趣体现出了他们的明智,但是现在看来并不是这样。我们没有得到浸信会教徒的支持,相反,背负着浸信会这个不幸的名字使得那些真正想要助芝大一臂之力的人们退缩了。"[130]

旧芝大有两个相互对立的身份,它们之间的矛盾愈演愈烈——一个是作为一所浸信会教派学校,另一个是作为这座城市公民进步的总代理,帮助芝加哥推动其整体文化发展。身为一个教会成员,芝加哥的浸信会教徒大多在家,处于城市的边缘地带,在这里皈依是至关重要的,不像在一个日益富有的大都市里,新的文化结构和对美国身份认同的新理解可以迅速建构并沉淀下来。但是,一个由三位校友领导人组成的委员会1878年就争辩道,教派这个话题只是在转移人们的注意力,"虽然芝大的确在浸信会的执掌之下,浸信会并未将其作为传播教派信条的工具,甚至连一般性基督教教义的传播都没有……芝大从未试图影响学生去支持或反对任何一个教会或教派,也没有以这样或那样的方式对学生进行灌输。如果说芝大是浸信会性质的,就相当于说耶鲁学院是公理教会,或哈佛是一位论派的"[131]。除了与哈佛和耶鲁间的这个不切实际的比较,上述这段话称得上是一个合理的声明,从其自身意愿来讲也是准确的。但是教派的问题还是在无数的场合提及,人们以此来解释为什么芝加哥的富人们拒绝出钱。如诺思拉普一般强硬的浸信会教徒可能会争论说芝大和浸信会并没有太深的渊源，但是这样的断言仅仅印证了这样一个事实，在一个像芝加哥这样多宗教、多种族的城市中，无论好坏，教派身份发出了很强的信号，为芝大创造了一个幽闭恐怖的形象。不可否认的是，芝大呈现给大多数芝加哥浸信会教徒的是一个模棱两可的形象，而这些教徒，正如弗雷德里克·盖茨所言，大都较为贫寒，社会地位不高，除了完成当地神学院的任务外，并没有多少意愿去支持高等教育。神学院董事会主席E.纳尔逊·布莱克就捕捉到了这种自相矛盾，他坚持对托马斯·古德斯皮德说，"我应该更加坚定地支持一个能够吸引这个城市中立财富的非教派学校。这个教派并不富裕，捐赠者现在的处境也很困难。教徒们的精神之父没有教育过他们去给予"[132]。浸信会是一个匮乏的教派，教徒的背景良莠不齐，没有正式的教会结构，没有教会会议，没有主教，也没有全国性的管理体系。如果以欧洲对于"教会"这个词的定义来衡量，它甚至算不上一个"教会"，早期浸信会大学，如舒特莱夫、富兰克林和格兰维尔大学，大都境遇悲惨，财务不振，捐助者甚少。19世纪早期，有一些浸信会教徒对于其牧师应该受到过良好教育这一观念甚至颇为敌视[133]。此外，无论芝大曾经有多大的机会来吸引布莱克所说的"中立财富"，当其内部的组织涣散和公开不和变成了公众笑柄之时，这样的机会也随之变得相当渺茫。富裕的捐赠者把学院和大学视作买卖，就像铁路或钢厂，而成功的买卖从不会背负过多的债务或容忍软弱无能的领导。

最后，芝大未能在教育或研究的专业性方面确立一个令人信服的榜样，也就难以令社会对花在教员及其研究上的钱感到满意。芝大的教育方案提供了充分的证据说明其服务有益，而它教育出了一些成功的律师和商人这一事实可能被过分吹捧了。此外，大多数现存的关于芝大教学质量的报道表明，其水平相当之高，多数校友回忆起他们的学业时，都认为其很有价值，从中受益匪浅。即便是在那场混乱的最后一年，即1885年到1886年间，教务长仍报告称，"当我们在顾虑眼前的各种不确定性时，大家仍以充沛的精力和热情投入到了课堂教学中，这样的情景令人难忘"[134]。但是这还不够。直到一位更加富有的浸信会人士约翰·D.洛克菲勒被说服投资芝加哥的高等教育之后，人们才得以相信浸信会的慈善事业能够彻头彻尾地改变面貌，变成一个能够吸引富裕的芝加哥人争相参与的社会舞台。

## 旧芝大到新芝大的过渡期

  第二所芝加哥大学建立的故事充满了迂回曲折的情节，其中的英雄人物不胜枚举。威廉·雷尼·哈珀就是其中的一位英雄，但他并非唯一的一位。事实上，新芝大的成立仿佛一出由好几位演员出演的戏剧。首先出场的是托马斯·W. 古德斯皮德，摩根公园神学院的财政秘书，同时也是当地浸信会的一名忠实信徒。古德斯皮德是一个温文尔雅而又真诚的人——他不是一个天生有着超凡魅力和能力的领袖，但对于具有远见卓识的领导人而言，他却是一个很有才干的代理人和相当雄辩的代言人。尽管总是忧虑重重，古德斯皮德却有着非同一般的公民勇气和一种几乎不可动摇的信念，即通过振兴芝加哥的一所基督教大学完成主的嘱托。所有这些特质，加上一种友善的风度和他在众人——哪怕是初识之人中产生的非凡的信任，使他成为当地新企业的理想代表。

  旧芝大的倒闭令当地的浸信会领导者蒙受了巨大的耻辱，古德斯皮德试图利用他们的羞耻心，他组织了一个临时委员会来寻求外部的资助从而重整芝大。古德斯皮德在1886年4月策划以2000美元的价格将旧芝大的校长一职卖给威廉·雷尼·哈珀，想以这种孤注一掷的做法来挽救旧芝大。古德斯皮德甚至还向约翰·D. 洛克菲勒求援，后者当时愿意支持哈珀但并不想与芝大有什么瓜葛。[135] 哈珀当时已被视为芝加哥当地浸信会中的一位明日之星，但洛克菲勒以缺乏政治意识或金融实力为由拒绝了古德斯皮德的提议。结果哈珀去了耶鲁大学，1886年秋，他在那里当上了一名闪族语正教授，年薪4000美元。[136]

  如果哈珀在1886年那个春天接手了芝加哥大学，他会毁了自己的职业生涯。然而，哈珀拒绝了芝大校长一职却更加坚定了古德斯皮德的决心。1886年6月，他婉拒了成为卡拉马祖学院校长的机会并告诉约翰·D. 洛克菲勒："我觉得我不能离开神学院，除非哪一天我把因您的善意才有的这份事业做到成功……我不能让我的良心过意不去。"他再次强调："我们这儿需要一所大学。神学院需要它。我们的事业需要它，我坚信它一定会到来……仍有些人不甘心让我们的芝大在没有得到更好资助的情况下就倒闭，我希望您能够容许我偶尔替他们表达一下他们的希望。"[137] 在旧芝大于1886年夏天正式关门之后，古德斯皮德领导三位前教员组织了一个临时学院，地点设在34街旧神学院那幢建筑的几个房间里。[138] 然后，他于1886年10月向乔治·沃克和蓝岛土地与建筑公司求助，请求他们支援位于摩根公园的芝大重建工程，将16英亩土地的部分租金和出售价值通过赠与的方式用于支付新芝大的运营成本，外加用于建设学院的土地和建造一幢新楼所需的2.5万美元。古德斯皮德恳求道，"我们必须避免使过去那个机构走向毁灭的错误。如果新机构的成功无法获得充分的外部保障，我们就无法依靠它引领我们的人民。如果您能采纳我们的建议，我们相信就可以获得这一保障。我们可以在摩根公园建一个伟大的机构，它将成为这里的荣耀，惠及我们的教派，同时吸引大量家庭加入社区，数以百计的学生前来就读"[139]。沃克没有接受古德斯皮德的请求，之后的几次磋商达成了一个较为保守的提议，即公司同意给予浸信会位于摩根公园的20英亩土地以及该地现有的一栋目前作为女子学院的建筑，再加上5000美元帮助建造一座新楼，但前提是要在一年内筹到大楼运营所需的10万美元并用不少于2万美元来建那座新楼。这个提案于1886年11月底被敲定下来。[140]

这样一来，古德斯皮德和他的同事们要做的就简单了——找到一个能捐10万美元的捐赠者。对于古德斯皮德而言，答案就在东边这个名叫约翰·D.洛克菲勒的人身上。洛克菲勒是美国最富有的浸信会教友，也是一名虔诚的教派成员，一生中向各类慈善机构和宗教团体所作的捐助数以亿计。[141] 古德斯皮德早在19世纪80年代初为摩根公园神学院筹钱时就曾联络过洛克菲勒。洛克菲勒很信任古德斯皮德，断断续续地给过神学院数额不大却十分慷慨的捐赠，每次捐赠大概四位数或五位数，最近一笔2万美元的捐助承诺是在1885年10月做出的。[142] 他们之间的相互信任对于接下来四年中发生的事情至关重要，因为洛克菲勒在判断潜在捐赠受益人时是格外小心谨慎的[143]，在做出一个决定前通常会斟酌再三，直到他对受赠人的品德和信誉足够放心。洛克菲勒最诚恳和礼貌的措辞听起来却总是那么含糊其词，弗雷德里克·盖茨后来将其归结为"他异常警觉的头脑和谨慎措辞的技能"造成的,这种策略上的难以捉摸有时候会让求助心切的来访者误读他的意图。"[144]

1887年,古德斯皮德用整整一年的时间试图耐心地说服洛克菲勒。到了10月,古德斯皮德给对方的信中已越来越多地透漏出迫切和急躁,他向对方倾诉着他的"教友们"意图重振芝大的一个又一个想法:"大家普遍显示出浓厚的兴趣,见解也和谐一致。这让我感到既惊讶又兴奋。我们应该慢慢来,不要在时机尚未成熟时去建一个新机构……如果我们有5万美元,我们可以立即把5万美元投入进去,从而拥有一个良好而稳健的开端,因为我们的人现在对这件事情跃跃欲试。但问题在于,之前的那些灾难挫伤了他们的信心,他们因此害怕重来一次。"[145] 在那段时间里,古德斯皮德已经意识到,旧芝大的悲剧形象——他自己称之为"彻头彻尾的不幸"——就如同诅咒一般附在他的计划之上。[146] 1888年10月,他沮丧地向哈珀报告说:"我们最能干的人……对开创一个疲弱挣扎的事业投来不信任的目光,并没有打算加入其中。"[147] 正如1888年6月,另一位浸信会牧师波因德克斯特·S.亨森在描述芝加哥浸信会内部的混乱时所言,"过去的灾祸和羞辱令他们心灰意冷,想让他们重新振作起来已经几乎不可能了"[148]。

洛克菲勒本应尊重古德斯皮德的,可他的态度却一如既往地谨慎和不明朗,很明显,他不想因为同一件事再让自己的钱打水漂了[149]。在芝加哥有人脉关系的其他浸信会教徒也向他求助过,但他同样不为所动。1888年2月,洛克菲勒在写给乔治·C.洛里默的信中提到,关于"在芝加哥建立一所大学的工作……我有太多其他的事业要做,实在无法给予任何支持"[150]。几个月后,他对亨森表达得更加直白,告诉他可以预见的唯一解决办法就是在当地自助:"既然你们认为这件事如此重要,我认为你们倒不如寻找其他来源来解决需要的资金。"[151]

正当古德斯皮德在叫苦不迭的芝加哥浸信会教徒中间四处游走劝说并焦头烂额之时,另一个角色加入了这场戏剧:奥古斯都·H.斯特朗,罗切斯特神学院院长,也是洛克菲勒一个女儿的公公。斯特朗是19世纪浸信会神学家中的一个泰斗级人物,也是一名德高望重、受人爱戴的教会领袖,他一生都在写一本名叫《系统神学》的三卷著作。据格兰特·瓦克尔估计，在 1900 年，斯特朗是"美国风头最劲的牧师之一"[152]。在整个 19 世纪 80 年代，斯特朗制订了一个宏伟而昂贵的计划，打算在纽约城创建一所新的研究型大学，他希望洛克菲勒能够为此提供资金。1887 年到 1888 年两年间，斯特朗向洛克菲勒发出过无数呼吁，努力推销他关于建立一个研究生神学部的想法，并将其不断扩展，最终将艺术和科学研究生各系以及医学和法学的专业学院包括进去，这个学部将成为美国浸信会高等教育首屈一指的机构。该计划的预算十分夸张，因为斯特朗认为这样一所机构至少需要 2000 万美元的捐赠。斯特朗想让洛克菲勒立即出资 300 万美元现金以便启动这个方案。斯特朗特意将大学本科教育排除在方案之外，他说，"我们需要一个真正可称为'大学'的机构，像约翰·霍普金斯大学一样，拥有众多的研究人员，我们要资助研究，吸引最聪明的人过来，帮助他们开展研究；我们这个机构就是要为一大群真正的科学和艺术精英服务"[153]。斯特朗这些计划很大程度上是源于他对那些德国帝国大学的仰慕。他对洛克菲勒说，"真正的大学在欧洲才找得到"，柏林大学就是其中的翘楚。[154]

1887 年秋，奥古斯都·斯特朗说服了威廉·雷尼·哈珀加入他的事业，邀请他来审查和评价斯特朗的计划，并给他提供了一个高级教员和副校长的职位。[155] 哈珀感到受宠若惊，于是，斯特朗立即向洛克菲勒报告说，哈珀"认为无论是从整体还是从部分而言，他的计划都是切实可行的，如果执行了这个计划，十年后我们整个教派将焕然一新，无论是在纽约还是在整个国家。他说他会把毕生献给这样一个事业，只要能把它推进下去"[156]。斯特朗向洛克菲勒保证说哈珀"愿意放弃在纽黑文的工作并全身心地投入到我们的新事业中来，只要我们的事业能够立即开始，不要拖延"[157]。几天之后，斯特朗声称，"哈珀教授……抓住了这个机会准备实施我的计划"[158]。从尚存的 1887 年年末到 1888 年年初两个人间的通信来看，他们的确进行过密切的合作和规划，详细地讨论过预算安排问题，哈珀敦促尽快建立一所"完整的大学"[159]。

1887 年 10 月末，洛克菲勒决定与哈珀商议，从古德斯皮德和斯特朗的计划中进行甄选，不出所料，两个提出计划的人都力劝哈珀支持他们自己一方的事业[160]。斯特朗对芝加哥方案不屑一顾，讥讽它比一个"种在烂泥里的"神学院旁边的"大高中"略强一点,"周围是一片荒地。那个地方感觉仍像是荒郊野外"[161]。哈珀似乎已经在为斯特朗的计划热情地奔走游说了,而到了1888年年初,这个计划却成为引起激烈争论的焦点,因为斯特朗不久便开始感觉到哈珀竟然背叛了他。[162]

1887年年终,两份方案摆在了洛克菲勒的案头。斯特朗的方案似乎更有说服力,也更具野心,只是斯特朗并不像古德斯皮德,他过于急躁又自以为是,还动不动就想利用自己和洛克菲勒之间的家族关系,这一点令洛克菲勒颇为恼怒。用斯特朗自己的话说,"(洛克菲勒)面红耳赤,看上去十分生气"[163]。不管是由于斯特朗伤人感情的个性还是由于他傲慢无礼的要求,总之洛克菲勒的热情被消磨殆尽了。[164]但是斯特朗对芝加哥方案的蔑视还是对洛克菲勒产生了影响。尽管如此,古德斯皮德谦逊的请求仍然很快赢得了策略上的可观优势,全国浸信会教育大会于1888年5月通过表决,决定建立美国浸信会教育协会以研究加强中西部高等教育的方案。该协会的主要倡导者,来自纽约城的亨利·莫尔豪斯牧师是美国浸信会国内传教协会的一位领导人。莫尔豪斯的计划遭到了来自包括奥古斯都·斯特朗在内的东部浸信会领导人的坚决反对,这一点并不奇怪,因为后者担心教会资源会向西部倾斜。[165]莫尔豪斯的热忱既反映了美国浸信会教徒对旧芝加哥大学的倒闭感受到的尴尬,也反映了他自己热切地希望能将一所新的高等教育机构建立在西部的想法。作为芝加哥摩根公园神学院和密歇根卡拉马祖学院董事会的前成员,莫尔豪斯对阻碍中西部和芝加哥高等教育有效运作的长期不和与财政困局再熟悉不过。对1880年到1886年之间浸信会传教活动进行的一份调查显示,莫尔豪斯对于西部各州基督教的命运尤为关注,他用近乎预言式的话语问道:"谁该拥有强大的西部——魔鬼撒旦还是主耶稣基督?数以百万计的外来移民中有社会主义者、虚无主义者、无政府主义者、仇视政府和仇视上帝的人,我们对他们负有怎样的责任?"[166]莫尔豪斯这样定义新协会的使命,"将各领域教育工作者中的佼佼者聚集到一个未被历史苦难玷污的共同平台,手拉手,心连心,团结起来,尽心尽力,让他们的脸庞闪耀着一个光辉未来的黎明之光"。莫尔豪斯希望,"无论哪一天,我们会毫不惊奇地听到我们之中某位视野开阔、慷慨仁慈之士为在南部或西部建起一座伟大的机构或建设一批努力奋斗的机构捐献出一两百万美元",他在表达这样的希望时,当然没有忘记洛克菲勒。[167]

参加1888年5月会议的浸信会领导人非常清楚哪些事情是至关重要的,即是否需要以及应于何处创办一所伟大的浸信会高等教育机构。[168] 假如莫尔豪斯没有成立美国浸信会教育协会并指定弗雷德里克·盖茨作为其战略领导者,一所新的芝加哥大学就不会建立起来。洛克菲勒虽然敬重古德斯皮德和他的牧师同僚,但同时也为他们不专业的请求捏了一把汗,尤其是希望在华盛顿特区和纽约城创办大学的另一派请愿者也在向他狂轰滥炸。新协会很快成为组织和筛选洛克菲勒家门前堆积如山的资助请求的理性平台,洛克菲勒对此非常感激。

当莫尔豪斯在试图为一个新的国家策略寻找架构和方向时,芝加哥的各种自助倡议正在持续酝酿。1888年5月初,芝加哥浸信会牧师大会意图通过投票收回之前的提议,从而推进一个改良版方案,因为他们在1886年年末从乔治·沃克那里获得捐赠承诺,将摩根公园的地块用于建设一座大学校园(沃克同意将建设期限延长至1889年11月)。在亨森和洛里默的领导下,牧师们让150名杰出的芝加哥浸信会平信徒对该计划的可行性进行了投票,按照这个计划,沃克提供"实际面积为33英亩的土地,估价为6.6美元,一幢造价2.4万美元的大楼,以及对另一幢大楼投资的5000美元现金——条件是在一年之内必须建起一幢(第二幢)价值2.5万美元到3万美元的大楼,另外还须募集到10万美元的捐助"。牧师们询问平信徒同僚们,他们是不是应该召集"主要教友"开会讨论这一想法,还进一步问道:"你们愿不愿意为了达成这样一个目的而通力合作?"[169] 不幸的是,大多数回应者并非有钱人,而极少数有钱人则直接给出了否定回答。E. 纳尔逊·布莱克拒绝参与这个行动,他说:"我不相信这个教派已经准备好了,或者能把这两个机构顺利办下去……我们不要再自取其辱了。"约翰·M. 范·埃斯戴尔警告说,"我坚决反对再办砸另一所大学";考虑到筹措捐赠困难重重,他评论道,"我可不会赞同在条件尚不具备时就开始创办一个机构"[170]。

现在唯一的希望就在莫尔豪斯身上了。为了让自己的新协会运作起来,莫尔豪斯委任了来自明尼苏达州的一个很有天赋的年轻牧师弗雷德里克·泰勒·盖茨作为秘书。莫尔豪斯对盖茨非常信任，他甚至在私人日记中写道，"我下定决心了，如果'盖茨先生'不接受的话，我就辞职，我有充分的理由这么做……我将致力于这份工作，绝不停歇或接受失败，即使它让我变得一贫如洗"[171]。令人高兴的是，盖茨接受了邀请。盖茨是一个头脑聪明而又机敏的组织者，他最为有力地倡导了一个旨在扩大和加强西部浸信会教徒高等教育的战略计划。盖茨支持创建一所中部大学，能够充分利用浸信会中学和小规模学院组成的教育网络。[172]受教于罗切斯特大学和罗切斯特神学院，盖茨在明尼阿波利斯市的中央浸信会教堂当了八年牧师，于1888年3月辞职，然后供职于明尼苏达州奥瓦通纳的一家浸信会中学皮尔斯波利学院，身为募捐者的他还成功地募集到了5万美元，证明了自己在争议不断的浸信会教派政治的世界里是无所畏惧且镇定自若的。作为募捐者，他十分精明且百折不挠。[173]他的性格非常务实，无法容忍关于神学的争执，这让他在智取难缠的人物和规避棘手的问题时显得十分灵活。盖茨还是一个意志坚定的理性主义者，对过于心软的社会事业没什么耐心。[174]在倡导古德斯皮德的事业方面他即将发挥关键作用，但他同时对这个事业进行了一些重大修改。

浸信会教派内部要组织一个游说网络，盖茨在此方面发挥了极其关键的作用；这个网络既使洛克菲勒得到了公众保护又赋予了他教派的合法性，这都是他需要和期待的。[175]在1888年夏天和初秋期间，盖茨与芝加哥的浸信会教徒举行了秘密会晤以评估他们对摩根公园项目的支持。教徒们既不团结又知识欠缺的状态令他震惊："在芝加哥的这些教友中找不到我在明尼苏达的议事会议上习惯看到的那种源于彼此间爱与信任的完全自由与开诚布公的气氛，我们理应在浸信会的教友中见到这些的。当教友们自由发言时，大多数令我失望的教友语气随意，明显缺乏严肃的精神。"盖茨特意将古德斯皮德和诺思拉普与那些人区分开来，他敬佩这两个人精力充沛且表里如一，但他认为其他人"没有展现出能在困境中成就大事的感觉。此外，我时常感到一种缺乏坦诚的气氛……芝加哥及周边有一定资产的浸信会教徒们无论如何都对这个问题提不起兴趣，不仅如此，他们对关于建立一所学院的任何尝试都毫无信心可言。其中一些人说，就算启动项目需要大约100万美元，他们也能拿出大笔的钱，但是要说到摩根公园这个提案，就算要他们拿出的钱比实际需要的更少，他们也未必乐意，因为他们不会引以为豪，而且这个项目也无法给予他们所需要的保障"。[176] 盖茨同时也开始与当地的浸信会磋商，希望新协会能够接管大学项目资助一事，他同时在心中构想着一个全国性的传播策略，一个"擦亮众人眼睛"的策略。[177]

芝加哥平教徒社团的懦弱反应未能劝阻不可压制的牧师们于7月初正式批准沃克的捐赠方案，但是他们同时也同意邀请盖茨和他的协会接管位于摩根公园的新机构的规划和筹资过程。[178] 盖茨认可了这一做法，称"只要我们有能力，就应该把握住这个机会，暗地里不动声色地进行，在公众知道我们参与这件事之前先确保成功……在我们教派这么多年的历史上，就吸引力而言，这个案子比我们能见到的或者已经见过的任何案子都大且让人无法抗拒，也会为我们争取到更大范围的支持者"。但是盖茨也明确表示自己对牧师们浮夸的言论和政治上的悟性感到不满："在我看来，教友们的发言与该项目实质性内容的关联甚至不及十分之一……这些教友们好像既没空闲也没有查阅数据来研究该项目的价值。这是一件关乎教派和地区荣誉的大事……他们未能说服洛克菲勒或与一些芝加哥本地最富有的教友共同合作，并不意味着应该放弃这个项目。相反，我们应当格外谨慎。如果成功，就相当于开辟了一条功德无量的道路，然而一旦失败，则相当于至少对我们这一代人来说，这条道路彻底走不通了。"[179]

几个月的时间里，盖茨对中西部和大平原[xi]地区所有浸信会性质的高等教育机构发起了一项调查，试图将他们正在做的事情与其他教派进行一个对比。基于调查的背景，盖茨于1888年6月末告知莫尔豪斯："现在摆在我面前的是一个更大的案子，更好的前景，更多的需求，对于协会而言，在这里（芝加哥）比在其他任何地方的结果都好。如果我们能够把握好这个机会，筹到50万……让一个机构重新振兴起来，就能为教育做出更大贡献，而且与其他任何方式相比，这样做能让协会成为更有影响力的机构。"盖茨同时警告说，"我们现在承担不起任何错误的决策，

---

xi 北美中西部平原和河谷地区。

不能去碰那些空洞无物且不能确保成功的事项。我们必须做一件大事，一件确保完胜的大事"[180]。但是盖茨很快就得出结论，认为在摩根公园重建芝大将是一个巨大的错误：它相对这座城市太过偏远；四周满是毫不起眼的居民区，很难为那些勤工俭学的学生提供就业机会；如果新芝大决定设立专业学院，就必须位于芝加哥市内；最后一点，位于市内可以使浸信会更容易接触那些富有的潜在捐助者。

1888年10月15日，盖茨在芝加哥牧师大会的一次会议上提交了一份关于需要在西部地区加强高等教育资源的报告。该报告在动员公众舆论方面迈出了重要一步，以此来说服洛克菲勒，这个教派作为一个整体，而不只是古德斯皮德领导下那一小群穷困却忠诚的真信徒，需要在芝加哥建设一所大学。盖茨称，国家的人口发展趋势更有利于中西部和西部的浸信会，而非东部，这些人数不断增加的虔诚信徒需要新的学术资源注入，而浸信会教育机构的当前形势可谓"岌岌可危"，从许多捐助匮乏的学院多位于"偏僻的小城镇"这一点就可见一斑。盖茨甚至还提出了更宏伟的主张：需要实施一个系统性的、全国性的举措，使浸信会专科院校能够促进浸信会学院的发展，而后者反过来也可以获得规模更大的浸信会大学的鼓励和支持，"这样一所机构将为我们所有的预备学校带来激励与鼓舞，我们所急需也正是这样的高等教育机构。在其墙壁竖起之前，其地基打下之前，即使只通过现有条件保证这项事业的实施，也能够让我们的学院昂首挺胸，重新焕发活力，发挥更大的影响力"。盖茨很确定，这样一所中部浸信会大学唯一合理的地点就是芝加哥，西部的"中心和心脏"。在盖茨看来，唯有大城市才拥有财富，而浸信会需要开启这一财富。他强调说：

> 在西部，（芝加哥）在社会、金融、文艺和宗教方面的影响力不可匹敌。它将把一所浸信会大学提升到巅峰，变成一个知识和宗教的发光体，照亮每一个州，让光照进伊利湖到落基山脉的千家万户。1882年到1883年，濒临倒闭、一只脚已经踏进坟墓里的旧芝大仍吸引了来自十六个州的学生。芝加哥是西部的心脏和西部生活的根基所在……从西部的各个地方去芝加哥都很快捷也很便宜。所有的道路都

通向芝加哥，所有的城市、所有的农家都面向芝加哥。作为西部教育的执牛耳者，芝加哥在教育领域至高无上的地位正逐年凸显。

为了紧跟教派的步伐，成千上万年轻的浸信会信徒将来到芝加哥。吸引他们来此的将是一所重要的教育机构，拥有"数以百万计的捐赠，拥有足以和欧洲大陆上任何大学相提并论的楼宇、图书馆和其他设施，一所汇聚了各个院系最杰出专家的机构，打造最高水平的古典和科技文化，旨在扭转西部纯粹追求肤浅的功利教育的趋势，一所完全由浸信会按照特许权管理的机构，忠实于基督和他的教会，只雇用基督教徒作为每个院系的教员，一所不仅属于福音教派而且作为福音传教者的学校，努力让每一位学生将耶稣基督视为上帝来遵从"[181]。

盖茨将他的终极目标描述为"一个完整的教育体系……从其根基开始自下而上，对称延伸，其范围能够覆盖整片地域，各部分与整体的联系即使不是真正有机的联系，也是逻辑清晰的"[182]。盖茨认为应该鼓励西部浸信会将许多苦苦挣扎的学院变成专科院校，并将其地区性的学院搬到更大的城市中去。在这个体系中心将会有一个"植根于芝加哥"的"伟大而声名显赫"的大学作为主导。[183] 盖茨很快就不得不放下狭隘的教派冲动，调整了目标，以吸引芝加哥的商业精英参与资助，他大胆而系统的规划为日后哈珀对新芝加哥大学设立的愿景打下了坚实的基础。

盖茨向亨利·莫尔豪斯汇报称，他收到了芝加哥牧师们广泛而热情的回应："房间里坐满了人，有几个甚至站着。用'引起轰动'都不足以形容这份报告或陈述的事实所产生的影响。会场的教友们都'天旋地转'。他们感到惊讶、愕然、困惑、呆若木鸡、诧异、不知所措，被彻底征服。"令牧师们尤为震惊的是盖茨提到的有关浸信会学院疲弱状态的"残酷事实"，"从未有人把事实讲出来，但我拿出来讲当然不是为了责备，而是夹杂着对西部教育人士英雄主义和自我克制的赞扬。我深受鼓舞，相信芝加哥已经赢得了一场伟大的胜利，我们会从中收获实质性和永久的成果"[184]。在制订无畏的计划之时，盖茨做出了第二个关键决定：新机构必须位于芝加哥中央商务区内或附近，同时不能再与旧芝大有任何情感上或结构上的牵连。几天后，他写信给莫尔豪斯，强调将芝大建在市里会比建在摩根公园吸引更多的资金:"我们最终能够从非浸信会教徒的有钱人那里为这座城市里唯一的教育机构筹到几十万美元,而如果位置选在摩根公园,我们将只能筹到几万美元,因为富人们很少或根本不会去那么远的郊区。"盖茨同时透露,他已经将报告复制了一份并私下交给了洛克菲勒的教育顾问。[185] 莫尔豪斯表示认同:"我完全相信他(洛克菲勒)会明白,在芝加哥建立一个强大的机构能够为西部的这个教派做出更多贡献,这比建设一所伟大的大学却不给西部任何支援要好得多……这个机构必须建在市里。这样一来,很多走读生就会选择这里,而如果建在摩根公园的话,他们是不会去的。"[186]

托马斯·古德斯皮德出席了 10 月 15 日的会议,他立即向盖茨要了一份报告的副本并补充道,"我不想抢了您的风头,拿来在公众面前怎么样,但是……这份文件搅动了我的心。我想用它来搅动另一个人的心"[187]。古德斯皮德把它呈送给哈珀,解释说使盖茨的报告"格外令人印象深刻"的是它"并非反映了一个芝加哥人的观点,或者一个对芝加哥感兴趣的人的观点,而首先反映了这个城市中一个陌生人的看法,其次是美国浸信会教育协会秘书的看法",他是在"对整个教育形势做出深入研究后"才得出结论的。[188]

美国浸信会教育协会执行委员会于 1888 年 12 月 4 日采纳了弗雷德里克·盖茨的计划,这实际上宣告了摩根公园计划的失败。接下来的六个月里,古德斯皮德和盖茨努力说服洛克菲勒参与其中,这个过程跌宕起伏,双方你来我往,一度争执不下。与此同时,哈珀仍在纽黑文耐心地等待着。也许是因为感觉到奥古斯都·斯特朗与洛克菲勒已经彼此疏远,他于 1888 年夏天默默放弃了为斯特朗的计划而努力,反过来大力倡导在芝加哥建一所新大学的方案,只是他希望其规模更有雄心。[189] 哈珀在 1888 年 10 月和 11 月与洛克菲勒进行了数次面谈,仔细演练古德斯皮德设计的论点,但目标更宏伟,包括建设研究型大学而不只是一所学院。[190] 与洛克菲勒的谈话给了哈珀希望,他觉得洛克菲勒有可能被说服从而采取行动,他于 1888 年 11 月中旬悄悄地把这种乐观情绪传达给了盖茨:"洛克菲勒先生已经开始为在芝加哥建立大学的方案积极采取行动了……他正在考察这件事的必要性,相信用不了多久,他就会给教派拿出一个明确的总体提议。"[191] 哈珀还于 11 月初促成了古德斯皮德与洛克菲勒之间的面谈，盖茨的愿景加上哈珀的热情使得古德斯皮德极大地拓展了当初的目标。古德斯皮德现在提议，洛克菲勒可出资 150 万美元创建一所真正的大学，并同意在当地每筹措 10 万美元就额外追加 20 万美元，以这样的方式在十年之内筹集到总数为 400 万美元的投资。古德斯皮德梦想着建立一所"第一梯队"的大学并能获得教派"大规模"的认捐。[192]

这些进展令奥古斯都·斯特朗大为不悦，他于 1888 年 11 月写信给哈珀，对其发起猛烈的抨击。斯特朗坚持认为芝加哥的方案将带来一个"杂交而成的不伦不类的机构"，将本科和研究生教育掺在一起注定会失败。[193] 晚年的斯特朗还指责哈珀剽窃了他关于新型研究型大学的计划："哈珀答应过会和我一起努力来劝说洛克菲勒先生在纽约城建一所大学……我在这里必须谴责哈珀博士的言而无信。他放弃了与我合作，却并没有告知我，也没有对他的所作所为做出解释，他利用自己在洛克菲勒先生那里的影响转而支持了芝加哥的方案……经历了十五年的不懈付出，我的纽约大学计划被贪婪地盗取并献给了芝加哥。"[194]

面对斯特朗向哈珀发出的激烈言辞，古德斯皮德选择了退让，他劝哈珀在与对方理论时，尽量把他们计划在芝加哥建的学校与斯特朗计划中 2000 万美元的大学拉开距离，不妨就说他们的计划只是建一所四年制的学院而已。古德斯皮德劝说哈珀，应该向对方强调，芝加哥的这所机构只会循序渐进地发展成为一所完整的大学，这样对方就没脾气了。[195] 一周后，他写信给哈珀，"我们想要的是一所拥有几个研究生部的一流学院，一所西部的耶鲁。一所美国意义上的大学，而不是按照斯特朗对'大学'这个词的理解来建设"。古德斯皮德力图撇清与发难者之间的关系，他坦言道，"如果告诉他（斯特朗）其脑海中构想的那所大学将被移植到芝加哥，那无疑是在欺骗他，而且也会无谓地令对方产生更强的敌意。我自己也有可能被蒙在鼓里了，但我并不认为洛克菲勒先生想要在这儿建的就是原先那所纽约大学"。[196]

但是哈珀完全没有理会这些建议。他以强硬的方式回应了古德斯皮德的警告，表明他没兴趣去安抚斯特朗，并且对古德斯皮德叫板说："如果您想在芝加哥建的只是一所学院，只能说我走错道了。"如果他们向洛克菲勒要的只是一所学院,"我们得到的必然就只是一所学院。这太让人难过了,真的,因为我们想要的是一所大学,而不是一所学院。除非我们提出一个直截了当、确定无疑的行动方案,否则我很难想象能做成任何事"[197]。哈珀觉得斯特朗"令人绝望。盖茨可能会去找他,试着安抚他,但这真的让人生厌"[198]。哈珀对斯特朗的心理状态把握得十分准确。当美国浸信会教育协会委员会于1888年12月同意接受古德斯皮德的计划,准备在芝加哥创建一所新的高等教育机构时,斯特朗被逼得只剩下采取非理性行动了。[199]斯特朗对哈珀身为一名圣经学者的正统信仰发起了直接的人身攻击,希望借此来极力阻止芝加哥方案。在1888年圣诞节写给洛克菲勒的一封信中,斯特朗汇报说,他女儿参加了由哈珀讲授的一系列《圣经》课程,从该课程中可以看出,"哈珀已经偏离了坚定的信念具有启发与预言性的观点,他的教义已经不足为信了"[200]。几天之后,当哈珀与洛克菲勒见面时,他发现对方"与之前相比有点犹豫了"[201]。哈珀时常夸大或误读洛克菲勒接受请求的意愿,这一次,洛克菲勒似乎也不大可能为斯特朗的指责所动。不过,洛克菲勒尤其关心的是,无论他在芝加哥做什么,都应该得到教派的大力支持,而斯特朗的攻击显然有可能把教派的水搅浑。[202]古德斯皮德动员了一些著名的浸信会教徒,尤其是摩根公园神学院的乔治·诺思拉普,来宣称他们对哈珀神学声誉的强烈信心。[203]盖茨并不怎么担心斯特朗的指控,这不过是一个"忧郁的、极度不悦且失望透顶的、怕是几近绝望的男人"所做的挣扎,令他更为担心的是哈珀的心理状态。他对莫尔豪斯吐露,"我倒希望近来的这些攻击能让洛克菲勒对哈珀更加坚定。但我还是担心它会对哈珀本人产生影响。他很怯懦,且对自己在整个教派的地位心存疑虑"[204]。随着流言四起,谈判在1889年前三个月中一度陷入了僵局,洛克菲勒仍举棋不定。哈珀曾不止一次地担忧他和古德斯皮德是否高估了自己的能力。

最后,还是盖茨这个务实派采取了两项关键性的干预措施才将事情拉回正轨。首先,他直言不讳地告诉莫尔豪斯和哈珀,如果他们还想在不远的将来从洛克菲勒那里得到资助,芝加哥的游说集团就必须回到创建一所"高规格的学院"这个想法上来,而打消"大学"这个念头,至少在可以预见的将来是这样。[205]盖茨后来解释说,"哈珀的想法野心太大,也过于苛求。除非看到不那么有野心的劝告能占上风，洛克菲勒先生才会再次考虑付诸行动"[206]。其次，盖茨于1889年2月末向洛克菲勒提议，由他本人建立一个由杰出的浸信会教徒组成的高等委员会来评估在芝加哥建立一所学院的必要性和合理性。[207]洛克菲勒当即同意了。[208]哈珀也被委任为该委员会的成员之一，这个九人小组于四月中旬举行了会议，批准了盖茨修改后的计划，提出在"芝加哥城市范围内"建一所"设施完善的学院，随时间的自然推移决定任何未来可能的发展方向"[209]。这份报告为洛克菲勒提供了在做出有利于芝加哥的可信决策的情况下所必需的公众解释。[210]盖茨的镇定自若，加上莫尔豪斯政治上的狡黠以及古德斯皮德对在市中心选址的强烈意愿，最终说服了洛克菲勒支持盖茨的计划。

弗雷德里克·盖茨于1889年5月15日上午造访了洛克菲勒在纽约城的家，做最后的说服工作。盖茨后来在其自传中回忆道：

> 我们一致认为，要使人们获得永久的信心，仅就启动计划而言，最少需要投入100万美元。他对我透露说，他认为自己应该可以拿出40万美元……洛克菲勒先生当时的提议与到那一刻为止他所说的每一个字都完全一致。但是我不得不坦诚地回复洛克菲勒先生，即使有了40万美元，我们还是难以筹到100万的缺口。然后他提出给50万。我仍然遗憾地告诉他，我们可能还是无法凑齐余下的另一半。于是我提醒他，如果他能拿出认可总额一半以上的捐款，就走在教派前面了。我们不得不采取这一比例。有了这笔捐赠就赢得了先机。教派不能也不会允许其失败。为了筹到100万，他必须用不少于60万美元的捐款先行一步。否则一切努力将功亏一篑。最后他终于对这一点做出了让步，承诺捐献60万美元，于是我们径直走到他的办公室，签下了认捐协议。[211]

为此，约翰·D.洛克菲勒提供了60万美元的捐款以在芝加哥建立一所学院，条件是芝加哥的组织者要在一年内筹集到40万美元的匹配资金以达成总数为100万美元的基础捐助。这个决定反映了洛克菲勒本人虔诚的基督教信仰，正如巴里·卡尔和斯坦利·卡茨所指出的那样，洛克菲勒将为芝加哥捐款作为对自己宗教义务的一种践行,尽管这种使命感绝不会对这个机构本身的发展做出妥协。[212]

来自芝加哥当地浸信会团体的压力、请愿和希望,与盖茨和莫尔豪斯杰出的外部策略相互结合,产生了一长串戏剧性的转变,在其接近尾声之时,芝加哥大学作为学院重建已不仅仅是一个与芝加哥本地利益息息相关的事件,而成为一个国家性和地区性的大事件。但是,如果说盖茨强迫古德斯皮德放弃了摩根公园,那么哈珀则是迫使盖茨、古德斯皮德、莫尔豪斯以及洛克菲勒接受更宽泛而非完全基于教派的新芝大定位的人。盖茨已经获得了洛克菲勒的支持,但那只是针对一所较大的学院,一所浸信会学院。1888年12月,古德斯皮德确信,正在成形的"计划"并不涉及"一所伟大的全国性的浸信会大学",而是一所"西部的大学"。[213] 古德斯皮德所理解的高等教育唯一的阵地就是一个教书的领域——他对自己学生时代曾在老式大学接受过的优越教育十分感激,因此他对学院派教育的看重完全可以理解。[214] 盖茨在学校的发展蓝图方面也较为低调,很大程度上是因为这样更方便推销给洛克菲勒。盖茨曾把这个问题抛给过洛克菲勒,"为了不使任何有价值的利益受到威胁,应该在芝加哥规划建立一所学院还是一所大学的问题是否可以暂时搁置几天(或几年)?即使我们更倾向于规划一所大学,首要的任务自然是建一所学院,以最明智的方式为学院配备充分必然是最初几年里唯一的工作,这段时间很可能需要动用合理预期范围内的所有资金"[215]。

摆在桌面上的有两个问题——一方面是办学的规模和使命,另一方面则是学校的文化身份。古德斯皮德和盖茨想要办一所一流的浸信会学院,而哈珀则有着完全不同的打算:一所非教会性质的"有着最好声望的大学,同时拥有一所学院",辅之以一笔捐赠,在十年内"使其能够与这个大陆上最顶尖的六所大学并驾齐驱"[216]。无论是在资源还是意识形态层面,两种定位间都存在显著差别,芝大至关重要的文化特性面临危机。整个1889年到1890年,哈珀运用耐心的外交手段和温和的威胁手法使得盖茨和古德斯皮德逐渐明白,要使建在芝加哥的一所新的"西部大学"取得成功,唯一合理的保障就是将其办成一所了不起的全国性大学。

1890年6月18日,古德斯皮德和盖茨呈送给伊利诺伊州州务卿的一封请求注册成立新机构的信件最终解决了芝大的文化身份问题，信中规定董事会三分之二的成员和校长一职必须由浸信会教徒担任，但是对学生、教员或该校的所有其他人员而言，"不须再对其进行其他测试或提出特别的宗教职业要求"作为入学或就职的前提。从实质上讲，芝大浸信会和福音派的属性让位给了基督教和宗教不可知论。盖茨后来写道，"这所学院……有着纯粹的文艺和科学气质，不是为偏狭的宗派主义设计的"[217]。浸信会所拥有的唯一切实的权力将仅限于一般意义上的基础属性，与机构性质或研究内容毫无关联；芝大将作为一个非教派机构运营。

然而，新机构的基础领域和使命问题仍未得到解决。有些言论认为浸信会需要争取"有钱人"的支持，尽管在这一点上，盖茨的逻辑意味着，新芝大要想获得最大的利益就必须采取与他在1888年10月在牧师们面前所作的陈述完全不同的自我认知，盖茨仍然很乐意将这个结构上的难题搁置不议，而先发起一场筹款运动以匹配洛克菲勒的捐款。在洛克菲勒许诺捐款之后，古德斯皮德和盖茨将接下来的12个月全部投入到筹措40万美元的工作中。此番行动无疑是美国高等教育历史上最杰出的筹款活动之一。古德斯皮德和盖茨在芝加哥的街头结对寻访，寻找认捐，他们挨家挨户地敲门，"配合默契、毫无摩擦，堪称最佳拍档"[218]。古德斯皮德原本希望可以在几个月之内达成目标，但他们很快发现，当地的浸信会教徒受阶层所限既无能力也无热情凑齐40万美元。至1890年2月，盖茨沮丧地向亨利·莫尔豪斯报告说："我和古德斯皮德博士十分努力，有时候甚至因为过度劳累而陷入沮丧。除少数几次例外，我们几乎每天都把整日的时间花在芝加哥，夜里才回去，甚至经常深夜里都还在与人联络。每天我们都要在这个城市的街道上走很远的路。我们耽搁的时间和遭遇的困难是常人难以想象的。我们致电时只能找到不到五分之二想见的人……面对我们迫切的恳求，人们不是拖延就是想方设法地回避。"不过，盖茨还是对最终的成功抱有信心："无论如何我们要坚持下去，做出点成绩来让人们惊叹。"[219]凭着这种勤勉的精神，盖茨将行动范围扩大到了本地的浸信会教徒之外，这一策略的实施由于新教的派系竞争而显得尤为急迫和艰难。盖茨向哈珀汇报：

事实是，其他教派已经觉醒了，并且到处宣扬说不能支持我们。至少已经开始有这个苗头了。宗派主义！！宗派主义！！浸信会！！浸信会！！几乎每一间办公室都充斥着这样无休无止的叫嚣，无论我们在街头和报纸上多么竭力争取，也敌不过这些让人恐慌的声音。我个人真切地感受到莱克福里斯特[xii]和埃文斯顿都在颤抖，自从（马歇尔）菲尔德的海德公园土地赠与之后，整个长老会和卫理公会教派就开始对浸信会在这个城市以及西部教育方面的统治地位感到畏惧了，并开始纠集盟友来反对我们。这个机构赋予浸信会的强大的杠杆作用现在已经显而易见并招来了记恨。[220]

为了将宗派主义这个骇人的怪物赶走，盖茨和古德斯皮德竭心尽力，这也意味着他们必须与那个被当地浸信会搞垮的旧芝大一刀两断。盖茨坦率地向哈珀报告：

> 我们最大的赠与人和最有才干的人一再要求我们，无论如何不能与过去的任何事情扯上牵连。为了受人尊敬的发声，我们必须时常迫使自己将眼前的行动与过去的包袱彻底分开。就在今天，古德斯皮德博士和洛里默博士与商业俱乐部总裁C.L.哈钦森进行了交流，他承诺下个月让俱乐部听一听我们正在做的事情，并且焦虑地询问我们现在的事业与旧芝大有没有任何关联。当确信没有关系时，他和商业俱乐部才放下戒备。[221]

渐渐地，盖茨和古德斯皮德与富有的非浸信会人士之间建立了信任。盖茨于1889年11月满腔热情地向哈珀报告说，"我们最大的希望在那些有钱的外部人士身上……我们已经锁定了至少一百个人和公司的名字，每一个都值50万到数百万美元不等，我们要去与他们见面。除了一两例个别情况以外，这些大人物中的每一个人都用极大的善意和鼓励接待了我们，有些人说，这件事情绝对不允许失败，不但承诺全力以赴地支持

---

xii 位于芝加哥北岸地区。

我们,还表示要为我们工作"。²²²

查尔斯·哈钦森的帮助起到了尤为关键的作用,因为它引发了一个动态的连锁反应,不仅带动了更多捐赠,而且还使得马丁·A. 赖尔森和其他重要的民间领袖们参与到这项事业中。1890年的春天见证了许多成功的捐赠,包括当地的犹太商人于4月捐出的3.5万美元。所有这些捐赠印证了这个新机构将摆脱一个狭隘的教派身份。²²³

最终,当筹款总额超出了预期目标2000美元多一点的时候,盖茨得以在1890年5月23日发电报给洛克菲勒,告诉他40万美元已经筹到了。洛克菲勒第二天答应兑现承诺,新芝加哥大学就要变为现实了。盖茨启动了程序,美国浸会教育协会将新机构的信托控制权以及所有积累的资产转给了一个新组建的由21个人组成的董事会,其中14人是浸信会教徒。董事会于1890年7月9日召开了第一次正式会议,目的是将自身组织化并选举干事。之后的1890年9月10日,按照州法律,新芝大被正式特许设立为一个非营利机构。

1890年6月,为新机构确定领导人成了眼前的当务之急。威廉·雷尼·哈珀从未在公开或私下的场合承诺担任校长,并且早在1889年年初,耶鲁大学就向他提供了一份丰厚的大礼包——包括加薪、带薪赴欧休假、偿付出版债务、为其公寓提供新设施,还给他配备了一名私人研究助手——而他需要为此做出的承诺就是继续在纽黑文停留更长一段时间。²²⁴哈珀坚持对洛克菲勒说,"我完全拒绝考虑去芝加哥任职这个问题"。²²⁵他始终都在坚持这番说辞,以致盖茨和古德斯皮德在1889年的几个月里一直都在挖空心思地想着关于领导人这个问题的各种对策,其中一个是,由于哈珀将在几年内继续留在纽黑文,古德斯皮德可以出任代理校长一职。²²⁶

1890年6月初,古德斯皮德和盖茨正式请求哈珀考虑是否有兴趣和意愿接受校长一职。²²⁷新董事会由衷地希望由哈珀任职,他们没有其他合适的人选,这一点也很重要。这就让哈珀在这场主要聚焦于新机构属性和使命的谈判中占据了巨大的优势。哈珀的精明加上的确矛盾的动机让他占了上风。第一轮开价他便发问,自己有什么理由放弃一个全职耶鲁大学学者的身份。关于他在这几个月里的思想斗争有几段评述。1890年

5月底，耶鲁大学的乔治·S.古德斯皮德记录道，"我非常惊奇地发现，他很倾向于去芝加哥。六个月前，当我们谈论起此事时，他还是完全反对的……但是当他与这里的学术团队接触并观察这里的运作方式后，似乎完全改变了之前的思想状态"。[228] 但当弗雷德里克·盖茨两个月后见到哈珀时，他似乎比以往任何时候都更加不确定了。盖茨说："我很同情哈珀博士。他看上去真的非常苦恼……他很珍视自己在耶鲁德高望重的地位，那里的同事们让人振奋且与他意气相投，他把自己毕生的事业定义为《圣经》研究，他钟爱那里的学生，他们为数众多且求知若渴，他在那里所做的福音传道工作源于最高的精神动机。"[229]

约翰·D.洛克菲勒于1890年8月初写信给哈珀，敦促他接受这份工作："我同意芝加哥大学董事会的看法，您是校长的最佳人选，如果您接受了这个职位，我会期待伟大的成就。我无法想象还有什么职位能让您为这个世界发挥更大的光和热；我们会对承诺过的事业不时地增加资金投入，在财务上将其置于优先资助的领域，这一点我非常自信。"[230] 哈珀被洛克菲勒的保证打动了，却无法接受他关于未来援助的模糊构想。[231] 作为回应，哈珀明确表示，他不会离开一所大学而投奔一所文理学院："这个教派甚至整个国家都在期待芝加哥大学从一开始就是一所有着最高规格和特色的机构……如果我们本可以生下来就羽翼丰满，却放弃了这个机会而等待成长，那不能不说是一个很大的遗憾。"[232]

哈珀显然对奥古斯都·斯特朗所谋划的那些宏伟目标更感兴趣，要让新机构与之更为接近，就必须为其注入更多的资源以将其扩充。早在1889年年初，托马斯·古德斯皮德就曾发牢骚说，"在未来的许多年里，一个纯粹开展研究生教育和专业研究的大学对我们没有用处"。然而，当1890年年末哈珀对斯特朗道出他关于新芝大的计划时，斯特朗的回答是，"要把这些统统实现所需要的钱并不比我计划在纽约城建一所大学少"[233]。

最后，盖茨于1890年8月中旬在摩根公园会见了哈珀，两人进行了长时间的详谈。盖茨实际上充当了洛克菲勒的代言人，寻觅着哈珀能够接受的条件。盖茨1915年后那段时间的后续描述清楚地道出了实情：

> 哈珀博士……想得很多，十分谨慎，他在做一个人生的重大决定。

根本问题是，他如何能够在担任位于芝加哥的这所大学校长的同时又不会真正放弃他所选择的关于《旧约》研究、批评和教导的毕生事业。于是，下面的计划慢慢地浮现出来了。1. 将神学院搬到芝大校园里。2. 让神学院成为芝大的一个有机组成部分（后来只成了契约中的一部分）。3. 将神学院目前在摩根公园的建筑用作芝大的一个研究院。4. 在（芝加哥）大学校园里为神学院建起同等条件或更好的教学楼。5. 将希伯来语和《旧约》批评的教学转移到芝大的教习设置中来。6. 将哈珀博士聘为首席教授，给予其全系最高的薪水和超越院系的全部权限。7. 洛克菲勒先生须拿出 100 万美元作为新的无条件捐赠，其中的一部分将用于资助神学院开展此计划。8. 哈珀博士去拜访洛克菲勒先生，以同意接受此计划中的校长一职。[234]

哈珀坚持认为，芝大必须追求专业教育和研究生教育。正如卡尔和卡茨几年前观察到的，洛克菲勒自认为是人的管理者，而非钱的管理者，因此对于那些品行和专业素养都信得过的管理者，他愿意投入重金。[235] 因为哈珀对新机构的领导力对洛克菲勒至关重要，所以哈珀稳操胜券。

神学院在摩根公园做得很好，但其领导人意识到，如果学院要继续成长和繁荣，就必须依附于更大的、在财政方面更具优势的教育机构，也就是盖茨依靠洛克菲勒的慷慨赠与在这座城市里创建的大学。因此，盖茨、哈珀和神学院校长乔治·诺思拉普巧妙地将新的学院和研究层面的神学院加以合并，以此来说服洛克菲勒接受建一所完整的研究型大学的逻辑(浸信会神学联盟将继续在新神学院的管理工作中负有一份责任，尽管哈珀坚持反对)。[236] 神学院因此成为建立更大的研究生院的战略支点。哈珀以赌一把的心态认为，极其虔诚的洛克菲勒会对建设关于宗教实践和研究的一流的研究生院产生好感。在他与盖茨的协商当中提到了要设立神学、《圣经》研究和其他文理学科的研究生专业，而将神学院移植到新芝大内部则被定为首要步骤，哈珀正是通过这样的做法为洛克菲勒开辟了一条政治上可行而宗教上令人信服的道路，使其又为芝大捐出了 100 万美元以资助研究生和专业教育。

盖茨于 8 月 25 日向洛克菲勒汇报了哈珀的提议。洛克菲勒于 9 月 5

日在克利夫兰与哈珀商议后同意了哈珀提出的条件,包括附加的 100 万美元捐款,其中 20 万将用于新神学院,但达成共识之前的大半天都是在努力让哈珀接受分期付款的形式。[237] 哈珀告诉亨利·莫尔豪斯,"洛克菲勒先生已经做出了保证,同意无条件向新建的大学捐赠 100 万美元;然而需要说明的是,摩根公园的神学院要与新机构有机地合并在一起,并搬到市里去,所捐赠的 100 万美元要用于研究生教育。下一步是在芝加哥筹集到 100 万美元用于楼宇建设。我觉得完成这件事不会遇到多少麻烦。先别把事情讲出去。还没到对外宣布的时候"。[238]

在 1890 年 9 月 18 日的首次正式会议上,董事会官方委任威廉·雷尼·哈珀为校长,并给了他六个月时间来接受任命。哈珀用这几个月时间详细阐明芝大的组织规划,在公众面前表现得好像已经接受了校长一职。然而,他却迟迟不发布最终接受的决定;1891 年年初,他在处理与保守的浸信会教徒的关系方面再度产生犹疑,这让盖茨和古德斯皮德颇为震惊。哈珀写信给洛克菲勒说,事态仍旧令人深感不安。哈珀的犹豫一定与一些贺信的内容有关,如约翰·布罗德斯在信中所称:"我希望无论如何,就对《圣经》的问询以及基督教与批判性科学的关系问题而言,您在任何情况下都会感到和持保守观点的人在一起很舒服……我同样相信,与芝大相关联的神学院将一直保持其明显和坚定的浸信会本质……"[239] 一些保守的东部领导人,如爱德华·布赖特,对哈珀的计划一直怀有强烈的不安情绪。[240] 奥古斯都尖刻的个人仇怨仍在干扰哈珀,他提醒洛克菲勒,他对《圣经》的观点与斯特朗和教派其他领导人的观点有着"相当大的差异"。哈珀向洛克菲勒承认:

> 在摩根公园过圣诞周的时候,我和诺思拉普博士聊了三个小时……我跟他表达了我的意见,告诉他我对其正确性深信不疑,并且坚信我的职责就是将这些观点传播出去。我还跟他说了我的担心,虽然这些观点完全正确,但是将其传播出去会将一些浸信会教派报纸的怒火点燃并引到我和芝大的身上。我进一步对他表明,我不愿意接受一个让我感觉不能开口说话的职位。从我教授《圣经》的效果来看,我不得不相信是上帝的旨意让我延续自己一贯的教学方法来教授这门

课。因此，如果一个职位将剥夺这个权利，我不会同意接受。另一方面，我不希望因为担任这个职务而使这个机构失去教派的信任。我所持的观点可以在耶鲁讲授，不仅不会受到责难，还会经常得到校长和神学同仁由衷的鼓励。

有人建议我，鉴于所有这些情况，无论下一步采取什么行动，我都应该认真地把确切的形势跟您和您想要听取其建议的朋友们讲清楚。[241]

这个插曲可能只是被人们当作哈珀顾虑过多的另一个迹象而未被重视。盖茨是这样想的，他认为哈珀之所以写这封信，是由于他"对自己真实的或假想的离经叛道有一种病态的忧虑"，他"劳累过度，筋疲力尽，且身心相应地敏感而虚弱"。盖茨既震惊又愤怒，绝不是因为他相信这是哈珀应对自身现代主义神学立场的外交辞令："闻听哈珀所言，了解到他极糟的心境，我必须说，对我而言，我很高兴知道他教书的方法，而不至于不悦。如果上帝了解哈珀是正确的，有用的，而传统既错误又有害，我不会感到惊讶。他给这里的教授、学生和牧师创造了一个美好的印象，充当了《圣经》批评和正统信仰之间必需的协调员。"[242]古德斯皮德也同样被哈珀使出的策略吓坏了，坚持说"您与其他人所存在的分歧并不足以引起一场神学战争"，哈珀的好战所造成的唯一后果只能是，"这个世界将作壁上观，并且说'看看这些浸信会教徒，为了这所大学，又斗起来了'"。[243]

但哈珀担心斯特朗恶毒的抨击还会继续，而他未能将浸信会神学联盟从神学院的管理架构中去除给未来带来了不确定性，让那些保守派有可能勒索芝大（事实上，1904年的乔治·伯曼·福斯特事件恰好印证了这种担心）。哈珀也很可能想到了美国长老会教徒围绕自由派神学家查尔斯·A. 布里格斯发表的论文和演讲进行的愈演愈烈的争论，一场于1891年达到第一次高潮的战争。哈珀在他的期刊上刊登过布里格斯的几篇文章，作为一名自由派圣经学者和前长老会教徒，哈珀十分熟悉长老会的行事风格，自然对布里格斯的窘境非常敏感。正如马克·马萨最近指出的那样，当纽约长老会于1891年11月初解除了针对布里格斯异端邪说的指控时，很多人像"自由派苍穹中的明亮之光"一般第一时间前去祝贺布里格斯，哈珀则是其中之一。[244]

哈珀说，如果接受了新职位，他不能让校长一职的约束压制或扭曲自己的学术理想和价值观。如果就任校长，官方的负担自然迫使他采取更为戒备的行为模式。但重申基本原则本身很重要，哈珀对利害攸关的问题直言不讳。他写信给亨利·莫尔豪斯，"然而，我的良知是自由的。我说的是'全部事实，只有事实，并无其他'。我已经准备好去芝加哥了；事实上，德怀特校长手中现在正握着我的辞职信，我会在最佳的时机把接受任命的意见呈交到芝加哥大学董事会成员手中。但是，我这样做是因为我知道这个平台是广阔而自由的，大家都已事先了解了我的立场和处境，而且我有权在任何情况下都能够按照在我看来明智的方式教学"[245]。

洛克菲勒不愿上钩。他授权亨利·莫尔豪斯回应哈珀道：

> 洛克菲勒先生既没有时间也没有意向来解答没有实际意义的神学问题，也没有义务告知您去教什么……在做出所有这些努力之后，在这个事业被寄予如此厚望之后，在人们攒足了巨大的干劲之后，如果您拒绝正式接受这个任命，从而令这个机构陷入混乱，阻碍其进步，摧毁眼前光明的希望，那一定是非常不明智的……如果在这个关键时候自作聪明，给机构带来新的麻烦，连您最好的朋友都会质疑的。[246]

这等于将了对方一军。莫尔豪斯实际上是在告诉哈珀，董事会已经在他的领导之下了，约翰·D. 洛克菲勒以及整个浸信会教派六个月来一直相信他会接受校长一职的，他没有回旋的余地了。为了捍卫自己的学术自由，哈珀已经把基础夯实了，他于1891年2月16日通知董事会接受新芝加哥大学校长一职，从1891年7月1日起正式上任。哈珀后来道出了他做出这个决定有多么艰难："很多时候我会回头去看在纽黑文的那些日子，有时候我在想我是否不应该留下来。但总的说来，我认为自己做出了正确的选择，尽管牺牲很大，但我觉得责无旁贷。"[247]

## 关于旧芝大的记忆

威廉·雷尼·哈珀,一个有着"个性魅力"的一贯喜欢高调做事的杰出领导者,以大张旗鼓的方式宣告了新芝大的成立,此举模糊了新旧两个机构之间非常重要的延续性。[248] 新芝大早期最大的几笔捐赠的捐助者或是与旧芝大相关联或是代表那些确实与旧芝大有着稳固关系的人行事。其中一笔用于建设多间现代生物研究实验室的 100 万美元捐款主要来自于海伦·卡尔弗,她是为了满足已故表亲查尔斯·J. 赫尔为芝大捐赠的遗愿,因为赫尔是旧芝大的一名董事,其子也在此校上过学。卡尔弗于 1895 年宣布捐赠的时候,乔治·沃克向她表示祝贺,"得知您对芝加哥大学所做的十分慷慨的捐赠,我备感欣喜。这件事唤回了许多关于往昔的回忆,我父亲是旧芝大的一名董事,他在董事会中与赫尔先生关系密切;后来,我自己通过选举也担任了同一职位……您为他的记忆做了一件再明智不过的事情,我们对您的义举表示崇敬"。[249] 威廉·奥格登的遗产执行人提供了一笔超过 56 万美元的捐赠,基本上是奥格登因反感旧董事会长期不和而拒绝给予旧芝大的那笔大额捐助。[250] 来自罗桑伯格和卡尔弗财产的捐赠同样也是旧芝大校友提供的,他们希望赋予第二所芝大以信心;乔治·沃克 1892 年所做的 10 万美元捐赠来自旧机构的一名董事,如今他已经转入新机构担任相同的职务。新芝大创立的第一个资助教授职位由旧芝大校友出资赞助,是为了纪念爱德华·奥尔森,芝大的一名校友和前希腊语教授。最后,学术严谨性和对自由文化的独特追求,作为旧芝大学生和教师精神的标志是创立者们赋予新芝大价值观最恰如其分的开场白。旧机构的一位校友查尔斯·R. 亨德森教授致力于一种社会改革,其目标(如安德鲁·阿尔伯特所言)是"创建一个精神利益最终主导的世界",从其早期训练开始,他便接受了将品德完善作为一种神圣所需和神性保证的观念,并将其视为新芝大的主要使命。[251] 因此,当亨德森 1907 年描述旧芝大的校友时,他坚持认为"从这里走出去的人都有从事人类事业和改善世界的冲动,他们将那些崇高而高贵的冲动注入了经贸、商业和法律界"。[252]

新芝大最初二十一名董事之中有五人曾在旧芝大担任董事,他们是:

E.纳尔逊·布莱克、弗朗西斯·E.欣克利、亨利·R.拉斯特、查尔斯·W.尼达姆和乔治·C.沃克。其他几名董事，如费迪南德·W.佩克、以利·B.费尔森塔尔和弗雷德里克·A.史密斯则是旧芝大的校友。其他董事有第一所大学的支持者，如阿朗佐·K.帕克，他是百年浸信会教堂的牧师，以及定期与芝大领导人互动的芝加哥浸信会社团的积极分子，如爱德华·古德曼，他是《标准》的所有者，同时也是摩根公园神学院的财务主管。总之，新董事会中几乎有一半人与旧机构有着某些重要的个人联系。新芝大的几位主要捐助者，包括塞拉斯·科布和西德尼·肯特，曾与前校长加卢沙·安德森就慈善问题进行过一番对话，因此安德森的儿子后来说，他的父亲曾为哈珀成功获得大笔捐助铺平了道路，这或许不无道理。[253]

旧芝大将其名称和人员都给了其继任机构。为了使新机构能够沿用"芝加哥大学"这个名称，旧芝大的董事们于1890年6月14日在芝加哥的太平洋酒店召开会议，承认该机构"由于缺乏资金支持已经停止了继续维持一所大学的运作"，并且"应旧芝大校友的请求，新机构应与旧机构保持相同的名称"。随后，他们通过投票授权"新机构按照上述规定进行组织，以采取和使用'芝加哥大学'这个名称"。1891年2月，新芝大董事会同意承认旧芝大的校友为新芝大的校友，确认旧机构的文学和理学学士学位作为新机构学位体系的组成部分。因此，从校友关系的角度来看，新芝大获得了一个看似合理的延承关系，成为一所美国内战前的机构。

然而，尽管做出了这些名义上的（以及出于体谅的）努力来保持联系，新旧两所机构之间的联系仍然存在着无法忽视的矛盾，选择新校园就是一个明显的例子。作为旧芝大坚定的支持者，一向直言不讳的威廉·埃弗茨曾敦促重新启用位于34街的老校址，他于1889年10月15日发表了一篇公开声明："难道不应该让（34街校址）重整旗鼓，一扫失去公信的耻辱，将铭刻着苦难的纪念碑化为一座光荣的凯旋门吗？我们难道不能在失败之地重塑信誉，在曾经备受屈辱的驱逐之地夺回并挥舞胜利的旗帜吗？"[254]

据旧芝大的一位校友，当地校友领导人亨利·C.梅彼称，他的多数校友都同意埃弗茨的看法。梅彼"非常倾向于认为，一些芝加哥人强烈要求放弃旧校址的那些原因，虽然在我看来是微不足道的，却恰恰说明了为何现在要将所有过去不光彩的痕迹统统抹去，而且主要是由芝加哥人实现"。[255] 相比之下，盖茨和莫尔豪斯对此问题的态度却并不明朗，他们有理由认为这样做会使新机构背负沉重的情感包袱，也很反感埃弗茨干涉此事。[256]

莫尔豪斯认为他们应尽可能避谈校址的问题，至少等到成功筹款后再说。[257] 同样，哈珀也拒绝过早地为此分心。哈珀对埃弗茨的计划并不感冒，但他敦促盖茨成立一个委员会来研究这一争议，以此来安抚埃弗茨，因为他认为争议会导致极端分裂。美国浸信会教育协会没有义务按照委员会的报告行事，但是，哈珀指出："我们必须这么做，否则很多人无疑会疏远我们。我们难道不能不动声色、谨慎、和谐地处理此事吗？"[258]

合众人寿保险公司狮子大开口，对旧校址开出天价，或许是由于过去与已倒闭的学校之间有太多不良贷款而想借机（最后）再捞一把，这倒让盖茨松了一口气。1889年11月，盖茨兴冲冲地通知哈珀："保险公司的人……开出了40万美元，一分钱都不肯便宜，他们也同意我们和所有人的意见，知道以我们的能力是负担不起的……老校址的问题就不用再讨论了，没人再会去想让我们买下了。所以这个问题可以视为已最终解决。除了资金短缺给我们带来的尴尬外，一切都是光明的，我们无比高兴和自信。"[259]

1889年12月初，古德斯皮德和盖茨联系到了芝加哥百货公司巨头马歇尔·菲尔德；在几经周折之后，他们于1890年1月中旬获得了位于海德公园村中的一块刚刚被并入这座城市的10英亩土地的捐赠承诺。[260] 菲尔德还给予协会以13.25万美元的折扣价格购买另一块10英亩土地的特权。从芝加哥知名商业领袖那里获得一笔超过20万美元的地产，这将给洛克菲勒留下深刻印象，此外在更具吸引力的城里高档住宅区得到一大块土地，这种机会是相当诱人的。盖茨于1月初提醒莫尔豪斯："关于菲尔德提供的那个地方，如果我们能弄到15到20英亩土地的话，在某些方面会比旧址更好。"[261] 两周后，盖茨高兴地告诉莫尔豪斯，捐赠已经落实了，芝大现在拥有了一块完美的新址来运营：菲尔德先生的捐赠……位于旧址以南21个街区,以东4个街区。地势足够高,排水很好,这一点很重要,而且距离卡蒂奇格罗夫大道只有一个街区。格里普线沿着这条大道和沃巴什街一直延伸到市中心,这条环线在莱克街转弯。从将城市分为北区和南区的那条河到这个校址,走格里普线只需要45分钟的车程。伊利诺伊中心线的城区和市郊火车开到校园只需8到10分钟……南区,尤其是从该校址向各个方向延绵数英里的范围内的土地均为住宅区,是中上阶层和贵族们的居所,不可能有制造业与之为邻。这块地西边约1200英尺的地方是华盛顿公园,东边约2000英尺的地方是杰克逊公园。它们是南区的两大公园,目前正在耗费巨资以开发成为重要景观。每座公园占地数百英亩。连接这两座公园的"普莱桑斯"绿色走廊仅在该址南边两个街区之外,其间贯穿一条沿水系的大路,还有一些娱乐休闲的场地。[262]

在为《标准》撰写的文章中,贾斯汀·A. 史密斯对菲尔德的赠与大加赞扬,并预言新址"堪称理想中的完美之所……方圆数英里的范围内形成了这座城市最佳的住宅区,不过与校园紧邻的区域目前人口密度并不大,不会阻碍该机构围绕周边建立起自身独特而有激励性的社会和学术氛围"[263]。

马歇尔·菲尔德赠与的位于海德公园的这块"中上层和贵族阶层"的乐土,有两方面的重要意义,不仅使盖茨和古德斯皮德与威廉·埃弗茨这样的浸信会牧师所珍视的旧芝大的回忆拉开了5英里城市街道的距离,还象征着东部浸信会非同一般的捐赠对芝加哥那些富豪精英们产生的激励效果。当菲尔德写信给盖茨确认捐赠时,他特意将洛克菲勒与所有芝加哥人,而不仅仅是浸信会教徒联系起来,并且让人们关注新机构将会对整个大都市带来的影响。"与这座城市所有的居民一样,我对洛克菲勒先生为芝加哥所做的杰出善行表示感激。我对这座城市以及整个西部民众所取得的成功表示祝贺,并将与所有文化界的朋友一起欢庆又一所卓越的高等教育机构即将建立,屹立于在这片大陆的中心。"[264] 新芝大在马歇尔·菲尔德等人士的眼中展现了价值,这也证明其已经与纳尔逊·布莱克由衷钦佩的"城市中立财富"代表的领域产生了联系。

新芝大入驻海德公园的决定意味着有关那个已名存实亡的机构的记忆将不可避免地滑入历史的冰窖。同样,就机构性质和发端而言,原芝大存在的事实已从芝加哥大学的正史述说中被剔除出去。[265] 在哈珀计划核心领域，即教师身份和机构宗旨变革的推动下，另外一些分离随即出现。与旧芝大形成鲜明对比的是，哈珀将他的教育团队视为专业声誉的代言人，用来评价个人和集体成就的是针对新型国家学术团体的一系列鼓励竞争、任人唯才的标准，包括知名学术期刊发表、国际会议和专业组织参与度等，这些成就将界定新芝大的本质。哈珀信奉基于才干的竞争，不讲一点情面，即使这可能令承受力较差的人感到不舒服。强调科研的益处不仅在于这是产生新知识的方式，还在于它能够展示新团队的想象力、创造力和专业性，调动新芝大的专长并证明其合理性，以改善并丰富这座大都市的市民生活。将科研视为社会进步和专业发展保障的定位与美国大学教授团体日益增长的信心和声望相得益彰；自19世纪80年代以后，大学教授团体便逐渐凝聚，形成了学术水准和酬金水平不断提高的专业群体，也受到了实力和权威均稳固提升的各专业学科的保护。[266] 哈珀十分清楚绝不能错过这样宝贵的机遇，他必须趁一个全新的国家高等教育体系正在美国诞生之际实施他的计划，这就解释了他为何不惜重金，甚至不惜预支还没到手的钱来迫不及待地推行他的方案。

哈珀还为新芝大对中心城市的责任规划了一个更为宽阔的视野，为新机构披上了一件华服。学术素养和社会改善将共同增强科学的影响力，同时提升芝加哥公众文化的质量，使其远远超越当地浸信会社群的范围。因此便有了哈珀通过学校外联部四处宣传芝大的狂热举动，哈珀的芝大将不仅以一种激进的新方式变得广为人知，还将在更为广阔的城市和区域中创建心存感激的公众群体。哈珀也因此坚信，新芝大绝非单一教派信条亦步亦趋的追随者，而是民主和自由价值公开的捍卫者，会尽其所能去触摸"生命，生命的每个阶段，每个节点。它进入到人类思维观照的每个思想领域。它不会离群索居，僵化固定，因为它会主动接近那些无法来到它身边的人。它不会竖起高墙，因为没有敌人需要防卫。奇特的是，这种期待产生紧密联系的态度反而能使潜在的敌人消失殆尽。无论从个人角度还是从集体角度来考量，这都是一所民有和民享的大学"[267]。

新芝大通过宣告与旧芝大没有历史上的关联来消除之前机构的影响，这一趋势在弗雷德里克·盖茨后来写的分析与反思的文章中也有所体现。在思考第二所芝大诞生和走向繁荣的原因时，盖茨在 1914 年写给托马斯·古德斯皮德的信中尽可能淡化了浸信会所起到的作用："以人类编年史上从未有过的速度不可思议地成长为一所伟大的大学，所有这一切，如果说有人曾梦想过，也只不过是梦想而已。这是教派不曾预见，更不曾完成的事情。这种惊人的成长源自于两位伟大校长的高瞻远瞩，创始人毫无保留的贡献，董事会成员的智慧和忠诚，芝加哥市民的慷慨，以及各个领域和迅速增长的学生群体的需求。"[268] 这样的话似乎在告诉人们芝加哥大学的出现仅仅是哈珀超凡脱俗的天分所造就的。同样，当托马斯·古德斯皮德整理好芝大第一个二十五年的历史并将起草好的章节发送给盖茨审阅和评论时，盖茨对古德斯皮德详述的旧芝大和神学院的年代史没有表现出多少兴趣。盖茨认为，旧芝大和神学院加在一起是一个"令人伤感和沮丧的故事，尽管你们一直试图去为其正名和辩护，并且寻找各种机会去赞赏和褒扬；诚然这样的努力本身是值得称赞的，也是成功的"。盖茨带着一点不耐烦的语气写道，"依我之见，如果您能将抛给旧神学院众多教师的花束留给神学院的校友们将来津津乐道的这座学院的历史，您的文章会更有分量，而且也不会有失尊严了。在我看来，您的善心和您充满感激的记忆诱惑您做了一些多余之事，使您陈述的统一性、说服力和公正性在读者眼中大打折扣"[269]。

然而，古德斯皮德却坚持己见，这在他看来理所当然，因为他明白，与第一所芝大历史密不可分的失败描述使得教派领导人在 19 世纪 80 年代末痛下决心夺回其名声和荣誉。还有一点十分清楚，1890 年时还很年轻的弗雷德里克·盖茨刚刚参与了引领芝大复兴的政治斗争，他看待问题的视角非常与众不同。在 1890 年 7 月 9 日向新组建的芝大董事会发表演讲时，盖茨雄辩地强调了新旧芝大之间在精神和文化上的关联：

> 于 1857 年成立的芝加哥大学董事会……已一致决定并满怀热诚地将芝加哥大学的名称遗赠给了你们，同时，他们还把校友一并转交给你们了。新芝加哥大学是从旧芝大的废墟中重建起来的。新芝加哥大学虽然有着新校址、新管理层以及成倍于以往的新资源，并且摆脱了所有那些令人不堪的麻烦，它却继承了旧芝大的名称，位于相同的社区，

享有相同而全面的教派赞助，获得了同样热心公益的民众支持，将致力于相同的教育事业，并将以实现那些曾对旧芝大失望的人们所寄予的最高期盼为目标。如果从法律意义上将其断开，一代人将会从人们的记忆中消逝。兴趣、情感、渴望和努力，这些东西聚集在一起才真正构成了一所教育机构的真实生活，而它们之间是没有断层的。旧机构的校友也是新机构的孩子，因此我们要在这里为他们发声，恳请诸位深思熟虑，希望体贴周到的你们能尽早以恰当的方式承认他们。[270]

如果按照埃德蒙·伯克[xiii]关于跨代伙伴关系的图谱来看两所芝大的情形，它们之间的确没有断层。作为一个由自由学者和学生组成的自治"城邦"[xiv]，充满了对知识的挚爱和代际间历久弥坚的绝对忠诚，芝大的每一代人都得益于上一代人的财富，而每代人又都在为芝大集体的美德和资源添砖加瓦。19世纪50年代开启的关于一所西部边疆大学的粗陋而模糊的计划升华成为一个高贵而可持续的理想，并获得了芝加哥社会精英们的鼎力支持，他们相信高等教育不仅对于公众和社会是一种善行，更是市民声望的象征。像古德斯皮德和莫尔豪斯这样的浸信会教徒道义上的紧迫感，哈珀的学术想象力和胆识，盖茨的老练和实用主义，以及洛克菲勒与芝加哥捐赠者无与伦比的慷慨融合在一起，令约翰·伯勒斯及其同仁创建的大学得以重新崛起。不无讽刺意味的是，伯勒斯和哈珀有一个共同点，两人都愿意大把花钱，哪怕他们自己的经费并不充裕。哈珀有一个可信而耐心的捐赠者，一个杰出的教职团队和一个吸引人的教育计划，而伯勒斯一样都没有。

但是在创建一个新的芝加哥大学这件事上，哈珀仍然捍卫了旧芝大和摩根公园神学院所秉持的以低调却富有革新性的方法开展教学工作的内在价值。毕竟，哈珀也来自那个世界，尽管他对于这个机构的抱负和

---

xiii　18世纪英国和爱尔兰政治家；在批判"社会契约论"时他曾经说过，社会是一种伙伴关系，这种关系不仅仅存在于活着的人之间，还存在于活着的人、死去的人与尚未降生的人之间。

xiv　原文civitas为拉丁术语，在罗马共和国晚期指通过法律结成的一个公民社会实体。

学术追求使其超越了传统。阿尔比恩·斯莫尔后来评述，哈珀最具独创性的观点之一便是：教学是发现新知识的另一种方式。[271]

旧芝大的遭遇证明，大学和学院的确必须关注要去努力与之共存的广阔世界，无论如何都必须与时俱进。一个机构的理想可能经久不变，但其成员及其生活环境总在不断变化，包括习惯、品位和支配其生活的社会意义。在发挥慈善作用的时候，大学必须承担起对公民环境的义务。芝加哥大学的崛起、衰落和重建显示出慈善事业的重要性以及"适应"更大的社会经济和都市环境的重要性。第一所芝加哥大学没有古德斯皮德和盖茨梦寐以求的那些主要捐助者的支持，试图通过单打独斗来生存，结果是灾难性的。旧芝大的故事是一个秉承人文科学价值观的关于希望和信仰的故事，却也是一个因匮乏而失利、因挫败而蒙羞的故事。

如第一所芝大的早期董事们在1857年所述，他们所期望的是一所"并非只顾眼前，而是放眼长远"的大学。然而，他们由于能力欠缺（也有不走运的成分），无法维持这样一个机构，但19世纪80年代芝加哥当地浸信会急于挽救第一所芝大失败的领导，又促使其重拾这项事业。最终，由于旧芝大未兑现某些承诺，新芝大诞生时自然不甚完美，这使得公众深刻地意识到一个值得关注的芝加哥高等教育机构的存在是多么重要，这一机构不仅要致力于树立研究的权威，还要注重专业知识的培养。用托马斯·本德尔的话来说，古德斯皮德、诺思拉普、盖茨和莫尔豪斯想要的是一个将"公民文化和学术生活"融为一体的机构，它既有典型的中西部特色，又植根于19世纪90年代早期自由的新教宗教文化之中。[272]可以说，正是旧芝大的消亡赋予了新芝大诞生的可能性和必要性。

## 注释

1  克里斯托弗·詹克斯，"学院未来三十年"，《哈泼斯杂志》，1961年10月，第121-128页。詹克斯的文章引起了芝大工作人员的注意，后者总结了文章中关于芝大行政领导权的争论。请参阅卡尔·拉森致艾伦·辛普森的信，1961年9月28日，"本科生院档案"。本书撰写期间的"本科生院档案"既包含"特色馆藏研究中心"中以"本科生院院长记录"系列标题整理的盒装本科生院档案，也包含原本是"本科生院院长办公室"工作文件的档案，这些文件最终也将被送往"特色馆藏研究中心"。

2 这类文献十分庞杂，请特别参阅比尔·里丁斯《毁灭的大学》（坎布里奇，马萨诸塞州，1996）；多米尼克·拉卡普拉，"大学毁灭了吗？"，《批评探究》25 (1998)：第 32-55 页；查尔斯·T. 克劳特菲尔特，《买最好的：精英高等教育中的成本升级》（普林斯顿，新泽西州，1996）；托马斯·本德和卡尔·E. 休斯克编，《转型中的美国学术文化：五十年，四大学科》（普林斯顿，新泽西州，1998）；威廉·F. 马西和罗伯特·泽姆斯基，"教员可支配时间：各院系的'强制性学术发展策略'"，《高等教育期刊》65 (1994)：第 1-22 页；罗杰·L. 盖革，《知识与金钱：研究型大学和市场的悖论》（斯坦福，加利福尼亚州，2004）；大卫·L. 科普，《莎士比亚、爱因斯坦与底线：高等教育的市场营销》（坎布里奇，马萨诸塞州，2003）；德里克·C. 博克，《有失水准的大学：坦诚地看待学生学了多少以及为什么要学得更多》（普林斯顿，新泽西州，2006）；安德鲁·德尔班科，《过去的大学、今天的大学，以及大学该有的样子》（普林斯顿，新泽西州，2012）；罗伯特·泽姆斯基，《让改革生效：美国高等教育转型案例》（新不伦瑞克，新泽西州，2009）；以及泽姆斯基，《改革清单：让美国高等教育成为可持续发展的事业》（新不伦瑞克，新泽西州，2013）。

3 路易斯·梅南，"大学：黄金时代的结束"，斯蒂芬·J. 古尔德和罗伯特·阿特万编，《美国散文精选，2002》（纽约，2002），第 219-231 页；梅南，《思想的市场：美国大学的改革与阻力》（纽约，2010），第 63-77 页。并请参阅罗杰·L. 盖革所著《研究与相关知识："二战"以来的美国研究型大学》（纽约，1993）第 198-229 页中的重要讨论；威尔逊·史密斯和托马斯·本德编《转型后的美国高等教育，1940——2005：国家话语纪事》（巴尔的摩，2008）第 1-11 页中很有见地的"前言"部分；及理查德·M. 弗里兰所著《学术界的黄金时代：马萨诸塞州的大学，1945——1970》（纽约，1992）第 70-119 页中有益的调查。

4 克里斯托弗·詹克斯和大卫·里斯曼，《学术革命》（纽约，1968），第 8-27、38-40 页，尤其是第 23-24 页。关于这本书有一些很有用的评论，请参阅 F. 钱皮恩·沃德在《伦理》80（1969）第 74-75 页中的评论。

5 罗伯特·赫里克，"芝加哥大学"，《斯克里布纳的杂志》18（1895）：第 399-417 页。

6 《伟大的责任：芝加哥大学董事会的一份声明》（芝加哥，1955），第 5 页；《伟大的芝大纪念碑，芝加哥大学发展规划参考》（芝加哥，1925），第 12 页。

7 爱德华·P. 布兰德，《伊利诺伊州浸信会教徒历史》（布卢明顿，伊利诺伊州，1930），第 165 页；佩里·J. 斯塔克豪斯，《芝大与浸信会教徒：一个世纪的发展》（芝加哥，1933），第 81-83 页。

8 罗伯特·W. 约翰森，《斯蒂芬·A. 道格拉斯》（纽约，1973），第 335-336 页。

9 威廉·W. 埃弗茨，"芝加哥大学历史"，第 1 页，"老芝加哥大学"，档案第 9 盒，文件夹 4。除非另有所示，本书中所有的档案文件均收藏在芝加哥大学约瑟夫·瑞根斯坦图书馆的"特色馆藏研究中心"。

10　J.C. 伯勒斯，"芝大的捐助者——斯蒂芬·A. 道格拉斯"，《沃兰特》，1872 年 12 月，第 28 页；埃弗茨，"芝加哥大学历史"，第 2 页；贾斯汀·A. 史密斯，《密西西比河以东西部各州浸信会教徒的历史》（费城，1896），第 281-282 页。道格拉斯曾于 1853 年 5 月至 10 月间前往欧洲，与著名的欧洲政治领导人（包括拿破仑三世和沙皇尼古拉斯）会面，获得英国和欧洲大陆政治机构的一手资料。请参阅约翰森著，《斯蒂芬·A. 道格拉斯》，第 382-386 页。

11　《代表芝加哥大学和浸信会神学院所作的演说和筹款努力》（芝加哥，1867）第 12 页中的"托马斯·霍因的演说"；丹尼尔·迈耶，《斯蒂芬·A. 道格拉斯和美国联盟》（芝加哥，1994），第 29-30 页。

12　J.O. 布雷曼，"斯蒂芬·A. 道格拉斯的捐赠"，未注明出版日期，"老芝加哥大学"，档案第 9 盒，文件夹 5。

13　《芝加哥论坛报》，1857 年 7 月 8 日，第 2 页。

14　"董事会会议纪要"，1857 年 9 月 2 日。

15　同上。

16　《芝加哥论坛报》，1874 年 1 月 28 日，第 7 页。

17　《基督教时代》，1856 年 10 月 1 日，第 2 页。

18　琼斯总共捐助了 3 万美元，其中包括捐赠给琼斯会堂的资金，而斯开蒙则为迪尔伯恩天文台捐助了 3 万美元。

19　约翰森，《斯蒂芬·A. 道格拉斯》，第 620、702、870-871 页。

20　伯勒斯于 1818 年 12 月出生在纽约斯坦福德的一个拓荒农家。年轻时候的他读书如饥似渴，但其早期教育实际上是在一间小木屋校舍里接受的。16 岁时，他就被任命为兼职教师，19 岁时在纽约麦地那的一个律师事务所当学徒。他曾先后在布鲁克波特特别中学和耶鲁学院求学，1842 年从耶鲁学院毕业。1846 年，他从麦迪逊学院毕业，在纽约的西特洛伊教堂做过五年牧师，随后搬到芝加哥，于 1852 年成为第一浸信会教堂的牧师。1855 年，位于伊利诺伊州奥尔顿的舒特莱夫大学院请他担任校长，但被婉拒。在离开老芝大以后，伯勒斯加入了芝加哥教育委员会，并于 1884 年被选为公立学校助理督导。他于 1892 年 4 月去世。请参阅《芝大领导人传略》（芝加哥，1868）一书中第 583-589 页的"约翰·C. 伯勒斯"章节。

21　史密斯，《浸信会历史》，第 287 页。

22　"董事会会议纪要"，1858 年 7 月 15 日。

23　托马斯·W.古德斯皮德,"第一所芝加哥大学的建立",《芝大档案》5(1919):第248页。

24　弗雷德里克·鲁道夫,《美国学院和大学的历史》(纽约,1962),第177-200页;唐纳德·G.图克斯伯里,《美国内战之前学院和大学的成立,尤其是宗教对学院运动的影响》(纽约,1932),第23-28页;包括罗杰·L.盖革编著的《19世纪的美国大学》(纳什维尔,2000)第127-152页中近期由盖革所作的杰出调查,"美国高等教育中学院承担多种功能的时代,1850—1890"。

25　《基督教时代》,1857年7月10日,第2页。由于用于放置奠基石的设备没有到位,仪式被无限期推迟了;但是在一场由当地共济会主持的仪式过后,所有的嘉宾都围坐在一桌桌当地浸信会女士们准备的"丰盛佳肴"前享用宴请。

26　请参阅弗雷德里克·鲁道夫,《1936年以来美国本科学科课程历史》(旧金山,1977),第61-65页;亚瑟·M.科恩,《美国高等教育的形成:现代体制的产生和发展》(旧金山,1998),第73-83页,盖革,"多目标大学时代",第128-129、139-142页。大卫·B.波茨对1828年以来的人文科学有一种早期和与众不同的观点,请参阅其著作《美国大学的人文教育:1828年耶鲁报告》(纽约,2010),特别是第33-47页。

27　请参阅大卫·B.波茨,《1812—1861年美国社会发展中的浸信会大学》(纽约,1988),第323-332页,及理查德·霍夫斯塔特和威尔逊·史密斯编,《美国高等教育:被记录的历史》(芝加哥,1961)1:第334-375页,特别是第358页。韦兰于1855年发表过另一篇文章,《美国人民所需要的教育:1854年7月25日在神学博士和法学博士伊利法莱特·诺特任院长50周年之际于斯克内克塔迪联合学院发表的一篇演说》(波士顿,1855)。

28　请参阅约翰·C.伯勒斯,"芝大的捐赠者——韦兰博士",《沃兰特》,1873年1月,第42-43页。

29　理查德·霍夫斯塔特和C.德威特·哈迪,《美国高等教育的发展和前景》(纽约,1952),第13页;及劳伦斯·R.维齐,《美国大学的产生》(芝加哥,1965),第21-25、32-40页。

30　托马斯·W.古德斯皮德,"弗雷德里克·A.史密斯",《芝加哥大学传略》(芝加哥,1922—1925),第1卷,第320页。

31　请参阅《芝加哥大学年度目录1:1859—1860学年官员和学生》(芝加哥,1860),第19页。

32　《芝加哥大学年度目录1》第12-22页中有各项内容的概览。关于1870年以前美国大学的文献数量庞大且纷繁复杂。我找到的最有价值的资料包括:科恩,《美国高等教育的形成》，第 9-97 页；鲁道夫，《美国学院和大学的历史》，第 44-286 页；科林·B. 伯克所著《美国大学的人口：对传统观念的检验》（纽约，1982）中修正主义的描述；波茨所著《1812—1861 年美国社会发展中的浸信会大学》中的详尽分析；以及盖革所著的《19 世纪的美国大学》中的各种文章。

33 《沃兰特》，1873 年 3 月，第 1 页。

34 另一位更有同感的学生作者评论说，科学学科的疲软反映出一个简单的事实，"缺钱才是罪恶之源"。《沃兰特》，1873 年 5 月，第 78 页。到了 1886—1887 年，美国大学招收的所有学生中有 62% 的人参加了经典课程的学习。请参阅托马斯·D. 斯奈德所著的《美国教育 120 年：统计学视角》（华盛顿特区，1993），第 64 页。

35 请参阅维齐，《美国大学的产生》，第 40-56 页。

36 《芝加哥周日记录－先驱报》，1912 年 10 月 6 日，第 5 部分，第 2 页。

37 学生报纸遭到了强烈反对。请参阅《沃兰特》，1873 年 6 月，第 95-96 页。

38 《沃兰特》，1884 年 5 月，第 152 页；1885 年 3 月，第 5 页。

39 斯奈德，《美国教育 120 年》，第 64 页。

40 同上，第 75-76 页。与今日比例的反差惊人：2011 年，在 18 岁至 24 岁的美国人中有 42% 的人加入了授予学位的高等教育院校。

41 关于许多其他院校的规范，请参阅海伦·L. 霍洛维茨，《校园生活：18 世纪末到今天的大学生文化》（纽约，1987），第 23-55 页。

42 "旧芝加哥大学的陨落"，《芝加哥周日记录－先驱报》，1912 年 10 月 6 日，第 5 部分，第 2 页。关于论辩的详情，请参阅《沃兰特》，1873 年 12 月，第 29-30 页。

43 "许多学生是靠参加各种形式的文书工作和体力劳动才付得起自己全部费用的。年轻人只要渴望接受普通教育，就要想方设法帮他们实现愿望。"《芝加哥大学年度目录 27，包括联合法学院》（芝加哥，1886），第 25 页。

44 《沃兰特》，1873 年 12 月，第 27 页；1877 年 11 月，第 24-25 页。

45 "董事会会议纪要"，1883 年 6 月 12 日。

46 例如，詹姆斯·R. 博伊西，《希腊语散文创作练习，改编为色诺芬"长征记"第一册》（纽约，1867）；博伊西，《希腊语第一课，改编为"古德温语法"以及"哈德利语法"，由弗雷德里克·D. 福雷斯特·艾伦改编》（芝加哥，1891）；以及艾伯特·H. 米克瑟，《法语诗歌与历史简介及主要作者传略，供学校和家庭学习使用》（纽约，1874）。

47 朱迪·A. 希尔基，《性格即资本：美国镀金时代的成功手册与男子气概》（教堂山，北卡罗来纳州，1997），第 60 页。

48 弗雷德里克·鲁道夫，"谁来买单？19 世纪大学财政本质调查"，《哈佛教育评论》31（1961）：第144-157页；鲁道夫，《美国学院和大学的历史》，第193-200页。

49　肯尼思·W. 罗斯，"约翰·D. 洛克菲勒，美国浸信会教育协会，及中西部浸信会高等教育的成长"（未发表手稿，1998），第8页。

50　埃德森·S. 巴斯汀写给安娜·巴斯汀的信，1878年7月31日，巴斯汀的文件，第1盒，文件夹1。

51　"旧芝加哥大学"，"记录"，第2盒，文件夹14。

52　考虑到其他优先事项的迫切需求，成立这些小学院的教派往往不愿出资。盖革，"多目标大学时代"，第151页。

53　有关埃弗茨的影响，请参阅斯塔克豪斯，《芝大与浸信会教徒》，第58、68-69、81页；以及威廉·W. 埃弗茨，《芝加哥领袖传略》，第141-147页，此处为第146页。

54　史密斯，《浸信会教徒历史》，第285页；《标准》，1864年7月7日，第2页。1888年6月，在芝大破产之后，天文台的望远镜被移至西北大学校园某处。

55　请参阅埃弗茨之子小威廉·华莱士·埃弗茨1874年2月7日在《芝加哥论坛报》上发表的一篇长文，第7页。最终总共为该教授职位筹得了2.5万美元。请参阅"董事会会议纪要"，1865年12月20日。

56　W.W. 埃弗茨，《神学博士威廉·华莱士·埃弗茨的教士生活》（费城，1891），第99-100页。

57　威廉·埃弗茨写给他的妻子，1888年9月10日，第4页，"旧芝加哥大学"，"记录"，第9盒，文件夹4。

58　埃弗茨，《威廉·华莱士·埃弗茨的教士生活》，第96-97页。埃弗茨后来写了一篇未发表的手稿来攻击伯勒斯和他的董事会同僚各种不负责任和优柔寡断的行为，称他们的冷漠或懈怠使得他们刻意不愿去想方设法加强芝大的财政工作。请参阅埃弗茨，"芝加哥大学历史"（1889或1890），"旧芝加哥大学"，"记录"，1856—1890，第9盒，文件夹4。

59　亚瑟·A. 阿兹莱恩，"旧芝加哥大学"（课程论文，芝加哥大学，1941），第34-35页；"董事会会议纪要"，1864年10月11日。

60　《芝加哥论坛报》，1873年9月7日，第7页。奥格登"对这个机构确实很感兴趣，人们认为他已承诺一旦该机构从债务中脱身便把这所伟大大学的北翼建设起来。但这从来没有实现，董事们之间出现的麻烦多年来令他们的努力不见成效，这些麻烦也让奥格登先生泄了气，他觉得自己对这个机构表达的善意从来没有被听取过"。托马斯·W. 古德斯皮德，"威廉·巴特勒·奥格登"，《芝加哥大学传略》，第1卷，第52页；埃弗茨，"芝加哥大学历史"，第5页。

第1章　两所芝加哥大学（1857—1892）

61 "董事会会议纪要",1863年7月7日;1865年6月30日。

62 "董事会会议纪要",1865年7月19日。

63 阿兹莱恩,"旧芝加哥大学",第37页。

64 索耶写给董事会的信,1869年4月20日,"旧芝加哥大学","记录",第2盒,文件夹5。

65 "董事会会议纪要",1869年7月2日。

66 埃弗茨后来称,在董事们的迫切请求下,他在东部发起了一项紧急筹款运动以处理那块土地,获得了6万美元以便让董事会能够资助伯勒斯履行对投资者许下的承诺。埃弗茨,《威廉·华莱士·埃弗茨的教士生活》,第101-103页。

67 请参阅阿兹莱恩,"旧芝加哥大学",第47页。芝大很大一部分早期财政历史都出现于合众人寿保险公司发起丧失抵押品赎回权诉讼期间。这些诉讼再版于文章"芝加哥大学",《芝加哥论坛报》,1884年11月27日,第9页。

68 "董事会会议纪要",1872年10月。1877年,董事会再次报告称"1871年大火之前教授职位捐赠所依赖的所有资源都被那场灾难卷走了"。"董事会会议纪要",1877年1月11日。

69 《沃兰特》,1872年2月,第4页。

70 《芝加哥论坛报》,1872年10月3日,第5页;1872年10月4日,第6页;1872年10月10日,第7页;1873年9月7日,第7页;1874年1月13日,第3页;1874年1月23日,第3页;以及1874年1月30日,第7页。

71 "董事会会议纪要",1872年10月;埃弗茨,《威廉·华莱士·埃弗茨的教士生活》,第103页。

72 《芝加哥论坛报》,1874年4月10日,第2页;1874年7月1日,第4页;1874年7月3日,第2页。除了在克罗泽和路易斯堡教书以外,莫斯还于1863—1865年担任美国基督教委员会秘书。从1868年到1872年,他担任《全国浸信会教徒》的编辑。他于1904年去世。

73 莫斯自己的描述收录在《标准》1875年8月26日刊第4页之中。

74 《标准》,1875年8月19日,第2页。

75 "董事会会议纪要",1875年7月13日;《标准》,1875年8月19日,第2、4页,其中包含对这些董事会策略的详细描述。

76 《标准》,1875年7月29日,第4页。在7月26日召开的一个芝大校友会议上,校友们的意见显示出分歧,但最终多数派批准了决议,要求将莫斯恢复原职。《芝加哥论坛报》,1875年7月27日,第1页。有关《标准》的历史,请参阅迈伦·D.迪洛,《草原上的丰收时节：伊利诺伊州浸信会教徒的历史，1796—1996》（富兰克林，田纳西州，1996），第 274-275 页。

77　《标准》，1875 年 8 月 19 日，第 2 页。

78　《标准》，1875 年 7 月 22 日，第 4 页。

79　他在一封写给董事会的信中说了很多。请参阅"董事会会议纪要"，1876 年 7 月 28 日。辞职后，阿伯内西于 1881 年成为位于爱荷华州奥色治的雪松谷神学院的校长。

80　《芝加哥论坛报》，1875 年 7 月 31 日，第 8 页；1875 年 8 月 10 日，第 3 页；1875 年 8 月 15 日，第 14 页；1877 年 10 月 23 日，第 2 页。纽约卫理公会宣称，"芝加哥大学（浸信会教徒）出了一位不称职的校长"。引自《芝加哥论坛报》，1875 年 8 月 1 日，第 16 页。

81　《芝加哥论坛报》，1875 年 12 月 9 日，第 8 页。

82　《芝加哥论坛报》，1878 年 4 月 8 日，第 2 页。除了欠保险公司的债务以外，芝大还有另外 3.5 万美元的流动债务。

83　埃弗茨，"芝加哥大学历史"，第 5-6 页；阿兹莱恩，"旧芝加哥大学"，第 51 页。

84　"董事会会议纪要"，1873 年 2 月 19 日。

85　"董事会会议纪要"，1877 年 1 月 11 日。

86　凯瑟琳·D. 麦卡锡，《地位高责任重：芝加哥的慈善团体和文化慈善，1849—1929》（芝加哥，1982），第 53、62 页。

87　同上，第 65 页。

88　海伦·L. 霍洛维茨，《文化和城市：1880 年到 1917 年芝加哥的文化慈善事业》（芝加哥，1989），第 84-85 页。

89　大卫·A. 霍林格，"质询与提高：19 世纪末美国学者与科学实践的道德功效"，托马斯·L. 哈斯凯尔编，《专家的权威：历史和理论研究》（布卢明顿，印第安纳州，1984），第 142-156 页。

90　神学院的早期历史在 C.E. 休伊特的"浸信会联盟神学院二十五年历史，1867—1892"，浸信会神学联盟，"记录"，第 2 盒，文件夹 8。

91　《基督教时代和见证人》，1866 年 10 月 11 日，第 3 页。1867 年秋课程正式开始。

92　《标准》，1869 年 7 月 8 日，第 4 页。在神学院搬至摩根公园后，这幢建筑被一家位于南罗兹大道 3410 号的名为"芝加哥浸信会医院"的机构接着使用，一直到 1912 年。

93　据小威廉·华莱士·埃弗茨称，年轻的牧师德怀特·L. 穆迪是神学院早期的一名学生，他后来接着在芝加哥发起了一场声势浩大的竞争性福音运动。请参阅埃弗茨，《威廉·华莱士·埃弗茨的教士生活》，第 111 页。

94　关于早期学生主体的情况，请参阅"执行委员会关于学生品质的特别报告"（1876），浸信会神学联盟，"记录"，第2盒，文件夹7。

95　D.B. 切尼，"位于芝加哥的浸信会神学联盟董事会报告，1877年5月8日向联盟提交"，第1页，浸信会神学联盟，"记录"，第2盒，文件夹11。请参阅1867年10月19日《标准》第4页中的解释。

96　切尼，"董事会报告"，第2-3页。

97　请参阅托马斯·W. 古德斯皮德，"乔治·克拉克·沃克"，《芝加哥大学传略》，第1卷，第112-115页。

98　总捐赠包含45英亩土地。原始捐赠文件已存入浸信会神学联盟档案，"记录"，第2盒，文件夹9。第二座为了纪念纳尔逊·布莱克而以他的名字命名的会堂建于1886—1887年，成本为3.8万美元。请参阅"董事会年度报告，1888年4月19日"，第3-4页，"纪录"，第二盒，文件夹11。

99　芝大管理层决定在地质和地理系博物馆罗森沃尔德礼堂附近建一座教学楼，而沃克在这一问题上的坚持是管理层做出这一决定背后的动机之一。

100　布莱克写给古德斯皮德的信，1881年6月8日，浸信会神学联盟，"记录"，第2盒，文件夹1；托马斯·W. 古德斯皮德，"E. 纳尔逊·布莱克"，《芝加哥大学传略》，第1卷，第73页。

101　托马斯·W. 古德斯皮德，《伊利诺伊州摩根公园浸信会联盟神学院：千载难逢的机遇》（1885年11月），第1、5页，浸信会神学联盟，"记录"，第2盒，文件夹10。

102　同上，第7-8页。

103　休伊特，"浸信会联盟神学院二十五年历史"。

104　亨斯滕贝格图书馆是在威廉·华莱士·埃弗茨的领导下获得的，埃弗茨用了他的儿子小威廉作为购置人（他的儿子当时在柏林大学学习）。

105　《希伯来语学生：一本以旧约文学和阐释为主题的月刊》1（1882年7月）：第71-72、79页。

106　托马斯·W. 古德斯皮德，《芝加哥大学历史：第一个二十五年》（芝加哥，1916），第25页。

107　梅里尔写给古德斯皮德的信，1886年12月9日，浸信会神学联盟，"记录"，第2盒，文件夹1。

108　请参阅詹姆斯·F. 芬得利，《德怀特·L. 穆迪，美国传教士，1837—1899》（芝加哥，1969），第54-135页；布鲁斯·J. 埃文森，《镀金时代上帝的宠儿：D.L. 穆迪和现代大众福音传道的兴起》（纽约，2003），第123-163页；戴劳·M. 罗伯特森，《1876

芝加哥复兴：一个19世纪城市中的社会和信仰复兴运动》（梅塔钦，新泽西州，1989），第17、41、48页；蒂莫西·乔治编，《穆迪先生和福音派传统》（伦敦，2004），第3-4页。

109　请参阅劳伦斯·B. 戴维斯，《美国的移民、浸信会教徒和新教思想》（厄本那，伊利诺伊州，1973），第51-52、58-59、158-159和193页。众所周知，当地的一些浸信会领袖，如乔治·洛里默和厄里·B. 赫尔伯特，对移民怀有敌意。例如，芝加哥的浸信会报纸《标准》直言不讳地谴责了干草市场的骚乱者。

110　见亚瑟·H. 王尔德编，《西北大学历史，1855—1905》（纽约，1905）。

111　《标准》，1884年1月31日，第4页。

112　盖茨写给哈珀的信，1888年11月19日，"芝加哥大学创建者们的信件，1886—1892"，第1盒，文件夹4。

113　《芝加哥论坛报》，1878年2月1日，第7页，此处特意指出，伯勒斯如今"已不再被认为是完全合适的人选了，如果从财政方面考量的话"。

114　《芝加哥论坛报》，1878年4月8日，第2页。

115　弗雷德里克·L. 安德森，《传教士与教育家加卢沙·安德森：1832—1918》（私人出版，1933），第17-18页。

116　"董事会会议纪要"，1881年6月29日，1882年6月13日。

117　《芝加哥论坛报》，1878年5月14日，第8页；1879年3月16日，第7页。

118　洛克菲勒写给安德森的信，1882年4月20日，"约翰·D. 洛克菲勒，私人书信备查簿，'承诺、捐赠、家族等'，1881年5月20日至1886年4月3日"，第2页，斯托尔的文件，第6盒。洛克菲勒于1883年1月和3月及1885年2月拒绝了安德森提出的进一步请求。

119　安德森写给马什夫人的信，1884年12月8日，"旧芝加哥大学"，"记录"，第2盒，文件夹12。

120　安德森，《加卢沙·安德森》，第18-19页。

121　《芝加哥论坛报》，1877年6月5日，第2页；1877年6月15日，第8页。

122　同上，1877年7月1日，第8页；1877年7月3日，第8页。

123　请参阅"斯维特先生在抵押品赎回权取消一案中的口头陈述"，《美国巡回法庭，伊利诺伊州北部地区：合众人寿保险公司与芝加哥大学；原告的论据，斯维特、哈斯凯尔和格罗斯库珀原告律师》（芝加哥，1884），第2页；以及《芝加哥论坛报》的报道，1884年11月27日，第9页。

124　"布洛杰特法官对抵押品赎回权取消及奖学金案件的意见"，《美国巡回法庭，伊利诺伊州北部地区：合众人寿保险公司与芝加哥大学》，第5页。

125 《海德公园先驱报》，1885 年 7 月 25 日，第 1 页。哈珀对加卢沙·安德森的真实想法不得而知。1892 年后，哈珀总是在公开场合和私下里流露出对安德森和老教员的挂念，校友们也作出了同等回应。关于洛里默，请参阅 A.H. 纽曼编，《一个世纪以来浸信会的成就》（费城，1901），第 384-385 页。

126 《标准》，1886 年 2 月 11 日，第 5 页；弗朗西斯·W. 谢泼德森，"回忆芝加哥大学早先事"，第 6-7 页，古德斯皮德文件，第 4 盒，文件夹 12；"一份历史概略"，《校长报告，1897 年 7 月至 1898 年 7 月，及 1891 年至 1897 年总结》（芝加哥，1899），第 1 页。

127 《芝加哥论坛报》，1874 年 1 月 25 日，第 8 页；及 1874 年 2 月 1 日，第 8 页。

128 《海德公园先驱报》，1886 年 4 月 17 日，第 4 页。

129 诺思拉普写给洛克菲勒的信，1888 年 12 月 10 日，"芝加哥大学创建者们的信件，1886—1892"，第 1 盒，文件夹 4。

130 巴斯汀写给安娜·巴斯汀的信，1882 年 4 月 9 日，"旧芝加哥大学"，"记录"，第 2 盒，文件夹 12。

131 《标准》，1878 年 7 月 11 日，第 4 页。

132 布莱克写给古德斯皮德的信，1888 年 7 月 2 日，浸信会神学联盟，"记录"，第 2 盒，文件夹 1。

133 "19 世纪后期教育秩序的追求"，第 4 页，斯托尔的文件，第 4 盒，文件夹 12。

134 "董事会会议纪要"，1886 年 6 月 15 日。

135 洛克菲勒写给古德斯皮德的信，1886 年 4 月 13 日，"芝加哥大学创建者们的信件，1886—1892"，第 1 盒，文件夹 1。

136 古德斯皮德写给洛克菲勒的信，1886 年 4 月 7 日；1886 年 4 月 22 日；1886 年 5 月 7 日。

137 古德斯皮德写给洛克菲勒的信，1886 年 6 月 15 日和 1886 年 6 月 16 日。

138 请参阅《标准》，1886 年 9 月 16 日，第 4 页；1886 年 9 月 23 日，第 4 页。由董事大卫·G. 汉密尔顿领导的一个由五位校友组成的委员会在紧要关头起草了一份提案，提议芝大与保险公司协商一笔交易，继续租赁 34 街的大楼并通过一笔新的捐赠来还清所欠债务，但是这样做并没有太大帮助，而且为时已晚。很奇怪的是，汉密尔顿竟是合众人寿的一名主管。请参阅"董事会会议纪要"，1886 年 5 月 8 日。波士顿的浸信会报纸《守望者》将汉密尔顿的计划描述为"带有欺骗性"，事实的确如此。《守望者》，1886 年 10 月 21 日，存于乔治·C. 沃克的剪贴簿，1873—1903，第 1 盒，文件夹 1。

139 P.S. 亨森，T.W. 古德斯皮德和 J.A. 史密斯，"致蓝岛土地公司各位董事和董事长"，1886 年 10 月 1 日，乔治·C. 沃克的剪贴簿，第 1 盒，文件夹 1。

140　请参阅 1886 年 10 月 27 日、1886 年 11 月 16 日、1886 年 11 月 24 日和 1886 年 11 月 29 日的信件，乔治·C. 沃克的剪贴簿，第 1 盒，文件夹 1。

141　截至 1917 年，他已经捐赠了 2.75 亿美元善款。请参阅罗恩·切尔诺，《巨人：大约翰·D. 洛克菲勒的一生》（纽约，1998），第 623 页。

142　"约翰·D. 洛克菲勒，私人书信备查簿，'承诺、捐赠、家族等'1881 年 5 月 20 日至 1886 年 4 月 3 日"，第 11 页，斯托尔的文件，第 6 盒。

143　埃德加·J. 古德斯皮德，《如我所忆》（纽约，1953），第 34 页。

144　洛克菲勒写给古德斯皮德的一个抄本后所附的编辑笔记，1886 年 6 月 14 日，"芝加哥大学创建者们的信件"，第 1 盒，文件夹 1。盖茨晚年描述洛克菲勒婉拒奥古斯都·斯特朗的再三请求时称其"在这件事情上展现出了和其他事情上一样的类似于击剑一样的高超技艺"。盖茨写给古德斯皮德的信，1914 年 3 月 17 日，古德斯皮德的文件，第 1 盒，文件夹 21。

145　古德斯皮德写给洛克菲勒的信，1887 年 10 月 15 日，"芝加哥大学创建者们的信件，1886—1892"，第 1 盒，文件夹 2。

146　古德斯皮德写给洛克菲勒的信，1886 年 6 月 16 日，文件夹 2。

147　古德斯皮德写给哈珀的信，1888 年 10 月 15 日，文件夹 3。

148　亨森写给洛克菲勒的信，1888 年 6 月 4 日，文件夹 3。

149　"我已反复读过您写的关于芝大的那封长信，我认为您提出了一个非常重要的问题，只是尚未考虑清楚，不知道该给您怎样的鼓励。我会继续研究此事。"洛克菲勒写给古德斯皮德的信，1887 年 2 月 14 日，文件夹 3。

150　洛克菲勒写给洛里默的信，1888 年 2 月 6 日，文件夹 3。

151　洛克菲勒写给亨森的信，1888 年 6 月 19 日，文件夹 3。

152　请参阅格兰特·瓦克尔，《奥古斯都·H. 斯特朗和历史意识的困境》（梅肯，佐治亚州，1985），第 5 页。

153　斯特朗写给洛克菲勒的信，1887 年 2 月 22 日，"芝加哥大学创建者们的信件"，第 1 盒，文件夹 2。

154　奥古斯都·斯特朗，"大学是什么，为什么我们需要一所大学"，"芝加哥大学创建者们的信件"，第 1 盒，文件夹 2。1888 年 10 月，斯特朗发表了一次长篇演讲，详细阐述了他的计划：《教会和芝大：详细论证与规划》（罗切斯特，1889），存于美国浸信会教育委员会，"记录"，第 1 盒，文件夹 1。

155　斯特朗于 1887 年 9 月首次联络了哈珀。请参阅斯特朗写给哈珀的信，1887 年 9 月 21 日，校长办公室，哈珀、贾德森与伯顿管理层（以下简称 HJB 管理层），第 78 盒，文件夹 28；瓦克尔，《奥古斯都·H. 斯特朗和历史意识的困境》，第 61 页；及拉尔斯·霍夫曼，"威廉·雷尼·哈珀和芝大团体"（博士论文，爱荷华大学，1978），第 34—41 页。

156　斯特朗写给洛克菲勒的信，1887 年 9 月 24 日，"芝加哥大学创建者们的信件"，第 1 盒，文件夹 2。

157　斯特朗写给洛克菲勒的信，1887 年 9 月 25 日。

158　斯特朗写给洛克菲勒的信，1887 年 9 月 28 日。

159　斯特朗写给哈珀的信，1887 年 10 月 4 日；1887 年 10 月 11 日；1887 年 10 月 17 日；1887 年 10 月 25 日；1887 年 10 月 26 日；1887 年 11 月 2 日；1887 年 11 月 7 日；1887 年 11 月 12 日；1887 年 11 月 17 日；1887 年 11 月 26 日；1887 年 12 月 5 日；1887 年 12 月 9 日；1887 年 12 月 19 日；1888 年 2 月 16 日；1888 年 2 月 26 日；1888 年 4 月 26 日；1888 年 4 月 30 日，HJB 管理层，第 78 盒，文件夹 28；斯特朗写给哈珀的信，1888 年 3 月 1 日；1888 年 3 月 14 日；1888 年 3 月 26 日；1888 年 3 月 29 日；1888 年 4 月 13 日，美国神圣文学研究所，"记录"，第 4 盒，文件夹 1。其中说到，哈珀坚持要求斯特朗立即启动全盘计划，而不仅是从神学院开始。请特别参阅斯特朗写给哈珀的信，1887 年 10 月 26 日，HJB 管理层，第 78 盒，文件夹 28。

160　斯特朗竟要求哈珀对"芝大计划"只字不提，以免对洛克菲勒造成困扰："但是现在使问题复杂化是无益的，不要请求洛克菲勒先生在芝加哥创建一所学校，哪怕是小规模的也不要，更不要请他来调和这片土地上浸信会教徒的各种利益……现在我们必须把问题分解，以便各个击破。向拿破仑学习，好钢用在刀刃上。"斯特朗写给哈珀的信，1887 年 10 月 26 日，HJB 管理层，第 78 盒，文件夹 28。

161　斯特朗写给洛克菲勒的信，1887 年 2 月 15 日；1887 年 2 月 17 日，"芝加哥大学创建者们的信件"，第 1 盒，文件夹 1。亨利·莫尔豪斯也向弗雷德里克·T. 盖茨报告称，斯特朗"想利用您和我的影响力来诱使洛克菲勒先生立即投入并实施该项行动"。莫尔豪斯写给盖茨的信，1888 年 10 月 6 日，盖茨的信件，第 1 盒，文件夹 2。

162　哈珀写给洛克菲勒的信，1887 年 12 月 2 日，"芝加哥大学创建者们的信件"，第 1 盒，文件夹 2。

163　克里勒·道格拉斯编，《奥古斯都·霍普金斯·斯特朗自传》（福吉谷，宾夕法尼亚州，1981），第 249 页。斯特朗对哈珀坦言："我有点担心上次写给洛克菲勒先生的信可能过于直白了。我只想开诚布公。一如既往，我是不顾一切、冒着巨大风险来写这封信的。"斯特朗写给哈珀的信，1887 年 12 月 5 日，HJB 管理层，第 78 盒，文件夹 28。

164　斯特朗最终为自己一意孤行和咄咄逼人的态度向洛克菲勒道了歉。斯特朗写给洛克菲勒的信，1887 年 12 月 23 日，"芝加哥大学创建者们的信件"，第 1 盒，文件夹 2。

盖茨认为洛克菲勒"并没有被斯特朗先生的计划打动，总的来说不认为当下这份计划是多么迫切的需要"。盖茨写给莫尔豪斯的信，1888 年 10 月 9 日，盖茨的信件，第 1 盒，文件夹 2。

165　在一轮又一轮的拉票活动过后，最终的投票结果是 188 票赞成， 34 票反对。"相较于富裕和教育供给充足的东部和新英格兰各州，这对贫穷和教育匮乏的西部和南部各州而言实在是一场皆大欢喜的胜利。"弗雷德里克·泰勒·盖茨，《我人生的章节》（纽约，1977），第 91 页。关于社会的争论转载于《1888 年 5 月 16 日和 17 日于华盛顿特区的各各他浸信会教堂举行的美国浸信会教育协会全国浸信大会与组织》（华盛顿特区，1888），特别是第 70–75 页。

166　H.L. 莫尔豪斯，"一项七年调查"，《1886 年 5 月 27 日、28 日和 29 日于新泽西州阿斯伯里帕克的教育会堂举行的美国浸信会国内传教协会第 54 次年度报告》（纽约，1886），第 151–152 页。

167　"美国浸信会教育协会全国浸信大会与组织"，第 63、70 页。关于莫尔豪斯后来的移民限制主张，请参阅劳伦斯·B. 戴维斯，《美国的移民、浸信会教徒和新教思想》（厄本那，伊利诺伊州），第 75–77、86–87 页。

168　肯尼思·W. 罗斯，"约翰·D. 洛克菲勒，美国浸信会教育协会，及中西部浸信会高等教育的成长"（未发表手稿，1998），第 6–7 页；以及罗斯，"为什么是芝加哥而非克利夫兰？1855—1900 年约翰·D. 洛克菲勒早期慈善事业背后的宗教情结"（未发表手稿，1995）。

169　该调查由 P.S. 亨森、乔治·洛里默、A.K. 帕克、W.M. 劳伦斯、埃弗雷特·D. 伯尔、J. 沃芬顿和 J.B. 泰晤士博士发出。该请求的一个复印件经由盖茨交给了莫尔豪斯，1888 年 7 月 14 日，第 1 盒，文件夹 1。关于当时对芝加哥最重要的浸信会教堂进行的一项调查，请参阅阿尔弗雷德·T. 安德里亚斯，《从早期到当代的芝加哥历史》（芝加哥，1884—1886），第 811–818 页。

170　布莱克写给古德斯皮德的信，1888 年 7 月 2 日，浸信会神学联盟，"记录"，第 2 盒，文件夹 1；范·埃斯戴尔写给乔治·洛里默的信，P.S. 亨森等人，1888 年 6 月 11 日，盖茨的文件，第 1 盒，文件夹 1。

171　引自莱森·A. 克兰德尔，《亨利·莱曼·莫尔豪斯传》（费城，1919），第 128 页。

172　莫尔豪斯写给盖茨的信，1888 年 6 月 12 日，盖茨的文件，第 1 盒，文件夹 1。莫尔豪斯是这样描述盖茨的早期观念的："您对西部教育形势的综合观点说明您完全了解这一想法，我希望您有生之年能够见证自己的计划得以实现，即，在芝加哥建立一所能够给周边各州带去学术给养的伟大机构。"

173　请参阅盖茨,《我人生的章节》,特别是第 77-121 页。

174　索马·荷瓦,"新教品格与高等教育:'进步时代'过后美国的慈善事业",《国际政治期刊,文化与社会》12 (1998):第 150-151、154-155 页。

175　盖茨后来评论,洛克菲勒"自己并没有打算在这个事业当中充当领袖,除非他能够拥有不容置疑的教派权威以及团结一致的教派支持来行事。他不打算做出支持芝加哥的举动,除非他能够听到整个教派一起召唤他这样做,并在整个过程中团结在他周围"。盖茨写给古德斯皮德的信,1915 年 1 月 9 日,HJB 管理层,第 45 盒,文件夹 12。

176　盖茨写给莫尔豪斯的信,1888 年 7 月 14 日,盖茨的文件,第 1 盒,文件夹 1。

177　盖茨写给莫尔豪斯的信,1888 年 7 月 29 日;1888 年 8 月 23 日,"芝加哥大学创建者们的信件",第 1 盒,文件夹 3。

178　盖茨参加了 1888 年 7 月 2 日于太平洋酒店举行的会议,与会的洛里默和一群牧师通过正式投票以发起一场筹款运动,目标是为新芝加哥大学的建立筹到 50 万美元。请参阅洛里默写给沃克的信,1888 年 7 月 3 日,乔治·C.沃克的剪贴簿,第 1 盒,文件夹 2。

179　盖茨写给莫尔豪斯的信,1888 年 7 月 29 日;"芝加哥大学创建者们的信件",第 1 盒,文件夹 3。

180　盖茨写给莫尔豪斯的信,1888 年 6 月 21 日,盖茨的文件,第 1 盒,文件夹 1。

181　"在芝加哥建立一所浸信会大学的必要性,如'西部的浸信会大学教育研究'中所述",盖茨的文件,第 1 盒,文件夹 2。盖茨随后写信给莫尔豪斯,明确地反对在摩根公园建校的提议:"事实上,正确的选择是把学校建在城里,而不是摩根公园。长老会教徒和卫理公会教徒都在城外。城里才是合适的,不会有错。"盖茨写给莫尔豪斯的信,1888 年 10 月 17 日,盖茨的文件,第 1 盒,文件夹 2。

182　盖茨写给莫尔豪斯的信,1888 年 10 月 9 日。

183　盖茨写给洛克菲勒的信,1889 年 1 月 21 日,HJB 管理层,第 45 盒,文件夹 12。

184　盖茨写给莫尔豪斯的信,1888 年 10 月 16 日,盖茨的文件,第 1 盒,文件夹 2。

185　盖茨写给莫尔豪斯的信,1888 年 10 月 23 日。

186　莫尔豪斯写给盖茨的信,1888 年 10 月 26 日。

187　古德斯皮德写给盖茨的信,1888 年 10 月 15 日。

188　古德斯皮德写给哈珀的信,1888 年 10 月 25 日,"芝加哥大学创建者们的信件",第 1 盒,文件夹 3。

189　一直到 1888 年 4 月,哈珀仍然主张洛克菲勒接受斯特朗的计划。请参阅哈珀写给洛克菲勒的信,1888 年 4 月 28 日,"芝加哥大学创建者们的信件",第 1 盒,文件夹 3;以及美国神圣文学研究所藏有的 1888 年 3 月末至 4 月初的通信,"记录",第 4 盒,文件夹 1。

190　哈珀写给古德斯皮德的信，1888 年 10 月 13 日；古德斯皮德写给哈珀的信，1888 年 10 月 15 日，"芝加哥大学创建者们的信件"，第 1 盒，文件夹 3。古德斯皮德于 10 月末向哈珀递交了一份盖茨报告的复件，请哈珀转交给洛克菲勒，哈珀于 10 月 30 日照做。古德斯皮德写给哈珀的信，1888 年 10 月 25 日。

191　哈珀写给盖茨的信，1888 年 11 月 13 日，以及哈珀写给古德斯皮德的信，1888 年 11 月 5 日，"芝加哥大学创建者们的信件"，第 1 盒，文件夹 4。盖茨后来回忆，哈珀关于这些谈话的报告有夸大其词之嫌，而且过于乐观。请参阅盖茨写给古德斯皮德的信，1926 年 12 月 13 日，校长办公室，梅森管理层，"记录"，第 1 盒，文件夹 8；以及盖茨，《我人生的章节》，第 100 页。

192　古德斯皮德写给自己儿子们的信，1888 年 11 月 11 日；古德斯皮德写给洛克菲勒的信，1888 年 11 月 13 日；1888 年 11 月 22 日，"芝加哥大学创建者们的信件"，第 1 盒，文件夹 4。盖茨当时也赞成用 "400 万到 1000 万" 的赠款建立芝加哥大学的想法。盖茨写给哈珀的信，1888 年 11 月 26 日，同上。他给莫尔豪斯的建议不是建一所学院，而是一所 "最高规格的大学"。盖茨写给莫尔豪斯的信，1888 年 11 月 26 日，盖茨的文件，第 1 盒，文件夹 3。

193　斯特朗写给哈珀的信，1888 年 11 月 18 日，HJB 管理层，第 78 盒，文件夹 28。

194　道格拉斯，《奥古斯都·霍普金斯·斯特朗自传》，第 250 页。原稿于 1896 年之后写成，供斯特朗家族私人使用，直至 1981 年才得以出版。

195　"您必须告诉他（斯特朗），如果他听了您的话之后认为，他那所伟大的大学要被建在芝加哥了，那他会错意了，这件事跟他想象的并不一样，告诉他我们脑海中是另一种不同的机构，是他允许在芝加哥建的那种学校。"古德斯皮德写给哈珀的信，1888 年 11 月 24 日，"芝加哥大学创建者们的信件"，第 1 盒，文件夹 4。

196　古德斯皮德写给哈珀的信，1888 年 11 月 30 日。

197　哈珀写给古德斯皮德的信，1888 年 11 月 28 日。关于洛克菲勒他写道："我们想把他推上成就的巅峰，除非看到他有可能因此对整件事情撒手不管，我们再把标准降低，现在还不是时候。"

198　哈珀写给古德斯皮德的信，1888 年 12 月 5 日。

199　哈珀出席了这个会议，并 "悄悄地暗示董事会，他有理由相信洛克菲勒先生对这个方案很感兴趣，他会积极参与建立这个机构"。一份董事会决议报告上盖茨所写的编者按，日期标注为 1888 年 12 月 13 日，"芝加哥大学创建者们的信件"，第 1 盒，文件夹 4。

200 斯特朗写给洛克菲勒的信,1888 年 12 月 25 日,"芝加哥大学创建者们的信件",第 1 盒,文件夹 4。

201 哈珀写给莫尔豪斯的信,1888 年 12 月 28 日。

202 "照目前的情况来看,洛克菲勒先生仍然对我有信心,他只是在观望教友们是否会站在我这边,还是会接受斯特朗先生的指责,把我贴上异教徒的标签抛弃掉。"哈珀写给古德斯皮德的信,1888 年 12 月 28 日。

203 诺思拉普写给洛克菲勒的信,向他保证哈珀的"学术能力是最高水准的,他的学识不仅精确而且渊博;他拥有非凡的组织天赋,与众不同的创造热情,生来就是一位领袖"。诺思拉普写给洛克菲勒的信,1889 年 1 月 1 日,"芝加哥大学创建者们的信件",第 1 盒,文件夹 5。

204 盖茨写给莫尔豪斯的信,1889 年 1 月 3 日。

205 盖茨写给莫尔豪斯的信,1889 年 1 月 6 日;盖茨写给古德斯皮德的信,1889 年 1 月 11 日;哈珀写给洛克菲勒的信,1889 年 1 月 13 日。

206 盖茨写给古德斯皮德的信,1914 年 10 月 8 日,古德斯皮德的文件,第 1 盒,文件夹 21。

207 盖茨写给洛克菲勒的信,1889 年 2 月 23 日;哈珀写给洛克菲勒的信,1889 年 2 月 25 日,"芝加哥大学创建者们的信件",第 1 盒,文件夹 6。

208 洛克菲勒写给盖茨的信,1889 年 2 月 26 日。

209 "董事会关于建议在芝加哥建立高等学校的报告,1889 年 4 月 12 日","芝加哥大学创建者们的信件",第 1 盒,文件夹 7。

210 哈珀于 1 月末拜会了洛克菲勒,报告说已经有许多人去找过洛克菲勒了,路易斯维尔神学院的布罗德斯请他资助 5 万美元,以及约翰·霍普金斯大学的吉尔曼、哥伦比亚大学的威林等人。斯特朗的"纽约计划"也把洛克菲勒搅得"比往常更加疲惫"。哈珀写给古德斯皮德的信,1889 年 1 月 27 日,"芝加哥大学创建者们的信件",第 1 盒,文件夹 5。

211 盖茨,《我人生的章节》,第 111-112 页。

212 巴里·D. 卡尔和斯坦利·N. 卡茨,"基金会与统治阶级精英",《代达罗斯》116 (1987):第 14-15 页。

213 盖茨写给莫尔豪斯的信,1888 年 12 月 7 日,盖茨的文件,第 1 盒,文件夹 3。

214 请参阅古德斯皮德,"第一所芝加哥大学的建立",第 257-258 页。

215 盖茨写给洛克菲勒的信,1889 年 1 月 13 日,"芝加哥大学创建者们的信件",第 1 盒,文件夹 5。

216 哈珀写给古德斯皮德的信，1888 年 11 月 28 日，文件夹 4。

217 盖茨向董事会所作的声明，1890 年 7 月 9 日，盖茨的文件，第 1 盒，文件夹 7。

218 古德斯皮德写给哈珀的信，1889 年 6 月 22 日，"芝加哥大学创建者们的信件"，第 1 盒，文件夹 8。

219 盖茨写给莫尔豪斯的信，1890 年 2 月 2 日，文件夹 9。

220 盖茨写给哈珀的信，1890 年 2 月 17 日，文件夹 9。

221 盖茨写给哈珀的信，1889 年 10 月 23 日，文件夹 8。

222 盖茨写给哈珀的信，1889 年 11 月 12 日，文件夹 8。

223 关于犹太商人的捐赠，请参阅古德斯皮德写给自己儿子们的信，1890 年 4 月 20 日，以及盖茨写给莫尔豪斯的信，1890 年 4 月 25 日，"芝加哥大学创建者们的信件"，第 1 盒，文件夹 9。那笔赠款来自古德斯皮德与当地的一位犹太银行家 B. 洛文塔尔先生举行的一次会晤。洛文塔尔提出利用自己的人脉，建议古德斯皮德联系拉比埃米尔·赫希，因为对方也愿意这么做。古德斯皮德写给自己儿子们的信，1890 年 2 月 23 日，同上。

224 哈珀写给盖茨的信，1889 年 1 月 7 日；哈珀写给古德斯皮德的信，1889 年 1 月 8 日；古德斯皮德写给自己儿子们的信，1889 年 1 月 13 日，"芝加哥大学创建者们的信件"，第 1 盒，文件夹 5。这封信表明，耶鲁要求哈珀给出一个任职六年的承诺。

225 哈珀写给洛克菲勒的信，1889 年 1 月 13 日，"芝加哥大学创建者们的信件"，第 1 盒，文件夹 5。莫尔豪斯对盖茨写道，"他已经断然拒绝了请他担任芝加哥大学校长的提议，并说他已经把这个决定告诉了洛克菲勒先生"。莫尔豪斯写给盖茨的信，1889 年 1 月 4 日，盖茨的文件，第 1 盒，文件夹 4。

226 盖茨写给莫尔豪斯的信，1889 年 1 月 6 日；哈珀写给古德斯皮德的信，1889 年 1 月 19 日，"芝加哥大学创建者们的信件"，第 1 盒，文件夹 5。

227 古德斯皮德写给哈珀的信，1890 年 6 月 1 日；古德斯皮德写给哈珀的信，1890 年 6 月 8 日；盖茨写给哈珀的信，1890 年 6 月 9 日，文件夹 10。

228 乔治·S. 古德斯皮德写给托马斯·W. 古德斯皮德的信，1890 年 5 月 26 日，文件夹 10。古德斯皮德所指的耶鲁方面的不利倾向很可能包括校长德怀特对哈珀轻率地考虑离开纽黑文所作出的激烈反应。德怀特认为哈珀的行为近乎不道德。

229 盖茨写给洛克菲勒的信，1890 年 7 月 28 日；"芝加哥大学创建者们的信件"，第 1 盒，文件夹 10。

230 洛克菲勒写给哈珀的信，1890 年 8 月 6 日，文件夹 11。

231 "我觉得，这对他而言也许意义非凡，但实际上算不了什么。"哈珀写给盖茨的信，1890 年 8 月 9 日，"芝加哥大学创建者们的信件"，第 1 盒，文件夹 11。从此以后，人们对洛克菲勒未来支持的程度便产生了一系列重大、或许是刻意的误解。弗雷德里克·盖茨后来声称，人们在谈论起洛克菲勒承诺向这所新机构提供足够的资源时众说纷纭。

232　哈珀写给洛克菲勒的信，1890年8月9日，文件夹11。

233　古德斯皮德写给自己儿子们的信，1889年4月28日，文件夹7；斯特朗写给哈珀的信，1890年12月23日，文件夹12。

234　"编者按"（1915），附于1890年8月5日的信件，"芝加哥大学创建者们的信件"，第1盒，文件夹11。

235　卡尔和卡茨，"基金会与统治阶级精英"，第21–22页。

236　盖茨写给亨利·莫尔豪斯的信，1891年2月7日，"芝加哥大学创建者们的信件"，第2盒，文件夹1。

237　哈珀写给古德斯皮德的信，1890年9月6日；哈珀写给莫尔豪斯的信，1890年9月10日；诺思拉普写给哈珀的信，1890年9月10日，"芝加哥大学创建者们的信件"，第1盒，文件夹11。

238　哈珀写给莫尔豪斯的信，1890年9月6日，文件夹11。

239　布罗德斯写给哈珀的信，1890年10月13日，文件夹12。

240　"我和古德斯皮德博士已经写信给布赖特博士请他不要再继续（为我们）订阅《考官报》了。这样一份报纸于我无用，因为它竟然刻意忽视洛克菲勒先生为教派教育所作的如此重要的捐赠。其对芝加哥的敌意昭然若揭……我十分欣慰，因为我想到新芝大将变得十分强大，敢于对抗这样专制、蛮横和不讲道理的报纸。这些报纸是教派的噩梦。"诺思拉普写给哈珀的信，1890年10月15日，文件夹12。

241　哈珀写给洛克菲勒的信，1891年1月8日，"芝加哥大学创建者们的信件"，第2盒，文件夹1。

242　盖茨写给莫尔豪斯的信，1891年2月6日，盖茨的文件，第1盒，文件夹8。与此同时，盖茨很明显对哈珀标新立异的行为感到了不满："您把自己打破旧习的观点和盘托出难道不会招致危险吗？您难道不怕撒下自己无论如何也消灭不了的怀疑的种子吗？我对您想要'发声'的倾向越来越关切了。我能够理解是您想要开诚布公，尤其是不去欺瞒公众的愿望在召唤您去承担这个高贵的职责，似乎正是这种愿望要求您在这些事情上坦率地发表言论。您已经把您的观点说给教友领袖听了。在我看来，这就足够了。"盖茨写给哈珀的信，1891年1月11日，"芝加哥大学创建者们的信件"，第2盒，文件夹1。

243　古德斯皮德写给哈珀的信，1891年1月14日，文件夹1。

244　马克·S.马萨，《查尔斯·奥古斯都·布里格斯和历史批判法的危机》（明尼阿波利斯，1990），第 99 页；以及盖理·杜利恩，《美国自由派神学的形成：想象进步宗教，1805—1900》（路易斯维尔，2001），第 335-365 页。

245　哈珀写给莫尔豪斯的信，1891 年 2 月 7 日，"芝加哥大学创建者们的信件"，第 2 盒，文件夹 1。

246　莫尔豪斯写给哈珀的信，1891 年 2 月 2 日，文件夹 1。这封信是在洛克菲勒的明确同意下写的。

247　哈珀写给惠特尼的信，1892 年 3 月 21 日，威廉·D. 惠特尼的文件，耶鲁大学档案。

248　艾拉·M. 普莱斯，"一些个人对 1892 年前的威廉·雷尼·哈珀的回忆"，第 14 页，普莱斯的文件，第 6 盒，文件夹 2。

249　沃克写给卡尔弗的信，1895 年 12 月 17 日；卡尔弗写给沃克的信，1895 年 12 月 19 日，乔治·C. 沃克的剪贴簿，第 1 盒，文件夹 9；托马斯·W. 古德斯皮德，"海伦·卡尔弗"，《芝加哥大学传略》，第 2 卷，第 95 页。

250　古德斯皮德，"威廉·巴特勒·奥格登"，第 55-56 页。

251　亨德森的职业生涯横跨了老芝大和新芝大。他是一位敬业的伦理学者，也是芝大的支持者，他还培养出了一种令人印象深刻的学术气质，给自己在芝城的社会改革活动赋予了一种职业正统性的光环。请参见安德鲁·阿尔伯特，"实用社会学与公共领域：查尔斯·列治文·亨德森的事例"，《社会科学历史》34（2010）：第 337-371 页，此处为第 365 页，以及丹尼尔·T. 罗杰斯，《横跨大西洋：进步时代的社会政治》（坎布里奇，马萨诸塞州，1998），第 243-244 页。

252　《芝加哥论坛报》，1907 年 2 月 23 日，第 6 页。

253　安德森，《加卢沙·安德森》，第 24 页。

254　盖茨的文件，第 1 盒，文件夹 5。

255　梅彼写给盖茨的信，1889 年 5 月 28 日，"芝加哥大学创建者们的信件"，第 1 盒，文件夹 7。

256　请参阅盖茨写给莫尔豪斯的信，1889 年 10 月 23 日，盖茨的文件，第 1 盒，文件夹 5。

257　莫尔豪斯写给盖茨的信，1889 年 10 月 18 日。

258　哈珀写给盖茨的信，1889 年 10 月 21 日。

259　盖茨写给哈珀的信，1889 年 11 月 12 日。

260　古德斯皮德写给自己儿子们的信，1890 年 1 月 12 日，"芝加哥大学创建者们的信件"，第 1 盒，文件夹 9。1889 年 11 月初，乔治·洛里默首先找到了菲尔德，但菲尔德没有作出承诺。古德斯皮德写给自己儿子们的信，1889年11月10日，同上，文件夹8。古德斯皮德于1890年1月8日向菲尔德提交了一份详细的提案，盖茨和古德斯皮德于一周后，即1月15日会见了他。菲尔德称是洛克菲勒的榜样和哈珀同时递给他的一封信影响了他："我们刚开始谈的时候他还没有完全拿定主意，但我们想把他支持的意向发电报给洛克菲勒先生，似乎是我们的这种愿望让他下定了决心。"盖茨写给哈珀的信，1890年1月15日，同上。两个地块的估计市场价值总共为25万美元，因此，菲尔德的赠地就地域而言非常有益。请参阅盖茨文件中的原始赠与文件，第1盒，文件夹6；"马歇尔·菲尔德"中古德斯皮德的回忆，《芝加哥大学传略》，第1卷，第17-20页。菲尔德赠地的确切范围在1889年至1892年间略有变化。关于此事件的大背景，请参阅罗宾·F. 巴钦，《建设南区：芝加哥的城市空间与市民文化，1890—1919》（芝加哥，2004），第34-43页。

261　盖茨写给莫尔豪斯的信，1890年1月1日，盖茨的文件，第1盒，文件夹6。

262　盖茨写给莫尔豪斯的信，1890年1月17日。"格里普"指使有轨电车与操控这个系统的电缆紧密相连的机械抓具。

263　《标准》，1890年1月23日，第4页。

264　菲尔德写给盖茨的信，1890年5月26日，引自古德斯皮德，"芝加哥大学历史"，第93页。

265　保险公司于1889年1月拆除了旧芝大大楼，以便为新校园的建设腾出场地。拆除的石料被卖给了一个酒吧老板，用于建造自己的房子和位于38街与沃巴什大道交会处的各各他浸信会教堂，该教堂的建筑大部分是用这些材料建成的。

266　请参阅理查德·霍夫斯塔特，《从布莱恩到富兰克林·德兰诺·罗斯福》（纽约，1955），第153-154页；以及罗杰·盖革，《发展知识：美国研究型大学的成长，1900—1940》（纽约，1986），第20-39页；理查德·霍夫斯塔特和沃尔特·P. 梅茨格，《美国学术自由的发展》（纽约，1955），第274、404-412页；伯顿·J. 布莱德斯泰恩，《专业主义文化：美国的中产阶级和高等教育的发展》（纽约，1976），第269-296、323-331页；维齐，《美国大学的产生》，第121-179页；史蒂文·J. 迪内，《一座城市和它的大学：芝加哥的公共政策，1892—1919》（教堂山，北卡罗来纳州，1980），第4-10页；玛丽·O. 费那，《主张与客观：美国社会科学专业化的危机，1865—1905》（列克星敦，肯塔基州，1975），第xi、2、107-108、125-126、144-145、289页；以及托马斯·本德，"公共文化的腐朽：城市、话语和专业学科"，哈斯凯尔著，《专家的权威》，第99-101页；安德鲁·阿尔伯特，《行业体系：关于专业分工》（芝加哥，1988），第53-58页。

267　威廉·雷尼·哈珀，"芝大和民主"，《高等教育趋势》（芝加哥，1905），第8页。

268 盖茨写给古德斯皮德的信，1914年3月6日，古德斯皮德的文件，第1盒，文件夹21。

269 盖茨写给古德斯皮德的信，1914年3月19日，文件夹21。

270 盖茨的文件，第1盒，文件夹7。

271 斯莫尔写给古德斯皮德的信，1915年8月2日，古德斯皮德的文件，第4盒，文件夹12。

272 请参阅本德，"公共文化的腐朽"，第94—96页。

# 第 2 章
# 威廉·雷尼·哈珀和新芝大的建立
## （1892—1906）

芝大是一个复杂的机构。它是无形的，因为承载的是充满智慧的工作，无论是对知识的孜孜以求，抑或学习的体验。它又是有形的，由人、建筑、图书馆和各色陈设所组成。这样的机构不是一个人能够管理的，甚至在其建立之初，芝大也没有简单到一个人就可以指挥的地步。但是在芝加哥大学的创始人中，威廉·雷尼·哈珀脱颖而出，不仅是因为他的高瞻远瞩，还因为他不懈地参与到了芝大各个层面有形和无形的事务中。哈珀负责塑造芝大的基本架构和文化，他的成功来源于其学者天赋、公民气魄以及不惧风险的精神。考虑到当今大学密集的管理层次，他从事的活动覆盖领域之广，在今天已经无法复制。但哈珀有原则的领导力和愿意付出巨大努力以实现理想的精神仍然值得铭记。

## 哈珀早期的职业生涯

威廉·雷尼·哈珀 1856 年 7 月 24 日出生在俄亥俄州的新康科德，小镇距离哥伦布市东约 70 英里。[1] 哈珀的父母经营着一家杂货店，他们的家庭是一个严格的联合长老会家庭，礼拜天是不允许读报纸和世俗书籍的。哈珀曾对学生们讲述过，身为当地教堂长者的父亲是怎样让他"一遍遍"通读《圣经》的。[2]

哈珀是一个早熟的孩子，与户外活动相比，他更喜欢室内的活动，比如阅读、学习以及练习小号和钢琴。他上的是镇上的学校，父亲亲自辅导他。哈珀在学术上的天赋很早就显现出来了，8 岁时他就考上了当地马斯金格姆学院的预备课程，10岁时进入学院学习，四年后毕业。在此期间，他通过课外学习提前完成了学院的所有课程，日后他通过新芝大的四学期制将这一模式延续下来。他最喜欢的科目是语言，在毕业典礼上甚至用希伯来语发表过一篇简短的演讲。

大学毕业后，哈珀在父亲的商店里工作攒钱，同时在学院兼职讲授一门希伯来语课程，并在私下里跟随俄亥俄州赞斯维尔市的一位牧师学习古代语言。1873年9月，哈珀17岁时被耶鲁大学的研究生项目录取。他的一位研究生同学后来回忆，他是一个"有些不谙世故的乡下小伙子"，起初似乎"并没有做好充分的准备"来耶鲁上研究生。但是哈珀十分勤勉，不久便赢得了师生们的称赞。[3]

耶鲁的研究生专业包括两年的课程学习，一次结业考试和一篇论文。[4] 哈珀的论文"拉丁语、希腊语、梵语和哥特语介词的比较研究"受到了威廉·德怀特·惠特尼的直接影响，后者是一位杰出的梵语语言学者，曾于1850年至1853年间在德国学习。现代语言学的学术领域起源于德国，德国学者或在德国接受过教育的学者在19世纪的该领域中占据主导地位。[5] 惠特尼吸收了德国的知识体系和方法，并将其融入美国的教育机构和宗教实践。[6]

哈珀对语法结构的热爱和他侧重语法教学而轻视文学审美体验的方式不仅是其性情使然，也是师从惠特尼和当时学术环境熏陶的体现。哈珀对语法次序的热爱也拓展到了他对组织计划的热衷，这也注定会对新芝大产生影响。[7] 哈珀终其一生都在将自身语言学者和专业语言学家的训练运用到他所接触的其他几门专业的学术领域。

1875年完成耶鲁的学习后，哈珀在田纳西州梅肯的一所规模不大的中学当了一年校长，然后在位于俄亥俄州格兰维尔的丹尼森大学附属中学获得了一个离家更近的教职，在他家小镇以西仅40英里左右。哈珀教授的是古代语言，他的魄力迅速将其推上校长之位。哈珀教导高中学生的经历将会对他看待中等教育和高等教育之间的关系产生长远影响。

丹尼森是一个严格的浸信会学院，但校长本杰明·安德鲁斯渴望一个更加开放的学术氛围。他很欣赏哈珀，因为后者受聘加入这个不大的教学团队，成为首批非浸信会教师之一，两人结成了亲密的友谊，并在接下来的四分之一世纪中一直保持着这种关系。哈珀在 1876 年年底加入了浸信会,但到底是希望适应新的文化氛围,还是为了赢得新同事安德鲁斯和其他人对他的支持对这个决定发挥了更大作用却不得而知。[8]哈珀后来告诉耶鲁的学生们,他早期对《旧约》和希伯来语的熟知使他在大学时期便开始怀疑《圣经》中大部分内容的准确性,在来到丹尼森之前他一直对自己的信仰抱有怀疑和批判的态度。哈珀于 1891 年用这个故事来证明,要将一种对现代学术的信念与个人信仰调和起来是可能的,因为前者帮助阐明了宗教经典的真谛。[9]哈珀变成了一个坚定而忠诚的浸信会教徒,以至于他日后在接受科学理性主义和《圣经》批评学时遭遇了严重的职业挑战,至少最初时如此。[10]

1879 年 1 月,22 岁的哈珀受聘于摩根公园神学院讲授闪族语和《旧约》文学,这所不大的浸信会机构距离芝加哥中心大约 12 英里。[11]神学院每年大约招收一百名学生,哈珀负责涉及《旧约》的所有教学工作。哈珀证明了自己是一个魅力非凡的老师,他因自己在基础语言教学和弥赛亚预言高级课程方面的授课热情而备受赞誉。第 1 章中已经提到,哈珀曾在 1886 年拒绝过成为旧芝大校长的机会,那年 5 月,他从摩根公园辞职,到耶鲁大学担任闪族语的正教授,一直教到 1891 年。

查尔斯·钱德勒后来回忆道,哈珀早期学术研究的重点首先是在文献学和语言学方面,而不在《圣经》的神学关联上。在丹尼森,"哈珀在文学方面并没有显示出一丁点儿他对任何语言所产生的那种兴趣",钱德勒如是写道。哈珀不是一位训练有素的神学家,他"那时的工作和兴趣在于希伯来语语法,以及仅作为语法查证与阐释的希伯来语文本,还未倾向于研究神性"[12]。

克拉伦斯·卡斯尔曾与哈珀一起在丹尼森研究过色诺芬的《长征记》,后来在芝加哥大学做过希腊语教授。据他回忆,哈珀可谓模范教师,对学生在学习上取得的成绩十分敏感,既充满热情,又努力勤勉。哈珀"迷人的个性、坚韧的性格、鼓舞人心的力量,以及首次执教的成功都预示着他将成就大业"[13]。

凭着对希伯来语的热情,哈珀于 1881 年 7 月在摩根公园建立了一个教授希伯来语的暑期学校,并于 1880 年 12 月为牧师和学生们成立了希伯来语函授学校。[14] 在随后十年的历程中，这两所学校迅速扩张，创造了一个小型商业帝国，赢得了数以千计热情高涨的学员加入，但同时也把哈珀推向了财务危机的边缘。1882年4月，哈珀创办了一本月刊，名为《希伯来语学生》（后来几易其名，1893年更名为《圣经世界》），他相信读者能够就研究《圣经》的新方法做出明智的决策，而他的期刊就是为做出这种评估而搭建的公平而开放的平台。[15]

1883年，哈珀开始在肖托夸的夏季教育集会上教授希伯来语；到了1892年，哈珀成为肖托夸教育体系的会长。1889年10月，哈珀在新成立的美国宗教文学协会的支持下巩固了学校和期刊的地位，该协会每年发表和流通的关于《圣经》和成人宗教信仰的学术文章达数十万页。[16] 哈珀参与的多个项目创造了一个广泛的参与者网络，到19世纪90年代初期，他已经获得了浸信会内外牧师们的支持，积累了大量的人脉关系。神学院早期教员谢勒·马修斯评论哈珀"是整整一代《圣经》教师的精神之父，这些教师如今已遍布这个国家的神学院和大学"。[17] 因投身于面向牧师和普通人的继续教育，在19世纪80年代和90年代，哈珀在向美国新教徒广泛传播《圣经》的领域发挥了关键作用。[18]

哈珀与希伯来语的接触使他了解了《摩西五经》和《先知书》，以及一些欧洲批评家，如朱利叶斯·威尔豪森、弗朗茨·德里慈、W. 罗伯森·史密斯等人提出的关于《圣经》历史发展的那些产生巨大争议的问题。1884年3月，哈珀开始出版第二本更具学术性的期刊：《希伯来语》。[19] 哈珀在19世纪80年代早期的工作重心主要放在编辑工作、学校以及出版事业方面，但是到了1886年重返耶鲁之后，他开始真正成为一个全国公认的圣经学者。他曾在《旧约学生》上发表过正规的评述来捍卫自己的主张，即《圣经》是一个合法的历史文献，有着科学分析可以查证的作者历史。[20] 正如他在1889年10月所说，"对我们有真实价值的、能够从《圣经》研究中获得的一切，必须或者是历史事实，或者是与《圣经》内容相关的事实，抑或是基于这些事实的归纳总结……就所有关于事实的知识以及所有关于事实的用途而言，科学方法是被所有学生认定为最好的方法。这是现代思想的伟大胜利和伟大荣耀"。[21]

终其一生，哈珀都是一个活跃的圣经学者。除了继续作为期刊联合主编外,他还为《圣经》研究撰写了教学指南和关于阿摩司和何西阿[i]的文章,这个宏篇评述直到1905年他去世之前才发表出来。这本书耗费了哈珀多年心血,在他任校长的那段艰难时期给了他"改变、慰藉和勇气",同时也巩固了他作为国家知名学者的声誉。[22]詹姆斯·H.塔夫茨是哈珀在耶鲁大学的学生和后来在芝大的同事,他仍能回忆起19世纪80年代末哈珀在耶鲁钻研《先知书》时的兴奋之情:

> 《旧约》经典和宗教的新观点正在发酵,在新兴的人类学和比较宗教学的推动下,刚刚开始在大西洋的这一侧产生影响,哈珀全身心地投入到引导有远见卓识的青年人去了解那些富有挑战性的假说,他否认改变看待希伯来的历史视角必然会损失精神层面的宝贵真理这个结论。他坚持认为,将阿摩司庄重的道德感和以赛亚崇高的理想主义置于他们的时代来讨论无疑更有意义。[23]

哈珀的学术生涯开启之时,正值强大的学术思潮开始消解新教关于《圣经》和上帝与人性关系的那些假设。《旧约》和科学与历史间关系的新观点冲击着《圣经》中神圣世界与世俗世界的传统理解方式。令保守派和自由派产生分歧的关键问题是《圣经·旧约》目录是否直接由上帝传给摩西,还是由一群受到上帝启示且自身并不完美的凡人作家编写了这些神圣的故事。第一种立场体现了《圣经》的绝对权威甚至是绝无谬误的特点;而第二种立场则允许出现人类才会有的差池、误解和主观性。[24]哈珀成为对《旧约》的历史渊源进行科学分析的坚定支持者,但同时捍卫着《圣经》源于神授的观点,并坚信科学研究最终会让更多人理解并接受《圣经》的精神价值。哈珀也相信他的受众需要以循序渐进的方式慢慢习惯现代学术研究的方法和结论,给他们机会把那些有争议的问题归纳思考清楚。这种方法常常令他用谨慎而非对抗性的语言来表明自己的分析立场,也使得一些评论家指责他混淆视听或故弄玄虚。[25]

哈珀与《圣经》传统主义者的差异由于其在《希伯来语》中与W.亨

---

i 二人均为公元前8世纪的希伯来先知。

利·格林就"《摩西五经》问题"展开的论辩而公开化。身为普林斯顿神学院的资深教授,格林编写过备受推崇但恐怕已过时的基础希伯来语语法,同时在教理和《圣经》阐释方面也是一个保守的坚定分子。当时,保守的长老会教徒中有许多人反对自由神学者和《圣经》评论家查尔斯·A. 布里格斯,格林便是其中之一,他在1891年到1893年策划关于布里格斯的异端审判中发挥了核心作用[26]。无论使用的基本原则有多严密,与格林争辩在教派内部都是一件铤而走险的事,哈珀就因为参与这场论辩而遭到批判[27]。与格林的论辩只是哈珀挑战保守派正统观念的一件事情。他定期撰写的评论同样具有引人注目的挑战性,即便这些评论一般都采取中立的立场,并未试图煽动教派论战。哈珀在1889年7月撰写的文章中表示,如果不教授《圣经》研究的新方法,教会将面临一个这样的时代,"那时,所有阶层中明智的人都会说,如果这是你们的《圣经》,我们不会接受"[28]。哈珀与格林间的争论让我们更了解了哈珀的性格和知识分子的个性,他挑战那些需要较量一番的"事实"的勇气,他对无端挑衅和苛责话语的厌恶,还有他对学术生活的热爱。哈珀的芝大体现了一种对纯学术的最高推崇,因为这是第一任校长践行和向往的生活。

接任校长一职四年之后,哈珀仍向一个朋友抱怨说他"在这个世界上的特殊使命就是煽动跟英文《圣经》有关的人。芝加哥大学完全是排在第二位的问题"[29]。威廉·哈钦森曾恰当地指出,哈珀的《圣经世界》是"美国高等考证领域最为重要的媒介"[30]。哈珀的芝大在最广泛的意义上即将成为完善人类理性的工具,在一个将会变得更加基督教化、更加倚重神启的社会中探索社会伦理的真谛。然而,在1906年年初,很可能将英年早逝的不幸令哈珀遭遇了沉重打击,面对如此多未竟的计划,他不得不努力从这一信念中寻找安慰。在与欧内斯特·D. 伯顿和阿尔比恩·斯莫尔的谈话中,哈珀反复讲述着他对信仰的理解和对此生结束后优雅生活的希望。伯顿特意努力地安抚他,谈到在这个善念增长、不断进步的世界,人类社会正在缓慢却渐进地与上帝接近,而哈珀在改善社会方面发挥了重要作用。[31]哈珀并没有轻易放弃自己归纳的原因,他认为自己的生活不够完满,令人可悲的是又有太多的野心,对此他心存恐惧并一直在寻找能够驱散这种恐惧的更为紧迫和令人信服的理由和事实。伯顿最后请求上帝的宽恕,就好像哈珀作为一个世俗的父亲会原谅一个任性不羁的儿子;最终哈珀以更大的信心接受了他的命运。正如伯顿在哈珀去世之后不久记录的那样,那些场面读起来就像一个慢镜头回放的关于《圣经》批评的研究生论坛。哈珀虽死犹生,他是一个探寻真理的怀疑论者,迫切地运用理性与不确定的现实进行斗争,也是一个一旦制订计划就永不言败的人。

## 哈珀对芝大的愿景

哈珀发现放弃耶鲁去建立一所新芝大的决定令他苦不堪言,而一些密友也极力劝阻他去芝加哥赴任,这让他更加犹疑了。哈珀热爱耶鲁,因为在那里他有一种家的感觉,周围那些有影响力的资深教员也很尊敬他。蒂莫西·德怀特校长十分欣赏哈珀,甚至为他筹集了5万美元永久资助一个冠名教授的讲席——伍尔西《圣经》文学教授,以便为哈珀的各种出版计划提供资金。当哈珀在1890年试图离开耶鲁去芝加哥时,他在耶鲁的同事托马斯·D. 西摩试图劝阻他:"我很坚定,而且越发坚定地认为你选择去当一个学院的校长是在放弃一个极其难得的机会。我越来越强烈地感到一所学院的校长之职是极其不讨人喜欢的。毫无疑问,每个作此选择的人都会觉得他可以避免别人必须劈开的拦路石,或者不会在前行的道路上遇到拦路石。但是这样的职位只会让人生厌而且吃力不讨好。我认为你不会失败,但我也不相信你在芝加哥能够像在纽黑文一样实现自己高远的志向和雄心。"[32]

威廉·雷尼·哈珀是个根深蒂固的规划师,无法拒绝去调动人员和想法的机会。他之所以决定拒绝耶鲁同事们的盛情挽留,既是出于他对建设和规划项目的痴迷,也是出于他想要重塑美国高等教育国家体系的宏愿。1890年初秋,他已经开始为新芝大勾画教育蓝图了,那时的他甚至还未正式接任校长一职。在其自传中,埃德加·古德斯皮德提到两人于9月中旬一起乘火车从芝加哥到纽约时,哈珀就一直在构想该计划的核心要素。[33]"我有个计划,"哈珀写信给洛克菲勒,"一个独特而全面的计划,我深信它将给这个国家的大学学习带来一场革命;这不仅是我的看

法。它虽简单，但很彻底。"³⁴

1890年12月下旬，在向董事会作正式讲演之前，哈珀与一些同事分享了他的想法，并获得了强烈认同。刘易斯·斯图尔特教授的反应尤其具有代表性：

> 您比我们想象中的哈珀还要哈珀。"独一无二和改头换面"绝对不足以表达这样的情形。您设计了一个为期三年的课程，却没有降低标准，为那些无法跟上普通课程的人提供了机会。您解决了非住校生上学的问题，为广大阶层，尤其是大城市中想要开阔眼界或接受专门训练的人们提供了机会。简言之，您所提出的理想化"大学"的概念从固有和崭新的意义上阐释了"所有知识为所有人服务"这句已经被滥用的话……我真诚地祝愿您取得辉煌的成就，这是您应得的，我也盼望能亲见在旧芝大的废墟上挺立起一所世界上最伟大的大学。³⁵

第一期计划于1891年1月发布，名为《1号正式公告》，此时的哈珀尚未正式就任校长。³⁶哈珀设想的大学包括本科和研究生教育，以及一些支持原创研究的开创性计划。"芝大的工作"将包括芝大本身——包含预科学院，几个本科生院（包含一个商业实务学院），位于该市和美国各地的几个附属学院，以及研究生院（包含文理学院和神学院），另外，只要时机成熟，还会尽快组织创建法学院、医学院、工程学院、教育学院、美术学院和音乐学院。本科教育将平均分为两部分，前两年称为"预科学院"，后两年定为"大学学院"。针对低年级本科生的"预科学院"课程有规定的课程分配要求，而针对三年级和四年级学生的"大学学院"阶段则提供了更多可选修课以及专修特定学科研究领域的机会。³⁷

除了芝大校本部，芝大拓展教育为芝加哥周边不同地点的成人开设了夜校课程，为"居住在全国各地，个人情况不允许全年住在一所学习机构中"的学生开设了函授课程，还有芝加哥公共讲座项目，以及《圣经》研究方面的专门课程，由芝大教师"在不与大学工作相冲突的时段"组织开设。最后，芝大的出版工作将包括印刷和出版由教师专著或编著并由大学教学团队成员编辑的期刊或评论。

同样具有革命性的还包括关于管理学术工作进度和工作量的一般规定。大学将采取四学期制或学季制，每学期均为十二周，分为两个为期六周的阶段。这就使得芝大可以全年运作，同时允许学生在一年中的任何时候开始学位课程，并按照自己的意愿尽早毕业。教员们也获得了更多的弹性，他们得到了一个学季带薪休假的机会，可以专心科研，还可以教额外的课程以获得更多授课积分，从而享受更长的学术假。课程分为主修（每周 10—12 小时面授课程）和辅修（每周 4—6 小时面授课程）。起初，哈珀认为每个学生可以在每个六周的时间段中选择一门主修和一门辅修专业，以便确保学习深度，同时避免面面俱到却浅尝辄止，因为这是哈珀所鄙视的。然而这个体系很快就发展成学生在十二周的时间里选择三门主修课程并以此作为一个正常学季任务的模式。

统筹整个安排的话语体系是高度系统化的。每个环节均被设定为一个更大的整体的内在组成部分，包括高中、本科生院、专业和研究生院、拓展教育以及旨在于美国境内或世界范围内传播教师学术研究的出版系统。这个愿景震撼人心，尤其是考虑到新芝大将以一个完全统一的形式一并建立，各个组成部分互相促进或至少彼此关联。哈珀的计划有其自身的逻辑，它在两个独特而整合的层面上发挥作用。每个元素在芝大均与该计划的其他元素内在关联，共同构成了芝大这台组织严密的"机械装置"。但每个元素对国家政策会产生深远影响，将从更广泛的意义上改善美国的高等教育体系。芝大文化和行动的统一，即爱德华·H. 列维后来提到的大学的一致性，是由该系统的自我认知和计划本身的架构逻辑所决定的。[38]

在《1 号正式公告》的结尾，哈珀列出了他的芝大新体系的 26 点优势，从提高学生的专注度到通过允许学生在夏季学期学习从而赋予学生更大的自由度和灵活度，再到避免学生一次选修太多的课程。哈珀甚至称他的体系将会"让学生有可能在大学课程设置的常规科目之外选择像记账、速记等这样的实用科目"[39]。哈珀设想的许多优势都与一种几近狂热的愿望不无关系，即帮助学生和教员充分利用时间，实现高效、自律和经济效益。在哈珀看来，在那个理想的世界中，每一分钟都不会被浪费，没有一天不是以充实而富有成效的工作结束的。哈珀的儿子塞缪尔回忆起哈珀的信念时曾说,"他的工作,即建设一所新大学的使命,必须快速推进以顺利达成。虚掷光阴绝不是他的性情,而且在他看来是任何工作成功的阻碍"[40]。他可谓是马克斯·韦伯新教伦理[ii]下的典型。

这个计划优先考虑学生和教员的灵活性,并强调实实在在地拓展教育机会。与标准的双学期制相比,学季制使得学生的入校和离校时间更加灵活。哈珀认为漫长的暑假是在浪费时间,于是鼓励学生们利用这些时间攻读更高的学位并加快学业进度。夏季学期尤其受到中学教师的欢迎,他们希望利用暑期研修以提升职业前景。学季制对芝大后来的文化产生了举足轻重的影响。詹姆斯·R.安吉尔教务长后来称,这些改革"对挖掘全国学院和大学教育资源价值的贡献超过了同期发生的任何事情"[41]。主/辅修制也是提高效率的一项举措,因为哈珀深信,对少数科目的深入研究胜过浮皮潦草地应付许多科目,能够避免詹姆斯·塔夫茨所提及的情况:"随着日益丰富的课程选择诱惑着老师和学生,'过度分散'的选课制度正悄无声息地影响着大学的专业教学。"[42]

在哈珀的观念里,所有这一切都要建立在一个尊重绩效胜过等级和阶层背景的环境中。哈珀鄙视任何一种势利或专横的行为,甚至当他在自己的教职员工中看见这样的行为时也不例外。在讨论建立一个新教员俱乐部的计划时,哈珀坚持认为俱乐部应该对所有教员开放,而不只是对"由于先前与那些著名的东部学校有关系而想要把自己当成既定社会领导者的人"[43]。哈珀对东部大学社会等级的厌恶反映出他有很深的中西部渊源,以及他对能够超越卑微的个人背景,以自己的方式在耶鲁取得成功的自豪感。[44]因此,新芝大的教员文化相对和谐,虽然薪酬存在显著差异,但教职员工可以跨越等级和头衔的界限,进行非常轻松愉快的学术交流和人际沟通。

哈珀最初的计划还有另外两个特色值得一提。哈珀长期担任期刊编

---

ii 韦伯认为资本主义精神的产生是与新教伦理分不开的,加尔文教派信奉的"预定论"使得新教徒们必须勤勉刻苦地力图取得世俗职业上的成就以确定上帝对自己的恩宠,从而创造出一种所谓的神圣天职。近代欧洲基于此而形成的社会精神便是韦伯所认为的"资本主义精神"。

辑和教材作者的经历为他支持大学出版社及其学术期刊和书籍的出版进行了铺垫。作为编辑的哈珀如鱼得水，他扮演着协调员和指导员的角色，发出指令，劝勉说服，鼓励革新和创造，同时坚持严格的截稿期限并确保高质量的工作。哈珀将他的期刊看作公共教育和专业学术的重要载体，用谢勒·马修斯的话来说，它们将"使人们得以用历史研究的方法探索《圣经》，并在内心当中建立起源于《圣经》研究的宗教信仰"[45]。专业、科学的知识将带来社会改良和公民启蒙，这两种行为都是公正和神圣的道德才会产生的。哈珀为新芝大制订的宏观教育计划正是由这些期许决定的，出版社也因此成为校内外传播启迪思想的核心媒介。截至1902年，该出版社已出版了近两百本书籍和宣传册，并发行了十种期刊，其中大多数都是学术性内容，其余则侧重于通俗或是为专业实践者发行的刊物（如《圣经世界》和《学校综述》）。

哈珀将他的拓展项目视为提升国家教育体系教学质量等级的工具。"传播科学知识，创造对更高级和更美好的智慧和审美生活的渴望，就重要性而言，毫不次于通过原创性调查和发现来推动科学知识本身的进步，"哈珀写道，"的确，你可以说后者将无法得到最充分的支持和最令人满意的发展领域，除非是在普遍关注高等教育的社区。"[46] 哈珀希望"在整个社区培育对智慧、审美和道德世界至善的需求，这样的需求既是更高级的公民生活的佐证，又是实现这种生活最可靠的方法"[47]。正如他的希伯来语函授课程在19世纪80年代帮助当地的新教牧师改善了语言和历史技能，芝大的新拓展体系将尤其惠及城市和乡村的教师，这些教师反过来会帮助更多的学生为进入学院和大学学习打下基础。"我们的想法是，如果你们作为教师能够共同承担这样的工作，来芝大就读的年轻人就会更有准备地完成大学的学业任务。"他解释道。哈珀确信在芝加哥这座城市中还有很多学生未能进入大学深造，他希望改变这一状况。他说，"我们的大学在这里就是要帮助芝加哥人民，尤其是那些需要援助而我们也能够援助的人。我们要协助教师、学生、商人，尤其是那些曾经充满热情但由于条件所限被剥夺教育机会的人"[48]。

哈珀的计划是否参考了什么先例？奥古斯都·斯特朗认为，哈珀关于一个国家研究型大学的想法是靠剽窃得来的，他只是把地点从纽约移到了芝加哥。如前所述，哈珀和斯特朗在部分想法上有着显著的相似性，即使在机构设置细节上并不全然一致，哈珀至少明显受到了斯特朗的热情和总体观念的影响。弗雷德里克·盖茨关于国家教育体系应联系中学和大学教育的想法也给哈珀的设想留下了印记。但是哈珀也借鉴了其他的资源，其中一些基于他自身的经历。哈珀的芝大将仿照19世纪晚期的德国大学来打造，如他的导师W.D.惠特尼体验过的那种风格，另外还将融入牛津和剑桥的元素（尤其是成人教育拓展项目的英国大学模式）。但它还将是一个在西部苏醒的耶鲁，一个当代的肖托夸[iii]，一个芝加哥版的丹尼森预备学院，以及哈珀的希伯来语函授学校和摩根公园夏季课程的改造和升级版本，一个集合所有上述元素的综合体。[49]尽管在本质上是杂糅的，哈珀仍然自信地认为他的芝大与许多东部学校不同，将有一个"浑然一体的生命"[50]。其进行彻底实验与创新的能力，对传统学术边界的重新设定，将大学和研究生教育的优势融合在一起的做法，以及从更广泛的公民社团争取支持的努力，都可以说明新芝大在很大程度上是一所美国机构，尽管最初的那些建筑承袭了新哥特式复古主义的风格。哈佛历史学家艾伯特·布什内尔·哈特曾经表示，芝大的成功也是西北地区和中西部一些规模较大、知名度较大的公立大学的成功，因为后者也在努力寻求资金，"以便与芝大一较高下。每一位睦邻都因为新芝大的崛起而繁荣起来了"[51]。芝大轻而易举地变成了中西部原有知名大学的一个具有竞争力的榜样和标杆，这也更雄辩地证明了哈珀的愿景是建立一所独特的美国大学。

第一步和最紧迫的一步是招聘教员。哈珀对他最初得到的资源感到十分沮丧。他于1891年12月末向盖茨抱怨说他"彻底泄气了"："九个月来我们一直在不停地努力，可现在连一个首席教授都没有。"他埋怨道，"没有办成一件事，也没有任何一件事有能办成的迹象，这种不确定真让人崩溃"[52]。但是高达7000美元的诱人薪水还是发挥了作用，一年后哈珀已经组建成了一支不容小觑的高级教员队伍，包括康奈尔大学的威

---

iii 19世纪末20世纪初美国非常流行的一种成人教育运动及其集会教育形式，由于1874年第一次集会是在纽约州肖托夸县的肖托夸湖畔举行而得名。

廉·加德纳·黑尔和J.劳伦斯·劳克林，耶鲁大学的威廉·I.纳普，弗莱堡大学的赫尔曼·冯·霍尔斯特，威斯康星大学的托马斯·C.钱柏林和罗林·D.索尔西伯里，克拉克大学的艾伯特·A.迈克逊、查尔斯·O.惠特曼和约翰·U.内夫，科尔比学院的阿尔比恩·W.斯莫尔，布林莫尔学院的保罗·肖里和西部大学的伊莱基姆·黑斯廷斯·摩尔。其他一些更加年轻的才俊，如约翰·杜威、乔治·贺伯特·米德和詹姆斯·R.安吉尔，也于不久之后的1894年和1895年加入其中。哈珀对能够组建这样一支"强大而高贵的教员队伍"感到非常自豪，这也提升了他自己对芝大能够达到的成就所抱有的期望。劳克林后来回忆说，"影响我做出这个决定的因素之一是哈珀校长的政策，他说要尽力把他能找到的实力最强的人都召唤过来，不管对方是在欧洲还是美国。这个政策无疑也打动了（赫尔曼）冯·霍尔斯特，对许多其他人也是一样，毫无疑问"[53]。这些学者中的许多人来到芝大领导各自的院系；哈珀的院系管理体系似乎借鉴了德国人设定大学院系"负责人"（Institutsvorstände）的做法。考虑到哈珀建立一个高效的中央集权行政管理体系（把他自己放在其顶点）的强烈愿望，遴选出一位德高望重的教授作为该体系的负责人是完全符合逻辑的，这个教授的薪水要比同行们高得多，并被赋予半自主的行政管理权限，而且在该系教师委任和财务分配上作为唯一负责人与哈珀进行协商。但是在芝大高水准的学者队伍中有一些是前任大学校长，不出所料，他们不久之后便对哈珀独裁式的管理方法大为恼火，后来强烈要求有更多的发言权，以就其关心的事项发出呼声并影响学校的决策。[54] 1902年到1908年间，不同教职工团体曾多次组织起来到校长办公室闹事，要求获得更多权限。[55]

过于仓促地引进高级别教师并维持这些学者们期望的卓著院系和学术项目很快便让哈珀陷入了长期入不敷出的境地，他只好不断地向洛克菲勒伸手求助，希望得到短期预算经费以缓解局面，因此也招致了与日俱增的阻力和怀疑。到1903年，洛克菲勒和董事们决定遏制财政赤字，哈珀则遭到了冷落。哈珀在任的最后两年深受疾病和个人焦虑的困扰，他花了大部分时间努力将财务紧缩政策应用于一个不习惯被财政纪律约束的大学。[56] 哈珀是否为了迫使洛克菲勒提供更多的资源而有意造成赤字？人们对此观点不一。塞缪尔·哈珀回忆起他父亲曾提过，在管理芝大方面，"他是靠虚张声势才做成了许多事情"[57]。弗雷德里克·盖茨晚年回想哈珀的财务策略时也发现了他老谋深算地控制洛克菲勒的倾向："当时我认为哈珀博士的决策看起来是一时冲动才做出的，他并不是有意为之……现在回想起来，并且根据自那时起我所听闻的情况来看，我已经不能同样肯定地说哈珀博士的部分冲动并非故意了。很多事实表明这种决策是有特定意图的，是故意的冲动。"[58]

与此相反，作为哈钦森时代的资深管理员和颇具技巧的预算编制人员，埃默里·菲尔比则认为哈珀的问题出在没有条理性："哈珀是一个天才，在他眼里不存在障碍，包括钱。他并非刻意制造赤字来向JDR（约翰·D. 洛克菲勒）施压，（他）只是任由芝大人员在没有统一管理的模式下行事和做账。赤字就是由许多未付账单累积造成的，在年底之前没有人知道究竟欠了多少账。所以这并非计划中的预算赤字。"[59] 菲尔比对哈珀管理风格的洞悉从哈珀早期从事期刊经营的经历来看是讲得通的。那些期刊不可避免地在举债经营，他常常疲于还债，有时候甚至要动用自己匮乏的资源[60]。一旦哈珀对某个想法的重要性深信不疑，他一定会不惜一切代价来实现，丝毫不顾及可能造成的财务后果。哈珀有一次佯装惊讶地揶揄罗伯特·洛维特，"他们竟想让我根据预算来运作一所大学"[61]。托马斯·古德斯皮德后来批评了这种财务上的铺张浪费，但是哈珀不会用其他方式经营——无论是芝大还是他自己的家庭。塞缪尔·哈珀曾回忆，他家里的收支预算和芝大如出一辙，"总是入不敷出"，哈珀靠借钱来支付自己的人寿保险，却从不吝惜捐钱给慈善机构和当地的浸信会。[62] 他是一个背负使命的人，任何能够提升和充实芝大的新想法，都不会被剥夺成功的可能。

## 早期教育制度

### 本科

在哈珀的计划所提出的挑战中，本科教育的作用是最令人兴奋的。哈珀在1892年10月1日于芝加哥召开的第一次艺术与科学教员会议上说:"专科学院的工作有一天会转移到其他地方,我们所有的力量会倾注于这个校园里更高层次的工作。"[63]哈珀就早期芝大发表的这番言论强调了后来公认的研究生教育和科研的重要性。他在1892年秋发表的芝大年度报告中明显加重了上述观点的分量:"所有相关人士现在都在期待'大学'的定位能够得到加强。我们提出不要建一所学院,而要建一所大学,我们也正是基于这个想法来选拔教员的。"[64]这份报告从未刊出,也许是因为担心那些自认为捐助的是本科生院的人会对其中的话语产生误解。古德斯皮德在这个问题上是反对哈珀的,他坚持说:"我相信您会经营出一个优秀的本科学校。您一定会这么做。"他敦促哈珀公开声明,芝大意图"宣称我们将为本科学生提供优质的教育,不会亚于他们在这个世界上任何地方所能得到的教育"[65]。有趣的是,当哈珀提到"已经选出了一大批教授,他们对自己工作的理解都是仅限于研究生院[66]"这一情况时,他是在暗示自己偏爱研究生教育的一个显而易见的原因。许多大学领导都试图以明示或暗示的方式承诺那些高级教员不用教本科生,并以此来招募他们,哈珀很可能并不是第一个,也不是最后一个,尽管如此,他能直言不讳地说出来仍属罕见。

但是哈珀重研究生而轻本科生教育的立场并不一致。比如,在1893年12月的一次集会演讲中,哈珀就公开支持为低年级大学生开设学术性课程,强调本科生对芝大的使命至关重要:

> 有些人担心,在芝大所设定的工作重点中,低年级本科生的利益可能会被忽视。的确,许多人认为高层次和低层次的工作可能无法同时有效地进行。这种指责已经确定地表现为了具体的指责,但与其一般原则类似,都是错误的……年轻学生进入到一个由心智更加成熟的人所营造的环境中对他们而言是最大的优势。这种方式可以为深入的学习研究提供其他方式无法提供的激励作用。芝大的朋友们对这件事情大可放心。[67]

威拉德·皮尤在最近发表的一篇关于哈珀管理学的文章中指出,尽管哈珀也许希望给予研究生教育特权,但在他职业生涯结束时,他实际上建立的只是一个大的本科生院，这令他的一些高级教员同事们十分沮丧，因为他们认为自己的工作发展与当初自己得到的承诺存在落差。[68]从芝大第一个十年中入学和毕业学生的统计数字来看，这一点是很明确的。每年的本科生人数增长都比当年对应的研究生人数增长要快。在1893—1894学年的秋季学期中，芝大的艺术和科学课程共录取了232名研究生和357名本科生。到了1901—1902学年的秋季学期，研究生的数量小幅增加到了346人，而本科生的数量则迅速增长到了1522人，这种增长很大一部分源于每年报考预科学院的人数增长强劲。就单个院系的招生而言，这种趋势同样引人注目。在1893—1894年，政治经济系有149名注册研究生和123名注册本科生，但是到了1914—1915年，该比例已经发生了深刻的变化：343名注册研究生和1194名注册本科生。[69]显然，一场革命正悄然发生；在其1902年的十年报告中，哈珀自己公开预测说"用任何合理的计算都不难得出，今后十年中来到芝大念本科的学生，尤其是考入预科学院的学生人数注定会大幅增长"[70]。此外，由于本科课程部分在低年级和高年级之间提供了弹性，芝大开始吸引来自其他大学的大批转校生作为其更高级别的报考者，这也使得本科生的总录取人数不断飙涨。如果说奥古斯都·斯特朗1892年时还强烈认为威廉·雷尼·哈珀剽窃了他的计划，这个论点到了1902年时就已经没有什么意义了。本科生教育在斯特朗最初的计划中并没有涉及，但是很明显，在哈珀的计划经过较为务实地发展之后，它已经开始扮演一个相当重要的角色了。

　　哈珀关于其新型研究型大学生源特点的说法源于他对一个经典难题的痴迷，即如何将中学、预科学院和大学以最有效和高效的方式对接。哈珀早期将本科学习的前两年称为"预科学院"是在向19世纪那些预科学校承担中等教育的传统致敬。学生在这两年里将要完成从高中开始的针对高等教育的准备工作。[71]后两年按照逻辑就成为"大学学院"，这样命名是为了表示学生已完成所有预备阶段的学习并获得了从事大学阶段任务所需的技能和成熟度——所谓大学阶段任务即是指在一个高级别层次开展并执行更为显著的学术标准的工作。这种划分理论上看起来很明智也很有道理，但实际上，前两年和后两年之间的界限逐渐变得模糊起来。有些来到芝大上学的本科生有足够的学分，可以立即开始进入高级阶段的学习,而另一些转到芝大来的人仍须去上只有预科学院才教授的科目。正如詹姆斯·H. 塔夫茨所指出的,"在实际操作中,不可能在两个独立的楼里分别开展两个学院的工作,因为其实只有一座楼。总体上的弹性政策似乎削弱了两者之间的其他壁垒……如约翰·洛克所说,两个学院之间的区分越来越'形同虚设'"[72]。

哈珀将新芝大的本科生教育视作让训练有素的学生融入新型研究生课程的途径,他坚持为本科新生录取设置高门槛,甚至不惜激怒一些自认为已经为儿女确保了入学名额的捐助者。[73] 哈珀在他未公布的第一个年度报告中将这种策略在一定程度上归因于一种有益的愿望,即希望控制学院的录取人数,以便突出研究生工作。但"主要原因"是他希望"我们可以让学生做好更充分的准备来承担芝大强调的研究生工作",哈珀其实是希望加强高水平本科生和研究生工作之间的联系,他希望这种联系能够成为新机构的一种标志并能够提升整个西部的学术水平。[74] 哈珀跟弗雷德里克·盖茨和其他人争辩,坚持高标准对于芝大的声誉至关重要,本身也是一件好事。1892 年 9 月他在给盖茨的信中提道:

> 按照我们的标准,把尚未准备好的学生也招收进来当然是一种巨大的诱惑,但是我们一直都在自我克制,许多人无疑会因为自己的孩子被拒收而感到不悦,但我认为这是唯一明智的做法。您不知道把某些人的孩子招收进来会给我们带来怎样的压力,但是如果您认可,我决定要向哈佛和耶鲁看齐,像它们一样公正和绝情。绝大多数董事在这一政策上是支持我的。我倾向于认为,有些人宁愿看到我们降低标准。但成果需要再过一年才能显现出来。[75]

申请芝大大学本科课程的学生必须参加一个入学考试,以证明中学阶段学习的科目是有效的,如英语、数学、拉丁文、希腊文、历史、自然科学和现代语言(法语或德语)。哈珀和他的同事们不断调整着这些科目作为入学考试内容的比重,这说明他们对这件事情是十分严肃认真的。[76] 从本质上讲,如理查德·斯托尔所言,哈珀想要同时实现两个理想:

（芝大）必须服务于西部，这意味着它必须接受西部中学教育出来的学生，而且必须提高教育水平，这一点如果脱离了受教育者的实际需求则无法实现……芝大当然也有其自身利益方面的考虑。需要增加招生人数来维持预算并以此证明其成功……但是芝大作为一个标准机构有其自身使命，不能自辱其名对所有学生和中学校长的愿望做出妥协，那些校长出于自身利益的考量总是想让严苛的入学条件放松一些。77

在将新的本科课程分为预科学院（低年级）和大学学院（高年级）之后，哈珀又建立了文学、人文学和理工学三大学部来进行学科分类管理，每一学部都有对应的学士学位体系（文学学士、哲学学士和理工学士）。学生在进入高级学院之前必须先在预科学院中完成至少十八门"主修"课（包括至少十五门必修课和三门选修课），"主修"课指的是每学季内每周四到五次面授的课程。学生通常每个学季上三门主修课。要获得学士学位，学生还需要在高级学院中拿到另外十八门主修课的学分。从1892年到1902年，高级学院的学生在选课方面获得了相当大的自由，但必须符合在同一个院系选修课程不能超过九门的规定。学部从1905年开始鼓励进一步的专业化，首先要求每个学生至少选修某个院系的六门课，同时将某个系的最高选课量从九门增加到十五门。1912年，课程设置进一步严格规范，要求每个预科学院学生必须至少要从四大学科领域选修四个院系的课程，即：（1）哲学、历史和社会科学；（2）除英语外的现代语言学；（3）数学；（4）自然科学。大学学院的学生则必须完成一个主修学科领域的九门课程（可以是同一院系或相关院系）和辅修学科领域内的六门课程。

本科课程在任何情况下都依托院系并由院系批准。这些课程由谁来讲授？许多教授都是受聘讲授研究生课程的，但就像哈珀的规划风格一样，事实往往并非如此。早期课程目录显示，许多在其研究领域很有声望的资深教授都在讲授入门级和中级的本科课程。事实上，预科学院中的教学工作是由普通教师和研究生学生一起完成的，而高级学院的大多数课程则是由专业教师讲授的。78 如斯托尔所述，"芝大是由两股力量牵引的，一是其潜心于高等研究的努力，二是其满足预科学院学生需求的愿望。随着芝大越来越为低年级学生的教育问题忙得不可开交，它感受到了将学院教育和高等研究结合在一起的这种典型的美国式做法所带来的压力"。[79] 研究生和本科生的群体之间也没有严格的界限，在多数院系里，一些研究生课程对水平较高的大学生也开放。各个层次之间的划分并不固定，1902 年的十年报告指出，"许多研究生课程高年级学生也可以选修，只要做了充分的准备。而许多研究生也发现他们通常会对为高年级本科生开设的课程感兴趣。在高级课程和初级课程之间或多或少也存在类似的现象"。[80] 早在 1894 年，哈珀便承认："尽管如此，本科低年级和高年级的工作与研究生工作是密不可分的。"[81] 哈珀永远在强调芝大是一所大学，而不是一所学院，学生应该从完全不同的经历中受益，而不能满足于参加了某个封闭的学院课程的学习。[82]

随着芝大落地生根，哈珀计划中针对本科生的那些基本要素产生了吸引力和公信力，他急切地想对它们在国家政策方面的影响力作出解读。他于 1895 年发表的两场演说透露出了这些想法。1 月初，哈珀替大学强制施行中学申请者入学考试的做法进行了辩护。他认为，由于美国中学的教育质量参差不齐，没有统一标准，教师没有接受过良好的训练，课程组织糟糕，用过于肤浅的方式强加给学生太多科目，大学无法全然采信这样教育出学生的文凭。考虑到许多学生在美国中学里能够获得的知识储备并不均衡，哈珀提出了一个发人深省的问题："为何不把大一和大二当作一个大的清算，而把大三算作真正进入大学？"[83]

哈珀在同年于亚特兰大举行的全国教育协会大会上进一步阐述了这一观点。谈到"教育工作的理想"时，哈珀称美国的教育处在很糟糕的状态，难以与顶尖的欧洲体系相匹敌，究其原因无外乎不同层次的教育机构之间长期无组织并缺乏协作与联系。[84] 如果一个严格的课程体系试图涵盖一切，最终却几乎提供不了任何真正的训练，那只会让这个问题变得更糟。哈珀提倡一种体系，大学改革和学校改革可以在其中相辅相成。改革的关键是认识到每个学生的需求，这才是这个体系的驱动力，应该尽可能多地给予学生充分发挥个人才能的灵活空间和机会。只有通过与每个学生一起细致探讨中学、学院与大学间的关系，才能产生真正的结构性改变。哈珀认为,许多小型学院只是美化了的专科学校,需要重新进行评估。或许有些能够成为更有希望的中学,其他一些可以承担起学院教育前两年的任务,充当"低层次的学院",把最终的高等教育工作留给那些更为强大的学院和大学。哈珀在如何划分小型学院与大学这个问题上的态度令人难以捉摸,但是在1902年11月举行的一次附属机构会议上,他提出了六年制中学的观点,即初中后两年加高中两年和大学前两年,这样可以将正式教育减少两年,从而(用与会的一名记者的话来说)节省"学生学校教育的时间,而不损失任何课程的价值"。[85] 哈珀在同年一篇关于教育改革趋势的宏观文章中重申了这一观点,他说"中学正迅速成为小型学院的竞争对手……在每个州,居于领先地位的中学将承担直到学院二年级末的教育任务,这样的时代就要到来了"。[86] 显然,在哈珀的头脑中,许多小型学院未来的命运或是成为超级中学,或是将其后两年的课程转给规模更大的大学而成为预科学院。哈珀的新达尔文主义和适者生存的言论可能会激怒小型学院的校长们,但是他相信,在那些把自己称为学院的机构中至少有25%的机构"所做的工作与中学所做的没有太大差异"。[87]

到1902年,哈珀已经建立起了一个与众不同的本科教育体系。由于具有灵活性和加速发展的可能性,除了录取到其预科学院的一年级新生以外,芝大成立之初便很快从其他机构吸引了大量的转校生。1898年至1902年间,之前至少已在其他高等教育机构就读却从芝大获得学士学位的学生人数从56%增长到了72%。[88] 在某些方面,哈珀在早期声明中试图解决的问题,即将前两年的教学工作置换给其他机构,已成为芝大运作的一个亮点,方法只不过是利用了招生市场的竞争局面。学士学位获得者中转校生的比例一直居高不下是芝大学生群体的一大特色,一直延续到两次世界大战中间的时期。到了1929年,芝加哥大学所授予的本科学位中几乎有60%都颁发给了有一个或更多学季转学分的本科学生。[89]

与研究生人口相比,本科生院早期的人口多数来自芝加哥和伊利诺伊州本地。1902年,所有预科学院学生中有70%来自芝加哥和伊利诺伊州。在高级学院中,有近60%的学生来自芝加哥和伊利诺伊州,另外23%的学生来自六个中西部州(印第安纳州、密歇根州、俄亥俄州、堪萨斯州、爱荷华州和威斯康星州）。在 1893 年至 1902 年之间从芝大获得学士学位的 1297 名本科生中，有 699 名男性和 598 名女性。然而在预科学院中，性别比几乎持平（例如，在 1902 年，有 373 名男性和 399 名女性全日制注册生）。

在芝大的第一个十年中，从事教学工作是本科毕业生最热门的职业选择，高达 36% 的男生和 44% 的女生毕业后倾向于选择教学岗位，这种优势是可以理解的，因为许多学生在被芝大录取之前就有过教学经历。[90] 即便创立之初，芝大各学院也吸引了为数众多想要在高等教育、法律和医药领域内谋得工作的学生：1893 年到 1900 年毕业的几届学生中有 22% 的男生和 8% 的女生将职业目标设定在上述领域。到 20 世纪 20 年代，男性职业的分布变得更加多样：35% 的男性毕业生希望从商，而法律（10%）、医药（10%）以及高等教育（9%）仍是很受欢迎的选择。1920 年到 1929 年间，多数女性依然对教育青睐有加（62%），包括高等教育（5%），但是也有 18% 的女性毕业生倾向于进入商界。[91]

本科生中出现大量转学生意味着芝大录取了更为年长的学生，这些学生与比他们年轻的学生们相比有着更为专注的职业目标，并且"对待学业都很严肃认真，迫切希望能够充分利用一切机会来钻研"。[92] 学院 1914 年前的一位女校友后来回忆说："她第一天来到芝大，回家后就哭了，因为她感到自己与所有那些大龄学生是那么格格不入。后来，她'学着去喜欢他们'。这些大龄学生迫使那些年少轻浮的同学更加勤奋了，因为如果不改变，那些大龄生就会把班级'接管'过去。"[93] 不过我们必须要强调该学生上述评论中的性别因素，因为早期的学生主体中出现如此多具有天赋而勤勉刻苦的学生使得学业竞争状况更加复杂多变，一位女性教育提倡者称之为"班级思想联盟带来的持续性影响"，即强调道德品性和个人成就的重要性[94]。芝大特别吸收了具有超强领导力的女性，如爱丽丝·弗里曼·帕尔默和马里恩·塔尔博特等最早倡导保障妇女教育和社会权益的人士。林恩·戈登曾说，"在第一个十年中，芝大对于女性学生而言是一个特别进步的地方"，她们成功的学业记录展示出她们才思敏捷的学习天赋。[95] 1893 年至 1930 年间通过兼职或全职的方式勤工俭学的本科生占全体学生的比例很高（接近 50%），这从另一个方面显示出学生将自身教育投资视为当务之急。

随着本科生（和校友）的数量逐年增长，哈珀对芝大本科教育的需求日益关注，他开始在公开场合表示，教学是芝大使命的基本要素。[96] 1899年3月，当数学系的E.H.摩尔试图拔高研究生教学的价值时，哈珀坚定地否定了资深教授们将研究生教学放在本科生教学前面的做法："我不能说本科生的工作是主要的，研究生的工作是次要的，但是反过来，我也不能说研究生的工作是主要的，本科生的工作是次要的。它们同等重要。"[97]

哈珀对体制进行修补和重整的工作也一直没有停歇。就在去世的当晚，他还提出了一项建议，准备将芝大前两年的学生分成八个具有行政和课程规划功能的组别，称其为"小学院"（在更大的预科学院的框架之内），每个组别不超过175名学生。这样一来，如果学生上的是设置于芝大宏观框架之内的某个学院，会因此获得更多的优势。本科教育第一年的男女学生会被纳入不同的组，这反映出哈珀对于男女同校这件事的一种维多利亚式的矛盾情结，所以他于1902年建议在进行预科学院班级导入时将男女学生分开。[98] 这些"小学院"将"各有各的特色，每一个都代表了学院教学的一个主题方向，比如，其中一个学院把重点放在经典课程上，另一个放在科学课程上，还有的侧重于工商业实务，或侧重于现代文学"。学生们将和所在学院小组成员一起在头两年的时间里修完一半课程，另一半则一般留待后两年的大学阶段去学习。[99] 哈珀认为这种结构将会给年轻一些的学生带来"小学院的优势，同时让他们享受到一所卓越的机构所拥有的资源和多元文化"。[100]

哈珀本人是支持所有学生的，无论是本科生还是研究生。他曾借钱给一些贫困生，给患病学生的家长写慰问信，并邀请应届毕业生座谈以便能够了解他们。偶尔面对一些不安分的本科生时，哈珀会非常严厉地对待对方，但是他同时也说，他对"老大学生精神"念念不忘。[101] 一位本科男毕业生后来回忆，哈珀把他叫到他的办公室，询问他"生活是否能维持下去"。哈珀还会教导学生体育锻炼的重要性，说完之后还要跳起来演示健美操的做法，他希望学生每天都能抽时间练习。[102] 到1896年7月，令哈珀感到满意的是，"可以说学生生活的一些重要传统已经基本形成"。¹⁰³ 他很快便成了一个非职业高校体育竞技运动的狂热爱好者，这样的运动由职业教练进行指导，尤以阿摩司·阿朗佐·斯塔格为代表。哈珀与斯塔格一起施行了教员对体育课程的管控政策，而在许多学校，这样的课程是由学生和校友掌控的。¹⁰⁴ 哈珀作为芝加哥校际橄榄球的主要支持者，身体力行地参与到运动的推广中来，使得该运动在19世纪90年代蓬勃发展起来，这个迹象表明，本科生和校友生活中的流行文化有助于建立更为广泛的友好关系。¹⁰⁵ 用罗宾·莱斯特的话来说，哈珀成了一名"绿茵场信条的传道者"和一位"运动员企业家"，充分挖掘着芝大新的运动潜能以培养更为广泛的市民和校友支持。哈珀喜爱那些"小伙子"，并且对斯塔格绝对信任；到1900年时，一些重要的教员认为"芝大当前对体育运动与日俱增的兴趣实不可取"¹⁰⁶，而哈珀努力地捍卫着斯塔格的实践活动，甚至不惜与那些反对的教员针锋相对。

像其他高级教员一样，哈珀对于允许兄弟会[iv]进入校园也有十分矛盾的情绪，但他最终还是得出结论："事实说明，他们出现在芝大带来的益处远远大于弊端。兄弟会几乎每一次都贡献出了自己的力量，不仅将其贡献给了这个机构的社会生活，还贡献给了其公共福利。"¹⁰⁷ 当谈到儿子塞缪尔的选择之时，哈珀和他的兄弟罗伯特为塞缪尔应该加入"塞尤"（Psi U）还是"阿尔法·德尔茨"（Alpha Delts）而争执不休，哈珀本人偏爱后者，因为"一个家庭由两个社团代表要好过一个"。¹⁰⁸

哈珀自己孩子的成长对于他思考本科教育可能也起到了作用。他的女儿海伦·黛维达和儿子塞缪尔进入本科生院学习，一个于1896年的冬季学期被录取，另一个于1896年的秋季学期被录取，这让哈珀更加直观地洞悉了芝大给年轻的头脑带来的影响。黛维达和塞缪尔的课程涉及许多院系，两人还有过早期出国留学的经历，因为他们都转过学分（黛维达转过九个，塞缪尔转过七个），把他们在巴黎的学时转入了他们在芝大的学士学位。¹⁰⁹ 而塞缪尔也不忘用自己的创造力在特定的大学社交场合中歌颂他的父亲。在1902年3月与曼陀林俱乐部于史蒂倍克剧院举行的一场音乐会上，许多兄弟会和女性俱乐部的成员都在场，塞缪尔带领他的

---

iv 北美大学的一种学生社团组织。

同学热情洋溢地为他的父亲和其他教员们唱了一首赞歌。当晚那支让人印象颇为深刻的歌曲的副歌部分是这样唱颂哈珀的筹款功绩的：

> 一百万之多。为了一百万他四处奔波，奔波，奔波。他需要它是一心为了芝加哥。失去它他会咆哮多么自责。一百万之多。为了一百万他四处奔波，奔波，奔波。他的目标多么简单，再简单不过。为了一百万他四处奔波。[110]

当涉及培养校友和广大公众的忠诚度时，哈珀没有强调"研究生至上"的论点，这么做是十分精明的。他在本科毕业生聚会上尽职尽责地发表言论，利用这样的场合来强调芝大对本科生录取的高标准，培养大家对新芝大的自豪感，并努力将学生们融入这场伟大的实验。[111] 最终，芝大为所有愿意加入这个过程的本科生提供了严谨的通识教育，哈珀所创造的弹性课程结构似乎也吸引了那些有学术能力和时间精力去接受这种教育的学生。哈珀对芝大学生强烈的个体意识和勤勉、有条不紊地工作的能力感到尤为自豪。1902 年，他自信地声称：

> 关于我们学生主体的主要特点，公众往往是这样评价的：稳健、坚定、有实力、个性强、理想高远，以及目标清晰。东部院校的教员们为这些学生的个人能力和性格所打动。我们的学生也许没有东部那些大院校的学生那样外表光鲜，但是若论起组织能力、调整方法以达成目标的技能、成功的决心，以及为了提升学术水平而作出牺牲的意愿，芝加哥大学的学生比这个国家甚或任何其他国家聚集起来的学生都要卓越。[112]

但是哈珀的弹性和效率革命同样也付出了代价。一则，学季制度的采用、学生根据自己的能力选择入学和毕业时间、预科学院和大学学院之间模糊的界线，以及大量的转学生，这些都会影响芝大毕业生及之后的校友们对所在班级的归属感。反过来，这对芝大未来的发展和筹资也造成了严重影响。有如此多从其他本科院校过来的转学生获得学士学位这一事实使得高级学院院长詹姆斯·H. 塔夫茨在1902年坚称:"在长时间的大学生活中,学生间的密切交往对于他们的培养和教育至关重要,因此,在芝大完成所有或者几乎所有学业的学生的比例应该比现在更高,显然这才是可取的。"[113] 在其未出版的回忆录中,塔夫茨后来评述道:"在当时的状况下,培养班级学生的亲近感和班风的努力收效并不明显。在一些教员看来,这种班级团结和班风的损失似乎无足轻重……其他人则认为,不分良莠、全盘抛弃的做法会招致真正的损失。例如,阿默斯特学院就从班级组织中找到了一个代理人,通过他每年能筹得一笔总价值不菲的校友资金。"[114]

教务主任詹姆斯·R. 安吉尔(后成为耶鲁大学校长)后来承认,到1913年时,芝大对研究投入过多,有时甚至牺牲了教学工作,"有许多教师都在盼望有一天能够摆脱辛苦的教学工作,把时间和精力全部投入研究。"其他人则持不同看法——哈珀已经让芝大沦为了一所大型本科生院。无论如何,芝加哥大学并非与世隔绝,它所在的世界中的多数人仍能通过一些棱镜窥见这所大学的方方面面,如芝大的本科生和他们的活动与课程以及这些学生离校后的职业成功。安吉尔把这一切看得清清楚楚,他评论说:"无论是从道义上还是从实际上讲,没有哪个机构能够完全免除与之休戚相关的环境赋予的义务。"[115]

## 研究生

每一段关于芝大的故事都少不了描述其教员和他们杰出的研究活动,其中包括芝大给予研究的支持,给予教学的自由,以及早期的教师休假制度,它也是学季制度的一个产物。哈珀充满活力的个性和他作为一位圣经学者的崇高声誉使他成为新的科研型研究生教育理想的最佳代言人。不过,事实证明,与分析他的研究生的职业成就相比,哈珀更感兴趣的是夸耀自己教员们的研究成果。夸张一点说,"研究生教育"变成了由早期教员们的学术活动和兴趣而非研究生真实的经历来确定。[116] 因此,研究生课程开展的实际情况、参与这些课程的学生,以及研究生接受教育的效果如何就鲜为人知了。

芝大的教育课程在最初几年里基本属于起步阶段,但到19世纪90

年代末期，多数院系已经开始授予硕士和博士学位了。[117] 硕士研究生和博士研究生之间的分界线并没有那么绝对。硕士学位通常被视作一种初级博士学位，有特定的论文写作要求。对许多学生而言，硕士学位对于他们追求自己的职业理想是一个合适的最终学位。大多数努力攻读硕士学位的学生都对教育职业感兴趣，有些教员对于没能把学生的实际训练与其职业目标协调起来感到遗憾。历史系教授安德鲁·麦克劳克林1917年对阿尔比恩·斯莫尔院长抱怨：" 我向来相信，硕士学位实际上就是一个教师学位，我认为研究生院下属各系应该想方设法与教育学院各系合作。"[118]

一些博士生是带着从其他院校获得的硕士学位进入芝大的，还有一些人之前就有过在不同学院甚至大学作为正规教员从事教学的经历。一些高水平的研究生有时候会被挑选出来在所在院系中担任助教，帮助正规教师教授初级本科课程，并享受学费减免的政策和年度奖学金作为酬劳。芝大很快建立了一套年度奖学金制度以支持那些最有前途的高水平研究生，但是能够拿到这笔奖学金（从320美元到520美元不等）的人只是少数，他们必须承担一部分学校的工作，比如初级教学或图书馆工作，作为申请奖学金的必要条件。1930年年末，在申请该奖学金的研究生当中，只有大约15%的人成功获得奖学金。日复一日，院系在文化认同方面逐渐被理解为自治、专业的小圈子，而研究生教育变成了这种理解中的一个关键要素，研究生的实际训练变得越密集，哈珀的德国式领导计划就越无法维持，这一点并不值得惊奇，因为身为博士生导师并享有终身教职的教授们要求在各自学院的小圈子中拥有管理和课程设置的同等职责，以及采取精英式管理所需要的更多财政补助。1910年10月，在经过一系列复杂的论辩后，资深教员们投票决定，用通过选举产生的任期三年的教授职位来取代院系领导职位，这些教授（至少按照正式称呼而言）都是正副教授人群中的领头羊；并规定资深教员都有资格根据其功绩而不是其行政职务来确定其薪酬水平，宣告了行政领导拿到的薪水最为优越的体制就此终结。[119]

芝大的研究生来自两大阶层。第一个阶层是被录入一个常规学期——特别是秋季学期的研究生，他们大多会努力攻读硕士学位，也有少数学生希望攻下博士学位。在芝大拿到博士学位的大多数研究生来自中西部、西部或南部的本科教育机构,而非来自东部的知名私立大学。有人对1920年和1930年间将至少5名成功的博士候选人(总共801名学生)输送到芝大的教育机构作过调查,发现有227名学生来自芝加哥大学自身的本科生项目,其余机构包括:多伦多大学输送了33人,密苏里大学21人,堪萨斯大学20人,得州大学19人,印第安纳大学19人,威斯康星大学19人,伊利诺伊大学8人,西北大学16人,麦克马斯特大学15人,内布拉斯加大学13人,俄亥俄州立大学11人,加州大学11人,俄亥俄卫斯理大学10人,曼尼托巴大学10人,密歇根大学10人,明尼苏达大学10人,以及皇后大学10人(仅引用输送10人及以上的机构)。相比之下,哈佛大学仅输送了11名学生,布朗大学8名,康奈尔大学7名,耶鲁7名,哥伦比亚大学6名,达特茅斯学院6名[120]。不难看出,芝大的博士生市场主要集中于中西部。

被芝加哥大学录取的第二个阶层的研究生包括非全日制的借读生,他们来到芝大只是为了上夏季学期。夏季学期中硕士生尤为普遍。事实上,在"一战"之前和"一战"刚刚过去的日子里,芝大夏季学期研究生的招收规模最为庞大,校园里甚至不乏年龄较长的研究生,他们中有许多人都是希望来此获得硕士学位的教师。据埃德温·E.斯洛森报告,在西部,"许多学院的教师队伍中有半数甚至三分之二的人都曾在芝大(夏季学期)就读过,这很常见。仅得克萨斯一个州就为芝大输送过150名学生。得州的学生每年都会特别包一辆火车去芝加哥大学上学。我必须向东部的读者们解释得明白一点,从地理的角度来讲,这就相当于每年有150名意大利学生去牛津就读"[121]。

到1910年时,芝大授予的博士学位比美国大多数大学都要多:在1892年到1910年间共颁发了573个博士学位,平均每年30个[122]。"一战"之后,芝大的博士生数量大幅增长,1918年到1931年间的平均博士数量增长到了113人。物理科学院系授予的博士学位占了1918年到1931年间所颁发全部博士学位的30%,另外25%是生物科学学位,20%是社会科学学位,16%是人文科学学位(新的职业学校占据了剩下的9%)。规模最大的单一博士项目是化学,颁发了183个博士学位,其次是植物学和数学，分别为112个和104个。这三个博士项目加在一起占了1918年到1931年间授予博士学位总量的将近30%，如果以教员的出版物来衡量，与它们对应的院系理应在最杰出的院系之列。[123] 规模最大的硕士项目则属于教育系（905名研究生，与之形成鲜明对比的是，历史系有454人，英语系有391人，化学系有217人），这令社会科学成了硕士学位中占比最大的院系（36%）。

早期芝大中的许多院系，尤其是人文和社会科学院系，还采用了德国研讨会的模式，将其作为一种工具来讨论当时的学术成就，并对正在开展的工作进行论辩；这种被看作德国博士体系顶峰的模式在19世纪80年代因约翰·霍普金斯大学的教员而出名；芝大的一些院系建立了系图书馆，以便研讨班开展活动。[124] 在那些科学院系中，最高级的课程是那些研究性的座谈会，一般要求开展大量亲身实践的实验室工作和对当前文献进行小组讨论。

哈珀称，他为新研究生院设定的主要目标是培养研究人员：

> 研究生工作的主要目的不是把某一领域内已经形成的知识堆积到学生的脑子里，而是训练他们，使其能够独立开展一系列新的调查研究。这样的工作当然才具有最高的品格。我们必须慷慨地提供实验室、图书馆和设备，为他们创造必要的机会……还有一个问题也要重视，要努力从全国找到最合适的人选来领导每个院系。这样的人只能是自己做过调查研究，也能够教导别人去调查研究的人。如果教师没有这种精神，没有他树立的榜样，学生们永远都学不会怎样去做研究。[125]

哈珀还希望每个院系都能创办一个学术期刊以发表其研究成果。学季制度为教员们提供了学术假期，让他们在授课之余"把时间都花在调查研究上面"。[126] 但是与本科生严格的录取过程相比，早期芝大对研究生申请者所采取的实际上是一种开放的录取模式[127]，这就可以解释哈珀为什么能够如此迅速地扩大研究生的招生规模。申请者只须毕业于芝大认可或核准为合法的四年制教育机构即可。[128] 考虑到这些早期研究生中有许多人在本科生院中所接受的学术训练可能参差不齐，以及许多人只是希望获得硕士学位以便让他们取得在中学和小型学院教书的资格,我们就不难明白为何早期那些院系会设置众多讲演或讲演讨论的必修课了。芝大的研究生模式与美国其他早期研究型大学类似,也就是说,将通常在一个教员倡导者或指导者给出的建议下进行的原始研究方法的实践训练和多种多样的学术子领域中大量的基础入门课程融合起来。如哈珀曾经希望的,19世纪90年代和20世纪早期的美国研究生学院并非一些研究中心,而是变成了"职业培训学校",它是建立在一个复杂的正规课程学分体系的基础之上的。[129] 进入20世纪30年代以后,来到芝大的研究生在学术素养和能力方面参差不齐,职业目标也有很大差异。[130] 一直到1928年,一位杰出的院长才发出这样的怨言,芝大有太多的研究生课程仍然保有"明显的学院特征",他坚持认为"所谓的'300'门课程中有许多就其门类而言十分出色,但它们缺少研究生必须开展的大量建设性研究"。[131] 两年后,仍是这位院长又抱怨说多数研究生不是把时间花在"能够激发研究兴趣和训练研究方法的工作上,而是在为本科阶段的不足补课(但他们却拿了研究生的学分)"。[132] 20世纪20年代中期,当有人提出研究生专业应强调开展独立研究的能力时,卡尔·F.胡特代表历史系回答,这种方法不适合学生,即便他们的基本理论十分扎实,因为他们的目标是成为老师而不是研究者。[133]

早期研究生之间的流动率很高,这一点不足为奇。1892年至1902年间在芝大注册过的3969名研究生中,只有1659人(42%)注册了三个或更多个学期。弗洛伊德·里夫斯1932年预计,1920年至1925年的秋季学期录取入学的那些研究生中,只有不到30%的人完成了六个学期以上的住校学习,而完成九个或更多个学期住校学习的人只有15%,这通常是博士学位才会采用的标准。[134] 有些博士生整年都在学习,但其他人只能在夏季学期期间学习,用好几年的时间七拼八凑地完成一篇论文才能获得一个学位。一些学生经受不住诱惑便在中间离开一年,因为他们想去承担学院的许多教学工作,这些机会不需要系统的学术训练即可得到。教务主任詹姆斯·R.安吉尔于1913年评论说:"有些情况下,这种诱惑实在太大,以至于有些人中断学业跑去教学,这让院系非常难办,他们无法把更为出众的学生留住,让他们获得博士学位之后再走。据说我们自己的一些院系也出现过这种情况，比如地质系和经济系。"[135]

哈珀为正式教员所设定的标准教学工作量相对较少，（大约）一年六门课程，共三个学季，每学季两门。[136] 本科生和研究生的班级规模最初被限制为30名，多数班级的人数远远少于这个数字。直到1927年，所有芝大开课班级中有三分之一只录取了不到10名学生。[137] 在当时的情况下，似乎连非常年轻的教员都拥有很大的自由决定希望教授的课程。正如罗伯特·赫里克在1895年所报道的："每位教师在授课方面自由度很大，我相信在美国没有任何大学能让教师如此不受约束地从事自己擅长的工作从而成长起来。"[138]

鉴于芝大招收的本科生和研究生所受的训练通常并不系统，而来到学校后被混在一起上同样的课程，所以教学风格是多种方式混合起来的。无论本科还是研究生课程，授课都有标准的模式，但是早期的教员们却更愿意采取其他方法，尤其是将统一的教学大纲和其他个性化材料融合在一起。1894年在描述英语系的早期运作时，艾伯特·托尔曼称："恰当的做法似乎应该是，将学生立即带入各自的文学宝藏中；他们最好尽早明白，教科书这种炼乳似的东西是没法满足其精神营养需求的。"[139] 1918年，在向一个很有前途的教员解释芝大的教学实践时，历史系教授安德鲁·C. 麦克劳克林评论说，研究生课程"在我看来，应该由课堂讲座和报告组成……对各种主题的讨论不仅是完全合适的，也是值得去做的"。但是随后他针对本科生教学又补充道："即便在本科生课程中，在教室里开展一些讨论和意见分享也是很值得的……与密歇根大学或大多数大学相比，正统的授课在这里并不那么受欢迎。"[140]

早期从这个体系中诞生的博士论文通常都较为低调。然而，正如牛津大学的珀西·加德纳教授在1899年所指出的："它们的巨大价值只有放在它们的作者身上才能体现出来。只有当一个人独自抓住了一些严肃的科学和历史问题时，才能学会如何去引用权威，权衡论据，掌握研究方法。"[141] 不过，尽管芝大产出了一些有自身特色的著作，它们中的大部分仍没有脱离平庸之作的范畴。这个事实与美国其他居领导地位的教育机构颇有相似之处，这引得像哈佛大学的A. 劳伦斯·洛厄尔这样的人士发出了抱怨，他在1909年说，教育者"面临着这样的危险，他们正使研究

生院变成那些没有动力、没有独立性,也没有抱负的温良学者们最便捷的出路"。¹⁴²

除了学术以外,哈珀对研究生应该怎样为大学生涯做好准备所持有的观点在当时也是与众不同的。在1904年面向一群研究生发表的演说中,哈珀建议他们结婚并生育三到四个孩子:"一位已婚并有三四个孩子的教师比一位未婚教师的价值高出三倍,他更为强壮,作为教师也更出色。"此外,博士学位是至关重要的,夏天的几个月专注于研究工作也很重要。最后,研究生还应该公开认同一个宗教教派:"我无法想象一种大学教育能够脱离开基督教的工作而存在……我认识好几个能力突出的人,就因为他们对宗教的态度较为冷漠——当然也并非有什么敌意——便无法在大学里求得职位。"¹⁴³

院校职位的供需问题也让早期的教员在考虑其博士项目的恰当模式时颇为忧虑。在1913年10月写信给威廉·多德探讨关于院系研究生项目的规模及其学生的就业前景时,安德鲁·C.麦克劳克林说:"我实在不明白为什么开展研究生项目的院系还要增加,更何况人们已经认识到了能够对研究生敞开大门的地方只有那么一小部分学校,而且他们也应该意识到有多少院校正在开展或试图去开展高等研究。"多德只是轻描淡写地说了下面的话作为回应:"您觉得为每一个研究生找到归宿是一种负担。我并不这么认为……尽管我也努力帮学生找工作……我的感觉是,我们的学生必须热爱历史,并拥有更广博的知识从而获得回报。他们最终是否能够成为大学教授是由一些偶然因素决定的。"¹⁴⁴尽管多德态度冷淡,大多数教员可能仍然认为他们有责任帮助自己的博士生找到合适的工作。但是这些职位的种类千差万别。一小部分芝大的博士生最后在顶尖的私立和公立大学里谋得了一席之地,而多数人只是在小型学院和地方大学里当上了教员。¹⁴⁵

到了芝大发展的第二个十年,学校拥有一大批研究生这个事实就被视为响应外界机遇的一种竞争优势。当弗兰克·阿尔伯特得到了普林斯顿大学提供的一个古典文学教授职位时,哈里·普拉特·贾德森对马丁·A.赖尔森说,阿尔伯特可能会认为从居住和文化的层面而言,东海岸更加诱人,但这也意味着他会失去正式从事研究生教学的机会。"普林斯顿的研究生教育到现在还是那么令人忍俊不禁。"他评论道。[146]来自哈佛的罗伯特·赫里克对哈珀能够如此迅速地让研究生工作按部就班地开展起来印象深刻，他客观地把这种进展看作每个独立院系自下而上的局部管理所产生的作用。赫里克报告说：

> 各个院系完全独立，自身就像一个小型学院，对博士学位、调查、研究等的重视，以及研究生院所开展的活动，所有这一切看起来都像是受到了德国大学的影响……美国的大学生活在过去十年间最为突出的举动就是突然对研究生教育产生了兴趣。但是迄今为止，还没有一所西部教育机构，无论是学院还是所谓的大学，能够想方设法为高等研究提供充足的条件。因此，作为位于内陆的中心位置，被一群小型学院簇拥的一所高校，芝加哥大学的抱负正是去开发这样一个开放的区域。[147]

直到1923年，研究生院院长阿尔比恩·斯莫尔才抱怨起他没有实权管理各院系的研究生项目，他认为这些项目是由"那些自治院系中无固定组织的团队"来管理的。他们的独立性体现在，只要是研究生院院长询问的事情，都会被当作"一个妨碍者和一个闯入者"提出的，斯莫尔感叹道。[148]芝大的研究生教育从一开始就是一个部门式事业，它的组织极少得到中央管理层的质量控制。这种给予局部自治特权的文化范式将会对芝大博士项目中的协作与改革造成限制，在整个20世纪中，像罗伯特·梅纳德·哈钦斯这样自称改革派的人将会经常遭遇这种限制。

## 成果

教学从一开始便是芝大的一项基本活动，但是哈珀的公开言论却时而强调研究的优越性，时而又突出做好教学工作的必要性。例如在1892年，他曾说："我们希望教授们和其他教师们能够获准时不时地离开他们的教学岗位一段时间，以便全身心投入调查研究的工作……换句话说，我建议这所学校把研究工作放在首位，把教学工作放在次席。"[149]但在另一场合，哈珀却说了自相矛盾的话，他称教学不仅仅是一种道德义务，而且是能令教员们对他们的工作保持新鲜感和跟上潮流的一种方式。1897年4月，哈珀郑重其事地问道，"仅为了调查和研究设立教授职位，不对教学作任何要求，这样做是否明智"，他又自问自答道，"一般而言，一名研究者与学生们打成一片才能够取得最多的成就……每一个为调查研究而设立的教授职位最好也能够承担少量的教学工作"。[150] 一年后，他对教学是一种职业责任的观点更加强烈了，声称院长们也都在教书："我无法设想一个堪当院长之任的人会去接受一个不需要他去搞教学的职位。一个身为院长却不教书的人跟一个文员没什么差别，学生们也会这么认为。我自己就有这种强烈的意识，我做的是一个教授的工作，只要我还是校长，就会一直这么做下去。"[151]

研究生和本科生的教学质量总的来说似乎比较高，许多以前的学生回忆起他们与那些资深教员的关系时都会洋溢着喜悦与怀念之情。在写信给数学系创始人之一的奥斯卡·博尔查时，前数学系学生克拉拉·拉蒂默·培根回忆道："您对这门课的热情，对每一节课的精心准备，您授课的清晰与优雅，还有您个人对学生的投入，从那时起到现在对于已为人师的我而言都是一种激励。当我回忆在芝加哥大学那段生活中最快乐的日子时，总也忘不了在您家中度过的那些周日的夜晚，您和博尔查夫人待您的学生们真的视如己出。"[152] 芝大其他的早期教员中有许多人也曾获得过类似的赞誉。[153] 日复一日，一些早期的资深教员已经桃李满天下，这些成功的博士生总是为他们的导师感到骄傲。[154]

不久之后，芝大开始努力在各学科院系之间协调本科和研究生教学，并使之丰富起来。1895年到1902年间，学生们获准可以在考入预科学院后的六年内完成医学和法律学位，大四那一年将被计算两次，作为专业学院的先修年衔接本科和研究生教学。[155] 1898年，在J. 劳伦斯·劳克林的带领下，来自不同社科院系的教员们通力协作，为有从商意愿的学生们建立了一个单独的本科商业与政治学院，从经济系、历史系、政治科学系和社会学系选用了大量课程。[156] 商学院（名称变动过多次）的商科专业一直持续到1950年早期，在芝大的本科生中颇受欢迎。[157] 1916年秋，在芝加哥大学所有注册过的三年级和四年级本科生中有29%的人被法律、医学和贸易专业录取。理查德·斯托尔恰当地将这种趋势描述为开明的职业教育论的一种早期形式："芝大的确在努力弱化甚至消除这种区别，他们的方法是真正普及那些专业，以及在某种程度上明确地使通识教育的内容职业化。"[158] 商学院的建立引发了关于在社会科学领域内进行其他形式协作的进一步思考，这个过程得到了斯莫尔院长的支持，他担心"社科专业项目经历了太多协作方面的失败，同时对社会关系一些重要程度不同的方面投入的关注不成比例"，他也赞赏了"属于社会科学群组的那些院系针对基础教学的关联作用而采取的做法，它将为研究生工作提供前所未有的更加明确和稳定的基础"。[159] 1913年在向教员们发表演说时，教务主任詹姆斯·安吉尔称赞了进一步专业化和高水平职业准备的趋势，称学生群体在思想上会受其鼓舞从而崇尚"严肃认真的精神"，并且希望除了商学院之外，"其他的学院能够将同样的运动进一步开展下去"。[160]

早期芝大对所有层次学生的影响力非同一般，埃德温·斯洛森就评论道："其他任何大学都不可能在如此短的时间内对这个国家产生如此大范围的、深刻而令人振奋的影响。"[161] 哈珀当然对自己新课程的示范性影响力深感自豪。1894年2月，他写信给查尔斯·哈钦森董事讲述他最近访问内布拉斯加大学的情景："我们发现他们对芝加哥大学正在做的一切都怀有浓厚的兴趣……我觉得他们比我们团队的某些人更了解芝大内部的计划和实验。"[162] 在各个层次的教学中，课堂出勤对于学生来说都是强制性的，无论是研究生还是本科生，学生的学风十分严谨，目标性也很强。奥斯卡·博尔查回忆他的数学研究生时说，"他们工作都很努力，无一例外，这跟他们中的大多数都不靠父母资助有关，他们不得不自力更生；许多人以前都是中学老师，或者靠做各种兼职来挣钱"[163]。斯洛森1902年从芝大获得博士学位，并对早期校园里的本科生文化比较了解，他说芝大的大学生比东部一些不知名大学里的学生更加勤奋，分级制度也相应更加严格。他同时也坚称"芝加哥大学是幸运的，因为它从一开始就没有受到我们祖父那一辈人年轻时那些坏习气的影响。几乎没有人欺辱他人、挑起班级斗殴，没有人往脸上乱涂油彩、剪奇怪的发型，没有人去绑架、偷盗教堂的钟锤，没有人围攻教授，也没有类似的学生行为，而且我相信，也没有人组织社团去教唆酗酒和纵容恶习。可是，这里的学生们看起来也和任何地方的学生一样自得其乐，所以说在别处司空见惯的现象未必就好，这些东西也许并不是大学生活一定要有的"[164]。与之类似，罗伯特·赫里克1895年也说，每一位学生"在学问方面都毫无成见，不轻易接受现成的权威知识和传统……他们尚未蒙训；即使是研究生院里那些雄心勃勃的硕士和博士生也经常慨叹自己的知识储备不足，但是他们热切、敏感、勤勉。大学对他们而言意味着努力，我相信教员们看到这样的情形都很欣喜，即一种源自匮乏的勤勉会在很长时间内阻止其他杂念充斥校园"[165]。高级学院院长本杰明·S.特里1898年对"芝大学生一贯严肃认真的风气"引以为傲："我们从未听说过有什么言语不合引发冲突的例子，也没有听说过公然违反纪律的情况。考试作弊、剽窃或其他形式的不诚信行为少之又少。我们的学生对严格的荣誉准则保持着高度的敏感，这是众所周知的。对芝大及其崇高理想的一贯忠诚同样也是芝大管理中的一个不变因素。"[166]

总之，芝加哥大学在早期几十年里建立了院系对各自研究生项目的持久权威，展示了本科教育的一种严肃学风。此外，学校早期尝试过将本科教育穿插进新芝大的各个方面，包括贸易、法律和医学的衔接课程。由于芝大是一所侧重研究的大学，同时要满足各种学生的专业需要，这些学生中的大多数都是走读生，住在各自的家中或者其他住所，而且许多人还是年纪较大、有着清晰的专业和职业目标的转校生，一种划定严格界限、将本科生与芝大其他学生隔绝开来并对立起来的本科生院传统从来未曾固定下来。芝大的特殊性到1914年时已经在这个国家的舞台上展示得很清楚了；的确，这种特殊性也许更多来源于安吉尔所言的"严肃认真"和其各个层面的学生群体学术文化的强度，而非其教员进行的任何单一体制改革。[167] 所以，当罗伯特·哈钦斯在20世纪40年代晚期到50年代早期试图将芝大的本科生院与其余部分分隔开来时，芝大整体一致的传统在抵制该做法方面显示了高度的韧性。

## 董事会及哈珀领导下芝大的发展

如果没有董事会几位主要成员的合作，哈珀为建立芝大所做的工作将很难开展起来。鉴于第一所芝大董事会的疲弱表现，托马斯·古德斯皮德意识到，新董事会必须更强有力地发挥领导作用。1890年6月，他自豪地对哈珀预测说，新董事会将拟定一份"权威名单"，举荐强有力的领导班子并提供可观的财富。[168] 多数董事会成员的确为董事会的工作付出了大量个人时间，一些人还凭借自身实力成为重要的捐助者。芝大历史上前二十年中最为活跃也最有影响力的两位董事分别是马丁·A. 赖尔森和查尔斯·L. 哈钦森。二人私交甚笃且同处于一个社会和商业利益圈之中，在哈珀和贾德森任校长期间均主导着董事会的主要议题。

哈钦森曾经把赖尔森和他自己称作"董事会的两只老妖"，两人彼此间千丝万缕的联系反映了他们所珍视的芝大以及这座城市的品质。[169] 赖尔森和哈钦森代表着一小群进步的商人，他们力图让芝加哥这座1890年时已是全美第二大城市的大都市变得高贵和文雅起来。一些学者，尤其是纽约的批评家，认为这两人是在倡导并向外部世界展示芝加哥的一种"都市帝国主义"，让人们相信芝加哥有能力建设一个能够与欧洲大城市或美国东海岸的大学相匹敌的文化机构。[170] 他们帮助哈珀及其同胞的意愿也许可以被视为既满足了善行的需要，又符合自身的要求：他们会协助创建一所伟大而卓著的大学，但必须是他们的大学，而不仅仅是一所不起眼的浸信会机构。哈珀的高瞻远瞩恰与这些都市精英代表们的雄心抱负不谋而合。

但是，赖尔森和哈钦森都不是19世纪晚期资产阶级的典型代表。赖尔森早年在欧洲生活过许久，他在巴黎和日内瓦住过几年，上的是私立中学，这使他对欧洲历史和文化有比较系统的认知。和芝大那些曾在德国和奥地利学习生活过的资深教授一样，赖尔森对欧洲大城市中主要的文化机构相当了解。而哈钦森则更多通过自我指导的方式逐渐学会了独立鉴赏欧洲艺术和建筑中的重要符号，他仔细研究过伦敦的南肯辛顿博物馆、马德里的普拉多博物馆，以及巴黎的卢浮宫。[171] 他们每个人都掌握着可观的二代财富，对自己的家乡深感自豪，并将芝大的繁荣与芝加哥的伟大联系在一起。两个人也都很年轻：1890年时哈钦森36岁，赖尔森34岁，与哈珀同岁。他们比许多在1870年之后手握大权的著名芝加哥商界领袖，如乔治·普尔曼、马歇尔·菲尔德、理查德·T. 克兰、波特·帕尔默和菲利普·阿穆尔都要年轻，詹姆斯·吉尔伯特和其他一些学者认为那些人代表了芝加哥第一代资本家。[172] 他们所拥有的财富使其能够按照自己的意愿投入足够多的时间来开展市政项目以及从事文化教育事业。同样重要的是，赖尔森和哈钦森拥有广泛的由朋友和商业伙伴组成的社交网络，其中一些关系是从他们的父亲那里承袭过来的。有益的闲暇、敏锐的商业嗅觉、大笔财富，以及深谙充满活力的大都市精英社交网络，这些因素对于他们完成芝大和芝加哥艺术馆以及其他一些主要市民机构的双重工作而言是至关重要的。

赖尔森和哈钦森都是在1890年介入芝大的，当时的芝大正处于美国浸信会教育协会寻求40万美元资助以匹配洛克菲勒提供的60万美元资金的早期阶段。两人的介入与哈珀被委任为校长同等重要，对于这所羽翼未丰的学校而言构成了一个转捩点，因为他们作为芝大的"外部商贵"所提供的财富至关重要，这让紧张不安的洛克菲勒相信芝加哥那些卓越的市民在资助新学校这件事上不会让他孤立无援。[173] 作为圣保罗普救派的一员，查尔斯·哈钦森是托马斯·古德斯皮德代表委员会寻求芝加哥商界精英协助时找到的第一位非浸信会民间领袖。哈钦森同意拿出1000美元的微薄捐款，并同意贡献出自己更有价值的时间和社会关系来支持这项事业。自此之后，盖茨和古德斯皮德便利用哈钦森的影响力来与马歇尔·菲尔德进行面谈，促使菲尔德捐出了57街和59街之间的10英亩土地用以建设新芝大。[174] 而菲尔德则反过来建议提名哈钦森为董事之一。哈钦森同意了，但或许是出于马丁·赖尔森更强的财政承受能力，他同时要求将他的朋友赖尔森也任命为董事。[175] 赖尔森也表态愿意加入。

新董事会于1890年7月举行了第一次会议。最初，董事会选择了一位浸信会商人和社区领袖E.纳尔逊·布莱克作为其主席。会议同时任命赖尔森为副主席，而哈钦森则被选为财务主管。我们有充分的理由认为对赖尔森的任命是董事会有意为之，目的是要将一位非浸信会人员安排进芝大的领导层中。赖尔森果然不负众望，他的董事会同僚们在1891年6月通过了一项特殊决议来表彰他做出的贡献，布莱克甚至于1890年10月坚持让贤于他。[176] 布莱克身体状况欠佳，加之住在州外，所以古德斯皮德强烈赞成这一提议，因为让赖尔森接替布莱克出任主席一职既能保障物质利益，又具有象征意义。"赖尔森先生让我为之倾倒"，古德斯皮德

写信对哈珀说:

> 他是个安静的人,亲切又不拘小节,头脑冷静,无论怎么看都很不错。他没有多少生意上的事要忙,又能贡献出 300 万或 400 万美元……毫无疑问,我们用于(建设)的资金一定要由芝加哥的商人来提供。我们自己的人(浸信会教徒)连五分之一的钱都出不起。作为副主席的赖尔森先生自然可以接替布莱克先生……将他任命为主席会让我们拥有一个受到普遍爱戴的主席,他有大把空闲,大笔财富,慷慨大方,跟最富有和最慷慨的那些市民也非常合得来。[177]

尽管芝大 1890 年 7 月创立时制定的章程规定:董事会三分之二的成员以及芝大的校长必须是浸信会教徒,但对董事会主席一职并未做出任何规定。赖尔森直到 1892 年 6 月才正式接任董事会主席一职,根据现存的书信记录,其原因不详。该延迟反映出浸信会教徒在新芝大的教派身份方面产生的分歧,这使得哈珀在巩固董事会领导权上行动迟缓。[178] 布莱克在辞职后的感谢信中也明确表达了自己的意思,他说,"就因为他是赖尔森先生,无论从哪个角度而言他都应该胜任这一职务,我相信教派的朋友会完全理解这件事的"。赖尔森不是浸信会教徒,他的宗教观带着一些模糊的自由派基督教的意味,又有些近似于不可知论,请他担任新董事会的领导这一行动方针是在支持办一所世俗大学这一理念[179]。

马丁·赖尔森是一个冷静、谨慎、喜欢深思熟虑的人,人们会因为他的洞察力、审美情趣和敏锐的商业嗅觉而记住他。赖尔森的父亲和他同名,是第一代美国资本家,靠做木材和房地产生意发家;赖尔森在巴黎和日内瓦接受教育,随后考入哈佛大学法学院。1887 年父亲去世之后,他就跻身芝加哥最富有的人之列,但他选择用自己的财富追逐文化和艺术方面的爱好,在艺术方面堪称行家里手。斯蒂芬·杰默曾把赖尔森的家描述为一个"学者的宝藏",看不出一丝一毫的刻意炫耀。[180] 他的艺术藏品是一点一滴、小心翼翼地积累起来的,1932 年去世后,他曾作为副馆长供职多年的芝加哥艺术馆收到了一份令人激动不已的印象派和后印象派作品集,包括雷诺阿的五幅绝佳画作和莫奈的十六幅杰作,以及一组早期佛兰德、意大利和法国大师的非凡作品。[181]

赖尔森的影响力很快便在一些至关重要的政策问题上显现出来，包括选择专业建筑师来规划新校园和校园所处地域的大小和范围。正是在赖尔森的指导下，建筑和地面委员会经过仔细研究才选择了亨利·艾维斯·科布并确立了第一份校园总体规划中的新哥特式设计，此外，也正是赖尔森和哈钦森一起坚持通过收购马歇尔·菲尔德所拥有的另外的土地才使得校园的最初范围得以扩大。[182] 赖尔森甚至在1891年拿出了2.5万美元现金用于抵偿收购该笔地产的大部分首付。其他董事感觉这种扩张野心过大且太担风险，但是赖尔森和哈钦森却相信，一个更大和更有凝聚力的校园能够更好地为芝大的长期利益服务。在哈珀成功购得《柏林大全》这套书的过程中，赖尔森同样扮演了重要角色，他于1891年提供了购买柏林S.卡尔弗雷公司藏书所需费用近一半的资金。这批藏书瞬间充实了芝大刚刚建立的图书馆；到1896年时，芝加哥大学已经拥有了这个国家藏书量排名第二的大学图书馆。但是赖尔森所做的最为重要的捐赠还在后面。当1892年春天哈珀和古德斯皮德急切地从当地芝加哥人中寻求捐助，以建设芝大的第一组建筑时，赖尔森从巴黎通过海底电报通知哈珀，为了纪念自己的父亲，他承诺捐款15万美元来建一幢建筑，即后来的赖尔森物理实验室。[183] 一年之后，赖尔森在一个同样紧要的关头加入了芝大的筹款运动，他提出只要其他芝加哥人能够拿出另外40万美元，他就出资10万美元现金，这笔匹配资金反过来会赢得约翰·D.洛克菲勒所提供的50万美元附加资金。[184]

在资助物理实验室之后，赖尔森还赞助了其首席科学家，即后来的诺贝尔奖得主艾伯特·A.迈克逊的工作。1898年，赖尔森请迈克逊列出一份关于其研究所需资金的清单，之后通知董事会他个人将承担这些费用。[185] 后来他又分别于1904年、1907年和1924年拿出了额外的几笔捐赠来支持迈克逊的研究。迈克逊的女儿后来回忆，赖尔森个人对她父亲的研究成果感到非常自豪。[186] 赖尔森在"一战"后的后续投资同样非常重要：1917年至1918年他捐出了25万美元帮助创建医学院；之后又捐了20万美元用于设立新芝大历史上第一个讲席教授职位——不难预见，该职位被授予了艾伯特·A.迈克逊[187]。

赖尔森对芝大的总捐款超过200万美元，远超古德斯皮德预期的50万美元；或许能和赖尔森经济上的慷慨相提并论的是他高度赞赏哈珀的教育愿景，他把教员当作学者而不仅仅是教师来尊敬，他也十分理解一所大学倾注大量资源赞助原创性科学研究的特殊需求。这些价值观在赖尔森19世纪90年代于不同公开场合发表的演讲中体现得淋漓尽致。在1897年10月耶基斯天文台落成之际，他声称这座新设施不仅将发挥其强大的工具作用，还将有助于实现科学在分析方法上的理想。将现实与理想调和起来对于赖尔森来说是一个强有力的挑战："如果可以，让我们尽可能地务实一些，与此同时，拓宽我们对'务实'这个词的理解，以便它能够涵盖知识层面的生活的提升，如果没有这种提升，物质条件的任何改善都是毫无用处的。"[188] 同样，1901年6月，他称芝大在德育和智育领域的进步也是美国现代生活的一个特征，而且当他看到这个世界"在德育和智育领域内认真而投入的工作开始产生"与"为了物质利益而付出的努力"同样的反响时，他感到十分欣慰。[189] 与此同时，为了捍卫研究的固有价值，赖尔森反对芝大与社会隔离的观念。在1897年2月举行的一次校友晚餐会上，赖尔森代表董事们发言，呼吁采取我们今天称之为"大众拓展教育"的做法。他坚持认为新的"高等"教育应该渗透到社会的各个层面，以接受"生活的职责、考验和乐趣"为目的，塑造所有公民并帮助他们做好准备。赖尔森还声称芝大这个社区必须始终与世界连接在一起。他说："教育的问题必须由教育者来解决，而这些问题必须由生活本身来阐明，解决方法也必须由生活本身加以验证，不仅是学者的生活，也不仅是一个社区中任何阶层的生活，而是最广泛意义上的人类的生活。"[190]"教育者的知识积累应观照所有人的经历和教育需求，应该通过接触世界来了解人类的实际需要以及文化和精神需要，这种方式将通过实践来检验理论并通过有益的渠道来引导教育的活力。"赖尔森同时也特别强调要让芝大保持开放的姿态来接受外界的评价："管理层应该积极聆听外部的声音和批评。我们希望发出这些声音和批评的圈子中有越来越多从芝大毕业并走进社会各行各业的男性和女性，我们欢迎这样的建议和批评。"这些观点并非多么深刻的学术构想，但反映出一个细致而善于表达的、极为尊重新兴研究型大学的完善与活力的人的思想。如果说新兴研究型大学想要在1892年拥有一个镀金时代的资本家来领导他们的董事会，他们很幸运能够找到一位像赖尔森这样的公民领袖作为模板，这个杰出的商人是这样尊重他们的学术工作，而且是站在大学自身的立场并根据其实际结果来考虑的，这一点难能可贵。

赖尔森的价值观也得到了查尔斯·哈钦森的赞赏，后者经常与他同桌共餐，堪称其密友和盟友，并且还是芝加哥市民领导阶层的一架"永动机"。与赖尔森相似，哈钦森的父亲本杰明·哈钦森是芝加哥早期的一位资本家，靠牲畜饲养和粮食贸易发了家。两人的友谊源于19世纪80年代末期他们在一次晚宴上的碰面，他们两位的妻子所结成的友谊也拉近了二人间的关系，他们还一起去欧洲、印度、日本和埃及做过慈善活动，这更加丰富了他们共同而非凡的事业。[191] 不过，虽说哈钦森的慈善事业与赖尔森的有诸多共同之处，但它们之间也存在着一些差别。哈钦森社交广泛，为人热情，也经常是社会活动的倡导者，投身过数以百计的各种事业，尽管他仍不比赖尔森更加接近于托斯丹·范伯伦认为的一个典型大学董事会成员所特有的"大亨"心态。他同样也是自学成才——最近有一位传记作家描述年轻时的哈钦森曾是一个"敏感、聪明、好学、笃信宗教的男孩子，本来想上大学，最终还是遵从父亲的心愿继承了家族的产业"[192]。哈钦森参与的社会事业就和他在芝加哥社会中的人脉一样丰富：商业俱乐部、哥伦布纪念博览会、救济和援助社、赫尔馆、芝加哥孤儿院，以及芝加哥公共图书馆。他还赞助过哈里特·门罗来创办《诗歌》杂志。

哈钦森最重要的社会角色就是担任芝加哥艺术馆的馆长，而赖尔森则成了这家机构最主要的赞助人。哈钦森于1882年4月被任命为馆长，十年之后，当新芝大的募捐运动开始的时候，他已经完全树立起了自己作为一名致力于艺术促进的社会人士的名声。哈钦森关于艺术在社会中的重要性的理论与赖尔森在科学适用性方面的观点非常一致。作为一名满腔热忱的社会进步分子，哈钦森相信艺术馆有责任提升大众的品位和情趣。一心想要传播自己"审美改造"信条的哈钦森促使艺术馆在每个周日免费对外开放，并坚持让这座博物馆建在城市的中心位置，而不是一个孤零零的公园内。正如凯瑟琳·麦卡锡所指出的，也正是多亏了哈钦森，艺术馆才树立了一种对社会包容的、外向性的观念，明确了适合它的受众是哪些人："手艺人、蓝白领工人、来自全国各地的参观者，以及富有的艺术赞助人全都出现在博物馆的厅堂里，这样的场面让哈钦森感到愉悦，他每天都过来视察，不停地查看来访记录。然后，他通常会兴高采烈地宣布，由于展览和学生过多，艺术馆过于活跃、过于热情、过于人满为患了，但至少说明它是有生气的。"[193] 哈钦森有一次风趣地说："这个国家有一种权利，可以从一个人身上把他的钱拿走一部分，不仅如此，还可以拿走一小部分他的思想、他的时间以及他的生命。每个人从他居住的城市拿出多少就应该回馈多少。"[194]

在艺术馆和芝大间穿梭的马丁·赖尔森和查尔斯·哈钦森互换着角色，或者更为确切地说，他们选取了适合各自性格的角色。在艺术馆，哈钦森是馆长，赖尔森名义上是副馆长，而实际上是其主要艺术赞助人之一。在芝大，赖尔森是董事会主席，哈钦森任财务主管并担任建筑与土地委员会主席一职，该委员会是董事会最有权威的常务委员会之一。哈钦森于1900年4月参观了牛津大学，目的是为将要建在57街和芝大角落的一组建筑（包括由他资助并以牛津基督教堂大厅为模式建造的新的公共食堂）寻找一些"非凡的灵感"，他在写给哈珀的热情洋溢的短信中坚定了自己早期的信念，"我们这座城市将会变得富有，人们的精神生活会更加美好，只要我们的环境变得更美，随处闻得到艺术气息，每幢楼里都有藏书、绘画和雕塑。因此，我们要在各个方面体现出高贵的思想来"[195]。欧内斯特·伯顿评论说："芝大四十座建筑中的每一座得以规划和最终建设都离不开哈钦森先生持续和理智的关注，他不仅认真地考虑风格和总体结构那些大的问题，甚至还考虑布局、装饰和陈设等那些最微小的细节……他对建筑在品位形成方面产生的影响有着敏锐的感觉，并且还有一种强烈的愿望——他的许多同事们也乐于分享这种愿望——芝大的建筑应该经久耐用并值得存续下去。他是为长远的未来打造这些建筑的。"[196]

作为成立不久的董事会的主席，马丁·赖尔森发挥了三个关键作用。第一，他自己参与的大量慈善活动，加上他的社会声望，为其他有影响力的芝加哥人树立了一个有力的榜样供其效仿。第二，他的管理风格低调、平和，并且他对哈珀和资深教授们十分尊重。第三，或许是最重要的一点，他成功地帮助维持了纽约城那些权贵们赖以生存的金融命脉。洛克菲勒信任和尊重赖尔森稳重而审慎的判断也是早期芝大成功的一个重要但容易被忽视的因素。

赖尔森缓解了哈珀对资金的渴望以及洛克菲勒对这种渴望的极度担忧。赖尔森一直不停地对哈珀强调说芝大必须量入为出，他在1894年2月警示说，筹款是"董事会当前必须要考虑的当务之急"[197]。洛克菲勒于1893年聘请弗雷德里克·盖茨来帮助管理其慈善事业；1897年年初，当盖茨对哈珀管理下不断出现的财政赤字表示严重关切之时，赖尔森小心而公开地对盖茨表示了支持。"我认为我们应该……尽快随机应变以适应现在的形势，除非我们对洛克菲勒先生有十足的把握，相信他能够继续以目前的力度来支持我们。"他写信给哈珀说。[198] 他还力劝哈珀在学校的组织方面保持节俭。赖尔森还担心过于复杂的施政体制和管理层可能会加剧芝大的政治冲突。[199] 同时，赖尔森管理下的董事会并不愿意强迫哈珀接受紧缩的预算政策，盖茨自己也在1897年的一份机密备忘录中承认，不采取反复无常的削减政策是有充分理由的：

> 多数大学是从一个中心胚芽或内核开始逐渐成长起来的，它们年复一年地发展，在政策的指引和时代的要求之下慢慢地形成新的特色。而芝加哥大学的历史却截然不同……我们目前的状况可以看作以办一所相当完整的大学为代价换来的，当然，并不包括应用科学、法律、医学和技术。因此，当谈论削减预算的问题时，我们就面临着要拆掉楼房，节省热力、照明和服务的局面，还有所有相对细微的开销……我们的机构无疑不能紧缩开支。它可以关门，也可以破产，但要在这样庞大的赤字范围内削减开支就相当于自己歇业。实际上芝大是一个整体，每个部分都有赖于其他部分才能生存。它就像一个生物活体，在现有基础上尝试做出任何改变都牵涉到截肢和感染疾病等可怕的危险。[200]

一边是远在纽约的芝大"创办人"，一边是近在芝加哥的桀骜不驯的芝大校长，赖尔森在这两人之间努力调和着，由于洛克菲勒不愿意让自己直接介入芝大的管理，赖尔森的调解工作变得愈发棘手了。洛克菲勒坚持不在董事会中担任正式职务，他更倾向于让当地的官员接受并履行管理芝大的责任。盖茨向哈珀报告说，洛克菲勒没有意愿直接管控董事会。他"一般不愿意主动对管理工作提出建议"，盖茨解释说。"他喜欢让合适的官员来挑起管理的全部重担……要确保明智的管理，唯一的方式……是沿用迄今为止所采用的方法来选拔董事会成员，做出最细致、最好的选择，为不时出现的空缺选择有担当的新人，使董事会在任何时候都能以最顺畅、最有效的方式运作。"[201]

当然，在实践中洛克菲勒还是对刚刚起步的芝大的发展发挥了巨大的影响力。1896 年之后，这种影响力随着弗雷德里克·盖茨和小约翰·D. 洛克菲勒加入董事会成为事实上的代理人而变得正式起来，也因此建立了一个奇特的双层管理体系，即管理层一部分驻扎在芝加哥，而另一部分则在纽约城。尽管为哈珀的成就感到鼓舞，洛克菲勒仍然对其加剧赤字累积的倾向越来越不安。例如，在 1894 年至 1903 年间，芝大运营预算中的平均年度赤字达到了 21.5 万美元。[202] 这就意味着 1894 年到 1903 年间每年预算中的 26%—31%要由洛克菲勒来承担，而哈珀和古德斯皮德往往在事后才发出请愿，只是偶尔才谋划一下，芝大董事会即使没有许可这种做法，却也是睁一只眼闭一只眼。为洛克菲勒工作的律师斯塔尔·J. 墨菲于 1903 年年末被派往芝大对其运营，特别是财务状况进行一番"盘根究底的质询"，他在自己所做的两份非常引人关注的报告中对这种紧张状况进行了分析。盖茨谨慎地通知哈珀，墨菲将"在芝大逗留一段时间，如果时间允许，他将用洛克菲勒和我自己希望采取的观察方式对芝大的所有事务进行审查"[203]。墨菲在第一次对芝大的架构进行鉴定之后，于 1904 年年初做出了一份深刻的长篇报告，大体上说了一些表扬的话，但同时也对董事会自己发现的奇特的管理状况进行了评论："校长是个口才极佳的人，能够以一种令人信服的方式很轻松地把规划事项的重要性和必要性向董事们交代清楚……而创办人是一个众所周知手握众多资源且极其慷慨大方的人……他给出的捐赠与年俱增，当他和自己最亲密的代表们看到每年的年度预算时，他们也准备好了迎接年度赤字。"但是

墨菲强调这种状况不应持续下去,他也毫不隐晦地指出了该为此负责的人:

> 当前的财政状况以及过去几年间的财政管理方法是不能容忍的,必须改变。身为董事会的一员,应该同时具有理智的同情心以及敏锐的鉴别力来洞察教育需求和潜力,这是我们想要的,也是必需的,他们还必须拥有钢铁般的意志和能力,无论自己喜欢与否,他们必须能够同样发现财政问题所带来的种种限制。这就是他们自身所暴露出来的缺陷,在此方面必须有所改进。[204]

由于赤字问题仍然困扰着洛克菲勒,墨菲于1905年2月向他提交了第二份报告,直截了当地将责任归咎于芝大的领导层,影射芝大董事会成员以及哈珀和古德斯皮德,称他们应该对"不断增加的、令人担忧的预算赤字"负责。墨菲认为芝大的预算编制"毫无价值",要让洛克菲勒"陷于不义"。的确,他们不过是"例行公事而已,因为芝大的领导们从未觉得自己应该为预算负责"[205]。古德斯皮德和几位董事对墨菲的"攻击性言论"感到义愤填膺,但这并不能掩盖墨菲实事求是地道出了芝大财务状况的事实,不仅如此,他还敢于公开批评其他人只能暗自琢磨的那些事情。[206] 这些董事在自己的商业圈里都是公认的意志力坚定的人。赖尔森和他的同事们在处理自身业务时显现出务实与老练,但他们却漫不经心地容忍威廉·雷尼·哈珀大手大脚的作风,这种天壤之别该作何解释?他们对哈珀的支持究竟是出于避免冲突的目的,还是出于一种老谋深算的马基雅维利主义?[v] 出于礼貌,墨菲在他的第一份报告中并未指控这一点,但他几乎要在第二份报告里将赤字问题归咎于此。[207] 董事们当然清楚自己做了什么(或者没做什么)。[208] 在1897年2月与盖茨举行的一次关于年度预算的重要会议上,托马斯·古德斯皮德试图推脱董事和哈珀的责任,他称整个问题都是良好意愿加上错误规划的后果。然而,在其未出版的回忆录中,古德斯皮德坦言对哈珀的策略也存在着矛盾的看法。"有时候似乎哈珀博士是在故意操纵'创办人'的手,并把这一计策变成了

---

v 即惯用权术与谋略。

一种深思熟虑后的永久策略来使用,"他写道,"用貌似被迫之举向'创办人'敲诈赠款这种方法难道是最可取的方法吗?要让芝大迅速成长壮大并取得成功,这难道是唯一的途径吗?"[209]

赖尔森和哈钦森与哈珀的私人通信也透露出两人十分在意上司的消费习惯。1896年1月,哈钦森提醒哈珀,"慢慢来。不要被大笔的财富冲昏头脑"[210]。同样,在1900年3月,赖尔森也警告哈珀要抵制诱惑,不要在"财力不足"的状况下新建大楼,相反,他建议要保持耐心,可以在那些比较方正的院子外建些临时设施,好把这些地块留作他用。[211] 赖尔森还留意到,洛克菲勒和盖茨期望将新的赠款用于消除赤字,而不是继续扩张。在1898年12月于纽约举行的一次预算大会上,赖尔森做出了一个坚定的承诺,要把在当地筹来的新资金用于消除赤字,不会再用来扩张:"我们要利用一切机会把这些赠款用在对芝大有利的事情上,董事会目前的政策是把钱花在芝大已经建设的事业上,而不会再对其进行任何扩展。"但他同时也声称,要实现所承诺的预算平衡绝非一朝一夕之事:"我认为董事会非常明白此事的重要性,如果说我们对做出这样的努力犹豫不决,那也绝不是董事会的健忘造成的,而是由于(在筹资的前线)无论怎样做都会让人绝望。现在的计划是尽早重启这样的努力。"[212] 在这件事上最终发挥作用的是抱负,而不是欺骗。

尽管董事会做出了这些善意的承诺,却并没有证据表明赖尔森和他的同事们十分严肃地对哈珀挥霍赠款的习惯加以劝阻,斯塔尔·墨菲也用不着怀疑这一点。直到1903年12月末在洛克菲勒位于纽约的私人办公室里举行的一次峰会上,一项决定最终做出:必须对赤字加以遏制;哈珀这才终于有些招架不住了。[213] 即便此时,赖尔森仍在盖茨面前捍卫哈珀并建议:"要阻止哈珀博士关注芝大各类具体事务,并在他认为存在危机时超越自身权限进行干预,这不是轻而易举的事。"赖尔森随后又用劝诫的口吻补充道,"让员工们有可能甚至有必要质疑哈珀的职权范围,都会存在损害哈珀正当权威的风险,未必是可取的做法"[214]。

赖尔森乐于在哈珀不断膨胀的野心与洛克菲勒与日俱增的沮丧之间当一个调解人,这或许正是因为他对哈珀虽昂贵却又令人叹服的教育愿景感到骄傲。他与哈钦森和哈珀之间的大量通信表明他们对新芝大的独特品质越来越痴迷了。在最早写给哈珀的其中一封信里,赖尔森称"我们不能把目标定得过高,或者把芝大的未来设定得过于宽泛"[215]。同样,哈钦森于1892年1月兴奋地写信给哈珀,祝贺他把J. 劳伦斯·劳克林和威廉·G. 黑尔从康奈尔大学挖了过来:"这是再好不过的事情了。我们把黑尔和劳克林这样的人请了过来,这的确可喜可贺。我对芝大的未来一点也不担忧。听听我'善意的'建议,在你选定的路上一直走下去,成功定会眷顾你的付出。"[216] 赖尔森同时也明白,尽管在年度预算会议上人们提出了诸多抗议,洛克菲勒和盖茨还是对哈珀的愿景能够实现报以热望。对于赖尔森这样的显贵之人,一个像斯塔尔·墨菲这样被人雇来做事的人所提出的异议是无足轻重的,除非它们表明洛克菲勒正渐渐心灰意冷。的确,如果说有人在这些汇报中扮演了一个像维布伦[vi]一样的"生意人"的角色,那也是墨菲,而不是哈珀和他在董事会中的那些资本家朋友们。[217] 鉴于赖尔森和哈钦森自身的职业本能是严格遵循严谨审慎的预算这套严格的准则,他们愿意给予哈珀异常宽容的灵活性和信任,这实在难能可贵。

赖尔森、哈钦森及其董事会同僚们虽然被夹在中间,既要谨小慎微,又要固守原则,却很好地服务了芝大的利益。这些人都是既有能力又意志坚定的商人和民间领袖,他们在为芝大做事时并没有按照墨菲的意愿行事,即对这位总是花言巧语的校长施加压力,无论是因为他们个人相信哈珀希望这所西部新兴的重要大学创造奇迹的愿景,还是出于他们内心的一种深深的市民自豪感,即希望芝大变成它应该变成的样子,从而说服(或者哄骗)洛克菲勒让他心甘情愿地出资。在古德斯皮德看来,盖茨相信洛克菲勒会拿出这一大笔钱,说不定还会拿出更多,他会"更乐意、更慷慨、更迅速,也更大方地"这么做,只要哈珀(和那些董事们)提前把芝大扩张式的计划与洛克菲勒商议。[218] 哈珀显然不这么认为,因此也并没有这么做。

最终收拾残局的还是洛克菲勒。当在财政方面颇为保守的哈里·普拉特·贾德森接替挥霍无度的哈珀成为芝大校长后,他在1906年至1910

---

vi 美国经济学家和社会学家,以对资本主义的机智批评著称。

年间又先后投入了几笔数额巨大的捐款，这才解决了赤字问题，1910年12月洛克菲勒最后一笔捐赠数额高达1000万美元。这些捐款从本质上为解决结构性赤字注入了资金，使芝大的财务状况重新恢复平衡，而不必在学术声誉或教育质量上妥协。[219] 洛克菲勒的最后一笔捐赠即便不是董事会的沟通策略不可避免的结果，也是一个合情合理的选择。董事们用洛克菲勒的钱重建了芝大，他们自己也拿出了数目可观的捐赠，同时还劝诱洛克菲勒为解决每年的结构性赤字问题继续出大笔的钱，但在他们眼中，这位"创办人"最后的赠与一方面说明他们需要为财政问题做出反省，另一方面也说明他比较宽容地接受了芝大发展的愿景。

可以说，如果没有以董事会成员们为代表的19世纪晚期社会精英们充满耐心的领导和小心翼翼的协调，哈珀的宏图大志便无法取得成功。这种领导方式在如墨菲一样的外人看来未免过于纵容哈珀，但这种做法或许也让哈珀的计划更见成效，同时它也点燃了一股市民积极拥护芝大的热情，带来了一种对科学研究实用价值的信仰，让他们更愿意为社会事业慷慨解囊，并且培养了一种接受风险、同时践行政治常识的不同寻常的能力。此外，如果说哈珀在1902年赞扬董事会能够十分明智地把芝大的学术事务交给教员们全权处理是在肯定这种做法，那么后来的几届董事会则将这一传统继续发扬光大。我们在第4章将会看到，一些董事和罗伯特·梅纳德·哈钦斯之间在20世纪30年代产生的一些紧张关系让这些"不干涉主义"的传统经受了考验，但最终这种传统还是保留下来了，并贯穿了整个20世纪。

## 宗教在新芝大中的作用

宗教在新芝大中的作用几十年来一直是无数争论的主题。尽管校园里存在许多宗教团体，但芝大仍是一所纯粹的世俗大学。哈珀关于宗教作用的观念深深地植根于芝大的价值体系、它表达自身的方式，以及它对这座城市和这个世界的文化抱负之中。对于哈珀和19世纪晚期所有他这一代的宗教虔诚者而言，基督教是一个规范体系不可分割的一部分，它同样定义了社群秩序和经济公平。[220] 哈珀的同事们说起他被任命为校长这件事以及他为新芝大设定的计划时都认为是上帝直接指派他来做的。[221]在弗雷德里克·盖茨看来，芝大的创建是如此非凡、如此进步、如此灵验的一件事，一定是经过了神的授意。[222]

哈珀自己也十分肯定这种遗产，他说："如果不是用广博的精神而是用另一种精神来描述这所大学，那就不能叫作芝大了。除了上帝以外，芝大只有一种东西是神圣的；这种东西就是真理。探寻真理就是探寻上帝。调查研究不应受到束缚。它应该是诚实而真挚的，审慎而谦恭的，但同时也应该是广博的；无论在何处以任何方式发现了真理，要不惜一切代价去接受它。"他进一步强调说，"如果我们的工作不是为上帝而做，那还不如不做……如果我们想获得成功，就必须用基督的精神影响、规范和统治一切……承蒙上帝的恩典，无论在其他方面如何，芝加哥大学在思想、影响力和具体工作方面都应该是基督教的"[223]。芝大的浸信会身份对于承担这个更大的普世教会的和承蒙天意的基督教工作是一个合适的切入点："可以肯定这将是一所浸信会机构，由浸信会管理，因为我们是浸信会教徒。但我们也是人，渴望增加知识储备的人；出于此目的，我们要在最充分的意义上让芝加哥大学成为一所广博的基督教学校。"[224]

那么这种公认的遗产究竟是如何发挥作用的？尽管是浸信会教徒建立了这所新机构，却是盖茨和古德斯皮德的实用主义引领他们去寻求重要的外部援助。古德斯皮德很清楚不能毁掉这些外部联系。1890年9月，当他得知哈珀正在考虑在建其他建筑之前先在校园里为神学院建一座楼时，他不无忧虑地说，"如果我们先从神学院开始，先为它建楼并先于其他院系开放，我们难免会向公众发出这样一个信号，即我们正试图让整个机构宗教化。他们会说，这是个浸信会学校，里面全是浸信会的人，自始至终都是那个教派的人，如果我们任这种印象扩散开来，那是在自寻死路"[225]。古德斯皮德建议哈珀在谈论芝大时强调其拥有一个宽泛的基督教身份：

> 尽管这所学校是由一个教派提议兴建的，该教派也提供了大部分启动资金，但芝大绝不会成为一个教派机构，它的纲领是我们设想过的最具广博和自由精神的纲领。如果由其自己的董事会来领导，神学

院的教派性质将得到最大程度的保留和保护，但是所有人都明白，芝大的其他院系无论是在动机上还是方法上都将是非教派的，但是从基督教这一字眼的最高追求和最佳内涵来看仍旧具有基督教性质。您来到的这所大学并非为一部分人而是为所有人设计的，您的目标应该是以这样的想法来管理事务并为其赢得公众的信心。"[226]

古德斯皮德认为芝大"从基督教这一字眼的最高追求和最佳内涵来看仍旧具有基督教性质"的观念使得这个机构可以直接在上帝的恩典之下发挥各种作用。哈珀也和古德斯皮德一样获得了一些新的开明感悟，并因此发现许多机会，将他自己对于基督教教义的宽泛理解融入践行芝大使命的一种迫切理想中。[227]1895 年 7 月，在为哈斯凯尔东方博物馆的奠基仪式发表讲话时，哈珀说道："这座建筑是由一位慷慨的女基督教教徒（卡洛琳·哈斯凯尔）捐助的，目的是推动全世界的宗教经典研究，尤其是基督教的那些经典，使之更广泛、更深刻地开展起来，认识到这一点非常重要，也将会更加鼓舞人心。但最重要和最鼓舞人心的是一种朴素的基督教信仰和一颗宽宏的基督信徒之心，是它们促成了将这份华贵的礼物献给科学和真理的事业。"[228]

宗教也教会了哈珀如何在公众面前谈论芝大更重要的工作。"芝大和民主"是哈珀于 1899 年 3 月在加州大学伯克利分校发表的一篇著名演讲，它强有力地说明了哈珀的政治思想并表明了其与宗教，尤其是基督教之间的明确联系。[229]这篇演讲发表于美西战争结束之时，其表现出的爱国精神明显受到了哈珀自身愿望的影响，他想要将自身与芝大置于一种正在上升的即将席卷世界的潮流之上，他认为那是一种积极的民主帝国主义。哈珀以描画一所人们见到后会觉得非常亲切的大学作为自己的开始：一所有着历史意义的大学，在这样一个机构中，成员间几近平等（因此可产生民主），共同探寻真理。为了完成该使命，这个机构将在所有思想和言论自由的基础之上坚持特定的规则和价值观以及传播新知识的迫切愿望。在过去（以及现在），芝大一直受到政治和教会控制的威胁。但是现代大学无法容忍这些，因为它需要得到完全的自由从而追求真理。真理有可能杂乱无章且引起争议，但它好过无知。人类最崇高的本性要求他们（或至少是大学里那些有能力这样做的人们）对真理领悟得更加透彻，并将其散播到更广泛的社会中去。

民主也是一个为人熟知的名词，尽管由于这种现代的、近乎无懈可击的生活方式当时已经注定要在这个地球上占据越来越多的领地，从而使得哈珀为其注入了巨大的道德成分——寄望于社会能够产生正确的领导体制，引导人民在有效的自我管理、自我监督和自我教化方面取得成就。如此一来，芝大便有了一个具体而令人鼓舞的职责。民主人士虽然在许多方面刚正不阿，但在自治的过程中却总是无法做出明智的选择。这就意味着必须由某个人或者某个机构来提供开明的领导。芝大正是要担此重任，因为芝大是"上天亲手建立以宣扬其民主原则的一家机构……正是出于民主的考虑，芝大才倾向于认为，为了获得成功必须将维护团结视为重中之重"。哈珀并没有止步于将民主当作一种温和的、由精英管理的制度，从而有益于在这个"进步时代"中真正实现自管和自治。他坚持认为，民主是人类组织的最高形式，它包含着一种宗教所有的要素，因为它能鼓舞其信徒去践行更具挑战性的伦理道德准则。[230] 作为一个伦理和道德发挥强大影响的体系，需要民主先知来宣扬美德和正义，需要民主牧师来保证其宗教崇拜的效力和集体调解，也需要民主哲学家来协助引导理论方面的自我认知。能够很好地承担这三种角色的现代大学可谓民主的牧师、先知和哲学家。

这张19世纪晚期的宣传单在许多方面恰恰反映了纯粹的中西部进步主义。受过良好教育的、文雅的、占领道德高地的精英们将会引领民主大众，他们的文化价值观将会塑造出大众社会。但是，它也是关于哈珀信念的一份郑重声明，即大学的核心宗教特性便是其追求理性、知识和真理的承诺。因此，哈珀做出了绝佳的尝试，他努力让芝大突破严格的教派身份，以此来凸显这个机构的宗教价值，即找到一种更有雄心的方式将其自身与宗教联结起来，他将芝大定义为一个知识与理性的共同社区，以寻找最高的伦理善行为宗旨。一些保守批评家警告哈珀不要采取这种途径，他们担心这会导致一种基于个人理性主义的"基督教独角戏"[231]，但是哈珀深信如果选择其他的方式，如用审查和先验规则来管制学术与教学，必然会对真正的创造性研究造成极大损害。

按照这个计划，芝大将不仅能够引导社会向前发展，还能够提升整个社会。恩典不仅由上帝赐予得来，还会来自于那些行为缜密、思想开明的基督教和犹太教学者和学生的日常实践，以促进一个更加开化和管理更加完善的社会为名义投身于一种以科学知识为基础的生活。格兰特·瓦克尔称，所有新教自由主义者都有一个共同特点，那就是他们相信"上帝的自我启示在历史的流动中得以传播"[232]。在哈珀看来，这种神圣的历史潮流会通过知识和科学真理的传播加以塑造，而这一过程的实施者正是现代大学——以他的例子而言则是基督教大学。他创建的大学不仅将以一种新的途径保留其宗教身份，还将通过促进宗教的科学研究来增加专业神学的可信度，以更好地满足都市大众社会的需求。正如克拉克·吉尔平恰如其分指出的，自由主义基督教神学家赋予大学的作为上帝之国在这个世间既定工作的有力实施者的形象也会转化并巩固内置于这些大学中的现代神学院的作用："现代大学的崛起既是美国文化转型最为显著的征兆，也是神学调整自身以适应这个新兴社会的关键所在……以大学为依托的那些神学院，如哈佛、耶鲁、芝大或者协和神学院，都成为当代神学学术的自由范式，并且在20世纪的前三十年中被视为宗教对美国社会发挥影响力的一种关键制度。"[233]

对于那些反对为新芝大设定僵化教派身份的人们而言，这番话道出了他们的心声。《芝加哥论坛报》认为哈珀不喜欢宗派主义，"这是一个公开的秘密……在那些最了解哈珀博士的人看来，他希望完全剥去芝大有害的宗派冲突的外衣，他坚定地认为宗派主义与他希望芝大拥有的世界性的包容品格是无法兼容的"[234]。芝加哥的许多民间精英对哈珀的动机都有类似的解读。例如，查尔斯·哈钦森就坚持对年轻的浸信会筹款人说，宗派主义将第一所芝加哥大学逼上了绝路，他和他的资本家同事们不想再陷入同一个泥潭里了。在通过谈判从威廉·B. 奥格登地产获得了一笔捐赠以创建一所科学研究生院时，哈珀不得不向负责谈判事宜的执行者安德鲁·H. 格林保证说，"虽然董事会人员在教派构成方面有些复杂，但绝不会影响该院成为一个最广阔的研究平台，也不会影响它以最自由的方式广纳贤才，无论这些学生和教授是否持有或持有怎样的宗教观念。[235]"

芝大迅速进化为一个学者与学生的集合体，而其中的许多人与浸信会都没有明确的关系,这一点让哈珀的许多宗派主义同僚感到恼怒。与哈珀不和的奥古斯都·斯特朗在1890年12月与之决裂时曾说,芝大"在保证其教师的神学正统性或宗教特性方面没有任何规定"。"对我而言这才是最关键的问题,"他写道,"我完全不明白为什么浸信会教徒要关心教育的事,除非他们的目的是要建立与个人或这个国家以世俗为基础设立的学校完全不同的机构……我想要的是一所与现有的任何大学模式都不同的大学,一所在名义上和实际上都以基督为基石的大学,至于理性主义,至少对于教师们而言,会被拒之门外。"[236] 当然,哈珀断然拒绝了这个观点,但是这却成了浸信会圈子里的一个棘手问题。当地的浸信会牧师们很难改掉自己的宗派意识。当查尔斯·哈钦森于1892年对筹款兴建一座大学礼拜堂表达出兴趣时,浸信会神学联盟董事会的几位董事对像哈钦森这样的普救论者竟有胆量捐助一个神圣场所感到愤慨。[237] 1896年4月,位于31街和南派克大道交会处的第一浸信会教堂的浸信会牧师P.S.亨森——芝加哥最有超凡能力的一位牧师——公开抨击了哈珀没有根据的遁词。据亨森称,哈珀在颠覆芝大真正的浸信会身份时就像操纵一个提线木偶一样把洛克菲勒耍得团团转。在他看来,哈珀是一个非凡的"催眠师",他哄骗着洛克菲勒去支持一所大学,其中的许多资深教授是不可知论者和泛神论者,最糟糕的是,还有人是"彻头彻尾的进化论者"[238]。

亨森的挑衅没有得到什么回应,哈珀拒绝与他发生正面冲突。浸信会教徒间在神学院以及整个芝大的神学方向问题上的紧张关系在哈珀在世时就一直存在,在他去世后又加剧了。罗伯特·卡特说,哈珀在19世纪90年代对那些保守的现代《圣经》批评的反对者愈加感到厌烦,甚至变得强硬起来,他摒弃了自己早期用社论来提醒对方的方式,进而责备那些缺乏教育的牧师用自己的无知阻碍了有效的《圣经》研究。[239] 哈珀在1898年和1899年呼吁将浸信会神学院教育与大学的工作更加紧密地结合起来,对其进行改革从而满足"现代的要求",直接原因是他担心许多小教派神学院培养出来的牧师接受的教育较为贫乏。[240] 神学院的系统神学系竟出现了激进神学家和尼采的狂热支持者乔治·伯曼·福斯特这样的人,这更加剧了神学院与浸信会神学联盟间的紧张关系;1904年10月,这种紧张达到了顶点，哈珀发现自己不得不作为中间人与温和而保守的浸信会教徒达成一笔交易，将福斯特从神学院转到艺术与科学的比较宗教学系。[241] 六个月后，哈珀向安德鲁·麦克利什坦白说，浸信会圈子中流言满天飞，他们说芝大为了建一座神学院的楼要筹集25万美元，却由于教员身份过于宽泛而遭遇了困难。[242] 更加保守和倾向于基要主义的芝加哥浸信会教徒对于神学院的不满情绪愈加强烈；一场分离主义运动于1913年在芝加哥发生，北方浸信会神学院成立了。[243] 最终，作为卫理公会教友的斯威夫特家族捐给芝大超过30万美元，于1924年至1926年为神学院建造了一座新建筑。

对于许多自由派浸信会教徒而言，这场分离运动让他们得到了些许安慰。1914年，弗雷德里克·盖茨，这个已经追随洛克菲勒做了将近二十五年慈善工作，并且已经经历了雷蒙德·福斯迪克后来所描述的"神学和哲学思想的巨大变化"的人，写信给小约翰·D.洛克菲勒，告诫他浸信会教徒应面对现实，放弃对芝大的所有控制。"浸信会这个教派如今所能做的最伟大、对人类影响最深远的工作只能是公开将芝大从教派的控制下解放出来……浸信会无疑是迄今为止基督教各实体中宗派意识最强的教派之一，对于这个教派而言，要在所有信仰基督的人之中提升真正的基督精神，最好的做法就是放开其对这样一个有着4000万资金和7500名学生的教育机构的控制，因为这个机构有着至高无上的追求，即以真理与其最终的胜利作为最高宗旨，使这个机构摆脱束缚人类伟大使命的任何桎梏。"[244]

盖茨呼吁"真理与其最终的胜利"，认为它是芝大仍然存续的道德品质，这一点有着哈珀的影子。尽管厌恶与其浸信会同僚们发生冲突，哈珀在赋予每个学生和教员探寻真理的自由时，仍坚信芝大是最有基督精神——最有宗教信仰的。哈珀对以新兴大学为中介在世界范围内进行的自由福音派改革抱有的信念仿佛是一段经典的宣言，内容是大卫·霍林格和其他人所描述的19世纪晚期自由新教氛围的"本质主义"，只是转置到了一个学术环境。[245] 与此同时，保守派害怕芝大由来已久的宗教惯例会因此被打破，但这种担忧被夸大了。"一战"之前，芝大没有对其学生进行过一次宗教人口普查，如詹姆斯·安吉尔主任所说，这是由于其结果将"至多是与事实接近",或许还有一个原因,那就是哈珀不想将数据公之于众,因为这可能会令他那些保守的教友们来找他的麻烦。[246] 而毋庸置疑,查尔斯·R. 亨德森于 1892 年年末对弗雷德里克·盖茨描述的事态——"我们有一大群严肃认真的学生……绝大部分人都有宗教的家庭背景,虔诚地信仰基督教",在哈珀和贾德森在任期间仍然持续了下来。[247] 在 1919 年至 1920 年间,神学教授西奥多·G. 索尔斯和一个早慧的大学生哈罗德·D. 拉斯韦尔开展了一项关于在校大学生行为的调查。作为该调查的一个组成部分,拉斯韦尔和索尔斯检查了在校大学生的宗教关系类型。[248] 他们发现有大量学生加入了宗教团体或者做出过信仰声明,而学生参加过的教堂礼拜仪式也是多种多样。在 2065 名学生中,大约有 67% 的人认为自己属于一个新教教派,12.5% 的人宣称自己是犹太教,8.1% 的人是天主教徒,还有 11.8% 的人认为自己属于其他团体,如摩门教、希腊正教或儒教。只有一名学生认为自己是无神论者,两名学生宣布自己是不可知论者。此外,这些学生中有超过 90% 的人报告说他们经常参加教堂的礼拜活动(不包括附属小教堂的礼拜),至少一月一次,约有 45% 的人每周都参加礼拜。有少部分人经常参与和宗教教育有关的课程,至少每月一次,教主日学,或者在一个宗教组织中担任官员或代理人。

这样的调查数据只是(现在仍是)粗略地估计了学生的宗教虔诚度,调查者很快便指出,这些关于学生行为的数据至多可以被认为是"初步将一些零散的事实拼凑了起来"。不过有启发意义的是,在 1890 年到 1920 年间绝大多数的学生都有某种宗教取向。如果说有什么不同的话,早期哈珀时代的学生中新教徒更多一些,与附近或整座城市中的特定宗教组织有种种联系。哈珀没有创建一个严格意义上的浸信会大学,但是到了 20 世纪 20 年代早期,他所创建的这所大学中仍有许许多多的学生与一些宗教机构保持着关联,而且很有可能多数教员也参与其中了。[249]

## 哈珀的公众:教会、社区和城市

威廉·雷尼·哈珀的学术工作也延伸到了社区和城市。他既是一位公共教育家,又是一名基督教传教士,同时还是一个社会批评家。在海德公园社区内那些与哈珀交往的邻居之中最有益也最令他感到舒服的人是一些福音派基督徒，他们阅读《圣经》，并能感到一种责任，将《圣经》作为自己道德生活的一种指引。因此，哈珀在海德公园最亲近的业务扩展点是与他的性情和宗教信仰最吻合的机构：当地的浸信会教堂。位于56街和伍德劳恩大道交会处的海德公园浸信会教堂成了哈珀关于一个神圣都市社区的愿景的前哨站。海德公园的浸信会教徒最早于1874年便开始聚集了，但是直到19世纪90年代早期，他们仍然是一个不大的组织，成员加起来不超过100人，在54街和多尔切斯特街交会处的一幢小木教堂里开展工作。芝大的到来使其成员人数迅速有了实质性的增长，这个团体从1890年的158人增加到了1900年的600人。[250] 哈珀和芝大的许多高管给这个信仰社群带来了深刻影响。1893年3月，在哈珀的力劝之下，该团体开始建造一座由詹姆斯·甘布尔·罗杰斯设计的更加宽敞的教堂。罗杰斯最初设计的是一座新哥特式的宏伟建筑，可惜造价过高；另一个方案是建一座庄严但更加经济的罗马式建筑；最终采纳的是后者。哈珀于1906年1月逝世，而新教堂于同年同月举行了落成仪式。[251] 为了对新教堂的建设出一份力，哈珀和古德斯皮德于1901年向约翰·D.洛克菲勒争取了1.5万美元的捐助。在1928年洛克菲勒教堂开放之前，位于56街和伍德劳恩大道交会处的这幢建筑一直被当作芝大的教堂来使用。[252]

1897年4月，哈珀被选为海德公园浸信会教堂主日学校[vii]的负责人，他对该教堂最重要的贡献也正源于此时。哈珀一直呼吁通过改革来改善美国主日学校体系的有效性，他利用美国宗教文学协会和他的《圣经世界》期刊来倡导"综合而又连贯的"《圣经》历史教学法。[253] 1895年9月，他批评说"就教学而言，主日学校里有90%的教学都是瞎胡闹。如果按照教育学的一般原则来评判，这些所谓的主日学校教师中有许多人的工作都是可笑的，同时也是在犯罪"[254]。哈珀把海德公园浸信会教堂当作一个实验室，用它来测试他的许多关于改革的想法，他拿出了自己组织芝大或向成人推广《圣经》研究运动的那种热忱投入了这项事业。哈珀重新

---

vii 又名礼拜日学校，指英、美等国在礼拜日为贫民开办的初等教育机构，兴起于18世纪末，盛行于19世纪上半叶。

调整了该校的课程设置，用归纳性的、分级的介绍让学生们了解《圣经》的发展历史，并且要求他们每个季度参加一次笔试来确保自己已经掌握了授课内容。[255]

　　海德公园浸信会教堂成了芝大的一个匿名合伙人，在同一个区域内推进实用宗教的发展，并且为其他区域内的其他教堂树立了一个潜在的榜样。它的热情支持者中不乏芝大的一些著名的管理和学术带头人，包括哈里·普拉特·贾德森、托马斯·古德斯皮德，以及阿尔比恩·斯莫尔。许多作为执事来教授主日学的大学教员和高级职员都是该教堂的建设和财政委员会委员，并且参与过其他的工作。他们和他们在当地其他教堂的教友们一起形成了一个区域社交网络，这个网络与芝大的那些专业圈子截然不同，但在人员上有不少重叠；因此，通过一些教会、社交和慈善活动，这种状况便使得芝大融入了当地社区。芝大领导人和海德公园邻近机构中的其他人之间形成的这种令人惬意的社交和友谊的网络对促进他们之间的文化和谐有很大裨益，在最初的几十年中，芝大的教员们都很享受这种氛围。

　　如果说哈珀与他的邻居们和当地教堂之间的关系还算融洽的话，那么他与这座城市及这个国家之间的关系就复杂得多了。总的来说，哈珀在整座城市里那些富裕的精英人士和知识阶层中的公众形象对早期的芝大而言是一笔有益的资产。新闻报道经常会关注他像变戏法一样为芝大筹得的源源不断的捐助，《芝加哥论坛报》称他在筹资方面是一个"唤来丰沛雨水的雨神"[256]。但是他旺盛的精力、个人魅力，以及对革新和改良孜孜以求的性情同样也是值得借鉴的。1896 年 1 月的《芝加哥论坛报》有一篇长文将哈珀比喻为一个催眠师和魔术师，说他"或许是当今美国人之中最为引人注目的人物"。他是一个"热情、有创新精神和实用技能"的人，并且有着无穷无尽的新想法和能量来实现它们。所有的棒球和橄榄球比赛他都会参加，又给人留下了一个普通人的形象。他对所有人都很坦率和友好，从不会忘记人的名字。一个人的地位高低不会影响哈珀对他的兴趣和关注。他是一个伟大的募捐者，因为"他用自己的热情魅力和远见卓识以及独创精神为芝大制订并实施了一个又一个计划"。甚至连哈珀骑自行车时的装束也成为人们关注的焦点；有报道称他有自己特别的骑行服——"黑色紧身运动衫、齐膝短裤、轻便鸭舌帽、长筒袜，还有自行车鞋"。另一位作者称哈珀是"他同辈人中最伟大的学究式教师"，爱用归纳法，从不袒露自己的观点，而是把各种事实摆出来让学生们找到自己的观点。该作者带着赞赏的口吻将哈珀比作一位现代铁路管理人，甚至还有另一位作者不无夸张地称其为"高等教育界的拿破仑"[257]。

谦逊、认真、友善（但是又略微有点不自在），十分慷慨大方，却一直在为筹款而不停地奔忙，这样一个男人的形象成为早期芝大光环的一部分。哈珀热衷于举办盛会，每个季度都会召集教员们开一次热闹的会议，让他们穿着长袍，戴着亮色的兜帽，排成游行队伍，这才令他满意，媒体因此会对他的个人喜好更加关注。[258] 但是哈珀却十分讨厌他在公众面前的这种形象。一些卡通画和文章里将他描绘成一个一心想着筹款的人，有时候甚至沦为傀儡，并且不时地对洛克菲勒实施操控，他对这些说法感到尤为愤慨。[259] 他甚至于1900年否认他曾为了芝大向任何人要过钱，这种说法一定令他的受众大为吃惊。[260] 1906年1月临终之时，他哀叹说他这个为了筹款而自吹自擂的公众形象极大地、不公平地影响了他的学者名声：

> 当初我离开纽黑文来到芝加哥，是把重中之重放在学术方面的。在此之前，我大部分的精力都花在了学术工作上。自从来到了芝加哥，我不得不在接下来的十到十二年里把重点转向为了芝大筹款这件事，于是，我只好为此竭尽全力。结果是芝加哥和西北地区的人们把我当作一个"吸金者"，这个名声已不胫而走，四处传播；但这个名声对我是不公的，因为我厌恶这种工作，我想做的是另外一种。我在学术上也获得了一些成果。我冒昧地将一本关于阿摩司和何西阿评述的书送给了您……我在这本书上花费的时间比我在芝加哥大学十四年中花在行政工作上的所有时间加起来还要多……令我感到困扰的是，我在西部扬名是因为我并不真正代表的东西，而我代表的东西，大多数熟悉芝大的人并不欣赏、理解，甚至并不知晓。[261]

哈珀也很憎恶新闻媒体对他私人生活的过度报道。1897年，整个圣诞季都在生病的哈珀对一个朋友抱怨道:"你一定记得,我患严重感冒的时候,芝加哥的报纸把我报道得像病入膏肓了一样。我真是可怜,如果不是因为报纸上那些乱七八糟的报道,我一点儿事都不会有。"[262]

在国家的政治前沿,哈珀是一个来自俄亥俄州小镇的自由共和党人,在一个大都市里的一所重要的城市大学中主持工作,这所大学被种族、宗教、阶级和性别的对抗撕得四分五裂。这使得人们更愿意相信和接受哈珀能够代表民族间的礼让和谐了。比如,在美西战争期间,他自然而然地变成了一个公开的爱国者、一个战时的民族捍卫者和一个名誉学位的授予者——1898年10月中旬,他将此学位授予了威廉·麦金利总统;他还是一位热情的主人——1899年4月西奥多·罗斯福上校从古巴归国后访问芝加哥时受到了他的款待。[263]哈珀甚至还于1903年4月为罗斯福设立了一个名誉学位,并举行了一场充满爱国主义滥情和噱头的典礼。1904年11月罗斯福连任总统成功后,哈珀感到尤为高兴,表示他会绝对效忠于罗斯福的理想和共和党。[264]

谁将入主白宫对于哈珀而言绝非无关紧要的事。在1900年的总统大选过后,哈珀给他的儿子塞缪尔写信说道:"新大楼的建设正在取得进展……麦金利的当选在金融圈里意味着一切。如果当选的是布莱恩,我们五年内都盖不起这几座楼来。"[265]尽管集爱国主义和根深蒂固的利己主义于一身,哈珀通常还是竭力避免使芝大卷入党派政治争端,这一立场与许多进步人士的理想不谋而合,他们主张在重要的市民机构的管理方面去除党派控制。当由历史学家赫尔曼·冯·霍尔斯特领导的一些教员反对1898年至1899年间盛行的美国帝国主义时,哈珀在捍卫学术自由和声称芝大站在麦金利和战时的国家之间时表现得小心谨慎。[266]哈珀自己深信与西班牙的战争是正义的,但是他同时不得不保护教员们发表异议的权利。[267]1899年5月,他写信给C.F.林奇,"站在您的立场上我赞同您的看法,并且真诚地希望所有人看待这些事情时都能持有和我们一样的观点。但事实上,有许多人和我们的意见不一,我们必须给这些人一个与我们不一致的机会"[268]。

哈珀是持改良主义立场的"芝加哥市政投票者联盟"的支持者,他对城市改革运动十分感兴趣,从世界各大城市广泛收集管理和政治方面的资料，努力保证了芝大图书馆的馆藏量。²⁶⁹ 哈珀的许多同事都参加过镀金时代芝加哥不同的社会改革计划和机构，例如，查尔斯·R. 亨德森在赫尔馆，阿尔比恩·斯莫尔在新芝加哥市民联合会，索福尼斯巴·布雷肯里奇和伊迪丝·阿尔伯特在芝加哥公民和慈善学校，查尔斯·E. 梅里安姆与芝加哥宪章公约、芝加哥城市俱乐部，以及（1909年后）作为市议员进入芝加哥城市委员会；这些积极的举动同样具有丰富的研究潜力，后来引发了学术上对城市生活方式的研究，芝加哥的社会科学家们在20世纪20年代使得该研究出了名。²⁷⁰ 但是哈珀自己是通过公立学校来大量参与城市政治事务的。他参与到公共教育和学校的管理中去，这也检验出了这样一个以政治混乱出名的城市中那些无党派大学改革者的局限性，并让他遭遇了重大挫折以及最终令人不安的失败。在哈珀担任校长的早期，他就对改善公共文化资源显示出了强烈的兴趣。哈珀相信，"与人接触是我们的责任，我们已经感受到了我们的工作在他们之中产生的影响。我们芝大拓展教育传播知识的工作提供了很多帮助，而我们得到的帮助也同样多。我不知道还有哪一种方式比这种工作能让一所大学获得人们更多的支持，无论以怎样的方式来解读这样的工作"²⁷¹。

哈珀联系了专业组织、教师群体和当地的教育和政治领导人，以鼓励各方进行对话，来确定公立学校的状况和芝大能够发挥的改善作用。²⁷² 哈珀鼓励他的教员同事们把教师带到校园里来讨论关于教学方法的问题，定期举办专业会议，并邀请著名的教育界领袖发表公开演说，他自己也曾在这些集会上多次发言。哈珀还和哲学系联合建立了一个教育系，他于1894年将年轻的约翰·杜威从密歇根大学招揽过来管理两个系。1896年，安德鲁·麦克利什董事对为什么芝大要出版一本像《学校评论》这样的学术期刊提出了质疑，他认为该刊配不上它所获得的名誉，哈珀在回应该质疑时答道，"作为一所大学，我们对教学方法的兴趣最浓。我们对学生应该怎样为上大学迅速做好准备尤为感兴趣"²⁷³。这种回应部分上反映出哈珀对知识和学术的真正信念——他对教学在改进都市社会方面的潜质充满信心——同时又一次展示出他更宏远的教育理想的系统特性：对于在新的研究型大学的领导下促进中西部中等和高等教育的普遍结合这一更大的计划而言，提升芝加哥的中学质量将是一个虽不起眼却不容忽视的步骤。到了 1896 年至 1897 年，哈珀实现了他建立一个附属或合作中学网络的目标。芝大与 54 家公立中学和十几家私立学校建立了正式关系，通过一个代理主考人系统为许多这类学校设定考试标准，并每两年分别于十一月和三月在校园里举办一次教师大会以商讨当前有实际意义的问题。[274]

哈珀不断卷入 19 世纪末芝加哥学校政治的阴暗现实中，他所面临的挑战也越发严峻起来。共和党的民间领袖们请他为城市的教育问题代言，可是这样一来，哈珀就不得不和这座城市里的那些工会运动对立起来了。1896 年，身为共和党人的市长乔治·斯威夫特提名他担任教育委员会的一个两年期职位时，哈珀在董事会的一些朋友曾建议他不要去接这个政治上的烫手山芋。比如安德鲁·麦克利什就曾警告他说，这份差事将是一个"不明智的、没人想要的选择"，并且与芝大的利益相背离。[275]

哈珀没有听从这些建议，仍然接受了这份工作，他回应麦克利什道，"我相信，我能够为芝加哥的教育事业贡献一份力量，这么做对芝大而言是十分重要的"[276]。出于政治原因，进入该委员会是许多人梦寐以求的，因为这意味着可以掌控大把的工作机会。哈珀很快就发现自己被许多朋友和熟人提出的请求淹没了，他们都想让哈珀帮忙实现自己的利益。他的一个熟人正在竞争当地一所学校的领导职位，对方写信给他为自己的妹妹和一个男同事争取职位，并请求他帮忙为自己加薪。[277] 另一位支持者则请求哈珀帮忙将他侄女的临时工作转为正式教职。[278] 哈珀自己提名了几位候选人担任教师职位，尽管他并不喜欢这个体系本身。但是这份惹眼的工作也使许多潜在的敌人开始关注哈珀这个人，他们忌惮他与洛克菲勒的石油财富间的联系，并且怨恨芝大闯入他们早已习以为常的学校组织和劳动政治的世界。哈珀公开宣称他想要将芝加哥公立中学的工作与芝大的招生标准调和并协调起来，但是不久，有人指责说芝大是在试图接管公立学校，并以建设拥有大学学位教师的师资队伍为标准来任命教师。[279] 在学校管理方面支持哈珀的人坚称"没有任何必要去颠覆中学的习惯做法，也不会对中学的课程设置做出任何根本性的改动"，但是一些批评者，如当地社会主义联盟中的一些人，仍然在攻击哈珀，说他是"'标准石油大学'的大厨和杂役工"[280]。1898 年 7 月，在考虑是否让哈珀续任校委员会的职位时,市长卡特·H. 哈里森给哈珀写了一封信,坦率地告诉他,有不少人跑到他那里告哈珀的状:"当然,你知道,还是那些指责,说公立学校快要成为芝加哥大学的保姆了,芝大的毕业生比普通的求职者得到了更多的机会当上教师,学校正在偏离他们本应重视的课堂教学。我对这些指责一一进行过调查,发现它们完全没有根据;不过,公众的意识里普遍形成了这种印象,也很难把它抹去。"[281]

然而,哈珀于1898年7月通过游说成功地任命了E. 本杰明·安德鲁斯为城市学校的新任改革总监,这件事情的确显示出哈珀对哈里森拥有足够的影响力。[282] 安德鲁斯是布朗大学的校长,还有一点也很重要,19世纪70年代当哈珀在丹尼森学校任教员时,安德鲁斯正是那所学校的校长,并且与其惺惺相惜。此外,为了说服洛克菲勒提供资金在芝加哥兴建一所新高等学府,盖茨于1889年4月召集一些浸信会领导人组建了一个特别委员会,而安德鲁斯恰是委员会里面一位很有助益的委员。1893年春,哈珀想请安德鲁斯到芝大来担任校长和哲学系的首席教授,尤其是担任他身后的二号掌门人,在他外出调研时帮他管理芝大。[283] 这个计划没能成功,因为安德鲁斯犹豫不决,并且芝大的高级教员反对哈珀给安德鲁斯提供的令人咋舌的薪水以及哈珀为实现该计划而制定的专横的政策;但是安德鲁斯和哈珀关于宗教正统性在一个大学环境中的局限性和对公立学校进行彻底改革的想法非常相似,这让哈珀对安德鲁斯青睐有加。

来到芝加哥之后,安德鲁斯一度很难适应这种转变,从前的他是手握大权的高校校长,而现在则是一个需要无休止地进行政治谈判并作出妥协的城市管理人。安德鲁斯标榜自己是一个强硬、严肃的管理者,但是这种领导风格却招致了别人指责他独裁专制和自命不凡。他的敌人们给他取了个"公告栏本杰明"的绰号,因为他习惯于向下属发布言简意赅的命令,包括命令教师们必须住在城市范围以内,以及警告教师们不得对学校体系内的管理者指手画脚。他与哈珀的友谊也是招致不满的另一个原因。[284]

哈珀对那些学校最大的影响并非出现在他短暂任职于校委员会期间,而是在一个与之相关的组织中。1898年1月,为了安抚商界和专业共同体中的改革派共和党人,哈里森市长委任哈珀来组织一个十一人的特别委员会,其职责是设计一些改革来改善芝加哥的公立学校体系;他选定哈珀为委员会主席。[285] 在哈珀明智的领导下,该委员会通过将近一年的辛苦工作,于1899年年初发布了《芝加哥教育委员会报告》。哈珀的最终报告是忠实于他早先关于美国教育改革的想法的,并且是其逻辑意义上的延伸。哈珀遭遇了一个政治化的、饱受沉疴与痼疾的学校体系,其问题包括机构臃肿、欠缺专业训练、任命过程中有政治庇护、物质设施不足、税收机构陈旧无法资助现有需求,以及由董事会各委员会而不是由一个强有力的执行领导人来管理。在委员会的报告中,哈珀认为学校的制度管理"存在重大缺陷",需要"彻底改善"。

报告中的许多建议没有引起什么争议,而且很有裨益,如加快新学校的建设步伐,支持更多的公立幼儿园和假期培训项目,降低班级的生师比,为成人设立更多免费的夜校课程,实施更严格的出勤规定以便让更多的学生留在学校,加大职业培训项目的力度,如此等等——但是也有些建议在政治方面产生了爆炸效应。首先,哈珀建议彻底改革学校的治理结构,用一个十一人的委员会取代现有的二十一人校委会,由市长指定,任期四年;通过指定两名专业人士来重组并加强该体系的中央行政领导,分别是:一个校监,在教师的任命、提拔和解聘以及课程体系的结构与实施方面有巨大的权力;另一个是业务经理人,他将负责所有的财务并负责雇用和监管学校所有的非教职人员(如门卫和技术人员)。哈珀进一步建议,两个岗位的任期均设定为六年,比企业界的行政职位薪水更高(达1万美元),以便能雇用到最有管理能力的人员并消除政治压力。最后,哈珀还提出赋予校委会一项专有权力,使其不需经过市政局的审批就可以获取资产建造楼房。[286]

在一个人们对政府职务与契约的政治(以及伦理和宗教)把控早已习以为常的城市里,设立两个非政治的执政"沙皇"这样的想法必然会触怒在现有的庇护体制中获得既得利益的那些人。取消市政局对建设合同的审批权无异于在人们惊愕的目光中去实践一个异想天开的想法。而对于教师们来说,这份报告又是喜忧参半的。哈珀主张加强对现有教师的培训并敦促聘用有着更广泛的教育背景的新教师。他还建议,所有申请上教师培训学院的人都应该有中学文凭(或同等文凭),他同时鼓励聘用有大学教育背景的教师来教中学。尽管这些举措听起来非常吸引人，但它们却对现有教师的工作作出了负面评价，认为这些教师缺乏"认真做好工作的动力"。

该报告的总体结构事实上非常完备，其中满是专家证言——比如哈珀的同僚，支持学校改革的校长尼古拉斯·默里·巴特勒，以及其他一些高校权威人士所作的证词——它传达了一种乌托邦式的乐观主义，似乎认为渐进理性、学术知识，以及管理专长能够涤荡人的本性和芝加哥式的庇护政治。哈珀称，只有"社群里最好的人"才能在新的校委会中任职，许多愤世嫉俗者自然而然地把"最好的"和"最富有的"关联了起来，给报告染上了一层精英主义色彩，尽管哈珀的意图完全相反。[287] 报告还期望让这座城市团结为一个整体，改变区域间和族群间各自为政的局面。[288]

报告完成后，安德鲁斯和市民联合会游说位于斯普林菲尔德的州议会通过立法来实施该计划。这个举动引发了芝加哥教师联合会和芝加哥劳工联合会的强烈抗议。后者抨击了安德鲁斯，说他是"洛克菲勒的奴隶"，目的是"推销洛克菲勒的想法"[289]。哈珀也遭到了指责，人们说他为了芝大的利益试图"接管"公立学校，加以改造，以便让一小群精英学生轻松地获得芝大的录取通知书。[290] 面对愤怒的学校教师和其他愤愤不平的利益集团，哈里森市长在支持哈珀的态度上显得更加暧昧了。1899年3月，哈珀的提案在伊利诺伊州的州大会上未能获得通过。一年后的1900年4月，对自己不比"书记员的职位"强多少的工作感到沮丧的本杰明·安德鲁斯选择了辞职，然后去了内布拉斯加大学任校长，又回到了大学学术生活中去。[291] 1898年12月，哈珀曾试图鼓励自己的朋友挺住。"我知道您能坚守立场很不容易，我很欣赏这一点，并且向您保证，我们不久就会摆脱这场争斗，只须密切关注这件事情即可，"他写信给安德鲁斯，"不管任何时候，如果需要我默默地为您效劳，请尽管吩咐。"然而，这样的话很难安抚安德鲁斯，他指出哈珀的支持其实只会让他不堪重负："我知道您内心里装着这些学校的利益，但是要让这里的人相信这一点不是一朝一夕之事。他们认为您想要的是'一个教育信托'，我听到话是这么说的——您想让公立学校为大学保驾护航。"[292]

后来的城市改革者也曾试图通过行政法规和州立法来实现哈珀法案中的部分内容。研究芝加哥公立学校系统的历史学家玛丽·赫里克指出，"这些建议可能被忽视了，但它们无法得到响应。实际上，这些建议中有许多已经渐渐变成了现实。它们仍然值得研究芝加哥学校历史的学生们去认真思考"[293]。该法案也是推动由芝加哥教师联合会代表的芝加哥公立学校教师于1902年正式与芝加哥劳工联合会结盟的几个决定性因素之一。哈珀的倡议所造成的紧张局面除了阶层的原因以外，也有文化和性别方面的原因。1900年，在芝加哥超过五千名的教师当中，超过80%的人是女性。由凯瑟琳·高金和玛格丽特·哈利英明领导的这些教师中的大多数人都没有大学文凭，并且视哈珀报告中以大学为标准来衡量专业知识的说辞为对她们职业能力和自尊的侮辱。[294] 哈珀呼吁聘用更多的男性教师来教授高年级学生——他更具体的想法是，因为男性"身体耐力更为出色"，这使得他们"在学校体系中更具价值"，所以应该付给他们更多的薪水——这种观点激起了强烈的反驳。玛格丽特·哈利后来尖刻地评论道，"芝加哥的教师们不相信，如果他（耶稣）重新降临世间，会经由'大道乐园'[viii]来到芝加哥"[295]。

这种不和谐的声音也代表了芝加哥以商业为主导的民间精英与劳工和女性组织之间的其他争端。[296] 19世纪晚期的美国城市背景下响彻着这种冲突之声，由精英领导的进步人士试图通过使当地的市政管理机构去政治化来实现合理化、行政集权化和专业化。1909年，一位有大学教育背景的女性（约翰·杜威的女门徒）艾拉·弗拉格·杨接任了校监一职，她想方设法地鼓励行政改革，同时支持教师的职业和财政权益，这使得公立学校中的紧张局面有所缓和。[297] 但是，在受大学影响的改革运动理想和一个多种族并存、实质上以天主教为主的芝加哥内部分肥拨款[ix]政治的严酷现实之间，这种冲突是长期存在的。哈珀希望在公立学校和芝大间建立更密切的联系，但即使在能够理解他的这一愿景的人之中，也有人发现芝大的一些高级教员那种扑面而来的傲慢是那样令人懊丧。[298]

---

viii 位于芝加哥南区的一条绿地走廊，穿过芝加哥大学，连接华盛顿公园和杰克逊公园。

ix 为讨好、报答支持者而做出的拨款。

在1899年10月举行的芝大秋季学期集会上,哈珀做出了一个普世教会主义的大胆举动,他邀请了伊利诺伊州皮奥瑞亚的罗马天主教会主教约翰·L. 斯波尔丁蒙席前来讲话。斯波尔丁称好的教学对于人类的进步至关重要,他坚持认为"教育改革和进步的全部问题不过就是聘用好的教师,淘汰不合格的教师。但经历过的人最清楚这有多么困难。至少对于一所大学而言,它应该致力于成为伟大教师的家园,否则它便根本不是一所大学"[299]。哈珀在此前不久的政治惨败正好涉及芝加哥的一些教师,他们中的许多人都是天主教徒,斯波尔丁的演说接踵而来,这就更加显得讽刺了。难道只有在一所大学里才找得到好的教育吗?如果真是这样,那么这个城市和它的公众又当何去何从?

同时,哈珀在市政厅这个政治泥潭中步履维艰的经历基本上无法鼓舞后来的芝大校长再以同样的公民自愿精神加入其中;或许并非偶然,哈珀的继任者哈里·普拉特·贾德森对哈珀曾经热衷参与校外公民社群政治事务的做法显示出了厌恶之情。在哈珀去世之后的1906年,作为一个综合性机构的芝大慢慢开始转向内在,除了1924年至1925年欧内斯特·伯顿的市民运动以失败告终,这种模式已然确立,并较好地维持到了20世纪50年代。[300] 尽管出现了哈珀和伯顿这两个失败的例子,这种趋势仍是强劲的。[301] 我们在第5章中会看到,芝大将为其与芝加哥民间大众和政治精英决裂付出代价。

## 芝大与世界:一所"德国式"研究型大学?

1904年3月,正值芝大第五十个学季集会召开之际,五位卓著的德国学者访问了芝大,芝大校长威廉·雷尼·哈珀大张旗鼓地为他们授予了名誉学位。植物学系主任约翰·默尔·库尔特作了一篇关于德国大学对芝加哥大学学术文化所产生影响的庆祝演说。库尔特称,19世纪的德国研究型大学为它们的美国表亲设立了五项典范:研究型大学是现代生活进步的一笔重要财产;教员必须享受教书的自由,不受外部压力的束缚;学生应该拥有类似的权利来决定自己学习的课程;各个领域的科学研究应以其自身为宗旨进行;大学的教育者(与中学或其他预备学校中的不同）必须同时是活跃的研究者和教师。库尔特并非不关心德国与美国间的文化和社会差异，他指出德国大学中体现的组织理想必须"与每个人独特的天赋相适应"。美国高等教育中的学院传统是两个体系之间的一个实质性的结构差异，库尔特承认，"学院和大学间极细微的层次差异是美国高等教育体系的一个特色，这一点是不能废除的，也是不应该废除的"。尽管如此，德国大学还是为其争取学术自由的努力、开展独立科学研究的承诺，以及对充实知识领域的价值所抱有的信念提供了强有力的支持。[302]

1904 年无疑是幸运的一年，因为来自中欧的学者和芝大的教员一起召开了几次会议，此外，在五位德国学者于 3 月出席会议六个月后，另一个由德国资深学者组成的代表团于 9 月中旬赴圣路易斯参加国际艺术与科学展览会和代表大会的路上途经芝加哥，而芝加哥大学的阿尔比恩·斯莫尔教授正是该会议的主要组织者之一。[303] 斯莫尔希望欧洲和美国的学者们济济一堂不仅能够让双方对彼此的工作有一个更好的了解，也能让这些尊贵的欧洲客人发现在这个新的美国专业学者的社群里有能和他们自己的科学工作相提并论的亮点。值得注意的是，1903 年 4 月，在按照国际法、外交和国家行政这些主题来整理可能从欧洲邀请来参加会议的人员的名单时，斯莫尔向威廉·雷尼·哈珀报告说，"事实上，那些出名的学者几乎全是德国人，为了让其他（欧洲）国家也能体面地展示自己的实力，我们已经挖空心思地去研究他们了"[304]。

认真地解读约翰·库尔特的发言，我们不难发现，德国的研究型大学为早期的芝加哥大学树立了一个很好的典范，芝大在这方面似乎欠对方很大一个人情。当然，许多芝大教员在 19 世纪 90 年代与英国和法国的学术机构多有交流，但是，芝大的领导者们却未将名誉学位颁给英国人或法国人，相反，1904 年 3 月，他们不仅将该学位授予了德国人，还毫不吝惜溢美之词地夸赞对方。芝大为何偏偏对专横的德国大学的模式感恩戴德？还有，这种模式是否真的对芝大的文化和学术历史产生了深远影响？

最近几十年来，德国大学的理想和规范对 19 世纪晚期的美国大学造成的影响这一问题经常引起学者们的广泛争议。许多学者认为，德美两国的大学教育"模式"之间不存在单一的因果过程；如果说德国大学确实带来过很强的影响,大部分也是在教授权威这个概念上,而非在具体的制度创新之中。[305] 尤尔根·赫布斯特表示,从严格意义上讲,19世纪末出现在德国和美国的专业主义模式并非国家性质的,它们都是"今天无所不在的学术专业主义表象"的一部分,"这种'主义'既非德国的也非美国的,可以这么说,它在纯粹和普遍的意义上是学术的"[306]。此外,1900年前后的德国大学比起五十年前更加自觉地接受了洪堡的原则,它们的主张更有力度地采纳了教学与研究相统一的想法。[307] 但是他们同时也更加重视专业甚至职业教育了。近来,一些学者已经证明"德国研究型大学"的规范实际上是非常有误导性的,因为到1900年的时候,对于那些想当公务员和从事有学识的职业[x]的学生而言,多数德国大学已经变成了庞大的认证机器,控制它们的是国家的教育部门,这些部门在教员任免和学术研究的财政资源方面拥有极大的管理权限。对于人文学科甚或科学研究的发展而言,它们绝非理想之地,更不用说纯粹的学术自由了。另外,鉴于其院系部门严格的等级结构,一小部分正教授统治着大多数薪水微薄的助手和不享受公务员保障的副教授,这些学校也并非年轻教员学术和教学发展的理想场所。最后,如查尔斯·麦克莱兰近来提醒我们的,与其美国表亲相比,1910年左右的德国大学并没有从有财产的资产阶级的财富剧增中获益,不配从公民社会的富裕阶层中获得慈善援助。[308] 因此,加布里尔·林格尔巴克等学者们便称,德国模式的影响力被夸大了,与德国的学术生活相联系的许多德国概念的学术研究规范和行为模式在美国的环境下被证明是水土不服的。美国的教员们在体验德国模式和实践时是以一种"精挑细选的,在某些情况下明显错误的"方式进行的。[309]

然而不可否认的是,德国大学对第一代芝大的教员们来说是颇具吸引力的。威廉·雷尼·哈珀最初非常热情地鼓励年轻的美国学者去欧洲学习,他所指的主要是去德国学习。托马斯·古德斯皮德后来回忆,在芝大最初的组织阶段,哈珀的想法是"建议去海外学习并获得高等学位"[310]。据古德斯皮德称,哈珀甚至曾认为应该为去欧洲访学并从中获益的有前途的年轻学者发放协议书,承诺如果他们回到芝大,会为他们安排

---

x 指医学、法律及神学三种职业。

工作:"一旦签下这些协议,这位高瞻远瞩的校长总会强烈建议,甚至要求那些年轻有为的教师去国外待上尽可能长的时间,以便为将来的工作打好基础。"³¹¹

人们认为哈珀要找的就是那些曾在海外学习过的人,当地的报纸报道了这件事,并指责这位新任校长于 1891 年夏天飞往欧洲是有意要违反 1885 年的《外国人契约劳工法》(该法律禁止向非美国公民提供大部分类别的工作)。媒体上说哈珀在没有受法律约束的工作邀请的情况下,把那些有前途的意中人请到芝加哥来,在这里,他们会立即被董事会发掘并当场得到聘约。古德斯皮德后来回忆起这个所谓的计策时说:"在一个前途无量的年轻人漫游世界的过程中,我们不妨请他来芝加哥看看,让他来到这里和芝大的董事们见上一面,这不是再简单不过的事情吗?如果此时此地,董事们发现这个偶然造访的游客正是他们要找的那个人,这对各方而言会是多么皆大欢喜的一件事!"³¹²

事实上,哈珀直接从欧洲聘请的高级外国学者只是少数几个人。其中最著名的当属赫尔曼·冯·霍尔斯特,弗莱堡大学的高级宪法历史学家,虽然他在芝大没有待太长时间,却对学校的院系文化产生了持久的影响。但是芝大那些美国本土出生、在一所或更多所德国大学受过教育的学者们的确非常突出。1896 年至 1897 年间芝加哥大学的 189 名教员中,有 76 人曾在欧洲大学中获得过学位或接受过教育,其中有 65 人在一所或多所德国大学学习过。因此,新芝大中有超过三分之一的教员(著名的高级教员中有许多人)都有过直接参与德国大学体系的教育和研究实践的个人经历。

他们在德国的经历差别很大。詹姆斯·布雷斯特德在柏林待过三年,他勤奋刻苦地学会了希伯来语、阿拉伯语和其他几种语言,并且还沉浸于对近东历史和文化神秘故事的研究中。布雷斯特德起初是在耶鲁认识哈珀的,1890 年秋从伊利诺伊州内珀维尔市的中北学院毕业后,他以研究生的身份进入耶鲁研习神学。布雷斯特德本想把全部时间拿来研究希伯来语,但是他的父亲坚持让他先把神学的课程修完。聪慧的布雷斯特德做到了两者兼顾;他在 1890—1891 学年的课程中结识了哈珀。³¹³哈珀鼓励他去德国做两年的博士研究,于是布雷斯特德于 1891 年秋动身去了柏林。在柏林期间，布雷斯特德作为一个非正式的联络人替哈珀与德国的书商联系。哈珀的妻子和孩子在德国逗留期间，他还曾帮助过他们，并为哈珀的孩子辅导拉丁语。最初，他把主要精力投入到了科普特语、阿拉伯语和希伯来语的学习中，并很快与德国的高级埃及古物学者阿道夫·厄尔曼建立了良好的关系。厄尔曼告诉布雷斯特德，如果他想真正地掌握他所研习的科目，就必须在柏林待上三年，"他说我必须在这里待三年，如果达不到这个时间，对这门学科知识的掌握必然是肤浅的，而且，他也不属于那种慢条斯理的德国人。我越深入研究就越对他的观点心悦诚服。这个科目太博大了，而且每天都在发展"[314]。布雷斯特德在柏林成绩斐然，他上了埃及语语法课程，同时还做考古实践，并且研究柏拉图和亚里士多德，他发现他所做的工作全都"那么有意思"。不久之后他就获得了自己德国导师们的称赞，备受鼓舞的他自豪地向哈珀报告了这一切。[315] 布雷斯特德后来又掌握了德语并结交了许多朋友。他甚至还遇到了弗朗西丝·哈特，最终与这个年轻的美国女人结为伉俪。与其他旅居德国的类似的美国学者一样，布雷斯特德也感受和体验了德国人的那种生活方式，用丹尼尔·罗杰斯的话来说，"不仅是德国人享受生活的能力，还有他们用公共的和社交的方法来休闲的习惯"[316]。他不但把学术工作安排得紧凑有序，还和厄尔曼及他的德国博士生同伴们一起出游；1892年夏末，他们一起远足穿越了哈尔茨山脉，他在向哈珀报告此事之时将其描述为田园诗一般的旅途。[317]

随着自己的研究取得进展，布雷斯特德开始越来越广泛而全面地了解埃及的历史和文化。他自豪地告诉哈珀，"埃及人的生活、历史和思想就像一幅画卷慢慢地在我面前展开"，这是他对自己未来学术生活所做的非凡的期许，因为布雷斯特德在他后来的职业生涯中完成了一系列杰出的著作（《古埃及宗教和思想发展史》《埃及历史》《文明的征程》《良知的曙光》）。[318] 重要的一天来临了，1894年7月，布雷斯特德通过了博士学位的最终答辩，赢得了高度称赞，并以"优等"[xi]的成绩获得学位，这让他感觉自己仿佛天生就是德国学术文化的宠儿。[319] 他骄傲地向哈珀汇报说，

---

xi 原文为拉丁语 cum laude。

与他参加同一场考试的四名德国博士生得到的成绩都是刚刚"及格"[xii]，与他所得到的评价相比低了不少。[320]

其他的芝加哥年轻人与布雷斯特德有着不同的经历。詹姆斯·塔夫茨在德国待了一年，但是这段经历没有改变他的人生或职业。不过塔夫茨继承了哈珀敏锐的洞察力，发掘了不少有天赋的年轻美国学者，为他们提供初步的工作合同，然后安排他们去欧洲深造以获得更多的资历。塔夫茨后来成为一名卓著的美国实用主义哲学家，主要从事道德和社会哲学以及社会关系理论方面的研究，他于1892年至1930年在芝大任教。1889年，塔夫茨曾被任命为密歇根大学的一名哲学教师。他并非不喜欢这份工作——他有机会与约翰·杜威一起工作，后者当时作为学者和教师已经由于在分析方面的早成而建立起了一定的名声，他也很欣赏中西部学生群体没有什么特权、思想更加开放的氛围（塔夫茨称之为一个"激励性的、有益身心的世界"）。[321] 但是塔夫茨的确有一个夙愿，那就是去德国拿一个博士学位，只是他没办法把这个目标和他在密歇根大学的教书职责协调起来。塔夫茨认识哈珀是因为当年他在耶鲁神学院选修过哈珀的希伯来语课程。1890年11月初，当这位新当选但尚未走马上任的校长联系他并请他来芝大任职时，他忽然看到德国的高等教育之门在向他敞开，因为新芝大要等到1892年的秋天才会正式开业。塔夫茨于1891年6月辞去了他在安阿伯的工作。8月里，塔夫茨与来自马萨诸塞州的一位年轻的学校教师辛西娅·霍巴特·惠特克结了婚，这对新婚夫妇动身去往德国，准备在那里待上一年。塔夫茨先是从柏林，后来又从弗莱堡给哈珀发来了好多信，询问的都是他应该怎样利用好自己在德国的时间来为哈珀想要分配给他的教学工作做准备。[322] 关于塔夫茨应该（或者不应该）研究什么，哈珀其实并没有固定的想法；最终，在自己弗莱堡的导师阿洛伊斯·里尔的教导下，塔夫茨写了一篇关于康德的博士论文。

与布雷斯特德不同的是，塔夫茨是以一位悠闲的外国人的心态来体验德国的，他喜欢在柏林的美国教堂里与其他的美国人交际，许多朋友也都是在当地的外国人社群里结识的。塔夫茨不喜欢充斥德国大众生活

---

xii 原文为拉丁语 sustinuit。

的军国主义，但他发现柏林大学的学术文化非常令人惬意，也很有启发性。多年以后他仍记得，"质询和独立思考的精神不但体现在一所伟大的大学之中，也体现在一种特殊的生活经历之中——生活在一个有着不同文化的人群里和一片音乐、戏剧和其他艺术形式有着更长的历史和更丰富的作品可以展示的土地上"[323]。塔夫茨于年中搬到了弗莱堡和里尔共事，后者愿意将塔夫茨已经在耶鲁上过的两年算在他在弗莱堡取得学位所要求的学时里面。在仓促地完成了一篇博士论文并于1892年7月以"最优等"[xiii]的成绩通过了最终考试以后，塔夫茨自豪地返回了芝加哥，新芝大一个助理教授的职位在等待着他。塔夫茨觉得德国的学术环境是令人羡慕的，可惜的是，处于"军国主义阶级和秩序下的德国，满眼尽是傲慢无礼的官员和经过严格的军事训练、走路像是迈着正步的下属，街角随处可见荷枪实弹的军人"[324]。

如果说塔夫茨在德国的经历还算愉快和有益，那么保罗·肖里的经历可就完全不同了。作为一名杰出的希腊语学者，他在不同的德国大学待了三年；在国外期间，他经常与在芝加哥上中学时的密友威廉·M. 佩恩通信。这些信件和明信片透露出一个很难适应自己的新环境和德国教育体系的年轻人孤单和思乡的情绪。[325] 他发现自己去过的科隆和其他德国城市到处都是"阴郁、肮脏的街道"，还有"丑陋的橱窗和普普通通的脸庞"。在莱比锡，他的同学们"或多或少都对黑格尔产生了兴趣"，"他们的观点、方法和例证在我看来都很陈腐"。最后到了伯恩大学，他发现那里的课程"非常枯燥"，德国社会"是如此不真实且粗俗，在这个世界上的其他人看来，它真实的图景毫无艺术可言"。他在慕尼黑的运气稍好一点，与威廉·冯·克莱斯特一起写了一篇有关柏拉图对于人性看法的毕业论文。克莱斯特是一位乐于助人并善解人意的导师，1884年6月肖里在他的帮助下完成了工作。他读了许多德国学者写的关于柏拉图的著作，读得越多，就越因为其深奥难解感到泄气。[326]

他的整个职业生涯都没能摆脱在德国的那段不愉快的回忆。1911年，肖里在《民族报》上创作发表了一篇关于德国教育体系的立场坚定的评

---

xiii 原文为拉丁语 summa cum laude。

论文章，警示说对德国教育和价值观的依赖使得美国的教育机构很难融入自己国家的文化。美国人当然不应该丢掉或忘记德国人教给的"经验和欠他们的人情债"，但需要把自身从"对德国势力的盲从和奉承"中"解放出来"。美国研究生最需要的是普通的文化教育和学识，在这方面德国模式是完全起不到作用的。美国人想要的是一种真正的关于美国传统的高等教育，与英国和法国关于风格、雄辩和实证限制的理想紧密地结合起来。[327]

曾经留学德国的芝大早期高级教员中，有一些人的学术领域曾受到当代德国和奥地利学术最直接的影响，社会学系的创建人和第一任主任阿尔比恩·斯莫尔便是其中之一。斯莫尔1879年至1881年曾在柏林和莱比锡学习。他从未完成自己的博士学位，而是于1888年至1889年在约翰·霍普金斯大学用了一年时间在赫伯特·巴克斯特·亚当斯的指导下写了一篇博士论文。1903年夏天，当斯莫尔回到德国时，他深深地发现自己很不喜欢弥漫在世纪之交的德国政治文化中的军国主义思想。[328]第一次世界大战期间，斯莫尔就抨击过普鲁士主义和军国主义精神，称其为一种"异端的复活"；战后，他继续反省着自己在德国的个人经历，言语中充满辛辣的讽刺。[329]不过，斯莫尔还是把他大部分的职业精力都投入到了翻译主要德国社会科学家的著作之中，他同时也鼓励他的研究生去德国访学。德国之行也彻底改变了斯莫尔的家庭生活：晚年的斯莫尔回忆，他第一次和一个女孩一起散步是在魏玛，那是在1879年一个周日的下午。那个年轻的女人是一个德国将军的女儿，后来成了他的妻子。斯莫尔是一个浸信会牧师的儿子，19世纪60年代至70年代在缅因州长大。在当地，清教徒文化的残余影响十分强烈，支配着人们的公共和私人行为，在安息日"娱乐"这样的行为原本是被绝对禁止的，何况是与一个异性成员在一起。但是在德国这个"旧大陆"的新社会中，对于年轻的研究生们而言，这似乎是合情合理、自然而然的事情。[330]

斯莫尔成熟的知识体系是具有美国新教特征和城市特征的，但是他的许多重要想法和概念，包括社会进步和社会规划以及社会在开明的政府当局的资助下迈着更大的进步步调做线性运动，都来自于他所研究过的日耳曼人。[331]斯莫尔对阶级冲突的强烈反感和他将社会冲突归结为不同类型的竞争性机构利益的做法也与他这种心智模式非常一致。[332]他于1909年出版的有关德国和奥地利经济学者的著作是一次探索性的尝试，目的是解释一个由精英推动的公民政治体系的本源——这样一个体系不仅高效而且目标明确，能够也必将使自身得以恢复，从而实现一个更加团结一致的公民社会。他强调说，"美国人若要更好地理解德国人还要知道很多"，"德国公民体制的高效性是不容争辩的。它能够主动调整手段以达到目的，因此运行起来几乎没有什么浪费，这一点是非常显著的"[333]。他同时相信，这与美国体系对财力和人力的浪费可以形成鲜明的对照，"几乎不容置疑的是，若纯粹论社会效益的经济性，德国在伟大的国家中鲜有能与之匹敌的对手"[334]。斯莫尔于是非常感激德国集体主义者的观点，他认为这种政策观念既可以用来替代资本主义，也可以用来替代社会主义。此外，德国社会政策协会的组织范例也被斯莫尔和其他早期的社会科学家们拿来当作集体专业主义和研究倾向的一个典范，他们试图将其移植到美国来。斯莫尔的最后一本著作《社会学起源》（1924）有意无意地回避了当时刚刚发生的沙文主义战争，只是惋惜许多德国学者均做出了黩武的举动，但他还是强调了他们的学术在理论上的重要性，并清醒地提出美国学者应该深深地感谢他们的德国同行们在学术方面所做出的巨大贡献。[335]

威廉·雷尼·哈珀自己对于德国的学术传统则比较生疏，获得的经验也是模糊和间接的。哈珀也懂德语，他知道德国的圣经学者是怎样发展出了他所从事的闪族学术研究领域内的基本范例，但是他从未去德国学习过。他个人与德国的学术文化最重要的一次接触是在1891年，当时他远赴柏林，想要从古文献书商S.卡尔弗雷公司那里购买所谓的《柏林大全》。芝大斥资28400美元购买的这套《柏林大全》据传有数十万卷之巨，但是等到1892年6月它真正到达海德公园的时候却明显没有传说的这么多——据后来的清点，里面大约只有58000册书籍和39000篇论文。哈珀尝试过向他的柏林书商质询造成这种差异的确切原因，但是并未获得答复。不过，即便是从德国发来的这些典籍也立即让这个羽翼未丰的大学获得了一笔可观的藏书和学术期刊——其内容主要是从文艺复兴到18世纪的欧洲历史和文化。[336]

新芝大的少数几个院系完全是按照德国模式建立起来的。1892年2月，哈珀任命长期从事有限域分类和一般拓扑学基本原理研究的伊莱基姆·黑斯廷斯·摩尔为数学系教授和代理主任。1885年在耶鲁大学获得了博士学位之后，摩尔又去德国作了一年博士后研究，他在柏林与卡尔·西奥多·魏尔施特拉斯和利奥波德·克罗内克二人的合作给他自身的工作带来了很大的帮助。[337] 摩尔还于1899年接受了哥廷根大学颁给他的一个名誉学位。摩尔是一位才华横溢、意志坚定的管理者，有着"不可思议的猎人本能"，善于发现新的研究问题并发掘有天赋的学生，他早期的建系策略主要是招聘两位有才能的德国学者。[338] 摩尔首先聘用了来自克拉克大学的奥斯卡·博尔查，一位变分法专家，曾在柏林和哥廷根学习。博尔查接着又向摩尔推荐了海因里希·马施克，一位群论和群表示论方面的权威人士，他不仅在哥廷根，也在海德堡和柏林学习过。[339] 三人一起共事多年，直至1908年马施克去世。用R.C. 阿奇博尔德的话来说，这三个人使得芝大的数学系"成为美国高等数学研究领域最为卓越的一个机构"[340]。特别值得一提的是，摩尔和马施克在芝大为代数学建立了一个延续数十年的非凡传统。摩尔和博尔查同时还是很有影响力的教师，他们栽培了许多很有前途的博士生——比如芝大第一个获得数学博士学位的伦纳德·E. 迪克逊和1927年至1941年间任系首席教授的吉尔伯特·A. 布利斯。迪克逊和布利斯后来都曾担任美国数学学会主席。

早期芝大教员受到德国影响的例子还有很多。化学系的首位主任约翰·U. 内夫是一位美国化学家，曾在慕尼黑与杰出的德国化学家、诺贝尔奖得主阿道夫·冯·贝耶尔一起共事了三年。内夫于1889年以"最优等"的成绩获得了博士学位，众所周知的是，贝耶尔当时曾告诉他的同事们，内夫是他的得意门生之一。[341] 内夫后来的学者生涯从德国学术界这个制度母体中受益良多：1883年至1917年间他在自己的学术生涯中发表过的四十篇科学文章里，有二十七篇是用德语写成的，并发表在德国出版的期刊上，尤其是《利比希化学纪事》（*Liebigs Annalen der Chemie*）。内夫离开德国时，头脑中已经对成为科学院系的一分子应该担当什么有了清醒的认识，他后来反对哈珀为本科生教学提供更多资源："过去十年间芝大在本科生数量方面的发展是以牺牲研究和研究生院的利益为代价的……这样的政策最终带来的后果必然是毁灭性的，因为时间和经验已经不容置疑地证明了，一所真正的大学的灵魂在于那些有天赋并有能力拓展现有知识疆界的人。"[342] 内夫对本科生异乎寻常的厌恶反映了德国模式的喜好，只是表现得有些极端，这会导致对本科生教育的漠视。或许这也正是哈珀后来不愿意再聘用久居欧洲的美国人的一个原因。到了1899年，他坚持要让从海外回来的准教员去美国国内的其他地方待至少两年，然后再考虑是否安排他们回芝大工作："我认为要让一个在国外学习了五年的学生融入美国的环境至少需要两到三年时间，在这之后他们才可能胜任一所美国机构的职位。"[343]

关于早期芝大国际化最有趣的例子或许要数赫尔曼·冯·霍尔斯特了。说到霍尔斯特，不妨再回想一下1904年3月那几位德国教授的造访。霍尔斯特是哈珀为早期芝大的师资聘来作全职教授的最有名的欧洲学者。作为弗莱堡大学的首席教授和那套伟大的八卷著作《美国宪政与政治历史》（翻译出版于1876年至1892年）的作者，霍尔斯特收到过约翰·霍普金斯大学和克拉克大学的教授职聘，但他一一拒绝了。哈珀希望在这片广袤大陆的中部新建一所伟大的大学，这个愿景打动了他，加上哈珀一再急切地恳求，他最终选择了加入。1892年年末，当霍尔斯特抵达芝加哥时，他个人也抱着一种对正教授生活的强烈期许，哈珀不得不接受他的那些要求。[344]

聘用赫尔曼·冯·霍尔斯特这件事致使其他人产生了嫉妒。哈珀早期芝大的副手哈里·普拉特·贾德森认为哈珀高估了德国学者对美国大学产生的影响。他坚决反对哈珀委任霍尔斯特的决定，极力抵制"盲从外国理念"的做法，并坚称美国学者应该由与德国理想"本质不同的"理想来指引："一个美国的历史系，无论是动机、方法还是精神……在诸多要领上都应该与一所德国大学的截然相反。"贾德森还很厌恶让一个德国人来领导一个系，更何况他自己还是这个系的一员："如果可能的话，涉及美国历史、美国文学和美国政治的院系应该由美国人来领导。个人而言，我必须承认我不喜欢在一个德国人手下做事。我也怀疑许多其他的美国教授是不是喜欢。"[345] 哈珀不为所动，仍然聘用了霍尔斯特。然而，由于年龄限制加上身体欠佳——在七年任期的很长一段时期内，霍尔斯特都因严重的肠胃问题而在病假中修养——使他未能培养出一批博士弟子。1900 年，他返回了德国。他对历史系早期师资队伍的形成的确产生过强有力的个人影响，本杰明·特里和费迪南德·谢维尔都曾是他在弗莱堡的博士生；但他对 1914 年之前美国史学进一步的发展所产生的影响仅限于他在弗莱堡所做的学术研究。[346]

霍尔斯特乐于大胆表露他对一些有争议的公共话题的看法，如谴责美国 1895 年在拉美的对外政策以及 1898 年吞并夏威夷的举动（令哈珀十分懊恼），另外，他一直坚守自己的教学自由，在这些方面，霍尔斯特为德国的高级教授树立了一个有力的榜样。霍尔斯特主张并时常践行的自由一定为早期芝大的高级教员们提供了一个令人神往的范例——那些人经常一见到他们专横的校长就感到些许惧怕。[347] 但是，即使哈珀有再多的不快，霍尔斯特也仍坚持教员"不是奴隶而是自由的人，每个人都有权利保有自己的看法并自由地宣讲出去"[348]。作为一名受人尊敬的高级学者，霍尔斯特可以尽情捍卫自己的观点而安然无恙，这与爱德华·比米斯的境遇完全不同，这位年轻的经济学家被哈珀聘来为其拓展课程授课，而他关于国家政策的激进观点冒犯了政治经济系手握大权的主任J.劳伦斯·劳克林，于 1894 年遭到解雇。[349]

霍尔斯特坚定地倡导学术质量控制，他不止一次地向哈珀说起过这方面的事情。[350] 同时，他一直捍卫着参加他研讨会的研究生们提出的自主和自由："我自己所做的工作不容许去控制学生如何安排时间，就算他们过一天算一天，甚至过一周算一周。我当然必须要让学生以名誉来担保并让他们意识到他们并非为了我的利益而工作，而是为了他们自己的。"[351]

这位著名的资深教授始终在维护学术事业的尊严和独立，并努力捍卫自己永不妥协的严苛标准，这为他芝大的年轻教员同事们自身的职业发展树立了一个令人仰止的榜样。在 1900 年霍尔斯特由于健康问题不得不过早退休以后，出于对他勇于捍卫教员权利的敬佩，J.劳伦斯·劳克林提议芝大委托专人为霍尔斯特画一幅油画像以示纪念。芝大评议会批准了劳克林的建议，几个月之后，居住在慕尼黑的一位著名的德裔美国画家卡尔·马尔便开始为画一幅霍尔斯特的全身画像而忙碌了。马尔不出六个月就完成了他的任务，并于 1903 年 8 月初将其运送到了芝加哥。马尔的霍尔斯特画像被挂在社会科学研究大楼历史系的公共休息室里，它描绘了一位神情肃穆、思想独立的教授，他认真地探寻着真理，对当地大学的校内政治不甚关注。

在10月举行的画像移交仪式上，哈珀、J. 富兰克林·詹姆逊和劳克林都发表了热情洋溢的讲话，赞颂了作为学者和学术公民的霍尔斯特。所有人都赞扬了他的学术贡献，而他们强调更多的却是霍尔斯特的德行领导和职业道德。劳克林称赞他朋友的大家风范源于一种"强有力的精神——一种伟大的道德力量——在其威严的斥责中聚集并爆发出来"，他十分精彩地总结了这位德国教授对早期芝大教员的重要性。对于劳克林而言，"他给人留下的最突出的印象，无论是在芝大以内还是在芝大以外，就是那种伟大的道德力量。他不仅为自己的学生，也为大众重新设定了是非观，并且将所有的道德意识纳入了正轨"[352]。他是洪堡关于独立科学家的理想的一个活生生的样本，摆脱了公众的纷扰和专制的大学管理。

随着画像交付，芝大评议会又有了一次机会带着价值取向去评说新芝大欠德国科学的人情债。就在此时，瓦尔特·韦佛出现了。在1900年至1908年间，韦佛是一位精力异常充沛的德国领事，他试图通过拉近德国大学和美国大学之间的距离来加强德美两国之间的关系。在芝加哥的八年，韦佛开展了一系列的风险项目，其中包括建立专家交流项目。[353] 他同时也充当了芝大的一位实际募捐者，说服了富有的德裔美国商人康拉德·赛普的遗孀凯瑟琳·赛普去资助奖励有关德国文学和文化的优秀论文。韦佛在德国行政政治方面很有优势，因为他的哥哥赫尔曼是柏林普鲁士文化部的一位高级官员，默默地支持着自己弟弟的各项计划。

在瓦尔特·韦佛的支持下，有五位重要的德国学者收到了邀请，他们将动身前往芝加哥参加于1904年3月举办的一个特别活动，目的是表彰德国学术文化给新芝加哥大学带来的影响。他们的造访由韦佛作为中介，德意志帝国政府和当地的德国商人提供资助。[354] 领奖人是以下几位：耶拿大学的梵语教授伯特霍尔德·德尔布吕克、柏林大学的医学教授保罗·埃尔利希、马尔堡大学的神学教授威廉·赫尔曼、柏林大学的法学教授约瑟夫·科勒，以及柏林大学的古代史教授爱德华·迈耶。这些人都是著名的权威人士，他们的这个团体代表了一种极高的声望，使得组织者能够轻易地在公众面前对他们的来访赋予一种符号意义。1904年3月中旬来到芝加哥后，这些德国学者在不同的晚宴和招待会上接受了颁给他们的荣誉，他们出席了在会堂饭店举行的一场盛大的公开招待会，与会的至少有五百名嘉宾；几位学者进入会场时耳边还响起了瓦格纳的歌剧《唐怀瑟》中的进行曲。[355] 1904年3月22日，约翰·库尔特在集会上发表演讲，表明了芝大要忠于"教学自由"和"学术自由"的价值观。

当天最引人关注的是哈珀所做的演讲。在介绍典礼的时候，哈珀称芝大深深地感激"德国的学术理想"，并因德国的学术生活而受益匪浅。尽管劳克林最初提到过那位"德国正教授"如何捍卫教师对抗外部权威（包括作为芝大校长的哈珀自己）的权利，哈珀却并没有理会其中的潜台词，仍然利用这个场合大谈特谈芝大作为一个整体保持国际交流和联系的重要性。哈珀又一次提及他在1899年所做的那篇演讲《芝大与民主》，他坚持认为，大学是促进国际了解和礼让的最有影响力的机构，其资助和鼓励"大相径庭的观点""相互融合"的能力注定会使得世界各国之间的联系更加紧密。芝加哥大学因此成为一个调和者，不仅调和不同的思想，也调和不同的人，因为其职责便是"用所有人类的共同精神让不同的人和不同国家的精神更加亲密地交流。过去的大学已经做了这个工作，或许今天，它们正比以往做得更多"[356]。

3月的这场集会的出发点原本是为了表达芝大的教育者们对他们那些著名德国教授们的崇敬之情，哈珀却把它变成了提升自己年轻的芝大的一次机会，如此一来，德国的其他资深讲座教授就会愿意来访，不仅如此，他们还会非常乐意接受芝大颁发的名誉学位。

最终，哈珀令芝大将德国的研究传统据为己有，并用这种方式为这所中西部新兴大学鹊起的学术声誉正了名，他的这场英雄聚会般的盛宴让芝大更加光彩夺目了。曾在一所或更多所德国大学学习过的为数众多的芝大教员并没有沉溺于天真幼稚的怀旧之情；当然，他们对德国政府的独裁政治也并不怎么欣赏。他们也没有忘却后来的学者们所强调的德美两国研究型大学显著的结构差异。1907年以后对哈珀领导体系的反抗证明，越来越多主张民主和平等的力量正在促进对等级和权威的理解，反映出的事实是，像芝大这样的美国新兴大学与它们的德国表亲相比是截然不同的文化团体。美国人真正从德国模式中获得的是对科学思想的权威的高度评价，对阐明真理和学术发现的重视，对广闻博识的敬仰，对用来促进新知识发现的机构设施，如大图书馆和科学实验室的渴求，以及保持作为大学生活卓越团体的资深教员队伍的独立性。他们对于德国学术的理想化是清醒的，也是有选择性的，他们明白自己该借鉴什么，又该摒弃什么。这种影响是如此深远，以至于约翰·库尔特这样从未在德国学习过的人都轻而易举地给自己披上了德国科学实践的外衣。哈珀后来对美国驻德国大使沙勒迈恩·托尔吐露说，这次集会取得了"巨大的成功"，事实上，"它是芝大历史上举办过的最伟大的活动"[357]。

## 哈珀的遗产

查尔斯·钱德勒曾经这样评价他的朋友：没有人能够了解完整的哈珀，因为"他的性格太多面化了，他从不向任何人或人群展现全部的自己，甚至对他的妻子或家庭也是如此。在我与他有限的接触中，我至少听别人描述过十几个不同的哈珀"[358]。而在后来的一些批评家，尤其是托斯丹·范伯伦眼中，哈珀代表了高等教育商业化和庸俗化的倾向。范伯伦用朴实无华的语词来描述他想象中真正的大学——一个由追求知识的志趣相投的学者和学生（大多数情况下为研究生）组成的社群。他是这样来描绘从事美国高等教育的哈珀（"伟大的先锋"）的：一个学者出身的人，但是他对学问的热爱比不上对作为一个机构建立者而成为公众关注对象的激情，说得客气一些是献身于公共事业，不客气地说是为了金钱利益。在范伯伦看来，哈珀作为一个创业者的活力进一步证明了他只会带着孩子气忙忙碌碌，一味地追求成为享有声望的机构，而不惜为此损害一所大学真正的学术宗旨。[359]

哈珀很容易成为这些评论口诛笔伐的目标，因为他的确认为大学有商业和服务的功能，而大学校长也有一种出于信任的责任来领导他们的机构既实现精神目标也实现物质目标。在一篇题为"大学商业的一面"的文章中，哈珀用充满期待的笔触写下了像芝大这样的大学所肩负的多重任务和需要建立的复杂的管理结构。他同时指出，一位校长在很大程度上把他的时间花在"想方设法让某位教授来执行他了然于心的某个计划上面——这计划的目的可能是为了研究和调查，或者是为了改善教学工作；这都是为了所有他职责所在的、以服务为目的的高贵理想"[360]。因为新芝大是由热心公益事业的富有商人连同一些诚挚的浸信会牧师创办的，所以它从一开始就是一个比范伯伦热衷的那种简朴的乌托邦式的学校复杂得多的机构。它的设计初衷是从多方面为其社群提供服务，而它最终的规模达到并超出了它的创建者们的预期。壮大的规模加上多重的宗旨迫使芝大和所有现代大学一样采取了大型商业企业的管理结构；很快，那位学术带头人——尽管他有着深厚的学术资历——便具有了一个企业管理者的品质和目标。即便如此，哈珀也不能算是一位特别成功的企业管理者；他与斯塔尔·墨菲间的屡次冲突明显说明他并不擅长于预算管理。他从来都没有脱下学者的外衣，如果有人挑剔他过分地支持将学问知识普及化，那是对他学者品格中的一个关键特征产生了误解，因为哈珀相信，大学存在的目的就是要将知识传播给有文化的民众。

  教育实践者们是抱着更大的同情心来评判哈珀的。最不可思议的颂词恰恰来自克拉克大学校长G. 斯坦利·霍尔——他的学校曾在1892年被哈珀挖过墙脚，这件事情众所周知。1905年年末他写信给约翰·D. 洛克菲勒，说哈珀想必会"对我要写信给您的想法感到震惊"，因为他自己的大学曾因哈珀抢夺式的人才招揽策略遭受重创，但是：

> 我想整个教育界再也没有人表现出过这样的组织天赋，再也没有人在任时能让自己成长得更快，再也没有人能为学院和大学的工作注入这么多又新又好的想法，再也没有人会这么无私，展现出这样持续有效工作的能力，再也没有人能将一个学者的热情和一个管理者的热情如此出色地结合在一起了。即便是他每年的讲话也总是充满了激励人心的新想法。东部大学的校长们起初有些不怎么拿正眼看他，但是他们的态度发生了极大转变，虽然我并不觉得他们欣赏他所有的价值。他会作为一个伟大而具有开创性的时代标志在教育史上青史留名的。[361]

  这种"持续有效的工作"是以身体和精神的严重透支为代价的。哈珀不眠不休工作的能力尽人皆知——据小弗朗西斯·帕克回忆，他的父亲经常说起哈珀一工作起来就不知疲倦，"有许多次他在深夜里或是凌晨给我父亲打电话商量某事"；但是建立一个学术帝国的期望还是慢慢损耗了他的健康。[362]哈珀在1899年写信给他在丹尼森时的一个老朋友："我经常怀念在老格兰维尔的那段平静而愉快的时光……我现在的生活节奏快得让人窒息。也许某天早晨你就会在报纸上看到这个消息——哈珀去世了。压力太大了。我自己也不明白我要怎么撑下去。我唯一的慰藉是这种状态不会永远持续下去。"[363]如果说哈珀在自己的整个校长任期内都感到自己背负着巨大压力的话，那是因为他强迫自己承担了太多职责——教师、学者、编辑，此外还有募捐者、管理者、城市改革家、爱国者以及梦想家。他对推进芝大朝着自己无法逃避的宿命（他自己认为如此）前进的狂热也感染到了与他打交道的那些人，甚至那些收入微薄、渴望挣更多钱的助理教授们。保罗·曼德维尔是一位芝大早期的校友，后来成了一名杰出的图书馆管理员，据他回忆，与哈珀同辈的人初见哈珀时都会感到惊讶，因为"哈珀的生活和梦想都是围绕着他脑海中芝大注定的命运展开的，他做出决断前要看你的命运是否与芝大的命运一致；如果是，你们都能感受到它，那么以需要完成的工作为中心再去一一考虑次要的事情，比如机会等，许多个人的心思就抛到脑后去了"[364]。

在哈珀的主持下，芝大创造了大量的财富，他能做到这些，仰仗的是他自己的判断力和少数几位值得信赖的谋士的判断力。一些教员认为他过于专制，但是这种专制的起因是哈珀对要全面照顾和培养芝大始终怀有一种焦虑，即便在处理一些小范围的利益冲突时也是如此。哈珀希望芝大能够"在精神上统一起来，而在意见上并不一定如此"，他的意思并非是说芝大要在管理上统一。相反，哈珀还为芝大建立了一个传统，即它需要强硬和固执己见的人来当它的校长，如果需要，这个人会公然反抗个别院系的党派主义思想，以促进作为一个整体的机构取得更大的进步。哈珀期待用这种模式来发展出一套强有力的以官僚形式组织起来的中央管理体制——摆脱"讲座教授大学"中的正教授们的那些个人喜好——这种体制是20世纪中欧洲和美国现代研究型大学历史的一个标志。[365]此外，哈珀逐渐在研究型教员的独立性与外部的金钱之间筑起了一道防火墙，让教员们不会轻易为大事件产生的权位利益和胆小怕事的教徒们的想法所动，以此来增强教员们的学者权威感。这种自主性让芝大教员们拥有了一种慢慢膨胀起来的（并在实际中受到保护的）学术独立精神。哈珀利用与他合作的著名资深教员学者、大学出版社及其学术出版物（新的学术期刊、学术专著、十年报告，甚至教科书）为芝大营造了一种看得见的学术氛围。除了这些努力以外，他还憧憬着能将专业知识转化为一种灌输有（升华了的）基督教美德规范的民主职责和领导力，他对教学和通识教育的教化力量进行了有力的辩护，并且，他有一种专注力，使他能够与高度资本主义下那些不合时宜的方面保持相对独立，又不被日常生活中的其他事务分心，这让他产生了一种显要的感觉、一种制度持久的观念，以及一种带有些自负的信心，对正在蓬勃发展的美国高等教育产生了直接的引导作用。哈珀之所以是一位成功的校长，不仅因为他英雄史诗般的规划在他的时代是正确的，还因为他拥有学者的正统性和个人权威来诱导他的同事们去接受大胆的革新。比亚兹莱·鲁梅尔曾经评论，哈珀所设定的激进制度改革的步调为其他资深教员树立了一个榜样，并帮助建立了一种无畏的、创业者的教员文化，在整个20世纪中使芝大独树一帜，"所产生的效应是使得一些教员变得果敢和富有冒险精神，而使得另一些变得胆小而感到不安全了。但是天平还是向冒险者一方倾斜了"[366]。

爱德华·列维曾说，"没有人拥有这个机构，包括学生们。它以一种更加真实的方式拥有我们所有人"[367]。但是哈珀的例子却教育我们，这所特殊的大学一直有赖于它那些强势而富有远见的校长，他们甘愿承担巨大的风险。哈珀的伟大之处在于他能将学术想象力、道德勇气、对知识效力的信心，以及不顾一切承担制度风险的行为极好地结合起来。他的许多计划并没有实现，但他并未因此而苦恼。其他大学的同事有时候会说芝加哥大学是一所真正的大学；他们这么说恰反映出了一个机构的自我表征，这个机构的主要职责来源于其早期教员们对高等教育效力的肯定。洛克菲勒、赖尔森、菲尔德和其他资本家用债券、房地产和现金捐助了芝大，而哈珀则给了芝大清晰的定位。这样的定位既有其世俗的根源也有其宗教的根源。芝大的发端依赖于大笔财富，这使得早期的芝大拥有了毫无限制的学术自由和个体自治权，但是它同样也依赖于在教育和知识的道德德性方面坚定的信念，这种信念对芝大教育和研究项目从不打折扣的质量予以了很大的支持。如弗雷德里克·盖茨后来评论的那样，早期芝大的成长"在稳固性、力度、速度、（以及）智慧方面大概都是教育史上绝无仅有的"[368]。

那么哈珀的继任者们又将怎样把他的蓝图延续下去，书写出新的篇章呢？这便是后面几章中我们要讲的故事了。

## 注释

1 如需进一步了解哈珀，请参阅理查德·J. 斯托尔，《哈珀的芝大：开端》（芝加哥，1966）；以及丹尼尔·迈耶，"芝大的教员与芝大的理想：1891—1929"（以下简称"芝大教员"）（博士论文，芝加哥大学，1994）。

2 哈珀的妹妹玛丽·哈珀未注明日期的回忆录，古德斯皮德的文件，第4盒，文件夹12。

3 E.H. 谢尔曼写给古德斯皮德的信，1927年6月5日，文件夹12。

4 请参阅埃德加·S. 福尼斯，《耶鲁研究生院简史》（纽黑文，康涅狄格州，1965），第18页。耶鲁于1861年首次授予博士学位。

5 R.H. 罗宾斯，《语言学简史》（布卢明顿，印第安纳州，1967），第169页。

6 路易斯·L. 史蒂文森，《研究福音派宗旨的学术方法：纽黑文的学者与美国高等教育的转型，1830—1890》（巴尔的摩，1986），特别是第1-13、37-38、59、81、90-93页；劳伦斯·R. 维齐，《美国大学的产生》（芝加哥，1965），第59、125-158、173、182-183、312页；朱莉·泰特尔·安德烈森，《美国语言学批评史，1769—1924》（伦敦，1990），第167页；迈克尔·西尔弗斯坦编，《惠特尼论语言：威廉·德怀特·惠特尼文选》（坎布里奇，马萨诸塞州，1971），第x-xxiii、1-6页；斯蒂芬·G. 奥斯特，《威廉·德怀特·惠特尼和语言科学》（巴尔的摩，2005），第211-212页。

7 维齐，《美国大学的产生》，第370-371页。

8 19世纪80年代初就认识哈珀的查尔斯·R. 布朗后来回忆道，"那个时期的哈珀沉默寡言且缺乏自信……他坚持依靠自己的朋友，对祷告的效力充满信心"。"我欣赏作为朋友的威廉·雷尼·哈珀"，《守望者》，1906年1月18日，第9页。与之类似，保罗·肖里也称，年轻时候的哈珀"非常容易受到他的老师和朋友们之中那些很强的个性的影响"。"威廉·雷尼·哈珀"，《美国传记词典》，第8卷，第287-292页，此处第287页。

肖里的短文文风优雅。

9　威拉德·C.马克诺尔写给托马斯·W.古德斯皮德的信，1927年11月26日，古德斯皮德的文件，第4盒，文件夹12。

10　霍夫曼，"威廉·雷尼·哈珀和芝大团队"，第68-70页；威廉·R.哈钦森，"文化张力与新教自由主义"，《美国历史评论》76（1971）：第403页。

11　埃德加·J.古德斯皮德著《如我所忆》（纽约，1953）的第22-36页描绘了19世纪80年代这个小郊区令人向往的生活。

12　钱德勒回忆录，未注明日期（1927），古德斯皮德的文件，第4盒，文件夹12。

13　C.F.卡斯尔回忆录，未注明日期，古德斯皮德的文件，第4盒，文件夹12。

14　肯尼思·N.贝克，"美国神圣文学研究所：对一个成人教育机构的历史分析"（博士论文，芝加哥大学，1968），第27-81页。

15　"编者按"，《希伯来语学生》，1882年4月，第11页。该期刊有五个曾用名：《希伯来语学生》（1882—1883）、《旧约学生》（1883—1889）、《旧约与新约学生》（1889—1892），以及《圣经世界》（1893—1920）。该期刊还以《宗教季刊》为名发行过（1921年至今）。

16　罗伯特·L.卡特，"'高等考证的信息'：美国的圣经文艺复兴与国民教育，1880—1925"（博士论文，北卡罗来纳大学，1995），第94-147页，特别是第107页。

17　谢勒·马修斯，"身为宗教领袖的校长哈珀"，《标准》，1906年1月20日，第10页。

18　弗吉尼亚·L.布里尔顿，"公立学校还不够：圣经与私立学校"，大卫·L.巴尔与尼古拉斯·皮耶迪斯卡尔齐编，《美国教育圣经：从原始资料到教科书》（费城，1982），第52-58页；布里尔顿，"训练上帝的军队：美国圣经学校，1880—1940"（布卢明顿，印第安纳州，1990），第160-161页。

19　1895年更名为《美国闪族语言与文学期刊》，1942年更名为《近东研究期刊》。

20　下述论文对哈珀的社论进行了认真调研，玛丽亚·弗里曼，"用开放的思维和心态研究：威廉·雷尼·哈珀讲授《圣经》的归纳法"（博士论文，芝加哥大学，2005）。

21　"社论"，《旧约与新约学生》，1889年10月，第197页。

22　威廉·雷尼·哈珀，《关于阿摩司与何西阿的批评与注解性评论》（纽约，1905），第vii页。哈珀本想将该书作为三卷《小先知书》的第一卷，但并未如愿。

23　詹姆斯·H.塔夫茨，"研究生学习"，第4-5页，来自他的《未发表的自传》一文，塔夫茨的文件，第3盒，文件夹11。

24 弗里曼,"用开放的思维和心态研究",第 115-116 页。有人对哈珀关于《圣经》批评的立场作过非常精彩的论述,请参阅詹姆斯·P.温德,《圣经与芝大:威廉·雷尼·哈珀救世主义的愿景》(亚特兰大,1987),第 49-86 页。

25 卡特,"高等考证的信息",第 185-220 页。

26 威廉·雷尼·哈珀,"摩西五经之问,I:创世记,1:1-12:5",《希伯来语》5 (1888—1889):第 18-73 页;W. 亨利·格林,"摩西五经之问",同上,第 137-189 页。关于背景,请参阅杜利恩,《美国自由派神学的形成》,第 348、360、362 页;马里恩·A.泰勒,《旧普林斯顿学派的旧约》(1812—1929)(旧金山,1992),第 233-238 页。

27 哈珀曾经的导师,肯塔基州路易斯维尔南方浸信会神学院的老约翰·A.布罗德斯这样指责他:"你竟然为这样的观点辩护,真让我感到害怕。我感到忧心,是为我内心认为至关重要的真理。"布罗德斯写给哈珀的信,1888 年 2 月 17 日,"芝加哥大学创建者们的信件",第 1 盒,文件夹 3。

28 "社论",《旧约与新约学生》,1889 年 7 月,第 2 页。

29 哈珀写给 J.M. 泰勒的信,1895 年 9 月 18 日,哈珀的文件,第 2 盒,文件夹 17。

30 威廉·R. 哈钦森,《美国新教的现代主义推动力》(坎布里奇,马萨诸塞州,1976),第 194 页。

31 欧内斯特·D. 伯顿,"与哈珀校长的对话备忘录,1905 年 12 月",伯顿的文件,第 2 盒,文件夹 7。

32 西摩写给哈珀的信,1890 年 7 月 20 日,"芝加哥大学创建者们的信件",第 1 盒,文件夹 10。

33 埃德加·J. 古德斯皮德,《如我所忆》,第 54 页。

34 哈珀写给洛克菲勒的信,1890 年 9 月 22 日,"芝加哥大学创建者们的信件",第 1 盒,文件夹 11。他在写给莫尔豪斯的信中说:"关于芝加哥大学的组织我有一个计划,它将给这个国家的本科生院和'大学'工作带来一场革命。这将是一所全新的大学,却又稳固如古老的群山。"哈珀写给莫尔豪斯的信,1890 年 9 月 22 日,同上。

35 刘易斯·斯图尔特,1890 年 11 月 28 日,"芝加哥大学创建者们的信件",第 1 盒,文件夹 12。

36 《芝加哥大学,官方公报 1 号,1891 年 1 月》(芝加哥,1891),第 6 页。该计划于 1890 年 12 月 15 日呈交给了全体董事会成员,在此之前已经被董事会的"组织和教员委员会"批准。1890 年 12 月 26 日,该计划被正式采用;1890 年 12 月 27 日,董事会决定用一系列公告的方式来发布该计划,并计划于 1891 年 1 月发布第一期。关于该计划的详情,请参阅迈耶,"芝大教员",第 66-80 页。

37 该方案也许在部分程度上反映了哈珀在耶鲁的经历；其中他在19世纪80年代的一门课程在头两年里强制程度很高，而接下来的两年里选修课的比例大大提高。请参阅乔治·W. 皮尔森，《耶鲁学院：一门教育史，1871—1921》（纽黑文，康涅狄格州），第73-94、708页。乔治·古德斯皮德于1890年5月向托马斯·古德斯皮德报告说："我对他能够准确地把握伟大大学的问题感到惊讶。过去一年里他一直专注于研究耶鲁。"1890年5月26日的信件，"芝加哥大学创建者们的信件"，第1盒，文件夹10。

38 爱德华·H. 列维，"批判精神"，《芝加哥大学杂志》，1965年10月，第2-5页。

39 《芝加哥大学，官方公告1号，1891年1月》，第15-16页。

40 塞缪尔·N. 哈珀，《我信仰的俄罗斯：塞缪尔·N. 哈珀回忆录，1902—1941》（芝加哥，1945），第5页。

41 安吉尔写给古德斯皮德的信，1915年4月14日，古德斯皮德的文件，第4盒，文件夹12。

42 塔夫茨，"一个新计划下的芝大"，第8页，"未发表的自传"，塔夫茨的文件，第3盒，文件夹14。

43 塞缪尔·N. 哈珀，《我信仰的俄罗斯》，第3页。哈珀在别处称，西方的大学（包括芝大）更有可能展示出"现代民主精神"，并使"学生和教授在追求知识的过程中结下友谊"。哈珀，"西方的高等教育"，《北美评论》179（1904）：第585-586页。

44 该见解拜达恩·迈尔所赐。

45 谢勒·马修斯，"身为编辑"，《圣经世界》27（1906）：第205页。

46 《芝大记录》2（1897—1898）：第14-15页。

47 《芝大记录》1（1896—1897）：第6页。

48 《芝加哥论坛报》，1894年9月9日，第13页。1892年至1902年间，在参加函授课程的学生中有87%的人被划分为"教育者"。请参阅《校长报告，1892年7月至1902年7月：管理层，十周年特刊，系列1，第1卷》（芝加哥，1903），第314页。

49 1891年初秋，在结束了自己的欧洲学习之旅后，哈珀写信给盖茨说："我要美国和美国大学。"哈珀写给盖茨的信，1891年10月3日，"芝加哥大学创建者们的信件"，第2盒，文件夹4。哈珀对欧洲模式特别感兴趣。尽管他耶鲁的导师曾在德国大学学习过，哈珀却没有。他只是在自己的计划发表之后才于1891年夏末秋初动身前往英国、德国和法国大学学习的。哈珀对英国大学组织的拓展活动尤为感兴趣。

50 《芝加哥论坛报》，1903年12月6日，第1页。

51 艾伯特·布什内尔·哈特，"威廉·雷尼·哈珀"，《波士顿晚报》，1906年1月11日，第11页。

52 哈珀写给盖茨的信，1891 年 12 月 26 日，"芝加哥大学创建者们的信件"，第 2 盒，文件夹 4。

53 J. 劳伦斯·劳克林，"创建芝大的回忆"，古德斯皮德的文件，第 4 盒，文件夹 12。关于芝大的早期教员和其任命有一份出色的调查，请参阅迈耶，"芝大教员"，第 81-130 页。

54 最早也是最重要的教员审议机构是芝大评议会，最初仅由各系主任组成，但是到了 1908 年就把所有的正教授都包括进来了。1892 年，董事们创建了一个单独的艺术、文学与科学部，该部 1895 年又被分成了几个不同的部：预科学院部、大学学院部、艺术与文学研究生学院部、奥格登科学学院部、神学院部，以及大学拓展部。1902 年和 1907 年又分别进行了重组，对几个高级学院部和艺术与科学研究生院进行了合并。该体系于 1908 年 4 月再次进行调整，创建了独立的学院部和艺术与文学及科学研究生院，以及神学院、法学院及教育学院部，这些部门均需服从芝大评议会的立法权。

55 详情请参阅迈耶，"芝大教员"，第 214-220、226-233 页。

56 "纽约的董事会成员们联合起来拒绝支持哈珀又一笔 100 万美元的申请，这件事非常不幸。当时有五六位董事在场，他们从赖尔森开始向下进行了投票，然后决定不支持哈珀提出的任何继续索取赠款的请求，除非芝大能展示出它有能力在其预算之内生存。这便是芝大之后长期匮乏时期的开端。双方也都没有再勉为其难。哈珀没争取到钱，不久便患病而亡。"盖茨写给古德斯皮德的信，1915 年 6 月 11 日，古德斯皮德的文件，第 1 盒，文件夹 21。

57 哈珀，《我信仰的俄罗斯》，第 5 页。

58 盖茨写给古德斯皮德的信，1915 年 5 月 22 日，古德斯皮德的文件，第 1 盒，文件夹 21。

59 埃默里·菲尔比，理查德·斯托尔进行的采访，1954 年 5 月 7 日，斯托尔的文件，第 6 盒，文件夹 8。1902 年后担任哈珀助理负责预算事务的特雷弗·阿内特也向斯托尔表达了类似的观点。请参阅"与特雷弗·阿内特的谈话"，1953 年 7 月 2 日，同上。

60 马修斯，"身为编辑"，第 204-205 页。

61 "与 R.M. 洛维特的讨论"，1955 年 2 月 15 日，斯托尔的文件，第 6 盒，文件夹 8。

62 未发表的哈珀回忆录手写注释，《我信仰的俄罗斯》，塞缪尔·N. 哈珀的文件，第 75 盒，文件夹 11。

63 "艺术、文学与科学部会议纪要"，1892 年 10 月至 1896 年 2 月，第 1-2 页。

64 《哈珀校长 1892 年的第一份年度报告》，第 147 页（未发表手稿；以下简称哈珀，《第一份年度报告》)。

65　古德斯皮德写给哈珀的信，1892 年 12 月 7 日，"芝加哥大学创建者们的信件"，第 2 盒，文件夹 7。

66　哈珀，《第一份年度报告》，第 147 页。

67　《芝加哥大学周刊》，1894 年 1 月 11 日，第 2-3 页。

68　威拉德·J. 皮尤，"芝加哥大学创建过程中一种'观点分歧的奇特作用'"，《高等教育历史年刊》15（1995）：第 93-126 页，特别是第 116-120 页。

69　J. 劳伦斯·劳克林，《芝加哥大学政治经济系二十五年》（芝加哥，1916），第 20 页。

70　《校长报告：管理层》，第 cv、11 页。

71　《校长报告，1897 年 7 月至 1898 年 7 月，含 1891 年至 1897 年总结》（芝加哥，1899），第 77、85 页。

72　塔夫茨，"一个新计划下的芝大"，第 22-23 页。

73　"主要原因……是我们可以更好地帮助学生为我们希望开展的研究生工作做好准备。而从大多数（学院）机构来的学生绝不适合研究生工作。"《第一份年度报告》，第 138 页。十五年后，担任研究生院院长的阿尔比恩·W. 斯莫尔对美国各高校新录取的研究生所接受的教育的质量提出了类似的担忧。请参阅"艺术与文学研究生院"，《校长报告，1904 年 7 月至 1905 年 7 月》（芝加哥，1906），第 13-14 页。

74　哈珀，《第一份年度报告》，第 138 页；C.S. 布歇，"关于芝加哥大学新生录取的一些研究"，1932 年 11 月 3 日，"学院"档案，第 1 盒，文件夹 1。想要更广泛地了解地方与国家的背景状况，请参阅哈罗德·S. 韦克斯勒，《合格的学生：美国大学择优录取的历史》（纽约，1977），第 3-13、215-258 页。

75　哈珀写给盖茨的信，1892 年 9 月 26 日，"芝加哥大学创建者们的信件"，第 2 盒，文件夹 7。

76　请参阅斯托尔，"1906 年前的芝大教育"，第 12-18 页，斯托尔的文件，第 4 盒，文件夹 24，以及弗洛伊德·W. 里夫斯和约翰·戴尔·拉塞尔，《芝大学生的录取与保留》（芝加哥，1933），第 13-15 页。关于哈珀自己早期的评论，请参阅"哈珀博士谈录取"，《芝加哥论坛报》，1895 年 1 月 7 日，第 3 页。芝大于 1895 年做出了略微的调整，同意允许各中学百分百合格的教师担任"顾问审查官"，以监督针对他们各自学校的学生而设立的特定测试环节的制定过程，并负责将测试卷转给芝大的相关院系以进行评分。1911 年，芝大的招生程序进行了一次较大的调整，学校同意录取经新的中北部高校与中学协会认定的中学的毕业生，前提是要审查他们的高中总成绩单并按照定量和定性的成绩标准来衡量。1923 年后，芝大申请者还须提交关于其家庭背景、学习目标和规划，以及课外活动参与方面的详细信息。此外，芝大还于同年开始要求申请者提交两封高中老师的推荐信。

77 斯托尔,"1906年前的芝大教育",第18页。

78 《校长报告:管理层》,第92、117页。

79 斯托尔,《哈珀的芝大》,第127页。

80 《校长报告:管理层》,第13页。

81 《芝加哥论坛报》,1894年7月31日,第3页。

82 他于1898年写信给一个欲申请的学生说:"我很确定……与一所伟大的大学相联系的生活会让你得到真正的、非同一般的收获。大学的氛围与学院是不同的。"哈珀写给E.C.赫里克的信,1898年2月23日,哈珀的文件,第4盒,文件夹2。

83 《芝加哥论坛报》,1895年1月7日,第3页。

84 威廉·雷尼·哈珀,"教育工作的理想",《全国教育协会,会议记录与演说期刊,1895年刊》(圣保罗,1895),第987-998页。

85 《芝加哥论坛报》,1902年11月9日,第35页,以及1902年11月5日,第16页。

86 威廉·雷尼·哈珀,"1901—1902年的教育进步",《教育评论》24(1902):第252页。

87 请参阅哈珀著《高等教育中的趋势》(芝加哥,1905)第377页的"小规模学院的形势"。类似涉及趋势的言论可参阅哈珀的"西部的高等教育",第584-590页。

88 《校长报告:管理层》,第67-68页。

89 请参阅里夫斯和拉塞尔,《芝大学生的录取与保留》,第79、129页。

90 《校长报告:管理层》,第84页;弗洛伊德·W.里夫斯和约翰·戴尔·拉塞尔,《学院的校友》(芝加哥,1933),第65-66页。

91 《学院的校友》,第65页。

92 《校长报告:管理层》,第68页;并请参阅里夫斯和拉塞尔,《芝大学生的录取与保留》,第129-130页。

93 "韦赫利夫人的采访报道",1961年5月4日,斯托尔的文件,第6盒,文件夹7。

94 关于芝大女性的早期历史,请参阅雅内尔·M.米勒,"芝大的男女同校教育——谁的目标?"约翰·W.博耶编,《教育的目标》(芝加哥,1997),第107-147页;林恩·D.戈登,《进步时代的性别与高等教育》(纽黑文,康涅狄格州,1990),第85-110页;以及"'地位平等':芝加哥大学的女性教育",在线网络展示,特色馆藏中心,芝加哥大学图书馆。

95 戈登,《进步进代的性别与高等教育》,第88、118-119页。

96 皮尤,"一种'观点分歧的奇特作用'",第116、117页。

97 哈珀写给摩尔的信,1899年3月1日,哈珀的文件,第4盒,文件夹24。同时他还反对让所有的教授都成为学术的产出者："在我看来，拥有好的教师与拥有好的学术产出者同样重要，并且我认为有些优秀教师并非优秀的学术产出者。"

98　1902 年，哈珀曾试图将预科学院中的某些班级学生按性别分开，他说如果将年轻男性和女性分开教学，他们会学得更有效，但是在具体操作中他的计划却失败了，从来没有被严格实施过。1907 年这一计划被彻底废弃。请参阅米勒，"芝大的男女同校教育——谁的目标？"第 107-147 页，特别是第 123-124 页；斯托尔，《哈珀的芝大》，第 324、338 页；戈登，《性别与高等教育》，第 112-120 页；以及哈珀在《校长报告：管理层》第 cviii–cxi 页中的论述。

99　关于该计划的文件在"HJB 管理层"，第 34 盒，文件夹 8 中。

100　《芝大记录》10（1905—1906）：第 15 页，及第 68-70 页。

101　《芝加哥论坛报》，1894 年 2 月 22 日，第 8 页；1894 年 12 月 18 日，第 3 页；1895 年 12 月 5 日，第 1 页。

102　"'斯蒂芬斯先生，您工作太辛苦了，锻炼不够。'我告诉他，为了自给我在外面还做着一些工作，能得到一些锻炼，他说'但是这还不够。现在我想让您每天都进行这样的锻炼'。然后他站起来，脱掉外套，就在他办公室里做了几节体操。"弗兰克·F.斯蒂芬斯写给理查德·J.斯托尔的信，1953 年 12 月 10 日，斯托尔的文件，第 6 盒，文件夹 11。

103　《芝大记录》1（1896—1897）：第 256 页。

104　"我倾向于认为一所大学应该控制其体育竞技部门，就像控制拉丁语系一样。"哈珀写给 D.E. 布朗的信，1899 年 4 月 20 日，哈珀的文件，第 4 盒，文件夹 26。

105　罗宾·莱斯特的以下书中很好地讲述了这个故事：《斯塔格的芝大：芝大一流橄榄球运动的兴起、衰落与消亡》（厄本那，伊利诺伊州，1995），第 1-65 页。

106　莱斯特，《斯塔格的芝大》，第 19、48-50、81-86 页。

107　《校长报告：管理层》，第 cxxxi-cxxxii 页；《芝加哥论坛报》，1894 年 2 月 25 日，第 39 页。

108　哈珀写给自己女儿黛维达的信，1897 年 12 月 23 日，哈珀的文件，第 3 盒，文件夹 21。

109　哈珀，《我信仰的俄罗斯》，第 8 页。两个学生的成绩单均存档于芝加哥大学注册办公室的缩微胶片集中。

110　《芝加哥论坛报》，1902 年 3 月 2 日，第 4 页；1902 年 3 月 6 日，第 9 页。

111　《芝加哥论坛报》，1894 年 2 月 22 日，第 8 页；1901 年 4 月 9 日，第 5 页；1903 年 12 月 6 日，第 1 页；1905 年 1 月 29 日，第 8 页。

112 《校长报告：管理层》，第 xxxiii 页。

113 同上，第 68 页。

114 塔夫茨，"一个新计划下的芝大"，第 19 页。

115 詹姆斯·R. 安吉尔，"课程：艺术、文学与科学学院院长向校长所作的一篇报告节选"，《芝大记录》1（1915）：第 35-36 页。

116 一个很好的例子是 W. 卡尔森·赖安的《早期研究生教育研究：约翰·霍普金斯大学，克拉克大学，芝加哥大学》（纽约，1939），第 106-138 页，其中几乎没有关于研究生教育实际运作的信息，但是包含大量关于教员卓著品质的历史背景资料。

117 关于国家的大背景，请参阅约翰·S. 布鲁巴奇和威利斯·鲁迪，《过渡时期的高等教育：美国学院和大学的历史，1636—1976》（纽约，1976），第 193-197 页；伯纳德·贝雷尔森，《美国的研究生教育》（纽约，1960），第 6-24 页；理查德·J. 斯托尔，《美国研究生教育的开端》（芝加哥，1953），第 129-134 页。

118 麦克劳克林写给斯莫尔的信，1917 年 1 月 9 日，历史系，"记录"，第 1 盒，文件夹 3。

119 请参阅"委员会呈示给芝大评议会的关于重组各系的建议明确陈述的报告"，"芝大评议会会议纪要"，1910 年 10 月 29 日。该报告由詹姆斯·H. 塔夫茨起草。

120 里夫斯和拉塞尔，《芝大学生的录取与保留》，第 141-142 页。

121 埃德温·E. 斯洛森，"芝加哥大学"，《杰出美国大学》（纽约，1910），第 432 页。里夫斯于 1933 年评论说"参加夏季学期的学生在获取学位的能力方面并不逊于参加秋季学期的学生，这一点似乎不容置疑"。里夫斯和拉塞尔，《芝大学生的录取与保留》，第 167 页。

122 詹姆斯·R. 安吉尔，《艺术、文学与科学学院院长写给芝大校长的特别报告，1913 年 10 月》，第 35 页，HJB 管理层，第 34 盒，文件夹 1。1910 年，美国研究生院共授予 409 个博士学位。请参阅沃尔顿·C. 约翰，《美国大学与学院的研究生学习》（华盛顿，哥伦比亚特区，1934），第 19 页。关于"一战"末期美国研究生教育状况的大体介绍，请参阅乔治·E. 祖克和塞缪尔·P. 卡彭，《在美国研究生院学习的机会》（华盛顿，哥伦比亚特区，1921）。

123 弗洛伊德·W. 里夫斯、欧内斯特·C. 米勒和约翰·戴尔·拉塞尔，《芝大发展的趋势》（芝加哥，1933），第 96、104 页。1913 年，安吉尔称产生最多博士学位的各系在教员论文发表方面同样是最为卓著的："化学系、数学系、植物学系和动物学系不仅在授予博士学位方面创造了非凡的纪录，在发表论文方面同样是最令人叹服的。"请参阅安吉尔，《特别报告》，第 37 页。

124 "研讨会与普通的课堂练习截然不同。其教学方法是让学生进行个人调查或者为调查做即时准备。"《芝加哥大学条例》(芝加哥，1903)，第33页。安德鲁·阿尔伯特近来在他的以下文章中探讨了这些早期图书馆的历史，"20世纪人文与社会科学学术的图书馆研究设施"，查尔斯·卡米克、尼尔·格罗斯和米歇尔·拉蒙特编，《不断发展的社会知识》(芝加哥，2011)，第49-53、56-59页。

125 哈珀，《第一份年度报告》，第148-149页。

126 托马斯·W. 古德斯皮德，《芝加哥大学的故事：1890—1925》(芝加哥，1925)，第61页。

127 请参阅里夫斯和拉塞尔，《芝大学生的录取与保留》，第133-135页。

128 未来的研究生只须提交"品质与学识证明书。这种证明书可以采取文凭的形式或者手写或打印论文的形式。"请参阅《芝加哥大学条例》，第19-20页。到了1930年，研究生院长们对将择优录取政策强加给他们的项目表示反对。戈登·莱恩称，"采取更加严格的制度会导致大批学生流向附近的州立大学"，而亨利·盖尔则说："考虑到研究生学费的增加，在这个时候采取任何让招生问题复杂化的政策都是非常不明智的。我认为我们应该尤为注意，要让研究生们感觉他们是受欢迎的，在录取环节中不要为他们设置困难或障碍。"1930年2月3日和8日给哈钦斯的备忘录，校长办公室，哈钦斯管理层，"记录"，第96盒，文件夹2。

129 H. 福斯特·贝恩，"研究生学习的一些变化"，《表盘》杂志，1903年8月6日，第84页。

130 这或许可以解释，为何1920年之前在美国研究型大学的那些"研讨会"上被当作"学术探讨"的气氛与最优秀的德国和奥地利大学研究机构严格而紧张的学术氛围通常有很大不同。请参阅安东尼·T. 格拉夫顿，"在克莱奥的美国画室中"，卡米克、格罗斯和拉蒙特，《不断发展的社会知识》，第93-97页。

131 戈登·J. 莱恩，"艺术与文学研究生院"，《校长报告，1927年7月1日至1928年6月30日》(芝加哥，1929)，第3页。

132 莱恩，"艺术与文学研究生院"，《校长报告，1929年7月1日至1930年6月30日》(芝加哥，1931)，第5页。

133 卡尔·F. 胡特写给诺曼·贝克的信，1924年8月26日，历史系，"记录"，第1盒，文件夹4。并请参阅赫里克，"芝加哥大学"，第409页。

134 里夫斯和拉塞尔，《芝大学生的录取与保留》，第158页。

135 安吉尔，《特别报告》，第33页。

136 这意味着每周大约十到十二小时的教学量。请参阅弗洛伊德·里夫斯、纳尔逊·B. 亨利、弗雷德里克·J. 凯利、亚瑟·J. 克莱因、约翰·戴尔·拉塞尔,《芝大教员》(芝加哥,1933),第 94 页。贝雷尔森称,这是一个"极其轻松的教学量",意思是哈珀给了教员们充分的时间来做研究工作。贝雷尔森,《美国的研究生教育》,第 12 页。

137 弗洛伊德·W. 里夫斯、纳尔逊·B. 亨利和约翰·戴尔·拉塞尔,《班级规模和大学成本》(芝加哥,1933),第 38 页。

138 赫里克,"芝加哥大学",第 410—411 页。

139 艾伯特·H. 托尔曼,"芝加哥大学的英语系",《表盘》杂志,1894 年 6 月 16 日,第 356 页。

140 麦克劳克林写给布歇的信,1918 年 1 月 25 日,历史系,"记录",第 5 盒,文件夹 1。

141 珀西·加德纳,"美国大学印象",《现时代》,1899 年 2 月 25 日,第 470—471 页。

142 引自贝雷尔森,《美国的研究生教育》,第 18 页。

143 "娶妻理想:哈珀博士说教授们应该结婚生子",《芝加哥论坛报》,1904 年 1 月 29 日,第 1 页。

144 麦克劳克林写给威廉·多德的信,1913 年 10 月 3 日;多德写给麦克劳克林的信,1913 年 10 月 18 日,历史系,"记录",第 1 盒,文件夹 1。

145 一些证据表明,研究生们对各系不关心他们的职业安排非常关切,尤其是在其他研究生院开始产出越来越多的博士学位的情况下。社会学系一个研究生俱乐部的领导人 H. 沃伦·邓纳姆于 1939 年写信给威廉·F. 奥格本说:"过去几年中,授予社会学博士学位的大学明显增多。同时,就业机会却没有相应增长。鉴于芝加哥大学的要求更加严格,我们建议本系更加主动地加强研究生的就业安置工作。"邓纳姆写给奥格本的信,1939 年 12 月 19 日,伯吉斯的文件,第 33 盒,文件夹 5。

146 贾德森写给赖尔森的信,1908 年 2 月 11 日,HJB 管理层,第 82 盒,文件夹 23。阿尔伯特决定去普林斯顿。

147 赫里克,"芝加哥大学",第 409 页。关于博士学位的早期规定,请参阅斯托尔,《哈珀的芝大》,第 154—159 页。

148 阿尔比恩·W. 斯莫尔,"艺术与文学研究生院",《校长报告,1922 年 7 月 1 日至 1923 年 6 月 30 日》(芝加哥,1924),第 4—5 页。

149 古德斯皮德,《芝加哥大学的故事》,第 60—61 页。

150 《芝大记录》2 (1897—1898):第 11 页。

151 哈珀写给博伊德(没有名字)的信,1898 年 7 月 20 日,哈珀的文件,第 4 盒,文件夹 10。

152 培根写给博尔查的信,1936年4月23日,数学系,"记录",第12盒,文件夹1。

153 理查德·斯托尔从20世纪50年代的早期校友那里收集的个人回忆录中有许多这些校友对他们老师的溢美之词。1901年毕业的阿尔玛·希施贝格回忆说,"教师队伍中有许多才华横溢的教员,如洛维特和罗伯特·赫里克、冯·霍尔斯特、张伯伦、索尔兹伯里、费迪南德·谢维尔和冯·克伦茨,他们曾激励过许多学生,这些学生至今仍记得当时在他们眼前展开的对未来美好生活的有趣展望。对我而言,这便是大学教育对普通人所做的最伟大的贡献……激励他们去钻研文学、科学和历史的真正价值,并让他们在之后的人生中一直保持着这些兴趣。"1953年11月9日的信,斯托尔的文件,第6盒,文件夹11。

154 劳克林的《芝加哥大学政治经济系二十五年》第18-19页中有一份从1894年至1916年博士学位持有人的名单。

155 《校长报告:管理层》,第141、303-304页。

156 斯托尔,《哈珀的芝大》,第134-141、304-306页。

157 里夫斯等人于1933年评论说:"商学院和法学院这两个专业学院的课程要求较为灵活,允许普通人文教育和专业工作结合起来以获得学士学位,因此在专业化教育方面吸引了(本科生中的)较多人。"弗洛伊德·W. 里夫斯、W.E. 派克和约翰·戴尔·拉塞尔,《芝大的教育问题》(芝加哥,1933),第35页。

158 斯托尔,《哈珀的芝大》,第306页。

159 阿尔比恩·W. 斯莫尔,"艺术与文学研究生院",《校长报告,至1913年6月30日学年结束》(芝加哥,1914),第47页。

160 安吉尔,"课程",第38页。

161 斯洛森,"芝加哥大学",第433页。

162 哈珀写给查尔斯·哈钦森的信,1894年2月19日,HJB管理层,第82盒,文件夹12。

163 奥斯卡·博尔查,《源自我的生活》(慕尼黑,1936),第27页。

164 斯洛森,"芝加哥大学",第425-426页。

165 赫里克,"芝加哥大学",第415页。

166 《校长报告,1897年7月至1898年7月,含1891—1897年总结》,第75页。

167 安吉尔后来对托马斯·古德斯皮德评论说,哈珀的许多教育架构其实并没有那么强的革命性,但是,"他的确成功地让这个地区的公众关注了这些架构"。安吉尔写给古德斯皮德的信,1915年4月14日,古德斯皮德的文件,第4盒,文件夹12。

168 古德斯皮德写给哈珀的信,1890年6月1日,哈珀的文件,第9盒,文件夹7。

大部分董事都很遵从他们最初的义务,包括赖尔森、哈钦森和沃克在内的几个人还向芝大贡献了楼房。

169  哈钦森写给哈珀的信,1896年1月26日,HJB管理层,第82盒,文件夹12。

170  托马斯·J.施勒雷特,"巨额财富和高雅文化:商业俱乐部和查尔斯·L.哈钦森",《五大湖评论》3(1976):第25—26页。并请参阅霍洛维茨,《文化与城市》,第70—92页。

171  请参阅他的私人日记,涵盖1881年至1911年这段时期的一份不完整的文字记录,其中有几段大的空缺,查尔斯·L.哈钦森的文件,纽伯利图书馆。

172  詹姆斯·吉尔伯特,《完美城市:1893年芝加哥的乌托邦》(芝加哥,1991),第38页,以及麦卡锡,《地位高责任重》,第53—96页。

173  弗雷德里克·盖茨告诉哈珀,他已经用赖尔森和沃克这些人的出资来试图打消洛克菲勒的疑虑了。盖茨写给哈珀的信,1891年4月27日,哈珀的文件,第8盒,文件夹19。

174  菲尔德写给盖茨的信,1890年1月22日,盖茨的文件,第1盒,文件夹6;菲尔德写给盖茨的信,1890年5月26日,HJB管理层,第43盒,文件夹9。

175  托马斯·W.古德斯皮德在他的以下文章中讲述了这件事,"查尔斯·劳伦斯·哈钦斯",《芝加哥大学传略》,第2卷,第41—42页;以及古德斯皮德,《芝加哥大学历史》,第83—88页。

176  "我认为选择赖尔森先生这件事至关重要,因为尽管他不是浸信会教徒,却是一个很令人尊敬的人,一旦全身心地融入芝大事务,他会成为中流砥柱。"布莱克写给哈珀的信,1890年10月16日,HJB管理层,第82盒,文件夹2。几天后布莱克写信给盖茨,谈及赖尔森:"他年轻、聪明、兴趣浓厚、受过良好教育、自由、又很富有,还很有能力。"布莱克写给盖茨的信,1890年10月20日,盖茨的文件,第1盒,文件夹7。

177  古德斯皮德写给哈珀的信,1890年10月1日,哈珀的文件,第9盒,文件夹7。四天后,古德斯皮德说:"我觉得赖尔森就是那个人……我认为在下一个五年里,他值得我们付出50万美元。"古德斯皮德写给哈珀的信,1890年10月5日。

178  阿朗佐·帕克于1890年10月末向哈珀报告说,有一些愤怒的浸信会牧师抨击了他,他们的忧虑是赖尔森并非浸信会教徒。帕克写给哈珀的信,1890年10月21日,"芝加哥大学创建者们的信件",第1盒,文件夹12。

179  布莱克写给哈珀的信,1892年7月4日,HJB管理层,第82盒,文件夹2。到了1892年年底,除了来亨利·拉斯特的最后一笔捐款承诺以外,针对第一批校园建筑筹集的100万美元基金几乎完全来自非浸信会教徒。哈珀对盖茨评论道:"您有没有留意到拉斯特先生赠款的重要性？100万美元中几乎没有浸信会教徒捐赠的一分钱，还好最后有了这位浸信会教徒的赠款。"1892年7月10日的信，盖茨的文件，第1盒，文件夹11。不幸的是，拉斯特无法兑现自己的承诺，从而肯定了决定扩大董事会基础的重要性。

180　斯蒂芬·杰默，"传统和趋势：芝加哥收藏的品味类型"，休·安·普林斯编，《守旧者与前卫者：芝加哥的现代主义，1910—1940》（芝加哥，1990），第181页。

181　赖尔森还直接为博物馆购买艺术品，他一生中购买的许多藏品都以长期租借的方式被送往了芝加哥艺术馆。马丁·A.赖尔森的文件，第11盒，"藏品记录"，芝加哥艺术馆档案。赖尔森位于肯伍德南德雷克塞尔大道4851号的大楼由克罗地亚方济会修士们所有。关于作为一名收藏家的赖尔森，请参阅尼里·哈里斯的精彩分析，"中西部的中世纪精神：三位芝加哥收藏家"，伊莎贝拉·斯图尔特·加德纳博物馆，《美国的文化领导力：艺术、女主管和赞助人》（波士顿，1997），第105-110页。

182　请参阅古德斯皮德，《芝加哥大学历史》，第85-86、169-173、258、336页；以及珍·F.布洛克，《哥特式的使用：芝加哥大学校园规划与建设，1892—1932》（芝加哥，1983），第8-13页；以及巴钦，《建设南区》，第34-61页。马歇尔·菲尔德最初捐赠的地块位于埃利斯大道以东56街和57街之间，但是通过后续的协商将捐赠地块移到了57街和59街之间。该址包括了菲尔德的捐赠以及他提出卖给芝大的另一个地块。赖尔森和哈钦森的干预将芝大的范围沿"大道"一直延伸至从埃利斯到学府大道之间的整个地域。1892年芝大得以将57街以北的地块出租用作体育场，并恰如其分地命名为"马歇尔体育场"；1898年芝大将该体育场买下，1914年更名为"斯塔格体育场"。

183　赖尔森写给哈珀的信，1892年6月15日；赖尔森写给哈珀的信，1892年11月7日，HJB管理层，第82盒，文件夹23。1910年7月，他又捐献了20万美元来扩建和整修物理楼，以满足该系教员不断变化的研究需求。个人捐助者与特定建筑产生联系的过程较为混乱，经过1892年一整年，最后才固定下来。

184　"董事会会议纪要"，1890—1895，第99、228-229页；古德斯皮德，《芝加哥大学历史》，第271-272、276页。该提议的一个主要目的是帮助芝大卸掉其最初爆炸式发展之后面临的40万美元债务。请参阅哈珀写给盖茨的信，1893年10月23日，盖茨的文件，文件夹12。

185　赖尔森写给董事会的信，1898年9月6日，HJB管理层，第82盒，文件夹23。

186　多萝西·迈克逊·利文斯顿，《光的大师：艾伯特·A.迈克逊传》（纽约，1973），第295页。艾伯特·爱因斯坦1952年评价迈克逊时说："我一直都认为迈克逊是从事科学的艺术家。他最大的乐趣似乎来自实验本身的美丽和所采用的方法的优雅。"

同上,第 6 页。爱因斯坦对迈克逊的评价也许有助于解释为何在评鉴艺术成就方面有着行家眼光的赖尔森对这位伟大科学家的工作印象深刻。

187　赖尔森的慈善事业也没有局限于物理科学,因为他还支持人文科学学者的研究工作。请参阅曼利写给赖尔森的信,1924 年 7 月 28 日,"收购文件",培根的手稿;以及曼利写给赖尔森的信,1930 年 7 月 1 日,"收购文件",手稿第 564 页;《芝加哥大学图书馆中马丁·A. 赖尔森关于尼古拉斯·培根爵士房产的法庭和宅地文件收藏的日程》(芝加哥,1974)。

188　《芝大记录》2 (1897—1898):第 247 页。

189　《芝大记录》6 (1901—1902):第 104 页。

190　《芝大记录》1 (1896—1897):第 579-580 页。

191　收藏于纽伯利图书馆的哈钦森的私人日记中记录了这两对夫妇一起漫游世界的一些经历,虽然比较粗略,却十分引人注目。当他们一起旅行的时候,同时也在一起收藏艺术品。欲了解他们在艺术馆的合作经历,请参阅西莉亚·希利亚德,"发起者:查尔斯·L. 哈钦森和芝加哥艺术馆的建立"(芝加哥,2010),第 42-44、54-69 页。

192　施勒雷特,"巨额财富和高雅文化",第 19 页;以及希利亚德,"发起者",第 13-16 页。

193　麦卡锡,《地位高责任重》,第 88-89 页;以及希利亚德,"发起者",第 19-35 页。

194　引用自亨利·贾斯汀·史密斯,《芝加哥肖像》(纽约,1931),第 304 页。

195　"艺术在现代的影响力和卓越性",《周六晚先驱报》,1888 年 3 月 31 日,第 3 页;以及哈钦斯写给哈珀的信,1900 年 4 月 4 日,HJB 管理层,第 82 盒,文件夹 13。

196　伯顿,"查尔斯·L. 哈钦森和芝加哥大学",第 24 页。赖尔森同样在很大程度上参与了建筑方面的监理工作。1920 年,哈里·普拉特·贾德森便利用赖尔森深度参与洛克菲勒教堂的规划工作这一事实来打消小约翰·D. 洛克菲勒的疑虑:"我想补充一点,赖尔森先生在建筑方面花了大量的时间来制定这些规划,我们认为,这些艺术性和实用性方面的调整已非常完备。"贾德森写给洛克菲勒的信,1920 年 12 月 3 日,HJB 管理层,第 14 盒,文件夹 10。

197　赖尔森写给哈珀的信,1894 年 2 月 28 日,HJB 管理层,第 82 盒,文件夹 23。

198　赖尔森写给哈珀的信,1897 年 3 月 7 日。

199　赖尔森写给哈珀的信,1896 年 2 月 23 日。欲了解该评论的背景,请参阅迈耶,"芝大教员",第 208-209 页。

200　"总体评论",第 9-11 页,HJB 管理层,第 13 盒,文件夹 14。

201　盖茨写给哈珀的信,1892 年 5 月 13 日,哈珀的文件,第 8 盒,文件夹 20。

202 请参阅 1904 年 6 月 25 日盖茨写给哈珀的信的附件，哈珀的文件，第 9 盒，文件夹 3。

203 盖茨写给哈珀的信，1903 年 11 月 25 日，哈珀的文件，第 9 盒，文件夹 2。

204 斯塔尔·J. 墨菲的报告，1904 年 2 月，引自斯托尔，《哈珀的芝大》，第 345-346 页。

205 "给董事们的报告"，1905 年 2 月 9 日，第 1、5 页，洛克菲勒档案中心，波坎蒂科山区，断头谷，纽约州。

206 关于本地古德斯皮德及其他人对于墨菲 1905 年报告的反应，请参阅 HJB 管理层中的信件和备忘录，第 61 盒，文件夹 10。

207 1904 年，墨菲称："但是，我极不情愿将这样的动机归咎于各位董事。我们必须记得，他们都是位高权重的大忙人，他们无偿地奉献了大量宝贵的时间来做这项工作。"引自斯托尔，《哈珀的芝大》，第 344 页。但是在 1905 年，他又说："芝大的钱未经授权就被花了出去，这成了一种趋势，"他还要求洛克菲勒安排一位"驻扎本地"（在芝大）的代理人，"不经此人批准，不能够产生债务，也不能产生花销"。1905 年 2 月 9 日的报告，第 28、31 页。洛克菲勒档案中心。后面的评论当然是在指责董事会。

208 弗雷德里克·盖茨于 1897 年报告说，赖尔森和哈珀坚称，赤字的产生"部分上是由于疏忽怠慢，部分上是由于建造漂亮而造价不菲的校舍的政策以及聘用大批高工资教员的政策使得大量资金从芝加哥城涌入了芝大，从而使得芝城和芝大产生了紧密联系，这是其他任何方式都无法达成的"。"1897 年 2 月 10 日 F.T. 盖茨、T.W. 古德斯皮德和 H.A. 拉斯特先生举行的（一次）有关芝加哥大学的会议的报告"，第 2 页，HJB 管理层，第 43 盒，文件夹 11。

209 "托马斯·W. 古德斯皮德的回忆"，第 300-301 页，古德斯皮德的文件，第 1 卷。

210 哈钦森写给哈珀的信，1896 年 1 月 26 日，HJB 管理层，第 82 页，文件夹 12。

211 赖尔森写给哈珀的信，1900 年 3 月 18 日，HJB 管理层，第 82 页，文件夹 23。

212 "1898 年 12 月 5 日 W.R. 哈珀校长、马丁·赖尔森、H.A. 拉斯特少校、小约翰·D. 洛克菲勒先生和 F.T. 盖茨先生关于芝加哥大学 1899—1900 年的预算以及相关问题的谈话"，第 31-32 页，HJB 管理层，第 13 盒，文件夹 14。

213 盖茨，《我人生的章节》，第 196 页；斯托尔，《哈珀的芝大》，第 346-348 页。

214 赖尔森写给盖茨的信，1903 年 11 月 10 日，洛克菲勒档案中心。

215 赖尔森写给哈珀的信，1892 年 7 月 18 日，HJB 管理层，第 82 页，文件夹 23。

216 哈钦森写给哈珀的信，1892 年 1 月 3 日，HJB 管理层，第 82 盒，文件夹 12。并请参阅迈耶，"芝大教员"，第 87-88 页。

217 应该提到墨菲提出的关于教员薪金领域内预算经济的一个处方。他不建议用普通加薪和晋升的方法来奖励那些值得嘉奖的教员,而是建议芝大在组织它的教员们时要像军队组织军官团那样——军队一般把军官分为将军、上校、上尉等,教员们应该有固定的薪金等级,并安排在一些预先设定的职位中。除非一个职位空缺了,否则无论是在该职等的工作时间还是自身杰出的服务都不足以让一个人晋升或加薪,并且由于更高职位的数量受到控制,便规避了大量加薪的需要。"机密。致芝加哥大学董事",1905年2月9日,第26-27页,洛克菲勒档案中心。

218 "托马斯·W. 古德斯皮德的回忆",第301-302页,古德斯皮德的文件,第1卷。

219 在1906年至1907年之间,洛克菲勒捐献了370万美元的额外赠款,其中1906年1月为1906/1907财年捐出100万美元,1907年1月为1907/1908财年捐出其余的270万美元。1908年1月和1909年1月又分别捐出154万美元和92.8万美元。请参阅"董事会会议纪要",1904—1907,第350、478页;"董事会会议纪要",1907—1909,第149-150、309-313页。贾德森在他的1908—1909年度报告中称,"创建者1月份所做的100万美元捐赠将于1909年7月1日起生效,我们预期它将在下一财年消除最近一轮复发的年度赤字"。《校长报告,1908年7月至1909年7月》(芝加哥,1910),第5页。1910年12月中旬,洛克菲勒宣布将会做出最后一笔价值1000万美元的捐赠,在接下来的十年中这笔钱将会以每笔100万美元的分期付款支付,从1911年1月1日起开始。关于洛克菲勒宣布赠款的信件,请参阅古德斯皮德,《芝加哥大学历史》,第291-292页。

220 卡尔和卡茨,"基金会与统治阶级精英",第34页。

221 请参阅莫尔豪斯写给哈珀的信,1890年12月12日,"芝加哥大学创建者们的信件",第1盒,文件夹12;L.A. 克兰德尔博士写给哈珀的信,1890年9月24日,斯托尔的文件,第3盒,文件夹26。

222 1892年2月,当弗雷德里克·盖茨试图说服约翰·D. 洛克菲勒再向刚刚起步的芝大做出另一笔巨额捐赠时,盖茨写道,他对芝大感到"敬畏":"上帝以最美妙的方式与它同在。它是一个奇迹……想一想这件事有多么重要。哈珀、古德斯皮德和我自己,当我们展望这片土地美好的未来时,我们在想,上帝让这个机构冉冉升起,是要让它承担怎样伟大的责任?此时,请敞开我们的心灵,在主的面前轻轻走过。"盖茨写给洛克菲勒的信,1892年2月1日,"芝加哥大学创建者们的信件",第2盒,文件夹5。

223 威廉·雷尼·哈珀,"一个理想大学的几个特色",《1891年5月8日和9日美国浸信会教育委员会在阿拉巴马州的伯明翰与南部浸信会大会一起举行的第三次年度会议》(芝加哥,1891),第49-60页,此处为第58、60页。关于哈珀的宗教价值观和芝大,请参阅温德,《圣经与芝大》,第133-146页。

224 《芝加哥论坛报》,1891年3月16日,第2页。

225　古德斯皮德写给哈珀的信，1890年9月9日，"芝加哥大学创建者们的信件"，第1盒，文件夹11。

226　古德斯皮德写给哈珀的信，1891年2月16日，第2盒，文件夹1。

227　"芝大将永远是一个基督教机构，并将永远代表广泛基督教精神的伟大原则。但是芝大并非浸信会学校。它不只是由浸信会教徒来维持的。它也并非主要由浸信会教徒组成。芝大的教授们不是根据他们的宗教信仰选拔出来的。"《芝加哥论坛报》，1904年1月28日，第12页。

228　HJB管理层，第49盒，文件夹8。

229　该演讲后来出版成了一本名为"芝大和民主"的小册子，《高等教育的趋势》，第1-34页。1898年12月18日，哈珀在芝大的冬季毕业礼赞上做了一篇类似的演说。请参阅《芝加哥论坛报》，1898年12月19日，第4页。

230　民主是"人类成就的最高理想，唯一可能的一种真正的国民生活，照亮全世界黑暗角落的灿烂辉煌的太阳"，哈珀，"芝大和民主"，第1、19页。

231　欲了解众多评论家的意见，请特别参阅詹姆斯·T.伯彻尔，《光芒隐去：学院和大学与其基督教教会的脱离》（大急流城，密歇根州，1998），第842-851页，此处为第846页。另一种不同的见解，请参阅D.G.哈特，《有宗教的大学：美国高等教育宗教研究》（巴尔的摩，1999），第54-56、250-251页。

232　瓦克尔，《奥古斯都·H.斯特朗与历史意识的困境》，第11页。

233　W.克拉克·吉尔平，《神学前言》（芝加哥，1996），第90页；以及康拉德·彻丽，《赶往锡安山：大学、神学院和美国新教》（布卢明顿，印第安纳州，1995），第13页。

234　《芝加哥论坛报》，1894年7月30日，第4页。

235　哈珀写给安德鲁·H.格林的信，1891年1月，"芝加哥大学创建者们的信件"，第2盒，文件夹1。

236　斯特朗写给哈珀的信，1890年12月23日，HJB管理层，第78盒，文件夹28。

237　哈珀写给盖茨的信，1892年5月18日，"芝加哥大学创建者们的信件"，第2盒，文件夹6，曾经是实用主义者的他告诉洛克菲勒，如果"我们的浸信会教徒兄弟们"太过担忧由普救论者建设这座教堂，"就让他们自我激励去筹款，如果可能，让他们来建吧"。盖茨写给洛克菲勒的信，1892年5月21日，同上。哈钦森改变了主意，最终资助了为纪念他而以他的名字命名的这座公共食堂。

238　《芝加哥论坛报》，1896年4月26日，第4页。

239　卡特，"高等考证的信息"，第209-210页。

240　《芝加哥论坛报》，1898年10月2日，第7页；威廉·雷尼·哈珀，"神学课程应该被修订吗？如何修订？"，《美国神学杂志》3（1899）：第45-66页；以及外界的反响，同上，第324-343页。

241  关于福斯特的总体情况，请参阅加里·杜利恩，《美国自由派神学的形成，理想主义、现实主义和现代性，1900—1950》（路易斯维尔，2003），第151-181页。关于这场冲突，请参阅埃德加·A.汤，"一位'率直的'神学家：芝大的乔治·伯曼·福斯特"，《基金会》20（1977）：第36-59、163-180页。

242  哈珀写给麦克利什的信，1905年3月16日，HJB管理层，第82盒，文件夹16。为了建楼而发起的筹资表格的副本存档于神学院，"记录"，第9盒，文件夹2。

243  沃伦·卡梅伦·扬，《从心所闻：北部浸信会神学院历史，1913—1888》（惠顿，伊利诺伊州，1988），第10-15页；斯塔克豪斯，《芝大与浸信会教徒》，第169-170、187-188页。

244  盖茨写给洛克菲勒的信，1914年3月10日，古德斯皮德的文件，第1盒，文件夹21；福斯迪克写给理查德·J.斯托尔的信，1956年9月20日，斯托尔的文件，第6盒，文件夹14。该任务的完成是一个渐进式的缓慢过程，这也许是盖茨没有预期的。董事会于1923年和1930年做出了改变，降低了浸信会教徒的支配地位，到了1944年4月，已取消所有针对董事和校长的教派要求，但是仍要求浸信神学联盟董事会始终保留芝大董事会的一个代表。从本质上讲，这意味着芝加哥大学董事会中只需要有一人是浸信会教徒。其他的宗教测试或规定也没有保留下来，尽管董事会称，所有未来的董事都会收到一份声明，表示董事会"真诚地希望能够'确保芝大永远作为一个基督教机构得以延续'"。"董事会会议纪要"，1944年4月13日。

245  大卫·A.霍林格，《在恶魔的火舌之后：现代美国历史中的新教自由主义》（普林斯顿，新泽西州），第108页，以及第218-219页。

246  安吉尔写给贾德森的信，1911年12月7日，HJB管理层，第78盒，文件夹22。

247  亨德森写给盖茨的信，1892年12月20日，HJB管理层，第70盒，文件夹11。

248  西奥多·G.索尔斯和哈罗德·D.拉斯韦尔，"芝加哥大学本科生的社会调查"，HJB管理层，第78盒，文件夹1。该调查是在1919—1920学年入学的学生中间进行的。

249  1923年针对187名教员开展的一项非正式调查发现，其中有122人有宗教信仰，63人无宗教信仰，1人为不可知论者，另外一人填写"无"，最后这个字下面还特意画了几道横线以示强调。我们要强调不能过分解读这些数据，但是有趣的是，65%的教员明显表达了一些个人的宗教信仰。请参阅"学生宗教、道德和社会福利委员会会议，1923年3月15日"，HJB管理层，第60盒，文件夹23。

250  海德公园第一浸信会教堂，1900年11月28日，"记录"，1896年4月1日至

1903年4月29日，海德公园联盟教堂档案馆，芝加哥。

251 "J.M. 杰克逊代表咨询委员会就 W.R. 哈珀博士关于一座教堂建筑的提议发表报告。报告建议立即果断地对（该）建筑采取行动。"这个动议被采纳了。海德公园第一浸信会教堂，1893年3月1日，"记录"。

252 查尔斯·H. 阿诺德，《你身前和身后的上帝：穿越一个世纪的海德公园联盟教堂，1874—1974》（芝加哥，1974），第28页。

253 请参阅哈珀在《圣经世界》3（1894）：第307-308页的评论；以及卡特，"高等考证的信息"，第113-119、135-137、218-219页。

254 "社论"，《圣经世界》6（1895）：第164页。

255 哈珀每年打印出的报告的副本被编入了海德公园第一浸信会教堂的手写纪要中，"记录"，1896年4月1日至1903年4月29日。

256 《芝加哥论坛报》，1900年9月20日，第6页。

257 "哈珀博士是如何获胜的"，《芝加哥论坛报》，1896年1月19日，第26页；"哈珀博士的迅速崛起"，1897年3月8日，第9页；霍利斯·W. 菲尔德，"W.R. 哈珀是如何工作的"，同上，1904年10月30日，第E2页；乔治·T. B. 戴维斯，"一名伟大教育者的职业：芝加哥大学校长威廉·雷尼·哈珀的迅速崛起和非凡成就"，《我们的时代》17（1898）：第387页。

258 伊丽莎白·华莱士，《无止境的旅程》（明尼阿波利斯，1952），第97页。

259 请特别参阅约翰·D. 洛克菲勒，《关于一些人和事的琐碎记忆》（纽约，1909），第179-180页。

260 《芝加哥论坛报》，1900年3月8日，第3页。

261 《芝加哥论坛报》，1906年1月11日，第1页；J.M.P. 史密斯的下列文章中也进行了转载，"作为基督教学者的校长哈珀"，《标准》，1906年1月20日，第10页。

262 哈珀写给伊利诺伊州坎顿的 W.J. 斯图尔特教士的信，1897年12月24日，哈珀的文件，第3盒，文件夹21。

263 麦金利的荣誉学位是由政治科学系、历史系、政治经济系和社会学系提议的。"芝大评议会会议纪要"，1898年9月20日。

264 "周二晚间，我在礼堂里收到了回报，但是说实话，在前十五分钟过后，那些数字太让人难以置信了，就连作为共和党人的我都替民主党人感到难过，甚至超过了我自己感到的欣喜。"哈珀写给利奥·F. 沃尔姆斯的信，1904年11月11日，哈珀的文件，第7盒，文件夹14。当然，哈珀并不赞同罗斯福对约翰·D. 洛克菲勒的看法，但他承认那些攻击正对芝大产生很大的影响："无疑，在过去六个月中，公众反对标准石油和垄断组织的情绪已经被大大调动起来了。这在某种程度上是由罗斯福总统的态度引起的，同时也是各种杂志文章煽动的结果……芝大因此受到了很大伤害。"请参阅哈珀写给赖尔森的信，1905 年 4 月 18 日，哈珀的文件，第 15 盒，文件夹 13。

265　哈珀写给塞缪尔·N. 哈珀的信，1900 年 11 月 8 日，塞缪尔·N. 哈珀的文件，第 1 盒，文件夹 2。

266　"我们的一些教授认为在菲律宾的战争不该继续打下去。他们一直都这么认为，也一直都这么说。您应该相信，芝加哥大学是完全正确的。"哈珀写给 P.H. 埃尔斯沃斯的信，1899 年 5 月 9 日，哈珀的文件，第 4 盒，文件夹 27；《芝加哥论坛报》，1898 年 6 月 20 日，第 10 页；1898 年 9 月 20 日，第 6 页。霍尔斯特于 1899 年 2 月 6 日在预科学院大会上针对美国的帝国主义发出了言辞激烈的谴责。请参阅他的"我们应该吸取的一些教训"一文，《芝大记录》3（1898—1899）：第 299-304 页。

267　哈珀写给赖尔森的信，1898 年 4 月 15 日，哈珀的文件，第 4 盒，文件夹 5；《芝加哥论坛报》，1898 年 4 月 2 日，第 6 页；1898 年 9 月 19 日，第 7 页；1899 年 5 月 1 日，第 2 页。

268　哈珀写给 C.F. 林奇的信，1899 年 5 月 9 日，哈珀的文件，第 4 盒，文件夹 27。

269　哈珀写给费迪南德·佩克的信，1901 年 2 月 21 日，HJB 管理层，第 61 盒，文件夹 7。

270　多萝西·罗斯，《美国社会科学的起源》（剑桥，1991），第 226-227 页；迪内，《一座城市和它的大学》，第 31-33 页。亨德森和梅里安姆也与斯莫尔一样，和 1914 年之前德国的城市社会政策领域有着密切的联系。请参阅罗杰斯，《横跨大西洋》，第 243-244 页；以及巴里·D. 卡尔，《查尔斯·E. 梅里安姆与政治学研究》（芝加哥，1974），第 37-38、61-83 页。

271　《芝加哥论坛报》，1894 年 7 月 31 日，第 3 页。

272　罗伯特·L. 麦克考尔，"杜威的芝大"，《学校评论》67（1959）：第 258-280 页。

273　哈珀写给安德鲁·麦克利什的信，1896 年 4 月 7 日，哈珀的文件，第 2 盒，文件夹 24。

274　麦克考尔，"杜威的芝大"，第 263-264 页。到了 1900 年，芝大已同得梅因学院、卡拉马祖学院、斯泰森大学、巴特勒学院、布拉德利理工学院、摩根公园学校、弗朗西斯·夏默学院、南区学院、哈佛学校、普林斯顿－耶鲁学校、肯伍德学院、韦兰学院、拉格比公学、芝加哥手工训练学校、卡尔弗陆军军官学校、埃尔金学院、迪尔伯恩神学院、伯灵顿学院，以及大学女子学校达成了联合协议。请参阅《年度注册簿，1900 年 7 月—1901 年 7 月》，第 152-165 页。

275　安德鲁·麦克利什写给哈珀的信，1896 年 4 月 15 日；以及 D.G. 汉密尔顿写给哈珀的信，1896 年 3 月 13 日，HJB 管理层，第 11 盒，文件夹 13。

276　《芝加哥论坛报》，1896 年 6 月 30 日；哈珀写给麦克利什的信，1896 年 4 月 18 日，哈珀的文件，第 2 盒，文件夹 24。

277　E.L. 罗塞特尔写给哈珀的信，1897 年 1 月 16 日，HJB 管理层，第 11 盒，文件夹 14。

278　A.A. 斯普拉格写给哈珀的信，1898 年 1 月 10 日，HJB 管理层，第 11 盒，文件夹 14；艾伯特·G. 莱恩写给哈珀的信，1898 年 3 月 28 日，同上。

279　《芝加哥论坛报》，1899 年 5 月 8 日，第 7 页。

280　A.F. 南丁格尔的声明，1896 年 4 月 17 日，哈珀的文件，第 2 盒，文件夹 24；《芝加哥论坛报》，1897 年 12 月 6 日，第 5 页。

281　哈里森写给哈珀的信，1898 年 7 月 8 日，哈珀的文件，第 4 盒，文件夹 9。

282　《芝加哥论坛报》，1898 年 6 月 30 日，第 5 页。一位董事会成员表达了反对哈珀的情绪，他认为安德鲁的提名只是让公立学校"向芝加哥大学屈服"并成为"一所私营企业附属物"的又一种尝试。1898 年 7 月，哈珀没有被重新委以董事会职位，主要是因为那些担心哈珀正试图接管公立学校的人给哈里森施加了压力。同上，1898 年 7 月 12 日，第 7 页。哈珀于 1898 年 6 月写信给安德鲁斯，敦促他接手这份工作，因为"时机已经成熟。有了市长的支持，我们可以开展大量改革"。哈珀写给安德鲁斯的信，1898 年 6 月 16 日，HJB 管理层，第 8 盒，文件夹 10。

283　"芝加哥大学提名 E. 本杰明·安德鲁斯的备忘录"，未注明日期（最有可能的时间是 1893 年春或夏），HJB 管理层，第 8 盒，文件夹 10。哈珀似乎表示，他和安德鲁斯将轮流执掌芝大各半年时间，按约定的周期替换对方。并请参阅迈耶，"芝大教员"，第 110-112 页。

284　请参阅"不得人心的安德鲁斯博士"，《芝大教师和校董事会期刊》1（1899）：第 377-378 页："芝加哥的一个学校主管如此彻底地丧失了教师和董事的信誉，这是许多年来的第一次。"

285　关于哈里森和联盟共和党人，请参阅马乔里·墨菲，"从工匠到半职业人员：芝加哥公立学校教师的白领联合主义，1870—1930"（博士论文，加利福尼亚大学戴维斯分校，1981），第 38-39 页。

286　《芝加哥教育委员会报告》（芝加哥，1899），第 xxi-xiii、11-17、21-57 页。

287　请参阅约翰·C. 彭诺耶，"哈珀 1899 年报告：管理的进步主义和芝加哥公立学校"（博士论文，丹佛大学，1978），特别是第 255-271 页；墨菲，"从工匠到半职业人员",第 34-54 页;大卫·J. 霍根,《阶级与改革:芝加哥的学校与社会,1880—1930》(费城,1985),第 197 页;迪内,《一座城市和它的大学》,第 81-86 页;罗伯特·L. 里德,"公立学校教师的专业化:芝加哥经验,1895—1920"(博士论文,西北大学,1968),第 44-57 页;以及茱莉娅·里格利,《阶级政治与公立学校:芝加哥,1900—1950》(新不伦瑞克,新泽西州,1982),第 92-104 页。

288  请参阅彭诺耶,"哈珀 1899 年报告",第 90-92 页。

289  《芝加哥论坛报》,1899 年 6 月 19 日,第 3 页。

290  里德,"公立学校教师的专业化",第 53 页。

291  《芝加哥论坛报》,1899 年 3 月 5 日,第 13 页;1899 年 9 月 26 日,第 1 页;1900 年 4 月 18 日,第 1 页;1900 年 4 月 19 日,第 1 页;约瑟夫·W. 埃兰特,"芝加哥学校状况",《教育评论》18(1899):第 119-137 页。

292  哈珀写给安德鲁斯的信,1898 年 12 月 15 日;安德鲁斯写给哈珀的信,1898 年 12 月 16 日,HJB 管理层,第 8 盒,文件夹 10。

293  玛丽·J. 赫里克,《芝加哥学校的社会和政治历史》(贝弗利山,加利福尼亚州,1971),第 87 页。

294  请参阅大卫·霍根在《阶级与改革》第 196-197、312、57 页中的评论,以及里德,"公立学校教师的专业化",第 41 页。

295  请参阅罗伯特·L. 里德编,《战场:玛格丽特·A. 哈利的自传》(厄本那,伊利诺伊州,1982),第 xx 页。关于哈利,请参阅彻丽·W. 柯斯,"经院学者、女学者和校董事会:进步时代城市学校系统的权力之争"(博士论文,哈佛大学,1976),第 153-187、207-231 页。

296  请参阅莫林·A. 弗拉纳根,《芝加哥的宪章改革》(卡本代尔,伊利诺伊州,1987),特别是第 110-135 页;弗拉纳根,《她们用心观察:芝加哥女性和这座伟大城市的愿景,1871—1933》(普林斯顿,新泽西州,2002),特别是第 59-70 页。

297  迪内,《一座城市和它的大学》,第 87 页;约翰·T. 马尼斯,《艾拉·弗拉格·杨和半个世纪以来的芝加哥公立学校》(芝加哥,1916),第 95-100、103-122、156-199 页;琼·K. 史密斯,《艾拉·弗拉格·杨:一位领导者的肖像》(埃姆斯,爱荷华州,1979)。

298  听到哈珀抱怨董事会自己的教师培训机构芝加哥师范学校正在诱使(或迫使)教师们参加他们的拓展课程而不是芝大的课程时,接替安德鲁斯任市校监的埃德温·G. 库利颇为愤怒,写信给哈珀说:"我们每天都感受得到汹涌的敌意,尤其是对师范学校,都是由与您的机构相关的人传递过来的。我们听见他们批评我们的工作方法,批评我们聘用的教师的性格,我们不得不认为这种漫骂源自于这场教育拓展运动是由师范学校领头的这样一个事实。"库利写给哈珀的信，1903年10月14日，HJB管理层，第12盒，文件夹1。

299 《芝大记录》4（1899—1900）：第141-151页，此处为第151页。斯波尔丁是1887年美国天主教大学的创建人之一。

300 从这个意义上说，芝大在1906年之后的境况与托马斯·本德在其"公共文化的腐朽"一文中所描述的发展的一般类型非常相符，他在文中说，研究型大学十分愿意让他们的学术专家致力于对这座城市的研究，并且坚持要成为与这座"繁杂而无序的"城市分离开来的"学术避难所"。请参阅本德，"公共文化的腐朽"，第100-101页。

301 最令人难以置信的一个例外当属由前身是芝大公民与慈善学院的芝大社会服务管理学院所做的有益工作，该学院于1920—1921年在董事朱利叶斯·罗森沃尔德以及后来的劳拉·斯佩尔曼·洛克菲勒纪念馆和洛克菲勒基金会的帮助下被并入芝大，成为其一个正式部门。然而，正是由于萦绕着这个新学院的从事研究的特别诱惑才使得院长伊迪丝·阿尔伯特在为她的新学院制定1925年的任务时把研究工作作为了重中之重，强调了"研究在社会服务领域的重要性"，其"最大的需求是为研究和发表著述筹集资金"。《校长报告，1924年7月1日至1925年6月30日》（芝加哥，1926），第19-20页。

302 约翰·M.库尔特，"德国对高等教育的贡献"，《芝大记录》8（1903—1904）：第348-353页。库尔特于1884年接受了印第安纳大学授予的一个荣誉博士学位。他不曾在德国学习过，但是作为《植物学杂志》的主编，库尔特与德国的许多资深植物学家保持着专业往来。

303 《放逐报》，1904年10月8日，第2页。

304 斯莫尔写给哈珀的信，1903年4月27日，HJB管理层，第42盒，文件夹16。

305 这场辩论在罗伊·史蒂文·特纳的以下文章中有非常精彩的总结，"北美的洪堡？关于研究型大学及其历史学家的反思"，雷纳·克里斯托弗·施温格斯编，《洪堡国际：19世纪和20世纪德国大学模式的输出》（巴塞尔，2001），第289-302页。关于其大背景，请参阅沃尔特·吕埃格编，《欧洲大学的历史》，第3卷，《19世纪和20世纪初期的大学（1800—1945）》（剑桥，2004），第163-177页。

306 亨利·格伊茨、尤尔根·海德金和尤尔根·赫布斯特编，《1917年之前德国对美国教育的影响》（剑桥，1995），第17页；以及米切尔·G.阿什编，《德国大学：过去与未来；危机或重生？》（普罗维登斯，1997）；以及阿什，"什么学士？谁的硕士？德语欧洲和美国高等教育的洪堡迷思和历史转变"，《欧洲教育杂志》41（2006）：第245-267页。

307 加布里尔·林格尔巴克，"文化转借还是自主发展：19世纪晚期的美国和德国大学",托马斯·亚当和露丝·V. 格罗斯编,《在世界之间穿行:德国与美国的邂逅》(学院站,得克萨斯州,2006),第111页;以及林格尔巴克,"美国的历史学科遵循了德国模式?",埃克哈特·福克斯和本尼迪克特·司徒赫泰编,《跨越文化边界:全球视野下的历史编纂学》(兰哈姆,马里兰州,2002),第184-185页。

308 查尔斯·E. 麦克莱兰,"第一个世纪结束时的大学——洪堡迷思?"海因茨-埃尔马·特诺斯和查尔斯·E. 麦克莱兰编,《菩提树下大学的历史,第1卷,柏林大学的建立与繁荣,1810—1918》(柏林,2012),第3卷,第640页。

309 林格尔巴克,"文化转借还是自主发展",第105页。并请参阅林格尔巴克,《克里奥创造职业:19世纪后半叶法国和美国历史学的机制化》(哥廷根,2003)。

310 托马斯·W. 古德斯皮德,他未发表的《芝加哥大学历史》原始手稿,第43页,古德斯皮德的文件,第2盒,文件夹7。

311 同上,第67页。

312 古德斯皮德的文件,第4盒,文件夹7,第3-4页。1891年10月25日的《芝加哥论坛报》第11页提到了这个问题。

313 布雷斯特德写给哈珀的信,1890年9月16日,HJB管理层,第12盒,文件夹10。关于布雷斯特德在耶鲁和德国的经历,近来有一本书对此进行了描述,请参阅杰弗里·阿布特,《美国的埃及古物学者:詹姆斯·亨利·布雷斯特德的一生和他创立的东方研究所》(芝加哥,2011),第12-40页。

314 布雷斯特德写给哈珀的信,1891年12月26日,HJB管理层,第12盒,文件夹10。

315 "请原谅我自己提及此事,《爱柏氏纸草纪事》的译者约阿希姆今早告诉我,埃尔曼和施泰因多夫(科普特人)都对他说,他们'期待我为埃及古物学做些大事情'。"布雷斯特德写给哈珀的信,1892年4月25日,HJB管理层,第12盒,文件夹10。

316 罗杰斯,《横跨大西洋》,第87页。

317 布雷斯特德写给哈珀的信,1892年8月24日,HJB管理层,第12盒,文件夹10。

318 布雷斯特德写给哈珀的信,1892年11月24日,HJB管理层,第12盒,文件夹10。

319 查尔斯·布雷斯特德,《开辟过去:考古学家詹姆斯·亨利·布雷斯特德的故事》(纽约,1943),第34-57页。

320 布雷斯特德写给哈珀的信,1894年7月21日,HJB管理层,第12盒,文件夹10。在随后的几年中,布雷斯特德仍然醉心于德国的学术文化,尤其是皇家学院支持独立研究项目的意愿以及在组织学术会议方面给予的大力支持。但另一方面，与哈珀产生共鸣的是，当1902年为芝大任命一位阿拉伯语学者的问题被提出来时，布雷斯特德并没有催促哈珀聘用一位德国学者。该建议显示出这所新兴美国研究型大学对自己的威望与实力已经越来越自信了，并且开始主动断绝向欧洲寻求训练有素的学者的需要。布雷斯特德写给哈珀的信，1902年9月12日，HJB管理层，第12盒，文件夹11。

321　詹姆斯·H. 塔夫茨，"对密歇根大学的一些印象，1889—1891"，第4页，在他的"未发表的自传"中，塔夫茨的文件，第3盒，文件夹11。

322　请参阅塔夫茨写给哈珀的信，1891年9月28日；1891年11月22日；1891年12月21日；1892年2月20日；1892年6月9日；以及1892年7月14日，哈珀的文件，第14盒，文件夹12。塔夫茨还把他在德国见过或听说过的其他年轻美国人的名字告诉了哈珀。

323　塔夫茨，"德国"，第8页，在他的"未发表的自传"中，塔夫茨的文件，第3盒，文件夹13。

324　塔夫茨，"战时"，第1页，文件夹19。

325　佩恩后来成了芝加哥《表盘》文学杂志的一名编辑。请参阅弗雷德里克·J. 莫舍，"威廉·莫顿·佩恩"，《纽伯利图书馆期刊》，系列2，第7号（1951年10月）：第193-212页。他在"一战"期间是强硬反对德国的。

326　肖里写给佩恩的信，1881年9月16日；1881年9月18日；1881年10月30日；1882年5月2日；1882年5月14日；1882年6月11日；1884年1月8日，威廉·M. 佩恩的文件，纽伯利图书馆。

327　保罗·肖里，"美国的学术研究"，《民族》，1911年5月11日，第466-469页。

328　在《芝加哥记录－先驱报》接受采访时，斯莫尔坚称，许多德国人告诉他，他们认为自己的国家与美国必有一战，因为他们相信美国在世界市场中正在抬头的霸权主义严重地威胁到了德国的利益。《芝加哥记录－先驱报》，1903年9月30日，第9页；阿尔比恩·W. 斯莫尔，"我们与德国有仗要打？"《科利尔周报》，1904年12月10日，第23页。斯莫尔担忧德国驻芝加哥总领事瓦尔特·韦佛，他对这种担忧做出了更为细致而合理的解释。请参阅斯莫尔写给韦佛的信，1903年10月3日，斯莫尔的文件，第1盒，文件夹15。

329　阿尔比恩·W. 斯莫尔，"美国与世界危机"，《美国社会学杂志》23（1917—1918）：第145-173页。

330　阿尔比恩·W. 斯莫尔，"阿尔比恩·W. 斯莫尔的生活史"，第16-17页，斯莫尔的文件，第4盒，文件夹3。

331 请参阅尤尔根·赫布斯特，《美国学术研究中的德国历史学派：文化迁移研究》（伊萨卡，纽约州，1965），第 154-159、192-196 页；赫布斯特，"从道德哲学到社会学：阿尔比恩·伍德伯里·斯莫尔"，《哈佛教育评论》29（1959）：第 227-244 页；阿克塞尔·R. 舍费尔，《美国的进步人士和德国的社会改革，1875—1920：大西洋彼岸的社会伦理、道德控制和管制国家》（斯图加特，2000），第 47-50；以及罗杰斯，《横跨大西洋》，第 89-95 页。

332 关于这一点，请参阅罗斯在《美国社会科学的起源》一书第 126-127、224-226 页的分析。关于斯莫尔对自己职业生涯思考的一项调查，请参阅罗伯特·C. 班尼斯特，《社会学和科学至上主义：美国对客观性的探求，1880—1940》（教堂山，北卡罗来纳州），第 32-63 页，特别是第 48-49 页。

333 阿尔比恩·W. 斯莫尔，《金融专家：德国社会政体的先锋》（芝加哥，1909），第 vii、586 页。

334 同上，第 17 页。

335 阿尔比恩·W. 斯莫尔，《社会学起源》（芝加哥，1924），第 30-36、326-328 页。关于 19 世纪 80 年代和 90 年代中身在德国的其他有制度主义经济学思想的年轻美国人的复杂经历，请参阅罗杰斯在《横跨大西洋》一书第 89-111 页的简要分析。

336 罗伯特·罗森塔尔，"《柏林大全》的历史"，《柏林大全：威廉·雷尼·哈珀在芝加哥九位市民的支持下于 1891 年为芝加哥大学购进的一套书籍和手稿的历史展示》（芝加哥，1979），第 1-23 页。

337 摩尔的传记作者凯伦·巴歇尔表示说"摩尔在德国接受的理念在他余下的职业生涯中对他的数学思维产生了决定性的影响"。请参阅凯伦·H. 巴歇尔，"伊莱基姆·黑斯廷斯·摩尔与一个美国数学团体的建立，1892—1902"，《科学年鉴》41（1984）：第 313-333 页，此处为第 315 页。我的同事罗伯特·J. 齐默对该系的早期历史以及其早期的研究传统得以在 20 世纪一直延续下来的方式进行了有益的评论，我对此深表感激。

338 凯伦·H. 巴歇尔和大卫·E. 罗，《美国数学研究团体的出现，1876—1900：J.J. 西尔维斯特、费力克斯·克莱茵和 E.H. 摩尔》》（普罗维登斯，1994），第 435-436 页。

339 关于这两起任命的排序以及它们在策略上的互联性，巴歇尔和罗两位作者在《美国数学研究团体的出现》一书第 197-202、286-293 页中进行了说明。

340 雷蒙德·C. 阿奇博尔德，《美国数学团体五十周年纪念，1888—1938》（纽约，1938），第 145 页；以及巴歇尔和罗，《美国数学研究团体的出现》，第 363-419 页。

341 请参阅内夫的儿子小约翰·U. 内夫手写的关于内夫的传略，老约翰·U. 内夫的文件，第 1 盒，文件夹"传记资料"。

342　请参阅内夫手写的备忘录，很可能是写给哈里·普拉特·贾德森的，1906年12月，老约翰·U.内夫的文件，第1盒，文件夹"1902—1906"。

343　哈珀写给艾拉·杨的信，1899年1月28日，哈珀的文件，第4盒，文件夹22。

344　本杰明·S.特里是一位年轻的美国学者，他在弗莱堡大学跟着霍尔斯特攻读博士学位，并协助哈珀与霍尔斯特进行协商（同时也被哈珀聘为芝大的一名教授）；本杰明坦率地向哈珀的一位密友写信谈及这位资深的德国学者给他的职业带来的个人影响："我认为，就他要做的工作的数量和种类而言，您不可能对他每周的（教学）时数做出任何规定。他要的就是这种自由，能够随心所欲去做他认为对他的系和他的工作最好的事情……您不必担心他挣不到薪水。简单地说，他花的每一分钱都花得值当。不仅如此，他的名气更是超乎常人，他个人可能比您想象中的他认识更多富裕的美籍德国人，更不必说他在欧洲和美国与他自己部门的杰出人士都很熟识。"特里写给厄里·B.赫尔伯特的信，1891年12月27日，哈珀的文件，第14盒，文件夹8。

345　贾德森写给哈珀的信，1891年12月23日，以及1891年12月25日，哈珀的文件，第9盒，文件夹10。

346　请参阅埃里克·F.高曼，"赫尔曼·爱德华·冯·霍尔斯特：美国历史编纂学的威武骑士"，《密西西比河谷历史评论》23（1936—1937）：第511-532；以及耶格·纳格勒，"两个历史世界的调和者：赫尔曼·爱德华·冯·霍尔斯特和芝加哥大学"，亨利·格伊茨、尤尔根·尤尔金和尤尔根·赫布斯特编，《1917年之前德国对美国教育的影响》（剑桥，1995），第257-274页；以及汉斯-甘特·茨马尔茨利克，"赫尔曼·爱德华·冯·霍尔斯特"，约翰尼斯·芬克编，《19世纪和20世纪的弗莱堡教授》（弗莱堡，布赖施高，1957），第21-76页。

347　请参阅"独裁者在发号施令吗?"《芝加哥论坛报》，1895年12月19日，第2页；"冯·霍尔斯特在煽动战争"，同上，1895年12月22日，第1页。托马斯·哈斯凯尔雄辩地称，在解释学术自由的兴起时最为关键的可变因素是专业主义和职业化的力量。请参阅托马斯·L.哈斯凯尔，"在'权力和知识'的时代维护学术自由的权利"，路易斯·梅南编，《学术自由的未来》（芝加哥，1996），第43-90页，特别是第54页。

348　霍尔斯特写给哈珀的信，1895年12月22日，HJB管理层，第85盒，文件夹2。

349　尽管遭到了劳克林的反对，比米斯仍然受到了聘用。比米斯是一个敢于对当时重大的社会事业直言不讳的人，尤其是对反个体效用的归市管理运动和更大的国家对铁路的监管。比米斯第一个学期的教学工作进展得并不顺利，劳克林一直不断地游说哈珀将其赶走，最终导致了比米斯被解约。1895年10月，比米斯将他谴责哈珀行为的言论公之于众，暗示说将他解雇是为了取悦突发奇想的富有资本家们。关于比米斯一事的后续研究发现,哈珀的动机和行为往好处理解是被冲昏了头脑,往坏处理解则是别有用心。比米斯不仅要面对劳克林不加掩饰的敌意,而且几乎没有得到社会学系主任阿尔比恩·斯莫尔的任何同情,后者曾要求他在公众面前说话时缓和一下语气。请参阅玛丽·O. 费耶,《主张与客观性:美国社会科学职业化的一场危机,1865—1905》(列克星敦,肯塔基州,1975),第 177-182 页;以及克莱德·W. 巴罗,《大学与资本主义国家:企业自由主义和美国高等教育的重建,1894—1928》(麦迪逊,威斯康星州,1990),第 189-190 页;以及班尼斯特,《社会学和科学至上主义》,第 41-43 页。

350 关于一位名叫裴德的先生,霍尔斯特写道,"如果频繁地将高等学位授予以裴德先生的学术标准来衡量的学生,我们就无法以一个较高的水准来建立我们的声望"。霍尔斯特写给哈珀的信,1895 年 6 月 29 日,HJB 管理层,第 85 盒,文件夹 2。

351 霍尔斯特写给哈珀的信,1895 年 12 月 24 日。

352 詹姆斯·劳伦斯·劳克林,"冯·霍尔斯特教授的生活和性格",《芝大记录》8 (1903—1904):第 161-169 页,此处为第 161、167 页。

353 韦佛的教授交换项目最终将约翰·马修斯·曼利和艾伯特·迈克逊送去了哥廷根大学,将 J. 劳伦斯·劳克林送了柏林大学,并将赫尔曼·昂肯、海因里希·克拉艾格、恩斯特·达埃内尔和洛伦兹·莫斯巴赫交换到了芝大。这是一个显示平等和独立的信号,芝大如今能够将"自己的"高级讲座教授(德国学术界也是这样看他们的)送去欧洲了。芝大不再只能依附于德国文化;如今的它已经有了凭借自身能力可以展示的东西。关于这些交换的背景信息,请参阅伯恩哈德·沃姆·布洛克,"德国与美国的教授交流:第一次世界大战开始前的普鲁士科学政策、国际科学关系,以及德国的对外文化政策",《文化交流杂志》31 (1981):第 128-182 页。

354 "董事会会议纪要",1903 年 7 月 1 日;1904 年 2 月 28 日。

355 请参阅莫蒂默·钱伯斯,"'最杰出的在世历史学家,最后一个权威':美国的迈耶",威廉·M. 考尔德和亚历山大·德曼特编,《爱德华·迈耶:一个普通历史学家的生活和力量》(莱顿,1990),第 105-106 页。

356 威廉·雷尼·哈珀,"大学的功用",《芝大记录》8 (1903—1904):第 347 页。

357 哈珀写给托尔的信,1904 年 3 月 26 日,HJB 管理层,第 81 盒,文件夹 5。

358 《钱德勒回忆录》,1927 年 6 月 21 日,古德斯皮德的文件,第 4 盒,文件夹 12。

359 托斯丹·范伯伦,《美国的高等教育:关于商人管理大学的备忘录》(再版,新不伦瑞克,1993),第 173-197 页。范伯伦尚在芝大任教员时写了这本书的一个较短的初稿(他于 1906 年离开芝大),但是完成整部书时已经是 1916 年了,该书于 1918 年出版。范伯伦从来没有提及哈珀的名字,但是"博学的船长"(第 182、189-190 页)这个称谓很明显是为哈珀起的。记录范伯伦关于大学的观点的文献很多，请参阅托马斯·本德在以下著述中的独到见解：《才智与公共生活：美国知识分子社会历史论文集》（巴尔的摩，1993），第 65-66 页；大卫·里斯曼，《托斯丹·范伯伦：批判性解读》（纽约，1953），第 99-110 页；约翰·P. 迪金斯，《野性的吟游诗人：托斯丹·范伯伦和现代社会理论》（纽约，1978），第 172-185 页；以及理查德·泰希格拉贝尔对近来由约翰·霍普金斯大学出版社出版的一部新版范伯伦著作的精彩引介。

360 威廉·雷尼·哈珀，"大学商业的一面"，《高等教育趋势》，第 161-185 页；哈珀，"大学校长"，罗伯特·N. 蒙哥马利编，《威廉·雷尼·哈珀的纪念会，同贺穆斯静冈学院建院一百周年，信康科德，俄亥俄州，1937 年 10 月 21-22 日》（芝加哥，1938），第 24-34 页，此处为第 33 页。

361 G. 斯坦利·霍尔写给约翰·D. 洛克菲勒的信，1905 年 12 月 18 日，哈珀的文件，第 17 盒，文件夹 1。

362 帕克写给斯托尔的信，1953 年 11 月 3 日，斯托尔的文件，第 6 盒，文件夹 11。

363 哈珀写给科威尔的信，1899 年 2 月 8 日，哈珀的文件，第 4 盒，文件夹 22。

364 曼德维尔写给理查德·斯托尔的信，1953 年 11 月 12 日，斯托尔的文件，第 6 盒，文件夹 11。

365 请参阅麦克莱兰在《第一个世纪结束时的大学——洪堡迷思？》一书第 646 页的精彩评论。

366 比亚兹莱·鲁梅尔，"芝加哥大学计划"（鲁梅尔未曾完成的一部书稿中未发表过的片段），未注明日期（很可能是 1956 年），比亚兹莱·鲁梅尔的文件，第 1 盒，文件夹 1。

367 列维，"批判精神"，第 5 页。

368 盖茨写给古德斯皮德的信，1915 年 12 月 27 日，古德斯皮德的文件，第 1 盒，文件夹 21。

# 第3章
# 稳定与革新
（1906—1929）

## 均衡与紧缩的年代：
## 哈里·普拉特·贾德森（1906—1922）

哈里·普拉特·贾德森是芝大被人遗忘的校长之一。事实上，他担任校长16年，除了罗伯特·梅纳德·哈钦斯之外，他任职时间最长。贾德森生于1849年，上的是威廉姆斯学院，1870年获得学士学位，1883年获得硕士学位。在于1885年获得明尼苏达大学的历史学教职之前，他在纽约州的特洛伊当了15年教师和中学校长。贾德森没有显赫的"科学"背景——他没有博士学位——他一直对德国的学术传统和方法对美国学术造成的影响持怀疑态度。

哈珀于1892年将贾德森招募至芝大最初的教员队伍中，他既想将对方当作教师或学者，也想将他当作一名管理者来使用。贾德森担任了艺术学院、文学院和科学院院长，以及政治科学系主任，在许多方面，他成了哈珀的得力助手。贾德森的性格与哈珀的截然相反，他为人谨慎，说话言简意赅，性情恬淡。理查德·斯托尔后来在描述贾德森与其他教员的关系时称他"拘谨而自命清高"。1906年哈珀去世时，董事会任命贾德森为代校长，尽管当时一些教员表示反对——他们希望争取到阿尔比恩·斯莫尔这样更有名气的学者并在遴选的过程中承担更为重要的责任。1907年2月，董事会又任命贾德森为哈珀的正式接班人。[1]

### 贾德森的管理特点

贾德森作为校长的主要成就是力图消除哈珀在任时形成的结构性赤字，从而在其大部分任期内使芝大做到了收支平衡。贾德森在预算方面的严谨和财政方面的节俭使约翰·D. 洛克菲勒重拾了对芝大未来的信心，并于1906年至1909年间增加了一系列大额捐助；1910年12月13日，其最后一笔捐助数额高达1000万美元。洛克菲勒做出这笔捐赠是希望今后"由许多捐助者一起努力，而不是仅靠一个人的捐赠来支持和发展芝大"，他也叮嘱董事会"这个伟大的教育机构是人民的财产，应由人民来管控、引导和支持"[2]。宣布该笔捐赠的同一天，小约翰·D. 洛克菲勒和弗雷德里克·T. 盖茨辞去了芝大董事一职，从而为曾困扰哈珀的纽约和芝加哥两座城市间蹩脚的管理配置画上了句号。即便是在战争期间，芝大仍维持着收支平衡。贾德森对这一记录尤为自豪，他想当然地认为应当严格地将芝大当作一个企业来运营，在预算方面尽量不给院系什么优先权。[3] 贾德森的其他重要功绩还包括鼓励董事会于1912年2月建立了一个教员养老基金，在正教授、副教授和助理教授年满65岁或70岁退休之后，每年为他们提供（大约）从1000美元到3000美元不等的津贴。[4]

在教育政策方面，长期任校长一职的贾德森基本上维持了哈珀为芝大设计的现状，既没有增添什么新元素，也没有对哈珀所做的工作进行实质性的削减。但是两人之间的差别还是非常明显的。詹姆斯·H. 塔夫茨回忆说："如果哈珀听到了一个令他感兴趣的、值得一试的新想法，他的态度通常会是，'这个主意不错。我们试试看吧。钱的问题我来想办法。'而贾德森校长的反应则可能是：'如果资金允许，我们会考虑的。'"[5] 对于许多教员来说，这就意味着该校长不为他们的研究理想所动，并且他非常自信地认为，芝大已经建设得足够好了，他用不着担心院系的不足会带来什么威胁。[6]

教员们抱怨学校对研究的支持不足，董事会也听到了这些怨言，一位年轻的董事哈罗德·H. 斯威夫特于1915年为此起草了一份备忘录，称贾德森有些过分注重财政廉洁了："为了从化学系省出1500美元，（管理者们）挫伤了这个世界上（化学史上）最伟大的一位学者的心。"[7] 但是在当时，斯威夫特只是少数派的一员。由于哈珀挥霍无度，芝大董事会中的大多数人都想要去取悦身在纽约城的洛克菲勒团队,他们因此对贾德森的过度节俭十分满意,甚至感恩戴德。贾德森与哈珀一样倾向于专制和自上而下的管理模式,但是由于他既不够慷慨大度,也不及哈珀处事灵活,再加上作为学者没有很高的威望,他在资深教员中从来没有建立起过很高的信誉度,他的公信力反而因为他的紧缩政策而每况愈下。纽约方面可能高兴了,但是芝加哥却变得愈加焦躁不安。

贾德森是一位宪法历史学家,对国家历史和国际法感兴趣。他编著的关于现代欧洲和美国历史的教科书有着和谐的氛围,笔触小心谨慎,显示出对19世纪自由传统的支持;贾德森对这个世界的认知是谨慎乐观的。他认为19世纪是"人类成就的历史上最辉煌的世纪",这个世纪使得欧洲以"丰富的文明成果"充实了自己。但是贾德森同时也将欧洲看作一个被政治不信任撕裂和被危险的军备竞赛及"巨大的战争梦魇"困扰的大陆,面临着大规模社会主义化的危险。军国主义和社会主义这些恐慌使得自由欧洲的地平线上阴云密布。[8]贾德森虽然由衷赞美欧洲在19世纪所取得的文明成就,但他也深信美国已经成长为一股"强大的力量"和一个成熟的共和体制,在国际事务中的意见将变得举足轻重。[9]

尽管贾德森对俾斯麦显示出了同情并对德意志帝国的政治体制持有一种均衡的观点,但他私下里却为德国对羽翼未丰的美国大学产生的影响感到担忧。早在1891年,贾德森就表明了丹尼尔·迈耶称为"本土主义者"的态度,显示出了对德国事务的一种特殊的恐惧症。[10]如第2章所述,他固执地反对哈珀任命赫尔曼·冯·霍尔斯特为历史系第一位首席教授的决定。贾德森也不赞同霍尔斯特反对19世纪90年代末美国帝国主义的立场,称美国在世界上应发挥自己的作用。[11]具有讽刺意味的是,贾德森自己的温和帝国主义立场与1916年后他公开批评的德国对手的态度有许多相似之处。

作为一名坚定的共和党人,贾德森投票支持了威廉·霍华德·塔夫脱和查尔斯·埃文斯·休斯。他强烈地支持各个州的权利,反对联邦对教育的援助,反对国家的禁酒令。[12]贾德森还反对工会组织,对妇女选举权有着复杂的情绪,涉及与联邦政府的职责相关的问题,他是一名严谨的宪法解释者。[13]贾德森关于种族关系的观点同样迂腐,几乎与霍尔斯特的看法背道而驰,尽管就这一点而言,他也许比伍德罗·威尔逊还略强一点。历史学家威廉·多德在他的私人日记中提起有一次在贾德森的家中举行的一场晚宴时说:"晚餐过后,贾德森又开始大放厥词了,他之前就跟我提起过,说在老南方,要管理那些黑人并让他们干活,奴隶制就是唯一正确的方式。这话听起来就像一个在南北战争结束时效力于北方盟军而要消灭奴隶制的人发表了一番奇怪的言论!可这却是我在芝大遇见的许多人所持的观点。"[14] 如果贾德森认为一位教员有辱芝大的名誉,他也会无法容忍他们身上的毛病。1918 年社会学系的 W.I. 托马斯的突然辞职与他有直接关系,原因是他发现对方有婚外情;他(和其他的芝大管理者们)对托斯丹·范伯伦也出言不逊("范伯伦先生曾经是我们的一位教员,当他递交辞职报告时,我们十分愉快地接受了")。[15]

贾德森的朋友们和支持者们却是从更加积极的方面来看待他较为冷漠的个性的。詹姆斯·塔夫茨回忆时说他"爱思考、处事谨慎、很少冒险",而西奥多·索尔斯记忆中的他则是一个"亲切温和的人",能做出"可靠的实际判断……(其)个性毫无疑问非常保守。他喜欢确定的方法,不喜欢探索试验"[16]。贾德森属于老一代的美国教育和文化领导者,他们"是受到重重困扰的 19 世纪传统的守护者,尤其是文化的职业监护人"[17]。

## 芝大校园与第一次世界大战

随着 1917 年 4 月初对德宣战,全美的大学都被动员起来支持这场战争。而一些大学却被指责为不够爱国,尤其是威斯康星大学。芝大若要显示出不甘人后需要承担很大风险。哥伦比亚大学历史学家詹姆斯·肖特维尔甚至敦促各个大学都来汇总自己与战争捐助相关的材料,着眼于在公众舆论上占得上风并说服国会对高等教育捐助实行免税政策。[18]

1917 年 3 月中旬,在威尔逊的战争咨文发布几周之前,芝大几个自然科学系的 50 位成员签署了一份请愿书,建议董事会"一旦发生战争,将芝大的科学实验室和设备提供给联邦政府使用",并自愿协助政府参与和战事相关的活动。[19] 战争伊始,哈里·普拉特·贾德森就成了芝大参与战争的精神领袖和运筹领导。贾德森一生都对军事很感兴趣。1861 年的时候,他年龄太小无法参加内战,可后来还是想办法入了伍,成了北方盟军中的一名鼓手。南北战争对他而言是一段活生生的记忆，残酷、迷人而又富有传奇色彩，甚至影响了他对"一战"的看法。[20]还在纽约州北部教中学的时候，贾德森就曾在特洛伊县的公民团中效力，那是当地的一个民兵连，于1877年并入了纽约国民警卫队。他非常享受和连队的伙伴们一起操练和行军，也很喜欢志愿兵役所中产生的那种同志友情。在于1885年搬到明尼苏达波利斯成为明尼苏达大学的一名教授之前，他写过一篇颂扬他在纽约的民兵组织的文章，称："在文明社会光鲜的外表之下，总是涌动着混乱的野蛮元素。在标志着开明国家交往特色的威严礼仪后面，总是暗藏着嫉妒、猜忌和贪婪，可能随时会让相互对立的利益产生敌对冲突……即便是最初那个世纪中，我们民族生存的经验也已经告诉了我们维持尚武精神的绝对必要性，以及熟练地开展各种方式的军事行动的必要性。"[21]四年之后，贾德森发表了一篇关于罗马内战期间恺撒的军队的论文，其中他一方面承认"战争是野蛮的"，另一方面又补充说"人类历史的任何时代都存在战争。战争的历史便是人类思维的发展史"[22]。

乍看起来，贾德森对战争的积极投入似乎令人惊讶，因为众所周知他是一个小心谨慎的人。但事实是，他一直是好战分子中的一员，1917年之前，那些人希望发动战争，1917年之后，他们又迫不及待地开始全面调动学校的资源。"一战"将长期被哈珀的光芒掩盖的贾德森释放了出来，令他满怀热情地投入其中。1914年他早期关于那场战争的公开表态是谨慎中立的，但是私下里他的态度却是明显亲英的，并且支持军备改良。贾德森于1915年加入了战备国家安全联盟，并成为其芝加哥分处执行委员会的一名成员。[23]到了1916年11月美国总统大选之时，贾德森又公开反对伍德罗·威尔逊保持中立的呼吁。[24]他对德裔美国人所处的困境毫无同情之心。1917年3月，一位当地的德裔美国商人写信向他诉苦，称由于自己的种族背景而遭到了"轻视和排斥"，贾德森只是对他说："我们的同胞只要最终把美利坚合众国的利益放在世界上其他国家的利益之前，就不会有人遭到'轻视和排斥'。"[25]贾德森还强烈支持在和平时期实行普遍征兵制。1916年12月，他写信给哈佛历史学家艾伯特·布什内尔·哈特，称"出于国防的目的应该让全体国民接受军事训练"，"现代经验告诉我们，就国防而言，唯一恰当的形式就是对整个国家的人民进行正规训练，以便在发生紧急情况时能够迅速而有效地行动起来"[26]。

战争也使贾德森得以摆脱拘谨而节俭的持家人的形象，从而修补了他和那些资深教员们之间不稳定的关系。[27] 罗伯特·赫里克后来描述为"教员们对他们的校长怨声载道"的情形由于战争的存续而被压制住了。[28] 贾德森支持一切调动校园资源的努力，从鼓励学生志愿参加他于1916年年末新设立的军事科学课程，到为发行战争债券摇旗呐喊。他的秘书大卫·罗伯森骄傲地说，贾德森太喜欢训练了："从一开始他就对预备役军官训练营的成功有着浓厚的兴趣，为了训练他亲自跑去斯塔格体育场；在贝尔市长的召唤下……他准备自己接管训练营的训练。"[29]

1917年4月末，贾德森在曼德尔会堂一大群听众面前发表了他最著名的一篇战争演讲。这份文件后来作为芝大第一份战争咨文由芝加哥大学出版社出版，它是美国方面对1914年秋影响了德国、法国和英国学者的支持战争的声音作出的一个响应。[30] 贾德森的基本认识——德国是邪恶的；其政体由一些非民主的普鲁士元素所支配；德国蓄意挑起了这场战争；它对国际秩序是一个威胁；它应当得到严厉的惩罚——这些都与1914年英国在所谓的教授战争中的战争宣传如出一辙，也与1917年至1918年资深美国历史学家们出版的类似小册子的内容十分相像。[31] 芝大校园里的人们对此反应不一。即便是刻意保持中立的《放逐报》也表示反对贾德森要求"完全战胜这个日耳曼帝国"的带有威胁的腔调，称其超出了伍德罗·威尔逊的意图，也未能表达出威尔逊本人希望建立一个民主德国的想法。[32]

最为引人关注的莫过于贾德森不把自己当作一名普通公民来讲话，而是作为一个正式爱国团体的机构领导人来发表意见。芝大可以把自己的学生送去参军，其教员可以送去政府部门，它还可以作为一个中西部机构发出自己爱国宣传的声音，以此来反抗德国。芝大的确向4500名中西部地区小城市的教授和当地名人寄出了贾德森的报告，目的是"让那些有可能错失的人们得到权威信息所带来的最大利益"[33]。

作为一个公开的爱国者，贾德森策划了由芝大执行的最具党派性质的行动之一。1918年3月，董事会通过投票表决撤销了七年前授予原德国驻美国大使约翰·冯·伯恩斯托夫伯爵的名誉学位。贾德森敦促董事会采取该行动，称伯恩斯托夫的行为是"与和平和共和体制的秩序相违背的，也对美国作为一个中立国家的权利造成了伤害"[34]。贾德森暗指伯恩斯托夫在1917年2月到3月间发生的齐默尔曼电报事件中所起的作用。该事件涉及在德国恢复无限制潜艇战前夕其外交大臣亚瑟·齐默尔曼发给墨西哥总统贝努斯蒂亚诺·卡兰萨的一封秘密电报——在电报中，柏林方面为墨西哥提供了一个机会来收回其得克萨斯、亚利桑那和新墨西哥州的原先的领土，作为回报，墨西哥需要站在德国一边一起对付美国。齐默尔曼事件一直是现代情报史上最大的谜团之一，但是伯恩斯托夫本人事实上既反对他的政府重新使用无限制的潜艇战也反对齐默尔曼电报本身。[35]在得知芝大采取的行动之后，一位当地的牧师朋友祝贺贾德森采取了一个"很合时宜且爱国的"举动，暗示做出该决定的确是出于政治方面的考虑。[36]

除了在校内支持战争以外，贾德森还被任命为国家防御委员会劳动委员会委员，并担任了其他一些战时职位，包括在选征兵役制联邦特区委员会的芝加哥分机构任职，该职位几乎是一个全职工作。[37]1918年7月，他又远赴欧洲负责一项实情调查任务，目的是调查波斯内部及周边的社会状况，为以缓解中东战局为目标的更大的策略提供依据，为此，1918年芝大的夏季和秋季学期里他都不在学校。芝加哥许多杰出的教员争相效仿贾德森的例子，他们或是志愿承担或是欣然接受了一些特殊的战争工作，而贾德森的政策也确保了他们可以领到学校全额薪水。[38]到1918年1月时，已有70位教员在战争期间服役，其中有27位是正教授。[39]一些人通过申请去了部队工作，而其他未能在部队谋得职位的人则得到了在政府机构任职的机会。除了进入政府部门工作而离开芝大的那些教员外，其他许多人，尤其是科学院系的教员，还在实验室里承担了与战争相关的工作。[40]

人们对这场战争的态度并不一致，一些人积极踊跃，另一些则尖刻而沮丧。伊丽莎白·华莱士是一名法语副教授，也是一名热忱的亲法人士，她仍记得多数教员和董事对协约国事业投入的巨大热情。华莱士战时的几个月中有一部分时间是在法国度过的，她的工作是为洛克菲勒基金会赞助的一项任务担当翻译；返回校园后，她担任了学生战事活动委员会主席，帮助组织"女学生训练团"，该团体的宗旨是"组织、纪律和奉献"，以协助芝大"想方设法为赢得战争尽其职责"[41]。如果说这场战争对她而言是一项高贵的事业，那么另一位人文主义学者、英语教授罗伯特·洛维特则持有截然不同的观点。在洛维特看来，这场战争是歇斯底里和极端民族主义的表现，是对反战人士、出于良知而拒服兵役者，以及和平主义者公民自由的长期而可耻的侵犯，是一段让他的教员同事们因自己过分的党派愚忠而蒙羞的历史。1917年5月末，洛维特在于会堂大剧院中举行的一场和平集会上大声疾呼，要求美国为了达成和平协定弄清自己的参战意图，但他立刻被一片指责之声包围了，人们说他是一个失败主义者。[42]

卡罗尔·格鲁伯称，在1914年之前许多美国教授并不确信他们自身的职业角色有怎样的公民价值，那场战争为他们提供了有价值的参与公众服务工作的机会，从而帮助他们补偿了这样的感觉。[43]像他的朋友英语教授洛维特一样，罗伯特·赫里克于1926年也出版了一本自传体小说《钟声》，描述了教员们全神贯注于战争的种种情形——他们似乎是在兴奋地利用这件事来逃避自己单调的日常生活。[44]一些教员善于做带着强烈复仇情绪的爱国宣传。阿尔比恩·斯莫尔发表了一篇演说《美国和世界的危机》，言辞激烈地抨击了德国与其政治文化。[45]斯莫尔认为德国在行使国家权力时崇尚的是军国主义身份和"强权即公理"的信条，这是一个民族和公民文化都已经失去理智的国家。"除非德国人放弃这种军国主义身份和它所强加给别国的信条，"他说，"否则与德国和平相处会让我们的民族在道德上变得丑陋可怕。"这场战争是为了正义，为了保护这个世界免受"曾经威胁过人类文明的最穷凶极恶的异端的侵害：没有上帝，只有强权，普鲁士便是其先知"。古典学者保罗·肖里也于1917年5月初加入了这场是非曲直的争论，他给非战主义者带来了一个令人不安的警示。"德国已经在酝酿下一场战争了，"他说，"谈判得来的和平只不过是一个停战协定而已，无论让她以任何借口控制了中欧，她会借此休养生息，时机更为合适之时再卷土重来。这个结果是受德国宣传机器欺骗的那些非战主义者们拒绝面对的。"[46]

与教员的高度参与形成鲜明对照的是，芝大学生生活的氛围并没有发生多少明显的变化。战争给学生们带来的影响远远不及贾德森希望达到的程度。虽然关于参军入伍的信息较为散乱且有失确切，但是从入学登记处的招生数据还是可以看出，1917 年春到 1918 年春被招入学校艺术与科学院系的男性本科生和研究生的数量下滑非常明显，但在开战后的一年时间里，仍有大量男学生进入芝大学习，而女性入学者的数量保持着相对平稳的态势。[47]

学生对战争的反应不一。至 1917 年 5 月中旬，有 100 多名兄弟会成员加入了位于福特·谢里登或其他服役地点的军事训练营。[48]至 1917 年 10 月，有 225 名兄弟会成员穿上了军装，占上一年学校里兄弟会 409 名成员的 55%。[49]1917 年 5 月在芝大校园成立的第一届预备军官训练团（ROTC）的学生军官中的大多数人也来自兄弟会（36 名学生军官中有 25 人是兄弟会成员）。[50]但多数男学生仍然不愿意参加这场爱国军事运动，这反映出学生对于战争的态度往往和教员的态度大相径庭。作为一个学生团体的本科生委员会曾向学生发放过卡片，调查他们对参加军训的兴趣，《放逐报》报道说"上面的许多问题都空着没有回答，一些卡片发出去就再也没了踪影"[51]。此外，该报纸还长篇累牍地抱怨了男生们不愿意参与课外军训的窘况。1917 年 5 月，在 1250 名符合参加该军训条件的男学生中，有 700 人从未露过面。[52]校园ROTC项目的参与情况也同样不尽人意。至 1917 年 10 月，注册参加ROTC的学生只有 130 人，一名学生军官对此发牢骚说"考勤人数跟我希望看到的差很多，尤其是考虑到我们是在战争时期"[53]。1917 年 12 月，詹姆斯·林主任公开责备男学生逃避参加军训，认为这种情况说明"大多数男性本科生对战争形势的严峻缺乏重视"[54]。1918 年 2 月，《放逐报》再次批评只有"非常少数的男学生"参与了军事科学课程。[55]至 1918 年 4 月，这种情形并未好转——在 1500 名符合条件的男学生当中，只有 187 人参加了这样的课程；6 月初，《放逐报》称"无论从任何方面来看，都看不出战争对本科生群体造成了深刻影响"[56]。1918 年年末，在停战协定签署之后，芝大副校长詹姆斯·安吉尔向芝大董事会承认，芝大建立学生志愿军事训练项目的努力并未取得成功。[57]

尽管《放逐报》的编辑们信心满满地认为战争会改变校园的氛围，

让学生们对他们的学业更加严肃认真,校园里的社交活动却仍然丰富多彩;据报道,1918年里高年级学生的活动安排是"史上最具活力的"[58]。事实上,这一年中校方的许多举动都出现了失误,包括对学生意见做出的武断评价。1918年年度春季舞会的组织者们通过表决取消了该年的活动——尽管大部分学生反对取消舞会——目的是为了"让大多数学生警醒协约国与同盟国之间正在进行一场殊死决斗"。之后,大一新生班级里的一些人着手在巴特利特体育馆里组织了一场不那么正式的舞会,对所有学生开放,实际上是把春季舞会换了个名头继续举行。[59]为了省钱,黑衣修士戏剧演出、兄弟会之间的保龄球赛、篮球赛和网球赛被取消了,但是对于大部分学生而言,他们基本的生活节奏并没有被打乱,仍然很稳定。[60]

这些证据令人印象深刻,它们表明学生们对于战争的态度远远没有芝大主战的那些教员们愿意承认的那么积极主动。芝大绝大部分本科生来自芝加哥,这座大都市拥有大批德国人、奥地利人、斯堪的纳维亚人和爱尔兰人,如此一来,他们中的许多人对这场战争抱有十分矛盾和复杂的情绪也就完全不足为奇了。[61]

少数学生还公然进行了反叛。埃瓦尔德·皮奇是芝大中世纪西班牙文学教授卡尔·皮奇的儿子,按种族划分他是德国人,他反对美国参加这场战争。1917年10月末,皮奇跟自己在贝塔·西塔·派(Beta Theta Pi)兄弟会的两个兄弟发生了激烈的争执,他对他们说:"如果有机会,我会在校长背后插上一刀。"于是他被逮捕了,并被罚款500美元。[62] 1917年4月中旬,有人勇敢地给《放逐报》写信,指责一些支持普遍征兵制的"有权力和影响力的少数派"实行的"暴徒策略",称他们"坚持让我们摒弃所有的个人判断和信念,他们把一些东西视作这个国家的利益,为此产生出一些见解和判断,并把它们当作是必需的且认定是优越的,还让我们把这一切当作法律和真理来接受"[63]。这位学生称之为"最糟糕的普鲁士主义"。

《放逐报》1917年12月的一篇社论暗示了芝大学生中存在有非战主义者的事实,评论说一些学生"一方面感觉到了自己的责任,另一方面也感觉到太多人正在流血牺牲,太多的贫困正在产生,世界上的人们正在遭受太多的苦难，他们无法调和这两种情绪"[64]。我们对这些非战主义者知之甚少，可其中一位年轻领袖路易斯·沃思在1916年至1919年间是本科生院的一名学生，后来成为社会学系的一名教员骨干和一位著名的都市社会学专家。[65]沃思是"世界俱乐部"当地分社团的一位领导者，该团1909年成立于校园内，大约有30名外国学生成员；沃思利用1919年该俱乐部召开的一次会议谴责了《凡尔赛和约》，称其为"外交家们用双手和大脑设计出来的最无耻的公文"，是一笔"血债"[66]。一位做《新约》研究的助理教授和俱乐部的教员顾问弗雷德·梅里菲尔德向哈里·普拉特·贾德森告发了沃思，指责他是一个"机灵的演说者，但是冷酷而放肆"，反对所有已成立的政府，并且"支持革命"[67]。贾德森就此做出了一个惊人的举动，他召集艺术与科学的正教授们召开了一个紧急会议来讨论芝大是否应该扣留沃思和另一名学生激进分子以法莲·戈特利布的学士学位——此举相当于将二人开除出去。[68]贾德森想把沃思开除，但是费迪南德·谢维尔和阿尔比恩·斯莫尔替沃思做了辩护。[69]教师联名否决了贾德森的想法。罗伯特·洛维特后来回忆道："大家一致告诉校长……如果必须赞同《(凡尔赛)和约》才能取得学位，在入学条件中就应当加以说明。"[70]

　　一个戏剧性的变化正在酝酿之中，如果它能一直持续下去的话，将会从根本上改变芝大的学生文化。1918年春末，陆军部宣布建立一个新的针对校园的军事训练项目，名为"学生军训练团"（SATC）。该训练团是一个进驻大学校园的训练项目，由军队操办并负担费用，是一个大计划的组成部分——该计划预期在1919年6月前训练出10万名新军官。加入SATC的学生将居住在大学宿舍（斯内尔、希区柯克和盖茨-布莱克几幢楼）以及在斯塔格体育场看台下面特意搭建的兵营里。芝大为这些改建工作花费了5万美元，目标是为1500名学生士兵提供住宿。同时，芝大还宣布该军事训练项目将征用十个联谊会会堂。[71]芝大基本上变成了一座大军营，由17名军官指挥并训练学生。学生们将遵守仿效部队营地的制度编排的军训纪律，排着队吃他们的"军餐"并承担警卫任务。[72]鉴于SATC是一个全国性的军训项目，除了常规录取的学生以外，各个大学必须对它们各自的区域敞开大门，并对欲申请的学生进行扩招。据登记处的资料显示，芝大共有1007名学生参加了SATC项目。[73]这些学生中有几百人并非常规招收的学生，而是通过在芝加哥报纸上刊登的在9月末招收18岁及以上高中毕业生及其他人进入学校的公共广告而被录取进来的。[74]这个群体的退学率较高，冬季学期返回学校上课的人寥寥无几，因为他们缺乏参与正常本科生课程学习的理论基础。[75]

副校长和教务主任詹姆斯·安吉尔在公开场合表示欢迎SATC项目，说它会将"一所平静的芝大变成了一座军营"而在"未来的几个世纪里"被人们铭记。[76]而在私下里，他承认，这个项目会让校园分裂为两个阵营——一边是服军役的人，另一边是"女学生和身体上有缺陷的男性，或者由于其他原因推迟入伍的人"，并且会导致"我们原有的课程和我们的教学方法被完全打乱重排，我们的教学力量也不得不重新分配"[77]。教员们对SATC项目的体验也不怎么令人满意。1918年秋，在向塞缪尔·N. 哈珀简要报告SATC的历史"战争目标"课程所要求的讲座类型时，历史系首席教授安德鲁·麦克劳克林小心地提醒道："请记住，这些讲座必须讲得非常简单，速度要放得很慢，条理要完全清楚……这种讲座某种程度上要做得比一所普通学院的课程还要简单。您必须了解，许多学生连彼得大帝和帖木儿大帝都分不清楚。"[78]詹姆斯·安吉尔评论说，教员们一直在努力配合，但最终还是表示反对："这个项目的特点令人难以忍受，加上许多年轻军官毫无同情心可言，使得教员们越来越不满——那些军官中有许多人太过年轻，没有社会经验，并且缺乏教养。"[79]

1918年年末，战后是否仍然延续战时的ROTC项目这个问题摆在了董事会面前，贾德森坚定地支持这个提议，而多数教员——即便是1917年那些爱国的支持者们——则"旗帜鲜明地反对"在和平时期延续这一项目。[80]贾德森一意孤行，在军事科学系的支持下建立了一支ROTC野战炮兵部队，该部队（1930年后）被安置在物理科学部之下进行管理。ROTC部队在1936年之前一直留在芝加哥大学，而就在这一年，美国陆军部将其转给了密歇根州立大学。[81]早在1924年到1925年，ROTC项目的领导人就曾抱怨过，"就军事系在芝大是否有地位这个问题，该校的态度一直暧昧且优柔寡断"，他们还抱怨"多数教员没有提供积极的支持"[82]。贾德森的继任者欧内斯特·德威特·伯顿对校园里存在一支军事科学部队心情很矛盾，但他没有立即做出决断。ROTC项目在校园里最后几年的日子并不好过，入学人数不断下降，设施日渐不足，在后续领导哈钦斯的管理下，芝大的高层官员们对其也越来越不重视；哈钦斯甚至鼓励学生们去选修许多其他的课程，而不鼓励他们去上军事科学课。[83]

## 大战余波

突然签订的停战协定加上学生军训练团的惨败使校园避免了完全军事化，不到六个月校园便开始恢复常态。但是无论对于芝大还是哈里·普拉特·贾德森而言，战争的确造成了深远的影响。之前的学生们嚷嚷着要求恢复芝大的学位课程，新学生则在努力进入各个学院和研究生院，令1918—1919学年及之后的录取人数得以增加。1913年至1914年间，芝大有1766名文科和理科本科生，而到了1918年至1919年，该数字已经增加至1996人，到了1919年至1920年则增加至2382人。1929年至1930年间，本科生人数已增加至2970人，比战前水平增加了近70%。研究生录取人数的增长也同样强劲，从1913年至1914年的500人到1919年至1920年的696人再到1929年至1930年的1513人。[84]这些学生中有许多人是通过1918年的一笔150万美元的奖学金捐款得到资助的，出资人是拉维恩·诺伊斯，其明确的目的是援助那些参加过"一战"的退伍军人或其家眷。在董事会接受该笔捐赠之后，芝大立刻向全体服役学生发放了表格，动员他们申请奖学金。到1921年时，共有525名学生接受了诺伊斯奖学金，其中有316名本科生和209名研究生和职业学校学生。创立这些奖学金之后不到三年，芝大也能够向父亲曾参战的女学生授予奖学金了。[85]

对于一些教员来说，战争是他们个人生涯中最令人兴奋的时光，战争结束了，恢复常态的生活令他们感到失落。[86]但是其他从战时服役归来的人却有着更为重要的目标，他们迫不及待地要在各自的学术领域中再做出一番事业来。如果不谈战争所释放出来的高期望值，就无法解释芝大于20世纪20年代和30年代间在许多学术领域所取得的非凡的国家级成果。巴里·卡尔曾中肯地说，查尔斯·梅里安姆的战争经历深刻地影响了他的学术和个人感知力，在这个方面梅里安姆并非特例。[87]1916年

6月由前芝大教员乔治·E.黑尔创立领导的全国科学研究委员会（NRC）将科学与国家政府间合作的威力展现得淋漓尽致，它也预示了当大学、大基金会和大企业精诚合作之时，有可能取得多么惊人的成就。[88] 在1919年9月为《科学》杂志撰写文章时，罗伯特·密立根曾在战时作为一名高级官员供职于NRC，他说："这是这个世界有史以来第一次被战争唤醒，意识到科学的威力有多大。"密立根认为，美国科学家就要实现突破了，人们看到了希望，因为学校里的人们的科学素养正在加强，搞研究的科学家们通过不懈的努力与合作取得了丰硕的成果，"他们之间开展合作研究的可能性也大大加强了"。密立根殷切希望将美国建成"一个世界的科学生活与发展中心"，这就需要建立一系列伟大的自然科学研究机构，它们将隶属于高校，但主要的研究人员必须从平凡的教学任务中解脱出来。[89]

迫于密立根和其他一流科学家，如朱利叶斯·斯蒂格利茨、阿尔伯特·迈克逊和E.H.摩尔等人在芝大内部为科学研究建立新机构的压力，哈里·普拉特·贾德森于1920年宣布创建四个新的研究机构"以致力于该研究及纯科学方面的训练，从而立即承担起将科学应用于各行业的责任"[90]。虽然明确表态要支持这些机构的想法，贾德森却并未提供资助，他接下来的不作为似乎意味深长，不久便让资深教员们有了挫败感。由于贾德森一直犹豫着不去匹配新的加州理工学院为支持罗伯特·密立根的研究而提供的资金，密立根1921年6月从芝大辞职去了对方的学校，这似乎成了一种不祥之兆。[91]

一些身为教师的研究人员要求学校支持新的研究和教育举措，然而，胆小又偏爱算计的领导者们的漠视令他们感到心灰意冷；恰逢此时，战后局势中财政和人口方面的种种压力开始浮现出来。战争导致的通货膨胀使得学费的真实价值大大缩水，尽管校园里的学生越来越多；同时，芝大也面临着来自其他高校的竞争，因为战前它在提供给资深教员的薪水方面所具有的压倒性优势已经迅速被其他大学夺去了。到了1923年，按照付给正教授的薪水的平均值来计算，芝大已经被哈佛大学和哥伦比亚大学远远地甩在了后面。[92] 1922年12月，斯威夫特向他的董事同僚们抱怨道："芝大在过去的十年间走的是下坡路。"他尤其指出，正是贾德森所营造的这种"虚假的安全感"使得教员们的薪水变得毫无竞争力：

"我们留不住自己的人才。他们中有的人去世了,造成青黄不接,有的人则被放走去了别的机构,他们的位置只能由廉价的人来充任……芝大的投资不足让人感到难过,我们需要大笔的资金,至少先让自己站稳脚跟,才能继续履行我们当前的责任。"[93] 招生人数的激增、教员们对更复杂的研究抱有的愈加强烈的职业期盼,以及他们对管理层吝啬的管理方式感到的不满,这一切都在呼唤一位更为有力、更有创造性的校长来领导,贾德森难以达到这样的要求,这原本是再明显不过的事情。1917 年,贾德森全神贯注于征兵局的事务,在长达五个月的时间里忽略了自己大学的工作,教员们对他没有采取果断行动怨声载道。[94] 1919 年年初贾德森从代表美国—波斯救济委员会去中东出差的行程中回来时,感到心力交瘁,但仍然拒绝退休。芝大的政策要求在年满 70 岁时必须退休,然而当贾德森 1919 年达到这个年龄界限时,他竟设法从董事会获得了特批而得以继续留任。在芝大举行纪念"一战"的活动方面,贾德森也同样行动迟缓,犹豫着一直不去制订纪念战争中牺牲的学生和校友的计划,也未能拿定主意应该举办什么形式的纪念活动。[95] 直到 1938 年,在停战协定签订 20 周年之际,一座正式的纪念芝大阵亡军人的纪念碑才在洛克菲勒教堂竖立起来。[96]

贾德森离任之时已经成了一位不受欢迎的客人。他曾经热烈支持的战争却制造出种种境况,让他的离开看上去像是一种缓慢的政治死亡。许多年后,哈罗德·斯威夫特回忆道:"贾德森的领导在结束之前就已经开始枯朽了。"贾德森不顾自己的"疲惫和衰老",希望自己和前任校长的任期一样长,而董事会也默认,"要感激贾德森在哈珀创建的杰出的上层建筑之下,为其夯实了一个稳固的根基"。相比起来,贾德森的继任者欧内斯特·德威特·伯顿似乎对担任校长一职需要做出怎样的努力有着"令人吃惊的意识":"和贾德森一样,伯顿在芝大开创之时就一直在这里。他是一位伟大的学者,有着学者的见解,了解芝大的学者们在那五年之中(指从 1918 年开始)所遭遇的一切。因此,他对教员们重回真正的研究和学术轨道充满热情。"[97]

贾德森于 1927 年去世。一些老友悼念了他。但在芝大校园里,他是一个被人遗忘了的人物。[98]

# 复兴年代：欧内斯特·德威特·伯顿
## （1922—1925）

　　1922 年，斯威夫特在董事会内部纠集了一个小帮派，坚持要让贾德森退隐。[99] 但是，董事会等待得过久，已经错失了让詹姆斯·R. 安吉尔当上校长的良机。作为一名杰出的功能心理学家和一个有抱负的教务主任，安吉尔在战争期间当了几个月的代理校长，他有意这份工作，并且在资深教员们中间也很有人气。[100] 然而，贾德森视安吉尔为自己的竞争对手，并且憎恨对方充满活力的管理实践扰乱了他自己的处事方式——斯威夫特讽刺它为"息事宁人"[101]。面对毫不让步的贾德森和在继任问题上不作为的董事会，再加上他本人不是浸信会教徒这个更加糟糕的因素，安吉尔于 1920 年年末离开芝大，前往卡耐基公司任董事长（他很快便于 1921 年调任耶鲁大学校长）。[102] 由于缺少了像安吉尔这样能够服众的候选人，董事会不得不把寻觅的眼界放得更开一些。欧内斯特·德威特·伯顿是哈珀的一位挚友，也是一名受到广泛尊敬的资深学者；1922 年 4 月，董事会请他在当地同行中帮忙物色合适的继任者。伯顿在纽约城和新英格兰地区秘密地拜访了一些可能的人选，但他带回来的反馈都是不那么热切的回应。斯威夫特还灵活主动地变换方式，询问了一些教员领袖的意见，尽管这么做已经迟了，对结果并没有什么实质性改变。董事会直接向洛克菲勒基金会董事雷蒙德·B. 福斯迪克和达特茅斯学院校长欧内斯特·M. 霍普金斯抛出了橄榄枝，但是这两个人都回绝了这份邀请。到了 1922 年年底，哈罗德·斯威夫特和马丁·赖尔森请伯顿接替贾德森，并于 1923 年 1 月中旬为他提供了这个职位。[103] 开始的时候，董事会选举伯顿作为代理校长，但是不出六个月的时间，他们便认定他是哈珀的一个很称职的继任者，于是把伯顿头衔中那个"代"字去掉了。

## 1923 年的芝大：伯顿掌权

　　欧内斯特·德威特·伯顿收到赖尔森和斯威夫特的召唤时已经 66 岁了，他很自然地感到自己的职业生涯已经快要走到尽头了。在其个人通信中，伯顿承认，鉴于他的年纪，他的校长任期可能会较短，但他仍然以一种福音派教徒的精神接受了这份新工作,这种精神自19世纪80年代起就定义了他的职业。[104] 伯顿非常忠诚地拥护哈珀对早期芝大的愿景,但他也意识到,1918年以后的芝大面临着新的令人惊异的社会和政治现实,不仅仅是招生人数的增加和教员们对于抱负和权力更加强烈的渴望——他们的这种意识已经超出了贾德森愿意支持的界限,还在于顶尖美国大学之间人才和资源的精英竞争体制日渐成熟,这也令贾德森那种闲散的治理风格变得难以维系。

伯顿的基本贡献在于,他了解芝大的本科生教育与其科研能力和资质需要的不仅仅是资金,而是新的战略领导和新的结构性方法。非常了解伯顿的亚伯拉罕·弗莱克斯纳后来评述道,在伯顿掌舵之下,"一片沸沸扬扬的景象。我还从没有遇见过任何一个人能如此迅速地切中事情的要害,也没有谁能如此果敢地做出决断,并将其付诸行动"[105]。进入20世纪50年代以后,伯顿的行动主义给了解他的教员们留下了鲜明的印象。如杰出的政治学者伦纳德·怀特回忆时所言:"那个时候他传递给芝大各个部门的活力和积极向上的精神让这里的所有人记忆犹新。"[106] 到了1968年,爱德华·列维更评论说:"就作为校长而言,我想伯顿是一个伟大的领导者。"[107]

伯顿是一位杰出的《新约》学者,也是哈珀1892年的第一批委任者之一。他是一名浸信会传教士的儿子,与哈珀同岁,于1856年出生在俄亥俄州的格兰维尔——离哈珀的出生地也仅隔50英里。[108] 伯顿的本科生学习是在格兰维尔当地的浸信会学校丹尼森大学完成的,之后他在卡拉马祖学院和俄亥俄州的诺伍德学校教了七年的古希腊语。1879年,他转到了位于罗切斯特的神学院开展研究生工作。1883年到1892年间,他起初在罗切斯特,后在波士顿附近的一所浸信会学校牛顿神学院教授《新约》希腊文。1887年,伯顿获得了一年的教师假期,他去欧洲访问了莱比锡大学以获得《圣经》研究方面的进阶教育,那个时候的美国年轻人要谋求与现代科学相关的职业就必须获得在德国留学的资历。

伯顿于1883年被任命为一名浸信会牧师。他满怀热忱地过着一种传教士的生活,把传教当作自己的职责,尽管他明白这种十分耗费体力的生活并不适合他。伯顿对传教工作的关注一直是他职业生涯中的主基调,因此他支持了由威廉·麦吉本发起的一项计划。麦吉本是当时住在芝加哥的一位前浸信会传教士，1904年他提出了在神学院的监督之下去中国建立一所芝加哥大学分校的想法。为了研究这个想法的可行性，1908年7月他同意主持一个由约翰·D.洛克菲勒赞助的委员会研究在东亚建立新的基督教高等教育机构的可能性；1921年8月，他带领另一个委员会去了中国。[109]伯顿还担任了美北浸信会差会委员会的主席，并在自己任芝大校长期间全力支持国内外的传教活动。

哈珀第一次遇到伯顿是在1882年，当时他邀请后者加入摩根公园神学院的夏季希伯来课程；但两人进一步接触是在1886年之后了，那时哈珀和伯顿分别在耶鲁大学和牛顿神学院教书。哈珀邀请伯顿为他的夏季学校课程编写一本古希腊语的教科书，伯顿虽然接受了这个任务，但是由于身体欠佳没有能够完成。两人间就《新约》研究的新趋势问题有过诸多交流，因为这是伯顿的主要学术领域，也是哈珀的兴趣之一。伯顿在学术方面的睿智和个人魅力给哈珀留下了深刻印象，1891年12月哈珀聘请他来建立和领导自己刚刚创立的大学中《新约》和早期基督教文学系。伯顿起初并没有被哈珀的邀请打动，但是当哈珀做出保证可以给他实质性的财政资助时，他还是同意了。

伯顿是一个自由派新教徒，对于《新约》的史实性有着先进的思想，在接受《圣经》学术研究的新趋势方面他甚至比哈珀还要大胆果断。[110]他从1920年开始对《加拉太书》进行了大量卓著的研究，显示出了一名高级学者深厚的修为，同时，他的博学多识也使得他在芝大的资深教员当中确立了自己的专业正统性。这本书还透露出伯顿对圣保罗深深的敬佩，认为他不仅是一名非凡的传教士，还是一个"威严的人物"，力图使"宗教变为个人事务而不是神职事务，并使道德变成一种植根于宗教的社会关系"[111]。与此同时，伯顿有着非凡的人际交往能力，能够与浸信会机构中那些与他持有不同神学观点的保守派领导人和平共处。

伯顿凭借着自己高效的机构领导能力成为哈珀所委任的最成功的管理人员之一。不久，神学院便不足以施展他在行政管理方面的才能了。1902年6月，哈珀请伯顿担任图书馆政策联合委员会主任一职，为芝大未来的一座图书馆以及其他几幢位于中央庭院南端的校园建筑规划设计和选址——这些建筑将成为该图书馆楼群的一部分，它们沿59街而建，归属于社会学系、古典学系等不同院系，基本符合伯顿1902年8月所作的规划。伯顿还承担了领导1906年至1910年间威廉·雷尼·哈珀纪念图书馆的新建规划任务，该图书馆是用教员、校友和市民的捐赠以及约翰·D.洛克菲勒的一大笔出资（最终支付金额占所有筹集资金100万美元的三分之二）兴建起来的。伯顿在这些复杂的政治工作中所展现出来的游刃有余的领导才能非常卓越，他也因此于1910年受邀担任另外一个职位——大学图书馆主管。任人唯贤的用人策略加上卓有成效的院系规划让伯顿成为芝大现代图书馆系统的创始人。同样重要的是，伯顿用自己耐心而果敢的领导人形象赢得了那些经常喋喋不休的资深教员们的尊敬，他懂得欣赏这些人的学术价值，但在涉及高级行政管理的事务时，他又懂得如何调兵遣将。

伯顿刚任校长之时，面对的是一群牢骚不断的资深教员，他们中的许多人都感到芝大的领导层失去了方向。不仅因为贾德森的财政紧缩政策导致了重要教员的离职，资深教员们还感到贾德森校长任期的最后几年是知识领域停滞不前的时期，当时东部的顶尖大学很舍得为资深教员们花钱，这一点已经超过了芝大。据一家外部咨询公司——约翰·普莱斯·琼斯公司——于1924年的报道评述："未给教员增加薪水，未应对好攀升的生活成本和来自其他高校的竞争，加之未采用可与之前教员相提并论的新人来填补空缺，自然严重打击了教师队伍的士气和威望。"[112]伯顿力图转变芝大的作风，他的做法是，除了洛克菲勒慈善机构之外，吸引更为广泛的捐赠者来支持芝大，然后再用这种吸引力激励教员们去承担更为进取的新学术项目。他的目的是要营造一个鼓励"深刻、准确、知识增长和性格发展"的校园环境，反对"浅薄、停滞和没有高远生活理想"的工作。伯顿意识到他必须迅速行动起来以恢复向前发展的势头，而唯一可行的方法就是募集到充裕的资源以任命新教员，增加薪水，并建造新的研究和教学大楼。[113]正如他1924年对马丁·赖尔森所说，芝大需要的"不是一点一点缓慢地朝前走，而是大步地向前跨越"[114]。

在伯顿被任命为校长之前不到九个月，芝大发生过另一起权力交接，哈罗德·H.斯威夫特于1922年6月接替马丁·A.赖尔森成为董事会主席，并在1949年之前一直担任该职。作为本科生院的一名校友（1907

级)和一位年轻而著名的民间领袖,斯威夫特于1914年入选董事会。他为人果敢,性情理智而务实,社会关系广泛。作为斯威夫特公司管理层的一名高级成员(1918年成为董事长和副总裁,1937年成为董事会副主席),斯威夫特用大笔的个人财富来满足自己的乐善好施。他是一名卫理公会派教徒,因此和赖尔森一样,他与该机构名义上的浸信会特性存在分歧,这就使得学校的非宗派主义和学术世俗化有了另一层保证。斯威夫特在自己的职业生涯和个人生活中始终热爱着芝大。他对贾德森难掩疑虑,却认为伯顿是一个魅力十足而勤奋投入的领导者。斯威夫特担任董事会主席期间还有另外一个事实值得注意,那就是他大笔捐赠芝大的慷慨之举通常得不到董事同僚们的响应;20世纪30年代,随着董事会的一些主要成员主动表现出对罗伯特·哈钦斯的嫌恶,这种状况加剧了。

### 伯顿的"学院梦想"

欧内斯特·伯顿任校长期间在策略上做了三方面的重要工作,这些工作足以将他和哈珀与贾德森区分开来:从根本上重新思考芝大本科生教育的作用;为一流的科学家和学者们建立一个更加富有竞争性和弹性的研究环境;增强从这座城市中和校友那里筹资和发展的能力,从而使芝大摆脱对洛克菲勒的依赖。伯顿对学院问题尤其感兴趣,因为他是一个19世纪晚期的自由主义者,坚信知识和文化是一体的,同时坚信大学的中心职责是令青年男女获得力量以创造出全体人民都可以享用的更加进步的文化。由于伯顿认为知识和文化是统一的,自然不赞同芝大应漠视或缩减本科生教育的观点。正如1924年6月他自己所言:"要达到目标,对我们的年轻人的教育就必须极大地超越知识的传授和获取……一些青年才俊懂得在知识中加入一些可称之为文化的东西,在文化中融入崇高的理想和坚强的品质,学院自身必须关注他们个性的发展。"[115]

伯顿关于本科生教育的观点引发了一场与那些希望边缘化芝大本科生的人之间的论战。该观点的主要支持者不是别人,正是哈里·普拉特·贾德森。1923年1月,贾德森与哈罗德·H.斯威夫特通了最后几封信,在其中一封里他断言:"在我看来,芝大已经走到了一个岔路口。它要么成为一所最高意义上的重要大学,重点是研究生工作和研究生专业工作，要么成为一所基础学院，把高等研究作为附加工作。"贾德森直言不讳地说出了自己的立场："我自己的看法是应该把'大学'的观点放在首要位置；坦诚地承认'本科生院'重要性次之。""在不久的将来，芝大会限制它所接收的来自学院的学生的数量。"贾德森用这样的要求为自己的谢幕演讲画上了句号。[116]贾德森对本科生教育的矛盾情结与"一战"造成的紧张局势有着莫大的关系。1918年之后，学生们蜂拥回到芝大，其中有本科生也有研究生，这给教师队伍和学校设施带来了极大的压力，并且致使高级教员产生了不满情绪，甚至还引发了限制甚至取消一、二年级本科生课程的运动。1922年12月，就在贾德森离任之前，芝大评议会研究委员会的一篇报道敦促芝大将研究生教育和研究作为最重要的责任，并且应该限制其所录取的本科生的数量，因为"那些州立大学有能力并有义务为如此众多的学院学生提供教育"[117]。1922年12月8日，评议会中的正教授们一致通过了这些建议，一时间当地媒体发出的关于芝大的负面新闻层出不穷，报道语出惊人，说芝大意图变成一所"高高在上的"研究生学校，并且要废止大学间的竞技活动。[118] 1923年，艺术与科学课程委员会请历史系的教员展望一下本科生教育未来的架构，教员们选择的第一要务是"取消'预科学院'；可以通过渐进的方式，先从取消一年级开始，一段时间之后，如果证明这样做合适，再废除二年级课程，或者一次性革除整个'预科学院'"[119]。

　　伯顿意识到，从财务方面考虑，这样的言论过于天真，因为他们没有意识到教员们的薪水和研究很大程度上是由本科生的学费提供支持的。这样做也会断绝芝大校友们对未来发展的支持——伯顿尤为感兴趣的就是这个群体。[120] 1923年年初上任伊始，伯顿就采取了与贾德森截然不同的策略，加大了对本科生院教学以及学生校舍和生活的支持力度。数十年前伯顿就曾设想芝大要建成怎样的校园环境，在这些想法的基础上，他于1923年提出"将所有的本科生工作搬迁到'大道乐园'以南，在那里建几个本科生学院，集合威廉姆斯学院 i 或贝列尔学院 ii 的优势，并发挥

---

i　享誉美国乃至世界的顶级文理学院，位于美国马萨诸塞州。
ii　牛津大学最著名、最古老的学院之一。

一所杰出大学开展高水平研究和专业研究的所有优势"[121]。一年之后,伯顿坚持要求斯威夫特把在南校园建一所新本科生院教学大楼的工作当作重中之重,因为它会"成为芝大各方面的一个聚焦点和产生号召力的中心"[122]。在接下来的两年里,伯顿不断地提出其他要求优先考虑的事情,比如他力图去资助一个新的医学中心,力图去偿付教员们不断增长的薪水,但是他对芝大本科生教育进行大规模投入的决心却一直未变;在他提交给董事会的一项建议中,他从总筹款 1070 万美元中拨出大约 200 万用于改善本科生教育和新宿舍楼。[123] 因此,伯顿对于学生生活的支持力度比哈珀还要大,他强调稳定性和社群互动是学生教育的一个典型特征,这一点他比哈钦斯更甚。尽管伯顿的大多数观点在任校长之前早已形成,他对学生福利的重点关注却与 20 世纪 20 年代中期的舆论十分契合。[124]

伯顿利用 1923 年向芝大社区所做的年度报告提出了这些议题。他开始对芝大早期的历史进行大胆的概念重建:"芝加哥大学建立伊始,其创立者们把它当作一所'学院'。然而,在其敞开大门之时,在校长哈珀极具支配力的个性的影响下,他们的理想又变成了一所'大学',其中的研究生工作应占有主导地位,但是本科生教育同样有一席之地,必须加以重视。"[125] 伯顿还称,这种安排有其内在不稳定性和结构上的冲突。芝大试图在一个形式上(至少在名义上)赋予研究生教育以特权的制度文化下招收大量的本科生,这是其战略上的失策;他写道,因为这样做已经导致了一些人提出,如果不能把重心放在研究生工作上,达到"将不可避免地让那些'学院'衰落下去"的程度,就索性将本科生教育完全废除。

伯顿最后的评论既是在陈述事实,又是在指责贾德森支持将本科生教学边缘化。"我们已经发展到了一个这样的阶段,"伯顿称,"芝大研究生和本科生这两个领域的工作各有贡献,必须无差别地对待,这是两者自身特性的要求,不能因为对方而受到抑制或做出妥协。"他提议为本科生建一座本科生院中央大楼,包括教室、实验室、学生组织活动室、图书馆、剧院,以及会议室。此举"既能缓解我们现有建筑的部分压力,又有助于创造一种'学院'意识,不仅不会毁掉,甚至还有利于增强学院与芝大的关系"。伯顿进一步设想在这座本科生院大楼周围建一组男女学生宿舍楼,这样会"极大地帮助人们认识到,我们愿为本科生提供一种更好的大学生活"。

通过强调提高学生福利和创新性的校园规划,伯顿放弃了给研究生教育以特权的做法,并凸显出本科生院的制度身份。早年间,芝大的学生宿舍楼极少:仅有几幢建于19世纪90年代的宿舍楼(凯莉楼、比彻楼、格林楼和福斯特楼为女生楼,斯内尔楼和希区柯克楼为男生楼,盖茨楼和布莱克楼为神学院学生宿舍楼),但是这些宿舍楼连同几幢校外的建筑,也只能容纳大约600名学生。[126] 越来越多对于校舍的需求开始慢慢出现了;当时的几幢宿舍楼里混住着研究生、本科生和专业学校学生。1910年时,绝大多数本科生都住在校外,其中半数以上和父母或亲戚住在一起。但是在"一战"后,校园的住宿条件无法满足日益增长的需求,越来越多的学生开始抱怨宿舍条件,他们的居住条件很差,还要缴纳高额租金。[127]

伯顿一直关注着居住环境的文化价值。1902年,他用一个月的时间访问了牛津大学;之后的一年,他曾在一些公众场合谈论牛津模式的优势。然而1906年年初哈珀的去世使得伯顿的那些计划无一能够在短期内实施,不过那些想法在1923年后仍然显示出了十足的重要性。[128] 伯顿的"学院梦想"在出于制度的目的调用空间方面被证明是绝妙的方案。鉴于研究生和本科生教育不同的课程安排和学习目标,伯顿坚持让研究生和本科生分开住宿,但共享相同的教员;他将有3000名学生的本科生院分入八到十个不同的居住区里,每个区都拥有自己的文化身份。[129] 哈珀对这样的想法态度不够明朗,贾德森则索性不屑一顾,伯顿和他们都不一样,他认为学院居住区的生活对于他着力培养的、有教养并且懂得上进的本科生是至关重要的,因为这样做有助于使他们的人格完全成熟。这些学生宿舍将"不仅仅是宿舍,而是人文教育的处所……规划时应尽可能地着眼于两股影响力,一方面是学术活动,另一方面是友好地与人交往——随着我们美国大学数量的增长,这两股影响力不幸分道扬镳了"[130]。同时伯顿还强调了芝大在发展思想开放和有道义责任感的人格方面的作用。在伯顿看来,"广博的学识和思考的能力是广泛参与生活或对生活做出重要贡献的先决条件。但是,如果没有崇高的道德品行,学识和思考不但是残缺的,而且也绝对是危险的。正因为如此,有责任进行学识和思考教育的机构同时也有义务培养崇高的道德品行"[131]。

伯顿在提高学生住宿条件和培养学生人格品行方面的贡献反映出1900年后，尤其是1918年后，美国私立大学历史中更为广泛的文化趋势。正是在这几十年的美国高等教育中，奉行精英主义的东部大学主要领导者开始流行为学生制定雄心勃勃的社群主义生活规划——以耶鲁大学和哈佛大学为典型代表——这些规划于20世纪20年代末和30年代最终为学校赢得了哈克尼斯的大笔捐赠。[132] 那些年里对学术标准和本科生的人格培养和情感幸福予以更多关注的呼声也此起彼伏；作为未来美国社会精英中的成员，本科生需要通过更为富强的文理学院以及新的研究型大学以恰当的方式融入社会。[133] 伯顿提及过要通过关注当时真正的社会需求来恰如其分地实施通识教育，从他的话语中不难看出，约翰·杜威的影响力是不可小觑的。但是在伯顿所写的文章中，人们也把他的激情当作一种偶然迸发的传教士热情和一个19世纪末自由主义基督徒的嗜好。东部的学校常会灌输一种社会精英主义思想，并且将学生的"品行"当作对这种精英主义的一种支持，与这种理解相反，伯顿使用这个词语时是出于一种更加强烈的社会公德心，在"一战"后的一个更为广泛的美国公民社会中，他将自己芝大的学生们看作潜在的能够加强文化启迪和道德建设的传教士。芝大的毕业生们肩负着一种责任，"要对社会进化的过程做出自己的贡献——换句话来说就是创造一个更好的人类社会，迎接新生儿的到来，使男女都能更好地生活。"[134]。致力于从根本上挖掘平等主义的优势，将其作为一项公益事业，如果以此来定义整个20世纪中芝大的学生文化，欧内斯特·伯顿便是其最意气风发的支持者之一。同样，伯顿也坚决反对20世纪20年代中的一些流行趋势，如将虚妄的社会声誉和财务方面的成功当作唯一能够从大学教育中获得的有价值的东西[135]。他将大学研判为一个使道德复兴和文化富足的场所，这对那些仅仅将高等教育当作财务发展手段的人是一个有力的回击。

在伯顿手下任副校长和教务主任的詹姆斯·H.塔夫茨后来称赞伯顿在鼓舞教员和学生方面的"远见卓识和足智多谋"，称伯顿的个性是一笔十分宝贵的财富："他的演说真诚、谦逊、思维清晰、陈述简洁。他的脸上闪烁着一种优雅的气度。关于教育的精神意义和目的他无须表述太多。他自身就是极好的例子。"[136] 尽管如此，伯顿为本科生新建学习和生活校区的计划还是遭到了鄙视本科生教育的资深教员们的强烈反对。身为教员的伯顿明白，鉴于"一战"后教员们的研究热情不断高涨，如果不采取一些补偿性手段（如贿赂）让他们能够被动地接受，他的计划将难以推行。1924年5月，当伯顿正式向教员们提出自己的计划以代表本科生院进行筹资时，芝大评议会那些正教授们对于这个"大道乐园"以南的计划的反应却是出奇的冷淡；一个月后，评议会猝不及防地通过了一项令伯顿只能被迫接受的决议："评议会赞成出于教育的目的在'大道乐园'以南建设宿舍楼和其他建筑，以供本科生学院所需；但前提是，在有关未来芝大本科生教育和研究生教育相关课程的教育政策尚未决定之前，不得兴建这些大楼。"[137]这仿佛是在用政治的方法让伯顿打退堂鼓；他们还通过了一项决议，大意是"评议会认为，宣传芝大需求的广告应将重点放在深入开展研究生工作方面"。

说到底，如果伯顿想让自己的学院计划变为现实，那些身为正教授的研究人员就要索取大笔的回扣作为报偿。哈罗德·斯威夫特后来回忆1923年至1924年时说，伯顿对本科生教育的支持"几乎是骑虎难下了"，一些资深教员们"斥责并辱骂他偏袒本科生院。伯顿先生虽赢了这场战争，但也赢得十分艰难"[138]。事实上，这个问题并没有得到根本解决。如果伯顿仍然在世并如哈罗德·斯威夫特所言追逐着自己的"学院梦想"的话，他也一定会遭遇1928年至1929年弗雷德里克·伍德沃德和哈罗德·斯威夫特所遇到的强烈反对——当时他们正试图将伯顿在南校区建设一个大型住宅综合体的想法继续实施下去。伯顿之前就已经公开迈出了第一步，他将本科生教育的责任当作芝大基本制度特性的重中之重；但是直到数十年之后，人们才真正认识到伯顿这些理想的合理性。

### 伯顿对未来的规划：1923—1925 年间的运动

欧内斯特·伯顿对芝大的策略方针还有两个贡献，他领导组织了第一场真正意义上的筹款运动，并且通过计划激活并强化了教员们竞争性的研究能力。两大贡献相互联系，后者的成功需以前者的达成为前提条件。哈里·普拉特·贾德森是幸运的，因为在1912年到1918年间，朱利叶斯·罗森沃尔德、霍巴特·威廉姆斯和拉维恩·诺伊斯等人向芝大做出过大笔捐赠。[139] 但是这些捐赠大多是捐助者主动做出的；贾德森自己并没有主动发起过什么筹款运动，他宁愿提倡用一种"有尊严的、默默呼吁"的方式来开展芝大的事业。不幸的是，这就意味着给芝大的捐赠与哈珀时期相比大幅减少了。[140] 1922年，哈罗德·斯威夫特反思道："作为董事会，我们摒弃了筹集资金的习惯。我们必须把它找回来，否则芝大就会朝不保夕。"[141] 早年芝大的民间精英对这所年轻大学的热情现在已逐渐消退了；1924年时，芝大所雇用的一家专业筹资公司约翰·普莱斯·琼斯公司对贾德森任校长时的政策做出了报告："芝大之所以得不到芝加哥人民的支持并不是因为人们对其失去了兴趣，而是因为芝大未能始终与人民保持联系……实际上芝大已多年忽视与芝加哥保持联络，现在正需要小心培养这种密切的关系。"[142]

芝大在培植校友方面做得也很不够。1920年之前，芝大的日常开支并不依赖于校友捐赠，它也很少因此主动向他们伸手要钱。校友们真正做出的捐赠都是由贾德森的助理大卫·罗伯森处理的，因为当时并没有为此设立专业的开发组织。当时，包括伯顿和谢勒·马修斯在内的一群重要的年轻校友领导者和表示赞成的教员都感到应该经常性地向校友募集捐款来为芝大提供资金援助；1919年，迫于这些人的压力，学校成立了一个校友基金会。年轻的哈罗德·H. 斯威夫特建议贾德森安排出版一个小册子，对芝大当前的状况及其物质需求予以说明。在随后一封推行该计划的书信中，斯威夫特称："我真诚地相信我们的许多校友都渴望得到芝大发布的材料……我认为如果芝大在这方面做些努力，显示出她对从前学生的真正关心，那么无论是有形的回报还是情感的报偿都将是可观的。"[143] 斯威夫特坚信，要让校友们明白洛克菲勒的捐赠并不足以满足芝大的需求，这笔捐赠不是无所不包，这一点十分重要；要让他们知道"事实上我们还有些院系在经济上捉襟见肘，连拿出50美元都很困难，这让我们难以开展那些伟大的计划"。斯威夫特还说："我们要向校友们强调这个事实——我们需要他们。"[144]

贾德森仍在犹豫是否推行斯威夫特的建议，而斯威夫特则不停地唠叨此事，最终迫使管理层任命托马斯·古德斯皮德的儿子埃德加于1920

年年末起草了一本名为《1921年的芝加哥大学》的手册。即便如此,古德斯皮德还在死撑颜面:"号召芝大校友来帮助解决赤字问题,或者帮助承担其日常开支,这并非芝大的政策。"[145]芝大将这些小册子发放给了芝大校刊的所有订阅者,校友基金的所有捐助者,以及能够对其动之以情、晓之以理的其他校友们。

随着伯顿1923年接管芝大的大权,芝大对于筹款的态度发生了根本性的转变。伯顿认识到"一战"后要维持芝大的学术声望需要大笔新资金,于是他想发起一场大规模筹款运动的决心也就非常合理了。这样做在策略上十分紧迫,因为伯顿意识到如果芝大想得到纽约城的洛克菲勒董事会持续不断的支持,就要最终完成约翰·D.洛克菲勒曾于1910年敦促这个机构的领导人去做的事情,即为了芝大未来的财政福利着想,广泛地培养公众的支持。

伯顿的活力和乐观精神很有感染力,其他几位主要舆论引导者不久后也承认了筹集新资金的必要性。艾伯特·谢勒是当时刚刚任命的一位董事,他是本科生院的校友(1905级),也是哈罗德·斯威夫特的密友;他在1923年5月所写的一份备忘录中呼吁芝大需要增加捐助者数量,从而扩大捐赠规模。谢勒尤为关注芝加哥和中西部居民对芝大的援助力度。他敦促斯威夫特成立董事会委员会,命名为"公共关系委员会",研究如何筹资,并任命专人与委员会一同工作。斯威夫特同意了谢勒的计划,并与谢勒、罗森沃尔德、伯顿组成临时"四人委员会",委员会有权任命专人与之一同工作。[146]但是在聘用这个筹款"沙皇"之前,斯威夫特坚持认为芝大也应该提出一个系统的计划来阐明要发起怎样的筹款运动以及这场运动应该怎样执行。在与谢勒和罗森沃尔德商议之后,斯威夫特和伯顿于1924年1月提请董事会批准一项有关筹款运动的计划。斯威夫特也意识到过去那种自给自足的方法是远远不够的。因此,当埃德加·古德斯皮德称反对雇用外部顾问来计划该运动时,斯威夫特立即拒绝了该建议。相反,斯威夫特想要的是一个"开展筹资活动之前的综合性计划",为了启动进程,他聘请了纽约城的约翰·普莱斯·琼斯公司对筹资的可能性做出一份初步报告。[147]斯威夫特主动提出配合制订这场运动的计划,其实他也是在这些焦躁不安而又雄心不减的资深教员面前支持欧内斯特·伯顿的决定。

1924年3月,琼斯公司的报告出来了。[148]报告显示,芝大可以发起一场成功的筹款运动,它需要援引自己过去的成就并对未来做出承诺,需要通过强调芝大是芝加哥的大学来引起与芝加哥民间精英们的共鸣,需要突出芝大给这座城市带来的巨大声望,还需要仰仗校友和董事们的支持:"芝大有很强的魅力和真诚的需求;只要它的董事、教员和校友们忠诚地努力,它就能获得想要的回应。"为了配合与协助实际运动,芝大聘请了琼斯公司,因为这家公司的几位领导人曾参与过战后另外几场大学的筹款运动,首次是1919年至1920年间哈佛大学的筹款运动,当时募集了1420万美元。[149]琼斯公司委派了罗伯特·F.邓肯来指导芝大的筹款运动。作为哈佛大学的一名毕业生(1912级),邓肯已经是大学筹款运动的一名老兵了,他在哈佛的筹款运动中发挥过重要作用。在接下来的三十年间,邓肯一直作为一名流动顾问为芝大出谋划策;到了20世纪50年代,他已经能够以独特的历史视角来看待这所教育机构的内部问题和潜力了。1956年离开芝大后,他返回母校并且为哈佛学院1957年至1960年间的筹款运动制订了一个极为成功的计划,最终筹得了近8300万美元。[150]邓肯向芝大提出的建议(以及后来的批评)不可避免地反映出他在哈佛的运动中所积累的筹款经验(和成功经历)。

在1924年整个冬季和春季,邓肯策划了一个极为尖端的组织。由神职和专业人员开发系统以研究潜在捐助者的捐助能力,制定捐助者任务清单及建立捐助者追踪和答谢程序,成立教员发言所,并将属于重要筹款运动核心行动的许多其他工作落实到位。邓肯在宣传方面有独到的天分,除了制作并出版十几种有关筹款运动的刊物以外,他还租用了这座城市不同位置的四块大型户外广告牌,写上"芝加哥大学,您的大学"的标语。在该运动计划的公共宣传阶段,邓肯还打算将宣传芝大的彩色海报贴到所有CTA[iii]的中转车站里去。特雷弗·阿内特将芝大的财务状况解释得清清楚楚,向公众表明芝大需要新的支持。[151]这场运动还有一点值得一提,它给"发展"这个词赋予了一种关键的话语符号意义,即芝

---

iii 芝加哥交通管理局。

大的自我促进。[152]

斯威夫特和伯顿想在1924年秋发起这场运动。[153]为保险起见,芝大加强了与洛克菲勒家族建立的设在纽约的慈善机构的联系,从位于百老汇61号的通识教育委员会得到了200万美元的匹配捐赠(比例为2∶1,芝大必须筹得400万美元)。幸运的是,在洛克菲勒的董事会中有好几位官员和董事都与芝大有着很深的渊源(乔治·E. 文森特、特雷弗·阿内特、詹姆斯·R. 安吉尔、比亚兹莱·鲁梅尔,以及后来的大卫·H. 史蒂文斯和马克斯·梅森)。文森特在1911年离开芝大就任明尼苏达大学校长之前曾在哈珀和贾德森手下担任社会学教授和主任,他在1917年至1929年间担任洛克菲勒基金会董事长,期间为支持芝大建立新医学院发挥了极为重要的作用。鲁梅尔是一位才华横溢却不墨守成规的规划者,他从芝大取得心理学博士学位,并于1922年成为劳拉·斯佩尔曼·洛克菲勒纪念馆的馆长,在社会科学方面也发挥过类似的作用。

这场运动的核心和灵魂人物当属欧内斯特·D. 伯顿。伯顿有机会通过重新激发教员的干劲、为董事设定新目标,并重新点燃公众对芝大的热情从而重振芝大。伯顿足够精明,他明白一场筹款运动的成功需要芝大具备战略眼光,而不仅仅是提出资金需求。伯顿在芝加哥和其他几座国内城市中发表了一系列重要演说,描绘了自己关于芝大未来的规划。这些演说的基本主题是在哈珀遗产的基础上让芝大发展成为一所更好的学校,而非更大的学校,但是伯顿在明确表达自己的目标时所提出的知识框架无疑是全新的。伯顿强调了研究的基本使命("是一种强大而富有成果的东西,是对新的真理的探求"),但是他同时将"研究"这个词解释为对本科和职业教育以及博士生进行的包括艺术和科学训练在内的一系列活动。他声称在美国有一种逐渐成熟的新式大学生活理想,强调学术习惯的养成而非"已知知识的传授",并且芝大将致力于此:"这种(大学)生活的主导因素是认识到这样的事实,即生活并不只是做学问,品质比事实更为重要;大学生活是习惯的养成期,而不仅仅是获取知识的时期;还要认识到塑造拥有良好习惯和品质的男生女生能够确保他们成长为有力量、有成就,并且对这个世界发挥有益影响力的公民,这正是大学的伟大使命。"他谈到,要将年轻的头脑训练得有"独立思考的能力",就要让他们受到那些"开辟新途径、无畏地探索真理奥秘"的学者们的熏陶,没有什么地方比大学更适合他们了。"就大学的工作而言,合理且正确的做法是,在受卓著的研究生院氛围感染或与之相近的氛围中开展,只有在这样的环境中,自由的思维才能得到鼓励。"[154]

通过与不同的院系领导和其他的重要教员们商讨,伯顿于 1924 年 2 月和 3 月间开展了一项关于芝大未来需求的调查;截至当年夏天,他统计出当时及长期的资金需求为 5000 万到 6000 万美元,其中 2100 万美元需要在随后两年内筹得。[155] 伯顿内心的想法是要在十五年内让芝大现有的捐赠数额翻一番。然而,这些目标并不能短时间内全部实现;1924 年 9 月,伯顿与邓肯、斯威夫特及其他人商议之后,将筹款运动的最终目标减少为 1750 万美元(750 万美元为捐赠,1000 万美元为新校舍)。[156] 筹款运动的中心任务是为改善教员福利和建造新校舍;待建设施包括一个新的本科生校区和一座新行政楼——象征着战后现代芝大与日俱增的研究实力和强化的管理责任——而芝大则被形容为一个复杂的铁路系统,需要将"这辆火车的所有零件"组装在一起。[157] 伯顿很清楚,不断提升在研究方面的声望已经成为 1918 年之后美国教员们心中的唯一想法,如果一项计划不能密切关注资深教员们这种抱负并加以支持,芝大评议会就会认为它不具有可行性。作为对本科生教育增加投入的一种平衡,伯顿提升了对一线教员们的关注度,他的做法是强调需要筹集一笔数百万美元的捐赠以增加教员的薪水。他在写给董事们的信中提到"芝大不能满足于留住自己杰出的人才,还要吸引其他的人才。目前其薪资水平低于其他的顶尖大学……如果芝大想与其他大学相抗衡——不仅是东部获得巨额私人捐赠的大学,还有西部的州立大学——这笔捐款必不可少"[158]。伯顿用加薪来补偿资深教员的做法成为芝大后续管理的一个基本策略,目的是使芝大保持在全美排名前三或前四的水平,尽管这种做法意味着要从其他急需资助的项目中分流资金。

为了进一步增强教员们的荣耀感,伯顿创制了芝大历史上第一批捐赠教授职位,1924 年 4 月吸引马丁·A. 赖尔森捐赠了十个杰出贡献教授职位,捐赠额达 200 万美元,每个职位每年的薪水至少为 1 万美元。[159] 他在写给赖尔森的信中既表达了对这位可敬的捐赠者的崇敬之情,又阐明了要提高芝大声望的决心,他写道:"或许我们最需要的就是设立一些杰出教授职位,这样做一方面能够让教授们得到超出一般的薪金,另一方面也是对他们自身能力、学识和名望的一种认可。"通过设立这些教授职位,伯顿希望能够吸引一些学术精英加盟芝大,同时留住那些已经成名的学术人才。这些新捐赠的职位是在20世纪20年代科学抱负竞争激烈的背景下产生的,反映出"这个国家在教育领域所取得的非凡进步"。伯顿决定,这些新职位将来不能由某个特定院系独自把持,而需要在未来校长的决断下灵活任命,以奖励教员们所取得的成就并激励院系间的竞争。资深教员们再也不能像哈珀在任时那样通过校长的行政法令获得那些颇有封建色彩的嘉奖了。芝大再也不会坐视不管,放任那些敢为更好待遇"讨价还价"的资深教员们离开了——这是过去贾德森漠视本国科学人才市场的结果。未来还将根据公共学术的"卓越"程度授予一系列极具竞争力的、以价值为导向的荣誉,在伯顿的观念里,这样的学术同样是芝大的一种最高形式的"工作"。这些教授职位的享有者不仅必须是其学术领域内的佼佼者,其成就还必须经由"整个领域"内的专家审慎评判才能授予该职位。因此,他为这些新职位设置的头衔也被视为一种具有双重意义的尊称,既向外探索,又向内寻找。伯顿大胆地表示"马丁·A. 赖尔森教授职位代表着教学及研究领域的最高荣誉",闻听此言,年事已高的赖尔森随即同意批准该职位。至1930年,芝大通过筹措资金的方式又设立了另外七个教授职位。[160]

　　伯顿利用这场运动所产生的公众热情推动一些主要建设和研究项目取得了重要进展,这些项目之前或者陷入停滞或者连规划都未完成。伯顿上任伊始就建成的两座宏伟建筑今天仍是芝大校园里重要的地理和文化景观,也完全可以视为伯顿对芝大校园环境的馈赠。1924年至1925年间,洛克菲勒纪念教堂的建筑规划图最终定稿;这是20世纪20年代中期伯顿的筹款行动所引发的乐观情绪和轻松氛围的一个宏伟标志(20世纪60年代中期芝大校园里落成的约瑟夫·瑞根斯坦图书馆也起到了类似的催化作用)。建筑师伯特伦·格罗夫纳·古德休早在1919年6月至7月间就提出了新教堂的建筑规划,在接受该规划之前,伯顿于1924年夏末前往英国参观了22座大教堂,重新认识了激发该教堂的早期规划者灵感的新中世纪设计风格。¹⁶¹ 9 月,伯顿向古德斯皮德汇报:"在英格兰的经历让我彻底理清了关于芝大教堂的想法。接下来就要看董事会是否同意我的意见,但是我已经完全认定了,古德休先生的方案非常可靠,我们只须重新研究一些具体的细节就行了。"¹⁶² 在 1924 年 10 月小约翰·D.洛克菲勒批准该方案之后,董事会也同意了伯顿的建议,于 1925 年 2 月批准了合约。1926 年 6 月举行了教堂的奠基仪式;1928 年 10 月教堂交付使用。

伯顿在芝大医学院和校医院的最终规划和资金支持方面也发挥了关键的领导作用,最终董事会于 1925 年 4 月批准了项目规划。医学院和校医院建于"大道乐园"北侧,埃利斯大道以西,1927 年 11 月正式开放,这是 20 世纪 20 年代芝大所取得的第二个重大成就。¹⁶³ 伯顿还主持协商会谈,促进拉什医学院的教员和芝大的教员进行合并,最终双方于 1924 年 5 月签署合并协议。重金打造的新医学中心不仅形成了一个新的强大的科学权威机构,还促进了对生物科学研究的投入,有益地补充了包括查尔斯·O.惠特曼和约翰·M.库尔特在内的一些学者首先发起的生物学基础科学研究的早期传统。该中心将临床医学和基础科学的教学与研究结合在了一起,也因此成为一个完备的跨学科机构。¹⁶⁴ 由于学术医学在芝大开设的时间较晚,20 世纪 20 年代的一些资深生物学家,如弗兰克·R.利利、查尔斯·M.蔡尔德和埃兹拉·J.克劳斯等人,得以在 1918 年之前继续以充满活力和独立的传统进行生命科学方面的研究,这些学科不仅仅被视作对医疗训练和实践有益的服务工具。¹⁶⁵ 然而,后来随着 1931 年生物科学部的组建和越来越多的外部资金援助方压力——该压力主要指组织研究要依据涉及重大科学问题的实质性功能而不是传统部门分界来划分——芝大在医学研究和生物基础科学研究之间的知识界线变得越来越模糊了。¹⁶⁶

伯顿在任期间及刚刚卸任时规划或建成的其他著名建筑还包括神学院、约瑟夫·邦德教堂、菲尔德馆、威博尔特楼和埃卡尔特楼。后两座建筑体现了 20 世纪 20 年代各院系教员们济济一堂,共同致力于跨学科研究与合作教学的大体一致的职业兴趣。威博尔特楼为一些现代语言系(包括英语系)而建;埃卡尔特楼则用于物理、数学和天文学。两座建筑均是在教员委员会的帮助下进行规划设计的,委员会成员都是从几个院系中选拔出来的。20世纪20年代的社会科学中与之类似的不同专业同在一栋楼的趋势更加明显，这种趋势很大程度上根源于创建于1923年的地方社区研究委员会所发起的新跨学科研究项目。[167]

伯顿的筹款运动由以下几方面的力量组成：董事、校友、基金会以及芝加哥的普罗大众。其中董事方面的成果只能说差强人意。哈罗德·斯威夫特通过亲自拜访、电话或书信的方式联络了所有其他的董事，敦促他们为参与这场运动做出好的表率。[168]最后，董事们捐出了168万美元，占最终捐赠总额的20%。但是斯威夫特在动员董事们积极参与运动和调动他们的积极性时遇到了重重困难，这预示了20世纪30年代芝大的命运，让人看不到希望。此外，每个董事的捐赠数目差别很大，一些董事的捐赠少得可怜。朱利叶斯·罗森沃尔德、马丁·赖尔森和哈罗德·斯威夫特自己总共捐了150万美元，而剩余的16.8万美元则都是些小数额捐赠拼凑起来的，最少的只捐了1000美元。[169]

1924年至1925年间的筹款运动也是芝大历史上第一次采取系统性行动来动员校友。与东部的竞争者相比，芝大面临着一个关于校友的特殊问题，即哈珀采取的学季制度使得芝大不可能在毕业生中培养出班级身份的意识和参与重聚的价值观。[170] 1924年秋，校友总务委员会成立了。到了10月，该委员会已经有了175名成员，并成立了一个由18人组成的执行委员会，还制定了一本指导志愿者参与捐助的手册。

该委员会反过来也在协调全国各地区各地方校友领导者的工作，他们已做好准备从1925年3月开始筹款行动，其任务是保证"从各自管辖区域内的每一个芝加哥人那里获得捐款承诺，完成自己的额定任务并尽可能争取到更多捐款"[171]。该组织还为地方校友领导者们制定了一个详细的程序来评估各区域内每个校友的捐助能力，即在五年的时间里他们能够捐出多少来。每个区也被分配了一个目标任务，芝大希望无论如何都要完成这个目标。芝加哥和其他地方的筹款结果令人鼓舞——至1925年年末，在大约20000名校友中有超过11000人参与了捐助，其中大部分是本科生院的校友。校友捐赠的总额比200万美元还略多一些。1923年，43%的校友都在从事小学、中学以及大学的教育工作，这个特征也形成了芝大早期的校友文化，并且通常被用来解释芝大校友的地位不高，无法像东部大学的那些校友们一样做出大笔捐赠这一现象。[172] 尽管如此，伯顿还在想方设法通过增加参与校友的总人数来弥补这个缺陷，他的这一策略成功了。1926年，据一些校友领导人回忆，"芝大校友突然间得到了如此多的关注，这与芝大在此之前所显示出的对校友的漠视形成了强烈的反差"[173]。鉴于这些校友中有很大一部分人是转学生，并没有在芝大待满四年，这样的结果更是来之不易。同样令人欣慰的是，这个捐助者群体相对年轻——1923年，芝大校友中绝大部分人都在35岁以下。

1925年仲春，筹款行动正在进行中时，欧内斯特·伯顿因罹患结肠癌突然于5月26日辞世——他的病不久之前才刚被诊断出来。伯顿的离世令这场运动的领导者和教员们大为震惊，同时也留下了巨大的权力空白。罗伯特·拉蒙特董事在评价伯顿时说："他在67岁时接手了一份可能会令大多数人望而却步的工作，他最后想的还是要把这件事情坚持下去。我们不能辜负了他的期望。"[174]

由于伯顿离世，人们无法得知，作为校长的他如果能够完成自己发起的这场筹款运动并带领芝大开展他所期望的教员研究和本科教育革命，那么他将会发挥出怎样一种力挽狂澜的领导力。哈罗德·斯威夫特后来评价伯顿任芝大校长的两年是"芝大历史上最激动人心的两年"[175]。人们认为掌管芝大大权的伯顿有着令人惊异的活力和大胆的思维，他去世时人们一片惋惜之声也十分罕见。他扮演了一个圣徒的角色，给芝大带来了优雅、智慧，以及新的资金，他是一个毫不利己的人，将自己的生命献给了芝大的事业。回顾伯顿的这段历史，他充满自信地发出的精神感召是契合于乐观而繁荣的20世纪20年代的。而在1929年的金融灾难过后，"大萧条"席卷而来之时，芝大的领导者们将会面临备受煎熬的抉择，因为那时的资源匮乏是伯顿那一代人从没有经历过的。

伯顿的继任者马克斯·梅森是来自威斯康星大学的一位杰出的数学物理学家。梅森曾在威斯康星大学和哥廷根大学学习数学，也在麻省理工学院、耶鲁大学和威斯康星大学教过书。[176] 他的职业生涯是作为一名纯粹的数学家开始的，但他在知识方面的兴趣非常广泛，涵盖了物理科学，1909年至1925年间他在威斯康星大学担任的就是物理系教授。"一战"期间，梅森曾在全国科学研究委员会中研究反潜战技术，他是一种水声探测系统的主要发明者之一，该系统后来经过改进衍生出了声呐探测器，"二战"期间为美国海军所使用。在被任命为芝大校长之前，梅森没有任何高级行政管理的经验。在董事教员联合委员会于全国范围内进行过一番旷日持久的寻觅之后才做出了选择梅森的决定，这番努力寻找并未使众人在决定本地候选人的问题上达成一致，只有欧内斯特·M. 霍普金斯、雷·L. 威尔伯和乔治·E. 文森特等几个知名的局外人表达了一些不冷不热的支持。梅森的名字很晚才被人提出来，起初推荐他的是自然科学系主任亨利·盖尔。为了任命梅森，董事会于1923年5月决定修改芝大章程，允许任命非浸信会教徒为校长。[177] 梅森证明了自己是一位有魅力且擅长辞令的工作伙伴，也能够有力地捍卫基础科学研究的价值，但他却不是一个有能力和善于决断的领导人。事实上，梅森作为校长，表现令人非常失望。同时他还得应对麻烦的个人问题，因为他的妻子玛丽·弗里曼·梅森患有严重的精神病，声称自己有广场恐惧症，无法组织和主持许多社交和文化活动——当时按照惯例，这些活动都是由大学校长的配偶来负责。梅森在任期间的大多数时间里，他的妻子不是躲在校长官邸里就是在疗养院中修养。哈罗德·斯威夫特后来在描述梅森的状况时同情地说："对他而言，这是一段不愉快的时光，因为太多的家庭问题困扰着他……他真的不喜欢搞行政。他说他想念实验室的味道——他想重新回去做学问。"[178] 与斯威夫特主动替梅森开脱不同，罗伯特·科勒对梅森在洛克菲勒基金会供职的评价要严苛得多——"梅森不是一位好的管理者，他放任每个人为所欲为……尽管梅森作为同事显示出了自己的魅力和长处，他却从来没能成就任何大事"——这是在暗示梅森作为校长遇到的问题正是芝大管理层愚蠢无能的处事方式的一部分，曾经是激进分子的斯威夫特自然十分清楚这些。[179]

伯顿离世后，筹款行动的步伐明显放慢了，主要原因是梅森对伯顿的筹款运动持抗拒的态度。梅森不喜欢伯顿推行的那套"拿来主义"推销战术，认为（据斯威夫特说）这种做法"会给人们带来严重的伤害，从长久来看也会伤害我们自己"。因此，斯威夫特说："梅森先生在成为校长之后，就决定要停止这场运动了。"[180] 也许是受自己不愿主持大型公众集会的影响，梅森这个决定得到了几位主要董事的支持，为首的是伯

[182]

纳德·桑尼,他游说梅森和斯威夫特在当地的商人中发起运动,以此来代替罗伯特·邓肯和约翰·普莱斯·琼斯公司主张的在全市范围内所展开的大行动。桑尼的动机不得而知,但梅森明确表示欢迎桑尼介入此事。1926年1月中旬,董事会发展委员会通过表决终止了公众筹款运动,并建议这场城市运动"在桑尼先生和梅森校长的领导下按照他们所决定的方案,不动声色地游说那些更有钱的潜在捐助者进行捐款,按照我们的理解,需要忽略先前运动的截止日期1926年6月30日,我们已经进行了投票表决,宣布采纳该议案"[181]。罗伯特·邓肯的工作被终止了,与约翰·普莱斯·琼斯公司的协议也取消了。

梅森的决定体现了他怯懦的性情和不稳定的家庭状况,也体现了他相信在经济繁荣的20世纪20年代后期,通过由桑尼领导的一对一筹款行动能够为芝大带来足够多的捐赠,以支持学校新建校舍和设立更多的教授职位。在梅森短暂的校长任期余下的时间里,的确有一些富有的市民决定资助芝大兴建校舍,包括威博尔特楼、埃卡尔特楼和琼斯楼。但是这些捐赠是由于芝大官员们做出了非比寻常的努力才赢得的,而不是由于桑尼所说的"不动声色的"行动[182]。此外,在经济崩溃之前的最后几年里芝大仍收获颇丰,这在很大程度上要归功于洛克菲勒的董事会所给予的大笔捐助。1927年1月,梅森走访了通识教育委员会的总部,离开时显得信心十足,他认为通识教育委员会及其姐妹委员会,如劳拉·斯佩尔曼·洛克菲勒纪念馆和洛克菲勒基金会,会支持芝大将来提出的大部分相关研究项目。梅森高兴地报告说:"我觉得只要是有才能的人领导我们的重要项目,这些董事会几乎就会不加限制地支持我们。"[183] 2月,通识教育委员会批准了150万美元用于支持化学、物理学、数学、天文学和植物学的研究和设施,一年之后,又批准了120万美元用于支持自然科学项目。1926年至1928年间另一些同样令人印象深刻的捐赠用于资助新的医学院和医院,总额达到了500万美元。1927年,通识教育委员会向芝大拨款25万美元以支持其人文学科的研究,劳拉·斯佩尔曼·洛克菲勒纪念馆为建设运营新的社会科学大楼和支持教员的研究捐赠超过200万美元。[184] 1928年,通识教育委员会和国际教育委员会为芝大建设东方学院拨款620万美元,最终提供了总额超过800万美元的资助。[185] 1929年对于芝大而言同样是收获颇丰的一年；5月，通识教育委员会通过投票批准了向芝大拨款200万美元以资助其医学院，并拨款100万美元用于十年内的临床运营开支，11月，又向教育学院拨款150万美元，此外还提供了一些小额捐赠以支持人类学、比较语言学和生物科学方面的研究。[186]

20世纪20年代，各基金会对顶尖大学研究目标的支持力度非常之大，对于像芝大这样的大学而言，这种支持来得正是时候，因为这些大学已经养成了依赖于一个捐助者个人资助的习惯，如今却急切地需要四面八方的支持[187]。梅森从洛克菲勒在纽约城的各董事会得到的资金数额惊人，似乎就筹款而言这种方法比在全市范围内发动一场筹款运动要容易得多（也更有尊严）。梅森自信地认为未来的芝大仍然能够向洛克菲勒予取予求，但他打错了如意算盘，罗伯特·哈钦斯不久后也发现了这一点。梅森决定限制从公众那里筹款是一种非常不明智的做法，理由有三。首先，梅森依靠伯纳德·桑尼以一种更加私密的方式继续开展伯顿的筹款运动就犯了一个严重错误，因为不久之后他就发现桑尼没有办法达成如此之巨的筹款数额。其次，梅森的策略剥夺了芝大寻求资助的机会，无法更加系统地在芝加哥全市范围内游说那些有名的和不那么有名的市民，尤其是当时经济状况十分有利的情况下。最后，梅森的决定导致了芝大长远发展规划的崩溃，1924年至1926年间所作的捐助者培养工作不得不停滞下来，芝大又回到了那种毫无生气的慈善模式，让其校友和普罗大众又想起了贾德森执政的日子。至1930年，加上最后几笔筹集的捐助，伯顿所开创的发展基金资金额定格在990万美元，与1924年所设定的1750万美元的目标相去甚远。[188]

最后，伯顿和他的副手们没能实现他三大目标中的这两个——到1929年为止，本科生院的身份问题还是未能得到解决；由于马克斯·梅森对筹款工作的漠视，芝大也没有能够在芝加哥的市民和政治精英中间建立起伯顿认为对于学校生存能力至关重要的那种长期联系。伯顿的第三个目标，即提高芝大的研究声望虽然实现了，但讽刺的是，这个目标是芝大一直不断地依赖洛克菲勒的慷慨，通过洛克菲勒的各个董事会才达到的，并非依靠财政自足带来的大量的新财源。仅在1911年至1932年，洛克菲勒董事会就向芝大提供了3580万美元资金，这一数目比约翰·D. 洛克菲勒个人捐款总额还略多一点。芝大持续不断依赖洛克菲勒的慷慨捐赠：芝大在 1890 年至 1939 年间收到的以捐赠为名义的资金总共 1.37 亿美元，其中仅洛克菲勒的捐助（个人或通过董事会）就达到了 8000 万美元，或接近 60%。[189] 20 世纪 20 年代的芝大在财政方面是成功的，但是在结构和规划方面也遗留下了一些问题，如果说芝大未来想要始终成为占据领先地位的高等学府，这些问题可能是毁灭性的。

## 20 世纪 20 年代的学术和社会生活

第一次世界大战结束后的几年对于芝大的教育项目而言是关键性的几年。在战后的十年中，哈珀曾经于 19 世纪 90 年代请来的芝大的那些教师队伍带头人开始有的退休，有的去世。新一代的资深教员开始出现，他们将决定芝大在 1945 年之前的声望和使命。1918 年之后，为求得学位不断涌入芝大的本科生和研究生使得芝大的教育体系不堪重负，尤其是人文科学、社会科学和自然科学等学科。面对如此巨大的学生压力，20 世纪 20 年代曾出现过一些激烈甚至尖刻的辩论，讨论芝大是一所什么样的学校以及应该朝怎样的教育和课程方向发展。到了 20 世纪 20 年代末，芝大采取一系列干预措施，重新定义了基础教育结构，尤其是本科生教育。

### 研究生教育

20 世纪 20 年代关于芝大未来的激辩是在研究生和本科生这两个广义层面上展开的，人们热烈讨论的焦点是在芝大第一次开展筹款运动的大背景下，伯顿为芝大设定的战略目标所引起的教育优先问题。

1925 年 1 月，芝大收到了许多关于其研究生项目的溢美之词。迈阿密大学校长雷蒙德·M. 休斯首先开发了一系列评价现代美国研究型大学的现代探索性项目，其中一个对芝大在同等研究型大学中的相对声望给予了积极和鼓舞人心的评价，称赞了其自然科学和数学的研究生项目，同时也将其经济学、历史学、社会学、政治学、古典文学、英语和哲学排进了美国各学科领域的前五名。[190] 该报告在今天看来属于较早评估美国研究型大学声望的项目之一，但同时报告也对美国将博士生培养为教师的研究生项目的培训方法予以尖锐的批判。诚如约翰·布鲁贝克和威利斯·鲁迪后来所评论的:"美国的大学未能设立合格的研究生项目作为培养大学老师的标准,无论好坏,这些大学发现一些博士生成了他们的负担,因为这些人难以兼顾教学和研究这两种任务,而研究生院通常也并未明确区分这两种任务。"[191] 作为一个规模较小的大学的校长,休斯对流行于研究生院中的那种"高度专业化的"研究风气表示遗憾,他说:"我们身处大学之中,要寻找的是那些在其领域内受过全面而扎实训练的人,他们应该对一般的科目抱有热情,对相关的科目有广泛的、包容的兴趣,我们不要那些经受高度专业化的训练,只关注自己的研究阶段,对自身科目以外的其他领域都提不起兴趣甚至表示轻视的人,对这些人而言,相关的知识领域就更不被放在眼里了。"休斯还批评了这样的现实:"不少人(博士生)或多或少都被灌输了这样的思想:学生很讨厌,他们会干扰工作;教学方法不值得认真思考,懂的人自然会教;还有其他许多似是而非或错误的观点。"[192]

在一些重要的内行人眼里,芝大的研究生项目同样存在问题。1910年之后,尤其是1918年之后,一些著名的资深教员针砭了芝大博士生项目的缺陷,他们所提出的批评与人们对其他主要博士生院校的忧虑是基本一致的。[193] 1912年至1929年间任哥伦比亚大学教务主任的弗雷德里克·J. E. 伍德布里奇于1918年担忧地表示:"会考和证明自己精通某研究领域已经取代了各门课程的日常工作。结果是学生(研究生)们大都处于被监护的状态,而教授们也摇身一变成了中小学老师。"[194] 在芝大,阿尔比恩·W. 斯莫尔甚至发出了更为尖刻的批评。除了学者、编辑和教师的工作之外,斯莫尔对芝大早期的研究生项目也颇有研究,1905年至1924年间他曾担任艺术与文学研究生院的院长。

1923年2月末,在即将卸任教务主任一职之时,斯莫尔在一篇告别辞中称,芝加哥大学的研究生教育基本上被认为是一种简单的实证主义教育,学生们被要求学的更多的是如何学得更少,多数学科阻断了自身与相邻领域之间的联系,导致了研究历史的学生不懂政治学或社会科学,反之亦然。斯莫尔还对许多其他方面的问题表达了担忧,从研究生考生准备不足到上研究生后所接受培训的方式十分局限。但是斯莫尔同时也关心着更大的结构和意识形态方面的问题。他坚定地认为那些院系已经变成了一个个筒仓,对理应去面对的最大也最有趣的学术问题缺乏共识:"一个人可以从我们五个系中的任何一个系取得博士学位而不需要对任何其他系的知识有足够理解,只要他所在的群体教他作为门外汉应该从哪里跌跌撞撞地起步,何时或达到何种程度就可以具备足够能力成为一名专家。我们的学生任由这种可能性误导,从这个意义上来说,我们应该感到惭愧,因为我们对放弃以现代方法论标准来看才智不佳的人表示了默许。"斯莫尔还担心提供给研究生的课程在正式的课堂环境中包含太多反刍过的信息,而跨学科研究技能方面的训练又太少:"我们浪费了大把的时间将'咀嚼过的'食物喂给研究生。我们把那些预先消化好的信息传递给他们,可是他们本来可以磨炼勇气,自己去发现那些事实,更好地去理解那些信息。"[195]

斯莫尔这代人年轻时曾在 19 世纪的大学传统规范下接受培训,同时也接受现代科学研究新思想,赞成随"科学"萌芽出现的建立在学科划分基础之上的专业性趋势。不过,一旦完成了这种转变,这一代人就开始对自己发起的通常乏善可陈的学术不满起来,同样困扰他们的还有,新的研究型大学未能吸引极富天赋和想象力的博士生来完成配得上芝大高远志向的学术工作。[196] 威廉·詹姆斯 1903 年对"博士八爪鱼"[iv]所养成的平庸的担忧仍然还在,二十年后,这样的忧虑也出现在了像阿尔比恩·斯莫尔这样的人的脑海里。[197]

1923 年,劳伦斯·K. 弗兰克就美国范围内社会科学方面的博士研究状况为洛克菲勒的董事会开展了一项研究。结果证实斯莫尔对研究生研究训练的诸多批评很有道理:大多数博士论文并不包含原创性的调查研究,也没有使用现代的科学方法。[198] 弗兰克还发现"专门提供给社会科学研究生的奖学金寥寥无几",而且大学"几乎没有提供科学方法方面的训练"。弗兰克呼吁"为社会科学制定一套新政策,包括与传统的学术工作相分离以及为调查和研究解决经费支出"[199]。弗兰克所考虑的重中之重是建

---

iv 指美国哲学家、心理学家和教育学家威廉·詹姆斯所写的一篇文章,对当时美国大学强制要求教师具备博士学位予以讽刺和抨击。

立起竞争性的博士前和博士后奖学金项目,并在每个包含不同学科成员的大学内部建立部门或机构以资助和监督研究并且提供合作与协作的机会。弗兰克的调查研究非常重要,它对20世纪20年代末比亚兹莱·鲁梅尔筹集资金建设劳拉·斯佩尔曼·洛克菲勒纪念馆指明了方向。[200]此外,斯莫尔的批评和弗兰克的干预被提出的时候,有远大抱负的芝加哥社会学家们,如查尔斯·梅里安姆、罗伯特·帕克和利昂·C.马歇尔,正提议采取更有协作意义的研究架构和跨学科方法,这种方法将会重新调整开展和体验博士教育的途径,并且将会如他们所愿,极大地提高参与芝大博士生项目的学生的质量。[201]

可以预见的是,校长和各个院长主任们会以自己的强势领导支持或反对研究生教育的改变,而贾德森和伯顿关于本科生教育所持有的不同立场也一定会对学校内部人员关于研究生教育的想法产生影响,从而产生两个极端思想,引发激烈的争论。代表支持贾德森且反对伯顿的这一派资深教员的是戈登·J.莱恩,他是一位有影响力且直言不讳的古典学者,1899年最初受聘时为拉丁语教授助理,1913年被提为正教授。1908年至1921年及1923年至1940年,莱恩还担任了芝加哥大学出版社的总编辑。1923年6月,莱恩接替斯莫尔成为艺术与文学研究生院院长。获悉伯顿打算大力扶持本科生教育后,莱恩通过游说于1924年1月成立研究生教育委员会,授权调查研究生教育的状况并建议加大投入力度。[202]莱恩担心芝大的研究声望会随着第一代领军学者的退休而黯淡下去。他还希望该委员会重视研究生院的资助问题和未来教员的任命问题。他希望他领导下的委员会能提出一些改变,让各研究生院在发展中"更加心无旁骛地专注于学术和研究"[203]。

经过商议,委员会通过了一份毫无条理却囊括众多话题的文件——该文件缺乏斯莫尔备忘录的逻辑和热情——从对当时本科生人口过多流露出的不满到要求特别为研究生建立一个俱乐部,再到减少教员们的教学负担。其主要建议涉及缩减芝大的本科生教育,并让教员们重新投入一种即便不完全也主要由培育研究人才(而不是教师)的理想为主导的研究生教育。莱恩的委员会还提议将研究生培训限制在一个系中,不允许学生选修第二专业。硕士学位将维持为研究学位,需要撰写论文,尽管莱恩也承认获得该学位的学生中有大多数将来会成为中学教师。（如果做出与之相反的规定无异于承认"芝加哥大学的研究生院将职业教育的目标放在了比培养科技人才和扶植学术理想更重要的位置上"。）在未来，研究生课程应采取及格/不及格的评价方式来代替用字母评分的方式，使之与本科生课程区分开来。为博士生设置的研究生课程将会高度个性化，没有标准课程设置，但会专注于他们各自的研究兴趣："每个学生的课程将由各个系来安排，由系主任批准。"大体上，一个学生的研究课题将决定他或她选择怎样的课程，而不是反过来的情形。教学以及正式的课堂活动将为培养学生掌握研究方法让路。教员们也将因此受益，因为委员会建议让"研究成果"成为"任命或晋升的主要标准"以及让"多产的教员"从"干扰他们开展研究活动的（教学）负担"中解放出来。莱恩的报告特别提出："芝大应扩大其政策效应，使研究在某些情况下被正式认定为学校的主要职责，而让教学成为自愿或附属的活动。"[204]

不同于阿尔比恩·斯莫尔和查尔斯·梅里安姆的所作所为，莱恩的逻辑背后并没有任何新的跨学科研究的实质性概念，只是要求为资深教员腾出更多的资源和更多的时间牺牲教学来搞研究，无论"研究"这个词如何定义。[205]这份备忘录并没有通过关于调整博士生考试的任何建议，而实际的制定方向相悖于斯莫尔的关切，不仅贬低了研究生参与研究领域之外的课程所带来的价值，还要求他们不要接触与其博士论文无直接关系的课程。莱恩对芝大本科生教育的矛盾情结一直也没怎么改变。1930年，他在自己所作的关于艺术与文学研究生院的年度报告中仍然固执地表示："或许今天这个国家研究生院不满意的状况归根结底还是由于一直在执行最初的规划，这个规划让美国的大学采取了一套德国的高等研究体系，而这套体系根本就是不可靠的，这种教育杂交的后果就是美国的大学永远不可能繁荣。"[206]

事实证明莱恩的报告并不成功。但是由于本地教员跃跃欲试，外部资金不断涌动，根本性的变革已经在酝酿之中了。20世纪20年代和30年代不仅有纽约城的大型私人基金以新的形式有计划地对教员和研究生予以资助，还有芝大一些著名院系在本地发起关于研究生教育的新学术传统和文化教育实践，这使得管理者们难以质疑单个研究生项目的有效性或自主权。这在几个社会科学系（经济学系、社会学系和政治科学系）体现得尤为明显，这些系已成长为（用托马斯·本德的话来说）这个国家专业领域内最为卓越的院系。具有讽刺意味的是，如本德指出的，这些系之所以如此成功是因为它们将精力高度集中于各个理论学科，从而断绝了与该城市文学或其他文化精英之间的联系。[207]从20世纪20年代开始，芝大涉足被多萝西·罗斯称为"唯科学主义文化权威和社会力量"的运动，从斯佩尔曼纪念馆的比亚兹莱·鲁梅尔和其他基金会那里获得了大量新的财政资助，于1923年创建了社会科学研究委员会（SSRC），并于同年在芝大建立了本地社群研究委员会。[208]劳伦斯·金普顿后来用略带夸张的口吻称鲁梅尔"与其他人相比或许要对今日芝大的社会科学之成就负有更大责任"[209]。这一时期的许多进步使一些所谓的"芝加哥学派"孕育而生，其核心不仅是领头的资深教员所取得的学术成就，还包括培养出了在几代芝大博士生中被梅尔文·W. 雷德分别（针对经济学）称为"芝大博士生中的一种特殊知识类型"和"芝大思维方式"的东西。一些创新项目包括由社会学系的罗伯特·E. 帕克和欧内斯特·W. 伯吉斯发起的"实地研究"研讨会和人种志培训课程以及威廉·奥格本在定量社会学方面所进行的研究——它们都吸引了许多杰出的研究生前来参与，由经济学系的雅各布·瓦伊纳和弗兰克·奈特教授的围绕"经济学301"展开的十分严谨的研究生培训项目，还有政治科学系的查尔斯·E. 梅里安姆的"帝国主义战略"，目的是在一个新的城市政治学行为科学的支持下加大博士生培养力度（1920年至1940年间该系授予了80个博士学位，相较于1892年至1920年间授予13个博士学位的记录有了大幅增长）。[210]梅里安姆作为中间人对于芝大在校内外建立新的跨学科联系颇有影响力，这些联系为研究生和博士后学生带来了更多的资源，包括1925年至1930年间在新罕布什尔州汉诺威的达特茅斯学院举行的夏季研讨会上通过SSRC的赞助与鲁梅尔长期合作。[211]如迈克尔·希尼和约翰·汉森所言，在梅里安姆的领导下，"该系的课程从20世纪20年代的十年间专注于公法和历史制度论——这也是当时学科的基础——转变到专注于政治行为的科学研究上去了"[212]。

两次世界大战期间的新"科学至上主义"获得了劳拉·斯佩尔

曼·洛克菲勒纪念馆数以百万计的资助,为博士生提供了教员方面的更多支持,还有奖学金和其他的研究职位,它为研究生教育带来了一场革命,也提升了社会科学领域内主要资深教员们的职业声望。[213] 哈珀早期对教员们须承担的教学任务提出的规范性命令在 20 世纪 20 年代开始瓦解,这绝非偶然;学校开始允许一个又一个院系不同程度地免除或减轻其单个教员(主要为资深教员)的正式教学任务,这一做法在"二战"之后将加速推行起来。[214] 一种自发的研究生学术文化渐渐开始在芝大的各个社会科学系形成,在博士生学术训练的过程中,或在像社会学系的社会研究协会(由罗伯特·帕克成立于 1920 年)这样的组织中,抑或在共同居住于国际公寓(于 1932 年 9 月开放)的经历中,这些博士生们开始相互交流并相互依赖。[215]

1929 年 12 月交付的社会科学研究楼是由斯佩尔曼纪念馆资助建设的,它标志着这些经过重新设计的研究生项目享有了新的权威、合法性和声望。在为交付仪式所作的演说中,查尔斯·梅里安姆说道,"我们有着庄重的责任去牢记这幢大楼交付使用所要达到的崇高目的……我们一定会重视让社会研究取得更高水平的科学成果并造福人类",他刻意将理论超凡和实用价值的主题结合了起来——这在 1918 年至 1945 年间给了芝大的社会科学研究生项目以越来越多的合法性。[216] 20 世纪 30 年代到 40 年代间,随着芝大这些博士生项目的学术影响力在全国范围内得到广泛认可,教员们对这些研究生项目所招收学生学术水平的质疑之声也越来越弱,主要的管理者们会发现难以强迫不愿意接受的教员做出改变。[217]

1918 年之后的几年也让芝大的研究和研究生教育在面对之前的欧洲老师时变得越来越自信了。1918 年后德国的科学再也不复之前那般风光,不再是 1914 年以前年轻的美国人所崇拜的那片圣土了。相反,战争结束后,德国的科学和学术(用玛吉特·瑟勒希·让泽的话来说)陷入了孤立和紧缩的冷落之境。[218] 这种转变部分上也是由于美国的研究生教育日渐成熟,许多研究生感到美国的博士生项目如今已足够严格,不必再去国外深造所造成的。一些冒险去欧洲的美国年轻人是带着一种对"旧世界"及其腐朽的学术风气的怀疑而去的。1923 年,年轻的哈罗德·拉斯韦尔在伦敦与一群英国学者见了面,他向查尔斯·梅里安姆报告说:"这里的氛围真是古怪,仿佛自己周围全是枯朽腐败的尸体,置身于一个死气沉沉、行将消亡的国家……在英格兰,那些思考着的人们看到自己的未来是漆黑一片。"[219]

1918 年之后,美国人可能没有多少一定要去欧洲的压迫感了,至少不必再用那种过分恭敬和虔诚的态度来评价他们去欧洲的经历了;但是反过来的情形却大不一样。1918 年之后,芝大成为了数以百计的海外学生前来求学的地方,这种情形似乎是 1914 年以前它自己的教员们前往欧洲求学的重演。至 1923 年,已经有代表 41 个国家的 432 名外国出生的学生在芝大的各个院系注册了不同专业的课程。[220] 20 世纪 20 年代一些来到芝大追寻自己专业和知识财富的年轻的欧洲学生最终留在了芝大。他们中包括从事天文学研究的奥托·斯特鲁维和从事亚述和苏美尔研究的托基尔·雅各布森,两人都是 20 世纪 20 年代来到芝大上学的研究生,在芝大取得了博士学位,最终受邀加入了教师队伍;还有 1925 年来到芝大神学院学习的威廉·保克,他后来也成为神学院教师的一员。

也有少数这样的例子,一些才华横溢的欧洲年轻人在欧洲取得博士学位后选择了来芝大教书。在"大萧条"前夕,来自挪威的一个年轻的博士后威廉·H.扎克赖亚森加入了物理学系。接下来的四十年里,他在芝大创造了自己卓著的职业生涯,包括任职物理学系教授(1945—1949 和 1956—1959)以及物理科学部部长(1959—1962)。此外,据说 20 世纪 20 年代在芝大担任正教授的最为杰出的资深欧洲学者并非来自德国,而是来自英国。比如威廉·克雷吉爵士,他是《牛津英语词典》的第三编辑,1925 年放弃了牛津大学提供的捐助教授职位,而后来到芝大从事《美国英语词典》的编纂工作,被芝大人传为佳话。[221]

许多战前曾在德国留学的年轻学者回忆起他们与德国学术文化之间的联系时都有一种非常复杂的矛盾情结。巴里·卡尔就曾这样犀利地评说 1899 年至 1900 年间在德国跟随奥托·吉尔克和雨果·普罗伊斯学习的查尔斯·梅里安姆:"战后……梅里安姆更倾向于否认他们的关系,而他在认同自己与其德国学术前辈之间关系时的犹豫不决恰好反映了他这一代人所面临的问题。"[222] 20 世纪 20 年代欧洲和美国之间仍在维系着一些有意义的学术交流,但通常都是个别芝大教员主动带着理想化的美国价值观跨越大西洋才产生的。1929 年到 1933 年间由芝加哥大学出版社出版的梅里安姆的九卷著作《公民养成研究》是一套对不同欧洲国家和美国的公民培养进行比较的丛书,这套书中较少体现出梅里安姆对传统欧洲教育机构的欣赏,更多反映的是作者自己的信念,即在 1914 年至 1918 年的战争阴云散去之后,美国关于培养富有责任感的公民的政治价值观——尤其是实现参与民主制的美国理想——是"全世界其他国家的一个样板"[223]。同样,梅里安姆的同事昆西·赖特关于战争起因和预防的著作使赖特在不同的欧洲国家结交了大量的志同道合者并获得了许多学术交流机会,尤其是涉及国际联盟未来的问题,但这些都限定在赖特自己的一个框架内,因为他坚信美国参与欧洲的集体安全行动不仅与美国自身的利益相关,更与这个世界的利益息息相关。[224]

## 学院教育

在 20 世纪 20 年代,芝大的本科教学一线也在发生着激变。欧内斯特·伯顿力图改善本科生院的领导力,他于 1923 年秋委任了研究早期意大利文艺复兴文学的著名学者欧内斯特·威尔金斯教授作为本科生院院长。威尔金斯试图制订一份大胆的计划来为一年级和二年级的学院学生建立一个独特的通识教育项目,从而使本科生的课程更具连贯性。1924 年春他在一份关于本科生院未来发展的计划中明确阐述了该计划。[225] 威尔金斯坚信当前的美国大学"在培养社会领导者方面是失败的","在培养认真而有思想的学生方面也是失败的",导致了"对社会的不负责任",并且它"还无视教育过程中的一个有效而重要的分裂环节"。他的报告由许多针对芝大的具体建议所组成,数月后,又附加了一本名为《教育理论》的更具概括性的小册子,也是经过深思熟虑制定的。威尔金斯提议芝大将本科生教育分成两部分,前两年的工作在一个学院里组织,有其自己的课程设置,自己的教学员工和自己的管理层;计划招收 1500 名学生,由特别选出的 75 名教师来教导,这些教师不必是某个院系的成员,也不必承担研究任务(教员们"除了把教学工作搞好以外应不受任何约束去完成其他任务")。威尔金斯甚至还对他的理论做出了进一步的阐释,建议将前两年的学院教育分离出去,与初等和中等教育的后六年结合起来,组成一个美国版的德国大学预科(威尔金斯称之为"高等预科学校"),提供八年的通识教育——他相信这样一个体系能够弥补传统四年制文理学院的诸多不足。[226]

由于主张将本科生院与芝大的其余部分"绝对分裂"开来,该计划不免有些异想天开,从而立即招致了自然科学系一些资深教员的强烈反对,为首的是化学系的朱利叶斯·斯蒂格利茨和赫尔曼·施莱辛格,生物学系的W.C. 阿利、H.C. 考尔斯和A.J. 卡尔森,地质学系的E.S. 巴斯汀,以及物理学系的哈维·莱蒙,后来加入他们阵营的包括人文和社会科学系的一些教员,如哲学系的T.V. 史密斯和经济学系的L.C. 马歇尔。斯蒂格利茨称,"不能把所提及的这些领域中的问题都归罪于学院,把对美国四年制大学发起的这些控诉放在与《教育理论》这本书中提到的那些体制类似的欧洲教育体制上同样适用"。斯蒂格利茨尤其反对威尔金斯所提出的让不是学者的教师来承担前两年本科教学工作的建议,认为这样做极其不利于完成研究型大学更大的使命。[227] 威尔金斯的想法四处碰壁。伯顿向斯威夫特报告说,威尔金斯"已经招致了教员队伍中一些最有影响力的人的强烈反对",并预言说"如果没有可能实现",该报告会被否决掉。[228] 1927 年年初,在经过长时间的痛苦思索之后,由本科生院和研究生院的教员所组成的一个联席会议正式否决了该议案。[229]

在自己卓有远见的计划被否决之后,威尔金斯无奈之下只得同意去寻求更加务实的改变,如在跨学科教学实践的基础上为低年级的本科生设计一些新的介绍性的课程。1924 年秋季学期推出的两学期课程"世界与人类的性质"正是这种课程的一个代表,它在学生中间很受欢迎,遗憾的是只有一部分学生选修了它(只有通过邀请的方式才能选修该课程);它也为后来昌西·S. 布歇在 20 世纪 30 年代初所开发的通识教育课程提供了一个范式。但是仅仅一门课程掀不起革命的浪潮,威尔金斯在人文和社会科学领域内创建类似课程的努力还是未能成功。

然而,威尔金斯仍然为学生争取到了许多建议性的支持;他还提出了一个总体规划,通过聘用更多的博士后教员以及要求各系更加关注教学质量来改善教学。[230] 但是威尔金斯最终还是不喜欢院长的工作,在 1925

年年初他写信给伯顿要求免除他的院长职务,转而担任一个更为隐秘的职务——一个新的副教务主任,以便让他能够把时间花在研究影响本科教育的那些理论性问题上面。伯顿并不赞同威尔金斯的想法,也不同意他把本科生前两年的教学工作从普通教员手中分割出去的建议,他警告威尔金斯说,如果得不到本科生院下一任院长的实际支持,发展新的高等教育理论就可能沦为空谈。[231] 威尔金斯作为院长的影响力因此受到了一种结构性束缚的限制,他发现自己也受困于这种束缚之中,即来自各个系的阻力,这种阻力一直阻碍着一年级和二年级学生选修大部分入门课程;与此同时,他在与伯顿打交道时明显不识时务,这也影响到了他。[232] 由于感到自己无望当上新的负责高等教育理论研究的副教务主任,威尔金斯心灰意冷了。1926 年 2 月他以身体状况不佳为由辞去了职务,当年晚些时候离开芝大,去欧柏林学院当了校长。

威尔金斯刚刚辞职,新任校长马克斯·梅森就于 1926 年 6 月任命了昌西·布歇为本科生院院长。梅森自己大体上拥护伯顿的观念,尽管并没有展现出很强的领导力来改变现状,他口头上还是反对取消本科生教学的。布歇看上去不大可能成为领导课程革命的人选,他是研究南北战争前南方军的历史出身的,于 1914 年从密歇根大学获得了博士学位。从 1924 年到 1926 年,布歇一直是副院长,这就是说他参与了当时正在进行的颇有争议的课程改革。与渴望成为一名高等教育理论家的威尔金斯不同,布歇有着在任何学院或大学中取得课程改革成功所必需的弹性和灵活性。作为一名深受教员和学生喜爱的杰出的公共演说家,布歇开始着手制定将会彻底重塑研究生教育的必要方案。[233] 在继任院长一职后不久,布歇就开始规划大规模的改革:"我听闻梅森校长和伍德沃德副院长急于做出一些对'学院'意义非凡的事情来,并且准备好了采纳院长可能提出的任何建设性意见。因此我开始认真地研究学院教育的最大问题,尤其是我们自身的问题。"[234]

本科生院面临着哪些问题呢?首先,1918 年之后本科生和研究生招生人数的迅速增长迫使芝大任命了一大批研究生和其他的临时教员作为教师,他们的课堂教学水平往往达不到标准。其次,学生对他们在本科生院所接受教育的质量也越来越有意见。1919 年由年轻的哈罗德·拉斯韦尔所作的一项关于学生意见的调查显示,"那些严肃认真的本科学生抱怨最多的是他们的课堂氛围冷淡,他们少有机会能与自己的老师或自己系里那些卓著的学者们直接接触"。据分析,造成这种不足的原因包括以下几点,"老师们的时间都被研究工作占据了,因为这决定着他们的前途",以及来自自己同学的压力,在课堂以外寻求帮助可能会被看作溜须拍马。拉斯韦尔听到的另一种抱怨是"许多(本科生)课程是由研究生助理来教授的,他们一没有经验,二要承担大量的研究工作,所以无暇顾及太多"[235]。战后招生人数的迅速增长也将许多没有为严格的大学学习生活做好准备的本科生带到了芝大。一项对1919年762名秋季新生入学登记的调查研究显示,只有308人于1925年春毕业,六年学习后的毕业率仅有41%。此外,这些学生中有将近25%的人因成绩太差被学校开除或仅留作试读。[236] 1927年的另一项研究得出结论,"尽管考试办公室做出了努力,仍有许多学生似乎在学术方面无法达到他们的课业要求。而学生们表现糟糕的一个最重要的原因还是在于他们自身的态度,他们的想法就是稍微下点功夫,能'过得去'就行"[237]。这些问题在资深教员们中间引起了反响,他们对芝大的招生做法提出了质疑。一些教员甚至幸灾乐祸地贬斥本科教育的衰落,但多数人还是诚恳地希望找到办法,将更多有真才实学的学生招进本科生院来。[238]

然而学生和教员最为关心的问题莫过于芝大将会按照贾德森的意愿废除本科生院的传言。1925年3月,约翰·霍普金斯大学校长弗兰克·J.古德诺提出取消巴尔的摩前两年本科生教育,该建议对于芝大那些有着相似愿望的人来说无异于一针强心剂。[239] 布歇强烈反对这样的计划,但他后来回忆,尽管伯顿和梅森发出过强有力的公开声明以表达相反的看法:"据我所知,这样的想法在十年间从未消停过,在许多教员、学生和校友以及大众之中仍然很有市场,即芝加哥大学正在通过粗暴地对待其本科生院,刻意地、竭尽所能地使其消亡。这个过程缓慢却坚定,芝大希望成为一所研究机构,只有高年级的工作才是其研究工作的必要补充。"[240] 导致这些流言愈演愈烈的是一些作为教员意见领袖的资深教员对本科生教学越来越明显的漠视。布歇还回忆道:"只有搞研究和研究生教学才能获得承认,才能升职加薪,这样的观念非常盛行……有许多教员——既有长者也有年轻者——都认为无论从社会还是职业层面来看，从事与本科生相关的管理、课程建设和教导工作在别人眼里都是低人一等的。"[241]

尽管许多资深教员都同意朱利叶斯·斯蒂格利茨的看法，即芝大应该保留其四年制学院，仍有一小部分哗众取宠的人迫不及待地想将前两年的本科生教育废除或放弃掉。[242] 到了1934年，威廉·多德，一位曾在1929年4月选举罗伯特·哈钦斯成为校长的遴选委员会中发挥过关键作用的资深历史学家，带着嘲弄的口吻警告芝大不要再招收更多的本科生到自己的校园里来，进而鲜明地表达了自己对研究生工作的偏爱："让那些游手好闲的本科生爱去哪儿就去哪儿吧，最好是去耶鲁和哈佛，去那里学些浑浑噩噩的本事和奇奇怪怪的口音再合适不过了。"[243] 1925年，在规划一座新的现代语言大楼的过程中，英语教授约翰·马修斯·曼利写信给副校长詹姆斯·H. 塔夫茨，同意为人文系建造一座与哈珀图书馆主楼相连的新图书馆，但他强调本科生不能使用这个新设施："我们花了很大气力才说服一些系同意把现代语言阅读室设在三楼……（因为）他们担心该阅读室会被哈珀支持的那些本科生大军挤得水泄不通。我相信可以避免这种情况发生，但是我们都希望再强调一遍，一定要保护好这个阅览室，不要被那些人糟蹋了。"[244]

此外，一些长期存在的教学问题也凸显出来。1925年的一份调查发现，在34大项院系课程中的124门小课程里面，只有30门是由普通教员教授的，其余课程均由研究生或其他的兼职教员教授。在94名研究生教师中，有36人之前没有任何教学经验。此外，本科生院所有大课程中的70%是由聘用合同为一年的临时教员教授的。当初在挑选时就没有认真考虑这些人的教学能力，许多系也没有用心去考察他们在课堂上的实际教学质量如何。该报告得出失望的结论："教师的教学水平明显低下，人员更换频繁，任命仓促，遴选工作准备不充分或实施不当，未能确保所教课程的教学质量，教学效果不尽如人意，未能纠正学生个人错误和提高个人能力，这些状况与保持和提高芝加哥大学应有的教学质量极不相称。"[245] 1928年，布歇是这样来描述当时的形势的："各系已经把自主贯彻到极致了。每个系都是按照各自认为合适的方式来制订课程设置计划的,在课程表印发之前,院长对我们每一学期的课程安排都一无所知。各系的本科生课程设置应当由自己安排,但要总体上协调,导致其设置不当和产生矛盾的原因通常是无知或判断力差,但在某些情况下,也不排除是因为对本科生工作的刻意轻视。"[246]

为了应对这些问题,布歇敦促芝大采取更加严格的招生标准,将每年录取的新生人数控制在750人以内,他还增加了荣誉奖奖学金的数量。布歇同时动用了更为有力和更有干预性的资源来为那些刻苦的学生提供建议,以此来帮助他们,他废除了强制参加学校教堂活动的命令。[247]但是他真正的目标在1927年至1930年间他自己所写的诸多意见书中表述得非常清楚,那就是开始将更多有上进心和学术才能的学生招进本科生院里来,让他们参与更加协调和严格的教学课程,这些课程不是由各系来控制,而是受一个独立考试办公室保护的。他需要为芝大所有的艺术和科学领域创建一个全新的通识教育体系,但这样做的同时要确保芝大自然和社会科学专业的教员中那些有影响力的小帮派能够接受——即便他们不甚欢迎这种做法。欧内斯特·威尔金斯就遭遇到了像斯蒂格利茨这样在政治上难以对付的自然科学学者的坚决反对,布歇决心不能够重蹈覆辙。

受到马克斯·梅森1927年7月对高等院校管理人员协会所作的一篇讲话的启发,布歇开始着手调查全国范围内的学院教育状况,并与一些有意愿交流的专家一起商议:

> 我广泛阅读了各种文献以了解其他高校目前的做法和先进思想;我与大约30名来自芝加哥大学不同院系的人士进行了交流;1928年1月,我访问了普林斯顿大学、哥伦比亚大学和哈佛大学,以便获得关于他们那里的情况的一手资料。我与这些学校中那些有领导力并能提供建设性意见的思想家们一一交谈过。我的目的首先是看一看这些学校所进行的实践有哪些特色是我们可以借鉴的;其次,如果能够得到一点点鼓励的话,我非常迫切地想告诉他们我正在着手制订的计划有什么特点,以便让这些人能够提出一些建设性和改进性的建议,因为他们都训练有素、经验丰富,提出的意见一定非常宝贵。[248]

布歇在访问哥伦比亚大学之时一定研究过该校于 1919 年设立的"当代文明"这一课程。[249] 但是如果就此认为布歇是在试图照搬这样的模式那就大错特错了,因为他所面临的政治和学术挑战要比像约翰·J. 科斯和哈里·J. 卡曼这样的哥大人文学家在 20 世纪 20 年代所面临的严峻得多。1928 年 2 月中旬,有件事情似乎成了一个关键的转折点。布歇去纽约城与威廉·S. 勒尼德见了面,对方是卡耐基教学促进会的一名高级职员和美国一位著名的中等和高等教育批评家。1927 年,勒尼德针对美国高等教育的状况发表了一篇严苛的评论,指责困扰美国学院和大学的是"平庸这个祸根"。美国的学院和大学教育的普遍状况给勒尼德留下的印象是混乱,缺乏严密性,一大堆课程学分和分级实践没有理性的目的或目标,最为严重的是,完全轻视"年轻人学术方面的远见、活力和热情"[250]。在长达六个小时的会晤中,布歇被勒尼德的看法深深触动了,对方建议要加强课程设置的严密性,他对课程学分的蔑视也给布歇留下了深刻印象;勒尼德还鼓励他开展一系列激进的跨学科结构改革。[251] 如果说有什么外部力量帮助芝大确立了其第一个核心课程,那一定是卡耐基基金会中像威廉·勒尼德和他的同事这样的经验主义者所做的工作。[252]

　　一个月之后,布歇组建并领导了一个教育委员会,制定出了他的改革方案,并于 1928 年 5 月 7 日递交给了芝大评议会。该委员会由一群中间派学者主导,这些人与主张研究至上的多德不同,对本科生教育事业能产生共鸣,但是他们同样公开反对过 1924 年威尔金斯提出的那个乌托邦式的计划。这些人包括斯蒂格利茨、卡尔森、马歇尔,以及或许是最著名的教育系的查尔斯·贾德。布歇的计划要求进行一系列大胆的改革:建立一个有自己的课程结构的初级学院项目,不受各系的控制,由普通研究教员授课;对前两年的本科生课程设置进行修订,集中在设立大范围的概论课程上面,以此来替代各系的特设课程,设立的这些课程要建立在教员研究成果的基础之上(20 世纪 20 年代中期自然科学项目进行过类似的先期实验);采用五项通识教育能力考试来测试和评价学生的进步,学生可以根据自己的准备情况自行选择考试时间;增加新设计的科目课程来满足学生对早期专业科目的兴趣,尤其是对自然科学;以及废除强制性的学季课程考试。[253] 布歇的改革也没有仅仅局限于课程变化上,他在计划中还提出要再为新学生宿舍楼投入数百万美元的额外捐赠以支付其维护保养费用，以及建设教学设施和扩充本科生图书馆的资源。[254] 最后，尽管布歇坚持为本科生院提供新的资源，他还是希望将芝大四方院内的多数实际教学活动保留下来，以免形成一个本科生的"贫民窟"。鉴于其完整性，这些提案对于那些试图将芝加哥大学的本科教育边缘化的人而言无疑是在向他们宣战。

布歇意识到负面评价出自于威廉·多德和一些想法相同的同事们，严重损害了学院工作的声誉——他们说本科生没有以认真的态度对待学业，缺乏真正的"芝大精神"，阻碍了芝大开展其真正的工作——他深信，施行更为严格的课程计划就能够吸引更好的学生，并且会让他们发现芝大的总体文化比想象的更加令人满意。[255] 在许多教员看来，威尔金斯1924年为他的初级学院定制的课程很像是高中课程的延续，是建立在一个帮助一群年轻人获得"独立的道德生活"的社会体制内的；与之不同的是，布歇给他的计划加上了研究型大学的光环：教学内容以研究为基础；要求本科生具有学术方面的独立性、活力与自主性；以及用来评价学生成就的"科学"测试体制。1928年5月，其最初的建议中曾提到，本科生院应能够"为更好的学生节省时间，即对于那些比一般学生更快和更彻底地实现自我发展的学生，我们可以根据已证明的成就来授予他们（学士）学位，而不是按照所要求的课程学分，以期打破以往因循守旧的做法"[256]。布歇确信，他设计的体系将能够消除勒尼德所发现的美国高等教育中存在的大部分显著病症。但他同时也希望，自己能够拯救芝大的本科生教育，使其摆脱政治上被边缘化的状态，从而吸引更多值得普通院系教员尊重和欣赏的在学术方面有独立性的学生。

布歇为课程改革所采取的策略在1928年5月遭遇了一场重大挫折，当时马克斯·梅森出人意料辞去了芝大校长一职，转而成为洛克菲勒基金会自然科学分部的领导，一般人的理解是，他会在接下来的一到两年内成为该基金会的主席。梅森辞职的原因不甚明了，尽管后来有传言说是因为梅森个人对在芝大的工作有不满情绪，对纽约那份压力不那么大的慈善工作更加向往（1928年春，梅森已经对洛克菲勒基金会表达过自己的意愿了），还有传言说是芝大的一位董事在一家酒店的大厅里看到他与一位陌生女子在一起。²⁵⁷ 历史学家珍·布洛克从20世纪30年代任职的几名芝大董事那里听说过这种说法，她表示，这或许是梅森仓促辞职的另一个重要原因。²⁵⁸ 1928年夏天此事件导致权力真空，使布歇的计划陷入了政治僵局。1928年年末试图逐步实施这些改革措施的努力不可避免地陷入了停滞，布歇也感觉自己孤立无援，他力图加强本科生教育的计划遭到了一些强大势力的阻挠。²⁵⁹

梅森宣布辞职决定仅一天之后布歇就向芝大评议会提出了他的改革建议，这一事实也必然影响了搜寻梅森继任者的工作。据查尔斯·贾德称，许多董事以及大多数教员所支持的内部人选是法学教授和时任副院长及教务主任的弗雷德里克·C. 伍德沃德。但是作为董事顾问的由评议会中的正教授选举组成的教员遴选委员会是由四个人所把持的，他们是威廉·多德、查尔斯·梅里安姆、亨利·盖尔和戈登·莱恩，这几个人对伍德沃德有很强的成见，因为伍德沃德非常倾向于支持布歇的计划，对他的住房计划也表示支持。的确，伍德沃德作为校长候选人的资格受到了一群资深教员的挑战，用贾德的话来说，这些人对芝大可能会大力扶植本科生教育的前景感到"恐惧"，对于多德而言，这样一种策略不仅意味着芝大的研究部门会失去大量物质资源，更象征着对（期待中的）研究生项目文化领导权的一种冒犯。²⁶⁰ 1928年9月，多德写信给哈罗德·斯威夫特称，任何试图增加本科生资源的努力都意味着"在今后的十五或二十年中，芝大真正的工作将变得困难重重"，他明确无疑地指出"所谓'真正的工作'就是指研究生教育和研究。此外，研究生都是刻苦勤勉的，不像常常会怠惰而缺乏纪律性的本科生那样总是麻烦不断"。²⁶¹ 多德自身是一个威尔逊式的民主党人，他把精英的本科大学视为懒惰的禁区，纨绔子弟没有资格入校学习。这解释了他为什么会如此固执和焦虑，但也说明他无法想象芝加哥大学能够建成与东部竞争者学校完全不同的本科生项目。²⁶²

作为代校长，同时也是这份固定职业的主要内部候选人，伍德沃德处于进退两难的境地。1928年，校友领导者们对废除本科生院的流言变得越来越关切。以约翰·A. 洛根为首的一个委员会向300名校友发出了一份调查问卷，其中的问题包括："为什么会出现关于建议废除前两年本科生教育的流言？如果该流言毫无依据，正如我们得知的那样，为什么管理层明明可以通过高度组织化的宣传部门让事实变得众所周知，却没有试图通过发表一份明确的、针锋相对的声明来消除这些流言？"[263]另外一群校友通过写匿名信的方式谴责了那些在他们看来占据着"肥差"却"毫无责任感"的资深教员，认为"如果没有当初那些有公德心的人建立起这样一个机构，没有学生家长三十多年来支付的数以百万计的学费，根本不会有他们的今天。从来没有一群教育者如此自私自利，贪得无厌，毫无原则"[264]。更令人不安的忧虑来自校友中的那些中间派领导者，如1916年毕业、曾获得理学士学位的当地著名银行家弗兰克·S. 怀廷。怀廷指责说，芝大不立即解决关于本科生院未来的问题是不负责任的。他用经过权衡的措辞提出，如果芝大作为一个整体想要继续获得校友的支持，就必须做出保留本科生院的决定，而且要尽快决定。[265]

显而易见，如果得不到回应，这些观点对于芝大在这座城市中的公共关系及其未来的筹款前景而言会是灾难性的。1928年12月，董事委员会敦促芝大管理层的领导们就"芝大的本科生院作为芝大的一部分将永久存续"作出"一份清晰而明确的声明"[266]。面对那些资深教员们反对本科生教育的言论所导致的校友和董事们的不满情绪，1929年1月中旬，伍德沃德不得不写信给两位研究生系主任戈登·莱恩和亨利·盖尔，（用近乎训斥的口吻）敦促他们公开重申芝大维护其本科生院的必要性，并指出了在有影响力的校友圈子中出现的愈加强烈的不安情绪。作为回应，莱恩和盖尔敷衍了事地向他保证他们会支持本科生教育，但是这次交谈以及其他类似的谈话却像一把利刃割断了伍德沃德接替梅森成为校长的机会。[267]盖尔和莱恩也是反对布歇所提出的课程改革的核心力量，这一点不足为奇。[268]尽管伍德沃德受到了许多其他资深教员的爱戴，反对伍德沃德的一些犹太神秘哲学家还是把形势搞得一片混乱；到了1929年年初，伍德沃德已经丧失了其候选人资格，这也为年轻而自负的局外人罗伯特·梅纳德·哈钦斯让出了道路。[269]

巴里·卡尔公正地评论说，在这场争斗中，没有哪一方是永远的赢家——芝大不仅需要本科生的财政福利来支持其长期的生存，也需要哈珀最初为其带来的学术声望。不仅如此，这场残酷而棘手的斗争还打击了教员们的士气，使得罗伯特·哈钦斯后来为支持本科生教育而争取更加激进的投资和改革的工作变得更为引人注目了。[270] 哈钦斯于1929年夏天继任校长，昌西·布歇这才得到了一个强有力的盟友，这位新人有着至高无上的职权，并依靠其公信力促使教员们通过了布歇的计划。我们将会看到，这些新的课程架构将会成为芝加哥大学学术文化的一个极为重要的转捩点。

### "一战"后的学生和学生生活

对于任何大学而言，学生生活都是其更广泛的学术文化的重要组成部分，尽管有时候会显得很不成熟；因此，花一些时间来总结一下"一战"之后芝大学生生活的特色是十分必要的，因为这些特色在"二战"之后就会发生深刻的变化。不幸的是，芝大关于其学生社会背景的记录始终缺乏连贯性，而且通常较为混乱；尽管如此，我们从现存的资料中还是能够找到足够的信息来展示芝大早期学生主体的总体社会特征。希望被芝加哥大学录取的学生最好有高中学历。许多学生是从其他大学和学院转过来的，对他们而言情况也大概相同。乔治·康茨对美国中学择优录取的经典研究表明，尽管在1870年到1910年中学阶段的入学率有了大幅提升，然而1920年美国适龄男女青少年上高中的可能性大约仍然不足25%。康茨发现，那些上高中的学生——无论是什么形式的高中——一般都来自拥有重要文化和财务资源的家庭（比如，上高中的学生家中有电话的比率要比没有上高中的高出2.5倍，其父母更有可能是白领人士或从事金融职业，而不是从事蓝领工作）。一旦学生被高中录取，他们的家庭背景会继续对他们是否参与大学预备课程或职业课程产生影响。[271] 1918年美国全国私立高中的学生数略多于15.8万人，这些学生往往有着更为富裕的家庭背景。

芝大本科生的总体规模（秋季入学规模）从1908年的1488人增加到了1929年的3401人。芝大从一开始便实行了男女合校，第一年男女本科生数量之比从1908年的54%∶46%增加到1929年的57%∶43%，然后又降为1940年的56%∶44%。芝大在其最初的数十年中广泛地尝试过各种不同的招生程序。到了1911年，才允许大专院校的学生参加入学考试，该考试是以学生在高中完成了四年（15门全年课程）的全日制课程学习为前提的。1911年到1912年，芝大开始根据学生的学业成绩是否达到一定的数量和质量标准接收由中北部高校和中学协会承认的（或者在美国其他地区由类似的鉴定机构认可的）四年制高中毕业的学生。[272] 1923年，芝大开始要求申请者出示翔实的个人信息，包括家庭背景、学术兴趣和职业规划，以及社交兴趣和爱好。一年之后，本科生院为录取已认证的中学毕业生在学科方面制定了最低成绩要求，规定候选人的平均分必须比及格分数和满分之差高出25%。1930年，为了配合未进行额外考试而录取其毕业班级所有上半部分学生的决定，芝大废除了这一复杂的制度。一旦进入了芝大，学业成绩就往往与之前在高中所取得的成功息息相关，也变得与其父母的职业息息相关。比如，弗洛伊德·里夫斯和约翰·戴尔·拉塞尔发现，1926年在父亲从事专业性工作的学生中，有84%的人在大学一年级就取得了令人满意的学习成绩，而在父亲从事商业贸易的学生中，这一数字就降到了57%。[273]

　　资助芝加哥大学的一名本科生需要重要的财务保证。鉴于"一战"后芝大所经历的财政压力——当时学生人数激增，教员们强烈要求扩充教学和研究资源，1917年到1926年间入学成本翻了一倍的事实也就不难理解了；这些年的学费（全日制及学季制）从每年150美元增加到每年300美元；到了1933年，每年的学费已经增加到306美元；而到了1939年，更是增加到325美元。如果一个学生不在家里居住，就必须承担校内或校外的食宿成本。在住宿体系内部，食宿成本根据宿舍质量和位置的不同而有所差异。1937年，伯顿－贾德森宿舍楼全学年的最低食宿成本大约为425美元。而一些更老的宿舍楼，如斯内尔楼和希区柯克楼每学年的食宿成本约为350美元（这些为最低成本，更富有的学生可以花更多的钱住更好的房间）。住在校外的学生可以自己做饭从而进一步降低生活成本，即便如此，一个学生要把租房、伙食和买书的成本控制在每年250美元以内似乎也不太可能。因此，假定一名学生不住在家里，"大萧条"开始时在芝加哥大学上学的实际成本大概为每年550到800美元之间。[274] 将该数字放在时代的社会背景之下，1930年至1931年芝加哥大学全职副教授的平均薪水为大约每年4000到4500美元。来自一所赠地大学的男性高中老师在工作十年之后应该能赚到2900美元的年薪。像法律和医学这样的职业赚到的会更多：从事法律、医学和工程工作的赠地大学毕业生在十年之后的平均薪水分别为大约5900美元、5700美元和3800美元。[275] 相比之下，在20世纪20年代一名从事制造业或铁路行业的熟练工人一年大概只能赚到1600美元。

芝大从建立伊始就为其本科生提供奖学金资助，只是数额很小，并且几乎总是建立在竞争绩效的基础之上。奖学金的颁发是以对学生在特定领域内的成绩排名作为基础的（奖励或竞争性奖学金），并且建立在学生在高中或本科生院的学习成绩的基础之上（荣誉奖学金）。为"一战"中武装部队的老兵或者他们的后代而建立的拉维恩·诺伊斯基金会也为本科生提供了大约90笔学费补助金。1930年，芝大向167名大一新生（占所录取新生报考者的19%）和517名高年级本科生（占所有全日制高年级学生的14%）颁发了奖学金补助。[276] 发给大一新生的这些奖学金中有许多都包含了全额学费，但是发给高年级学生的绝大多数奖学金只包含部分学费。即便是得到资助的学生在他们上完第一学年之后也会遭遇到与日俱增的经济压力。许多学生因此不得不去工作才能挣到自己部分或全部的学费和生活费。根据1920年所作的一份针对2065名本科生院学生的调查，哈罗德·拉斯韦尔和西奥多·索尔斯估计有42.5%的男本科生和31%的女本科生从事兼职或专职工作。[277] 一个由H.A. 米利斯领导的团队于1924年年初对1786名本科生进行了调查，并得出了大致相似的结论：在每学期上满四门课的学生当中有36.6%的人做过赚钱的工作，而每学期只上两门课的学生中有46.7%的人做过校外的工作。[278] 此外，有近三分之一的受访者称，由于必须兼顾学习和工作，他们的生活充满压力。1930年里夫斯和拉塞尔也发现，有很大一部分得到全额或部分奖学金资助的学生（反过来，他们却是芝大学院学生总人数的一小部分）不得不做兼职工作。由于许多奖学金的获得者都来自芝加哥地区以外，他们通常要承担比那些可以居住在家的当地学生更高的生活成本[279]。"大萧条"的到来让这种形势变得更加复杂了。1939年，超过56%的男本科生和30%的女本科生报告称，他们希望自己在芝大期间能够实现完全或部分自立。同样重要的是，有54%的男性和18%的女性报告称他们在高中期间就尝试过自立。

尽管约翰·D. 洛克菲勒和各洛克菲勒董事会曾先后给予过芝大巨额的赠款支持,芝大的官员们还是从一开始就被迫依赖学生的学费作为其运营成本的重要来源,这种依赖在整个20世纪将会一发不可收拾。至20世纪20年代中期,芝大有整整三分之一的年度预算都是通过学生学费的收入来解决的。不考虑与医学院和芝大诊所相关的花费和收入,芝大在20世纪30年代末之前的学杂费(42%)超过了其捐赠收入(36%)而成为艺术与科学学科一般预算最重要的来源。[280] 1918年至1930年,芝大的招生人数增加了59%,但是该机构的年运营经费和教育开支却增加了323%。[281]

最难准确分析的因素或许就是芝大本科学生的社会经济状况。乔治·康茨1922年说,大多数上过大学预备课程的高中毕业生事实上都有着较为得天独厚的社会和文化背景,由于多数芝大报考者都是智商很高且在其就读的(重点)公共高中学校取得过优异学习成绩的学生,我们通常会认为芝大的本科生都有着可靠的中产或上中产的社会背景,甚至在某些情况下可能来自上层社会。1931年由芝大的大一新生代表本科生参加美国教育理事会的心理测试(一项早期的智力测试)所取得的平均分在全国151所学院和大学中位列第四。[282]

然而,其他一些数据所显示的情况却更为复杂。首先,20世纪20年代到30年代芝大学生父母的职业和教育背景是相当不错的。里夫斯和拉塞尔发现,在从1893年到1930年间所选取的一份由3769名本科生校友组成的代表性样本中,大部分(近70%)学生的父亲都拥有某种形式的私人产业,或者从事专业性工作或贸易行业。只有13%的学生的父亲是技工或在交通、公共服务、建筑行业或印刷行业工作。然而,这些职业类型中的每一种所涵盖的薪酬水平和工作却又大不相同(比如,"专业性工作"就包括社会工作者、图书管理员、公共学校教师,以及内科医师、工程师和药剂师)。[283] 来自20世纪30年代的资料也显示,就家长的教育背景而言,有大约35%的芝大本科生的父亲并非高中毕业生,另有21%的学生的父亲仅是高中毕业生。这些数据以及大量必须工作的学生的相关数据共同说明,就收入水平而言,本科生院的大多数学生来自中下等或中等层次的家庭，少数来自工人阶级家庭，极少数来自较为富裕的家庭。关于1930年之后"大萧条"对学生和其家庭生活造成的经济影响从未有人做过研究，但是值得注意的是，1929年到1938年芝大本科生的招生人数处于缓慢下滑的趋势（两个年份分别为4097人和3341人，前者为历史最高）。[284]

如果说芝大早期的学生主体在社会经济方面十分多样化，那么其地理分布上的差别就小得多了。从芝大建校伊始一直到20世纪40年代，其大多数本科生都来自芝加哥及其近郊地区。1902年，其大一新生中有56%的人来自芝加哥城，另有15%的人来自伊利诺伊州芝加哥以外的地区。由于后一部分学生中还有一些人很可能就是芝加哥郊区的居民，芝加哥市区学生的数据可能还要更高一点。[285]在接下来的三十五年中，芝大对芝加哥学生的依赖有增无减：到了20世纪30年代，有将近70%的一年级本科生院学生来自芝加哥市区，只有5%的学生来伊利诺伊州的其他地区，另外25%的学生来自美国其他地区。[286]因此，到了20世纪50年代以后，威廉·雷尼·哈珀早期针对芝大本科生生源所做的预测比以往更加应验了："在经历过预料中的不被重视之后，很明显'学院'已经几近完成其在芝加哥和伊利诺伊州地区的重要工作，芝加哥以外的机构在竞争本科生方面也没有什么可担心的了。"[287]

鉴于芝加哥本地的学生在本科生院中占据主导地位，且欧内斯特·伯顿想要建立的那些具备吸引力的（且价格实惠的）校园住宿设施一直没能建好，因此，数十年中大量的本科生选择在家跟自己的父母或亲属一起居住，或者在学校附近合伙租房住，这也就不足为奇了。在1928年的秋季学期中，芝大仅有8.3%的本科生住在学校的学生宿舍里。剩余的学生中有59%的人住在家里，18%的人住在学校附近的出租房或公寓里。另外，还有14.5%的学生（均为男生）住在兄弟会的房子里。[288]1928年有将近60%的学生在家居住这一事实与芝大本科生生源大体上以本地学生为主的性质是相符的。十二年后的统计数据惊人地相似：1940年的秋季学期，在进入本科生院的学生中，有超过60%的人选择（或被迫）在家居住。[289]学生在家居住的动机无疑十分复杂，且并非都与经济状况有关。H.A. 米利斯1924年发现，在居住地距离芝大超过30分钟路程的662名本科生中，有三分之二的学生偏爱在家居住，但也有三分之一的人说，如果能够找到实惠和便宜的住所，他们愿意住在芝大校园里或附近。[290]

为了应对这种情况，伯顿建造一所新住宿学院的计划在马克斯·梅森的任期内又被提了出来。弗雷德里克·C. 伍德沃德1927年发表了一份报告，呼吁大力扩建芝大的住宿体系。"我们必须让绝大多数学生，包括研究生和本科生，都一起住上舒适漂亮的宿舍楼，里面要有公共休息室、餐厅、娱乐空间，以及为学生组织总部设立的场所。"他说："如果完不成这个任务，那就无法获得对于实施全面教育计划至关重要的社会团结和团队精神。"[291]这些言论表现出一种对待目标持续而审慎的严肃性。伍德沃德足够精明，他懂得将他的住房改革提议与另一项申请更多资金以增加教员薪水的提议一同提出，以便提前平息可能会发酵的认为他关注学生利益比关注教师利益更多的反对之声；但是伍德沃德关于学生住宿条件的言论不久之后却也成为了他报告中最引起争议的部分。

哈罗德·H. 斯威夫特和伍德沃德有着一样的信念，1927年8月，他通过写信给他的董事同僚朱利叶斯·罗森沃尔德从中掌握了主动权，信中说："我们中有许多人都相信芝大注定会成为一所伟大的美国大学。能否达成这一目标取决于三件事情——有钱支付薪金，有明智的领导层，能够将包括研究生和本科生在内的学生主体协调起来，这就意味着要扩建校舍。"[292]罗森沃尔德要求斯威夫特拿出一份更为详细的方案；在马克斯·梅森和弗雷德里克·伍德沃德一致同意的情况下，斯威夫特委托一位费城的著名建筑师查尔斯·Z. 克劳德开始制定南校区规划。[293]

克劳德在设计大学建筑方面有很高的知名度，曾为普林斯顿大学、康奈尔大学和宾夕法尼亚大学设计过宿舍楼。1927年10月，克劳德向斯威夫特呈送了一套图纸和一份规划书，其中设想了一个新的法国哥特式风格的南校区，建于埃利斯大道和学府大道以及60街和61街之间（除去格林伍德大道），校区内有一座300英尺高的塔楼，一间中央办公室和教室大楼，100个房间，一座占地4.4万平方英尺的图书馆，以及围绕塔楼而建的几座宿舍楼——街区东侧为女生宿舍楼，西侧为男生宿舍楼。克劳德提出，芝大的南校区可以容纳2000名学生。克劳德还明确地参照耶鲁大学的哈克尼斯四方院为他提出的几个四方院的大小和布局进行了设计。克劳德估计他的方案造价约为1250万美元。[294]

在随后的一年中,克劳德对其最初的方案进行了缩减,以便将重点放在校舍的建设上,而不是办公和教学楼以及图书馆方面。[295] 1928年春马克斯·梅森辞去校长一职使得最终决定推迟。但是作为代理校长的伍德沃德愿意站起来反抗像多德和莱恩这样仇视本科生院的人,有了他的大胆支持,斯威夫特就继续开始游说活动。1928年5月,斯威夫特敦促罗森沃尔德支持该方案,不仅因为"这将成为伍德沃德先生的一个了不起的成就",还因为"这将极大地消除公众的疑虑,让他们知道,即便校长的位子目前是空着的,芝大也不会停下发展的脚步"[296]。

到了1928年秋天,斯威夫特和伍德沃德的策略见到了成效;伍德沃德宣布,董事会已经批准了一项推迟办公和教学楼以及图书馆项目的计划,该计划同时拨款500万美元,用以建设新的男女生宿舍楼,这些位于"大道乐园"以南的校区内的宿舍楼最终将能够容纳约1400名本科生。[297] 经过一段时间的审议,董事会决定更换建筑师,将克劳德换掉,聘用费城的另一家公司——赞钦格、博里和梅德利公司。朱利叶斯·罗森沃尔德同意提供所需资金中的200万美元,而芝大则须从其捐赠储备中拿出300万美元来解决剩余部分。[298]

根据伍德沃德的计划,第一个也是唯一一个建成的建筑是伯顿-贾德森宿舍楼,于1931年秋季学期开放。该建筑的设计理念显然承袭了哈佛和耶鲁的样式,为390名男生提供高品质、精构造的宿舍之家。1930年6月24日,董事会认可了女生宿舍楼的初步设计图——该楼将紧邻男生楼,并批准建筑师们继续实施其建造方案。学校希望女生楼能在1931年12月1日前开放,但是在1931年7月9日这天,董事会通过表决定将女生楼的建设工期推迟一年,将1933年10月1日定为新的竣工日期。[299] 考虑到"大萧条"造成的破坏,这种延迟是毁灭性的;1933年7月,芝大结清了与建筑师和工程师之间在初始阶段工作的账务(总额为109488美元)。[300] 然而在南校区建设女生宿舍楼的计划却泡汤了,随着该计划终止,为改善本科生住宿条件追加任何投资也再无任何可能。伯顿的"学院梦想"搁浅了,芝大校园中事实上仍存在大量的非住校生。

许多本科生都是非住校生,而且又是转校生,他们在家居住,并且在许多情况下都有兼职甚至全职工作,这种情况限定了"一战"之前和战争刚刚结束之后芝大校园里的学生活动。许多活动都是非正式的,其组织形式都是小规模的志愿团体,主要领导均为学生,他们的想法经常是异想天开的。[301] 此外,芝大对学生生活采取了一种善意的不干涉态度。1937年,一名沮丧的校园活动积极分子评论道:"校方对学生活动给予了充分的自由,这是事实,但同时给予的鼓励却非常之少……校方对学生活动所采取的溺爱式的家长管理方式过于谨慎,甚至从没对这些活动是否有意义做出过积极评价(在知道至少牵涉两名教员的情况下)。"[302]

这种微观层面的自发活动有一个很好的范例,那就是艺术实践。芝大的艺术实践主要集中在一些小规模的业余创作以及艺术组织方面,如芝大合唱团和乐队,它们是为了在芝大的宗教和体育活动中进行演出。早期学生戏剧团体中的一个例子便是"黑衣修士",它是由14名学生于1904年成立的,这些学生把自己当作一群虚构的修道士;1941年之前(1918年除外),该团每年都会推出由本校学生和教员所写的机智诙谐的恶搞剧,通常关注的都是校园里发生的事情或者学生们关注的热点问题。早期的剧团成员们逐渐培养起一种同志友情和一种平和的自信力,这也成为芝大校友们记忆的一部分。剧团早期的领导者中有许多人后来的职业生涯都取得了巨大成功,有些人从事艺术,其他人则选择从商、从事法律,或从医。[303]"黑衣修士"的许多作品都是以喜歌剧的形式来表现主题的,音乐剧中间穿插一些滑稽对白。剧作题目千奇百怪,如1905年的《国王的日历保管员》,1909年的《翩翩骗子》,和1913年的《辣辣辣椒粉》。"黑衣修士"由一些私人捐助提供支持,捐助者(主要)是一些资深教员和员工,此外还有门票销售以及广告收入。从20世纪30年代起,其赞助人名单中就包括了许多董事会成员和著名的资深教授。起初,"黑衣修士"的组织者均为学生,但是到了1918年以后,一些专业人士开始受雇来指导和策划演出,并为节目编配音乐,而学生仍是演员的主体。一些其他的学生艺术团体也开始孕育而生。一个以学生为主体的芝大乐队从哈珀时代起就一直存在。女学生们每年都会组织一场音乐歌舞滑稽剧演出,取名为"镜子滑稽剧",由"镜子委员会"负责管理,还有同样在芝大戏剧协会的帮助下运营的"塔楼玩家"剧团,从20世纪20年代初一直到"二战"前,每年都会将一部戏剧作品搬上舞台。[304]

也有与这种小团体的自发文化活动不一致的情况,最为突出的便是社团生活和大众体育活动。对于如今的芝大而言,社团生活只占学生文化的一小部分,但是当初的情形则不然,1940 年之前它在学生文化生活中的地位相当突出,在很大程度上是因为在那样一所宿舍设施十分简陋的大学中,兄弟会解决了一部分学校学生的住宿问题。事实上,在 1945 年之前的许多年里,住在兄弟会房子里的男学生比住本科生宿舍的还要多。一个与之类似的女性社团组织同样垄断了许多女生的社会生活,但是住房条件却十分匮乏。[305]

到了 20 世纪 20 年代末,这两种情况所带来的结果是相同的,它们使校园文化分化成了两个阵营,即一个由隶属于各个自营组织的学生组成的有影响力的少数派和一个由不属于任何类似组织的学生组成的多数派。[306] 伊迪丝·福斯特·弗林特是一位著名的英语教授,也是众多女性社团的指导教师,1929 年她抱怨说,兄弟会和女性社团对构建统一的学生文化带来了有害的影响:它们已成为校园凝聚力的一种"顽固阻碍",以至于"当必须要在芝大和秘密组织之间进行区分时,他们会把社团和兄弟会放在前面"。弗林特对兄弟会尤为不满,指责他们"在财务方面的不负责任有记录可查",弗林特对此"真的非常震惊"[307]。同样,近来的一位十分了解芝大校园文化的校友夏洛特·蒙哥马利·格雷也报告说,校园常规的歌舞和派对活动自 20 世纪 20 年代以来非常明显地衰落了,因为各俱乐部和兄弟会拒绝参与组织这些活动的公共服务工作。[308] 哈罗德·拉斯韦尔的研究证实,20 世纪 20 年代初芝大校园里的社会生活是由更年长和更富有的兄弟会和社交俱乐部主导的,这些俱乐部的成员就住在学校附近,"他们在校园里垄断了战略性的社会地位"。相比之下,在家居住的学生们就"没有办法参与到完整的校园生活中去了",许多人的住址离芝大的四方院较远,无法步行前往的学生很可能也遇到了这种情形。H.A. 米利斯从 1924 年开始进行的一项关于学生时间分配的调查发现芝大校园里存在少数"迷恋'社交生活'"的学生,而"有相当比例的男性和女性根本不参与大学事务,或者参与得非常之少"。这些研究大致描绘了两种极端情况,从而界定了芝大的学生文化:一小部分在兄弟会或宿舍居住的拥有更多财务资源的学生（或者是通过了预备期加入社交俱乐部的女性），他们主导着校园的社会文化；与之对立的是另一小部分在课堂之外几乎与学生生活无缘的学生；其余的大多数学生——多数为非住校生——只是偶尔参与校园里的社交活动。许多学生在家与学校之间过着两点一线的生活，始终在努力平衡着自己的学业和工作负担，几乎没有时间参与校园里的学生生活。[309]

1929年3月，业务总管L.R. 斯蒂尔毫不掩饰地说明了芝大对兄弟会的这种审慎态度，他建议让所有的一年级新生如果不在家居住的话就统一住在学校宿舍里。斯蒂尔的想法得到了本科生院院长昌西·布歇的支持，他认为无论是从学术方面还是文化方面来说，延迟入会对大一新生都是更为有益的。[310]然而，副校长弗雷德里克·伍德沃德却拒绝采纳斯蒂尔的建议，指出"要求大一新生住在宿舍会直接令校方和兄弟会与其校友对立起来，当我们在为增加所有人对本科生院的好感而不懈努力时，这样做尤为不利"[311]。虽然许多教员私下里都同意马克斯·梅森的看法，指责兄弟会是"不学无术"之人才去的地方，但是芝大在很大程度上还是容忍了这一点。[312]

兄弟会有能力提供一个与校内住宿体系并行的系统来培养校园里的那些友好组织，这原本是难能可贵的，但是兄弟会会员身份对学生学业的成功所造成的影响却也成了教员们担心的问题。本科生院于1926年开展了另一项关于学生住宿条件的调查，作为其中一部分，本科生院的官员们对住在兄弟会处所里的学生们和住在合租房里或家中的学生们的学习成绩进行了对比。在1925年至1926年加入兄弟会的198名男生中，有36.9%的学生学习成绩不尽人意，年末时收到的评价不高。而在对照组的213名未加入兄弟会的男生中，发现仅有25.4%的学生学习成绩不够理想。报告的作者还检查对比了两组学生心理能力测试的结果，发现兄弟会和非兄弟会学生取得了相对近似的平均分数。他们得出的结论是，由于这些男生的能力均等，兄弟会学生学习成绩不理想的比例较高"是其他因素造成的，可能与他们参加了兄弟会有关"[313]。由弗洛伊德·里夫斯、约翰·戴尔·拉塞尔和其他人于1930年至1932年所承担的芝加哥大学调查项目也对学生住宿及其学习成绩之间的关系进行了更为广泛的调查，他们选取了 1929 年至 1930 年和 1930 年至 1931 年的两组大一新生作为研究对象。该研究发现，住在芝大宿舍里且没有参加兄弟会的学生最有可能取得高分。研究者得出结论，"这些结果说明，对于男生而言，与取得大一年级春季学期最高平均积点分相关的住宿方式是住在宿舍，同时与兄弟会没有往来"[314]。

体育运动的发展趋势与之相似，但似乎更为大众所接受。伊迪丝·福斯特·弗林特 1929 年写道，与 1914 年之前的情形不同，体育运动已经成为校园里的大众观赏项目，学生和校外人员都会参与其中："早年间，很久远之前，玩橄榄球的就是学院的一群人……如今有了大型体育场，观众对比赛的兴趣也越来越浓厚，这一点已经变得不一样了。"[315] 而事实正是如此，橄榄球在两次世界大战之间的岁月里已经成了一种大众观赏文化，使得体育运动变成了一种塑造学生身份认同的更为强大的潮流。大众体育对于学生，尤其是走读生而言是一种简便的方式，他们不必亲身参与学生生活团体的组织活动也能够在情感上获得对学校的认同。

芝加哥大学也许的确从其繁荣的文化活动中受益了，但事实证明这种繁荣非常短暂。20 世纪 20 年代后期芝大橄榄球队的成绩每况愈下——1928 年赛季中，球队连连输给南加州、爱荷华、明尼苏达、普渡、宾夕法尼亚、威斯康星和伊利诺伊大学——这致使少数喜欢直言不讳的校友集合起来要求校方增加投入，但是他们的请求如石沉大海。20 世纪 30 年代中芝大文化和教育价值观的逻辑将朝着截然不同的方向发展；1939 年罗伯特·哈钦斯索性停止了这项运动。

1940 年之后的数十年里，芝大不再以让市民皆知的高调形式来维持其半职业化的经营，而且整个 20 世纪 50 年代中兄弟会和女性俱乐部的数量大幅减少，因此，芝大以前由密集的社团生活以及一流的竞技体育作为象征的学生文化氛围将会发生根本性转变。像 20 世纪 30 年代和 40 年代的课程革命一样，这些转变将会对芝加哥大学 20 世纪后半叶的学术环境产生深远的影响。

## 注释

1 这场争斗还有一些幕后故事。罗伯特·洛维特后来承认,他和费迪南德·谢维尔曾经为了贾德森而到处游说,以此来阻止阿尔比恩·斯莫尔,因为他们觉得斯莫尔对人文科学较为漠视,但是我们将会发现,贾德森后来在"一战"时期的好战态度一定使得洛维特有所动摇。请参阅以下文章中洛维特给理查德·斯托尔的评论,"与 R.M. 洛维特的会晤",1955 年 2 月 15 日,斯托尔的文件,第 6 盒,文件夹 8;以及迈耶的一篇更具概括性的文章,"芝大教员",第 221-225 页。

2 古德斯皮德,《芝加哥大学历史》,第 291-292 页。

3 请参阅贾德森写给亨利·C.莫里森的信,1922 年 6 月 12 日,HJB 管理层,第 56 盒,文件夹 2。

4 该计划于 1922 年被改作分摊制,要求教员们将各自年薪的 5%(每年最多 300 美元)贡献出来以购买一份退休年金,后来芝大以同等水平匹配了这一数额。1924 年,董事们将教师的法定退休年龄设定为 65 岁。

5 詹姆斯·H.塔夫茨,"芝大,1904—1917",第 7 页,"未发表的自传",塔夫茨的文件,第 3 盒,文件夹 19。

6 正如贾德森 1907 年对威廉·加德纳·黑尔所言,芝大拒绝匹配外界提供的工作待遇,因为"芝大已经做了足够多的工作来弥补任何人的损失,他们的境遇不会'糟糕'。学校也尽了全力,没法再跟那些接受了其他邀约的人'讨价还价',或者用'利诱'的方法让他们留下来"。贾德森写给黑尔的信,1907 年 4 月 19 日,HJB 管理层,第 48 盒,文件夹 4。

7 给 H.A.W 的备忘录,1915 年 4 月 10 日,斯威夫特的文件,第 119 盒,文件夹 4。斯威夫特指的是约翰·U. 内夫,因为后者发现贾德森对他的研究要求满不在乎,最终他只能接受斯威夫特直接向他提供的一些微薄(和匿名)的帮助。

8 哈里·普拉特·贾德森,《19 世纪的欧洲》(纽约,1900),第 9、332-333 页。

9 哈里·普拉特·贾德森,《美利坚民族的成长》(纽约,1906),第 353-355 页。

10 迈耶,"芝大教员",第 95 页。

11 同上,第 171-172 页;贾德森,"与西班牙的和平协定",《芝大记录》3(1898—1899):第 315-321 页。在美国加入"一战"之前的几个月,贾德森被问及他是否支持永久保留菲律宾。他回答道:"我一直都认为应该保留菲律宾群岛,一直到那里的人民发展得足够好了,能够管理他们自己的事务。在我看来,这个过程需要两到三代人的努力。我认为实在没有必要把这个过程称为'永久保留'。"贾德森写给沃尔特·D. 克兰的信，1916年10月2日，HJB管理层，第55盒，文件夹6。

12 贾德森写给欧文·费舍尔的信，1916年1月21日，HJB管理层，第55盒，文件夹6。贾德森还反对联邦对教育的援助，称教育是国家和私人基金会的事。贾德森写给O.E.蒂法尼的信，1915年12月16日，同上。

13 迪内，《一座城市和它的大学》，第18-19页。

14 W.亚历山大·马布里编，"威廉·E.多德教授的日记，1916—1920"，《兰道夫-麦肯学院约翰·P.布兰奇的历史论文》，新辑，2（1953年3月），第28页。关于威尔逊和种族问题，请参阅约翰·霍普·富兰克林，"一个国家的诞生：作为历史的宣传"，《种族和历史：论文选集，1938—1988》（巴吞鲁日，1989），第16-17、20-21页；以及约翰·大卫·史密斯，《新南方的老教义：支持奴隶制的意识形态和历史编纂学，1865—1918》（雅典，路易斯安那州，1985），第123-124、198页。

15 请参阅莫里斯·贾诺维茨编，《W.I.托马斯论社会组织和社会品格：论文选集》（芝加哥，1966），第xiv-xv页；以及马丁·布尔默，《芝加哥社会学派：社会学研究的制度化、多样化和兴起》（芝加哥，1984），第59-60页；贾德森写给亚伯拉罕·弗莱克斯纳的信，1919年4月1日，HJB管理层，第84盒，文件夹12。

16 "贾德森"，第1页，塔夫茨的文件，第3盒，文件夹17；西奥多·G.索尔斯，"贾德森校长"，《芝加哥大学杂志》19（1926—1927）：第263-264页。

17 亨利·F.梅，《美国不再置身事外：对我们自身时代最初几年的研究，1912—1917》（纽约，1959），第363页；以及大卫·M.肯尼迪，《此处：第一次世界大战与美国社会》（牛津，1980），第178-179页；以及约翰·怀特克莱·钱伯斯二世，《招募一支军队：当代美国征兵热》（纽约，1987），第80-81页。

18 请参阅卡罗尔·S.格鲁伯，《战神与智慧女神："一战"与美国高等教育的用途》（巴吞鲁日，1975），第105页，以及第28-30、95页。

19 C.贾德森·赫里克写给贾德森的信，1917年3月16日，HJB管理层，第87盒，文件夹4。

20 请参阅，例如，他写给尤金·格雷蒂埃尔的信，1918年3月8日，评论了后者对为退伍老兵们寻找工作的担忧，并向他保证，这场战争的士兵会像内战老兵那样立即找到工作。HJB管理层，第88盒，文件夹3。

21 哈里·普拉特·贾德森，《纽约州特洛伊县特洛伊公民团的历史》（特洛伊，纽约州，1884），第3页。讽刺的是，虽然贾德森后来一再谴责普鲁士的军国主义，他的公民团所穿着的制服却在1879年被人描述为一套"整洁的普鲁士军服"和"德国士兵的顶盔"（第72、55页）。

22 哈里·普拉特·贾德森,《恺撒的军队:罗马共和国最后时期罗马人的军事艺术研究》(明尼阿波利斯,1888),第 iv 页。

23 请参阅"国家安全同盟:关于我国战备的目的、组织和几个事实",HJB 管理层,第 88 盒,文件夹 1;罗伯特·D. 沃德,"国家安全同盟的起源和活动,1914—1919",《密西西比河谷历史评论》47(1960—1961):第 51-65 页;钱伯斯,《招募一支军队》,第 81-82 页。

24 请参阅"威廉·E. 多德教授的日记,1916—1920",第 14-15、21、24、28-29、43 页。

25 贾德森写给 A. 瑙曼的信,1917 年 3 月 7 日,HJB 管理层,第 86 盒,文件夹 11。

26 1916 年 12 月 30 日的信,HJB 管理层,第 88 盒,文件夹 1。

27 关于贾德森财政主义的事例,请参阅迈耶,"芝大教员",第 343、346、351-352、364、373、389-393 页。芝大人 1907 年反对任命贾德森为校长的行为也反映了贾德森的同事们对他深度的财政保守主义的不安。迈耶,第 221-225 页。

28 罗伯特·赫里克,《钟声》(纽约,1926),第 235 页。罗伯特·赫里克谈到了他的贾德森式的闲散人等,他说:"这场战争令人吃惊地让那些闲散人等焕发了活力。他们又一次感到自己是多么重要,这便是年轻的心理基础。"《钟声》,第 266 页。

29 《放逐报》,1917 年 10 月 23 日,第 3 页。

30 请参阅哈特穆特·波格·冯·斯特兰德曼,"1914 年英国和德国历史学家在调动公众舆论方面的作用",本尼迪克特·司徒赫泰和彼得·温德编,《英国和德国的历史编纂学,1750—1950:传统、认知与迁移》(牛津,2000),第 335-371 页。最近对于战时德国思想言论的分析来自斯蒂芬·布林德尔,《人民共同体或民族国家:"来自 1914 年的观念"和第一次世界大战中重组的德国》(柏林,2003)。

31 哈里·普拉特·贾德森,"德国世界政治的威胁",《芝大记录》4(1918):第 22-47 页。请参阅乔治·T. 布莱基,《国土防线上的历史学家:第一次世界大战的美国宣传者》(列克星敦,肯塔基州,1970),第 34-56 页;以及彼得·诺维克,《高贵的梦想:"客观性问题"和美国的历史声明》(剑桥,1988),第 112-128 页,关于大肆宣扬反德言论的资深历史学家们过度政治宣传的一份调查。

32 《放逐报》,1918 年 1 月 5 日,第 2 页。

33 《放逐报》,1918 年 1 月 8 日,第 2 页。与东海岸相比,中西部人对于战争的态度更加接近于孤立主义,关于这一点,请参阅钱伯斯,《招募一支军队》,第 84、108-111、176-177 页;布莱基,《国土防线上的历史学家》,第 77 页;以及梅,《美国不再置身事外》,第 370-371 页。《芝大战争文集》系列的印刷量为每本 25000 册。"战争行动",

HJB 管理层，第 88 盒，文件夹 3。芝大的战争文集有可能仿照了牛津的宣传册系列，后者是从 1914 年秋开始出版的，到 1915 年秋时已出版 87 本。斯特兰德曼，"英国和德国历史学家的作用"，第 352-358 页。

34 "董事会会议纪要"，1918 年 3 月 12 日，第 387-388 页。

35 关于此事件最佳和最可靠的描述来自弗里德里希·卡茨，《墨西哥的秘密战争：欧洲、美国和墨西哥革命》（芝加哥，1981），第 350-378 页。并请参阅康特·伯恩斯托夫，《我在美国的三年》（纽约，1920），第 380-381 页。关于伯恩斯托夫对于战后美国的两种意见，请参阅罗伯特·兰辛，《战争回忆录》（印第安纳波利斯，1935），第 217-218、356-358 页；以及查尔斯·西摩，《豪斯上校的私人文件》（波士顿，1926），第 2 卷，第 422-423 页。

36 请参阅约翰·亨利·霍普金斯写给贾德森的信，1918 年 3 月 20 日，HJB 管理层，第 50 盒，文件夹 14。

37 贾德森写给弗兰克·劳登州长的信，1917 年 8 月 1 日，HJB 管理层，第 87 盒，文件夹 2。他的正式任命是伊利诺伊州北部区域第 1 分区区议会议员。大卫·罗伯特森报告说："自从那时起，除了每天早上的一个小时之外，校长把他的整个时间都花在了政府事务上。"《放逐报》，1917 年 10 月 23 日，第 3 页。贾德森 1917 年 8 月至 12 月任职，而后辞职，并从芝大的法律系教员中找到了一个人来替代他。贾德森写给查尔斯·埃文斯·休斯的信，1917 年 12 月 12 日，HJB 管理层，第 87 盒，文件夹 2。

38 请参阅贾德森写给斯坦利·霍尔的信，1918 年 5 月 18 日，HJB 管理层，第 88 盒，文件夹 7。关于贾德森的波斯之旅，请参阅"美国 - 波斯救援远征"，《芝大记录》5(1919)：第 232-238 页。

39 《放逐报》，1918 年 1 月 8 日，第 1 页；"为美国及其盟友效力的芝大官员"，《芝加哥大学杂志》11（1918—1919）：第 56-59 页。

40 请参阅斯蒂格利茨写给罗伯特森的信，1917 年 12 月 15 日，HJB 管理层，第 86 盒，文件夹 7。

41 "工作和战斗：我们都要赢"，伊丽莎白·华莱士于 1918 年签署的一份散发材料；以及华莱士写给安吉尔的信，1918 年 10 月 16 日，HJB 管理层，第 88 盒，文件夹 8；和华莱士，《无止境的旅程》，第 202-217 页。

42 《芝加哥论坛报》，1917 年 5 月 28 日，第 4 页；1917 年 5 月 29 日，第 2 页；罗伯特·洛维特，《我们这些年：罗伯特·摩尔斯·洛维特自传》（纽约，1948），第 137-150 页。

43 格鲁伯，《战神与智慧女神》，第 43-44、108-117 页。

44 赫里克，《钟声》，第 260-261 页。这部小说出版于赫里克辞去教师职位两年之后。在布莱克·内维厄斯的著作《罗伯特·赫里克：一位小说家的成长》（伯克利，

1962）第 285 页中，作者恰如其分地将该小说描绘为"一项大产业的历史，在一个十分不满的前员工看来，人们可以这么称呼它"。

45　斯莫尔以"美国和世界危机"为题发表了他的文章，《美国社会学期刊》23（1917）：第 145-173 页。在校园里，斯莫尔发表了一篇类似的题为"为何美国人必须战斗"的演说。请参阅《放逐报》，1917 年 12 月 11 日，第 1 页；1917 年 12 月 14 日，第 1 页。

46　1917 年年末发表的一篇战争演说的讲稿，肖里的文件，第 42 盒，文件夹 3，此处为第 17-19、32 页。《放逐报》于 1917 年 5 月 4 日发表了这次谈话的一个版本，第 1 页。

47　男性招生人数从 1917 年春的 1427 人下降到了 1918 年春的 1007 人，而同一时期的女性招生人数则保持平稳（1917 年春为 1045 名女生，1918 年春为 1010 名女生）。《芝加哥大学年度注册簿，1916—1917》，第 778-781 页；以及《芝加哥大学年度注册簿，1917—1918》，第 730-733 页。本科生人数从 999 人下降到了 754 人，研究生人数从 428 人下降到了 253 人。1917 年 5 月最初的《义务兵役法案》将征兵的年龄范围设定为 21 岁到 30 岁。直到 1918 年 8 月，征兵年龄才降低到 18 岁。

48　《放逐报》，1917 年 5 月 18 日，第 1 页。

49　《放逐报》，1917 年 10 月 5 日，第 1 页；1917 年 10 月 18 日，第 1 页。

50　请参阅自 1917 年 5 月末以来的列表，HJB 管理层，第 88 盒，文件夹 6。尽管遇到了一些阻力，贾德森仍然于 1916 年说服了教员们来批准一个 ROTC 项目。为了鼓励军事训练，芝大允许男生将一门军事科学课程算作其学位项目的一部分。请参阅"关于军事训练的通知"（1917），同上，文件夹 4。

51　《放逐报》，1917 年 5 月 1 日，第 2 页。

52　《放逐报》，1917 年 5 月 3 日，第 2 页；1917 年 5 月 7 日，第 1 页。

53　《放逐报》，1917 年 10 月 3 日，第 1 页。

54　《放逐报》，1917 年 12 月 11 日，第 1 页。

55　《放逐报》，1918 年 2 月 8 日，第 2 页。

56　《放逐报》，1918 年 6 月 4 日，第 2 页。

57　"董事会会议纪要"，1918 年 12 月 10 日，第 632 页。

58　《放逐报》，1918 年 4 月 18 日，第 1 页。

59　《放逐报》，1918 年 4 月 16 日，第 1 页；1918 年 5 月 1 日，第 1 页。

60　《放逐报》，1918 年 1 月 31 日，第 1 页；1918 年 2 月 5 日，第 1 页；1918 年 2 月 15 日，第 1 页。

61　1914 年，在总共 2437526 个芝加哥人中，共有 399977 个第一代和第二代德国人，58843 个奥地利人，以及 146560 爱尔兰人，用梅尔文·奥利的话说，这些人中的许多都有"仇英心理"。奥利还指出，"总体来说，由 118000 个瑞典人和 47496 个挪威人组成的斯堪的纳维亚人保持着恰当的中立立场，但是在他们的内心是亲德的"。彼得·D. A. 琼斯和梅尔文·G. 奥利编，《芝加哥种族》（大急流城，密歇根州，1981），第 262-263 页。奥利的数据很可能低估了爱尔兰人口的规模。此外，230000 个波兰人中有许多都对战争有着矛盾情结，750000 个本地出生的人也是同样。在 1917 年春的市议员选举中，大量德国人投了社会主义者的票，对战争提出了抗议。请参阅莱斯利·V. 蒂肖塞尔，《种族划分的负担：芝加哥的大德意志，1914—1941》（纽约，1990），第 39 页。

62　洛维特，《我们这些年》，第 147 页；《芝加哥论坛报》，1917 年 10 月 26 日，第 1 页。

63　《放逐报》，1917 年 4 月 27 日，第 2 页。1918 年 3 月 1 日《放逐报》第 2 页上的一篇社论暗示说，校园里还有其他类似的学生。

64　《放逐报》，1917 年 12 月 15 日，第 2 页。

65　伊丽莎白·沃思·马维克，"路易斯·沃思：传记备忘录"，小艾伯特·J. 瑞斯编，《路易斯·沃思：关于城市和社会生活：论文选集》（芝加哥，1964），第 335-336 页。根据其官方成绩单来看，沃思是一位学业出众的学生，社会学和历史成绩优异，并入选了美国大学优等生联谊会（Phi Beta Kappa）。他唯一表现不佳的成绩是 1918 年春一门名为"战争学术背景"的哲学课程，他只得到了 C。

66　《芝加哥论坛报》，1919 年 5 月 20 日，第 21 页；1919 年 6 月 7 日，第 3 页；《放逐报》，1919 年 5 月 16 日，第 2 页。关于"世界俱乐部"运动，请参阅路易斯·P. 洛克纳，《总是出乎意料：一本回忆录》（纽约，1956），第 33-44 页。

67　请参阅备忘"世界俱乐部成员被指控公开散布布尔什维克、反政府言论"，HJB 管理层，第 87 盒，文件夹 9；以及未签署声明，1919 年 5 月 14 日后撰写，伯吉斯的文件，第 6 盒，文件夹 11。

68　"艺术、文学与科学学院教员特别会议纪要，1919 年 6 月 5 日"，第 1 页，特色馆藏研究中心；《芝加哥论坛报》，1919 年 6 月 7 日，第 3 页。

69　请参阅玛丽·博尔顿·沃思后来的回忆录，"1916—1920 年在芝加哥大学"，玛丽·博尔顿·沃思的文件，第 1 盒，文件夹 1 和 2。玛丽·沃思在战争期间也是芝大的一名本科生，她形象地描绘了由贾德森主导的校园中冷漠的政治气氛。

70　罗伯特·洛维特，"大学中的民主"，第 6 页，未发表且未注明日期的手稿，洛维特的文件，第 2 盒，文件夹 17。

71　《放逐报》，1918 年 10 月 9 日，第 1 页。

72　《放逐报》，1918 年 10 月 10 日，第 1 页。

73 《芝加哥大学年度注册簿,1918—1919》,第 741-744 页。

74 请参阅安吉尔写给《先驱者－考试官》编辑的信,1918 年 9 月 5 日,HJB 管理层,第 88 盒,文件夹 3。校友杂志报告称,芝大收到了 1745 份申请,其中有 523 人是在校学生,1222 人是被广告吸引过来的新学生。《芝加哥大学杂志》11 (1918—1919):第 8 页。

75 《芝加哥大学杂志》11 (1918—1919):第 38 页。

76 《放逐报》,1918 年 10 月 2 日,第 1 页。

77 "董事会会议纪要",1918 年 9 月 10 日,第 562 页。

78 麦克劳克林写给哈珀的信,1918 年 11 月 5 日,历史系,"记录",第 1 盒,文件夹 3。

79 詹姆斯·R. 安吉尔,"SATC 项目大学 A 部报告",HJB 管理层,第 87 盒,文件夹 7。

80 "董事会会议纪要",1918 年 12 月 10 日,第 631-632 页。关于贾德森对战后普遍军训的支持,请参阅他写给乔治·F. 詹姆斯的信,1920 年 3 月 26 日,HJB 管理层,第 88 盒,文件夹 3。

81 请参阅哈钦斯写给弗兰克·R. 麦考伊少将的信,1936 年 4 月 9 日,哈钦斯管理层,第 145 盒,文件夹 5。

82 "关于军事科学系致董事会的一份声明"(1924)。部队领导人哈罗德·迈尔少校对伯顿坚称,他需要"每一位教员主动而非被动的配合"。1923 年 7 月 13 日的信,HJB 管理层,第 22 盒,文件夹 9。

83 昌西·布歇院长于 1934 年告诉军事科学系主任,"在我看来,作为一门本科生院选修课,和其他的本科生院选修课一样,军事科学的成败全靠学生对它的兴趣和需求来决定"。布歇写给普雷斯顿·万斯少校的信,1934 年 10 月 12 日,哈钦斯管理层,第 145 盒,文件夹 5。

84 请参阅里夫斯、米勒和拉塞尔,《芝大成长的趋势》,第 212 页。

85 R.D. 索尔兹伯里写给贾德森的信,1921 年 10 月 28 日,HJB 管理层,第 76 盒,文件夹 14。

86 格鲁伯,《战神与智慧女神》,第 113-115 页。赫里克在《钟声》里捕捉到了这种情绪,他写道:"上了些年纪的人重新回到他们的学术领域,不情愿地脱掉他们象征荣誉的卡其色军装,感到他们一生中的美好假期全都结束了,他们'服从命令'的自由也一同结束了!如今他们必须再一次回到单调的工作中去,自己对自己发号施令。他们必须继续乏味的研究工作和课堂教学,从书桌抽屉里拿出旧讲义,在这场寻常的假期过后,这些书稿看上去更加陈旧,也更加了无生气了。"《钟声》,第 274 页。

87 卡尔·查尔斯·E. 梅里安姆,第 98-99 页;以及盖革,《发展知识》,第 94-95 页。

88 请参阅艾伦·康德利夫·拉格曼,《知识的政治:卡耐基基金会、慈善事业和公共政策》(米德尔敦,康涅狄格州,1989),第33-50页;罗伯特·E.科勒,"20世纪20年代的科学、基金会和美国大学",《俄赛里斯》,第2丛,3 (1987):第140-147页。芝大在全国科学研究委员会的建立中起了关键作用。詹姆斯·安吉尔成为其董事之一,罗伯特·密立根则成为副主席和研究主管。

89　罗伯特·A.密立根,"科学的新机遇",《科学》50 (1919):第285-297页,此处为第292-293、297页。关于背景信息,请参阅罗伯特·E.科勒,《科学合伙人:基金会和自然科学家,1900—1945》(芝加哥,1991),第91-95页。

90　《校长报告,1919年7月1日至1920年6月30日》(芝加哥,1921),第7-8页。

91　罗伯特·H.卡巩,《罗伯特·密立根的崛起:一个美国人的科学人生》(伊萨卡,纽约州,1982),第100-103页;迈耶,"芝大教员",第402-403页。

92　"芝加哥大学的即时和长远需求及其应对这些需求的计划",1924年7月,第4页,HJB管理层,第60盒,文件夹12。

93　给董事们的备忘录,1922年12月末,斯威夫特的文件,第27盒,文件夹6。

94　关于他在征兵局的工作,请参阅他写给詹姆斯·安吉尔的信,1917年10月2日,HJB管理层,第88盒,文件夹1。更多信息,请参阅迈耶,"芝大教员",第389-393页。

95　请参阅HJB管理层的通信,第88盒,文件夹2。贾德森于1919年11月12日写信给弗兰克·麦克奈尔,"这件事我没有操之过急,因为我有些忧心,觉得我们应该谨慎行事,要对一切了如指掌,然后才能做出正确的抉择"。

96　这个纪念馆是1918级学生送给芝大的一份礼物。请参阅哈钦斯管理层的资料,第18盒,文件夹14。

97　斯威夫特写给格伦·A.劳埃德和乔治·W.比德尔的信,1961年4月17日,斯威夫特的文件,第119盒,文件夹29。

98　校友杂志的确出版了一组致贾德森的简短悼词,并附有西奥多·苏亚雷斯和谢勒·马修斯所写的较长一些的评论。

99　引人注目的是,1923年1月,在收到由芝大的一名新员工所写的一份宣布贾德森退休的声明草稿之后,斯威夫特从中删除了一大段对贾德森的溢美之词。请参阅斯威夫特的文件,第35盒,文件夹1。

100　当安吉尔收到了密歇根大学请他出任校长的一份邀约之时,一个由61人组成的资深教员小组向贾德森请愿,试图将安吉尔留下。安吉尔拒绝了密歇根的邀请,但最终还是对等待芝大向他敞开大门感到了厌倦。请参阅由艾伯特·迈克逊等人签名的致贾德森的请愿书,HJB管理层,第8盒,文件夹13。

101　哈罗德·H.斯威夫特,理查德·斯托尔所作的采访,1955年2月11日,斯托尔的文件，第 6 盒，文件夹 8。

102　请参阅安吉尔在其简短的自传"詹姆斯·罗兰·安吉尔"中的自述，卡尔·默奇森编，《自传中的心理学历史》（伍斯特，马萨诸塞州，1936），第 3 卷，第 18-21 页。猜想一下如果 1919 年或 1920 年安吉尔就任校长会发生什么，这会是很有趣的一件事。果真如此的话，两次世界大战之间的那个时期就会被他的性格而不是被哈钦斯所左右，而芝大的学术和组织轨迹也会朝完全不同的方向发展了，主要是因为安吉尔和哈钦斯不同，他是一个坚定的共和党人，深切地厌恶"罗斯福新政"。作为耶鲁大学校长，安吉尔将该校的捐赠从 2500 万美元增加到了 1.07 亿美元，是耶鲁学院的两倍，并大大拓展了耶鲁的博士生项目。关于安吉尔的任职，布鲁克斯·凯利评论说："更重要的是，几乎每个系（包括各科学系）都已经提升到了这个国家的最强者之列……他让耶鲁成为一所伟大的大学。"布鲁克斯·马瑟·凯利，《耶鲁的历史》（纽黑文，康涅狄格州，1974），第 392 页。也有人对安吉尔进行过不同的、更加负面的评论，请参阅加迪斯·史密斯，"政治和法学院：伍德布里奇会堂观察，1921—1963"，安东尼·T. 克朗曼，《耶鲁法学院历史：三百周年纪念演讲》（纽黑文，康涅狄格州，2004），第 139-141 页。

103　关于校长遴选的政治，请参阅迈耶，"芝大教员"，第 405-419 页。

104　"我当然知道，即使在最有利的情况下，我的任期可能也会是最短的。但是，无论它多短，我都满怀欣喜地期待着与你们一起分享，希望我们能够让一切都朝着我们的目标前进。"伯顿写给特雷弗·阿内特的信，1923 年 5 月 14 日，阿内特的文件，第 1 盒，文件夹 1。

105　亚伯拉罕·弗莱克斯纳，《我记得：亚伯拉罕·弗莱克斯纳自传》（纽约，1940），第 271 页。

106　怀特写给玛格丽特·伯顿的信，1956 年 2 月 17 日，伯顿的文件，第 7 盒，文件夹 9。怀特的信是在他被提名欧内斯特·德威特·伯顿杰出教授头衔的情况下写的。

107　列维写给约翰·莫斯科的信，1968 年 3 月 1 日，校长办公室，比德尔管理层，"记录"，第 199 盒，文件夹 3。

108　关于伯顿的早期职业生涯，请参阅托马斯·W. 古德斯皮德，《欧内斯特·德威特·伯顿传略》（芝加哥，1926），第 15-29 页。

109　请参阅大卫·L. 林德伯格，"东方教育委员会对高等教育宣传策略的建议"（博士论文，芝加哥大学，1972），第 41-61、78-136 页。

110　罗伯特·W. 芬克，"美国圣经传统的分水岭：芝加哥学派，第一阶段，1892—1920"，《圣经文学期刊》95（1976）：第 9-14 页。

111　欧内斯特·D. 伯顿，《关于加拉太书的批评和注释评论》（纽约，1920），第

lxiv、lxxi 页。

112 "芝加哥大学的一份调查与筹款计划",1924 年 3 月 8 日,第 20 页,HJB 管理层,第 40 盒,文件夹 1。

113 例如,请参阅伯顿写给斯威夫特的信,1923 年 12 月 26 日,斯威夫特的文件,第 73 盒,文件夹 3。

114 伯顿写给赖尔森的信,1924 年 4 月 19 日,HJB 管理层,第 35 盒,文件夹 3。

115 教士会议声明,1924 年 6 月,斯威夫特的文件,第 47 盒,文件夹 4。

116 请参阅贾德森写给斯威夫特的信,1923 年 1 月 30 日,HJB 管理层,第 56 盒,文件夹 2。

117 "评议会委员会关于研究的报告",1922 年 12 月 18 日,HJB 管理层,第 70 盒,文件夹 19。该报告是由 E.H. 摩尔起草的,哈珀早先与之争论过许多年关于本科生价值和研究生教学对立的问题。

118 请参阅《芝加哥每日新闻》,1923 年 2 月 22 日,第 1 页;《芝加哥论坛报》,1923 年 2 月 22 日,第 3 页。艺术、文学与科学学院教员于 1923 年 2 月 8 日通过投票对新报考者的数量进行限制,"根据芝大的设施和其研究生教学与研究的主要目的来保证被录取的学生都能得到富有成果的教育"。在广泛研究了择优录取和保留的问题之后,伯顿对这个规定感到不安,并设法延缓了对它的执行。请参阅"艺术、文学与科学学院教员会议纪要",1923 年 2 月 8 日;1923 年 3 月 8 日。

119 卡尔·F. 胡特写给大卫·罗伯特森的信,1923 年 1 月 29 日,历史系,"记录",第 1 盒,文件夹 4。

120 在教员们采取行动之后,伯顿发表了一份损害管制声明,否认芝大意图废除本科生院。请参阅《芝加哥论坛报》,1923 年 2 月 25 日,第 17 页。

121 请参阅欧内斯特·德威特·伯顿,"本科生院与研究生院的关系",未注明日期(1923 年 1 月末),斯威夫特的文件,第 144 盒,文件夹 7。伯顿准备这份文件为的是对抗亚伯拉罕·弗莱克斯纳反对本科生的观点,后者是纽约城洛克菲勒委员会的一名很有影响力的顾问。

122 伯顿写给斯威夫特的信,1924 年 2 月 9 日,HJB 管理层,第 60 盒,文件夹 12。

123 "芝大的需求",第 3 张,1924 年 2 月 9 日,HJB 管理层,第 60 盒,文件夹 12。

124 克里斯托弗·洛斯近来称,20 世纪 20 年代是高等教育朝着学生的社会需求和情感健康问题进行重要的重新定位的一段时期。克里斯托弗·P. 洛斯,《公民与国家之间:20 世纪美国高等教育的政治》(普林斯顿,新泽西州,2012),第 38-51 页。并请参阅罗杰·盖革,"旧秩序的危机",盖革编,《19 世纪的美国大学》,第 275 页。

125 《校长报告,1922年7月1日至1923年6月30日》(芝加哥,1924),第 xv-xviii 页。

126 1928年,大约39%的可用房间被本科生占据。61%的房间被分配给了研究生和专业学生。请参阅"学生住房——1928年秋季度",梅森管理层,第8盒,文件夹3。例如,格林楼里住着的大部分是女研究生,希区柯克楼里住着的也多为研究生。

127 约翰·莫尔兹于1923年告诉伯顿,"由于我们现有的房间只能满足愿意住在女生楼里的那些人的大约三分之一,我们应该为住这些楼的最需要保护的年轻女生提供保护,我觉得这完全合情合理。社区里那些孤立而且非常老旧的住房虽然能住,但非常不适合需要群体生活的年轻女生居住,相比之下,它们更适合那些理想和标准已经成形的较为年长的学生。在我们现有的体系下,一个大一女生几乎不可能在女生楼里获得一个房间,除非她一年多前就提交申请"。莫尔兹写给伯顿的信,1923年3月29日,HJB管理层,第41盒,文件夹8。

128 伯顿自己后来明确地将他在1902年的想法与他在20世纪20年代发展出来的想法联系了起来。请参阅他的"本科生院与研究生院的关系",第2页,1923年,斯威夫特的文件,第144盒,文件夹7。

129 "1923年5月31日代理校长欧内斯特·德威特·伯顿在芝加哥校友俱乐部发表的演说",第13页,芝大发展筹款运动,第5盒,文件夹3。哈罗德·斯威夫特称赞了伯顿的"学院的梦想",并援引了校友对该愿景的支持。请参阅斯威夫特写给伯顿的信,1923年7月24日,斯威夫特的文件,第47盒,文件夹3。

130 欧内斯特·德威特·伯顿,《1940年的芝加哥大学》(芝加哥,1925),第29-30页。

131 欧内斯特·德威特·伯顿,《民主世界的教育》(芝加哥,1927),第63页。伯顿对芝大文化给学生个性造成的影响非常敏感,这会影响到他在教员聘用方面的偏好,这也是合理的。作为芝大的一名教授,他声称芝大作为一个基督教社区为其学生设立的道德目标只有靠以下方式才能实现,"教师队伍以及学生群体中信仰基督教的人们不懈的勇气和谦恭,以及在为教师队伍的特定职位选拔人才时特别的小心"。随着时间的推移,特别是在伯顿当选为校长之后,他明显缓和了这些言辞中的基督教口吻,但是在他宣称教员们有责任培养年轻的大学生们走出校园并成为世界领导者时,仍保留着不少这样的语气。关于芝大中的宗教责任的备忘录,1892年12月18日,HJB管理层,第70盒,文件夹11。

132 标准石油公司的巨富股东爱德华·S.哈克尼斯和他的母亲安娜·哈克尼斯向耶鲁和哈佛作出了大笔捐赠以建立住房体系。哈佛于1929年用哈克尼斯给的1100万美元捐赠发起了它的住房规划,而耶鲁则于1930年接受了超过1500万美元来创建其住宿学院体系。请参阅凯利,《耶鲁》,第373-376页;以及凯瑟琳·托勒,"规划背后的支持者"，《埃克赛特公报》，2006年秋，第31页。关于改善学生住校生活的趋势，请参阅马克·B.莱恩，《一种大学生活方式：住宿学院与耶鲁教育》（纽黑文，康涅狄格州，2001）；詹姆斯·阿克斯特尔，《普林斯顿大学的产生：从伍德罗·威尔逊到现在》（普林斯顿，新泽西州，2006），第1—3、16—17、21页；奥古斯特·赫克舍，《伍德罗·威尔逊》（纽约，1991），第153、157、164—173、203页；本杰明·J.萨克斯，"哈佛的'构想乌托邦'与欺骗文化：朝查尔斯河扩张，1902—1932"，《新英格兰季刊》84（2011）：第287—293页。

133　请参阅洛斯，《公民与国家之间》，第34—52页。A.劳伦斯·洛厄尔1909年对哈佛大学学生的评论非常典型："我相信这个国家的未来在它的年轻人的手中，而其年轻人的品格则取决于他们来到大学接受教育。到了大学之后，我相信他们的品格不仅取决于老师们怎么教他们，最重要的取决于他们一起生活在一个人际关系良好的氛围中。"亨利·A.约曼斯，《阿尔伯特·劳伦斯·洛厄尔，1856—1943》（坎布里奇，马萨诸塞州，1948），第101—102页；以及大卫·O.莱文，《美国大学与理想文化，1915—1940》（伊萨卡，纽约州，1986），第106—108页；威廉·布鲁斯·莱斯利，《绅士与学者："大学时代"的大学与社区，1865—1917》（宾州州立大学帕克校区，宾夕法尼亚州，1992），第240、247—249页；盖革，《发展知识》，第129—139页。

134　伯顿，《一个民主世界的教育》，第44页。

135　莱文，《美国大学与理想文化》，第14、123页；丹尼尔·A.克拉克，《培育大学人：美国大众杂志和中产阶级的成熟，1890—1915》（麦迪逊，威斯康星州，2010），第181—190页。

136　塔夫茨，"伯顿"，第14页，在他的"未发表的自传"中，塔夫茨的文件，第3盒，文件夹18。

137　"芝大评议会会议纪要"，1924年5月10日和1924年6月11日。

138　"第八次会议"，第54页，校长办公室，金普顿管理层，"记录"，第252盒，文件夹1。并请参阅迈耶，"芝大教员"，第449—450页。

139　1913年，拉维恩·诺伊斯捐了30万美元来建造艾达·诺伊斯楼，并出资150万美元为"一战"老兵和其后裔创建一个奖学基金。1916年，霍巴特·威廉姆斯为奖学金和教学捐了200万美元，而且完全是主动提供的。罗森沃尔德于1912年出资25万美元为地质学和地理学建造一座楼，也基本上是出于自愿。

140　"伯顿"，第8页，塔夫茨的文件，第3盒，文件夹18。

141　1922年12月1日备忘录，塔夫茨的文件，第27盒，文件夹5。

142　"芝加哥大学的一份调查与筹款计划"，1924年3月8日，第16、41页，HJB

管理层，第 40 盒，文件夹 1。

143 斯威夫特写给贾德森的信，1920 年 6 月 5 日，斯威夫特的文件，第 156 盒，文件夹 25。在斯威夫特请求贾德森出版该手册一年之后，贾德森才委托古德斯皮德来做这件事。请参阅古德斯皮德写给斯威夫特的信，1920 年 12 月 24 日，同上。

144 斯威夫特写给埃德加·J. 古德斯皮德的信，1921 年 1 月 4 日，斯威夫特的文件，第 156 盒，文件夹 25。几天之后，斯威夫特又送去另一封信，称"我们本科生院系里的本科生和研究生们时常感觉我们是在试图扼杀该系，而不是在鼓励它发展"。1921 年 1 月 7 日的信，同上。

145 《1921 年的芝加哥大学》（芝加哥，1921），第 26 页。

146 迪克森写给斯威夫特的信，1923 年 5 月 9 日，斯威夫特的文件，第 82 盒，文件夹 12。

147 斯威夫特写给伯顿的信，1923 年 12 月 31 日，斯威夫特的文件，第 73 盒，文件夹 3。古德斯皮德关于发起一场内部有组织运动的提议也在该文件夹中。

148 请参阅"芝加哥大学的一份调查与筹款计划"，HJB 管理层，第 40 盒，文件夹 1。琼斯称，"这样一份调查对于一场财政运动的意义就相当于一张地图对于一次军事行动或是一个诊断对于医疗的意义"。琼斯写给艾伯特·谢勒的报告，1923 年 11 月 14 日，斯威夫特的文件，第 73 盒，文件夹 4。

149 请参阅斯科特·M. 卡特利普，《美国的筹资在美国慈善事业中的作用》（新不伦瑞克省，新泽西州，1965），特别是第 171-177、480-482 页。琼斯还是哈佛的一名研究生。琼斯公司于 1919 年 11 月 23 日于纽约州经特许建立。

150 请参阅卡特利普，《筹资》，第 481 页；以及莫顿·凯勒和菲利斯·凯勒，《哈佛现代派的形成：美国大学的兴起》（纽约，2001），第 178-183 页。

151 特雷弗·阿内特，"致芝加哥大学校友的一封信"，HJB 管理层，第 35 盒，文件夹 3。

152 邓肯写给托马斯·贡泽尔的信，1955 年 10 月 24 日，金普顿管理层，第 100 盒，文件夹 6。

153 斯威夫特写给伯顿的信，1924 年 2 月 20 日，斯威夫特的文件，第 73 盒，文件夹 5。

154 请参阅伯顿 1923 年 5 月 31 日演讲的第 13 页，1925 年 3 月 24 日演讲的第 6 页，芝大发展筹款运动，第 5 盒，文件夹 3 和 12。

155 "芝加哥大学的即时和长远需求及其应对这些需求的计划；给芝大董事的信息备忘"，1924 年 7 月，HJB 管理层，第 60 盒，文件夹 12。

156 这些谈判被记录在斯威夫特的通信文件中，第 74 盒，文件夹 7。

157 "在芝加哥大学建设并捐助一幢行政楼的提议",未注明日期,1925年,梅森管理层,第1盒,文件夹2。

158 "芝加哥大学的即时和长远需求",第4页。

159 请参阅伯顿写给赖尔森的信,1924年4月19日,HJB管理层,第35盒,文件夹3。

160 "杰出贡献教授职位"被授予了休厄尔·L.艾弗里、查尔斯·F.格雷、弗兰克·P.希克森、莫顿·D.赫尔、安德鲁·麦克利什和查尔斯·H.斯威夫特。此外,为了纪念欧内斯特·D.伯顿,董事会还用1925、1926、1927和1928级的高年级学生捐款以及小约翰·D.洛克菲勒和哈罗德·H.斯威夫特1930年的特别捐赠专门设立了一个教授职位。最终,1927年5月,在马克斯·梅森的敦促下,董事会还设立了一个纪念数学家伊莱基姆·黑斯廷斯·摩尔的教授职位,他们却没有任何捐赠来纪念那些"著名教授"。董事会后来对这一举动表示后悔,罗伯特·哈钦斯后来于1936年所写的报告委婉地表示,"这是否应该被称为一个杰出教授职位仍有疑问"。

161 关于该教堂的历史,请参阅埃德加·J.古德斯皮德,《芝加哥大学教堂指南》(芝加哥,1928);以及萨拉·M.里奇,《精神生活,思想生活:洛克菲勒纪念教堂建成75周年》(芝加哥,2004)。教堂的建造费用是从洛克菲勒1910年12月的最终赠款中拨出来的,其为该项目划拨了150万美元。这个建筑起初被称为"芝大教堂",直到1937年才为了纪念约翰·D.洛克菲勒而被更名。

162 伯顿写给古德斯皮德的信,1924年9月21日,埃德加·J.古德斯皮德的文件,第2盒,文件夹2。

163 "董事会会议纪要",1925年4月20日,第136-138页。1898年,芝大与成立于1837年的一家当地医学院拉什医学院签订了一份合作协议。与拉什医学院的合作使哈珀拒绝了获得一所独立医学研究机构的机会,而弗雷德里克·盖茨则说服了洛克菲勒于1901年支持创建了洛克菲勒医学研究所。请参阅E.理查德·布朗,《洛克菲勒从医人员:美国的医学和资本主义》(伯克利,1979),第105-109页;以及盖茨,《我人生的章节》,第179-189页。董事们于1916年11月决定重新开始建设一个独立的学术医学院和一家教学医院,所需资金是由洛克菲勒基金会和普通教育委员会提供的200万美元捐赠加上马丁·A.赖尔森、朱利叶斯·罗森沃尔德及其他董事的捐赠,共计530万美元。

164 关于20世纪20年代学术医学中心建立的信息,请参阅伊尔萨·威斯和富兰克林·C.麦克莱恩,《芝加哥大学诊所与临床部,1927—1952:芝加哥大学医学起源、形成期及现状概述》(芝加哥,1952),特别是第14-15页;埃德温·F.赫希,《弗兰克·比林斯,医学教育的构建者,卓越临床实践的信徒,芝大医学的领导者》(芝加哥,1966),第103-109页;以及科尼利厄斯·W.韦尔默朗,《为了多数人的最大福祉:芝加哥大学医学中心历史，1927—1977》（芝加哥，1977），第 8-20 页。

165　请参阅简・梅恩沙因，"惠特曼在芝加哥：建立芝加哥风格的生物学？"罗纳德・赖因格、基思・R. 本森和简・梅恩沙因编，《美国生物学的发展》（费城，1988），第 151-182 页，菲利普・J. 保利，"19 世纪晚期美国理论生物学的出现"，《生物学历史杂志》17（1984）：第 382-387、392-393 页，文章称，在 1918 年以前，"医学对芝大生物学形成的影响并不很大。生物部在气派的环境里办公，在选择教员和研究项目时十分专注"。莉莉・E. 凯在《生命的分子视角：加州理工学院、洛克菲勒基金会和新生物学的崛起》（纽约，1993）中说，惠特曼和利利坚决反对让生物科学的基础研究仅仅"为医学服务"（第 80-81 页）。

166　请参阅罗伯特・E. 科勒，《从医药化学到生物化学：生物医学学科的形成》（剑桥，1982），第 303-310 页；以及科勒，"科学的管理：沃伦・韦弗和洛克菲勒基金会分子生物学项目的经验"，《密涅瓦》14（1976）：第 279-306 页，他解释了 20 世纪 30 年代的这些新结构趋势。

167　请特别参阅布尔默，《芝加哥社会学派》，特别是第 129-150、190-224 页；布尔默，"社会科学研究的早期制度建立：芝加哥大学本地社区研究委员会，1923—1930"，《密涅瓦》18（1980）：第 51-110 页，卡尔，《查尔斯・E. 梅里安姆》；以及安德鲁・阿尔伯特，《部门与学科：芝加哥社会学一百年》（芝加哥，1999）。

168　斯威夫特发出的标准的请求信让收信者别无选择，只能给他捐款："我不喜欢索求资金，特别是向我的好朋友们，但（我）相信您能明白，这是处理（这件事）最切实可行的方式了。为此，我随信附上两张承诺书，我恳请您在其中一张上面填上您捐助的数额。"斯威夫特写给罗伯特・拉蒙特的信，1924 年 11 月 21 日，斯威夫特的文件，第 76 盒，文件夹 4。

169　这些清单保存在斯威夫特的文件里，第 76 盒，文件夹 4 和 8。

170　院长詹姆斯・H. 塔夫茨认为，这对芝大 1925 年聘用的筹款人而言是个长期的挑战，并且在接下来的数十年中将仍然是个问题。请参阅他在以下文件中的评论，《校长报告，1924 年 7 月 1 日至 1925 年 6 月 30 日》（芝加哥，1926），第 xviii 页。

171　"校友活动书"，第 8 页，斯威夫特的文件，第 75 盒，文件夹 23。

172　如果我们将在政府部门工作的另外 4.8% 的校友以及被归类为"科学家"的另外 2.2% 的校友包括进去的话，很明显，在 1924 年的校友中将会有超过半数的人某种程度上是在从事与学习和教育相关的职业。请参阅"芝大发展筹款运动"，第 2 盒，文件夹 5；以及里夫斯和拉塞尔，《学院的校友》，第 64-91 页。

173　"芝大校友的关系：一份调查与一个建议方案"（1926），第 21 页，斯威夫特的文件,第 156 盒,文件夹 27。

174　罗伯特·P. 拉蒙特写给斯威夫特的信,1925 年 5 月 29 日,斯威夫特的文件,第 76 盒,文件夹 21。

175　"第八次会议",第 54 页,金普顿管理层,第 252 盒,文件夹 1。

176　请参阅沃伦·韦弗,"马克斯·梅森,1877 年 10 月 26 日至 1961 年 3 月 22 日",《国家科学院传记回忆录》(华盛顿,哥伦比亚特区,1964),第 205-232 页。

177　有关这次遴选的资料存于斯威夫特的文件里,第 36 盒。并请参阅迈耶,"芝大教员",第 458-470 页。伯顿和斯威夫特主要负责于 1923 年 5 月推动章程的修订工作,在我看来,这是安吉尔没有能够获得候选资格这场惨败带来的后果。给北方浸信会大会呈交的报告是为了获得对这些变动的批准,报告指出,管理一所庞大的大学是一件复杂而有挑战性的任务,能够胜任这样一个职位的人通常少之又少,"自从 1890 年'企业章程'制定之后,为芝大寻觅一位校长的困难又大大增加了"。"董事会会议纪要",1923 年 6 月 14 日,第 207 页。

178　请参阅斯威夫特 1955 年 4 月的公开自传声明,斯威夫特的文件,第 78 盒,文件夹 2。

179　科勒,《科学合伙人》,第 274 页。即便如此,直到梅森的职业生涯结束,他迷人的个性都让与他对话的人印象深刻。1953 年,当梅森访问芝大时,正在研究哈珀时期历史的年轻的历史学家理查德·斯托尔受邀与马克斯·梅森会面。不经常与基金会高级官员(或大学校长)接触的斯托尔被金普顿和梅森之间毫无顾忌的戏谑惊呆了——戏谑的对象是被他们随意掌控的巨大的权力:"见到梅森和中央管理层的其他人在一起,我比以前更清醒地意识到,有一类人的工作就是为精神生活制定政策,就是来评判古典考古学是不是在按照常规发展,等等。"斯托尔的文件,第 6 盒,文件夹 8。

180　斯威夫特写给 C.H.S 的备忘录,1930 年 2 月 19 日,斯威夫特的文件,第 73 盒,文件夹 13。

181　斯威夫特的文件,第 74 盒,文件夹 6。

182　埃卡尔特的捐赠是在朱利叶斯·罗森沃尔德的干预下做出的。琼斯的捐赠源于大卫·埃文斯的一次干预。威博尔特捐赠则是欧内斯特·伯顿和朱利叶斯·罗森沃尔德培植的结果。

183　"马克斯·梅森纽约之旅备忘录,1927 年 1 月 4 日",斯威夫特的文件,第 175 盒,文件夹 6。在这次访问期间,亚伯拉罕·弗莱克斯纳和梅森之间进行过一场有趣的对话。弗莱克斯纳指责本科生对一所研究型大学造成了影响,但是梅森指出,要改变美国社会对学术研究重要性的态度,最好的方法就是在本科生在校的几年间让他们接触学术研究。

184 布尔默,"社会科学研究的早期制度建立",第 94-98 页,纪念馆为该建设项目提供了 100 万美元资金,并为支持师资和研究提供了另外 100 万美元。

185 请参阅阿布特,《美国的埃及古物学者》,第 341 页。

186 伍德沃德写给阿内特的信,1929 年 3 月 29 日,转发"一般医学院预算和芝大诊所",1929 年 3 月 27 日,"发展与校友关系","记录",第 48 盒。截至 1932 年,洛克菲勒董事会给医学院的奖励总额超过了 1280 万美元。普林顿写给斯威夫特的信,1932 年 3 月 4 日,斯威夫特的文件,第 85 盒,文件夹 13a。

187 科勒,"20 世纪 20 年代的科学、基金会和美国大学",第 140 页;科勒,《科学合伙人》。

188 罗伯特·邓肯于 1926 年向艾伯特·谢勒报告称,伯顿去世后,"筹款运动的进展明显放缓,再也找不到 1925 年初春的那种势头了。结果是,很难再从芝加哥市民那里获得捐赠了"。"芝加哥大学发展筹款运动,1924 年 8 月 11 日至 1926 年 2 月 6 日","芝大发展筹款运动",第 2 盒,文件夹 9。该报告对这场运动的策略进行了总体评述。

189 请参阅 1890—1932 年间芝加哥大学收到的与洛克菲勒相关的赠款清单,斯威夫特的文件,第 85 盒,文件夹 13a、15 和 17。并请参阅"芝加哥大学附加条件赠款",1927 年 7 月 21 日,同上,第 75 盒,文件夹 28;以及"副校长办公室记录"(以下简称"副校长记录")第 6 盒,文件夹 13 中 1938—1939 年的数据。

190 雷蒙德·M. 休斯,《美国研究生院研究》(牛津,俄亥俄州,1925)。美国教育委员会于 1934 年发布了一系列类似的排名,其中芝大有 21 个"杰出"项目,与加州大学和哥伦比亚大学持平,排在前面的只有哈佛大学,该校共有 23 个"杰出"项目。请参阅美国教育委员会(华盛顿,哥伦比亚特区,1934)发布的"研究生教育委员会报告"中的发现;劳伦斯·福斯特对此进行了总结,请参阅《一个民主社会中研究生院的作用》(纽约,1936),第 19-20 页。

191 布鲁巴奇和鲁迪,《转型中的高等教育》,第 195 页。

192 休斯,《美国研究生院研究》,第 7-8 页。

193 请参阅 G. 斯坦利·霍尔在 1916 年 11 月的美国大学协会年会上发表的演说"大学应该怎样组织才能更好地激励科学发展"中的讨论,报道于《美国大学协会第十八次年度会议活动与演说记录》,1917,第 25-54 页;以及贝雷尔森在《美国的研究生教育》第 16-24 页的评论。

194 伍德布里奇写给威廉·A. 尼采的信,1918 年 5 月 16 日,尼采的文件,第 13 盒,文件夹 22。

195 阿尔比恩·W. 斯莫尔,"我们自己的社会科学研究生院的理想应该是什么？" 1923 年 2 月 28 日，HJB 管理层，第 47 盒，文件夹 6。关于此备忘录的背景信息，请参阅布尔默，《芝加哥社会学派》，第 130-134 页。

196  1918 年之后斯莫尔与他自己系的关系在这场关于研究生教育未来的道德危机中发挥了作用，请参阅班尼斯特，《社会学和科学至上主义》，第 55-63 页。

197  威廉·詹姆斯，"博士八爪鱼"，《哈佛月刊》，1903 年 3 月。

198  劳伦斯·K. 弗兰克，"美国的社会科学地位"，手稿，劳拉·斯佩尔曼纪念馆，"记录"，3.06 辑，第 63 盒，文件夹 679，洛克菲勒档案中心。

199  同上。文件夹 5、8、23。

200  马丁·布尔默和琼·布尔默，"20 世纪 20 年代的慈善事业和社会科学：比亚兹莱·鲁梅尔和劳拉·斯佩尔曼·洛克菲勒纪念馆，1922—1929"，《密涅瓦》19（1981）：第 371-378 页；以及唐纳德·费舍尔，《社会科学的基本发展：洛克菲勒慈善事业与美国社会科学研究委员会》（安阿伯，密歇根州，1993），第 31-39 页。

201  关于第二次世界大战前夕美国研究生项目的状态，请参阅玛西亚·爱德华兹，《美国研究生教育研究》（纽约，1944），作者评论道，"尽管仍在发展和扩张……但自 1900 年以来研究生教育的基本结构和根本特征发生的变化很小"（第 vii 页）。

202  莱恩明确地提出，他担心芝大在争论加强本科生项目的同时研究生教育可能会受到冷落："我认为非常重要的是，在委员会已经开始研究本科生状况的同时，也应该继续开展对研究生院的研究。"莱恩写给伯顿的信，1924 年 1 月 15 日，HJB 管理层，第 47 盒，文件夹 6。

203  莱恩写给伯顿的信，1924 年 3 月 5 日，文件夹 6。莱恩和哈里·普拉特·贾德森的女儿爱丽丝·C. 贾德森于 1903 年 8 月结婚，因此，贾德森的这位女婿和他一样不喜欢本科生或许也并非偶然。

204  "研究生院报告"，第 4-6、7-8、47-49、53 页，文件夹 7-8。

205  莱恩公开宣明的真实目标是将资深教员的教学量减少 50%，从每年六门课减少到每年三门课。请参阅"艺术与文学研究生院"，《校长报告，1923 年 7 月 1 日至 1924 年 6 月 30 日》（芝加哥，1925），第 9 页。

206  《校长报告，1929 年 7 月 1 日至 1930 年 6 月 30 日》（芝加哥，1931），第 5 页。

207  本德，《才智与公共生活》，第 77 页。20 世纪 20 年代后期和 30 年代中，人文科学的确获得了洛克菲勒委员会对其项目的一些资助，如威廉·克雷吉的"美国英语辞典"项目、威廉·尼采的"亚瑟王罗曼史"项目，以及约翰·M. 曼利的"乔叟"出版项目。请参阅人文科学部，"研究经费"，"记录"，1926—1944。但是，这些项目中的大多数规模都不大，基本上都不涉及博士生训练的新的分析方法或手段。请参阅凯瑟琳·D. 麦卡锡,"穷苦大众的简短编年史:人文学科的基金会资助,1900—1983",《美国哲学协会会刊》129 (1985):第3-8页。

208 费舍尔,《社会科学的基本发展》,第27-66页;罗斯,《美国社会科学起源》,第402-404页;卡尔,《查尔斯·E.梅里安姆》,第149-152页;班尼斯特,《社会学与社会主义》,第179-181、190-195页;布尔默,"社会科学研究的早期制度建立",第70-110页。卡尔称,芝加哥本地社区研究委员会合情合理地听从了阿尔比恩早先"劝说社会科学家们相互倾听了解的建议"。卡尔,《查尔斯·E.梅里安姆》,第150页。

209 金普顿写给鲁梅尔的信,1955年2月17日,写于邀请鲁梅尔参加将于1955年11月举行的社会科学研究大楼交付使用25周年庆典之际,鲁梅尔的文件,第3盒,文件夹9。

210 梅尔文·W.雷德,"芝加哥经济学:持久与改变",《经济学文献期刊》20 (1982):第5、9页;罗斯·B.埃米特,"确保学科技能。芝大经济学的普通教育和研究生学习",《政治经济学历史》30 (1998):第134-150页;罗斯,《美国社会学起源》,第449-458页;布尔默,《芝加哥社会学派》,第95-96、117、130-131、172、215页;玛丽·乔·迪根,"芝加哥人种志学派",保罗·阿特金森等,《人种志手册》(千橡市,加利福尼亚州,2001),第12-14页;班尼斯特,《社会学和科学至上主义》,第174-187页;詹姆斯·T.凯里,《社会学和公共事务:芝加哥学派》(比佛利山庄,加利福尼亚州,1975),第153-159页;卡尔,《查尔斯·E.梅里安姆》,第147-156页;迈克尔·T.希尼和约翰·马克·汉森,"建立芝加哥学派",《美国政治科学评论》100 (2006):589-596页。

211 肯顿·W.伍斯特,《社会科学研究委员会,1923—1998》(纽约,2001),第25-27页;费舍尔,《社会科学的基本发展》,第59-61页。毫不奇怪,梅里安姆影响了鲁梅尔在关于研究生研究基金支持的一些关键问题上的想法。卡尔,《查尔斯·E.梅里安姆》,第133-134页。

212 希尼和汉森,"建立芝加哥学派",第591页。

213 1922年10月鲁梅尔最初的"一般备忘录"是为了确定新的方向——他想要领导斯佩尔曼纪念馆,备忘录强调了要将研究生的奖学金和研究基金当作杠杆来"提高研究生进行小规模调查研究的可能性"。请参阅马丁·布尔默和琼·布尔默,"20世纪20年代的慈善事业和社会科学",第365页。

214 和其他主要研究型大学一样,欲了解芝大教学工作量的历史就需要研究其自身长篇累牍的专题文献。关于截至20世纪20年代末的现实情况有一份调查,请参阅弗洛伊德·里夫斯等,《芝大教员》(芝加哥,1933),第93-113页。

215 查尔斯·梅里安姆于1934年报告称,"国际公寓仍然是学生们之间交流思想的一个非常重要的中心,尤其对于研究生层面的学生而言。我们的学生中间已经有很大一部分人入住了这个公寓,他们觉得这里很适宜他们。"《政治科学系年度报告》(芝加哥,1934),第2页。并请参阅1972年5月22日赫伯特·布鲁默在一次采访中就他作为一名社会学博士生的经历对詹姆斯·凯里所作的评述,第16页,《1972年芝加哥大学社会学系采访》。布鲁默回忆道,"尤其是在20世纪20年代晚期和30年代早期从事那种工作的人,这群人有着说不尽的友情,彼此间保持着频繁而密切的接触,很大程度上是因为他们的实际工作环境"。

216 查尔斯·E.梅里安姆,"写在最后的话",梅里安姆的文件,第120盒,文件夹4。

217 SSRC研究基金是最重要的研究基金之一。费舍尔评论说:"到第二次世界大战结束时,整整一代从事学术工作和承担研究职位的社会科学家都将他们所受培训和他们的职业发展中最关键的部分归功于SSRC。"《社会科学的基本发展》,第200-201页。

218 玛吉特·佐罗西-占兹,"科学和社会空间:从威廉明妮帝国到魏玛共和国'科学'机构的转型",《密涅瓦》43(2005):第355页。

219 拉斯韦尔写给梅里安姆的信,1923年11月5日,梅里安姆的文件,第34盒,文件夹4。

220 请参阅"芝加哥大学留学生工作报告,1923年秋季学期",HJB管理层,第44盒,文件夹6。

221 约翰·马修斯·曼利写给欧内斯特·D.伯顿的信,1924年10月31日,HJB管理层,第58盒,文件夹13。

222 卡尔,《查尔斯·E.梅里安姆》,第37-38页。

223 同上,第169-185页,此处为第171页。梅里安姆在这一系列著作里提供了相关理论综述,《公民的养成:公民培养方法比较研究》(芝加哥,1931)。

224 昆西·赖特,"国际事务:国际法和极权主义国家",《美国政治科学评论》35(1941):第743页。关于赖特,并请参阅史蒂文·J.巴克林,"威尔逊的政治科学遗产:登纳·F.弗莱明、弗雷德里克·L.舒曼和昆西·赖特"(博士论文,爱荷华大学,1993),第17-76页。

225 请参阅"委员会关于学院未来的报告",1924年4月22日,HJB管理层,第34盒,文件夹10。该委员会名义上是由教授拉丁语的亨利·普莱斯考特领导的,但威尔金斯才是报告主体的主要作者和"教育理论"的唯一作者。

226 请参阅威尔金斯写给塔夫茨的信,1924年10月23日,包括作为附件的"教育理论"一文,HJB管理层,第34盒,文件夹2。

227 请参阅"艺术、文学与科学学院教员会议纪要",1925年2月21日;1925年

3月7日。

228 伯顿写给斯威夫特的信，1924年5月10日，斯威夫特的文件，第144盒，文件夹7。斯威夫特自己敦促伯顿创建一个"'学院系'，将重点放在使男女生真正成长为优秀的男性和女性上面，而不仅仅是只对芝大的学术领域感兴趣"。斯威夫特写给查尔斯·W.吉尔基的信，1923年8月28日，同上。

229 1925年年初和1927年1月，该报告及斯蒂格利茨和其他科学家的第二次答辩分别在几个教员会议中激起了争论。请参阅标记为"艺术、文学与科学学院教员所开展讨论和行动的资料"的一系列文档的第5部分，"本科生院档案"，第1盒，文件夹15，此文档和"艺术、文学与科学学院教员会议纪要，1925年1月31日和1927年1月19日"一起存档。在1927年1月的会议上，一个同时代表研究生院和本科生院教员的委员会对威尔金斯作出了回应，基本上拆解了他的想法。作为该小组的一员，昌西·布歇为其工作的经历一定对他开始制订他即将推行的革命性课程计划具有启发意义。

230 请参阅备忘录"教学改进"，威尔金斯写给伯顿的信，1923年12月6日，HJB管理层，第85盒，文件夹31。

231 请参阅威尔金斯写给伯顿的信，1925年2月18日，以及伯顿写给威尔金斯的信，1925年2月28日，HJB管理层，第85盒，文件夹31。

232 伯顿在1924年5月10日写给斯威夫特的一封信中阐明了自己与威尔金斯的计划之间的分歧，第144盒，文件夹7。

233 "他是最多才多艺的教师之一，他的口才，他的机智，以及他对演讲的驾轻就熟使他成为校园里最受欢迎的一位演说家。"《海德公园先驱报》，1931年1月9日，第1页。

234 昌西·S.布歇，"关于我们本科生院工作整顿的几点建议和我们对学士学位要求的再次声明"，第53-54页，1927年12月，"本科生院档案"，第27盒，文件夹6。布歇分别于1928年1月和1928年3月12日将这封很长的呼吁信交给了马克斯·梅森和他在芝大评议会的同事们。

235 西奥多·G.索尔斯和哈罗德·D.拉斯韦尔，"芝加哥大学本科生社会调查"，第19-20页，1920，HJB管理层，第78盒，文件夹1。

236 爱德华·波特霍夫和乔治·R.穆恩，"对1919年秋季学期进入芝加哥大学的762名大一新生记录的统计研究"，"本科生院档案"，第15盒，文件夹1。

237 乔治·R.穆恩，"关于被报道对工作不满意的学生的研究"，1927—1928，"本科生院档案"，第15盒，文件夹1。

238 请参阅韦克斯勒，《合格的学生》，第222-226页。

239 弗兰克·约翰逊·古德诺,"约翰·霍普金斯的'真正大学'计划",《纽约时报》,1925年3月1日,第10页。

240 昌西·S. 布歇,"芝加哥大学艺术、文学与科学学院关于教育政策及其成功管理的想法和建议",第3-4页,1928年12月,梅森管理层,第3盒,文件夹7。

241 布歇,"关于艺术、文学与科学学院状况的报告,1928年12月21日",第14页,梅森管理层,第3盒,文件夹7。

242 请参阅迈耶,"芝大教员",第445-450、474-476页。该观点最有名的支持者之一是一位很有影响力的局外人,普通教育委员会秘书亚伯拉罕·弗莱克斯纳。请参阅弗莱克斯纳,"关于建立一所美国大学的提议"(1922),第8-9页,斯威夫特的文件,第144盒,文件夹7。

243 多德写给贝茜·路易丝·皮尔斯的信,1934年2月3日,皮尔斯的文件,第9盒,文件夹10。

244 曼利写给塔夫茨的信,1925年7月1日,建筑和地面部,"记录",1892—1932,第34盒,文件夹4。

245 请参阅报告"预科学院大课教学",存档于1925年1月31日的"艺术、文学与科学学院教员会议纪要"中。

246 布歇,"关于艺术、文学与科学学院状况的报告,1928年12月21日",第18页,梅森管理层,第3盒,文件夹7。

247 请参阅昌西·S. 布歇,"艺术、文学与科学学院",《校长报告,1927年7月1日至1928年6月30日》,第24-31页。布歇决定支持限制录取学生是一个很明显的战略举动,是为了平息像威廉·多德这样的人煽动反对本科生的言论。最终,布歇还是希望增加本科生的招生人数,但只是在他落实了他的新课程方案之后,他相信该方案能够令芝大吸引到水平更高的报考者。

248 布歇,"关于我们本科生院工作整顿的几点建议",第51-52页。

249 请参阅约翰·J. 科斯,"关于'当代文明课程'哥伦比亚实验的报告",威廉·S. 格雷编,《预科学院课程》(芝加哥,1929),第133-146页;贾斯特斯·布赫勒尔,"人文科学的重建",德怀特·C. 迈纳编,《莫宁赛德哥伦比亚学院历史》(纽约,1954),第48-135页;格雷·E. 米勒,《普通教育的意义:一种课程范式的出现》(纽约,1988),第35-41页;以及蒂莫西·P. 克罗斯,《一个秩序井然的绿洲:哥伦比亚学院的核心课程》(纽约,1995)。

250 威廉·S. 勒尼德,《美国和欧洲教育过程的质量》(纽约,1927),第42-48、98-125页。勒尼德主要负责组织著名的"宾夕法尼亚研究"项目,该项目是为了在系统评估测试的基础上检验1928年至1932年间该州大量高中和大学学生的学习效果。他同时也是第一个研究生入学考试的设计者，该试验性考试是于1937年与哈佛、耶鲁、普林斯顿和哥伦比亚大学合作设立的。

251　布歇报告称，他认为"如果说这个国家有一个完全准备好并完全有能力对所提出的这样一份计划作出重要评判的话，勒尼德就是这个人"。在与勒尼德一起浏览了他的计划之后，他高兴地报告说，勒尼德"真诚地希望芝加哥大学能够采纳这个计划并在不远的将来成功地付诸实施……因为如果芝加哥大学能够创建这样一个工作和要求体制，与任何其他机构相比，芝大能够利用这个体制对这个国家的中学和大学教育产生更加重要的影响"。布歇，"关于我们本科生院工作整顿的几点建议"，第52-53页；以及勒尼德写给布歇的信，1928年3月3日，勒尼德在其中评论布歇的计划时说，"在我看来，我案头上的事情没有几件比这件事更加重要，无论就这些事情本身而言，还是从这一承诺来看，即在一个存在很大不确定性的时刻，它们包含着对美国教育的权威指导"。"本科生院档案"，第27盒，文件夹6。关于勒尼德反对以课程为基础的学分和分级体系，请参阅保罗·F. 道格拉斯，《自我教育的教学——一个终身目标》（纽约，1960），第82-89页。并请参阅艾伦·孔利弗·拉格曼，《为了公共利益的私人权力：卡耐基基金会支持教学进步的历史》（米德尔敦，康涅狄格州，1983），第101-107页。

252　1932年，在其于哈佛大学所作的英格利斯讲座中，勒尼德对"芝加哥大学当前的革命"表示赞许，尤其对其采用新综合考试赞赏有加。请参阅威廉·S. 勒尼德，《美国教育的现实主义》（坎布里奇，马萨诸塞州，1932），第27-28页。

253　"评议会委员会关于本科生学院的报告（1928年5月7日提交给芝大评议会）"，梅森管理层，第13盒，文件夹19。该报告还包含布歇所作的一份"补充声明"。1928年5月的报告是基于布歇于1927年12月准备的一份长文件而作的，该文件名为"关于我们本科生院工作整顿的几点建议和我们对学士学位要求的再次声明"，"本科生院档案"，第27盒，文件夹6。

254　"关于我们本科生院工作整顿的几点建议"，第53-58页；以及"被C.S. 布歇剪断的诱饵"，1930年1月7日，第18-19页，哈钦斯管理层，第53盒，文件夹4。1928年12月中旬，芝大宣布从朱利叶斯·罗森沃尔德那里获得了200万美元捐赠（芝大承诺匹配300万美元）来为本科男女生建造新宿舍。"以40%捐赠和60%投资为基础建造宿舍的提案"（1928），建筑和地部面，"记录"，1892—1932，第12盒。

255　作为学校普查的一部分，弗洛伊德·里夫斯和约翰·戴尔·拉塞尔调查了20世纪20年代芝大学生的保留和退学情况，他们得出了以下结论：学生的素质在这十年间有所提高，持续较高的退学率可能要归因于"某些教师和某些系年复一年一直在使用相同的评分曲线,没有顾及入学学生的能力已经增强了……对于芝大而言,至于继续提高其标准并同时继续舍弃其录取的学生中四分之一甚至三分之一的人是否值得,这还有些疑问"。请参阅里夫斯和拉塞尔,《芝大学生的录取和保留》,第25—26、55页。

256 "补充声明",1928年5月7日,第1、11页。

257 我是从芝加哥大学档案保管员丹尼·迈耶那里获得这一信息的,他和历史学家琴·布洛克一起探讨过梅森辞职一事。哈罗德·斯威夫特也于1953年对理查德·斯托尔作出过类似的解释:"在决定再婚之后,M(梅森)去找S(斯威夫特),要求对方把自己解雇。S说:这既不是你的事,也不是我的事,也不是我把你解雇这么简单。我们是一个委员会,要集体来决定。你可以退出,但我不会解雇你。洛克菲勒给了他工作机会,于是M便离开了。"哈罗德·H.斯威夫特接受理查德·斯托尔的采访,1953年2月13日,斯托尔的文件,第6盒,文件夹8。

258 在对公众解释他辞职的理由时,梅森称他非常希望能够资助涉及天文学和天体物理学、生物学和行为科学等重大前沿领域的一些大规模科研项目。请参阅"马克斯·梅森离开芝大",《芝加哥论坛报》,1928年5月6日,第1页;1928年5月22日,第1页。

259 布歇提交给芝大评议会的计划并非正式的立法提案,而是一系列建议,必须首先由艺术、文学与科学学院教员们进行考虑。这些教员于1928年5月15日举行会议,统一建立两个委员会,一个负责讨论初级学院课程,另一个负责讨论高级学院课程,旨在评估布歇的提议,并将报告反馈给全体教员。两个委员会于1928年秋季学期开始工作,但是不久之后事实证明,没有新校长(此时还未提及名字)的参与,很难就如何继续推进达成足够的政治共识。

260 卡尔,《查尔斯·E.梅里安姆》,第157—161页。多德担心董事会坚定地支持伍德沃德关于本科生院的理想:"F.C.伍德沃德今天上午在由董事们召集起来的一群人面前发表了演说,宣布竞选芝大校长一职。这篇演说从头至尾讲的都是与本科生院相关的话题——我的解读是:董事们想让伍德沃德当校长,然后就可以推行他们的项目了。"私人日记,1928年7月27日篇,威廉·E.多德的文件,国会图书馆。

261 多德写给斯威夫特的信,1928年9月1日,斯威夫特的文件,第144盒,文件夹8。从这次通信来看,多德已沉迷于让芝大成为一所研究生水平的研究机构的理想,他梦想中的芝大从财政方面看非常虚幻,就像是记忆中学生时代的他所在的莱比锡那样的19世纪末德国研究型大学的翻版。

262 关于这一点有人作过很有见地的评述,请参阅佛瑞德·亚瑟·贝利,《威廉·爱德华·多德:南方的坚定学者》(夏洛茨维尔,弗吉尼亚州,1997),第142—143页。

263 请参阅约翰·A.洛根、菲利斯·费伊·霍顿、亚瑟·C.科迪、邓拉普·C.克拉克、弗兰克·S. 怀廷和保罗·S. 拉塞尔 1928 年年末的普通信件，梅森管理层，第 1 盒，文件夹 6。

264　"一群校友"写给亚瑟·C. 科迪的信，未注明日期（很可能是 1929 年年初），梅森管理层，第 1 盒，文件夹 4。

265　怀廷写给洛根的信，1929 年 3 月 7 日，梅森管理层，第 1 盒，文件夹 5。

266　"董事委员会关于校友关系和校友捐赠的联合会议，1928 年 12 月 7 日"，梅森管理层，第 1 盒，文件夹 9。

267　请参阅伍德沃德写给盖尔和莱恩的信，1929 年 1 月 11 日，以及对方 1929 年 1 月 15 日和 1929 年 1 月 14 日非常谨慎的回复，斯威夫特的文件，第 144 盒，文件夹 8。更多信息请参阅本杰明·麦克阿瑟，"在年轻人身上的冒险：罗伯特·M. 哈钦斯、芝加哥大学，与校长选举政治"，《教育历史季刊》30（1990）：第 161-186 页，特别是第 166-173 页。

268　卡尔，《查尔斯·E. 梅里安姆》，第 158 页。昌西·布歇同时还担任了教育委员会的主席——该委员会的任务是设计新的宿舍楼，因此有力地向多德和莱恩以及其他不喜欢本科生院的人证明了他的课程想法是与伍德沃德的住校生活方案紧密相连的（事实的确如此）。

269　请参阅第 4 章。与其他一些评论校长遴选过程的言论不同，丹尼尔·迈耶客观地说，许多在研究方面德高望重的资深教员都倾向于让伍德沃德当校长。多德与他的同事们也许是局外人，但他们很有话语权来影响结果。请参阅迈耶，"芝大教员"，第 482、486-488 页。

270　卡尔，《查尔斯·E. 梅里安姆》，第 156、162 页。

271　乔治·S. 康茨，《美国中等教育的择优特性》（芝加哥，1922），第 72-73、141-148 页。

272　1930 年，芝大要求一个学生的"高中非职业科目平均分必须比其学校的及格分数至少高出及格分与 100 分之间差值的 25%。例如，如果及格分数为 75，则平均分则至少需要达到 81.25"。请参阅里夫斯和拉塞尔，《芝大学生的录取和保留》，第 16-17 页。

273　里夫斯和拉塞尔，《芝大学生的录取和保留》，第 44 页。

274　W.H. 哈勒尔写给 W.J. 马瑟的信，1937 年 6 月 24 日，哈钦斯管理层，第 70 页，文件夹 7。

275　厄尔·W. 安德森，"某些职业的薪水"，《教育研究公告》，1933 年 1 月 11 日，第 1-9 页。安德森的大部分数据来自 1926 年至 1930 年。

276　弗洛伊德·W. 里夫斯和约翰·戴尔·拉塞尔，《芝大的一些学生问题》（芝加哥，

1933），第 15、18、30-32、65、70-81 页。

277　索尔斯和拉斯韦尔，"芝加哥大学本科生的社会调查"。

278　H.A. 米利斯等，《教师学生委员会关于学生时间分配的报告，1925 年 1 月》（芝加哥，1925），第 84 页。米利斯还发现，如果不住校而成为一个通勤者，学生能够承担的课程量就会受到直接影响。与每学期上四门课的学生相比，每学期上两门或三门课的学生更有可能是通勤的学生（第 24 页）。

279　里夫斯和拉塞尔，《芝大的一些学生问题》，第 65-68 页。约翰·凯南举了一些有代表性的例子，他发现在 1933 年，有奖学金资助的入校大一新生中有 61% 的人是通勤者，而没有奖学金的学生中有 75% 的人是通勤者，他们应该是在家居住。约翰·C. 凯南，"两年'荣誉学者'获得者与无奖学金学生在经济、学习、娱乐和睡眠方面的对比"，第 3 页，1933 年 2 月，"本科生院档案"，第 15 盒，文件夹 7。

280　"1938—1939 年普通预算的支持来源"，"副校长记录"，第 6 盒，文件夹 13。

281　里夫斯，米勒和拉塞尔，《芝大成长的趋势》，第 176-177 页。

282　里夫斯和拉塞尔，《芝大学生的录取和保留》，第 68-69 页。

283　里夫斯和拉塞尔，《学院的校友》，第 8 页。

284　这些数据反映的是这些学年中注册过的不同本科生的总数，而不仅仅是秋季学期的录取人数。请参阅《注册办公室给校长的报告，1938—1939》，第 10 页，表格 6。

285　《校长报告，1902 年 7 月至 1904 年 7 月》（芝加哥，1905），第 3 页。

286　"1940 年秋季学期入校的大一新生数据"，哈钦斯管理层，第 204 盒，文件夹 8；韦克斯勒，《合格的学生》，第 228-229 页。

287　《校长报告，1902 年 7 月至 1904 年 7 月》，第 3 页。

288　"学生住房——1928 年秋季学期"，梅森管理层，第 8 盒，文件夹 3。

289　"1940 年秋季学期入校的大一新生数据"。

290　米利斯等，《教师学生委员会关于学生时间分配的报告》，第 86 页。我的同事伯特伦·J. 科勒也表示，种族在决定是否住校时可能也起了一定作用，因为有特定种族背景的学生可能感到继续与家人住在一起更舒服，这样就不必承受搬到学校宿舍去住将会带来的文化磨合方面的麻烦了。

291　《校长报告，1926 年 7 月 1 日至 1927 年 6 月 30 日》（芝加哥，1928），第 3-4 页。

292　斯威夫特写给罗森沃尔德的信，1927 年 8 月 30 日，梅森管理层，第 6 盒，文件夹 12。

293　罗森沃尔德写给斯威夫特的信，1927 年 9 月 6 日；斯威夫特写给查尔斯·Z. 克劳德的信，1927 年 10 月 8 日，梅森管理层，第 6 盒，文件夹 12。

294 请参阅克劳德写给斯威夫特的信,1927 年 10 月 18 日,梅森管理层,第 6 盒,文件夹 12;以及标注日期为 1927 年 10 月 15 日的草图,建筑图纸收藏,抽屉 40。

295 伍德沃德写给克劳德的信,1927 年 12 月 20 日;克劳德写给伍德沃德的信,1928 年 1 月 12 日;伍德沃德写给克劳德的信,1928 年 9 月 20 日;克劳德写给伍德沃德的信,1928 年 10 月 22 日;梅森管理层,第 6 盒,文件夹 12。

296 斯威夫特写给罗森沃尔德的信,1928 年 5 月 31 日;以及伍德沃德写给斯威夫特的信,1928 年 9 月 14 日。

297 董事们于 1928 年 11 月 6 日批准了该计划。请参阅"建筑和地面委员会与财务和投资委员会会议纪要",1928 年 11 月 6 日,斯威夫特的文件,第 6 盒,文件夹 12。最初批准的是两幢楼,但是从纪要和示意图来看,董事会希望继续建造另外两幢楼,作为未来计划的一部分:"目前的规划是将每个宿舍群置于一个独立的地块上,这样一来,如果往后的经验证明可行,我们就有余地将其扩展,从而把整个地块填满。"

298 伍德沃德写给罗森沃尔德的信,1928 年 11 月 9 日,梅森管理层,第 6 盒,文件夹 12。

299 "建筑和地面委员会会议纪要",1931 年 10 月 8 日,斯威夫特的文件,第 7 盒,文件夹 1。

300 "商业事务委员会会议纪要",1933 年 7 月 27 日,斯威夫特的文件,第 7 盒,文件夹 6。伯顿-贾德森的领导班子也感受到了"大萧条"带来的金融破坏。1930 年 1 月,董事会削减了原规划中的许多细节,包括去掉了许多壁炉,用木材来替代钢材来建造屋顶,以便将成本从 167.1 万美元降至 136 万美元。

301 一份关于自 1934 年起在校学生组织的名单存于"教导主任办公室"文件中,"记录",第 6 盒。

302 "课外活动",《脉动》,1937 年 11 月,第 12 页。

303 请参阅沃尔特·L. 格雷戈里,"与'黑衣修士'一起的二十年","黑衣修士","记录",第 4 盒。格雷戈里后来成为州街委员会主席,并于 1934 年成为州街圣诞游行的最初组织者。

304 "戏剧委员会"是"戏剧俱乐部"的后继组织,后者是一个学生社团,成立于 19 世纪 90 年代,既有男性成员也有女性成员。

305 关于这些俱乐部,请参阅戈登,《性别与高等教育》,第 106-107 页。

306 20 世纪 50 年代由理查德·斯托尔从当时仍健在的 1914 年之前的本科生院校友那些收集到的有关学生生活的回忆录证实了人们对本科生院社交生活的印象:只有一小部分女性(也许最多有三分之一)有组织地进入了社交俱乐部,大多数人只能自己组织自己的活动。请参阅斯托尔的文件，第 6 盒，文件夹 7。

307　弗林特写给校友委员会的信，1929 年 4 月 29 日，梅森管理层，第 1 盒，文件夹 6。

308　夏洛特·蒙哥马利·格雷写给校友委员会的信，1929 年 4 月 26 日。

309　索尔斯和拉塞尔，"芝加哥大学本科生的社会调查"，第 14 页；米利斯等，《教师学生委员会关于学生时间分配的报告》，第 88—90 页。

310　请参阅昌西·布歇对弗雷德里克·伍德沃德发出的呼吁，1929 年 5 月 29 日，哈钦斯管理层，第 71 盒，文件夹 4。

311　伍德沃德写给 L.R. 斯蒂尔的信，1929 年 3 月 6 日，哈钦斯管理层，第 70 盒，文件夹 10。哈罗德·斯威夫特同样反对进行彻底改变。他写信给哈钦斯和伍德沃德说："我希望未来芝大的兄弟会能比现在少一些，但我也希望这件事情能慢慢来。毕竟，我们亏欠兄弟会太多。很长一段时间里，他们为许多男生提供了住宿，这本该是我们的工作，我认为我们不能一下子把他们全都扫地出门。"1929 年 11 月 4 日的信件，哈钦斯管理层，第 71 盒，文件夹 4。

312　《芝加哥论坛报》，1928 年 5 月 18 日，第 1 页。

313　"关于芝加哥大学学生住宿条件调查的初步报告"，1930 年 5 月 19 日，第 19 页，哈钦斯管理层，第 106 盒，文件夹 7。

314　里夫斯和拉塞尔，《芝大的一些学生问题》，第 136 页。

315　弗林特写给校友委员会的信，1929 年 4 月 29 日，梅森管理层，第 1 盒，文件夹 6。

## 第4章
# 一个人的革命：罗伯特·梅纳德·哈钦斯
## （1929—1951）

### 开始的举措

罗伯特·哈钦斯于1899年1月17日在纽约布鲁克林出生。他的父亲威廉·J. 哈钦斯毕业于耶鲁大学和纽约协和神学院，在布鲁克林担任过长老会牧师，并曾在欧柏林学院任讲道术教授，后又于1920年成为肯塔基州伯利亚学院的校长。威廉·哈钦斯是家庭中第一个与芝加哥大学建立个人联系的人：在耶鲁时，他选修过威廉·雷尼·哈珀的课程。罗伯特·哈钦斯成长在一个开明的基督教新教（长老会）家庭，他的家庭鼓励"劳作的习惯和对正直的基本渴求"[1]。哈钦斯进入欧柏林学院学习（1915—1917）并于1917年入伍，参加了美国陆军的救护勤务，"一战"末期在意大利服役。1919年他转入耶鲁学院学习，于1921年获得学士学位。大学毕业后哈钦斯在纽约普莱西德湖的普莱西德湖（今诺斯伍德）学校教了18个月的历史和英语课，这所学校是家境富裕的纨绔子弟上不了其他中学时最后的机会。

在耶鲁时，哈钦斯是班级中出了名的演说家，也是全校鼎鼎有名的聪慧少年。1922年10月，耶鲁大学校长詹姆斯·安吉尔将他聘为耶鲁公司的秘书。该职位是一个高层管理文员，负责公司的官方联络，也包括负责广泛的公共关系（他的工作职责是"使学校与校友和媒体保持恰当的关系"）。[2] 如鱼得水的哈钦斯观察着学校是如何通过内部运作作出决策的，他喜欢上了这份工作，并与安吉尔培养了一种亲近的工作关系（他描述自己为安吉尔工作是在"为美国的这所顶尖大学摇旗呐喊")。³安吉尔甚至允许他一边担任秘书一边利用业余时间攻读他的法律课程;哈钦斯于1925年获得了自己的法学学士学位。不久后他被任命为法学院的一名兼职讲师,教授贸易法规和公共服务法律课程。⁴法庭审判经常遇到证据和依据方面的棘手问题,心理学理论和实证检验能够很好地帮助解决这些问题,哈钦斯因此对该学科产生了兴趣;他开始与耶鲁的一位对犯罪学感兴趣的年轻心理学学者唐纳德·施莱辛格合作,并于1928年至1929年发表了一系列共六篇关于心理学和证据法学的文章。⁵1927年2月,哈钦斯被任命为耶鲁法学院代理院长,接替托马斯·W. 斯旺,后者辞去院长一职是为了接受一个美国巡回法院法官的职位。斯旺向安吉尔举荐了哈钦斯,他援引的事实是:"出于暂时应急的目的来任命一个代理院长是很常见的做法。哈钦斯先生虽然年轻,但已经有了丰富的管理经验,教员们也对他信任有加。如果选择一个年纪大的人来担任此职,恐怕很难取得教员们的一致同意。"⁶鉴于法学院教员内部有着激烈的党派之争,哈钦斯称自己的任命仅仅意味着,"虽然他们也不喜欢我,但更不喜欢其他人",但他还是被捧得很高,并且继续通过游说以实施新的教学形式(小规模快班授课)、新的法律心理学和法律人类学的独立课程、准入标准更高以及仅限于拥有学士学位的研究生才能选修的课程(与允许耶鲁的高年级学生在大学最后一年就可以开始上法学院不同)。⁷

哈钦斯的大多数同事都认为他的临时工作做得相当出色,因此,安吉尔于12月末任命他为正式院长,此时哈钦斯只有28岁。⁸哈钦斯证明了自己非常适合院长一职,虽然他十分固执己见,在法理学方面是一个聪明但也让人头疼的人。他对在证据和程序规则中加入医学、社会学和行为科学很有兴趣,并且与耶鲁法学院中的实证派一起反对那些依赖经过检验而可靠的判例书的更为保守的同事,这些事实说明他是一个采取现代法理学新科学视角的法律改革者,尽管他自己的想法对证据规则的实施并没有产生直接的影响。⁹哈钦斯将法学院的教员队伍从15人扩充到了24人(这是耶鲁大学在20世纪20年代中期到末期可支配财富的一个标志),并从哥伦比亚大学聘用了威廉·O. 道格拉斯和昂德希尔·摩尔。鉴于芝大在纽约城的联邦律师、大的律师事务所,以及商业机构的各个精英界中有着出名的校友网络,并且华盛顿特区的公职居于较高的等级,耶鲁的院长职位虽然要受到高度限制,但对于具有超凡魅力且才情横溢的演说家哈钦斯来说,这仍是一个施展自己才华的理想职业。[10]当他离开耶鲁时,他的同事们对他的成绩大加赞扬,称赞作为领导的他"目光敏锐、大胆,且始终如一"[11]。

从被任命为耶鲁的秘书开始,哈钦斯的职业生涯似乎是一马平川的。哈钦斯的境遇增强了他的决心和自信,却没有教会他战略协商的效用和审时度势的耐心,而这些恰恰是他日后在芝大应对一个(从教员的视角来看)复杂而保守的大机构时所需要的,因为这个机构除了充满根深蒂固的部门利益之外,还聚集着一些自负、任性的著名资深教员,他们唯恐上级要求自己做出改变。在这样的环境中,机智和聪明(这是年轻的哈钦斯完全具备的)或许占成功领导的20%,但是其余的80%却要求艰苦而缓慢地将那些硬板钻透——诚如马克斯·韦伯在谈论政治的本质时所言。

## 耶鲁来的年轻人成为校长

马克斯·梅森于1928年5月突然辞职,芝大需要一位新校长。如第3章中所述,校长的内部候选人是代理校长、教务主任弗雷德里克·伍德沃德,他拥有多数教员的支持,并且本着欧内斯特·伯顿的精神,支持大力发展本科生院。以威廉·多德、戈登·莱恩和亨利·盖尔为首的一些著名资深教员强烈反对伍德沃德作为候选人,因为在哈罗德·斯威夫特、欧内斯特·匡特雷尔和查尔斯·吉尔基这些重要董事的眼中,这无异于搅局。尽管斯威夫特和他的董事同僚们与教员委员会一同采取了遴选行动,多德、莱恩和盖尔的主要目的是阻止伍德沃德当选,并非是代表另外一位候选人才全然不顾团结,这样的事实使得董事们主导了遴选过程。[12]在与潜在候选人一一见面并在全国范围内听取专家意见的过程中,董事长哈罗德·斯威夫特起到了独一无二的决定性作用,毫不夸张地说,他就是推动做出最终决定的那个人。见证了一位虽然杰出却由于健康原因在任时间不长的校长(伯顿),又见证了一位用自己的保守政策使教员们四分五裂、士气低落的令人失望的校长(梅森),斯威夫特这次决定要聘用一位能干得长久的校长，此人不仅能带回伯顿的活力，还能重新营造出早期哈珀时代的那种令人激动的基本氛围。

吉尔基和斯威夫特非常欣赏雷蒙德·福斯迪克这位杰出的律师，后者与洛克菲勒基金会有联系；如果福斯迪克当时愿意考虑这份工作的话，这场遴选早在1928年夏天就该结束了。和1922年一样，福斯迪克再次拒绝了他们，委员会没有办法，只得继续寻觅。1929年3月，一份五人短名单最终出炉（明尼苏达大学的洛特斯·D. 柯夫曼、达特茅斯学院的欧内斯特·M. 霍普金斯、经济学院的哈罗德·穆顿、卡耐基基金会的亨利·苏塞罗，以及洛克菲勒基金会的艾德蒙·E. 戴），但是没有一个人真正打动斯威夫特。[13]哈钦斯的名字第一次被提及是在1928年春特雷弗·阿内特和斯威夫特之间的一次谈话中。阿内特担心他"这个青年才俊会恃才放旷"，但是当斯威夫特1928年12月亲自见到哈钦斯时，对他的"人格魅力"印象深刻。不过，由于哈钦斯太过年轻，而安吉尔对他的评价又显得谨慎而矛盾（"他还不够老练；因为缺乏经验，他的热情和观念不够严谨，也不够成熟"），哈钦斯的名字还是被从名单中剔除了。[14]作为朱利叶斯·罗森沃尔德基金会主席和威廉·哈钦斯任院长的伯利亚学院的长期支持者，埃德温·R. 恩布里介入了这件事，于3月中旬将哈钦斯重新列为候选人。恩布里敦促斯威夫特重新考虑哈钦斯，认为他能够重振芝大创新的风气，并为之带来改变："和三十年前一样，我们今天同样急需一位教育领头人。这个领头人必须年轻，具备勇气和想象力。哈钦斯在这些方面足够出色。"[15]

此时，其他外部候选人中仍然没有谁能够打动斯威夫特或其他董事，并且正如这种校长遴选中经常发生的状况，个别委员会成员只言片语的负面（包括一些微小甚或刻薄的）评论都已经开始削弱这份短名单上其他人的可信度。[16]备受推崇和尊敬的弗里茨·伍德沃德仍在考虑之列，如果斯威夫特和董事们希望用他，他们早就通过了他的名字。在恩布里为了哈钦斯干预这件事之前的一个星期，斯威夫特还表现得泰然自若，他于3月8日写信给支持伍德沃德的一位校友说："不用预测结果，我想说许多人是按照您的思路去想的。"[17]但是斯威夫特对这种形势考虑得越多，他就越相信恩布里举荐一个新的年轻局外人是正确的，于是他重新提出了自己1月曾向匡特雷尔大致说过的一个计划，即让伍德沃德重新回到其先前的副校长和教务主任的位置上。查尔斯·贾德的意见同样举足轻重；贾德尊敬伍德沃德，承认"大多数教员"都支持他当校长，并且认为像莱恩和多德这样对本科生院怀恨在心的人的立场是不负责任的（他们的行为是"声援研究者所忌惮的"），于是他游说查尔斯·吉尔基引入一个局外人。吉尔基向斯威夫特报告说贾德认为在梅森的管理下教员们的士气越来越低落，并且在他卸任之后"迅速分崩离析"。此外，贾德认为由伯顿建立起来的"道德信心"也基本消失不见了。他坚称："只有引进一位有着绝对声望和足够经验并能够高效工作的强人才能使我们从泥潭里脱身，让我们回到大路上来；最好是从外部请来，这样才能避免卷入我们目前（长久以来已经日趋恶化）的派系纷争。"[18]

4月初，斯威夫特当机立断开始为哈钦斯的当选努力。他利用自己作为董事会主席的权威促使哈钦斯的名字重新回到短名单中，然后又援用雷蒙德·福斯迪克和乔治·文森特简短而略微模棱两可，却又看似有利的举荐促成委员会成员们同意推荐他进入董事会。哈钦斯于4月两次造访芝大，与遴选委员会和绝大多数董事见了面，他的"清醒头脑"、他的教育理念（在斯威夫特看来，他比大多数其他候选人都"更有想法"），以及他的冒险精神成功地打动了他们，同时又使他们能够对他的"稳健和理智"[19]放心。然而在最后关头，当斯威夫特4月中旬让匡特雷尔联系安吉尔请他最后发表一下意见时，形势却差点超出控制；安吉尔4月16日回复时十分苛刻地批评了哈钦斯，说他无法胜任这份工作，并警告斯威夫特说哈钦斯"在性情上对与他看法相左的人非常不耐烦——他可能有点褊狭"。与这位少壮派密切合作过六年的安吉尔认为，需要假以时日，待哈钦斯变得更加成熟，他才能够成为一名令人信服的合适的校长候选人，但目前他还难以胜任这个职位。[20] 在遴选委员会内部已经对这一点达成共识的前提下，斯威夫特不顾安吉尔的再三警告（安吉尔这么做似乎也没有征求过其他委员们的意见），还是做出了这个至关重要的决定，把整件事向前推进。[21] 唯一仍然感到不安的董事会成员是托马斯·唐纳利，他仍然认为哈钦斯并未做好准备。但是哈钦斯自信的风度、迷人的性格，以及他看似可以"为芝大和这座城市注入热情"的能力起到了决定性作用。甚至年龄也不再是问题了,因为斯威夫特强调说哈珀当上校长时也很年轻,不过才35岁,言外之意是30岁的哈钦斯事实上就是哈珀"再世",甚至比他更强。[22]

哈钦斯于1929年11月,也就是"大萧条"刚开始时正式就任校长一职。他在芝大一直待到1951年,最后六年的身份是名誉校长。在那个时代,芝大少有教员愿意在本校或全国范围内担当公共知识分子的角色,罗伯特·哈钦斯成为芝大高等教育最杰出也最多面的批评者。[23]哈钦斯将他关于教育和其他公共问题的看法通过一系列有名的短篇著作提了出来,包括《不友好的声音》(1936)、《美国的高等教育》(1936)和《为了自由的教育》(1943)。这些文集被视为演说和讲座的典范,极具智慧和高度的平民主义思想。[24]哈钦斯是带着他从耶鲁练就的高超的演说技能来到芝大的,他在耶鲁时对演讲术十分痴迷,高年级时还获得过德福雷斯特奖。在整个20世纪30年代,哈钦斯基本树立起了自己作为一名国家知识分子的形象,用一位与他惺惺相惜的芝大董事的话来说,他写的文章"展现了一种辛辣的表达方法,十分耐读"[25]。他早期的文章和演讲自然而然地引发了20世纪40年代和50年代关于"伟大经典"的改革运动。哈钦斯的演讲是精心雕琢过的,但讲的时候会即兴发挥。许多演讲都是在洛克菲勒教堂那高高的讲道坛上作出的,这样的场景更能引起人们的共鸣,使他们相信,哈钦斯不仅是个演说家,他在本质上和他的父亲一样,是一名传教士,虽然只是世俗的传教士。

哈钦斯在1935年于耶鲁的斯托尔斯讲座(Storrs Lectures)上发表的《美国的高等教育》这篇演讲,是他最重要的一次尝试,目的是诊断和医治一种被他称为"信息病"的折磨美国高等教育的顽疾。他的主要观点是,社会只有在大学里才存在纯粹为了真理而追求真理的希望。我们要求大学这么做,却同时也要求它们在传授学术知识外还要训练学生去做一些生产性的工作。哈钦斯称,这种职业教育论会把对真理的追求排挤出去,以收集实用信息代替纯粹的探究。将职业教育论革除之后,大学便能够以追求真理为目的研究人类最伟大的成就,致力于培养人们的知性德行。哈钦斯的关注点似乎在于大学有保护一种散乱传统的责任,乔·施瓦布后来将这种传统称为"终极目标",即一种永久道德观的文化。²⁶ 哈钦斯的计划是高度唯理智主义的，因为他认为人就是一种严格意义上的理智存在。他坚持要办一所唯理智主义大学，因为他相信那才是一所大学应该成为的样子，也只有大学才有相应的资源，得以实现这样的目标。这种愿景背后是一种信念，即缺乏理智主义的大学才是真正危险的：一所没有引导目标的大学永远会被商业和专业的利益牵着鼻子走，并且永远会为了实用而把知识忽略掉。这样的大学也许会宣传自己致力于教学和研究，但哈钦斯认为，实际上它只会听任行业、公司和政府的差遣，为了把握赚钱的机会而牺牲文化教育。²⁷

哈钦斯后来发现芝大的制度改革步履维艰。作为一个早慧却轻狂的年轻律师，他对1900年到1930年间赋予了芝大制度厚重感和学术卓越性的艺术和科学中心学科不甚了解，也不像自己在耶鲁法学院时那样能够自然结交到许多教师盟友，就是这样的哈钦斯来到了芝大，希望展现出一套与他的耶鲁老板詹姆斯·安吉尔截然不同的领导风格——因为他对此人毫不赞赏。²⁸ 安吉尔对大学校长提出的箴言"要作天线，别作喇叭"与哈钦斯的管理风格完全相悖。一些同时代的人将哈钦斯这种逞强之举视作十足的傲慢，有不少人对此的解读是，在一所汇集了众多卓著的专业学术人才的大学里，哈钦斯个人的不安全感促使他采取了这样一种补偿策略。²⁹ 哈钦斯的这种打破旧习的做法不可避免地招致了一些重要资深教员习惯性的、出离的愤恨。早在1932年，他就向自己的父亲诉苦说："我对教师们的愚钝越来越气愤了，这种情绪恐怕很快就要失控了。或许这样做比采取无奈顺从和调整的态度还好一点。"³⁰ 到了1938年，哈钦斯抱怨说，芝大的教员们"对改变怀有一种尽人皆知的敌意"，行事时带着"戒备之心"，各部和各系都只顾自己的利益。³¹

哈钦斯把他当初在耶鲁展现的狂想家似的、靠叱责来推动工作的领导作风带到了芝大。约翰·施莱格尔对哈钦斯在纽黑文的行为所做的反思对芝大同样有重要意义：

> 有时候，这种风格类似于一种教育游击战，比如，他仅在一年多一点的时间里就发起了三次课程改革。在这种情况下，行动变得比精心谋划更加重要了，尽管后者对于努力取得任何成功可能至关重要，

而行动才能使得老旧死板的思考和教学方法这个敌人无所适从……这种风格会带来一种风险，即那些要留下来解决细节问题的人会发现，如果将哈钦斯丢弃的那些项目的碎片拼凑起来，得到的东西从一开始就不会有人稀罕。[32]

## 1930—1931 年间芝大的重组

1929 年秋，罗伯特·哈钦斯遭遇了巨大的挑战。这件事并不难理解，因为我们还记得他来到芝大的目的既是为了自己成名，也是为了给芝大积聚财富、提高声望；不幸的是，他上任伊始就撞上了"大萧条"这面墙。哈钦斯不像哈珀和伯顿，由于其任期中的大部分时间都处于"大萧条"和"二战"之中，他从没得到机会来为芝大的未来制定一个全面的战略规划。1929 年 1 月，查尔斯·贾德和其他人已经开始对芝大教员的派系之争忧心忡忡了。由于芝大在资金方面仍然充裕，贾德相信"我们眼下最迫切的需求是一个教育领导者而不是一个筹款人，教员委员（会）当初选择了后者，他们完全错了"[33]。然而，随着 1929 年 10 月"大萧条"这出国民大戏上演，这种担忧很快也就无关大局了。到了 1931 年，芝大已变得急需各种筹款人。在教育领导方面，哈钦斯仍然没有放松，但是正如许多焦急的遴选委员会都把焦点放在解决旧账方面，那些选择了哈钦斯的人完全低估了他应对势不可当和不可预测的变化的能力。

哈钦斯最早也是最显著的成就便是重组芝加哥大学的行政和预算结构。从根本上讲，哈钦斯赋予了芝大一个新的章程，该章程对芝大的学术文化工作产生了深远的影响，并且一直延续至今。1930 年 11 月 13 日，董事会通过决议来创建新的院系，包括四个研究生院和一个本科生院，该变革立即生效。在美国高等教育的同行院校中，这种五头结构十分少见，它刻意规避了通常落入艺术与科学学院院长手中的课程权和管理权向一个中心汇集。芝大和往常一样对这个联合的体系大唱赞歌，但是该体系同时也在之后的数十年间导致了诸多瓶颈和摩擦。

1930 年至 1931 年哈钦斯对芝大进行重组的故事像是一出涉及金钱、声望和杰出研究技能的戏剧，其中还包含着对科学效力和知识创新的追求。与哈钦斯后来所进行的其他干预不同，这次重组依靠的是芝大于 20

世纪 20 年代在制度和教育方面打下的稳固的基础,这样的基础成就了它的稳固性和合理性,使其得以延续下来。在 1890 年建校后的最初几十年里,芝大的行政组织反映了威廉·雷尼·哈珀个人专制的偏好以及他迫切地专注于招揽顶级学者的努力,这些学者建立了一个个卓著的学术院系。[34] 出于学术目的,艺术和科学的教员和学生被编入了几个互补的单位中——三个本科生学院,分别为艺术学院、文学学院和科学学院,以及两个研究生学院,艺术与文学研究生学院和奥格登科学学院。[35] 每个艺术和科学系的普通教员被同时分配到各本科生学院以及其中一个研究生学院中。1920 年以后,各本科生学院不同的课程支持者在唯一一名院长的领导下团结和睦,这个院长的正式头衔是艺术、文学与科学学院院长,与两所研究生学院的管理结构是对等的,它们同样也是由一名院长来领导。这些执行官监督着他们各自学生主体的学术事务,并不关注教员方面的事宜。在哈珀的管理体系中,新芝大最核心的管理单位是系,早期的系是由"主任"来管理的,在 1910 年之前,这些"主任"都有着自己的权力,实际上是一个个的小校长。甚至在系主任被通过更加民主的方式选出来的职位代替之后,与教师的聘用、留置和提拔相关的真正的财务和政治权力问题仍然是需要独立的系和校长办公室进行直接商议才能决定的。[36] 与此同时,教员在普通预算编制或机构优先级设立方面根本没有发言权:1910 年年末,当收到洛克菲勒的最后一笔捐款后,贾德森同意与包含 12 名教员的发展和关系委员会商议该笔资金的分配事宜,教员们在优先权的问题上争执不下,但无论是贾德森还是董事们都没有把这种内部的教员干预当回事。[37]

芝大在行政管理方面顶部和底部都很重,而在它们之间几无财务或预算干预和控制的中间结构。无论大小,每一笔开支都必须通过一个支出管理委员会处理,由校长办公室批准,该委员会的工作由本科生院的一名年轻的毕业生特雷弗·阿内特监督,此人在 1902 年到 1920 年担任芝大的审计。[38] 阿内特在管理芝大的会计制度期间证明了自己突出的能力,不久他就开始为其他学院和大学提供改善高等教育财政管理的建议,并在这个领域中赢得了全国范围内的声誉。

哈钦斯很快就发现,随着芝大的发展壮大,学生和教员人数的增加,这种极端中央集权的财政控制和极端分散化的人员决策已经变得非常不实用了。1925 年的一个提案首先提出建一座新行政楼作为芝大"旗舰"（但直到 1946 年才动工建造），这个提案反映了这样一个事实，即管理一所大规模大学所必需的行政机构（芝大的资产已经从 1900 年的 1700 万美元增加到了 1926 年的 1 亿美元）自哈珀时代以来已经获得了长足的发展。[39] 马克斯·梅森没能筹到资金来建设这样一个新的行政中心，但是芝大支离破碎的预算和行政体系的确成为 20 世纪 20 年代进行的大量详细审查的主题。

负责详细审查的是哈珀以前的审计员特雷弗·阿内特。阿内特 1920 年从芝大辞职，担任了通识教育委员会的秘书，因为他之前收到了华莱士·巴特里克和亚伯拉罕·弗莱克斯纳的邀请，二人请他负责监督管理约翰·D. 洛克菲勒在 1919 年 12 月为提高美国学院和大学教师待遇而捐助的 5000 万美元。在通识教育委员会任职期间，阿内特通过发布《学院和大学财务报告》（1922）稳固了自己在全国的声誉，该报告由通识教育委员会免费发放了数千册。1923 年贾德森刚刚辞去校长一职，欧内斯特·伯顿就说服阿内特返回了芝大并担任芝大的财务总监——他的头衔不仅包括副校长和业务经理，还包括兼职教育管理教授。[40]

阿内特于 1924 年回到校园，此时的芝大正同时进行着多种转型。肩负整个芝大经济管理重任的阿内特很快便意识到，这项工作近乎一个不可能完成的任务。1925 年 1 月，阿内特准备了一份备忘录提交给董事会，描述了他在芝大的财务组织方面遭遇的挫折。他报告称："芝加哥大学发展得太快了，其规模几乎每十年就会翻一番，过去五年中的开支也接近翻番，现在它还在设定一个目标，要在接下来的十五年内使其资源翻倍……芝大应立即对其组织和功能进行一番深入研究，我想不出还有什么事情比这个更加重要。"[41] 他敦促董事会给他的办公室增派更多人手，以便他能够腾出时间对芝大的运作进行系统性的研究。

阿内特从通识教育委员会争取到了一笔 2.5 万美元的拨款以开展他的调研——通识教育委员会准备了很大一笔资金来帮助学院和大学应对现代预算管理问题，这笔钱正是其中的一部分。[42] 董事会非常爽快地批准了阿内特的提案，然而不幸的是，阿内特的健康状况不够稳定，而且 1925

年5月伯顿的意外离世也带走了使阿内特一直留在芝大的最初的眷恋。不久后,他便试探着打听自己能否回到洛克菲勒处工作;1926年年中,他又回到了通识教育委员会任职,并于1928年成为主席。不过阿内特仍然对芝大抱有好感,这在接下来的几年中是至关重要的。

随着1926年年中阿内特的离开,芝大失去了一位主张对其财务工作进行全面调研的主要倡导者。但是阿内特的朋友和过去的支持者查尔斯·贾德并没有忽视这个提案;贾德自己也制订了周密的、雄心勃勃的计划,从而使得这个想法被保留了下来。贾德是两次世界大战之间那个时代芝大历史上最有影响力的人物之一;1946年他去世之后,校园里的一座主要建筑还被冠以了他的名字以示纪念。作为教育系主任的贾德在1909年到1938年凭借其强有力的领导为芝大塑造了两代教育专业的资深教员。他是杰出一代的领军人物,这一代人将与教育相关的实证社会科学研究加进了全国科研事业的版图;因此,贾德在芝大新教育科学界的地位就相当于查尔斯·梅里安姆在新政治科学界的地位。[43] 同样重要的是,贾德的学术水平和他对芝大的深入了解给形形色色的大学领导人留下了深刻印象,就连轻狂的新人哈钦斯这样自视甚高的人都受到了触动。哈钦斯后来承认,贾德"在1930年和1931年进行的芝大重组中发挥了重要作用,包括创建'本科生院'和'研究生院',设立'考试委员会'和'学生办公室主任',以及最终四年制学院的形成"[44]。

1928年秋,贾德收到了一份邀请,请他出任哥伦比亚大学师范学院的一个待遇颇丰的教授职位。为了将贾德留在芝大,刚刚当上代理校长的弗雷德里克·伍德沃德说服了董事会,同意大幅增加教育系的资源。[45] 贾德不仅想要一座新的研究生教育大楼(在通识教育委员会的帮助下最终于1931—1932年建成,并于1948年以他的名字命名)、更多的研究助手、更好的教员薪金待遇,以及更多可以自由支配的研究资金,他还敦促芝大扩充其教育专业的教师队伍,引进学前儿童研究、特殊儿童研究、大学管理研究、普通学校管理研究,以及高级思维过程研究方面的专家[46]。贾德对教师培训不感兴趣(与他的前辈约翰·杜威相反),而是认为"芝加哥大学的学院和它的普通管理组织组成了一个旨在解决高等教育诸多问题的实验室。如果能为高等教育领域内的扩展研究提供合适的调查人员，毫无疑问，芝加哥大学和这一地区的所有学院都会因此受益"。

鉴于与阿内特之间的友谊和与通识教育委员会间的职业接触，贾德认为由他自己的系来接管阿内特对芝大的全面调查的时机已然成熟，这也是很自然的。但是贾德并未局限于阿内特最初对最佳经营方式的关注，而是给他的调查穿上了社会科学分析和实证调研的华丽外衣。在拒绝了哥伦比亚大学而决定留在芝大后的几周内，贾德再次给伍德沃德写信谈了他的愿景，敦促对方利用他与阿内特之间的私人关系来推进他这个更远大的计划。[47] 为了给调查找个牵头人，贾德推荐了弗洛伊德·W. 里夫斯，后者是芝大 1925 年的一名博士生，曾跟着贾德学习研究，当时为肯塔基大学的一名教授，在那里参与过一些学校调研活动。20 世纪 30 年代末，里夫斯作为一名教育改革家和政府顾问赢得了全国范围内的声誉，但是在 1929 年时他还是默默无闻的。[48] 伍德沃德急于接纳贾德，于是在面试了里夫斯之后便匆匆决定支持这个计划。[49] 随着里夫斯的上任，阿内特早先关于对芝加哥大学进行全面调研的希望变得有可能实现了，并且是以一种他不曾料到的雄心和专业水准来实现。相应地，阿内特不仅批准了使用 1924 年通识教育委员会答应拨给第一次尚未开展的调研的资金，还将总的拨款金额又增加了 2.5 万美元。[50]

20 世纪 20 年代，关于学校和高校的科学调查曾经非常流行，反映出人们非常相信科学管理理论以及这些理论从商业世界到多重教育世界的可迁移性。[51] 在 1910 年到 1933 年之间共开展过至少五百次针对美国的学院和大学的调查，如果把针对小学和中学阶段公立学校系统的调查也算上，这个数字会激增至数千次。芝大的教育系在学校调查运动中尤其活跃：芝大的学季制度使得教员们能够更加灵活地开展这种教育咨询活动，而且这种工作也十分有利可图。[52]

弗洛伊德·里夫斯于 1929 年秋加入芝大的教员队伍。里夫斯聘用了一批包括约翰·戴尔·拉塞尔和乔治·A. 沃克斯在内的很有才华的合作者，不久，他就对原先的计划进行了扩展，在大学图书馆、学生招生与留校、教员聘用和教学类型、大学出版社、大学推广服务、班级规模和大学成本，以及其他领域开展了内容翔实的调查。[53] 1933 年发表的芝大调查报告共有 12 卷，包含 3157 页，它或许是"二战"以前同等类型的调查中最有雄心抱负的一项了。⁵⁴ 协助里夫斯完成这项工作的是科洛内尔·伦纳德·艾尔斯，他是一场大规模有影响力的运动的领导人之一，该运动的目的是通过应用科学管理原则使得美国学校的运作变得高效。⁵⁵艾尔斯原本是一位统计学家，因其著作《我们学校中的落伍者》（1909）而扬名；这本书将学校描绘成一个应利用商业管理原则使其效率最大化的文化机构。1937年沃尔特·伊尔斯将他誉为"社会调查运动和教育调查运动共同的先驱之一"⁵⁶。

艾尔斯受托对阿内特几年之前发现的几个问题展开调研，他于1930年冬天和早春数次拜访芝大校园。⁵⁷ 随后他为里夫斯准备了一份很长的备忘录，概述了他的所见所闻，并提出了几条简单的解决方案。在审查财政管理权这个困扰阿内特的棘手问题时，艾尔斯发现其中存在一些严重缺陷。首先，芝大的预算体系过于老化和简单，因为其年度预算并非基于特别指定专用于每个单位的定额款项，而是由一系列临时估算组成的，与这些估算不符的开支必须向中央支出委员会提出申请才能获得拨款。实际上，这意味着系主任们对每年他们可以支配的资金量并没有精确的意识，反过来，芝大也没有办法要求他们将支出控制在预算拨款之内。其次，有太多单位直接向校长报告，使得中央管理层疲于应付充斥着"大量琐碎小事"的日常汇报。此外，由于现有的体系要处理的事务堆积如山，一些单位索性在开支问题上和支出委员会达成了"心照不宣"的默契，这种默契给了他们几乎不受限制的支出权力，从而从一个极端走向了另一个极端，即从极端中央集权主义走向极端分散主义。芝大制定年度预算的方式也并不令人满意。由于这种预算必须由校长办公室和七十余个单位通过断断续续的协商才能做出，它给中央的决策者们造成了"预算制定方面的巨大负担"，以致领导们无法就这些汇报事务中所隐含的合理的学术方案和机会做出恰当和及时的选择。

艾尔斯建议芝大放弃其通过临时估计得出的预算，为每个单位的领导提供数目确定的拨款。这一体系不仅会更加高效，也会赋予所有单位"在其预算拨款范围内平等的自由，最大的自由，并且……将他们全部严格地控制在这些范围内，除非这一年之内有不可预见的新进展使得这些预算有修订的必要"。艾尔斯最重要的建议涉及芝大的基础行政结构。他反对如此众多的单位都直接向校长办公室报告这种僵化程序，建议艺术与科学院系的所有预算由少数高级行政官员来协调，由这些官员向校长办公室汇报。[58]

1930年5月初，里夫斯一收到艾尔斯的备忘录就把它转发给了哈罗德·斯威夫特和罗伯特·哈钦斯，后者已经于1929年7月就任芝大校长。不出一个月，哈钦斯就回复了艾尔斯，说道："因为我知道您有多忙，有多少重要的事情要做，所以我对您给予我们的善意深表感激。芝大的高层已经接受了这份报告的原则，我希望这个消息能算作对您的一点补偿。"[59] 几个月之后，在写给斯威夫特的一封私人信中，哈钦斯简明扼要地总结了他所理解的改革方案的主要优点："我们更多的时候是为了安全才组织起来，而很少为了付诸行动。我认为我们无须这么多制衡也能获得安全。"[60]

甚至在艾尔斯提交他的报告之前，芝大就已经开始酝酿一些改变了。早在1930年1月，哈钦斯在纽约城与通识教育委员会的特雷弗·阿内特和前辈马克斯·梅森面谈时，就讨论过芝大重组的可能性。在写给哈罗德·斯威夫特的附注摘要中，哈钦斯报告说，阿内特对"在'预科学院'之上设立一个芝大四重部门"的想法"非常热衷"。梅森说得更加直接："他认为芝大的院长们（是）最严重的问题，并且赞同（设立）一个预科学院院长加上四个学部部长（的想法）。"[61] 尽管哈钦斯正在考虑进行大胆的行政和体制改革，还是外界的一篇报道迫使他最终作出了决定，并将公众和官方的公信力，即科学的公信力借予了哈钦斯希望开展的行动。几年之后哈钦斯对沃尔特·伊尔斯回忆道，"调查人员的工作在很大程度上推动了20世纪30年代的学术重构，这次学术重构摒弃了几乎所有现成的类型，并用一种新的管理方案取而代之"[62]。

像未来的学部一样纵向划分而成的行政单位与当时存在的系和学院那种横向划分的单位截然相反，这种想法同样非常适用于芝大新兴的跨学科工作的趋势，尤其是在社会学、物理科学和生物科学领域。20世纪20年代中，芝大的研究项目取得了令人瞩目的发展，这表明在欧内斯特·伯顿的领导下，芝大的财政繁荣发展，教员们热情高涨，并对专业程度充满自信。伯顿明确地鼓励不同院系的资深教员更多地了解他们邻近单位的物质需求和学术目标,以此来动员教员们支持他在1924年发起的筹款运动。这些远见卓识对资深教员们的观念产生的影响是显而易见的。[63]这种新的跨学科协作在社会科学领域体现得最为突出,这些领域产生了一系列新的研究项目。进驻1929年12月开放的新社会科学研究楼的学者们代表着不同的院系,这些院系从而组成了一个自然而明确的集合,为的是于1930年11月创建社会科学部。但是,虽然这座新大楼聚集了各色学者以及他们的讲习班和研讨会,它并没有将他们各自的院系作为行政实体容纳进来。[64]这一点虽然细微但很重要,它表示超越传统院系的新行政实体不仅是可能成立的,而且作为真正的学者、高校和学术的集合体是很理想的。罗伯特·哈钦斯尚在耶鲁时就已经倾向于支持跨学科教研,他带着这样的想法从耶鲁来到了芝大,事实证明,这对于他创建学部制研究结构的思想是至关重要的。1929年4月,哈罗德·斯威夫特不止一次地援引哈钦斯与耶鲁医学院院长米尔顿·G.温特尼茨合作,向洛克菲勒基金会争取到450万美元以建立新的耶鲁人际关系研究所的案例——这使得"在他的大学中许多院系之间展开密切合作"成为可能,并将此作为哈钦斯的一项主要成就,以帮助他胜任在芝大的工作。[65]

这些战术上的介入和战略方面的机遇所产生的成果包括:1930年5月艾尔斯提出建立一个新的行政体系;1920年年中和年末,一些重要而杰出的同僚成功地发起了超越传统院系界线的合作研究项目;以及布歇发出迫切的声音,要求抛开院系的狭隘观念,使课程设置更加协调一致,并要求为本科生教育追加投资。这些成果汇集成了哈钦斯于1930年10月22日提交给芝大评议会的那份主要计划,董事会随后于11月13日批准了该计划。在哈钦斯的规划中,艺术与科学被分为五个由部长领导的管辖单位:四个性质为"管辖主体"的学部——这些部经过批准可以推荐学位,和一个同样作为"管辖主体"的本科生院,其教员按照规定必须"承担芝大普通高等教育的工作"。现有的每个系被分入四个部中的一个,这些部经过授权可以推荐学士以及研究生学位的候选人,而负责前两年本科生教育的本科生院,则吸收各系教员来教授其通识教育的课程,但是它是作为一个自主的部门和课程单位来承担这项工作的。本科学生在完全达到本科生院的课程要求以前是不能进入任何一个学部的。哈钦斯希望，通过将此前半主权性质的各系纳入到一个学部的领导之下，能够形成真正的研究合作和跨学科教育工作的部门文化。他同时希望这些学部能够至少在本科生教育的高级阶段（以及可能的话，在研究生教育的某些领域）成为课程单位，这种权力界定将能够抑制他认为院系中存在的偏执狭隘和目光短浅。[66] 这些改革背后还有一个同样十分重要的动机，即希望能够分担系主任和校长办公室之间又多又琐碎的财政事务，迫使他们去跟他们的部长们商讨财政资源的事宜。哈钦斯认为，这样做不仅不会削弱部长们的能力，还会让他们变得更强，令他们能够在资源分配和共同规划方面将各系凝聚起来。

但结果却呈现出了更为复杂的局面，因为"大萧条"对芝大整体造成的财政影响给了哈钦斯更多的自由裁量权，而他的前任们从未要求或试图行使过。此外，哈钦斯也不满足于允许处于新的部长体制下的院系在一个政治真空中作出高级任命的决策。如哈钦斯后来回忆时对乔治·戴尔所说："那些系的标准看法就是我称之为'哈佛态度'的那种态度——我没有不尊重谁的意思。你只是把'最好的'人挖过来。我们不是要努力成为一个'最好的'人的集合，而是要集合最好的人来成就我们认为应该做到的事，在某些方面这是有区别的。"[67] 与此同时，哈钦斯希望实现超越本科生院通识教育课程的课程改革，在各学部内部将院系文化融入高层次的教育统一体，他为之付出的努力并未收到成效。哈钦斯于1931年任命新社会科学楼和其合作研究精神的慈善赞助人比亚兹莱·鲁梅尔作为社会科学部的首位全职部长，这是哈钦斯希望促进严肃的教育以及研究性跨学科合作的一个早期信号。[68] 但是鲁梅尔厌恶教学管理上的缺点和那些固执的教员，他们中的许多人对哈钦斯和鲁梅尔的跨院系课程改革并不感兴趣。鲁梅尔曾试图说服历史系接纳查尔斯·梅里安姆、弗兰克·奈特和约翰·U.内夫为其教员，以此来推进他的改革，该系当即回绝了他的提议。[69] 鲁梅尔后来回忆道："我们当初想在包括社会科学领域在内的一些学科中实现统一。但是我没有办法说服少数几位著名教授，经过了三年的努力，我的改革仍然收效甚微。那些教授不可能在一起工作。他们甚至连休闲时也不可能在一起。"[70] 鲁梅尔于1934年2月从芝大辞职，成为纽约城梅西百货公司的财务主管。[71] 鲁梅尔的继任者罗伯特·雷德菲尔德也运气不佳。当雷德菲尔德试图说服不同院系的教员来为高年级本科生设立一系列新的跨学科课程时，他遭遇到了极大的阻力。1936 年他难过地写信给哈钦斯说，"这个部门的课程改革开局不顺，委实让人不悦。有些雷声大雨点小的感觉"[72]。

结果是极具讽刺意味的：20 世纪 30 年代和 40 年代初芝大的体制变成了一个与"校长制"相似的联合部长制，尤其是在批准高层选拔和终身职位提拔的方面。许多学者都评价了哈钦斯对实证社会科学表面上的不信任和这种敌意对 20 世纪 30 年代和 40 年代中一些院系的命运所带来的消极影响。但这是有利亦有弊的，年轻的苏布拉马尼扬·钱德拉塞卡就是一例：1936 年，一位固执的院长亨利·盖尔出于种族的原因对任命苏布拉马尼扬为物理科学教员的提议表示坚决反对，哈钦斯不顾部领导们的阻挠，力排众议，他表现出的坚持自己专制的意愿收到了良好的效果。[73] 1931 年后财政深度紧缩，这使得哈钦斯愈加频繁地表现出自己的冷酷无情，因为在这种形势下，他常常不得不直面教员们的阻力，他认为这些人已经"对改变怀有一种尽人皆知的敌意"了。如哈钦斯 1937 年所言："很明显，校长办公室是唯一可以将芝大视为一个整体的地方。如果要在全校贯彻同样的标准，这些标准就必须先从这个办公室开始实施。"[74]

哈钦斯自己的领导团队更加剧了他这种专横的领导风格：1929 年开始掌权的时候，他让弗雷德里克·伍德沃德继续留任副校长，但是伍德沃德已经无心工作了，他许多的职责都是由埃默里·T. 菲尔比来承担的；菲尔比是一位恪尽职守、头脑聪明的领导人，但他既不是一个依靠自身实力的学者，也没有能力和哈钦斯居高临下的个性相抗衡。讽刺的是，如大卫·里斯曼直言不讳所指出的，哈钦斯也成了曾经的哈珀那样有公众魅力却十分专制的领导，一个有着至高无上职权的校长，如果与哈钦斯不同时代的他的"另一个自己"托斯丹·范伯伦还在世的话[i]，一定也会对他十分不满。[75] 1931 年芝大的这场关于校长权威的重组运动很有影响力。它并不是哈钦斯最后一次尝试制度革命。

---

i 范伯伦于 1929 年"大萧条"前逝世。

## 本科生院和新计划

紧随新的组织结构出现了另一个跨学科合作的前线：一个有着统一课程设置的单独的本科生院作为一个独立的学院得以建立，代替了哈珀当初设立的专题/学科学院。1929年夏天哈钦斯接手时的芝大还在为本科生院的未来而矛盾挣扎，这是一种挑战，但对于这位年轻的校长而言也是一个极好的机遇，使他可以闯出自己的一片天地，并且迅速地取得成就。哈钦斯刚刚走马上任，昌西·布歇就连写两封信给他来表达自己的支持，信中对他出任校长充满溢美之词，同时也游说哈钦斯支持他的计划。[76] 布歇证明了自己是一位有才干的倡导者，哈钦斯也慢慢开始接受布歇计划中的一些基本观点了。甚至在正式上任之前，哈钦斯就曾写信给斯威夫特，称"我们必须为本科生教育做点事情"，并且请斯威夫特调查实施布歇的计划需要追加多少资金，他希望能把这件事提交给通识教育委员会以获得他们的支持。[77] 起初哈钦斯考虑的是别的方案，比如建立一个双轨制项目，使各系可以为那些对他们的科目最感兴趣的学生提供快班课程，同时为那些只是有一时兴趣的学生提供平行班课程，两种班的持续时间均跨越当时的"初级学院"和"高级学院"。我们将会看到与该计划同时提出的另一个大胆的建议，即对哈钦斯于1929年12月向研究生院的各位院长提出的研究生教育进行改革，哈钦斯建议为那些将要继续教师生涯的研究生保留现有的博士学位，并为那些希望成为"多产学者"的研究生设计一种新的学位。

根据尚存的资料很难准确复原1930年1月至9月间先后发生的事情，但很有可能的情况是，在与里夫斯、贾德、布歇、斯威夫特和其他人进行过广泛的磋商之后，哈钦斯意识到，也可以利用艾尔斯所提出的新组织计划来创建一个独立的组织和管理空间，以解决本科生院的问题。哈钦斯后来提及过贾德在最终决策时发挥的作用，这种作用有其合理性，因为事实上贾德跟多德和梅里安姆不一样，他是教育理论方面的一位杰出学者，根据记载，他不但支持学校保留前两年的学院工作，也主张丰富芝大的研究资源。芝大最终确立的结构同样与哈钦斯自身的信念不无关系，在这一点上布歇激励过他，他相信通识教育需要特殊和不同类型的组织管控，而各学部最好专注于"专业化"知识。1931年他说："我们越是从芝大历史和美国教育需求的角度出发来审视这个问题,就越会相信有必要在二年级结束后设立一个明显的分界。在我们看来,通识教育的问题和专业化的问题是不同的,需要得到不同的关注和相区别的组织。"[78] 哈钦斯于 1930 年春在其他大学所作的一些公开演讲表明他正在采纳布歇的建议,而他在公众场合所展现的风采却是布歇这位冷静的院长无法企及的。1930 年 4 月,在于俄亥俄州召开的一次大会上,哈钦斯捍卫了这样一种观点,认为"初级学院"是一所研究型大学必要和永久的一部分,并坚称所需要的就是"聪慧的教师团队,灵活的研究课程,以及一种普通考试制度——学生们可以在他们认为自己准备好了的时候参加考试。当然,这就意味着要废除学分、成绩和出勤记录,取而代之的是对学生个体的熟悉和一个开明的考查体制"[79]。

在布歇的建议得以实施的同时,哈钦斯也决定重新打造艺术和科学管理体系。布歇不再是旧的本科生院院长,而将担任新本科生院的院长;这所新本科生院有一个明确的使命,即"承担芝大通识教育的工作",它也将成为新课程的实施场所。1931 年 1 月至 2 月间,布歇的计划被反复讨论修改,在这几个星期里,为了能在 3 月初进行正式表决,人们围绕着应该向教员们展示什么样的课程要素这个问题展开了激烈的辩论。[80] 莫蒂默·阿德勒报告说:"这里仍然讨论得热火朝天。(四方院)俱乐部里的许多圆桌讨论仍能闻到火药味。在各方的发言中你都能听到关于'这个计划''一个计划''我们的计划'或'他们的计划'的争论。"[81] 从阿德勒的报告中我们能够清晰地看到,以乔治·沃克斯和路易斯·瑟斯通为代表的来自教育系和心理学系的一些教员主导着以促成新通识教育课程为目的的幕后政治活动,这就解释了为什么在随后的二十年里,这些系在新本科生院中将发挥突出的作用。

对于布歇和他的改革同僚们而言,最终协商的结果是场胜利。新课程称为"新计划",于 1931 年秋实施,它创建的课程体系十分强大,并且不受各系控制,其基础是五门持续一年的普通课程(生物科学、英语写作、人文科学、物理科学以及社会科学),要求所有学生参加,学年末时会有考试,考试的设计者和评分者并非教授该门课程的教员。此外,还要求学生们至少选修两门同一知识领域内更加专业的课程,以通识教育概论课为代表，从而为他们后两年学院生活中的专业化课程学习打好基础。[82]"新计划"要求前两年的学生在本科生院注册。在达到他们所有的通识教育要求之后，他们可以在一个学部注册以开始最后两年的学院学习。学部因此成为三年级和四年级本科生教学的场所，在1942年之前，学士学位一直都是学部而非本科生院来授予。在"新计划"实施的最初12年中，多数教授通识教育课程的教员都隶属于常规的系，直到1942年以后，本科生院才开始培养出一个与各系脱离关系的独立的教师团体。

随着新的跨学科通识教育课程而来的，是一个在美国学习评估历史上非常重要的新的分级、测试和学分分配体系。从此以后，学生们将不会再收到每学季的课程评分，而课程本身也将不再成为毕业的必要条件。相反，每名学生需要参加一个时长为6小时的"综合"考试，以检验他们是否掌握了概论课程所涵盖的那些领域内的知识。这些考试由考试委员会出题——这个委员会是由一群全职教授组成的，他们会去听教授这些概论课程的教员们的课，然后与上课教师一起协商，为考试设置一系列问题。该委员会由一名新大学考官牵头，在大学章程修订之后，该委员会在大学中有了正式的合法地位，因此具有了法定效力。这些综合考试也不局限于前两年，因为"新计划"要求大学四年级的本科生院学生参加两场其他的综合考试，一场是他们的主修专业领域的考试，另一场则要求反映出他们对某一相关领域或一系列导论性的系课程所涵盖的知识的学习情况。"新计划"的一个重要特色是将课堂出勤变成了自愿。学生们可以参加课堂学习和讨论会，也可以利用自己的时间自学课程大纲和里面推荐的阅读材料，并在自认为准备充分的时候参加这场6小时的考试。

布歇认为，这个综合体系和为了让学生们更加轻松自如地通过课程而赋予他们的新的自由将会实现几个关键目标。首先，他希望能够让学生们更有责任感、更加自主、更加灵活，他相信面临这样的年终综合考试时，本科学生的行为举止能够变得更规矩、更有秩序、更加严肃，这正是当时的美国高等教育所缺乏的。其次，这些综合考试和持续一年的新概论课程将创造出不同类型的知识连贯体，取代随意给出课程学分的混乱状况——布歇不无嘲讽地称之为学院中盛行的"记账"心态。布歇称:"有时候我想,我们感到惊奇的原因在于,有大量的学生的确取得了和他们的付出对等的成绩,并提高了相应的能力,而在我们现有的体系之中,许许多多的小课程单元都存在着'记账'这个唯一的共同特征,它会对学生进步造成障碍,并诱使他们取得相反的结果。"[83] 在布歇看来,这些新的综合考试在"新计划"的架构中是最为关键的要素,在设计它们时要予以特别关注。[84] 如理查德·沙沃森近来所评论的,布歇的综合考试"所测试的知识能力范围更为广泛:在各种陌生情景中应用知识的能力,运用理论来解释现象的能力,以及预测后果、决定行动路线,以及阐释艺术作品的能力"[85]。

1931年至1938年间考试委员会的领导是心理学系的路易斯·L.瑟斯通。如果说综合考试是由布歇本人构想的,那么在具体实施的关键工作中则是由瑟斯通来领导的。新委员会开始时并没有大张旗鼓,最初招募时主要吸收了教育系和心理学系的研究生或博士生。瑟斯通也开始根据新的考试系统生成的关于学生成绩的大量数据来制定研究协议。[86]

1931年3月5日,在一次本科生院教员全体大会上,新课程以64票对24票获得了批准,昌西·布歇在与新任命的各部部长和主要的系主任商议之后,组织了几个计划小组来设置新的概论课程。这些小组迅速展开工作,汇集了所需的课程材料。每门课程都制定了一份详细的教学大纲,其中包括一份一目了然的关于主要论题的提纲、该课程的资料,以及供进一步阅读使用的详尽的参考文献列表。布歇还于1931年春召集各主管召开了几次会议以商讨组织和排课事宜。一个统一标准的课程体系就这样逐渐成形了。

在自然科学方面,布歇的优势在于能够招揽一批已经加入于1924年开设的"世界和人类本质"课程的人才。20世纪20年代末期,芝大的自然科学领域汇集了众多雄心勃勃的学者,领军的杰出人物包括弗兰克·R.利利和安东·J.卡尔森,他们对自己学科的发展非常乐观,坚信以研究为基础的现代生物科学成果能够吸引普通的本科生受众。生物学课程的主要创立者是植物学系的默尔·C.库尔特。库尔特是约翰·M.库尔特的儿子,后者是芝加哥大学现代植物学的创始人,小库尔特曾于1926年和父亲一起合作写了一本书来捍卫现代进化论。[87] 1930 年，小库尔特是一位植物学副教授，有着丰富的外交技巧，也是一名能激励人心的教师。设计普通生物学课程的机会使他得以将一群杰出的学者教师聚集在一起，根据 20 世纪 20 年代后期的最新科学研究来描绘一幅生物科学的全景图，从而为芝大做出了重大的专业贡献。

小库尔特的课程旨在通过让学生接触应用科学方法的各种实例来培养他们的"科学态度"，为他们提供"一个现代公民"所需的基本生物学知识，并启发他们对"这个有机世界的庞大机器和生物学的主要概念"产生兴趣。该课程分为四个主要部分：植物王国和动物王国综述，对生物体动力的分析——包括生理学和心理学方面，关于进化论、遗传性和优生学的研究，以及生物体对环境的适应和它们之间的相互适应。[88] 小库尔特的讲座得到了一群年轻生物学者的协助，其中一部分人日后会在生物科学部继续自己卓著的学者生涯。他还获得了与许多其他资深生物学家合作的机会，包括被人们称为"阿贾克斯"的 A. J. 卡尔森，此人在"二战"之前就已成为本科生院中最受人爱戴的通识教育教员之一。

物理科学的平行课程是由有着芝大教育背景的物理学家哈维·B. 莱蒙组织的，作为一名学者，莱蒙兴趣广泛，并且有着戏剧天赋。他全身心地致力于改进物理教学的事业，从 1937 年到 1939 年，他担任美国物理教师协会主席一职。一位杰出的化学家赫尔曼·施莱辛格和其他一些著名学者加入了莱蒙的课程，从而使得年轻的本科生院学生们有机会接触到整个学部中那些卓越的研究者。[89] 新课程设置力图将有关天文学、物理学、化学和地质学的当代研究概况整合进一门为期一年的概论课中。

生物科学和物理科学的概论课程都是以讲座和讨论的形式展开的，每周有三次讲座和一次讨论。经过设计，这些课程在学术方面都展示了"当时的最高水平"，都受益于人们对凭借自然科学改善人类生活的信心，这种信心在"一战"后美国的研究型大学中普遍存在。战争给了美国科学家展示现代科学的实际影响力的最佳时机，这种影响力不仅体现在人类的破坏方面，也体现在人类的重建与和解方面。哈维·莱蒙自信地认为科学即将发生巨变，受过教育的男男女女都必须明白，即便只是为了阻止 1914 年至 1918 年间发生的（他所认为的）对科学的那种滥用："我们必须要保持前所未有的清醒头脑和冷静意识，好好监督，以免这个妖怪变成恶魔，为我们提供武器来毁灭我们自身……我们必须跟上科学的脚步；要以史为鉴，想想（亨利）莫斯莱[ii]的命运；我们所谓的文明实则包含着极端的愚昧，近来已经引发了巨大的毁灭，我们要避免重蹈覆辙。"[90]

如果说这两门自然科学概论课程是基于课程计划和20世纪20年代最新的院系研究而产生的，那么新的人文学科概论课程则有着更深的制度上的渊源。主要设计者费迪南德·谢维尔是一位历史学老教授，曾受雇于哈珀，于1892年加入教员队伍。谢维尔是一个友善的同事和一名杰出的教师。他也是19世纪90年代末一些年轻的人文学家所组成的一个著名的社交圈子中的一员，其中的成员还包括约翰·马修斯·曼利、罗伯特·赫里克、罗伯特·洛维特和威廉·沃恩·穆迪，这些人会定期碰面，讨论他们的学术工作和文学著述。[91]

虽然这些新的普通人文教育概论课程是众人协作努力的结果，但为其确立知识架构的还是谢维尔。[92] 1954年谢维尔去世的时候，诺曼·麦克莱恩回忆1931年课程设立之时曾说："我们大学历史上的这个时刻本身就是一场'文艺复兴'，当时的气氛中充满了激动、反抗和渴望冒险的情绪。"在麦克莱恩看来，谢维尔的人文主义是课程的核心所在，这种人文主义本身就是"一种艺术形式。他是一位研究人类创造性活动的历史学家"[93]。

谢维尔联手历史学家亚瑟·P. 斯科特和语言学家海沃德·凯尼斯顿打造了一门课程，为学生们展示"作为一个连续统一体的人类的文化历史"[94]。设计的讲座中提供了关键年表，但课程的大部分内容仍集中在以重要作家和思想家为代表的欧洲思想历史上。学生将阅读许多名著的精华部分，如《伊利亚特》和《奥德赛》《圣经》，以及希罗多德、修昔底德、但丁、乔叟、莫里哀、路德、莎士比亚、伏尔泰、卢梭、歌德、达尔文和沃尔特·惠特曼的著作。课程在逻辑上是要展示丰富多彩的欧洲文化传统，不过这种传统在1914年至1918年间遭遇了严重的断裂。该

---

[ii] 英国物理学家，发现了原子序数，"一战"期间离开研究工作入伍，于1915年阵亡，年仅27岁。

课程只用了两次讲座介绍第一次世界大战及其后果，这很有可能是因为谢维尔本人对这段历史感到深深的失望。[95] 该课程包含三个学季中的 90 次讲座，每次 50 分钟，每周召开一次讨论会，有 25 名学生参加。谢维尔和斯科特承担了大部分讲座任务，并从人文科学系聘用了其他的杰出教员来教授与他们的研究特长相近的主题。这些讲座并不重复阅读作业，但一定会引入广泛的讨论和对一个历史时期世界观的描述，将叙事体的社会和政治历史与对小说和艺术作品的研究结合起来。到了 20 世纪 30 年代中期，该课程的形式已经确定下来，即每周布置一篇名著供讨论，体裁为小说、诗歌或非小说的散文，整个学年下来共 30 次。这门课程罗列了许多事实和日期，但同时也希望鼓励学生们发展分析型的研究技巧和在学术方面的自信。[96] 这些能力和自信的培养很多都是在课堂以外以小组的方式进行的，包括詹姆斯·凯特和诺曼·麦克莱恩在内的一些年轻教员是这些小组的领导。

这门针对一年级学生的为期一年的社会科学课程是由三位年轻教授组织的，他们每个人代表一门不同的科目，并且在社会科学实践的"真实"世界中有自己的人脉关系，正是这样的实践确立了 20 世纪 30 年代中大学研究的议程。经济学家哈里·D. 吉第昂斯任该课程负责人；他是一个严苛且好斗的人，性格外向，头脑机敏，是该课程最有口才的代言人。吉第昂斯聘用的教员之一是政治科学系的杰罗姆·G. 科尔温。在其整个职业生涯中，科尔温都鼓励他的学生参与地方政治，他以前教过的形形色色的学生都听从过他的领导，如利昂·德斯普莱斯、查尔斯·珀西和罗伯特·梅里安姆，这让他引以为豪。芝大培养出来的社会学家路易斯·沃思是这个小组中最著名的学者。到 20 世纪 30 年代初时，沃思已逐渐成为他那一代学者中最出色的都市社会学家之一，他向刚入门的本科生教授社会科学的策略很大程度上受到他对像芝加哥这样的大城市的研究兴趣影响。

新社会科学课程的主要目标是帮助学生们了解 20 世纪 30 年代都市工业文明的复杂性。课程关注三个大的问题，并提出三个不同科目的理论工具来解决它们，组织者认为这一策略优于现有的他们认为"肤浅又无法令人满意的"入门课程。[97] 第一学季由吉第昂斯来教授，主要关注英格兰和当代美国工业变革的作用。要求学生阅读R.H.托尼的《贪婪的社会》、路易斯·芒福德的《乌托邦的故事》、赫伯特·胡佛的《美国个人主义》,以及诺曼·托马斯的《美国的出路》,从而探知当前经济秩序的发展状况。第二学季由沃思来教授,关注的问题是科技进步对现代社会产生的影响,研究从乡村到城市地区的人口流动——工业技术秩序正是以这样的方式促进了大规模的社会变革、大都市的发展,以及在有着强大传统底蕴的社会中新文化类型的出现。这个学季的用书包括:W.G.萨姆纳的《社会风俗》、弗兰兹·博厄斯的《原始人的心智》,以及罗伯特和海伦·琳达的经典著作《米德尔敦:当代美国文化研究》。最后一个学季由科尔温教授,重点关注作为政治和经济控制首要场所的现代国家——尤其是中央政府,学生们将探究政府权力的发展和工业世界中的官僚控制。[98] 在这个学季中,学生们要阅读查尔斯·A.比尔德的《美国政府和政治》、哈罗德·拉斯基的《政治》、格雷厄姆·沃拉斯的《政治中的人性》,以及吉尔伯特·默里的《这一代人的考验》。该课程以吉第昂斯所作的六场讲座作为结束,将这些不同的主题结合在一起。除了这些书目以外,还要求学生们阅读以下作者所写的文章(除此还有别的):亚当·斯密、卡尔·马克思、伊曼努尔·康德、T.R.马尔萨斯、托马斯·潘恩、鲁思·本尼迪克特、查尔斯·比尔德、查尔斯·H.库利、罗伯特·E.帕克、威廉·F.奥格本、爱德华·萨丕尔,以及约翰·杜威,这些人构成了一份当代社会和政治思想的名人录。吉第昂斯、科尔温和沃思想要将芝加哥作为研究地点,因此他们访问了证券交易所、商品交易所、阿穆尔公司和国际收割机公司,以及失业办公室、贫民窟和安居住宅区。[99]

四分之三个世纪之后再来审视,该社会科学课程是"大萧条"造成巨大混乱的时期发起的一项事业。它名义上是关于工业社会起源的一门课程,实际关注的是欧洲的自由主义和美国的民主在面对各种思潮的挑战时,个人主义和人身自由的命运。知识多元主义的模式能与工业资本主义产生明显共鸣,无论是左派还是右派,它都与空想家们虚妄的期待大相径庭。吉第昂斯后来曾无意中透露了许多芝大课程设置所造成的紧张状况,他说"一门非常系统地将一切都归拢到一起的课程是不能反映生活本真的，它只能依赖托马斯主义或法西斯主义类型的极权主义哲学才能生存"[100]。我们将会看到，托马斯主义作为一种"极权主义哲学"是如何在海德公园这块土地上被调用和消费的。

对于本科生院而言，新课程设置是一场非凡冒险历程的开端。凭借其自称的集学术严谨和科学高效于一身，"新计划"（新课程很快就有了这样一个名称）为芝大赢得了广泛赞誉，其中的大部分赞誉与前两年对本科生教育大刀阔斧而不失严谨的变革有关。罗伯特·哈钦斯被誉为一位年轻而富有远见卓识的校长，领导着一所年轻而富有革命精神的大学；人们唯一担忧的是新课程对于普通学生而言可能太难，也太有挑战性了。《文学文摘》称"这些拟开展的重组实施之后，那些为了享乐和社交，以及为了一张毫无意义的文凭而上大学的人就不会选择芝加哥大学了"。《芝加哥论坛报》用赞许的口吻援引了布歇的观点，大意是"我们想要赋予学士学位以意义，即能够证明学生通过了一个真正的教育发展阶段，并在学业方面真的达到了一定水平"。在《纽约时报》看来，这些改革体现了一种大胆的安排，"自始至终都让学生为他们自己的教育负责。当一些大学还在使用信用制[iii]和优化住宿条件这种小恩小惠和激励手段时，芝大已经开始采用这种方式来对待本科生了，似乎让学生真的对教育产生了渴望，并且只须指明方向就能帮学生找到它"[101]。

改革在学生中引发了积极反响，他们喜欢新的概论课程，也喜欢自己为综合考试做准备的自由。20世纪30年代招生办公室所收集到的研究数据以及教员们的定性分析报告肯定了布歇在吸引更多有才能的学生方面所下的赌注得到了回报。[102] 1932年秋季学期被芝大录取的学生参加美国教育委员会的心理测试所得到的平均分数比1931年录取的学生高出了17分，而后者的分数相应地又比20世纪20年代招收的任何班级的学生的分数高出许多。[103] 1932年路易斯·瑟斯通向布歇报告说："可以确定的是，我们在'新计划'下招收的才思敏捷的学生比在'旧计划'下更多。确切的原因不太好说，但很可能跟我们对'新计划'的宣传有关。"[104] 威廉·霍尔珀林是后来一位杰出的现代欧洲历史学家，也是一名主持社会

---

iii 如无人监考考试制度。

科学课程讨论环节的教师,他评论道:"这些学生中有许多人都十分机敏和老练,许多时候我们的讨论都非常有启发意义,也很开诚布公……他们当中有相当一部分人已经能够通过培养优秀的学习习惯来应对学习中的挑战。我的印象是'新计划'下的学生不仅比之前'旧计划'下的学生做得更多,并且能以更大的灵活性和更强的理解力来解决他们遇到的学术问题。"[105] 吉第昂斯感到很自豪,因为"新计划"招收了一批"更高水平的学生",并且学生们认为他的社会科学课程相当有挑战性:20世纪20年代时,社会科学课程曾被视为"闭着眼都能通过"的课程,而如今想要掌握这门课要求的内容是有难度的,这一点已经能够与其他学部的课程相匹敌,甚至有过之而无不及了。[106]

在20世纪30年代美国高等教育这个更大的环境下,芝大开展通识教育运动的方法是非常独特的,这种独特主要并不体现在其任何的单个元素上,而是体现在这种模式整体的一致性上,尤其是考虑到新课程与20世纪20年代末和30年代初形成的新学术研究趋势联系如此紧密。布歇和其他的"新计划"改革者在规划时用的是务实的方法,为的是努力为芝大招收更好的学生,并基于当代最佳的学术研究引导这些学生在其大学学习的前两年里接触更广泛的知识以及主要的分析方法,因为两年之后他们会自然过渡到大学生涯的后半程,投入到更专业化的学习中去。

罗伯特·哈钦斯将解决本科生院的问题一并纳入了重组艺术和科学院系这一更大的范畴,因而(至少暂时)避免了被人们定性为一个公开的"本科教育支持者"。早在1929年5月哈罗德·斯威夫特就曾警告过他不要站在这一立场。[107] 与此同时,极度讽刺的是哈钦斯这位通常与芝大核心课程的设立密切相关的校长不久后就开始质疑由布歇团队组合在一起的通识教育课程,到了20世纪40年代,这些课程的带头人中有许多更是变成了哈钦斯领导下的强烈反对者。20世纪30年代和40年代,有许多美国大学都在试图修订其本科课程,使知识更连贯,更贴近社会,但是在资深教员和校长争论教育权力时剑拔弩张的情况下,几乎没有哪个大学能够实现这一目标。

这种斗争开始于1930年秋,当时哈钦斯与哥伦比亚大学的一位年轻气盛而褒贬不一的学者莫蒂默·阿德勒合作开设了一门以两年为周期讲授伟大经典著作的荣誉课程。ⁱᵛ 这门讨论课程被称作"普通荣誉课110"（1934年更名为"西方世界经典课"），是仿照约翰·厄斯金在哥伦比亚大学教授的一门类似课程设计的，布置的阅读任务都是各色杰出人物的著作，包括荷马、希罗多德、修昔底德、阿里斯多芬尼斯、柏拉图、亚里士多德、西塞罗、维吉尔、普鲁塔克、马可·奥列里乌斯、圣奥古斯丁、托马斯·阿奎那、但丁、塞万提斯和其他一些人，还有《圣经·新约》中的内容；第二年则从邓斯·司各脱一直讨论到弗洛伊德。[108] 该课程没有正式的讲座，每周二晚间进行一次两小时的讨论，招收20名大一学生，他们必须读完所有针对每一节课指定的阅读材料。他们的评估包括一个由外部测试官执行的口头测试，以及一个基于对所选文段进行分析的论文考试。外部考官的反应热情洋溢，1932年哥伦比亚大学的理查德·麦克基翁表示，"从对我面前的16名学生进行的测试来看，我想不到大学教育中还有什么课程能比这些课程给予学生的训练更为有效"。弗吉尼亚大学的斯特林费洛·巴尔同样评论道："我对你们的学生所展现出的学术素养钦佩不已。"[109] 大学课程委员会最终通过表决，同意了学生可以用该课程的期末考试来代替通识教育概论课程以外的一门选修课，同意了学生可以用该课程的期末考试来代替了"新计划"要求本科生必修的通识教育概论课程以外的一门选修课。

哈钦斯第一次接触阿德勒是在1927年夏天，当时哈钦斯按照英国哲学家C.K. 奥格登的建议与奥格登通信并会面，讨论了他对证据心理逻辑的兴趣。[110] 哈钦斯被阿德勒在哲学方面的博学和他富有激情的学术气质深深吸引了，于1929年夏天决定请他来芝大。那年秋天阿德勒的到来绝非一件幸事，因为哈钦斯在1929学年至1930学年间未能强力将他（以及弗吉尼亚大学的斯科特·布坎南）安排进哲学系，这件事后来变成了一场政治灾难。[111] 哈钦斯最终在法学院为阿德勒谋得了一个没有任期保障的副教授职位；由于个性粗暴刻薄，再加上谈话时喜欢强词夺理，阿德勒很快就搅得鸡犬不宁。1931年年初，当昌西·布歇组织他的团队为新通识教育课程制订计划时，他写信给哈钦斯说："我几乎每天都会听到有人

---

ⁱᵛ 成绩优异的学生才能上该课程，其进度和难度比普通课程大。

对选拔课程委员会的报告中提到的四门普通学部课程的负责人表示怀疑和担忧，他们担心阿德勒先生将负责人文科学课程，而还会有像他一样的人被招来负责其他课程。每每遇到这种情况，我都要努力说服那些怀疑的人，告诉他们这样的担忧没有必要。"[112]

布歇对即将发生的事情毫无预料。

## 服务社会的通识教育

### 托马斯主义的"投石党"运动[v]

阿德勒对哈钦斯有着很强的影响力，尤其是作为一名学者他学识渊博，并以此为基础成为一个职业知识分子的楷模，这种能力是哈钦斯非常羡慕却严重缺乏的。阿德勒写的第一本书《辩证法》以及20世纪30年代他的许多其他文章已经具有了百科全书式的和亚里士多德式的特征，这些特征后来被认为是阿德勒的托马斯主义[vi]。阿德勒发现圣托马斯·阿奎那的著作尤为吸引人，因为他认为托马斯对神学的总结树立了一个典范，告诉了人们该如何为哲学问题找寻百科全书式的解决方法，以及如何参与研究所有可获得的传统教育。早在1927年，阿德勒就曾试图为厄斯金在哥伦比亚大学的普通荣誉课程中开展的各种讨论提供一个理论框架。阿德勒在芝大所写的哲学论著和他与哈钦斯一起从事的教学推进了这项工作。

哈钦斯在阿德勒身上看到了一个年龄与自己相仿，却拥有真才实学的人，一个有着能引发争议的口才以及强烈的学术抱负的人。他们之间的合作是自然而然开始的。两个人都热衷于十分严肃和广泛的传统哲学教育，而且都热衷于为了这个理想而改造芝大，无论结果好坏。阿德勒的性情更加武断，思维更加开阔，但两个人最终都把矛头对准了基于实验科学的各种形式的知识和学术实用主义，这类实用主义的代表人是早

---

v 西法战争（1635—1659）期间发生在法国的一场反对专制王权的政治运动。

vi 中世纪的经院哲学家托马斯·阿奎那发展出的一套神学和哲学体系，是13世纪经院哲学的基础。

期芝大的舆论领袖,包括约翰·杜威、乔治·贺伯特·米德、詹姆斯·H.塔夫茨、詹姆斯·R.安吉尔和艾迪生·W.摩尔。[113]1941 年,阿德勒自豪地宣称芝加哥学派已经赢得了"芝加哥之战"[vii],而他和哈钦斯正是反对黑暗和愚昧势力的主要论战者。[114]但是在哈钦斯看来,他们的代价相当之高。之前在耶鲁任职的经历教会了他管理人事的经验(尽管是试验性的),却没有赋予他人们所期望的一所重要的研究型大学的校长应该具有的那种教育愿景。到了 20 世纪 30 年代,哈钦斯得以明确地制定出一套连贯而系统的教育方法,他要十分感谢阿德勒和这段与对方并肩应对与教员之间的冲突的经历。

阿德勒和哈钦斯的"伟大经典"课程被阿德勒认为是布歇所创立课程的一个彻底替代品,并且得到了像麦克基翁和巴尔这样的人热情洋溢的称赞,这对"新计划"而言是一个持续的挑战。第二个挑战来自罗纳德·S.克兰,一位杰出的当代哲学文艺批评家和编辑。作为系主任的克兰于 20 世纪 30 年代中期在英语系的博士课程重组工作中发挥了关键作用,重组工作主要针对基于问题和理论的教育,集中于语言学、哲学和修辞学分析以及批评领域;他很快便成为新文艺批评"芝加哥学派"的学术领袖。[115]在克兰看来,通识教育课程不能仅仅依靠——甚至不能主要依靠给学生传授扎根于"伟大人类思想领域"的大量知识来证明自己。相反,通识教育的真谛在于培养一种习惯,克兰称之为基本学术习惯:"发现问题的能力,准确而清楚地定义术语的能力,将一个问题的重要元素分析清楚的能力,能够意识到自己和他人的思维所依赖的一般假设和预想的能力,做出相关和有用的区分的能力,权衡可能性的能力,将自己反思和研究的结果组织在一起的能力,以反思、分析和批判的思维阅读任何种类的书的能力,用自己的母语清晰而鲜明地写作的能力。"[116]克兰认为养成这些习惯的最佳方式就是学生以小组形式主动学习。这就要求开展更多以讨论为基础的教与学、更加专注的参与,以及比"新计划"能够提供的普通讲座课程更频繁的反馈和批评。言外之意是,需要更加注重人文知识

---

vii 芝加哥大学 1934 年爆发的教育大论战,争论焦点是大学发展道路的问题,这场辩论轰动全美,在美国高等教育史上影响深远。

而非实证性的科学探究,至少在学生早期的职业生涯中应当如此。

哥伦比亚大学教授理查德·麦克基翁在第二年的加入大大扩展了克兰周围的圈子,麦克基翁先是进入历史系,然后是希腊语系,不久后又被哈钦斯选定为人文科学部部长。麦克基翁一来到芝大就开始和克兰一起主持一个历史哲学联合研讨会,这次合作进一步影响了克兰,使他更倾向于采用一种新亚里士多德式的文学批评方法。1933年1月,在历史系宣布出于行政管理目的加入社会科学部的决定之后,克兰于1934年春撰写了一篇备忘录,此举招致了人文科学部教员们的强烈不满,引发了一场激烈的论战。[117] 他写道:"专业历史学家们已经达成了广泛共识,他们自身的领域应扩展至文化或文明的历史,他们应更多地关注自己关于经济、哲学、科学,甚至艺术等主题的教学和写作,芝大的其他部门已经将这些当作特殊的历史学科组织起来了。"在他看来,社会和政治历史应属于"专业历史学家们"的合法领域,但是历史探究和教学的其他领域应适当地留给相关独立领域内的专家们。

在对历史系采取此番行动的同时,克兰正在为英语文学研究制定新的理论议事日程,这在他于1935年所写的著名论文《文学研究中的历史与批评》中有所体现。[118] 但该行动也有一个次要的、更为具体的目标,因为在克兰看来,谢维尔和斯科特的普通人文科学课程是老式文学历史课程的现代翻版,他认为这种课程在学术上是一种时代错误。[119] 由于历史系由昌西·布歇掌管,并且谢维尔和斯科特这两位卓著的历史学家是人文科学普通课程的主要领导者,克兰的干预便成了对布歇和"新计划"的直接攻击。

随着与阿德勒、克兰和麦克基翁之间的接触日益频繁,哈钦斯与1931年他对"新计划"所作的承诺渐行渐远了。这种转变在1935年年初他向董事会所做的机密报告中体现得尤为明显:"整个研究课程都在遭受一种疾病的侵袭,这种疾病席卷了美国所有的大学教育,那就是信息病。一般而言,我从不支持概论课程。这样走马观花式地了解一个既定领域内的所有事实,除了可以给人增加些谈资以外,不会有多少用处。"哈钦斯后来又推荐起"伟大经典著作"的方法来:"我同样确信,一门主要基于阅读经典著作的大学课程,辅之以相关的讲座和讨论,会比一大堆现时数据更容易促进理解，甚至能促进对当代世界的理解。"¹²⁰ 哈钦斯因此有了一种更为激进的追求。本科生院也许可以成为大学教育的开始，各学部的专业课程将使这种教育变得完整，但本科生院也可能是大学教育的结束，这取决于人们赋予通识教育这一理念的社会功效和学术意义。

从担任校长的第一天开始，哈钦斯就表示，只要有合理的理由，一些学生可以选择在其两年的通识教育课程结束之后终结自己的大学生涯。¹²¹ 在其有着巨大影响力的短文《美国的高等教育》（1936）中，他理所当然地认为许多学生不会选择跨越这个分界点继续学习："至关重要的是，我们应该发展我们自己，并鼓励初级学院制定一套明确的通识教育计划，使学生可以在二年级结束时终结其正规教育或者继续大学学习。"¹²² 或许，通识教育不应被仅仅视作一些学生自然又合乎逻辑的学业终点站；或许，它应该被视作所有学生四年教育历程适当与合理的结束，这个历程从高中第三年开始，在大学第二年终结。1932 年 11 月，哈钦斯游说芝大评议会批准一个实验性质的四年期项目，为芝大附属高中的学生提供高中的后两年与本科生院的前两年直接衔接的教育，他的这一提议是一个不算重大却很重要的先例，在之后不到十年的时间里，它将改变芝大的学术面貌。¹²³ 哈钦斯针对"新计划"暴露出的问题所提出的长效解决方案为的是帮助本科生院建立一支真正的教员队伍，并鼓励他们制定一套全日制、全必修的通识教育课程，该课程将针对其所有学生，并将横跨 11 年级到 14 年级。

1934 年至 1935 年，当"新计划"遭遇了一系列难堪的公开冲突时，紧张局势终于达到了顶点。在 1933 年 12 月举行的芝大集会上，哈钦斯言辞激烈地抨击了那些用与本科教学中的观念截然相反的事实打击年轻人的人们："那些喜欢摆弄小玩意儿的人和数据收集者，他们伪装成科学家的样子，扬言要成为学术界的执牛耳者。"相比之下，芝大真的应该是一个"理性思维的中心"，应该是"教育和研究唯一的根基所在"。不幸的是，当前的教育体系在设计时就是"要让学生沉浸于事实之中，而设计者从不关心的是，学生注定会忘掉这些事实的，而且等到他毕业之时，这些事实可能已经不再成立，到时候他会不知道应该怎样对待它们……事实是反学术课程的核心"。"芝大的目光应转向思想"，而不是收集证据，因为"思想会促进对世界本质以及人类本质的理解"[124]。

哈钦斯于 1934 年 1 月初在每年一次的董事和教员聚餐会上继续着这个主题，席间他抨击了一些芝大的教师，说他们"让我们不安，他们往学生的脑子里灌输了太多事实，让他们接受了数不清的评估，加重他们的课程负担，并坚持要占用学生更多时间以提供给他们更多信息……"[125]哈钦斯认为"思想"比"事实"更加重要，"教育"比"识记"更加重要，他由此展开的框架过于散乱，而且也许太简单化了，甚至暴露出了他对现代科学研究开展方式的一种基本误解；但是他却得以借此占据道德高地，指责大学轻率地漠视人文教育的基本特征。

哈钦斯散漫的虚张声势很容易被解读为是针对"新计划"课程而发起的，并以抨击组织这些课程的教员们在课程设置方面的想象力为目的，这一做法鼓动《放逐报》的本科生编辑约翰·巴登对"新计划"发起了一场正面攻击。巴登是"新计划"下的一名学生，学习成绩差强人意（他的综合考试成绩均为C）；他第一次遇到莫蒂默·阿德勒是在旁听哈钦斯和阿德勒的普通荣誉课程之时；1933 年秋，他还参加了阿德勒所教授的名为"西欧思想文化史中的法律"的课程。巴登很快就为阿德勒的思想深深折服了。[126] 1934 年 1 月初，巴登写了一篇社论，抨击布歇的"新计划"课程散播的只是事实而非思想："如果我们承认通识教育应当汇集的是思想而非事实，那么'新计划'就与通识教育毫无干系。"[127] 在整个 1934 年的冬季和春季学期中，巴登利用每周评论的机会继续渲染着这个话题。

从一个层面来讲，巴登对"新计划"只散播事实不传播思想的批评是荒唐的，因为吉第昂斯和他的同事们构建过坚实的理论上层建筑来为他们的课程项目正名；但是巴登真正的抨击对象似乎在于"新计划"的基本假设，即学术专业性和当前的教员研究应对通识教育的教学产生影响。巴登对自然科学有明显的偏见，并对用于测试学生是否掌握这类研究的综合考试的结构持反对态度。在后来写的一篇文章中，巴登模拟了苏格拉底和艾克瑟康间讨论大学理想的对话，他借苏格拉底之口称："许多人相信通识教育包括对现代研究最新成果的展示。"[128] 巴登还抨击"新计划"课程只会讲一些从书本中就能够轻而易举获得的事实。[129] 教员们并没有根据一般情况下本科生比较容易找到的原始资料来教授"重要的"中心思想,反而是在教授基于高等研究的高度技术化的课程,上这些课的学生们还没来得及接触任何大的概念框架,就先被铺天盖地的经验数据淹没了。

在巴登做出抨击和哈钦斯发表演说后不到一个月的时间里,学生生物学俱乐部阿尔法·泽塔·贝塔(Alpha Zeta Beta)就邀请莫蒂默·阿德勒和安东·J. 卡尔森加入了于 1934 年 2 月 9 日在曼德尔礼堂里进行的一场公开辩论,主题是"事实还是思想",有 700 名学生聆听了辩论。在这场唇枪舌剑的大战中,卡尔森首先登台亮相,提出了一系列主张来捍卫科学方法,同时抨击了哈钦斯;阿德勒随后抛出了机智的回应和挖苦,认为哈钦斯的想法条理清晰、合情合理,并含沙射影地批评卡尔森的提议恰代表了一种混乱的科学研究——在高谈阔论科学方法的同时否认了将概念抽象化的重要性。[130]

有了阿德勒浮夸的边缘政策给自己壮胆,巴登便于 1934 年 3 月委托四名本科生院高年级学生根据刚刚发布的教学大纲来撰写对四门普通概论课程的评论。由于这四个人是在 1930 年录取的,所以他们是按照旧课程设置的要求来学习的,他们中没有一个人参加过任何一门"新计划"的通识教育课程。他们的共同之处在于四人都上过哈钦斯和阿德勒的"伟大经典著作"课,该课程实际上已经成为通识教育课程的一个竞争对手。珍妮特·卡尔文抨击人文科学课程是在温习思想文化史,授课的都不是哲人,在她看来,只有哲学家才有资格教这门课。她声称人文科学的教学大纲"强词夺理、教条主义、反智、准确性低、有误导性、前后矛盾、感情用事,并且缺乏严谨的态度"。詹姆斯·马丁则批评社会科学课程充斥着一种隐秘的孔德[viii]式实证主义,他还对其理论架构进行了批判。他对这些课程所提供的大部分材料视而不见,认为总的来说这门课程是以一种"糟糕的学术研究"作为基础的。达尔文·安德森认为物理科学课程过于依赖进化论和有关宇宙起源的"僵化"理论,并竭力主

---

viii 法国著名哲学家,社会学和实证主义创始人。他创立的实证主义学说是西方哲学由近代转入现代的重要标志之一。

张这些课程在"自然哲学的基本原则"上投入更多的研究。最后，克拉丽丝·安德森抨击了生物科学课程，说这些课程有着"僵化的偏见"，并且过度依赖进化论的框架，她还用自己文章中剩余的篇幅解释了亚里士多德关于人性的理论及其与现代科学的关联。[131]

这四名批评者的指责毫无根据，论证十分拙劣，想法也过于天真，参加"新计划"课程的其他本科生院学生很快就发起了反攻。[132]一名支持"新计划"的学生玛丽·伯杰为了发出共同的请愿收集了250个学生签名，指责巴登发起的独裁主义改革对多数学生的意见充耳不闻。伯杰指出，那四名批评者并不怎么了解他们所指责的课程，巴登和他朋友们的行为是不负责任的。[133]《放逐报》上刊登的这些抨击言论让昌西·布歇也十分不悦，他认为巴登是在"自作聪明"，暴露了自己"拙劣的品位"。《放逐报》所做的负面宣传让布歇感到震惊，他令本科生院的课程委员会发布了一份备忘录来谴责对"新计划"的批评——那些批评说"新计划"是一种"纯理论的专制主义，造成了对自由、科学和民主态度不包容的氛围"，"与芝加哥大学这个公认的学者和学生的理想社群极不相符"[134]。巴登也收到了这份声明，他立刻给布歇写了一封言辞无礼的信，质问他为什么如此在意《放逐报》上登载的几个学生的意见，并且说："我不关心一份大学报纸办得好还是坏，但无论如何它都不值得任何部门如此重视。我感到哪怕是正式认可《放逐报》的存在，'学院'的教员们也极大地拉低了自己的身份。"[135]当然，巴登没能理解的是，布歇真正的担忧在于哈钦斯不仅认同了这些抨击言论，还和阿德勒一起鼓励学生们继续施压。

有关事实还是思想的辩论在质疑哈钦斯思想的教员们中间还产生了意味深长的余波。一位健谈而独断的名人、经济学家弗兰克·H. 奈特也加入了这场论战，他尖锐地抨击了阿德勒所谓的中世纪精神，指责那些批判现代思想的人（指的大概是阿德勒和哈钦斯）是在"以专横的态度咬文嚼字"，"用自以为是代替真理"，而且在采取"学术独裁"。奈特将托马斯主义归于与马克思主义同类的范畴，他认为二者皆为"对社会改革的大肆宣扬"[136]。奈特试图在《放逐报》上发表他攻击性的文章《现代思想是反智的吗》，但是遭到了巴登的阻挠，于是他将其秘密出版并送给了学校里的一些主要教员领袖。奈特对布歇抱怨道："在芝大的范围内，有人在蓄意破坏学术道德的根基……我似乎很难相信校长不是在有意纵容这场骚动，即使他没有刻意地推波助澜。"[137] 作为回应，布歇故作镇定地安抚奈特，说他绝不会退缩，但是这段经历是极度痛苦的，布歇最后对奈特说，"只要教员们能团结起来，形成一个近乎统一的战线，他们想'得到'什么该死的院长都行，哪怕校长都无所谓，哪怕这人被证明是个'祸害'而非'帮手'"，这番话很大程度上反映了当时的情形已经有多么糟糕了。备感失意的布歇于 1935 年 9 月从芝大辞职，去西弗吉尼亚大学当了校长，并于 1938 年成为内布拉斯加大学的校长。

哈里·吉第昂斯在他位于科布楼的办公室外面立了一块公告板，上面贴满了来自《放逐报》的剪报，并在其间添加了一些嘲讽的评注给学生们看。他还于 1934 年 6 月给《放逐报》写了一篇评论，声称阿德勒和他的追随者们在追寻知识和价值观的"确定性"时显得"既可怜又可悲"，向人们展示出他们是一群"疲惫不堪的年轻人，拒绝尝试性地探索真理——而这种探索恰恰是现代科学的典型特征"[138]。吉第昂斯作为不忠于哈钦斯的反对派领导人这一角色在 1935 年之后变得越来越鲜明了，他自诩为经验实用主义传统的捍卫者，约翰·杜威和詹姆斯·H. 塔夫茨等早期芝大的一些著名人物都信奉这一传统。的确，杜威对哈钦斯所著的《美国的高等教育》一书的批评与吉第昂斯自己所做的抨击在学术方面有许多相似之处。[139] 梅纳德·克鲁格后来回忆称吉第昂斯是："反对哈钦斯的主要话语领袖"，这并非是因为他受到物理科学和生物科学教员们的尊敬。吉第昂斯认为，哈钦斯和阿德勒的这种寻找一些总体范畴以组织归纳全部知识的努力反映出他们对于社会科学实践所真正涉及的内容的理解是混乱的。在 1936 年所写的一篇尖锐的文章中，吉第昂斯抨击了他们大面积开展的找寻当代学术和政治实践中的确定性体系的工作，吉第昂斯并不否认需要克服与现代知识脱节的问题，但是他相信解决这个问题只能靠接受现代科学并寻求以问题为导向的解决方案，这就需要从不同科目的经验知识中来寻找答案。现代大学的任务不是靠重复以往的教条来培养"固定的人去做固定的事"，而是培养能够看穿这些"体系"的魅惑和引诱的灵活、科学的思维。[140]

吉第昂斯在芝大的仕途因为他坚定地反对哈钦斯而蒙上了阴影。

1935年年初,哈钦斯已经决定要逼迫吉第昂斯离开教员队伍,他告诉布歇自己已经通知吉第昂斯,他"不准备提当芝大的收入好转之时会给他加薪,也不会保证他能获得终身教职"[141]。1936年春,经济系准备兑现之前向吉第昂斯做出的承诺,授予他终身教职和正教授职位,并正式将该提案报送给了哈钦斯。哈钦斯当即便否决了提案。1936年7月,该系的正教授们向哈钦斯发出了恭敬但义正词严的请求,请他收回自己的决定,但是哈钦斯不予理睬。该系坚称吉第昂斯在其工作岗位上证明了自己是一名杰出的大学经济学教师,也保证了会以出色的教学而非研究来当作衡量自己未来发展和升迁的主要指标。可如今的情况却恰恰相反,拒绝他的是一位自称重视高水平本科生教学的校长。[142]

哈钦斯和阿德勒在一片争议声中试图从弗吉尼亚大学引进斯科特·布坎南和斯特林费洛·巴尔,为的是在芝大建立一个人文科学委员会,其职责是(除了其他方面以外)思考如何在芝大规划一门"伟大著作"课程,而吉第昂斯的抨击正是在这样的背景下做出的。[143] 哈钦斯半开玩笑地说让巴尔担任本科生院的新院长,虽然他坦白地对阿德勒承认这件事"比登天还难"[144]。这些策略引起了教员们的强烈反对,并导致理查德·麦克基翁对阿德勒的计划越来越有成见。[145] 吉第昂斯后来发表了一份34页的宣传册,名为《一个民主国家的高等教育》,严厉地批判了哈钦斯对一种新形而上学的提倡,哈钦斯认为这种思想会将知识和道德秩序引入混乱的美国大学教育之中,吉第昂斯则坚称这无异于强加一种"专制的体系"[146]。吉第昂斯对哈钦斯表现出的对现代科学的不恭尤为不安,他说"如果接受让一套基本的形而上学原则来占据课程的首要地位,就会使科学沦为教条,教育沦为灌输……如果说这样的时代都是迷惘又混乱的,科学的结论和方法同样赋予了它们无与伦比的希望。今天发生的事是前所未有的——教育的领导要求持久并有批判性地重视当前成就的意义及其对未来的影响"[147]。这本宣传册十分引人关注,哈钦斯让阿德勒对其发表评论,后者立即照做了。阿德勒直言不讳地指出吉第昂斯之所以会有大把的机会来颠覆知识体系,恰恰是因为哈钦斯对"哲学""形而上学""基本原则的知识"等一些术语和概念的使用不够严密和准确。[148]

作为一名无任期保障的教授,吉第昂斯对芝大校长的抨击显得既放肆又鲁莽，而他留在芝大任职的机会也已经十分渺茫了。1938年春，吉第昂斯辞去芝大职位转而接受了巴纳德学院的一个教授职位（第二年他当选为布鲁克林学院的校长），那时，路易斯·沃思在本科生院教员们面前提出了一个不同寻常的动议，承认吉第昂斯所做出的贡献，并对他被迫离开芝大表示惋惜。[149]这份动议得到了一致通过，在场的60名教员无不起立以示认可。最成问题的是布歇的接班人、本科生院的代理院长亚伦·J.布伦博未能支持吉第昂斯，但是布伦博并不是一名学者，而且他急于取悦哈钦斯，这与布歇完全不同。[150]吉第昂斯的朋友们认为他是一场政治清洗运动的牺牲品，而哈钦斯给学生抗议者的回答是，他从来没有否决过院长们提出的关于提拔吉第昂斯的建议（他几次三番地否决过经济系直接向他提出的建议），虽然从事实的角度来说这个回答无懈可击，可听上去却空洞无力。

随着吉第昂斯被迫离开远走纽约，哈钦斯消除了一个拥有领导能力、可能扰乱他建立全通识教育本科生院计划的可怕的公共知识分子。[151]最终，通过分别以吉第昂斯和哈钦斯为代表的两派势力间的斗争，我们看到了通识教育中两种相互对峙的课程改革。其中一种植根于某种强烈的历史和发展的观点，力图用现代社会和自然科学最为丰硕的成果来构建一个常识世界，这个常识世界将有益于现代公民开展有思想深度的实践。另一种强调的则是个体认知者的能力，且受到各色教育行家的激励，力图从过往的经典著作中重新获得某种更加一致但同时也更加注重内省的教育愿景。两种改革均经历了20世纪20年代的课程混乱，并取得了长足进步，也都将在随后的数十年中继续对芝大和全美的教育产生巨大影响。

如果说20世纪的大众高等教育不仅仅是训练技术和专业精英去做好他们的事业，那么它就需要一种文化和学术使命，将19世纪课程体系中的古典教育替换掉。不断增长的招生人数、现代科学的发展，以及学术的专业化已经让古典课程没有容身之地了。吉第昂斯和哈钦斯都进行了系统性的尝试，以维持和保护现代大学的学术文化，使其免受那种强调青少年娱乐多过于严肃知识探求的所谓"大学"文化的影响。从这个意义上讲，两人都象征了与美国大学传统保守文化的一种彻底决裂，并且都希望提高现代大学中本科生的学术严谨性。两人都以典范性的文章作为开始和结束,都经过了教师和学生这些人挑剔的审查;他们都致力于爱德华·珀赛尔所描述的两种至关重要却时常相互抵触的目标,是它们将社会的科学融入了人们在两次世界大战之间那个时代的观念,这两种目标分别是:形成一个"客观科学社会"的技术理想和创造一种公正而道德的民主秩序的道德理想。[152] 新世纪需要有新的选择,在"新计划"的庇护下吉第昂斯和哈钦斯所代表的两种理想的碰撞使得20世纪30年代成为芝加哥大学历史上一个硕果累累和值得铭记的时代。

与此同时,这场争论的实质与20世纪30年代末和40年代初哈钦斯与约翰·杜威展开的更大规模的国民论辩一样,显示出一种重大分歧,这种分歧体现在应该如何对通识教育的严格体系进行改造并使之融入1918年之后发展出来的现代研究型大学的教育事业这个问题上。吉第昂斯和哈钦斯认为人文科学将能够帮助年轻的学生们成长为民主的公民,但他们为人文科学的作用规划了不同的蓝图。吉第昂斯不是一个杰出的学者,但他很看重"一战"之后芝大和其他大学逐步发展起来的现代社会和自然科学,而他关于通识教育的观点也很契合一所大规模研究型大学以实验为基础的环境。吉第昂斯的方法也因此更加容易为20世纪三四十年代美国研究型大学所聘用的教员们所接受。相形之下,哈钦斯则更加关注伦理责任、先在事实,以及那些"伟大"著作的学术成果,他已经注定了要被统治芝大学术性最强的院系教学的"科学至上主义"和实用的经验主义挫败。令他尤为感到不悦的是,"尽管这四门概论课程是通识性质的,教员们却下意识地对其进行了调整,使其能更好地为各系高级阶段的研究做好准备"[153]。带着这样的失望情绪,哈钦斯决定对芝大的本科生和研究生教育进行一番大刀阔斧的结构改革,建立一支与这所研究型大学的其余部分完全脱离的本科生院教员队伍,并将博士项目一分为二,一部分用于培养人文学科教师,另一部分则专注于培养以大学为基础的研究者。哈钦斯成功地完成了第一个目标,却在实现第二个目标的过程中陷入了停滞。

## 哈钦斯本科生院,1942—1951

到了20世纪30年代末,由于哈钦斯针对他们的项目公开开展的

"投石党运动",1931 年通识教育课程的那些资深的建立者们或者不再抱有幻想,或者已经心不在焉。布歇辞职的决定为哈钦斯的计划清除了一个主要敌人,吉第昂斯的离开又清除了第二个主要障碍。起初,哈钦斯让一个能力薄弱的临时院长亚伦·布伦博来临时管理本科生院,但哈钦斯始终只是把他当作一个过渡角色。经过几年的寻觅,哈钦斯终于找到了他需要的人,一个性格和政治觉悟都适合领导他预期中的革命的人,此人名叫克拉伦斯·福斯特,是英语系的一名年轻的美国文学教授。福斯特是理查德·麦克基翁和罗纳德·克兰的门徒,也是一群欣赏哈钦斯课程改革目标的年轻文学学者的领袖。1941 年 8 月,哈钦斯解雇了布伦博,任命福斯特为本科生院院长。[154]

到了 1942 年 1 月,在美国对日和对德宣战之后,哈钦斯突然十分出人意料地提出将学士学位从各部的管辖下转移到本科生院中,并建议在学生完成一个从 11 年级开始的四年制通识教育项目之后就可以向其颁发学士学位,这就使得芝大可以让十八九岁的学生拿到学士学位毕业。[155] 本科生院将行使自己作为芝大的一个施政主体与各学部和专业学院同等的权利并拥有自己的教员队伍。在经过持久的讨论之后,芝大评议会于 1942 年 1 月 22 日批准了该提案,为由福斯特带领的哈钦斯的支持者们创造了机会来设立一个经过完全授权的通识教育课程体系,该体系将所有的系主修课排除在外。此外,在哈钦斯的鼓励下,也出于战时的紧急状态,福斯特开始利用一条之前几乎没有使用过的 1932 年的限制性条款,即本科生院可以不经过各部的共同委任而任命自己的教员。之后的 1943 年 11 月,福斯特获得了哈钦斯的批准,将芝大的章程解释为一个人是否获得本科生院的教员资格须视其在一个学年所有三个学季中的教学情况而定。[156] 这就自动剥夺了许多以前已经身兼本科生院教员职位的各学部教员的选举权。这项举措的效果当时引起了很大争议,福斯特的对手们视其为对选举权的操控(事实也是如此)。

1942 年 4 月初,为了让评议会撤回对转移学士学位至本科生院这个提案的批准,反对派做了最后的努力,投票结果显示双方以 58 票对 58 票陷入了僵局;最终投出打破僵局一票的还是罗伯特·哈钦斯,他裁定,撤销决定的动议失败。同时,鉴于自己的计划遭遇到来自捍卫"新计划"

的那些守旧者们的巨大阻力，福斯特不得不在为其新的学位项目制定课程体系时作出妥协。负责课程制定的委员会起草了一份有争议的文件，其中多数成员认为学生必须上完所有的通识教育课程，包括整两年的人文科学选修课和两年的社会科学选修课，而由五名委员会成员组成的少数派签署的报告则主张像"新计划"的捍卫者们那样抑制这种做法，称"每一位学生需接受的通识教育的一般核心课程范围不应超过'学院'的指导教师们结合自身的经验而确定的最佳临界点。超过了这个最佳临界点，学生们会更多地受益于他们自由选择的课程，而不是受益于可能与自身兴趣不相关的领域中的那些指定课程"。多数派的报告遭到了来自人文科学、物理科学和生物科学部资深教员领袖们的强烈抵制，他们中的许多人都写了抗议信，敦促委员会为高中毕业的新入校生提供更灵活的政策。1942年3月19日至20日，在一场马拉松式的持续近五个小时的本科生院教员会议上，福斯特不得不接受一个折中方案，即设立两种本科生学位：一个完成四年学业，上完指定的通识教育课程才可以获得的文学学士学位，主要是为入学时没有高中文凭的学生设立的；另一个哲学学士学位允许学生在完成高中学业之后再进入本科生院，他们所上的课程除了一些指定的通识教育选修课（如今有所减少）之外，还包括系选修课。1942年设立的哲学学士学位实质上是"新计划"的延伸，只是褪去了之前的光彩和革新的活力。

　　本科生院和学部之间的第二场也是最后一场斗争发生在1946年2月至4月间。克拉伦斯·福斯特已经设定好了一个（理论上）横跨11年级到14年级、由本科生院独自经营的四年制学士学位课程的新结构，已经明确表达了本科生院应追求的教育宗旨是建立一个几乎只专注通识教育的四年制课程体系，也已经开始构建一支自主的教员队伍来独立运作这个项目，在这种情况下，他准备好了执行最后一步，通过去除哲学学士学位来肃清"新计划"的残余。这个重大决策在整个芝大校园里激发了热情的拥护以及同样激烈的反对之声。随之而来的冲突引发了分歧严重的制度斗争，该斗争以芝大评议会和校长之间的直接冲撞告终，后来还曾诉诸芝大董事会。领导这场斗争的仍然是来自几个学部的资深教员。虽然这些批评者承认一个系统通识教育课程的价值，他们却质疑支撑这项计划的哲学和组织方面的设想，称 13 年级和 14 年级的正常本科生课程应考虑到学生在通识教育之外的兴趣，此外还应为更专业化的学习提供机会。后面提出的这一点似乎是诺曼·麦克莱恩心中所想，因为他要求他的同僚们把一个通识教育课程中"绝对必要和基础的东西同值得拥有和称赞的东西"区分开来。在麦克莱恩看来，绝对必要和基础的东西必须予以保留，因为不同的教员对于值得拥有和称赞的东西可能的确有不同的认识。麦克莱恩认为："学院最初的问题就是设置了太多课程；而如今的问题则是太少；按照该提案（1946），学生在发展自己的天赋或特殊兴趣方面就没有选择的余地了。"[157]

因此，1946 年制度危机期间最危急的根本问题不仅是本科生院与学部争夺主权的问题，还包括基本的学术和教学主张。1946 年 2 月由克拉伦斯·福斯特和赫尔曼·施莱辛格分别提交的两份内容相互对峙的备忘录很好地总结了这些问题，其中一份代表了哈钦斯关于规定的通识教育的愿景，另一份则捍卫了布歇"新计划"中的弹性原则[158]。福斯特强调最多的是结构的完整性：一个通识教育项目的目标在其内部必须是连贯的和一致的，不同部分之间必须相互协调和加强。因此，哲学学士学位连同其选修的系课程由于引入了无法提供合理通识教育的课程而损害了该项目的完整性。施莱辛格否定了福斯特论证的前提，称福斯特的计划导致本科生院前两年和后两年课程之间产生了严重的分裂，即便对于通识教育来说，选修课也是"不可分割的一部分"，本科生院和学部的工作必须做到相辅相成，以免本科生院与芝大的其余部分脱离开来。

福斯特的对手们同时还说，课程的弹性实际上是大多数本科生院学生所倾向的。据施莱辛格称，1945 年入学的学生中有 80%的人选择了哲学学士学位而非文学学士学位，因为前者在自由选择选修课方面赋予了学生更大的灵活度；《放逐报》做过一次非正式的学生意见调查，结果显示 58%的本科生院学生倾向于保留哲学学士学位，42%的少数学生则倾向于将其取消[159]。但是最终，在人们没有寄望于董事会拿出一个解决方案的情况下，一份胡乱拼凑的折中方案还是于 1946 年 5 月被提了出来；根据此方案，哈钦斯和福斯特取得了实质性胜利，新课程框架于 1947 年秋季开始实施。[160]

1942年1月的课程设置从逻辑上有效地将各系和它们的专业从本科生课程中剥离了出去，这种做法遭到了许多曾在"新计划"下教课的资深教员的强烈反对。在施莱辛格、沃思和斯科特这样的人看来，正如全通识教育本科生院的支持者们后来力图争辩的那样，这件事不是一段20世纪30年代概论课程的死记硬背与1942年设立的课程中的概念性学习之间的对垒。相反，这种意见的分歧与通识教育和各系的研究型教员们提供的更高级的教育相联系有关——他们把后面这种教育当作一个学士学位项目不可分割的一部分；同时也与这样的假设有关，即从事通识教育的教员应该具备和教授更加专业的系课程的教员一样的学术文凭和职业抱负。与1942年设立并于1946年经过强化的本科生院课程形成对照的是，"新计划"本身并未被设想为以课程为目的的，而是被设想为一段知识的准备和过渡，借以通往授予文学士或理学士学位的学部和专业学院，接受更高级和更专业化的教育。

亚瑟·P. 斯科特保留着一份秘密名单，上面列出的都是反对哈钦斯教育思想的教员，其中包括大多数1931年概论课程的教员领导者，甚至包括斯科特本人。[161] 1944年4月由罗纳德·克兰和其他人起草的一份备忘录对哈钦斯作为校长的管理风格以及公认的他对削弱各系权力的热衷提出了质疑（下文将作更多说明），签署这份备忘录的包括莫尔·库尔特、阿尔弗雷德·E. 爱默生、拉尔夫·W. 杰勒德、哈维·B. 莱蒙、赫尔曼·I. 施莱辛格、亚瑟·P. 斯科特、路易斯·L. 瑟斯通和路易斯·沃思——他们都是在1931年通识教育课程的组织过程中发挥过决定性作用的正教授。[162] 但是将专业课程从本科生院剥离出去的决定还是让许多人十分为难，甚至包括哈钦斯的一些支持者。

1942年和1946年的变革均导致了各学部与本科生院之间的关系发生根本性变化。在1942年之前，学士学位的授予还一直是学部的特权，本科生院教员中的多数人同时也是某个学部中的一员，而如今本科生院的教员队伍（至少纸面上数字显示）已经比四个学部中的三个还要大了，并且由于对学士学位的掌控，它得以建立一些教育项目，让各系代表的专业化研究知识无处容身。1930年至1942年一直处于"上层"的学部如今变成了"研究生"学部，继续代表着芝大本校学术圈的思想政治图谱。

如今学部颁发的第一个学位是文学硕士学位，而不再是包含专业化研究的文学学士学位了，而本科生院的课程则仅仅关注通识教育。

在1946年的决战中获胜的福斯特很快便辞去了院长职位，他从1941年开始承担的这份工作被劳伦斯·金普顿称为"骇人的行政管理苦差事"，让他感到身心俱疲。[163] 他的继任者F. 钱皮恩·沃德是一位年轻的哲学家，曾在欧柏林学院和耶鲁大学接受过教育，1937年至1945年间在丹尼森大学任教；他将继续大力推进组建一支独立的本科生院教员队伍的工作。性情大胆且目中无人的沃德决心捍卫本科生院的利益，与来自学部的无端侵犯作斗争。到了1958年，160名本科生院教员中有108人只任职于本科生院。他们的存在将会对芝大的历史产生举足轻重的影响。本科生院与研究生学部间关系（反之亦然）的紧张一直持续到了20世纪80年代，这种状态部分源于被任命为自主本科生院教员的一些人的挫败感，他们认为自己有权设立一门独特的课程，但是随着时间的流逝发现无论是政治授权还是人口结构都变得不再支持他们的努力了。与此同时，本科生院教员的独立导致学部内部产生了极其复杂的情绪。一些学部同僚钦佩（新）本科生院教员的韧性、远见和献身精神；而另一些则怨恨他们的人才流失和他们各自的系原本在本科生课程中发挥的作用被剥夺了。还有一些人认为钱普·沃德野心勃勃地在本科生院内创建竞争性的教育计划并刻意忽略各研究生系专业知识的做法太过粗暴。指责任职本科生院教员的人（思想上）存在学术自卑感的声音也从未消停。数学系主任马歇尔·斯通于1952年写信给劳伦斯·金普顿称："可以直截了当地说……如果可以在正常的学术环境中找到工作，拥有出众创造力的数学学者绝不会去本科生院谋职，或者在那留任……分配给本科生院教员们的工作过于局限，从长远来看不利于他们的发展，只会让他们的知识与才能停滞不前。"[164]

1942年开始实施的新课程将要求的通识教育选修课的数目从5门增加到了14门，同时增加的还包括必须每年进行的综合考试的数目。20世纪50年代初，本科生院的课程最多的时候要举行14门通识教育综合考试：3门人文科学考试、3门社会科学考试、3门自然科学考试，以及历史、外语、数学、英语和OII（"观察、解释与整合"）各一门，后面提到的这门课也许最能体现福斯特和沃德的本科生院所具有的特色,并且最应归功于理查德·麦克基翁和他的门徒,如约瑟夫·施瓦布这样的人在学术方面的倾向。[165]

新本科生院项目同时增设了大量的新测试,尤其是用来准确地为新学生提供合适的教育经历和学习课程组合的分级测试。至20世纪40年代末,考务办公室已经开始筹备入学测试、奖学金测试、分级测试、咨询考试、综合考试,以及其他各种形式的评估工具。入学测试要求所有申请进入本科生院的人都参加,其内容包括一个心理测试、一个阅读理解测试和一个写作技巧测试,都是为了"对申请者在本科生院的学业中是否能够取得成功给出合理的预测"。因此,到了20世纪50年代初,考务办公室已经成了一个名副其实的测试帝国。1950年,一名参与测试项目的官员罗伯特·沃尔纳称:"与这个国家任何其他的高等教育机构相比,芝加哥大学在最大程度上使用了标准化的测试。学校在标准测试的基础上对学生作出认证、归类,提出建议,为其进阶学习提供外语阅读能力评估、授予其奖学金,以及颁发学士学位。"[166]

沃尔纳的看法很明显地反映了拉尔夫·泰勒的想法,后者是俄亥俄州立大学的一位年轻的教育心理学家,于1938年接替瑟斯通担任主考官一职。泰勒以前是查尔斯·贾德的一名博士生,曾被任命为教育系教授,在1938年至1953年担任芝大主考官期间,他组建了一支庞大的人员队伍来管理他的组织。[167]泰勒是一位能言善辩的集中评价体系的拥护者。1950年2月,为了解释为设立综合考试体系所采取的11个不同步骤,他发表了一份声明,称该考试体系已被广泛接受并得到了本科生院教员们的支持。然而事实并非如此,因为1931年"新计划"革命的两个中心部分——通识教育课程和考务办公室——在1950年之后产生了严重冲突,最终导致了后者的消亡。

1940年以前的概论课程在结构上以授课的形式为主,由一小群各系任命的普通教员教授,讨论课只是每周讲座的一个补充。但是到了20世纪40年代,本科生院的多数通识教育课程都大幅增加了讨论课的比例或转为以讨论课为主,并以小型研讨班的形式上课。随着讨论课和通识教育选修课数目的增加,对教员的需求量也增加了。显然,当更多的本科生院教员受雇来教授研讨课,而且讨论的方法变得更有支配地位时,致力于促进分析技能也变成了芝大教育的重中之重。逐渐地,人们越来越不重视讲座课的内容,教职员工嘲讽地称其为"言之凿凿的信息",人们也不再把他们的课程看作准备综合考试的工具(这是20世纪30年代设立概论课程最根本的原因),而是转向了更多元化的教学策略,这些策略赋予了教师们设计考试和为自己的学生评级的权力。[168] 1948年出现的新"西方文明史"核心课程在重点和方法方面都体现了这种转变,设计者突出了原始文献和研讨班式讨论的作用,将其作为新核心课程的主要结构。随着讨论课变得越来越重要,教员们对20世纪30年代那种纵容学生逃课并让他们自己为综合考试做准备的做法变得不满起来。这些趋势令布歇1931年创造的独立综合考试的政治地位变得岌岌可危——这一创举当时为布歇赢得了全国范围内的广泛赞誉——20世纪50年代,这些考试不久就沦为研究生学部和本科生院之间课程混战的牺牲品。[169]

在1942年课程改革背景下入学的学生是这项改革的积极拥护者,无论是他们在芝大上学期间还是毕业后作为校友的数十年中。[170] 对于许多人来说,在其整个的职业和成年生活中,"哈钦斯学院"的经历对塑造他们的身份起到了脱胎换骨的作用。正如1978年亚伦·塞韦茨所言:"无论作为学生还是教师,我相信我们这些在罗伯特·梅纳德·哈钦斯的感染作用下和他创造的教育环境中成长起来的人永远都被那段经历影响着。"[171] 约瑟夫·古斯菲尔德是一位著名的社会学家,1941年进入本科生院,他回忆说:"芝加哥大学就像一台通了电的马达,大家一起分析和争论每一个问题,我对其中展开的学术交流充满渴望。我们都觉得自己是最聪明、最才思敏捷的一群人。后来,我的许多同事谈及他们的大学生涯时都曾经流露出失望之情,而我何其幸运,有着与他们完全不同的感受。"[172]

新课程也不乏令人印象深刻的教育成果。1951年的秋季学期,约翰·P. 内瑟顿针对本科生院866名毕业生开展了一项调查,对芝大毕业生进入专业和研究生院进行高等研究前的准备情况进行了评估,结果发现大多数校友认为他们在"阅读和批判性思考"的能力方面以及在"理解科学方法"的能力方面做足了准备,他们本科时期在这些方面接受的训练比他们在研究生或专业学院中遇到的来自其他学院和大学的同行们要强许多。内瑟顿同时指出,同样还是这些校友,他们感到自己在写作、口头表达、专业领域的学科知识,以及数学或统计学的使用方面得到的训练明显不足,他的结论是:"我们可以认为,形成前两种优势和后一种劣势之间的巨大差距的原因在于我们把计划的重点放在了批评和对方法的理解这两方面。"[173]

教员们面对的情况更为复杂。对于许多年轻教师而言,20世纪40年代末期以教员为中心的教学和与求知欲望强烈的学生一起工作的机会是令人振奋的,尽管大卫·里斯曼后来也指出,与跟本科学生交流相比,年轻的教员们通常还是喜欢彼此间的交流。[174] 亨利·萨姆斯回忆人文科学课程时说:"每周的教员会议至关重要。不同秉性的人们从中得到了不同程度的快乐或苦恼,但没有人主动退出。在这些会议上,教师成了学习者,很少有人是带着被动情绪参加的。"[175] 同样,约·古斯菲尔德后来也回忆了一门社会科学课的教员会议,称一些年轻的杰出人物纷纷以教师身份加入其中,如里斯曼、丹尼尔·贝尔、路易斯·科泽、本杰明·纳尔逊、马丁·迈耶森、C.赖特·米尔斯,以及西尔维娅·特鲁普,"这些会议与其说是教育会议,不如说是关于许多学术事项的研讨会,会上经常出现激烈的辩论,充满火药味,迸发着自我意识和博学多闻,闪烁着洞见、智慧和批判性分析的火花"[176]。克拉伦斯·福斯特和钱普·沃德二人都既想要乐于奉献的教师又想要能将通识教育研究工作当作毕生事业来专心从事的同僚。1949年,沃德在阐述授予本科生院终身职位的标准时清楚地表达了这些想法——他的标准中并未提到要有学术出版物这样的要求。[177] 此外,沃德和他的同事们都相信,本科生院能够继续招聘到对通识教育感兴趣又有才华的教授。沃德在1947年2月写信给哈钦斯时说:"随着通识教育的理论和实践在全国推广开来,我们可以预期,未来要找到已经对通识教育产生了一定兴趣又对其中的问题有一定经验的有能力的教师会变得不那么困难。"[178]

但是,即便是在那些最忠诚于哈钦斯本科生院教员理想的人当中,也由于这所研究型大学所拥有的声望而抵制不住专业化发展方向的诱惑。一些同事作为名师的确拥有成功的职业生涯,如克里斯蒂安·麦克奥尔和格哈德·迈耶,但是其他人却有着令人敬畏的学术理想,比如里斯曼、贝尔和米尔斯，因此他们很快就回到了芝大和其他顶尖研究型大学的一些大的院系中。这种情况在米尔顿·辛格的职业经历中体现得十分明显；米尔顿是一位年轻的社会理论家，以前从事哲学研究，20世纪50年代中他成了罗伯特·雷德菲尔德的一位很重要的合作者，他们一起在芝大建立了一系列文明研究课程。[179] 辛格在1947年至1952年间接替雷德菲尔德领导社会科学教员，他帮助大卫·里斯曼和其他人将"社会科学Ⅱ"这门课重新设计成了一门宽泛的跨学科课程，其主要论题变成了个性与文化对比研究。1951年10月，辛格给F. 钱皮恩·沃德写了一份很长的备忘录，就与本科生院相关的几个问题详细地谈了自己的看法，特别将重点放在了教员们的士气方面。"一些重要的学术经历能帮助我们最好的教员成长并激发他们的创造性，如果他们失去了参与其中的感觉，我认为高职高薪、豪华办公室、完备的秘书都无济于事，"辛格警告说，"如果这些教师与他们学科的发展脱节，对科学和学术发展的情况一无所知的话，无论他们是否使用讨论法或其他教学方法，我们只能眼睁睁看着他们的教学沦落到空洞的教学'把戏'的水平。"[180] 1955年，辛格受邀加入了人类学系，他很快便成为致力于教员和研究生研究的南亚研究委员会的奠基人。年复一年，他与本科生院的核心社会科学课程渐行渐远，而他的教学兴趣也转移到了基于科研的区域研究这个方向上。

对于钱普·沃德的梦想而言，不幸的是，辛格的行为被许多年轻教师竞相仿效，他们拥有合适的研究文凭，无法抵制专业化研究的诱惑和在他们的学科中取得专业发展的欲望。如路易斯·梅南所指出的，20世纪60年代是一个这样的时代："分析的严谨和学科的自治变得比战前的任何时候都更加重要……主流学术实践顺应并接纳了强调理论或实证严谨的学术趋势；而反映通才或'纯文学'方法的那些趋势则被推到了专业的边缘。"[181] 在这样一种环境中，为了教学而教学，以及通识教育的教学，在占据主导地位的博士项目中注定越来越难以找到自己的信徒。到了1975年，理查德·麦克基翁私下里承认：

> 我们认识到了问题所在，(20世纪40年代)从事这种教育的教员却没有经历过这种教育……(但是)未来教员们会接受这种教育的，

这会变得越来越容易。关于……我们做得不对。当聘用低年级教员（到本科生院来）时，我们应从哈佛、耶鲁或者哥大引进博士人才，他们会来的，会认为学习做这件事是一项巨大的工程……对于一群新进教员而言，它最终会变成一场反对计划课程的运动，以及一场呼吁从事自己最擅长之事的自由的行动。[182]

像之前的伯顿一样，哈钦斯也力图解决芝加哥大学本科教育的问题；他和伯顿还有一个相似之处，就是他最终也没能达到预期。伯顿试图将众多的物质资源从这所"研究型"大学分离出来，以建立一个独立和有活力的本科生院社区；而哈钦斯则尝试了更为激进的做法，试图将各系从学院教育的所有课程或教学任务中排挤出去，并将本科生院打造成芝大这个汪洋大海中的一个有独立主权的小岛。二者都有高瞻远瞩的计划，而且都留下了浓墨重彩的一笔。伯顿的希望被"大萧条"击得粉碎；而哈钦斯的梦想则由于1952年之后严峻的招生形势陷入了重重危机——这场危机让本科生院不得不面对迫切想要发动反革命的敌对势力。

## 哈钦斯和争取学术自由的斗争

作为一名捍卫通识教育的专家学者，哈钦斯在20世纪30年代末期凭借自己的著作《美国的高等教育》和《不友好的声音》声名鹊起；在随后的数十年中，他又勇敢地捍卫在美国社会的许多领域内被一贯嗤之以鼻的学术自由，从而继续扩大了自己的影响力。将哈钦斯这种捍卫的立场看作对芝大发展的一种"积极"贡献也许听起来十分奇怪，但事实上的确如此，因为哈钦斯在这个问题上的严苛巩固了芝大作为严肃而独立的师生学习和工作之地的特性和声誉，学生和教员的教育和研究项目要求他们的学术和文化自主性得到尊重。

学术自由观念所遇到的挑战通常既涉及教员在校内的教学工作，也涉及其在外部世界中工作的权利。曾挑战过这些权利的一名同事是保罗·H. 道格拉斯，他是一个喜怒无常、固执己见的自由经济学家。[183] "二战"期间，他作为一名海军陆战队军官表现优异，凭借战斗中的英勇表现获得了好几枚勋章；回国后，他于1948年作为民主党的一名改革候选人参加了美国伊利诺伊州参议院的竞选。当选之后，能言善辩的他立即投入了自由主义中间派议员的工作，不仅如此，他还致力于公民权利和社会福利项目。但是在20世纪20年代和30年代初期，道格拉斯作为一个热忱的劳工活跃分子、一位社会学家和一名坚定的城市改革者又获得了与以往不同的声誉。在1928年的总统大选中，道格拉斯公开支持社会党候选人诺曼·托马斯和詹姆斯·H.毛雷尔，他发表演说表达自己对苏联福利政策的欣赏，并敦促对苏联予以外交承认。道格拉斯的一个特殊目标是塞缪尔·英萨尔和英萨尔的公用事业公司在芝大的连锁组织。道格拉斯支持将主要的公用事业归于自治范畴，他帮助建立了伊利诺伊州公用事业消费和投资联盟，该机构力图揭露其支持者眼中英萨尔帝国的腐败行为。[184]

该市的一些重要企业家对道格拉斯怀恨在心，他们认为他的活动是在颠覆和羞辱芝大。"环线"公司商人伯纳德·桑尼和艾伯特·斯普拉格在几家有轨电车公司有职业利益，他们对道格拉斯尤其不满。1929年，斯普拉格扬言准备从芝大的公民委员会辞职，因为对道格拉斯感到恼火，他坚称："我感到赞助者们为之工作的这个组织（指芝大）严重损害了这个城市的最大利益，我不知道我还能怎样热切地替它说好话。"[185]伍德沃德和斯威夫特作出回应，直截了当地维护道格拉斯表达自己想法和参与公民事务的权利。[186]直到1932年年初，道格拉斯还一直在反对英萨尔的商业帝国，在伊利诺伊州商业委员会的一次会议召开之前，他对英萨尔操纵一笔4000万美元债券发行的行径提出了质疑，说英萨尔准备将钱从有偿付能力的联邦爱迪生公司转移给几家没有偿付能力的股份公司；他的指控让接下来的会议充满了火药味。在当地商界人士的眼中，道格拉斯被再次贴上了为芝大抹黑的标签。桑尼于1932年7月写信给哈钦斯抱怨说："我不相信您这等思想开放、心胸豁达的人会对道格拉斯在这件事上的所作所为坐视不管，会认为他替自己或者芝大增了光。我也不相信他能凭这样的作为把一个班的学生教育好。在与他共事了几个月之后，我可以预见他的学生们会变成一群'疯子'。"[187]

1932年春末发生的另外两起事件加剧了道格拉斯的激进行为所带来的影响。第一件事是一个当地校园里的社会主义俱乐部决定邀请威廉·Z.

福斯特来芝大作报告。福斯特是1932年秋总统选举中共和党的全国候选人，1932年5月末他出现在校园里令许多当地的商界人士大为惊愕。同时，阿摩司·阿朗佐·斯塔格同意于1932年7月末在斯塔格体育场举行一个由社会主义者发起的反奥林匹克运动——国际工人运动会，他相信组织者的动机是真诚的："我不认为这会给芝大带来任何损害。"[188]

这些看似随机却相关联的事件引起了当地校友和其他人的抗议，哈钦斯和斯威夫特发现自己面临的形势前所未有。为了应对福斯特事件，哈钦斯向抗议者发出了一封标准公函，表示其捍卫教员和学生学术自由的立场不会妥协。他称福斯特是由一个经认可的学生组织邀请到芝大来的，学生有权聆听他作为一名总统候选人的看法，福斯特不是罪犯，笼统一点来说，"只要我们的学生能在这件事上坚守秩序，他们应该有自由去讨论他们面对的任何感兴趣的问题……我相信应该通过公开讨论而不是通过压制和禁忌来找到答案"[189]。哈钦斯的解释未能打动当地的各色权贵，他们中有不少人同时也是共和党的重要成员。一位当地的著名律师阿瑟·高尔特认为哈钦斯"自己想要传播至少是有些激进的观点"，而另一名芝加哥的律师塞拉斯·H. 斯特朗则沮丧地说，虽然他钦佩哈钦斯本人，但他不想"纵容那些思想开放的学生去惹是生非，尤其是受福斯特这等人物的教唆"[190]。

这三件事合在一起促使董事会成员们开始讨论学术自由这个观点，这或许是不可避免的。董事会中在教员事务方面有管辖权的常务委员会是"教学与研究委员会"。1932年7月12日，该委员会就学术自由问题展开了长时间的讨论，讨论中各方的分歧很大，以至于哈罗德·斯威夫特不仅将会议纪要标为机密，还为与会者设定了字母代码（"A""B"等），而没有使用他们的全名。辩论的高潮是哈钦斯（"A"）与董事会副主席和著名的芝加哥商人托马斯·唐纳利（"B"）之间的对话：

"A"指出，在过去数周内收到了有关下列情况的报告：

(1) 在一场于曼德尔召开的由学生主持的会议上，福斯特发表了一篇演讲……主张通过暴力推翻政府。

（2）最近有教员"X"（保罗·道格拉斯）在一个委员会面前发表了所谓的激进言论。

（3）有组织申请于7月21日在斯塔格体育场召开反奥林匹克运动会的赛事。

……

"A"表示，到目前为止，他一直无法通过出席该会议的教员的证词来确认演讲者曾主张用暴力推翻政府的报告。

关于第（3）条，他征求过斯塔格先生的意见……（对方）表示将这块场地用于此目的是明智的，可以为对开展奥林匹克运动会有成见的人们提供一个机会以参与运动的形式多作了解。鉴于斯塔格先生是一个天生的保守派，同时还是奥林匹克运动会的主管，看来应该依照他的建议行事。

至于"X"……他是得到长期任命的，因此可以按照章程仅以不称职或行为不当为由将其革职。要判定"X"在这两方面是否有罪，最好的方法似乎应该是看与他同领域的、有能力作出恰当评判的人们是否考虑提出任何指控。如果有这样的人提出指控，"A"建议由委员会来考虑这些指控，包括双方的所有证据，然后再作出评价……

"A"指出，就芝大的集会中出现极端分子的说法，他认为允许任何人陈述自己的想法是教育的利益所在，不能阻止芝大社区内的学生和其他人去聆听各方对某一问题的观点；福斯特的讲话对学生产生的影响只会对他自己不利；要消除这类错觉最好的办法就是让人们亲眼见到这些极端分子，而不是只读到他们的文章或收听到他们的言论。

关于使用斯塔格体育场的申请，他相信斯特格的判断是正确的，这起事件将被证明是完全无害的，这个组织的目的仅仅是想要表达奥林匹克运动的开展有其阶级性。

"A"指出，他报告这些事项是为了告知委员会并询问是否需要让董事会审查该情况。

"B"指出，他强烈认为学术自由和学术许可之间是有区别的；福斯特是公认的主张通过暴力推翻政府的人；他认为可以告诉学生们，芝大不反对他们聆听这种极端主义者的观点，如果他们执意如此的话，但他们应该另择别处来举行这样的集会，不要在芝大的大楼里或场地上，芝大不想让这些人通过在芝大的大楼里集会来宣扬自己的观点，也不想通过允许他们借用场地来鼓励他们宣扬通过暴力让政府垮台；他认为教员们作为公民完全有权利依照个人的意愿行事，但是作为芝大团队的成员是不行的，他们不能利用芝大的名义来帮助自己宣扬和传播他们个人的观点；在当前的情形下，每个人都在竭力避免扰乱局势，因此很有必要这样要求教员们，让他们不要引火烧身。他的观点是，最好明明白白认清眼前的事实，即芝大有必要也必须避免引起那些愿意援助芝大的人们的敌意。

"A"询问，如果这样来要求教员们，他们仍然拒绝同意也拒绝听从，"B"应该怎样做。"B"回答，如果这样的话，应该革去他们的职务。

"A"指出，他当然完全可以按照如上所述与"X"进行沟通，但是如果这样，"X"就会更有理由把芝大当作一个资本家的机构，并试图以此来钳制他。"A"说一家公司的负责人已经派了一名代表来征求他对"X"事件的意见，而他，"A"，则建议上述公司的负责人在适当的时机邀请"X"共进午餐，跟他谈谈现在的局面，向他指出他的信息哪些地方有误，他关于这些问题的观点如何站不住脚；对方接受了这些建议，却没有采取任何行动。他希望人们看到这样一个事实，即当有人推荐"X"来担任一个长期职位时，芝大有可能会考虑"X"加入其教员队伍的意愿……

"C"（威廉·邦德）强调了"B"提出的观点，即芝大教员难以撇清他们与芝大之间的关系。他还建议就那些有着极端思想的人在芝大场所内发表的言论写出简明扼要的报告。

"D"（哈罗德·斯威夫特）建议，他认为"A"完全有必要向董事会提交一份他已向委员会提交的这样的报告，并建议他依此行事。[191]

这场对话十分重要，并不仅仅是因为唐纳利和邦德对学术自由的担忧引起的泛滥思潮也波及了董事会的其他成员，更是因为这意味着哈罗德·斯威夫特作为董事会主席的领导角色变得十分关键。[192]斯威夫特不仅成功地以和平的方式解决了 1932 年 7 月的那场争论，而且已经开始在这些早期事件中以一个学术自由观点的坚定捍卫者的形象出现。1929 年，当第一批反对道格拉斯政治主张的抗议者出现时，斯威夫特便声称，道格拉斯是"一个美国公民，有权表达自己的观点。我认为任何人都没有权力来约束他这么做，更何况是以崇尚自由、探求真理和公正为宗旨的芝大。这样来看，我认为你们不应该指责芝大，也不应该以此为由拒绝与之合作"[193]。诚然，这番话并不符合哈钦斯一贯的说话风格——他倾向于缓和对手的情绪，而不是迎头痛击——但它却为这位年轻校长更教条化的争论披上了合法的保护衣。

1932 年冲突的影响很快就平息了。事实上，道格拉斯不过是芝加哥资本主义躯体中一根小小的肉中刺。20 世纪 30 年代初期，哈钦斯本人也主动疏远过许多更有可能捐助的人，因为他在当地报纸上发表过武断的社论，公然抨击市立学校的董事会存在政治舞弊行为，他还谴责过不公平的劳动行为，并于 1932 年在不同场合发表演讲（包括 6 月于总统大会前夕在青年民主党人俱乐部所作的一篇著名演说），捍卫通过赤字开支和提高税收来应对"大萧条"的做法。[194] 哈罗德·斯威夫特手中有一份与芝加哥大学疏远的芝加哥人的名单，疏远的原因"主要是哈钦斯发表的演说或社会主义，或者二者兼有"[195]。哈钦斯众所周知的轻率无礼，他的尖酸刻薄，以及他亲民主党和亲劳工的思想无意中冒犯了许多董事会成员，这种形势在 1935 年 3 月中旬的一次董事会会议上被激化了。会后，董事代表詹姆斯·斯蒂夫勒征求了许多其他董事对哈钦斯的意见，许多人都说哈钦斯的观点疏远了公众，并且他刻意地忽视了一个事实，即当他讲话时是代表这个机构，而不仅仅是他自己。[196]

如果说哈钦斯是他自己的董事会中一些人的眼中钉，他很快就会成为整个国家的学者和基金会官员们的英雄。[197] 1935 年春末，接连发生的几起著名事件使芝大成为了一项暴动调查的目标出现在整个国家的聚光灯下，这给了哈钦斯一个有利的平台，令他得以作为一个代表学术自由的国家发言人出现在这个平台上。1935 年年初，来自纽约的国会议员汉密尔顿·菲什三世发表了一篇全国广播演说，称芝加哥大学和其他顶尖大学是"社会主义者、亲共产主义者和共产主义者的巢穴，所教授的课程充满仇恨，仇恨宗教，仇恨美国机构，甚至仇恨美国国旗"[198]。作为在"一战"中斩获无数荣誉的一名老兵，菲什曾于20世纪20年代初期帮助建立了美国退伍军人协会，他是一名坚定的孤立主义者，反对美国承认苏联，并且反对美国参加"二战"。1944年，由于他的孤立主义情绪，一股民主党人和共和党人的联合势力（包括共和党地方长官托马斯·杜威）强迫他从国会退休；在20世纪30年代初期，他成为赫斯特出版社的红人，原因是他有着强烈的反共产主义思想。[199]

菲什的指责遭到了芝大当地代表们的嘲笑，但是他的言论被威廉·鲁道夫·赫斯特旗下的一家芝加哥报纸《芝加哥先驱者和审查官报》报道了，并因此招致恶名。与赫斯特财团中的其他姐妹刊物一样，《先驱者报》专门报道那些体量大而又吸引眼球的新闻。1934年3月，当赫斯特发动一场针对共产主义的论战之时，《先驱者报》和其姐妹报《美国人报》听从了他发布的号令。菲什那边刚刚做完广播演说，当地的赫斯特报纸就发动了它们自己的反共产主义攻势，刊登了对两名芝大教员弗雷德里克·L. 舒曼和罗伯特·摩尔斯·洛维特政治观点的非难性评论。[200]这两位教员，前者是一位年轻而有抱负的国际关系学者，梅里安姆的门徒，后者是一位德高望重的英语教授，喜欢从事激进、自由和有关社会主义事业的研究。两人都不是共产党员，但是都有强烈的左派思想，也都是所谓"先锋组织"的成员，在许多担惊受怕的人看来，这些头衔令人不解，甚至可能毫不相干。[201]

1935年2月21日，在"联盟俱乐部"为芝加哥地区的校友举办的一次年度晚宴上，哈钦斯用一篇极具说服力的演讲对菲什的非难做出了回应："关于这些对大学的指责，我们的回答是不否认，不逃避，也不辩解。我们的主张是，自由的质询是美好生活不可或缺的，大学正是为了这样的质询才存在的，没有了它们，大学也就不再是大学了；与以往相比，如今这样的质询以及大学的存在显得更加必要了。大学的神圣使命是高举自由的火炬。"[202] 1935年，在发表这篇"联盟"演讲之后，哈钦斯还作了另外几篇谈论学术自由的著名演说，如果说他是想争取校友们的舆论支持的话，那么他的目的达到了。[203]芝大的校友杂志也没有给对手留下任何可乘之机，适时发表了一篇文章，礼貌地回应菲什；文章是芝大

1927级的校友约翰·P.豪撰写的，他援引了一些教员所做的工作，如保罗·道格拉斯、查尔斯·梅里安姆、哈里·吉第昂斯等人，表现出了他的支持和肯定。[204]用好意的说辞来劝说校友们在一种集体自豪感的感召下加入教员们的立场，如果这样能够安抚外界的话，那么这样做是可行的。然而，无论是哈钦斯还是豪，他们洋溢着自信的言论都没能让芝大做好准备来应对突如其来的打击，这种打击来自靠耸人听闻的报道来博人眼球的新闻界，而其代表人正是查尔斯·R.沃尔格林和当地赫斯特报社里他那些自封的老主顾。

1935年4月10日，总部设在芝加哥的一家连锁药房的老板查尔斯·R.沃尔格林写信给哈钦斯，告诉他自己正在帮外甥女露西尔·诺顿从芝大办理退学手续，因为她不知不觉中被灌输了"共产主义思想"。沃尔格林进一步质询为什么"我们国家的一所顶尖大学……会以学术自由为幌子任由煽动性的言论传播，即便没有大张旗鼓地进行"[205]。不到24小时，沃尔格林质询信的复印件就出现在了芝加哥各大报纸的编辑部里。赫斯特的两大报纸《先驱者报》和《美国人报》将这条消息当作头版新闻刊登了出来，用大标题大肆渲染，《沃尔格林让外甥女从芝大退学以避免"共产主义"侵蚀》，第二天又紧接着登出文章《沃尔格林公开指证芝大存在红色"侵蚀"》。露西尔·诺顿当时是一名18岁的学生，几个月前从西雅图转到芝加哥与沃尔格林一家住在一起并在芝大上学。她上了三门课——"社会科学I""音乐"和"英语写作"。在第一门和第三门课中她接触到了一些由共产主义者或苏联作家所写的文章。马克思的《共产党宣言》是社会科学选修课秋季学期其中一堂课的主题；而"英语写作"课的一次练习则使用了伊林所著《新俄国初级读本》中的一个短篇，目的是鼓励学生对文中出现的夸大主张、错误假设和煽情言论进行批判性思考。[206]

在两门课程中，学生们还会读到大量其他的原始文件和文本，因此，所谓接触"共产主义"的机会是很少的，调查后来提供的一份证词也说明，教师们很明显都是从学术角度出发来使用那些文本的，无意宣扬苏联的体系。[207]然而，在沃尔格林看来，即便是这么一丁点儿接触对于他天真无邪的外甥女而言危害也足够大了，因为她在来到芝大之前对于共产主义一无所知，而在听了那些讲座并参加完讨论，再回到沃尔格林的家时，饭桌前的她竟开始说一些让沃尔格林备感吃惊的话，她对他说这个家是个正在消失的机制，还说当今的实质性问题就是共产主义和资本主义之间的较量。

哈钦斯回复了沃尔格林的信，问他能否提供一些具体的信息，有没有"关于教员们让您的外甥女接触共产主义思想和煽动性言论的事例"。这封信也登上了报纸。沃尔格林回应要求举行一个公开的听证会，对媒体开放，在董事会面前详细说明他的指控，而哈钦斯断然拒绝了他的要求，坚称芝大四十年来有着"清白的公共服务和教育领导记录。从这些记录来看，当它面临一些模糊而没有根据的指控时，没有必要举行公众听证会。在收到要求提供的证据之前，芝大不会理会您的批评"[208]。

这样一来，《芝加哥论坛报》和赫斯特的报纸，尤其是《先驱者报》，很快便煽风点火让这场争端升级了。赫斯特对罗斯福的仇视让哈钦斯成了明面上的靶子，因为哈钦斯对罗斯福的各种"新政"工作和财政改革予以了公开支援。哈钦斯拒绝召开公众听证会，这使得伊利诺伊州斯普林菲尔德的一群保守的共和党人亲自介入了这件事。4月17日，伊利诺伊州参议院以28票对11票通过了由伊利诺伊州门罗中心的参议员查尔斯·W.贝克提交的一项议案，成立一个特别委员会以调查"伊利诺伊州一些免税学院和大学"中存在的"颠覆性共产主义教学内容和主张以暴力推翻已成立的美国及伊州政府的思想"。由于私立大学同样享有免税特权，该委员会认为将芝加哥大学作为其首要（而唯一）的目标比较恰当。现在，有了赫斯特报社的全力支持，贝克能够召开沃尔格林自己无法强制召开的那场公众听证会了。

5月13日，由该委员会负责召开了三次调查会，其中的第一次于芝大举行。[209]查尔斯·沃尔格林在听证会一开始便悉数自己外甥女的道德是如何被教坏的，他还引述了下列他们在晚餐期间的谈话作为说明：

> 我们当时在讨论共产主义和资本主义，后来我对露西尔说："你快要变成一个共产主义者了。"她说："不光是我，学校里多得是。"
> 我对露西尔说："你知道这意味着要消灭家庭，捣毁教堂吗？更

重要的是，你知道这意味着要推翻我们的政府吗？"她说："是的，我想我知道，但是，不正应该为达目的不择手段吗？"

"你难道不知道这意味着要流血要杀戮吗？"她再次肯定地说："是的，但是我们怎样才能获得独立？不正是通过革命吗？"

"我问你，露西尔，这些东西真的都是他们在芝大教给你的？"她说："不，我觉得他们没有教我们这些。"

"那他们是在宣扬这些东西吗？"她说："不，也不能这么说。"

"那好，"我说，"你是从哪儿学到这些激进的想法的？"她说："这个嘛，因为我们有好多阅读材料是讲共产主义的。"我说："那些材料比讲我们自己政府的还要多？"她说："哦，是啊，多得多，目前为止我们还没读到那么多。"

"好吧，那么集体主义、法西斯主义、工联主义、无政府主义呢？这些东西你也读过？"她说："是的，在课堂上他们给我们解释过，还给了我们很多阅读材料，但是大部分还是讲共产主义的。"她还说："不管怎样，共产主义和资本主义的较量不正是今天的话题吗？至少在芝大是这样。"

令沃尔格林尤为担忧的是，英语写作课还布置了《新俄国初级读本》中的选段让学生阅读，他得出结论说："我相信'社会科学'和'英语'课上所用的方法经过了狡猾而不易察觉的设计，企图通过迂回的方式将共产主义的观点印在学生的头脑中。"210

在沃尔格林发言之后，哈罗德·斯威夫特做了简要介绍，罗伯特·哈钦斯紧接着就开始为芝大教员进行强有力的辩护，称他已经检查过了涉事的所有课程材料，结论是他们并无偏激之处，也毫无灌输任何政治或社会观点的意图，芝大与其教员在公共服务方面享有长久而卓著的口碑，同时芝大也拥有全国最优秀的社会科学团队，其名声不容诽谤，其办学质量也不能因此遭受损害。在哈钦斯之后发言的是查尔斯·E.梅里安姆，他援引了自己在市政府任职和参与普通公民事务的广泛经历，然后对指责芝大的人发起了尖锐的反击："我要指控这些人攻击促进我们文明稳定和长久发展的最重要的一股力量——我们的芝大，无论他们是有意还是无意的。我要指控他们企图瓦解和破坏美国公民教育和政府研究最重要的中心之一。我要指控他们蓄谋窃取人类的名誉和成就。"[211]

调查的第二场和第三场听证会越发呈现出一边倒的局面。在5月24日举行的第二次会议上，首先由沃尔格林的律师约瑟夫·B. 弗莱明朗读了芝大《放逐报》的几篇文章，他称这些文段揭示出这所学校是"共产主义的温床"，他还拿出了一些政治传单、手册和剪报来证明舒曼和洛维特是共产主义的支持者。之后轮到舒曼、吉第昂斯和洛维特出庭作证；舒曼和洛维特捍卫了他们进步的政治观点，吉第昂斯则解释说，上课使用《共产党宣言》并不能说明老师就是共产主义者，在"社会科学"课程给学生布置的5987页阅读材料中，只有不超过55页内容（不足1%）可能与共产主义理论或共产主义作者有关。此外，吉第昂斯还驳斥沃尔格林说，阅读材料中超过半数的内容（大约3000页）与美国政府和机构直接相关。在众人的期待中，露西尔·诺顿也终于出庭作证了。在宣誓之后，她认可了自己叔叔的说法，在来芝大上学之前，她"对共产主义几无所知，也没有兴趣"，但是她在讲座和阅读材料中接触到了共产主义。在委员会律师拉塞尔·惠特曼的质询下，她承认并没有人特别地引诱她去信仰共产主义：

拉塞尔·惠特曼：你谈到了思想灌输这回事。我想，当你开始对共产主义趋向感兴趣时，并没有察觉到有任何人做什么特别的事来诱导你去支持该思想，是这样吧？

诺顿：确实如此，但在芝大以外我也听不到这方面的事。

惠特曼：那么就是说，你也举不出来什么具体的例子？

诺顿：是的，我说不出来⋯⋯

惠特曼：现在，你能在所列出的这些教授们当中指出，有谁给过你这方面的教导吗？或者他们都给过？还是说不出来谁？

诺顿：嗯，沃思跟这件事没有关系，因为第二学期的课程内容与此毫不相干（第一学期的社会科学课由哈里·吉第昂斯教授，第二学期由路易斯·沃思教授，第三学期则由杰罗姆·科尔温教授）。

惠特曼：那么先把他排除掉。

诺顿：可以排除他。但是至于其他几位，我就说不清了。

惠特曼：说到使家庭瓦解，你认为这方面的教导和某位教授或他的授课有联系吗？

诺顿：我觉得不能这么说。我们是从阅读材料中读到的，我得说，这是贯穿整个课程的主线之一。

惠特曼：那么，你是不是觉得由于跟班级里年轻男女同学之间的交谈，才令你在学校产生任何感觉或判断？

诺顿：我想是的，在共产主义这方面。

惠特曼：但是你不会把它称为我们今天在这里所谈论的"灌输"，是这样吗？

诺顿：不会。[212]

在这段扣人心弦的证词完毕之后出庭作证的是58岁重回芝大上学的J.W. 克拉克，他说自己是"一个土生土长的美国公民，父母是有苏格兰血统的美国人"，还谈到"真正的爱国主义"和对自己国家的"热爱他不逊于任何人"。他讲起自己有四个孩子，自己是一个全国性公司中一个大型部门的助理经理（"这证明我有工作"），他还是伊利诺伊州自卫队的一名中尉；他蔑视"红色革命"，支持"美国的个人主义，反对一切形式强加的管制"；说完这些之后，他接着报告说自己是哈里·吉第昂斯课上的一名学生。他还援引了"大量的"课堂笔记来证明（他所仰慕的）吉第昂斯对共产主义是有高度批判精神的，"吉第昂斯先生竭力让他的学生们对听到和读到的东西进行思考，不要像海绵一样全盘吸收"[213]。

在6月7日举行的第三次听证会上，气氛已变得几近荒唐可笑了，百无聊赖的哈钦斯坐在那里耐着性子听完了哈里·A. 荣格和伊丽莎白·迪林对芝大所作的长篇累牍的批判。荣格是"美国联防情报联合会"的创始人和主席，而迪林的宣传手册上则将她描述为伊利诺伊州凯尼尔沃思的一位现代版的"圣女贞德"。自封为"反共产主义斗士"的迪林向委员会提交了一份名为《芝加哥大学有多"红"》的102页的手册（由尼尔森·E. 休伊特编辑）。在宣读了一张长长的随机摘录的参考文献名单之后，她声称，该名单可以证明芝大就是"共产主义的温床"，她进一步向哈钦斯发难,指责他和西北大学的沃尔特·迪尔·斯科特、参议员威廉·博拉、路易斯·D. 布兰代斯、威廉·多德、约翰·杜威、哈罗德·斯威夫特和简·亚当斯这些人都是共产主义的支持者。她深信"芝加哥大学感染了共产主义病毒,其传染性对社区和国家都是一种威胁"。此时,沉闷的听众席间却发生了喜剧性的一幕,而且是以斗殴的形式发生的:一位感到无聊的听众侧身对他旁边的一位绅士耳语,说迪林夫人是不是应该改名为"迪林杰"夫人才更加准确[ix],没想到对方竟是迪林夫人那位脾气火暴的丈夫,于是这位听众的鼻梁上便挨了重重的一拳。后来迪林夫人的丈夫被以一般故意伤害罪起诉,这也成了受命报道这起事件的小报记者们最佳的素材。

随后又有几位模棱两可的证人出庭作证,哈钦斯又简短地露了一下面,因为参议员们问他洛克菲勒教堂花了多少钱建成。听证会就此结束,因为这个话题谈无可谈了,也已让与会者身心俱疲。

沃尔格林听证会引发一些人形成统一战线来声援哈钦斯的立场。在1935年6月初的校友团聚周末活动期间,五位资深教员就学术自由问题慷慨陈词,一些学生领袖也加入其中。十一名身为学生组织带头人的高年级学生(包括《放逐报》编辑、橄榄球队队长、兄弟会委员会主席等)联名写了一封信,宣称他们从来没有遇到过一位教员试图"将共产主义信仰强加给学生"。"我们相信芝加哥大学是以学术包容和优越的教育而闻名的,在高等教育界鲜有机构能与之媲美"[214],他们写道。尽管如此,哈钦斯发出的声音仍是芝大保卫战中最核心的声音,他强硬的措辞在自由派媒体的圈子中很受欢迎,也给防线上其他每个人吃了一颗定心丸。甚至在沃尔格林的听证会召开之前的1935年4月18日,哈钦斯就已经通过全国广播公司的广播发表了一篇题为"何谓大学"的雄辩的演讲来发动攻势。这篇演讲连同后来教员们所作的有理有据的抗辩,为芝大在学术以及进步的政治圈子内赢得了广泛的公众赞誉。7月1日,罗斯福总统给哈钦斯写了一封"私密"信件以示支持:"那场审讯一定给你们带去了

---

ix 约翰·赫伯特·迪林杰是美国20世纪30年代"大萧条"时期臭名昭著的迪林杰匪帮的头目。

许多困扰。有时候我想,赫斯特对美国的民主事业和文明造成的巨大损害,甚至比其他三个跟他同时代的人加起来还要多。"[215]

哈钦斯在沃尔格林事件中的一言一行让他登上了1935年6月末《时代周刊》杂志的封面,该杂志把他当作偶像一般崇拜,说他是这个国家"最帅气"的大学校长,有"勇气和远见来推行新计划"。此外,1937年事情还发生了戏剧性的转变,令哈钦斯更为得意的是,他看到查尔斯·沃尔格林似乎有了些许悔意,并向芝大捐款55万美元用来建立一个美国教育机构的客座教授/讲师职位。

除了哈钦斯自身的努力之外,哈罗德·斯威夫特身为董事会主席所起到的作用同样至关重要。简言之,他一直坚定地站在哈钦斯和资深教员们的身后。斯威夫特给批评者和支持者写过许多信,信中的话语流露出对他们的真诚和体贴,听起来毫不造作,他的正派、才情和勇气轻而易举地体现了出来。此外,从斯威夫特对露西尔·诺顿的评价中也能看出他的精明:"据我自己分析,沃尔格林先生是诚实的,他个性坚毅又很固执,而他的侄女露西尔在进入芝大不久后就发现有几件事让她的叔叔十分恼火。我想她的叔叔被她耍了,却全然不知,而她很可能还自鸣得意。她唯一的声明就是她并没有感到有人试图灌输或暗中宣传,但她认为如果一个人想了解共产主义或者别的什么事,芝加哥大学是一个很好的去处。"[216]

但是哈罗德·斯威夫特不是董事会,《时代周刊》杂志没有必要让他也登上封面。在整个危机的过程中,董事会对哈钦斯以及他对芝大名誉所造成的影响的看法都是两极分化的。在面对公众的时候,他们并没有表现出意见不合。莱尔德·贝尔和詹姆斯·道格拉斯两位董事在听证会上作为芝大的辩护律师出庭时给人的印象都是一致维护校长和教员的,几位董事也公开表示支持。但是其他董事则对那些负面宣传深感不悦,他们担心这位年轻的校长率直的观点会对芝大的名誉造成损害。

一些董事的负面态度反映了芝大那些富有的精英们所持的更主流的观点。1936年4月,约翰·普莱斯·琼斯公司在芝加哥做过一项针对当地舆论的调查,目的是发起一次新的筹款运动;调查发现人们对芝大的印象并不那么和谐一致。大部分受访者都肯定了芝大优越的学术地位和声望,但也有许多人对其教学中的"激进主义"提出了批评。调查者得出结论说,(不仅仅是这些)"有一种公众普遍认同的感觉,芝大内部有某些元素在无端地搅动社会不满情绪,而芝大本身并未有效地遏制这种势头","没能让捐钱的公众对学术自由完全信服","尽管舆论对于校长的评价有所改善,但芝大内部仍有一种广泛的声音,认为校长是一个'有着危险的独立精神'的思想家,喜欢'出言不逊',对既定的秩序不屑一顾","已经出现了负面的公众舆论,对高中毕业生进入芝大学习产生了不利影响,并且阻碍了募捐活动的恢复"。与此同时,调查者还发现近来的争议对学生和校友产生了完全相反的影响:"芝大校园里的人们普遍的感觉是,在面对此次攻击事件的过程中,校友、学生和教员们为了捍卫芝大而变得更加团结了,这是他们以前从未见过的。"[217]

1936 年受命审查芝大公共关系问题的威廉·本顿也撰写了自己的调查报告,并于 1937 年 1 月秘密分发给了各位董事。本顿声称:"如果在新一年中哈钦斯先生能够下决心解雇或努力解雇掉被指控有激进主义思想的某些教员,那么某些领域内的人们会对他交口称赞。这些领域都是很有影响力的,其中有些人是芝加哥最富有的公民,许多还是芝大潜在的捐助者。"本顿承认,这种大清洗是无法让人接受的,因为这样做"会违背高等教育界最根深蒂固的传统",但是作为公共关系领域的专家,本顿还是敦促芝大召开教员特别会议,对他们强调芝大需要结交朋友,并要求他们避免公开发表过激言论。[218]

沃尔格林事件就这么阴晴不定地结束了。伊利诺伊州参议院委员会五位参议员中的四位于 1935 年 6 月末发表了一份多数派报告,免除了芝大开展煽动性活动的罪责,但严厉斥责了罗伯特·洛维特"持续八年到十年之久的不爱国行径"。此外,这几位参议员中的两位——巴伯尔和格雷厄姆——还发表了一份补充声明,对芝大予以肯定,但仍然谴责洛维特从事"对其身为芝加哥大学的一名教员应开展的有效或有用的工作无益的"外部活动,并建议鉴于其做出了使人难堪的行为而令其尽早退休。在委员会看来尤为令人遗憾的是,洛维特曾于 1926 年写信给以前的一个熟人,信中恣意地评论说所有政府都是腐败的。[219] 7 月中旬,董事会决定洛维特命运的时刻来到了。作为参加了几场听证会的两位董事同僚詹姆斯·道格拉斯和哈罗德·斯威夫特的代表,莱尔德·贝尔针对调查委员会发布的报告向董事会全体成员作了一份详细的报告。"没有证据表明其(洛维特)工作效率低下或试图教唆(他的)学生",贝尔评述道,但他并没有进一步公开为洛维特作出辩护。[220] 最终,芝大以保持缄默的姿态宣布了这起事件的收场。1936年9月,65岁的洛维特仍得以正常退休,不过他始终未能获得他认为自己应得的无罪宣判。

反对派则肆无忌惮。当6月末委员会的多数派和少数派报告发布的时候,《先驱者报》于6月27日刊登了一篇恶意的社论,标题为"芝大的红色宣传——致美国的父母们",第一句便是:"如果您想让您的孩子成为共产主义者,如果他们到了上大学的年纪,请把他们送到芝加哥大学去。"哈钦斯因此收到了数十封校友和其他人发来的电报,对赫斯特报社的无礼表示愤慨。[221] 哈钦斯陷入了尤为左右为难的境地———边是愤怒的校友们(以及好名声被玷污了的教员)要求还他们以清白,另一边是斯威夫特、贝尔以及他们的同僚决定将他们的胜利收入囊中,虽非全胜,但也可观,然后拔腿走开。[222] 大学在处理这类争议之时往往陷入被动,因为他们那些所谓的优势——对学术多样性的投入、包容的文化,以及他们强加给自己的自尊感——在其发觉自己陷入了意识形态的缠斗之时很容易变成策略上的障碍,他们的对手们通常不会按常理出牌,既不尊重对方,自己也不冷静。

在"二战"结束后麦卡锡主义盛行的时期,在恐惧与偏执共存的战后紧张局势中,又出现了直接指控校园中存在共产主义的新挑战。1947年6月,伊利诺伊州议会通过立法建立了另一个特别公共委员会以调查煽动性活动,但是这一次,委员会决定通过广开言路的方式来搜寻各种煽动性活动:"不放过任何人、同伙、联盟、组织或社团,或任何以上形式的组合所进行的被怀疑有意推翻美国或伊利诺伊州政府的任何行动。"[223] 20世纪40年代末,对共产主义的强烈偏见席卷美国整个社会,委员会就是在这样的氛围中建立的,尽管当时的一些自由游说团体,如美国大学教授联合会,以及芝加哥的一些报纸强烈反对此事。委员会主席是一个来自伊利诺伊州维农山庄的名不见经传的州参议员保罗·W. 布罗伊尔斯,此人是靠向伊州农民售卖放大照片发家的。布罗伊尔斯的委员会委托期为两年，预算1.5万美元。至1949年委托期结束之时，布罗伊尔斯和他的同僚们共制定了五项法案来清除伊利诺伊州内潜在的"红色"威胁，包括强制要求所有二十人及以上的政治组织到伊利诺伊州干事处注册；令所有公立学校教师、选举出来的官员，以及公务员进行效忠宣誓；强行解雇所有有颠覆思想的、讲授"任何暗中破坏本州或美国政府教义"的教师；以及禁止加入共产主义组织。

拟立法的这些草案于1949年2月一经呈示给州议会便立即在报纸上和校园里激起了轩然大波。由于逻辑不甚严密，措辞也不够精当，这些提案不得不接受反对者挑剔的审查，这是理所当然的。在芝加哥大学，反对布罗伊尔斯提案的呼声尤为强烈，以至于在1949年3月1日，106名学生在一个名叫"美国青年进步人士"的组织的带领下动身前往斯普林菲尔德，去向议会游说反对通过这些议案。来自罗斯福学院和其他机构的一些学生也加入了他们，总人数约为350人，包括伊利诺伊州共产党、米德维尔神学学生联盟、芝加哥大学共和党俱乐部、学生民主行动党、伊利诺伊州工业组织协会，以及其他各种组织的代表们。用一位学生领袖的话来说，学生们认为这些议案像是用一种"极权国家的方法"制定出来的"极权国家的措施"[224]。

3月1日下午和晚间，学生们拜访斯普林菲尔德期间所发生的事情后来遭到了质疑。[225] 学生们在伊利诺伊州参议院司法委员会举行的几场听证会上提出了对布罗伊尔斯的提案不利的证明，他们的做法有礼有节，听众虽然多有喧哗，但并未失控。一些学生——主要是来自罗斯福学院的那些学生——的确在当地的一家饭店参与了反对种族隔离的示威活动，但是提案的支持者们却狡猾地声称所有来访的学生都表现得粗暴、无礼且傲慢（甚至连那些已经登上巴士正要返家的芝大学生也是如此）。第二天，伊利诺伊州众议院的两名共和党代表抨击了从芝加哥大学和罗斯福学院前去请愿的学生，指责他们被灌输了"与我们代议政府的自由体系相违背的共产主义和其他颠覆性理论"[226]。之后，G. 威廉·霍斯利代表宣布了一项决议，要求布罗伊尔斯的委员会对芝加哥大学和罗斯福学院进行专项调查。3月2日，霍斯利的决议在众议院里获得了全体一致的支持，一周之后，参议院也批准了该决议。这样一来，由州政府发起的针对芝加哥大学的第二次审查便到了一触即发的时候。虽然这场调查不久后也的确引起了人们的不悦，但与十四年前的形势相比，芝大至少有了一个显著的优势。与1935年沃尔格林的指控不同，布罗伊尔斯的争议最初只是集中在他们声称的桀骜不驯和缺乏爱国精神的芝大学生身上，起初并不牵涉教员的行为。[227]这就给了芝大占领学术自由这个制高点的机会，而不用再担心自己的两翼受到特别的攻击——被指责个别教员对学生进行了灌输。

为了对布罗伊尔斯委员会发出的质证邀请作出回应，芝大要员们不得不于4月末动身前往斯普林菲尔德。罗伯特·哈钦斯于4月21日进行了质证，他的表现十分抢眼，既表现出了道德上的义愤，又表现出了一种蔑视和讥讽的智慧：

> 我们的机构面临的威胁并非来自不信任我们机构的那一小撮人，而是来自错误地打压这些机构赖以建立的拥有自由精神的那些人的人。自希特勒以后，如今这股弥漫全国控制思想的乌烟瘴气才是对美国最大的威胁。与颠覆思想作斗争有两种方法。其一是采取打压的政策。这种政策与这个国家宪法的内容和精神是相违背的……对思想进行打压的政策是不可能奏效的，也从来没有奏效过。取而代之的方法是教育这条漫长而艰辛的道路。美国人民今天已经在践行这条道路了。我们需要的是耐心和宽容，即便是在面对激烈的挑衅时也应当如此。[228]

J.B. 马修斯是之前为"非美活动委员会"工作的专业"红色猎手"，在面对他的质询时，哈钦斯巧妙地避开了马修斯提出的问题，使得对方看上去既暴躁又愚蠢。哈钦斯有关莫德·斯莱和老鼠的评论已被芝大人传为佳话了：

> 马修斯：莫德·斯莱博士是一位荣誉副教授——这是我们从可以找到的最新名录中得到的信息。
> 哈钦斯："荣誉"在这里指的是已经退休的。
> 马修斯：她在领退休金了吗？

哈钦斯：哦，是的。

马修斯：（她）出名至少在某种程度上与芝加哥大学的名声有关，就如她的名字出现在芝大的名录上，不是吗？

哈钦斯：我认为我们无法否认她这一生都是芝大的一名教员。她是我们这个时代见过的最杰出的癌症研究专家之一。

马修斯：她一边研究老鼠，一边研究癌症，是这样吗？

哈钦斯：是这样。

马修斯：您是否知道，斯莱博士与一些所谓的共产主义先锋组织有密切往来？

哈钦斯：我听说了，她与一些所谓的共产主义先锋组织有所谓的密切联系。

马修斯：芝大的政策就是对教员们的这种往来视而不见吗？

哈钦斯：视而不见？

马修斯：是的，视而不见。

哈钦斯：如我所言，斯莱博士的社会联系都被局限在我们学校内部，整日跟老鼠打交道。我想，她不可能对我们的任何学生造成任何特别的伤害，即便她想这么做。不过，我愿意直截了当地回答你的问题，我没有发现斯莱博士参加或者声援过用暴力推翻政府的活动。

马修斯：能否请问，在你们的教育理论中，难道就不存在"灌输"这种事情？

哈钦斯：对老鼠吗？（大笑）[229]

在4月的听证会期间，一名巡游的记者以霍华德·拉什莫尔的名义作证说，芝加哥大学有许许多多的教授都"犯有共产主义罪行"，还特别提到了八个人的名字。莱尔德·贝尔利用拉什莫尔毫无根据的指控安排这些教员中的七位写出了详尽的书面陈述，于4月末转呈给了委员会，并同时刊于报纸。这一串连珠炮似的回击迫使委员会于1949年5月19日召开了第二轮听证会。[230] 不仅贝尔选择了替芝大说话，芝大教员中被拉什莫尔攻击的五人（欧内斯特·伯吉斯、罗伯特·哈维格斯特、马尔科姆·夏普、雷克斯福德·特格韦尔以及哈罗德·尤里）也出席了听证会。

他们每个人都表现得可靠而有说服力;身为诺贝尔奖得主的化学家尤里在他的小结中声称,芝加哥大学"享有世界性的声誉。我在芝大的那些年里与该机构的教职人员有过密切的接触,这是一所了不起的大学,绝对忠诚、绝对美国,伊州人民应对其更加呵护,不该使其陷入这样的调查"[231]。

如同1935年的情形一样,整个芝大都团结在了一起,面对这次激烈的争端,学生和教员们选择了站在一边。三千名学生签署了请愿书,证明他们未被教唆过,并捍卫芝大的学术自由文化。[232] 学校的几位牧师,包括一位天主教专职教士,一位犹太教拉比,以及两位新教牧师,也撰书捍卫芝大和它的学生,否认学校中存在广泛的共产主义影响。[233]

不过,虽然哈钦斯仍是芝大的主要证人,这一次他却不再是主要的辩护者了。当这场危机最初爆发之时,已于1949年1月接替哈罗德·斯威夫特出任董事会主席的莱尔德·贝尔直接担起了组织芝大作出回应的责任。3月10日,贝尔安排董事会成立了一个特别的"商讨委员会"来为哈钦斯和芝大应对这起调查出谋划策。贝尔担任该委员会的主席。[234] 经历过了沃尔格林调查事件带来的公共关系梦魇,见识过了哈钦斯的言论虽然言之凿凿却让董事会两极分化的事实,贝尔决定这次为哈钦斯分配一个小心谨慎地照本宣科的角色。[235] 在制定芝大的应对策略之时,贝尔一方面要坚守学术自由,另一方面又要运用政治头脑来控制局面以防止其变得一发不可收拾。在应对危机的整个过程中,他都遵照了之前一位朋友告诉他的一些简单建议去做——认真对待调查,不说俏皮话,用尊重调查来显示对公众的尊重,因为"相当多的市民经常听说这场官司,已经对此产生了兴趣"[236]。最为重要的是,贝尔认为当务之急是要展示芝大在这件事上的立场和作为,他将自己的名字印了林恩·威廉和他的教员们精心制作的一本名为《我们害怕自由吗》的宣传册上。这本小册子用强有力的语言和雄辩的事实捍卫了学术自由的观念,既解释了这场争端的本质,又援引了各色杰出人物,如托马斯·杰弗逊、约翰·斯图尔特·密尔、伍德罗·威尔逊、奥利弗·温德尔·霍姆斯、查尔斯·埃文斯·休斯和德怀特·D. 艾森豪威尔支持学术自由的言论。不到两个月的时间,芝大就将69000份手册发放到了芝大校友、全国其他学术机构,以及各种社会名流的手中,包括超过一千名大学校长。《我们害怕自由吗》这本宣传册的发行迎来了铺天盖地的贺信,许多信件是其他机构的学术领导人写来的。

由于芝大开展的有效的自我展示令委员会的动机和程序失去了权威性,这场调查无果而终。至于布罗伊尔斯的提案,它们在伊利诺伊州众议院里变得无人问津了,并在 1949 年 6 月末以不再召集投票的方式宣告失败。

艾伦·施雷克曾这样推测,芝加哥大学之所以能够经受住像沃尔格林和布罗伊尔斯事件这样的危机的考验,是因为芝大是"一所非常独特的独立而有凝聚力的机构","如果其他的学术领导人在反对校外调查这件事上能够像哈钦斯一样直言不讳,他们应该能够使伤害缓和下来"[237]。在布罗伊尔斯调查结束的时候,曾在斯普林菲尔德作证的一位资深教员雷克斯福德·特格韦尔就对这种凝聚力作出了很好的诠释。特格韦尔是"新政"政治的一位"老兵"(他曾在"新政"早期担任过富兰克林·罗斯福的顾问、农业部副部长,后来又担任过波多黎各自由邦的总督),对立法委员会工作的政治动态非常熟悉。在与莱尔德·贝尔一同现身斯普林菲尔德之后,特格韦尔写信给后者,感谢他给予的支持:"要拥有自由就必须付出代价,在像我们这样的大学里,你们这些人必然要付出更多……无论如何,您大可放心,您的教员中有这么一位,他欣赏您和其他的董事们,并决心用他唯一能做的事情——尽他最大的力量做好学术——来回报您。唯愿您以后不会再经常被迫为了维护他说话的权利挺身而出。"[238]

## 哈钦斯和研究生教育

在大多数资深教员的眼中,哈钦斯勇于捍卫学术自由是他最吸引人的特质之一。对于涉及研究生教育这个神圣不可侵犯领域的政策,他打算从根本上予以改革,然而却适得其反。1929 年,当罗伯特·哈钦斯出现在芝大校园里时,芝加哥大学即将再次面临研究生教育改革的挑战。正如大力改革学院教育一样,哈钦斯也同样十分关注博士生所获得的教育的质量,尤其是他们是否获得(或者缺乏)成为合格教师的训练。

1929年12月初,这位年轻的校长给研究生院的院长们写了一份令人惊愕的备忘录,主张对研究生教育进行一番彻底的改革,内容包括强化教学方法方面的培训,将现有的博士学位只授予计划从事教师职业的研究生,为将会成为"多产学者"的研究者们设立新的博士学位,如理学博士和古典文学博士。[239] 从本质而言,哈钦斯是在敦促各系将教师培训视为其教育宗旨一个不可分割的正式组成部分,这样一来,他就向20世纪初期芝大建立起来的传统的博士教育制度发出了挑战。

20世纪20年代末期,尽管一些文科学院的校长屡次干预,哈钦斯仍展开了他在这方面的探索,强调美国的研究生院应更多地关注对大学教师的培训。[240] 正如第3章所述,迈阿密大学的雷蒙德·M.休斯曾经批评研究生教育的狭隘,还批评美国研究生教育项目对将其学生培养成合格教师缺乏兴趣。1927年,代表四百余所美国教育机构的美国大学协会成立了一个"大学教师征募和培训委员会",该委员会于1928年发布了一份报告,敦促研究生学院更加重视培训希望从事教育职业的学生。[241] 哈钦斯在其写给院长们的公函中特意引用了这份报告。

院长们对哈钦斯改革的回应可谓五花八门。人文科学的戈登·莱恩反对设立一个新学位,同时建议让博士生去上一些有关教育的课程,认为他们应该从本科生院中获得更多的教学经验。物理科学的亨利·盖尔建议将博士生的课程要求和研究量减少至七到八个住校学季,通过缩短博士生的研究实践并降低预期值来为他们授予学位,并要求为有兴趣从事教师职业的研究生再增加一年有关教育理论和基于教育学科的课程,从而使他们能够胜任大学教师的职业。教育学院院长查尔斯·贾德承认,由于缺少一个择优录取的体系,芝大的许多研究生"完全缺乏开展高等工作的能力",并建议建立一个博士后奖学金制度以奖励那些在研究方面特别出众的研究生。最后,代表本科生院态度的昌西·布歇表示并不反对哈钦斯设立两个博士学位的计划,他建议哈钦斯,如果各系愿意在其各自的课程体系中植入一个重要的环节来教授本科生教学方法,那么只维持单一的博士学位也可以达到同样的目的。布歇还说:"在一些系中,有些实际上属于研究生课程的课,只要一宣布名称,就没多少人去关注了……有些研究生抱怨说他们有许多研究生课程在主旨上并不比高年级

的本科生课程高级多少。"²⁴²

哈钦斯继续着他的探索。1930年1月中旬，他强迫院长们接受一套基本原则，大意是"我们不能将高等学位授予以下人等，即我们负责任地认为其要么成为研究人员或是高校教师，要么两者兼具；应当为这两部分人设计不同的课程，期待少部分学生愿意同时从事这两种工作；应当为那些准备从事大学教学工作的人给予不同名称的学位"²⁴³。1930年2月，哈钦斯要求芝大评议会建立一个高级委员会以探讨涉及研究生教育未来的基本问题，包括针对教学进行培训，他希望他的这些基本原则能够通过立法的形式固定下来。²⁴⁴

委员会由精力充沛且富有进取精神的地理学系主任哈伦·H. 巴罗斯任主席。²⁴⁵ 为了公布工作进展，他的委员会开展了三项调查：一项针对的是所有的系，对他们的课程设置、教学实践和教学成果提出了51个问题；一项针对的是1900年至1929年间从芝大获得其博士学位的以前的研究生；还有一项针对的是各大学和学院校长，他们为各自学校学术职位聘用了1920年至1928年间从芝大毕业的研究生。委员会发现，很少有校长关注他们聘用的研究生的学术文凭，但是有许多人注意到了这些研究生在教学准备或表现方面的问题。至于针对个别研究生的调查，委员会发现，在1065份答卷中，大多数受访者的工作属于要求研究和教学（39%）或者只要求教学（29%），只有10%的人致力于没有教学职责的纯研究工作。这些数据表明，超过三分之二的毕业生对芝大和他们所接受的研究训练持肯定态度，但是也有一部分人，数量虽少，但不容忽视，他们觉得如果他们之前在教学方面接受过更正统的训练就好了（"在研究生所提出的建议中，有一个最为普遍的，即'应该对教学问题予以更多重视'"）。最后，各个系在实际的课程论文要求、招生实践，以及其他主要政策方面的意见是千差万别的。²⁴⁶

基于这些结果，巴罗斯和委员会精心起草了一份报告，建议提高研究生招生的门槛和标准，并使之更加系。委员会还建议将研究生课程设置得更加灵活，以使研究生能够自由选择不同的课程来为他们想要从事的职业进行准备，前提是所有学生在研究技能和实质知识方面都要接受一个最低必要量的训练。巴罗斯基本接受了布歇的观点，即各系应根据未来最终的职业选择允许学生在同一个博士课程体系中获得各自不同的发展方向。在教学人才培养这个问题上,委员会拒绝支持哈钦斯建立新博士学位的提议,他们认为在现有博士课程体系中加强灵活度和个性化就足以解决哈钦斯和大学校长们所认识到的问题了。鉴于多数研究生都意在选择集教学与研究于一身的职业,建立两个单独分开的学位会导致一个荒唐的局面,即学生们将不得不同时满足二者的要求。委员会建议每个系至少聘用一名有能力提供教学培训的教员,要求教育系开设一门关于美国高等教育当代制度的课程,让"将来可能成为大学或学院教师的学生熟悉他们将来工作的大致领域。这门课需要向各个系证明它在培训学生入职高校方面的价值"。与此同时,委员会拒绝了莱恩关于增加从事本科生院教学的研究生数量的计划,称"本科生应受到保护,避免让过多的研究生教学实践在本科生教育中滥竽充数;本科生也有权享受芝大能够提供的最优质的教育"[247]。最后,除了呼吁采取更加严格的招生标准之外,巴罗斯和他的同事们也表态坚定地支持各系拥有强力自主权,同时敦促各系设立更加灵活的课程。

随着巴罗斯报告的提出,芝大的各个学术部门拒绝了上层要求开展的改革,如同他们在这个世纪余下的时间内一贯的做法。1931年的分部制度虽然在管理效率方面令人印象深刻,但是相比传统的文理科研究生院制度在大多数其他美国研究型大学中所产生的那种权威,这种制度并未在全校范围内对研究生的生活产生同样效果。结果造成芝大博士生的课程和职业命运仍然掌握在各个系的手中,任它们随意操控。哈钦斯关于研究生教育改革的提议过于仓促,在学校未有先例,不像"新计划"改革那样——布歇从1927年便开始了他的游说工作。看到巴罗斯委员会的各项工作既费时又费力,哈钦斯一定意识到了,他强迫各系接受激进改革的可能性几近于零。

然而,巴罗斯的建议并未引起什么反响。"大萧条"造成的束缚在1932年之后尤为凸显出来,缩减预算,停止招聘,这种束缚愈加严重的氛围或许是造成缺乏新的主动性和创新性的原因之一。哈钦斯也仍在为各系不愿考虑对各自管理的研究生项目进行真正的改革而感到沮丧:在1935年递交给董事会的一份报告中,哈钦斯称"博士候选人不经过研究方面的训练就不该允许其毕业。但是，它的前提并不是说该博士生的学习过程必须建立在想成为学者的想法之上"[248]。哈钦斯后来重申了他的建议，即芝大主要将博士学位用于教师。他直截了当地说："到目前为止，我还没有找到和我志同道合的教员。"

哈钦斯因为自己在1942年本科生院课程和学位计划方面取得的胜利而兴奋，1944年年初，他回到了（他自己认为的）老问题上来，即各系不重视培养自己的研究生成为教师。哈钦斯此举是在遭遇了更多挫折的背景下做出的，这些挫折来源于大学治理以及他作为校长与控制芝大评议会的那些正教授们相较而言的权力范围。[249] 1944年1月，他利用在南海岸乡间俱乐部向董事和教员们发表年度演讲的机会，针对美国高等教育所面临的严峻形势提出了自己更宽泛的主张，演说充满了说教意味，其中还有许多颇具挑衅性的言论，如质疑教师的职称制度，批评针对学位的以课程为基础的学分制，甚至建议将芝大的校训"益智厚生"（Crescat scientia vita excolatur）改为新的摘自沃尔特·惠特曼《草叶集》的名句："如今我独自在西方歌唱，为一个新的世界唱响。"

但是，哈钦斯最引发争议的提议是让芝大建立一个新的人文科学学院，并授权它向主要对教师职业感兴趣的研究生授予博士学位，而让余下的各系颁发一个新的博士学位给少量的研究型专业人才。他说："如果我们要向所有人展示非专业教育的方法，就必须准备好培养那些将要承担这项工作的人……这个时候，我们就不得不重新审视我们的高等学位，再次考虑我们是否该向那些准备在一个新成立的人文科学学院任教的人授予博士学位。如果这样做的话，我们就必须向已准备好从事研究工作的人颁发新的学位，即理学博士和文学博士。"[250]

这篇演讲引发了一场政治灾难。建立一个新人文科学研究院的想法极具争议，演讲发表的背景是，之前的两年哈钦斯广泛努力来扩大其职权的执行力，并且不经过资深教员们的同意来创立新学术项目，鉴于此，它引发了教员们大规模的抗议，很快便成为《芝加哥每日新闻报》重点观察的对象。研究生院中对哈钦斯的观点反对声最高的一些人引证说，哈钦斯用他在文学学士问题上的作为证明了他喜欢采取不负责任的行动，从他的行为可以看出，他乐于抨击唯一能够监管研究生教育优劣的院系。

哈钦斯的支持者们更是让局面雪上加霜,他们在接受媒体的公开采访时称,芝大的许多院系都在面临学术知识"停滞不前"的境地,原因就是缺少强有力的校方领导。[251] 怨气和尖酸刻薄的言语袭来,经济学家弗兰克·H.奈特甚至扬言,如果哈钦斯一意孤行,他就辞去职位。[252] 奈特和其他人将哈钦斯横加干预博士教育的行为视作攻击芝大自成立以来就一直致力的研究和调查核心价值。哈钦斯则反过来认为各系是由一小群正教授把控的,他们反对任何有意义的教育进步,也容不下年轻教员们发表自己的观点,因为他们在学校管理中没有地位。

结果是芝大评议会向董事会发出了一封联名请愿书,由教员队伍中的91位正教授署名,谴责了哈钦斯以及他的动机和想法。[253] 1944年5月爆发了令人不安的教员抗议,背后有几个方面的不满情绪:许多人对于哈钦斯攻击各系的研究生教育以及他直白地认为芝大对社会负有直接的道德义务表示愤慨,但是其他抗议者之所以这样做是因为他们认为哈钦斯在本科生院改革问题上表现得太霸道了。[254] 相反,学生们坚定地支持哈钦斯:《放逐报》谴责那些"请愿书的署名人"为"一群只在意他们自己狭隘的特权、地位和薪水的人"[255]。尽管如此,哈钦斯在1944年提出的实质性问题和他十五年前就明确表达过的一模一样。由于在1942年初冬针对本科生院成功地进行了一番彻头彻尾的实验,或许哈钦斯认为,是历史的推动力支持他在研究生教育和更广泛的大学治理工作中开展更为重大的改革。事实上,他激起的狂怒的确迫使董事会于1944年年末在芝大强制实施了一套新的教员管理制度:芝大评议会的会员资格得以拓宽,副教授和助理教授也可以加入其中;评议会后来还选出了一个由51人组成的理事会来代表评议会——该理事会将有权批准设立新的学术课程——以及一个由七人组成的执行委员会来代表该理事会发言。但是,董事会也因而再次明确地重申了教员们传统上就有的为教员的任命推荐(或不推荐)候选人的权力以及开展学术课程的权力。[256] 就研究生教育而言,这本质上意味着各个系将能够继续对可以获得博士学位的人选以及对可以教博士生的人选做出决断,博士学位也将延续其以研究为基础的最高学位的地位。

在这场教员和院系特权之争所引发的骚动中,更为引人关注的一点是，仅仅在一年之前的1945年，罗伯特·哈钦斯还大胆地支持建立了两个新的跨学科机构——原子能研究所和金属研究所。这两家机构分别于1955年和1967年更名为恩里科·费米研究所和詹姆斯·弗兰克研究所，它们的成立是为了响应物理科学的教员们为寻求更多跨学科支持所做的努力，但是它们在资助物理科学研究方面也产生了深远的影响，表现在鼓励各个学术院系调整自身以适应新形式的协作与合作——虽然未曾强迫它们如此，还表现在对物理科学研究生的培养产生了强有力的影响。因此，1944年的这场冲突不应解读为教员们不愿为组织研究和研究生项目采取新的、更加灵活的方法，而应当说这样的改变本该以一种更加有机和更加自主的方式进行，让各系愿意把握住机会接受有组织协作的新模式。即便如此，芝大的研究生教育还是被锁定在了根深蒂固的传统模式上，没有一个中央集权的角色——如研究生教育院长，可以去探求研究生的兴趣并为各个系的研究生项目设定获得学位的时间表。所以到了20世纪末期，芝大的许多博士生项目在学位授予时间上都出现了问题，这也就毫不奇怪了。这种问题部分上是研究生的财政补助资源不足造成的，但还有一部分原因就是缺少一个中央集权机构来规范博士生录取的规模或坚持对研究生进行足够的指导。归根结底，罗伯特·哈钦斯孤注一掷地投入了一项风险极大的事业，试图修正研究生教育的权力，但最终未能如愿；1945年之后，各系的教员们即使没有获得更多学术方面的特权，也仍然把持着和以前一样的权力。

## 制度压力、战争及战后余波

哈钦斯时代由于在本科生生活和教育方面所进行的革命而成为传奇，这场革命对芝大更广泛的学术文化也产生了深刻影响。哈钦斯是忍受着改革试验的剧痛来开展这场革命的，因为在上任不足数月的时候，他就不得不面对芝大历史上最大的财政困境。"大萧条"给芝大带来了沉重打击；多亏了20世纪20年代以降所积累的充足的元气，与其他许多机构相比，芝大所经历的创伤还是要小一些。

**公共关系和预算**

哈钦斯发起了一项财政紧缩计划,将行政开支减少20%。1931年11月,他写信向他的父母说:"一天早上我们醒来,发现我们的财政赤字已经达到了大约75万美元。我们竭尽全力从预算中减去了42万美元。"[257]有350门课程被取消,一时间教员们的教学工作量也增加了,还无情地执行了65岁退休的强制性法令。许多文员和日工遭到解雇,丢掉了工作。[258]一般预算(其中包括非医疗领域成本)从1930年的600万美元削减到了1933年的450万美元。教员们的薪水虽然没有减少,但也停止了增长;人员缩减和退休使正教授的数量从1930年至1931年的160人下降到了1939年的116人,学校为了填补空缺而新聘用的人也寥寥无几,即便在低年级阶段也是如此。正教授的总薪金支出在1930年至1940年间下降了差不多20%。一些院系的力量遭到严重削弱——至1936年时,英语系已经失去了五名教授、一名副教授,以及六名讲师,而代替他们的仅仅是三名讲师。学校要求各学院从他们的普通教员队伍中抽调人手来应对夏季学期和拓展教育,这就对那些依然在编的人员施加了更多压力。从捐助中能够获得的年收入从1920—1930年的340万美元下降到了1938—1939年的210万美元,收益率则从6.2%降到了4%。各个单位在20世纪30年代的招生情况有所不同,但是1938—1939年间芝大总体的入学率比1931—1932年还略高一点。[259]

为了弥补采取这些紧缩措施后仍然留下的预算差额,董事们特准于1929年至1939年间使用来自捐赠、捐助储备和现金基金的1200万美元。到了1939年,一般预算和医疗预算都已处于长期赤字状态(分别为37万美元和50万美元),通识教育委员会自1929年起为医疗临床手术特批的100万美元资金已经耗空,而来自通识教育委员会的300万美元一般补贴也已消耗过半。即便是在面对董事会质疑的情况下,哈钦斯仍对自己能够保全那些留下来的教员的薪水感到尤为自豪:"到目前为止,我们没有采取降薪的措施,也不打算这么做。"[260]正如他1935年9月对董事会提出的:"我认为我们不应该太沉浸于未来而牺牲了现在,也不应该交给我们的继承者们一个虽然财政强大却教育疲弱的机构……或者如芝大的另一位官员所说,我们面临的威胁是,'船'上的'救生员'太多,多到

连堆放'货物'的地方都没有了。"²⁶¹

1933年春，哈钦斯尝试采取一项果敢的措施——与西北大学校长沃尔特·迪尔·斯科特秘密商讨两校合并事宜；如果此举实现，芝大的预算压力或许可以大为减轻。合并后的学校将命名为"芝加哥—西北大学"（尽管弗里茨·伍德沃德私下里对芝大董事会交底说最后的名称仍将为"芝加哥大学"）。²⁶² 鉴于芝大的财政地位明显更强，这项合并实际上是芝大打着合并的幌子来接管西北大学。²⁶³ 合并的协商工作一直进展顺利，直到最后关头西北大学迫于其校友和教员们的压力协商破裂。

哈钦斯似在刻意掩饰其真实的打算，但是从哈罗德·斯威夫特和沃尔特·迪尔·斯科特的文书所记载的谈判内容来看，他希望将埃文斯顿博士/研究项目的主要部分整合到海德公园这边来，将大约五百个新的研究生名额拨给芝大的四方院。与此同时（据西北大学人文科学学院院长艾迪生·希巴德称），四方院内只会留下一个"小规模实验性学院"的四百到五百名学生，而大学教学工作的主要部分将会移交给西北大学埃文斯顿校园的教员们。²⁶⁴ 这两家机构将共有一个教导主任、一个终身教职、一个运动项目、一个大学出版社、一个校友组织、一个图书馆、一个商学院和一个法学院。

正如比亚兹莱·鲁梅尔所说，这起合并案的支持者相信，如果合并能够通过的话，"会对美国的（高等）教育产生巨大的价值"²⁶⁵。但是，却有人担心自己的部门会变成一个教学机构的分支，没有明确的机构身份或历史合法性，正是这种担心导致西北大学的教员和校友们产生了群体性的恐慌，使得这笔"买卖"成了他们眼中的"花架子"。1933年8月，哈钦斯给父亲写信说，他"对与西北大学的合并即将通过十分满意"²⁶⁶。但是秋天到来的时候，埃文斯顿的游说者却激烈抵制该合并。希巴德院长在西北大学的同事中间听到了"一种非常普遍的言论，即无论现在将这个计划描得多么好，最终这两个学校仍然会分道扬镳，那时候我们的研究生教员会跑到南区去，而埃文斯顿只剩下本科教员……显然，如果这种分而治之的状况变成了固定模式，设在埃文斯顿的本科生院的最大利益就会受到损害，因为我们就会无法享受到让本科班的学生与卓著的学者进行接触的益处了"²⁶⁷。由于西北大学董事会内部"意见分歧严重"，其

领导人于 1934 年 2 月末决定终止谈判。²⁶⁸

由于自己大胆的计划最终夭折,哈钦斯只得面对日益严峻的财政状况。到了 1938 年至 1939 年,芝大已经穷尽了所有能够轻易采取的紧缩措施,无法弥合的预算赤字仍然占年度预算的 10% 左右。进一步的紧缩就意味着要进一步削减教师的规模。哈钦斯不愿意这样去做。面对此时的财政困境,发起新一轮的筹款运动已成了当务之急。²⁶⁹ 1940 年至 1941 年筹款运动的目标定为 1200 万美元,主要是为了获得充足的收入来抵偿芝大在十年间产生的大部分经营亏损。

在 1926 年至 1936 年间,筹款运动的组织几乎处于停滞状态。董事会常设的发展委员会(1926 年已基本解散,1928 年又重新建立)虽然还在²⁷⁰,却早已失去活力,詹姆斯·斯蒂夫勒向斯威夫特抱怨说它"比原地踏步好不了多少"²⁷¹。1932 年 2 月,当委员会的人终于再次碰面时,斯蒂夫勒报告说,成员们"这一次不赞成在募集资金方面做出任何直接的举动。他们认为这样做会损害芝大的利益,在应对汹涌的失业潮的政策陷入困境,而政府的担保又无法让市场企稳的状况下,再让人们捐钱并非明智之举"²⁷²。

哈钦斯为稳定芝大的财政状况而迈出的第一步就是离开芝大前往纽约城去拜会老朋友。1929 年秋,他与洛克菲勒董事会的官员进行了秘密会晤。²⁷³ 1930 年 3 月初,他向通识教育委员会和洛克菲勒基金会提交了一份数额巨大的联合请求,分别向前者和后者请求资助 250 万美元和 450 万美元,目的是为一项包含 2800 万美元的普通财政计划的第一期筹集资金²⁷⁴。加上分别从朱利叶斯·罗森沃尔德和爱德华·哈克尼斯那里得到的 500 万美元,这项申请原本是希望构成一个更大的方案,但是这些捐赠在 20 世纪 30 年代初都落空了。接受 1930 年 3 月这份申请的著名人士不是别人,正是马克斯·梅森,他在 1929 年的时候已经成为洛克菲勒基金会的主席。这只是芝大向洛克菲勒董事会请求财政援助的一个开始,随着"大萧条"愈演愈烈,这种请求也变得越来越迫切。芝大似乎在这些谈判中有着自己的优势,因为梅森并不是其中唯一一个被涉及的前芝大人:特雷弗·阿内特当时任通识教育委员会主席;大卫·H.史蒂文斯以前曾在芝大任教,也曾是梅森的助手,当时他是通识教育委员会的副主席，并且还是洛克菲勒基金会人文科学部的部长[275]。但是这样的亲密关系同时也是危险的，尤其是在一个财政窘困的年代，所有的大学都在拼命寻求他们能够找到的支持。梅森对哈钦斯坦言，他和阿内特与芝大的密切关系让他们颇有些为难。[276]哈罗德·斯威夫特给梅森写了一封信奉承对方，信中严重夸大其词地称梅森和伯顿两位校长任职的时期成为"芝大复兴"的一部分，希望借此推动芝大的事业，没想到形势却因此变得更加尴尬了。[277]梅森个人非常反感哈钦斯对基金会的态度——他称之为"耍小孩子脾气"；他提醒斯威夫特："哈钦斯的态度……就是——我们的计划放在这儿了，你们看着办吧。就像把一个婴儿往他们家门口一放，还不忘提醒——这是你们的孩子，你们就得管。这种策略非常糟糕……哈钦斯必须克制住自己，不要采取'耍小聪明'的管理方式，要多积累点经验，多听听外界的想法。"[278]

洛克菲勒董事会最初对哈钦斯的请求作出的回应是模棱两可的。1930年5月，通识教育委员会同意拨款100万美元用于资助解剖学和卫生学以及细菌学新大楼的建设，但是暂时未批准关于一般综合性资助的请求，梅森敦促芝大进行系统性的预算缩减。[279]然而，哈钦斯还是在1931年4月从通识教育委员会获得了一笔五年期总额为27.5万美元的拨款，用于在1931年至1936年间实施本科生院的"新计划"课程，包括教员和行政人员的薪金、科学设备，以及全新综合考试的支出。[280]因此，20世纪30年代本科生院在学科方面所取得的非凡成就很大程度上要归功于来自纽约的支持。后来，由于芝大据理力争，通识教育委员会于1936年12月同意拨给芝大一笔300万美元的应急赠款，以支持其医学院的发展和一般预算。[281]这次请求成功获准很大程度上有赖于1936年5月哈钦斯亲自出马就芝大于国家的重要性所作的陈情，芝大的职员们后来称之为"鲍勃·哈钦斯的300万演讲"[282]。

然而，洛克菲勒的许多官员越来越觉得芝大需要另寻其他的支持渠道，大卫·史蒂文斯于1931年写信给弗里茨·伍德沃德，委婉地表达了这个意思。[283]1936年年末，通识教育委员会的领导们撰写了一份更为直接的备忘录并送给芝大领导层。该备忘录的执笔人最有可能是洛克菲勒基金会的新任主席雷蒙德·B.福斯迪克，其中提到，通识教育委员会对芝大没有"特殊的责任":"我们之所以强调这一点,是因为在某些部门,人们私下里说……洛克菲勒董事会与芝大之间有一种特殊而唯一的关系,而董事会和其他教育机构之间并没有这种关系。从芝大自身的利益出发,同时考虑到芝大有必要拓展其财政支持的基础,我们需要断然否认这种观点。"[284]

三年之后,洛克菲勒基金会自然科学部主管沃伦·韦弗更为直白地重申了福斯迪克话中的意思。1939年1月,在与生物科学部部长威廉·托利弗的一次非正式谈话中,他报告说,"基金会董事会的一些成员似乎很厌恶他们体会到芝大官员流露出的一种情绪,即芝加哥大学就应该盯着洛克菲勒的钱袋子不放",洛克菲勒的董事们"当下很可能不会再支持向芝大作出任何大笔的赠与了"[285]。事实上,哈钦斯态度傲慢地认为洛克菲勒方面未来应给予帮助,这也加重了洛克菲勒员工的不满情绪。在1939年7月和芝大筹款负责人一起召开的一次会议上,哈钦斯开玩笑似的声称他会告诉通识教育委员会:"你们(过去)给我们这些钱是因为你们感觉到对芝大有某种义务。这种义务仍然还在,我们还没筹到什么钱。"哈罗德·斯威夫特知道这件事后警告哈钦斯:"我有种强烈的感觉,我们必须扮演恳求者的角色,如果我们谈话间就把责任强加给他们,或者要求他们主动承担责任,他们会怒不可遏。"[286]

随着1936年的捐赠慢慢耗尽,1940年5月,哈钦斯又发起了一次筹款行动,为芝大和医学中心寻求大笔捐助,他说:"职业教育、实践性研究或短期研究,以及'学院生活'是很容易就能理解的,也相对便宜。通识教育、长期研究,以及组织和引导方面的实验则不太容易理解,可能也会比较昂贵。"这一次,哈钦斯的口才没能发挥它的魔力。[287] 福斯迪克对从洛克菲勒基金会拨款给哈钦斯这件事毫无热情,哈钦斯因此变得焦躁而激动,他说从芝加哥筹钱是不可能的事,因为"芝加哥对高等教育知之甚少,因而无法分辨好和卓越的差别,也不愿意为了这种差别而支付成本——至少在当前的形势下是不愿意的"。福斯迪克生气地答复说哈钦斯的话"令人不安",因为他似乎在暗示"洛克菲勒先生和盖茨先生当时在选择新大学的校址时大错特错。我真的无法相信事实会是这样。如果真是这样,这便是一场灾难"。福斯迪克还重申了他拒绝援助的决定:

"事实很简单，洛克菲勒董事会目前无法对芝大的境遇伸出援手……如果经过了五十年发展的芝加哥大学仍然根基不稳，外部机构的任何宠溺都不会带来好处。"[288]

哈钦斯并没有气馁，1941年1月他又提出请求，大声呼吁要捍卫美国五到六所顶尖私立大学的核心活动，并敦促洛克菲勒董事会在五至十年的期限内每年拨款350万美元用来增强这些机构的实力。哈钦斯报告说："会议结束时我收到了真诚的感谢。一些成员认为这次会谈很有意义。但我无从得知会议的效果如何。"[289]不幸的是，结果并非哈钦斯所愿。罗伯特·科勒一语道破个中原因：20世纪30年代的境况迫使基金会对其捐赠进行重新定位，"有些项目旨在扩大研究体系规模，基金会捐赠收入的大幅减少迫使基金会重新评估这些项目的实际结果"，"研究与培训相结合"失去了它的魔力。[290]这种趋势不仅给芝大带来了负面影响，而且连芝大依赖基金会为其提供的基本运营支持也变得岌岌可危了。

此外，在限制援助这个决策背后还存在一个明显的个人动机——洛克菲勒在20世纪30年代末的时候就做出过判断，只要芝大还能够向纽约这方面伸手大把地要钱，这个学校就永远无法获得其校友和芝加哥支持者的广泛援助。巴里·D.卡尔很早就一针见血地指出过，芝大的一些"根本缺陷"，即无法培养它的校友支持者成为一个具有活力的社群，这很大程度上是因为芝大在历史上没有能够为学校的本科生建立起完善的生活居住社区："洛克菲勒不想让芝大依附于他或他的名声，唯恐其因此无法吸引到在他眼里必要的当地援助。以他一个生意人的眼光来看，这意味着哈珀和可以想象的哈珀继任者们将会继续来找洛克菲勒寻求援助。当洛克菲勒最终决定不再以个人名义，之后也不再以其家族的名义向芝大捐款时，芝大再遵循其他大学的模式建立一个芝大社群就难获成功了。"[291]

只要通过个人拜访纽约城仍能够获得所需的帮助，就不会有动力来发起烦琐的筹款运动。约翰·普莱斯·琼斯很好地捕捉到了这种矛盾心理，1936年他洞察道："在芝大历史上很长一段时间里，董事会的这种（筹款）作用在某种程度上都由于来自洛克菲勒方面的大笔捐款而被削弱了。"[292]福斯迪克催促芝大"培养起广泛的财政援助基础"这个目标只能通过一个战略性的筹款计划才能实现，而随着来自纽约城的资金流开始放缓，发起一场广泛的筹款运动的想法也再次被提了出来，这是很自然的事情。1936 年 2 月，由于预计到最终还是要发起某种形式的筹款运动，芝大董事会便委托十年之前就曾合作过的约翰·普莱斯·琼斯公司制定一份详细的报告来预测在芝加哥筹款的前景。琼斯和他的工作人员对芝大的状况进行了深入分析，其中包括其财政困难和沃尔格林所指控的激进主义罪名所带来的影响。分析报告指出，芝大需要发起一场运动来筹得至少 1500 万美元才能稳定其财政状况，但是与 1924 年至 1925 年的那场运动相比，这次需要发动更多的公民领袖来实现这一目标。报告称："芝大之所以成为一所伟大的大学，不是通过依赖学生的学费和眼前的赠与，而是依靠捐赠所带来的独立性。如果要让这种独立性保留下来，就必须把筹款运动的主要目标定为捐赠。"[293]

起初，琼斯这份 201 页的报告鲜有影响，但是，在芝大成立五十周年的纪念日为期不远的情况下，一场校友发起的运动的确获得了支持，当时是 1936 年 9 月，两位芝大董事刚从哈佛大学回来，哈佛举行了一场类似的运动，筹得了 250 万美元。1936 年 12 月，詹姆斯·斯蒂夫勒向斯威夫特报告说他认为董事会"应该立即采取行动"[294]，斯威夫特回应说董事会倾向于采纳另一份报告，该报告是由一位极具才华的公共关系专家威廉·本顿作出的，哈钦斯还在耶鲁大学的校际辩论队的时候就知道此人。在 1937 年 1 月向董事们呈示的一份秘密报告中，本顿得出的结论和约翰·普莱斯·琼斯公司所得出的大体一致。[295] 有了这份报告作为佐证，董事会发展委员会于 1937 年 1 月 25 日召开会议并进行了表决，认为芝大应该在下一个五年内筹集到至少 1500 万美元，到学校成立五十周年纪念日的时候完成这一目标以示庆祝，而这场庆典会按照哈佛大学三百周年纪念庆典的模式举办。1937 年 10 月，本顿还同意加入芝大并担任兼职副校长来协助筹款运动的策划与执行。

董事会全体成员于 1937 年 2 月 3 日批准了委员会的建议。然而，在接下来的十八个月中，校方就究竟应该开展怎样的筹款运动展开了更多的激辩。最后，为了打破僵局，委员会于 1938 年 12 月末提出建议，认为芝大应该重新起用约翰·普莱斯·琼斯公司来协助策划一场大规模的筹款运动以及校庆活动。[296] 作为最熟悉芝加哥大学情况的约翰公司官员，

罗伯特·邓肯接受了这次任务,并于 1939 年冬天返回芝大,开始策划芝大历史上第二大的筹款运动。²⁹⁷

各方就校友筹款运动的内容达成了共识,但是对这场大规模公众运动的重点仍不甚明确,一些董事担忧成本问题以及芝大在当地商界一些部门中的信誉不佳。芝大在商业精英中的口碑并不是唯一的障碍。对本科生教育感兴趣的一些董事,如赫伯特·P. 齐默尔曼(1901 级),还对校友们在回答一份调查问卷时的反应心存疑虑——该问卷由校友领导人查尔顿·贝克发放给两百名当地以及全国的芝大校友,目的是了解他们在多大程度上能够接受为芝大五十周年校庆而发起一场筹款运动。有 23%的人反对发起这场运动,另有 18%的人不置可否,而 1924 年至 1925 年间所作捐赠最多的那些人则持坚决的否定态度;另外,这些校友中还有许多人表达了对芝大的一种"不悦之感"。²⁹⁸ 本顿的报告中引述了齐默尔曼的话:"校友们感觉很不是滋味。他们觉得自己被严重忽视了,芝大对他们漠不关心。现在不是一个向他们伸手要钱的好时机,尽管如今他们有能力拿出钱来。"²⁹⁹

最终,为了应对预算低迷的状况,发展委员会只得勉强为之,于 1939 年 6 月通过表决同意发起针对校友以及广大的芝加哥公众的筹款行动。³⁰⁰ 但是委员会提醒说,除非每一位董事"身体力行地加入到这场运动之中",否则这些筹款行动不可能取得成功。委员会的提议于 1939 年 7 月 13 日得到了全体董事的批准。³⁰¹ 这场披着"周年纪念基金"外衣的运动将于 1939 年 9 月 1 日发起,准备筹集 120 万美元资金。运动的最终策划案也于 1939 年夏天提了出来。³⁰² 由于芝大已经与琼斯公司签订了合同,罗伯特·邓肯便在运动方针的制定中发挥了关键作用。邓肯请哈钦斯将其对芝大在今后十到十五年间的发展愿景概述一下。哈钦斯答复说,这个问题会误导他人,因为在 1939 年这种状况下没人能够保证哪一种新举措是可行的。这场运动的目的倒不如说是要控制住赤字,或者如哈钦斯所言:"保住我们既得的成果!"这让邓肯以及(列席会议的)约翰·豪和约翰·莫尔兹大为吃惊,因为按照这样的思想,芝大被迫筹款只是为了消除赤字,这很明显与人们做慈善的传统认知完全相悖。当邓肯要求哈钦斯说出他在下一个十年里真正想在芝大成就的事情时,哈钦斯坦言,如果由他来决定的话，他会比以往任何时候都更加强调精诚团结这件事。豪和邓肯认为这符合他们心中的预期，但是哈钦斯下面的话又让对方心里没了底——他说关于芝大的未来，他所想的和教员们所想的截然不同。这段交流反映出一种矛盾的情境，哈钦斯发现自己身处其中。他无法将一个新的整合计划"推销"给教员们，因为他们不会买账。[303] 相反，他必须为了维持良好的局面而去筹钱，要这样做就必须喊出芝大的支持者们一贯的口号，即芝加哥大学是美国最好的大学，维护它的地位对于这个国家而言非常重要。邓肯还询问过哈钦斯，他有没有打算再去通识教育委员会申请一大笔资金。哈钦斯回答说是的，给人的感觉是他有信心说服洛克菲勒的官员们再发起一轮慷慨的拨款。然而如我们所料，在这件事情上他失算了。

三个月后，哈钦斯在《周六晚邮报》上发表了一篇态度明确却引起争议的文章，题为《慈善的好处》。在这篇文章中，他坚称私立大学正处于严峻的困局之中，不得不同时面对来自公立大学的激烈竞争和投入资金大幅减少的情况，这番话成功地向人们暗示了，要维持他们大学的运营，就要准备花光耗尽那些捐款。由于发表在一场本意是为芝大筹措新资金的运动的开始阶段，这篇文章在一个本已很难驾驭的董事会内部又引起了轩然大波；克拉伦斯·兰德尔气愤地写信给本顿说，文章通篇充斥着绝望无助的语调，因为它让他和他的校友朋友们产生了"鲍勃认为芝大筹不到钱的感觉"。兰德尔不但对哈钦斯花光捐款的论调十分不满，而且发现在芝大策划新筹款行动的关键时刻讨论这件事"非常不明智"。[304]

因此，这场筹款运动的目的并非公众期待哈钦斯开展的大刀阔斧的创新，而是帮助一个学术上卓著财政上却捉襟见肘的大学支撑下去。由豪和邓肯一起制定的最终版本的运动宣传册明确了这一主题，只是刻意没有提及校长所设想的具体安排。这本名为《您的大学及其未来》的宣传册称，像芝大这样的捐赠大学在美国的高等教育体系内地位特殊，并享有特权，它们理应得到保护，维持下去，尤其是在一个经历重重财政困难的时期（后文还展开了直白而详尽的论述）。[305] 芝大不再提关于大学未来的大胆的新想法，转而呼吁重视美国的国家利益和研究型大学作为战争时期未来文明守护者的卓著性（"至少在一个更加和平的秩序得以重新建立之前,美国对所有地方的人们的后代仍有一种特殊的责任")。与1923年伯顿高瞻远瞩的筹款运动不同,1939年的运动在又一次发动宣传攻势时言辞上变得保守了许多。

与哈钦斯和资深教员间的紧张关系比起来,另外两件麻烦事对筹款的成功带来的负面影响更大——市中心那些商业精英们对芝大的不满情绪令许多董事备感受挫,再有就是校友领导层中一些主要成员不断地表现出不满情绪。如前所述,琼斯公司1936年在芝加哥开展的当地民意调查发现,许多重要的市民肯定了芝大突出的学术地位,但也对其教学中的"激进主义"提出了批评。此外,哈钦斯后来于1941年1月发表的支持孤立主义的言论也不怎么讨芝加哥市那些亲英领导人的欢心。哈罗德·伊克斯是富兰克林·德兰诺·罗斯福的内政部长,也是一位芝大校友,他于1941年4月在私人日记中写道:"哈钦斯使筹款运动受到了威胁,对于这场运动而言,明年早秋正是紧要关头。(查尔斯)梅里安姆觉得他可以从马歇尔·菲尔德那儿筹到一大笔钱,而菲尔德却明显是站在另一边的。福斯迪克先生已经跟梅里安姆说了,自从被任命为芝大校长那天起,哈钦斯就没有对什么政治话题发表过评论,可是现在他却要声称自己说过,这真是令人感到奇怪。洛克菲勒家族在这件事上也是反对他的。"[306]

筹款运动同样招来了一些爱挑毛病的校友领导人的非议。哈钦斯依靠的是本科生院中多数在校生坚定的支持,那些被发动起来的学生在筹款期间与校友们会面时给人留下了深刻印象。而更为年长的校友们中间的情况则更加复杂。邓肯于1939年4月提醒董事们说:"这些颇有势力的校友们中间存在着(消极)情绪,如果置之不理的话,对任何运动都会是巨大的障碍。"[307]然而,自早期以来一直处在洛克菲勒捐赠庇护下的芝大培养起来一种独立情感,这导致学校的领导者们忽略了与本科生校友们保持个人或职业往来的机会。而校友中间有相当一部分人是硕士或博士研究生这一事实又使这一情况更为复杂了。1936年,一年之后才会加入董事会的赫伯特·齐默尔曼写信给保罗·罗素,敦促芝大在搜罗校友信息方面再多投入一些资金。到了20世纪30年代末期,芝大已经处在这样的尴尬境地之中了:一方面它急需得到校友尤其是本科生校友的支持，而另一方面，它之前又疏于和能够提供这些援助的校友们保持联系。

1938 年针对 1085 名于 1931 年至 1935 年间在"新计划"下学习的学生的调查发现，这些学生中的大多数对他们在本科生院中的学习经历及芝大包容和自由的文化予以了肯定，但是这些学生大多（78%）感到他们所受的教育对于他们找工作或选择职业并没有太大帮助，将近半数（46.7%）的人认为芝大太缺少"大学精神"。调查者请他们对比一下他们在芝大和后来上其他院校时所获得的社交机会，179 名转过学的受访学生中正好有一半（50%）的人说在芝大的机会更少（说机会均等的人占26.4%，另有 23.6%的人说在芝大社交机会更多）。[308] 但是对于筹款运动的组织者而言，真正的问题出在哈钦斯来到芝大之前就已经毕业了的那些校友身上。1939 年 10 月的一份芝加哥大学校友基金会当地和区域领导人的名单显示，在 214 名遍及全国各地的男女校友当中，只有 35 名是在 1931 年之后毕业的。这些人几乎全都是本科生校友，这表明芝大筹款运动的火炬是依赖本科生院的毕业生来传递的。[309] 然而，正是 1930 年之前毕业的那些校友团体给芝大带来的麻烦最大，因为年纪大的校友们怨恨哈钦斯的革新行动对他们学位课程的效力所提出的质疑。1940 年 1 月，欧内斯特·匡特雷尔在芝大俱乐部与资深校友代表们一起召开一场午餐会议时，遭到了潮水一般的批评，校友们批评芝大最近决定终止校际橄榄球赛，还批评芝大对于许多校友的孩子没兴趣来芝大上学这一事实明显漠不关心。[310] 人们认为哈钦斯对这些资深校友轻率无礼又自作聪明，但是匡特雷尔非常细心地发觉，在这五个小时"严厉指摘芝大的过程中，校友们对于共产主义只字未提"。鉴于 20 世纪 30 年代初发起"新计划"的时候哈钦斯和布歇也曾进行过出色的宣传，所以不难理解，年长的校友们感觉自己被贬入了学术二等公民的范畴。

橄榄球运动是一个关键问题。芝大曾经是早期校际间橄榄球运动最为活跃的学校，校长哈珀当时也热情地支持这项运动。哈珀的后继者似乎也只是勉为其难地将橄榄球运动维持在一个良好状态，即便许多资深教员对经营一个成功的体育项目所需要的财政投入感到十分矛盾。但是到了 1930 年，学校基本上已经没有能力再组建起像样的队伍去与密歇根大学或俄亥俄州立大学这样强大的对手相抗衡了。1939 年 12 月，在与董事会的主要成员商议之后,哈钦斯决定采取果敢的行动,解散芝大的橄榄球队。罗宾·莱斯特的杰出著作中详细地描述了这支曾经水平一流的橄榄球队的兴衰起伏,但是涉及这个故事的时候只是强调许多年长的校友大都反对哈钦斯的决定,从而在芝大成立五十周年庆典即将到来的时候又为筹款者们制造了一个沟通障碍和一系列误解。[311]

为了直面这些批评,筹款运动的领导者们于1940年初冬在全国范围内组织召开了一些校友会议,将资深教员们奉为贵宾。校友们似乎觉得很荣幸能够近距离接触那些资深教员,乐于花时间跟他们在一起。[312] 哈钦斯也借此开始了他的巡回演说;他作为一名公共演说家的魅力和口才通常能够让他赢得听众的青睐,至少暂时能够达到这种效果。1940年年初的地区会议和演说虽然产生了一些良好效应,然而芝大的筹款者们发现,要让取得职业成功的校友们真正有效地参与进来仍然存在很大困难。从1939年9月1日到1941年9月30日,芝大共筹得捐款6092987美元[313],其中校友们只捐了510072美元,与1924年至1926年那场运动相比大幅减少;更令人感到不安的是,对比1926年芝大的校友人数27000人,1941年学校的校友已经达到了49300人。[314] 捐款成果汇集起来与最初设定的1200万美元的目标还差很多,但是考虑到筹款运动开展的大环境,这个结果已是来之不易了。和1924年至1925年的筹款运动一样,其中最薄弱的环节仍是缺乏既非校友又非董事的市民精英的捐赠。当时最大的一笔非校友捐赠来自罗森沃尔德家族,数额为25万美元,鉴于芝大能够从校友以外的渠道获得至少500万美元的捐款保证,这笔最大捐款其实并不解渴。另外两笔数额较大的捐赠分别为15万美元和10万美元。这种级别的捐款虽然也很慷慨,但是对解决芝大的结构性预算困难实属杯水车薪。

罗伯特·邓肯全面参与了这场筹款运动,这使他能够以内部人士的视角来审视对芝大做出的决策,他在几份写给董事们的报告中直言不讳地批评了芝大犯下的错误。1939年11月,邓肯注意到筹款运动中校友这方面更加有效地形成了合力,而整体的运动以及周年庆典的工作则没有取得这样的效果。但是他提醒说,这种势头是会消退的;在1941年1月初的另一份报告中,邓肯担忧董事会似乎对必须完成筹款目标这一点并不信服，他警告说芝大的做法可能会招致未来的不幸，因为它用了一种并不恰当的方式向校友们解释近来的政策变化，尤其是橄榄球队不复存在这件事，以及人们察觉到哈钦斯对兄弟会的消极态度："许多校友，其中有几位还很有影响力——无论他们是否对橄榄球感兴趣——仍然觉得，从管理层对橄榄球和兄弟会的态度可以看出他们要为之解囊相助的芝大大学生活会是什么样，这会影响到他们的赠与。"[315]

筹款运动的最终庆祝活动于 1941 年 9 月举行，这场活动也是为了庆祝芝大成立五十周年。活动的一个亮点是小约翰·D. 洛克菲勒回到芝大。出于礼节，洛克菲勒将自己准备在一场晚宴上发表的演讲的初稿送给哈钦斯过目——出席那场晚宴的嘉宾都是著名人士，许多人还是市民委员会的成员。在这篇演说中，洛克菲勒在其他方面对芝大都很客气，只是表达了其家族不会再给芝大任何赠与的态度，而且由于他将家族赠与同洛克菲勒基金会和董事会的赠与混为一谈，他似乎也在暗示其基金会今后也不会再给芝大任何赠与了。一看到这篇演讲，哈钦斯就写信给洛克菲勒，委婉却郑重地请求他将家族赠与和董事会赠与分开；他试图澄清，芝大之前收到的后者的捐款都是按照其提议来赠与的，今后至少应该留下继续申请更多这种捐赠的可能性。哈钦斯担心如果洛克菲勒在这场为本地市民举办的晚宴上发表一篇公共演说，称其不会再给芝大更多赠与的话，其他富有的捐赠者会将其解读为他在暗示这个家族要弃芝大于困境而不顾，并且在释放"某种负面效应"。相反，哈钦斯想让洛克菲勒"发出积极的信号，将您在纽约对我说的话告诉人们，即洛克菲勒家族并没有因为不再相信芝大或者不再对其感兴趣而'放弃'它；之所以这样做是因为他不想让芝大校友社群里的人们脑海中潜藏有这样的观念，即他们可以逃避自身让芝大兴旺强盛的责任"[316]。

洛克菲勒很有礼貌地回复了哈钦斯，并试图宽慰对方，但仍然始终坚持说维护今天的芝大应该是芝加哥人的责任，而不再是他的家族的责任了。从哈钦斯提醒洛克菲勒的话中便可明显地看出芝大领导层的焦虑（弗里茨·伍德沃德也写信给洛克菲勒，让他缓和一下自己的论调），"您说的每一个字都会受到高度关注"[317]。在这些对话当中，洛克菲勒和哈钦斯彼此之间保持着友好而礼貌的态度，但它们仍标志着 1910 年的这笔"最终捐赠"要告一段落了。不仅如此，它们也透露出哈钦斯对芝大在当地公民社区中的声望变得十分敏感。鉴于许多可能做出大笔捐赠者都在骑墙观望，洛克菲勒当初的设想对于芝大而言似乎真的会演变成一场公共灾难。不过即便在发表这些演说时表现得彬彬有礼，洛克菲勒仍然把话说得很明白，芝大未来获得援助的唯一渠道应该是市民社群。在以第三人称来谈论自己时，洛克菲勒强调：

> 尽管（他父亲和他自己的捐赠）都已经结束了，也不要再期待还能够从这里得到更多的捐赠，但这并不意味着，与他父亲（创建者）相比，创建者的儿子对芝大的兴趣有任何减少，因为这并非实情。他对芝大目前的成就感到欣慰，并且渴望看到它进一步茁壮成长。这样做仅仅意味着，他同时感觉到芝大仅以一种方式也可以达成创建者建立它时的初衷；那就是，芝大不要把自己看作是某个家族的，而应看作是人民的，应完全由他们来管理和支持，靠在他们的肩膀上休养生息；这是他们自己的责任，这个责任就是尽最大力量把它管好；芝大的成功也会给他们的信誉带来独一无二的回报。[318]

洛克菲勒时代已然落幕；洛克菲勒董事会给予大规模慷慨资助的时代也已经结束了，尽管罗伯特·哈钦斯并没有认识到这一点。

## 芝大与战争

年轻而激进的路易斯·沃思认为1919年在凡尔赛签订的和平条约是有缺陷的，这一点他说对了，虽然原因并没有找准。无论人们怎样解读1918年至1919年伍德罗·威尔逊在巴黎的目标，或者如何看待最终和平协定的公平性，《凡尔赛和约》都既没能带来一个稳定民主的时代也没能带来一个持久和平的时期。相反，20世纪20年代和30年代早期的欧洲社会剧烈动荡和危险的政治极端主义横行；20世纪30年代中期从这股污秽的阶级与种族仇恨的浊流中喷涌而出的是又一轮改头换面过的国际暴力行径。"一战"失败的余波引起了许多美国人对大规模杀戮的反感，也让他们强烈企盼避免卷入另一场大规模冲突。但是，法西斯主义和国家社会主义的兴起为第二轮、也是更加致命的一轮国际冲突创造了先决条件，这场冲突将在 1941 年年末的时候将美国拉入恐怖的湍流之中。

然而，"二战"是一种不同类型的战争，而芝大也有一位不同类型的战时校长。如果说贾德森是支持"一战"的，认为它是一项正义和高尚的事业，那么哈钦斯则持完全相反的观点，并成为一名不干涉 20 世纪 30 年代末期欧洲和亚洲战争这种政策的雄辩的发言人。20 世纪 30 年代，美国大学校园里的反战和平运动开展得如火如荼，芝加哥大学也不例外，从 1934 年一直到 1941 年，学生们组织了许多和平罢课、集会和游行活动。[319]"一战"曾带来的恐慌让许多大学生坚决反对加入任何他们认为是另一场徒劳和无道义的冲突。根据詹姆斯·C. 施耐德 20 世纪 30 年代末在芝加哥城开展的出色的民意调查，芝大的学生比教员有更为浓重的反干涉和孤立主义情绪，这种情况与 1917 年至 1918 年学校里的氛围极其类似。[320] 比如在 1941 年 1 月末，《放逐报》就开展了一项针对 600 名学生的简单的民意测验，发现多数人（315 人对 236 人）所持立场是美国应置身于和德国或日本间的武装冲突之外。[321]

与 1914 年至 1917 年间支持不干涉政策的学生不同，1940 年至 1941 年间芝大的反战学生拥有一位极具口才、主张保持中立的校长。哈钦斯曾于 1917 年至 1918 年在意大利服役期间，作过救护车司机，他目睹过"战争造成的创伤和它巨大的毁灭性"，进而也表示这段经历"让我彻彻底底地成为一名和平主义者。它让我对军事产生了深深的怀疑"[322]。与贾德森不同，哈钦斯认为任何战争都不值得提倡，也没有正义性可言，尤其是"一战"。

1941 年冬天和春天，哈钦斯数次发表引起争议的演说，反对《租赁法案》[x]和美国对英国的军事援助，从而引发了一种观念，认为美国对这个世界的责任本来就非常有限。在题为"美国与这场战争"（1 月 13 日）和"和平的主张"（3 月 30 日）这两篇演讲中，哈钦斯巧妙地通过历数"一战"所带来的灾难性政治后果将其个人对"一战"的厌恶之情与对孤

---

x 第二次世界大战初期美国国会通过的一项法案，旨在为盟国提供战争物资，同时又不使美国卷入战争之中。

立主义的强烈呼吁结合在了一起。对于哈钦斯而言，"一战"所承诺的和平只是一场幻影，不仅在国内造成了对公民权利的侵害，还导致了国际性的灾难。20世纪30年代的冲突不过是"一战"种下的苦果而已。引诱美国年轻人参与第二次军事运动就是在教唆他们制造一场国家灾难，摧毁建立一个公正、自由、包容和管理周到的文明社会的一切可能性；哈钦斯说："我们美国人对战争为何物几乎没有认知。如果我们加入其中的话，这场战争将会令上一场战争相形见绌。如果我们加入这场战争，我们就加入了反抗那些统治欧洲和亚洲大部强大势力的队伍，以此来援助几个据我们所知已经岌岌可危的盟友。如果我们还记得一场短期战争对我们所向往的四种自由造成过怎样的影响，我们就必须意识到这些自由在即将到来的全面战争中将面临灭顶之灾。"[323] 美国社会在通往免于匮乏和恐惧的自由、言论自由和信仰自由的路途中已经取得了些许进步，但是这些小小的进步也是用巨大的代价换来的，并且仍十分脆弱。在目前的状况下，美国"无论是在道义上还是在理智上都没有准备好来担当总统号召我们担当的救世主的角色"。美国需要的是一种"新的道德秩序"，这是一种集体的伦理存在状态，美国只有替自己着想，自己给予自己。

1941年12月7日，当战争终于还是降临美国之时，1939年至1941年间美国国内那种矛盾情绪突然间荡然无存。偷袭珍珠港事件改变了历史发展的轨迹，使得"二战"成为一场经典的为正义而战的战争。学校也被战争调动起来了，与"一战"不同的是，由于冲突范围扩大，战争不可避免地影响了学校的招生规模。1941年秋，学校共招收了5315名学生。到了1942年秋，这一数字减少到了4939人，而到了1943年，芝大四方院里仅剩下了3515名学生。从本科生院和研究生部男生的数量来看，这种下降十分明显：1941年芝大有1561名男研究生，而到了1943年，这一数字缩减为658人。[324]

全面战争的影响很快就波及了整个校园。芝大同意开展若干军事训练项目；到了1942年，学校所有的宿舍空间都已被转用于军事项目。[325] 国际公寓变成了军事宿舍，里面住的都是加入气象学学院的士官生和数以百计的红十字志愿者。其他的大学宿舍遭遇相同。雷诺兹俱乐部不再是学生俱乐部会所，而成为气象学项目的总部。然而，1942年至1944年的军事训练项目还是和哈钦斯与其他学校领导人所鄙视的1918年的学生军训练团模式有所不同。1940年6月,哈钦斯与其他六所中西部大学的校长一起撰写了一份备忘录,概述了战时大学应扮演的恰当角色。几位校长强调,大学应在自己能做到的事情上尽力而为——提供以实用知识为基础的训练项目——而不要成为军营的替代品。[326]

在1941年11月下旬战争前夕,埃默里·菲尔比指出,大战在即,芝大会全力与政府合作,也会全力参与国防,但是学校将"尽力避免去做'一战'伊始我们做过的那么多蠢事","与其他的工作相比,芝大努力维护其教学和研究项目的完整便是在为国防的最大利益服务,这本身就是为国防做出的重要贡献"[327]。早在1936年陆军部终止后备军官训练团项目之时,哈钦斯自己就曾主张,芝大为国防出力的最好方式就是专注于其"高等教育和研究"的能力。[328] 1941年后,哈钦斯将这些提议付诸实施,与此同时,像1943年8月发起的远东民政事务训练学院这样的项目以及1940年10月开办的气象学院也成为芝大战时援助的标准模式。[329]

芝大还主持过其他的军事训练项目,包括1942年开办的一个海军无线电及信号训练学校,该校招收了600名受训生。到了1943年,大约有2600名士兵和海员在接受特殊培训,训练科目包括医疗卫生、光学、电子学、护理管理和日语。[330] 讽刺的是,哈钦斯在学校里主持过一次战时动员会,与会的学校服役人员数量远超贾德森所能想象。哈钦斯1942年1月初对教员们说:"我们现在就是一家为整个战争服务的机构。"[331] 哈钦斯还批准设立了一个针对平民学生的特别训练项目,以此来降低像"学生军训练团"这样的项目给课程带来的军事化风险。1940年秋组织起来的这个项目名为"军事研究学院",目的是针对通过《1940年选择性训练和服役法案》[xi]重新启用的和平时期征兵制度作出先发制人的回应。在1944年年终被关闭之前,该学院一直在为数千名平民学生提供自愿在课余和周末时间参加的军事科目培训,这样做有利于保住芝大的核心学术

---

xi 也称为"伯克·沃兹沃思法案",于1940年9月16日起实施,是美国历史上第一个战时征兵制度;它要求所有21岁至35岁的男性到当地的征兵局进行登记。美国加入"二战"后,该法案要求所有18岁到45岁的男性服兵役,所有18岁到65岁的男性都要登记。

项目。[332] 除了这些特别军事项目之外，针对参加学位课程的平民学生的常规教学仍在继续开展。哈钦斯强调，芝大的基本功能——促进通识教育和开展基础研究——应集中地和战事联系起来；珍珠港事件的爆发恰好给了他一个独特的机会来推行他渴望已久的本科生课程改革，令他可以靠宣扬一个全民皆兵的国家多么需要这场改革来达到目的。[333]

芝大的战争经历有两个特点具有持久的影响力。其一是招募了许多从希特勒统治下的欧洲流亡过来的学者。从20世纪30年代后期开始一直持续到战争刚刚结束，大约有45名流亡学者被芝大聘为教员，其中多数是从德国来的。在某些特定的领域中，一些学者在科学和教育层面有举足轻重的影响力——不妨看看以下学者后来在下面这些领域中的影响：汉斯·摩根索和列奥·斯特劳斯在政治科学方面；詹姆斯·弗兰克、恩里科·费米和安东尼·齐格蒙德在物理科学和数学方面；格哈德·迈耶和克里斯蒂安·麦克奥尔在本科生院中；埃德加·温德、汉斯·罗特费尔斯、乌利希·米德尔多夫、路德维格·巴赫霍夫、鲁道夫·卡纳普和奥托·冯·西姆森在人文科学方面；以及马克斯·莱因斯坦和弗里德里希·凯斯勒在法律方面；当然还包括其他许多人。[334] 说这些人合起来的影响力与19世纪德国普通大学的分层模式在19世纪70—90年代转置到羽翼未丰的美国研究型大学所产生的影响力相当会有些夸大其词。1900年之后，尤其是在1918年之后，在美国高等教育这座桥下流过了太多国内政治和经济的湍流，使得这些学者的影响力被削弱了。尽管如此，芝大仍然因为注入了这些流亡学者们的非凡才能而受益匪浅，这些学者带来了一些对于睿智问题的新的思考方式，少数人还在芝大建立了重要的思想流派。这些流亡学者并不见得是更好的教师，因为芝大有许多土生土长的成功的教师。但是他们通常拥有以古典知识和人文科学为基础的广博的学识，再加上一段段令他们深感痛苦的流亡海外的个人经历，使得这些人有了一种宿命感以及认为文化包容和谦恭过于来之不易的感觉，他们在芝大教书的时候便以一种通常十分精细而又非常强烈的方式传达给了他们的学生们。和19世纪中他们那些先行者一样，已经成为海德公园居民的这一代欧洲学者维护了学术职业的尊严，并且巩固了芝大强烈的学术使命感。就芝大这样的大学而言，其教员也曾向德国探求科学知识和学术声望的理想，如今它的羽翼已经丰满起来，能够将一流的欧洲流亡学者融入自己正在开展的研究项目之中了，也能够从这些学者带到"新世界"来的知识资本和文化价值中获益了。对于第一代教员的继承者们而言，他们可以利用这个机会重拾芝大前二十年中就已十分明显的早期国际化趋势了，只不过这一次并不单纯是以倡导者和消费者的身份，更是以施与者和保护者的身份。

这些流亡学者的到来和融入是为公众所接受的，芝加哥人欢迎他们，并很快以直呼其名的亲切方式将他们作为私人朋友来对待，这些较为保守的欧洲人通常为此感到吃惊不已。[335] 然而，战时芝大校园的第二个显著变化是在暗地里秘密发生的，学生和教员们中间鲜有了解情况的人，即由亚瑟·H.康普顿、恩里科·费米和其他主要科学家们主持的原子研究项目。费米或许是这群人中最著名的科学家了，连哈钦斯也对其尊敬有加，不仅是因为他辉煌的科学履历，更是因为拉尔夫·泰勒后来所说的这个事实：他是一个"有着广博教育背景的人，对人类做出过巨大贡献"[336]。劳拉·费米还记得自己丈夫和他那些同事们——他们中的多数都是从海岸搬到那里以便在冶金实验室里开展工作的物理学家——曾经是在怎样一种秘密而近乎隔离的状态下工作的。冶金实验室里的人们很快便学会了躲避关注和掩饰他们去工作的行踪，以及限制自己与实验室其他成员和他们的妻子进行社交：

> 秋天，亚瑟·康普顿先生和太太……在冶金实验室为新来的人举办了一系列聚会。那时候新来者已经不计其数了，甚至连学生活动中心艾达·诺伊斯会堂都没有一间足够大的屋子能一次容纳那么多人了；他们只好邀请人们轮流参加。每次聚会的时候都会播放英国电影《近亲》。它用黑暗的语调描述了疏忽大意造成的后果。一个间谍盗走了被放在公共场所地面上的一只公文包。敌人由此得知了英国的军事计划。结果招致了轰炸、大量民居被毁，以及战争前线毫无必要的大量伤亡。电影放完后每个人都沉默不语。[337]

冶金实验室聘用的科学家和其他人员最多达到了数百人，它标志着政府和芝大间有了一种新的合作形式,这种形式后来在战争结束后还持续了许久。在接受康普顿于 1942 年年初组织的钚研究项目这件事上,哈钦斯发现自己陷入了对军事的反感、他对政府涉足芝大事务的担忧,以及他作为芝大最高执行长官的责任之间难以取舍。[338]

鉴于冶金实验室的组织活动是严格保密的,我们很难准确复原哈钦斯对这个项目的了解程度以及他当时对项目的感受。[339] 但哈钦斯有可能收到了关于项目的详细报告,并且他的其中一位副手埃默里·菲尔比曾于 1943 年 12 月被康普顿邀请参观了位于田纳西州橡树岭的克林顿实验室。[340] 另据报道,菲尔比曾于 1942 年年初向康普顿做出保证:"如果能够帮助打赢这场战争,我们芝大人愿意肝脑涂地。胜利比芝大的生存重要得多。"如果菲尔比真的说过这番话,他这么做一定没有经过哈钦斯的明确授权。[341] 为了战后芝大科学研究的发展,哈钦斯也没有怯于去挖掘"曼哈顿计划"[xii]在芝大和其他地方聚集起来的大量人力资源;1945 年 8 月 9 日,他宣布芝大将建立两个大型研究机构以便在战后致力于核物理和金属研究。[342]

不过,利奥·西拉德在他的回忆录中写道,一直到 1945 年 4 月的时候,哈钦斯才意识到那些科学家离制造出原子弹已经是咫尺之遥了,而这一进程早已于 1942 年 12 月在斯塔格体育场里开始,当时,由恩里科·费米带领的一众科学家们已经设计出第一条自给核反应链。[343] 许多年后的 1976 年 5 月,哈里·阿什莫向乔治·戴尔描述了他以前与哈钦斯之间关于原子弹项目的一段对话:"他说就自己作为芝大代表这一角色而言……他并不感到内疚,但是作为一个个体的人而言,他的的确确感到内疚。"阿什莫回应道:"是的,这种情况非常典型。您看,这还是英国新教徒后裔才有的一种老思想,他们认为自己对这个国家、这个机构有义务,国家决定这么做,他就不得不这么做,他也做得十分出色。但由于事关大规模杀伤武器,他害怕的是必须去做,同时对是否应该这么做有着严重的疑虑。有一次他谈起了自己的这种心理,当时他谈到曾努力劝说杜鲁门不要投放原子弹,他的确极力劝阻过。"[344]

随着两颗原子弹在广岛和长崎落下,"二战"的结束反倒让校园里的

---

xii "二战"期间美国原子弹研制秘密计划的代号。

人们心神不宁。参与原子弹计划的许多冶金实验室的科学家被终结战争的方式深深地困扰着。1945年6月初，詹姆斯·弗兰克、尤金·诺维奇和芝大其他主要的核科学家们撰写了一份报告，坚持认为美国应该先组织在"沙漠或荒岛上"对原子弹进行一次演习，然后再决定是否对日本使用这种新武器，这份报告大概能够代表当时在冶金实验室工作的大多数芝大科学家们的意见。[345] 康普顿于1945年7月12日对冶金实验室科学家们的态度进行过调查，利奥·西拉德也在7月17日提交了一份由69名科学家签名的主张暂缓使用原子弹的请愿书，事实说明该计划的研究者当中大多数人对在平民人口集中的地方投放这种武器表示深深的忧虑。爱丽丝·金伯尔·史密斯说，事实上广岛对冶金实验室的科学家们而言是一个"令人震惊的打击"，他们希望不要直接将平民区作为原子弹的打击目标。[346] 对于罗伯特·哈钦斯而言更是如此。[347] 哈钦斯在自己的余生中始终认为杜鲁门使用原子弹是"不正确和不合适的"[348]。

这场战争终结的方式，或许也包括哈钦斯作为战时校长心中的过失感，使得他顺理成章地回到了他自己曾于1941年阐明的国家进步和国际冲突之间的辩证关系上来，并发起了一场关于未来在原子弹的威胁下如何维护世界和平的讨论。在1941年4月发表的《和平的主张》这篇演讲中，哈钦斯评论道：

> 恐惧和无知写就了上一场和平；法国和英国的恐惧，所有国家的无知。这种恐惧和无知虽然带来了一时的和平，却也不可避免地导致了这场战争。今天，这样的恐惧和无知有增无减。我们是否拥有勇气和智慧带给这个世界和平，从而将四种自由撒播到世界的各个角落？……
>
> 如果我们大动干戈，保全大英帝国而摧毁德意志，我们根本的问题并没有解决。如果选择战争，我们并不是在正视我们的根本问题，我们是在逃避。恐惧、无知和混乱会将我们在自己的国家建立一个民主共同体的努力糟蹋掉，将它们写进又一个条约是不会给我们带来一个公正和持久的和平的。[349]

有些人陷于1918年至1919年那段回忆的梦魇之中,因此在1945年的夏天反对使用原子弹,在他们看来,这样做的风险实在太高。讽刺的是,罗伯特·哈钦斯在1941年冬春之交所担忧的事情似乎已不可避免——一场新的战争将会被终结,然而,却是以比1919年的《凡尔赛和约》更为糟糕的方式换来的和平终结的。在广岛被轰炸的数天之后,哈钦斯参加了全国广播公司广播的一场芝加哥大学的圆桌讨论会,主题为"原子武器对人类的意义"。在这个节目中,他仍然反对使用原子弹,称"无论从哪个方面来说都没有必要使用这种武器……(使用了它)美国已丢掉了自己的道德威望"。在这场讨论中,哈钦斯后来还评述道,"要消除战争……唯一的希望就是让一个世界性的组织来掌控原子武器"。支持使用原子弹的芝大著名社会学家威廉·奥格本简单地回应说,"但那是一千年以后的事情了",哈钦斯继续争辩道:"请记得法国哲学家莱昂·布洛伊是如何评论被诅咒的好消息的,他言之凿凿地说如果我们不惧怕永恒的地狱之火的话,我们没有谁会成为基督徒。原子弹也许就是被诅咒的好消息,它会让我们产生惧怕,从而产生基督徒的品格,做出那些正直的举动,并采取建立一个世界社会所需的那些积极的政治步骤,不是一千年或五百年之后,而是现在。"350

在这场对话过去一个月之后,理查德·麦克基翁和朱塞佩·博尔杰塞这两位资深教员找到哈钦斯,请求他发起一个研究小组以将他理论上的主张变为现实——为世界政府起草一份章程。他们称原子弹使人类历史进入了一个新纪元,在这样一个时代中,未来的人们必须做出一个残酷的选择,"由世界统治——将最高权威授予一个全球性的机制——(或者)被世界毁灭"。由芝加哥大学作为发起制定全球规则的单位是最为合适的,因为它"在开启这个原子时代的事件中发挥了决定性的作用,这个时代的起始时间可以看作是1942年12月2日,诞生地是芝大的斯塔格体育场……应该再度召唤出分裂原子时的那种才智和勇气,就从这个校园出发,让世界团结起来,这个建议所体现的不仅仅是一种符号价值。既然一个核物理研究机构已经建立起来了,我们提议也应该建立一个世界政府的研究机构"351。

哈钦斯同意支持这项工作,由罗伯特·雷德菲尔德、莫蒂默·阿德勒、理查德·麦克基翁、雷克斯福德·特格韦尔、朱塞佩·博尔杰塞和另外一些芝大教员与其他地方的顶尖专业学者组成一个委员会，共同起草世界政府的章程纲要。从1946年2月至10月以及1947年2月至7月，该委员会每个月在滨岸饭店和位于纽约城的两处地点碰一次面，对各种政治和法律问题进行评估，比如涉及联邦制和中央集权制、人权、选举代表，以及行政管理权等方面的问题。专家们之间的争论激烈而尖刻。博尔杰塞主张建立一个超越单一民族国家的一元世界政体，而麦克基翁则主张建立一个保留民族国家权力的更加趋于联邦制的体制，这两派学者之间的分歧导致麦克基翁拒绝签署最终的文件。[352]

经过长达18个月的商议，哈钦斯的委员会于1947年9月发表了其建立一个世界政府的设计蓝图——《世界宪法草案初稿》（以下简称《草案》）。该《草案》是一份关于建立一个世界联邦共和体的简要文件。该共和体由一个联邦大会构成，组成联邦大会的是来自九个选举团的代表，这些选举团涵盖了世界上各种"同族国家和文化"的区域社会。每个选举团有权提名该世界共和体的总统人选，总统通过全体联邦大会投票选出，任期六年，不能连任。这些选举团同时还会选出代表以组成一个99人制的世界委员会来行使该共和体的立法权。世界共和体的总统负责任命一个政府，包括一位总理、一个内阁和一个由60位法官组成的大法庭——这些法官被分入五个法官席，每一位任期为15年（世界委员会有权以三分之二的反对票来否决对一个法官职位的提名）。大法庭将选出一个由七位成员组成的最高法院，其作用是针对大法庭所做出的裁决充当一个执行机关或上诉法院。除了这些机构以及其他几个世界治理机构，《草案》还明确了世界公民的义务和权利。在其颇为大胆并有远见的提议之中有一项是主张生命的四种基本要素——土地、水、空气和能量——是"人类共同的财产"，这一主张在1948年使得委员会的成员们被贴上了秘密支持社会主义者（或者更糟）的标签。《草案》的前瞻性还体现在，它试图将单独民族国家的选举权转移给区域联邦，起草者们希望假以时日这些联邦将能够体验到并得益于共享的经济和文化利益。

《草案》被译成了40种不同的语言，包括汉语、阿拉伯语、印地语和俄语，预计最终的发行量将超过100万册。对芝大世界政府小组的回应从世界各地传来，许多回应表现出了相当大的兴趣，芝加哥大学出版社因此顺理成章地出版了一本名为《共同事业》的特别月刊，支持建立世界政府的人便以此为阵地与他们的许多拷问者展开论辩。哈钦斯公开支持建立世界政府来管控原子武器的做法引起了各行各业国际主义爱好者的兴趣。许多通信者都发来了简洁的贺信。新泽西州泽西城的哈罗德·E. 法克特希望哈钦斯尽自己的一切力量"来鼓励发起一次世界制宪会议"，他预言道，"只要您愿意，您可以为全人类的永久和平与幸福做出伟大的贡献"[353]；芝加哥的沃尔特·皮亚科夫斯基写信给哈钦斯："您提出的建立一个国际组织的计划打动了我，特此表达我的钦佩之情……如果您能成功地建立起这个组织，这一定会是 20 世纪的一大奇迹。"[354] 内布拉斯加州奥马哈市的詹姆斯·L. 里德坦诚地说："我带着极大的兴趣了解了您为建立一个世界政府所做的努力。或许对于我们这些一贯支持建立联合世界的人而言，发现和您一样有地位和能力帮助我们实现梦想的人会重新燃起我们的希望，因为许多像我这样的普通人，无论是教育背景还是身份地位都不足以让我们用恰当的方式来实现建立稳定国际秩序的梦想。"[355] 其他支持建立世界政府的人还递交了他们自己的计划供哈钦斯审阅和评价。大多数信件都得到了哈钦斯有礼貌的回复和认可，即便是那些几近疯狂的计划也不例外。哈钦斯很明显触动了人们那根敏感的神经。[356]

这项计划在赢得人们赞许的同时也遭遇了严厉的责难和批评。不仅是苏联强硬地抵制建立世界政府，这样一个计划实际上也不符合 20 世纪 40 年代后期美国或西欧的切身利益。信奉"美国利益第一"的《芝加哥论坛报》谴责该计划是"绝密章程"，是"联合国证明了自身的无用之后，美英两国涌现出的一批好斗的全球主义拥趸组织中的某一个"[357] 如法炮制出来的。在《论坛报》看来，包含在该《草案》中的人权法案"似乎是富兰克林·D. 罗斯福和卡尔·马克思的合体"。《草案》也同样遭到了来自卡尔·马克思的精神家园的恶意抨击：莫斯科电台谴责《法案》是在"试图使美国争取世界霸权的帝国计划合法化"，并得出结论说"芝大的世界政府计划暴露了美国战争贩子们的野心"[358]。

推动战后世界中欧洲和美国许多世界政府运动发展的能量和焦虑来源于一种明显的恐惧，即惧怕人类面临的可能不止是永无休止的战争，更可能是核战争。1945年8月取得的和平充满着不确定性；哈钦斯和他的同事们想要的是更为持久的和平，建立在通过国际制裁加以保护的国际法的基础之上。从最近数十年发生的民族主义恐怖事件来看，委员会希望建立一种超越民族主义倾向（以及国家私利）的世界秩序来保障普遍正义，这种愿景并不像在"冷战"早期那些令人陶醉的日子里看起来的那样无关痛痒。这种愿景也透露出1945年之后许多让哈钦斯颇为着迷，也越来越遥不可及的观点：他要发起制定一个针对这个世界的章程，其目的是确保国际和平以及给予世界上的政府当局打击种族主义行径的权力，而同时，他却未能替海德公园设计出一个"章程"来解决已开始让当地社区和芝大社群越来越苦恼的城市趋于堕落和混乱的严重问题。这个任务留给了哈钦斯的继任者劳伦斯·金普顿，由后者来担当这样的领导，而金普顿所采用的实力政治的方式最终促成了当地的和平，这是哈钦斯未能做到的。

### 过渡时期，1945—1951

1945年6月，哈钦斯提议对芝大的管理中枢进行一项重大调整，理由是在战后的世界中芝大的行政监管负担将大大增加。哈钦斯自己将成为芝大的名誉校长，而校长的头衔转给自1939年以来一直担任神学院院长的欧内斯特·C.科威尔。[359] 哈钦斯将继续领导各主管部门，并在外界支持者和董事会面前代表芝大。更关键的是，主管重要财务运营的领导们将继续向哈钦斯汇报情况。作为新管理层中的二号官员，科威尔将负责芝大的"教育监管和运营"，各部门领导向他汇报有关教员任命和日常的学术事务，并且只负责少量代表芝大抛头露面的工作，比如向位于恩格尔伍德的吉瓦尼斯社[xiii]这样的组织发表演说（这个例子是哈钦斯自己给出的）。[360] 这种二元体制反映出哈钦斯已经疲于应付战争期间每日的行政管理事务了，并对前一年中他和资深教员之间就他的权力范围问题发生的激烈争执感到厌倦了。鲁宾·弗洛丁称哈钦斯"觉得'他输了'，比如搞砸了许多预算等"[361]，这种感觉让他意志消沉。在1943年至1944年枉费

---

xiii 于1915年成立于密歇根州底特律的一家国际性的男女合校服务社。

一番努力还是没能获得更大的行政权力之后,哈钦斯决定将他的职务一分为二,为自己保留那些在公众名义上更为显要的(以及董事会坚持让他保留的)权力。据后来的观察家们反映,这个二元体制从来都没有按预想的那样发挥过功效,因为名誉校长和校长之间的权力界限往往比较模糊,而大多数想发牢骚或者提要求的资深教员们也都坚持要见哈钦斯本人。芝大的行政管理效率也没有得到改善。到了1949年,操劳过度的公共关系副校长林恩·威廉姆斯抱怨说:"中央管理层的几位领导整日忙于细枝末节的小事,根本腾不出时间来反思和研究我们需要做什么才能找到一个明智的、按部就班的方法来解决我们最主要的困难……我们需要拓展出清晰而规律的渠道来行事,以使多数决定都能通过班组讨论来做出,而不必让我们在处理每件事的时候都把它当作新的和特殊的情况来对待……从目前的情况来看,我们既没有组织结构图也没有责任划分表。"362 哈钦斯的继任者劳伦斯·金普顿刻意没有为科威尔任命继任者;鉴于教员们对这个二元体制普遍感到不满,科威尔于1951年离开芝大,担任了艾莫利大学的副校长和教务主任。363

　　1946年夏天,哈钦斯个人与其妻子莫德的家庭危机使他再没有能力顾及自己的职业和工作。罗伯特·哈钦斯虽然小心翼翼地隐瞒着家庭生活的不幸,这些不幸却笼罩着他作为校长的职业生涯。1921年,哈钦斯与自己在耶鲁上学的第一年中结识的年轻艺术生莫德·菲尔普斯·麦克维结婚。在1929年搬到芝加哥之前,他们的婚姻似乎一直是幸福而稳定的。在1929年芝大遴选校长之时,莫德被认为是哈钦斯的一笔独特资产——斯威夫特和其他人觉得她"可爱、迷人,又有能力"——而其他几位候选人的配偶则都有这样或者那样的缺点。364 可是事实却很快证明并非如此。莫德是一个有钱的孤儿,也是一个名副其实的"轻佻女郎"xiv。入住校长宅邸之后,莫德便以著名艺术家自居起来,认为自己的时间就只是自己的;她厌恶参加社交活动,也拒绝参与学校的事务(这一点与马克斯·梅森的例子何其相似,只是原因不同罢了)。莫德和哈钦斯花了大

---

xiv　该词特指20世纪20年代中举止、穿着、生活方式和思想观念都不愿受传统拘束的年轻女子。

把的时间和金钱去欧洲、佛罗里达和亚利桑那游玩，留下哈罗德·斯威夫特或几个保姆来照料他们的三个女儿。[365] 如特里·卡斯尔近来评述的那样，哈钦斯后来的几位传记作者都在为他歌功颂德，但他们又都口径一致责备莫德糟糕透顶的脾气，她无休无止地要钱来解决他们婚姻问题的做法，以及她对哈钦斯履行自己公职带来的阻力。[366] 但是，哈钦斯自己花钱也的确大手大脚，经常欠下债务，他一辈子试着管好自己的财务，却并不成功。[367]

站在今天来看，要分清谁是谁非既不合理也不可信，不过这场婚姻的乱局还是以1947年至1948年二人痛苦地离婚而收场，它的确也对哈钦斯产生了严重的影响，让他在一个由（通常十分保守的）正副教授和他们的配偶们所主导的学术社群内难以觅得一席之地。1934年10月，校园里四处流传着哈钦斯即将离开芝大前往华盛顿特区就职的谣言，身为历史学家的威廉·T.哈钦森在他的私人日记中记录了发生在"四方院俱乐部"里的这些谈话："最近学校里最引人关注的话题莫过于哈钦斯校长显然想要离校一年，去政府供职。按理说人们应该更加地善待他，可是我并没有听到任何人对他要离开表示遗憾。恰恰相反，少数谈论这件事的人似乎还有些担心他走不了。然而事实上，那些保持缄默的人才最能说明问题——看似极其不愿表达自己的真实情感，担心他不会真走，而且他们又会发表些'不合时宜'的言论。"[368] 平心而论，哈钦斯夫妇抚养自己孩子的那种漫不经心的方式也暴露出了二人胆大恣意和无动于衷的个性特征，他们藐视一般的社会规约，这和罗伯特·哈钦斯似乎总是喜欢挑衅甚至公开侮辱资深教员和保守派董事的习惯如出一辙。威廉·本顿曾这样评价他的朋友，说他倾向于"采取极端立场，行事总是让人大跌眼镜"[369]。很明显，莫德也是如此。从这个意义上说，他们的婚姻生活和建立在婚姻生活之上的公共生活以一种悲情却并不出人意料的方式交织在了一起。

1946年8月，哈钦斯觉得差不多到了分开的时候，在认真地考虑过辞去校长职位之后，他对哈罗德·斯威夫特说："过了这么久，我总算看明白了；人们已经开始准备夹道欢送我了；我本来能做一些事的，但我的个人情况却不允许我那么做了。与此同时，我的兴趣已经越来越集中于人们称之为学术生活的几个方面了;对于我不感兴趣的事情我是做不好的。"370 斯威夫特和贝尔努力劝说哈钦斯不要辞职;在9月举行的一次董事会秘密会议上,他们得到授权为哈钦斯争取到了一个在1946—1947学年中休假的机会,以便让他将自己的个人生活导入正轨。371 (1947年春,哈钦斯突然舍弃了莫德,搬到了一家酒店居住,之后又跟几位朋友,包括年轻的爱德华·列维待在一起。莫德自此再也没有见过哈钦斯。)尽管1942年至1946年间哈钦斯与资深教员之间剑拔弩张,1946年时董事会的绝大多数成员还是希望他能留任校长(这与四年之后的情形刚好相反),他们私下里保证将加强财政和精神方面的支持,这帮助他们扭转了局势。372 在那一年中,哈钦斯从位于芝加哥市中心的《不列颠百科全书》编辑部离职;从他个人的观点来看,那一年还是很有收获的——威廉·本顿为他安排了一位非常讨人喜欢的年轻女性维斯塔·萨顿·奥立克来作他的秘书和助手,这个女人很快就成了他的第二任妻子——不过他仍觉得《百科全书》和《伟大经典》丛书的工作虽可作为权宜之计,与他自己长远的志向比起来还是太过渺小了。此外,如果他想要回到芝大的话,这次离开只是延缓了战后教员管理将要面临的挑战。莫蒂默·阿德勒是这样劝告他的:"董事会满足你的要求并不会对教员们的性格造成一丝一毫的影响,也不会消除他们为任何教育进步所设置的障碍。"373 如果说哈钦斯在他任期内第一个冲突不断的十年中尚且充满着改革热情的话,到了20世纪40年代后期,随着1942年至1946年自己课程改革的目标得以实现,他似乎已经变得疲惫不堪了(或者仅仅是感到厌烦了)。

因此,哈钦斯校长生涯的最后几年投射出一组引人入胜却又矛盾重重的影像。一方面,这几年中芝大的教育和课程改革硕果累累。这一时期的校友能够饶有兴趣地回忆起令人激动的校园学术文化。以统一的通识教育课程为基础的哈钦斯本科生院在这一时期达到了顶峰。本科生院的预算爆炸式增长,从1939年的7.9万美元剧增到1949年的63.1万美元,针对通识教育课程的小规模讨论课堂优秀教学标准得以建立并引起巨大关注。芝大同时也转向了和平时期核能、冶金和固体物理学的研究,并以恩里科·费米、哈罗德·尤里和詹姆斯·弗兰克为标准挽留或招聘科学家，还建立了原子能研究所和金属研究所，建造了研究所大楼。新的研究所对芝大物理科学中跨学科研究的质量和范围都产生了深刻的影响，并与新的阿贡国家实验室有着重要的学术和财政联系——该实验室是于1943年3月从战时芝大的冶金实验室演变而来的。[374] 如果说社会科学的教员和研究生课程组成了20世纪20年代后期至30年代芝大最有名望的一些院系研究项目的话，"二战"以后，物理科学也加入到了这支队伍中来。

另一方面，芝大的财务清偿能力在这些年中在不断恶化，哈钦斯承受了很大的压力来整顿芝大的财政部门。为了资助芝大的战后扩张，包括建设新的研究所和行政楼，哈钦斯促使董事会将16笔四年期利率为5%和一笔五年期利率为2.5%的洛克菲勒基金的捐赠本金取出，总额为330万美元；这些做法虽在技术上合法，但正如后来的一位评论家所说，"在洛克菲勒家族中引起了不满，认为芝大是在寅吃卯粮"[375]。这些做法，再加上他花掉了其他捐赠基金和各种暂记账户里的钱来弥补亏空，给芝大的捐赠增长带来了不利影响，也激怒了一些主要的董事，包括哈钦斯长期以来的赞助者和保护者哈罗德·斯威夫特。斯威夫特与哈钦斯之间曾经十分友好的关系也在战后那几年里冷淡下来，或许是因为斯威夫特感觉到哈钦斯先是1947年4月离开莫德，并于1948年7月离婚之后没有能够完全振作起来行使自己在芝大的职责。1948年夏秋，1922级的八位校友领导人将一封半公开的信件散发给了各位董事，谴责哈钦斯在任期间所犯下的玩忽职守以及不作为的罪行，称如果他的所作所为得不到纠正的话，将会"给我们的母校带来严重后果和名誉上的进一步损害"[376]，斯威夫特此时才不得不站出来努力地维护哈钦斯。到了1950年年中，斯威夫特已经看不清芝大的未来了。在1950年6月写给莱尔德·贝尔的两封信中，斯威夫特对哈钦斯过于挥霍的习惯和作为筹款人却三心二意的态度大批特批："自战争以来，芝大已经破天荒地花掉或挪用了大笔（捐赠）资金和其他的学校基金来资助战后的建设项目以及维护目前的各项运营……芝大最缺的就是钱，因此筹款是校长最应该关心的事情，在形势得到缓解之前，他的时间都应该花在这件事情上。"[377]

那些年里就连董事们也似乎不再热心支持芝大的事业了。为了帮助芝大应对财务危机，莱尔德·贝尔于1947年建议董事会成员们亲自负责为董事会经过表决同意从1944年开始建设的新行政楼筹款——该大楼最终花去了150万美元。最后，每一位董事都捐了钱，但是所筹得的55万美元中有一半是斯威夫特、贝尔和马歇尔·菲尔德所捐，其他人都只是象征性地捐了一点，有些甚至可以忽略不计。[378] 1947年12月，沃尔特·佩普基抱怨说行政楼计划是个糟糕的主意，"在我看来，如果我们能找到某种方法来推迟行政楼的建设，先解决了其他的财务需求，我反倒会感到轻松一些"。斯威夫特无奈地坦言道："如果行政楼的计划还未开始执行，我自己也会觉得是件好事，但似乎是我们自己让自己骑虎难下了。"[379] 由于缺乏其他资源，建设该楼所需的最大一笔资金就不得不动用约翰·D. 洛克菲勒1910年开始给予的"最终捐赠"的余额来解决。因此，不无讽刺的是，该行政楼成为洛克菲勒给予芝加哥大学的最后一笔捐赠，而不幸的是，从审美的观点来看，它又是一个极大的败笔。

1950年年末，董事会委托一家新的筹款公司——克斯汀·布朗公司来调查发展状况，罗伯特·F. 邓肯已成为该公司董事长。可以预见的是，调查结果喜忧参半。[380] 许多校友对芝大开展的所谓左翼行动颇为不悦，并且令他们感到憎恶的事情是，（在他们头脑中）本科生院"并没有公平地招收到有代表性的年轻人"，本科生院试图吸引"一些非凡人士将他们打造成'学究型'人才"。他们还感觉学校获得的社会声望微乎其微；他们的感受与十年前那些校友们遥相呼应，他们把自己的孩子送到别处去，认为橄榄球队的解散和"兄弟会的遭遇"割断了他们与学校的情感依赖，也使得他们"再没有任何理由与母校保持联络"。最后，有些人感到名誉校长是个可有可无又会引起争议的角色。[381] 尽管如此，这些校友却几乎总在景仰作为一个高等教育机构的芝大，许多人希望"了解芝大正在做什么，有人说，希望'能为自己在芝大上过学感到自豪'"。这些矛盾情绪都影响了芝大校友的捐赠率，使之大大低于那些同等私立机构校友的捐赠率。芝大的年度捐款中其校友的平均参与率是14%，而其他五所美国顶尖私立大学的相应数据是37.5%，芝大由此获得的现金捐助是135304美元，而其他同等机构所获得的平均捐赠额则为484320美元。结果，克斯汀发现"管理层中有些人对芝大校友有一种失望的感觉，觉得无法指望他们,尤其是那些早年毕业、本来更有能力捐赠的人"[382]。

最为引人注目的是,克斯汀发现芝大在 1939 年至 1949 年间的捐赠增长率几乎为零,而其他八所顶尖私立大学捐赠的平均增长率则为 34%。芝大在这一时期从其捐赠中支出了 1000 万美元来支付建设成本和抵偿赤字。芝大从个人那里得到的用于当前经营的捐赠尤为不足。1949 年至 1950 年间芝大获得的个人捐赠为 466884 美元,占用于当前经营的总捐赠的 14%。而在 1948 年至 1949 年间,哈佛大学从个人那里获得的捐赠为 1043379 美元(占其获得的总捐赠的 28%),耶鲁大学为 545764 美元(占 27%),哥伦比亚大学为 616560 美元(占 31%),普林斯顿大学为 598766 美元(占 54%)。[383]

逐渐地,同时代的人开始愿意谈论哈钦斯校长生涯最后几年中所遇到的财务问题了。在一份 1955 年 11 月的保密备忘录中,芝大的首席财务官约翰·I.柯克帕特里克透露,自"二战"结束后,芝大每年的支出已经超过收入大约 100 万美元。芝大的预算则从 1939 年至 1940 年的 875 万美元增加到了 1949 年至 1950 年的 1840 万美元,然而并没有明显的新收入来填补这些增加的预算,哈钦斯不得不背上了沉重的赤字包袱。此外,柯克帕特里克还称,哈钦斯认为赤字是件好事:"哈钦斯先生公开宣称一所好的大学就是背着赤字运营的。他接着解释这个理论说,一所大学要做的事情总是比它能够负担的事情更多,因此,如果预算平衡的话,那就意味着一所大学的发展不足。"[384] 在后来的一个口述历史访谈中,十分欣赏哈钦斯学术风格的金普顿时代的一位筹款领导人乔治·沃特金斯承认,董事们"对这个家伙在财务方面可能采取的举动怕得要命"[385]。

从芝大以后数十年的历史来看,捐赠增长率的这些消极势头不可能得到改善。与主要的竞争对手相比,芝大赠款的真实价值在慢慢下滑,并且在 20 世纪七八十年代中遭遇了甚至更为严酷的竞争。不利的经济状况对任何大学的生活都是一种强烈的冲击。大学不是做生意,但它也是要花钱的。此外,大学不会因为它们的收益流而变得伟大或维持其伟大,但是,哈钦斯没能领会的一点是,1945 年之后高等教育的竞争变得异常激烈,在这样一个世界中,如果没有强劲的新收入留作保证,要聘用以及留住真正能令大学变得优秀的有名望的教员和有才华的学生将是非常困难的。

哈钦斯对学术价值的有力维护以强劲的方式塑造了芝大持续至今的文化。哈钦斯的文化烙印仍然影响着芝大的集体自我认知，这并不是因为他强调学术社群至关重要的知性主义与教员们构想芝大基本宗旨的方式十分契合。但是在他的批评者们看来，哈钦斯的学术成功是以严重牺牲捐款和芝大在主要校友群体以及那些有影响力的芝加哥市民精英们中间的形象为代价的。1951年1月，在其校长生涯即将结束之时，内心混杂着悲伤和挫败感的哈钦斯坚持说，"钱能解决的唯一问题就是财务问题，这些都不是高等教育的关键问题。钱不能代替思想"[386]。但是，财政危机的现实与深度是不容置疑的，即使饱含着自我辩白式的怜悯，这种巧言令色也无法将其抹去。到了1952年，哈钦斯愈加淡化了对与当地精英们保持有效外部联系的需求，他说："我有时候感觉芝加哥大学是完全可以和牛津、剑桥、哈佛、耶鲁，以及巴黎大学相提并论的，但它却把自己当作一个地方小学校，时不时被地方心血来潮的各色人等左右。"[387]

哈钦斯对真理和思想十分迷恋，加上他在"大萧条"时期仍然坚持说的"芝大不是一个乡村俱乐部"的言辞仍能够打动人心，因此他得以帮助芝大巩固并加强了自身作为学术温室的形象——这一形象是芝大至今仍然享有的。哈钦斯将维布伦的批评反过来用于根除或至少抑制最初哈珀计划中的那些不够"纯粹"的元素（比如一流的运动员），而同时又维护哈珀曾经树立起来的对学术独立性的伦理迫切感和自信心。事实上，维布伦1918年所写的《美国的高等教育》和哈钦斯1936年所做的一系列同名演说之间有极其相似之处。[388]哈钦斯并未放弃哈珀的民主使命感，他只是以一种激进的、更加内在和自我反省的方式通过推动他助力发起的新的本科教育课程改革将其重新定位了。基于经典模式的通识教育，由14门重点考察艺术和文化伟大著作的综合考试为标志的课程体系，为年纪很轻的学生设立的四年制学位——这些学生必然会与甚至包括海德公园在内的广泛的社群失去联系，所有这些做法都会被同样一种对公民义务和责任的冲动以及节省时间和提高效率的需求证明其合理性——那些冲动和需求早已在哈珀最初的学季体系、函授学校以及拓展教育中体现得淋漓尽致了。然而，这些做法并不涉及公民社会中的具体应用，也不涉及改善芝大所处的公民环境。[389] 新的本科生院课程成为芝大的学术活力得以振兴和哈钦斯希望芝大拥有的学术统一开始展现的迹象,不过哈钦斯的学术统一是对芝大宗旨的一种更为封闭的理解,哈珀应该是不会同意的。

哈钦斯不得不将其大把的政治资本花在对学术自由理想的竭力维护上,而这恰恰是20世纪三四十年代中的一个备受争议的政策领域,哈珀当初是小心翼翼地踩过去的。哈珀曾努力地保护教员(至少是多数教员)免受他所在的19世纪世界中政治(以及教派)现实的伤害。但他对芝大的经营是在一个由精英主导的公民世界内通过使芝大的资深教员与19世纪90年代的商界精英们之间保持一贯的相容性来开展的——这种相容性是20世纪三四十年代中芝大的资深教员和商界精英们之间的关系所不及的(而这种相容性也是维布伦"一战"之前所担忧的核心问题)。与此相反,在20世纪30年代意识形态和社会之间的撕裂开始影响到许多美国大学的学生和教员文化之时,哈钦斯不得不起来捍卫芝大。[390]

尽管对发展有着许多矛盾情结,如果当初罗伯特·哈钦斯面对的是更多富有同情心的支持者的话,他仍有可能成为一个高效的筹款者。[391] 毕竟,哈钦斯从根本上相信芝大的重要性,尽管它有种种问题,他仍真诚地相信芝加哥大学是最接近一所真正大学的典范。此外,哈钦斯和作为一个整体的芝大也有许多值得骄傲之处,因为如果按照教员的学术造诣和学生的教育发展来衡量,20世纪三四十年代是芝大历史上最为激动人心的年代[392]。但是,哈钦斯无法享有特权只跟那些热衷于他的思想的人沟通,这一点或许颇为可悲。相反,资深教员中的一些主要成员反对他的教育改革,拥有重要财力的校友们憎恨他的制度改革,芝加哥的市民精英中更为保守的那些人认为他的芝大充斥着有"红色思想"的学生和教员,而芝大的董事会的成员们也惧怕哈钦斯的预算措施,即使他们承认他的学术能力和个人魅力。

教员们对哈钦斯的记忆存在分歧且相互抵触。前社会科学系主任拉尔夫·泰勒毫不掩饰自己对哈钦斯的崇敬,他觉得哈钦斯总是拥有以一种毫不妥协、毅然决然的方式迎难而上的美德:"他是我共事过的最好的管理者,因为他关心采取一项行动的目的;他想知道对方所提的建议如何能对达到这个目的有益……如果在那些状况之下这个建议能产生积极作用,他会不遗余力地支持它……他不像大多数管理者们一样左顾右盼,举棋不定,比如:你能弄到钱吗?这样做会疏远某些人吗?"[393] 托马斯·V. 史密斯是哲学系的一位著名成员,曾短暂任职伊利诺伊州参议员和众议员,相比之下,对于他这样的批评者而言,哈钦斯的"职业生涯是难以理解的"和悲惨的;他这个人有着"坚定的信念,调兵遣将的天赋,以及聪明才智,从(他)表达自己的方式(和)清晰的思维就能看得出来",哈钦斯对"胜利"的局促不安和追求甚至习惯性地冒犯了他的朋友们——在史密斯看来,他的这种心态是战争的产物,而且让他成为"迷惘的一代"中的成员,绝望地想在一切事物中寻求绝对的把握。[394] 作为本科生院和人文科学部前领导的罗伯特·斯特里特称,哈钦斯不但应被视为一位现代大学的领导者,同样还应被视为一位再生的 19 世纪"文化批评家",在"大萧条"期间芝大缺乏资金和耀眼的职位之时,他的思想闪烁着的"言语的光辉"成为这些东西"卓著的替代品"[395]。作为一名喜欢说教的怀疑论者和批评家,尤其是一名国民演说家,哈钦斯代表着高等教育的一种极富教育意义的观点,他身上带有传奇色彩的名望,在一路支持到底的他最忠实的追随者中间产生了一种奇特的孝忠和敬畏相融合的效应:比亚兹莱·鲁梅尔后来在 1950 年亲切地称他为"哈钦斯殿下"。而其他从其眷顾中受益的人则有着更为矛盾的观点,比如鲁宾·弗洛丁就视之为一个带着政治上"致命弱点"的英雄人物,在其晚年中似乎在以一种几近自我毁灭式的方式行事。[396]

哈钦斯的支持者们谈起他针对重大教育问题所点燃的"学术热火"时都心怀感激,对于哈钦斯发起的那些成为真正轰动全校的大事件的论战仍然十分怀念。[397] 然而哈钦斯对于自己芝大行政经历的记忆却充满着失望甚至挫败感。1964 年,哈钦斯对 20 世纪 40 年代后期同自己一起创立哈钦斯本科生院的伙伴F. 钱皮恩·沃德说:"我的错误在于,我那时候觉得自己是一个成功的福音传道者,可实际上我只是浴缸里的那个塞子。我觉得我说服了所有人,可实际上我所做的只是阻止'故态'复萌。对于这个错误给您带来的痛苦,我永远心存悔恨。"[398] 1972 年,他回忆道:"所有的芝大校长必须做的就是要引发一场针对某个问题的争论,他应尽力找一个重要的问题以供争论,并让所有人参与进来,他也必须明白如何让这场争论进行下去。当然,正如我之前说过的,芝大校长并不是以此目的为标准选拔出来的,而是以维持该机构公共关系的目的选出来的。"1964 年 11 月,在回应一个由美国教育委员会主办的培训未来大学校长的项目时,他遗憾地指出:"这个项目会弄巧成拙的。我的观察是,好人之所以能成为学院和大学的校长只是因为他们对这个职位并不十分清楚……如果一个人了解了当一个大学校长是什么样子之后仍然想当大学校长,那么他就不够格干这份差事。他关心的是薪水和津贴,宣传和声望,而不是教育和学术。美国学院或大学的校长……将会像其他任何高级主管一样,被人们按照其资产负债表和公共关系来评判。"[399]

讽刺的是,芝大外部的公众对哈钦斯的认知通常是完全相反的,引人注目的是,克拉克·克尔曾在其著作《大学的用途》(1963)中对哈钦斯做过这样众所周知的描述——哈钦斯"是最后的巨匠,因为他是最后一位试图从根本上改变芝大以及高等教育的大学校长"——这种描述表现了一种英雄式和乌托邦式的领导愿景,这是所有大学校长应该都会希冀的,却也是当时众多教员、董事和校友们构成的利己主义、自我放纵的环境永远不会再允许的。[400] 即使在今天,各种有关"揭穿骗局"和"人文科学衰落"的书籍仍然少不了怀念和追忆一个被理想化了的、为反职业化高等教育的高贵灵魂而斗争的哈钦斯,这些内容批判了批评家们所认为的美国学者和学术生活缺乏远见、狭隘而自我陶醉的弱点。[401] 与这种谄媚相对立的是哥伦比亚大学的一位图书馆馆员和历史学家米尔顿·H. 托马斯所表达的失望,1953 年他向理查德·斯托尔坦诚地说:"哈钦斯这个名字经常把我的脑袋搅得一团糟;若说还有哪个傲慢的家伙能够像他那样毁掉一所伟大的大学,那也真是令人称奇。"[402]

哈钦斯是一位具有革命精神的校长,但是他的革命只是时断时续,用现有的资源进行一番惊人的干预,而这些干预则由于与教员、校友,甚至董事们之间莫名的紧张关系而变得更加引人关注了。其中的一些干预失败了,如哈钦斯 1934 年大胆地尝试将芝大与西北大学合并为一所大规模城市研究型大学,以及他试图通过缩减各系在博士生项目上的权力来重组研究生教育;而其他的一些则取得了虽然短暂却十分令人赞叹的成功,其中最重要的莫过于哈钦斯1942年对本科生院进行的彻底重组了。在《美国的高等教育》和其他文章中,哈钦斯鼓励了那些拥有他那种学术理想的人、像他那样对那个时代的腐败予以机智谴责的人,以及跟他一样坚持认为大学和国家不应满足于教育现状的人。但是他没能有力地论证他的愿景,从而说服他自己的教员队伍中那些最有头脑的人,也没能制定出一个可以维持超过十年或二十年的制度变革策略。结果,留给芝加哥大学的是一份强大的学术愿景和弱小的制度架构相互矛盾的遗产,学生和教员只好在这份遗产的基础上去实现那个愿景。

320

## 注释

1 威廉·H.麦克尼尔,《哈钦斯的芝大:芝加哥大学回忆录,1929—1950》(芝加哥,1991),第18页。

2 "身为耶鲁大学秘书的罗伯特·梅纳德·哈钦斯",哈钦斯的文件,第2盒,文件夹5。

3 哈钦斯写给安吉尔的信,1926年2月3日,文件夹2。

4 关于哈钦斯在耶鲁法学院的任职,请参阅约翰·亨利·施莱格尔在以下文章中的详细分析,"美国的法律现实主义和经验主义社会科学:来自耶鲁的经验",《布法罗法律评论》28(1978—1979):第466-491页;以及劳拉·卡尔曼,《耶鲁的法律现实主义,1927—1960》(教堂山,北卡罗来纳州,1986),第107-115页;小爱德华·A.珀塞尔,《民主理论危机:科学自然主义和价值问题》(列克星敦,肯塔基州,1973),第80-92、139-142页;以及安东尼·T.克朗曼编,《耶鲁法学院历史:三百周年纪念演说》(纽黑文,康涅狄格州,2004),第139-141、154页。

5 罗伯特·M.哈钦斯和唐纳德·施莱辛格,"对于证据法的一些意见——有罪意识",《宾夕法尼亚大学法律评论》77(1929):第725-740页;哈钦斯和施莱辛格,"对于证据法的一些意见——证人资格",《耶鲁法律期刊》37(1928):第1017-1028页;哈钦斯和施莱辛格,"对于证据法的一些意见——自发感叹",《哥伦比亚法律评论》(1928):第432-440页;哈钦斯和施莱辛格,"对于证据法的一些意见——证明一个事实的心理状态",《耶鲁法律期刊》38(1929):第282-298页;哈钦斯和施莱辛格,"对于证据法的一些意见——记忆",《哈佛法律评论》41(1927—1928):第860-873页;哈钦斯和施莱辛格,"法律心理学",《心理评论》36(1929):第13-26页。

6 斯旺写给安吉尔的信,1927年2月1日,詹姆斯·R.安吉尔,"校长记录",第121盒,文件夹1247,耶鲁大学档案。

7　哈钦斯写给威廉.G.哈钦斯的信，1927年2月4日，哈钦斯的文件，第141盒，文件夹8；C.G.普尔，"28岁赢得耶鲁法学院院长职位"，《纽约时报》，1927年3月13日，第xxii页。

8　请参阅"委员会关于选举耶鲁法学院院长一事写给耶鲁法学院理事会的报告"，詹姆斯·R.安吉尔，"校长记录"，第121盒，文件夹1247。

9　关于哈钦斯和施莱辛格的工作缺乏影响力，请参阅杰里米·A.布卢门撒尔，"21世纪的法律和社会科学"，《南加州跨学科法学期刊》12（2002）：第11-12页。

10　并不是每个人都喜欢哈钦斯的说话风格。西北大学法学院院长约翰·威格莫尔警告安吉尔要提防哈钦斯"漠视过去二三百年间的法官们和律师们记录下来的经验"，威格莫尔将其视为"一种对法律的不科学和不安全的态度"的表现。威格莫尔写给安吉尔的信，1927年4月1日，詹姆斯·R.安吉尔，"校长记录"，第121盒。

11　请参阅耶鲁法学院教员关于哈钦斯辞职的决议，1929年4月，哈钦斯的文件，第231盒，文件夹10。

12　遴选委员会名义上是由一位董事查尔斯·W.吉尔基领导的，吉尔基是一名自由主义神学家，在协和神学院和几所欧洲大学接受过教育，同时也是海德公园浸信会教堂的牧师。但是吉尔基在所有的重大问题上完全听命于斯威夫特。

13　芝加哥的几家报纸早在1929年3月21日就已经操之过急地宣布说艾德蒙·戴被选为新任校长。

14　斯威夫特写给吉尔基的信，1928年12月28日，斯威夫特的文件，第38盒，文件夹11；"与特雷弗·阿内特讨论的备忘录"，1928年5月31日；以及"谈话备忘录，1928年12月29日-30日"，同上，第37盒，文件夹4。

15　恩布里写给斯威夫特的信，1929年3月16日，斯威夫特的文件，第38盒，文件夹11。恩布里的祖父是伯里亚学院的创立者。

16　斯威夫特写给唐纳利的信，1929年3月28日，斯威夫特的文件，第38盒，文件夹11。

17　斯威夫特写给W.A.麦克德米德的信，1929年3月8日，斯威夫特的文件，第39盒，文件夹18。

18　吉尔基写给斯威夫特的信，1929年1月18日，斯威夫特的文件，第37盒，文件夹3。贾德倾向于首先考虑达特茅斯学院的霍普金斯和明尼苏达大学的柯夫曼。吉尔基成为哈钦斯的狂热支持者，他在许多年前就认识哈钦斯的父亲。

19　斯威夫特写给唐纳利的信，1929年4月9日，斯威夫特的文件，第38盒，文件夹11。斯威夫特用以下文章向约翰·甘瑟做出了一番经过美化的解释，"斯威夫特揭示为何由哈钦斯来领导芝加哥大学",《芝加哥每日新闻》,1929年6月26日,第4页。

20  斯威夫特写给匡特雷尔的信,1929年4月9日;1929年4月15日斯威夫特的内部备忘录;安吉尔写给斯威夫特的信,1929年4月16日;欧内斯特·匡特雷尔关于他采访安吉尔的报告,1929年4月16日,斯威夫特的文件,第38盒,文件夹11。

21  委员会向全体董事会成员建议提名哈钦斯为校长的报告日期为1929年4月17日,因此,这份报告很可能是在斯威夫特收到安吉尔指责这一想法的信那一天之前就已经起草好了。

22  "据说,他在30岁的年纪所取得的进步比哈珀或艾略特在35岁接手他们的工作时还要大。"斯威夫特写给匡特雷尔的信,1929年4月9日,斯威夫特的文件,第38盒,文件夹11。

23  20世纪30年代芝大与芝加哥文化知识分子间的关系相较于哥伦比亚大学与纽约城的关系有些不同,关于这一点,请参阅托马斯·本德在《才智与公共生活》一书第64-65、77-78页中很有见地的评论。

24  令人吃惊的是,在哈钦斯去华盛顿联邦政府任职的希望破灭以后,他开始朝着这个方向行动,这一趋势在1937年威廉·本顿来到芝大后被立即放大了。小约翰·U.内夫,理查德·斯托尔1954年4月28日所作的采访,斯托尔的文件,第6盒,文件夹8。

25  克拉伦斯·兰德尔写给威廉·本顿的信,1939年11月20日,斯威夫特的文件,第49盒,文件夹10。

26  约瑟夫·施瓦布,乔治·戴尔1976年4月12日所作的采访,第16页,"罗伯特·M.哈钦斯和同事","口述历史访谈",第2盒,文件夹9。

27  相关知识背景请参阅珀塞尔在《民主理论的危机》第139-152页中的有用分析。

28  "你们要找的是一个准备好采取行动的人,一个负责提出建议的人。我在芝大所做的一切都可以认为是我在耶鲁时没能做的。我在耶鲁这个机构任职六年,这所大学的校长(詹姆斯·安吉尔)从没向董事会提出过任何建议。一次也没有。董事们问他,校长先生,您意下如何?有何建议?他才会非常老练地应答,一方面我们怎么样,另一方面我们又怎么样,这事还是你们来决定吧。我认为这不是管理一所大学的正确之道。这些人什么也不懂,如果非要说他们知道些什么,他们只知道耶鲁过去的样子,因此他们没有准备去接受任何改变。所以,在我看来,他这是不负责任的做法。也正因此,我经常提出建议,也总是觉得如果这些建议不被接受,那也没什么;除非是原则性问题,那样的话我会辞职。"罗伯特·M.哈钦斯,乔治·戴尔1973年5月30日所作的采访,"罗伯特·M.哈钦斯和同事","口述历史访谈",第1盒,文件夹9。

29  请参阅莱尔德·贝尔很有洞察力的评论。贝尔很喜欢哈钦斯,对他也很了解。"与莱尔德·贝尔的谈话",1956 年 6 月 21 日,斯托尔的文件,第 6 盒,文件夹 8。

30  哈钦斯写给父亲的信,1932 年 5 月 27 日,第 11 盒,文件夹 II-10-8,威廉·J. 哈钦斯的文件,伯里亚学院档案馆。

31  玛丽·安·祖巴克,《罗伯特·M. 哈钦斯:一个教育者的画像》(芝加哥,1991),第 192 页。

32  施莱格尔,"美国法律现实主义",第 489-490 页。

33  请参阅吉尔基写给斯威夫特的信,1929 年 1 月 18 日,第 1 页,吉尔基的文件,第 1 盒。

34  哈珀希望建立一个强大的、由校长控制的行政体制,抢占强有力的院系级以上教员自治的传统,关于这一点,请参阅迈耶,"芝大教员",第 197-198、504-505 页。

35  起初,学生被录取进入艺术、文学、哲学和科学初级(预科)学院,然后进入同学科的高级(大学)学院。1908 年,针对这些学院建立了统一的师资结构,即"艺术、文学与科学学院教学人员"。关于芝大早期的行政历史,请参阅里夫斯、派克和拉塞尔,《芝大的教学问题》,第 3-22 页;以及迈耶,"芝大教员",第 214-238 页。

36  请参阅弗洛伊德·W. 里夫斯、弗雷德里克·J. 凯利、约翰·戴尔·拉塞尔和乔治·A. 沃克斯,《芝大的组织与管理》(芝加哥,1933),第 45-46 页。

37  请参阅"委员会关于芝大发展和关系的报告","芝大评议会会议纪要",1911 年 11 月 25 日。董事们收到了报告,对教员们表示感谢,而后便束之高阁了。

38  20 世纪 20 年代末,"审计"这个头衔被改为了"监查"。

39  请参阅"芝加哥大学行政楼",1927 年,未注明日期,梅森管理层,第 1 盒,文件夹 2。新楼落成后,原先位于哈珀图书馆西塔楼一层的校长办公室得以迁入,芝大其他所有的行政办公室也都被整合在了一起。

40  请参阅《芝加哥大学时事通讯》16(1923 年 12 月 31 日,1923):第 1-2 页;以及伍迪·托马斯·怀特,"芝加哥大学教育研究,1892—1958"(博士论文,芝加哥大学,1977),第 266-267 页。

41  "董事会会议纪要",1925 年 1 月 8 日,第 30 页。

42  《普通教育委员会年度报告,1923—1924》(纽约,1925),第 11 页。

43  请参阅梅里安姆在 1948 年贾德会堂落成典礼上的评论,梅里安姆的文件,第 120 盒,文件夹 13。

44  引自理查德·O. 尼霍夫,《弗洛伊德·W. 里夫斯,创新的教育家和公共管理艺术的杰出实践者》(兰哈姆,马里兰州,1991),第 39 页。

45  伍德沃德向董事会提交的手写陈述存档于"梅森管理层",第 20 盒,文件夹 6。

贾德随后被授予了一个新设立的"杰出教授"头衔，伍德沃德因此将他的薪金从每年8000美元提高到了10000美元。请参阅伍德沃德写给贾德的信，1929年10月29日，哈钦斯管理层，第285盒，文件夹5。

46　请参阅"梅森管理层"第20盒文件夹8中的备忘录。1929年10月，贾德向哈钦斯本人提交了第二份类似的备忘录。请参阅贾德写给哈钦斯的信，1929年10月1日，同上。贾德在进行这些协商时，该系刚刚有几位资深教员离职去了其他机构。贾德对教师培训的漠视可以说明为何芝大的教育系从来没有发挥过与哥伦比亚大学教育学院类似的作用，以及为何贾德对赴纽约基本没什么兴趣。1928年，芝大取消了其针对教师教育的本科生学士项目。请参阅怀特，"芝加哥大学教育研究"，第220-221页；以及埃默里·菲尔比于1954年5月7日写给理查德·斯托尔的信中很有见地的评论，斯托尔的文件，第6盒，文件夹8。

47　贾德写给伍德沃德的信，未注明日期（1929年2月），梅森管理层，第20盒，文件夹6。伍德沃德在前一个月已经提醒过阿内特要注意贾德对于该系未来的规划了。伍德沃德写给阿内特的信，1929年1月2日，同上。

48　关于里夫斯，请参阅尼霍夫，《弗洛伊德·W. 里夫斯》，第2-5章；以及怀特，"芝加哥大学教育研究"，第361-368页。

49　贾德写给伍德沃德的信，未注明日期（1929年2月）；以及伍德沃德1929年2月25日拍给贾德的电报，梅森管理层，第20盒，文件夹6。

50　《普通教育委员会年度报告，1930—1931》（纽约，1932），第7-8页。

51　请参阅雷蒙德·E. 卡拉汉，《教育和对效率的追求：关于塑造了公立学校管理的社会力量的研究》（芝加哥，1962）；赫伯特·M. 克利巴德，《美国课程体系之争，1893—1958》（纽约，1987）。

52　怀特，"芝加哥大学教育研究"，第196、200-201页。

53　1931年年初，里夫斯在考虑一项将拓展至16个单独卷的调查，包括对大学医院和实验学校的研究。请参阅"芝加哥大学调查试验性概要，1931年2月20日"；可在以下档案中找到里夫斯原始概要的各种草稿，哈钦斯管理层，第233盒，文件夹2和3。

54　在1937年发表的一份对美国的学院和大学自1910年开始进行的230份调查所作的分析中，斯坦福的沃尔特·伊尔斯评价里夫斯的项目为组织最好的、最昂贵的调研之一。伊尔斯组织36位专家进行了一项非正式投票，他发现芝大的调查在其方法、意义和对高等教育的重要性方面都排在首位。沃尔特·克罗斯比·伊尔斯，《美国高等教育调查》（纽约，1937），第102、143、153页，特别是第219-223页。

55　关于艾尔斯，请参阅卡拉汉，《教育和对效率的追求》，第15-18、153-156、

165—169 页;克利巴德,《美国课程体系之争》,第 102—104 页;艾伦·孔利弗·拉格曼,《一种难以捉摸的科学:问题不断的教育研究历史》(芝加哥,2000),第 80—83 页;以及玛丽·B. 斯塔维什,"伦纳德·波特·艾尔斯",《美国国家传记》,第 1 卷,第 800—801 页。

56　伊尔斯,《美国高等教育调查》,第 57 页。

57　请参阅斯威夫特写给阿内特的信,1930 年 7 月 10 日,斯威夫特的文件,第 53 盒,文件夹 5。

58　伦纳德·P. 艾尔斯,"芝加哥大学财政组织和管理的某些方面:伦纳德·P. 艾尔斯准备的报告,1930 年 5 月 10 日呈递",重印为《芝大的组织和管理》的附录,第 134—142 页。

59　哈钦斯写给艾尔斯的信,1930 年 6 月 9 日,哈钦斯管理层,第 233 盒,文件夹 2。

60　哈钦斯写给斯威夫特的信,1930 年 8 月 1 日,斯威夫特的文件,第 53 盒,文件夹 6。

61　"与梅森先生谈话的备忘录",1930 年 1 月 16 日;以及"与阿内特谈话的备忘录",1930 年 1 月 17 日,斯威夫特的文件,第 175 盒。

62　哈钦斯写给伊尔斯的信,1935 年 1 月 17 日,哈钦斯管理层,第 233 盒,文件夹 3。

63　在向当地一个校友会解释新部门的架构时,埃默里·菲尔比于 1931 年 11 月称,"近来与儿童发展、国际关系、医护人员观念辞典、心理卫生和性研究有关的跨系研究趋势"显示出设立新架构的必要性。"在里奇·帕克大学俱乐部讲话的提纲",1931 年 11 月 5 日,菲尔比的文件,第 2 盒,文件夹 5。

64　"社会科学大楼其实是一个工作间,二百位学者和工人在此将各自工作融合成一个综合的研究项目。房间的布局透露出这个工作间的精神……大楼和里面的设备由一群一丝不苟的社会科学家掌控,他们耐心地为这座城市和这个国家寻找着更好的生活方式。"伦纳德·D. 怀特,"本地社区研究委员会和社会科学研究大楼",T.V. 史密斯和伦纳德·D. 怀特编,《芝加哥:一场社会科学研究实验》(芝加哥,1929),第 27—28、32 页。

65　请参阅 J.G. 莫拉夫斯基,"耶鲁人际关系学院的组织知识和行为",《伊希斯》77(1986):第 219—242 页;施莱格尔,"美国法律现实主义",第 482—488 页。詹姆斯·安吉尔也在该计划的建构与实施方面发挥了重要作用。

66　"芝大评议会会议纪要",1930 年 10 月 22 日;"董事会会议纪要",1930 年 11 月 13 日。哈钦斯随后称,"其目的是开发一个学部而非系课程体系。在同一个学部中,各个系将不会制定或维持与其他系相同的工作。学部课程将使学生获得他们之前不可能得到的机会。许多系在各自领域中的专业化一直比较狭隘。而学部课程研究则意味着各系的要求必须征得学部的同意,因此保证了学生能够得到该学部中所有系提供的机会以及他们当中许多人现在还缺乏的随之而来的广泛教育机会"。1930 年 11 月 20 日的演讲,第 5-6 页，哈钦斯的文件，第 355 盒，文件夹 11。

67　罗伯特·M. 哈钦斯，乔治·戴尔所作采访，1973 年 5 月 29 日，罗伯特·M. 哈钦斯和同事，"口述历史访谈"，第 1 盒，文件夹 9。

68　布尔默，"社会科学研究的早期制度建立"，第 109 页。关于鲁梅尔，请参阅布尔默"20 世纪 20 年代的慈善事业和社会科学"；以及伊尔琳恩·克拉韦尔，"经济学研究的资助与方向：洛克菲勒基金会在欧洲，1942—1938"，《密涅瓦》24（1986）：第 205-222 页。

69　"历史系会议纪要"，1934 年 3 月 5 日，历史系，"记录"，第 19 盒，文件夹 6。

70　《当代传记》，1943，第 648 页。

71　关于鲁梅尔后期的职业生涯，请参阅 C. 哈特利·格拉顿，"比亚兹莱·鲁梅尔和他的观念"，《哈泼斯杂志》，1952 年 5 月，第 78-86 页；以及阿尔瓦·约翰斯顿，"比亚兹莱·鲁梅尔介绍"，《纽约客》，1945 年 2 月 10 日、17 日和 24 日。

72　雷德菲尔德写给哈钦斯的信，1936 年 7 月 15 日，社会科学部，"记录"，第 16 盒。关于一些细节，请参阅约翰·W. 博耶，《"一种 20 世纪的秩序"：芝加哥大学普通教育的新计划和起源》（芝加哥，2007）。

73　请参阅唐纳德·E. 奥斯特布罗克，"钱德拉和他在叶凯士天文台的学生们"，《天体物理学与天文学杂志》17（1996）：第 235 页。

74　给董事会的年度保密声明，1938 年 9 月 30 日，第 42 页；"校长报告"，1935—1936，1937 年 2 月 27 日，第 6 页，特色馆藏研究中心。

75　大卫·里斯曼，《托斯丹·范伯伦：一种批判性解读》（纽约，1953），第 101-103 页。

76　布歇写给哈钦斯的信，1929 年 4 月 27 日和 1929 年 5 月 3 日，本科生院档案，第 1 盒，文件夹 8。代笔另一立场的威廉·多德立即用一份备忘录与哈钦斯取得联系，阐述了他反对伍德沃德和斯威夫特计划的意见。哈钦斯礼貌地回复说，他需要一些时间来研究此事。请参阅多德写给哈钦斯的信，1929 年 5 月 15 日；以及哈钦斯写给多德的信，1929 年 5 月 23 日，哈钦斯的文件，第 18 盒，文件夹 3。

77　哈钦斯写给斯威夫特的信，1929 年 7 月 3 日，斯威夫特的文件，第 49 盒，文件夹 16。关于布歇的回复，请参阅布歇写给史蒂文斯和伍德沃德的信，1929 年 10 月 9 日，梅森管理层，第 3 盒，文件夹 17。

78　罗伯特·M. 哈钦斯，"芝加哥大学的上层部门"，威廉·S. 格雷编，《美国大学教育的最新趋势》（芝加哥，1931），第 144 页。

79　"大学与个人"，发表于俄亥俄州教师大会上的演说，1930 年 4 月 3 日，哈钦斯的文件，第 355 盒，文件夹 3。

80　我们从1931年年初莫蒂默·阿德勒写给哈钦斯的一系列私信中得知，一些重要教员竭尽全力试图在新课程体系的前两年中保留尽可能多的由各系控制的课程，阿德勒认为这表示他们只关心自己的领域，对别的事情一概不管。各系的拥护者"都在贪婪地保护自己的私藏，让我感到最为痛心的是，他们是打着错误的教育理论的旗号这么做的"。阿德勒写给哈钦斯的信，1931年1月（标注为"周六"），阿德勒的文件，第56盒。

81　阿德勒写给哈钦斯的信，1931年1月（标注为"周六下午"）。查尔斯·贾德早在1928年就向威廉·格雷报告了布歇的计划，说"该报告将会遭到一大堆反对意见"。贾德写给格雷的信，1928年5月9日，贾德的文件，第10盒，文件夹11。

82　关于细节，请参阅昌西·S. 布歇，《芝大学院计划》（芝加哥，1935），第43-104页。

83　昌西·S. 布歇，"委员会主席的补充声明"，第2页，哈钦斯管理层，第51盒，文件夹13。该声明为"评议会委员会关于本科生学院的报告，1928年5月7日"的一个附件。

84　布歇，"关于我们本科生院工作整顿的几点建议"，第41-42页。

85　理查德·J. 沙沃森，《学生学习评估简史：我们如何走到今天以及关于今后的建议》（华盛顿，哥伦比亚特区，2007），第8页。

86　关于创建该综合考试体系所用到的方法的细节，可参考"芝加哥大学考试委员会"，《技术人员考试办法手册》第2版（芝加哥，1937）。并请参阅路易斯·L. 瑟斯通，《测试的信度与效度：涉及测试和说明性问题信度与效度的基本公式的推导与解释》（安阿伯，密歇根州，1931）。

87　约翰·M. 库尔特和默尔·C. 库尔特，《进化论与宗教的交汇》（纽约，1926）。

88　"生物科学通用课程"（1931），"学院"档案，第6盒，文件夹9。

89　该课程的详细历史由桑顿·W. 佩奇提供，"物理科学两年期课程"，1949年11月，哈钦斯管理层，第53盒，文件夹2。

90　哈维·B. 莱蒙，"原子结构新展望"，《科学月刊》17（1923）：第181页。

91　洛维特，《我们这些年》，第97-98页。

92　请参阅谢维尔写给布歇的信，1931年4月23日，"学院"档案，第7盒，文件夹2。

93　诺曼·麦克莱恩，致费迪南德·谢维尔的悼词，1955，詹姆斯·L. 凯特的文件，第4盒。

94　"负责人文普通课程的委员会的初步报告"，"学院"档案，第7盒，文件夹2。

95　在"一战"期间，谢维尔是少数反对美国参战的教员之一，引起了哈里·普拉特·贾德森强烈的敌意。发表于1931年9月的该课程的第一份教学大纲评论道，"科学与机器的现代世界，民族国家与世界帝国的现代世界，令某些力量被调动起来，似乎已经失控，并且像科学怪人的怪物一般，使得产生它们的文明有被摧毁的危险。"《人文学科介绍性普通课程教学大纲》（芝加哥，1931），第 328 页。

96 麦克莱恩记得詹姆斯·凯特的讨论小组，他说："吉米精明地、连续不断地向他的学生们发问，直到他们找到答案为止……在他看来，你永远知道答案，只要你知道如何找到它。"麦克莱恩写给弗朗西丝·凯特的信，1981 年 11 月 6 日，麦克莱恩的文件，第 15 盒。

97 请参阅吉第昂斯、沃思和科尔温写给社会科学教员的信，1931 年 5 月 15 日，第 1 页，"学院"档案，第 8 盒，文件夹 2。

98 请参阅沃尔格林调查期间吉第昂斯关于该课程的证词，1935 年 5 月 24 日，贝尔的文件，第 10 盒，文件夹 1。

99 玛丽·B. 吉尔森写给布歇的信，1933 年 5 月 11 日，"学院"档案，第 8 盒，文件夹 2。除了这些旨在展示该课程讲座或讨论话题的正式访问以外，教员们还组织过一些校园以外的小规模行动，包括组织 50 名学生在德鲁斯湖聚会，聆听年轻的雷茵霍尔德·尼布尔讨论（在他看来）有严重缺陷的美国资本主义制度。另一个小组的学生在湖滨区组织了一场为期三天的讨论活动，探讨美国是否应该延迟加入国际联盟。

100 吉第昂斯写给布伦博的信，1935 年 10 月 31 日，第 4 页，"学院"档案，第 8 盒，文件夹 2。

101 《文学文摘》，1930 年 12 月 27 日，第 16 页；《纽约时报》，1931 年 9 月 27 日，第 E7 页。

102 请参阅"关于 1933 年、1934 年和 1935 年秋季学期进入学院的学生对芝加哥大学学院课程所作评估的报告"和"芝加哥大学学生"，1940—1941，"学院"档案，第 9 盒，文件夹 12 和第 15 盒，文件夹 2。

103 W.F. 克莱默写给埃默里·T. 菲尔比的信，1933 年 3 月 24 日，哈钦斯管理层，第 177 盒，文件夹 7。

104 瑟斯通写给布歇的信，1932 年 3 月 18 日，以及"普通课程：第一年考试，1931 年秋季学期"，"学院"档案，第 15 盒，文件夹 9。

105 霍尔珀林写给布歇的信，1933 年 5 月 27 日，"学院"档案，第 8 盒，文件夹 2。

106 "课程小组委员会"，1935 年 1 月 14 日，社会科学学部，"记录"，第 16 盒，第 2—3 页。

107 请参阅 1929 年 5 月斯威夫特在需要交给哈钦斯的剪报中他为自己所作的有些奇怪的注释："(告诉哈钦斯) 在开始关于研究的步骤时要小心。告诉伯顿在本科生院梦想完结后的经历。"斯威夫特的文件，第 49 盒，文件夹 16。

108 "普通荣誉课"的阅读清单存档于"哈钦斯管理层"，第 111 盒，文件夹 1。

关于厄斯金，请参阅杰拉德·格拉夫，《讲授文学：一部制度史》（芝加哥，1987），第133-136页。

109　麦克基翁写给哈钦斯的信，1932年6月12日；以及巴尔写给哈钦斯的信，1931年6月15日，哈钦斯管理层，第110盒，文件夹13。

110　莫蒂默·阿德勒，《一般意义上的哲学家：一部知识分子的自传》（纽约，1977），第107-110页；祖巴克，《罗伯特·M.哈钦斯》，第88-108页；施莱格尔，"美国法律现实主义"，第479-481页。

111　这些事件在以下文件中有详述，"哲学系声明"（1930），哈钦斯管理层，第163盒，文件夹12。并请参阅哈里·S.阿什莫，《反常的事实：罗伯特·梅纳德·哈钦斯的一生》（波士顿，1989），第85-87页；艾米·A.卡斯，"激进的普通教育保守派"（博士论文，约翰·霍普金斯大学，1973），第108-118页；以及哈钦斯写给阿德勒的信，1929年11月11日、1929年12月4日和1930年1月30日，阿德勒的文件，第56盒。有关更多近来的研究，请参阅威廉·N.哈洛，《伟大经典、荣誉课程和隐匿之源人文科学运动中的弗吉尼亚计划和弗吉尼亚大学》（纽约，2003）。

112　布歇写给哈钦斯的信，1931年3月3日，哈钦斯管理层，第163盒，文件夹12。

113　关于20世纪30年代以前的芝大教员和实用主义，请参阅达内尔·洛克，《芝大的实用主义者》（明尼阿波利斯，1969），特别是第3-27、132-170页；布鲁巴奇和鲁迪，《转型中的高等教育》，第186、298、303页。关于美国实用主义者的基本原则有一篇很好的评论，请参阅大卫·A.霍林格，"美国历史中的实用主义问题"，《美国历史期刊》67（1980）：第88-107页，特别是第96-99、104页。人们对20世纪末美国思想的实用主义命运进行过更为普遍的争论，请参阅詹姆斯·T.克龙彭伯格，"实用主义：某些新思维方式的曾用名？"，同上，83（1996）：第100-138页。

114　莫蒂默·阿德勒，"芝加哥学派"，《哈泼斯杂志》，1941年9月，第377-388页。关于阿德勒所撰文章的直接语境，请参阅珀塞尔，《民主理论的危机》，第141-152、202-203、218-219页；以及约翰·帕特里克·迪金斯，《实用主义的承诺：现代主义及知识与权威的危机》（芝加哥，1994），第389-396页。

115　理查德·麦克基翁，"批评与人文学科：芝加哥批评学派"，《职业》6（1982）：第1-18页；韦恩·C.布斯，"在两代人之间：芝加哥学派的遗产"，同上，第19-26页；以及格拉夫，《讲授文学》，第145-161、233-240页。关于克兰，请参阅埃尔德·奥尔森，"R.S.克兰"，《美国学者》53（1984）：第232-238页；安·多萝西娅·施耐德，《文学批评和教育政策：R.S.克兰，芝加哥（新亚里士多德学派）批评家与芝加哥大学》（海德尔堡，1994），第78-93、261-305页；华莱士·马丁，"批评家与文化机构"，A.沃尔顿·利茨、路易斯·梅南和劳伦斯·雷尼编,《剑桥文艺评论史》,第7卷,《现代主义和新批评》(剑桥,2000),第308-310页;以及M.H.艾布拉姆斯,"英语研究的转型,1930—1995",本德和索尔斯克,《转型中的美国学术文化》,第128页。

116 克兰写给布歇的信,1931年1月15日,哈钦斯管理层,第53盒,文件夹10。

117 "历史系会议纪要,1933年1月13日",历史系,"记录",第19盒,文件夹6;"芝大评议会会议纪要",1933年3月11日。

118 R.S.克兰,"文学研究中的历史与批评",《英语杂志》24(1935):第645-667页。克兰呼吁进一步加强"对普遍艺术领域,尤其是文学艺术的系统的理论研究",并"在文学文本的阅读和美学阐释方面加强实践"(第665页)。

119 关于克兰对传统文学史的看法,请参阅格拉夫在《讲授文学》第147-148、234页中的深刻见解。这方面的相关资料包括R.S.克兰,"一所大学中的历史组织",1934年4月,以及历史系的回应,"一个历史系的目标",1934年6月,存档于"历史系","记录",第25盒,文件夹3。

120 "校长写给董事会的报告,1930—1934学年,1935年2月1日",第21-22页,特色馆藏研究中心。哈钦斯还敦促废除英语写作。

121 请参阅"大学与个人",1930年4月3日,第3页;以及日期标注为1930年11月20日的无标题演讲的第3页,以及标注为1930年12月5日的无标题演讲的第10页,哈钦斯的文件,第355盒,文件夹3。

122 《美国的高等教育》(纽黑文,康涅狄格州,1936),第18页。

123 罗伯特·M.哈钦斯,"关于评议会建议的声明",1932年12月9日,哈钦斯管理层,第52盒,文件夹2。在同一次会议上,哈钦斯还向本科生院肯定了其聘用非系属教员的合法权利。

124 演说获得了当地媒体的关注。请参阅埃德加·安塞尔·莫勒的信,"哈钦斯在芝大掀起波澜,质疑科学是哲学的基础",《芝加哥每日新闻》,1933年12月27日,第5页。

125 两篇演说后来均发表于罗伯特·M.哈钦斯的《不友好的声音》(芝加哥,1936)一书,第24-40页。

126 请参阅巴登在1934年3月8日的《放逐报》第2页如何将阿德勒-哈钦斯的"伟大经典"课程用作本科生院未来课程的模板。关于阿德勒后来对这些事情的阐述,请参阅他的《一般意义上的哲学家》,第149-171页。

127 《放逐报》,1934年1月5日,第2页。

128 同上,1934年1月9日,第2页。

129 同上,1934年2月20日,第2页。

130 《放逐报》，1934年2月9日，第1页。卡尔森于1933年12月末在一篇报纸评论中谴责了哈钦斯的观点，称"在当前的形势下，尤为令人不安的是，它来自于一所大学的校长，而这位校长的主要荣誉来自于科学上的成就"。吉福德·欧内斯特，"卡尔森博士所捍卫的科学实况调查；哈钦斯否认的指控"，《芝加哥每日新闻》，1933年12月28日，第8页。阿德勒关于1934年2月辩论的注解存档于"阿德勒的文件"，第57盒。

131 《放逐报》，1934年3月8日，第1、3、5-6页。

132 同上，1934年4月11日，第1-4页。

133 同上，1934年3月14日，第2页。

134 "芝加哥大学本科生院的教育目标"，1934年4月21日，哈钦斯管理层，第54盒，文件夹6。

135 巴登写给布歇的信，1934年5月3日，阿德勒的文件，第56盒。

136 "现代思想是反智的吗"，奈特的文件，第61盒，文件夹22。最终发表于《芝加哥大学杂志》，1934年11月，第20-23页，奈特在其中抱怨《放逐报》拒绝刊印该文章。

137 奈特写给布歇的信，1934年7月28日；布歇写给奈特的信，1934年7月31日，奈特的文件，第58盒，文件夹6。

138 哈里·D.吉第昂斯，"科学与教条的新战争"，《放逐报》，1934年6月7日，第2页。

139 约翰·杜威，"教育的理性""校长哈钦斯关于重塑高等教育的建议"，以及"美国的高等教育"，《社会前沿》，1936年12月，第71-73页；1937年1月，第103-104页；以及1937年3月，第167-169页。关于这场辩论本身，请参阅詹姆斯·斯科特·约翰斯顿，"杜威-哈钦斯辩论：一场关于道德目的论的争端"，《教育理论》61（2011）：第1-16页；丽莎·赫尔德克，"罗伯特·梅纳德·哈钦斯、约翰·杜威和人文科学的性质"，《标灯》59（2005）：第8-13页；以及托马斯·欧利希，"杜威对哈钦斯的下一轮争论"，罗伯特·奥利尔编，《教育和民主：美国自由教育的重塑》（纽约，1997），第225-262页。

140 梅纳德·克鲁格，克里斯托弗·金伯尔所作的采访，1988年5月25日，第13页，芝加哥大学，"口述历史项目"；哈里·D.吉第昂斯，"社会科学的整合与对确定性的探求"，社会研究27（1936）：第363-372页。

141 哈钦斯写给布歇的信，1935年2月23日，哈钦斯管理层，第283盒，文件夹8。

142 作者们担心哈钦斯被他个人对吉第昂斯的反感所影响。"那些直率地批评管理政策的人的晋升会遇阻，如果人们形成了这种印象，有能力的人们会逐渐离开芝大，而只有能力差和不敢直言的人才会留下来。我想这是您最不希望看到的。"切斯特·W.赖特等写给哈钦斯的信，1936年4月8日；H.A.米利斯等写给哈钦斯的信，1936年7月17日，哈钦斯管理层，第283盒，文件夹8。如麦克基翁在一份秘密写给哈钦斯的报告中所言，这封信尤为引人关注，因为它显示出"一群很少对任何事情表达一致意见的人们罕见地发出了一致的声音"。麦克基翁写给哈钦斯的信，1936 年 7 月 29 日，哈钦斯的文件，第 37 盒，文件夹 8。

143　请参阅阿德勒，《一般意义上的哲学家》，第 172-177 页。

144　哈钦斯写给阿德勒的信，1936 年 9 月 8 日，以及 1936 年 8 月 21 日，阿德勒的文件，第 56 盒。

145　请参阅"人文科学学部教员会议纪要"，1937 年 5 月 8 日和 1937 年 10 月 9 日。在历史系审查后，哈钦斯起初试图让巴尔在本科生院任职。哈利·麦克奈尔受命对该系的资深教员进行民意调查，得出结论说巴尔是一个"特别讨人喜欢的人"，但是巴尔"在芝加哥大学所理解的学术或学术成果方面乏善可陈"。麦克奈尔写给布伦博的信，1935 年 11 月 26 日，本科生院档案，第 2 盒，文件夹 11。

146　"以这种方式建设一所大学就容易让人理解。形而上学这种关于第一原理的研究弥漫在整个……我坚持认为，一所大学的要务是思想，而无论是历史还是当下信息的集合不应该在其中占据什么位置，除非这些信息能够解释或确认原则，或者对这些原则的发展有所裨益。"哈钦斯，《美国的高等教育》，第 108-109 页。

147　哈里·D. 吉第昂斯，《一个民主国家的高等教育：对哈钦斯校长批判美国大学的回复》（纽约，1937），第 9、33 页。吉第昂斯进一步阐述了自己关于教育那些被他在"教学质量或教育内容"一文中称之为"完整人"的人们的重要性，《大学教师的准备和入职培训，高等院校行政官员会议记录》10（1938）：第 65-75 页。

148　阿德勒写给哈钦斯的信，1937 年 6 月 25 日，阿德勒的文件，第 56 盒。

149　请参阅"本科生院教员会议纪要"，1938 年 6 月 2 日，第 1 页。

150　拉尔夫·泰勒后来回忆道，布伦博是"一个平易近人的好人，他说凡是哈钦斯相信的事情他都相信，但是在我看来，他不愿意动脑子认真去想这些事情意义何在，以及如何去做与之相关的任何事"。拉尔夫·W. 泰勒，《教育：课程开发与评估：1985 年、1986 年和 1987 年与马尔卡·乔尔所作的访谈》（伯克利，1987），第 160 页。

151　谈到吉第昂斯，威廉·哈钦森精明地指出："芝大会想念他的，尽管哈钦斯校长大概不会对他的离开表示遗憾。"威廉·T. 哈钦森的日记，1938 年 5 月 27 日。关于吉第昂斯后来作为一名教育领导者的职业生涯，请参阅哈里·D. 吉第昂斯，《反时下潮流：关于教育和自由社会的文选》，亚历山大·S. 普雷明格编（纽约，1967）。

152　珀塞尔，《民主理论的危机》，第 46 页。

153　"校长报告，1934—1935"，1935 年 9 月 10 日，第 34 页，特色馆藏研究中心。

154　芝大（1928）的一名博士生福斯特于 1935 年作为一名助理教授加入了英语系

的教师队伍。福斯特将工作进展的一些手稿交给麦克基翁请他评价。福斯特的老师中最有影响力的当属罗纳德·克兰,这一点同样重要。福斯特于1941—1942年出任院长一职时对本科生院抱有一种愿景,在某种程度上,这是几年前围绕在克兰和阿德勒身边的一群"学术"活跃分子们课程观念的反映。事实上,莫蒂默·阿德勒在其自传中说,"在(1933—1934)参加克兰小组会议的年轻教师中,有些人在许多年后成为教育改革的关键人物,克拉伦斯·福斯特就是他们中的一位,他在1941年成为本科生院院长时发起了这些改革"。阿德勒,《一般意义上的哲学家》,第160-161页。

155　哈钦斯首先在其1942年1月7日的报告《战争状态下的芝大》中向教员们宣布了该计划。并请参阅《放逐报》,1942年1月8日,第1-2页;以及1942年1月23日,第1、3页。

156　哈钦斯早在1942年3月就首先向福斯特提出了这个计划。请参阅哈钦斯写给福斯特的信,1942年3月9日,哈钦斯管理层,第52盒,文件夹4。

157　"本科生院教员会议纪要",1945年12月17日。

158　请参阅1946年2月21日和1946年2月25日的备忘录,存档为"关于1946年2月6日学院建议的文件"的"附件B和C",评议会委员会于1946年4月1日提交给董事会。

159　1952年,约翰·内瑟顿发现,如果校友们打算从事医学或自然科学的职业,他们会更倾向于支持哲学学士项目。请参阅J.P.内瑟顿,"继续留在芝加哥大学的866名应届毕业生表达的一些关于其在本科生院所受教育的意见",第44-45页,"学院"档案,第101盒。

160　1946年5月拼凑而成的折中方案允许本科生院学生用一门介绍性的普通物理课程来替代一门跨学科科学选修课,以此来安抚科学家们。这种妥协是有价值的,因为它是本科生院当前体系的前身,这一体系允许科学专业的学生们选择与非科学专业学生们所选的课程完全不同种类的"核心"科学课程。另一个重要的让步是达成了一个协议,通过加入一门普通历史课来修改原先的福斯特课程体系——该体系不允许将历史课当作一个特色(和专业)学科。

161　斯科特的文件,第1盒,文件夹13。

162　该备忘录的一个副本存档于"奈特的文件",第60盒,文件夹14,与1944年4月14日的"芝大评议会会议纪要"在一起。

163　金普顿写给哈钦斯的信,1946年8月22日,PP附录,1998-006,第14盒。多年后,福斯特说:"回忆起在本科生院的日子,我觉得那是最令人激动也是最徒劳的一段时光"。福斯特写给沃德的信,1973年11月5日,沃德的文件,第1盒,文件夹3。

164　斯通写给金普顿的信，1952年5月5日，"学院"档案，第9盒，文件夹5。

165　F. 钱皮恩·沃德编的《普通教育的理念和实践》（芝加哥，1950）中介绍了1942年和1946年间的课程体系及其历史。

166　罗伯特·C. 韦尔纳，"1951年1月至12月间的考试管理"，金普顿管理层，第108盒，文件夹11。

167　请参阅怀特，"芝加哥大学教育研究"，第385–429、482页。关于泰勒，请参阅莫里斯·芬德，《教导美国：拉尔夫·W. 泰勒如何教美国教学》（韦斯特波特，康涅狄格州，2004），特别是第9–10、149–152页。

168　请参阅，例如，米尔顿·辛格，"芝加哥大学本科生院的社会科学课程"（1947），"学院"档案，第8盒，文件夹3。讨论课的人数上限是25名学生。每位教师仍作常规讲座，希望学生们参与，但是这些讲座逐渐不再是"核心"课程的主要组织特征了。

169　关于其地位丧失的详情，请参阅约翰·W. 博耶，《"在某个大学教书"：芝加哥大学在过去一个世纪里的教育》（芝加哥，2012）。

170　请参阅一份同时期有关学生支持的声明，亚伯拉罕·克拉什和艾伦·J. 施特劳斯，"关于本科生院的哲学：有关两名芝加哥大学毕业生眼中本科生院方法和目的的非官方声明"，1948年6月，本科生院档案。这两名学生称，哈钦斯学院的教育实践竟然与约翰·杜威的理想非常相似，本科生院"认同其批判者哥伦比亚大学的约翰·杜威教授的论点，后者认为一个人只有通过做和实际经验才能学习。在芝大，我们是通过分析来学习如何分析的。课堂上主要使用的方法并不是向学生宣教那套方法，而是引导他们去讨论一些重要问题"（第2–3页）。

171　亚伦·塞韦茨，"理性的革命者"，《普通教育期刊》30（1978）：第9页。

172　约瑟夫·古斯菲尔德，"我的人生与温和时代"，班尼特·M. 伯杰编，《他们自己人生的著者：二十位美国社会学家的学术自传》（伯克利，1990），第110页。

173　内瑟顿，"有关他们在本科生院所受教育的一些意见"，第6–8页。内瑟顿联系到了1105位校友，回复率达到了83%。1947—1948年的研究生入学考试成绩也同样显示出积极的结果。请参阅内瑟顿的"本科生院毕业生后来的学术工作质量"，沃德的文件，第1盒，文件夹4。

174　里斯曼写给沃德的信，1992年2月25日，沃德的文件，第1盒，文件夹13。

175　亨利·W. 萨姆斯，"战后的哈钦斯学院"，《普通教育期刊》30（1978）：第60–61页。关于萨姆斯，请参阅詹姆斯·P. 比斯利，"关于芝加哥大学构成的'非凡理解'弗雷德里克·钱皮恩·沃德、肯尼思·伯克和亨利·W. 萨姆斯"，《学院构成与交流》59（2007）：第36–52页。

176 古斯菲尔德,"我的人生与温和时代",第 112 页。

177 沃德写给斯塔夫的信,1949 年 1 月 28 日,"学院"档案,第 21 盒。

178 标注为 1947 年 2 月 17 日的备忘录,哈钦斯管理层,第 161 盒,文件夹 8。

179 辛格于 1940 年获得了哲学系的博士学位,1941 年,他受聘讲授本科生院的社会科学课程。

180 辛格写给沃德的信,1951 年 10 月 9 日,辛格的文件,第 93 盒。

181 路易斯·梅南,《本科生院:黄金时代的终结》,斯蒂芬·J.古尔德和罗伯特·阿特旺编,《美国散文精选,2002》(纽约,2002),第 225 页;以及托马斯·本德,《政治、学术与美国大学,1945—1995》,本德和索尔斯克,《转型中的美国学术文化》,第 22-23、29 页。

182 理查德·麦克基翁,1975 年 6 月 3 日的采访,罗伯特·M.哈钦斯和同事,"口述历史访谈",第 2 盒,文件夹 7-8。有关一项类似的评估,请参阅贝尔,《普通教育改革》,第 37 页。

183 道格拉斯于 1920 年加入教师队伍,1925 年被晋升为正教授。他职业生涯的前十年是商学院的一员;而后加入了经济学系,专业是劳动关系和经济理论。道格拉斯 1930 年是纽约州富兰克林·罗斯福州长的一位有关失业的学术顾问,并被吉福德·平肖州长任命为宾夕法尼亚州失业委员会的秘书。他还曾于 1933 年为伊利诺伊州的霍纳州长在公用事业立法方面献计献策,州议会于同年通过了该法案。他自我评价为一个"崇尚进步和自由的人",但是拒绝承认自己是共产主义者或社会主义者。在沃尔格林调查期间,道格拉斯准备了一份有传记和学术性质的草稿,但是在公开听证会上并没有派上用场;该草稿的一个副本存档于"斯威夫特的文件",第 191 盒,文件夹 9。

184 请参阅保罗·H.道格拉斯,《时机成熟:保罗·H.道格拉斯回忆录》(纽约,1972),第 55-65 页,特别是第 60-61 页。

185 斯普拉格写给桑尼的信,1929 年 5 月 31 日,第 85 盒,文件夹 6。

186 斯威夫特写给斯普拉格的信,1929 年 6 月 27 日;伍德沃德写给桑尼的信,1929 年 6 月 22 日,斯威夫特的文件,第 85 盒,文件夹 6。

187 桑尼写给哈钦斯的信,1932 年 7 月 2 日,斯威夫特的文件,第 192 盒,文件夹 3。

188 斯塔格写给哈钦斯的信,1932 年 6 月 28 日,斯威夫特的文件,第 190 盒,文件夹 1。

189 请参阅一封普通信件的草稿,斯威夫特的文件,第 192 盒,文件夹 4。

190 高尔特写给罗伯特·L.斯科特的信,1932 年 7 月 5 日;斯特朗写给桑尼的信,1932 年 6 月 29 日,斯威夫特的文件,第 192 盒,文件夹 4。

191 "有关 1932 年 7 月 12 日在教学与研究委员会会议上所讨论事宜的机密备忘录",斯威夫特的文件,第 192 盒,文件夹 3。

192 关于斯威夫特,请参阅多萝西·V. 琼斯,《哈罗德·斯威夫特和高等教育》(芝加哥,1985)。

193 斯威夫特写给斯普拉格的信,1929 年 6 月 27 日,斯威夫特的文件,第 85 盒,文件夹 6。

194 请参阅阿什莫,《反常的事实》,第 120-127 页。

195 1932 年 11 月 25 日的备忘录,斯威夫特的文件,第 49 盒,文件夹 4。

196 我们必须谨慎地看待这样一份备忘录,因为它可能经过了斯蒂夫勒个人观点的渲染,尽管如此,结果仍然非常令人意外。据斯蒂夫勒说,艾伯特·谢勒董事认为"我们不可能得到赠款,除非我们先把与我们对立的情绪缓和下来。在这方面他对罗伯特多有指责"。休厄尔·艾弗里董事"认为我们低估了针对我们的偏见的范围和程度……他十分尖锐地批评罗伯特是一个不信守自己诺言的人"。哈里·吉尔则称,"商人是无法理解学术自由的。他们习惯了一个自上而下用纪律约束的组织。他们无法相信像(罗伯特)洛维特这样的人能够在他们的领域以外行使这样的自由,除非校长予以支持。要让公众来消解这种观念,就需要对他们进行彻底的教育"。威廉·麦克·布莱尔"认为罗伯特相信学术自由不言自明,而布莱尔先生却不这么认为。罗伯特的态度是,'事情就是这样,不容讨价还价'。他认为罗伯特应该努力争取赢得他自己的董事们,尽力去安抚他们"。威廉·邦德"认为那些出于我们的'激进主义'而针对我们的偏见严重影响了我们,他觉得这是不公平的。罗伯特在削减开支和维护标准方面做得很出色。希望他在应对我们的批评者方面再小心一些"。罗伯特·L. 斯科特"在各个方面都对罗伯特有极强的偏见,认为他对芝大是个灾难"。查尔斯·古德斯皮德觉得"思想自由和表达自由对于知识进步而言至关重要。然而,学术自由和学术许可之间有着巨大差异。前者是建设性的,后者则是毁灭性的。区分这两者的问题是教师应该考虑的,而不是董事。教师还应该去纠正由于他们中个别人的所作所为而使芝大给公众留下的不公正印象"。詹姆斯·L. 斯蒂夫勒写给哈罗德·斯威夫特的信,1935 年 3 月 29 日,斯威夫特的文件,第 49 盒,文件夹 6。

197 在哈钦斯 1935 年 4 月发表广播讲话和 1935 年 6 月发表集会演说之后他收到的许多信件中,这一点体现得十分明显。

198 该广播讲话发表于 1935 年 2 月 19 日,并转载于 1935 年 2 月 20 日的《大会记录》第 2300-2302 页上。菲什 2 月中旬的广播讲话重申了他于 1934 年 12 月末发表的一份声明的观点,他声称芝大是容纳颠覆分子的十所顶尖大学之一(除了芝大外,还包括哈佛大学、瓦萨大学、城市学院、哥伦比亚大学、史密斯学院、卫理公会学院、威斯康星大学、加州大学,以及华盛顿大学)。

199　请参阅安东尼·C.特龙科内,"老汉密尔顿·费什和美国民族主义政治,1912—1945"(博士论文,罗格斯大学,1993)。

200　请参阅《先驱报》,1935年2月24日,第8页;1935年3月15日,第12页;1935年4月1日,第2页;以及《美国》,1935年3月13日,第1-2页。在4月1日的文章中,舒曼被指控攻击罗斯福总统、国务卿科德尔·赫尔和赫斯特出版社。

201　关于舒曼,请参阅斯蒂芬·J.巴克林,"威尔逊的政治科学遗产:登纳·F.弗莱明、弗雷德里克·L.舒曼和昆西·赖特"(博士论文,爱荷华大学,1993);关于洛维特,请参阅他的自传《我们所有的时代》。舒曼向沃尔格林听证会提交了四份有关他生活和工作的备忘录。请参阅斯威夫特的文件,第191盒,文件夹9。

202　该演说被转载于《芝加哥大学杂志》,1935年3月,第171-172页。

203　一年后,这些演说中的几篇发表在一个名为《不友好的声音》的论文集(芝加哥,1936)中。

204　约翰·P.豪,"四方院新闻",《芝加哥大学杂志》,1935年2月,第150-154页。

205　沃尔格林写给哈钦斯的信,1935年4月10日,斯威夫特的文件,第191盒,文件夹5。

206　伊迪丝·福斯特·弗林特教授在沃尔格林调查的第一次会议期间仔细地解释了英语写作课的设计和目的以及《新俄国初级读本》课程的特定用途。请参阅她在贝尔的文件第9盒,文件夹9中的证词。

207　《社会科学I》课程所要求的阅读包括J.L.和芭芭拉·哈蒙德、法兰兹·鲍亚士、赫伯特·胡佛、沃尔特·李普曼、R.S.和H.M.林德、H.C.麦克贝恩、吉尔伯特·默里、威廉·萨姆纳及许多其他人的材料。

208　哈钦斯写给沃尔格林的信,1935年4月11日和1935年4月13日,斯威夫特的文件,第191盒,文件夹5。

209　官方成绩单存档于"贝尔的文件",第9盒,文件夹6-9和第10盒,文件夹1-2。约翰·P.豪在"四方院新闻"中作了很好的总结,《芝加哥大学杂志》,1935年仲夏,第345-352页。

210　查尔斯·R.沃尔格林的声明,贝尔的文件,第9盒,文件夹7-8。

211　查尔斯·E.梅里安姆的声明,贝尔的文件,第9盒,文件夹9。

212　露西尔·诺顿的声明,贝尔的文件,第10盒,文件夹1。

213　J.W.克拉克的声明,贝尔的文件,第10盒,文件夹1。

214 寄给查尔斯·沃尔格林的信,1935 年 4 月 15 日,斯威夫特的文件,第 191 盒,文件夹 5。

215 引自大卫·纳索,《领袖威廉·鲁道夫·赫斯特的一生》(波士顿,2000),第 514-515 页。在给哈钦斯写了这封信之后不久,罗斯福于 1935 年 8 月与赫斯特决裂。

216 斯威夫特写给艾伯特·L. 斯科特的信,1935 年 5 月 18 日,斯威夫特的文件,第 190 盒,文件夹 4。

217 "芝加哥大学筹款运动调查、分析与计划",第 49、57、76-77 页,芝大发展委员会,第 7 盒,文件夹 20。

218 威廉·B. 本顿,《芝加哥大学的公共关系》(芝加哥,1937),第 23、26、51-52、54 页。

219 请参阅"评议会第 33 号修订决议批准的调查委员会的多数派报告",《伊利诺伊州第 59 届大会评议会期刊》,1935 年 6 月 26 日,第 1304-1317 页,特别是第 1308、1316 页。

220 "董事会会议纪要",1935 年 7 月 11 日,第 89-95 页。

221 这 59 封电报中的多数发送和接收日期为 1935 年 6 月 27 日和 28 日,它们存档于"斯威夫特的文件",第 191 盒,文件夹 10。

222 然而,哈罗德·斯威夫特的确曾在私下里试图捍卫洛维特。他对斯坦顿·斯皮尔称:"您大概知道洛维特。如果这样的话,您就会意识到,他是一个认真、优秀的人,急于纠正社会不公,而且他总是同情弱者。"1935 年 3 月 19 日的信件,斯威夫特的文件,第 190 盒,文件夹 2。

223 《煽动性活动调查委员会报告》(斯普林菲尔德,伊利诺伊州,1949),第 5 页。

224 《放逐报》,1949 年 3 月 4 日,第 1 页。

225 请参阅马丁·G. 皮尔斯,"伊利诺伊州的红色捕手,1947—1949:布罗伊尔斯委员会"(硕士论文,威斯康星大学,1959),第 42-53 页。

226 《芝加哥论坛报》,1949 年 3 月 3 日,第 1-2 页。

227 曾于 20 世纪 30 年代帮助芝大应对沃尔格林事件的校友官员约翰·豪敦促芝大"在某个原则问题上采取强硬而直截了当的立场",他所指的原则问题是芝大录取可能为激进分子的学生的权利。豪写给本顿的信,1949 年 3 月 24 日,贝尔的文件,第 4 盒,文件夹 6。

228 《特别报告:伊利诺伊州煽动性活动调查委员会;芝加哥大学和罗斯福学院调查,1949》(斯普林菲尔德,伊利诺伊州,1949),第 21 页;以及 E. 休斯顿·哈沙所作的说明,"伊利诺伊州布罗伊尔斯委员会",沃尔特·盖尔霍恩编,《国家与颠覆》(伊萨卡,纽约州，1952），第 95-108 页。

229  《大调查》（芝加哥，1949），第 10-11 页。

230  请参阅皮尔斯，"伊利诺伊州的红色捕手"，第 165-170 页。

231  "特别报告"，第 270 页。

232  请参阅《大调查》，第 64-65 页；以及 1949 年 5 月 12 日贝尔写给 G.B. 皮多特的信，贝尔的文件，第 4 盒，文件夹 7；以及《放逐报》，1949 年 3 月 8 日，第 1、8 页；1949 年 3 月 11 日，第 3、7 页；1949 年 4 月 8 日，第 1、10 页。

233  这些信件存档于"贝尔的文件"，第 4 盒，文件夹 6。

234  其他成员包括保罗·拉塞尔、詹姆斯·道格拉斯、亨利·坦尼和哈罗德·斯威夫特，哈钦斯只有一个依据职权的身份。

235  贝尔的担忧有诙谐的一面：他说如果哈钦斯能够在提供证词期间不说任何俏皮话，就给他 25 美元。哈钦斯后来说道："他给我了——贪婪战胜了艺术。"请参阅《放逐报》，1966 年 10 月 14 日，第 9 页。

236  未注明日期的备忘录，贝尔的文件，第 5 盒，文件夹 7。

237  艾伦·W. 施雷克，《不存在的象牙塔：麦卡锡主义和大学》（纽约，1986），第 113、337 页。

238  特格韦尔写给贝尔的信，1949 年 5 月 23 日，第 4 盒，文件夹 7。

239  1929 年 12 月 9 日的信件，哈钦斯管理层，第 96 盒，文件夹 2。

240  请参阅 F.J. 凯利，"学院教师的训练"，《教育研究期刊》16（1927）：第 332-341 页；梅尔文·E. 哈格蒂，"学院教学的进步"，《学校与社会》27（1928）：第 25-36 页；弗洛伊德·W. 里夫斯，"对当前改进学院教学工作的批判性总结和分析"，*Phi Delta Kappan*11（1928）：第 65-71 页；迈克尔·基亚佩塔，"一个反复出现的问题：学院教师的职业准备"，《教育历史期刊》4（1952）：第 18-24 页；以及卡特·V. 古德，《学院和大学的教学：一项有关高等教育问题和文献的调查》（巴尔的摩，1929）。

241  请参阅 O.E. 兰德尔，"学院教师的招募与培训"，《美国大学教授协会公告》14（1928）：第 329-337 页，此处为第 335、337 页；欧内斯特·H. 威尔金斯，"学院教师招募与培训委员会报告"，《美国大学协会公告》15（1929）：第 40-44、187 页；沃尔特·克罗斯比·伊尔斯，"一门关于'美国大学'的大学课程"，《高等教育期刊》9（1938）：第 141-144 页。这些干预只是 20 世纪 20 年代出现的针对研究型大学教学的更广泛批评的一部分。请参阅朱莉·A. 鲁宾，《现代大学的形成：学术转型与道德边缘化》（芝加哥，1996），第 202-206、250-252 页。

242  贾德写给哈钦斯的信，1929 年 12 月 12 日；盖尔写给哈钦斯的信，1929 年 12

月 16 日；莱恩写给哈钦斯的信，1929 年 12 月 16 日；以及布歇写给哈钦斯的信，1929 年 12 月 18 日和 1930 年 2 月 1 日，哈钦斯管理层，第 96 盒，文件夹 2。

243　哈钦斯写给盖尔、莱恩、贾德和布歇的信，1930 年 1 月 30 日。

244　盖尔写给哈钦斯的信，1930 年 2 月 8 日。

245　它的其他成员也全部是正教授，包括生理学系的安东·J. 卡尔森、经济学系的哈里·A. 米利斯、生物学系的威廉·H. 托利弗、法语系的阿尔杰农·科尔曼、教育系的弗兰克·N. 弗里曼，以及英语系的詹姆斯·R. 赫伯特。

246　"给芝加哥大学校长和评议会的报告，1931 年 5 月 16 日"，哈钦斯管理层，第 96 盒，文件夹 3。委员会于 1930 年 11 月 5 日向芝大评议会提交了一份翔实的、长达百页的关于各系反应的总结。巴罗斯还准备了一份有关各系对教师准备（或缺乏准备）的反应的独立报告，并于 1930 年 6 月 25 日交给了弗雷德里克·伍德沃德。

247　"给芝加哥大学校长和评议会的报告，1931 年 5 月 16 日"，第 11、20–21 页。

248　"校长给董事会的报告，1930—1934 学年，1935 年 2 月 1 日"，第 24 页。

249　早在 1938 年 9 月，哈钦斯就向董事会抱怨过，他作为校长所拥有的权威和他作为一个教育和学术领导者的责任并不相称。请参阅他的"给董事会的年度保密声明，1938 年 9 月 20 日"，第 35–49 页。特色馆藏研究中心。到了 20 世纪 40 年代初，他表示董事会应修订条例，使校长成为一个只负责院系的职位，基本或完全不负责学术事务，或者赋予校长更为直接和实质性的行政权，包括课程与学术任命权，附加条件是，如果董事会或院系强烈反对他的决定，这些决定可以被取消，在极端情况下，可以要求校长提交辞呈。董事会分别于 1943 年和 1944 年与芝大评议会的资深成员一起就这些提议进行了一系列讨论，试图解决哈钦斯所反对的权力分配问题。但是这些协商实际上并没有得出可行的决议，教员们对哈钦斯提出的两个方案均表示反对，不过他们也承认目前的评议会不够民主，也过于庞大，影响了其作为一个有效行政机构的运转；他们同意建立一个代表委员会来代表全体教员行事，并扩大评议会成员的范围，让在其职位上工作过一定年限的副教授和助理教授也能够加入进来。这些协商在以下文件中有总结，"教学与研究委员会就行政改革建议给董事会的报告"，1944 年 12 月 28 日，奈特的文件，附录，第 1 盒，文件夹 3。各种备忘录存档于"副校长记录"，第 35 盒，文件夹 19。

250　该演说的完整文本存档于"哈钦斯的文件"，第 368 盒，文件夹 3。

251　请参阅哈里·M. 比亚兹莱对埃默里·菲尔比的采访，"'大道'在国家反对个人老问题上的长期斗争"，《芝加哥每日新闻》，1944 年 3 月 7 日，第 11 页。

252　奈特写给哈钦斯的信，1944 年 6 月 3 日，奈特的文件，"附录"，第 1 盒，文件夹 3。

253　"关于芝大的状况给董事会的备忘录"，1944 年 4 月，奈特的文件，第 60 盒，文件夹14;"芝大评议会会议纪要",1944年5月22日,第1—4页。R.S.克兰为主要作者。支持方有94票,反对方有42票。哈罗德·斯威夫特对该备忘录作出了反应,敦促各方进行合作和调解,请参阅"董事会会议纪要",1944年6月8日,第105—107页。

254　一些教员对哈钦斯坚信芝大负有纠正这个世界的弊病的责任感到焦虑不安。威廉·奥格本在自己1946年的私人日记里隐晦地发问,"芝大是一所推广或宣传机构吗"?日记,1946年1月10日,奥格本的文件,第46盒,文件夹2。

255　《放逐报》,1944年6月16日,第3页。

256　这种妥协在很大程度上是由莱尔德·贝尔设计的。请参阅"董事会会议纪要",1944年12月28日,特别行政会议。关于整个事件,请参阅麦克尼尔,《哈钦斯的芝大》,第126—129页。

257　哈钦斯写给父母的信,1931年11月5日,第11盒,文件夹II-10-8,威廉·J.哈钦斯的文件,伯里亚学院档案馆。

258　菲尔比于1935年写信给一个求职者,说"由于各领域的预算都遭到大幅削减,有必要进行裁员,被裁的许多人已经供职了很多年"。他还预言未来几年中还会有更多裁员。菲尔比写给玛丽·F.考德威尔的信,菲尔比的文件,第1盒,文件夹2。

259　请参阅E.C.米勒写给哈钦斯的信,1939年9月12日,哈钦斯管理层,第177盒,文件夹7。

260　哈钦斯写给父亲的信,1932年4月4日,第11盒,文件夹II-10-8,威廉·J.哈钦斯的文件,伯里亚学院档案馆。

261　"校长报告,1934—1935",1935年9月10日,第49页,特色馆藏研究中心。

262　伍德沃德写给董事们的信,标注为"保密",1933年7月8日,斯威夫特的文件,第179盒,文件夹1。

263　请参阅N.C.普林顿写给斯威夫特的信,1934年1月19日,普林顿描述了西北大学明显偏向消极的财政和预算立场,西北大学被拿来与芝大相比;斯威夫特的文件,第179盒,文件夹2("这两个机构的立场实在不好拿来比较")。西北大学的教员团体所作的各种意见书和备忘录暴露了一个资金不足却颇有自豪感的中等规模机构对于被一个更大、更为富有的商业竞争对手吞并的恐惧和担忧。请参阅"西北大学评议会委员会关于西北大学和芝加哥大学合并提议的报告",1934年2月6日,沃尔特·迪尔·斯科特的文件,第42盒,文件夹1。西北大学档案馆。

264　希巴德写给斯科特的信,1933年12月8日,斯科特的文件,第41盒,文件夹4,西北大学档案馆。

265　一直有远见卓识的鲁梅尔坚称,"无论有多少细琐的考量,都不能阻止这场合并"。鲁梅尔写给沃尔特·迪尔·斯科特的信，1934 年 1 月 10 日，鲁梅尔的文件，第 1 盒，文件夹 1。

266　哈钦斯写给母亲和父亲的信，1933 年 8 月 11 日，第 11 盒，文件夹 II-10-8，威廉·J. 哈钦斯的文件，伯里亚学院档案馆。

267　希巴德写给斯科特的信，1933 年 10 月 28 日，斯科特的文件，第 42 盒，文件夹 10，西北大学档案馆。

268　斯威夫特关于这些文件的备忘录，1934 年 2 月 26 日，斯威夫特的文件，第 179 盒，文件夹 2。

269　关于 20 世纪 30 年代大学财政的详细信息在 1939 年呈示给了董事会，存档于"副校长记录"，第 6 盒，文件夹 13。

270　请参阅约翰·F. 莫尔兹写给斯威夫特的信，1926 年 11 月 5 日，斯威夫特的文件，第 74 盒，文件夹 6。

271　斯蒂夫勒写给斯威夫特的信，1931 年 12 月 1 日，斯威夫特的文件，第 82 盒，文件夹 7。

272　斯蒂夫勒写给哈钦斯和斯威夫特的信，1932 年 2 月 16 日，文件夹 8。

273　哈钦斯写给斯威夫特的信，1929 年 10 月 1 日，斯威夫特的文件，第 175 盒，文件夹 7；"1929 年 10 月 13 日哈钦斯先生与梅森先生之间谈话的保密备忘"，以及"1929 年 12 月 7 日梅森、戴和鲁梅尔之间谈话的备忘录"，"发展与校友关系"，"记录"，第 52 盒。

274　哈钦斯写给洛克菲勒基金会的信，1930 年 3 月 5 日，斯威夫特的文件，第 175 盒，文件夹 7；"芝加哥大学财政项目备忘录"，1930 年 3 月 24 日，"发展与校友关系"，"记录"，第 52 盒。该备忘录修订了 1930 年 3 月 5 日的原始提案。

275　GEB 董事会的其他成员包括詹姆斯·R. 安吉尔和哈罗德·H. 斯威夫特本人。

276　"官员中（有）这么多芝大人真的很尴尬。阿内特他更为尴尬。""1929 年 10 月 13 日哈钦斯先生和梅森先生之间谈话的保密备忘录"，"发展与校友关系"，"记录"，第 52 盒。

277　一封给梅森的信的草稿，1929 年 11 月 14 日，"发展与校友关系"，"记录"，第 52 盒。

278　"总体评论"（斯威夫特就 1931 年 3 月与梅森之间的一场讨论的笔记），斯威夫特的文件，第 175 盒，文件夹 8。

279　"董事会会议纪要"，1930 年 6 月 12 日，第 147 页。

280　同上，1931 年 5 月 14 日，第 59 页。该笔赠款也是对纽约进行了一次私人拜访后赢得的。请参阅"1931 年 1 月 13 日与梅森、阿内特和史蒂文斯先生间谈话的备忘录"，

"发展与校友关系","记录",第 52 盒。

281  哈钦斯已于 1931 年 11 月 7 日向梅森提供了一份关于芝大财政困境的详细说明以及计划进行的预算削减。"发展与校友关系","记录",第 52 盒。

282  雷蒙德·D. 福斯迪克写给哈钦斯的信,1939 年 11 月 16 日,"发展与校友关系","记录",第 52 盒。哈钦斯为该演说所作注释在同一文件夹中。并请参阅哈钦斯写给福斯迪克的信,1936 年 6 月 4 日,"发展与校友关系","记录",第 48 盒。

283  史蒂文斯写给伍德沃德的信,1931 年 5 月 8 日,"发展与校友关系","记录",第 48 盒。

284  "普通教育委员会三人小组(小洛克菲勒、杨先生和福斯迪克先生)关于芝加哥大学医学项目的报告",包含在 1936 年 12 月 18 日雷蒙德·B. 福斯迪克写给哈罗德·斯威夫特的一封信中,"发展与校友关系","记录",第 48 盒。

285  W.H. 托利弗写给哈钦斯的信,1939 年 1 月 24 日,"发展与校友关系","记录",第 52 盒。

286  斯威夫特写给哈钦斯的信,1939 年 7 月 31 日,斯威夫特的文件,第 49 盒,文件夹 10。

287  罗伯特·M. 哈钦斯,"芝加哥大学,特别与医学有关",1940 年 5 月 15 日,"发展与校友关系","记录",第 48 盒。哈钦斯被迫对福斯迪克就该备忘录模棱两可的回复作出回应,坚称芝大并非是在通过提出这些进一步的请求来寻求"优惠"待遇。请参阅一封写给福斯迪克的信的草稿,未注明日期,1940 年,同上。

288  哈钦斯写给福斯迪克的信,1940 年 11 月 7 日;以及福斯迪克写给哈钦斯的信,1940 年 11 月 20 日,斯威夫特的文件,第 182 盒,文件夹 12。

289  罗伯特·M. 哈钦斯,"洛克菲勒的董事们",1941 年 2 月 4 日,以及他标题为"捐赠大学的功能"的评论,"发展与校友关系","记录",第 52 盒。

290  科勒,"科学、基金会和美国大学",第 162 页;以及帕特丽夏·J. 古默波特,"研究生教育和研究,相互依存与施压",菲利普·G. 阿尔特巴赫、罗伯特·O. 伯达尔和帕特丽夏·J. 古默波特编,《21 世纪的美国高等教育:社会、政治和经济挑战》,第 2 版(巴尔的摩,2005),第 433-435 页。

291  巴里·D. 卡尔,"洛克菲勒法"(未发表的论文,2001),第 18 页。

292  "芝加哥大学筹款运动调查、分析与计划",1936 年 4 月 18 日,第 119 页,芝大发展委员会,第 7 盒,文件夹 20。

293  约翰·F. 莫尔兹,"对约翰·普莱斯·琼斯公司报告的理解",第 13 页,以及"芝加哥大学筹款调查、分析和计划",1936 年 4 月 18 日,第 iv、109、117 和 200 页,芝大发展运动,第 7 盒,文件夹 20。这些材料同时存档于"哈钦斯管理层",第 68 盒,文件夹 9。

294　斯蒂夫勒写给斯威夫特的信,1936 年 12 月 1 日,斯威夫特的文件,第 82 盒,文件夹 13。

295　本顿,《芝加哥大学的公共关系》,第 129-142 页;悉尼·海曼,《威廉·本顿的生活》(芝加哥,1969),第 68-70 页。

296　"发展委员会",1938 年 12 月 23 日和 1939 年 1 月 19 日,斯威夫特的文件,第 201 盒,文件夹 21。

297　"芝加哥大学 50 周年计划",1939 年 2 月 15 日,斯威夫特的文件,第 201 盒,文件夹 15。

298　齐默尔曼写给保罗·S. 拉塞尔的信,1939 年 4 月 20 日;邓肯写给齐默尔曼的信,1939 年 4 月 19 日,"副校长记录",第 22 盒,文件夹 22。并请参阅"校友委员会关于 50 周年庆典合作的会议纪要,1939 年 6 月 27 日",斯威夫特的文件,第 201 盒,文件夹 6;以及斯威夫特写给莫尔兹的信,"保密",1939 年 6 月 12 日,同上,文件夹 2。

299　本顿,《芝加哥大学的公共关系》,第 66 页。

300　请参阅"委员会关于董事会发展的建议报告",莫尔兹写给斯威夫特的信,1939 年 7 月 3 日,斯威夫特的文件,第 201 盒,文件夹 21。

301　"董事会会议纪要",1939 年 7 月 13 日,第 232 页。

302　芝大出版社前任社长唐纳德·P. 比恩(1917 级)被任命为校友和公共运动的执行董事,由约翰·豪、威廉·莫根施特恩(运动的宣传主任)、威廉·马瑟(校运动的执行董事),以及本顿办公室的其他工作人员协助其工作。芝大设立了一个市中心办公室,并组织了几个校友捐赠委员会和一个特别捐赠委员会。

303　"校长罗伯特·M. 哈钦斯特别会议的会议记录",1939 年 6 月 19 日,"副校长记录",第 22 盒,文件夹 27,第 9-11、28 页。关于 20 世纪 30 年代哈钦斯与资深教员中一些主要成员极其不稳定的关系,请参阅祖巴克《罗伯特·M. 哈钦斯》中公正的分析,特别是第 185-207 页。

304　"兰德尔写给本顿的信,1939 年 11 月 20 日,斯威夫特的文件,第 49 盒,文件夹 10,请参阅罗伯特·M. 哈钦斯,"捐赠有何好处?"《周六晚报》,1939 年 11 月 11 日。

305　《您的大学及其未来》(芝加哥,1941),第 4 页。请参阅"副校长记录"中的文件,第 23 盒,文件夹 11。

306　《哈罗德·L. 伊克斯的秘密日记》(纽约,1953—1954),第 3 卷,第 472 页。

307　邓肯写给赫伯特·齐默尔曼的信,1939 年 4 月 19 日,"副校长记录",第 22 盒,文件夹 22。

308 "芝加哥大学的学生",第 7-9 页,"副校长记录",第 6 盒,文件夹 10。

309 斯威夫特的文件,第 156 盒,文件夹 3。

310 "关于匡特雷尔先生大学俱乐部午宴的保密报告",1940 年 1 月 17 日,斯威夫特的文件,第 156 盒,文件夹 10。

311 莱斯特,《斯塔格的大学》。芝大对于兄弟会的强硬立场还遭到了一些不悦的校友们的指责,他们担心运动项目会走下坡路。1933 年,一位批评家写道:"芝大的政策极大地削弱了兄弟会,学生们的兴趣几乎完全被新的教育项目打消掉了,芝大以前的体育运动声望也遭到抹灭,芝大的学生生活中再没剩下什么来留住校友们的兴趣、支持和忠诚。""芝加哥大学兄弟会备忘录",1933 年 4 月 20 日,哈钦斯管理层,第 91 盒,文件夹 3。

312 阿尔夫·奥唐奈写给马瑟的信,1940 年 1 月 23 日,斯威夫特的文件,第 201 盒,文件夹 10;D.B. 史密斯写给马瑟的信,1940 年 2 月 26 日,同上,文件夹 11。

313 "50 周年筹款成果报告",斯威夫特的文件,第 201 盒,文件夹 7。

314 在总共 49300 名校友中,有 14484 人作出了捐赠。小约翰·纽文,"执行委员会主席报告",1941 年 11 月 1 日,斯威夫特的文件,第 201 盒,文件夹 7。

315 "芝加哥大学校友基金会:来自约翰·普莱斯·琼斯公司的报告",1941 年 1 月 2 日,第 5-8 页,斯威夫特的文件,第 156 盒,文件夹 2。

316 哈钦斯写给洛克菲勒的信,1941 年 8 月 28 日;洛克菲勒写给哈钦斯的信,1941 年 8 月 30 日,斯威夫特的文件,第 201 盒,文件夹 22。

317 哈钦斯写给洛克菲勒的信,1941 年 9 月 4 日;以及伍德沃德写给洛克菲勒的信,1941 年 8 月 29 日,斯威夫特的文件,第 201 盒,文件夹 22。

318 "小约翰·D. 洛克菲勒在芝加哥大学校长和董事市民晚宴上的讲话",1941 年 9 月 26 日,"芝大发展运动",第 14 盒,文件夹 34。

319 罗伯特·科恩,《年轻时的老左派:学生激进分子和美国的第一次大规模学生运动,1929—1941》(纽约,1993),第 91-97、99、308-318 页。关于芝大的经历,请参阅罗伯特·科文,"红色放逐者",《芝大历史》21(1992):第 20-37 页,特别是第 26、34-37 页。

320 詹姆斯·C. 施耐德,《美国应该参战吗?芝大关于外交政策的辩论,1939—1941》(教堂山,北卡罗来纳州,1989),第 100、102、191-192 页。

321 《放逐报》,1941 年 1 月 30 日,第 1 页。

322 罗伯特·M. 哈钦斯,1976 年 5 月 26 日采访,罗伯特·M. 哈钦斯和同事,"口述历史访谈",第 1 盒,文件夹 11。

323 "美国和战争",《芝加哥大学杂志》,1941 年 2 月,第 5-8 页;以及"和平的主张",哈钦斯的文件,第 364 盒,文件夹 6。哈钦斯随后告诉小约翰·U. 内夫,他收到了大约三千个关于他的言论的回应,其中只有 3% 的人持否定意见。哈钦斯写给内夫的信,1941 年 1 月 29 日,小内夫的文件,第 23 盒,文件夹 5。

324 请参阅"注册办公室给校长的报告,1941—1942"和"注册办公室给校长的报告,1943—1944"。各部男性招生人数的下降更为明显,从 1941 年的 1764 人下降到了 1943 年的 518 人。

325 至 1943 年秋,与政府相关的项目占了所有可用校园住房与食品供应空间的 97% 以及所有教学与研究空间的 33%。请参阅"政府培训与研究所用空间",1943 年 10 月 2 日,哈钦斯管理层,第 250 盒,文件夹 2。仅气象学学院就征用了法学院 70% 的空间、雷诺兹俱乐部的全部空间,以及曼德尔会堂 75% 的空间。W.B. 哈勒尔写给陆军航空兵物资指挥的信,1943 年 10 月 2 日,哈钦斯管理层,第 241 盒,文件夹 9。

326 1940 年 6 月 28 日的备忘录,哈钦斯管理层,第 244 盒,文件夹 1。

327 菲尔比写给威廉·本顿的信,1941 年 11 月 26 日,哈钦斯管理层,第 250 盒,文件夹 1。

328 哈钦斯写给麦考伊的信,1936 年 4 月 9 日,哈钦斯管理层,第 145 盒,文件夹 5。

329 气象学学院是在亚瑟·康普顿的敦促下成立的,康普顿曾在珍珠港事件发生之前很久就称,这样一个项目能够令芝大在国防方面发挥有益的作用:"当前我们敦促开展该项目完全是出于国防的需要。"康普顿写给埃默里·菲尔比的信,1940 年 7 月 13 日,哈钦斯管理层,第 11 盒,文件夹 4;以及道格拉斯·R. 艾伦,"芝加哥大学气象学的起源",《美国气象学会公告》82(2001):第 1905-1909 页。

330 《放逐报》,1943 年 10 月 15 日。

331 "战时的芝大",《芝加哥大学杂志》,1942 年 1 月,第 1-7 页。

332 该学院向非大学生以及芝加哥的报考者开放,要求申请者年龄在 16 岁至 48 岁之间,并至少完成了两年的高中学习。关于此有一种不同的观点,请参阅"哈钦斯管理层"中的资料,第 242 盒,文件夹 3;阿什莫,《反常的事实》,第 223-224 页;以及米尔顿·迈耶,《罗伯特·梅纳德·哈钦斯回忆录》(伯克利,1993),第 225 页。

333 请参阅克拉伦斯·H. 福斯特,"芝加哥大学如何应对紧急状况",约翰·戴尔·拉塞尔编,《战时的大学:新的责任》(芝加哥,1943),第 42-54 页。

334 关于总体情况,请参阅劳拉·费米,《杰出的移民:来自欧洲的知识移民,1930—1941》,第 2 版(芝加哥,1971)。关于芝大一例,请参阅约翰·W. 博耶,"开始时我们都是岛民：19世纪和20世纪末的芝加哥大学和世界"（芝加哥，2008），第69-125页。

335  请参阅奥托·冯·西姆森的妻子路易丝亚·历山德拉·冯·西姆森所撰关于她旅居芝加哥的动人的回忆录，《快乐的流放》（达姆施塔特，1981），特别是第133-142页。

336  拉尔夫·泰勒，乔治·戴尔的访谈，1978年3月11日，第16页，罗伯特·M.哈钦斯和同事，"口述历史访谈"，第2盒，文件夹13。

337  劳拉·费米，《家庭中的原子：我和恩里科·费米的生活》（芝加哥，1954），第176页。

338  迈耶，《哈钦斯》，第248、250-252、263、274-276页；罗伯特·M.哈钦斯，1973年5月29日和1973年5月30日采访，罗伯特·M.哈钦斯和同事，"口述历史访谈"，第1盒，文件夹9。1941年10月，哈钦斯警告小约翰·U.内夫说，"我想说，我对政府参与教育有我的担忧。直接的赠与意味着控制。这个国家的政治状况也是如此，控制意味着糟糕的教育"。1941年10月31日的信件，小内夫的文件，第23盒，文件夹5。

339  康普顿的回忆录《原子追索：一本个人传记》（纽约，1956）第79-86页中没有包含多少关于他与哈钦斯就芝大接受该项目进行协商的具体信息。然而，康普顿已经获得了校方的批准于1941年4月借助国防研究委员会的支持来创建一个用钚来进行自续裂变的项目。请参阅杰克·M.霍尔，《阿贡国家实验室，1946—1996》（厄本那，伊利诺伊州，1997），第5页；以及W.B.哈勒尔写给欧文·斯图尔特的信，1941年4月14日（保密），哈钦斯管理层，第241盒，文件夹6。

340  请参阅康普顿写给菲尔比的信，1943年11月23日；以及L.R.格罗夫斯写给哈钦斯的信，1943年3月10日，哈钦斯管理层，第241盒，文件夹6。

341  引自霍尔，《阿贡国家实验室》，第8页。并请参阅理查德·罗兹，《原子弹的制造》（纽约，1986），第399页。

342  《芝加哥论坛报》，1945年8月10日，第7页；R.S.马利肯写给哈钦斯的信，1945年8月15日，哈钦斯管理层，第164页，文件夹8。第三所放射生物学和生物物理学学院也很快加入进来。1945年的一本替这些学院辩解的未签名备忘录援引了以1933年以前德国的凯撒·威廉科学协会为代表的一些先例，称它们使科学取得了在常规的大学环境中不可能取得的进步；同上，第212盒，文件夹6。至1947年，这三所学院的总预算为150万美元。

343  斯宾塞·R.沃特和格特鲁德·韦斯·西拉德编，《利奥·西拉德关于事实的阐述：回忆录与通信选编》（坎布里奇，马萨诸塞州，1978年），第182页。

344  请参阅哈里·阿什莫，乔治·戴尔所作的采访，1976年5月25，罗伯特·M.

哈钦斯和同事,"口述历史访谈",第1盒,文件夹3。阿什莫进一步提到,哈钦斯"并不想谈到它(原子弹项目),因为他不喜欢产生的结果"。

345 爱丽丝·金伯尔·史密斯,《危险与希望:美国的科学家运动,1945—1947》(芝加哥,1965),第24-72、560-572页,特别是第566-567页。关于1945年7月西拉德请求停止使用原子弹的请愿,请参阅沃特和西拉德,《利奥·西拉德》,第209-215页。

346 史密斯,《危险与希望》,第75-76页。

347 西拉德向哈钦斯送去了一份他的请愿书的副本;哈钦斯回复道:"我认为请愿书写得很好,希望能有效果。"哈钦斯写给西拉德的信,1945年7月26日,哈钦斯管理层,第241盒,文件夹6。

348 罗伯特·M.哈钦斯,1973年5月29日采访,罗伯特·M.哈钦斯和同事,"口述历史访谈",第1盒,文件夹9。

349 "和平的主张",第13-15页,哈钦斯的文件,第364页,文件夹6。

350 "原子力对人类的意义","圆桌"无线电广播文字转录,1945年8月12日,哈钦斯的文件,第369盒,文件夹5。

351 博尔杰塞和麦克基翁写给哈钦斯的信,1945年9月16日,麦克基翁的文件,第26盒,文件夹3。

352 麦克基翁写给博尔杰塞的信,1947年8月26日,麦克基翁的文件,第26页,文件夹3。

353 1946年1月19日的信,哈钦斯的文件,第229盒,文件夹11。

354 1947年11月23日的信,哈钦斯的文件,第229盒,文件夹12。

355 1947年11月26日的信,哈钦斯的文件,第229盒,文件夹12。

356 这些信件和意见书存档于"哈钦斯的文件",第229盒,文件夹11至第230盒,文件夹3。

357 《芝加哥论坛报》,1947年11月17日,第1页。

358 "莫斯科广播,1948年9月13日",哈钦斯的文件,第307页,文件夹4。

359 科威尔是一位有些名气的新约学者。他毕业于埃默里大学,于1930年从芝大神学院获得博士学位。1930年至1951年间供职于神学院。他最为著名的一个决策是于1946年拒绝任命乔治·S.施蒂格勒为经济学系教员,理由是施蒂格勒过于经验主义。请参阅罗纳德·科斯,《乔治·J.施蒂格勒》,爱德华·希斯编,《记住芝加哥大学:教师、科学家和学者》(芝加哥,1991),第470页。

360 请参阅1945年6月15日评议会委员会会议纪要中的辩论。委员会中的教员代表们对此事很不情愿,很可能是因为这项计划似乎不再主张哈钦斯本人拥有行政权,但是内皮尔·威尔特称,"一个满腹牢骚的教员会想让名誉校长来关注他的",这句话准确地预言了1945年之后的几年中发生的情形。

361　鲁宾·弗洛丁,1954年12月24日理查德·斯托尔所作的采访,斯托尔的文件,第6盒,文件夹8。

362　威廉姆斯写给哈钦斯的信,1949年6月24日,哈钦斯管理层,第67盒,文件夹11。

363　请参阅1960年7月25日R.W.哈里森写给格伦·劳埃德的信("由于教员的反对,如您所知,拉里一直不愿推荐校长人选"),劳埃德的文件,第24盒。

364　斯威夫特的内部备忘录,1929年4月15日,斯威夫特的文件,第38盒,文件夹11。

365　斯威夫特认为自己必须写信给哈钦斯,告诉对方他的长女弗拉尼亚的情况,弗拉尼亚正在湖滨区的消夏寓所里和他在一起,而哈钦斯不在她身边:"她在这里的情况并不理想,因为缺少监管……弗拉尼亚基本算是一个自由职业者,她有活力,情绪也不错,有时候有一点不理智。目前她安然无恙,但我想您应该了解一下她的情况。"斯威夫特写给哈钦斯的信,1939年7月28日,斯威夫特的文件,第49盒,文件夹10。

366　特里·卡斯尔,《喜与忧:特里·卡斯尔论莫德·哈钦斯与众不同的职业生涯》,《伦敦书评》,2008年7月3日,第19—22页。

367　迈耶,《哈钦斯》,第358—360页。

368　威廉·T.哈钦森的日记,1934年10月16日。

369　本顿写给哈钦斯的信,1956年3月23日,本顿的文件,第100盒,文件夹6。

370　请参阅哈钦斯写给斯威夫特的信,1946年8月20日,贝尔的文件,第2盒,文件夹4。在标注日期为1946年9月14日的一封私人便笺中,莫蒂默·阿德勒敦促哈钦斯考虑给教师们休假的提议。请参阅阿德勒写给哈钦斯的信,"周六下午"(1946年9月14日),阿德勒的文件,第28盒。

371　"董事会会议纪要",1946年9月12日和18日。

372　斯威夫特和贝尔将哈钦斯的薪水从1946年的2.6万美元增加到了1947年秋的5万美元,其中的一大部分可能是为了补偿他与莫德失败的婚姻所导致的损失。米尔顿·迈尔称,哈钦斯欠了大笔的债务试图安抚莫德和他的孩子们。莫德收到了一笔一年1.8万美元的现金结算作为其1948年7月协议离婚的一部分。

373　阿德勒写给哈钦斯的信,1946年9月14日,阿德勒的文件,第28盒。

374　最初的核反应堆(芝大反应堆1)建于老斯塔格体育场西看台下面一个废弃的壁球场中,1943年3月被转移至郊区帕罗斯公园红门树林中的一个更加安全的场所。

1946年7月1日，该实验室被重新命名为阿贡国家实验室。20世纪40年代末和50年代初，它被搬迁至今天位于杜佩奇县的所在地。

375　被转出的资金包括为医学院和东方研究所所作的捐赠。"1951—1952年预算操作"，1952年8月14日，斯威夫特的文件，第21盒，文件夹16；约翰·I.柯克帕特里克，"芝大的财务问题"，1955年11月18日，第5页，斯威夫特的文件，第77盒，文件夹2。关于截至1948年5月的预算的一份完整分析，请参阅"预算委员会"，1948年5月27日，贝尔的文件，第3盒，文件夹3。

376　信件指责的内容包括新课程的缺陷、进入本科生院的校友子女人数减少、校友捐赠减少、本科生院招生人数下降，以及教员们对哈钦斯的不满。抗议者包括两位律师、几个商人和一名医师，后者称，他们本可以不费太大气力就说服上千名校友同胞来为这封信签名。请参阅斯威夫特写给贝尔的信，1948年11月19日，以及1948年5月21日，贝尔的文件，第2盒，文件夹7，以及第3盒，文件夹1，其中还包含一张签名人的名单。

377　斯威夫特写给贝尔的信，1950年6月2日和7日，斯威夫特的文件，第90盒，文件夹9。

378　请参阅"董事基金#2"，1950年9月26日，贝尔的文件，第4盒，文件夹1。

379　这些文件和信件存于"贝尔的文件"，第3盒，文件夹14。同样，亨利·坦尼也秘密地给贝尔写了一封信，称"反省之后，我认为我们犯了一个错误，不应该把行政楼当作重中之重来对待。事已至此，我认为其他的项目比这个重要得多"。坦尼写给贝尔的信，1947年5月26日，同上，第4盒，文件夹3。

380　"筹款资源和建议程序的详细目录"，1950年12月1日，克斯汀·布朗公司，斯威夫特的文件，第83盒，文件夹13。该研究包括对51名校友代表所作的采访，他们来自芝加哥、纽约、爱荷华州的得梅因和滑铁卢，以及威斯康星州的麦迪逊和密尔沃基；还包括对56名非校友商界人士和职业人士以及董事会成员、高级职员和一些基金会领导人所作的采访。

381　"一份详细目录"，第13-14页。

382　同上，第13页。

383　同上，第20、39页。

384　柯克帕特里克，"芝大的财务问题"，1955年11月18日，第4-5页。

385　哈钦斯"对董事会的财务和信托责任担心得要命"。"克里斯托弗·金伯尔和乔治·H.沃特金斯的采访"，1987年8月25日，第16页，芝加哥大学，口述历史项目。

386　罗伯特·M.哈钦斯，"告别演说"，1951年1月10日，《芝加哥大学杂志》，1951年2月，第4页。

387　哈钦斯透露，他对金普顿和董事们 1952 年所面临的财务现实缺乏了解，但他同时称："尽管筹钱作为解决预算问题的一种方式在大家看来很有吸引力，但对于芝大而言另一种方式通常更好，而它往往被忽视了，那就是减少开支。"哈钦斯写给贝尔的信，1952 年 1 月 15 日，本顿的文件，第 408 盒，文件夹 2。

388　关于此二人，请参阅里斯曼，《托斯丹·范伯伦》，第 101—103 页。

389　哈钦斯著名的广播演说和 1931 年 2 月开播的芝加哥大学广播节目《圆桌》可以被视为哈珀的函授教育在后来时期的延续，它们迎合了 20 世纪 30 年代和 40 年代的新媒体，并且置身于一个更具自觉性的学术氛围中。

390　身为一所大学掌门人的哈钦斯是"新政"的一位隐秘支持者，芝大的董事会坚定地支持共和党，而且芝大的前面几任校长或者具有进步意识，或者是保守的共和党人；哈钦斯也因此成为 20 世纪 30 年代以后芝大所承受的意识形态压力的一个典型代表。

391　对哈钦斯十分欣赏的大卫·里斯曼有一次表示，"要与东海岸那些伟大的捐助大学竞争，（芝大）不能指望一代又一代忠诚的校友，因为他们离开自己的儿子，起草遗嘱委托时也是按照不可动摇的传统来进行的"，芝大必须"依靠（其自身的）高压激励才能存活"。里斯曼，《托斯丹·范伯伦》，第 103 页。事实上，里斯曼设想的问题在于，芝大花费了太多时间来向大的私人基金会兜售其优点，而最终，就连这样的收入来源也承受不起了。

392　由爱德华·希尔斯撰写的关于哈钦斯的个人回忆录尽管有自我演绎之嫌，却道出了 20 世纪 30 年代和 40 年代校园里四处洋溢的令人激动的气氛。请参阅希尔斯，"罗伯特·梅纳德·哈钦斯"，希尔斯编《记住芝加哥大学》，第 185—196 页。

393　拉尔夫·泰勒，乔治·戴尔的访谈，1978 年 3 月 11 日，第 18 页，罗伯特·M. 哈钦斯和同事，"口述历史访谈"，第 2 盒，文件夹 13。

394　"与 T.V. 史密斯的对话"，1958 年 4 月 12 日和 14 日，斯托尔的文件，第 6 盒，文件夹 8。

395　罗伯特·斯特里特，乔治·戴尔所作的采访，1977 年 11 月 1 日，罗伯特·M. 哈钦斯和同事，"口述历史访谈"，第 2 盒，文件夹 11。

396　鲁梅尔写给梅里安姆的信，1950 年 7 月 10 日，鲁梅尔的文件，第 3 盒，文件夹 11；相比之下，梅里安姆有些性急地把得到名誉校长一职的哈钦斯称为"名誉校长先生"，1945 年 8 月 17 日，同上；"弗洛丁：对话，1954 年 12 月 24 日"，斯托尔的文件，第 6 盒，文件夹 8。

397　请参阅理查德·麦克基翁对乔治·戴尔的评论，1975 年 6 月 3 日访谈，罗伯特·M. 哈钦斯和同事，"口述历史访谈"，第 2 盒，文件夹 7。

398　哈钦斯写给沃德的信，1964年2月19日，沃德的文件，第1盒，文件夹14。

399　请参阅哈钦斯的专栏"什么样的世界？"，1964年10月26日发表，哈钦斯的文件，第352盒，文件夹3。

400　克拉克·克尔，《大学的用途》（坎布里奇，马萨诸塞州，1963），第33页；以及霍华德·加德纳，《先进思想：领导力剖析》（纽约，1995），第125页。

401　例如，安德鲁·哈克和克劳迪娅·德赖弗斯，《高等教育？大学如何浪费我们的金钱，挫败我们的孩子——以及我们的对策》（纽约，2010）。哈克和德赖弗斯两次提到哈钦斯，称他为一个有勇气的学术自由的捍卫者，并将他加入他们所列出的有远见并敢于直言的大学领导人的名单，诸如此类的事情我们不会再见到了。并请参阅查尔斯·J.赛克斯，《教授骗局：教授和高等教育的死亡》（华盛顿，哥伦比亚特区，1988）。有人同样以哈钦斯为例作过更为细致的批评，请参阅德尔班科，《过去和现在的大学什么样，以及应该是什么样》。

402　托马斯写给斯托尔的信，1953年2月20日，斯托尔的文件，第6盒，文件夹11。

# 第5章
# 生存时期
（1951—1977）

罗伯特·哈钦斯是一个大胆的规划者和勇于承担风险的人。他认为自己有义务提出有争议的问题并促使教员们为之进行论辩。但他与资深教员之间经常剑拔弩张，乃至人们时常质疑他的动机和意图。芝大的架构和理念所发生的许多重大变化都是在哈钦斯富于冒险精神的领导下产生的，比如作为独立管理机构的学部和本科生院的建立，第一批"核心"课程的设置，以及芝大自身理性和学术环境形象的树立；但是哈钦斯也使芝大社群内部产生了深刻的政治分歧，他离开芝大时学校正陷于一场严重的财政和人口危机之中。此外，芝大与周围邻居的关系也出现了明显的紧张迹象。最后，虽然哈钦斯成功地赋予了本科生院以独特的架构和特别的课程体系，他的观点在一些重要的部门教员中间却遭到了很大程度的排斥，并最终被证明是无法延续的。而他的继任者们，尤其是劳伦斯·金普顿和爱德华·列维，只得硬着头皮去处理他在任期间遗留下来的所有这些棘手的问题。

## 实用主义的反革命主义者：劳伦斯·A. 金普顿

1910年10月7日，劳伦斯·金普顿出生在密苏里州堪萨斯城；他于1927年至1932年间就读于斯坦福大学。在斯坦福期间，他不但是一个运动员、辩手和校园里的活跃分子，还在三年级时因为自己的天赋而入选美国大学优等生联谊会。金普顿后来被康奈尔大学录取为博士生从事哲学研究，在此期间他住在"特莱瑞德之家"。1935年，他以一篇关于伊曼努尔·康德的批判哲学的论文获得了博士学位。金普顿早期决定从事教学和教务管理相搭配的职业，并且很快就证明了自己在两方面都很在行。他与特莱瑞德协会之间的联系帮他在加州的深泉学院谋得了一个职位，从 1935 年到 1941 年，他在那里教授哲学、历史和德语，并担任教务长。[1] 离开深泉后，他在一座占地 7000 英亩的牧场作了一年的合伙人。1942 年，他搬到堪萨斯城大学，依然担任教务长。

## 志在必得的工作

在深泉学院期间，金普顿结识了哈佛大学校长詹姆斯·科南特，对方建议他邀请加州理工学院的研究生来这所小规模的学校开展短期的兼职教学工作。这些年轻的化学家中的一部分人被聘请来到"冶金实验室"——这样一个含糊的名字是为了掩人耳目，因为它实际上是亚瑟·霍利·康普顿战时的钚项目，也是更大的"曼哈顿计划"的一部分；他们为金普顿推荐了芝大的一份工作，而实验室就位于那里。金普顿于 1943 年来到芝加哥大学，被聘为"冶金实验室"的首席行政官。这份工作让金普顿广泛地了解了芝大内部的许多行政和研究领域（后来据他的朋友们称，高强度的辐射损害了他的健康）。1944 年 9 月，金普顿开始担任教导主任和教务秘书，同时还在哲学系和教育系担任名义教授。他所展示出的形象是理智而能够做出公允的判断——这种能力使他能够迅速地评估棘手的政治形势——以及冷静而友好的性情。金普顿还是一位出色的作家，诺曼·麦克莱恩后来甚至评论说他的文章堪称"史上的大学校长所写出的最优雅的美国散文体"[2]。总之，金普顿给人的印象不是一位理论家，而是一个文人和解决实际问题的人。

金普顿的天赋开始在全国范围内为人知晓；1946 年 2 月，亚瑟·霍利·康普顿提供给他一个华盛顿大学二号行政副校长的职位，被他拒绝了，他认为他的机会在芝大。[3] 1947 年，金普顿接受邀请，返回了他的母校斯坦福大学，从 1947 年至 1950 年在那里担任教导主任。尽管最初认为自己会喜欢斯坦福宽松的氛围和较为缓慢的工作节奏，不久后他还是厌倦了那里拖沓的工作效率，又怀念起了芝大虽然无序却充满活力的氛围。他向哈钦斯释放过各种信号，如果有合适的工作给他，他很乐意回到芝大。从他们早期的通信来看，金普顿很明显十分欣赏哈钦斯大胆的言行和充满魅力的个性，他喜欢哈钦斯，并认为自己可以向他学习。他们之间的这种关系既令人称道又让人不解，因为后来一旦手握大权，金普顿便立即开始扼杀哈钦斯的许多创新成果，包括本科生教育和教员任命制度。[4]

哈钦斯与金普顿断断续续保持着联系，偶尔也表达出希望他回到芝大的愿望。最后，为了缓解董事们要求他更积极地开展筹款行动的压力，哈钦斯于 1950 年 3 月向金普顿提供了一个新职位——发展副校长。金普顿欣然接受。

在战后那些年里，芝大的财政状况不断恶化，重整芝大财政部门的压力凸显出来。1950 年 5 月 1 日，在批准金普顿的任命之时，董事们对芝大的财政状况表达了深深的担忧。1950 年夏末，负责公共关系的林恩·威廉姆斯提醒刚刚抵达芝大的金普顿要对他所面临的严峻挑战有清醒的认识："我想您一定知道，公众对芝大这所学校多有不满，尤其是中西部的人们，如果您还没有意识到的话，我想您很快就会明白，这对任何形式的筹款工作都是一个严重的问题……如您所知，芝大的校友并非都对我们的学校抱有热忱。校友们每年给学校捐钱的动力总是令人失望。"[5] 但是金普顿很快就证明了自己是一个精明的筹款人，无论是学者还是富有的私人捐助者，他都能与之自如地交流。金普顿似乎胸有成竹，凭借自己出色的人际交往能力和非凡的说服能力，他能够将哈钦斯令人敬畏的名声充分放大，从而为芝大获取更多的财政援助（他略带夸张地称哈钦斯为"所有时代最伟大的推销员之一"）。[6]

## 继任校长

仅仅在金普顿返回海德公园数月之后，罗伯特·哈钦斯便于 1950 年 12 月决定接受由保罗·G. 霍夫曼提供的一个福特基金会的高级行政职位，并辞去名誉校长一职。[7] 哈钦斯是自愿辞职还是被排挤出去的？在董事会的各个阶层中，人们对哈钦斯那段时间的表现非常忧虑；与 1946 年众人努力说服他不要辞职的情形截然相反，显然，当时已经有相当一部分董事准备好让他离开了。哈钦斯当然明白这一点。与此同时，董事会仍在犹豫要不要向他摊牌，他们还是倾向于给他时间让他自己做出决定。哈钦斯自己感到他在芝大已经做到了极致，并且怀疑在自己的任期内是否真正以某种有意义的方式改变了芝大，于是，他开始给自己找退路了。[8] 有福特基金会这个无比诱人的机会摆在眼前，哈钦斯下定了决心。莫蒂默·阿德勒早在1946年就曾劝过他，说他今后要谈论教育改革这个话题不再需要芝加哥大学"这个平台来向全国发表演说"了。[9] 如今，有了福特基金会的资金供自己调遣，哈钦斯觉得阿德勒是对的。

哈钦斯的决定为芝大制造了一个巨大的权力真空，而芝大自1929年以来还未开展过任何的校长遴选工作。金普顿先在芝大、后在斯坦福、而后又返回芝大担任行政职位的经历使他成为接替哈钦斯的一个可信的人选。他不是一位有名的学者，但曾经的哈钦斯也是默默无闻。与哈钦斯不同的是，金普顿在教员中间没有树敌，反而有许多董事欣赏他，而且他对芝大内部工作的熟知也是非常吸引人和令人信服的。金普顿在全国范围内也很有竞争力，因为有几所其他大学已经询问过他是否有意去担任他们的校长。因此，他身上有一种象征着年轻的政治新秀的光环，令董事们愿意委之以重任。最后，金普顿有合适的学术资历、公民勇气和与人为善的智慧。若论对大学治理的看法，哈钦斯的友人们还能够将其视为"哈钦斯的人"，因为金普顿承认他回到芝大是为了和哈钦斯合作。[10] 对于那些关心制度延续性的人们来说，这一点至关重要；但是他们很快就会发现自己失算了。

选择劳伦斯·金普顿的决定是在考察过数百名候选人的漫长过程之后才做出的。除了金普顿之外，最后的短名单上还有约翰·霍普金斯大学校长德特勒夫·W. 布朗克、阿默斯特学院校长查尔斯·W. 科尔、哈弗福德学院校长吉尔伯特·F. 怀特，以及芝加哥大学的洛厄尔·T. 科吉歇尔。最后的选择要在金普顿和生物科学部部长科吉歇尔之间做出。在哈罗德·斯威夫特看来，科吉歇尔似乎对领导芝大不够热情，因为他说自己"非常荣幸能够走到最后这个阶段，虽然并不确定是否能够做好要担当的工作，但如果需要的话，他还是会接受的"；而金普顿则不仅直言他想要这份工作，还说他已经拒绝了一份甚至几份其他大学的邀请，只等芝大召唤他。[11] 科吉歇尔模棱两可的话使得天平朝金普顿倾斜了。1951年

4月12日，董事会正式批准了他的任命。由于哈钦斯已经离开去休行政假期了，金普顿便立即走马上任。

在上任之初的几个月中，金普顿受到了教员和校友社群的一致好评，他们对他的评价出奇地好，以至于董事会主席莱尔德·贝尔提醒他不要试图取悦所有的支持者："鉴于芝大上下对您评价如此之高，想必您是在避免招惹是非，不过这种做法长久不了。我很担心，虽然说现在风平浪静了，但您的执政履历不会比贾德森的更好（况且他还消除了赤字！）。"[12] 贝尔没必要担忧金普顿会成为第二个哈里·普拉特·贾德森，不过，他却没料到金普顿即将发动一场暴风雨似的干预行动。

## 本科生院的困境

### 招生和学生生活

尽管金普顿意识到了芝大面临的财务问题，但他上任后还是立刻被这些铺天盖地的问题搅得头昏脑涨。战后那段时期对于一些大学而言本是一段黄金发展期，可供它们大展宏图，而这一时期的芝大却在挣扎求生。到了1951年秋，芝大资源和收入之间的鸿沟已经被拉得太过明显了。金普顿在11月初写给自己父亲的信中说："哈钦斯离开时，芝大的财政简直是一团乱麻，要把它们理清需要做的工作多得要命。我正在设法制定下一年的预算，一个人能摊上这么多问题真是匪夷所思。"[13] 两周之后，他重新提起这件事时又评论道："哈钦斯先生将芝大扩张得过快了，我现在的工作就是要把规模减下去。我不得不合理地、尽快地在一年内将运营预算缩减大约100万美元。这项工作十分艰巨，而且不会有多少人支持我这样做。"[14] 从1950年至1955年，金普顿被迫每年将常规学术预算削减超过5%，其中仅1952年至1953年的预算就被削减了将近10%。

但是，混乱的预算状况只是金普顿对本科生院进行的引起强烈质疑的各种干预的背景。金普顿在自己校长生涯的初期就面临着本科生招生人数急剧下降的现实，这使得芝大的财政危机雪上加霜。到了1953年秋，本科生院的注册人数已经缩小到了1350名学生。1953年秋进入芝大的新生包括275名一年级学生和39名转校生，尚不足二十年前规模的一

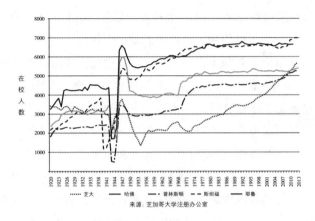

图1 1920—2012年间芝大、哈佛、普林斯顿、斯坦福和耶鲁本科在校生人数对比

半。金普顿以及对罗伯特·哈钦斯1942年创建的本科生院项目持批评意见的人认为，本科报名人数的下降不仅仅意味着招生或宣传的失败，还意味着更多根本问题，包括本科生院的课程设置和管理模式。这种下滑的趋势使得芝大与其他顶尖私立大学相比，在学生规模及相应的净学费收入和校友慈善水平方面明显处于劣势。然而在"二战"之前，芝大本科生学院的规模并不逊色于其多数竞争对手——比普林斯顿大，与耶鲁和斯坦福接近，但比哈佛小——而在战争结束后，芝大的招生人数与这些名校间的差距越拉越大，已经远远落后于它们将近五十年（见图1）。这意味着芝大在这一时期"失去了"数万名潜在的校友支持者。

招生人数的下滑有几层原因，包括芝大过度地将超高的学术能力当作其筛选潜在申请者的唯一标准，以及不断增加的对学校周边安全的忧虑。但最重要的一个因素还是芝大在罗伯特·哈钦斯的早期招生制度下试图招收最优秀的高中二年级和三年级学生。20世纪50年代的发展副校长乔治·沃特金斯后来回忆道："罗伯特·梅纳德·哈钦斯所发起的项目之中没有哪一个比他制定的'提前录取制度'更惹人争议了，这个制度最终演变成了一场灾难。"据沃特金斯称，提前录取制度在当时并不新奇，但是由哈钦斯发起的这个计划允许符合资质的学生在上完两年高中之后就被芝大录取，并在他们大二学年结束时被授予学士学位。"这样做本该具有极好的教育意义",沃特金斯说,但它却引起了各界的"激烈批评","尤以其他学术机构和教员们的意见最为强烈"。他指出,"我们的校友中那些从事中学教师工作的人……对高中后两年纯属浪费的说法感到愤慨[15]"。威廉·沃伦是 20 世纪 50 年代初芝大的一名年轻的招生工作人员,他也证实了这种情形:"包括辅导员、教师和校长在内的许多高中从业人员对提前录取政策的态度都很消极,因为我们正试图把他们最好的学生挖走……在多数高中学校里,就算我们要求同二年级和三年级的学生们交流一下,他们也不允许我们这么做。"[16] 本地的高中官员、校友和学生父母对芝大的传统市场失去信任意味着招生人员不得不将本科生院的招生范围扩大,招收更多偏远和陌生地域的学生,这就导致了芝加哥与已经被其他精英学院和大学占领的城镇之间产生竞争。到了 1958 年,芝加哥地区的本科学生数量已经降到了 33%,而 1940 年时这一比例是 70%;到了 1970 年,更是降到了 26%。

  面对这些残酷的现实,金普顿开始同意各部教员们的观点了,这些人认为 1942 年由哈钦斯和福斯特发起的革命的基本前提是错误的,并对一流人文学科教育只能包含通识教育序列的课程设置保持高度怀疑。他们声称本科生院及其教员以傲慢的姿态脱离了芝大的基本学术文化,并与众多的高中教师产生了隔阂;他们还要求在学生的课程中增加专业研究的比重,并突出其地位。[17] 渐渐站在各研究生学部一边的金普顿还要面对一群心直口快、按捺不住的本科生院教授们,自 20 世纪 40 年代中期开始,这些人便感觉自己才是真正的教师,而他们的表现也一贯如此。"我正努力提高学生群体的整体水平和质量,这不是一项轻轻松松的任务,"他在 1952 年 12 月写道,"我也在努力为我们的本科生院做些事情……我正在让它朝着更为传统的模式靠拢,使它对学生们更具吸引力,并从总体上在这个国家更有地位。"[18] 这封信体现出精明务实的金普顿对于本科生院生存的担忧并非源于一个党派对某种通识教育理论的偏爱。曾经身为一名哲学系学生的金普顿自然十分了解令 20 世纪 30 年代中"新计划"势力与哈钦斯及其盟友们之间那场碰撞愈演愈烈的"实用主义和古典主义"之辩。但是在面对芝大这所一流教育机构的生存问题之时,那些辩论已经过时且无关痛痒了。

金普顿还担心人们会在意外界对芝大的学士学位评价不高,即便是对那些上完高中才入校的学生所取得的学位,所以强制本科生院的毕业生必须接受额外的专业训练才能够被认可为完成了四年的大学教育。因此,本科生院要求严、强度高这种名声在外,也限制了其招生范围。诚如一个教员招生委员会所评论的:"有时候一些高中校长会对我们的代表说,他们的学生都不具备要在本科生院获得成功所必备的那种素质。"[19] 受聘对芝大所面临的公共关系问题作出评估的外部顾问们也证实了金普顿的批评意见。他们的报告将招生人数的下降归结于"主要公众群体,尤其是中学教育者、校友,以及就读于学院的年轻学生的家长们所产生的不满"[20]。

身为教务秘书的金普顿客观地记录了20世纪40年代中期在关于本科生课程的问题上发生的激烈争论。如今,他以校长的身份发起了一轮遏制革命的行动。他行动的第一步就是于1953年2月任命一个由经验丰富的管理人埃默里·T.菲尔比出任主席的委员会来审查学士学位的定位。结果并不出人意料,尽管菲尔比对掌握行政大权的那些人心怀本能的敬意,1953年4月,他的委员会仍然发布了一份报告,建议从本科生院教员们独揽的权力中解除对学士学位所要求的课程的控制。[21] 从那之后,学士学位将被"重新定位",它会变为一个由不同研究生部的教员们参与的联合学位,各方对大约半数的本科生四年课程享有控制权。该提议几乎等于扼杀了哈钦斯最初的本科生院计划,所有的相关人士也都这样认为。在经过一场激烈的辩论之后,芝大评议会委员会于1953年5月7日以29票对16票采纳了该报告,当时有375名本科学生默默地站在会议召开的法学院大楼外以示抗议。

在这之后,钱普·沃德请辞本科生院院长一职,尽管金普顿说服了他暂时留任,但是"全通识教育"课程的阵线已经土崩瓦解。[22] 沃德指责金普顿玩弄权术,只会迎合学部的巨大利益,并且背信弃义,而金普顿则认为沃德死板、教条,对本科招生持续恶化将给芝大带来的根本威胁视而不见。[23] 私下里,金普顿不仅对沃德很不耐烦,而且还对这场斗争乐此不疲。"辞职的院长到处都是,就那么回事罢了,不过我真的喜欢好好干一架,眼前这场就不错,"他写道,"我只希望我正在做的事情是对的。"[24]

这场本科生院危机标志着金普顿与董事会之间的关系到了一个转折点。多数董事都被迫接受了金普顿做出改变的原因从而选择了站在他这边，也有个别人仍旧是哈钦斯的拥趸，如威廉·本顿，还有如莱尔德·贝尔一样的骑墙派幻想着1952年年初两种体制共存的局面能够愉快地延续下去。而哈钦斯本人则颇为恼怒，他向朋友们抱怨道："这就是时下里的风气造成的——每个人非要照着别人去做。所以每个学院也非要照着别的学院去做。"[25] 但是哈钦斯明白，金普顿作为校长既拥有至高无上的权力，也拥有支持他的董事。最终的结果是不欢而散。

金普顿也意识到自己正在伤害与哈钦斯一直以来的友情，但他看不到其他出路。如果真的会产生隔阂，那也是因为金普顿正在做哈钦斯曾对布歇做过的事情——利用校长的权力去推翻某个教学派系违背另一派系的意志强制推行的大学文科教育方案。从20世纪50年代起，芝大的领导手册在有关大学校长的规定中警示道，对体制结构做出重大改革一般都会激起那些天性保守而立场坚定的教员们的反对。[26] 令芝大20世纪50年代的课程冲突愈演愈烈（并引人关注）的原因还包括，没有哪位教员满足于现状。相反，在经历了20世纪40年代末的斗争之后，各方都坚信他们的方式，并且只有他们的方式，才是最为高贵也最具创新性的。

金普顿本科生教育重组战略的第二部分于1957年至1958年开始实施，它是对第一部分的一个必要但未经计划的修正。由菲尔比于1953年规定、各研究生系和本科生院间单独协商订立的协议制度很快就被证明是一个失败的举措。1953年，金普顿决定将本科生院的学生范围从11年级到14年级重新定位为13年级到16年级，这就意味着未来的高中毕业生即使不会成为芝大本科教育的唯一主体，也会成为其常态主体。现在，关键问题来了，对于正常的高中毕业生而言，经过几年的大学学习才能被认为是合格的？虽然在1953年5月采纳了菲尔比的报告，本科生院的教员们还是坚持认为本科生需要将近三年的通识教育课程学习，而大多数研究生学部则希望他们完成接近两年（或至少一年多）的专业或选修课程学习。观察家们眼中看到的本科生院教员和各系教员之间的合作并不是以情愿和愉快的方式进行的，而是充满了无休止的争吵和利益争夺——金普顿自己称之为在"公平而敌对的协商基础上"以"扑克政治和权力政治的技巧"展开的，最终结果是，一些本科生院的学生发现自己被迫接受了将近五年的课程学习才同时达到了本科生院和他们各自系的要求。

1957年年初，金普顿决定重起炉灶，他任命了由自己担任主席的另一个委员会来应对这些冲突。他发现这次的经历比1953年容易了一些，或许是因为本科生院的拥趸们偃旗息鼓了。[27] 本科教育执行委员会（ECUE）于1958年4月提议，将对学士学位内容和构成的唯一掌控权返还给本科生院，但增加91名从各研究生学部选拔的教员到本科生院中，使其教员规模几乎翻倍。此外，本科生院和某个学部的联合任命在未来将成为常态。与1953年菲尔比计划将本科生教育一分为二不同，1958年的计划提出将研究生学部的教员和本科生院的教员逐渐而主动地合并起来。20世纪40年代的老本科生院如今将被一个"新本科生院"代替，两年的通识教育与两年的专业教育加选修课模式将成为课程设置的规范，而权力将交给一个"新"的教员团体，其成员越来越多地由本科生院和学部联合任命[28]。本科生院和学部作为单独施政主体的状态将得到保护，教员们将拥有两个独立但相互协调的身份，以某个学部教员的身份来教研究生，而以本科生院教员的身份来教本科生。

20世纪50年代末期出现的这种"二加二"范式（即两年的通识教育课程加上两年专业课和选修课）在20世纪90年代末之前一直是本科生院课程的基本模式。但是从长达六十年的视角来看，这种外交解决方案有两个特征值得强调。首先，也是最显而易见的，与其说它的初衷是教育方面的考量，不如说它是为了结束教员们的争端拼凑而成的一个协议。[29] 其次，该方案将系和本科生院间的联合任命制度化，这推翻了哈钦斯认为有必要保持一支自治的本科生院教员队伍的信念，同时也认定这种经联合任命的新教员团队将能够维护芝大通识教育课程不以系为基础的传统，而本科生院将继续以一个比任何系都庞大的课程体系来发挥作用。

1958年，正是这样的问题令许多本科生院的同事们感到不安。20世纪三四十年代芝大设立的独特的跨学科通识教育课程结构——那些并没有受到某个系支持和眷顾的课程——是否能够留存下来？一些同事担忧1958年的改革会导致学部和它们的系去争抢与它们自身褊狭的利益相关的本科教育份额，使得本科生院几乎沦落为"四个学部本科拓展项目的大杂烩"[30]，正如罗伯特·斯特里特所指出的。哈钦斯公开警告说金普顿的这个范式只会让试图"破坏本科生院"[31]的那些教员获得权力。不幸的是，金普顿对于这些担忧并没有什么令人信服的回应。哈钦斯1942年至1953年间本科生院计划的基本逻辑是将芝大教员分为教本科生和既从事研究又教研究生的两部分，而金普顿则目空一切地认为这种做法造成了灾难性的后果。1960年他对阿尔弗雷德·罗默说："至少在我看来，他（哈钦斯）所犯的最严重的错误就是将教学和研究分开……这种做法造就了一群二等公民，他们与芝大的其余人群越来越疏远，与主体学科之间更是如此。我们现在将本科生院重新定位为芝大的每个人都能参与的部门，我希望我们借此纠正了这种做法。"[32]

金普顿的干预措施也反映出他们对芝大负面形象的严重关切。金普顿和他的手下于1953年用了一整年时间在美国国内访问了数百位升学顾问和中学校长，行程数千英里，只为了解他们不推荐自己的学生来本科生院上学的原因。之后的1954年1月初，金普顿向董事和教员们发表了一篇极有说服力的演说，公开将矛头指向哈钦斯留下的传统：

> 他们不仅仅是不喜欢我们——他们是厌恶我们……出于某种原因，一位中学校长很厌恶别人指责他不明白自己在干什么，并要求他必须砍掉一半课程，才能不让美国的年轻人继续忍受中学后半段的拙劣教育……但是，除了对芝加哥大学的这种个人怨恨之外，我们还发现了另一个有趣的现象……每一位中学校长和升学顾问对我们需要的学生都有非常清晰的自我解读，也的确在尽力鞭策这样的学生来芝大上学。虽然对这种学生的认识因地而异，但总体而言应该是这样一类年轻人。首先，他必须有些古怪，在游戏和社会事务中无法融入其他学生。他必须够聪明，这种聪明不一定以传统的高智商的方式表现出来，而是以某种贵不可及的、不同寻常的方式。他必须了解并认真思考过超越他这个年龄的深奥的问题。当听到有谁提及亚里士多德、圣托马斯、约翰·多恩和詹姆斯·乔伊斯时，他会倒吸一口凉气。他戴眼镜，不会跳舞，对运动嗤之以鼻，对劳动和相对论有着不一般的认

识。他自信地认为如果自己生活在"伯里克利"时代[i]或者中世纪的某个晦暗时期会更加幸福。将这种认识颠倒过来也成立。一位升学顾问是这样给我们解释的:"但凡我们正常的学生都不可能去芝加哥大学上学。"有人试图找到造成这些印象的原因,结果发现了许多问题。人们普遍认为,我们芝大人只读"伟大经典之书",只思考那102种伟大思想——102种,不多不少。我们坚称一所大学的使命是训练思维,而人们的推论就是,在我们看来其他那些人都不需要关注。我们反对趣味,蔑视所有只关注体能训练的人,耻笑所有认为大学教育应具有职业或实用价值的人。

金普顿还传递了第二个信息,涉及芝大的招生和财务清偿能力之间的联系。"经济现状是残酷的,我们无法单纯作为一个研究生机构生存下去,"他说,"做研究的成本,将学生培养成博士生的成本,至少有一部分必须由大量的本科生来承担。只有两种收入来源能够使我们宝贵的学术自由保持无恙:一种是捐赠收入,另一种就是学费收入。其他任何来源都是危险或堕落的,抑或兼而有之。"

金普顿的主张背后是他明确地想要吸引"各种类型的美国年轻人到我们芝大来"的愿望,实质上就是想要招收与之前类型不同的学生。"如果我们像自己想象的那么好,为什么我们不能让学生们在课外展示他们的性格、内心和特点呢?"[33]金普顿希望更多的学生融合了他所欣赏的各种特质:既学识渊博,又能够把外界事务处理得井井有条,或者说以金普顿自己的人生经历为模板来重构这个问题:既能在特莱瑞德协会的思想论辩中崭露锋芒,又能在深泉学院的农场上放牧的学生。金普顿对他称为"我们宣传芝大本科教育工作的拙劣方法"感到沮丧,他力图改革录取政策以招收各类申请者,但这样的努力也遭到了招办人员不动声色的反对,因为这些人多数是在哈钦斯时代任命的。[34]曾于20世纪50年代担任初级招生官的查尔斯·D.奥康奈尔评论道,"芝大的名声竟到了这种地步,即使本科生院能够吸引聪明的年轻人,但还是会被视为一个怪胎

---

[i] 古希腊的一个历史时期,亦为使雅典进入黄金时代的一个希腊全盛时期。

才会待的地方。想想看，A.J. 雷柏林在他著名的文章《纽约人》中也把芝加哥大学称为自儿童十字军之后最大的精神病人集中营。那种宣传可没起到什么帮助作用"[35]。

金普顿对于当时学生主体的怀疑态度不可避免地公开化了，并且带来了可以预见的不良后果。早在 1952 年 1 月，他就发现一些学生自治会的成员和他有对立情绪，他声称，在这些人眼里，"任何试图向社区解释芝大自由和民主性质的校长都是一个糟糕的校长"，"学生拥有无限的权利，但是没有责任，就因为他们是学生"[36]。他因为 1954 年 6 月在一场"芝"奖联盟[ii]组织的校友宴会上所谓嘲讽的言论而出名（或许是恶名），他说本科生院的问题是招收了太多"让人生厌的古怪孩子"和"神童"，而缺少"类型丰富的年轻、健康的美国人"[37]。本科生院的确吸引了众多被金普顿称为"神童"的学生，但它是利用所谓"个人自由"和"个人自治"间存在矛盾的说辞吸引他们过来的。这种改革通常会出现这样的问题，现在也不例外，令人意想不到的变化很快就发生了。哈钦斯本科生院秉持的超智主义所导致的混乱状态和放任局面为一些尤为自力更生的学生创造了空间。1955 年愚人节这一天，一个恶作剧产生了夸张的戏剧效果：为了回应金普顿反对"神童"的言论，《放逐报》刊登了一篇文章，标题为"最后的神童要走了"，旁边的配图是一个看起来失魂落魄、十分沮丧的学生穿着件松松垮垮的外套，背着两只沉重的书包。文章写道：

> "最后一个神童已离开芝大校园"，校长（劳伦斯·金普顿）本周正式宣布。亚里士多德·施瓦兹，1953 年旧学士计划下的一名入校生，于周二早晨在三名校警的护送下来到 57 街与伍德劳恩大街的街角，又朝西北方走去。学校给了他一张城市公交卡和一纸禁令，让他永远不要再回到芝大校园。自去年 8 月开始，校方在全校范围内发起了一场神童放逐运动，施瓦兹是最后一名牺牲者。教师评议会内部治安分

---

ii Order of the "C"，芝大的一个致力于促进本校体育运动事业发展而组建的优秀运动员联盟，这些运动员均在校际或院际体育比赛中获过奖，因而有资格佩戴以校名首字母为标志的荣誉徽章。

委会上周向校长汇报说，清洗运动已成功完成……当被问及分委会开除数百名学生所依据的标准时，校长指出，标准只有分委会委员们才知道。他说："如果要公之于众的话，这圈子里所有的神童都会狡猾地藏匿起来，假装正常人来逃避检查。如果我们的学校要充斥着些鬼鬼祟祟的人，那还不如就让他们作回正常人。"他强调……当被请求对这场成功的神童清洗运动作出评价时，教导主任和"学生咨询委员会"主席内奥米·麦克科恩说："说真的，这很好。我们是认真行事的。我很满意。事实上，我对一切都很满意。"[38]

在 1945 年以后新进入学院的一拨又一拨学生中，有些人并不那么传统，对新形式的英才教育、学术严谨性以及审美的自我表达持更加开放的态度，他们很少拉帮结派，对待差异有高度的宽容心。哈钦斯本科生院的这个方面今天已经被许多人淡忘了，而在当时是非常显著的，其聚集而成的价值观直到今天仍然界定着本科生校园文化的气质。在这种涌动着热切理想主义和原始创造力的狂热氛围中形成了一些像"剧作家戏剧俱乐部"和"指南针玩家"这样的本科生院学生和年轻校友组织，他们兼具戏剧天赋、讽刺智慧和为了让他们自己在美国流行戏剧领域成名而乐于冒险的偏好。由于缺乏由教员引导的有竞争力的学院派艺术团体，20 世纪 50 年代的校园中便涌现出学生自助和自发开展的各色创造性艺术活动，直到今天，这样的活动仍然标志着芝大本科生群体的文化特色。[39]本科生院还鼓励学生用各种异想天开的方式开发自己的幽默和反讽技能，比如学生的文章中竟描写了亚里士多德的朋友们是如何发明了打桥牌。[40]

与此同时，由于学生人数急剧减少而招生比率持续走低，本科生院不可避免地面临着学生生活方面的一些长期问题。在 20 世纪 40 年代和 50 年代初期，芝大曾不遗余力地清除 20 世纪 30 年代以来学校里开展得如火如荼的兄弟会活动和体育运动，却又几乎没有为学生们建立起适当的机制来鼓励社会团结并增强一个支持性社区能够给予人们的归属感。1951 年，约翰·内瑟顿在开展一项针对校友意见的调查时听到了无数校友的牢骚，他们抱怨"学校只重视学术，牺牲了社交和体育活动"，抱怨学校没有社区的感觉和学校精神，还抱怨许多年轻学生在校园里所感受到的冰冷、缺少人情味和颓废的氛围。⁴¹ 这些意见在十年之后得到了助理教导主任詹姆斯·纽曼的呼应："成年人大概都不愿意选择住在一种'学院'这样的社会氛围中——几乎每个人都得不到情感方面的支持，而我们的学生在他们人生中最需要社会支持的阶段却要在这里忍受这种欲求不得的心理折磨。"⁴² 后来成为本科生院院长的唐纳德·N. 莱文自己也是从哈钦斯的本科生院毕业的，他描述了那些年里本科生院的课程创新和对学生生活的漠视之间的裂痕：

> 哈钦斯本科生院最终确保了学术理想在本科生院文化中的首要位置，但它所采取的方式是让年轻人，通常是非常年轻的学生，和情感上有依赖的学生屈从于一个极端苛刻、有时候过于深奥的课程体系，它所提供的环境轻视学生所取得的任何成绩，除了严格意义上的学业成绩以外。因此，20 世纪 40 年代末和 50 年代初福斯特-沃德课程体系的完善虽然被许多人视为哈钦斯时代课程设置达到最佳状态的标志，但也正是这一时期令本科生院的大部分学生感到极度不安和苦恼。⁴³

金普顿对于本科生院的干预也影响了芝大的整体规划。因为他希望将本科生变为芝大人员比重最大的群体。1954 年 3 月，金普顿在几位主要董事面前宣读了他的计划：在 20 世纪 60 年代中期之前将本科生院规模从 1350 名学生增加到 5000 名，从而使本科生院的学生数量占到芝大学生总人口的 50%。即便这一数字也是金普顿妥协之后才定下的，因为他私下里曾说他真正的想法是让芝大的四方院里容纳 6000 名本科生。⁴⁴

金普顿努力执行这一计划的劲头令人称道，但他在学生的居住条件和学生生活方面有太多工作要做，而手头的资源令他捉襟见肘。早在 1951 年，社会学家威廉·C. 布拉德伯里就曾在一份报告中一针见血地指出本科生院学生所存在的问题，他认为应该采取一套综合方案来支持学生的教育发展并加强他们对社区的归属感，而扩充并完善本科生院的住房制度应该是这一方案的一部分。布拉德伯里称"战争和战后的繁荣已使芝大所有的宿舍楼变得拥挤不堪，没有一座楼能够满足学生体面生活的需要"，他认为不应该去计较相关改造所需要的成本。⁴⁵ 但是在 20 世纪

50年代初期本科生招生人数和学费收入剧减、教员规模已大大超过芝大所能承受范围的大背景下，布拉德伯里的主张并没有被管理层听取。[46]

校园里早已形成气候的兄弟会文化逐渐衰弱也让本科生院的住宿状况变得更加复杂了。如前所述，在20世纪20年代中，兄弟会为本科生院相当一部分男学生提供住宿，并且在其成员间培养了一种很强的团结意识。1931年本科生院通过课程修订又设置了更多具有学术挑战性的通识教育课程，使得芝大在1932年出台政策禁止兄弟会在芝大新生进入其一年级的春季学期之前招收他们入会。这一改革一旦付诸强制实施，再加上许多被录取新生透露出了更加强烈的以学业为重的意愿，让兄弟会的征募变得十分困难。1945年以后，本科生院开始招收大量不适合并且也不允许加入兄弟会的非常年轻的学生，因而给兄弟会带来了更加严峻的挑战；随后20世纪50年代本科生院招生人数的大幅下滑预示着这些组织中的大多数到了穷途末路的地步。1929年的时候芝加哥大学拥有29个兄弟会，到了1939年减少至17个，至20世纪50年代初期还剩下9个。到了1965年，本科生院只剩下7个兄弟会了。[47]

金普顿重塑本科生院的意愿十分坚定，他最终说服了董事会批准建造两座新宿舍楼，即由女生楼改造而成的伍德沃德苑（1958年落成）和皮尔斯楼（1960年落成）。伍德沃德苑的兴建无论如何都是必需的，因为芝大要重振"二战"以来人数急剧下降的女生群体。伍德沃德苑和皮尔斯楼虽然都投入了使用，但它们并非装备完善的宿舍楼，而且不久就变得陈旧了，后来的几十年里出现的问题也越来越多。它们也并非出于1951年布拉德伯里所呼吁的将住宿生活与本科生院的教育理想相结合的周密计划才建起来的。这两座楼是芝大在20世纪里最后建起来的宿舍楼，直到2002年马克斯·派里维斯基住宿综合楼建成开放。

尽管金普顿在20世纪50年代为促进招生、平衡课程设置和改善学生的精神面貌做出过许多努力，学校却仍在为突破四个年级总共只有2000人的全部在校生人数而挣扎。到了1961年的秋季学期，本科生院的总学生数达到了2183人，与金普顿的乐观预期仍相去甚远。事实上，本科生院在20世纪50年代末和60年代中所面临的最为显著的问题就是其居高不下的辍学率。例如，在1956年秋入学的458名一年级新生中，有

51%的学生（234人）在1960年春天之前就已经辍学了。[48]1959级也遭遇了类似的损失：四年中有将近40%的学生辍学。曾对该危机进行过深入研究的玛丽·爱丽丝·纽曼并未将原因归结于学生的学术能力不足，而是归结于许多学生发现他们的校园环境"混乱或者冰冷且缺少人情味"[49]，令他们在这样的环境中生活十分挣扎。1959年春末，刚刚走马上任的本科生院院长艾伦·辛普森检查了学校的教学环境，他对自己目睹的状况感到惊愕："昨天我在本科生院里转了转——我只能说我们的师生完全是在凭着意志生活。这里的办公室小到没有留下一点点空间可以供人思考，光线弱到与公共厕所里的差不多。阴暗的教室就像停尸房。与我们这里苦行僧一般的生活比起来，住在大缸里的第欧根尼[iii]所过的那种蜗居在缸里的生活真可算得上奢华的生活了。"[50]

在有关学生生活和教员贫困的合理问题之中，涉及学术管辖范围的冲突有增无减。至1960年金普顿离开芝大时，本科生院与各部教员已经被迫结合在一起了，但是双方都很不情愿并且很不耐烦。金普顿警告说"研究生部不可将此举视为天赐良机，借此盛气凌人地打压讲授通识课程的同事"，但是对许多本科生院的忠实拥护者而言，这种一体化的过程恰恰给人以这种感觉。[51] 即便是在1959年至1964年间作为本科生院院长处事灵活且有创造性的辛普森也不免担忧地说，给予各系太多权力是件危险的事情："因为这样做相当于把对本科生教育的控制权拱手让给了那些部门，而他们并未显示出自己已经准备好将此事当作第一要务来抓。"[52] 与此同时，课程设置也陷入了十分混乱和四分五裂的局面，许多当时的本科生院通识教育员工都很厌恶不得不去适应学部成员的状态。而在校友和普通大众的眼里，芝大似乎已经抛弃了哈钦斯针对一个不确定的、畏缩的和混乱的未来而确立的公正而崇高的原则。《纽约时报》于1959年5月宣布，芝大正在终结"哈钦斯的体系"，转而支持"一项要造出金刚芭比的政策"，而《时代》杂志则援引了辛普森的话，大意为"对于想要日后成为百万富翁的普通美国男孩，以及想要嫁个老公并且挣个文凭的普通女孩来说，芝大会像欢迎神童那样欢迎他们"[53]。直到1965年，教务

---

iii 古希腊犬儒学派哲学家，强调禁欲主义的自我满足，放弃舒适环境。

长爱德华·列维才给了1958年的合并计划一个更加持久的制度基础和一个更加可信的文化基础，我们在下文中会具体谈到这一点。不过，招生方面并没有什么起色，也许在金普顿看来这并不值得奇怪，因为作为一个根深蒂固的现实主义者，他1954年就曾在私下里说过："这将会是一个漫长的过程，这条艰难的道路还要走很多年。"[54]

## 预算危机与1955年至1958年的运动

本科生招生人数的急剧下降只是一场更大和更为糟糕的危机的一个缩影：芝大的财政已陷入了危险的境地。1950年至1951年（罗伯特·哈钦斯任期的财政学年），在其1790万美元的一般预算基础之上，芝大的预算赤字已达到180万美元；金普顿向董事会汇报时称这种情况是从1938年开始长期积累造成的。[55] 1953年，金普顿用寥寥数语解释了当时的状况："在过去八年中我们花了太多本不该花的钱，结果造成：1）我们的现金储备被严重削弱了；2）我们造了一些楼，但根本承担不起维护费用；3）我们雇用的员工造成的成本超过了我们的运营收入。"一年后他又说："我们已经尽拼尽全力，但是一直无法摆脱这种入不敷出的拮据状态。"[56]

芝大的财政状况与"二战"之后大多数私立研究型大学的状况基本一致。教学和研究成本陡增，运营开支最终超过了学费收入和捐赠钱款。[57] 但是有三个因素使得芝大在那几十年中的经历尤为糟糕。首先，本科生招生萎靡不振，研究生数量猛增，鉴于研究生教育的花费是本科生教育的三到四倍，因此这种激增使芝大在面对人口和财政问题时处于极为不利的境地。[58] 其次，20世纪50年代以后，在积极筹款的举措方面保持较高的竞争力已经成为顶尖美国大学获得福利的重中之重，而由于自20世纪20年代以后一直对校友漠不关心，芝大在这个方面已经落在了后面。最后，这个机构面临着被许多外部观察家认为是生死攸关的来自周围环境的危险，这不仅令芝大的文化区位黯然失色，更迫使芝大不得不向一些城市改造项目（不动产购置等）做出了大笔与其自身的研究能力和学术声誉毫无干系的投资。20世纪50年代初金普顿与其同事们面临的问题不仅是他们能否找到额外的资源来对新的创新型研究项目做出策略性投资从而留住顶尖的教员，还包括芝大是否能够继续作为一所一流的教育机构生存下来。

金普顿立即采取了行动以恢复金融秩序并规划一场重大的资本运动。他行动的第一步就是开展一场为期三年的严苛的预算紧缩,在1954年之前让预算达到平衡。但他向董事会坦诚地说,"为了让预算得到平衡,芝大的士气和标准受到了极大的打击",使芝大面临着沦为一个二流机构的危险。[59] 金普顿对预算大刀阔斧的削减加剧了芝大的顶尖教员流向其他顶尖机构的趋势;由于本科生院的招生状况持续恶化,金普顿于1954年3月初将一些重要的董事和资深职员召集到他的度假地密歇根的湖滨区,以制订出一个强有力的计划来解决芝大的财务问题并"认真讨论芝大的现在和未来"。金普顿提出了一个对校园进行社会再造的工程,重点是扩招更多的学生进入本科生院,并发起一场需要"对新资金极度渴望"[60]的综合筹款运动。金普顿这一大胆策略是为了使芝大重新具备稳健的预算偿付能力,它是以芝大在20世纪60年代中期之前能够达成在校总学生数10000人这一目标为前提的。如果能够实现这一目标,芝大新的净学费收入将能够从1955年的22.4万美元增长到1960年的300万美元。[61] 金普顿的计划还提出筹集1200万美元新资金以维持当前的学术运营,370万美元用于为多招的学生提供住宿,200万美元用于财政援助,1140万美元用于本科生院学生和研究生的宿舍楼,以及一些其他资本项目。后来又对该总额为2930万美元的目标进行了调整,最终正式为该运动确定的目标为3280万美元。[62]

尽管许多董事对哈钦斯的印象是他与他们打交道时那种拒人于千里之外和时常飞扬跋扈的感觉,金普顿顽强、务实,甚至可说是平易近人的管理风格仍然吸引了他们中的大部分人;当政不过几年时间,他就成功地引导董事会更为积极主动地为芝大的福利做出了更多贡献。由于认识到了改善芝大公共关系,尤其是在芝加哥范围内的公共关系的重要性,以及重新获得校友们支持的必要性,金普顿便开始重点关注与董事们的心思更加贴近的问题——作为企业和市民领袖的那些董事们十分担忧芝大在这座城市里的声誉。[63] 因此,金普顿1954年所做的陈述说服了他们;很快,争论的焦点从是否发起一场资本运动转变为如何组织这样一场运动,以及它的目的应该是什么。

为了实施自己的筹款战略，金普顿聘请了乔治·沃特金斯作他的首席开发官。沃特金斯是一名友善并且富有创造力的校友，对自己20世纪30年代在芝大度过的岁月有着美好的回忆（回忆起莫蒂默·阿德勒和罗伯特·雷德菲尔德所教授的课程时他仍怀有特别的感恩之心），他当时已经在保险行业获得了大量市场营销方面的经验，因此成为了金普顿的一名得力干将。沃特金斯建议芝大重新起用罗伯特·F. 邓肯来协助发起这场运动，因为他很欣赏对方1924年在伯顿组织的那场"经典"运动中发挥的作用。邓肯已于1950年离开约翰·普莱斯·琼斯公司，成为克斯汀·布朗公司的总裁，他接受了邀请，于1955年年初返回芝大，并在学校担任全职工作一直到1956年6月。这是邓肯第三次亮相芝大，金普顿对芝大未来的构想给他留下了深刻印象，但他敦促金普顿让更多的公众知道他的想法："如果芝城多数有领导力的市民都能了解到您昨天晚上对我们讲的想法，我想未来这些年里您一定能得到所需的全部资金。"[64]

和1924年一样，这场运动也是分多个层次展开的，力图从校友、董事、基金会、企业，以及主要外部捐助者那里获得帮助。运动组织者们精心制订了针对校友们的宣传计划，以各种信件和宣传册的形式发放出去，只为获得最佳效果。[65] 校友运动交由两位20世纪20年代的资深校友厄尔·路德金（1920级）和约翰·麦克唐纳（1928级）负责。路德维格是芝加哥的一位著名的广告专家，他在设计发给校友的信件以挽回他们的忠诚和支持方面发挥了极其重要的作用。1956年，路德维格的校友信为他赢得了美国校友委员会颁发的一个全国性奖项——"时代生活奖"，评奖词中说"该信件令人叹服的高质量体现在它丰富的幽默感和实效性"[66]。这些信件完全无视罗伯特·哈钦斯和他的教育改革，对20世纪50年代初期和中期本科生院与学部之间发生的课程争端只字未提。相反，它们力图唤起学生美好过去的荣光。例如，新的女生宿舍秉承了凯莉、比彻和格林楼的传统，那些楼"在我们那个时代浪漫而迷人"，信中还提到"即使用挑剔的眼光来看，今天校园里的女生也同样出类拔萃，完全能够达到凯莉、比彻、福斯特和格林的水平"[67]。这些材料既是在友好地宣传芝大，同时也是在坦率地争取财政援助，其大部分重点都放在了改善学生生活质量、提高教员研究水平和维护芝大总体声望等方面。

因此，这场运动要明确地朝着 1930 年之前的校友能够理解和接受的主题而发展了。从为运动设计制作的重要手册《伟大的责任》可以看出，校方是在迂回地否定哈钦斯所留下的遗产，他们回避了哈钦斯治理时期不得人心的方面，但是又没有公开批判他。这本小册子对哈钦斯只字未提，甚至将制定本科生院项目的功劳都归给了威廉·雷尼·哈珀。事实上，这场运动主要是为了贴近和吸引 1930 年之前毕业的校友，因为在 20 世纪 50 年代初期的时候，这些人无论在专业方面还是职业方面都已经完全成熟了，能够给予大笔捐赠，而且他们曾经与芝大保持着良好的关系，现在是时候重修旧好了。这些老校友中很可能有许多人对欧内斯特·D.哈珀有着美好的回忆，由此便可以将金普顿的修正主义努力与令这部分芝大校友感觉美好的那个时代联系起来——伯顿早在 20 世纪 20 年代的时候就曾煞费苦心地去接近这些人。

然而，威特金斯要让芝大恢复元气并非易事，因为要将哈钦斯隐藏起来无异于藏起一头大象。从回复自己收到的筹款信的校友们所写的评论中不难看出，几代校友之间的紧张关系已经变得很明显了。在 40 份返回来的有关金普顿执政的评论中，有 22 份表示支持金普顿和"目前的发展情况"，而另外 18 份则用轻微或者强烈反对的语气评论了他的执政。这些反应之中最有趣的一点是，持支持意见的校友的班级年份中间数为 1908，而持反对意见的校友则为 1946。金普顿和沃特金斯明确的努力方向是去安抚哈钦斯时代之前的那些校友并与之重归于好，而且要尽力避免进一步疏远近些年的毕业生。前者的工作他们做得十分出色，但他们仍旧引起了许多哈钦斯时代校友们的不满。[68] 在设法平复 1930 年之前毕业的校友们苦恼情绪的同时，金普顿和他的同事们无意中又引起了另一部分于 20 世纪 40 年代末和 50 年代初毕业的校友们的抱怨，这些校友中的许多人对金普顿废除哈钦斯本科生院的做法颇有怨言。

董事和校友们的贡献成为此次运动的亮点。董事们的参与率达到了 100%，共捐赠 450 万美元，接近于最初设定的 500 万美元的目标。董事当中捐款数最多的是贝尔、斯威夫特和赖尔森的一笔联合捐赠，数额为 125 万美元。校友们的捐款同样令人鼓舞并且富有创造性，总数达到了可观的 260 万美元。然而来自非校友的捐款仍然是个问题。为了更好地了解市民精英们是如何看待芝大的,金普顿于1954年8月委托全国民意研究中心开展了一项针对近500名芝加哥民众对芝大意见的调查。[69] 调查发现市民对芝加哥大学的看法存在非常大的不确定性,与他们对西北大学的意见相比,这种不确定性就更加凸显了。在芝大公民委员会的成员当中,对芝大有好感的人和对西北大学有好感的人一样多,但是在该市其他著名的领袖当中,西北大学的形象则明显占优。该研究发现,金普顿对改善人们对芝大的印象做出了很多贡献:公民委员会中近三分之二的人和半数的女性市民领袖以及其他的知名人士报告说,他们对芝加哥大学的看法在过去的两三年中有所改观,很大程度上是因为金普顿所做的工作。但是该研究也有一些令人不安的发现。大多数公民委员会的成员都同意这样的说法,"芝加哥大学的本科生院培养了太多虽然聪颖但是很难融入社会的学生"[70]。

1955年年初,在向芝加哥的市民领袖们募集大笔捐款的初步行动开始的时候,邓肯就直言当时的市民氛围仍然非常冷淡,他说:"尽管人们对校长、他的行政助理们和董事会的个别成员有一些正面评价,我们还是经常听到对芝大的不满,尤其是对我们的学生和最近的毕业生类型的批评……芝大是在一个极端复杂的形势下,面临着十分不利的因素试图筹集资金的。"[71]

在与芝加哥的市民精英们周旋的同时,金普顿也在试图重拾哈钦斯没能完成的工作,重新向纽约城求助。1955年3月,金普顿在纽约城与洛克菲勒方面的人员进行了一场长达五个小时的会谈,他要求洛克菲勒给芝大一笔800万美元的大额捐赠,其中的300万美元用作筹集其他资金的匹配基金。金普顿承诺恢复20世纪40年代末哈钦斯在未与洛克菲勒家族商议的情况下为了弥补财政赤字而花掉的近400万美元洛克菲勒捐赠,但这一举动并没有打动洛克菲勒方面。[72] 两个月后,洛克菲勒用一盆冷水浇灭了金普顿的希望,他告诉金普顿:"您已经表达了希望我成为你们机构的一名主要捐助者的意思,但理智地来看,我恐怕不能应允。尽管家父多年来一直是这个机构的重要捐助者,就我个人而言,除了对'东方学院'感兴趣之外,与它之间并没有任何责任和关系可言,也不想与之产生任何这样的联系。"[73]

在基金会方面，金普顿重启了与纽约三家大基金会的谈判，于 1955 年 5 月与洛克菲勒基金会、卡耐基基金会和福特基金会的领导人共进晚餐并陈述了芝大的情况。会谈的气氛亲切而热烈；虽然向洛克菲勒和卡耐基方面发出的求助并未得到响应，芝大却于 1955 年 12 月获悉，它将从福特基金会那里获得 500 万美元捐赠用于支付教员薪金。[74] 福特基金会的支持在接下来的十五年中成为芝大的一条新的命脉。在招生人数下降、资深教员严重流失的十年中，芝大的领导者们视福特为他们获取资金的一根救命稻草，这也是可以理解的。虽然对这笔捐赠心存感激，金普顿仍对许多基金会限制它们对重点项目的援助和拒绝全力支持研究型大学核心活动的倾向非常失望。在宣布这笔捐赠之后的那个月里，他通过对董事和教员们发表的一篇演说表达了自己的担忧：

> 最近几年中各大学所获得的捐赠越来越受到限制了，管理一所大学正变得越来越困难……我们近来发起了一场筹款运动，准备筹集数百万美元。如果我们失败了，芝大接下来几年的日子会变得十分艰难……如果我们成功了，芝大在今后许多年中的日子也不会好过，因为那种有所保留的善意会要了我们的命。我们的目标是让芝大保持自由，我们只有非常小心谨慎，才不会让它受到束缚，因为我们得到又花掉的这些钱会让我们堕落、腐朽，当抵达繁荣的顶峰时我们会丢掉我们的灵魂。[75]

至 1958 年 6 月结束之时，这场运动只筹集到了最初预定目标 3280 万美元中的 2200 万美元，总募集款中有 36% 来自福特基金会的捐赠，包括为教员薪金和为商学院捐赠的大笔款项（分别为 500 万美元和 137.5 万美元）[76]。校友和董事方面的捐款情况十分理想，而与 1924 年至 1925 年的运动如出一辙，非校友捐助者给予大笔捐赠的积极性仍然令人失望。芝大仍过分依赖大基金会的支持，而非来自个人的大笔捐赠，这一点十分明显。

1951 年至 1955 年间筹款运动的收益和大幅的预算削减使金普顿得以开始在 1955 年至 1956 年增加给各教学单位的拨款，20 世纪 50 年代后期教员的薪水和聘用情况有明显改观。但是这样的进展却是以近乎没日没夜地筹款和恳请拨款的努力为代价的，这让金普顿感到更加沮丧。尤其令金普顿觉得气馁的是，至筹款运动的最后一年，离筹款目标仍有 1300 万美元的差距。此外，董事会早在 1956 年就意识到芝大的需求远远超过其 1954 年至 1955 年的最初筹款目标。为稳定与芝大毗邻的海德公园区域所作的社区投资也耗费了大笔资金，芝大官员和董事们于 1956 年 2 月召开的第二次峰会就重点讨论了从捐款中拿出更多的钱投资社区的必要性。

筹款运动的部分成功却让某些被看重的项目遭遇了挫折。在芝大官员和董事们于 1957 年 3 月举行的另一次会议上，与会者就是否应该开始用未达到目标的筹款资金（所需的 360 万美元中只筹到了 250 万美元资金或保证）在"大道乐园"以南建设法学院新楼一事展开了激烈的辩论，有部分人认为应该推迟这个项目，以让位于已经开展的中心项目，并为追加预算保证提供支持。金普顿坚持认为社区项目、学生宿舍、实验学校，以及固定预算都应该排在法学院项目之前，因此他反对开工建设。在随后进行的一次预算委员会会议上，金普顿的想法遭到了批驳，董事会支持了拨出一项新的"周转基金"以资助该建设工程的计划，该计划是由一位董事领袖格伦·劳埃德提出的，他是法学院的校友，也是该院院长爱德华·H. 列维的一位密友。金普顿警告说，"如果我们能够筹集到新资金，这个方案是件好事，如果不能，它就是危险的"[77]。

## 社区危机

许多"二战"后关于美国高等教育历史的大部头文献都以很大的篇幅记载了联邦政府在资助研究和教育项目方面发挥的越来越重要的作用。[78] 当然，20 世纪 50 年代联邦对研究的支持（合同经费和基础经费）对于物理科学和生物科学学部的研究项目至关重要。但是芝大的多数部门并没有从政府的大笔资助中分得一杯羹，学校的常规学术预算，包括教职员工的薪水和学生的财政补助仍然主要依赖学杂费、筹资和遗赠、捐赠收入，以及来自辅助服务的收入。[79] 在芝大的领导人看来，国会在 1945 年至 1960 年间所采取的最重要的行动或许就是批准了 1949 年、1954 年和 1959 年的《住房法案》，该法案批准了联邦大规模投入城市改造计划。[80]

20 世纪 50 年代芝大发现自己所处的当地环境十分严酷，这使得芝大领导人不得不关注学校与这座城市和其所在的社区间不稳定的关系。许久之前，在劳伦斯·金普顿还未掌管芝大的时候，有一点就已经十分明确了，即海德公园、伍德劳恩和肯伍德区域内发生的深刻的社会变革会严重影响芝大未来的稳定性。[81] 早在1948年6月，罗斯福"新政"的规划者、曾在1938年至1941年间担任纽约城计划委员会主席的雷克斯福德·G. 特格韦尔就曾向欧内斯特·科威尔发牢骚说，"有一些令人不安的迹象表明，芝大所处的社区可能会成为爆发严重社会冲突的中心"。特格韦尔敦促芝大着手制定一项目标远大的综合城市规划，其中包括保护区、新住宅重建，以及维护和开发合约。[82] 穆里尔·比德尔后来描述1950年左右55街的状况时曾说："从经济方面看，人们的收入和购买习惯在走下坡路。沿55街的一段有两个街区的区域内有多达23家酒吧；阴沟里堆满了半品脱的威士忌酒瓶；犯罪率也呈上升趋势。"[83]

然而，罗伯特·哈钦斯对芝大能做或应该做的事情深感矛盾。面对芝大声援种族契约[iv]的举动，哈钦斯虽然在道德情感上十分困惑，却也同意了顺从当时的惯常做法。在1937年9月写给自己父亲的信中，哈钦斯说：

> 毫无疑问，如果芝大不支持这些协议，那么不用多久就会成为被黑人包围的孤岛，因为从"大道"一直到湖区住着的都是黑人。另一方面，作为有着悠久传统的欧柏林人的后裔[v]，我也本能地反对这些协议，反对让芝大以任何形式加入声援它们的行列。然而，我最终得出的结论是，既然这个国家的法庭支持了它们，既然考虑到如果被黑人包围起来芝大很有可能陷入瘫痪，除了用一切体面的方法来明哲保身之外，我们也做不了什么。[84]

他后来对朱利安·列维承认道："在我看来，社区的事情就是一场灾

---

iv 也称为"种族限制性契约"，是20世纪前期美国白人推行种族隔离的最主要的制度性措施，具体形式为禁止将房产出售、出租和转让给黑人的私人合同或协议。

v 前文曾提到，哈钦斯的父亲曾在欧柏林学院担任教授，哈钦斯本人也曾在该学院学习；欧柏林学院是美国最好的文理学院之一，也是第一所招收黑人学生和女性学生的学校。

难……我都快为此精神分裂了。"[85] 哈钦斯在任的最后几年中几乎没有对此采取过什么系统的措施，于是当 1951 年夏天金普顿上任时，这些问题就重重地压在了他的案头。[86]

一个更为普遍的问题是芝大与芝加哥城之间冷淡的关系。从 1890 年到 1940 年这五十年间，无论是芝大还是其领导人基本上都没有把这个"社区"或这座"城市"当作一个严肃的问题来对待。数不清的教员在这座城里居住、纳税，社会科学部和社会服务管理学院的主要教员们都有涉及这座城市的重大研究项目，大部分本科生也都生长在这座城里。一件东西既然没破，为什么要去修补它呢？然而，在 20 世纪 30 年代到 40 年代，两股趋势合起来使得芝大与芝城之间关系的良好态势难以为继了。首先，社区各方面的恶化趋势变得越来越明显。其次，芝城的市民和政治精英们对芝大了解甚少。身为记者和芝大校友的约翰·甘瑟回忆道："一些老派的芝加哥企业大亨对芝大抱有矛盾的情感，他们尊敬这所学校，或许对它有某种敬畏，但是他们真的不喜欢它。他们认为它不合拍，过于激进，甚至走的是'左'倾路线，尽管其经济学系是这个国家最保守的院系之一……芝加哥历来是由州街[vi]和一些爱尔兰（以及其他移民后裔）政治走卒来'管理'的，对于这些人来说，芝大是一个谜。"[87] 与此同时，芝大经常搬起石头砸自己的脚。当 1941 年罗伯特·哈钦斯在一篇名为"芝大和这座城市"的演讲中就这个话题发表评论时，他说"芝大精神"有力地维护了芝大的独立性和勇气，并为 19 世纪 90 年代开启的新事业创造了一个惬意的环境。但是透过这些简单的说辞不难发现哈钦斯想要表达的真实想法——崇拜我们吧，只羡慕我们超凡的知识和学术体系就够了。[88]

这种提法的问题在于，当芝大发现自己深陷 20 世纪 50 年代初期普遍的极端不利的社会状况时，许多芝加哥人和他们的政治领袖并没有觉得拯救芝大对于这座城市而言有多么重要。劳伦斯·金普顿一针见血地指出了这个棘手的问题，1952 年 6 月他抱怨说："我现在相信，我们这个

---

vi　最早被称为州路（State Road），是芝加哥的一条重要的南北向干道，也是向南穿越伊利诺伊州的主要道路。

社区的人们对芝大正在做的事情、芝大的重要性,以及它拥有的资源和它能够做出的贡献有诸多误解。这其中大部分的过错在于我们自身,我们疏于跟这个城市主流的市民生活产生联系,这是最大的问题。我们必须准备好以较之以往更加积极、更有建设性的方式参与到芝加哥的事务中去。"摆在金普顿面前的不仅仅是一场复杂的地方政策危机,还有与这座城市政治掮客与媒体精英们之间更为广泛的沟通问题,尽管如此,他还是采取了一种无畏的乐观态度:"这座城市和这所大学都有问题,其中有些问题是共同的。但是如果我们能够在社区和芝大间建立起更好的关系,要围歼这些问题就会变得轻松许多。"[89] 这些漂亮话说起来容易,但是金普顿花费了多年时间才将它们变为现实。

从 20 世纪 40 年代初开始,芝大周边的社区环境就有了明显的恶化迹象。受"大萧条"和战争的影响,许多建筑已经十五年没有维护过了,新的投资也很少光顾这一地区。1945 年,海德公园 53% 的建筑和伍德劳恩 82% 的建筑房龄超过了四十年。[90] 战争期间,有大批黑人从南部搬迁到芝大附近,给南区带来了沉重的人口压力。这些状况反过来导致了一些掠夺性的房产行为:恶劣的房东将六间平房非法改造成 24 个小单元的合伙出租屋,收取高额租金,并且不按照规范修缮房屋。最为棘手的问题是,在社区的边缘地带出现了白人和黑人之间的种族暴力冲突。

1948 年 5 月,最高法院对"谢莉与克雷默"[vii] 一案作出裁决,宣判不能强制执行以种族为出发点的限制性条款,这就使形势变得更加激进了;在伍德劳恩和肯伍德地区,传统上分隔黑人和白人的"界线"承受了巨大压力,许多贫困的黑人家庭从哈德公园的北部和西部外围涌了进来。1950 年至 1956 年,有 2 万名白人从海德公园和肯伍德迁出,有 2.3 万名非白人迁入。1940 年,这两个区域内的非白人人口占比只有 4%,而到了 1956 年,这一比例已上升到了 36%。[91] 于 1960 年离开芝大赴塔夫茨

---

vii 1945 年,一个非裔美国人家庭以谢莉的名义买下了位于密苏里州圣路易斯的一幢房子,之后发现该房屋受到了 1911 年开始实施的限制性财产条款的制约,违反了黑人不能购买房产的规定,后被社区邻居克雷默告上法庭。密苏里高级法院判决该条款对该房产有效力;而最高法院经过审理,根据美国宪法《第十四条修正案》推翻了先前的判决。

大学和哈佛大学的医学院的乔治·威尔格莱姆后来回忆起20世纪50年代他在海德公园的生活经历时说:"那是我一生绝无仅有的经历,生活中遇到的贫困、犯罪和凄凉让我彻底失衡了。"[92]人类学家索尔·塔克斯1958年回忆道:

> 1952年,也就是短短六七年之前,我们芝大周围的社区陷入了一片恐慌……犯罪行为大量涌现、入室盗窃、抢钱包,还不时发生强奸案。人们晚间不敢出门,为了安全只能结伴而行。在海德公园和肯伍德生活了许多年的中产阶级白人家庭陆续搬走了,去寻找安全的地方。刚刚搬来几个月的中产阶级黑人家庭也搬走了,因为他们想搬出贫民窟,去住更体面的房子。原先住在我们社区边缘被隔离开的一长溜黑人聚居区里的黑人们蜂拥而来,吞没了一切。[93]

346

第一个转折点出现在1952年3月17日,一名手持利器的男子闯入一名28岁的心理学研究生在海德公园中心的公寓,将其扣为人质并企图施暴。[94]3月27日,一场旨在发动社区居民的大规模抗议集会在曼德尔会堂召开,愤怒的市民们谴责警方未能为海德公园配备足够的巡逻警力。[95]会议当机立断地决定建立一个强有力的新社区组织"东南芝加哥委员会"。1952年6月,该委员会以3万美元的预算得以建立,其中芝大先提供了1.5万美元资金,前提是社区能够贡献出所需资金中的其余部分。委员会的最初目标是敦促芝城提供更为有力的警方保护,金普顿和其他组织者开始时也咄咄逼人地指控警方的过失,言辞激烈地谴责警局管理落后,训练无方,并且容忍腐败现象。[96]但是金普顿很快就意识到,必须采取一系列高度复杂的干预措施,警方的保护只不过是其中一部分,其余迫切需要采取的基本措施还涉及土地使用、社区规划以及房屋占用。

劳伦斯·金普顿没有接受过城市规划或城市事务方面的训练,也缺少这方面的知识,他和他的同事们在最初大约一年的时间里似乎采取了一些特别的应对措施,基本上是为形势所迫才铤而走险的。了解到自身的局限之后,金普顿于1952年秋向朱利安·H. 列维求助,请他来执掌东南芝加哥委员会。朱利安·列维是爱德华·H. 列维的哥哥,也是本科生院和法学院的校友，20世纪三四十年代在芝加哥成长为一名成功的私人律师，而后又成为当地一家印刷公司的董事。他的朋友们都很钦佩他，而他的敌人们则十分惧怕他，因为他是一个意志坚强、非常懂行的政治角色，拥有高超的谈判技巧以及与最优秀的芝加哥基层选区政治传统相适宜的勇敢和不讲情面的品质。[97] 20世纪50年代，朱利安·列维成为城市改造方面的政策专家，尤其在引导联邦和地方资源、促进芝加哥市民和政治精英达成协议，以及组织以芝大为主的专业人才方面显示出了驾轻就熟的能力。列维在很大程度上对芝加哥南区的规划和部署起到了决定性的作用，尤其是对近来被克里斯多夫·克莱梅克称为美国大都市战后城市改造"四大支柱"中的至少三大支柱，即专业化的城市规划知识、当地的市政权力，以及联邦（及州）的财政援助。[98] 列维感觉到了这场危机的紧迫性，因此同意了金普顿的请求。

列维和金普顿首先通过敦促芝城在更大范围内增加警力覆盖来解决犯罪问题。列维后来回忆，时任市长马丁·肯内利起初并没有把芝大的计划太当回事，于是他于1953年说服州议会修改了1947年的《社区重建公司法案》以赋予芝大土地征用的权力（如果一个重建公司能够获得一个特定地区内60%的房产所有人的同意，该公司就可以采取独立的合法行动来清除遭受损害的房产）。[99]

1955年4月，决定性的变化发生了，理查德·J. 戴利接替肯内利成为市长。身为库克县民主党主席同时又手握市长大权的戴利牢牢地掌控了当时支离破碎的城市规划、预算和发展职能，并释放出他准备大力重建被荒废地区的信号。在选举之前，金普顿拜访了戴利，去为芝大陈情。戴利对芝加哥的各个社区了如指掌，他本能地意识到，如果位于海德公园的社区能够稳定和繁荣，就能保证作为南区主要雇用机构的芝大的经济生存能力。戴利对列维和金普顿有求必应，尤其是在1957年之后；随着芝大所组建的高度专业化的规划团队发挥作用，芝加哥各机构部门间的合作也大大加强了。[100]

关于海德公园重建的历史一直存在争议，但是要理解本科生院和更宽泛的芝大的历史，就要把握总体趋势以及各种行动的复杂性，这些比细节更加重要。根据朱利安·列维最初的规划，他力图稳定和复兴55街和61街之间从卡蒂奇格罗夫大道到石岛大道的区域，并且通过经济繁荣和学校稳定来实现这一目标，同时努力避免给人留下种族排外主义的印象。这意味着金普顿和列维已清醒地决定不去试图重建伍德劳恩或大部分肯伍德区域或插手这些区域的事务，而他们也不会优先考虑海德公园位于51街和55街之间的区域，至少在最初阶段是这样。1953年8月，朱利安·列维向董事会报告说：

348

> 我有四点想法……我认为我们首先要治理好55街到61街在卡蒂奇格罗夫到石岛大道之间的区域。这块地方不是很大，但是我认为也不可能比它再小了。其次，我认为不会有任何人来帮助我们……再次，我认为我们只有拥有房产才能坐在这里谈眼前的这些稳定政策。最后，我认为这些房产都要推向市场……无论如何，芝大都没有理由也不应该参与任何此类行动，除非与其学术使命相关。我们毕竟不是一个市政改造机构。[101]

该声明最为重要的一点或许是它明确地声张了芝大要将自身利益放在首位，这一思想将会在接下来的几年中引发列维对海德公园和伍德劳恩采取的野心勃勃的策略。列维相信必须制定强有力的、由中央控制的规划并且将行政政策付诸实施，如果芝大承担这种领导责任，它就完全有理由将海德公园社区的普遍社会利益纳入芝大自身需求的（广阔）视野中来。在接下来的七年中，芝大领导人和东南芝加哥委员会提出了好几波改造干预措施，以1954年4月发起的"海德公园AB计划"肇始，该计划清理并重建了沿55街和莱克帕克大道的48英亩土地，其中还包括沿54街和55街建一座郊区式购物中心、几幢塔楼式公寓和连栋房屋的计划。[102] 该方案获得了大约650万美元联邦资金以及360万美元本市和本州资金的资助。在"海德公园AB计划"之后，芝大又于1956年在海德公园西南社区重建公司的支持下主动发起了一项计划以重建海德公园西南部一块14英亩的土地，该地块从55街延伸至56街，在埃利斯大道和卡蒂奇格罗夫大道之间。第三项干预行动于1956年1月开始，规模大了许多：芝城与芝大签订契约以制定被称为"海德公园-肯伍德城市改造计划"

的方案，涉及 1.3 平方英里内的 855 英亩土地，范围是北起 47 街，南至 59 街，东起莱克帕克大道，西至卡蒂奇格罗夫大道。

所谓的"最终计划"，目的是要清理 101 英亩的土地，拆除其中的 630 幢建筑（总共有 3077 幢），总成本为 3780 万美元，由政府和地方出资。[103] 该计划是经过了多方行政审查才得以通过的，也经过了广泛的社区磋商。[104] 保护社区委员会和社区保护局分别于 1958 年 4 月和 1958 年 7 月批准了该计划，然后转交给了市议会的城市规划委员会。朱利安·列维后来总结，1958 年计划的主要目标是做到"一视同仁"，确保"社区能够产生足够数量的准大学生，从而使公立学校能够出色地完成大学入学前的准备工作"，以及赢得市议会和市长的支持。[105]

在议会最终表决前几周，一位天主教牧师约翰·伊根蒙席试图发动人们反对芝大，称有大批穷人成了无家可归者，没有得到妥善保护。最终，理查德·戴利市长出面干预，市议会于 1958 年 11 月 7 日一致同意采纳该计划。但是，芝大的官员们却对这个结果忧心忡忡，尤其是考虑到伊根是有条件才答应合作的，他们便更加担心了——伊根已迫使列维做出让步，为了保护南区其他地方的天主教教区不被被迫迁出海德公园的黑人居民"淹没"，将在海德公园为这些黑人提供更多的公共住房。[106]

芝大所采取的最终干预措施是在 1960 年 7 月向芝加哥土地清理委员会所作的一份陈述中提出的，其中包括紧邻"大道"南部的伍德劳恩中的一个区域。芝大已经拥有了这块位于 60 街和 61 街之间、从卡蒂奇格罗夫大道到石岛大道的地块中的大约 60%，还想把余下的 27 英亩土地也归为己有，留作日后校园扩建使用——当时这块土地上到处都是破败不堪的建筑。该提案引起了新成立的伍德劳恩组织的强烈反对，最终（1963 年 7 月），芝大和市政府答应该组织将支持在 60 街和 63 街之间的卡蒂奇格罗夫大道上建设 500 间廉价的补贴住房，作为同意芝大关于 60 街和 61 街之间的土地征用计划的条件[107]。

规划过程涵盖了总共大约 925 英亩的土地，其中的 14% 都需要进行土地清理，共花费联邦、州、地方和私人基金（截至 1959 年）1.35 亿美元。1954 年 7 月 1 日至 1961 年 7 月 30 日芝大自身的开支中有 680 万美元用于收购被认为已经破败并已无法达标的社区房产以及资助不同的校园扩建项目，还有320万美元用于购买和翻修24幢社区公寓楼来为研究生和已婚学生提供住宿。[108] 这些干预措施造成超过640家小型企业失去了他们的经营场所，其中只有少数存活了下来。

在执行这些计划的过程中，由于必须拆除已损毁的房产而强制实施的住房动迁使得公众的争议声越来越大。在1958年的大规模重建计划下，为了通过清除不达标的房产来降低社区密度，有4371户家庭的住宅被夷为平地，清理了计划区域内大约15%的建筑。在这些家庭中，有1837户是白人家庭，2534户是黑人家庭，非白人的动迁户占到了总数的58%。[109] 这些被迫迁走的动迁户中大都是低收入家庭，在没有返回海德公园的家庭中，黑人家庭的比率明显高于白人家庭。随着时间的推移，该计划的批评者们把矛头瞄准了这一数据，指责芝大以"黑人清除"的形式搞种族歧视。[110] 金普顿则坦诚地认为该计划并不涉及种族主义，而是由基本的经济和社会制约以及创建一个有不同种族聚居的社区的愿望来驱动的——这样的社区应该有高质量的住房和学校，应该是一个更为宁静、密度更小、设施更为便利的社区，令芝大的教员们更愿意居住和养育他们的家庭，父母们也更乐于将他们的子女送到这里的学校来上学。1952年12月，在改造计划尚处于早期阶段之时，他就强调说"社区衰败的问题并不是种族问题。区域划分、住房供给和建筑规范的实施，防止社区过度拥挤，以及坚持执行适当的维护标准，这些做法与任何房产所有人或居住者的种族、信仰或肤色都没有关联。不讲情面地坚持有效的法律实施和采取有效的行动阻止房产破败和滥用既非反对白人也非反对黑人，只是在依政府的命令行事"。[111]

后来对劳伦斯·金普顿在城市改造计划中的作用不满的批评家，尤其是阿诺德·赫希，指责他在公众面前掩饰自己的真面目，实则是个彻底的种族主义者，这种判断似乎过于苛责，也扭曲了金普顿的个人价值和策略意图。[112] 其他批评人士则指出，芝大在金普顿的领导下有些矫枉过正了，表现得过于鲁莽，几乎是在以一种独裁的方式行事，本应该采取一些更为谨慎的做法，如让更多的公众参与进来，与当地的社区团体进行更多的市民磋商。鉴于20世纪50年代早期已经十分明显的大范围社区衰败和犯罪现象，以及彼得·罗西和罗伯特·登特勒所描述的"1956

年之前政府机制在这座城市中的原始状态",很难想象用一系列不那么果断、不那么激进、少一些干预的更加温和的措施能够达到迅速而持久的结构变革的效果,而这样的变革是为了大批教工家庭和学生的利益及保护海德公园社区的宜居性所必需的,它为该社区开启了一段持续进步的历程,到了20世纪70年代和80年代早期,对于久居海德公园的居民而言,这种进步已经十分可观了。[113] 金普顿和列维相信,如果芝大不能迅速采取果断行动,海德公园社区就会失去相当大一部分本应成为永久居民的教工家庭和学生。[114]

关于第一种异议,金普顿的目标既直接又透明:他想要的是一个稳定、繁荣、大体上以中产阶级为主的社区,因为他相信未来考量芝大的教员和学生所期待的正是这种情形,未来的几十年中,他们会因此同意成为海德公园的永久居民。金普顿并不太担心20世纪20年代和30年代以来由于长期任职而早已把海德公园当作自己家的老教员们会在20世纪50年代突然离开,他更担心的是他后面的校长继任者们无法说服新教员们从这个国家中其他更为稳定和安全的环境来到芝加哥并在海德公园定居。[115] 这或许可以解释为何芝大的规划者们都很执着于建设郊区式的便利设施(购物中心)和绿地,因为这些都是20世纪50年代城市规划的典型特征。与此同时,与哈佛和斯坦福在20世纪50年代和60年代注重他们各自城市社区的经济潜力的做法截然不同,芝大领导人以一种令人吃惊的方式将改善海德公园的住房条件和保障那里的人身安全当作重中之重,完全没有去宣扬关于长期经济创新的更富想象力的想法。[116] 列维和他的同事们相信,海德公园始终应该是(他们也希望一直都是)附属于"环线"内那个充满生气的中心商务区的一个只供居住的社区。[117] 我们应当记得,在人们对1958年夏天芝大的"最终计划"争议声不断之时,理查德·J. 戴利也发布了芝城自己的《芝加哥中心城区发展规划》,要求对"环线"周边10平方英里的区域进行大规模改建。[118]

这些计划最终带来了一个"种族平衡的社区",正如丽贝卡·贾诺威茨恰如其分地描述的那样;不仅如此,这个社区还拥有殷实的财富乃至特权的根基[119]。近几十年来,海德公园改造计划的成功已经得到了人们的普遍认可,其现状(尤其是自巴拉克·奥巴马2008年当选总统以来)几乎已被理所当然地当作了20世纪50年代和60年代那些奋斗历程的必然成果。今天，罗伯特·桑普森在其有关城市研究和芝加哥的杰出著作中以一种"新常态"的视角所描述的海德公园的现状非常值得注意："自20世纪中期经历过剧变之后，海德公园一直保持着稳定，并维持着它的综合住房体系，这样的体系有着组织和结构方面的综合优势。最明显的例子就是大学，但是该社区最值得夸耀的是它健康的居民生活、各种非营利组织、受过良好教育的精英，以及与权力之间的联系。"[120]

金普顿关于一个跨种族和多种族社区的希望最终实现了。但是金普顿同时相信经济平衡与种族平衡同样至关重要，他也明白这样一个关键却残酷的现实，许多白人，包括许多芝加哥大学的白人教员，都会拒绝住在一个以穷困潦倒的非洲裔美国人为绝对居民主体的社区里。[121] 不可否认，芝大以庞大而空前的规模参与了涉及数以千计的低收入居民生活的社会工程，而这些年里出现的社会动荡注定会引起人们对芝大政策和动机的尖锐批评，进而在接下来的数十年中造成深远的影响。最后，穆里尔·比德尔1964年对主张以不同的方式改造海德公园的人们之间的紧张关系所作的评价很有启发意义："这个社区必须做出的最大妥协和必须吞下的最苦的一剂药丸就是接受这样一个事实，即只有满足了以下条件，他们所阐明的保护和改造目标才能实现：1）该社区接受整合；2）将整合当作一种阶级问题来对待；3）对低收入家庭和个人予以差别对待。该社区花费了很长时间，经过了数不清的讨论才得出这个结论。"[122]

鉴于芝大的干预行动规模巨大又急于求成，且海德公园居民自身对金普顿和列维城市改造方案的合法性看法不一，期待海德公园所受到的创伤很快得以平复并不现实。在开展类似的案例研究时，玛格丽特·奥玛拉称，从20世纪70年代开始，全美的城市大学"都在试图弥合由大学扩张和20世纪50年代和60年代的城市改造所造成的城镇和大学之间的裂痕"[123]。我们将在第6章中发现，这种说法最终对于20世纪90年代中后期的芝加哥大学同样适用。

劳伦斯·金普顿为芝大做出的贡献值得人们铭记。他帮助改造并拯救了海德公园社区，使之成为一个适合芝大教员（和许多其他市民）居住和养育他们家庭的宜居之地；他提高了教员的薪金水平（正教授们的平均薪水从 1951 年至 1952 年的 10416 美元增长到了 1956 年至 1960 年的 13257 美元），他缓解了从 20 世纪 50 年代初期开始的大批教员外流的趋势；他通过协商使本科生院和各学部在本科生课程问题上达成了一个虽然仍有争议却切实可行的停战协定；他主持了一场大体上成功的筹款运动；他还帮助芝大在一条重新保有一个规模合理的本科生院的路上迈出了脚步，虽然这条路漫长而坎坷。[124] 在 1978 年 1 月于洛克菲勒教堂发表的写给金普顿的悼词中，乔治·沃特金斯称他的朋友"拯救"了芝加哥大学，此话不无道理。

在面对棘手问题时，金普顿不仅仅是一个聪明的"解决麻烦的能手"，还是芝大中心学术使命的一位雄辩的代言人，即便是在实施紧缩政策和处理一连串现实世界的问题时他也没有忘记这一使命。金普顿以激进的方式试图通过改造和扩张本科生院来解决芝大本科生教育的问题，这反映出当时迫切的财政需求。但是，由于他未能说服教员们制定一套明确而可行的教育方案来替代哈钦斯的实验（并非将大量的课程权限割让给各研究生系），金普顿离职时所取得的成就乏善可陈。金普顿也没有能够在拥有大量住校生的基础上培养出一种更为完整的学生生活文化，对欧内斯特·伯顿的计划没有任何实质性的发展。金普顿有勇气承认芝大所面临的巨大问题，但是他对教育改革所下的药方过于被动，也过于温和，芝大投入巨资参与社区改造也拖累了他的计划。金普顿离职时已经将哈钦斯本科生院的课程和教学体系"赶尽杀绝"了，却没有提出并落实一个有吸引力的替代品来达成他所珍视的那些目标。

## 列维那些年："芝大必须是统一的芝大"

### 金普顿辞职和寻找新掌门

金普顿几乎花费了十年时间来应对芝大面临的巨大问题。他感到身心俱疲，1960 年年初，他向乔治·沃特金斯透露说自己打算离开芝大。几位主要董事真诚而由衷地恳请他重新考虑一下自己的决定，金普顿拒绝了他们的请求，尽管沃特金斯提醒他，如果他在 1960 年离开，他将仅仅以"拯救了社区的那个人"[125] 这样的名誉被载入史册。1960 年 3 月，金普顿宣布辞去校长职位。

寻找金普顿继任者的工作于1960年春开始,但过程比人们预想的还要困难。两名最被寄予厚望的候选人,哈佛的麦克乔治·邦迪和伯克利的克拉克·克尔最终都拒绝了。董事会主席格伦·劳埃德私下里联系过当时担任哈佛大学艺术与科学学院院长的邦迪,想摸清他是否有意担任芝大校长一职。劳埃德十分欣赏邦迪,虽然邦迪一开始便回绝了他,他还是请大卫·洛克菲勒出面,想请他代为说服邦迪改变主意。邦迪不为所动,但是写了一封详细的长达五页的信来批评芝大所面临的窘境,这封信体现了高度的洞察力,直至今天仍值得一读。邦迪说曾经的芝大是一所伟大的大学,但"在过去十年中学术水平却明显下降",尽管他并未将责任归咎于金普顿:"哈钦斯治理下的芝大有许多伟大的成就,但它们是以完全无视未来的利益为代价换来的……芝大最近十年中在学术方面所遭受的严重损失无疑应该算到哈钦斯而不是金普顿头上。"尽管邦迪发现芝大有许多吸引人的传统,但他担心如果不对其资本结构进行重大重组,该校就无法获得永久的复苏:"总体而言,我看不出芝大能够为了下一代担负起它过去所承担过的那种极其重要的创新责任,除非它对其自身不加限制的财政资源进行一番彻彻底底的巩固,而且这样的努力必须比一般的较为投入的校长和尽责的董事通常为他们的学校所作的努力更多。"邦迪开出的处方令人吃惊:芝大需要至少2亿美元的即时现金输入。这笔资金只是一个长期财政重建过程的开端,该重建计划的目标是使芝大达到这样一种状态,"如果这次足够幸运的话,这个地方今后就不会再需要这么大笔的资金输入了"。邦迪最后得出的结论似是而非:"芝大的董事们寻找的是学术领导人,他们对自己也说他们需要这么做……但是我们今天的大学董事们太过于看重选择一个合适的人作领导,而忽视了把学校的经济做大做强这件事,这才是他们本应看重的。"邦迪接下来更加直率地评论道:"在某种程度上,要我花这么多时间在资金问题上真有些奇怪,当然,这件事本身对于一个大学而言并没有什么。有的大学虽然富有却办得差劲,也有的没什么钱但办得还不错。但是据我所有的观察来看,我相信没有哪一所大学没钱却能成就伟大,无论谁作校长。"[126]

尽管劳埃德对邦迪的坦率非常吃惊,后者的书信还是给他留下了深刻印象；大约十年之后，他对邦迪说："回想 20 世纪 60 年代，在对我当时的工作有过帮助的人之中，您是帮助最大的那个。您写了一封意义非凡的信给我，我相信那封信即使在今天也和当初一样中肯。"[127] 随着邦迪和克尔的回绝，委员会只好拿出一份退而求其次的名单，排在首位的是加州理工学院的生物学教授乔治·比德尔，他曾于 1958 年获得诺贝尔奖，并且自 1946 年以来一直担任加州理工生物部的部长。[128] 鉴于他们已经考虑了太长时间，到了必须作一个结论的时候，委员会选择了比德尔。董事们想要（或者说被资深教员们说服了）一个杰出的学术领袖。作为一名获得过诺贝尔奖且享有世界性学术声望的科学家，比德尔被他们选中是因为他与金普顿是完全不同的两类人。似乎在经历了九年痛苦的重建和预算紧缩之后，许多资深教员都开始转向了用另一种标准来衡量一个被校方看重的学术领导人。

在寻找校长候选人的过程中，中央管理层结构的问题浮现了出来（或者说重新浮现了出来）；格伦·劳埃德和其他几位主要董事提出可以建立一个二元校长制或某种其他形式的二元权力分享制度。这个问题甚至在金普顿任职期间就已经被提出来了，1960 年 4 月，他向芝大评议会委员会提出过一个类似于这样的计划供他们考虑，即名誉校长作为一个全职带薪的角色，负责处理芝大的对外关系和筹款问题，而校长则负责芝大的学术事务。[129] 最后，董事会决定不按照该提议去做，但是这种想法体现出一些主要董事会成员敏锐地觉察到金普顿已经疲于应付芝大历来十分复杂的外部关系问题了，芝大的内部学术和财政事务需要一个更加系统化的中央管理层来支持。另一个方案是麦肯锡公司的顾问约翰·J. 科森提出的，格伦·劳埃德于 1960 年夏天把他请来"察看我们的总体组织架构"并对寻找校长的工作提出建议。科森强烈建议劳埃德说服董事会设立一个教务长职位，从而建立一个新的二元管理结构。[130]

被任命为校长的乔治·比德尔并没有任何明确的决心要解决这个问题，但是很明显在董事们的头脑中已经有了建立某种二元管理团队的想法。金普顿自己也曾想过设立一个半独立的二把手的职位，但是考虑到教员们对哈钦斯和科威尔的实验多有怨言，他决定放弃这个想法。相反，他依靠副校长 R. 温德尔·"帕特"·哈里森来处理日常的学术事务和预算计划。哈里森是一位忠心耿耿、尽职尽责的领导，但金普顿后来回忆说，凡涉及重大学术事项，教员们仍然坚持与金普顿本人一起处理。此外，到1960年时，哈里森本人健康状况不佳，仅能应付日常管理工作。

从金普顿到比德尔的过渡并不容易。比德尔于1961年5月上任。对于把握一种即便芝大人也很难驾驭的复杂的校园文化（如同今天一样），他几乎没有相关的高级行政管理经验可以借鉴。由于哈里森身体欠佳，比德尔只能依靠洛厄尔·科吉歇尔来支援他。科吉歇尔自1947年至1960年间一直担任生物科学部部长，在1951年的校长遴选中排名第二，是一个办事细心、有条不紊的管理者，由于作为一个高效的筹款人在1955年年末与路易斯·布洛克房产谈妥了一大笔数额为1760万美元的捐赠而确立了自己的威望。[131] 为了帮助自己履行日常的行政管理职能，比德尔还于1961年7月招募了国家科学基金会的约翰·T.威尔逊，并向对方保证他最终会得到相当于副校长的职位；但是威尔逊和比德尔一样对芝大的教员文化知之甚少。[132] 到了1961年秋天，资深员工会议变得越来越没有组织性，主要议程事项的处理也不是按照常规方式进行的。科吉歇尔和威尔逊试图在这个过程中确立某种制度，但还是让人有种放任自流的感觉，似乎没人能够拿出一套综合策略来重新树立芝大的学术声望。

乔治·比德尔是一个颇有魅力和勇气的人，也是一个友善的同事，但是作为管理者他却有些优柔寡断。当时的芝大需要有人负责管理学校学术方面的事务，几位主要董事很快就发现比德尔不是他们需要的人。董事们尤为担心的是比德尔拿不出一个明确的计划来支出他们已经筹集到的350万美元校长基金（在1961年时这是相当大一笔钱），也无法为劳埃德和其他人打算在1962年发起的更大范围的筹款行动制订出计划。令形势更为复杂的是，比德尔出于自己对洛厄尔·科吉歇尔的欣赏，不久便于1961年8月向劳埃德提议让科吉歇尔担任他新的永久性的副手。[133] 劳埃德并不倾向于接受这个提议，因为他感觉科吉歇尔更像是一个慢条斯理的人，而董事们想要的是能当机立断的领导人。到了1962年初冬，董事会对比德尔领导风格的担心已经越来越明显了。

## 爱德华·列维进入中央领导层

1961年年末或1962年年初,一些有影响力的董事开始提及爱德华·列维的名字,认为他也许能够帮他们走出困境。列维自20世纪50年代就一直担任法学院院长,他也是1960年校长遴选委员会的一个主要成员;当时他投票支持了比德尔;据穆里尔·比德尔回忆,列维曾于12月初劝说他接受这份工作。[134]当时列维自己的名字甚至也出现在了校长候选人名单中,同样重要的是,列维作为院长与格伦·劳埃德保持着长久而密切的个人关系,而劳埃德也曾是法学院校友,并且还是20世纪50年代列维的主要校友筹款人之一。[135]

3月的某个时候,劳埃德联系到列维并通知他,董事会十分担忧比德尔的领导团队对学术计划不闻不问并缺乏方向明确的领导力,他们以及比德尔本人都已决定要设立一个二把手的职位,而列维正是他们看中的人选。据列维后来回忆,他告诉劳埃德他不想要这份工作,但是劳埃德却不答应:"爱德华……是你劝说乔治接受校长一职的,是你让我们陷入了目前的混乱,解铃还须系铃人。"[136]

作为董事会前主席的爱德华·赖尔森被请了出来前去与比德尔会面,传达董事会对他缺乏行动的不满。在这次会面中,赖尔森敦促比德尔采取更有力和更周到的领导,并提出需要指定一个有能力的二把手。但是赖尔森并不确信比德尔会采取行动,担心"如果外界不给他施以足够的刺激和压力,他可能缺乏一种行动起来的果敢"[137]。最后,格伦·劳埃德只好自己找比德尔单独面谈了几次,好给他施加必要的压力,并最终在与比德尔和科吉歇尔共同的一次会面中把难听的话都挑明了,科吉歇尔得到了董事会的一个职位算作安慰奖。

与此同时,列维接到了他想要的工作说明——远远不止一个资深副校长那么简单。这个被称为教务长的职位将与一个寻常的副校长职位有所不同,因为它将有独立的法定权限,与校长一职有区别,并负责芝大的学术管理、学术计划和教员任命,以及涉及学术事务的预算事项。因此芝大的预算员将向教务长汇报工作。[138]事实证明,设立这一行政官员的决定对于芝大的未来而言是极端重要的。列维加入中央管理层给芝大注入了一股强大的学术管理力量,这股力量能够以劳伦斯·金普顿紧锣密鼓地完成的防御性工作为基础发挥作用。

爱德华·列维一生都在海德公园度过,他的父亲和祖父都是犹太教拉比[viii]。他温情地回忆起自己的祖父埃米尔·G. 赫希是威廉·雷尼·哈珀的支持者,并且促成了朱利叶斯·罗森沃尔德对芝大的大笔财政援助[139]。列维的正规教育都是在芝加哥大学接受的:他曾是针对小学和中学开办的芝大实验学校的学生,1932 年从本科生院毕业,1935 年从法学院毕业,在此期间他还担任过《法律评论》杂志的主编。还在本科生院上学时,列维听过一节由罗伯特·哈钦斯和莫蒂默·阿德勒讲授的"伟大著作"讨论课,他对二人在课堂上和课外展现出的令人振奋的学术风范非常痴迷。列维后来又于 1935 年至 1936 年去耶鲁作了一年"斯特林研究员"。1936 年 5 月,法学院院长哈里·A. 比奇洛留意到,列维被人称为一名"优秀的"学者和教师,于是向哈钦斯推荐他去芝大作助理教授。在谈起列维的性格时,比奇洛评价说他"精力充沛但不会令人不悦"[140]。

1936 年 9 月,在从耶鲁返回芝大后,列维将自己和罗斯科·斯蒂芬在耶鲁准备好的一套教学材料"法律要素"导论送给了哈钦斯,再次向他介绍自己,并在一封附信中强烈建议他考虑让耶鲁的弗里德里希·凯斯勒来芝大任教。这封信透露出一种毕恭毕敬的态度:"我感觉这么跟您提可能有违礼节,但事关重大,我愿意冒这个险。"[141] 三年之后,列维大胆地向哈钦斯建议:"我提议您和我一起写一本有关法哲学的书……如果这样说太过鲁莽,或者这个建议不合时宜,我想您应该知道怎么处理。"[142] 从这些只言片语中可以看出在整个 20 世纪 30 年代和 40 年代列维有多么崇拜哈钦斯,这对理解 20 世纪 60 年代和 70 年代列维作为一名芝大领导人所开展的后续工作也很关键。

1940 年至 1945 年间,列维供职于司法部,与瑟曼·阿诺德一起在反垄断局共事,之后成为司法部长弗朗西斯·比德尔的一名特别助理。1945 年他返回芝大,1950 年 8 月被哈钦斯任命为法学院院长,并一直担任该职到 1962 年。列维的任命引起了相当大的争议,因为一些董事会成员对列维是犹太人这一事实非常不满。值得称赞的是,哈钦斯驳斥了这

---

viii  犹太教负责执行教规、律法并主持宗教仪式的人。

种偏见,仍然把这个职位给了列维。列维证明了自己是一个高效的、值得信赖的院长和一个富有想象力的募捐者,同时也是一位出色的教师和一个有深刻洞见的学者。他写的一本小书《法定推理导论》即便在今天看来也不失为经典之作。

**复兴芝大的策略**

1962 年的芝大处于十分疲弱的状态。爱德华·列维意识到,尽管金普顿在 20 世纪 50 年代做出过非凡的努力,芝大仍遭受了教员和招生方面的严重损失,必须立即发起一场重大的知识和学术方面的资本重组。列维在三个关键领域采取了行动。

**教员和设施方面的投资**

列维首要的工作便是重组资深教员队伍。在整个 20 世纪 50 年代,芝大有一批知名学者流向了其他大学,许多系都在悲观和绝望的氛围中苦苦挣扎。列维非常注重稳健地提高教员薪水和聘用积极向上的教员。1963 年 4 月,他对董事会称:"由于 1)我们的教职员工收到了许多工作邀请,2)社区环境问题,3)芝大的声望大不如前,以及 4)芝大还存在其他各种不同寻常的问题,因此,如果我们想要重新夺回以前的学术地位,就必须支付比这个国家任何其他教育机构更高的薪水。"[143] 虽然未经检验,但列维身上的确有一种大无畏的自信力,最能够体现这种自信的或许就是关于十个大学教授职位的新项目了;该项目首先创立于 1962 年 6 月,设计初衷是以(在当时看来)令人咋舌的 2 万美元到 3 万美元高薪为芝大引进具有国际知名度的学者。列维还提议让董事会为已经在册的资深教员们设立另外十个 "杰出贡献教授职位",这么做似乎是为了表明他的计划是在以一种不同寻常的方式重温欧内斯特·伯顿在 20 世纪 20 年代中期的那些非凡抱负。这些新教授职位中的五个立刻就被兑现了,并且以五位受人尊敬的已故杰出教员或著名前董事的名字命名以示纪念,他们分别是:马克斯·梅森、艾伯特·A. 迈克逊、威廉·B. 奥格登、保罗·S. 拉塞尔和哈罗德·H. 斯威夫特。另外五个名额也获得了批准,但只是在银行设立账户,待日后筹集到资助额度时再设立。[144] 列维非常重视这些涉及资深教员的计划,他还提议芝大"在学校附近(为他们)提供风景宜人的特供宅邸",让这些新来的杰出人士一到海德公园就可以入住。[145]

在接下来的五年时间里,列维成功地为芝大招募到了六名新教授和许多其他的著名资深教员和年轻教员。[146]像之前的伯顿一样,列维对提升教员薪水的竞争力有着同样的偏执,也想让其跻身于这个国家的顶尖行列。到了1965年,列维将芝大教授的总人数(包括任命的生物科学方面的临床教授)提升至894人(1959年时这一数字为769人)。1966年,他得以自豪地宣布,"与20世纪50年代的情形不同了——那时候我们会对一名教员又找到了一份新工作怕得要死,因为我们无法眼睁睁地看着这个学校再放一名教授离开",如今的问题变成了要思考"我们的系靠什么才能更加强大。他是我们想留住的人吗?好像也并不总是这样……这么说有点夸大其词,但基本上也是实话。"列维对芝大的重振感到自豪:"我认为这个国家极少有大学能像我们这样跌入低谷又能强劲反弹,我很想说,这表明我们具有某种内在力量和内在价值。"[147]

列维明确提出了一系列更大的与芝大迫切的筹款运动密切关联的目标,重建教员团队是其中的一个组成部分。由于缺乏麦克乔治·邦迪所设想的那种超大规模捐赠,芝大被迫采取了一种不同的策略,即发起一场大规模筹款运动,其核心是福特基金会所作的一大笔捐款。在20世纪60年代,福特基金会向全国范围内的一些顶尖大学和学院作出过一系列数额巨大的有条件捐赠。创立于1960年的该项目被定名为"特别教育计划"行动,旨在"通过大规模的特别援助……为少数大学和学院能够达到并维持一个学术卓越、行政高效和财政支持充足的全新水平做出巨大贡献"[148]。1960年到1967年,基金会向16所大学和61所学院划拨了巨额资金。总的来说,到1968年项目截止之时,该项目共支出3.49亿美元,反过来也产生了另外的9.91亿美元匹配基金。[149]

"特别教育计划"是20世纪60年代初期和中期后"斯普特尼克"[ix]时代活力、扩张主义、乐观精神和自信心的一个绝佳的,甚至带有梦幻

---

ix 苏联于1957年发射的人造地球卫星。

色彩的典型事例。它也是一小群精英私立大学和 1956 年至 1965 年亨利·T. 希尔德任董事长时刚刚发展起来的资金充裕的福特基金会之间独特共生关系的一种表现。身为纽约大学前校长的亨利·希尔德被任命为董事长是为了将基金会从争议声不断的政治旋涡中解救出来,基金会之前在保罗·G. 霍夫曼、罗伯特·M. 哈钦斯和罗恩·盖瑟的领导下深陷其中;而亨利·希尔德欣赏任何一位他见过的私立大学校长。[150] 芝大和斯坦福大学、哥伦比亚大学以及纽约大学成为该计划最大份额按比例补助金的受益者,1965 年它们接受的补助金高达 2500 万美元(相当于 2014 年的 1.89 亿美元)。[151] 为了确保得到这笔赠款,这几所大学必须各自发起一项大规模的长期规划,并且必须说服董事会其设立的目标是严肃和切合实际的。

1961 年出任校长伊始,乔治·比德尔就与本科生院前院长、时任福特基金会副主席的克拉伦斯·福斯特取得了联系,寻求从福特基金会为芝加哥大学争取一大笔捐款。自 20 世纪 50 年代中期以来芝大已经从福特基金会获取了无数的大笔捐赠,但是在"特别教育计划"下的捐赠预计将会占有特别重要的比例。起初,基金会的态度不甚明朗,因为"特别教育计划"的初衷是支持那些有前途的二线学院和大学取得更高的地位,而不是为精英研究型大学提供大笔资源。为了让芝大于 1964 年夏天赢得申请一大笔有条件捐赠的机会,比德尔多次写信,又亲自拜访,不久后又让他新任命的教务长爱德华·列维做同样的工作。1964 年 7 月初,芝大终于获得了提交该申请的最终批复,一名福特基金会的项目助理格拉迪斯·哈迪于当月晚些时候访问了芝大,以协助芝大官员做好申请材料的组织规划。

1962 年出任教务长一职时,爱德华·列维的同事们就曾敦促他发起一项综合计划,因此福特的计划要求和芝大自己的内部政治动力非常契合。[152] 列维和各部门院长和主任们一起将反映芝大现状的大量资料和其未来需求整合在一起,1964 年秋至 1965 年年初,他几乎以一己之力将这些材料编写成了一份雄心勃勃的两卷报告。该报告被称为"福特概要"。

1965 年 2 月 11 日,爱德华·列维向董事会呈示了一份 50 页的"福特概要"摘要,在董事们中间引起了广泛争论。[153] 1965 年 3 月 15 日,董事会一致同意采纳将要报送给福特基金会的该计划,将其作为芝大未来的基本战略。在陈述该计划时,乔治·比德尔强调说福特基金会希望董事们能全力支持这个计划:如果投了赞成票,"这就意味着大家对未来十年的预计需求和为了满足这些需求所做的筹款计划达成了一致意见。至关重要的是,我们所有人,包括董事会、官员和教员们的看法在本质上要统一,因为这将决定芝大的未来"[154]。

列维计划的闪光之处在于它几乎囊括了芝大需要的一切,而它的胃口也很大。爱德华·列维后来于1966年10月向董事会评论,芝大不是一所逐步建立起来的大学,如果当初哈珀试图这么做,芝大根本就不会诞生,但这也意味着很难逐步修复或重振它。这份计划的逻辑很简单。芝大将继续扩大其艺术与科学以及专业学院中教员的总数量。包括医职在内的教员的总数将从1965年的922人增加至1975年的1227人。艺术与科学以及专业学院中的教员薪酬将从1965年的1090万美元增加至1975年的2610万美元。芝大将着手进行大规模的设施扩建,包括新建人文和社会学科图书馆、科学图书馆、新的化学楼、地球物理科学楼、高能物理学楼和生物科学研究与教学设施,以及音乐和艺术设施。同时还包括改造科布会堂和将哈珀图书馆改造以用于本科生院的行政中心。此外,芝大将投资2100万美元用于新建研究生宿舍楼,1390万美元新建和改造研究生设施,200万美元新建一个学生剧院,100万美元新建一个滑冰场,以及350万美元新建一个体育馆和一个游泳池。

这次大规模资本重组的经费将通过将芝大的可用学费收入翻一番来解决,而增加的学费收入将通过扩大本科生院规模和增加研究生招生人数实现,本科生院的学生数将从1965年的2150人增加到1975年的4000人(将新增1100名艺术和科学研究生,他们将带来额外的学费收入,以及另外585名专业学院学生)。此外,在1965年至1975年间将开展一场大规模筹款行动,目标主要是非限定用途捐赠,这些捐赠将成为一场3亿美元资本运动的一部分。这场运动从1965年秋开始,与福特基金会宣布捐赠同时启动,第一阶段的目标是在接下来的三年中募集到1.6亿美元。

"福特计划"所下的赌注是,假定经过一些年的计划预算赤字之后,芝大会通过源源不断地产生新的非限定用途捐赠及实现乐观的招生目标，以重新回到稳定、平衡的预算上来。但是这个提议真正的可贵之处在于，它以某种方式将细致、周到的财务和规划融入对芝大以往的定位和未来的发展愿景上，制定者希望芝大是一所以学者严谨性和学术精英性著称的高度综合的大学。列维经常援引哈珀脑海中设想的关于芝大的图景——"统一的"大学，这个原则在"福特计划"的构想中也显而易见。在列维看来这个赌注太大了：仅仅维持生存只会导致失败。相反，该计划的具体目标是重拾芝大在20世纪40年代和50年代丢掉的荣光。[155]

福特基金会的高级官员们似乎同意这样的看法。在1965年8月克拉伦斯·福斯特提交给亨利·希尔德的一份14页的议事备忘录中，"特别教育计划"的官员们称，虽然最初的意向并不包括像芝加哥大学这样的机构，然而芝大的一些"特殊情况"使得它与其他大学有所区别："作为一所相对年轻的大学，它并不像一些东部沿海大学那样能够获得足够的来自富足校友们的财政支持。此外，甚至关于芝大是否仍属于极少数享有国际声誉的美国私立大学这一点都存有疑问。如今的芝大只是刚从一系列持续了超过二十年的学术和财政危机中缓过气来。"

该计划的诸多特色中最吸引福特官员们的一点是列维关于本科生院的愿景：

> 本科生主体将被分入五个二级学院，其中的四个将分别对应四个研究生学部，余下的一个将成为一个跨学部的多学科单位……该计划的主要目的之一是提供一些单间用于指导和居住，这些单间不大，方便师生亲密互动和讨论，这对小的文科学院很有价值，而在规模较大的大学的环境中已经找不到这样的氛围了……新计划的首要目标是在本科生课程发展和本科教学方面更加直接和持续地将研究生学部的教员们组织在一起。

报告的结尾对福特董事会的成员们提出了如下建议：

> 通过过去十年默默无闻而艰苦卓绝的努力，芝加哥大学已经使自

身摆脱了一种混乱的状态,如果没有如此强有力的领导,芝大可能已经在这样的状态中沦为一所更不入流的机构。福特基金会有能力在目前这个时刻向芝大作出十分慷慨的赠与,因为基金会可以凭借这个千载难逢的机会毅然决然地向一所曾经是、并将再度成为世界上最卓越大学之一的学府的复兴做出贡献。[156]

1965 年 10 月 15 日,福特基金会通知芝大,其关于 2500 万美元特别捐赠的请求已被批准了。五天后,学校宣布其"芝大运动"的目标是募集 1.6 亿美元。接下来的几年中,芝大的发展成绩斐然。"福特计划"中的大部分实际内容都实现了;到 1970 年至 1971 年时教员数量已经多达 1108 人,比"福特计划"所预计的人数还多了 27 人。1967 年,乔治·比德尔自豪地向基金会报告,各类教员数量的增长均领先于"福特计划"中预计的总数。[157]教员薪水的增长同样较为迅速。早在 1966 年,爱德华·列维就通知董事会,芝大在教员薪金方面已列全国第三,仅稍逊于哈佛。正副教授的总教员薪金从 1959 年的 680 万美元增长到了 1968 年的 1840 万美元,远远超出捐赠支出的增长。[158]

长期研究和资本方面的需求也得到了满足。在设施方面,新约瑟夫·瑞根斯坦图书馆落成了,其设计初衷为一座"为研究生学术工作而打造的图书馆",它最引人注目的特色除了超大的规模之外就要数"新哥特式与现代主义混搭"的审美风格所展现出的震撼效果了。如果说有一座建筑象征了 20 世纪 60 年代中期芝大校园中涌动的令人振奋的乐观精神的话,那一定是这座宏伟的大厦。它的建设资金于 1965 年得到落实,1968 年大厦奠基,1970 年正式启用。数十年来,建一座新的中心图书馆似乎一直是每个人心中的次要目标,而"福特计划"的强大势头则使得这座图书馆的建设上升为芝大人最重要的议题。比德尔和列维收到了一份简报文件,通知他们为将于 1965 年 10 月召开的与瑞根斯坦家族代表的会晤做准备,文件中强调,他们应着重指出爱德华·列维向福特基金会呈示的规划研究的宏远抱负,以及这座新图书馆将成为"我们长期计划的基石"。[159]瑞根斯坦图书馆也因此成为了"福特计划"所产生效力的贴切注脚;乔治·比德尔 1966 年 9 月向麦克乔治·邦迪表达谢意时说,

"福特的有条件捐赠对于我们（从约瑟夫·瑞根斯坦基金会）获得1000万美元的捐赠承诺起到了极大的帮助作用"[160]。

许多其他的新研究大楼也于20世纪60年代末和70年代初获批并建成。1965年列维曾断言，"芝大现在进行资产改良是绝对必要的……改良所需的1.66亿美元必须在接下来的五年内准备好"，校园里那些星罗棋布的新大楼彰显着他的雄心：为地球物理学而建的亨利·海因兹实验室、瑟尔化学实验室、新高能物理大楼、艾伯特·皮克国际研究学会堂、惠勒儿童医院、A.J.卡尔森动物研究设施、社会服务中心以及卡明斯生命科学中心。[161] 所有这些设施，再加上为了充当研究生学术之家而建的瑞根斯坦图书馆，都一再表明了列维想要重振芝大在学术界声望的决心。

然而，这些丰功伟绩中唯一缺少的却是与学生相关的设施，尤其是学生住房。福特的原计划中要求建设"几幢新宿舍楼、一个新体育馆和其他体育设施、一些学生公共休息室……所有这些项目都是为了支持一个持久的行动——为本科生院建设一个更加光明、更有益成长的校园"。遗憾的是，我们并未见到这个更加光明的校园社区变为现实。

**本科生院的重建**

列维十分关注的第二个领域是本科生院。尽管金普顿采取了"狂飙突进"的策略，本科生院四个年级的总学生数还是只能勉强达到2000人。1964年10月，在向董事会报告他关于本科生院未来的计划时，列维称"在接下来的十年中，预计学生人数会从现在的2200人上升到4000人"，这一目标也写在了芝大向福特基金会呈示的计划中。[162] 列维要想让自己关于芝大未来的宏大愿景有任何实现的可能，就不得不直面本科生院组织和经营方面的许多积弊。

列维对本科生院最为具体的干预发生在本科生院院长艾伦·辛普森辞职去当瓦萨学院院长之时。1962年至1963年，辛普森和其他人想要推行一种观念，即出于课程和管理的目的将本科生院细分为他们所称的"几个小学院"。在辛普森提出这个想法之前，本科生院的课程刚刚走出历时十二年反复改革的磨砺过程。尽管辛普森口才出众，他的计划仍然遭到了教员们的强烈反对，一方面是由于来自各层面的派别意识，另一方面是担心该计划会使本科生的精力过于分散。到了1963年年底，辛普森确信他的计划已经彻底没有希望了。不过辛普森离开芝大前往瓦萨学院任职却给了列维一个机会。1964年春，列维任命自己为本科生院的代理院长，利用这一不同寻常的身份来重提改革的想法，并于同年晚些时候让本科生院的教员们接受了这样的想法。

在1964年8月发送给教员们的一份很长的计划备忘录中，列维提出了一系列结构改革。[163] 本科生院的教员们将不再被视为一个绝对的主体，而改由一个40人的委员会来代表。该委员会半数通过选举产生，半数由芝大校长任命，它对各个层面的本科生课程拥有完全管辖权。而本科生院则将被细分为五个"学科学院"，其中四个是并列的，并与四个研究生学部紧密结合在一起。第五个学院将被称为"新跨学科学院"，其主要任务是开展实验性和跨学科的项目，这些项目不能够被涵盖在其他任何一个"学科学院"之中。这几个后来也被称为"学院学部"的学科学院将由资深教员，即学院名师们来领导，并将被授权来决定与它们各自的领域相关的本科生院通识教育课程的具体组成部分，并监督本科生院第一学年过后其各自学科领域的课程结构。学生在本科生院第一年的学习经历被称为一个"通识年"或"普通年"，学生在此期间并没有具体的系主修课程或专业。

列维采取这种模式的原因部分上是源于他相信"一种由五个独立而又相互依存的、与四年制本科教育课程相关的领域组成的联合制教员体系"是非常适合本科生院的。课程的灵活性并不是唯一的原因，因为列维曾于1963年向董事会报告说"如果能够开发五到六种课程，让每一种课程的教员教大约400名学生，那么我们就能够创造出机会1) 取得进一步增长，2) 让不同的教员肩负起革新和发展课程的责任，并从不同的学部和别处聘用所需的教学人员"[164]。列维后来又于1965年评论道："人们认为本科生院的学生数量将会在十年内翻番，从2100人增加到4000人，但是将本科生院重组为几个学院学部将会在招生人数翻倍后仍保持小规模学院的特色，这一点对学生至关重要。"[165] 列维对本科生院的结构重组从而与"福特计划"更大范围内的师生结构有机地联系起来。

第二个问题同样涉及战略，它与列维希望维护本科生院作为一个对各个层面本科生教育负责的职能部门的完整性有关。在这个问题上，列维个人作为一名本科生院校友的忠诚和他对罗伯特·哈钦斯的仰慕之情发挥了作用，因为他坚持认为某些中央机关必须对整个本科生课程拥有决策权。罗伯特·斯特里特1958年就提出过关于各系的本科教育职责过于分散这个严肃的问题，列维下定决心要建立本科生院委员会和学院学部这样的部门，它们稳健的政治和行政合法性将加强大本科生院作为一个校级机构在构成方面的弹性。[166]

最后，在列维看来，一个与研究生学部密切相连的联合本科生院将使本科生院拥有一种对整个芝大"具有普遍意义的影响力"，列维认为这个理想对芝大的未来至关重要。列维同时也希望这几个新的学院学部能够产生新的实验性课程举措和计划，从而将学术兴趣广泛的教员们凝聚起来，在充实总体教学环境的同时也能够重新树立20世纪30年代和40年代那些最初的"核心"教职员工们释放出的学术热忱与激情。他称"如果本科生院在这种统一和职能探究中找到了其在芝大内部的使命与角色，就会加强力度以期完成这项工作，只要芝大内部有足够数量的教员们愿意参与到实际的本科生教学中去"[167]。

爱德华·列维笃信芝大教员广泛参与本科教学的制度安排会逐渐巩固本科生院的学术声誉和卓越性。我们不能低估这种愿景的胆识和魄力，因为事实上列维是在力图将伯顿、金普顿和哈钦斯的抱负融合成一个新的制度综合体，它将最终确保本科生院在芝大内部的政治合法性。

尽管本科生院的忠实拥护者们对此多有怨言——他们担心新的学院学部会代表另一种研究生学部的高压攻势并且会导致作为一个执政主体的本科生院就此消失——列维的改革还是于1964年11月被正式采纳了。事实证明，这些治理改革在行政方面是有益的。但是它们并没有解决自20世纪50年代后期就一直困扰本科生院的许多课程方面的棘手而尚未解决的问题，也没有对本科生院面临的同样深刻的学生生活问题产生影响。它们的确是达到更为有效的治理的必经之路，但更多只是在制度层面进行了变革。

对于塑造本科生教育，爱德华·列维的确有自己关于课程设置的看法，即使在今天，这些看法所反映的激进主义仍与哈钦斯当年的观点遥相呼应。从某种意义上说，列维想要完成哈钦斯在1942年至1946年间试图去做的事情，只不过是用一种倒行逆施的方式。他认为不能为了学院的提前录取而去拆解中学，相反，应该为了更富创造性地将学院和专业学校合并在一起而把专业学校的几年拆分出来。然而这些观念只是虚张声势，无论是好是坏，爱德华·列维都没有试图在芝大去推行某种特定类型的课程改革，尽管他坚定地支持让更为年长的本科生去从事某个专业方面的学习而不是继续不分重点地学习，而且他也毫不犹豫地以减少教育成本和令教育更加高效为名批准了将专业学习融入本科生课程。没有人能够质疑列维对人文科学的奉献，但是芝大开展重大课程改革工作的历史一再显示出一种恒久不变的两面性，一方面是高贵而认真的理想，另一方面是凌乱的政治和学科资助。列维接受了教员应塑造课程这个现实，但是他同时也明白这种塑造在很大程度上是一个政治过程，结果很可能跟用心良苦的设计者们所设想的完全不同。但是，列维使本科生院成为芝大的一股统一而协调的力量的愿景却日复一日地演化成了一种越来越合理的干预措施。

**话语策略：列维的演说**

第三个也是最后一个方面是列维在公众面前发表的有关芝大的言论，他为之倾注了许多心血。1964年至1970年间，他发表了一系列关于高等教育的纲领性演说，其中的14篇后来被编成了一本名为《我的观点：论教育》的书，1969年由芝加哥大学出版社出版。从根本上说，列维想要通过一系列既讲究艺术性又有实质内容的高水准演说重新为芝大的中央管理层建立更强的学术气场。他早期的演说从芝大的几种职能出发将其描述为某种特殊形式的多学科性大学，同时也是一所有着独特学术文化和以大团结和意识形态一致著称的大学。然而随着时间的推移，列维的讲话变得"过于拘泥于形式"同时也更有防备性了，他力图声援20世纪60年代后期的学生抗议运动，并对抗他认为不正当的政府和民间团体的重要部门提出的改变大学使命和瓦解大学特性的要求。列维试图用这些演说达到三大目的：首先，为芝加哥大学自己的支持者、教员和校友们重申芝大的特殊文化身份并使之恢复生气；其次，讲述芝大在20世纪50

年代曾经怎样与灾难擦肩而过，给予听众信心，使其相信芝大的领导层如今已使芝大初步脱离了险境；最后，向普罗大众说明这所研究型大学更宏大的目标，因为在 20 世纪 60 年代末那样典型的时代，大学在两种思潮间进退两难，一方面是当时盛行的反智主义，另一方面是要求大学必须适应社会和政治需求的尖锐呼声。在法学院就时就已十分了解列维的格哈德·卡斯珀后来将列维的公共话语描述为"为了矫正混乱、草率和愚蠢所作的一种教育尝试，因为他无奈地发现，教育事业经常受困于这些情形"[168]。最后一种功能在 20 世纪 60 年代后期变得更加突出了，因为列维经历了学生的抗议文化以及政府、产业和民间团体人士在政治方面的激烈交锋。1968 年 12 月他向瑟曼·阿诺德抱怨道："几年以前，我还以为仅仅钱的问题就足以压垮我们了。如今我们不得不把我们这个社会的氛围也加入进来了，因为它已经触及了大学。"[169]

鉴于从 20 世纪 30 年代中期一直到列维的职业生涯完结之时他与哈钦斯之间的私人关系，列维之后所作的演说堪比 20 世纪 30 年代罗伯特·哈钦斯的那些伟大演讲。"哈钦斯与我之间如同父子，我今天的各个方面无不与他有关。"列维 1977 年坦白道。[170] 1990 年他还说："哈钦斯的遗产对芝大而言是一笔重要的财富，由于它与哈珀的影响力一脉相承，因此也是今天芝大所拥有的优势的一个核心因素。"[171] 像哈钦斯一样，列维也把他的演说结集成书，莫里斯·菲利普森在劝说列维与芝加哥大学出版社合作出版这本书时并不令人意外地两次提到了作为前校长曾在他们出版社出书的哈钦斯的名字。[172] 1962 年春，在被任命为教务长之后，列维收到了许多哈钦斯时代的拥护者们写来的热情洋溢的贺信，如 F. 钱皮恩·沃德和莫蒂默·阿德勒，以及哈钦斯本人，信中希望列维能令芝大回到与哈钦斯的遗产更加一致的政策上去。爱德华·列维也的确公开表示了自己的政策将与这些人所称的教育"旧时代"有很深的渊源。[173]

但是这种比较也有一些局限，这在 1968 年 6 月列维于华盛顿特区的校友集会上发表的有关大学和公共服务的演讲中体现得十分明显。列维称虽然大学必须认清其所处社区的社会问题并对其做出反应，大学的核心宗旨却是培育知识和维护学术传统，而不是充当实际中的政府机构。"过度依赖大学作为便利机构去解决与教育无关的现实问题只会导致大学堕落，"他警告说，"这种危险正在逐步加深，因为堕落很容易，也很诱人，尤其是当它披着切实回应我们这个时代的问题这件外衣的时候。"[174] 这篇演讲赢得了许多资深教员的称赞，这些人似乎非常欣赏列维关于大学的愿景——将大学视为保护一系列独特学术品质的特殊堡垒。

但是列维的芝大与哈钦斯的芝大并不一样。列维所面对的外部支持者和公共文化与哈钦斯时代的截然不同。哈钦斯的道德信念是以20世纪30年代的经济灾难为背景的，但是当时的动荡并没有立即从根本上动摇美国研究型大学的行政和财政角色或其经营者的自我形象。哈钦斯的话语中虽然也有"大众"，但精英主义才是其动人之处，他提出的一套严谨的教育计划是令大多数美国中学学生都望而却步的。相反，20世纪60年代后期，爱德华·列维发现自己所面临的是以大众为根基的高等教育机构的责任、其"亏欠"美国全社会的道义，以及关于研究型大学核心宗旨的更加传统的观念之间的冲突。如菲利普·阿尔特巴赫所言，美国大学在"二战"以后一直在努力承担美国民间团体文化启迪的中心作用，如今它们发现自己被拖入了"这个时代最令人痛苦的社会危机"[175]之中。1945年之后，许多大学领导人都愉快地接受了将其所在机构重新定位为大众展现民主化市民精神的火车头，都在积极地接受联邦政府的慷慨捐赠，这些捐赠打着20世纪50年代这一大学新使命的旗号，一波又一波地涌来。[176]而如今这些大学却发现其明确表达出来的慷慨与能力必须和一些不利的附加条件绑定在一起。列维十分担忧这股强大的离心力会令大学偏离培育和产出新知识的基本职能。这股力量在20世纪80年代和90年代变得愈加强大了。[177]

不无讽刺的是，虽然哈钦斯算得上是列维的精神导师，列维最经常提起的历史人物却是威廉·雷尼·哈珀。身为法学院院长的列维经常援引哈珀来支持其将专业教育视为芝大宏伟的学术使命之必要元素的观点。[178]列维把哈珀当作他关于芝大整体性或统一性观点的论据（教务长约翰·威尔逊后来称之为"列维先生的教理问答手册"）。例如，1969年1月，他称哈珀"想要的是一个在许多机构中都找不到的统一体⋯⋯他认为芝大必须是统一的芝大，不能是一个分散的机构，这种观点始终卓尔不凡⋯⋯有时候，这所教育机构会由此确信或感觉到自己有必要特立独行"[179]。这是一个有关体制的论点,但它同样也与道德有关,因为列维认为正是芝大社区的统一性让它的人们在 20 世纪 40 年代和 50 年代的黑暗岁月中团结在一起,如今也正是这个团结的社区将在 20 世纪 60 年代破旧立新的光辉岁月中重获新生。通过援引哈珀这种特别的洞见,列维刻意用一种历史的视角来阐释芝大的显要和使命感,但他同时也在鞭策他的同辈人认真地看待芝大的生存哲学,即坚持走自己的路,而不是听命于外界的利益集团或政府机构。或者正如约翰·威尔逊所说:"哈佛更有钱,(而)芝大更像大学。"[180]

### 列维执政后期的挑战

乔治·比德尔于 1967 年 6 月末宣布从校长职位上退休,董事会便启动了寻找继任者的程序。这一次的寻找过程非常顺利。遴选委员会于 1967 年 8 月成立,9 月中旬时便对一名候选人达成了一致意见,此人正是爱德华·列维。[181]这是在哈珀当选校长以来芝大作出的最快的校长任命。

#### 学生动乱:1966 年和 1969 年的静坐活动

列维于 1968 年 11 月中旬走马上任。他校长生涯的最初几个月实际上都消耗在了处理 1969 年 1 月和 2 月的大规模学生静坐活动方面。芝加哥大学第一次大规模静坐示威发生在 1966 年 5 月,与当时的越南战争有直接关系,那个时代的一些校友认为,从历史的角度来讲,那次静坐比 1969 年的这次更有影响力,意义也更加重大。[182] 1966 年 5 月初,乔治·比德尔宣布芝大将为那些想要争取缓役的学生向征兵局提供他们的班级排名以及其他的学业信息,但是每位学生将有权决定学校是否将他的信息转给他自己的征兵局。反对芝大按照义务兵役制度的要求将男性学生进行排名的学生们很快便在所谓"反排名学生联盟"(SAR)的领导下行动起来。虽然已无法迫使芝大改变其决定,他们仍在行政楼里组织了一场静坐活动。静坐于 5 月 11 日周三开始,5 月 16 日周一结束。最初进入行政楼的大约有 400 名学生,但是随着一天天过去,学生人数在慢慢减少,多数学生在三天之内便散去了。其余学生则组成了"自由选择学生联盟",并为声援芝大的立场而集会,有超过 350 名学生签了一份请愿书以表达他们的态度，即芝大可以根据义务征兵制提交这些信息。

1966年5月的静坐是20世纪60年代发生在一所大学行政楼里的第一批大规模静坐示威活动之一，它也为接下来发生在美国其他校园里的静坐活动树立了一个样板。有趣的是，芝大并没有惩戒参与静坐的学生，反倒是评议会事后向学校提出建议，今后如果再发生这样的破坏活动，应予以"适当的纪律处分，不排除开除学籍"。1967年春末在芝大行政楼里发生了第二次持续时间稍短的静坐示威（称为"学习示威"），同样也是针对征兵和学生排名问题的。这一次，芝大任命了一个临时教员纪律委员会，于1967年6月初对58名学生实行了留一到两个学期察看的惩罚。第二次静坐示威非常重要，因为它为校方处置1969年发生的大规模静坐活动建立了行政、法律和训诫方面的先例。

在1966年的静坐示威过去之后，评议会敦促芝大建立一个关于师生关系的特别委员会。1967年4月，该委员会发布了一份报告，其中颇为有趣的是两个补充声明——一个是由委员会的学生成员撰写的，他们要求学校在芝大治理的各个方面都给予学生充分的权利；另一个是由本科生院教员队伍中的一位老教师格哈德·迈耶撰写的，他称在课外事务方面应给予学生广泛的权利，但是在学术事务方面还应该把主要的决定权继续留给教员。学生们则称他们"必须在所有学术部门的决策中扮演重要角色"，而迈耶认为这样的参与毫无必要。

"没有任何理由担心将大部分甚至所有有关学术的重要决定交给教员们去做会包容或培养专断，会毫不顾及学生们作为学生以及作为人的需求和权利。"迈耶称。[183]迈耶的声明和学生的期许之间存在着巨大的分歧。问题的焦点集中在芝大内部权力的核心领域，即教员决定学术政策的特权。对于迈耶这样一位从哈钦斯时代过来的最有献身精神的教师而言，在一些重要的制度自治方面，教员的权威不仅是唯一的，而且是至高无上的。

除了1966年和1967年的两次静坐示威，芝大还遭遇过学生意见的普遍激化，这些活动以各种形式展开，随着时间的推移不断升级。与此同时，美国高等教育以及更广泛的美国政治大事件如疾风骤雨般袭来。艾伦·布林克利将1968年描述为"自'二战'结束以来这个国家的生命里最为痛苦的一年"[184]。当年1月，越战中的越方发动了"春节攻势"，马丁·路德·金和罗伯特·F. 肯尼迪分别于4月和6月遇刺身亡，而8月的民主党全国代表大会也是在一阵阵骚乱的氛围中召开的。据估计，在哥伦比亚大学的"学生争取民主社会组织"于1968年4月领导的一场大规模抗议活动过后，1968年的春天在至少一百所美国大学校园里又发生了超过两百起学生示威活动[185]。在哥大的学生罢课活动进行到第八天时，哥伦比亚当局选择了动用警力来清理被他们占领的建筑，这一干预行动演变成了暴力干预，数百名学生被捕，许多人受伤，这场行动自然也从策略上为其他地方处理类似事件树立了一个不光彩的先例。

1968年秋又发生了更多其他形式的政治抗议事件，包括当地"学生争取民主社会组织"的成员们于11月中旬试图扰乱爱德华·列维的就职晚宴。随后的12月发生的一起事件让激进的学生们得到了来自更广泛的研究生和本科生群体的支持。社会学系的教员名册中有两个左翼青年教员。理查德·弗拉克斯受聘于1964年，1966年得到续聘；马琳·狄克逊1966年在芝大有两份工作，一是受聘于社会学系，二是为人类发展委员会工作，学校本打算在1968年秋续聘她。这两个人在研究生和本科生中都有极高的人气，也都成为有政治梦想的学生们的非正式导师，这些学生中有许多人都是"学生争取民主社会组织"的激进分子或者至少与该组织有非正式的联系。

1968年12月中旬，芝大通知马琳·狄克逊，学校不会与她续签合同，原因是社会学系的资深教员们提出了反对意见。[186]这起事件立即激起了学生们的负面情绪。1969年1月9日，一个自称为"85人委员会"的学生特别小组提出"要求"：必须将做出该决定的依据公之于众，马琳·狄克逊必须重新得到聘用，学生在未来教员聘用和续聘的决定中必须拥有与教员对等的话语权。他们还将1月13日定为校方必须对他们的要求做出回应的最后期限。

1月13日，社会科学部部长D. 盖尔·约翰逊宣布召开一个会议以泛泛地讨论该部教员任命和晋升的程序，但并没有具体涉及狄克逊的续聘问题。该会议于1月17日在贾德会堂召开，与会的有数百名学生，他们要求将狄克逊的问题当成重点来讨论，约翰逊、人类发展和社会学的领导威廉·亨利和莫里斯·简诺维兹,以及许多其他的教员们听到这样的要求便退席了。第二天,约翰逊部长请教务主任约翰·T. 威尔逊指定芝大范围内的一个教员委员会来审查有关狄克逊的决定。这个七人委员会由当时历史系和本科生院的一名副教授汉娜·H. 格雷带领。

1月27日周一,大约150名学生来到约翰逊部长的办公室里静坐了两个小时。[187]学生们闯入办公室,并搜查了约翰逊的文件,这些举动都没有得到事先许可。学生们通过表决欲带走那些文件,但最终还是作罢。在此之前的1月23日,"85人委员会"已经向爱德华·列维发出了一封信,重新提出了他们的要求,并将1月29日设定为新的最后期限。尽管最后期限变来变去,列维还是发出了一封普通信件,回绝了学生们共同掌控聘用过程的要求,并称一位校长或教务长违背一个系的教员们的愿望指定某个人去该系任职是不合适的。

1969年1月30日,四百名学生进入行政楼并在里面扎营。占领这座楼之后,一个学生"谈判委员会"向爱德华·列维提出了四点要求:立即重新聘用马琳·狄克逊,接受学生和教员在教授任免问题上权力均等的原则,同意由芝大赔偿这次静坐引起的教职员工们薪酬的损失,以及特赦所有参与静坐的人,因为"我们认为我们的行动是合法的,不受纪律约束"[188]。

校方则通过评议会委员会和教导主任查尔斯·D. 奥康奈尔做出了回应。委员会于1969年2月1日发表声明,强烈支持爱德华·列维的决定,并且拒绝讨价还价或者在胁迫之下进行协商。更重要的是,委员会已于静坐开始前一天的1月29日任命了由9位成员组成的芝大纪律委员会,由法学院的达尔林·奥克斯领导。[189]静坐者和中央管理层之间的僵局持续了两周。到了2月3日,据传行政楼里的学生数已经减少到了175人。为了给他们打气,一些学生于2月11日周二试图在社会科学楼内举行罢课,但是这次行动完全失败了,因为学生主体中的多数人对于静坐并不抱有同情心。2月12日,格雷的委员会关于马琳·狄克逊的报告出炉了。审查委员会认为最初的评估所遵循的程序并无不妥之处,但同时建议将狄克逊在人类发展委员会中的任职期再延长一年。同一天的晚些时候,马琳·狄克逊回绝了该提议,称自己不希望再为芝大教书了。

随着格雷委员会报告的发布和狄克逊本人作出回应，静坐示威最开始的理由已经不复存在了。2月第二周的某个时候，静坐活动的两名研究生领袖私下里到列维位于53街基督教青年会的办公室里与他进行了会晤以讨论当时的情况。据他们中的一位回忆，列维当时显得十分沉着冷静，嘴里抽着一根雪茄，两只脚跷在桌子上。列维评论说，静坐者们提出的一些问题似乎合情合理，他欣赏他们的勇气。但是他同时指出，他们会输的，会一败涂地，并且指出芝大最忠实的财政支持者们对他们静坐提出的那些问题无动于衷。列维以现实政治的口吻强硬地否定了学生们的行动，这使他们感到震惊，结束会晤返回学校之后，他们相信校方的态度已难以改变，绝对不会屈从于他们的要求。不久之后，他们经过表决放弃了对大楼的占领。静坐活动于2月14日周五正式结束，连警方都没有惊动。

比静坐本身更引起争议的是事后的惩戒。42名学生被开除出芝大。另外有81名学生遭到停课处分，时间从不足一学期到六个学期不等，尽管有些人的停课处分被暂缓执行，学校只允许这些学生以留校察看的身份注册学籍。[190] 1969年2月，74名被开除的学生中有7名未在芝大注册。在其余的35名被开除的注册学生中，5人为研究生，30人为本科生。这些被开除者中有些是有着激进外部政治意图的学生，他们认为芝大是一个大的压迫和种族主义体制的一部分。有些人后来参与了1969年年末的"气象员派"[x]成员的示威活动，并触犯了联邦法律。其他被开除的学生没有太明显的政治意图，但是对学生在学校的权利态度强硬。还有一些人只是出于个人原因对在芝大的生活感到十分不满。

在学生静坐期间，教员们对如何应对静坐活动以及如何实施后续的惩戒措施的态度各不相同。一些资深教员给爱德华·列维施加了很大压力，要求校方请芝加哥警方介入，而列维顶住了这些压力，这是非常值得称赞的一件事。在发布命令和组织纪律委员会的过程中，一些教员愿意配合工作，但是其他人却拒绝配合纪律处分程序，尽管他们也不赞成静坐这种方式。从许多正教授们发表的立场声明中就可得知资深教员们

---

x 20世纪60年代从"学生争取民主社会组织"中分裂出来的一个激进派别。

当时的反应。几乎没有人赞同学生们提出的要求,并且他们的话语还从批评转变为猛烈的抨击。一些资深教员甚至提及了纳粹军队的冲锋队员。例如,H. 斯坦利·班尼特在2月8日的一封公开信中宣传,"没有人能够强迫这所大学的一个系或者部接受一个被认定为不合适的教员。提出这种要求背后的原则与纳粹德国强迫大学聘用法西斯主义教授时的心态别无二致。我们不能允许这样危险的原则在这里生根"[191]。相比之下,历史学家约翰·霍普·富兰克林所作的评价更加公允,语气也不失坚定,他说"占领大楼、搜查公文,用哗众取宠、极其幼稚的手段扰乱教学",这些学生"已背离了使芝大能够健康生存的那些原则……在其他方面,他们也亵渎了那些由于无处申诉而奋起与不公正和非法之法进行斗争的前辈。他们还侮辱了那些早期正义斗士的后代子孙,那些人的智慧和优雅在我们这个时代足以帮助他们理解一所伟大的高等学府和一个普通的公共讲坛之间的差异"[192]。

经济学、化学、教育、社会服务管理这些院系和其他部门发表了支持列维和评议会委员会的集体声明。与此同时,在那些写了公开信谴责静坐活动的教员们当中,有许多人并没有这样做。许多教员发现自己被夹在中间左右为难,而在一场有关文化的革命或其他革命发生之时,选择中立是尴尬甚至危险的。作为一名受到教员和学生普遍尊敬的教师,韦恩·布斯即将于1969年春天卸任本科生院院长一职,他在2月4日举行的一次本科生院教员会议上表达了自己的失望之情:"在集会的此刻我们正面临着巨大的危机,对于我们中的许多人而言这并不是头一次……自从两个多星期之前在一次公开集会上有一个以前的学生把我称作'撒谎的人'之后,我就经常感觉到有人刻意跟我过不去,歪曲我的动机和话语。"[193]还有一些其他教员认为,芝大不该将学生的叛逆征兆误认为是引发学生闹事的深层原因,从而忽视了应该从学生苦恼的来源抓起。在一份日期标明为1969年2月11日的声明中,46位教员建议管理层不要从一开始就对学生的要求不予理会:"在我们看来,学生提出的一些批评是有道理的。虽然他们其他的要求会伤害芝大而必须予以拒绝,但是未能认识到埋藏在这些不合理要求下面的对于现状的不满,以及拒绝做出需要的改进同样会阻碍芝大成为一个本该获得成功的机构。"[194]在各种集会上进行的大大小小的民意调查和投票显示，大多数学生反对静坐这种策略，但是也有许多人对抗议学生提出的学校管理问题表示赞同。[195]

这次静坐示威是关于规则和程序的一场冲撞，但也是关于芝大权力制度价值观的一场冲撞。此外，静坐揭示出芝大在校园生活的特质和学生的信念方面出现了严重的裂痕，这比行政楼里发生的这场骚乱本身更为重要。最为极端的学生意见和行为，如"学生争取民主社会组织"中那些最激进的成员所信奉的观点，往往最容易遭到忽视甚至谴责。但是五十年过去了，令我们记忆犹新的却是当年学生们真诚表达的其他方面的心声，如呼吁提高教学质量，为学生争取参与系和学校工作的权利。许多与静坐有联系或至少对其表示赞同的学生都不是政治积极分子或"学生争取民主社会组织"的成员。这些学生更加关心的问题是校园里的风气、教学质量，以及他们所感受到的芝大对其学术和个人需求的漠视。1969级的一位本科生院校友在许久之后写道："我们发现芝大的社会和政治生活与其学术生活之间存在着巨大差异。如一位同学所言，'学校希望我们在课堂上能够像专家那样谈论修昔底德，但是在课堂之外，他们又希望我们对影响我们日常生活的事情保持沉默'。因此，我们在尝试用新掌握的评论技能讨论对我们十分重要的实际事务时总是备受打击。"[196]

虽然静坐活动的出发点只是一些朴素的愿望，却激化了学生与校方之间的矛盾，因为引发示威的诉求——争取任命和重新任命教员的特权——已经触及了芝大学术的核心制度。许多资深教员在捍卫被广为接受的学术权威、专业经验以及职业身份的等级制度时，都认为自己是在捍卫芝大这个神圣文化机构的愿景，而学生们则很容易因此觉得这些人要把自己变成芝大唯一的主人，所以才会对广大学生关注的问题怀有敌意或至少是反应迟缓。

1969年的这场危机给爱德华·列维带来了巨大的打击，无论是在个人方面还是在其职业方面。事实上，韦恩·布斯后来回忆，列维有好几回都以学生的骚乱影响了芝大为由扬言要辞职。[197]布斯也仍记得在那些令人费解的时期参与者们必须努力克服的极端状况，从对学生和本科生院本身的无礼恐吓到对芝大完整性的真实的担忧，包括一小部分资深教员对学生们释放出的源于内心的敌意："一些教员的行为举止十分恶劣。有个人但凡去开会（静坐期间高级行政指导委员会召开的会议）总是穿着一身军装招摇过市，还把他所有的徽章都戴在衣服上。另一个人在学生们还没进入（行政楼）之前就出主意说，我们应该在办公桌上撒一些钞票，这样就可以以盗窃的罪名把那些学生逮捕起来了。"[198]

身处这些可怕的动荡之中，列维最大的冲动就是竭尽所能将芝大社区团结在一起。[199] 2月14日这天，当抗议者们决定撤出行政楼之时，列维评论说：

> 这段时间以来，芝大一直在努力印证它所代表的价值观，尽管做得不甚完美。我们鼓励教员和学生团体之间开展讨论……在一个充满暴力的世界和一个以暴制暴的世界里，我们强调的是以德服人。我们努力用一种与理想相一致的方式解决问题，而教员和学生们也以他们独特的响应方式使得这一切成为可能。在写下这些话的同时我禁不住在想我们取得了怎样的成功，我们所做出的选择是否还切实可行。但是我相信是否成功并非这个选择的唯一标尺。[200]

## 20世纪70年代的预算紧缩和巨大需求

静坐事件最终平息了，但是仍有许多根本问题尚未解决。爱德华·列维与之前大多数校长不一样，他对芝大的财政状况了如指掌，1968年11月时，情况仍不甚乐观。尽管筹款运动注入了一些资金，也得到了一些捐款承诺，芝大的预算仍然很难做到平衡。从列维的私人备忘录和信函中所透露出的对芝大财政问题的沮丧情绪能够很明显地看出他所面临的困境。在1967年2月写给员工的一份备忘录中，他断言："我现在相信，我们遇到了一场巨大的财政危机。"[201] 1968年5月，当莫里斯·简诺维兹带着几份社会学系的雄心勃勃的计划来找他时，列维断然回答道："我们必须记得芝大现在真的缺钱……我们必须缩减基本教育事业的开支。"[202]

最终，列维决定公之于众。1969年12月初，教务长办公室的一名行政人员本·罗斯布拉特在《芝加哥大学纪事》上发表了一篇十分冗长的报道，主要论点就是芝加哥大学事实上不是一个有钱的机构，如果无法找到新的重大收入来源，其年度赤字将持续增长。他指出芝大的筹款目标仍未达成，"公布的建设基金目标仍有一小部分尚未完成"，"筹款运动收到或得到承诺的资金中有相当一部分是为长期或其他未来的项目预备的，无法立即投入使用"；他警告说，"用以解决当前需要的资金相对短缺"，芝大目前的运营依靠的是由福特的有条件捐赠提供的非限定用途资金，按照计划，本财政年度芝大就会领到该资金中的最后一笔钱了。[203]

与此同时，列维也向芝大发表了他的年度报告，他提醒教员们在芝大的学术预算中有一个潜在的近600万美元的结构性漏洞。列维在报告中呼应了罗斯布拉特的文章，解释说福特基金会的有条件捐赠自20世纪60年代后期以来就一直被用于填补预算赤字，现在这笔捐赠即将耗空，他还表示非限定用途资金可能无法获得足够的增长来弥合这个缺失。因此很可能出现一个大约569万美元的预算短缺，而芝大未能筹集到足够的非限定用途捐款以尽可能达到预算平衡，从而加剧了这一状况。1970年的这一赤字相当于2014年的3500万美元。[204]

当然，芝大所面临的挑战在当时并非特例。如果说20世纪60年代早期和中期对于许多美国研究型大学是一个黄金时期的话，那么20世纪70年代就不可同日而语了。经济停滞、恶性通货膨胀、20世纪60年代末许多美国大学给捐赠者们留下文化混乱的印象，联邦研究资金和奖学金相继撤销、学潮运动层出不穷，所有这些因素共同促成了一种预算紧缩的气候，尽管还谈不上危机。[205]

芝大发现自己正面临一场迫在眉睫的财政危机，但是直接影响到这场危机具体性质的是1969年春发生的那些事件和20世纪50年代学校所面临的是基本生存问题而非积极扩张这个事实。1965年的"福特计划"着眼于芝大为了支持现实运营和维持扩大招生而获得更多非限定用途捐赠的能力，芝大的学费收入因而获得了增长，当时估计到1975年时学费收入将会翻番。1969年11月的报告是一个信号，表明可以用大笔非限定用途捐赠的持续增长来抵偿当时飞涨的经常性支出的早期研判过于乐观了，但有些情况是这些报告并未提及的，也是报告作者在1969年夏末的时候尚未完全意识到的，那就是由于招生规模的缩减趋势，芝大即刻就会面临严峻的挑战。

"福特概要"背后的愿景是希望招收更多的学生，并为这些学生建设更多的住宿设施。在1960年至1968年间，本科生院的招生人数开始有了略微增长（从2163人增加到了2598人），但是住宿条件却没有跟上。虽然芝大就新生设施制订了一个宏伟的计划，"福特"运动却没有为该计划筹集到资金；早在1966年10月，爱德华·列维就曾质疑过芝大是否有能力将这个计划开展下去。芝大的筹款运动不但没能产生用于替代福特资金的非限定用途捐赠，而且也没能筹措到改善学生生活所需的大笔资金。1960年，芝大的住房管理行政官员们宣称，为了将本科生院建成一个大规模住宅社区，他们计划的第一步便是要求本科女生四年均在校居住，本科男生至少前两年在校居住。但是由于需求远远超过了供给，住房管理行政人员的计划失败了，他们不得不容忍甚至鼓励学生们提交去校外居住的申请。1964年春，芝大承认自己扩招过度而难以应付，因此取消了在校居住的要求。1961年对芝大住宿条件进行调查的一个教员委员会发牢骚说："宿舍楼如今根本无法提供能与本科生院的抱负相匹配的生活条件。拥挤、嘈杂、师生间交流匮乏、组织相对涣散、住宿区域内随处充斥着管制的调子，这与本科生院在教室里培育的独立性、想象力和交流精神明显背道而驰。"[206]

　　问题出自以下几个方面。首先，20世纪50年代后期开放的两座新宿舍楼皮尔斯楼和伍德沃德楼被设计成了许多面积过小的房间，一旦再塞个人进去，立刻就会变得拥挤不堪。当耶鲁大学法学院院长尤金·罗斯托写信给爱德华·列维谈起自己儿子的经历时，这个事实暴露无遗："我儿子被安排在芝大一个精心设计的现代宿舍楼皮尔斯楼里住宿，可我认为那种环境根本不适合教育。他和一个室友同处一室，那个房间大概只有我在耶鲁的卧室那么大，或者就像一艘旧游轮上的驾驶舱。学校要让他们在那里休息、学习和娱乐。当然，他们根本没法做到。"[207]其次，本科生院的住房管理人员费了很大气力来管理一个老旧而不合规范的房产体系，同时允许研究生部和专业学院将其中一些1918年以前用作宿舍的老房间当作教员的办公场所，从而进一步压缩了可用于本科生院学生住宿的空间，因为当时皮尔斯楼和伍德沃德楼启用了，而同时本科生招生人数也开始增长。

1963年4月，《放逐报》批评了芝大关闭"四方院"内的老女生宿舍并让女学生们搬迁到离校园1英里以外的一座老公寓楼里去住的决定，本科生院一位年轻的助理教导主任玛丽·爱丽丝·纽曼就此开展了一次令人吃惊的评估。她写信给本科生教导主任沃纳·威克："《放逐报》（这一次）准确地抓住了当前住宿决策貌似存在的不合理性……作为'住宿学院'最初的支持者之一，我原以为它会达到最起码的生活标准……然而，三年过去了，我们不仅没能实现积极的进展，而且实际上是在步步倒退。"威克把纽曼的信转给了中央领导层，并且加入了自己刻薄的评论："我们遇到了麻烦，主要是因为很久之前做出的那些决定……谈起我们的'住宿学院'就像是在讲一个天大的笑话，全世界都笑了。"[208]学校要求心情沮丧的教职员工们去应对被分配到54街和哈珀大道交会处的哈珀·瑟夫大楼里住宿的年轻女学生们愤怒的家长，这些员工也在发泄着他们的不满情绪：年轻的发展部职员小詹姆斯·W. 谢尔登写信给乔治·比德尔，"如果这就是我们能够为大一女生提供的最好的住宿条件，看起来我们声称的'住宿学院'已经名不副实了。如果我们没有办法作出改进，或许我们应该立即取消本科生院的男女合校特色，因为就拿这种住宿条件，我们今后不可能再吸引我们想要的那些类型的女孩子前来就读了"[209]。

最激动不安的人莫过于威克自己了，他对芝大高贵的理想和自己要硬着头皮去管理的混乱现实之间的差距越来越感到失望。威克相信，困扰本科生院学生主体的高辍学率问题与"许多学生对这个社区没能产生认同感"有直接关系，而这种现象反过来又与本科生院糟糕的住宿条件相关。[210] 1964年2月，他在一份措辞异常严厉的备忘录中批判了当时的情况："五年前我们高谈阔论的'住宿学院'已然成了笑柄……我们现在居然连为四个本科生班级中的两个提供宿舍的能力都没有。我们还勉强装作'去校外住'的特权只是法外开恩，只有写请愿书才可能批准。但是如果高年级学生中的大多数人不申请出去住，我们就麻烦了……这种情形与我头脑中我们所代表的一切价值观都格格不入。"[211]

为了应对这些问题并努力控制早期学生住宿系统的发展过程，爱德华·列维于1964年发起制定了一份重要的教员报告以规划芝大未来的住房体系。该委员会由性格和善的法学教授沃尔特·J. 布卢姆领导，他是一个对芝大十分忠诚的人,并且习惯于用严肃务实的语言讲真话。布卢姆的委员会在 1964 年 9 月到 1965 年 5 月间进行了研讨,并从教员、学生和行政人员那里广泛征求意见。最终报告的论调强有力地支持在校园里建设新的学生宿舍楼,重点是在 55 街和 56 街之间从英格尔赛德大道到卡蒂奇格罗夫大道的地块上为未婚和已婚学生建造一个学生村,其中包括运动设施以及商店和商业服务场所。布卢姆还主张在皮尔斯楼旁边建造第二座设计更加精良的塔楼。布卢姆称这座楼房里不应设计成一个个狭小的双人间,相反,新塔楼的每一个双层住宅区应包含大约 45 个单人房间,另有为双人居住而设计的 10 间套房。布卢姆还指出可能会对南校园内的伯顿-贾德森宿舍楼进行扩建,并强调了高品质建设的重要性:"对于芝大而言极为重要的是,在质量上,至少要能与其他最高品质的学校为未婚学生建设(或正在建设)的宿舍楼相提并论……不幸的是,与我们要与其竞争生源的其他学校所建的住房相比,芝大最近建造的两座宿舍楼皮尔斯楼和伍德沃德楼逊色很多。"[212] 在这份最终报告中,布卢姆评论道:"如果芝大想要实现抱负,就必须创建能让广大学生感到舒适、发展可持续关系,并在完成学业的同时'安定下来'的支持性的设施和氛围。"[213] 乔治·比德尔对布卢姆的报告表达了谢意,称赞他的观点十分有力,本科生院管理层也对这些提议表示强烈支持。

不幸的是,这些提议最后并没有被付诸实施。1966 年,芝大委任爱德华·拉拉比·巴恩斯制定学生村规划。第二年,芝大自豪地宣布了一项关于建设一个学生综合设施的计划,今天被称为"北四方院",总成本为 2380 万美元,其中包括一个可以为 900 名学生提供住宿的学生村,艺术、音乐和戏剧大楼,以及一个带游泳池的运动中心。[214] 然而,如同 20 世纪 20 年代末伯顿和伍德沃德为新的南校园住宿计划所设计的方案一样,布卢姆委员会关于建设一个新的北校园综合体的大胆构想也不够走运,不久就被铺天盖地的其他迫切需求、预算危机以及不思进取的心态淹没了。《放逐报》1966 年引用沃纳·威克的话指出,新住房计划的成本"惊人","住房计划得不到资金支持是因为它通常依靠的是非限定用途捐赠,而这些钱同样是我们学术项目的主要资金来源。因此,住房计划就和我们最重要的学术需求产生了直接矛盾"[215]。

20 世纪 60 年代中教师队伍的壮大和令人印象深刻的对教员研究的大批投入基本上解决了与资深教员及其博士生相关的"邻里"问题。瑞根斯坦图书馆也许已经承担过服务全校师生的功能,但自从开放的那一天起,它的投资运营便是以教员和博士生的科研为目的的。[216] 而本科生院学生的"邻里"问题依然存在,这些学生依然没有得到伯顿在 20 世纪 20 年代就曾热情企盼过的在环境和文化方面都很怡人的处所。更糟的是,与教员有关的决策,如任命有名望的教员、各系注重学术卓越性,似乎很少顾及学生们的担心和苦恼。如果说列维想要实现自己关于本科生院的目标,即让它成为整个芝大的一个强有力的综合部门,那么他还有很长的路要走。

学生的住房问题成了一大财务难题,1969 年 3 月中旬,在静坐结束还不到一个月的时候,本科生院院长韦恩·布斯就在一次本科生院委员会会议上宣布了一项决定,将 1969 年秋季本科生院的入学人数从 730 人降到 500 人。布斯称,"据说今年芝大又有许多一年级学生在抱怨他们的住宿条件差,课堂教学乏味,课外生活毫无乐趣"[217]。减少这么多学生不仅意味着爱德华·列维在"福特概要"中宣称的财务目标从未实现,而且还使 20 世纪 70 年代初期和中期本已十分吃紧的预算雪上加霜。从 1968 年到 1973 年间,本科生院的学生数从 2598 人减少至 2115 人,芝大的总人数也从 8335 人减少至 7258 人。缩减本科生院规模的决策不是"福特计划"失败的唯一原因,却大大加速了它的失败。过了没多久,许多人就发出了后悔的声音,教务长约翰·威尔逊于 1972 年 10 月难过地承认,"如果能多出 1200 名学生,哪怕是这个数字的一半,对缓解芝大总的资金压力也会有莫大的帮助"。但是为时已晚。[218] 学生入学咨询委员会是一个教员组织,1974 年 3 月任命本科生院前院长罗杰·希尔德布兰为主席,这个组织同样在一份报告中坦白称:"我们没能实现过去在招生方面的长期抑或短期规划,这是导致我们目前赤字的一个直接原因……捐助者们更希望捐助报考人数不断增长的大学。因此,当务之急是我们要扭转过去四年来的下降趋势。"[219] 该委员会要求学校上下齐心协力,在 1980 年之前将"四方院"内的学生人数增加 1100 人,并在今后的三年中减少 75 个教员职位。然而事实很快证明,这两个目标是不切实际的。

除了招生问题，芝大在其他方面也面临着严重的财务困难，1970年至1975年间约翰·威尔逊在几份关于芝大财务形势的详细报告中向教员们进行了分析。不仅捐赠的市场价值赶不上通货膨胀的增长，1979年至1980年间付给预算的捐赠（1637.9万美元）甚至按照名义货币[xi]来算也低于1971年至1972年间拨付的捐赠。[220] 20世纪70年代中期证券市场的糟糕表现和芝大的赤字开支不仅极大地影响了芝大投资可用的当前收入，而且连累了那些投资组合的未来增长。20世纪70年代初期芝大获得的非限定用途捐赠也大幅减少，从1970年至1971年的400万美元降至1974年至1975年的低点310万美元，直到20世纪70年代末期才又恢复到健康水平。[221] 威尔逊评论1970年至1971年预算中的"捐赠估价"时说，这是"最令他忧心的问题"，同时称要达到平衡当年预算所需的捐赠目标需要一个"小小的奇迹"[222]。奇迹并没有发生。联邦对科研和研究生教育资助的减少让形势变得更加危急了。最后，基金会对总是依靠赤字预算来经营的研究型大学所抱有的同情心也大不如前了。[223] 1956年至1971年的十五年间福特基金会给芝大的捐赠为9500万美元，而1972年至1986年同样的十五年间给芝大提供的资金只有480万美元，这个显著差异揭示出芝大在战后初期严重依赖于福特基金会所提供的支持。[224]

对于芝大而言，这无异于另一只靴子落地了。由于芝大20世纪70年代初期不断地在与预算紧缩的困难作斗争，学校一直希望能有更多的外部力量介入。因此，1973年夏天，爱德华·列维又一次前往纽约城向福特基金会请求一大笔捐助，这一次有两名董事和一位资深教员陪伴他。和之前一样，芝大在这次拜访之后递交了一份陈情备忘录，但是这一次，对方采取的是极具防御性的姿态。与1964年至1965年营造的活跃气氛不同，列维1973年的干预是出于极为迫切的需求和深深的忧虑才做出的，福特这次的反应也截然相反。20世纪60年代后期和70年代福特基金会的投资一度十分艰难，基金会不得不紧缩开支，并对不善用其捐赠的消费习惯加以管制。同样糟糕的是，基金会中的怀疑者们质疑将大笔捐赠交由"特别教育计划"管理是否为明智之举。

---

xi 即不考虑购买力变动的货币。

毫不奇怪，爱德华·列维的请求受到了冷遇。在一份引人注意的内部备忘录中，福特官员哈罗德·豪和厄尔·F. 凯特理智而精明地分析了芝大在20世纪70年代初期遇到的财务困难。他们先是承认了芝大的状况之所以变得更加严峻是其本科生招生规模小造成的，此外，芝大的校友大多"从事的是报酬不高的工作"，而后他们得出结论，芝大"在大规模筹集资金方面有特别的困难"。果然，芝大的领导者们认为，"只有一条路能使他们走出困境：福特基金会投来一张2000万美元到3000万美元的信任票"。

然而，他们并没有得到想要的信任票和所需的大笔资金。在后来于1973年11月写给列维的一封信中，豪和凯特称，芝大控制支出增长的计划仍然"缺乏明确目标"。他们说，芝大需要的是一个"直接针对更好地控制这个机构的内部流程而制定"的计划，这个计划要和"更大的筹款目标以及芝大的资金"联系起来。在同一封信中，他们后来又回到了本科生招生目标的问题上来，这个问题颇为敏感，因为八年前列维曾向福特基金会承诺："鉴于芝大能够提供各种丰富的资源，我们深信学校再招收另外一千名本科生也不成问题。我们相信这件事经得起严肃的调查。"225 这封信毫不掩饰地传递出雷蒙德·福斯迪克曾于20世纪30年代末向哈罗德·斯威夫特和罗伯特·哈钦斯表达过的意思：洛克菲勒基金会的支持就要到头了，芝大必须动员当地的民众来支持自己。福特基金会没有答应再给芝大拨一大笔钱，而是建议爱德华·列维更严格地控制支出，更好地进行规划，招收更多的本科生，如能做到这些，芝大就能达到预算平衡的理想目标。

芝大的领导人别无选择，在没有获得大笔有条件捐赠的情况下，只好于1974年夏天发起芝大第二阶段的筹款运动，这一阶段运动本该于1970年启动，却受困于1969年的静坐示威和招生人数的下降。这场新运动出师不利，加上爱德华·列维1975年从芝大辞职并成为美国司法部长，芝大只好悄悄地缩减运动的规模，1978年最终的结果远远没有达到最初的目标。

针对所有这些问题，芝大的反应是重新开始预算削减、小幅精简教员规模，以及其他的紧缩措施。20世纪70年代，所有主要的美国大学都受累于股票价格惨跌和基金会赠款大幅减少，芝大则首当其冲，因为它刚刚从20世纪50年代严重的预算和社区危机中恢复过来，而且主要是利用短期现金做到这一点的，而不是通过在其校友和市民支持者之间建立有活力和成功的发展项目。1970年至1971年的预算是在假定不增加教员规模和将"四方院"内的总学生数提升到8300人的前提下制定的，但是实际的学生数却比计划少了600人。此外，针对1971—1972财年，由院系领导组成的预算委员会建议将各教学单位的预算全面削减5%，而最终实际削减的幅度接近7%。[226] 1972年10月，威尔逊告知教员们，1972—1973财年的预算可能仍会出现严重赤字，并警告说进一步的裁员势在必行。[227]

另据报道，在1972年至1973年间，"证券市场的状况考验了（我们）应对捐赠减少的能力"[228]。此外，芝大获得的非限定用途赠款也大幅减少，从1966年至1967年680万美元的年度高点减少至1971年至1972年的330万美元，这也令捐款问题更加突出了。芝大得到的总捐赠从1968年至1969年的3460万美元减少到1971年至1972年的2410万美元。在1972—1973财年，芝大不得不从捐赠中抽出300万美元来消除运营赤字，即使这一举动是在杀鸡取卵。

1973年至1974年，总体情况仍很严重。1973年春末，即使经过紧缩，但很明显1973—1974年度的预算仍然多估算了两百名学生，使赤字增加了50万美元，各单位必须分摊这一数字。1974年1月，爱德华·列维公布了一份异常直白和坚定的院系领导预算报告的摘要，报告公开称赤字损害了芝加哥大学未来的生存能力，并敦促在三年内弥补预算缺口。院系领导们进一步提议，"和芝大的其他环节一样，教员的规模也需要精简"，并且"需要对可能会被彻底淘汰的教学单位进行严格的审查"[229]。

三年后，问题依然严重且显而易见。1976年12月院系领导预算委员会的一份报告警告说，由于在"预算编制方面所采取的冒险举动"，芝加哥大学仍然存在"尤其严重"的预算问题，"教员人数从1960年至1961年的813人增加到了1970年至1971年的1139人，而可持续的财政资源并没有相应增长，因此造成收支差距扩大"[230]。

20世纪70年代爱德华·列维和约翰·威尔逊就惨淡的预算状况向教员们发布的各种报告既直言不讳地说明了这场危机，又表达了对芝大更光明前景的坚定信念。与 20 世纪 60 年代那段一切皆有可能的光明时期相比，1970 年之后不断加重的金融阴影和预算紧缩令人迷茫，甚至令人恐惧。

### 生存时代的资产负债表

在 1962 年至 1975 年列维的任期过后，芝大在哪些方面境况好转，又在哪些方面每况愈下？从积极的一面来看，芝大从列维创立的令人信服的各种制度规划形式以及对主要学术和科学资源，尤其是瑞根斯坦图书馆的关键性投入中获益良多。芝大还实现了 20 世纪 60 年代初期和中期教员规模的大幅增长、主要院系领导班子的重组、大学教授职位的创建和其他已命名教授职位的实质性发展，以及对新的自然科学关键性研究设施的投入。1965 年福特基金会的 2500 万美元捐赠离麦克乔治·邦迪所要求的 2 亿美元相差很远，但这仍可称为一笔数额巨大、鼓舞人心的赠与，它为 1967 年芝大成立 75 周年庆典提前营造了一个欢乐的氛围，并开始让主流评论家们称赞芝大"愈加显赫的地位对哈佛大学第一的位置发起了挑战"[231]。1967 年春，当接替麦克乔治·邦迪担任哈佛艺术与科学学院院长的富兰克林·福特称芝加哥大学为"一个巨人，一所'世界大学'"之时，列维也许感到了理所当然的满足：他让芝大恢复了 20 世纪二三十年代那段黄金岁月的荣光。[232]

在列维有力地捍卫芝大价值观的同时，基于从 20 世纪 50 年代劳伦斯·金普顿时代开始的物质复苏，20 世纪 60 年代教员们的士气也极大恢复。列维在 1977 年金普顿不幸自杀身亡之后所写的一份私人笔记中回顾了他们的团结：

> 劳伦斯·金普顿是在一个危机四伏的年代担任芝大校长的，当时必须采取极端而困难的行动。芝大必须面对非比寻常的预算问题。许多人认为（海德公园的）区域问题无法解决，芝大将不得不迁走。金普顿……（认识到）芝大的历史使命和独特品质必须得到保留并一如既往地加强。他并不仅仅是口头上赞成这些品质；他用自己直面这些必须解决的问题的意愿使之成为可能。他是一个有着伟大的天赋和洞

察力以及与生俱来的谦逊和勇气的人,他热爱芝大,欣赏它的过去,并赋予它的未来以可能性。

这些话也适用于爱德华·列维本人。列维在这之后加上却又删去了一行文字,这句话定义了金普顿在财务困难的那些年里所担当的领导职责,而列维在自己的校长任期内也经历过同样的挑战:"他的(金普顿的)责任不是他自己选择的,而是时代要求的。"[233]

不足之处还是本科生院的老问题,即没能达到芝大和福特基金会及联邦政府共同设立的研究生和本科生招生目标,以及基本的结构性财务缺陷,这些缺陷在 20 世纪 80 年代之后的数十年中会让芝大在与其胸怀壮志的对手的竞争中处于极其不利的境地。20 世纪 70 年代,芝大开始在捐赠和筹款收入的规模和增长等一些关键指标上落后于其竞争对手,而这些指标对于芝大未来的竞争地位都有着举足轻重的影响。同样重要的是,20 世纪六七十年代困扰列维和其他高层管理人员的学生对大学生活的失望情绪仍在延续。多数资深教员相信,爱德华·列维在 1969 年的大规模静坐示威期间挽救了芝大的气节。大卫·里斯曼后来说,在列维的领导下,芝大是"唯一一所熬过了 20 世纪 60 年代却相对无恙并且未走极端的主要研究型大学"。从一个资深教员的视角来看,里斯曼的判断是正确的。[234] 但是许多学生和年轻校友们却有不同的看法,20 世纪 60 年代后期和 70 年代初期生发出的怨恨情绪也成了之后的几十年中侵害芝大校友文化的因素。

爱德华·列维在希望重建和扩张本科生院方面尤为不幸。作为一名学习芝加哥历史的学生,列维比他同时代的大多数人都更明白,自 20 世纪 20 年代以来,芝大本科生教员的过度混乱已经损害了这个机构更广泛的利益。与伯顿、哈钦斯和金普顿不同的是,列维提出了一个治理结构并于 1964 年至 1965 年为本科生院提出了一个明确的学术使命,从理论上说,这个使命将能够和芝大崇高的研究传统有效地结合起来。然而列维在试图解决这个难题时遭遇的巨大挫折证明,仅用投资于杰出的教员研究和撰写强制性的政策文件的方法是不能令本科生院重生的。芝大必须乐于为本科生增加研究机会、扩充课外资源、改善住宿设施,以及开设职业指导项目,其背景必须是一个正式的课程体系,从而为强大的通识教育匹配足够的空间,从而涉及具有吸引力的专业培训项目。要完成所有这些工作,必须具有和列维致力于重建教员的学术研究或金普顿拯救芝大社区一样多的管理预见、财务勇气和创造性活力。

20世纪70年代,整个美国高等教育在结构和文化方面发生了巨变。招生人数的下降及对未来更严重的人口问题的预期,高等教育的公共和私营部门相互竞争联邦和州政府本已稀缺的支持,20世纪60年代严重的通货膨胀以及各种设施和项目过度扩张所引起的与日俱增的固定成本,不断加剧的运营赤字和随之而来的学费飙升,这些挑战于1978年在中学后教育的分析人士中引起了相当深刻的反思,而这也关乎着私立学院和大学的未来。[235] 要获得新收入已经无法依靠传统而可靠的来源了:大的私有基金会都背负着沉重的财务负担,与1945年后的情形不同,也不可能指望政府慷慨赠与了。如克里斯托弗·洛斯所言:"这个国家过去是在往高等教育上大把扔钱,而如今它已经不敢这么做了,就因为这个简单的事实:没钱可扔了……的确,许多决策者和普通民众都认为,国家过去做得太多了。"[236]《代达罗斯》[vii]的编辑们将他们1974年秋季和1975年冬季期刊的主题定为"美国高等教育:驶向不确定的未来"。许多声音都表现出了不确定和防备的心态。顶尖私立大学所面临的问题似乎尤为严重,如丹尼尔·P.莫伊尼汉所指出的:"高等教育已经变成了一项有着私人标准的公共事业。这个国家的政治机构明白高等教育的公共服务功能,从不怠慢它的第一个要求,即让大众有机会接受它。至于第二个要求,保证质量,人们知之甚少,也从不解释什么。"对莫伊尼汉而言,顶尖私立大学不仅是那些"最注重维护标准"的大学,也是在自身生态打造上卓尔不群的大学,这些以选拔严苛和培育学术精英为使命的大学尤其不适合"作为敦促公众倾囊相助的案例"[237]。

与之前几十年中的经历不同,1945年之后的数十年对于芝大而言很难说得上是一段黄金岁月。1965年,福特基金会的主要官员们坦白承认,芝大的例子非常特殊且不同寻常,并且不确定芝大是否仍然是"少数几

---

xii 美国艺术与科学学院出版的特刊。

所具有国际声望的美国私立大学"之一,而金普顿和列维用自己神奇的表现确保了芝大继续作为一所一流的学术机构而存在。他们同时也使芝大维持了一种带有学术严谨性的校园文化,这种文化渗透了学生生活的方方面面。但是20世纪70年代的衰退表明了这个学术重建过程是多么脆弱;而原本得益于厚重的学术严谨性的学生文化也由于芝大未能支持和尊重学生而染上了十分不愉快和彻底反叛的情绪。如果芝加哥大学希望长期、永久地维持其在"二战"以前所享有的国内和国际声望,它迫切需要的是对教育项目和学生生活采取新的领导和新的方法,辅之以新的财政资源。

## 注释

1 一位富有的投资者洛伊希安·L. 努恩在位于犹他州和科罗拉多州的早期发电厂中建立了特莱瑞德,他于1911年在康奈尔创建了特莱瑞德协会,并于1917年建立了深泉学院。

2 请参阅诺曼·麦克莱恩在1978年1月12日纪念劳伦斯·金普顿的追悼会上的讲话,《芝加哥大学记录》,1978年2月28日,第20页。

3 金普顿写给康普顿的信,1946年2月6日,金普顿的文件,第4盒,文件夹12。

4 1951年年初,在谈及哈钦斯时,金普顿这样写道:"在我所认识的人当中,没有人能够像他这样令我如此钦佩和忠诚,并且心甘情愿不遗余力地支持他。这种忠诚部分源于他非凡的能力,但更多是由于他的品格。无论是在他的文章还是在他的演说中,他都十分关注精神和道德价值观,我们这些目睹他管理芝加哥大学日常事务的人都知道这些绝非口号,而是他的工作信念,他用它们来审视自己必须做出抉择的每一个问题。这种正直的品质唤起了同事们对改革运动的某种热忱。"关于哈钦斯的一份声明的草稿,1951年5月14日,哈钦斯管理层,第168盒,文件夹8。

5 小林恩·A. 威廉姆斯写给金普顿的信,1950年5月18日,哈钦斯管理层,第68盒,文件夹1。

6 1950年9月22日的信,金普顿的文件,第3盒。

7 关于头衔的一点提示:从1945年至1961年,校长(president)的官方头衔被改为名誉校长(chancellor)。因此,金普顿在任期间始终被称为名誉校长。董事会于1961年将该头衔改回"校长"这个常规称呼。关于20世纪50年代初期霍夫曼的任期和福特基金会高级职员的政治策略,请参阅弗朗西斯·X. 萨顿,"早年的福特基金会",《代达罗斯》116（1987）：第41-91页；以及德怀特·麦克唐纳，《福特基金会：人与巨富》（纽约，1956）。

8　我跟他谈了。我告诉他，他去那儿是个错误……他回答说，回顾这些年当校长的经历，他觉得自己在教育领域内的成就乏善可陈。"请参阅理查德·麦克基给乔治·戴尔的评论，1976年6月29日的访谈，罗伯特·M. 哈钦斯和同事，"口述历史访谈"，第2盒，文件夹8。并请参阅列维写给威廉·H. 麦克尼尔的信，1990年9月17日，第2页，列维的文件，第46盒，文件夹1。

9　阿德勒写给哈钦斯的信，1946年9月14日，阿德勒的文件，第28盒。关于威廉·本顿在哈钦斯于福特任职一事中所起的作用，阿什莫所著《反常的事实》第301-304页提供了有用的背景。

10　"我回到芝大主要是因为哈钦斯。"金普顿写给卡尔·E. 金普顿的信，1950年12月8日的信，金普顿的文件，第3盒。

11　斯威夫特写给劳埃德的信，1960年4月5日，劳埃德的文件，第21盒。

12　贝尔写给金普顿的信，用普通手写法书写，标注为"1951年8月"，贝尔的文件，第13盒，文件夹2。

13　金普顿写给卡尔·E. 金普顿的信，1951年11月9日，金普顿的文件，第3盒。

14　1951年11月26日的信件，金普顿的文件，第3盒。

15　"克里斯托弗·金伯尔和乔治·H. 沃特金斯的访谈"，1987年8月25日，第25页，芝加哥大学，"口述历史项目"。

16　威廉·H. 沃伦写给F. 钱皮恩·沃德的信，1992年4月24日，沃德的文件，第1盒，文件夹13。

17　较为典型的是英语系提出的抗议，他们反对"用高中后两年的学习与'四年制大学'前两年相比实际上没什么价值这种说法来伤害高中毕业生和高中教师这样粗暴的政策。疏远那些会把学生送到我们这里来的教师以及会到这里来上学的学生，我质疑这么做是否明智"。英语小组委员会（1953），第2、7页，"学院"档案，第9盒，文件夹2。

18　金普顿写给卡尔·E. 金普顿的信，1952年12月1日，金普顿的文件，第3盒。

19　"委员会招生小组委员会报告"，"学院"档案，第4盒，文件夹10。

20　"芝加哥大学公共关系计划"（1954），芝大发展运动，1955—1958，第1盒。

21　"学士学位委员会报告"，"芝大评议会委员会会议纪要"，1953年4月21日，第268-274页；1953年5月7日，第308-337页；以及"沃德的文件"第1盒，文件夹11中的文件。

22　"为四年制学士学位投票；沃德辞职"，《放逐报》，1953年5月8日，第1页。

23 这些误解在两人自 1953 年开始的常常伴随着痛苦的通信往来中显而易见,沃德的文件,第 1 盒,文件夹 5。在离开芝大后,沃德利用他与福特基金会中一些前芝大同事(特别是克拉朗斯·福斯特,通过菲利普·库姆斯)开启了一段成功的新职业生涯,在印度作为教育专家为印度政府工作了五年(1954—1959),后又在 20 世纪 60 年代和 70 年代任职福特基金会教育和研究副主席。

24 金普顿写给卡尔·E.金普顿的信,1953 年 5 月 1 日,金普顿的文件,第 4 盒。

25 哈钦斯写给罗杰·法赫蒂的信,1953 年 7 月 13 日,本顿的文件,第 408 盒,文件夹 3。

26 例如,请参阅比亚兹莱·鲁梅尔,《给一位大学董事的备忘录:关于文理大学财务和结构问题的报告》(纽约,1959),第 61、64-71 页:"一般的教员对于教育问题可能会十分保守。身份体系是一种保守的影响力。"

27 "四年前,当我着手处理本科生院的这个大麻烦时,您还记得情形是多么糟糕。但是今天一切似乎都已归于平静,我预期不会再遇到什么困难了。"1957 年 2 月 18 日写给自己父亲的信,金普顿的文件,第 4 盒。

28 请参阅有关"芝大评议会委员会会议纪要"1958 年 5 月 20 日第 127-139 页以及 1958 年 6 月 3 日第 140-159 页中的执行委员会报告的最终辩论。后来的投票结果为 38 票赞成,4 票反对。

29 1955 年 4 月,在学部和一些本科生院教员试图抑制考试委员会权威并终止综合考试实践的斗争中也发生了类似的冲突。请参阅博耶,"在某个大学教书",第 137-155 页。

30 斯特里特写给金普顿的信,1958 年 5 月 7 日,本科生院档案,第 1 盒,文件夹 11。关于类似的焦虑,请参阅米尔顿·辛格的备忘录,1958 年 4 月 9 日,霍华德·斯坦的备忘录,1958 年 4 月 21 日,同上,第 27 盒,文件夹 8。

31 哈钦斯写给克拉朗斯·沃德的信,1953 年 6 月 19 日,沃德的文件,第 1 盒,文件夹 14。

32 金普顿写给罗默的信,1960 年 6 月 14 日,金普顿的文件,第 17 盒,文件夹 10。

33 "董事晚宴演讲",1954 年 1 月 13 日,标注为"并非了发表",金普顿的文件,第 13 盒,文件夹 36。

34 邓肯写给乔治·沃特金斯的信,1955 年 6 月 2 日,金普顿管理层,第 100 盒,文件夹 6。

35 查尔斯·D.奥康奈尔,克里斯托弗·金伯尔所作的采访,1987 年 12 月 8 日,第 8-9 页,以及 1987 年 12 月 17 日,第 3、41 页,芝加哥大学,"口述历史项目"。

36 "给学生政府的讲话",1952年1月28日,斯威夫特的文件,第21盒,文件夹16。

37 《放逐报》,1954年6月10日,第1-2页。在20世纪50年代初期,金普顿使用了"酷儿"这个词来描述在他眼中古怪、反常和反社会的那些学生。据我所知,他并没有蓄意用这个词来影射同性恋。

38 《放逐报》,1955年4月1日(4月1日愚人节一期,出版名为《芝加哥炭黑》),第1页;以及1954年6月10日,第1页。

39 我在我的专著《"一种高尚而均衡的生活理念":新世纪边缘芝加哥的艺术》(芝加哥,2010)中讲到了这件事。令人吃惊的是,每年本科生院中由学生组织的戏剧项目所招收的学生成员比校方的各体育运动队所组织的项目加起来所招收的还要多。2013年,有超过800名学生参与过学生戏剧和舞蹈项目,其中绝大部分都是学生组织的。

40 请参阅赫伯特·J.甘斯所著的精彩回忆录,"相对主义、平等和流行文化",伯杰编,《他们谱写了自己的人生》,第437-442、449 n.5.页。

41 内瑟顿,"关于其在本科生院所受教育的意见",第64-67页,本科生院档案,第101盒。

42 詹姆斯·E.纽曼,"住房制度和学生生活",1963年8月,第12页,本科生院档案。

43 唐纳德·N.莱文,"关于提升本科生院的'生活品质'",1984年10月1日,第4页,本科生院档案。

44 "计划会议,1954年3月4日至7日",第五次会议,金普顿管理层,第252盒,文件夹1。金普顿表达了他的倾向,"一个由6000名本科生和4000名研究生组成的学生主体"。

45 威廉·C.布拉德伯里,"学院社区中的教育和个人发展的其他方面:关于政策与人事给学院委员会的报告",1951年10月,第76、108-112页,本科生院档案。关于更为普遍的学生文化,布拉德伯里评论道,"荣誉校长哈钦斯对于许多学生而言就是芝大理想的化身,无论他真实的态度是什么,学生们眼中的他都全然藐视体育锻炼、约会、漫无目的的友情,甚至包括学生自治"(第76页)。

46 直到20世纪70年代初期,芝大本科生院学生与艺术和科学教员的生师比已接近4∶1(1969—1970年,有527名学部教员和56名本科生院教员,而本科生的人数则为2378名),反映出当时芝大的财务是多么不堪重负。请参阅"本科生院的统计研究"第29页和附录A,"教员教本科学生",第2页,PP附录,1997-060,第6盒。

47 "本科兄弟会,1929年春季学期",梅森管理层,第1盒,文件夹6;"芝加哥大学学生",1940—1941,第6页,本科生院档案,第15盒,文件夹2;詹姆斯·E.纽曼写给罗伯特·M.伍尔夫的信,1965年8月18日,同上,第76盒。关于预备会员制度的变化,请参阅伍德沃德写给亚瑟·B.豪的信,1933年8月2日,哈钦斯管理层,第91盒,文件夹3。从1945年到1951年,学校禁止本科生加入兄弟会。该禁令于1951年4月被解除,但是此时损害已经造成。1952年6月,董事们指出,"兄弟会的财政创伤之深,使得愈合非常缓慢"。"委员会关于学生兴趣的报告",第8页,与1952年6月12日董事会会议纪要一起存档。

48 理查德·J.麦金利和詹姆斯·A.戴维斯,"芝加哥大学1960级调查",1961年5月,第38-39页,本科生院档案。

49 玛丽·爱丽丝·纽曼,《学生和学院社区:一个高择优录取文理学院的学生退学与保留情况研究》(芝加哥,1965),第64、69、79页。

50 "本科生院教员会议纪要",1959年6月4日,第4页。

51 劳伦斯·A.金普顿,《芝大的状况:给教员们的报告》,1958年11月11日,第7页,金普顿管理层,第237盒,文件夹2。

52 艾伦·辛普森写给爱德华·H.列维的信,1962年6月18日,本科生院档案。

53 《纽约时报》,1959年5月21日,第33页;《时代》,1959年6月1日,第51页。为了使损失得到控制,芝大为校友杂志发表了一篇粗陋的文章,其中辛普森和内德·罗森海姆向校友代表劳拉·伯奎斯特(1939级)保证说芝大的理想仍然坚定不移。请参阅"本科生院的公共形象:院长、教室成员和校友之间的圆桌会谈",《芝加哥大学杂志》,1959年11月,第8-12页。

54 写给他父亲的信,1954年6月15日,金普顿的文件,第4盒,文件夹2。

55 "修订后的预算,1950—1951","董事会会议纪要",1951年2月。

56 "名誉校长记事表",1953年3月16日,金普顿管理层,第250盒,文件夹3。

57 罗杰·L.盖革,《研究与相关知识:"二战"以来的美国研究型大学》(纽约,1993),第40-47、243-252页;威廉·G.鲍恩,《主要私立大学的经济学》(伯克利,1968),第34-56页。

58 鲍恩,《主要私立大学的经济学》,第31页。

59 "计划会议,1954年3月4日至7日",第五次会议,金普顿管理层,第252盒,文件夹1。

60 金普顿写给卡尔·金普顿的信,1954年3月3日,金普顿的文件,第3盒。此次会议上的相关材料存档于"金普顿管理层",第252盒,文件夹1。

61 "对最优招生和计划支出常规预算的影响",1954年6月10日,斯威夫特的文件,第77盒,文件夹4。

62 "给董事会的保密备忘录",1954年6月9日,斯威夫特的文件,第77盒,文件夹4。

63　请参阅沃特金斯 1957 年 3 月 15 日在湖畔第四次会议上的评论中对这段早期年代的描述，金普顿管理层，第 253 盒，文件夹 2。

64　邓肯写给金普顿的信，1956 年 3 月 7 日，金普顿管理层，第 100 盒，文件夹 6。

65　"校友运动的宣传时间表"，1955 年 6 月 25 日，金普顿管理层，第 100 盒，文件夹 3。

66　《芝加哥大学 1955—1956 年"时间-生命奖"获奖直接邮件》（华盛顿，哥伦比亚特区，1956），第 1 页。

67　约翰·J. 麦克唐纳和厄尔·路德金，1956 年 5 月 23 日，斯威夫特的文件，第 78 盒，文件夹 4。

68　"1955 年运动分析中的亮点"，斯威夫特的文件，第 78 盒，文件夹 4。

69　保密调查 360，表格 1，8-9-54，斯威夫特的文件，第 79 盒，文件夹 11。1954 年 8 月和 9 月对市民委员会的 304 名成员以及另外 156 位著名男性和 31 位著名女性进行了调查。

70　"著名市民对芝加哥地区高等教育问题的态度"，NORC，第 53 号报告，1954 年 10 月 22 日，标注为保密，金普顿管理层，第 185 盒，文件夹 3。

71　邓肯写给沃特金斯的信，1955 年 4 月 25 日，金普顿管理层，第 100 盒，文件夹 1。

72　1952 年，金普顿被迫向东方学院院长卡尔·克雷林解释为什么该院 1946 年才获得的捐助中有很大一部分已经不知去向，他承认他们曾把钱转给过教员领导人。请参阅金普顿写给克雷林的信，1952 年 7 月 25 日，阿内特的文件，第 1 盒，文件夹 1。

73　洛克菲勒写给金普顿的信，1955 年 5 月 25 日，贝尔的文件，第 13 盒，文件夹 3。

74　备忘录，1955 年 5 月 6 日，斯威夫特的文件，第 79 盒，文件夹 18。

75　"董事晚宴演讲"，1956 年 1 月 11 日，金普顿管理层，第 100 盒，文件夹 1。

76　"筹款运动赠款——累积总数，1954 年 6 月 1 日至 1958 年 6 月 30 日"，爱德华·L. 赖尔森，"芝加哥大学筹款运动报告"的附件，金普顿管理层，第 255 盒，文件夹 1；以及"芝大发展运动，1955—1958"第 14 盒中的其他文件。该报告由威廉·B. 坎农起草。

77　预算委员会，1957 年 4 月 1 日，第 10 页，金普顿管理层，第 253 盒，文件夹 2；"董事会会议纪要"，1957 年 4 月 11 日，存档于斯威夫特的文件，第 79 盒，文件夹 26。乔治·沃特金斯后来回忆道，金普顿"对于该提议极其不满，我则是出离地愤怒，因为按照我的理解，它会严重分散对全芝大目标的支持……更不要说其他那些怒不可遏的院长了，因为他们也有一些小项目，而他们已经把这些项目暂时搁置起来了，为的就是支持全芝大运动这个概念"。"克里斯托弗·金伯尔和乔治·H. 沃特金斯的访谈"，1987 年 8 月 25 日，第 70 页，芝加哥大学，"口述历史项目"。

78　以下著作中很好地总结了相关的趋势和学术文献：洛斯，《公民与国家之间》，第 123-161 页；盖革，《研究与相关知识》，第 3-29、157-197 页。

79  在 1963—1964 年的整合预算中，教育、管理和教学的总收入预算被定为 7390 万美元。要求政府补助的份额为 2190 万美元，但是仅生物科学和物理科学学部就消耗了这些资金中的 1620 万美元。

80  请参阅昆廷·约翰斯通，"联邦城市改造计划"，《芝加哥大学法律评论》25（1958—1959）：第 301-354 页；艾希莉·A. 福尔德和希尔伯特·费弗曼，"联邦城市改造立法"，《法律和当代问题》25（1960）：第 635-684 页；珍妮弗·S. 莱特，《城市的性质：生态学愿景和美国的城市行业，1920—1960》（巴尔的摩，2009），第 134-136、148-169 页；马克·I. 盖尔芬德，《一个城市之国：联邦政府和都市美国，1933—1965》（纽约，1975），第 151-198 页。

81  20 世纪 50 年代和 60 年代涉及海德公园的城市改造计划的历史产生了大量学术、半学术和通俗的文献，其中有许多文献都包含着关于芝大的计划和动机的非常情绪化的评判。请参阅穆里尔·比德尔，《海德公园 - 肯伍德城市改造年》（芝加哥，1964）；彼得·H. 罗西和罗伯特·A. 登特勒，《城市改造的政治学：芝加哥经验》（纽约，1961）；阿诺德·R. 赫希，《制造第二个贫民窟：芝加哥的种族与住房，1940—1960》（剑桥，1983）；丽贝卡·贾诺威茨，《机遇文化：奥巴马的芝大；海德公园的人、政治与观念》（芝加哥，2010）；瓦莱塔·普雷斯，《海德公园／肯伍德：一项关于城市改造的个案研究》（芝加哥，1971）；布莱恩·J. L. 贝里、桑德拉·J. 帕森斯、卢瑟福·H. 普莱特，《小规模城市改造的影响力：海德公园 - 肯伍德案例》（芝加哥，1968）；以及朱莉娅·亚伯拉罕森，《一个社区的自我发现》（纽约，1959）。珍妮弗·S. 莱特最近发表了一项引人关注的研究，内容是必须将 20 世纪 50 年代的城市改造规划以某种方式置于芝加哥和其他地方更为广泛的社会生态学理论趋势之中。请参阅她的著作《城市的性质》，特别是第 128-171 页。

82  特格韦尔写给科威尔的信，1948 年 6 月 14 日，哈钦斯管理层，第 166 盒，文件夹 3。

83  比德尔，《海德公园 - 肯伍德城市改造年》，第 4 页。

84  哈钦斯写给父亲的信，1937 年 9 月 22 日，第 8 盒，文件夹 8-3，威廉·J. 哈钦斯的文件，伯里亚学院档案馆。"欧柏林人"指的是哈钦斯与父亲和欧柏林学院之间很深的个人渊源。

85  "朱利安·H. 列维的回忆录"，第 37 页，芝加哥大学，"口述历史项目"，1994，与丹尼尔·迈耶一起执行，1992 年 9 月 21 日、22 日和 23 日。

86  教员、社区和董事会方面都令哈钦斯感受到了一些压力，必须做些什么来改善 1950 年之前社区的萧条状况。1944—1945 年，整饬工作正式展开，芝大开始关注这一地区有特定问题的房地产，购买、修复它们，或者与警方合作，强制实施管理规范。但是，所有这些举措仍是以被动反应为主,组织协调性不够。金普顿后来谈到这个难题时指出,芝大在1950年之前仅仅是"研究过这个问题",事实上,这比看不到它还要糟糕。

87 翰·甘瑟,《重游芝加哥》(芝加哥,1967),第70—71页。

88 罗伯特·M.哈钦斯,"芝大与这座城市",1941,"阿德勒的文件"第27盒中的副本。

89 "芝大的状况"草稿,1952年6月1日,金普顿的文件,第12盒,文件夹23。

90 请参阅哈钦斯写给董事会的信,1944年11月9日,哈钦斯管理层,第106盒,文件夹9。

91 罗西和登特勒,《城市改造的政治学》,第21—22页。

92 请参阅列维写给劳埃德的信,1963年1月3日,劳埃德的文件,第25盒。

93 索尔·塔克斯,"居住整合:芝加哥海德公园的案例",给美国人类学协会的论文,1958年11月22日,瑞秋·戈茨的文件,第7盒,文件夹1。

94 《海德公园先驱报》,1952年3月19日,第1页;《放逐报》,1952年3月28日,第1页。据《放逐报》报道,3月10日曾经发生过一起强奸未遂案件。

95 "无能的警方遭到愤怒市民的斥责",《海德公园先驱报》,1952年4月2日,第1页。

96 "市民执法委员会报告,1952年5月19日",金普顿的文件,第12盒,文件夹11。

97 埃米尔·J.塞琳娜发表过一篇表达赞同的文章,"朱利安·列维不惧怕任何人",《访问一位近邻:海德公园-肯伍德》(1960),戈茨的文件,第7盒,文件夹2。

98 第四大支柱涉及官员审美品位的变化,克莱梅克称之为"城市重新设计的现代主义处方"。请参阅克里斯托弗·克莱梅克,"大西洋两岸城市改造的失败:战后从纽约到柏林的城市生活方式"(芝加哥,2011),第48—77页,此处为第77页。

99 "朱利安·H.列维的回忆录",第24—25页,乔尔·拉斯特在20世纪50年代早期分析过肯内利管理层的低效。请参阅乔尔·拉斯特,"政权建设,制度建设:芝加哥的城市改造政策,1946—1962",《城市事务杂志》31(2009):第173—194页;以及拉斯特,"关键节点,长期过程:芝加哥和密尔沃基的城市再开发,1945—1968",《社会科学历史》33(2009):第393—426页。

100 戴利的头脑中也有明显的政治目的。像奥尔德曼·利昂·德斯普莱斯这样的当地市民激进分子后来在市议会的会议上给他带来了诸多麻烦,但是在其后续的大多数改选运动中,戴利赢得了海德公园人的广泛支持。请参阅亚当·科恩和伊丽莎白·泰勒,《美国的法老:理查德·J.戴利市长的芝加哥和美国之争》(波士顿,2000),第209—212页。

101 "朱利安·H.列维的回忆录",第33—34页。

102 朱利安·列维的《芝加哥大学社区计划》[芝加哥,未注明日期(1961)]中包含对这些计划的一份详细总结。另有一个平行文本,名为《芝加哥大学社区计划:艾伯特·C.斯沃博达和朱利安·列维写给董事会的声明》,1961年10月12日,本科生院档案。并请参阅哈维·S.佩洛夫,《一个芝加哥社区的城市改造:海德公园-肯伍德改造项目评估》(芝加哥,1955)。

103 请参阅《海德公园-肯伍德城市改造计划,芝加哥社区保护委员会》(芝加哥,1961)。其中许多连栋房屋、公寓和其他结构的方案是由韦伯和纳普设计,威廉·齐肯多夫所拥有的。

104 罗西和登特勒的《城市改造政治学》一书第134-239页中也讲述了这一过程的政治学。

105 "朱利安·H.列维的回忆录",第65页。

106 在1992年对丹尼尔·迈耶的一次后续采访中,列维道出了当时的情况:

列维:伯克蒙席和一些其他人认为,解决这个问题的唯一方法就是想办法抑制黑人向白人教区移民……

这是关于海德公园-肯伍德计划的听证会开始之前蒙席伊根和尼克·冯·霍夫曼对我提出的要求。

迈耶:他们的要求是什么?

列维:"您能向我们保证,你们的黑人新迁居者不会搬到我们的白人教区里吗?"

"朱利安·H.列维的回忆录",第81-82页。关于这场争议中伊根的立场,请参阅玛杰里·弗里斯比,《芝加哥小径:一位城市牧师的职责》(堪萨斯城,密苏里州,1991),第94-110页。

107 该协议是在市长戴利和亚瑟·布雷热和朱利安·列维的调解下达成的,许多历史学问都以此为主题。与索尔·阿林斯基和约翰·伊根不同,列维发现布雷热是一个务实的交易撮合者,他能够与之一起工作。请参阅"朱利安·列维的回忆录",第90、91-93、95、136页;以及拉戴尔·永伦,"学生与第二个贫民窟:联邦立法、城市政治和芝加哥大学的校园规划",《规划历史杂志》10(1)(2011):第71-72页;约翰·豪·菲什,《黑人权力/白人控制:芝加哥伍德劳恩组织的斗争》(普林斯顿,新泽西州,1973),第17-73页;以及亚瑟·M.布雷热,《黑人的自决:伍德劳恩组织的故事》(大急流城,密歇根州,1969),第50-58页。

108 这些数字是在1961年10月12日由艾伯特·C.斯沃博达提供给董事会的。斯沃博达还提出需另外760万美元支出以在1961年之后的五年里收购受到威胁的房产。1965年,据爱德华·列维估计,芝大已经在社区改造项目上投入了2900万美元。请参阅比德尔，《海德公园－肯伍德城市改造年》，第 24 页。

109　贝里、帕森斯和普拉特，《城市改造对小企业的影响》，第 77-81、155、170-172 页；约翰·I. 菲茨帕特里克的证词，1959，第 133 页，金普顿管理层，第 102 盒，文件夹 2。在规划者指定为海德公园 A 和 B 的中心改造区域内，白人搬迁户的比例较高：有 1032 户白人家庭、84 户黑人家庭和 51 户亚裔美国人家庭失去了自己的住房。同上。

110　请参阅赫希在《制造第二个贫民窟》第 167-170 页中的批评。

111　"在曼德尔会堂为卡帕·阿尔法·塞兄弟会（Kappa Alpha Psi）所作的演讲"，1953 年 12 月 27 日，金普顿的文件，第 12 盒，文件夹 37。

112　请参阅赫希，《制造第二个贫民窟》，第 153-154 页。

113　请参阅罗西和登特勒，《城市改造的政治学》，第 276 页。

114　这或许可以解释为什么列维对本地社区里被他称为"小人物"的那些人很不耐烦，他们的意图过于理想化，而与这座城市和联邦政府打交道的政治实效和法律经验又非常有限。请参阅列维写给金普顿的信，1954 年 9 月 29 日，1955 年 3 月 4 日和 1955 年 4 月 7 日，金普顿管理层，第 231 盒，文件夹 1 和 2。并请参阅永伦的评论，"学生和第二个贫民窟"，第 81、42 页。

115　1959 年，金普顿称"实际居住在海德公园的教员们喜欢这个社区，我严重怀疑目前这还是不是促使一个教员决定离开芝大的主要因素之一。但是，要将一个新的杰出教员吸引到我们学校则又是另一回事了"。引自列维，《社区项目》，第 31 页。

116　请参阅玛格丽特·皮尤·奥马拉的卓越研究，《知识之城：冷战科学与寻找下一个硅谷》（普林斯顿，新泽西州，2005），特别是第 58-94 页。

117　请参阅杰拉尔德·D. 萨特尔的评论，《人造城：芝加哥的土地利用骗局》（芝加哥，1990），第 52-53 页。芝大的规划者们相信，大多数海德公园居民会一直将"环线"作为他们购物和娱乐的首要来源，他们既不期待也不想要这些关系发生变化："在这里建设一个完全区域型的购物中心是不可能的。许多年来，包括现在，这里的绝大部分人口都已经习惯了'环线'……所提出的重建工作和本地区正在进行的保护工作不会改变这一模式。如果说有什么改变的话，那也是以芝加哥市中心为重点的定位会得到加强。"《芝加哥东南区重建计划 1 号》[芝加哥，未注明日期（1954）]，第 73 页。同样，关于海德公园改造计划的当代公共关系材料也强调了这一事实，即"私人和公共交通能在 15 分钟内把居民带到中心商务区"。《海德公园－肯伍德城市改造计划，芝加哥社区保护委员会》，第 2 页。

118　乔·拉斯特，"创造一个统一的商业精英会：芝加哥中心区委员会起源"，《城市历史杂志》20（2011）：第 1-23 页，拉斯特称《1958 年芝加哥中心区发展规划》表明，旨在发展中心区域的以企业为重点的市中心方案胜过了南区规划委员会和近西区规划委员会这样的组织所制定的社区方案"(第 14 页)。

119　贾诺威茨,《机遇文化》,第 137-138 页。

120　请参阅罗伯特·J.桑普森,《伟大的美国城市:芝加哥和持久的社区效应》(芝加哥,2012),第 390-391 页。

121　从一开始,列维就坚定地认为,芝大应将消除"只能吸引下层白领和黑人的贫民窟和破败区域"当作自己的工作目标之一。列维写给金普顿的信,1954 年 11 月 3 日,标注为保密,金普顿管理层,第 231 页,文件夹 1。这个基本假设反过来也有助于解释列维为何几近偏执地关注本地社区学校和租赁房产中的种族平衡问题,这一政策在当时引起了巨大争议,直到今天人们的观点仍很不一致。正如永伦所言,"朱利安·列维对本地学校种族人口统计的影响尤其敏感,他说如果学校少数族群的人口比例过重,会引起白人不愿入学"。永伦,"学生和第二个贫民窟",第 84、83 页。

122　比德尔,《海德公园-肯伍德城市改造年》,第 17-18 页。丽贝卡·贾诺威茨(2010)对这些过程作出了一个更加细致,在我看来也更加公允的评价,称"无法判断海德公园的白人欢迎他们的黑人邻居是否真诚。同样也无法判断中产阶级的黑人或白人是否情愿和较为贫困的黑人或白人住在一起。无论如何,这个社区取得了一种持久的种族平衡并继续保持着经济多样化"。贾诺威茨,《机遇文化》,第 135 页。

123　奥马拉,《知识之城》,第 228 页。

124　"中等教员薪水",1959 年 4 月 8 日,金普顿管理层,第 255 盒,文件夹 2。

125　"克里斯托弗·金伯尔和乔治·H.沃特金斯的访谈",1987 年 8 月 25 日,第 109 页,芝加哥大学,"口述历史项目"。

126　邦迪写给洛克菲勒的信,1960 年 9 月 2 日,劳埃德的文件,第 6 盒。除了劳埃德本人,邦迪的参选是由威廉·本顿、大卫·洛克菲勒和查尔斯·珀西这几位董事特别提出的。关于邦迪在哈佛的任期,请参阅凯勒《让哈佛变得现代》,第 189-191、211、214-215 页。

127　劳埃德写给邦迪的信,1965 年 12 月 27 日,劳埃德的文件,第 6 盒。

128　关于比德尔在加州理工学院的信息,请参阅诺曼·H.霍罗维茨,"乔治·威尔斯·比德尔,1903—1989",《国家科学院传记回忆录》(华盛顿,哥伦比亚特区,1990),第 38-40 页。

129　评议会委员会,1960 年 4 月 26 日和 1960 年 5 月 10 日;以及乔治·普尔所写的一份新闻稿的草稿,日期为 1960 年 3 月 28 日,劳埃德的文件,第 21 盒。

130　请参阅劳埃德写给科森的信,1960 年 7 月 19 日,劳埃德的文件,第 21 盒。

131　关于这笔捐赠背后的故事,请参阅洛厄尔·T. 科吉歇尔,"芝加哥大学生物科学部,1949—1962",第 49-54 页,科吉歇尔的文件,第 7 盒,文件夹 2。

132　比德尔写给威尔逊的信,1961 年 7 月 18 日,比德尔管理层,第 256 盒,文件夹 7。

133　比德尔写给劳埃德的信,1961 年 8 月 28 日。

134　请参阅穆里尔·比德尔,《常春藤都去哪里了?大学生活回忆录》(芝加哥,1977),第 6 页。

135　《海德公园先驱报》在 1960 年 10 月 5 日的一篇社论中将列维作为金普顿的一位可能的继任者并对其表示了支持。

136　爱德华·H. 列维和约翰·W. 博耶之间的对话,1993 年 7 月 12 日,四方院俱乐部。

137　赖尔森写给劳埃德的信,未标注日期(1962 年 3 月末),劳埃德的文件,第 25 盒。

138　"董事会会议纪要",1962 年 4 月 12 日,第 53 盒。

139　给 W.H. 麦克尼尔的评论,列维的文件,第 46 盒,文件夹 3。并请参阅 1968 年 5 月 26 日列维在美国犹太神学院的演说,同上,第 298 盒,文件夹 4;以及列维写给罗伯特·罗森塔尔的信中的评论,1981 年 12 月 16 日,同上,第 34 盒,文件夹 5。

140　1936 年 5 月 4 日的任命推荐,哈钦斯管理层,第 335 盒,文件夹 12。关于列维作为一名法学院教员的职责和作为法学院院长的职责,请参阅丹尼斯·J. 哈钦森在以下文章中的精彩分析,"法律学者和法律教育工作者:爱德华·列维"(2012 年 9 月 21 日在芝加哥大学纪念爱德华·H. 列维的座谈会上的讲话)。

141　列维写给哈钦斯的信,1936 年 9 月 19 日,哈钦斯管理层,第 127 盒,文件夹 13。

142　列维写给哈钦斯的信,1939 年 6 月 19 日,哈钦斯管理层,第 128 盒,文件夹 2。

143　"董事会会议纪要",1963 年 4 月 11 日,第 61 页。

144　"董事会会议纪要",1962 年 6 月 14 日,第 112-114 页。

145　请参阅 1962 年 5 月 2 日高级职员会议纪要,科吉歇尔的文件,第 7 盒。

146　这六位芝大教授为伦纳德·克里格、亨利·蒂尔、艾伯特·沃尔斯泰特、弗朗索瓦·阿亚拉、康斯坦丁·A. 特里帕尼斯和大卫·阿特拉斯。

147　在国家领导会议上的讲话,1966 年 10 月 15 日,第 8、11 页,比德尔管理层,第 200 盒,文件夹 2。举个例子,在 1962 年至 1967 年间,历史系聘用了约翰·霍普·富兰克林、何炳棣、亚瑟·曼、理查德·C. 韦德、伦纳德·克里格和威廉·R. 波尔克,这些人的职称均为正教授,因此完全转变了该系的学术状况和地位。

148　"讨论稿:特别教育项目",1963 年 9 月,Nr.002221,福特基金会档案。

149　"特别教育项目的终止。参考文件和建议行动",1968 年 11 月,Nr.001356,福特基金会档案。

150　该项目的历史是由弗朗西斯·X.萨顿讲述的,"福特基金会和哥伦比亚大学:为哥伦比亚大学的大学研讨会准备的一篇论文,1999年11月16日"(未发表的手稿)。萨顿在该项目中从头至尾都担任着福特基金会的高级官员。罗伯特·麦考伊并没有过分夸张,他将这些年描述为福特基金会"将自身打造成为美国高等教育的首要担保人"的一段时期。罗伯特·A.麦考伊,《国际学研究和学术事业:美国教育领域的一个重要时期》(纽约,1984),第181页。同样,沃尔德马·A.尼尔森的《大基金会》(纽约,1972)一书第92页中也描述了希尔德关于该基金会作为"高等教育的一种银行业合作伙伴"来发挥作用的观点。

151　这笔拨款须按照3:1的比例进行匹配。

152　请参阅伦纳德·K.奥尔森写给列维的信,1962年10月24日,比德尔管理层,第256盒,文件夹6。列维去福特基金会拜访了F.钱皮恩·沃德以谋求他的支持,事实证明,列维通过哈钦斯与沃德形成的私人关系是极其重要的。请参阅"运动规划委员会报告,1965年5月21日",劳埃德的文件,第24盒。列维在20世纪50年代自己担任法学院院长期间建立了与福特间的一系列成功的业绩记录,为"法律和行为科学项目"赢得了强有力的支持。请参阅约翰·亨利·施莱格尔,《美国的法律现实主义和经验社会科学》(教堂山,北卡罗来纳州,1995),第238-244页。弗朗西斯·萨顿也指出,亨利·希尔德和负责其高等教育项目的一位福特顶层官员詹姆斯·W.阿姆西与芝加哥城有私人关系,这也许同样起到了一定作用。在1940年至1952年间,希尔德一直担任芝加哥伊利诺伊学院校长,而阿姆西则担任哈罗德的公共关系主任为他工作。

153　"关于1965年2月11日教务长对芝加哥大学董事会所作陈述的报告",劳埃德的文件,第24盒。

154　乔治·比德尔,对董事会所作陈述的手写笔记,1965年3月15日,本科生院档案。

155　"福特概要"以完整的摘要形式存在。完整的"福特概要"是一份两卷式的手稿,存于福特基金会档案馆中。其备份资料包括由列维和其他人撰写的关于各学部、学院和本科生院未来的规划报告的草稿,存于"福特概要"文件中,比德尔管理层,第272和273盒。此外,芝大还制作过一份详细的执行摘要,名为"概要的摘要:芝加哥大学"。

156　克拉伦斯·H.福斯特写给亨利·T.希尔德的信,1965年8月17日,第2-3、10-11、14页,赠与文件PA65-367,福特基金会档案馆。

157　乔治·比德尔写给霍华德·R.德雷斯纳的信,1967年10月9日,赠与文件65-367,福特基金会档案馆。

158　在同一时期,捐赠收入仅从700万美元增加到了1160万美元。爱德华·H.列维,"芝大的状况,1969年11月4日",第2页,校长办公室,列维管理层,"记录",第312盒,文件夹 7。

159　1965 年 10 月 7 日的备忘录,比德尔管理层,第 383 盒,文件夹 1。

160　乔治·比德尔写给麦克乔治·邦迪的信,1966 年 9 月 12 日,赠与文件 65-367,福特基金会档案馆。

161　"概要的摘要:芝加哥大学",第 6、15 页。

162　"董事会会议纪要",1964 年 10 月 8 日,第 13 页。

163　"给校长和本科生院教员的备忘录",1964 年 8 月 25 日,本科生院教员会议纪要。

164　"董事会会议纪要",1963 年 2 月 14 日,第 23 页;1964 年 10 月 8 日,第 12 页。

165　"董事会会议纪要",1965 年 3 月 15 日,第 6 页。

166　从 1964 年 10 月列维给董事会的评论中,这一点非常清楚,他在评论中说,金普顿的改革之后芝大所面临的最大问题之一是将本科生最后两年教育的责任基本上赋予了各系,而列维想要保证"本科生院教员来负责四年制本科生项目"。

167　在 1966 年 2 月 4 日的"最值得拥有的知识会议"上的讲话。比德尔管理层,第 200 盒,文件夹 6。

168　格哈德·卡斯珀,《自由之风:迎接大学面临的挑战》(纽黑文,康涅狄格州,2014),第 10 页。

169　列维写给阿诺德的信,1968 年 12 月 23 日,列维的文件,第 12 盒,文件夹 1。

170　"1977 年 11 月 4 日与芝加哥大学教授爱德华·列维的访谈",列维的文件,第 44 盒,文件夹 10。

171　列维写给麦克尼尔的信,1990 年 9 月 17 日,列维的文件,第 46 盒,文件夹 1。

172　菲利普森写给列维的信,1968 年 1 月 17 日和 1968 年 10 月 7 日,列维的文件,第 299 盒,文件夹 11。

173　1989 年他写信给悉尼·海曼说:"我不认为哈钦斯是个失败的人,顶多说每一个高贵的人可能都达不到他为自己设定的目标而已。"1989 年 10 月 6 日的信,列维的文件,第 23 盒,文件夹 9。1962 年当哈钦斯重访校园发表讲话时,列维写信告诉他:"您的言谈风采不减当年,我希望以后还有机会听到。"列维写给哈钦斯的信,1962 年 4 月 24 日,同上,第 77 盒,文件夹 3。

174　比德尔管理层,第 199 盒,文件夹 9。

175　菲利普·G. 阿尔特巴赫,"严酷的现实:新世纪的教授职位",菲利普·G. 阿尔特巴赫、罗伯特·O. 伯达尔和帕特丽夏·J. 古默波特编,《21 世纪的美国高等教育》,第 2 版(巴尔的摩,2005),第 287-314 页,此处为第 294 页。

176　请参阅洛斯,《公民与国家之间》,第 87、119-120、160 页。

177　请参阅罗杰·盖革很有先见之明的评论,"新时代的研究型大学:从20世纪80年代到90年代",亚瑟·莱文编,《美国的高等教育,1980—2000》(巴尔的摩,1993),第74-77页。

178　请参阅列维写给金普顿的关于金普顿将要在1952年12月19日法学院成立五十周年庆典上发表的演讲的注意事项,金普顿管理层,第159盒,文件夹4。

179　列维的文件,第298盒,文件夹11。并请参阅"芝大和现代条件",1967年11月16日,比德尔管理层,第200盒,文件夹5。

180　约翰·T. 威尔逊写给罗伯特·罗森塔尔的信,1975年8月12日,列维的文件,第313盒,文件夹7。

181　比德尔辞职的消息于1967年6月27日被公布出来,列维的任命则于1967年9月14日被公之于众。

182　20世纪60年代初已经发生过小的动乱事件,包括1962年1月由CORE组织的关于社区住房问题的静坐示威。

183　"格哈德·E. O. 迈耶的补充声明",第2页,与"教员学生委员会关于教员学生关系的报告"一起存档,1967年4月18日,本科生院档案。

184　艾伦·布林克利,"1968和自由美国的拆解",卡罗尔·芬克、菲利普·加塞尔和德特勒夫·容克尔编,《1968:转型后的世界》(剑桥,1998),第220页。关于20世纪60年代学生动乱的文献数不胜数,我发现其中特别有用的文献包括以下这些:罗伯特·科恩和雷金纳德·E. 泽尔尼克编,《自由演说运动:反思20世纪60年代的伯克利》(伯克利,2002);菲利普·G. 阿尔特巴赫,《美国学生政治的历史分析》(纽约,1974);以及安德鲁·B. 路易斯,《年轻的阴影:公民权利产生的非凡之路》(纽约,2009)。

185　柯克帕特里克·塞尔,《学生争取民主社会运动》(纽约,1973),第445页;斯坦利·罗思曼和S. 罗伯特·利希特尔,《激进主义的根源:犹太人、基督徒和左派人士》,修订版(新不伦瑞克,新泽西州,1996),第36页;欧文·昂格尔,《运动:美国新左派的历史,1959—1972》(纽约,1974),第115页。

186　人类发展委员会的资深教员提出了一个截然不同的建议,即续签第二个三年任期。教务长接受了社会学系的建议。

187　1月21日,一个由33名社会学研究生召开的尾间会议以18人赞同、14人反对和1人弃权的投票结果提出一项要求,即重新聘用马琳·狄克逊,以便让研究生参与到重新公开并审理她的案子的进程中,并更加关注狄克逊的教学。他们还通过投票宣布,"我们将以任何必要的手段来实现这些主张"。1969年1月21日备忘录,被《放逐报》引用。

188　给爱德华·H. 列维的信,来自"行政楼协商委员会",1969年1月30日,本科生院档案。并请参阅"400名学生占领行政楼!"《放逐报》,1969年1月31日,第3—8页。

189　奥克斯委员会还有四名学生观察员,其中三人后来辞职并被替换。

190　详情请参阅"关于纪律与诉求决定的报告",1969年4月8日,《芝加哥大学记录》,1969年5月2日,第22—23页。

191　H. 斯坦利·班尼特的声明,1969年2月8日,本科生院档案。O.J. 克勒帕教授2月5日的一封公开信中包含类似的声明,该教授将这些激进的学生与纳粹控制下试图摧毁德国大学的学生相提并论。

192　约翰·霍普·富兰克林的声明,1969年2月7日,本科生院档案。

193　"学院教员会议纪要",1969年2月4日,第28页。

194　"一群关切的教员的声明",1969年2月11日,本科生院档案。大多数签名者都是社会科学学部的成员。教导主任查尔斯·D. 奥康奈尔后来估计,教员中约有30%的人强烈反对列维对那些被召唤到纪律小组的学生实行的强硬的无特赦政策,而占70%的多数人则支持该政策。查尔斯·D. 奥康奈尔,1999年6月5日由约翰·W. 博耶所作的访谈。之前的小组由地理学系的吉尔伯特·怀特领导,4月14日,怀特组织了80名教员在行政楼外对列维的纪律政策表达了无声的抗议。

195　《放逐报》委托一群熟悉调查研究方法的研究生对学生意见进行了一番调查。2月5日至8日,他们随机对625名学生进行了电话采访,发现绝大多数人反对静坐,但是大多数人支持学生在学术事务中享有更大的权利并支持特赦抗议者。请参阅《放逐报》,1969年2月10日,第4页。

196　保罗·朔尔迈尔写给雨果·F. 索南夏因的信,1999年9月7日,本科生院档案。

197　韦恩·C. 布斯,《我的许多个自己:追寻一种合理的和谐》(洛根,犹他州,2006),第191—193页。另有一本非常有用的回忆录,请参阅詹姆斯·W. 维采,"1968—1969年和1973年示威活动回忆录"(未发表的手稿,2004)。

198　布斯,《我的许多个自己》,第194页。

199　最重要的问题之一是,是不是应该动用警方来逐出示威者。韦恩·布斯和詹姆斯·维采在他们关于静坐的回忆录中都称,列维坚定地站在那些反对动用警力的人一边,维采基于自己的经验和与凯特·列维沟通的情况,称如果决定用警察来解决问题,列维将会辞去校长一职。但是教员中的强硬派并不赞成这一决定,维采接下来又说:"(前芝大教导主任查尔斯)奥康奈尔告诉我,列维最亲近的一些教师朋友因为这件事情和他的关系冷淡下来了。""回忆录",第23—25页。

200　"给教员和学生的备忘录",1969年2月14日,本科生院档案。

201　备忘录,1967年2月27日,比德尔管理层,第256盒,文件夹13。

202  列维写给贾诺威茨的信,1968年5月2日,比德尔管理层,第199盒,文件夹3。

203  "芝大与其预算",《芝加哥大学记录》,1969年12月1日,第10-11页。

204  列维,"芝大的状况",1969年11月4日,第5、8页。

205  盖革的《研究与相关知识》一书第230-269页中很好地描述了这场危机的基本特征。

206  唐纳德·米克尔约翰等人,"学院住宅政策委员会",1961年6月5日,第8页,本科生院档案。

207  罗斯托写给列维的信,1965年12月20日,布卢姆的文件,第16盒,文件夹5。

208  纽曼写给威克的信,1963年5月1日;威克写给比德尔等人的信,1963年5月2日;比德尔管理层,第73盒,文件夹7。并请参阅《放逐报》,1963年4月24日,第2页。

209  谢尔登写给乔治·比德尔等人的信,1963年5月1日,比德尔管理层,第73盒,文件夹7。

210  威克写给比德尔、列维和小詹姆斯·J.利特尔斯坎普的信,1965年7月26日,布卢姆的文件,第15盒,文件夹4。

211  威克写给比德尔等人的信,1964年2月24日,比德尔管理层,第131盒,文件夹11。

212  "教员咨询委员会关于学生住宿和设施的报告",第3-4页,1965年5月,布卢姆的文件,第16盒,文件夹1。

213  传送备忘录,布卢姆写给列维的信,1965年6月1日,布卢姆的文件,第16盒,文件夹6。

214  请参阅"北四方院",《芝加哥大学杂志》,1967年11月,第2-9页。巴恩斯的最终建议遭到了学生群体中一些人的反对,因为按照他的建议,双人间的数量将大大增加,而套房的数量会相应减少。

215  《放逐报》,1966年5月3日,第1页。

216  请参阅"比德尔管理层"中的宣传资料,第383盒,文件夹1-5。

217  "本科生院委员会会议纪要",1969年3月18日,第49页。这是一个关于减小入校班级规模的决定的公开版本,该决定事实上是在校长办公室做出并强加给布斯的(因此布斯后来对我坚称这一点)。这一决定在本科生院的执行委员会和本科生院委员会中经过讨论,委员们以15-8票决定支持它。

218  "1972—1973年芝大预算",《芝加哥大学记录》,1972年10月31日,第96页。

219  "咨询委员会关于学生招生的报告",《芝加哥大学记录》,1974年5月28日,第 97 页。

220  关于20世纪70年代芝大整体上的经济状况有人作过一项很好的调查,请参阅肯尼思·W.达姆,"芝大预算,1980—1981",《芝加哥大学记录》,1980年12月31日,第220-221页。

221  厄尔·凯特在他关于20世纪70年代初期"学术萧条"的研究中表示,校友和其他外部赠与的衰落(部分上)与对学生骚乱——如1969年的静坐示威的消极反应有关。厄尔·F.凯特,《高等教育的新萧条:关于41所学院和大学财务状况的研究》(纽约,1971),第11、19页。

222  "给教员的备忘录",1970年7月31日,第3页,PP附录,1997—2006,第20盒。

223  请参阅厄尔·F.凯特和西奥多·E.洛布曼,《基金会与高等教育:黄金年代稳定状态的拨款赠与;福特基金会和卡耐基委员会关于高等教育政策研究的技术报告》(伯克利,1979),第4-7页;此外,还有一些更为宽泛的观点,包括史蒂夫·C.惠特利的深刻见解,"基金会与研究型大学之间的合作关系",赫尔穆特·K.安海尔和大卫·C.哈马克编,《美国基金会:职责与贡献》(华盛顿,哥伦比亚特区,2010),第73-98页。艾伦·孔利弗·拉格曼在《知识的政治学》一书第216-263页对20世纪70年代卡耐基公司的一些变化趋势作出了很好的描述。1968年到1978年间,卡耐基所作的一系列捐赠的价值(以1987年的美元计)下跌了超过一半,从11亿美元减少至4.65亿美元。

224  "福特基金:给芝大的赠与,1950—1986",本科生院档案。

225  厄尔·F.凯特和哈罗德·豪二世,"美国主要研究型大学的状况,着重研究芝加哥大学",1973年9月15日,福特基金会档案馆;哈罗德·豪二世和厄尔·F.凯特写给爱德华·H.列维的信,1973年11月6日,本科生院档案。

226  "1971—1972年芝大预算",《芝加哥大学记录》,1971年10月11日,第109页。

227  "1972—1973年芝大预算",《芝加哥大学记录》,1972年10月31日,第96页。

228  "初步总体预算,1972—1973,说明",PP附录,1997—2006,第20盒。

229  《芝加哥大学公告》,1974年1月7日,第1-2页。

230  "院长预算办公室1977—1978年报告",《芝加哥大学记录》,1977年3月16日,第5页。

231  《芝加哥论坛报》,1967年6月25日,1A版,第1页。

232  富兰克林·L.福特,"我们的大学:国家和区域职责",《弗吉尼亚季评》43(1967):第229页。

233  列维的文件,第25盒,文件夹4。

234  里斯曼写给列维的信,1981年1月2日,列维的文件,第34盒,文件夹2。

235 "一个不确定的未来",大卫·W. 布雷内曼和小切斯特·E. 芬恩编,《公共政策和私立高等教育》(华盛顿,哥伦比亚特区,1978),第1—53页。

236 洛斯,《公民与国家之间》,第216页。

237 丹尼尔·P. 莫伊尼汉,《高等教育的政治学》,《代达罗斯》104(1975):第140—141页。

# 第6章
# 当代芝大
## （1978年至今）

爱德华·列维于1974年秋天宣布他将于1976年9月退休，但是1975年1月他被任命为美国司法部长这件事却又使芝大不得不更快地寻找接替他的人选。和过去一样，候选人的名单很长，但是到了1975年4月，上面的名字就只剩下十到十五个了。作为首选出现的候选人是斯坦福大学生物科学系的主任唐纳德·肯尼迪。肯尼迪于1975年春末和夏天访问了芝大，但是芝大的资深教员和领导层却没有表现出很大的热情，倒不是因为肯尼迪的个人素质和才能不够，而是因为许多委员会委员（以及更多的资深教员）显然是想找到第二个爱德华·列维来接任校长。副校长珍·阿拉德注意到，肯尼迪本人对阿拉德称为"列维遗产"的东西表现出了"一定程度的谨慎"，一位本校的教员领导者在评论肯尼迪时坦率地说道："唐纳德·肯尼迪对他自己大学的事务了如指掌，他也听取了关于我们学校的介绍，表现得足够亲切友善。一道丰盛的晚宴摆在面前，我们还想让他展现出别的什么优良品质？麻烦就在于，当初只有残羹冷炙时，爱德华·列维给了我们太多东西。这个麻烦怕是摆脱不了。"[1]本校的一些人选冒了出来，包括人文学院院长卡尔·J. 温特劳布，以及本科生院的一位前院长罗杰·H. 希尔德布兰德，一直到1975年深秋委员会仍在考察这些人；此外，还有一些外部人士，如小克里夫顿·R. 沃顿、欧内斯特·P. 博耶、丹尼尔·贝尔和詹姆斯·Q. 威尔逊。委员会一直在努力，但是到了深秋时，很明显他们还是没能看出谁比较突出。委员会的工作停滞不前，董事会也开始忧心忡忡。格伦·劳埃德早在1975年7月就警告过遴选委员会，没有人"比他更了解爱德华·列维，并且警告说，试图找到另一个爱德华·列维是危险的。他认为，首先，这样做是徒劳的；其次，芝大目前的需求可能并不适合一个爱德华·列维这样的人"。但是，列维的影响仍然根深蒂固，委员会花了大把的时间试图澄清他们需要新的领导人具备的各种素质，这也不足为怪。² 列维辞职以后，教务长约翰·威尔逊同意担任代理校长，但从一开始他就坚决拒绝被当作校长人选。面对董事会主席盖洛德·唐纳利的急切恳求，威尔逊终于答应继续担任这一职务，但是只能干到 1978 年夏天。³ 考虑到教员们的士气和学校的能力，董事会认为开展一场重要的筹款运动势在必行，而威尔逊暂时留任这个位置是不合适的，于是决定正式任命他为芝大校长，尽管各方达成一致的安排是让他暂时代理该职。

威尔逊是一个做事周全的管理者，他非常了解芝大的管理架构和财务负债，也很注重和各个部门的领导保持良好的工作关系。在短暂任职校长期间，他发起了多项计划来改善学生生活以及学校的运动和教学设施（于 1976 年至 1978 年改建哈斯凯尔/沃克/罗森沃尔德综合设施，翻修亨利·克朗体育馆并命名），并对教学资源的质量予以了特别关注。尽管如此，从 1977 年 1 月由数学系主任菲利克斯·布劳德提交给评议会的一份尖刻的"少数派报告"中仍能明显看出一些教员对芝大颇有怨气；该报告指责威尔逊不支持学校的学术建设，把芝大变成了毫无目标的"四不像大学"，而经营这所大学的特殊管理阶层对教员缺乏真正的责任意识，只是热衷推行"在教育官僚机构和基金会看来比较时髦的项目"⁴。多数教员对布劳德的报告不屑一顾，认为他言辞过激，缺乏根据，但是也有少数人据此认为威尔逊在如何更好地解决芝大一直面临的财务问题方面没能有效地与教员进行沟通。威尔逊自己担心的是，这个迹象表明一些教员还没有认识到芝大经济脆弱的本质，以及芝大严重依赖新的筹款来任命更多的教员这个事实。⁵ 过去近十年是残酷的降低成本的十年，教员薪金的实际价值大幅缩水，且无休无止地担忧短期财政调整，如今，经历了这一切的教员们在相互发泄愤懑，这场争执只是一个典型事例罢了。芝大急需一个有着卓越沟通才能的正式领导人来将目前的窘境切换到一个朝前看的模式，并为这个机构注入希望，使之相信更加光明的未来。

寻找爱德华·列维继任者的工作于 1977 年 2 月在新任董事会主席

罗伯特·雷尼克的指导下继续进行。这一次，委员会下了更大的决心继续寻找，不久之后，他们的目光又转回到了1975年遴选工作初期就曾考虑过的一个候选人，耶鲁大学教务长汉娜·H.格雷身上。格雷是一名杰出的文艺复兴历史学者，曾在哈佛大学与迈伦·吉尔摩一起工作，1957年获得博士学位。1961年，她被任命为芝加哥大学教员，担任历史学助理教授，同时担任"学院历史小组"组长。1969年静坐期间，她在全校范围内赢得了关注，当时她带领着一个资深教员委员会审查有争议的马琳·狄克逊任命一事。她撰写的关于狄克逊事件的报告堪称思想睿智和评判公允的典范，报告向人们展示了一个极富才华的教员领导者，她能透过事项的纷繁复杂，摆脱冲动情绪的干扰，用令人信服的、公正、透明的措辞道出事情的解决方法，同时也能通过理性探讨的方式非常有效地达成一致。[6] 1972年，格雷离开芝大担任西北大学艺术与科学学院院长，1974年，她又被调往耶鲁大学担任教务长。1977年至1978年，她同时也在担任耶鲁的代理校长。1977年秋天，格雷已经成了芝大教员和董事们共同的首选。1977年12月10日，芝大宣布了关于她的任命。任人唯贤是典型的芝大行事风格，没有人对美国一所重要的研究型大学正式任命了一位女校长这件事大惊小怪。

# 芝大人口结构转型

### 格雷时代的规划和均衡政策

1978年夏天就任校长之时，由于威尔逊过渡管理期间所实施的节约措施和缩减政策，汉娜·格雷接手的预算（勉强）能够维持平衡。然而不出六个月，芝大一直以来的经济压力又变得十分突出了，包括1979—1980学年将近380万美元的计划赤字。1979年夏天，格雷开始构想一个四年规划，以期到1983年时实现财政均衡，为此不仅要控制开支，而且要对芝大的收入预期做出更准确的估计，还要广开财路，利用捐赠和补助增加芝大的收入。为了做到这些，格雷不得不建立更为有效和专业的预算规划、财务监管、发展和制度研究体系。的确，芝大目前的预算和规划体系正是格雷在早年任职校长时制定出来的，她为了管理芝大事务而部署的管理体系也为她赢得了特别的赞誉。为了使重要的规划过程更加专业和系统化并创建一个更为高效的发展办公室，格雷随即聘用了几名主要管理者，如乔纳森·F. 范东、亚瑟·M. 萨斯曼和威廉·R. 黑登。

在格雷上任之前，芝大的预算制定一直不太正规，由教务长办公室和学校的审计官哈罗德·E. 贝尔协商制定。虽然接受过会计方面的培训，然而限于分类账目和卡片穿孔机系统较为原始，贝尔很难开展有效的预算工作。为了更加明确较之20世纪50年代和60年代复杂得多的预算和政策形势，格雷委托一家外部咨询公司康桥汇世于1979年年初对芝大的财务制度和财政资源开展了一项大规模调查。[7] 按照该公司的建议，格雷于1979年10月雇用了一个专业预算主管亚历山大·E. 夏普来重建芝大的预算和财务信息系统。1980年7月，当夏普被任命为主管财务的副校长之后，拉尔夫·马勒接替他成为预算主管。夏普和马勒负责芝大的长期财务规划，重组当时的预算工作，开发更为有效的信息系统，监督大学核心业务和各部门的预算趋势，以及制定年度预算。

格雷力图让芝大上下齐心协力，她频繁地向教员们发布报告，与他们交流芝大的财务问题，并让教员们参与进来，出谋划策。她也得到了几位很有才干的教务长的协助，包括D. 盖尔·约翰逊、肯尼思·W. 达姆、罗伯特·麦克·亚当斯、诺曼·M. 布拉德伯恩、格哈德·卡斯珀和爱德华·O. 劳曼。20世纪80年代向董事和教员们发布的预算报告在预计芝大的长期财务前景时更加全面了，不仅指出了平衡预算的目的，还提出要加强芝大开展基础研究和通识教育的能力。[8] 除了保护和丰富其财务资源以外，20世纪80年代中格雷执政的一个重要主题是坚定地专注于加强芝大的学术创造力和教育理想。格雷认为，像芝大这样一所独立的私立研究型大学，其最大价值就在于独特的学者群体。格雷努力地提升教员薪金的实际价值，从而提高他们的竞争力（总的来说，芝大教员的薪酬在20世纪70年代贬值约20%）；在她的支持下，芝大还新聘用了一大批杰出的资深教员。她还推出了新的艺术和科学研究生奖学金项目，力图扭转研究生申请和招收的颓势。格雷成功地避免了一场近在眼前的研究生教育危机，并利用这个机会打消了资深教员对于他们的博士项目能否存续下去的疑虑。

格雷在其任期内对诸多新设施投入了大笔资金，如宫廷剧院、约翰·克里勒图书馆和克斯滕物理学中心，对许多其他的校园建筑进行了大量翻修，包括孟德尔会堂、肯特化学实验室、科布会堂、米德维工作室、琼斯实验室和沃克尔博物馆，并且在伊达·诺耶斯会堂内兴建了电影院，以马克斯·派里维斯基的名字命名，以及在科布会堂内兴建了新的电影研究中心。1993年，芝大开放了生物科学教育中心，将其设想为本科生、研究生和医学院生物学学生能够"共享的设施"。计算机科学系于1983年6月成立，而成立于1973年的公共政策研究委员会则在1987年2月改制成为一所独立的专业学院，由欧文·B.哈里斯提供了700万美元的赠款。芝大还斥巨资改善了全校范围内的计算机系统和设施（包括建立了计算中心以及新的发展和校友联络中心），并支持教员们使用个人计算机。格雷特别关注学校的图书馆系统，增加了大笔财政资源用于抵消购书成本的恶性通胀和补偿美元在购入外国图书期刊时购买力的下降，她还主张新建一座科学图书馆。在做出这些新投资的同时，她还通过整合行政办公室、裁掉不必要的员工、关闭一些中心和项目以及在1983年至1984年将员工的标准周工作时间从40小时减少至37.5小时来降低成本。

在格雷任职的那些年里，教员、评议会和董事们之间就芝大的招生问题以及学校对本科生院与专业学院和对各研究生部投入的资源对比问题有过激烈的争论。芝大应该以怎样的代价维持在多大规模，芝大应该如何在一个预算紧缩的时代改善校园和社区的设施条件。另一个关注的焦点是师资队伍的规模和年龄分布问题。与同类大学相比，芝大拥有最为庞大的艺术和科学师资队伍之一，其本科生学院的规模却是最小的，导致其用于支付教员薪金的净学费收入大大低于其他主要教育机构。这种情形随着政府和基金会对教员支持的减少而变得愈加严重了，迫使芝大不得不动用非限定用途收入来实现更大份额的常规学术预算。此外，1982年以后联邦立法将退休年龄从65岁调整至70岁使芝大的薪金成本增加了数百万美元，同时使得本来可供聘用年轻教员的空缺职位减少了。鉴于这些多变因素，芝大是否仍能负担得起比任何常春藤联盟大学、麻省理工学院和斯坦福大学更为庞大的艺术和科学师资队伍？如果不能，又是否能够以一支规模略小的师资队伍维持其国家和国际声望？这个问题是高级管理者们讨论的焦点所在，最终他们得出结论，要在1987年至1988年实施一项赤字削减计划，作为其中的一部分，艺术和科学教员的规模要在五年内逐步缩小5%。

有关教员的讨论实际反映出的是对本科生教学责任的担忧（现有的教师队伍是否愿意去教一个规模更大的本科生院？）以及对贝克委员会提出的几项重要建议的担忧，这些建议对资深教员在指导（或不指导）研究生方面的特权提出了（潜在的）挑战（见下文）。这些年里，对于涉及种族和性别等社会问题的担忧也十分突出，在教员和学生主体内部，关于多元化的讨论较之以前也更加活跃和热烈了。1979年至1989年间本科生院录取的女生数量有了大幅提升，从34%增长到42%，这一点受到了人们的肯定，但是非洲裔美国学生和西班牙裔学生的录取率仍然很低。

在格雷的任期内，国家在招生和学费方面有两个重大而相关的进步对芝大的财政和学生人口产生了持久的影响。首先，20世纪80年代的美国全面实施了不以学生支付能力为基础的招生政策和按照学生需求予以资助的政策，即大学应该保证所有合格的学生获得足够的资源，无论他们的经济状况如何。这种模式本身也是20世纪70年代的一种政策成果和社会建构，与联邦新的学生贷款和助学金制度紧密相关。[9]其次，芝大20世纪六七十年代大大低于同等机构的本科生学费水平在按照学生需求予以资助的国家政策的配合下终于和其他顶尖私立大学并驾齐驱了。[10]因此，芝大也采取了被罗杰·盖革和其他人称为"高学费－高资助"的范式以增加非限定用途的大学收入。[11]20世纪70年代芝大的财政对学费收入的依赖已经变得十分明显，这个问题后来也变得越来越突出：到了1990年至1991年，芝大的学费收入已几乎占到其非限定用途学术预算的62%，而这一比例在1970年至1971年时仅为42%。随着学费增长，针对非限定用途预算的财政补助的压力也在增加。与此同时，在整个20世纪80年代，每个学生获得的联邦和私人资助增长更加缓慢了，芝大不得不动用更多自身的资源来填补这个缺口。而20世纪80年代，所有私立大学都不可避免地意识到必须大量筹集资金，以应对不断飙升的成本压力，芝大也不例外，因为它有一支规模庞大且不断扩充的有稳定职位的艺术和科学教员队伍。[12] 据查尔斯·克劳特费尔特统计，1900年至1980年，芝大每年的学费增长比价格通胀平均快1.6%，而在1980年至1990年，以定值美元计算的学费收入翻了一番，使得芝大在这十年中跑赢了通胀6.2%。[13]

20世纪80年代初期和中期学费的大幅增加，再加上本科生院规模的扩大（至1984年时已拥有3000名学生）、各种降低成本的手段，以及对捐赠支出模式进行的调整，使得芝大在20世纪80年代中期达到了预算均衡。1982年至1983年，芝大终于实现了预算平衡，并一直保持到1985年至1986年。但是，高通胀、联邦对研究支持和学生贷款基金的大幅减少、财政支援成本的迅速增加，以及飙升的公用设施成本和附加福利[i]很快就使这种新状况陷入了危机。[14] 据格雷1987年估计，假如联邦政府仅仅维持1978年以来的资助率，芝大当年的年收获必须比实际收入多1300万美元。同样令人不安的是，至1992年为止，美国研究型大学在资助自然科学的教员研究者方面所花费的成本以定值美元计算是1962年的三倍，这笔负担中有很大一部分是由非限定用途预算来承担的。

在1986年写给教员的年度报告中，格雷指出芝大与其他一线大学不同，面临着一些特别的挑战：

> 与其他私立大学相比，芝大规模很小，尤其是本科生数量。我们都知道，学校研究生与本科生的比例比大多数其他学校都高，但是学术项目和中心的种类及范围与他们相当，师生比更高，班级规模普遍更小，本科生院的教学对研究生的依赖更少，捐赠规模与哈佛、普林斯顿、耶鲁、斯坦福或哥伦比亚相比也更小，这意味着每位教员的捐赠更少。职位稳定的教员比例相对较高，教员薪酬总支出相对于总预算、学生人数、联邦资助水平以及捐赠规模相比也较高。本科生院和各学部的学费比类似机构更低。接受财政资助的本科生比例较高。[15]

1986年至1987年，芝大再次遭遇严重赤字，非限定用途预算中的赤

---

i 指雇主在员工的工资之外付给他们的非工资性津贴或付款。

字仅当年就达到了将近550万美元。1987年至1988年伊始,格雷和时任教务长诺曼·布拉德伯恩发起了一项多年规划以降低赤字,这一次是通过缩减艺术和科学教员的规模、继续扩大本科生招生、控制研究生招生规模,以及进一步减少行政开支和非学术人员等措施来实现的。这些措施所取得的效果喜忧参半:赤字在1990年至1991年降到了低点130万美元,但是在1991年至1992年又反弹至460万美元。[16]

1990年至1992年的经济衰退重创了所有的大学,芝大首当其冲。至1992年秋,芝大已经不得不重视年度赤字这个幽灵了,到了1994年至1995年,赤字更是高达1300万美元。这种惨淡的情形是一系列因素造成的:投资收入的减少、新的维护成本、不断增长的学生资助需求、资深教员强制退休年龄上限的取消、与校内人员健康和安全相关的联邦政策的变化、教职员工医疗保健成本的不断上涨、本州支持的减少,以及联邦资助的不断减少。同时,芝大决定继续加大对一些重要领域中新研究项目的投资,如生物科学,以维持教员薪酬方面的竞争力,也给已经吃紧的预算增加了压力。这些因素中没有一个是致命的,也没有一个能够说明董事会做出了不明智或不谨慎的决策。在1991年至1993年间,大多数顶尖美国私立大学都与芝大同病相怜。[17]然而对于刚刚利用20世纪80年代的前半段恢复预算均衡的芝大而言,这些负面趋势来得太快了,它们汇集起来给从根本上加强芝大政治经济的结构因素带来了新的不确定性。相较于学校的远大志向,芝大的投资明显不足,牢记这一点对于理解1993年之后索南夏因领导班子所面临的政策选择而言至关重要。

1992年11月,在给评议会提供意见时,格雷曾提及当时的芝大所面临的决策困境,包括其研究生项目的规模问题。"我们必须决定是否应该控制学生数量,因为我们只能够为一定数量的学生提供良好的支持,如果数量过于庞大,我们就心有余而力不足了。"她说。格雷进一步认为:"如果芝大甘于平庸,那么也不难做出选择。但是要维持一所伟大的研究型大学,我们就必须认识到什么才是我们最重要的宗旨,必须更加灵活地处理一些问题。尽管今天我们处在一个强势的地位,这些问题却是我们将会一再面对的。"[18]

积极的一面是,20世纪80年代芝大的发展工作较之20世纪70年代明显取得了更大的成功。从 1977 年到 1981 年,芝大募集的资金从 2620 万美元增加到 4550 万美元,给规划者注入了设立更高目标的信心。格雷和董事会并没有采取过去几十年中所采用的那种一揽子筹款模式,而是采取了有的放矢的策略,为艺术和科学领域的教员们以及法律、商科和医学学科领域的教员们分别发起筹款行动。这四场行动的总目标是在 1982 年至 1987 年间筹集到 3.5 亿美元资金。艺术与科学筹款行动的规划文件制定了筹集 1.5 亿美元的目标,并且明确强调了需要均衡投资以保护当前项目的质量并支持开展新事业。董事会特别感兴趣的是扩充大笔捐赠的投资组合,这是芝大历来薄弱的一个环节。最终,每一项筹款行动都取得了成功,募集到了数额可观的新资金,其中包括艺术与科学的 1.517 亿美元,法学的 2500 万美元,商科的 2300 万美元,以及医学的 3600 万美元,并且对 1983 年至 1986 年恢复预算稳定起到了关键作用。

这些行动刚刚结束,芝大紧接着又于 1988 年至 1989 年发起了一项目标为 5 亿美元的筹款运动,该运动将于 1991 年 7 月至 1996 年 6 月在大学范围内开展,以示对芝大建校百年的庆祝和纪念。董事们原本希望设定一个更高的目标,但是考虑到校友群体的规模和特性以及经济状况,他们无奈地接受了一个他们认为更加现实的目标。这场运动的规划文件指出 20 世纪七八十年代芝大校友平均捐赠的价值比兄弟院校低(芝大校友的平均捐赠为 117 美元,其兄弟院校则为 200 美元以上),而且芝大在筹集大笔转换型赠予方面遇到了困难。此外,"学院基金"在 55 岁到 64 岁的准校友捐赠人数量大幅减少,从 1984 年的 6000 多人减少到了 1994 年的不足 3000 人,这一现象是 20 世纪 50 年代本科生招生人数的极度萎缩造成的。针对院系领导、年轻研究员和讲师以及教员发展奖学金的筹资目标被设定在 2.19 亿美元,这一雄心勃勃的目标占总目标的近 45%。另外的 1.02 亿美元被分配为针对芝大当前运营的无限制支持和非限定用途捐赠,这一重要目标是考虑到非限定用途的可用捐赠收入的比例缩水而设定的。

## 20 世纪 80 年代重新将本科生院定位为中心

金普顿和列维都曾经计划大幅扩张本科生院的规模,但是由于 20

世纪50年代和60年代本科生院和学部势力间的争执和争议集中在课程控制和教员任命权方面，同时，为了达到金普顿设定的使本科生院拥有5000名学生的目标，他们最初也努力过，但效果不佳，因此，在过去的几十年中，"规模"问题从来没有被当作一个热点的政治议题来讨论过。鉴于其较小的招生范围以及其他一些不利因素，芝大似乎注定只能拥有一个小规模的本科生学院，这几乎成了天意使然，但是这种情形在20世纪80年代之后有了很大改观。1979年，一个由诺曼·布拉德伯恩任主席的委员会发布了一份详尽的报告，分析了芝大为何如此难以达到20世纪70年代的招生目标，针对未来学生主体的扩张从正反两方面做出了令人信服的解析，并提出了一个方案，让本科生院的学生数量有机会从2700人增加到3000人甚至3200人。但是该报告同时也在关切研究生的人口规模，并承认维持本科生和研究生这两个人群权力的基本均衡是一个敏感话题，称芝大"传统上是一个研究型大学"。为了支持这一说法，报告指出在"二战"以前，芝大艺术与科学学科的研究生数量比本科生数量还多。但是这样一来，该报告就忽视了1942年之前预科学院和大学学院的真实状况：因为在1942年以前学院学生是从一个学部而非本科生院毕业的，所以注册处在进行统计的时候就把他们当作了学部学生，但他们仍是所有其他的四年制学院所管理的本科生。实际上，在整个20世纪30年代，芝大常规的学年课程中本科生的比例比研究生更高。[19]

在回应布拉德伯恩的报告时，本科生院院长乔纳森·史密斯称这种增长"极其难以"实现，他指出尽管申请者群体的质量很高，本科生院却不得不录取近80%的申请人才能达到班级规模，而且"最终录取的学生通常都是成绩靠后的而非靠前的那部分报考者"[20]。史密斯同时也担心芝大通过将教员转至学部这种做法来充实并重振"核心"课程的决定会造成一些教育方面的不良后果。尽管如此，该报告审慎的口吻和周密的计划仍然让人们认为本科生数量的增加似乎是有可能的。教员们对此反应不一，但是由院长们组成的开明的领导层仍提出了较为务实的看法：社会科学系的罗伯特·麦克·亚当斯称，如果扩大本科生院有助于维持普通教员的庞大数量，这个方案就应该得到充分重视。[21] 格雷和她的同事们让招生人数缓慢增长，同时投资于各种本科生院项目，通过于1980年任命丹·霍尔为本科生招生主任来改善招生办公室的工作，并赋予作为大学官员的本科生院院长以更多权力，用巴里·D. 卡尔的话来说，这个职位必然有一些"准教务长"的特色。[22] 此外，20 世纪 80 年代早期许多学部教员都十分关注研究生教育（在下文中讨论），格雷便利用关于这个话题的热烈讨论来提醒教员们："无论一个系在获得优秀的研究生方面做得有多成功，有一点非常明确，本科生院在对整个芝大福祉的贡献方面正在发挥着愈加重要的作用。"[23] 到了 1986 年，本科生的注册人数达到了 3000 人的目标。教务长罗伯特·麦克·亚当斯 1984 年坦言："在 20 世纪七八十年代那个研究生数量下降的时期里，本科生院学生数量的增长对维持芝大的财政和学术命脉起到了不可估量的重要作用。"但亚当斯也担心，"在未来一段时期内，由于申请者群体和校舍的限制，本科生数量即将饱和"。亚当斯得出结论说，"因此，在紧接着的几年里，维持芝大生计唯一的出路就是更努力地寻求其他收入来源"[24]。

然而，本科生院的规模问题并没有从此沉寂。1984 年秋，汉娜·格雷决定正式重议该问题，她委托制定了第二份针对学校招生和芝大规模现状的重要报告。一个由政治科学系的 J. 大卫·格林斯通领导的委员会于 1986 年年初建议，如果财政方面需要，芝大可以将本科生人数扩大到 3400 人。[25] 除此以外，委员会还建议允许此前在其读博期间鲜有机会走上讲台的博士生协助教员们来讲授"核心"课程。本科生院领导者们认为，芝大所计划的学生规模的增长可以通过提高现有学生留校继续求学的比例来实现，而不一定要通过扩大申请人的规模。[26] 在评议会对该报告进行讨论期间，格雷直率地评价道，"伟大的研究型大学中没有哪个有偿付能力的机构像芝加哥大学这样——本科生群体如此之小而艺术与科学教员队伍却如此庞大"[27]。评议会在辩论中明确表达了对保留具有吸引力的小班教学等现有项目优势的愿望，以及对招生规模、机构资源，以及需要对教员教学任务量存在巨大差异的传统做出改变的担忧。

在接下来的六年里，该报告所提的建议被完全付诸实施。这些年中芝大对本科生院的支持大大加强，本科生院的预算每年增加 10%，而同期整个芝大的开支只增长了 5%。在汉娜·格雷的任期结束时，本科生院已经达到了 3400 名学生的目标，甚至还略微超过了一点，自格雷任校长以后增加了近800名学生。然而，格林斯通争论中所涉及的问题在20世纪90年代后期又以不同的、更加严苛的形式重新出现了，直到2000年以后的十年中，艺术与科学的教员们才就接受本科生院进一步大幅增加学生数量的需求基本达成政治认同。

20世纪80年代中期，芝大在唐纳德·N. 莱文的领导下开始在学生生活和课程建设方面取得显著进步。莱文于1982年被格雷任命为本科生院院长；莱文是哈钦斯本科生院的一位忠实校友，但他对乔纳森·史密斯1980年暗讽的缺陷不抱幻想。莱文实施了一些重大举措来改革课程，培养更加平衡与和谐的学生生活环境，以及为学生提供更多课外活动的机会。

金普顿对哈钦斯本科生院的抨击一度造成课程混乱的局面，"核心"教员不再拥有对一年期通识教育模块构成的本科项目的控制权。在整个20世纪60年代，芝大多次试图通过协商达成一致，以建立统一的课程体系；1966年的最后一次协商实际上给予了与本科生院对应的五个研究生院设计本专业通识核心课程的权利，即学生必须选修特定的"核心"课程，同时拥有不选修其他课程的自由。这是一种政治妥协（韦恩·布斯称之为"从政治原因考量合乎情理的一盘大杂烩"），但它的确减少了冲突，在某种程度上让人们心平气和了下来。它同时也使得芝大在20世纪60年代后期、70年代和80年代早期成功地维持了一套虽略显不协调却颇为稳健的"核心"课程，而同一时期许多其他的美国大学都纷纷放弃了自己的通识教育项目。[28] 芝大在1960年以后一直致力于通识教育，将其作为非专业教育的一项界定原则，这种事态在美国的高等教育界愈发罕见，而自20世纪50年代以后就以不可阻挡之势向前推进的连贯的"核心"课程体系则是芝大的通识教育赖以生存的保证。[29]

就任院长后，莱文就开始着手取消各学院学部的特权，并为所有的学生重建一套真正的通识"核心"课程。于是，本科生院于1985年年初通过了一个新的课程体系，该体系要求申请学士学位的学生从总共42门课程中选修21门"核心"课程。1985年的改革为所有学生创造了一个通用的课程平台，从而于1931年和1942年重新确立了作为其最初要求一部分的"核心"课程统一性。[30] 与此同时，这些改革面临着三大挑战。首先，它们是通识教育的一个很大的组成部分，占一个学生在本科生院全部课程量的 50%，而在同一时期，许多最拥护哈钦斯"核心"课程并能为新课程设计提供指导的老教员愈发感到被边缘化了，其他拥护学院课程的老教员对于本科生教学压根不了解也不感兴趣，更别说通识教育课程了[31]。芝大面临的另一个挑战是因为当时许多 20 世纪 70 年代和 80 年代任命的新晋教员来自没有通识教育传统的大学，他们毕业的院校都没有核心课程。虽然愿意参与"核心"课程，但与讲授"核心"课程相比，这些教员们常常更加看重他们各自研究专业领域中的高级本科课程。

其次，更为麻烦的是，全国范围内艺术与科学教员的教学工作量与战前和战后一段时期相比已经开始急剧下降。[32] 芝大的正常教学工作量在 20 世纪 50 年代和 60 年代之前一直保持在每年至少五到六个学期，但是到了 20 世纪 80 年代中期，在许多社会科学与人文院系，已经缩减到了四个学期，自然科学缩减到一到两个学期，在研究生和本科生教学之间均分。这些削减对本科生院通识教育项目中的教员教学产生了极大的影响，给本科生院的管理者们带来了严重的人事问题，因为他们的"核心"课程体系太过庞大，但核心课程本身的设计却倾向于小班教学。[33] 芝大的问题和许多其他学院和大学发生的情形并不一样，与其说是对通识教育这个观念本身的自信产生了危机，不如说是大多数教员投入到本科生教学的时间发生了深刻转变。早在 1975 年，本科生院院长查尔斯·奥克斯纳德就承认，"由享有终身教职的教员来参与本科生（"核心"课程）教学是一件喜忧参半的事情"，并且建议建立一个新的博士后研究员职位（哈珀研究员项目）以协助做好一般的系教员不愿或没有能力讲授的"核心"课程教学工作。[34]

第三个问题源于哈钦斯本科生院遗留下来的"核心"课程一成不变的特点。这类课程大多设计精妙，并且与 20 世纪 50 年代和 60 年代创立或维系课程的本科生院教员相关。但由于 20 世纪 70 年代加入芝大教学队伍的新教员同时在专业院系和本科生院任教，许多人都不愿意讲授与其专业脱节的古老课程。作为社会科学学院学部的掌门人，伯纳德·西尔贝曼于 1979 年直言不讳地说：

> 如果"核心"课程能够以一种正常模式有序地更替，旧的自然消亡，新的又产生出来，那么就不会出现这样的问题了。但事实并非如

此。结果是,虽然按照制度为一群本科生设立了一门课程,但它对新的社会科学家们并没有多少吸引力。招聘新的普通教员遇阻,因为这样的课程从其设立本身而言就只反映了一小群人的利益。潜在的新教员们看不出这样的课程能够准确反映他们所做之事和他们对社会科学的理解。[35]

这样的批评并不意味着通识教育失去了合法性,因为芝大并没有经历过许多其他机构遭遇过的通识教育课程体系崩溃的情形,但它同时又说明,如果要让"核心"课程得以维系,就必须更加灵活,对知识更新和概念修正采取更加开放的态度。

芝大同时也面临一个恶性循环:本科生院的住宿生规模太小,很难创造足够的资源来解决学生生活的关键问题,从而削弱了"核心"课程的正面效应。莱文对教员们直言不讳地说,"我们的学生在情感上受挫,沮丧失落、自甘堕落,无法以最理想的状态投入学习,导致不应有的高退学率,对希望申请我们学校的学生造成了消极影响,也令校友们心生不满"[36]。1986年8月,招生办公室对已被本科生院录取却选择了其他学校的学生进行了调查,许多人对芝大的校园生活评价负面,对本科生院糟糕的住宿条件也多有抱怨。[37] 这一时期的许多校友后来称,他们在本科生院接受了优越的学术教育,这一点与众不同,但与此同时,他们并不喜欢这个地方的冷酷,所以不希望自己的孩子再来芝大上学。

作为回应,莱文和副院长理查德·P.陶布以及教导主任赫尔曼·塞内克一道采取了几项有关学生生活的举措,这些举措虽然引发了争议,但在其示范效应和影响力方面举足轻重。莱文对校历做出了一些改进,在每个学期中建立了一个冬休日和一个为期两天的阅读期。本科生院也在努力消除学生们在应付多重的、常常令人头疼的行政管辖时遇到的诸多麻烦。1983年,本科生院创建了库维阿桑内尔克节(*Kuviasungnerk*),这个为期一周的系列活动目的是在一年中最寒冷、最黑暗的数月中提升学生们的精神活力。学校还恢复了春季的艺术节来为春末的学生活动搭建平台,并且支持学生在5月末组织自己的节日。斯塔格体育场新添了一块足球场地和带有球员休息区的棒球及垒球场地。哈钦斯食堂和咖啡店里增添了新的饮食服务，由学生经营的几家咖啡店的接纳能力也得到了提升。赫尔曼·塞内克和英语教授弗兰克·基纳汉在创建名副其实的学生戏剧项目方面颇有建树，他们将现有的"黑衣修士""有形哥特"等社团合并在一起，建立了以学生为主导的芝大戏剧委员会来处理学校有关戏剧的事务。"重生的"芝大戏剧立刻吸引了众多目光，至 1984 年 12 月，学生戏剧已自称为学校第二大学生活动（以参与率来衡量），仅次于校内体育活动。[38] 在 20 世纪 80 年代和 90 年代，一种以创造性的方法将戏剧表演和戏剧研究结合在一起的本科生亚文化逐渐发展起来。校内体育活动的资源也得以加强，1986 年，本科生院与布兰迪斯大学、罗切斯特大学、华盛顿大学、埃默里大学、纽约大学、约翰·霍普金斯大学、卡内基·梅隆大学和凯斯西储大学一道加入了一个新的三级联盟"大学体育协会"，这说明 20 世纪 70 年代和 80 年代大学生竞技体育已经作为一种与本科生院大批学生实际利益相关的学生活动重新崛起。本科生院有史以来第一次建立了正式与非正式渠道与家长进行沟通，其中包括每年一次的秋季周末，家长们会收到邀请去观摩示范课，与本科生院的教职员工见面。与更大规模的大学活动相比，这些活动也许并不起眼，但是日复一日，它们帮助本科生院建立了与学生家长之间更良好的关系。

　　20 世纪 80 年代，如果按照一年级的保留率来衡量，学生对本科生院的满意度有较明显的增加：20 世纪 70 年代初期大一新生的辍学率曾高达 20%，但是到了 1983 年至 1984 年这一比率降到了大约 13%。[39] 学生的学识积累仍然令人印象深刻，20 世纪 80 年代后期的就业调查显示，大部分即将毕业的大四学生或者已获准领导研究项目，或者已找到第一份十分满意的工作。另一方面，尽管 20 世纪 80 年代早期和中期本科生院申请者的数量在缓慢增长（从 1978 年的 2253 人增长到了 1985 年的 2469 人），本科生院的申请者规模仍然很小：1978 年至 1985 年的八年中，平均每年的申请者只有 2299 人，而录取率仍相当高，在这八年中，所有申请者中平均有 81% 的人被录取。在"广义常春藤盟校"[ii] 的几所顶尖大学中，芝大在申请

---

ii 人们把八所常春藤盟校以外的一些同样极具学术声望和教学水准的大学称为广义常春藤（Ivy Plus），芝加哥大学就在其中。

人数和毕业人数方面远远落后于其他学校。⁴⁰ 芝大在 1986 年至 1987 年出现了重大变化的迹象，申请者规模从 2606 人增加到了 3212 人，录取率则从 78%降到了 69%，这说明格雷、莱文和他们的同事们为改善学生生活而采取的措施开始取得可观成效了。1987 年拉尔夫·W. 尼古拉斯接替莱文担任院长之后，这些变化在他的领导下更加坚定地持续着。尽管这样的增长令人鼓舞，但芝大仍然严重地滞后于大多数同等机构，其他那些学校拥有高质量的申请者群体，规模往往是芝大的两倍甚至三倍。更为严峻的是，芝大在为本科生院学生规划新宿舍楼和为芝大社区规划新的体育设施方面基本没有什么进展，因为兴建这些设施需要巨大的资金投入。⁴¹

## 索南夏因时期：对芝大神话和传统的考验

1992 年 4 月，在为芝大效力了近十五年以后，汉娜·格雷于 1993 年年中宣布将不再担任芝大校长。尽管汉娜及其高层领导团队所做的工作可圈可点，在即将离任之时，还是遗留了许多问题。格雷和她的同事们维护了芝大的学术品格、研究声望和财政稳定，她自己也向这个国家发出了雄辩的声音来捍卫芝大作为一个生产知识和提供人文教育的机构的使命。格雷同时还是一个精力充沛的芝大学术自由传统的捍卫者，（一定程度上）抵制影响芝大运作的各种政治或意识形态方面的势力。在她的领导下，本科生院回到了正常的轨道，学生规模得以扩大，本科生的生活质量也得以显著提高。在一个连贯的校级预算规划体制内，格雷还发起了关于芝大的优先事务和投资选择的规范性讨论，通过这种方法来维护和加强艺术与科学教师队伍和专业学院的研究能力。格雷执政结束时芝大多数院系的学术水平和声誉都比她刚开始执政时高；鉴于芝大是在持续不断的预算压力下维持运营的，这是一个非凡的成就。然而，芝大的规模与其学生和教员人口的数量仍是十分现实的问题，尽管 20 世纪 80 年代这样的问题有了明显改观，芝大的本科生数量仍远未达到劳伦斯·金普顿早在四十年前就提出过的 5000 到 6000 人的目标，只有在这一规模下才能确保整个机构的财务稳健性，提升文理专业的实力。1992年 12 月，董事会选举雨果·F. 索南夏因来接替汉娜·格雷。索南夏因是一位杰出的经济学家，在罗切斯特大学和普渡大学接受过教育，曾任宾夕法尼亚大学艺术与科学学院院长及普林斯顿大学教务长。索南夏因执政的第一年对芝大的状况和其发展前景做过一番系统的调查。他任命作风同样大胆而果断的前法学院院长杰弗里·R. 斯通为教务长来协助他的工作。他们的团队高效且具有超前思维。

1993年中期上任后不久，索南夏因和斯通就面临着20世纪90年代初期开始已变得十分明显的财政恶化趋势。1992—1993学年以1000万美元赤字结束，接下来的1993—1994学年则是1480万美元。到了1994—1995学年，1991—1992学年所做的最坏的预测似乎已经变成了现实，芝大在新学年面临着2600万美元的预算赤字。[42] 1995—1996学年的预算预计有2300万美元的赤字。为了更全面地了解这些赤字（在1996—1997学年和1997—1998学年的预算中得到了控制），新任副校长和首席财务官劳伦斯·菲尔恩斯塔尔决定将芝大从20世纪50年代至90年代的一系列数据汇编起来与一些同等私立大学进行比较，从而衡量芝大的竞争地位。菲尔恩斯塔尔认为经常性赤字是芝大的资本形成率（对捐赠、起捐赠作用的临时资金，以及库存现金的一种综合度量）过低的症状，因此得出了一组广泛的数据，显示出芝大在一些方面正在被许多竞争对手甩开，比如：对本科生院的需求、终身校友捐赠的模式、通胀调节捐赠的规模、捐赠的实际增长、筹款的实际增长、每位教员的慈善性支持、有形资产的资本积累、硬件设备和研究设施的相对投资，以及对图书馆和图书经费的投资。芝大自1958年以来的实际捐赠增长率远远落后于其竞争对手，其捐赠收入增长了32%，而多数其他顶尖私立学校的捐赠在三十五年间的增长率远超100%，甚至达到了200%(见表1)，这或许是最令人不安的发现。芝大的通胀调节筹资和捐赠支出也同样落后于同业机构（见表2）。菲尔恩斯塔尔称，"20世纪30年代的芝大（与常春藤盟校相比）拥有规模最大的本科生院。而在过去的六十年中，伴随着本科生人数的相对减少（与同业机构相比），芝大的资金能力也在相对衰弱"。一个尤为引人关注的对比是本科生学费和普通教员薪金福利成本之间的比率。在芝大的竞争对手那里，净本科生学费大大超过教员薪金成本，使得这些机构拥有多达2000万美元到4600万美元的盈余可以用来偿付必要的学术成本，如助学金和图书馆运营。而对于芝大而言，情况却恰恰相反，本科生学费（3770万美元）甚至连支付基本的教员薪金（4160万美元）都不够。[43]

表1　1958—1993三十五年间实际捐赠增长（单位：百万美元）

| 大学 | 1958 名义 | 1958 通胀 | 1993 名义 | 三十五年间实际变化 | 三十五年间实际增长率(%) |
|---|---|---|---|---|---|
| 如果芝大在过去三十五年间达到比较组的平均捐赠增长水平，该机构每年的捐款支出会多出至少5000万美元。 | | | | | |
| 哈佛大学 | 535 | 2674 | 5778 | 3104 | 116 |
| 普林斯顿大学 | 134 | 670 | 3286 | 2616 | 391 |
| 斯坦福大学 | 103 | 515 | 2853 | 2338 | 454 |
| 耶鲁大学 | 250 | 1250 | 3219 | 1969 | 158 |
| 麻省理工学院 | 129 | 645 | 1753 | 1108 | 172 |
| 哥伦比亚大学 | 164 | 820 | 1847 | 1027 | 125 |
| 宾夕法尼亚大学 | 84 | 420 | 1096 | 676 | 161 |
| 康奈尔大学 | 112 | 560 | 1215 | 655 | 117 |
| 西北大学 | 141 | 705 | 1308 | 603 | 86 |
| 芝加哥大学 | 186 | 930 | 1224 | 294 | 32 |
| 平均 | 184 | 919 | 2358 | 1439 | 157 |

来源：劳伦斯·J.菲尔恩斯塔尔，"芝大经济历史回顾"，1996年8月21日，第11页，本科生院档案馆。

菲尔恩斯塔尔得出结论说，"芝加哥大学在平衡运营预算方面取得的成功虽然意义重大，但只是确保其长期健康的一部分"。他警告说，如果不能够整固其资本结构，"芝大会发现自己不再拥有吸引和留住最优秀的学者、科学家和学生所必需的图书馆、实验室以及教员薪金和研究生助学金体系"[44]。因此，即便20世纪80年代在发展和筹资方面取得了一些进展，芝大在20世纪90年代的捐赠规模比起那些顶尖的竞争者仍有较大差距，更加凸显了芝大在奋起直追的过程中所面临的困难。

菲尔恩斯塔尔的数据是惊人的，但是有关芝大的材料本身却是为人熟知的，或是意料之中的。菲尔恩斯塔尔仅仅是把对于爱德华·列维和汉娜·格雷以及他们的同事们而言已经非常明显的趋势更新了。[45]引人注目的是，当在几个关键领域被人拿来与其他顶尖私立研究型大学相比较时,芝大确实没有能够追上他们的脚步,这种差距是不可否认的。

为了应对这些数据以及不利的预算环境,在与院长们和其他资深大学官员们商议之后,雨果·索南夏因做出了一个至关重要的决定。1994年秋,杰弗里·斯通召集了两个由资深教员组成的委员会以探讨研究生和本科生教育的未来。[46] 1996年年初,两个委员会经深思熟虑后均发布了报告以解决关键问题,包括潜在申请人数量、足够的设施,以及教员的教学责任。

表2 每位教员的慈善捐赠:六十年来捐赠支出加赠予的实际变化

| 过去六十年中,同业机构中每位教员的慈善捐助(既包括当前捐款也包括捐赠和产生的支出中所积累的赠予)已经增至三倍,而芝大则仍然持平。 | | | |
| --- | --- | --- | --- |
| | 六十年前<br>(1993美元) | 当前<br>(1993美元) | 六十年来的实际变化(%) |
| 捐赠支出加赠予总计对照组* | 50132000 | 267992000 | 435 |
| 芝加哥大学 | 69659000 | 138335000 | 99 |
| 每位教员的捐赠支出加赠予对照组* | 61908 | 180593 | 192 |
| 芝加哥大学 | 101395 | 97282 | 4 |

来源:劳伦斯·J.菲尔恩斯塔尔,"芝大经济历史回顾",1996年8月21日,第13页,本科生院档案馆。
*哈佛大学、普林斯顿大学、耶鲁大学、斯坦福大学、哥伦比亚大学、麻省理工学院、康奈尔大学和宾夕法尼亚大学的平均值

然而,本科委员会在本科生院未来的规模这个问题上无法找到共识;相反,委员们讨论了如果扩大招生则不得不考虑的问题,却又没有明确地对这样的增长表示支持。[47] 缺乏共识就意味着将由校长和董事会来最终决定扩招的规模和时间表。

索南夏因自1994年开始就一直在与董事会讨论芝大未来的人口问题。1996年春,他提出在十年之内让本科生院的学生数量增加一千人,假定能够将招生范围扩大以招入更多有才华的学生。他于4月30日向芝大教员们发出了一封正式信函,称芝大有"辉煌的过去",这是学校"恪守关于观念和知识社区的承诺"带来的,如果不对研究实施、图书馆、教室、薪水和财政补助进行改善,这种辉煌将难以延续。[48] 他写道,一种"无法用学费抵偿薪金,也无法令捐赠强劲增长"的财政结构是"无法长期持续下去的"。

但是眼前要做的工作并不仅仅是增加收入,还包括扩大通识教育的

规模并提高其质量,这种社会使命完全值得芝大投入自身资源,也符合芝大的历史传统。索南夏因称,从来没有哪个时代比今天这个"知识和技术处于动态变化"的时代更需要芝大提供的这种教育。对于"一个缺乏希望、可敬的领导和勤于思考的公民的世界,以及一个到处充斥着偏见、恐惧和舆论操控的世界",接受过广博教育的男性和女性是至关重要的。芝加哥大学在批判性思维的教育以及用心培植价值观、课程创新、跨学科性和精心设计"核心"课程方面拥有良好的声誉,因此有责任向更广泛的大众传播芝大必须提供的"意义深远的价值理念",这样的事业须从接触最有潜质的学生,说服他们申请芝大并被录取做起。首先要做的就是改变对大学生的看法,认识到"学生生活不能仅仅由课业组成",学生们"会走上不同的职业道路","当他们决定不作教授,而选择当银行家或者电影制片人时,不可以轻视他们作为学习者的抱负"。推而广之,需要建立一个"在毕业前和毕业后都能够"兼顾学生的目标和知识兴趣的课程体系,还需要投资于新宿舍、餐饮服务、非学术项目以及娱乐设施以完善学生社区。索南夏因在信的末尾提出了一个挑战:虽然这个行动的过程"不无风险",更大的风险却是"不保持卓越带来的。如果要继续信仰令芝加哥大学独一无二的价值观,就必须付诸行动来为这些价值观提供必要的支持"。尽管索南夏因援引了不利的财政趋势作为扩张的主要原因之一,他同时也强调,一个规模更大的本科生院会拥有更多的申请和录取记录并提供更强大的学生生活功能,这对加强芝大的总体文化福利而言也有好处。格雷的领导团队早先曾预判 3400 名学生是现有的设施和教学资源所能承受的最大数量,做出跨越 3400 人这个门槛的决定意味着芝大愿意对设施和人员进行新的、更大笔的投资。

  教员们对这封信的反应不一,甚至产生了纷争。一群资深教员呼吁建立一个"一年期调研委员会"来对校长的这些提议的合理性和影响力进行为期一年的调查。该委员会全部由知名学者和受人尊敬的教师组成,他们中的一些人认为,索南夏因的计划威胁到了芝大的特性和文化平衡,不仅仅因为它提出要让本科生人数相对于研究生人数大幅增加,还因为这样的计划是在芝大几乎没有能力再扩充已然十分庞大的艺术与科学师资队伍的情况下做出的;这两个原因加在一起似乎暗示着现有的教员将更多地承担本科生教学任务。鉴于芝大的申请人数和相对较低的录取接受率，委员会的其他成员则不相信芝大的录取范围能够支持如此大规模的扩招。如果芝大开始招收不合格的学生，那么该计划无疑会给本科生院带来一场灾难。

这个委员会运作起来就像某种非正式的大陪审团，它对索南夏因计划的方方面面都进行了检查，包括与他们请教过的三名历史学家召开一场非凡的会议，希望借助芝大久远的历史找到对当前问题的启发并获得可能的结论。很明显，这几位历史学家对自己被卷入一场校长和一个持有异议的教师派系之间的党派之争非常警觉，尼尔·哈里斯和巴里·卡尔提醒委员会，芝大的历史是十分复杂的。正如哈里斯所言："芝大的过去为它的现在呈献了一系列充满争议的遗赠；这所机构中的人们生活在神话里，一经严格的检验这些神话通常就会崩塌。教师队伍中有许多人对芝大的历史有一种不够全面且似是而非的感觉，这样的感觉会让他们将对未来的憧憬与一个有关过去延续下来的传统的未经证实的观念进行对比，从而在需要做出改变的时候造成干扰。"卡尔补充说："芝大的历史上，在各位校长的鼓动下，个体教员之间就芝大应该是一个怎样的机构进行过连绵不绝的争论。"[49]

委员会所做的报告和讨论充满引人注目的话题，一方面反映出对芝大使命的坚定信念，另一方面未能充分认识到索南夏因及其团队识别出的潜在财务危机。最后，委员会于1998年1月向评议会递交了一份精心准备的报告，提出了一系列劝诫性的疑虑，但实际上并没有反对扩招。[50]委员会的报告回顾了20世纪20年代中期发生的一些相似争论，当时欧内斯特·伯顿首先提出建立一个全住宿性质的大学。伯顿最后平息了非议，索南夏因也同样赢得了这场战争，但是和伯顿一样，"经历了重重阻挠"[51]。1996年与1925年相比不同之处在于，索南夏因、斯通和菲尔恩斯塔尔公开透露了芝大的长期财政和发展趋势，如果放任不管，这种趋势会从根本上削弱芝大；伯顿则是在一个财政充裕的时期提出自己的干预措施的。

本书作者于1992年被格雷任命为本科生院院长。当教员之间、媒体上，以及校友们都在为本科生的规模争论不休时，在本书作者的领导下，本科生院也开始着手对"核心"课程进行一番系统的评估。1995年，社会学家理查德·陶布开展了一项大规模调查，目的是了解学生对本科生院生活质量的意见，这是此次课程评估的重头戏。调查发现，对许多"核心"选修课的教学质量感到不满的学生不在少数，对数学和自然科学课程有意见的更多。本科生院领导们的第二个问题是，1984年的改革尽管在建立一个更加一致的课程体系方面发挥了举足轻重的作用，它所建立的"核心"课程却过于庞大，许多通识教育的选修课程不得不安排在大三甚至大四进行学习。这种模式与20世纪30年代"核心"课程最初设计者们的想法背道而驰，他们认为通识教育应该最先进行，不能放在后面，因为它能让更为年轻的学生学会完成大学高级阶段的学业所需要的方法和学习技能，并使他们在进入某一特定专业的学习之前先广泛接触各领域的知识。将部分"核心"课程挪到本科生院高年级的做法使得学生们实际上无法在大三的时候出国留学了，因为许多大三学生不得不将这一整年花在学习他们在前两年无法完成或者耽搁了的一些通识教育选修课程上。

最后，20世纪90年代中期的争论反映了教员内部在"核心"课程与其他本科专业课程重要性对比上的紧张关系。伯纳德·西尔贝曼于20世纪70年代末所指出的代际变化在随后的几十年中变得更为严重了。1990年，担任教学委员会主席的韦恩·C. 布斯抱怨"在所有艺术与科学的学生中……有超过半数的人是本科生，但是教员们在本科生院教学上花费的时间和精力远远低于一半"，因此学校只能靠"奉献精神和日渐衰弱的忠诚传统"维持师资配置。[52] 两位十分受人尊敬的英语教师曾于1996年写信给本科生院院长，呼吁精简"核心"课程，并降低要求，给学生们留出更多的余地来选择自己的学习科目。这些举措会建立"更强的专业……教员会给学生更多的建议，学生和教员之间会建立更多的课外联系"，"本科生的课程形式将更加多样化，有大型讲座，也有可以近距离接触的初级和高级研讨会"，"研究生的奖学金将大幅提高，同时得到更多机会走上讲台"[53]。所有四个学部中有许多其他教员都默默支持他们的观点。教员们关于"核心"课程规模的意见可谓五花八门，一些年龄较长的教员，尤其是那些对哈钦斯本科生院时代感情很深的人，更倾向于建立大规模"核心"课程，然而许多年轻教员则不以为意，他们认为"核心"课程是对本科生教育的实际控制。

1997年秋,在经过几十位教员一系列激烈且富争议的辩论之后,一份计划应运而生:"核心"课程的规模将会缩减,有几门课将会被剔除(根据学生达到外语要求的情况,从21门课缩减至18门甚或15门课),用两学季的"核心"课程来取代生物科学、人文科学、文明研究和物理科学为期一年的选修课,时任物理科学学院学部负责人的西德尼·纳格尔将该"核心"课程称为"双学季制"。该计划的目的是让大多数学生在前两年完成"核心"课程的要求,同时增加自由选修课的数量,让大三和大四的学生以更大的自由度来参与各系和一些专业学院中由普通教员讲授的高级课程。一些系想要挑选出更多的课程加入到自己的专业中,但都被这个计划拒绝了,计划制定者声称各专业的现有规模将不再改变,以便增加选修课的数量。通识教育现在不再是一个由"核心"课程主导的课程体系,它构成了学生课程计划的三分之一,与1931年的"新计划"课程所要求的"核心"课程比例相似。设计这种"双学季"模式的目的是进行更多的实验并开发更多的新选择,以解决西尔贝曼在二十五年前提及的课程僵化问题。这种提议无异于一场冒险,让数量略微减少却更加专注、更加系统的通识教育课程继续为昌西·布歇于20世纪30年代首先赋予"核心"课程的初始功能服务,即招收更热衷于学术研究的学生,并让他们接受集中的、整体性的学术教育,进而让他们在大学的前两年中了解芝大更广泛的学术价值观。这样做的根本目的是拯救"核心"课程,让其规模恢复到接近于20世纪30年代的最初水平,同时对知识驱动和学术运动保持开放姿态。鉴于芝大的四学期制运作方式与其他顶尖院校的学期制度大体相当,该计划的支持者们相信,这不会对"学术强度"造成净损失。的确,新课程将允许学生将少数一些高级或研究生水平的课程当作自由选修课来选修,从这个意义上来说,该计划产生的结果对本科生院出名的学术严谨性而言甚至是一种促进。

1998年3月10日,在学院委员会召开的一场引人注目的会议上,该计划以24票比8票得以通过。新课程于1999年秋开始实施,在校学生1999年3月前可选择按照旧"核心"课程(1985)或新"核心"课程(1999)来完成自己的学业。大约95%的学生立即选择加入新课程。1998

年3月的投票合法有效，但这一结果却引起了一些资深教员的不满，他们坚信中央领导层在某种程度上以建立一种轻松的芝大经历的名义操纵了这场变革，因为这样做能够让招生办公室招揽到更多想在本科生院中轻松混日子的申请者。调整本科生院学生的规模和"核心"课程的规模与结构这两件事或许都难以避免地成为批评家们的批评对象，他们认为本科生院的现在和未来似乎抹杀了其辉煌而神圣的过去。由于渐渐被人们淡忘的哈钦斯（此时已经远离校园许久，即便是那些不怎么喜欢本科生的人们也不再信奉他了）身上的光环以及"核心"课程的传统，与其他大学相比，芝大似乎更加依赖于一种共享文化遗产的观念。那些喜欢一个头重脚轻的博士化大学的批评者，以及那些担心芝大会为了解决资金问题而招收错误本科生的人，为他们共同的忧虑找到了共同的原因。年轻教员对一成不变的标准课程表现出的不耐烦，许多人想削减"核心"课程要求而提出的诉求，以及可选择的新专业（如性别与性研究）的出现，似乎加剧了旧传统所面临的威胁。与此同时，也可以将本科生院的扩张视作其全面顺应时代精神的一种表现：校园里成群结队的年轻人既没有能力扮演研究院系准学者的角色，又想要挑战指引他们解读经典的教授们的权威。索南夏因后来警告过"恐惧、偏见和公众舆论操纵"的危险，但是在1996年的时候这样的恐惧已经开始显现了，或许这就解释了为什么有些教员觉得自己一直珍视的世界即将分崩离析，从而反应过激、出言不逊。公平地说，对于真正关心本科生院的批评者而言，芝大能够在如此短的时间内突然扩大其申请者的范围这种假设似乎是极其危险的。

不过，人们最初关于两种改革计划的争议似乎在1998年春天过后就消退了。"一年期调研委员会"在1998年3月向评议会作了最后一次报告之后结束了其使命，一周之后，本科生院委员会批准了新"核心"课程。[54]芝大人似乎有希望回到一种貌似分散管理的常态之中，四处寻找新的教员人选，计划引进更多的杰出著作和召开更多的研究会议，在其各个院系中聚集地方政治的竞争与合作，与多数美国研究型大学无异。但是在同年晚些时候的12月下旬，一起事件的发生再次引起了人们的广泛忧虑。芝大一位负责公共关系的新任副校长阿尔·钱伯斯于11月联系了

《纽约时报》，询问是否可以登载一篇文章来反映近来校园里发生的变化。《时报》的国民教育记者伊桑·布朗纳很感兴趣，决定采写一篇与此相关的文章。[55] 布朗纳的报道是根据对几位行政管理人员和教员的采访写成的，精确地描绘了芝大正在发生的各种变化，然而布朗纳笔下的这些变化却让人误以为芝大已经穷途末路，在为生计发愁。[56] 其中引用了新任招生处主任迈克尔·本克的话："如果我们追随那些只寻求精神生活的人，我不知道我们能够吸引多少学生。孩子们怀疑他们在这里是否能够过上一种不那么单调的生活。我的工作就是告诉他们这里不是一座寺庙。"校园里无论是私人还是公开谈话中早就充斥着本克所说的这样的言论了，早先的招生人员和教导主任办公室的员工们几十年来一直在说同样的话。但是这样的言论出现在《纽约时报》的头版却很容易让人断章取义地认为芝大打算降低本科生院的严谨性，变成一个更加亲民的选择，这样一个更大规模的学院还会削弱芝大整体的学术氛围和标准。一个副标题甚至声称芝大将"为同时也是消费者的学生们调整课程设置"。

这篇文章很快就演变成了一场公共关系的灾难，引发了规模不大却颇有组织的非议，招致人们抨击本科生院的课程改革以及芝大扩大本科生规模的计划。由全国学者协会发表在《华尔街日报》上的一篇缺乏认知而又冗长的文章声称，芝大已经废弃了其一贯呵护的"西方文明史"课程，因为该课程是一场涉及女权主义和性别研究的"赶时髦的噱头"，近来的改革说明"管理层的所作所为已经大大超出了默许的范畴，在过去的数十年中，他们急不可耐地招募了一些左翼名人学者，如玛莎·努斯鲍姆、霍米·巴巴和凯瑟琳·麦金农"[57]。两位杰出的院系领导，历史系的伊丽莎白·赫尔辛格和凯思琳·康泽恩，以一封有礼有节的信件回应了质疑，援引了课程革新的必要性，声称这样的改革对于任何高等教育机构而言不仅是必需的，而且也是健康的，并且称近来的课程修订恰恰印证了芝大"强烈的知性主义及对自身教育积极有力的重新构想"。另一封信件的起草人是匿名的，但是上面有十位知名保守派知识分子的签名，包括沃尔特·伯恩斯、塞斯·伯纳德特和格特鲁德·希梅尔法布，信中警告各位董事说"为了吸引缺乏学术能力的学生而更改课程会威胁到一所伟大的大学的道德核心。以营销的手段做出学术决策本身就是一种缺乏理智的犯罪"。该信函还援引了罗伯特·梅纳德·哈钦斯的警示——伟大的大学不应为了追逐金钱而丢掉自己的灵魂。[58]

这样的干预措施从逻辑上看变得愈加讽刺了,因为正是哈钦斯对待大学财政的傲慢态度导致了芝大后来的历任校长不得不面对许多长期财务问题。后果是,这些措施很快便引起了直言不讳的校友们的一系列谴责、谣传,以及莫须有的指控,他们抗议本科生院公然降低门槛,芝大出于财政目的进行赤裸裸的剥削。一些资深教员感到当下的新闻媒体在宣传芝大令人尴尬的负面形象,他们想要对此做出回应,同时也感到近来的事件恰好可以阻止本科生院扩张,于是便于1999年2月给董事会写了一封抗议信,称"当前管理层所制订的计划是为了改变芝大的形象和实质,但这些计划正在疏远教员、学生和校友这些人。芝加哥大学正在丢弃其与众不同的学术价值观,这样的观点正在全国乃至全世界的大学中传播"。教务长杰弗里·斯通在回信中进行了逐条反驳,称这些教员的信充满了"严重的误述以及真假参半的言论,与芝大的论述标准相去甚远"[59]。

为了应对谣言和恐慌的肆意传播,本科生院将院长所著的三篇关于芝大历史的专题论文合为一体,命名为《关于延续和改革的三个观点》,并于1999年3月邮寄到了数千名校友的家中。这本书解释说明芝大的课程改革和为了扩大本科生院规模所做的工作与芝大历史上先前的政策制定和学术传统并不矛盾,这两项决策并不是为了否定芝大的传统,而是为了巩固传统。但是,即使是院长用特快专递邮寄的平装书,还是比不上通过网络邮件的方式传播的流言蜚语。[60]已成为热点的课程问题以迅雷不及掩耳之势出现,这种情况在芝大课程斗争的历史上前所未有,之前的抗争都是悄然进行的,并没有顾及当时校友们甚至学生主体的意见。索南夏因和其他行政领导被指控"要砍掉'核心'课程",然而事实上,中央管理层中没有人主导1998年3月关于"核心"课程未来的最终决策,这些决策经过1996年到1998年本科生院教员数十次剑拔弩张的政治讨论才得以生效。[61]

最终,董事会宣布继续进行本科生院扩张,这场争论就此落下帷幕。如果芝大认为学生和校友们的误解会很快消散,所引发的抗议也是短期问题,那么就必须认真对待资深教员们的不悦了。与此同时,董事会深信，如果不对本科生院的规模和构成进行一番彻底改革，芝大将面临严重后果。这些改革措施提出的背景是在 20 世纪 90 年代末期芝加哥城经济高速发展、海德公园的房地产市场欣欣向荣的时期，这也让董事会自信地认为此时的芝大是在与市场和这个城市合作，而不是在唱反调，他们还相信在市长理查德·M. 戴利的领导下，这个城市光明的前途让芝加哥大学有可能成为这个国家的一个有竞争力的"优选学校"，无论是政治还是文化。整个事件充斥着校友们的歇斯底里，资深教员们的不悦和担忧，以及人身攻击的言论，这些都反映出在研究型大学推行专业结构性改革情况十分复杂，甚至是像芝大这样始终对创新持开放态度而引以为傲的学校也是如此，因为人们对大学性质最基本的认同都已经岌岌可危。

外界的评论者们对这些争议的评价却大不相同。加州大学伯克利分校的大卫·科普或许算是最精明的评论者了，他于 2001 年 4 月写道，索南夏因强调芝大迫切需要财务活力的做法必然会引起教员们的恐慌，尤其是那些久居芝大的教员，那些与 20 世纪 60 年代以后芝大博士项目高高在上或是天然继承了罗伯特·梅纳德·哈钦斯价值观的（在历史上并不和谐的）形象密切相关的教员，以及那些担心毫不掩饰地公开追求财务偿付能力会损害这个机构学术文化的教员。科普清醒地预测，只有时间才能告诉人们历史最终会青睐哪一种观点。[62]

最终，索南夏因的决定证明了决策者的明智，对于本科生院及其申请者人群品质会降低的担忧是毫无根据的。事实恰恰相反：申请者和被录取者人群的知识储备和学术质量都随着申请本科生院的学生数量大幅上涨而增加了。但是许多年后，随着此项工作的逐步推进，大多数人才接受了芝大并未放弃自身卓越的学术研究特质而变得"随波逐流"这一事实。[63] 对于像一些伟大的私立大学那样的复杂机构而言，这种重新调整并非易事，因为它们都是由有着终身教职、珍惜现状而不愿意面对快速创新的教员所把持的。如果说有人应该为这一切受到"责备"或"赞扬"，那么这个人应该是劳伦斯·金普顿，因为他比任何人都理解（也在许多场合公开谈到过），芝加哥大学需要一个庞大而繁荣的本科学院来维持其长久的财政稳定。

索南夏因时代芝大资金募集和校友关系也得到了显著改善。1993 年索南夏因上任时，芝大百年校庆运动计划筹集的5亿美元目标完成了约2.9亿美元。索南夏因和斯通都是非常重视筹款的领导者，力图为芝大的发展运营注入更多活力。[64]为提高院系领导参与度，他们规定筹集捐赠超出25万美元的部分可以归个人所有。[65]在1995年2月的一场辩论中，董事们纷纷表达了自身有责任有义务参加募集，并对之前错失良机表示遗憾，他们一反起初的犹豫，通过投票决定将筹款运动的目标提高到6.5亿美元。至1996年年中时，筹款运动已经募集到了6.76亿美元。

雨果·索南夏因曾试图强迫教员们直面令人不悦的现实，也曾试图发动根本性的变革，这种直截了当的做法引起了争议。但他与格雷的行政管理方式一致，都是基于相同的基本战略目标和任务导向型价值观。正如金普顿-列维时期必须被视为同一个历史阶段一样，格雷-索南夏因时期同样构成了芝大重大转型和巩固的一个不可分割的历史阶段。每位校长的领导风格都不尽相同。格雷从来未曾忽视过那些财政极度困难的危急时刻，但是在她的领导下关于筹措新资金、扩大招生、控制成本，以及为新支出做规划的讨论更加深入和细致。作为一个领导者，她努力应对着各种复杂的决策，并且小心翼翼地评估着哪些做法是否可行。在校长任期快要结束之时，她也同样必须考虑是否需要进行更加根本的结构性的改革以加强芝大的预算基础，使学校的基础设施翻新和更换成为可能。索南夏因是芝大的新人，一种观念深深地影响了他，即他的使命是领导一个从20世纪40年代后期开始便一直处于竞争弱势的伟大机构。一些批评人士认为，索南夏因的议程只跟预算有关，他只关心财政方面的问题，但是这种分析过于简单粗暴，也有失公允。更准确地说，正是因为索南夏因是一个局外人，他才发现自己不得不面对一大堆财政、投资和发展方面的问题，这些问题自哈钦斯执政末期便困扰着芝大，如今又合起来对芝大造成了极其不利的影响，使其在面对竞争对手时劣势尽显。面对这场自己深以为然的真正危机，索南夏因不得不以实际行动来维护芝大一贯珍视的特殊学术使命和知性主义价值观。他经常鼓励董事和教员们思考自己应该怎样做才能确保芝大的第二个百年历史与第一个同样值得铭记。在其校长任期即将结束时，索南夏因对董事会说："当他被任命为芝加哥大学校长的消息公布时，普林斯顿的一位同事劝他不要改变芝加哥大学。但他在芝大任职期间,最大的矛盾就在于,为了保护、增强学校的实力,改变是必要的。如果我们能够坚持到底,芝大不仅能继续成为全国最具学术深度的大学,还能吸引那些愿意在这个无与伦比的环境中接受全面教育的学生。"[66]

两位校长在其任期内都很有革命性。在执政结束之时,汉娜·格雷为本科生院增加的学生数量(2600人增至3400人)几乎和雨果·索南夏因在1996年计划增加的(3500人增至4500人)一样多。格雷同时也开始着力削减不必要的行政开支并改善筹资和发展,而这些同样也是索南夏因的目标。两位领导人都试图让芝大校园成为更有吸引力、更宜居的场所;他们对任命新教员都有着极高的标准,相信芝大的荣光归根结底靠的是资深教员学术方面的建树;他们都是芝大学术自由传统的坚定捍卫者,并且都极其关注改善学生的在校福利和体验。就此而论,格雷的战略干预以适合于20世纪70年代和80年代的方式为20世纪90年代晚期和21世纪初期更加激进的改革奠定了基础。金普顿曾希望通过专断命令和神圣旨意的方式令本科生院学生规模达到5000人,但显然没能奏效。对于索南夏因而言,如果没有1978年至1993年间格雷所做的卓有成效的工作,他也不可能在1996年成功地发起扩张本科生院的运动。尽管他在1996年的改革仍被许多怀疑者斥为过激,但因为有了格雷之前的工作,这些改革已经比1977年的改革有了更多成功的可能。

也许最为重要的是,格雷和索南夏因针对本科生院发起的这些变革和下文所述的专业学院的日渐崛起一同使得芝大有可能加入其他顶级私立大学的行列,这些学校都在为未来的发展积蓄财政力量,尽管20世纪70年代和80年代联邦资助在缓慢减少,紧接着,在20世纪90年代和21世纪头十年,各州为公立大学划拨的经费也大幅缩水。[67]以博士项目为重的美国研究型大学在20世纪50年代和60年代获得了联邦与州资助和私立基金会的大笔赠予,但这些学校在20世纪80年代以后变得愈发难以为继了。但是由于开始采用高学费增长/按需资助的模式、接纳可观的私人慈善捐赠,以及接受联邦政府对生物、物理数学和计算机科学与工程学科源源不断的资助,精英私立大学重新调整了早先的模式并继续保持其优越地位。⁶⁸ 这些学校广开财源，本科学院和专业学院以及校友捐赠的非限定用途收入陡然增长，这些资金帮助学校实现了目标，甚至进一步激发了其雄心壮志。但是在 2000 年之后，随着美国家庭收入中位数增长的放缓，有关运营费用和学生债务成本的公众舆论的转变，以及各州对公立大学资助力度的大幅减弱，许多机构很难再维持对博士研究项目以及 1940 年前教学机构早期实践的高期许了。⁶⁹ 罗杰·盖革最近指出："当今时代的显著特征之一便是美国高等教育中精挑细选的部门与其余部门之间的日益分化。"⁷⁰ 倘若芝大未曾实施格雷和索南夏因在 20 世纪 80 年代和 90 年代发起的人口变革，也没有获得长期的慈善成果，而本科生院在 2000 年之后也从未成长为大多数学生的首选院校，芝大拥有顶尖学术的声誉以及作为受到大多数合格本科生乃至博士生青睐之学府的声誉必将遭到严重破坏。

## 2000 年之后领导阶层与学生生活的转变

1999 年 6 月初，雨果·索南夏因宣布他计划于 2000 年年中辞去校长一职。当时，一小部分敢于直言不讳的教员积极地表达了他们对索南夏因所制定的政策方向的不满，但是多数教员意识到，除了继续推进这些计划之外，芝大并没有其他可行的选择，尽管这些计划不一定能取得成功。1999 年 12 月，董事会选举唐·迈克尔·兰德尔为芝大第 12 任校长。兰德尔是康奈尔大学的一位著名的资深音乐理论家，他在康大担任艺术与科学学院院长和教务长期间政绩斐然。兰德尔的校长任期一直到 2006 年 7 月，而后他离开芝大，担任了安德鲁·W. 梅隆基金会主席。兰德尔在任期间所做的工作可圈可点，他大力支持校园里的艺术活动，加强与芝加哥市民和商业领袖间的有效沟通，投资完善学校的重要设施，并发起了一个新的 20 亿美元的资本运动。兰德尔沉稳的推进、明智的判断和冷静的处事使芝大校园的政治风气焕然一新。在他本人的演讲和文章中，兰德尔也有力地证明了人文学科的重要性，尤其当教育系统日渐成为公众批判的主题时。

索南夏因的管理层曾经于 1996 年预测，本科生院的学生人数将会在十年间从大约 3500 人增加到 4500 人。在 2000 年年中索南夏因任期结束之时，本科生的数量已经增加到约 4000 人。在接下来的几年里，本科生院的院长与教务长理查德·萨勒、托马斯·罗森鲍姆、埃里克·艾萨克斯、丹尼尔·狄尔梅尔以及校长唐·兰德尔和罗伯特·齐默一起合作，决定进一步推动索南夏因的计划，持续且稳步扩大招生规模。到了 2013 年秋的学季，芝大的本科生院已经拥有 5700 名全日制本科生，比 1992 年的规模增加了近 63%，到 2020 年，学生人数已达 7000 余名，这一数字也是目前芝大本科生的稳定规模。

该战略的实施有以下四个方面的原因。首先，本科生院认为，劳伦斯·金普顿计划将本科生规模扩大到 5000 到 6000 人是正确的决定，因为这样就能使芝大与广义常春藤盟校中与其激烈争夺艺术与科学学科最杰出学者和学生的那些院校并驾齐驱了。例如，2021 年，哥伦比亚大学拥有 8148 名本科生，哈佛大学为 7153 名，斯坦福大学为 7645 名，耶鲁大学为 6536 名。唯其如此，芝大才能拥有必要的资源来维持一个庞大而杰出的艺术与科学教师队伍——格林斯通的报告和许多其他评论家强调这是芝大的特色。耶鲁大学就是一个典范。作为威廉·雷尼·哈珀和罗伯特·M. 哈钦斯的母校以及汉娜·H. 格雷来芝大之前工作过的学校，耶鲁似乎在一个拥有严谨学术传统的杰出研究型大学之中建立了一个卓越的中等规模人文科学学院尤为引人注目的学生比例模板。

推进这一战略的第二个原因是，芝大希望 7000 多名在校生能够创建一个更有活力、更具能动性的学生生活，即包括学生社团、组织、事业、行动，甚至可以包括偶尔的抗议活动，因为这样做有助于芝大为具有学术天赋的年轻学生们建立一种更具吸引力的外界社会文化，并纠正学院学生在一个研究生居多的学校里产生的被边缘化的感觉。1997 年年末由杰弗里·S. 斯洛伐克进行的一项关于本科生院学生减少问题的深入研究强调，学校组织活动的密度十分重要，学生的参与度决定了他们是否会留下来，报告称：

> 在过去将近十五年的时间里，本科生院的规模大约增长了三分之一。许多观察人士认为，这种增长有助于建立一个数量庞大的学生群体，这些学生十分乐于参加课外活动，并通过这样的参与在芝大建立

> 了一个资金更为雄厚、更有大学气息的本科生院。在未来十年里，预计本科生院的规模将再增长三分之一……届时我们会想方设法去进一步鼓励发展和细化学生的有组织活动。[71]

事实证明，斯洛伐克的报告对 2000 年后提出的要为学生生活问题制定策略产生了很大影响。

第三，人数更多的本科生群体有利于促进许多领域的工作，包括资助博士教育（下文所述的"研究生资助计划"）、新教学项目、新的就业指导项目，以及新校舍方面停滞已久的改革。全面改善校舍条件，包括在校园里建设新的、有吸引力的住宅设施，以及弃用老化的、不符合标准的校外宿舍楼在内，所需要的学生数量比原先计划的 4500 名学生多得多。最后，从政治角度来看，我们不能仅仅把努力的目标设定为 4500 名学生，这样做似乎认为芝大最多只能达到这个目标，而事实上芝大前面的那些竞争者都轻而易举地维持着规模庞大得多的本科学院。缓慢达成 4500 人的目标而后停滞不前就如同巴顿的军队在诺曼底取得了"阿夫朗什大捷"[iii]之后在去巴黎的路途中半途而废一样。目标应该是抵达巴黎。

要达到招生 7000 人的目标，就要在扩大申请者范围的同时向教员们保证学生的质量不断提升，不会下降。先前许多对于更大规模本科生群体的疑虑主要都是在担心芝大会陷入一个不利的境地，即只有少数"自己选择的"学生想来芝大上学。这种假设是有误导性的，因为在来到海德公园之后，这些"自己选择的"学生的退学率相当之高，但这仍对许多教员产生了有力的影响。

为了解决这些问题，本科生院推出了一系列干预措施。首先，麻省理工学院招生办主任迈克尔·本克先生于 1997 年被任命为芝大负责本科生院招生的副校长。本克有能力打破自 20 世纪 50 年代起困扰本科生院的高录取、低产出的恶性循环，并逐渐瓦解人们的这种观念，即"自己选择"就意味着申请者数量的减少。本克直言不讳地说，芝大已成为许

---

iii "二战"末期美国将军乔治·巴顿在诺曼底战役期间于法国的阿夫朗什痛击德国军团，扭转了战争局势。

多学生的备选学校:"近些年来,本科生院的录取比例一直在60%到70%之间,而许多录取的学生只是把本科生院当作自己的第三或第四选择。这些学生对芝大的重视程度不会跟教员们所指的那些'自己选择'芝大的学生一样。反过来,他们也是本科生院学生流失率相对较高的原因之一。"[72] 本克使本科生院的申请者数量从5522人提高到了12397人,录取率从61%降至28%。毕业率则从30%增加到38%。2009年本克退休后,伦勒斯理工学院和耶鲁大学的詹姆斯·南多夫被任命为招生办副主任。南多夫采取一系列富有想象力的交际策略极大地重振了芝大的录取工作。其策略重点关注了本科生院的大型新投资项目,包括设立奥德赛奖学金,改善学生生活条件,更新核心课程和提升新的选修机会,奥德赛奖学金设立于2007年,启动资金为1亿美元,由一位化名"荷马"的匿名捐助人发起,为学校提供了新的财政援助。至2012年秋,全国成绩合格的学生对芝大表示兴趣的比例大幅度提升。结果是不仅咨询和申请的人数出现惊人上涨,如2013年得申请超过30000份,被录取学生的毕业率也有了大幅提升(2014年为60%),按照美国大学入学考试(SAT)成绩来衡量,入学的新生的学术质量也有显著进步(见图2和图3)。在随后的几年间,芝大本科生毕业率进一步提升(2022年达85%),也为农村地区和来自不发达社区的学生提供外展项目。芝大本科生的六年毕业率从2000年的88%升至2020年的96%。

随着时间推移,芝大逐渐变为学生首选学校,这种趋势也使得学生保持率大为改观:1994年本科生院的一年级新生保持率为90%,到了2012年,这一比率已增长到接近99%。

20世纪90年代中期,本科生院也采取了一系列新的干预措施以解决校园风气和学生生活问题。1996年5月,一个由苏珊·基德维尔领导的教员委员会呼吁人们关注那些使本科生院学生无法获得良好归属感与个人成功的问题。[73] 基德维尔的报告引用了理查德·陶布早期开展的关于校园生活质量的调查,调查发现高达35%的在校学生曾在某个时刻认真地考虑过离开本科生院;除此以外,报告还引用了许多对在校学生和员工的深度采访。基德维尔和陶布的报告强调了芝大在维护其学生文化显著的学术本质的同时,需要创建一个更能给予支持的、友好的校园环境。

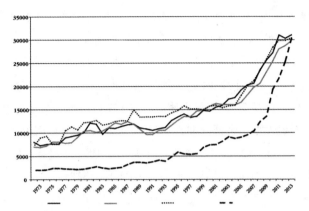

图 2　1972—2013 年间芝大与其他同类机构申请人数
（来源:芝加哥大学招生办公室）

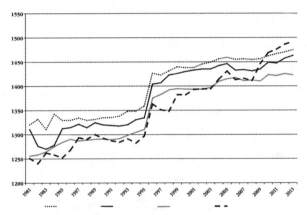

图 3　1981—2013 年芝大和同类机构的大学入学考试（SAT）平均分
（来源:芝加哥大学招生办公室）

这样的想法不是要改变或削弱学生文化，而是要用一系列更贴近学生的干预措施和制度来环绕并浸润它，以期未来芝大毕业生最突出的特点就是名副其实的知性、对芝大和其社区的热爱，以及在校期间和离校之后为自身或其同学的个人和职业成功努力拼搏的承诺。

为了达到这样的目的，芝大斥巨资兴建新设施，包括改造了一个雷诺兹俱乐部的学生中心，建设了一个以校友杰拉尔德·拉特纳命名的新的大型体育中心和游泳池。最重要的是，芝大制订了一个颠覆性的计划，以重塑校园的住宿生活，比如在中心建筑步行可达的范围内修建新的建筑和食堂。1998年至2019年间，学校新建了四栋宿舍楼，分别是位于雷根斯坦图书馆周围的帕莱夫斯基宿舍楼（可提供734个床位）、紧邻南校区波顿-贾德森会堂的蕾妮·格兰维尔·格罗斯曼宿舍楼（可提供806个床位）、北校区拥有828个床位的大型综合宿舍楼取代了55街和大学路上的皮尔斯宿舍楼，以及2020年投入使用的位于南校区伍德劳恩路和60街交叉口的伍德劳恩大型宿舍楼（拥有1276个床位）。第五栋宿舍楼正在筹划阶段，计划于2027—2028年开放使用。此外，1932年设计的国际楼原本为本科生和职业学校的学生提供住宿。2016年，这栋历史悠久的大楼也改造为拥有447个床位的宿舍楼。芝大为此投资了8000多万美元，用于2003年以来的修复和整修工作。这些新楼房不仅可当作宿舍使用，还可以成为学生们畅所欲言的场所，让他们在课堂之外尽情探讨历久以来一直令芝大学生着迷和思考的学术问题与争议。同时，这些设施的修建使芝大得以自2019年起满足两年的校内住宿需求，到2028年，第五栋宿舍楼投入使用之时，学校将可以满足三年的住宿需求。本科生院力图实现将至少75%的学生安置在校园中心或附近设计精良、设施完备的宿舍楼。这些住所将加强学生与校园本身的亲近感并加深学生们在芝大期间彼此的社会联系和友谊，同时促进校友社群间新的忠诚感和支持力度。这个决定也直接否定了芝大先前在校外收购老宅以安置学生的策略，因为如果那样做，大量的本科生院学生就不得不在学校与住所间往返奔波。从此之后，学生将可以步行上课或参加学生会议。学生拖着疲惫的身躯，搭乘喧闹的黄色摆渡车，往返于学校和校外住所之间，都将成为历史。

针对基德维尔的报告以及校友调查中显示的芝大就业指导工作不足的问题，从20世纪90年代后期开始，本科生院便专注于创建积极有效的职业规划和咨询项目，并为学生创造实习机会。在接下来的二十年中，芝大为美国本科生开发出了一套最有条理、最高瞻远瞩的职业规划项目，不仅仅大力资助梅特卡夫实习项目（2023年为芝大学生提供了超4500个带薪实习机会）及十三个就业指导项目，涵盖了医疗、商业、法律、教育、政策和社会影响、计算机、创业、工程、生物科学、行为科学、气候与能源、媒体、艺术、设计和游戏行业，而且发动校友和全芝大（包括专业学院）的教员来帮助学生们思考自己的职业目标并积极做好准备。

本着约翰·杜威的精神,"芝加哥职业生涯"计划还有一个重要功能,将具有不同知识经验但有共同职业兴趣的学生群体聚集在一起,让他们成为活跃的社会知识群体,提出新的参与形式,支持学生团体自愿联合。鉴于超过80%的在校学生加入了一个或多个此类团体,学生团体已成为芝大许多学生的一个平行而有效的自主学习环境(尽管不计学分)。

除了新的职业项目,本科生院的研究与奖学金中心也提供了一系列学生学术指导机会。该中心旨在帮助学生在竞争激烈的国家和国际奖学金竞赛中取得成功,同时也为学生们提供数百个与教师合作开展学术研究项目的机会。所有这些努力的共同之处在于,都围绕我们高水平学术项目开展,并服务于与之相关的战略目标,即构建专业扶持结构,帮助我们的学生从象牙塔成功过渡到学术界和职场。[74]

另一个重要创新是本科生院新的国际项目。出于财政方面的考量,芝大迟迟不肯承认留学项目在教育上的合法性,即便其他美国大学早在20世纪70年代和80年代就已经大举进军国际教育领域。许多教员认为芝加哥大学是西方世界最杰出的高等教育机构,如果有学生选择在大学四年期间离开海德公园,那他一定是疯了。从20世纪90年代中期开始,人文科学和社会科学的年轻教员所组成的一些主要群体就开始争论,强调在跨文化氛围中学习的内在价值的重要性。不出十年,本科生院就从没有国际项目发展到了在全世界的主要城市里拥有一大批丰富的教员讲授项目。道理很简单:数十年来,本科生院都是在夏季学期间以一种精读和全浸入式的方法来讲授其著名的"西方文明史"课程的。为什么不能将同样的方法应用在常规学年中呢?为什么不在一些有历史底蕴的欧洲主要城市里让三名普通教员用当地语言为25名学生讲授一门精读课,以这种方式来推广"西方文明史"课程呢?

该项目首先在巴塞罗那和图尔市进行了为期一学季的精读课实验,不久后扩展至雅典、巴黎、罗马和维也纳。学生和教员们发现新的课程很有吸引力,因此,这种模式很快就传播到了欧洲以外的一些地方,包括耶路撒冷、开罗、伊斯坦布尔、普纳、北京、中国香港和瓦哈卡。鉴于这种方式能够促进本科生院为更多学生提供高质量国际教育的机会,学校还制订计划,在巴黎建立一个新的永久的中心。在本科生院校友的大力资助下,位于第13大区中的"巴黎左岸"城市改造区、距离新的国家图书馆仅两个街区之遥的"巴黎中心"于2004年举行了开业仪式。该中心发展迅速，开设了一系列人文、社会科学和自然科学精读课程，到2020年时，每年大约有250名本科生院学生以及大约数十名博士生在巴黎学习，构成整个芝大中留学海外人数最多的一个群体。巴黎中心取得了成功，因此本科生院在2018年提议用一个更大的设施取代巴黎中心，并将巴黎中心重新规划为芝大的一个常规校区。新校区将拥有十间教室、一个专业会议中心、一个用于公共活动的大会议室、专用图书馆和计算机设备，以及大量的教师办公室和研究工作间。这不仅能扩大教学项目，还能创建一个国际研究中心，让芝加哥大学的教师与欧洲、非洲和中东地区的大学学者开展合作。后一个项目在常春藤名校中是独一无二的，这标志着芝加哥大学将以系统的方式与欧洲及其他地区的一流学者开展合作。董事会批准了这一建议，由让娜·甘设计的新大楼十分壮观，将于2024年夏天在巴黎投入使用。

本科生院新的国际化策略还包括提供大量直接留学金和研究奖学金，以支持芝大本科生在海外参与研究和外语培训；由于拥有这些优势，该项目成为招生办的一件法宝，因为芝大的招生办认为本科生院令人仰慕的教育项目既植根于传统，又能适应快速灵活的变化，而它们采取的方式恰恰能够吸引尊崇学术的高年级高中生。本科生院的目标是培养拥有普世价值的国际公民，在这样一个极度需要开明的民间领袖的社会，能够跨越不同政治体系和社会意识形态为全人类服务。而对于20世纪90年代末产生的"危机"，如果芝大没有缩短"核心"课程的时间，允许三年级学生出国留学，这些国际项目和中心就不会开展得如此顺利，甚至也许根本不可能实现。

最后，本科生规模的增长必然伴随着师资队伍的扩张。芝大授权聘用了22名新的终身教职助理教授，还有许多新的高级讲师和全职讲师，这些职位均由身为杰出教师的博士担当，2010—2020年，正规教职人员和终身教职人员人数从897人增至1102人，在人文科学、物理学和社会学等教学任务繁重的领域，教师人数分别从182人增至208人、从161人增至208人、从171人增至198人。[75] 20世纪70年代为期两年的哈珀研究员项目被拓展为四年,将近四十名博士后被任命为学院助理教授,薪资水平和全国范围内人文与社会科学初始阶段的终身教职教员大体相当。1999 年的这场变革在芝大人当中同样引起了争议,因为它给了"哈珀研究员"正式的教员身份。但是,这些新教授们超凡的研究能力、高质量的学术与教学工作以及自然而然与普通终身教职教员们一起参与研究生研讨项目使大多数批评都烟消云散了。最近,芝大将博士后导师和讲师的队伍转变与扩大为一个新的工会类别,即教学型教授,这些教授几乎完全根据教学资历聘用。教学型教授在通识教育课程和几个规模较大的专业课程中提供了非常有效的教学,这些专业课程为具有不同知识兴趣的学生提供服务。但这一发展也带来了挑战,因为教学型教授的存在可能会导致各系将更多的本科生专业教学任务交给非正式教师,从而无意中重现了哈钦斯学院 20 世纪 50 年代师资分离和不平等的局面。

至 2020 年,本科生院申请者的规模和学术实力均有了显著改善,芝大的名声对有志申请芝大的学生及其家人而言变得更有吸引力,学生对自己的教育和社会经历也更加满意,2019—2020 学年,芝加哥大学的本科生人数终于达到了更具竞争力的 7000 多人。随着时间的推移,这些趋势将芝加哥大学转变为学生的首选学校,并显著提高了学生的保留率和录取率:1990 年,学院的新生保留率为 89%,但到 2014 年已提高到 99%,这一比率一直保持至今。1992 年,学院的录取率为 31%,而到 2023 年,录取率已增至 89%,位居全美前列。这些结构性变化还导致学院在保护大学财务稳定方面的作用大幅提升,到 2023 年,每年的学费净收入将远远超过 3 亿美元。[76] 本科生院的吸引力同样也提升了芝大许多博士和职业项目的知名度,因为许多申请研究生学部和专业学院的高水平学生四年甚至五年之前就开始申请本科生院了,他们已成为严谨教育的主体。通过与职业学校和艺术与科学学院的合作,本科生院成为芝大主要的知识整合点。将全校的学者汇集成芝大的教师队伍,并向他们提出了共同的挑战,即培养数以千计的最年轻的学生,使他们在知识水平上脱颖而出,在人生和职业上取得成功。教师们逐渐认识到,芝大可以将智力严谨与强大的社会和文化支持系统结合起来:为学生制定的通识教育结构应该为更高年级的学生提供开放式的选择,没有强大社会支持的智力严谨不仅会损害本科生院,也会损害整个芝大;为学生提供接触公民世界的机会,让他们利用新获得的批判性技能为成功的职业生涯做好准备,是一所充满活力的人文学院的合法、核心特征。

## 研究生学习的进化

### "黄金时代"后的研究生学习

在1940年以前,芝大艺术和科学专业的本科学位数量超出研究生学位数量。1918年到1931年间,芝大共授予11088个学士学位、4409个硕士学位和1616个博士学位。[77] 这种模式贯穿了20世纪30年代:例如1933年至1934年,四个学部和本科生院共颁发了736个学士学位、399个硕士学位和221个博士学位。二十年后,这些比例几乎发生了逆转:1954年至1955年,芝大共授予324个学士学位、499个硕士学位和221个博士学位。这种逆转在一定程度上反映了第5章中讨论的本科生院招生人数大幅下降的问题,但它同时也反映出1945年之后研究生教育的绝对和相对扩张,其根源和原因有很多,有些是地方层面的,另外一些则是国家层面的。20世纪50年代,人们想当然地认为研究生能够在很大程度上资助自己的学习,因此可以成为一个净学费收入来源,鉴于此,劳伦斯·金普顿将研究生教育的扩张视为应对本科生规模减小的一种措施。[78]

芝大的这一策略与整个国家的趋势是一致的:1950年至1958年,12所顶尖研究型大学的博士生招生规模扩大了将近40%,这些学校授予的博士学位数量也增长了一倍多。在苏联发射人造卫星之后,随着联邦和私人提供的研究基金和奖学金的增加,20世纪60年代早期和中期成为研究生学习的黄金时代。[79] 美国每年颁发的博士学位数量从1950年的6000个增加到了1960年的10000个,到了1970年,更是增加到了30000个。[80] 20世纪70年代早期,芝加哥大学颁发的博士学位数量达到了历史顶峰,从1960年至1965年的年均258个增加到1970年至1975年的444个,而后回落到1980年至1985年的337个和1990年至1995年的349个。颁发博士学位数量最多的年份是1972年(477个),与1962年(261个)相比增长了83%。

与学位授予数量不同的是，芝大的招生从20世纪70年代开始呈下降趋势，四个研究生学部的申请和录取数量开始减少，1981年达到了一个低点：当年学部研究生学位候选人的数量比1968年下降了37%。[81] 即使经历了20世纪80年代早期的短期危机，对于20世纪60年代和70年代加入芝大的教员而言，研究生尤其是博士生项目的卓尔不凡仍是其最重要的特性，在20世纪70—90年代，艺术与科学研究生（硕士和博士）学位授予的总数量一直比本科学位多。进入新世纪以后，芝大人文和社会科学的注册研究生数量比其他任何私立大学都多。[82] 而在自然和数学科学领域，情况却恰恰相反，芝大的招生数量低于其他顶尖私立大学的中位数。[83]

　　传统上，与其同业竞争者相比，芝大没有太多资源为其博士生提供财政援助，尤其是在科学实验室培训项目之外。布拉德伯恩的委员会在1979年承认了这一点："较之于其他大学，很明显芝大在为研究生提供非限定用途大学资助的数量方面处于劣势。"[84] 贝克委员会1982年发现，"与其他大多数私立大学的研究生相比，芝大的研究生更多的是依靠个人和贷款资金来解决财务需求"[85]。财政援助方面的这种差距导致了两个趋势。首先，为了至少在一定程度上向一些博士生给予内部帮助，同时也作为一种必要手段来普遍提高大学收入，芝大继续督促各系录取大量没有资助或资助不足的学生。20世纪60年代，联邦政府和福特基金、伍德罗·威尔逊基金和丹佛斯基金等一些私人基金提供了新的外部助学金支持，但即使在那些年里，芝大的各个博士项目仍招收了大量没有资助的研究生。在20世纪70年代早期，当联邦补助金以及福特和其他基金会的私人赠予开始耗空之时，芝大的资金问题立即凸显了出来。[86] 政治科学系的阿里斯蒂德·佐尔伯格预计，到1982年时，芝大社会科学研究生中将有30%到40%的人在录取时将得不到资助："芝大将录取大批学识平庸的学生，因为这个机构需要他们的学费才能生存下去。"[87] 芝大和大多数同业机构也没有修改自己蓬勃发展的研究生项目以降低学生缩减率并提升毕业率。罗杰·盖革认为，20世纪60年代许多花在改进和重组博士项目上的钱都收效甚微，因为芝大的教员们拒绝做出改变来增加研究生学习时间，最终的结果是，原本希望增加毕业率和让这些项目更加有效的福特基金的领导们"后来发牢骚说,有些大学并没有接受这些项目的目标,而是为了牟取私利把这些钱当作一般性的资助"[88]。

但是研究生大规模涌入还造成了另一个同样严重的后果,因为20世纪50年代和60年代的教员们已经对数量庞大的研究生群体习以为常了,同时(随着本科生数量的减少)他们也习惯了在本科生院中只承担有限的责任,于是便开始界定自己在博士生项目中的职业责任和身份。这使得一些系给自己贴上了某种标签,1978年历史系的一位同事将其描述为"其作为研究生研究中心的总体印象"[89]。尽管在20世纪50年代中期和后期本科生院中各系的专业学生经过了重新调整,本科生院的总学生数仍然跌落到了一个低点,许多系在校博士生在研究生学习的前三年里(通常指这些学生修习正式课业的时间段)的数量经常超过学院专业学生。例如,在1974年,历史系仅有27名历史专业学生撰写了毕业论文,而在同一年,历史系却招入了一个有75名博士生的班级(前一年更是招入了81名博士生)。鉴于本科生院注重"核心"课程的传统,加之各系的教员历来喜欢教授他们(如今数量已十分庞大)的研究生班级,历史专业便处在了一种缺乏教员支持和课程协调的境地,成为一个"虽然广阔却无人问津的领域"[90]。

历史系的遭遇是其他大系的一个缩影,一些低年级和高年级学生因而处在现实的夹缝中,在探求知识的道路上彷徨无助。约翰·威尔逊校长1978年曾坦白指出,"我们的许多教育产品在设计和执行时都存在敷衍了事的情况,基本上无法让人看到有什么考虑周详的教育目的"[91]。同样值得关注的是,资深教员们认为如今的芝大已是(并应保持为)一个以研究为主的大学,这样的想法必然会给扩大本科生院申请者群体和提升其质量的前景带来不利影响,因为他们强化了芝大的一种形象,即"芝大是个全心全意致力于研究生和专业训练的机构,那里刻苦努力的本科生少之又少"[92]。

芝大的研究生教育取得长足进步是在1980年和1981年。研究生入学人数在20世纪60年代迅速增加,教员们迅速适应了这种状况。越南战争结束之后,随着研究生申请和招生的规模自20世纪70年代中期和后期开始下降(所有的顶尖研究型大学都面临着这种下降,但芝大的形势尤为严重),一种危机意识浮现了出来,人们真正开始担忧,如人类学系的同僚们所说,"研究生教育的一种全身不适的症状"会对芝大的教育水平和文化造成深远的、不利的影响。[93] 这些焦虑并没有持续很长时间,因为在 20 世纪 80 年代后期美国所有顶尖研究生学校的研究生招生都在某种程度上得到了恢复,而芝大每年招收的博士生数量也在 20 世纪 90 年代恢复到了健康的水平,尽管如此,人们仍然能够感受到深深的、真切的恐慌。

1980 年 5 月,校长格雷任命了一个由基思·M. 贝克领导的高层教员委员会来调查导致下降的原因,并提出应对方案来提高研究生项目的吸引力和有效性。贝克委员会针对芝大的研究生教育开展了一次彻底、公正而全面的调查。调查发现了几个趋势,其中就有,与十所同等院校的学生相比,"总体来说,芝加哥大学的博士生拿到学位的过程是最为缓慢的",并总结出了芝大研究生环境的一些弱点,如教员未能及时评估学生的课业情况,学生们感到自己与教员间有隔阂,以及退学率较高。[94] 委员会制定了针对研究生招生的新策略和新的资助机制,以便提供更有竞争力的博士生奖学金。委员会还建议将学校的注册要求和各系自己制定的实际教学项目分开,建立一个针对所有研究生的通用注册系统。而一个新的住宿系统会以更加有效和透明的方式帮助学生们朝着自己的学位努力进取。委员会还提出,正式的博士学位课程要求应从 27 门课减少到 18 门。然而,委员会最有争议的提议却是建议芝大建立一个新的人文和社会科学院系外机构,即一个研究所,博士生在完成各自院系的正式课程之后会转移到这个新机构之中。该机构将接着负责监督和指导博士生论文写作并建立一个研习会制度,高层次的学生可以在会上展示他们论文的章节以便获得反馈和支持。

研究所这个想法相当激进,在委员会内部也引起了激烈的讨论。如果这一想法得以实现,将会对研究生群体的整体结构和芝大的教师治校产生强烈的冲击。事实上,研究生学部和各个院系对建立一个超越部门的研究所的想法并未显示出多少热情,尤其是社会科学系,甚至表示强烈反对。于是该提议渐渐淡出了人们的话题,没有掀起 1944 年哈钦斯试图整饬研究生教育体制时发起的那种轩然大波。

委员会的革新之中有一项的确获得了认可，那便是新的注册制度。[95]新制度创立了一个两年的学业住校期，接着是第二个两年的研究住校期，以及接下来的第三个高阶住校期，学生每进阶到下一个阶段，学费也会随之减少。设计这一制度的目的是为了消除数以百计的"幽灵"研究生所面临的问题，这些学生在三年级以后就没有再注册过，因为随着课程要求的完结，他们的财政支持（和学费收取）也告一段落了。鉴于各院系当时的要求五花八门，这一新制度要想付诸实践须经过许多辩论，尽管如此，1984年4月，在各个学部的强烈支持下，该制度仍然在评议会得到了通过。[96]

委员会支持的另外一个想法是成立一系列新的人文和社会科学研究生研习会，旨在为优秀的研究生撰写博士论文提供更多的学术和社会支持。研习会的想法最早于20世纪40年代晚期出现在芝大的经济系，到了20世纪60年代早期，它又传播到了商学院。[97]研习会项目于1983年至1984年创立，由一个名为"人文和社会科学高级研究委员会"的常务委员会监督，该委员会的成员是从人文系、社会科学系和神学院的教员中选拔出来的。研习会项目发展迅速，截至2012年，芝大每年的研习会超过60场，有数百位教员和博士生参与。事实证明，这些研习会在政治上是可行的，并且在现行的治理结构中运作得很好，这正是因为它们没有挑战或妨害各院系的博士项目对其研究生的管控。[98]这个项目是自愿性质的：一些教员受到邀请以团队的形式申请为各个独立的研究生论文撰写小组提供支持。这些研习会逐渐为大多数人文与社会科学系所接受，一些系甚至突破了传统学科的界限。很多时候，研习会成为了在博士生现有的研究生项目范畴内对其进行指导并使其更加专业化的工具，不再只是精神上支持惴惴不安的论文写作者，成为新的、通常引发争议的观点的试验场以及公开演讲和会议陈述技巧的训练场。众所周知，芝大的研究生在学术会议上过于沉默，因此研习会所起到的作用是增强他们的自信力，而避免引起各系对建立一个研究所这个想法的恐惧和偏执。也许最为重要的是，研习会有助于在教员和研究生之间建立一些没那么正襟危坐的沟通方式，更加接近于平等主义的文化实践，这种实践在像"人类发展委员会"这样较小的跨学科研究生项目中已经开始流行起来了。

然而，为了丰富博士生教育机会所做的这些努力并没有完全解决罗伯特·哈钦斯在 1930 年和 1944 年所提出的基本问题。虽然芝大落实了一些机制来帮助高水平的博士生成长为年轻的研究人员和学者，它却没有为学生们成为大学教师提供什么帮助，尽管大多数芝大博士生大部分职业生涯都是在主要的教学机构中度过的。据贝克委员会估计，在 1970 年至 1971 年间获得博士学位的学生中有 82% 的人所从事的工作都与学院和大学级别的教学与研究有关。[99] 有关 2000 年以前的数十年中博士生就业安置的数据较为稀缺（不仅芝大如此），但是据一份关于 1998 年和 2000 年间获得博士学位学生的详细研究估计，在芝大获得博士学位的学生中，只有大约 5% 的人立即在各自领域的顶级部门中找到了终身职位的工作；在获得学位后的两年内，大部分生物科学学生（54.9%）、人文科学学生（69%）、物理科学学生（70.4%）和社会科学学生（59.6%）仍在做学术工作或博士后研究，只有少部分人从事的是学术界以外的非营利性工作或在以盈利为目的的产业工作。[100] 最近的数据显示，在 1997 年至 2012 年间被授予人文科学博士学位的人中有将近 85% 的人从事某些学术工作，这表明芝大的绝大部分人文科学（也很可能包括社会科学）博士生都走上了学术教学和研究之路。他们所在的教育机构的衰弱颇具启发性：获得终身教职的教师当中有将近 80% 的人是在文科院校工作，本科生教学成为其日常主要专业职责，这与顶尖研究型大学的情况截然不同。[101]

贝克委员会 1982 年的报告重又呼吁要帮助研究生为成为职业教师做好准备。20 世纪 60 年代和 70 年代本科生院的规模较小，因此无法将研究生用于教学岗位，但是 20 世纪 90 年代晚期以来本科生院的成长为高水平博士生提供了更多、更有意义的机会。然而，芝大如何帮助研究生们为其教师职业生涯做准备却是一个更大的问题，它只是通过特定的、通常与众不同的方式加以解决的。芝大于 20 世纪 90 年代末以适度的预算和一小群精干的教员建立了一个"教学中心"，该中心创建了一些有益的指导和培训项目。本科生院的一些核心教员个人也组织了指导和学徒项目以帮助博士生熟悉通识教育教学的概念和实践。在写作教学领域，芝大开发了一个名为"小红学舍"的项目，其核心原则主要关注读者的问题和期许，该项目对参加其训练课程的研究生和本科生产生了极大的影响。自20世纪90年代开始，一些院系也按部就班、有条不紊地创建了以严肃认真的教学准备活动为主题的项目。2022年，本科生院开设了新的写作项目计划，该项目将重组大一的写作课程，并在整个大学四年学习期间提供额外的写作指导。[102]

在20世纪80年代中期，芝大录取的研究生中仅有三分之一的人接受过资助，而大多数其他顶尖研究生院这一比例超过三分之二。在人文与社会科学领域，1986年被芝大录取的研究生中有将近60%的人没有得到资助。同类院校的博士生项目为学生提供了一揽子资助，包括前两年的助学金以及第三年甚至第四年的助教奖金，相比之下，本科生院规模较小的芝大为研究生提供的教学机会和资助寥寥无几。到了20世纪90年代末期和21世纪头十年末期，由于大多数同类院校博士项目规模较小，而能够带来学费收入的本科生学院规模较大，同时拥有更多的筹款资源，它们已能够为所有录取的博士生提供全额奖学金的资助，这使芝大处在了更加不利的境地。到了21世纪初，芝大在提供给博士生的资源方面已经远远落后于竞争对手。大部分其他顶尖私立大学都针对研究生采用了标准化的奖学金体系，每年的资助额度从17000美元到19000美元不等，外加免除学费和特殊的夏季助学金政策，大多数院校还要求他们的博士生承担相当水平的教学工作。相比之下，芝大只是把一些全额奖学金（低于同类院校的平均水平）、一些差额奖学金和一些学费免除政策杂乱无章地拼凑在了一起，它是同类院校中唯一一所仍在招收小部分没有资助的博士生并且没有对其博士生提出系统的教学要求的机构（除了获得全额奖学金的学生以外，即便如此，对他们的要求也非常之低，并且通常不会系统地执行）。在物理学和生物科学领域，学生受到资助的情况历来更好，几乎所有的入校学生都有奖学金。

芝大各院系和专业领域在招募最优秀的研究生方面所取得的成功总是各不相同。基于人文科学与社会科学分别为28%和34%的录取接受率，贝克委员会调查了学生们拒绝被芝大录取而转投其他顶尖学校的原因，发现"在拒绝被人文和社会科学学部录取的学生中间，有很大一部分比例的学生在芝大获得的奖励比在其他地方少，而只有很小一部分人在芝大获得的奖励比其他地方多"。关于最终录取的学生的大体质量，该报告谨慎地评价说，"虽然 1980—1981 学年中芝大录取的研究生的总体质量可能没有达到教员们的期许，但也是相当不错的"[103]。在 20 世纪 80 年代中期，芝大在所有申请研究生的人当中最终录取的比例超过 60%，而其他顶尖私立大学还不到 30%。芝大的录取接受率也大大低于其竞争对手。在接下来的二十年里，虽然录取率大幅提升，但在新千年的第一个十年里，芝大在此方面仍处于严重劣势。在 2006—2007 学年中，芝大人文与社会科学学科的（综合）录取率和接受率分别为 17%和 37%，而其竞争对手中大部分院校的录取率低于 10%，而接受率则高于 50%。[104]

2007 年 2 月，为了消除资助方面的不公平并减轻博士生的贷款债务，从而使芝大更具竞争力，学校将实施"研究生援助计划"。该计划旨在向神学院、人文，以及社会科学学科所有新入校的博士生提供为期五年的全面资助，以降低辍学率并减少获得学位的时间。[105] 最初的计划是在 2009 年以前将总研究生援助成本从 230 万美元提高到 1200 万美元。从 2014—2015 学年开始，该计划依靠的是教务长办公室每年将近 1800 万美元的直接补贴，这些资金是由本科生院更大规模地招收研究生来提供的。然而，与之前的干预措施不同，该项目的目的并非扩大博士生招生。恰恰相反，由于其新成本巨大，该项目计划将博士生群体控制在一个更加易于管理的规模上，既强调那些顶尖的博士录取生有更强的竞争力，也注重录取之后完善他们的教育经历。该计划最初触怒了一小部分认为博士生规模十分重要的教员，但同时受到了大多数教员的欢迎，他们认为这是提升芝大竞争力以录取并留住最优秀年轻学者的重要举措。研究生援助计划改善了许多博士生的受资助情况，但却没能改变许多院系博士项目中的延迟毕业（很多情况下甚至是无法毕业获得学位）的不幸现象。2019 年的一份综合报告指出，"在学院里或系里进行综合审查会发现，自研究生援助计划实施以来，辍学率和完学率并没有明显改善。"[106] 2019 年秋天，教务长丹尼尔·迪尔迈尔引入一项激进的计划，彻底重构人文学科、社会科学、社会服务管理以及神学研究的研究生教育预算以系统减少学位完成时间和辍学率。这是研究生教育改革的最后一步。所有注册的博士生将在整个学习期间获得全额资助，并享有有保障的助学金水平（消除了第五年后资助模式不均匀的焦虑）。各学院及其相应系别设定了博士项目总规模的目标，其招收新博士生的能力取决于现有学生的完成率（或终止率）。因此，该计划通过强制各系以现有博士生的完成情况作为招收新生的条件，施加了严格的学制纪律。2017 至 2022 年间的博士生总人数反映了新的情况：对于人文学科来说，博士生人数从 602 下降至 423，社会科学博士生人数从 843 下降至 613。这项计划还限制了各系雇用博士生承担过多教学工作，转而将教学工作作为教育过程的一部分以有限、无报酬的方式推进，因为过多的教学工作通常是导致延迟毕业的一个长期原因。这导致了担任助教和教师研究助理的博士生数量下降。这项计划也包括了一个新的、有上下行风险的预算分配系统；截至 2023 年，新系统总成本（来自中央政府的补贴）为每年 4400 万美元。[107]

迪尔迈尔的计划并没有影响实验室科学，实验室科学的资助模式同人文科学和社会科学的大不相同，从事实验室科学的博士有更多样的职业选择；实验室科学依赖外部资助的大量博士生来维持教师的研究项目。近年来，物理科学和分子工程领域的博士生人数大幅增加。

日复一日，美国研究生教育的危机和随之产生的绝望情绪此起彼伏。如 1958 年大卫·里斯曼对伯纳德·贝雷尔森所言，关于研究生教育未来的争论"就像关于自由与平等的争论一样司空见惯却难以解决"。里斯曼的反应有些讽刺，即放任不管，他说："每个时期都有自身的危机。"[108] 针对研究与教学的博士学位已经被证明是一个可持久的专业目标，但若要长期存续下去，就必然依赖于艺术与科学博士学位未来的就业前景。芝加哥大学同许多顶尖大学一样，直到最近博士生职业发展的数据收集也十分不系统。人文科学和社会科学的职业数据显示，2010 至 2015 年间的博士毕业生，仅约半数在 2022 年前获得了高校正式、终身的教职，相比较美国很多其他研究生项目，这一数据可能已经是比较令人感到鼓舞的了。然而，高校是否应该将高额资助补贴的博士培训视为非学术职业的合理投资，这一问题需要更加深入的思考。20 世纪 50 年代末期芝大推动博士生数量的增长不仅仅源于其全国性的声誉和加强这个国家研究能力的期许，同时也是因为芝大需要配备更多的学院教师来指导规模不断扩大的"婴儿潮"ⁱᵛ大军。前面的目标会保留下来，但如果全国的博士生教学市场继续萎缩下去，许多博士学位的适切性将会受到不利影响。贝克委员会辩称，芝大应加强基于非学术工作的博士学位的合法性，但是20世纪80—90年代芝大的大部分教员仍然认为他们的学生走上学术之路才是最理想的。"社会思想委员会"于1983年所做的质朴的宣言或许最能说明许多院系中教员们自身的感受："委员会坚信，不应该改变其颁发学位所承载的意义。我们的目标是培养有学识、有技能的学者和教师，这些人将继续成为学术界的翘楚。"[109]芝大最深刻的价值逻辑，即致力于高校主导的、以学术为基础的研究，不仅定义了教员们自身的理解，也蕴含着他们对博士生最殷切（和最能产生威信）的希望。但这并不能表明芝大所有的博士生都会走上学术道路。例如，经济学以及其他自然科学和定量社会科学学科的很多博士生从事产业、政府或非营利性的研究工作已成了司空见惯的现象。近日一份有关研究生教育的报告为非学术职业的合理性进行了有力辩护，同时报告也断言称博士教育是"现代研究型大学最重要的表现形式"。[110]芝加哥大学的绝大多数人文和定性社会科学的博士生，想在高校中担当教授。研究生课程本身的内在逻辑符合这种模式。那种逻辑是一种自然选择（因为没有更好的词来描述），事实证明，学生们是经受住了愈加严峻的、包括无数资格论文和口语考试在内的挑战才对芝大产生归属感的。种种成就证实，一个人能考取博士生是很值得的，尤其是当许多其他竞争者最后都无功而返时。大多数博士生一直（今后也同样）很难相信，一种针对"职业生涯B计划"的教育能够与一个要求学生们不顾一切去攀登学术巅峰的制度融为一体。这从一开始就像是在两头下注。

　　2001年，马克·汉森作为当时负责研究和教育的副教务长敦促各院系"评估各院系课程是否能够很好地训练学生，为其中大多数将实际承担的工作做准备，类似观点在过去二十年中变得非常普遍"[111]。但是这样的表达又引出了一个问题，即现有的博士生教育模式和未来的就业选择之间有关联。各研究生院为博士生们提供了有价值的研究技能，美国高等

---

ⁱᵛ　尤指1946年至1964年的生育高峰期。

教育中似乎鲜有领导者对恢复哈钦斯提供教学型而非研究型博士学位的计划感兴趣。然而，鉴于博士生不用支付学费，并且每年享有 35000 美元到 40000 美元的高额补贴，这种补贴状态会持续六七年甚至八年。在周期更短的正式研究生学习就已足够的情况下，高校还要资助大规模的博士项目以训练学生从事非学术的职业，这样做是否明智？二十五年前，路易斯·梅纳德就曾建议芝大认真考虑是否可以施行三年制的博士课程，不设论文要求和教学义务。[112] 虽然他的建议最终不了了之，但较为温和一些的策略还是可行的。为了回应伯纳德·贝雷尔森在 20 世纪 50 年代末期所进行的有关研究生教育的调查，哲学家罗德里克·奇泽姆称，不妨将博士论文恰当地理解为"'对知识的一种原始贡献'和'一种研究实践'的中间产物。论文不仅仅应该被认为是对其主题的明确探讨，其主要目的是给研究生一个证明自己的感觉"[113]。难道不该为那些不准备走学术研究之路的人压缩论文写作的实践，从而为一些人缩短获得学位所需的时间吗？类似的问题在接下来的数十年中可能会是（至少应该是）美国的研究生院必须面对的。

### 专业研究的界限：法学院和研究生商学院

哈珀关于芝大的概念从一开始就包括专业教育。神学院是第一个登场的专业学院，接下来是 1898 年的商学院、1901 年的教育学院、1902 年的法学院、1919 年的社工学院，以及 1928 年的图书馆学研究生院。[114] 哈珀和董事会在 19 世纪 90 年代末没有选择创建一个独立的医学科学院，这令弗雷德里克·盖茨感到失望；相反，芝大于 1898 年与拉什医学院达成了一份合作协议，一直到 1927 年才创立了自己的医学院。[115] 虽然芝大于 2011 年建立了分子工程研究所，但哈珀创建一所技术工程学校的梦想却从未实现。芝大直到 1987 年才拥有了自己的公共政策学院。

人口统计学讲述的故事反映了芝大人的矛盾情结。尽管 1903 年至 1931 年专业学院注册人数的增长和艺术与科学学院类似，然而与学术院系的规模相比，所授予的专业研究生学位的数量仍然非常小，教员规模同样不大。[116] "大萧条"和战争年代让大多数专业学校遭受了重创，到了第二次世界大战时，芝大最主要的声望和投入都有赖于艺术与科学的研

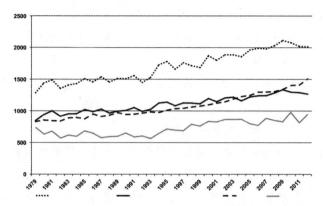

图 4　1979—2012 年本科生院、学部和专业学院历年新报考者数量
注:"新报考者"不包括之前就已经被芝加哥大学录取的任何级别的学生。
(来源:芝加哥大学注册办公室)

究项目了。当爱德华·列维在 20 世纪 60 年代中期为了芝大的复兴制定蓝图之时,作为法学院前任院长的他对专业学院给予过认真而同情的关照,但他仍然认为芝大的声望植根于研究生学部中更大的学术院系之中。直到 20 世纪 70 年代,校园里仍有一种很明显的担忧情绪,人们担心专业教育的扩张可能会颠覆文化平衡,这与对本科生院进一步扩张的担忧类似。[117]

在接下来的五十年中,这种学生人口结构发生了巨大变化。至 2013 年秋,芝大的硕士和博士项目录取的新的攻读学位(和自费)研究生当中,有 68% 的人进入了某个专业学院。2020 年以前进入四个布斯商学院学位课程的新学生(1029 人)的数量十分接近四个研究生学部录取的新(终端)硕士和博士学生的数量(1145 人)。即使考虑到前者中一些比例的人所选择的课程要求投入比 21 个月更长的学习时间,经济能力和实际入学的平衡还是发生了实质性的转变。引人注目的是自 20 世纪 70 年代末以来这些数字变化的速度。1979 年,四个研究生学部有 727 名新的学位报考者,本科生院有 827 名,专业学院则共有 1285 名。2012 年对应的数据为,研究生学部有 946 名新录取生,本科生院有 1506 名,六个专业学院共有 2015 名(见图 4)。更为重要的是,到 2020 年,本科生院拥有 7000 名学生,占芝大所有在校攻读学位学生总数的近 46%。在过去的三十五年中，芝大的学生人口结构发生了重大转变。

专业教育并非自成一体，它受到芝大广大普通教员文化的影响并与之融为一体。[118] 法学院和商学院就为学科交叉和学术互联树立了良好的范例。法学院历史更长，数十年来的遗产也更为卓著。哈珀从一开始就想建立一个法学院，将其看作神学院学术和文化方面的一个补充，他声称，法学院和神学院一样，应该是芝大根本使命不可分割的一部分。[119] 然而，芝大花了十年时间才筹措到所需的资金，并为建造一座体面的建筑找到捐赠者。他们说服了约翰·D. 洛克菲勒，请他出资 25 万美元以解决建设法学院大楼所需的成本；1903 年 4 月 2 日，西奥多·罗斯福总统参加了该建筑的奠基仪式。哈珀还努力为学院配备了合适的教员，并使人们在学院课程和专业认同方面达成了共识。从一开始，哈珀就深受恩斯特·弗罗因德的影响，后者是一位著名的法学家和行政法专家，于 1894 年被首次任命为政治科学系教员。弗罗因德称，芝大应选择外交史、金融、比较政治，以及社会学等一些与法律无关的课程（选修课）作为其课程体系的一部分，这种观点是哈珀非常乐于支持的。在为法学院配备早期领导人进行运作时，这项工作遇到了一些麻烦，当时哈珀已向哈佛法学院申请借调一名资深教员来帮助芝大开展刚刚起步的运营工作。最后，哈佛将约瑟夫·H. 比尔以访问官员的身份借给了芝大作为临时院长，期限为两年，比尔反过来也与弗罗因德涉及法律教育范围的"异端"之见达成了妥协，于是法学院开始了自身的组织建设。而后哈珀突然造访斯坦福大学，以 5500 美元的顶薪将詹姆斯·帕克·霍尔挖了过来，后者于 1904 年成为法学院第一任正式院长。

芝大的教员们对于法律教育范围和方法的观点与哈佛大学的那些纯粹主义的同僚们有所不同，这在 20 世纪 30 年代再明显不过。[120] 哈珀还坚持要为本科生院的大四学生建立一个法律预科研究项目，完全无视许多院校已经为大学最后两年和研究生最初两年之间设立的正式界线。与当时其他院校的做法相比，学生们可以将其大四学年重复计算为法学院第一年的一部分，因此，法学院得以自其建立伊始就吸引了芝大很大一部分本科学院学生（20 世纪 20 年代几乎达到半数），其中绝大部分都是在大三学年一结束就进入法学院的。到了 1958 年，法学院有超过半数的校友拥有本科生院的学士学位以及法学博士学位。[121]

　　法学院的教员们因此适应了关于本科生课程形式和内容的决策。[122] 20世纪 30 年代初，布歇实施了建立一个"核心"课程的改革，在此之后，法学院在威尔伯·卡茨、马尔科姆·夏普和年轻的爱德华·列维的领导下，于 1937 年制订了一项为期四年的计划。该计划允许学生在完成本科生院的两年"核心"课程之后进入法学院学习，同时它还扩展了研究项目以融入传统法律科目以外的一些其他学科，如商业、会计和心理学等。[123] 列维关于法的要素（最初命名为"法律手段与素材"）的著名课程起初是本科法学学生第一年新课程的关键组成部分。[124] 四年之后，列维评论道，该课程的主要目的之一就是将"非法律的素材整合进法律课程之中，只要这些素材与之有重要关联"[125]。卡茨相信，新课程将同样对教员产生令人振奋和激励人心的影响："将经济学和政治理论作为这样一个综合课程的一部分来学习，这样的学生是能够令人信赖的，那些将经济学和政治理论作为这样一个综合课程的一部分来学习的学生，能够在法律课程中提出一些令人尴尬的问题，这些问题将激励法学教员拓展自己的才能。这些问题将激励法学教员拓展自己的才能。此外还应在其他方面发掘一些激励因素；社会科学教员也将'加入其中'。"[126] 同样在 1937 年，法学院为一年级学生设立了一个个人法律写作指导项目，聘用兼课研究生（1947 年为了纪念法学院前院长哈里·A.比奇洛而命名）来协助新学生提高法律论文的写作技巧。[127] 知识拓展和课程实验的精神在 1950 年列维掌握了法学院的领导大权之后变得尤为重要，因此在整个 20 世纪 50 年代，列维都建议他的同事们考虑那些将法律和其他社会科学科目与研究观点相联系的项目。"法学院"在 20 世纪 30 年代所做的激进的跨学科实验与其"二战"前的四年计划以及 20 世纪 50 年代和 60 年代以社会科学为基础的研究议程有诸多相似之处。略有不同的是，爱德华·列维对罗伯特·哈钦斯仰慕已久。

　　第二次世界大战令法学院遭受了重创，据丹尼斯·哈钦森称，该学院"曾濒临灭亡……因为其招生人数大幅减少，而芝大的设施亦被征用于支援军事训练项目"。1943 年，法学院仅有九名学生毕业，哈钦斯甚至考虑过将其关闭。[128] 1950 年 9 月列维被任命为院长，在金普顿当政初期预算削减的年代里,作为法学院领导人的他十分精于捍卫自己学院的利益。法学院的学生规模逐渐得以恢复(1955 年达到了 310 名学生),尽管与美国其他顶尖法学院相比仍然较小。列维积极从其他学院聘请年轻有为的学术之星(罗斯科·史蒂芬、卡尔·卢埃林、索亚·门契科夫、艾莉森·邓纳姆、弗朗西斯·A. 艾伦、肯尼思·卡尔普·戴维斯、布雷纳德·柯里,以及尼古拉斯·卡岑巴赫),建立了一支卓著的教师队伍,到了 20 世纪 50 年代末,这个教研团队似乎已成了最容易被其他同行学校觊觎的队伍。[129] 在福特基金会的支持下,列维还启动了一项基于中心和研究所的策略,并对高科研生产力提出了期望,以提升法学院的学术知名度。列维极力主张他的同事们考虑那些将法律和其他社会科学学科及研究视角相联系的项目,他最先发起的便是"法律和行为科学项目",为了该项目列维从福特基金会争取到了超过 140 万美元资金。列维利用这些资金发起了由哈里·卡尔文领衔的"美国陪审团计划"以及关于商事仲裁和公众对税收公平态度的研究项目,他利用这些项目分别于 1952 年和 1953 年聘请到了如汉斯·采泽尔和菲利普·库兰这样的知名学者。[130]

事实证明,1946 年亚伦·迪雷克托受命领导法学院的"自由市场研究"项目对于芝大法律和经济学科的发展是至关重要的,该项目最初得到了沃克尔基金会的资助。[131] 作为用福特资金发起的行为科学项目的结构相似体,芝大的法律和经济学科所采取的战略定位更为强大,使后来的学院领导人得以引进一批与 20 世纪 60 年代和 70 年代的社会科学密切相关的学者(如罗纳德·科斯、威廉·兰德斯、理查德·波斯纳和盖瑞·贝克),这些人都以学术高产而闻名。[132] 值得一提的是,在 1958 年至 1972 年间,法学院拥有三种由教员编辑的十分活跃的期刊,直到今天它们仍对维持该院在全国范围内的研究声誉发挥着重要作用,分别是:1958 年由迪雷克托创立的《法律和经济》、1960 年由菲利普·库兰创立的《最高法院审查》,以及 1972 年由理查德·波斯纳创立的《法律研究》。在 20 世纪 60 年代和 70 年代早期,学院开始采用经济系和研究生商学院已经采纳的研讨班制度,到了 20 世纪 70 年代和 80 年代末,研讨班已经成为法学院教员文化的一种永久性的固定制度。[133] 学院的国际法视角也通过马克斯·莱因斯坦的"外国法项目"得到了强化,该项目是在 1956 年用从福特基金会得到的375000美元建立的,其内容还包括历史和社会科学课程论文。[134]

即便师资队伍规模不大,学院仍然因卓越的学术成就和高产的研究成果而赢得了极高的声誉,尤其是在开放式的基础研究方面,尽管这种研究也许并没有列维后来称作"直接或明确用途"的东西;在接下来的数十年中,这种态势帮助该学院巩固并维持了其极具竞争力的声誉。[135] 每周举办的内部研讨班制度营造了一种学院特有文化,所有教职员工都了解同事们正在进行的工作。法学院的跨学科研究文化还体现在几乎三分之一的常规教职员工不仅拥有法学博士学位,还拥有其他博士学位。[136] 此外,学院始终高度重视教员们针对法律实务而开展的教学活动的严谨性。列维与他的密友伯纳德·梅尔策和沃尔特·布卢姆(两人均受聘于1946年,且均为本科生院和法学院校友)所组成的三人组,加上其他如门契科夫和卢埃林这样的杰出教师,这些人在20世纪50年代和60年代为培养出未来的杰出法律人士而设立严格的教学标准和于教员中间产生自豪感等方面发挥了尤为重要的作用。20世纪80年代和90年代在格哈德·卡斯珀、杰弗里·R.斯通和道格拉斯·贝尔德担任院长期间,以及2000年代索尔·莱夫莫尔担任院长期间,对高质量教学的重视得到了进一步加强。少数校友继续着他们杰出的学术法律教学与研究工作,而学院每年的绝大多数校友则成为执业律师。[137]2022年,24.5%的毕业生进入联邦和州法院担任书记员,而将近70%的毕业生进入了律师事务所,这类律师事务所主要是拥有超过250名律师的大型事务所。[138] 大多数担任书记员的毕业生最终会回到律师事务所这类私营部门工作。因此,法学院对法律职业具有双重影响——由于和研究生商学院不同,缺少博士项目,其学生群体更倾向于供职于顶级律师事务所而非学术型的法学院,而其所有教员也保持着一种与众不同的集体个性,其争强好胜的学术价值观和高学术生产力通常会突破传统法律学科的界限。近年来,得益于董事会成员大卫·鲁宾斯坦所投资的按成绩评发的奖学金,法学院能够招募到具有杰出学术资历的本科生,其中许多人最终进入顶级书记员岗位。卓越的文化资产组合使芝加哥大学稳居美国法学院前五名。

经历了最大程度的变革从而日渐繁荣起来的专业学院是研究生商学

院（今天的芝加哥布斯商学院）。正如在第 2 章提到的，商学院建立于 1898 年，当时的名称是"商业和政治学院"，1932 年更名为"商学院"，其间也曾数次易名。其早期最重要的院长利昂·C. 马歇尔（于 1909 年任命）将学院看作"一个真正做科研的地方"和一个"学者社群"，而不仅仅是一个职业培训机构。[139] 学院于 1914 年获准颁发学士后学位[v]，1920 年，马歇尔建立了美国第一个商学博士项目，并于 1922 年颁发了第一张博士文凭。1935 年，学院用 MBA 学位[vi]取代了普通的硕士学位，显示出日渐加强的专业倾向。学院更是于 1916 年欣然接受了一份意想不到（和未经请求）的赠予，捐赠人是本地的一位商人霍巴特·W. 威廉姆斯，他决定将价值 200 万美元的地产送给芝大以支持其"商贸研究教学"[140]。到了 1917 年，学院开始专注于根据特定的商业用途来培训执行经理人，但是哈钦斯执政期间，其学术目标并未得到多少支持。[141] 学院在 19 世纪 90 年代后期一直到第二次世界大战这段时期里一直是以本科生为主体的，在 1939—1940 学年中，共颁发了 141 个学位，其中 94 个为学士学位。

早期教师团队由一些不可或缺的研究人员组成，如保罗·H. 道格拉斯、威廉·H. 斯潘塞、西奥多·O. 英特玛和加菲尔德·V. 考克斯，但也包括一些很有才华的执业者和顾问，如于 1925 年建立了麦肯锡公司的詹姆斯·O. 麦肯锡和后来担任马歇尔·菲尔德公司总裁的詹姆斯·L. 帕尔默。[142] 在 1940 年之前，经济系和商学院之间的联合教员任命颇为常见，弗兰克·奈特、雅各布·瓦伊纳等一些顶尖经济学家都曾与学院有过交集。马歇尔发起编写了一套名为《商业研究素材》的重要的商业教科书，其包含的书籍最终超过了四十种，事实证明，这套教材于"二战"之前在全国范围内的本科商业教育领域发挥了举足轻重的作用。但是从 20 世纪 30 年代开始，特别是在 20 世纪 40 年代，学院流失了一些不可轻易取而代之的教员。如艾伦·沃利斯于 1947 年所言："在战后的时期里，由于

---

v  对应于各种学士后项目，如硕士、博士、研究员等，有时也指为帮助学生在取得本科学位之后转入专业学院而设计的教育项目。

vi  即工商管理学硕士学位。

缺少预算支持，学院无法再获得其早先享有的声誉了。"[143] 到了 20 世纪 50 年代，杰米·洛里回忆说："商学院的情况已经非常糟糕了。没有钱，没有热情，没有想象力，甚至连电话也没有了。"[144]

1950 年，学院重新界定了自身的使命，变为了纯粹开展研究生教育的机构（其名称于 1959 年改为"研究生商学院"）。重设学院身份和使命以及恢复其金融财富的重要工作于 20 世纪 50 年代末开始了。福特基金会于 1959 年发表了一篇由罗伯特·戈登和詹姆斯·豪厄尔撰写的对当时一些商学院进行全面批判的文章，从而发起了重要的纲领性的干预行动，这些干预界定了更为宏观的国家层面的背景。戈登和豪厄尔严厉批评了商科教育中散漫无序的教学实践和课程体系，主张使用更加严格和统一的课程，这些课程采用的是针对美国商学院的现代社会科学研究方法。[145]

1956 年，劳伦斯·金普顿任命 W. 艾伦·沃利斯为学院院长，这对拓宽学院的学术使命和发展视野起到了关键作用。[146] 当年 10 月，在沃利斯及学院副院长詹姆斯·H. 洛里的领导下，商学院向金普顿提交了"一份旨在深刻改变学院活动规模和性质的长期发展规划的初步蓝图"[147]。该规划引人注目之处是学院将致力于社会科学的基础研究，并将其作为学院新特性的一个范例，尽管这种研究主要集中于会计、经济、统计和法律方面。为了实现这一计划，学院将寻求"对进行原始研究感兴趣并有能力从事这些研究"的"杰出学者"。最有前途的教员将来自"其他顶尖大学的社会和物理科学教师队伍"，而非其他商学院的毕业生群体。此外，学院还将发起一项积极的营销活动以吸引优秀的学生，并"开发一个公众与媒体关系课程，这项课程将吸引比过去多得多的受众，让他们近距离了解学院的各项活动"。

与哈钦斯相比，劳伦斯·金普顿更加看好商学院，到了 20 世纪 50 年代中期，芝大的预算危机已经逐渐得到控制，于是他更加愿意为学院开拓新的财政支持渠道。1955 年至 1957 年间，他向学院注入了 37.5 万美元现金，并批准了 7 项教员任命，比学院历史上任何可比较时期都多。1957 年 1 月至 5 月间，学院向福特基金会提交了一项重要申请，请求基金会批准 950 万美元的捐赠，用于新建教室和办公楼，以及资助新增的教职和研究项目，其目标是制定出基于社会和行为科学正式研究的新的教学和研究策略。最后,福特基金会仅为芝大的新教员任命和博士生奖学金拨款137.5万美元,这两项内容均旨在为其他的美国教育机构培养未来的商学院教员。

沃利斯想为学院设立三大支柱学科,分别是:经济学、量化方法和行为科学。前两门学科非常轻松且迅速地建立起来了,而第三门则花费了一些时间才得以成熟。沃利斯战略中最重要的一环就是他决定为学院聘用最优秀的学者,同时发展与经济系和其他社会科学院系的关系。为了建立初步的联系,沃利斯创建了"社会科学顾问委员会",由教授"社会学与社会思想"课程的爱德华·希尔斯任主席,以便就社会科学各学科教员的任命问题向他提出建议。[148] 于1982年获诺贝尔经济学奖的乔治·J. 斯蒂格勒在使商学院成为经济学助推器方面无疑是一个重量级人物,沃利斯于1958年说服他离开哥伦比亚大学并担任了商学院的查尔斯·R. 沃尔格林美国机构研究基金会主席一职。斯蒂格勒在20世纪60年代和70年代商学院的学术转型中发挥了极其重要的作用,但并不是因为他掌握着能够分配给其他教员和研究生的大量研究经费。[149] 和斯蒂格勒一起被沃利斯聘用的还有研究劳动经济学的乔治·P. 舒尔茨、会计学的西德尼·戴维森,以及许多其他著名学者。沃利斯的继任者乔治·舒尔茨上任后延续了这种趋势,在商学院内部建立了"一个可以匹敌美国顶尖研究生经济学院系的经济系"[150]。商学院在经济与金融学的理论研究方面树立了令人敬畏的名声,因此也成为美国少数几所真正有实力争取最优秀的年轻经济学家的学院之一。

商学院发展的成果不仅对于自身极其重要,对于芝大乃至全美经济学的发展态势也具有举足轻重的意义。马里昂·富尔卡德和雷克什·库拉纳近来称,商学院研究古典经济学的那群顶尖学者发挥了他们的巨大影响力,使学院将重点放在金融经济学上,将金融经济学作为首要的研究领域。同时还称,商学院与经济系实现资源整合对法律和经济学活动的发起和融合也具有重大意义。[151] 随着时间的推移,一种既富有成果又不乏竞争的关系逐渐在经济系和商学院之间建立起来,经济学的博士生在商学院承担着教员的研究助理工作,两个院系联合任命了几位著名教员(最知名的当属乔治·斯蒂格勒和罗伯特·福格尔),并且在最近,商学院教员还承担了经济学博士生的部分课程。与此同时，这两个院系经常为了顶尖人才和大学资源而竞争，尽管他们一同建立了芝大新古典经济学派，布斯商学院有十位教员（截至 2022 年）赢得了诺贝尔经济学奖。20 世纪 70 年代，从希勒尔·艾因霍恩、罗宾·M.贺加斯和约书亚·克雷曼的著作和 1977 年决策研究中心的建立来看，商学院在行为科学方面的知名度越来越高。[152] 20 世纪 60 年代和 70 年代实施的严格但灵活的课程体系不再强调各种归纳法，转而支持演绎和概念类型的教学，这类教学依赖于先进的数学分析和定量问题解决。

沃利斯在任期内高度重视变革。1961 年，学院自豪地向其校友发布了一份名为"新进展"的报告，声称"学院的教员、学生、教学、研究、期刊以及商业服务的质量在过去的三四年里已经大大提高，而关于这些进步的信息却严重滞后，尤其在商界"[153]。学院的开支是 1956 年的五倍，预算达到了 200 万美元，学生规模是以前的三倍。沃利斯扩大了当时仍然较小的博士项目的规模，为特定的学生群体提供丰厚的奖学金，资金由各基金会、公司，以及私人捐赠者提供。沃利斯同时还力图在一些文理学院中传播学院的声音，努力为学院的所有项目寻求更好的申请人。1960 年，学院与经济系合作为小文理学院的经济学教师们组织了一个为期三周的暑期培训项目。该项目由通用电气公司资助，邀请四十位教授访问芝大，并集中召开关于货币理论和劳动就业政策的研讨会。[154] 或许是受到了金普顿追求本科生院规模扩张这一想法的影响，沃利斯想要将工商管理硕士在校生的规模从 1957 年的 250 人增加到 1966 年的 1000 人。市中心课程和经营管理类课程会令该数据大幅增长，让学院的总学生数量猛增至 2450 人，而不只是 1000 人。

学院特别重视向芝加哥的商界寻求经济和精神上的支持，并邀请商界领袖和校友们加入"研究生商学院委员会"。委员会在行政和政策问题上给学院领导提出建议，并帮助设立了一些新项目，如合伙人计划、管理会议，以及一年一度的商业前景预测午餐会。委员们还资助教员开展多种形式的研究并实现出版计划。[155]

沃利斯-洛里的商业教育模式跨越并刻意模糊了专业学院和高性能的社会科学研究所之间的界限。正如后来一位评论员所说，沃利斯和洛里

"强调教授基础的科学知识——不仅仅是经济学，还包括数学、统计学、法律以及其他领域，是为了让学生能够从多个角度解决商业问题"。[156] 20世纪70年代发表在《MBA》杂志和《改变》杂志上的针对商学院院长的几项调查都对芝大十分有利：芝大在1974年和1977年均排名全国第三。[157] 而1976年由标准普尔针对74000名企业经理人所做的一项略有不同的调查则将芝大排在了第六位。[158] 芝大经济系的声誉也与商学院不分伯仲，在1975年进行的一项针对经济院系的调查中，芝大经济系与商学院在教师质量方面并列第一，在博士教育的效果方面位居第二。[159] 商学院的教员们自己也十分自豪，因为与美国其他的商学院相比，他们与本校其他部门的学术联系更为密切和统一。

然而，这种良好的态势却在十年之后遭遇了严重挫折。1988年11月，《商业周刊》杂志首次就学生的满意度和在企业招聘单位中的美誉度进行了调查并发表了调查结果，值得一提的是，调查并未将重点放在教师的声望上面。令教员们感到失望的是，芝加哥大学仅列全国第11位，而西北大学则位列榜首。[160] 更为糟糕的是，芝大学生对自己的课程的评分排在了全国第20位，并抱怨说教授们"太忙于研究了"。这样的结果无疑是一味苦药，因为这些排名体现了学生和校友们对教育质量和他们自身的文化体验的态度，与对学校的学术赞誉恰恰相反；同时，这种状况也引发了商学院教员们深刻的反省和反思。

商学院院长约翰·P.古尔德与他的院长同事们委托开展了一项关于当前学生对学院看法的详细调查，结果并不完全令人满意。[161] 根据对681名校本部MBA项目学生和710名市中心项目学生所进行的调查，分析师弗朗西斯·富拉姆报告称，"许多学生质疑商学院的基本理论取向"，"宁愿学院把重点放在应用方面"，并且希望"在教学方式上做出改进，让学生能够更多地与教师接触"。更详细的数据分析显示，"在教学与课程以及学生服务与安置环节，学生对某些方面感到满意，同时对另一些存在不满；而他们对社会环境则普遍感到不满"。学生对于社会环境的不满包括：社交活动太少，难以结交朋友，社会环境不够友好，学校精神缺失，以及为学生提供的设施不足。学生们认为商学院的优势在于培养"思维能力和分析技巧"，不足之处是传授"行业惯例和实践"以及"领导能力、企业家精神和公众演说技能"[162]。另一方面,校友们则对他们高水平的课堂教育赞赏有加,但同时也对学院没能强调如何运用理论知识来解决现实世界的问题提出了批评。

沃利斯对于试图在学术语境中教授领导才能的做法不屑一顾,他说,"声称能够在商学院里教会一个学生实际的决策过程是幼稚而无知的,这还是好话,说得再难听点,这叫作欺骗"[163]。但是很快就有一些人提出意见,要求采用更加均衡的方法。1970年,在审议可能对课程体系进行怎样的改革之时,一个由约翰·约伊克领导的教员小组提出了MBA学生教育的"适切性"的问题,他们坦言,"总的说来,校友们对课程大体满意,但他们同时也认为我们还可以做得更多,来帮助他们理解介绍概念和方法的那些材料对于商业问题的'适切性'"[164]。在六年后发布的一份报告中,当时由欧文·B. 哈里斯领导的学院委员会中的校友领导人也反映了同样的问题:"如果研究生商学院的教师团队能够吸引到更多有着实践经验的人,学院的教员可能会更为人熟知,也会把学生们教得更加出色。"[165]

但是学院一直都没有采取行动,直到20世纪80年代早期,约翰·古尔德和哈里·戴维斯敦促学院更加系统地投资于领导力的培养,并在学生中间更多地鼓励社会团结。古尔德和戴维斯于1986年委托进行了一项调查,内容是当地和全国范围内的企业经理人对于学院地位的看法,反馈的信息大体上是,芝大的研究生以很强的分析思考能力而出名,但他们称不上是注重行动的领导人。在五个顶尖商学院之中,芝大商学院在其教员研究质量方面名列第二,但是在其学生赢得领导地位的能力和为首份工作做足准备方面却排名垫底。受访的企业经理人还表示,芝大毕业的工商管理硕士通常缺少一些关键技能,如说服他人的能力,在困难面前展示毅力的能力,赏识快速果断采取行动的价值的能力,以及有效地适应不断变化的环境的能力。[166]为了解决这些问题,古尔德和戴维斯于1987年至1988年组织了一系列晚宴,邀请一小群教员参加,试图劝说他们对培养学生的商业领导力予以更多关注。他们声称,"研究生商学院在商界领袖中的声誉对学院的长期成功越来越重要了",而"进一步加强学术卓越性本身不会从实质上提高学院当前在商界领袖中的声誉"。447

古尔德和戴维斯提出了一系列实验性的干预措施，包括与芝大的其他部门建立新的联系，加强课程整改，为学生提供更多的实践经验，以及"在MBA项目内部更富有想象力地践行执业者身份"[167]。不久后，似乎是天意使然，《商业周刊》1988年的排名将学生生活语境下的领导力问题放在了最为重要的地位。

古尔德任命了一个由资深教员组成的名为"MBA学生与课程院长咨询委员会"的特别工作组，由肯尼思·R. 弗兰奇教授担任主席，目的是对学生和学术课程的各方面进行审查。[168] 弗兰奇的委员会不仅对现有学生进行了调查，还与学生和校友们一起举行了分组座谈会，并审查了20世纪70年代毕业的校友所做的课程评估。委员会于1989年5月发布的报告指出，"许多学生认为教员或者管理层没有认真对待教学。特别是，有些人认为教员的教学质量几乎与其晋升和任期毫不相干。这种认识已被视为教员和管理层不重视学生的证据"[169]。弗兰奇直言不讳地称，这些问题无法仅仅通过采取更为聪明的公共关系策略来解决。他说，要改变芝大的排名，正确的方式"不是去贿赂《商业周刊》，让他们下次把我们排在前面。我宁愿努力去赢得第一的位置，而不是空想着去改变人们的看法"[170]。

弗兰奇的委员会提出了一些干预措施，但是最直接和最有持久影响力的一项措施是"领导力教育与开发（LEAD）计划"，该计划主要是由哈里·戴维斯和学生中的一些中坚分子合作制定而成。戴维斯是一位很有天赋的教师，于1963年成为商学院教员，并于1978年建立了"新产品实验室"，旨在让学生们得到实际的发展，并向他们提供介绍产品给新客户的营销经验。[171] 戴维斯倡导将体验式教育当作沃利斯-洛里课程高度理论化框架的一种补充，对他而言，1988年至1989年的危机恰好打开了一扇机会之窗。戴维斯的LEAD计划是为新生制定的，该项目鼓励学生评估自己的人际交往和沟通技巧、采取和实施行动的才能，以及应对冲突的能力，从而建立一个获得自我认知、洞察和直觉的过程，学生可以通过MBA课程的深入来提炼和加强这一过程。[172] LEAD计划最初是当作课程体系中的一门实验课推出的，并免收学费，这样一来，戴维斯和古尔德就无须为了自己的方案去寻求院系的批准了（教员们通过投票于1991年至1992年批准了将该项目纳入常规课程）。戴维斯认为成功的关键在于动员现有的学生来支持新课程的设计和实施，当时他获得了一年级学生的强烈支持，因为那些学生非常在意自己学院的排名，同时他们还愿意在1989年秋季的时候作为二年级的志愿者继续参与。这样的支持反过来也创造了一种不间断的学生共有LEAD项目的模式，因为每年都会有一群新的学生领袖有机会重新审视并修正过往的实践经验，从而使自己变成该项目的主人。

戴维斯和贺加斯不久便将LEAD项目中许多这样的原则编入了一份在今天看来十分经典的意见书，名为《反思管理教育：来自芝大的观点》，于1992年出版，他们在其中声称，除了讲授概念知识以外，商学院还必须培养学生的"行动力"和"洞察力"，这样的工作应该成为课程不可分割的一部分："一种教育环境提供了在工作中难以寻觅的时间和机遇：明确地锻炼各种各样的技能，反思各个阶段的成就，花时间来弥补在实际工作环境中难以检查出的不足。"[173]

LEAD项目的正式使命是促进个人领导力的发展和体验式学习技能以及社区建设，但它最终也对促进社会团结和培养对学院的忠诚感做出了贡献。由于商学院提供开放式课程，学生们得以发现一些机制来促进连通性和学术课程以外的集体活动。LEAD项目在两个方面都进行了变革。在第一年结尾之时，古尔德报告称"学生与教员的互动增加了，学生的慈善组织为社区提供了重要的服务，如为附近的学校捐赠食品和衣物以及提供爱心辅导"[174]。LEAD项目就这样日渐赢得了资深教员们的尊重。2008年，在史黛丝·科尔和杰弗里·安德森的领导下，项目又进行了有计划的调整，布斯的教员们决定将项目的范围扩大，除海德公园内的全日制项目以外，将学院所有非全日制MBA项目的学生也包括进来。

变化还在持续加速发生。1989年秋，学院制定了关于在"环线"正北面芝加哥河上的某处新建一个市区中心的计划，该中心后来被命名为"葛利泽中心"。在20世纪90年代，商学院还在欧洲和亚洲分别推出了新的国际经理人MBA项目（1994年首先在巴塞罗那，2005年转移到了伦敦，自2021年起又推向新的地区；2000年在新加坡，而后转移至位于中国香港的一个很大的新校区，该校区每年为180名学生提供教育机会）。商学院的国际战略首先是由哈里·戴维斯构想的，而负责全面实施的是罗伯特·哈马达,该战略在当时是独一无二的,因为芝大商学院是第一所未与当地的欧洲大学合作而组织独立学位课程的美国顶尖商学院。2004 年,距离商学院原址仅一个街区之遥的一幢巨大的新楼房(415000 平方英尺)成为商学院的新家。该建筑由拉斐尔·维诺里设计,耗资 1.25 亿美元,开放时人们对其审美品位大加赞扬。2007 年,为了纪念查尔斯·M. 哈珀,该大楼便以他的名字命名。这幢大楼是"二战"以来芝大校园里建设得最大,同时也是观感上最令人印象深刻的建筑之一,设计它时特意照顾了学生和教员们的需求,缓解了学生们长期以来对拥挤不堪的沃克和斯图尔特宿舍楼的不满情绪。一年后的 2008 年,作为"空间基金管理公司"的共同创办人之一、同时也身为校友的大卫·布斯提供了一笔 3 亿美元的领导人捐赠,以命名并资助"研究生商学院"。虽然以学生评价为依据的排名并非衡量学术质量的准确方法,近来在院长泰德·斯奈德、苏尼尔·库马尔和马达夫·拉詹的领导下,布斯商学院已稳定地跻身于全美顶尖商学院前三名,它建立的一系列研究中心凸显出了其作为经济科学以及商业实践高等研究机构的形象。学生偏好结构同样也发生了改变,在布斯商学院的 MBA 学生中,创业学取代金融学成为最具吸引力的课程。教师的研究范围也持续扩大,包括运营研究、管理、社会心理学和社会学,社会科学部的教师还指责布斯企图发展为一个小型、独立的社会科学大学。2023 年,布斯商学院接受了罗斯·史蒂芬斯捐赠的 1 亿美元,用以发展博士项目,凸显出该学校的教育使命不仅仅局限于培养 MBA 硕士生,也包括培养约 150 名博士生。[175] 布斯还与法学院建立了联合 MBA/JD 项目,每年招收约十八名学生。

自 20 世纪 90 年代以来,布斯商学院与经济系之间的关系持续稳定地加深。"重大政策问题的经济学分析"这门新课程的设立成为一个关键的转捩点,该课程由加里·贝克尔、泰德·斯奈德和凯文·墨菲讲授,贝克尔因此于 2002 年加入了商学院,"芝加哥价格理论中心"也因此于 2004 年创立,并于 2006 年更名为"贝克尔芝加哥价格理论中心"。作为贝克尔中心和米尔顿·弗里德曼研究所的合体(在下文会提到,也是多年间在芝大内部引起激烈争议的话题),新的贝克尔-弗里德曼经济学研究所现在和经济系同在一处,位于南方大学街道 5757 号的原芝大神学院内，其院舍已修葺一新，并重新命名为"萨利赫经济学讲堂"[176]。布斯商学院和2006年创建的金融经济学专业之间的联合博士培养项目进一步加深了二者之间的联系。与此同时，从近来就研究生和校友对学院的支持度所进行的调查中可以看出，学生们对学院的支持始终热情而高涨。

近些年，布斯商学院和本科生院的关系也取得了显著成就。自2006年开始，本科生院和布斯商学院合作创立了一个新的（非学分）职业准备项目，到2017年，该项目以大学董事会成员拜伦·特罗特的名义命名。到2023年，特罗特项目每年为2300名学生提供咨询，组织数千个实习项目，并将芝加哥大学的毕业生安置在众多顶尖金融服务、咨询和商业公司中。[177] 2018年，布斯商学院与经济学系进行了重大结构创新，推出了商业经济学专业，纳入本科经济学专业的课程体系，授课老师来自经济学专业和布斯商学院。该商业经济学专业在学生中非常受欢迎。[178] 截至2022年，布斯商学院教师在本科生院给新专业学生教授了25门课程，让学校重新扮演19世纪末在大学教育中的重要角色。如今，商学院已从一个栖身于破败之所的不起眼的职业院系转变为一个拥有宏伟新大楼，并已雄心勃勃地在伦敦和中国香港设立分部的国际研究中心，人们可以从中看到原始研究和学术智慧的实践是如何成功地与针对职业的高水平合作教学和体验式训练结合在一起的。未来是否成功将取决于布斯和其他顶尖美国商学院在人们加入研究生商学院的兴趣衰退之时维持自身的能力。全日制专业和经理人MBA项目的入学人数众多，但是市区的非全日制（晚上和周末授课）专业的入学人数极度不稳定。[179] 商学院财富的缩水将不仅给学院本身造成影响，还会影响到整个芝大，因为自20世纪70年代初以来芝大就一直依赖于布斯商学院带来的可观的学费收入。例如，截至2019年，布斯商学院和本科生院创造的净学费收入占整个芝大的75%。[180]

芝大其他的专业学院将基础的学问与实际的训练结合了起来，并且近些年在两个方面都取得了巨大成功。哈里斯公共政策学院从根本上重组教学基础，将全日制教师人数（不包括联合聘任）由2012年23名扩大至2022年45名，同时也将全日制入学人数由293扩大至1196名。在这过程中，哈里斯学院取得了显著的学术声望。2020年，社会服务管理学院获得克朗家族捐赠的7500万美元命名捐款,更名为"克朗家族社会工作、政策与实践学院",反映了学院对教育不平等、贫困、儿童和家庭福利研究与直接社区参与活动相结合的新承诺。商学院在20世纪50年代和60年代都经历了教学与研究方面的巨变(法学院是自20世纪30年代末开始的),这些变化扩大了其教员文化的对外影响力,并与芝大学术社区的其他部门形成了互动,尤其是社会科学院系。然而,商学院和法学院在实现自身课程体系的跨学科性方面却有着不同的经历。两个学院都将社会科学的方法融入教学当中,但是法学院的这一过程是循序渐进完成的,并未与其基本的教学使命产生矛盾。相比之下,布斯商学院在20世纪50年代末和60年代转变为职业社会科学院系的战略实践却引发了自己学生对于文化的不满,从而导致20世纪80年代和90年代学院不得不对其重新进行调整。罗伯特·赫钦斯在《美国高等教育》一书中指出:"与非专业学院相互交流能给它们带来其他途径无法获得的东西,除此之外,我们很难提出其他理由将专业院系纳入大学"。[181] 布斯商学院和法学院(以及哈里斯学院和克朗学院)的教师在社会科学的更大范围内取得了显著的学术成就,因此我们不能简单地视其为对创造新知识几乎毫无贡献的高级职业学院。

哈珀曾希望这些专业学院由杰出的研究学者来规范和管理,他坚持认为其课程特性和教育项目应与芝大的其他知识领域联系起来。但他大概不会想到,这些专业学院录取的新生和获得学位者的数量会与艺术与科学研究生的数量不相上下。然而,由于许多在专业学院教书的教员所从事的研究工作都模糊了传统的学科界限,学生人口的例行转移最终将会强化整个芝大更为久远的文化价值观念,即将强烈的知性主义与哈珀关于芝大的想法融合为一个有机整体,只不过是以新的形式在新的教学场所之中进行。

## 作为一个世界学术社区的芝大

### 1980年后重新投入芝加哥城市建设

在20世纪70年代的经济衰退期间,前几十年中实施的城市改造计划已变得不再可行,也负担不起了。芝大开始不再按照传统的方式来审视自己的职责,而是寻求通过预防犯罪和改善交通状况来提高海德公园的生活品质,并发起了许多延伸的服务项目。[182]芝大于1974年成立了"社区事务办公室",该办公室很快便发起了社区学校项目,数百名本科生院学生在本地的公立学校中担任起了志愿者教师和助教。为警察和消防员的孩子们设立的奖学金项目也可以追溯到20世纪70年代中期。在1968年建立的"特别项目办公室"的大力支持下,拉里·霍金斯组织了一系列的补充改进项目,包括"继续升学计划"、夏季青年营计划、"实验性改善计划",以及一些公开辅导课程,旨在帮助来自市区学校的年轻人为升入大学做好准备。

20世纪80年代中仍有个别计划在继续实施,如保罗·萨莉的"年轻芝加哥数学学者项目",该项目在暑期将数十名芝加哥的高中生和教师带到芝大校园里以进行数学集训。在劳埃德·A.弗莱基金会的支持下,劳拉·伯侯特为芝加哥公立学校的教师们组织了一个类似的夏季研讨会提高项目。霍金斯也于1988年发起了一个与哈罗德·华盛顿学院合作的项目,以帮助该学院学生转入优选的四年制大学中。[183]

作为公共安全的守护者,校园警察的重要性与日俱增,他们不仅要守卫校园边界以内的地区,还要保证整个海德公园的安全。20世纪80年代芝大负责社区事务的副校长乔纳森·科林伯德在协助芝大发展官员布鲁斯·克林顿稳定和重振位于51街和南湖滨大道交会处的摄政公园公寓大楼方面发挥了重要作用。科林伯德还与北肯伍德-奥克兰保护社区委员会和当地公职官员一道,于20世纪80年代末和90年代初致力于推动北肯伍德-奥克兰的重新开发,从而促成了47街沿线一座新的购物中心以及43街和47街之间一些独栋房屋、公寓楼以及出租房的建设。[184]科林伯德在与社区领导们合作创建"伍德劳恩保护与投资公司"和"社区重建与振兴基金会"方面发挥了关键作用。1993年至1994年,在61街以南的伍德劳恩地区开始建设28栋新市价房屋的第一栋,该地区那些破旧的公寓楼得到了修复。[185]科林伯德还坚定不移地对破损严重或管理不善的商店和饭店实施修缮。[186]

1980年至2000年,随着芝大采取了一系列行动以期改变其独善其身、对更广泛层面的社会问题不闻不问的负面形象,学校与芝加哥城之间的关系在一些重大方面缓慢地发生了变化。在20世纪40年代和50年代,海德公园的环境已经恶化到面目全非的地步,此后即使在一个经济普遍繁荣的背景下,也花了数十年时间才得以恢复。社区人口规模和密度逐渐趋于稳定,到了1980年,海德公园逐步成为一个稳定、种族团结且令人舒适的区域,家庭收入中位数和房产价值不断增长。媒体报道的犯罪率也在逐渐下降。然而,这些积极的趋势却也带来了令人尴尬的现实,如乔纳森·科林伯德于1978年所指出的:"随着社区变得更加稳定……房产价水涨船高,可租住的房屋却减少了。即使这个市场能够提供更好的住房,年轻教师也负担不起。学生们能租到的房子也越来越少,即使有人能够找到,也少有人能租得起。"[187]

鉴于海德公园毗邻芝加哥的中央商务和文化区域,芝大社区的多数成员仍然将"环线"和一些"近北"社区当作购物和娱乐的方便去处。1983年,当汉娜·格雷在评议会委员会里被问及海德公园在重要的商业发展方面是否存在不足时,她提醒教员们,决定海德公园商业和娱乐环境发展的是自由市场的力量。1993年6月,随着芝大对海德公园购物中心投资进行大规模更新,组织了新的管理层,吸引了新的租户,并实施了环境美化工程,社区环境终于得到了一些改观。

尽管采取了这些行动,芝大仍然被社区中的许多人诟病为与"南区"中的其他区域格格不入,海德公园社区的便利设施仍较为落后。此外,芝大仍然未能改变学校的干预措施在本地的非洲裔美国人社区中所产生的负面印象,这些社区的许多领导人仍对芝大抱有成见,即便经过了城市改造的时代也是如此。[188]

20世纪90年代和21世纪初,海德公园中学校与社区的关系经历了巨大变化。两者间最重要的接触点或许已变成了公共教育。1998年,芝大先后在北肯伍德-奥克兰和伍德劳恩创建了特许学校体系,并以此作为制定更多外向型市民策略的杠杆和通道。新的干预措施源于"学校改善中心"和一个平行机构"芝加哥学校研究会社"的托尼·布里克、莎伦·格林伯格和莎拉·斯普拉克所做的工作。1989年,在当地基金会的支持下,"学校改善中心"组织成立,当时关于芝加哥公立学校治理的主要改革已近尾声，改革建立了本地的学校委员会，并赋予了委员会任免校长的权力（1995年将负责公立学校系统的工作转移给了市长理查德·M. 戴利）。[189]布里克认为，芝大会成为一个极好的综合实验室，用以研究当前的学校政策对错，并基于能够在很大程度上改善公立中小学教育成果和成就的详细调查研究和统计分析来制定新的干预措施。[190]该中心最初的提案将其设想为这样一个场所，芝加哥公立学校的校长和管理者、教师、芝大（通过教育系教员），以及研究人员可以在此讨论常见问题，并制定策略来加强小学阶段阅读、写作和数学教学。中心的运营原则之一是，指导改革的必须是本地学校的从业者，而不是外来的官僚或理论家。为此，中心在芝加哥当地选定的学校里为公立学校职员们，尤其是在实施新管理结构方面起关键作用的学校校长们举办了一些研讨会、暑期讲习会，以及职业发展项目。在教师间鼓励形成更强的专业文化成为关键目标。中心同时还致力于儿童早教，即教最年幼的学生们学习阅读以及用语言创造性地表达自己的想法。[191]与此同时，"芝加哥学校研究会社"也在想方设法地突破芝加哥公共学校系统中的研究者和教育者之间的分隔界限，以期更多融入本地学校的"地方性"研究能够产生更有效的政策成果。[192]该会社着重强调细节研究，以提升当地学校和中心管理职能部门的人力资源质量，并提高周边社区的教学成果。与中心和研究会相关的学者们发表了许多实证研究，于2010年将成果总结成了一本重要文献《组织学校进行改善：来自芝加哥的经验》。该书指出，校本专业社区和教学计划一致性的理念至关重要。[193]这些研究所形成的重要概念包括了托尼·布里克和芭芭拉·施耐德关于社会信任的理论，而社会信任是学校集体行动的一个要素。[194]建立社会信任的目标不仅定义了特许学校项目本身，也明确了北肯伍德和奥克兰地区学校与社区关系更为广泛的动态形势。

1998年第一所特许学校在中心的推动下应运而生，开放这样一所专业发展学校是为了该中心在芝加哥开展工作。[195]该学校拥有最初芝大提供的30万美元补贴作为支持，其目标是开发一个以读写能力作为基石的课程体系："我们所有年级课程的核心就是读写能力。我们的课程框架重点是采取一种均衡的学习读写的方法，将采用真实教材与基于学生需求评测的技能教学结合起来。这需要一个拥有大量藏书的学校，不断地激励写作，以及通过真实的应用使这些技能和兴趣发挥作用的项目。"[196] 其课程的设计和实施是由一位业务熟练、讲求实际的改革家马文·霍夫曼来领导的，他曾在许多很有挑战性的农村和市区教育项目中扮演教师、管理者以及学校心理咨询师的角色。霍夫曼以成功地培养语言艺术教师以及与那些容纳并维持改良学校的社区合作而闻名，布里克于1996年通过"学校改善中心"邀请他来到芝加哥领导一个将本地学校的教师培养成为读写能力协调师的项目。[197] 但是霍夫曼、布里克和萨拉·斯普尔拉克对于在芝加哥公立学校系统内部实施他们所设想的读写能力教学的过程中面临的种种障碍感到颇为沮丧，于是认为建立一个特许学校可能能够解决问题。[198] 他们的目标是创建一个以教师和校长的责任感、灵活性与创造性为基础的学习环境，采用分布式权力结构，提供更多专业知识，并采用系统性评估方法，比如使用新的STEP读写能力评估计划。后来，有关这所新学校的评估指出：

> 学校的设计者质疑了一项假设……即城市学生最能接受说教式的教学方法，该方法强调，学生应当接受事实和步骤，而不应当展开太多思考。设计者认为，教师的作用应当是帮助学生学习，在特定的学科领域内创造出能够激发知识建构和意义建构过程的环境。这种教学模式将教学视为一种共享、系统的实践，能够满足孩子们的个性化学习需求。这种理念不仅涉及每个班级的独特教学方法，还涉及全校的不同教学方式，对课程、评估、教学法以及教学时间的使用都产生了重大影响。科罗拉多大学斯普林斯分校（UCCS）的设计者们发现，在我们所说的私人自主模式下的传统学校中，教师行使着极大的自由裁量权，但在授课方面却极少得到指导，结果就是教师的教学实践千变万化、特立独行。与此相反，他们为特许学校提出的共享、系统化方法要求教师放弃部分自主权，制定共同的教学实践方案，为教师提供集中指导和支持。[199]

由负责社区事务的副校长汉克·韦伯和时任社会科学部部长的理查

德·萨勒为首的芝大官员强烈支持特许学校事业，不仅出于社会公益的考量，还因为他们相信，推动周边南部和北部社区的振兴是芝大自身的利益所在，而创办一所成功的特许学校也许是他们能够找到的一个有前途的新方向。[200]特许学校项目加强了20世纪80年代末和90年代初在芝大已经十分活跃的各种市民参与活动，但1997年10月雨果·索南夏因决定继续申请创办第一所特许学校才从根本上放大了这种趋势。布里克回忆，这个决定"令芝大投身于建设这个城市的一个崭新机构并振兴教育事业的研究与教学工作"。有一位董事问索南夏因芝大给自己找的后路是什么，索南夏因回答道："我们没有。我们要把它做大做强。"[201]

不久之后，第一所K-8[vii]特许学校落户于位于东46街1119号的空置的莎士比亚小学，并于1998年8月开放。该校立即引起了社区的关注，没过多久就在学生表现指数方面取得了令人印象深刻的成功。[202]到了2003年，社区增加的学校已明显能够满足公众强劲的需求了，但另一方面，要实现其全部目标，"学校改善中心"需要建立一所特许高中，也就是现在位于第63街和伍德劳恩大街的那栋新建筑，该建筑于2017年建成，旨在"成为社区活动的灯塔"和"芝大与伍德劳恩社区之间的纽带"。[203]因此，在2005年和2008年之间，社区又另外增设了三所特许学校，每年总共招收超过1700名低收入家庭的学生。[204]在20世纪90年代末和21世纪初的芝加哥教育改革中，创建芝加哥大学特许学校只是当地众多改革想法中的一部分，在具体的社会学习过程中，大量有关改善学校的新理念出现。正如布里克及其合作者后来论证的那样，人们最终形成了一种有关渐进式改革的新框架，并且这些改革以路径依赖的方式融合在一起：随着参与城市学校改善工作的个体与他人展开互动，人们围绕着共同任务形成了新的集体认识。大多数个体都跨越了机构的界限，打破了传统思维与行动对这些独立机构的束缚和限制。[205]

芝大特许学校的成功于2004年引发了第二个雄心勃勃的计划，即"城市教师教育项目"（UTEP），旨在培养在城市小学和中学工作的年轻

---

vii K-8学校指美国招收从幼儿园阶段（5-6岁）一直到8年级（14岁）学生的学校，包含了一般意义上的小学（幼儿园到6年级）和初中（7-8年级）。

教师。2008年，芝大建立了一个新的行政管理机构来协调和管理特许学校，以及芝加哥学校研究会社，并推动全国范围内关于学校的实证研究事业。这个机构就是由查克·刘易斯和蒂莫西·诺尔斯建立的"城市教育研究所"（UEI），自2003年以来，蒂莫西一直在指导"城市学校改善中心"和芝大的各种教师培训项目。[206] UEI与一个新的多学科教师教育委员会进行了密切合作，合作重点聚焦于量化社会科学法，该委员会创建于2006年，由斯蒂芬·W.劳登巴什领导，这标志着芝加哥大学重新树立了自己作为一个国家教育研究机构的形象。此委员会举办了研究研讨会，为25名博士前期研究院组织了培训项目，以创造新知识，从而形成有利于改善校本学习的模范实践。[207] 刘易斯和诺尔斯等人又建立了一个名为"芝大影响力计划"的平行项目，旨在将会社的研究成果转化为可供全国学校系统采取的实际干预措施。尽管这些项目成立之初都有大量资金和良好意愿的支撑，但还是存在核心设计问题，即缺乏相互协调性（比如，特许学校和会社之间无协调性，教育委员会和UEI之间也无协调性），在缺乏协调性学校或教育部门的情况下，这一问题极其严重。[208] 近期，芝大将协调任务交给克朗家族社会工作、政策与实践学院，至于这一举措是否有利于解决棘手的结构设计问题，时间会给出答案。

除了让数千名年轻学生接受更好的教育以外，特许学校还使得芝大开始与北肯伍德-奥克兰地区的社区组织建立更为互惠和均衡的关系，从而逐渐演变为在其他共同关心的政策领域的互动。20世纪90年代和21世纪芝大在公共教育和学校研究方面的工作也对加强其与芝加哥市政府间的关系起到了帮助作用，因为市政府视公共教育为一个重大的政策问题。布里克这样解释道：

> 从概念上讲，我一直认为我们所做的工作是在挖掘芝加哥大学的深层历史；这个密歇根湖畔的伟大的大学是在一系列城市化、工业化和移民的问题中崛起的。这个新兴大都市的问题在很大程度上为芝大社会科学的发展提供了养料，并且帮助芝大在多种社会科学学科领域成为首屈一指的研究机构。然而，随着时间的推移，芝大的社会科学研究与现实问题的联系逐渐减少，这些学科的发展也变得更加内向

了。因此我们在教育方面的工作回到了芝大自己的根基上来。[209]

特许学校的长远未来和学业成绩取决于一系列复杂因素，如芝大的持续领导、社区的持久合作以及芝加哥市和教育委员会的不断支持。近年来，严重的政治风波（以及一塌糊涂的学业成绩）极大地威胁了芝加哥和全国范围内特许学校的合法性。如果没有芝加哥公共教育当局的不懈支持，芝大在20世纪90年代末对公共教育的干预将难以为继。

芝大在教育方面的努力补充并加强了在公民领域内所做的其他干预。其中的一个例子便是在哈佛培养的一名年轻律师米歇尔·奥巴马的领导下于1996年至1997年建立的新的社区服务中心，该中心关注的是全城范围内的学生志愿服务机会。芝大领导也试图与伍德劳恩和北肯伍德地区的当地政治和非营利组织领导人建立更紧密的合作伙伴关系，以促进经济发展和住房改善。他们开展的行动之一便是于2003年5月发起的一个对雇员提供支援的可免除贷款计划，旨在鼓励大学员工在北肯伍德-奥克兰以及其他南区社区购房安家。此外，作为芝加哥环线以南地区经济发展的主要引擎之一，芝大还斥资数百万美元，协力向芝加哥南区聘请了一些少数族裔开办的建筑、商品和服务企业。另一项举措是于2001年10月将芝大校警的巡逻范围从61街扩大到64街，该举动被《芝加哥论坛报》称为"芝加哥大学与伍德劳恩社区间合作关系持续改进"的一个主动信号。[210]

## 变革之潮：2006—2021年齐默任职期间

1978年至2006年对芝加哥大学来说是战略性的重要时期，用于从20世纪40年代和50年代的危机中恢复，这些危机对学校的学生人口结构、政治经济以及长期财务稳定性造成了严重损害。一些教职员工后来回忆起的那段博士生大规模、几乎不受控制的招生和小规模本科教育的"黄金时代"，实际上是一种危险的幻觉，如果不加以纠正，最终肯定会使芝加哥大学沦为二流地位。2006年校长更替后，问题变成了：大学现在将向哪个方向发展，如何利用在格雷、索恩施恩和兰德尔领导期间发起并维持的成功恢复和更新举措。在美国精英研究型大学的激烈竞争环境中，芝加哥大学如何才能在新世纪既保持其历史辉煌和文化独特性，同时又能与那些野心勃勃且资金充足的同行竞争？

下一届管理层的领导在回答这些问题上起到了至关重要的作用。雨果·索恩施恩在20世纪90年代中期所进行的有争议的干预措施试图为繁荣和重塑卓越奠定基础，但芝大和学院直到2006年后才开始充分利用这些新干预措施。2006年年中，罗伯特·杰弗里·齐默，这位于1977年首次加入芝加哥大学担任数学讲师的杰出数学家，被任命为校长。齐默曾在1995年至1998年间担任负责教育和研究的副教务长，1998年至2000年间担任负责研究的副教务长，并从2000年至2002年担任研究副校长和阿贡国家实验室的副主任，随后前往布朗大学担任教务长。齐默回到芝加哥大学，成为一位充满巨大能量的领导者，他担任校长长达十五年。他在多个方面对大学产生了深远影响，包括重新思考大学所处的校园边界、对邻里改进的新干预措施、捍卫言论自由、启动新的全球教育和研究战略，特别是在南亚和东亚地区，增强多个单位的经济科学资源，以及在分子工程的支持下重新定义大学的大规模和小规模自然科学。他也是20世纪90年代中期开始的学院长期转型以及21世纪初仍在进行中的转型的坚定支持者，支持学院在欧洲、非洲、拉丁美洲和中东的新国际计划。[211]

齐默于2006年夏天回到芝加哥大学。与大多数新上任的学院和大学校长不同，他们通常会通过广泛的"倾听之旅"来了解校园内的期望（或担忧）以及需要解决的问题。然而，齐默对芝加哥大学已经非常熟悉，并带着一整套雄心勃勃的目标回来。事实上，早在2006年与校长遴选委员会成员的对话中，齐默就已明确指出大规模投资应用科学的必要性，同时紧迫地认为需要其他干预措施来维持大学的长期光辉。齐默尤其担心的是，芝大不能因自满而忽视进一步走向卓越的新举措。

在布朗大学的任职期间，齐默重新认识到芝加哥大学文化和声誉资源的规模与力量，感悟芝加哥大学深厚、基于价值观的精神，以及教职员工对无论其意识形态色彩如何、最好理念理应胜出的坚持。因此，齐默在担任校长之初，便向爱德华·列维一手塑造的文化世界表示致敬，并强调了大学文化实践及其国家身份的独特性：

一切有关采取何种举措的考量，都必须置于我们的基本价值观和我们在学术界中所扮演的特殊角色的背景下。首先需要明白的是，芝加哥大学背后的驱动因素包含审慎、开放的探索文化以及不懈的分析与质疑。芝加哥大学多年来的组织方式和发展历程、深厚的文化底蕴、引人入胜且强有力的教育体系，以及大学对学术和社会所做的贡献，都是源于这一重点。这既是芝大的一个核心特征，也是我们在考虑未来时需要构建的基础。212

　　齐默并没有否认现代研究型大学的外部责任，但他表达了对其特殊学术使命的认可，并强调了大学需要脱离美国其他民间社会部门的政治激情和意识形态的干扰。

　　齐默还明白，任何一项重大投资计划都需要持续拥有董事会的支持，而董事会对于采用大规模赤字融资策略显然持谨慎态度。为了做到这一点，齐默强调了芝加哥模式的历史独特性，并指出，如果这一模式削弱，可能会带来不可逆转的损害："如今，美国顶尖的私立研究型大学中，大多数都效仿芝加哥的卓越模式，成为世界的羡慕对象……芝加哥大学通过展示如何在正确的雄心和资源配置，以及支持卓越的领导力和机构文化的推动下，迅速建立起卓越的院系和项目，从而树立了美国研究型大学的崇高标准。"213

　　齐默将 2006 年视为需要"重大改变"的一大时刻，相当于 19 世纪 90 年代的激进主义。他的雄心在接下来的 2006 年至 2018 年间逐步明确，通过八次董事会撤退会议展开，阐述了一系列复杂的机会，以增强大学的特殊性和声望，同时也规定了推动具体工作完成的精确时间表。214 齐默的计划是以几十年为单位展开规划，而非仅限于数年，同时采用概念驱动、中央规划的领导风格。他运用了多种修辞手法，超越战术部分，传达了一个战略整体，首先从 2006 年的"10+1"政策目标方案开始，最终演变为五大卓越和有影响的愿景，包括学院、自然界、社会界、人类界和外部参与。215 在 2008 年 3 月伦敦董事会撤退会议上，也是所有撤退会议中最为关键的一次，齐默阐明了一系列具体的干预措施，包括：在复杂科学领域进行激进变革的投资，主要是在计算和分子工程领域进行重大新投资；建设一个以新医院为核心的新生物医学校区，至少包括两座重要建筑和额外的物理科学教职员；大力支持经济学、商业和法律的高级研究，以新成立的米尔顿·弗里德曼研究所（后改名为贝克尔·弗里德曼研究所）为支撑；加大对城市教育的投资；对位于东六十街1309号的会议中心建筑进行大规模翻新，并为哈里斯公共政策学院增加教职资源；在南校区建设一个重要的新艺术中心（以雷瓦和大卫·洛根命名，以纪念他们捐赠的3500万美元）；建造一个新的图书馆研究馆，提供邻近雷根斯坦图书馆的高密度存储设施（以乔·曼苏托和里卡·曼苏托的名义命名，以纪念他们捐赠的2500万美元）；为人文社会科学研究生提供额外的奖学金；在国际项目和中心增加投资，以提升大学的全球影响力；将终身教职教员队伍扩展15%（约170个新职位）；以及一系列其他值得投资的项目。

计划的实施以多种方式实施：增加筹款和捐赠到捐赠基金、提高捐赠基金的提取率、增加医疗中心的运营利润率、从新的联邦研究资金中提高成本收回率、承担30亿美元的新债务，并创建一个战略倡议基金。该基金将通过特别分配的5亿美元无限制捐赠基金资助，芝大规划人员从而每年可提取高达10%，而非往常的5%。

2008年3月在伦敦董事会批准的最初计划，在2008年年底股市和银行崩盘后（道琼斯指数下跌34%，至2009年失业率接近10%），经过2009年华盛顿和2012年波士顿的董事会会议进行了修改。然而，齐默成功地说服董事会保留了最重要的部分，包括分子工程和米尔顿·弗里德曼研究所及其相关建筑物。他通过使用蒙特卡罗模拟进行极为详细的财务规划方案，比较了静态稳态策略与继续大规模投资风险的成本，表明追求后者（被称为"专注计划"）对捐赠基金的长期影响并不大。[216] 最终，董事们同意承担新债务来资助这些倡议，认为（普遍共识为）低利率、战略债务的承担成本相对"便宜"，而现在（2008—2009年）正是进行大规模投资大学物理设施和教职员工计划的一个特别适宜的时机。这是新管理层的一个关键转折点，因为齐默能够继续维持他在2006年和2007年首次提出的前进动力。[217] 后续的计划也承认，这些积极的干预措施实际上依赖于董事会是否愿意接受赤字和债务为基础的融资，这与其他在 2008 年经济危机之后减缓发展计划的大学形成鲜明对比。计划假设，芝大将通过大幅增加筹款、扩大学生入学人数、更有效的行政成本削减和增加外部研究资金来实施计划中的赤字撤出。卓越和影响力本身就是一种奖赏。筹款进展显著，芝大于 2014 年启动了新的资本运动"探索与影响"，最终于 2020 年筹集了 54 亿美元。然而，尽管取得了这些持续的慈善成功，计划假设的最终目标——实现平衡预算——实则极其难以实现，因为芝大在 2019 年至 2021 年间平均基线结构赤字约为每年 1.4 亿美元，同时自身负债累累，继续超支捐赠基金。[218] 债务水平超出了最初的规划预期，到 2022 年达到了近 43 亿美元，不仅覆盖了新建筑物，还包括学术计划的投资。2008 年的原始计划和 2009 年修改后的计划均未为继续扩展学院住宅系统设立精确的时间表，这本是学院领导人的最高优先事项，但 2012 年后的战略事件为学院成功推动他们的事业提供了机遇。

正如复杂的多年规划常见的情况一样，齐默的一些目标未能实现，而其他目标则基于财政或校园政治上的紧迫性进行了重新构想。齐默得到了一支异常出色的管理团队的支持，包括大卫·A. 格林、大卫·B. 菲西安、达伦·雷斯伯格、凯蒂·卡洛-赖特和巴拉·斯里尼瓦桑。格林在规划和实施主要项目方面发挥了特别重要的作用，例如校园总体规划、新的国际中心、第 53 街的重建、住宅生活设施的扩展以及在芝大大道和伍德劳恩大道上进行的适应性重用项目。

在齐默最重大的目标中，他成功实现了校园规划和扩展、新的社区战略、革新自然科学、创建工程学院、支持芝大经济学研究、言论自由与芝加哥原则、退出新的全球战略以及建立新的全球中心和扩展文明研究。

## 学校计划与扩建

齐默团队加强了对校园建筑环境的关注，重新定义其空间和美学的边界。2007 年中期，他的管理团队聘请斯基德摩尔、欧文斯和梅瑞尔公司（SOM）修改和扩展校园总体规划，这一规划最初由NBBJ建筑师事务所于 1999 年开发。[219] 由菲利普·恩奎斯特领导的SOM团队提出了一系列重大的改造和干预措施，旨在加强中央校园，改善公共空间，并为校园生活的集聚创建视觉和空间中心，包括建设新的小型草坪，清除校园内的车辆交通，为新用途翻新关键建筑，清除已超过使用寿命的旧建筑，并利用灯光增强校园夜间的温暖感，并在中途广场（Midway）创建视觉"桥梁"。[220] 遵循SOM的指导方针，芝大通过收购芝加哥神学院在第58街和大学大道交汇处的旧址，为经济学系和贝克·弗里德曼研究所创建了中央校园的新东部边界。该项目位于商学院对面，离法学院两个街区，对新的弗里德曼研究所的未来至关重要，同时修复了一座美丽的20世纪20年代的历史建筑，该建筑过去因多种长期工程问题陷入困境。为此，芝大同意在南校区花费3000万美元为芝加哥神学院建造一个新的神学院，并在安·贝哈建筑师事务所的主导下投资1.22亿美元展开一项重大的历史翻新项目。这一成果以阿尔瓦罗·赛赫（Álvaro Saieh）命名，他在2014年为支持修复项目捐赠了重要资金，是一项历史保护领域的惊人成就。芝大规划人员随后获得了芝加哥市的批准，关闭了从伍德劳恩大道到大学大道之间的第58街，创建了一个新的类似草坪的步行区，位于赛赫厅和东方研究所之间。芝大还资助了神学院合作书店，书店在2012年搬迁到了旧的麦吉弗特大楼，位于伍德劳恩大道5751号。2011年，大学还收购了伍德劳恩东侧的几栋建筑，包括5701号的梅德维尔神学院图书馆建筑，为纽鲍尔学院，5707号的伍德劳恩之家为政治学研究所，以及5711号的伍德劳恩之家为保尔森研究所，后来改建为大学学生事务主任的主要办公室。鉴于芝大已拥有伍德劳恩西侧的所有住宅物业，57街至58街之间的街区基本上成为校园景观规划的一个新模块，在建筑术语中称为"机构/住宅过渡区"。[221] 在西侧一块街区，大学考虑了在2018年5月关闭从57街到59街的大学大道的临时计划，创建另一个大型"无车步行道"。然而，由于新冠疫情和对失去停车位替代的担忧，以及来自阿尔法德尔塔菲（Alpha Delta Phi）联谊会的反对，这一项目随后停滞。

芝加哥大学还在第55街和芝大大道处建造了新的北部"入口"，即由简·岗（Jeanne Gang）设计的校园北住宿区公寓。后者之所以得以建成，是因为2012年春季，皮尔斯塔楼因严重的管道问题而处于损坏状态，迫切需要将其替换。芝大规划人员曾考虑在第56街和斯托尼岛开设一个住宿楼，以增加学院的住房，这必然会导致更多学生乘车往返于中心校园之间。如此一来，皮尔斯塔楼的危机，巧妙地突显了将学生留在校园内、保护大型住宿综合体作为"学生和校园生活的活跃中心"的重要性，并且不必采取过去陈旧的"社区"战略。²²² 董事会于 2013 年 11 月 7 日批准了新住宿楼的设计。新场地的目标是"统一校园目前分散的区域，同时创建一个真正敞开大门的门槛，连接校园与周围社区"。²²³ 格林伍德大道在第 55 和第 56 街之间的封闭使得在科克兰伍兹、克朗体育馆和北校区设施之间打造一个美丽的新的四方场成为可能，而新的四方场中心同时有一片美丽的白桦树林。

齐默最初针对南校区的计划包括为MBA学生建造一个新的住宿楼，然而大多数布斯商学院的学生更倾向于选择其他住所，因此这个计划最终显然是不必要的；另外，齐默还本计划为社会服务管理学院（SSA）建造一座新建筑，但当时没有足够的资金支持这个计划。相反，齐默利用洛根艺术中心、学院对新住宿楼的需求以及重建后的哈里斯公共政策学院，作为重建南校区成为活力四射的校园文化的基点。截至 2022 年，超过 2400 名学院学生居住在南校区，预计后续十年还会有更多学生入住。同时，齐默在 60 至 61 街之间的区块进行了大规模投资，包括建造了洛根艺术中心（2012 年开放）、雷妮·格兰维尔-格罗斯曼住宿公寓（2009 年）、伍德朗住宿公寓（2020 年）、戴维·鲁宾斯坦论坛及其高品质餐厅 BarDavid（2020 年）、以及 The Study 酒店及其第二家新餐厅 Truth Be Told（2020 年）。此外，还对东 60 街 1307 号的爱德华·杜雷尔·斯通设计的新研究生住宿楼进行了彻底改造，并将其转变为以丹尼斯·凯勒命名的哈里斯公共政策学院新址，以表彰他捐赠的 2000 万美元（2019 年）。

后一个项目反映了从 2014 年秋季开始由丹尼尔·迪尔迈尔领导的全面规划努力，旨在重塑哈里斯公共政策学院在学术和公众面前的声誉，使其成为国家公共政策研究领域强有力的竞争者。²²⁴ 哈里斯公共政策学院强调深入分析、审议和反思的教育项目，因此与芝加哥大学其他主要专业学院的学术身份相契合。在接下来的八年里，哈里斯公共政策学院的入学人数显著增加，并且教职员工规模也增长到 53 个全职职位（截至 2022 年）。到 2023 年，哈里斯公共政策学院普遍被认为是全球公共政策领域排名前十的学院之一，某些研究领域甚至位居前五。学院制定的设计原则用于指导石建筑的翻新，反映出学院日益增强的信心：通过打造一个新的、充满活力的空间,可以重振甚至重新定义学院使命的传统自我理解。这种"言语建筑"将激发各种计划内的新活动在其周围展开:

> 启发影响(将意图和热情转化为影响力);无畏乐观(在重新定义现状中倡导无尽的探索和好奇心);严谨至上(拥有深思熟虑、勤奋和实际应用);首日行动(定义和实现影响力的新范式);关键位置(利用芝加哥市的微观和宏观的力量);未来前行(拥抱和推动公共政策创新)。[225]

南校区现在是芝大的"机构地址"的一个组成部分,为一个21世纪的现代主义校园,位于中途广场的前方,与中途广场以北的19世纪末哥特式校园形成对比。[226] 南校园被定义为"中道花园中一个显著的动态目的地",不再被视为芝大其余地区的附属品。根据SOM的提议,南校区将通过新的光桥(Midway Crossings)连接到北面的校园,这些光桥位于伍德隆大道、多切斯特大道和埃利斯大道上。61街的边界将成为一个"软校园边缘",并且在街区中段建造一个持续的步行路径,沿着这条东西轴线,学生可以步行或骑自行车从多切斯特大道到德雷克塞尔大道的建筑之间移动。

在校园西侧沿埃利斯大道,芝大拆除了一座始建于19世纪90年代的旧建筑,其位于书店以西的68街上,名为英格尔赛德楼(Ingleside Hall)。克雷尔图书馆大大提高了利用率,被改造为计算机科学系的总部和一个新的数字人文实验室(2018年),从而大大增加了穿梭埃利斯大道至格林伍德大道新步行区域的学生数量。芝大还于2015年开设了威廉·艾克哈特研究中心,这是一个位于旧研究所大楼原址的大型建筑,用于分子工程、天文学和天体物理学,位于67街和埃利斯大道上,正对着新的乔和丽卡·曼苏埃托图书馆,北面还创造了第二个新的科学广场,以67街北面为界,归属BSD学习中心、艾克哈特中心以及翻修和扩建的米切尔森物理中心(2018年)。[227] 同时,2013年2月开始,芝大计划修建另一个重要的科学建筑,并最终坐落艾克哈特研究中心的北部,即旧加速器大楼的位置,以容纳普里兹克分子工程学院(PME)实验室和工作组的快速增长，以及BSD几个系的实验室。由于预算压力，这座预计耗资至少6.5亿美元的大型建筑被董事会推迟了八年，计划于2019年恢复。[228]

校园重塑的最后一步是在2012年至2013年间建立一个新的东西向轴线，横贯校园核心，并通过行政大楼（2013年更名为爱德华·H. 利维大厅）连接所有的四方院落，将中心四方院落与沿57街定义的新步行院落（包括医疗中心、克雷尔图书馆、科斯滕物理教学中心和戈登综合科学中心）连接起来。中心四方院落及其附近区域增设了110个古董灯柱（恰如其分地称为"牛津灯柱"），几乎将其数量翻了一番，为漫长的冬日增添了校园特有的光亮质感。车辆通行被禁止，2009年至2012年间，在四方院落的道路上铺设了透水的砖混凝土铺路石，营造出大型步行区域的环境感。克朗家族资助了体育馆的新窗户，并在面向新校园北部共享空间的北立面上安装了照明设施。

这些干涉行动的最终成果，便是塑造一个令人印象深刻、美丽无比的校园景观，而几座新添的建筑物，则实现了新的战略和象征目标。鲁本斯坦论坛不仅从功能出发成为本地会议和会议场所，而且还是"（芝大）号召力的表现"和文化"目的地"，该建筑物的审美形态直接呼应了齐默对芝加哥历史卓越的理念。[229] 托德·威廉姆斯和比莉·谢恩设计的十层洛根艺术中心，从多角度出发，显然都是一次尤为有效的投资，结合了艺术工作室、展览设施、音乐练习空间、多功能排练空间、450座演出厅、黑盒剧场和最先进的媒体教室，标志着学生艺术创作和研究的显著增长。然而，从不那么乐观的角度出发，由于1930年前建成的中心四方院落的许多新哥特式建筑物历史悠久，有所破损，延迟维护和资金补充对芝大来讲仍然是一个巨大挑战：截至2016年，四方院落的投资积压总额超过7.5亿美元。

## 一个新的社区战略

罗伯特·齐默还启动了一项大胆的战略，旨在改善社区设施和文化资源。正如齐默在2009年所说："海德公园缺乏一个充满活力的商业中心，该问题长期以来一直困扰着社区成员，其中许多是大学的教职员工和学生。他们需要走一段距离以满足基本的购物和娱乐需求。与芝大不同的是，许多其他顶尖学府都是紧挨或是环绕商业区。如此一来，缺乏便利设施和充满活力的商业区便成了招揽学生和学者的一道障碍，而他们往往还有其他更好的选择可供考虑。"[230] 自 20 世纪 50 年代以来，芝大首次积极参与了校外城市规划。该战略从鼓励关闭财政破产的海德公园合作社（2008 年 1 月）开始，并于 2008 年 3 月在海德公园购物中心开设宝岛超市，后来于 2019 年 10 月被乔氏超市取代。然而，更为引人注目的是，为了改善海德公园居民的零售和服务设施，齐默团队在 2008 年至 2015 年间启动了一项重大且前所未有的 53 街商业复兴计划。[231] 相较芝加哥北部具有相似物业价值和家庭收入水平的社区，海德公园仍是一个人口密度较低的社区，因此该社区的人均净购买力所面临的挑战尤为明显（而这对吸引商业公司来讲尤为重要）。商业投资者通常使用美国人口普查数据等指标来评估潜在的消费者数量，但这些数据未能捕捉社区实际白天的购买人数。正如 2007 年 9 月的顾问报告所言："过去二十五年，海德公园及其周边地区经历了显著的转变。然而，众多改善中，一大滞后的领域便是零售购物。尽管许多学校拥有为大学和社区需求提供服务的兴旺商业街区，海德公园的零售区却缺乏吸引力和活力，该地区的购买力似乎就能作证这一点。"长期以来，许多海德公园居民已习惯将芝加哥市中心作为购物、娱乐的主要选择。因此，问题在于，如何释放已有的消费资源，提供更具吸引力的本地购物选择。[232]

重建的第一阶段专注于位于 51 街和 53 街之间的老哈珀庭购物中心地点。当时的 53 街缺乏密集的零售活动和商业活力，许多老旧店面只吸引了北至 55 街以上的数千名教职员工、研究生和本科生顾客群体，这些人对新的商业发展至关重要。芝大规划人员参考了 U3 投资公司的报告，这是一家曾参与西费城转型的咨询公司，该公司建议芝大收购街道上的关键物业，并以战略方式投资，以催化更多的零售和服务改善。[233] 目标是将这条街道转变为"激活人行道和公共空间混合使用、人口密集的城市街道"，使其成为"吸引芝加哥各地的游客、具有大学城市感觉的城市走廊"。[234] 该项目始于 2008 年 5 月，芝大决定以 650 万美元购买哈珀庭地块，并额外花费 350 万美元购买附近的好莱坞音像店。芝大的领导力至关重要，不仅在直接股权融资，还在折价土地价格、补贴办公室租金、债务担保以及管理和规划专业知识方面发挥了关键作用。考虑到芝加哥市控制了一个毗邻的停车场（芝大随后以一美元收购），两者共同合成了一个占地3.2英亩、价值1.3亿美元的混合用途计划的场地，成为新的商业、住宅和娱乐空间。芝大主导了这一计划，与第四选区的市议员托尼·普雷克温克尔和（随后的）威尔·伯恩斯以及53街TIF咨询委员会合作，启动了重建计划。在2007年至2012年间，组织了四次社区"愿景"会议，产生了许多改进的创意想法。2010年1月，大学与市社区发展部门选择了维密利恩开发和JFJ开发（作为哈珀庭园合伙人有限责任公司的合作伙伴）共同执行计划，拆除现有结构并建造一座十二层建筑，包括15万平方英尺的办公空间和7.6万平方英尺的几家餐厅和其他零售商店的空间，一个518车位的停车结构，并在53街和湖公园大道的角上新建一家拥有131间客房的酒店。市议会于2010年11月批准了管辖该项目的重建协议。2010年12月，酒店的管理权授予了凯悦酒店集团。

该项目的开工仪式于2011年11月举行，酒店于2013年9月开业，办公建筑于2013年11月竣工。融资非常复杂，包括花旗银行、MB金融公司（包括复苏区设施债券）、Canyon-Johnson城市基金的债务融资，以及TIF（税收递延融资），收益用于支付办公楼和酒店的费用，大学授予Vermilion公司为期65年的土地租赁权限。大学承诺租用办公楼15万平方英尺的空间，供至少400名员工使用（实质上，大学同意每平方英尺租金20美元，租期20年，每年约花费300万美元）。后一条规定对项目的成功至关重要，因为它在53街上创造了大学的强大人力资本就业存在。大学还向酒店开发商（Smart Hotels, LLC）提供了2000万美元的贷款担保，用于20年期间对总估计项目成本2900万美元的债务服务支付，并同意帮助开发商获得低成本债券融资。这一担保使得大学在酒店的设计和管理上拥有了影响力，确保了建筑质量控制。办公楼和酒店作为53街商业整体的强大锚定机构，使得大学得以在综合体内策划一系列高品质的商店和餐馆，包括LA Fitness、星巴克、Ulta Beauty和Chipotle。一旦开放，大学行使了其购买办公楼的选择权，于2013年11月底以9200万美元购买该物业，并在2014年7月将其以1.12亿美元的价格转售给以色列特拉维夫的Clal保险公司。

对街景的其他改变包括大量新店铺和餐馆,其中许多是"国家级目的地品牌",芝大于2011—2012年购买并恢复了老海德公园剧院建筑,将其改建为现代化的五屏幕影院,购买并将前Borders书店建筑改造为时尚的Akira服装店。[235] 这些投资的逻辑依赖于"书档"假设,即如果可以重建53街的东端,然后找到平行开发商在尼克尔斯公园对面的西端进行重大项目投资,那么这两极之间的商业物业也可以慢慢升级为"过渡零售区"。[236] 开发的第二阶段的关键是Vue 53,这是一个位于53街金巴克到和肯伍德大道之间的大型综合住宅复合体,取代了旧的摩比尔加油站,设有267套出租公寓。芝大于2009年以420万美元收购了后者的地块,然后向峰景校园、梅萨开发提供了长期的地面租赁,他们建造并运营了新建筑。Vue 53还设有塔吉特商店和Xfinity/Comcast商店等其他社区设施。在这两端间,芝大购买了几个现有物业,包括东53街1452号(为企业家精神和创新的Polsky中心以及2013年10月新的芝加哥创新交流所提供空间,后者掌管一项新的2000万美元创新基金)和东53街1451号的建筑物。芝大规划人员还支持建设在53街和多切斯特大道开业的第二家索菲酒店。这家酒店于2018年秋季开业,通过出售一块2.1万平方英尺的土地给开发商Smart Hotels/Olympia Chicago。[237] 为此,芝大为东53街的更多餐馆和商店创造了更强大的消费群体,并促进了更多的就业机会。2008年至2017年间,芝大为街上各种企业创造了约1350个新工作岗位的条件。[238] 同时,芝大还计划改善尼科尔斯公园,增加更好的园林景观和更多设施,但这些计划仍在进行中。东53街项目的成功引发了私人市场对建设新住宅塔楼的兴趣(由安西斯资本开发的城市海德公园改造项目),取代了东51街和莱克公园的现有小型购物中心,随后很快引入了新的全食超市和其他商店与服务。

2021—2022年,第53街项目进入最后阶段,芝大与两家私人开发商特拉梅尔克罗公司和比肯资本合作,在第52街和哈珀大道之间建造一座多功能的南部海德公园生命科学实验大楼。该建筑共13层,面积约2.8万平方米,位于凯悦酒店以北,是一座包括大规模实验空间的生命科学"创新基地"。该实验大楼为芝大和剑桥创新中心提供初创企业孵化的场所,助力二者为需要湿实验室设施的私人生物技术公司和其他公司提供支持，实验大楼还将一层半的空间预租给芝大和中心，供芝加哥大学普利兹克分子工程学院（PME）的科学家使用。[239]

2008年，芝大社区事务办公室转型为公民参与办公室，在2012年至2022年间由德里克·道格拉斯领导，标志着芝大希望与地方、州和联邦政府机构建立更系统的协调结构，以促进与城市多个选区和社区的互动。道格拉斯制定了公民参与战略，四管齐下，稳定邻里发展，共享教育机会，以芝大的研究解决实际城市问题，以新的城市社会经济干预措施促进创新。[240] 他还概述了"邻里影响"更有针对性的战略，重点通过联合主要基金会、私人捐助者和芝大资源以解决伍德劳恩和华盛顿公园的社会和经济不平等问题，但该战略还处在概念规划阶段。芝大开展了关于犯罪预防的研究，在社会服务管理学院和哈里斯公共政策学院教员的赞助下建成了犯罪实验室；成立艺术街区，提出"芝大公共生活艺术计划"，支持社区艺术家和艺术组织成为社区重建的孵化器；开展助力经济创新和地方创业的新项目，如芝加哥创新交流项目、公民领导力学院项目，社区项目加速器计划等等；芝大还提出新的倡议，为芝大本科生院学生提供丰富的体验式学习机会，比如"芝加哥研究"就是一个课外倡议计划，与国际层面的"公民-海外"模式类似；芝大还设立城市健康计划等项目，通过建立伙伴关系网络，将社区医疗卫生机构与芝大医疗中心连接起来，应对芝加哥南区的慢性健康问题。芝大在南区社区公共健康方面的投资远超大多数同行医疗中心在各自所属区域的投资。[241] 经过与社区团体的激烈讨论以及一系列破坏性抗议，包括2015年6月学生在利维厅的静坐抗议和导致洛克菲勒礼拜堂校友奖颁奖典礼取消的抗议活动，医疗中心提出了一项建议，与位于芝加哥西南侧的西奈健康系统下属的芝加哥圣十字医院共同建立创伤中心。然而，该合作项目最终未能完成，于是2015年12月，在校长罗伯特·齐默的敦促下，芝大医疗中心决定创建自己的成人创伤单元。满足了州级众多的监管要求后，一级创伤中心于2018年5月投入运营，截至2023年，该中心在临床上取得巨大成功，财务状况稳定，在过去五年中救治了20000余人。

2008年，在华盛顿公园以西的加菲尔德大道上，芝大开启了最后一项当地公民参与项目。在加菲尔德大道上，芝大曾收购了几栋建筑并开启了由著名艺术家蒂斯特·盖茨领导的艺术街区项目,该项目包括一栋翻修过的艺术孵化器大楼,这是一座装饰艺术建筑,用于举办公共艺术活动、讲座、音乐会和学生艺术项目;还包括几栋位于加菲尔德车站附近的建筑,该车站作为历史遗迹,也得到了翻新。这些项目更宏大的目标是"在衰败已久的加菲尔德大道上播下复兴的种子",并创建一个能够丰富当地社区生活的艺术投资集群。[242] 项目最初的愿景是吸引大规模公私投资,在南区的国王大道(马丁·路德·金博士大道)和草原大道之间创建一个新的"文化中心",从而鼓励更多私企、电影院、宫廷剧院创作中心和物业公司入驻,但这些目标较为远大,进展相对缓慢。华盛顿公园项目开始于 2007 年芝加哥申办 2016 年奥运会时,但在 2009 年 10 月芝加哥申办失败后仍继续进行。

芝大之所以能够建立伙伴关系,开展社区计划,是因为劳伦斯·A.金普顿任校长期间在初期城市更新方面取得了来之不易的成功,但与之前不同的是,现在的芝大是在共享的集体行动、前沿的教学研究和实践成果、更有效的外部沟通以及新的公民合作的基础上,有意地为本校及周边社区塑造更强的公民能力。所幸,齐默在 2006—2007 年提出首次倡议时正值股市行情看涨,私人财富增长时,避开了 2008 年底的银行和股市危机。芝加哥市的经济状况保持稳定,甚至有所见好,创造了大量就业岗位,人口大量迁入芝加哥市中心。与 20 世纪 50 年代的情况相似的是,2008 年后,芝大与芝加哥市政机构逐渐形成更紧密系统的合作关系,市政府和芝大不再只是紧急情况下的一对一的联络点,而是永久的协商伙伴,这也认可了芝大是南区提供岗位最多的机构,也是海德公园、奥克兰和伍德劳恩等充满活力社区的文化核心。过去,芝大的各单位需前往市政机构办理许可并办理业务,但芝大并没有能够建立稳定合作或系统协调学校与市政机构关系的长期战略。过去 12 年,情况开始发生改变。芝大与市政机构构建了新的正式关系,并写入 2011 年 4 月由齐默和芝加哥市长拉姆·伊曼纽尔签署的谅解备忘录,2015 年,备忘录内容得到补充,2018 年,备忘录更新,明确了芝大与市政机构交流互动的既定目标和程序,同时也让芝大公民参与办公室成为连接公民需求和市政机构的协商渠道。芝加哥市委员开始将芝大视作公民发展最重要的一大推动力，并愿意积极寻求合作，在适当情况下为芝大提供帮助。

谅解备忘录彰显了齐默的雄心壮志，他希望树立一个展示大学与城市互动方式的"全国典范"，道格拉斯及其办公室则负责构想设计这样一个"芝加哥模式"。[243] 2016 年，芝大接受乔·曼苏托和瑞卡·曼苏托夫妇捐赠的 3500 万美元，建立了城市创新中心，极好地彰显了齐默的设想，即通过跨学科合作，学者和政策实施者能够为解决棘手的城市问题提供解决方案，实现大规模城市改革创新。[244] 同样，芝大 2013 年成立的政治研究所是一个中立机构，在芝加哥校友大卫·阿克塞尔罗德的出色领导下成为芝大参与芝加哥和全国城市政治事务的平行项目。齐默希望芝大制定更加综合的概念规划战略，确定其与周边社区和整座城市的互动方式，重点将芝大建设成为"城市转型"的推动者。芝大为一系列教学研究提供支持，在个人或小组调研的推动下，研究城市发展历史、经济和社会政策以及文化发展等。芝大为数千名芝加哥人提供工作岗位；其预算、投资、就业机会以及签订的合约包含了芝加哥市的大部分开支；提供城市医疗服务，造福成千上万的南区居民；与许多社区、公民团体、各种文化和艺术组织建立起合作伙伴关系，共同举办学生志愿活动。芝大还通过教育项目和合作伙伴关系，寻求重塑当代芝加哥城市教育的现状；建立了一支芝大警察队伍，保障公共安全。在此情况下，将芝大视作一个超越其众多独立部门或单位的整体，是非常困难的。事实上，无论什么大学，为确保其学术独立性，都应与外部政治力量保持一定距离，大规模概念规划将大学视作社会中充当私有化、半政府化的变革推动者，可能会引人困惑或夸大其词（或两者兼而有之）。[245] 在教育领域，更有针对性的干预，如与当地社区学院合作，为当地居民提供关键技能培训，会取得最理想的结果。芝大与马尔科姆·艾克斯学院护理项目的最新合作就是很好的范例，为护理学生提供在芝大医疗中心就业的机会。芝大过去三十年的经验表明，在城市领域最成功的干预通常始于小规模的实验性项目，并需要少数关键人物的耐心、决心和运气才能取得成功。

## 小科学与大科学：芝加哥自然科学的复兴

齐默具有数学专业背景，并且曾担任研究副校长和阿贡国家实验室主任，因此也就不难理解为什么他在担任校长期间投入大量精力复兴芝大的自然科学、数学科学和计算科学专业。

  2006年，芝加哥科学领域发展的状况各不相同。在物理科学领域，大多数学院久负盛名，但也面临许多制约因素，比如缺乏现代物理设施、缺少师资、对科学成果应用持有矛盾态度、缺乏工程学传统和项目以及与阿贡国家实验室的关系时常不稳定。2006年9月，芝大董事会在一份报告中直言不讳道："与大多数机构相比，我们的规模小，资源也少。但我们自豪的是，我们的特点优势可以弥补规模上的不足。我们该如何利用我们的小规模和特点优势呢？"[246] 齐默意识到，如果能将阿贡国家实验室和芝大的研究团队更紧密地联系起来，芝大对阿贡国家实验室的管理可能会得到完善，有利于芝加哥的大规模实证研究。这一点尤为重要，因为齐默坚信"科学是对自然现象的研究，工程是对人造物的开发和研究，二者之间的界限已越来越模糊，在某些领域几乎消失"。[247] 1998年至2000年期间，身为研究副校长的齐默，设想建造新的跨学科研究大楼并以埃伦和梅尔文·戈登的名字命名，旨在加深生物科学和物理科学之间的应用科学合作。这种融合的规模，特别是生物物理动力学研究所的合作，并未达到齐默的预期。于是在2006年，当他回到芝加哥时，就自然会寻求另一条途径来鼓励跨学科互动和应用科学互动，但这次是按照自己独有的方式，创建一个拥有教员任命权、课程和博士生群体的单位，而非按照两个传统部门的方式将物理科学和生物科学联系起来。

  自2007年开始，齐默召集了一批科学领域的高级管理人员组成了非正式智囊团，被称为"科学小组"，为未来一系列广泛的计划出谋划策。芝大为多个自然科学学科的教师招聘分配了大量新的资源，包括额外薪酬和高额科研经费。[248] 2015年，芝大在旧研究所大楼的原址上建造了最先进的威廉·埃克哈特研究中心，用于天文学、天体物理学、物理学以及分子工程研究。2018年，一座建造于1965年且用于天体物理和空间研究的两层旧建筑得到改建，变为四层建筑，空间面积几乎是迈克尔逊物理中心的两倍，拥有12个实验室、众多部门和教员办公室。化学领域的情况则更有启发性。在20世纪90年代中期，芝大化学系有大约20个教员岗位，主要侧重于物理化学而非合成化学或应用科学研究。该系还面临设施限制和仪器不佳的问题。1997年,格雷厄姆·弗莱明创立了生物物理动力学研究所,他提到与生物科学进行跨界互动的可能性。自2002年起,化学系逐步开始招聘对化学生物学、生物技术、合成化学和材料科学有浓厚兴趣的化学家。2010年,芝大化学系的多位资深教授都流向西北大学和加州理工学院,面对这一困境,化学系在理查德·乔丹的领导下于2009年至2015年制订了一项雄心勃勃的扩员计划,计划在六年内新增十个高级和初级岗位。乔丹于2009年论道:

> 目前,化学系教员太少,总人数最多25人。芝大化学系教员在研究方面的声誉在全国名列前茅……这是因为我们招聘时严格筛选,让我们拥有一批在各自领域出类拔萃的年轻教员。然而,在全国排名前20的高校化学系中,芝大化学系的教员人数最少(目前为21人)……由于芝大缺乏工程学和化学相关的生物学项目,无法聘用联合教员,芝大教员稀缺的这一劣势更为严重……即使招满25人,我们的总教员人数(普通教员+合聘教员)仍排名最后。因此,我们有一些研究领域正处于关键发展阶段,其他一些重要的新兴领域则尚未得到充分发展。
>
> 我们的规模太小,限制了我们与顶尖专业竞争的能力,因为在相同情况下,规模较大的专业能提供广泛机会,对优秀学生、博士后和教员更具吸引力。规模太小同时也限制了我们教学的灵活性以及申请和竞争资助的能力,难以为中心仪器实验室等关键设施提供资金。[249]

乔丹的干预措施促使芝大批准了化学系的额外扩员计划。尽管该计划成本高昂,需要大量启动资金,但乔丹及其同事成功筹集所需资源,新招聘了一批教员。如今,芝大化学系的合聘教员占比约40%,并在跨学科领域进行研究,取得丰硕的应用科学成果。然而,新兴领域的研究小组往往规模更大,包括10到30名博士生和博士后(传统领域只有6到8人),导致实验空间更加紧张。按照原计划,化学系位于2005年新建造的戈登综合科学中心,并占据中心一半的空间,但为确保化学系拥有充足的实验室空间,芝大随后又全面翻修了塞尔化学楼,并于2009年重新开放。[250] 借助这些新资源,化学系得以增加多个新岗位,到 2015 年将拥有 25 名教员,未来十年内将拥有 30 多名教员。

在计算领域,芝大的投资起步较晚。其计算机科学系成立于 1983 年,主要以数学理论为基础且高度理论化。该系资金不足,1997 年后的资金来源主要是名为"计算机科学专业项目"的硕士专业。此外,芝大的计算机科学设施也极为匮乏。自 20 世纪 80 年代以来,其他大学通常强调实用硬件和软件的开发,但正如齐默在 2015 年给董事会的机密备忘录中所说,"芝大的计算机科学的发展理念与该领域的整体发展方向并不一致"。[251] 1999 年,阿贡国家实验室和芝大联合成立计算研究所,旨在为大型计算项目提供行政和后勤支持,并从联邦资金中获取资助。2007 年,为改善学校计算领域的现状,芝大计划给统计系新增六个计算和应用数学的教员岗位。这些教员将与计算研究所合作,因为"概率和统计理论通常是取得现代计算和应用数学成果的基础"。但是,重建计算机科学系仍是一个关键目标,特别是因为"计算能力的指数增长而引发的技术革命,这场革命已改变了各学科的研究方式"。[252] 计算机科学系的教员数量远无法满足研究生和本科生不断增长的需求。2015 年的一份机密报告指出,"虽然芝大在计算领域具有强大优势,但这些优势显然没有得到很好的整合,缺乏群聚效应,无法广泛在校园内整合,而且最重要的是,芝大缺乏应对和克服这些挑战所需的愿景和领导力"。[253] 2014 年,芝大计算机科学系在《美国新闻与世界报道》的排名中位列第 34 名,有所落后。但在 2016 年 1 月,芝大邀请伯克利大学的著名科学家兼计算机科学系主任迈克尔·富兰克林,重建芝大计算机科学系,并承诺提供大量资金,由此,芝大计算机科学系取得了巨大发展。之所以招募富兰克林教授,是因为院长罗基·科尔布坚持要求在全国范围内寻找新的系领导。科尔布还决定将存放在克雷拉图书馆的医学和医学史书籍搬走,把克雷拉图书馆改造成一个现代化的计算中心,供计算机科学系及其下属机构使用。2010 年至 2022 年,计算机科学系的全职教员人数由 16 人增至 44 人,预计到 2024 年增至 50 人,师资队伍不仅覆盖了更多与工程相关的领域和数据科学,其质量和水平也得到相应提高。在芝大本科生院,计算机科学也成为仅次于经济学的第二大热门专业。富兰克林还致力于推动数据科学发展，与统计系展开合作。

然而，齐默在工程领域采取了最激进的干预措施。芝大在最初几十年内一直未能建立工程学院。芝大的首任校长哈珀曾希望在19世纪90年代后期创建一所技术与工程学院，他曾与菲利普·阿默尔开展协商谈判，希望能够获取阿默尔技术学院的控制权，但最后以失败告终。1901年，阿默尔去世，哈珀的希望也随之破灭。哈珀随后向约翰·D.洛克菲勒寻求帮助，希望对方提供300万美元帮助芝大创办技术学院，却遭到拒绝，于是创建学院的想法也未能实现。[254] 哈珀对此感到歉疚，并于1903年写道：

> 批判的声音此起彼伏，许多人都认为，芝大如果从一开始就设立技术科系，现在就不会有这么多麻烦——换句话说，应用学科应当受到更多重视。此话不假，目前对工程领域相关学科的需求非常大，如果这些应用学科一开始就得以建立，那么如今可能会成为芝大最强大的学科。但我的看法则不同：首先，集中精力发展纯科学学科是明智的选择，这样才能够打下坚实的基础；其次，起初不过度强调应用学科教育也是明智的选择，毕竟在芝加哥这样的环境中，应用学科迟早会引人关注，所以，危险的不是忽视应用学科，而是忽视纯科学学科。[255]

哈珀的继任者哈里·普拉特·贾德森对发展应用科学的计划毫无兴趣。20世纪30年代末，罗伯特·哈钦斯曾有机会创建工程学院，但当时正值经济大萧条时期，芝大面临严峻的预算压力，哈钦斯无奈只好放弃这一机会。[256] 二战后的几十年里，美国的研究型大学取得了巨大发展，其中包括斯坦福、麻省理工学院、哈佛、伯克利、康奈尔、加州理工学院，以及其他拥有重点工程学院或在化学和物理学科中认可应用科学的院校。在20世纪50年代和60年代的冷战背景下，联邦政府为美国研究型大学发展工程学提供了大量资金援助。这些资源促使工程学院与美国工业建立起牢固的联系，从而进一步推动了基于应用科学的重大技术进步。[257] 1990年以后，纳米科学的新理论方法和新型仪器的发展使得工程学在空气污染、水污染和能源等领域取得了突破性应用成果，但芝大仍置身事外。2009 年，理查德·乔丹在备忘录中写道，芝大缺少工程专业，因此很难招募到对应用研究方法感兴趣的顶级科学家。齐默相信，21 世纪初是科学发展的历史性时刻，因为多尺度研究出现了变革，小尺度现象的理解与新应用技术的产生紧密相关。芝大需要在发生变革的领域中开展一系列整合的"复杂科学"项目，同时芝大也有从零开始的比较优势。芝大在工程学科方面并不像竞争对手那样面临谷仓效应，因此能够"自由地"发展新的工程学。[258] 分子工程是芝大进入更大学术工程领域的理想途径，因为从分子层面（如分子工程的太阳能电池、分子工程的药物递送系统等）构建工程学科代表了一种范式转变。齐默进一步认为，应用科学研究方法越来越可能塑造并转变基础科学研究范式，所以芝大不能再置身事外。

投资分子工程需要协调性支持以加强计算能力，因为现代计算使科学家能够从分子层面处理和操作数据，引发了变革。近期一份报告显示："计算机科学和工程学在职业、技能和学位方面产生重叠，标志着计算机科学家和工程师的教育与职业路径也越来越多地产生交集。计算所涉及的能力和知识——包括编程、计算架构和组织、数据挖掘、软件设计以及相对较新的数据科学领域——应该被纳入未来工程师的能力要求之中。"[259] 同样，考虑到生物科学领域的最新研究将细胞视作计算机，所以将计算机科学和生物物理学与未来的系统生物学和基因组学研究相结合是至关重要的。

齐默下定决心继续完成哈珀未竟之业。2006 年底，他委托化学系的史蒂文·西本纳领导小型试探委员会，以建立一个专门从事分子工程研究的单位。但建立此单位会与现存学术部门产生冲突，并再次引发有关"应用科学"的争议，因此创建过程十分艰难。但西本纳提交了一份具有说服力的报告，表示新的研究单位前景广阔，能够将物理、化学、生物学和计算领域的科学成果转化为解决社会关键问题的具体方案。[260] 西本纳表示，近期的研究设计进展模糊了基础科学和应用科学的界限："基础理论与应用之间的界限已然模糊，在许多领域，基础科学与工程方法相融合已成为常态。事实上，科学研究通常需要工程师设计建造的复杂设备……我们相信，这一趋势将会继续，让那些仅有杰出科学系却没有工程学科的大学在传统科学领域中难以独占鳌头。"过去二十年里，分子系统引起了应用科学家的强烈兴趣，而分子工程领域的许多开创性成就已不再需要巨额投资以制造"大规模原型"，因此，芝大的资源条件很适合发展分子领域。在报告中，西本纳提出建立一个专注于分子工程的新单位，至少配备24名教师，研究主题主要包括物理学和生物科学，着重研究小尺度的复杂系统。报告特别强调，新单位应拥有独立的预算管理权和自主招聘权，且并非附属于自然科学系或部门的行政机构。

2007年4月，内部委员会的报告通过了由麻省理工学院罗伯特·兰格所负责的外部审查，并得到认证。[261] 兰格认为，芝大拥有"世界顶尖级科学教师队伍"，但因缺乏应用科学和工程学科而受到限制，这意味着芝大无法参与解决紧迫的科学问题："长期来看，脱离现实世界会给芝大及其他大学造成麻烦。"缺少工程学科对未来招聘教师产生了负面影响，因为那些致力于将理论转化为实践的自然科学家可能会刻意避开芝大："芝大很难，或者说根本不可能留住优秀教师……也难以招聘到合适的优秀人才。"但与此同时，兰格也认可西本纳的观点，并表示芝大无过往模式的限制，因此可采用比传统工程学院更具创新性的方法来开展计划，"定义'新工程学'"。有了这些报告，齐默于2007年5月向董事会提交了一份议程，计划发展以分子工程为核心的复杂科学。[262]

芝大对阿贡国家实验室的管理在早期构思分子工程发展时起到了关键作用，因为芝大在计算和材料科学方面拥有深厚资源，且这些资源甚至连大多数著名工程学院都无法企及，为芝大带来巨大竞争优势。自1946年起，阿贡实验室一直由芝大管理，但随着时间推移，二者之间的关系逐渐形式化、行政化。2005年9月，能源部根据2003年国会立法，宣布将通过公开审查和竞标的方式选择管理阿贡实验室的机构，迫使芝大设法与阿贡实验室建立更持久的关系，展开更有意义的研究性合作。在罗伯特·罗斯纳和托马斯·罗森鲍姆的领导下，芝大获得了伊利诺伊州其他研究型大学的支持，并于2006年3月提交了一份新的管理投标书。2006年7月下旬，该文件得到能源部批准，芝大由此创建了新的治理机制，名为"芝加哥大学阿贡有限责任公司"。2006年中期，齐默从布朗大学回归，正巧可以部署新工程学计划以加强芝大和阿贡实验室之间的关系。此外，如果没有阿贡实验室的资源，仅凭对新计划的美好愿景，芝大根本不可能从其他大学招聘到顶尖科学家。

经过深思熟虑之后，齐默准备着手建立新的分子工程研究所，制定了研究所的资金计划，并于2010年3月获得了芝大理事会和董事会的批准。2011年3月，在普利兹克基金会捐赠的一千万美元帮助下，齐默聘请了加州大学伯克利分校的杰出科学家马修·提雷尔领导建立研究所。提雷尔凭借卓越的管理技能，成功招募了一批优秀科学家，重点研究量子工程、免疫工程和可持续健康材料系统这三大主题领域。在此过程中，阿贡国家实验室也发挥了重要作用，早期招募的一些教师被任命为阿贡实验室的高级科学家，并享受能源部的资金支持。[263] 2009年末，芝大甚至向能源部提出关于双重任命制度的正式提案，由芝大和阿贡实验室分别为五名新任教师发放薪水，为期五年。[264] 这一提案未获批准，但随后芝大展开了许多非正式活动，确保芝大与阿贡实验室密切合作。由此，芝大与阿贡实验室之间形成了互补的关系：阿贡实验室为芝大的分子工程研究所提供了关键资源，而分子工程研究所则解决了长期困扰两大机构的难题——如何紧密地整合两机构的研究人员。2011年1月，提雷尔参加最后两天面试。第一天的面试在芝大举行，第二天的面试在阿贡国家实验室举行。第二天面试结束后，提雷尔来到阿贡实验室主任埃里克·艾萨克的办公室，收到了面试通过的喜讯，芝大教务长汤姆·罗森鲍姆也前来给提雷尔颁发正式聘书。这也意味着芝大与阿贡实验室之间的联系对于启动新项目来说至关重要。[265]

2022年，分子工程学科已发展成熟，拥有33名全职终身教职员工和10名二级教职员工，并计划到2030年增加至60个全职教职员工岗位（因此，有必要建造新兴工程与科学大楼，预计耗资6.5亿美元）。学院于2013年开设了硕士（后改为工程硕士）和博士项目，并于2016年获准开设本科专业。到2022年，此项目已发展成为自然科学领域规模最大的博士项目，每年招收约47名新生（计算机科学专业招收37名学生，化学和物理学分别招收34和26名学生）。鉴于许多普利兹克分子工程学院（PME）教师一直从事跨学科工作，很快就出现了与大学其他单位的研究合作。以化学为例，行政部门对教师扩招计划的支持可能反映了以下考虑，即这些新招聘的教师中至少有一部分可能会与分子工程学研究所合作并开展联合资助活动（现实情况恰恰相反，分子工程学研究所最近招聘的几位教师都有化学背景）。最后的发展阶段是学校决定在2019年将该研究所转变为本科生院的第七个专业学院，这同时利用了普利兹克基金会7500万美元的实名捐款。2023年，普利兹克分子工程学院的年度预算总额将超过8500万美元，这主要得益于积极的捐款（每年收到4500万美元捐款，且金额还在不断增加）、慈善活动、与阿贡国家实验室的联合资助伙伴关系以及大学的直接和间接补贴。普利兹克分子工程学院在竞争获得大额基金方面的成功表明了其教师的学术质量（2022年，按教师人均计算，普利兹克分子工程学院在美国工程学项目中的基金获得率排名第三）。从历史作用上看，工程学院与商学院一样，在为研究型大学创造净收入方面发挥着积极作用。普利兹克分子工程学院未来的扩张计划最终会需要一条通往这一地位的道路。

2017年，芝加哥量子交易所成立，这是分子工程学科创立过程中的一个重大进展。芝加哥量子交易所是芝加哥、阿贡、费米和伊利诺伊大学厄巴纳-香槟分校作为核心创始成员，在量子信息技术领域开展交流和研究合作的机构框架。[266] 鉴于普利兹克分子工程学院在量子技术方面的优势、以及阿贡和费米国家实验室在量子计算方面享有能源部提供的丰富资源（2020年8月，这两家实验室位于五家获得联邦政府1.15亿美元资助的实验室之列，负责领导国家量子计算研究中心），芝加哥大学（包括阿贡和费米）竞争中处于有利地位，在2023年5月（与东京大学合作）成功争取到IBM和谷歌在十年内投资1.5亿美元的重大项目，用于开发以量子为中心的超级计算机，并支持量子研究和劳动力发展。[267] 与伊利诺伊大学工程学院的联盟尤为重要，因为乌尔班纳大学在工程学和物理学的许多领域具有传统优势，全职教职员工近440人。这使得两所大学从伊利诺伊州获得了1.75亿美元的拨款，用于建造新的科学大楼，伊利诺伊大学工程学院在新的大楼中占有一席之地。

医学中心和生物科学原本在齐默的目标中占据重要地位。自20世纪20年代末成立以来，芝加哥大学的医疗事业在全国享有盛誉。但在1986年10月进行重组后，医院被归为一个独立的企业，在运营上与大学的其他部门截然不同。²⁶⁸ 在组织结构上,这导致生物科学系和普利兹克医学院的行政领导与医学中心的行政领导并存:院长向教务长和校长报告,芝加哥大学医院和医疗系统的总裁兼首席执行官向独立的医学中心董事会报告。²⁶⁹ 根据芝加哥大学的章程,生物科学领域最资深的常任教职员工主要在生物科学系任职,但支持生物科学系基础科学研究的大部分收入来自医院产生的临床利润。这种脱节不可避免地导致了在确定优先事项和长期资本投资决策方面的竞争性紧张关系。

这种管理结构贯穿了整个20世纪80年代后期和90年代,在研究经费和现代生物医学研究设施的争夺愈发激烈的时期,这种管理结构充满了矛盾。在20世纪70年代中期至2002年期间,芝加哥在美国国立卫生研究院(NIH)医学研究资助方面的排名从全美第10位下降至第27位。一份当时的报告指出,"生物科学系在质量和组织方面的许多地方都很糟糕。低质量的环境阻碍了生物医学研究的效率,从而限制了教师的招聘和留用"。²⁷⁰ 2006年6月,为了解决这些问题,芝加哥大学将生物医学系和医学中心的领导权合二为一,由詹姆斯·马达拉博士担任领导,他自2002年以来一直担任生物医学系主任和普利兹克医学院的院长,现担任医学中心的首席执行官。医学中心董事会执行委员会变为芝加哥大学董事会的一个常设委员会。然而,医院的保险支付方组合不合理导致了财政问题,以及2008年经济衰退后产生了近1亿美元的严重预算削减,使得教职员工士气低落,并抱怨他们的管理特权受到破坏,尤其在基础生物科学领域和一些临床部门。²⁷¹

马达拉一直任职到2009年10月,一年后由肯尼斯·波隆斯基博士接任,他同时兼任院长和负责医疗事务的执行副总裁。该部门的管理得到了进一步加强,设立了负责教师研究、医学教育和临床实践的几个副院长职位。从2007年开始,芝加哥大学开始规划建设一座十层楼高、占地120万平方英尺的新主楼。该主楼于2013年竣工,命名为"护理与探索中心",负责为复杂的专科护理提供最先进的临床套间。²⁷² 为了寻求有力的领导以改善医院运营,提高患者护理水平,安装现代化的电子病历系统,为各诊所制定集中的教师实践计划,波隆斯基聘请了洛约拉大学医学中心主任莎伦·奥基夫担任芝大医学中心主任。为了在芝加哥创建一个宏大的神经科学项目，管理部门于 2011 年支持创建了一个跨部门的神经科学研究所，其成员包括 16 个部门的 90 名教师（截至 2022 年）。其他项目也取得了成功，例如在 2016 年赢得了基因组数据公共空间的竞争，在 2011 年创建了巴克斯鲍姆临床卓越研究所，在 2017 年创建了杜乔索斯家族研究所，以开展免疫学、遗传学和微生物组的研究。最重要的是，由于分子生物学和基因组学的进步，基础科学与临床学之间在确定优先级时存在的紧张关系朝着积极的方向转变，基础科学与治疗人类疾病的关系变得更加密切，一流的临床治疗需要更多的基础科学知识。正如马丁·费德所说："科学的转化——从工作台到病床边——不仅可行，而且流行。基础和临床教师开始将彼此视为最好的基本合作伙伴，彼此尊重，最坏的情况也是不再敌对或保持中立。更多的学术框架弥合了之前的鸿沟。"[273]

2013 年 6 月，齐默批准收购位于马萨诸塞州伍兹霍尔的海洋生物实验室（MBL），从而为海德公园突破性生物研究注入新动力。芝加哥大学成为马萨诸塞州一家独立的非营利公司的唯一成员，并由芝大校长担任海洋生物实验室董事会主席。与海洋生物实验室合作的提出，是在告诉芝大的教师和董事会，这种方式可以在发育生物学、神经科学、基因组学和海洋进化生物学等关键科学领域推出"先进的、以研究为基础的学年教育计划，以补充现有的暑期计划"。其理由是伍兹霍尔"现在与阿贡、费米实验室和 NORC 一样，成为我们科学和教育工作的重要合作伙伴"。[274] 伍兹霍尔实验室最初成立于 1888 年，拥有约 250 名全职科学家和工作人员，科学成就斐然，实验室的许多早期科学领导人都与芝加哥大学有关联。但是，新设施建设和运营的高昂成本、联邦拨款的减少及人员的过度扩张，在 21 世纪初造成了严峻的财务挑战，出现了经常性的预算赤字。从校方预算的角度来看，齐默决定通过年度补贴来稳定海洋生物实验室的运营，并希望通过加强慈善和捐款活动来规避此类承销风险，这一决定能否取得长期的成功我们还不得而知。[275]

芝大也遇到了挑战。其在当地健康科学领域的主要竞争对手西北大学医学院，开始采取积极的战略，收购了十家当地和地区内医院，搭建了一个庞大的初级医疗服务网络，将当地的病人与西北大学在芝加哥市中心的主要诊所提供的先进临床服务联系起来。²⁷⁶ 相比之下，芝大未能推出类似的医院网络，导致其在伊利诺伊州北部竞争激烈的复杂临床服务领域中，在数量和规模上处于相对劣势。截至 2012 年，芝大医疗中心的规模明显小于大多数同行，约排在第 25 位。到 2021 年齐默的任期结束时，人们普遍认为医疗中心的行政架构和临床设施已经得到了极大改善，为患者提供了及时有效的服务，拥有出色的临床教师和从业人员，并实现了有效的财务管理。但在增加具有全国竞争力的临床研究小组数量、扩充芝加哥的基础生物科学研究资产以及扩大医疗中心区域内潜在患者群体方面，仍任重道远。继神经科学研究所和杜乔索斯家族研究所成立之后，芝加哥大学还计划成立一系列战略性多学科研究所，并从生物科学系内外吸纳教师，这将提高芝加哥大学在全国生物医学研究领域的地位。

## 芝大的经济学发展与身份沿革

齐默同时关注的一个问题是加强芝加哥大学经济学研究的各个领域，确保这些领域在学科智力发展方面占据持续领导地位，并使它们更加紧密地协调融合。从 20 世纪 50 年代到 21 世纪初，由经济系、商学研究生院、法学院的法学与经济学项目以及哈里斯学院的经济学家产出的学术研究成果，构成了芝加哥大学最强大、最负盛名的学术发展轨迹，让芝大得以在全球学术圈占有一席之地。在 2006 年 9 月召开的董事会第一次决议会上，齐默称这四个院系以及社会服务管理学院（SSA）是"潜在的巨头"，它们有助于未来长期保持芝加哥大学的声誉。²⁷⁷ 芝加哥大学在 1974 年至 2007 年间培养出了一批令人印象深刻的诺贝尔经济学奖获得者（哈耶克、弗里德曼、舒尔茨、斯蒂格勒、米勒、科斯、贝克尔、福格尔、卢卡斯、赫克曼和迈尔森），齐默尤为关注如何在多代变革带来的不确定性中保持芝加哥经济研究的荣誉和特色。经济系拥有悠久而辉煌的历史，不仅是理论研究的重镇，而且还在 20 世纪 50 年代发明了著名的工作坊制度，使经济系的教学风格以斗志昂扬、不畏艰险、上下求索而广为人知。然而，尽管拥有一支杰出的师资队伍，但自 1955 年考尔斯经济学研究委员会解散后，该系的集体工作一直缺乏中央财政支持。考尔斯委员会自1939年起就设在芝加哥,是一个重要的研究中心。它为一系列研讨会、研究项目、客座讲师和教授提供了后勤和资金支持。首先关注的是计量经济学和"数理经济学",但最终也关注其他社会科学研究领域。[278] 在特约林·库普曼斯和雅各布·马沙克的领导下,考尔斯委员会遭到了系内激烈的反对,年轻的米尔顿·弗里德曼对他们进行了思想上的抨击,认为他们的工作存在技术上的肤浅,受到了瓦尔拉斯模型误导,还表现出对公共干预经济的微妙同情。[279] 1954年7月,阿尔弗雷德·考尔斯通知劳伦斯·金普顿,他打算将委员会迁往耶鲁大学,这被政府视为"沉重一击"。[280] 因此,六十年后,一项旨在取代考尔斯委员会类似机构的支持提案以弗里德曼的名字命名,显得尤为讽刺。[281]

2007年5月,齐默和罗森鲍姆任命了一个由拉尔斯·汉森领导的资深教师委员会,考虑建立一个新的"经济与社会"研究所。特设委员会于2008年1月底提交了报告,建议将新成立的研究所打造为"最重要、最引人注目的经济研究、政策分析和评估机构之一"。报告明确指出,新研究所的目的不仅仅是加强经济系的资源,同时也是商学院和法学院经济学家的汇聚地和合作焦点。[282] 后一种全面跨界的功能对齐默来说尤为重要,因为他认为,20世纪50年代至90年代,大学的历史性成就在很大程度上依赖于学术声望的"社会世界发展轨迹",而涵盖经济系、商学院和法学院的经济政策研究或许是这一轨迹中最有力的推动因素。最后,报告呼吁以米尔顿·弗里德曼的名字命名新研究所,"以纪念弗里德曼的遗产,并表明研究所的工作将像弗里德曼的工作一样,对全球的经济理论和政策产生深远影响"。加里·贝克尔认为,弗里德曼是20世纪50年代以来在芝加哥工作的最有影响力的经济学家,鉴于弗里德曼生前不愿意以他的名字命名任何东西,现在以他的名字命名新研究所再合适不过了。

这一提议在学院教师中引起了激烈争议,尤其是人文科学和解释性社会科学的教师,他们谴责以弗里德曼命名的行为,并坚持认为,使用弗里德曼的名字是为了获得社会上保守派捐赠人的慷慨资助(讽刺的是,这些捐赠人最终只在项目的资金支持中发挥了非常有限的作用)。学院的批评者们还公开反对弗里德曼的思想传统,预言称研究所的创始人将把所内工作限制在与弗里德曼思想一致的学术研究上,从而损害芝大的"整体利益"。[283] 最后,反对者们坚持认为,行政部门将如此巨大的财政资源投入到一个具有特定知识框架的教师团体是不公平的,芝大应该支持各种分析视角的社会科学研究。[284] 对此,该提案的支持者坚称,他们没有意识形态方面的目的,弗里德曼的名字是为了让人联想到严谨和循证研究的传统,这可能与许多不同的政策背景相关。[285] 他们并未回应关于资源相对公平的批评。

2008年10月中旬,在帕列夫斯基剧院举行的芝加哥大学评议会全体教职工会议上,双方代表就这些问题进行了激烈的交锋。[286] 抗议者坚称有权监督其他同事的研究方向,这已经越过了红线,管理层认为,要继续推进研究所的创建工作,但同意修改名称,明确研究所的任务仅限于经济学研究,并去掉了"社会"一词。[287] 研究所组织召开了各种会议和工作坊,还启动了一项新的布斯商学院与经济系联合博士后奖学金计划,以吸引"市场上炙手可热的新晋博士",目的是为新的青年教师进入芝大提供一个渠道,从而确保"芝大仍然是经济学研究最活跃的地方"。[288]

2011年6月,为了增强研究所的使命和扩大机构覆盖范围,研究所与2004年在商学院成立的价格理论中心合并,该中心于2006年以加里·贝克尔的名字命名。合并后的研究所将成为经济系和商学院的联合项目,法学院和哈里斯学院也将参与其中。合并后的研究所现在被命名为贝克尔·弗里德曼经济研究所(BFI),贝克尔担任所长,汉森担任研究主任,开展了一系列研究活动,包括研讨会、短期和大型会议、出版物出版以及设立研究生和博士后奖学金。在2012年1月举行的启动仪式上,校方向纽约金融界的潜在捐赠者介绍了这一新机构,称其象征了芝大更广的知识环境。事实上,齐默推动支持弗里德曼研究所的主要原因之一是,他认为芝大在经济学领域处于全国领先地位,涵盖四个院系,足以将其作为整个芝大历史身份中更广泛的文化实践的象征。[289]

2017年7月,贝克尔·弗里德曼经济研究所的领导权转交给了经济系的迈克尔·格林斯通和布斯商学院的埃里克·赫斯特,他们为感兴趣的非专业人士制订了一项宏大的公共宣传计划,并设想研究所可以将开创性学术成果与一系列系统性机会相结合,利用这些学术成果影响公共政策领域。从这个意义上说，贝克尔·弗里德曼经济研究所已经超出了以教师为主导的密集型研究机构的角色，承担起了政策导向型中心的某些混合功能。贝克尔·弗里德曼经济研究所的预算发展为一个数百万美元的大型企业，以外部集资和芝大每年提供的大量补贴作为支持。[290] 在某一年份里，该研究所赞助或资助了芝大和其他同行或近似同行大学的七八十名学者的研究项目。还主办了约三十次全国性和国际性会议，以及数十次研讨会，并聘请了约七十五名预备博士协助教师开展研究项目。[291] 这些年，芝大的经济政策和商业实践领域还出现了其他研究机构，包括法学院的法律与经济研究所和布斯商学院的几个研究中心，但很难将这些机构都纳入一个独立的、全面的框架内。贝克尔·弗里德曼经济研究所是一项全国性的创举，其运作规模在芝大前所未有，为经济学研究提供了重要的新资源，但它并未宣称自己是校内经济理论创新的唯一源泉。

由于对芝加哥大学150多名经济学家进行了大量机构投资，人文社会科学部随后于2011—2012年提议建立一个跨学科研究中心，以开展在人文学科和人文社会科学交叉学科出现的新型学术研究。2012年6月，在2650万美元捐赠的基础上，新研究所得以建立，并最终命名为"诺伊鲍尔文化与社会学院"，旨在为芝大教师和外国访问学者的人文和社会科学合作项目提供资金和后勤资源。

## 自由言论、芝加哥规则和校园文化

自19世纪90年代以来，每一代人都有自己的高等教育先知（这本身就说明了高等教育在美国具有深远公民意义）：哈珀那一代有维布伦，20世纪30—40年代有左翼的哈钦斯、阿德勒和右翼的沃尔格林等人，20世纪70年代有厄尔·麦格拉斯，20世纪90年代有左翼的安德鲁·哈克和右翼的查尔斯·赛克斯等，以及最近的斯特凡·科里尼、理查德·阿伦、约西帕·罗克萨和罗纳德·穆斯托——而这一名单仅涉及了表面的部分人员。到了我们这个时代，这一传统依然在人们的抱怨中得到了延续：大学是多么宝贵，行政管理是多么头重脚轻，大学校园是多么政治化，大学教授是多么拒绝教学（或至少以批评者认为合适的方式教学）。

对技术层面速效解决方案的推崇,如推出Zoom在线课程以取代面对面的学习,最终只会产生丑闻,这看起来很像克拉克·科尔在20世纪60年代初提出的基于电子和计算机的"多样化"教学的修订版。[292] 关于所谓的人文学科的衰落,已经出现了一个名副其实的小型产业,其批评(在不知不觉中)与19世纪中后期欧洲观察家们对文化衰落的"普遍夸大"极为相似。[293]

像芝加哥大学这样的学府,有着缜密的课程改革传统(虽然这种传统也具有争议),并深深扎根于人文主义,其做法为检验和评估许多批评意见提供了生动的案例。[294] 1930年之后,由于新计划的实施和第一套通识教育课程的推出,学生开始对自由的思想辩论产生浓厚的兴趣,这使得哈钦斯得以主张大学的新身份是包容有生命的思想,而这反过来又有力地支撑了哈钦斯在20世纪40年代早期津津乐道的言论——"空气是带电的"。事实证明,带电的空气尤其有利于自由表达和学生对学术自由理念的接受。[295] 这种新的惯习知识"电力"是一种文化构成的框架,在1910年还并不为人所知,但到了1940年却完全得到认同。

正如第5章所述,20世纪60年代和70年代的观察家们担心政治和社会力量的出现会使大学偏离其传授和创造新知识的传统使命。芝加哥大学深刻意识到自己的学术使命,并将其建立在严格的唯才是举和知识分析的基础之上——尽管20世纪20年代至60年代这一使命中的各种因素组合曾充满争议——这些势力对芝加哥大学的直接威胁要小于对其他院校的威胁。芝大在20世纪70年代面临的最严重威胁来自完全相反的方向和与此不同的战线,即大学和教师与学生、校友群体的隔绝。就本科生院和商学院研究生院而言,这两个单位都不得不面对矛盾:一方面,校友们极为重视紧张刺激的学习实践;另一方面,20世纪80年代后期,商学院的改革者指出,学生所处的学术"社会环境"十分恶劣。

然而,身份认同和规范传统并非永恒不变,也并非永不再生。言论自由和大学在捍卫自由、不受束缚的公共言论中发挥的作用已成为一道难题,目前正困扰着美国的高等教育政治,这是大学发现自己处于大规模社会运动的风口浪尖的最新演化。罗伯特·哈钦斯曾在20世纪30年代和50年代坚定地捍卫学术自由。1967年,芝大通过委托撰写卡尔文报告（《大学在政治和社会行动中的作用委员会报告》），将其早先在这一领域的许多做法编纂成典，该报告是芝大在面对政治或意识形态宣传时保持客观的重要声明。

1967年1月下旬，乔治·比德尔校长任命了一个由资深教师组成的委员会，负责探究芝大内个人和集体政治意见之间的界限。芝大在政治和社会行动中的作用委员会主席是哈里·卡尔文，是一位杰出的法学教授，专门研究美国宪法第一修正案。这既是一个黄金时期，也是一个充满争议的时期。当时，学生们正要求芝大在向征兵委员会提供男生班级排名、对南非进行投资以及美国种族关系状况等问题上发挥校方作用。在委员会成立两周前，参议院理事会委员会与学生领袖进行了一次令人沮丧的会谈，讨论的问题是当学生提出要求时，芝大是否应向或应如何向选拔服务局征兵委员会提供班级排名。1966年5月中旬，这个问题已经引发了学生在行政楼前的大规模静坐示威，并在1966—1967学年成为一个激烈争论的话题。在另一条平行的政治战线上，1967年1月下旬，就在委员会开始工作之前，由民主社会学生会（SDS）组织的两百名芝大学生在卢普区伊利诺伊大陆国民银行的办公室前设置纠察线，要求该银行撤出在南非的投资。两天后，他们在行政大楼的台阶上举行集会，要求芝加哥大学停止与该银行的业务往来。由这些问题引发的激进抗议浪潮势不可挡，芝大在两年内经历了历史上最痛苦的危机之一——1969年1月的静坐示威。集体利益政治的逻辑似乎掩盖了个人道德自主的合法性，在这样的大环境下，许多离间师生以及分裂教职工内部的问题恰恰与大学的边界有关。这些问题不仅涉及芝大在公民社会中的角色，还包括芝大同时负有责任保护其成员个人充分的学术自由权。

几次会议后，各方就文件包含的内容达成了共识。辩论集中在保护教师和学生的个人权利，以及大学如何理解和解释其身份地位和集体行动，以加强和保护个人权利。这种二元论的出现基于一种期望，只有意识形态中立的大学才能保障每个成员充分表达自我的权利。

对于委员会来说，极具挑战的不是教职工或学生的权利范围问题，而是大学作为一个法人机构，不可避免地与其他团体或机构（如大学作为房东，作为城市中的法人邻居等）建立经济或专业关系。1967年3月初，委员会成员之一吉尔伯特·怀特写信给卡尔文，敦促在报告中加入这样一段话："无论何时，当大学通过其财产所有权或代表行为和成员身份在更大社区的生活中发挥积极作用时，它都有责任考虑其立场的伦理内涵。"[296] 怀特的提议引起了另一位委员会成员乔治·斯蒂格勒的不满，他认为，尽管大学在其物质交易中应表现得光明正大，但应避免表达社会或政治价值观，因为这些可能会损害教职工的独立性。

由卡尔文准备的委员会报告最终草案包含了若干论点。一方面，报告坚决捍卫个体完全的学术自由的权利。事实上，这些权利显而易见，报告没有详细阐述这一命题，只是建议这些权利是大学履行其核心责任——发现、发展和传播知识——的主要手段。卡尔文认为，大学的愿景是"着眼于长远"，并且它有承担起作为"批评者的家园和支持者"的角色的特殊责任。报告指出，为了履行其使命，大学需要"维持一个特别自由的研究探索环境"，并必须接受和捍卫"在其自身社区内最广泛的观点多样性"。这个社区是一个特殊且有限的群体：它存在的目的"仅限于教学和研究这一伟大目标"——它不是一个俱乐部、行业协会或游说团体。由于大学是一个"仅为这些有限且独特目的"而存在的社区，因此它无权"在不危及其存在和有效性的条件下，针对当今的问题采取集体行动"，也不是一个可以"通过多数投票来对公共问题达成立场"的社区。

然而，报告的结尾部分更为棘手。为应对怀特和斯蒂格勒间的冲突，卡尔文在最终草案中使用折中性话语："无论大学如何行动，它都必须以其法人的身份作为一个机构来行动。特殊情况下，大学的这些企业活动可能显得与至高的社会价值观极不相容，要仔细评估其后果。"斯蒂格勒拒绝接受这一折中性措辞，更倾向于纯粹的大学理念，即在与外部团体的交往中"光明正大地"行事，但避免利用其企业活动"促进任何道德或政治价值观"。[297]

卡尔文发布的报告还反映了大学教师群体在捍卫自己、代表自己上的成熟。尽管该声明涉及大学的总体政策，并对大学未来在对外定位方面有广泛影响，但在声明起草过程中并未咨询校董会。仅在1967年6月，教务长爱德华·列维通知校董会说教师们已通过了该声明。[298]

作为一个拥有充分自由意见的知识社区与作为一个具有担负伦理责任的社会社区，这两者的界限极难划定。威廉·雷尼·哈珀对大学作为一个共同体的理解更加多面，但也更难以解释。哈珀认为，大学有责任捍卫理性原则，是为了其社区内能保持自由探索和研究，其无法承受任何成员的党派偏见带来的负面影响。对于个人来说，仅声明不希望因党派或不成熟的言论牵涉影响大学，从而事先豁免大学的任何责任，这可能还不够，因为哈珀（正如理查德·斯托尔所正确建议的那样）认为大学作为一个社区的法人合法性，是每个成员拥有有效自由的必要和优先条件。[299] 相反，卡尔文发布的报告中大学形象更加刻意地被限制，但也更容易捍卫——这个社区里个体成员组成共同体，其力量来源于每个成员的固有权威和知识自由。卡尔文的报告得到了所有委员会成员的认可，1967年6月提交给参议院委员会后，获得了普遍赞同。

创作于20世纪60年代后期的动荡时期的这份卡尔文报告为芝加哥大学奠定了意识形态中立的立场，以抵御外界不必要的政治干预和党派诱惑。然而，大学报告是创作它们的历史时期的一部分，如果后代忽视或拒绝承认或确认支持这些报告的规范，其象征价值可能会受到限制。罗伯特·齐默于2006年担任校长后不久，发生了一些事件，突显了对地方和全国自由言论领域的新关注的必要性。首先是2009年10月，曼德尔礼堂发生了骚乱，激进分子对哈里斯学院邀请来访的演讲者大声抗议（埃胡德·奥尔默特事件）。齐默对此事件发表了强烈谴责，引用了大学自哈钦斯以来的传统："任何压制辩论的行为都与芝加哥大学的主要价值观以及我们作为学术自由典范的长期立场背道而驰。这种破坏性事件在我们的校园中很少见，因为我们对探索、讨论和知情辩论重要性有着一致的看法。"[300] 该问题在几年内得到控制，但在2013年春季和2014年，一系列冲突在其他校园（如莫尔豪斯、约翰斯·霍普金斯、斯沃斯莫尔等，2014年在罗格斯、伯克利、巴纳德和史密斯）发生，抗议学生和教职员工用意识形态标准施压，毕业典礼演讲者被迫拒绝演讲邀请，这些事件极大地困扰了齐默，认为这是公众对大学基本使命的理解丧失的迹象，大学和学院领导人的胆怯使问题更加严重。2014年初夏展开了一项讨论，有关于需要正式声明以提醒大学社区其一直以来对言论自由的承诺。齐默随后于 2014 年 7 月委托前教务长杰弗里·R. 斯通领导一个教职员工委员会来总结大学在言论自由方面的传统。委员会在 2015 年 1 月发布了一份名为《芝加哥原则》报告。这份简短的报告编纂了芝大的传统和规范，虽然其并非为作为其他机构的指南或入门手册而创作，但很快在塑造几十个其他大学校园的辩论中发挥了影响。

齐默发表了一系列重要的有关言论自由的公共演讲和文章，这始于 2009 年他评论卡尔文的报告，他在其中指出："芝加哥大学将这些视为其至高价值观，并尽力加强每一个环节。卡尔文报告是这种文化的组成部分。许多其他机构将其他价值观作为合法的竞争利益推动，他们的文化可能不支持对这一特定价值观体系有如此强烈的立场。每个机构都需要有自己的答案，即它是什么，它想成为什么。它需要决定如何权衡各种竞争利益。卡尔文报告之所以在芝加哥大学起作用，是因为芝大拥有这些共同的价值观，而且只能被完全理解为这些价值观实现的一部分。"[301] 在几次校园抗议期间，包括一个特别令人不安的案例，即研究生呼吁限制一位其在平权行动问题上观点与他们不同的教职员工的教学，齐默管理层坚决支持教职员工的言论自由权利。[302]

卡尔文报告和最新的芝加哥原则在大学的公民文化和大学的"品牌"中几乎具有了经典地位，并且在定义大学在民间社会中的角色时反复被提及。事实上，在全国媒体中，齐默作为校长的历史性个人遗产的塑造，主要是由他公开为言论自由辩护，以及他对那些可能使学生回避不愉快或困惑的观点的人的抵制。[303] 这些文件引起的共鸣以及齐默的倡导之所以如此强大，正是因为它们与早期大学的教师文化中根植的学术独立地位契合并相互强化，这种文化可以追溯到赫尔曼·冯·霍尔斯特、J. 劳伦斯·劳克林等人的倡导。然而，所有大学都是复杂的人际社区，各种争议可能会不断发生，处理这些争议在大多数情况下是明理的人出于同情和同事关系的行为完成的。因此，齐默对言论自由的辩护成为讨论研究型大学身份基本规范的显著方式。

但齐默还认为，大学领导层规定关于保护言论自由的一般边界条件，并帮助阐明个人应对具体争议的方式是至关重要的。鉴于大学面临的大多数严峻挑战涉及将一般规范原则转化为日常和普遍的实践，大学自然会实施两项平行措施,为其社区在言论自由领域制定实际行动模式:2023年宣布的新"芝加哥大学自由探讨与表达论坛"和2018年在斯坦顿基金会支持下设立的本科生学院"帕雷西亚公共话语项目"。这些举措都是现在用于阐明及捍卫支持卡尔文报告的原则的工具。

### 扩展到世界:全球中心与比较文明研究

2003年后巴黎中心的成功为2006年后新大学项目的开展设立了典型与先例,新设立的项目包括在北京、香港、德里新设立的国际中心,以及在拉丁美洲为促进更多投资设立的委员会。这些大学在欧洲、东亚及南亚设立的中心,是20世纪五六十年代开始的深厚的比较文化学术项目的逻辑延展。这些先前的项目为新成立的中心在芝加哥大学教职员工中提供了自然的支持,避免了它们(像在许多美国同行大学中发生的那样)成为孤立的行政前哨站,防止了它们与本部校园的脱节,以及与大量教职员工日常研究目标的脱离。该大学早在20世纪80年代和90年代的文化研究和族裔研究挑战西方文化作为人文学科和社会科学知识遗产的主导地位之前,就致力于促进对所有文化和世界文明的研究。[304] 芝加哥大学在20世纪50年代和60年代就已经深入思考了文化和文明的复杂问题,并将这些思考转化为20世纪80年代和90年代的课程改革。这些改革既尊重文化多样性的合法性,又确保课程内含的学术价值以理性探究的精神为基础,而非以意识形态情感为主导。

芝加哥大学对国际教育的特殊贡献可以追溯到20世纪50年代,当时罗伯特·雷德菲尔德和米尔顿·辛格在福特基金会的大力支持下,针对世界文化比较研究创造了新的分析方法。罗伯特·雷德菲尔德于20世纪20年代在芝加哥大学攻读人类学和社会学的研究生课程。1943年,当大学成立陆军语言和区域研究专业培训学校以及民政事务培训学校时,他担任社会科学部的院长。[305] 1944年4月下旬,雷德菲尔德参加了在纽约举行的社会科学研究委员会会议,会议主题是区域研究的未来。他批评了战时项目的知识狭隘性,并敦促战后继续进行区域研究时应将其置于更坚实的学术基础之上。"大学的目标与战时区域项目的目标不同,"他写道,"大学的目标是教育和研究,而战时区域项目的目标是训练和更多的训练。"在这篇文章中,雷德菲尔德考虑了在大学通识教育课程中使用区域研究方法的可能性,权衡了邀请年轻的美国学生在专门为此设立的机构中学习世界其他地区的文化和历史,而不是仅仅学习美国文化和历史,或在此基础上增加对其他地区的学习所带来的成本和益处:

> 这样的事业将着眼于长远未来,并致力于培养少数几位处理所选区域某一方面的一流学者,他们将经常相互讨论各自的工作。这样的事业将书籍和文本的研究与对当今生活在该地区的人们的实地研究相结合。该组织将包括人文学科和社会科学的代表。使这一努力统一起来的概念,与其说是中国、俄罗斯或拉丁美洲是地球上的一部分这一空间事实,不如说是文化事实。学生都将关注一种在长时间内保持独特特征的传统生活方式,这对人类产生了巨大的影响。有文化的民族通过文字表达其传统生活方式;每个民族都通过其制度、习俗和日常行为来表达这一点。最终,文化这一概念,无论是作为自然发展的生活方式,还是作为通过精神和道德训练获得的启蒙,都追溯到同一个现实:一个拥有独特生活方式的民族,其生活方式可以或应成为反思性研究的对象。区域研究项目可以采取对伟大的世界文化进行长期研究的形式。[306]

雷德菲尔德在罗伯特·梅纳德·哈钦斯担任芝加哥大学校长期间一直是他的密切合作者和崇拜者。1951年初,当哈钦斯离开芝加哥大学前往福特基金会工作后,他鼓励雷德菲尔德申请福特基金会的资助,以开展一个新的跨文化研究项目。1951年6月,雷德菲尔德给哈钦斯寄去了一封详细的信件,概述了他设想中的项目运作框架。不到三个月,福特基金会董事会同意提供初始的75000美元资助,以便雷德菲尔德启动他的项目。该项目旨在通过芝加哥大学教职员工的努力,启动全球比较文化研究的进程,其目的是实现世界和平,并教育有可能实现世界和平的一代人。在第4章中提到的由年轻哲学家转变为社会理论家的米尔顿·辛格与雷德菲尔德共同指导这个项目。福特基金会1951年的年度报告将该资助列在"和平"支持奖项下,而不是"教育"或"加强自由制度"的支持奖项下。³⁰⁷ 从1951年的初始资助到1958年项目正式结束，福特基金会批准了总计375000美元，用于支持雷德菲尔德-辛格的跨文化研究项目。折算到2022年的美元价值，这相当于超过300万美元。³⁰⁸

在冷战初期构思的雷德菲尔德和辛格的比较文明项目包括一系列相互关联的计划，按照他们的话说，这些计划将"影响学者和科学家的工作，使他们对当代伟大文明的描述和比较变得更加有效且重要。由此产生的好处将是对人类主要文化中持久且具有影响力的特征以及共通的人性有更好的理解"。该项目还"希望在某种程度上改变西方文明研究的独立性，并通过更为核心的视角，完善联合国教科文组织等机构为发展世界思想共同体所做的努力"。³⁰⁹

该项目的定义源于雷德菲尔德对进一步研究的兴趣，这些研究将"有助于'伟大的传统'和其他文化的研究向更大的可比性发展"。³¹⁰ 但在表面之下还有一个更具计划性和"实际性"的关切，即国际理解问题。用辛格的话来说，该项目的核心知识问题是评估和开发方法"以描述并探索现存的文明，旨在提升国际理解和国际安全"。³¹¹ 一方面，辛格和雷德菲尔德希望探索比较和分类文明的方法，目标是建立一种文化和文明的比较研究方法；另一方面，该项目直接支持对特定历史文明的研究计划。这种在一般与具体、比较与区域之间的双重性提供了灵活性，支持了各种不同的方法。

校园内，该项目的核心活动是如今著名的雷德菲尔德-辛格研讨会。人类学342，这个每两周一次的研讨会，至少每年开展一次，汇集了本地和来访问的教职员工以及研究生，他们讨论和评估用于描述和比较文明的概念和方法，如"世界观""整体文化模式""民族精神"和"国家特征"。除研讨会之外，雷德菲尔德和辛格还赞助了学术会议，这些会议促成了一些重要的书籍出版，由费正清、古斯塔夫·冯·格鲁内鲍姆、芮沃寿、哈里·霍伊杰等杰出学者编辑，其中一些书籍被收录在《文化与文明比较研究》系列中。该资助还支持了马歇尔·霍奇森、麦金·马里奥特、苏拉吉特·辛哈、M.N.斯里尼瓦斯、柯睿格和伯纳德·科恩等学者的工作，他们都在各自的学术生涯中取得了杰出的成就，并完成了关于文化研究各个方面的重要出版物。

1955年，在米尔顿·辛格的敦促下，两位负责人将项目资源集中在印度。³¹² 早在 1953 年，辛格就主张"印度是进行此类研究的特别好的地方，因为它拥有非常古老的文明，并包含多种具有不同世界观的亚文化，足以进行控制比较法并检验关于文化变迁的假设。"³¹³ 知识发现的兴奋以及辛格希望将他和雷德菲尔德的研究成果带回课堂的渴望很快就显现出来。在 1955—1956 学年，社会科学学院和本科生学院的联合委员会（成员包括米尔顿·辛格和威廉·H. 麦克尼尔）提出了一个新的学士学位课程计划，学生将在该课程中学习西方文明和一种非西方文明。委员会认为，这个课程"不仅可以让学生熟悉除自身以外的文明传统，从而让他们能够从他人的视角看待世界和自己的文明，还可以通过与另一种文化的比较，使他们更好地理解自己的文化遗产"。³¹⁴

1956 年至 1959 年间，第二笔主要资助来自卡内基公司，在这笔资助的支持下，本科生院在 1956—1957 学年推出了伊斯兰文明、中国文明和南亚文明的系列课程。福特文化研究项目与卡内基资助的教学项目之间有着多种多样的联系。辛格的作用至关重要，前几年在他的领导下印度文明课程受到了深刻的影响。1957 年 5 月，辛格和雷德菲尔德组织了一次全国会议——"在自由教育中引入印度"——以庆祝他们在课程设计方面的成果。芝加哥大学出版社印刷了会议论文集，其中包括关于当代社会、人类学田野调查、哲学、音乐、印度文明课程教学法以及对文明研究的一般反思性的论文。

跨文化研究的另一位关键人物是马歇尔·霍奇森，他成为伊斯兰文明新课程的主要设计者。1953 年 3 月，霍奇森被雷德菲尔德和辛格聘为福特项目的研究助理，并继续修订他的关于伊斯兰教派的博士论文，以便出版成书。³¹⁵ 从一开始，霍奇森就认为雷德菲尔德-辛格项目听起来"非常、非常高尚"，当需要为伊斯兰文明课程制定大纲时，自然由霍奇森完成大部分工作。1955—1956 年，福特基金会承担了霍奇森的薪水，以便他能准备在 1956 年秋季开设该课程。³¹⁶ 霍奇森的三卷本杰作《伊斯兰的历程》（*The Venture of Islam*）灵感来源于他为伊斯兰文明课程制定的大纲中。³¹⁷

因此，雷德菲尔德-辛格项目自然促成了一系列关于各种（非欧洲）世界文明的优质课程的开发，这些课程在 20 世纪 60 年代和 70 年代逐步成熟并获得了合法地位。到 20 世纪 80 年代初，人类学家伯纳德·科恩称这些课程为"本科生院皇冠上的一颗明珠"。[318] 很快，相关教职员工小组开发了涉及拉丁美洲、非洲和俄罗斯的其他世界文明课程。到 20 世纪 60 年代，已经创建了多个区域研究委员会或中心，涵盖了南亚、中东、非洲、东亚和拉丁美洲——其中许多获得了福特基金会的大量研究资源[319]——大学逐渐在欧洲和美国以外的各个世界文明领域集结了一支庞大而杰出的教职团队。在 1984—1985 年进行核心课程改革时，当本科生院被迫决定这些课程的地位时，教职员工宣布所有世界文明系列课程对于培养学生的批判性技能和提供实质性知识都具有重要价值，对学生的人文教育做出了贡献。因此，在芝加哥大学，从 20 世纪 50 年代开始的一般跨文化理解的方式，从根本上塑造了三十年后将所有世界文明课程在核心课程中宣布为具有同等学术价值的决定，而不是出现西方文明史因其代表西方价值观而占据（或期望）特权地位的情景。学生必须为其核心课程选择一个这样的系列课程，但不对任何一门课程给予相对优先或绝对特权。随后，本科生院创设了一个新的专业——全球研究，以更高水平继续这种跨学科的比较文明研究传统。20 世纪 50 年代和 60 年代与非欧洲文明进行学术交流的传统，使本科生院在 20 世纪 80 年代和 90 年代能够避免不对等的权力斗争或跨文化多元主义的势力范围争夺。这一决定并未否认欧洲传统的内在重要性，该传统继续主导着大多数人文学科和社会科学核心课程的知识框架。正如汉娜·H. 格雷最近所主张的，这一传统本身"极具自我批判性和自我意识，特有地对了解其他文化感兴趣，部分原因是为了定义自己的文化，质疑自己的假设，并扩大自身的经验"，从而又塑造了"大学本身在每个层次的基本生命力和活力"。[320]

大卫·霍林格观察到，在许多大学中，文化研究的高度政治化局面是"在 20 世纪 80 年代和 90 年代的'多元文化主义'氛围中，由改变经典的人文学者领导的文化项目有时被赋予了极大的权力，以使社会更加平等和民主"。[321] 由于在全球教育理念变得流行之前进行的这些深层次的结构性干预，芝加哥大学很大程度上避免了以这种方式使用课程的诱惑，既因为文明课程的大量学术基础使其不适合用于公开或隐蔽的政治目的，也因为核心课程的结构本身就假定所有文化知识最终都是比较性的，且学生在接触其他文化时所经历的认知距离越大，他们对自己文化的理解就会越深刻。比较文明计划捍卫了对不同文明进行公平公正审视的权利，认为每一种世界文化都是真实的，并且都同样值得作为研究对象被研究。在 20 世纪 80 年代和 90 年代的美国大学中，这一计划所假定和支持的那种开明的文化多样性，对于保护卡尔文所阐明的个人权利的行使至关重要。也就是说，如果没有形成一个体现对文化多样性学术承诺的校园学术社区，那么有关言论自由权利的计划性宣言将难以有效维持。当芝加哥大学决定在 2000 年代启动国际中心和小规模的文明留学项目时，芝大的教职员工文化与这些中心和项目的新行政机构之间的政治和学术契合也因此显得自然而和谐。提出在北京设立中心的教职工委员会在 2008 年指出："芝加哥大学的教职员工几乎在所有学部和专业学院以及整个中国广泛开展与中国相关的研究和合作活动。"[322] 另一个负责印度事务的委员会提出了更广泛的主张，认为："在人文学科、社会科学和专业学院中，对南亚的学术研究在学科广度和研究实力方面都是非凡的。"[323] 董事会批准了这两项倡议，期望能深化"芝大与东亚和南亚一系列研究和高等教育机构、政策和政府实体以及私营企业之间已经建立的深厚联系"。[324] 也就是说，北京和德里这两个项目背后的运作假设是，它们不仅仅是个别教职员工进行研究的场所，更是芝大与中印两国民间社会中的各类本地和区域研究及商业实体建立机构联系的桥梁。然而，与巴黎相比，这两个中心都没有最终形成显著的本科教学特色，而是更侧重于行政管理和教师研究。芝大新国际战略的最后一步是在 2013 年，当时布斯商学院决定将其亚洲高级工商管理（MBA）项目从新加坡转移到香港，以便在庞大的中国内地市场中变得更具竞争力。[325] 该MBA项目位于香港摩星岭的一座极好的新设施中，占地 41000 平方英尺，由谭秉荣建筑事务所设计，并得到当地慈善家和香港市政府的支持。布斯商学院还于 2022 年在伦敦开设了新校园和会议中心，来举办一个在欧洲的平行MBA项目。

这些中心表明了齐默及管理层的观点，即更多的全球投资，特别是对亚洲的投资，是这些机构的高度优先事项。全球教育对不同的人意味着很多不同的东西，现在每所美国主要的大学都被期望拥有一项"全球"战略。许多美国大学采取的战略是基于当地对认证和资质的需求。相比之下，芝加哥大学的战略是以创建广泛而结构化的学术网络和合作伙伴关系为前提,以此来提升大学的研究能力,而不是销售文凭或仅仅赞助一次性公共活动或租用场地,只为了有一个外国城市的地址。这一战略还假定,在中国和印度,新一代学者正在涌现,他们具有扎实且在多数情况下令人印象深刻的学术资质,与他们的合作对于芝加哥大学的学者以及这些新一代学者本身都特别有价值。其组织原则是多层次的互惠互利,这一概念最早始于2003年的巴黎中心。以印度为例,当地的芝大专家将帮忙解决一些"印度公民和公共生活的更大需求",而来自印度的学者将以有利于大学集体学术声誉的方式与芝大教职员工互动。在香港的案例中,该中心成立时明确承担了布斯高管MBA项目和大学留学项目的教育与教学任务,同时也开展了针对香港及其周边地区公众的外展活动。

当然,没有一所美国大学可以随心挑选其运营时所处的全球环境,在过去十年中,国际形势以难以预测且往往令人沮丧的方式变化着。当前美中之间的政治和经济紧张局势,更加凸显了太平洋两岸研究型大学维护科研和学术交流合作的必要性,以期保持切实可行的民间交往纽带。鉴于过去三十年中国顶尖大学在实证研究方面的巨额投入以及这些院校中数以千计的高素质研究人员,无论当前的地缘政治如何干扰影响,芝加哥大学和其他美国顶尖大学必须与中国的个别学者和研究团队保持密切联系。

伴随着乌克兰战争、北约扩张、英国脱欧带来的难以预测后果,以及俄罗斯对公民自由的全面压制,西欧、中欧和中东欧现在对国际政治和政治经济学的学者来说比2003年时显得更加重要。主要的欧洲大学和研究机构仍是变革性科学研究的基地,享有与美国顶尖机构相当的学术自由和独立的同行评审的财政研究支持。

芝大重新重视起与中东、南亚、非洲和拉丁美洲的大学进行更紧密的科学与教育合作也将是偶然的。芝大决定扩大其在巴黎的影响力,在法兰西大道上新建一座大楼,包括面向全欧洲的新的国际研究所,这将为芝大在欧洲其他地区的教学计划提供重要的后勤支持,并促进中东和非洲的新学术网络的进一步发展。这个新中心将于2024年秋季开放,它的成功建成得益于许多校友和家长的支持。[326] 而阿利·凯西也为该中心未来的项目运营提供了每年近100万美元的捐赠资金。同时,布斯伦敦会议中心为芝大在英国的教育计划发展提供了另一个着手点，并与芝大在巴黎和欧洲其他地区的教师工作广泛建立联系。

截至 2023—2024 学年，芝大在 12 个国际城市赞助了 25 门由教师授课的文明研究课程。事实证明，芝加哥大学的全球文明研究模式不仅能够适应教师学术倾向和重点的转变，而且在重要的大都市中心开展如此大规模的海外文明研究的教学项目，也是对 20 世纪 50 年代雷德菲尔德-辛格项目首次体现的课程创新模式的更新。在某些层面，文明研究回归其历史根源对教师长久持续地参与研究工作大有裨益。

**齐默时代的落幕**

因为一场突如其来的大病，罗伯特·齐默校长无法继续工作，他的任期于 2021 年 9 月结束。齐默的继任者是加州大学伯克利分校教务长兼执行副校长、芝大 1981 届校友保罗·阿里维萨托斯。在齐默担任校长的十五年间，芝大发生了巨大的变化，学校的科研实力不断增强，开设了自然科学和计算科学的新项目，芝大再次成为国家言论自由的捍卫者，并保持了它在世界一流大学中的竞争地位。对学校影响最大的变化发生在齐默任期的前半期，但此后齐默校长诸多改革政策所带来的成本不断累积，阻碍了芝大进行更激进的改革。在这些年里，芝大得以用新的方式处理校园和城市发展的关系，并将校园作为一个有生命力的建筑群进行重新规划。最终，直到 2020 年，芝大完成了自 20 世纪 90 年代就已经开始的根本性变革，招生人数稳定在 7000 人左右，重现了 19 世纪 90 年代至 20 世纪 30 年代芝大的发展活力。因此，齐默校长任职期间的资产负债情况令人印象深刻，但他无疑是过去五十年来美国高等教育界最具影响力和最鼓舞人心的大学校长之一。

但是，齐默校长施行的积极的教学项目改革也让大家意识到，芝大仍然需要继续施行令人信服的改革战略，以此吸引数个芝加哥慈善团体对芝大的资金支持，这些资金将投入芝大本科的助学金建设，并用于制定新的政策帮助学校资助更多的科研项目。在美国顶尖的私立大学中，芝大仍然是资金最缺乏的大学，这在很大程度上是因为 20 世纪 50—70 年代芝大本科招生率骤降给芝大带来的致命性打击。[327] 20 世纪以来，芝大的卓越发展史就是一个持续抗争、不懈奋斗的故事，尽管学校面临着充满挑战，甚至令人不安的财务困难，但依然在学术上独领风骚。在当今，芝大面临的财务问题依然严峻。哈珀为了芝大在国际学术界取得一席之地而不惜花冤枉钱就是典型的不择手段、本末倒置的例子。然而，哈珀之所以这样做，是因为他设想到了一种特殊的高等学府的存在，它们深深根植于对知识纯粹的追求，而不为任何即时的、外部驱动的功利的目的。

这种全心全意追求知识的学术生活方式成为芝加哥大学独特而强大的集体文化内核。这一文化内核在20世纪50—70年代教职员工所接受的"博士至上"文化前就已经存在了，更不用说如今在芝大，大部分的学生都是本科生和职业学校学生，在学生群体构成更加均衡的今天，芝大这样的文化内核只会更加蓬勃发展。现在，芝大面临的更大的挑战是它紧缺的财政资源。在齐默校长的时代之后，芝大需要应对的一项持续挑战是在保持学校特殊的学术文化的同时，为学校寻求更多的财政支持途径和社会捐赠资金，以保障大学未来的福祉。

## 终章：持续培养敏感度、鉴赏力和判断力

1930年11月，芝大通过了创建分部和本科院校的改革措施，罗伯特·哈钦斯将这项改革作为一项实验向芝大校友和全世界表明："如果经过一段时间的试错，结论证明我们开始这项改革是行不通的，那么我们将有勇气结束它。"不过，哈钦斯也坚持认为，这项改革事关重大，如果成功，收获也将是巨大的。他说："我们现在进行这样的改革，会被当作空想家和狂热分子而受到攻击。但我希望，我们也能得到那些热衷于改善教育和关注知识发展的人们的同情。因为尽管我们的尝试可能是徒劳的，但你们可以确信它的出发点是真诚的……我们上交此项计划不是为了得到大家的祝贺，而是为了接受大家的批评，因为我们相信，只有经过不断批评和改正，我们才能为国家培养出比我们这一代人更有知识的一代人，培养出比我们自己更渊博的年轻一代。"[328]

过去的九十年芝大的发展正是一个"不断受到批评并改正"的过程。

事实证明,芝加哥大学的基本组织架构是十分牢固的,但它们也成为过往冲突的一部分,甚至导致了这段充满冲突的过去。自第二次世界大战以来,特别是自 20 世纪 60 年代以来,芝大各研究生院积极促进院系之间的合作,尽管它们并没有像哈钦斯所希望的那样形成一套高于其成员院系的独立课程体系,但至少保证了其成员院系的学科实力、特色和效率。在艺术和科学等许多领域,博士生经费和就业模式的变化让芝大意识到缩小博士生项目的必要性,这些项目应该更强调为少部分的学生提供高质量的研究生教育,并帮助他们在攻读学位过程中提高学术表现。与 1950 年至 1975 年间本科学院规模较小,且地位边缘化的情况相比,如今本科生的教育和生活已成为芝大制度文化的中心。本科教育强调通识教育,在尊重、借鉴各个院系的学科知识和其他专业领域的知识的同时,也不仅限于此。自 20 世纪 30 年代以来,学院一直致力于培养跨学科研究和课程创新的文化,这也是芝加哥大学最独特的教育准则之一。这项工作在更广泛的层面上,对于保护学校的学术严谨至关重要,因为它有助于在本科阶段的教育形成并保持一种以价值导向、强调自律和严谨求索为基础的校园文化。本科生学院与联合指派的教职员工一起负责管理本科生课程,他们尽其所能为不同课程配备教师,推行支持本科生生活的其他政策,帮助本科生院完成招生,制定助学金标准,并在过去二十年中,他们发起了一系列连贯且可持续发展的项目,包括就业指导、校友联络和一般性的筹款计划。

　　如何调和本科生教育和研究生教育之间相互竞争的需求,是摆在我们面前的一个重要挑战。正如本书所指出的,芝加哥大学曾经以拥有庞大的博士生项目而闻名,这使得芝加哥大学成为名副其实的博士生工厂。独立的研究生单位,即各研究生部和独立本科生院是 20 世纪 30 年代的产物。研究生部内各学科系的规模以及它们自行管理、决定各自的教学责任也反映了芝大维持甚至扩大博士生专业研究项目的决策。新教师的任命、工资的制定以及对教学工作量规定的权力几乎仍然被研究生部完全掌握,这意味着本科生院的教学需求总是需要研究生院的批准才能得到满足。[329] 自 20 世纪 90 年代末以来,本科生院的规模翻了一番,研究生和本科生的人数也发生了翻天覆地的变化。然而,在这几十年间,具有终身教职的教师的教学职责在对于研究生教育的教学分配上并没有发生重大变化,博士生教学的文化权威地位也没有任何改变。六十年前,克拉克·科尔在其经典著作《大学的用途》中预言,在主要的研究型大学中,常规教师的本科教学质量将会下降。他提到了联邦研究经费对教师的吸引力,以及教师教学工作量减少的世俗趋势对教师的影响,并强调称:"如何摆脱我们优秀的师资队伍对本科教学的关注度降低这一残酷的悖论,是我们更紧迫的问题之一。"[330] 斯坦利·卡茨最近对20世纪以来美国许多一流的研究型大学的教师文化朝着过度专业化发展,以及教学工作量不断减少的现象进行评论时指出,"无论是第一次世界大战期间的约翰·杜威,还是他在哥伦比亚大学的同事们,都会认不出21世纪初的教师队伍"。[331]

从过去三十年的视角来看,芝大的发展更加依赖于本科生院的成功,这或许是它在道德层面和政治经济方面最显著的变化。本科生院的学生人数几乎占大学全日制学生总人数的50%,本科生院通识教育和自由教育的传统既标志着芝大是培养学生思辨能力的创造性家园这一崇高的教学理念,也促使着学校不断朝这一方向努力。如果罗伯特·哈钦斯所认为的大学的基本宗旨不仅仅是吸纳最优秀的人才,而是"汇集最优秀的人才来做我们(认为)应该做的事情"这一观点是正确的,那么大学如何才能确保它能拥有一支这样的教师队伍,既能保持学校的科研实力,又能准备好"做该做的事情"以延续本科生院不基于特定院系的跨学科通识教育呢?[332] 另一方面,正如布拉德伯恩委员会在1979年所指出的那样,与研究生相比,本科生人数的大幅增加将使得"芝大生活发生其他一系列的变化,尤其是在教师的教学责任方面"。[333] 在1945年之后的几十年里,芝加哥大学的教师文化根植于小规模的本科生教育和具有特权的研究生教育的海市蜃楼之中,而现在新的事实是80%的文理科学生每周甚至每天都需要课堂教学,教师们能否适应本世纪的新的现实和教学责任并做出改变呢?罗杰·盖格和唐纳德·海勒曾警告说,大型公立大学面临着严重的财政压力,这使得他们不得不对教师的教学任务进行减负,这些学校越来越多地雇用非终身教职的教师从事本科教学,让正式的终身教职的教师能够从事科学研究、学术工作和高级教学。[334] 这种趋势将为美国私立大学长期的学术优势和文化连贯性带来毁灭性的后果，而芝加哥大学更是如此。

芝大面临的第一项挑战还有最后一个特点，关于攻读学士学位所需要的空间和时间。除了哈钦斯时期的后几年，学生可以通过综合考试完成学位课程，因此理论上能够在少于四年完成学业以外，芝加哥大学一直坚持四年制的授课模式。不过，大部分校友都会在毕业后的某个时期回到美国或其他地方的高等学府，攻读研究生学位或专业学位。从战略角度来看，鼓励更多芝大学生连续攻读五年获得硕士学位，是较为可取的方式。不过，从课程创新的角度来看，如果芝大的教师团队愿意重新思考本科生阶段应当打造什么样的"后核心"课程，并将学生的本科专业和研究生层次的学习整合为一个统一的五年的项目，而不是在传统学士学位之后简单添置一年的传统课程的话，这无疑是最令人激动的一项计划。

第二个尚未解决的重要问题是研究生教育的未来，尤其是博士生教育的未来。鉴于资助博士生的费用十分高昂，所以这些博士生项目的规模应该有多大？大学又应该在多大程度上要求学生在规定时间内完成学业并取得学位？大学如何能最有效地帮助博士生在未来的职业生涯中胜任教学工作做好准备？如何才能（或应该如何）对博士学位本身进行调整，以解决人文和社会科学领域的年轻博士通常面对的严峻就业挑战？这些问题均尚待考虑。尽管过往经验无法为当下现实提供好的建议，哈钦斯和贝克的观点却非常有远见，他们认为研究生教育的核心应当在于将研究生培养为优秀的教师，这一点与将他们培养为成功的学者同样重要。

同时，在讨论研究生和新博士后的教学准备工作时，应再次强调教师自身对其教学工作的重视。芝加哥大学坚持教学与研究并重，但这并不意味着部分人负责研究，而其他人负责教书，或者部分人只教少量高年级学生，而其他人教大量低年级学生。教学与研究并重是指研究型教师的自我认识应该像威廉·雷尼·哈珀所希望的那样，芝大是一个高度重视教学的集体，这适用于所有教师，在任何时候、任何层次的教学都是如此。以研究指导教学的承诺，也许最能驳斥那些谴责当代高等教育弊端的批评者，尤其是那些我们称之为研究型大学的学术剥削的洪水猛兽。正如格哈德·卡斯帕尔所言，大学的"不可替代"之处在于"实验室和教室中教学与研究的联结，教授和学生之间需要一种特殊的同志情谊，正是这种情谊让教学相长成为可能"。然而，[335] 只有当大学认识到它们的首要任务之一是支持老师们杰出的教学工作和为学生制定连贯的课程体系，而不是让它们的教师队伍打着"学术卓越"的旗号，彼此竞争，变得分崩离析，卡斯帕尔的论断才行得通。尽管"学术卓越"的名头很吸引人，但它却背离了教学的初衷，也动摇了一所优秀大学根本的教书育人的使命。

在颂扬大学的教学使命的演说中，涌现了一些有关大学基本价值的极为雄辩有力的论述。1972年，著名英国学者斯图尔特·塔夫在介绍教学委员会的报告时，回答了"我们为什么教学"的问题，他表示："我们这里谈论的既不是教学本身，也不是某所大学的教学，而是某种大学的教学……这所大学自视甚高，既然它如此自负，就必须对它严加评判，因为如果这所大学并非其声称的那样，它就没有资格自命不凡；它不仅不是另一种意义上优秀，而且比只有高人一等时才具有价值的事物还要低劣。"[336] 塔夫的告诫在卡尔·温特劳布于1974年发表的演讲"以人文科学为名"中找到了绝佳的类比，后者在其中提出了更具个人主义色彩的主张。温特劳布多年从事西方文明史教学工作，这位著名教师认为，教学不只是为了实现大学的使命。他表示，"一名教师会仅因教学水平稍显提高而感到满足，这可能就是平庸与卓越之间的差别所在。一种文化的质量最终取决于这种对敏感性、鉴赏力和判断力的长期、持续的培养。……在这种无形的劳动中，大学为广大群众所看到的一切做出了巨大贡献"。[337] 塔夫和温特劳布都明白，教学的天职决定了大学最崇高的品德和最美好的本质。严谨、苛刻、高标准和高要求的教学使得芝大成为独特的学术变革引领者，而教学的使命也使芝大成为如今我们生活中更广泛意义上的高质量、正能量文化的积极建设者。

作为一所大学，我们的卓越取决于我们对学生教育的敬畏。劳伦斯·金普顿的观点是正确的，他在1953年指出："我们毕业生中的佼佼者促使芝大成为世界上最好的大学之一。"[338] 自19世纪90年代以来，芝加哥大学丰富了成千上万的学生们的生活，他们为能自称为芝大的学生感到深深的自豪。最新的学术著作也有被遗忘的一天，最新的图书奖项和学会会员身份的吸引力也终有减弱的一天，但芝大的教育对于许多人的个人生活和职业发展的影响却会一直存在。

然而，在过去的一个世纪里，人们对这一教学使命的理解发生了变化，它既是一种丰富了学生个人发展的私人利益，也是一种公共利益。今天，芝大的办学宗旨是一代又一代人心血的凝结，它们既相互依存，又相互促进。哈珀、哈钦斯和列维的理念都是芝大办学使命和思想上的试金石。哈珀在19世纪90年代以一种近乎宗教狂热的方式探求真理，这使他能同时将高等教育定义为私人利益和公共利益。说它是私利，是因为芝大丰富了学生个人的生活，促进了学生的职业发展；说它是公利，是因为芝大的学生和学者在探寻和学习真理的过程中，为国家创造了一种更强大、更开明、更良善的公共文化。对哈珀来说，芝大对他的职业影响是切实可感、真实存在的。

哈钦斯继承了哈珀在20世纪30年代将讲真话作为近乎神圣事业的献身精神，但他的反职业主义言论将教育对学习者个人的实用价值或职业价值降到了最低。相反，学生和学者个人之所以探求真理，首先是为了强调大学的公共效能，其作为一种道德力量能够帮助学生培养智力和美德。他希望大学可以统一起来，为了同一目标共同努力，但知识的多样性和学术的独立性不允许这样的做法。哈珀力图塑造一所团结一致、致力于探索真理并在专业领域产生巨大影响的大学，而哈钦斯则坚持认为，大学肩负着的使命是强大的，但同时也是有界限的，大学应该为了追求知识本身而上下求索，同时培养年轻一代的智力和美德。正如我在上文所述，哈钦斯对芝大声誉的非凡贡献在于他在20世纪30年代大力宣扬和强调"思想的生命"，并将其打造为芝大的核心品牌形象。但哈珀可能会觉得这样的做法过于克制和保守。

爱德华·列维试图在20世纪60年代和70年代将哈珀和哈钦斯的理念融合在一起，因为他经历了这两个时代，但又不受制于这两个时代，他的历史主义模式使得他在借鉴历史的同时得以展望未来。列维肯定了哈钦斯对讲真话、追求学术自由和提倡专注学习的文化的奉献，他与哈钦斯一样，对芝大承担大型社会服务机构的职能深感担忧。[339] 列维认为：

"芝加哥大学是为思想的生命而存在的……它的存在是为了提高人类的认知和智慧。"但他对哈钦斯想要创建一所具有统一道德战线的大学的愿望心存疑虑,因为列维知道这只是一种不切实际的幻想。列维是一位杰出的法学家,他对制度体系的逻辑有着敏锐的感知,他接受了哈钦斯关于建立一所有统一组织结构的大学的理念。作为一个理性的团体,"我们是一所大学,不是为了让所有人满意而存在,而是因为我们共同的努力产生了特殊的价值和力量而存在"。[340] 但是,作为一个狂热的世俗主义者,列维手中的统一现在变成了一种规范,他的目的是帮助学生丰富自己的学识并在世俗世界中取得职业的成功,而不是让他们在大学之外传播自由的新教美德。今天的芝大体现了所有这三种愿景的部分元素,它们以不同的比例彼此交融,但在执行过程中又互相冲突。

展望未来,芝大已经形成了一个极具凝聚力的价值体系,致力于促进表达自由和不受限制的学术交流。芝大各院系竭尽所能,始终坚持卓越的学术表现,避免落入平庸的圈套。哈珀希望芝大能成为其他高等教育机构,特别是美国中西部和西部高等教育机构高标准的典范,事实证明,这一希望是可行且符合实际的。鉴于本科生院作为芝大最大组成部分的新地位,它将在帮助整个芝大作为一个整体运作方面发挥强大的作用。在培养所有学科的理性和思辨能力方面,本科生院凭借强大的通识教育和自由教育体系,为我们最年轻的学生们赋能,使他们能够通过理性的讨论和有计划的行动来丰富世界。

芝大特殊的公民领导模式就是为了让芝大社区能更好地体会到批判的精神。我们不能期望半所大学致力于智力和学术的发展,另外半所成为社会改建的半公共机构,变成消费主义和文凭主义的购物天堂。现在,芝大拥有一个极其成功的本科生院,是全美最受欢迎的文科院校之一,它拥有一个优秀的学生群体,他们对芝大更广义上的知识理想有着深切的认同感,也对芝大学子的身份有着强烈的归属感。此外,芝大的专业学院也蓬勃发展,在各自的领域中都处于全国学术的领先地位。尽管某些学科面临着博士生招生人数受限的新现实,芝加哥大学的文理科博士生项目仍然非常杰出。所有这些都预示着芝加哥大学作为一个整体、作为一个独特的学术机构的未来可期。

1924年，欧内斯特·D.伯顿认为，大学创始人给予后代的最好礼物就是为他们创建一所"拥有长远未来"的大学。他所说的"长远未来"不仅是指物质层面的建筑和研究项目，还包括在过去的130年中，芝大一直秉承的择优录取原则、学术上自我价值的实现和学术公平的理想。第一所芝加哥大学——从1857年持续到1886年——因缺乏明确的学术目标而垮台。第二所芝加哥大学具有独特的学术使命，致力于通过大力培养人才和传播新知识来丰富我们所处的世界，促进社会的发展，它将这视为一种私人和公共利益，并以非同寻常的严谨态度和对自由表达的极力推崇来实现这一使命。大学的学术宗旨集中体现了早期学校领导、师生、校友和大学董事的思想，这一学术宗旨是大学历史的核心，其中既有令人印象深刻的成功故事，当然也有给予人惨痛教训的失败经历，但时至今日，它仍然具有决定性的意义。今天，这一学术宗旨仍然是芝加哥大学争议的意义所在，也是研究其历史起源和重要性的价值所在。每一个来到芝大的人，尽管只在这停留很短的一段时间，都会感受到芝大的风采；每一个有幸加入芝大，成为其中一员的人，都受它的华光所照耀。芝加哥大学的伟大之处在于，它是一个勇敢无畏的地方，一个拥有强烈的自由和充满活力的信念的地方。在所有这些信念中，在所有这些信念所支持、所保护的几代人的自由开放的思想交流和学术辩论中，诞生了一个真正无愧于高等教育的意义和承诺的高级学府。

**注释**

1　珍·阿拉德写给诺克斯·C.希尔的信，1975年7月15日；罗杰·H.希尔德布兰德写给诺克斯·C.希尔的信，1975年6月16日，格伦·劳埃德的文件，第21盒。

2　请参阅《遴选委员会，1975年7月21日》，校长遴选委员会，《记录》，1950—1977，第2盒。

3　请参阅1975年11月3日会议的速记会议纪要，校长遴选委员会，《记录》，1950—1977，第2盒。

4　《评议会委员会会议纪要》，1977年1月11日，第2-4页。

5　《评议会委员会会议纪要》，1977年3月15日，第13-14页。

6　《教员委员会评议关于助理教授马琳·狄克逊的任命的决定的报告》，列维管理层，第 151 盒，文件夹 7。

7 《关于实现芝加哥大学的财务平衡》，1979 年 7 月 6 日，本科生院档案。

8 请参阅格哈德·卡斯珀在其以下著作中关于 20 世纪 80 年代大学预算现代化的反思，《大学的忧虑：给斯坦福大学董事会和学术委员会的五年报告》（斯坦福，加利福尼亚州，1997），第 39-40 页。

9 罗杰·L. 盖革，《知识和金钱：研究型大学和市场的悖论》（斯坦福,加利福尼亚州，2004），第 34-42 页；罗杰·L. 盖革和唐纳德·E. 赫勒，《美国高等教育的财政趋势》（工作文件，2011 年 1 月，宾夕法尼西州立大学高等教育研究中心，宾夕法尼西州立大学帕克校区，宾夕法尼亚州），第 7-9 页；C. 罗纳德·吉姆柏林，《联邦学生援助：历史与批判分析》，约翰·W. 萨默编，《危机中的院校：高等教育的政治经济学》（新不伦瑞克，新泽西州，1995），第 74-75 页，其中将 20 世纪 70 年代末期称为"借贷的时期"，因为贷款额从 1978 年的 19 亿美元增加到了 1982 年的 78 亿美元。

10 1981 年至 1982 年，芝加哥的本科学费为 6000 美元，而其竞争对手的学费普遍高得多：普林斯顿大学为 7250 美元；斯坦福大学为 7140 美元；耶鲁大学为 7150 美元；哈佛大学为 6930 美元；康奈尔大学为 7000 美元；哥伦比亚大学为 6700 美元。最为重要的增量变化发生在 1986 年 2 月，当时大一学年学生的学费被设定为 11350 美元，大大高于老生增加后的学费 10350 美元。

11 关于整个国家 20 世纪 80 年代高等教育的财政环境，尤其是这个年代中全面开始实施并在之前的几十年中依赖于有联邦保证的贷款基金和补助金而鼓励私立大学大大提高学费水平的高学费/高按需援助模式，请参阅盖革，《知识和金钱》，第 2 章；以及查尔斯·克劳特费尔特，《买最好的：精英高等教育的成本提高》（普林斯顿，新泽西州，1996），第 7-8、13、48、69 页；以及罗纳德·G. 埃伦伯格，《学费增加：为何大学成本如此之高》（坎布里奇，马萨诸塞州，2000），第 74-84 页。

12 克劳特费尔特，《买最好的》，第 5 页。

13 克劳特费尔特《买最好的》一书第 3、5 页上的图表有助于理解这些趋势的范围。

14 请参阅诺曼·M. 布拉德伯恩的评论，《芝大预算，1988—1989：给芝大社区的报告》，第 4-5 页，1989 年 1 月，"学院"档案。

15 汉娜·H. 格雷，《芝大的状况，1986 年 2 月 19 日》，第 3 页，《芝大编年史》附录，1986 年 2 月 27 日。

16 请参阅布拉德伯恩，《芝大预算，1988—1989》。

17 《高等学府面临预算紧缩》，《基督教科学箴言报》，1992 年 2 月 7 日；《即便在常春藤盟校中紧缩也是家常便饭》，《纽约时报》，1992 年 3 月 4 日；《衰退令美国的财政援助备受打击》,《高等教育纪事报》,1992 年 6 月 10 日;《衰退减缓了大学的捐赠增长》,同上,1992 年 4 月 15 日。

18 《评议会委员会会议纪要》,1992 年 11 月 17 日,第 9-10 页。

19 诺曼·M. 布拉德伯恩,《招生委员会的初步报告》,1979,本科生院档案。例如,在 1939 年的秋季学期,芝大共招收 2816 名艺术与科学本科生和 1569 名艺术与科学研究生,而这些研究生中的许多人实际上都是硕士生而并非从事博士项目研究的学生。学位的分布情况也证实了这种趋势:从 1931 年至 1936 年,在社会科学方面,芝大每年授予 256 个学士学位、126 个硕士学位和 28 个博士学位。在这些硕士学位中,有 63% 的学位是由一个单一系,即教育系授予的,它们基本上被颁给了中学的学校教师或管理者,而不是那些倾向于走学术研究之路的个人。1933 年至 1934 年,在整个艺术与科学领域内,芝大共颁发了 736 个学士学位、248 个硕士学位和 145 个博士学位。唯一一个质疑布拉德伯恩报告假设的学校领导是当时的本科生院院长唐纳德·莱文,他于 1983 年 10 月指出,芝大在"二战"前的本科生比研究生数量更多。莱文的评论虽然从经验来看是正确的,却遭到了忽视。请参阅《本科生院委员会会议纪要》,1983 年 10 月 25 日,第 230 页。

20 《评议会委员会会议纪要》,1981 年 1 月 13 日,第 4-6 页。

21 《社会科学部教员会议纪要》,1979 年 11 月 12 日,第 4 页。

22 后面这个问题是 1982 年由巴里·D. 卡尔担任主席的一个委员会重点关注的一件事。请参阅《委员会关于本科生院组织的报告》,1982 年 10 月 20 日,本科生院档案。

23 汉娜·H. 格雷写给学部教员的信,1982 年 10 月 2 日,本科生院档案。

24 罗伯特·麦克·亚当斯,《教员、学生群体和研究支持的变革和持续性:一个十年期展望》,《芝大编年史》,特别附录,1984 年 5 月 10 日,第 2-8 页。

25 《关于芝加哥大学规模和组成的报告》,《芝加哥大学记录》,1986 年 4 月 10 日,第 7-18 页。约翰·A. Y. 安德鲁斯的下列文章中详细分析了执行该报告的成本,《本科生扩招成本》,财务规划和预算办公室,1987 年 6 月 1 日,本科生院档案。安德鲁斯发现学生住宿和社会科学教员的教学资源问题是最主要的压力来源。

26 《本科生院委员会会议纪要》,1986 年 2 月 11 日,第 280 页;1986 年 3 月 4 日,第 288 页。

27 《评议会委员会会议纪要》,1986 年 2 月 18 日,第 106 页。

28 关于 20 世纪 70 年代以后普通教育的衰败,请参阅罗杰·L. 盖革,《人口统计和课程:20 世纪 50 年代到 80 年代美国高等教育中的人文学科》,第 65-66 页;以及约翰·杰洛瑞,《谁害怕马塞尔·普鲁斯特?美国大学普通教育的失败》,第 38-45 页,大卫·A. 霍林格编,《"二战"以来的人文学科及其内容的动态发展》(巴尔的摩,2006)。

29  新课程的主要起草工作由生物和解剖学系的马丁·费德教授负责。

30  关于这样一门普通课程的逻辑，请参阅《1984 计划：设计问题；任务小组的报告》中的内容，1984 年 11 月，本科生院档案。

31  1975 年，社会科学大学部主任苏珊娜·霍伯·鲁道夫（Susanne Hoeber Rudolph）沮丧地承认，学校没能招募到更多大学教师进行核心课程的教学，同时，"普通教师似乎更倾向于面对更成熟的学生教授高年级课程"。学院理事委员会课程委员会的备忘录，1975 年 3 月 4 日，学院档案馆。

32  本科生院教员的教学任务量高达一年九门课程。请参阅金斯伯格写给辛普森的信，1963 年 12 月 3 日，本科生院档案；以及乔纳森·Z. 史密斯，《院长给本科生院教员的报告》，1980 年 11 月 25 日，同上。关于整个国家的趋势，请参阅克劳特费尔特，《买最好的》，第 204 页；以及马西和泽姆斯基，"教员的可自由支配时间"。

33  按照常规，其他学校会让一名教师和一批助教教授入门课程。芝大在其核心课程中优先采用小班教学的做法与许多其他学校的做法形成了鲜明对比。这使得芝大的教学体系更加复杂，也增加了教学开销。

34  本科生院教员会议纪要，1975 年 2 月 4 日，第 205 页。在随后给全体教师的备忘录中，奥克斯纳德（Oxnard）承认"大学教师中的许多人……对本科课程知之甚少，因此对如何教授本科课程没有概念"。1975 年 3 月 4 日备忘录。十年后，以伯特·科勒（Bert Cohler）为代表一些核心教授抱怨"教员在本科生教学中的参与度降低，尤其是在普通年"。伯特伦·科勒尔写给乔治·沃尔什的信，1986 年 3 月 6 日，本科生院档案。

35  伯纳德·S. 西尔贝曼写给社会科学学院部管理委员会的信，1979 年 5 月 18 日，本科生院档案。

36  《本科生院委员会会议纪要》，1984 年 10 月 30 日，第 19 页。

37  典型的反应包括："芝加哥大学应该致力于消除与之相随的'书呆子院校'的名声。尽管缺乏'社会生活'是人们对它的误解，却可能会把原本对芝大有兴趣的人吓跑"；"芝加哥大学应该更加重视本科生而不是研究生"；"学生群体似乎过于乏味，了无生气"；"我看到的宿舍不但小，而且昏暗、残破，住进去令人很不舒服"；"芝加哥大学的校舍住起来让人感到压抑"；以及"校舍和有些建筑看上去又老又旧，维护不善。从其内部可以看出这些问题"。

38  关于芝大剧院的建立，请参阅约翰·W. 博耶，《"一种高尚而均衡的生活理念"：新世纪边缘芝加哥的艺术》（芝加哥，2009），第 99-101 页。

39  《录取与招生执行委员会年度报告》，1983—1984；《本科生院委员会会议纪要》，1984 年 10 月 30 日，第 5-6 页。

40　在这些年中，本科生院采取了一个由两部分组成的申请程序，第一部分是申请者初步告知她或他想要申请，第二部分是完成申请，须缴纳必要的费用。我的评论仅针对第二部分的数据，因为这才是做出一个录取决定所必需的步骤。

41　1989 年 6 月，董事会考虑到由哈蒙德·毕比和巴布卡建筑公司提出的北校区计划。该计划主张在 55 街和埃利斯大道处新建一个新哥特式游泳场和体育馆，并将巴特利特体育馆进行修缮，作为校区中心，并且设立其他新的公共空间。造价预计为 3900 万至 4,600 美元。鉴于当时芝大的财政形势，该计划注定要停留在概念阶段。

42　《芝大权衡缩减不断增长的赤字的选择》，《芝加哥日报》，1994 年 12 月；以及《1994 年 11 月 15 日校长索南夏因写给芝大社区的信》，《芝加哥大学编年史》，1994 年 11 月 28 日。并请参阅玛丽·露丝·约的特别报告，《芝大的长期财务预测》，《芝加哥大学杂志》，1994 年 6 月，斯通和菲尔恩斯塔尔在其中对赤字问题解释得非常详细。

43　《本科生的净学费与艺术和科学教员基本工资的对比》，《私立研究型大学的经济》，1996，第 10 页。本科生院档案。该报告于 1995 年产生，却反映了 20 世纪 80 年代末期就已经变得非常明显的趋势。

44　《芝大经济的历史回顾》，1996 年 8 月 21 日，第 5、21 页，本科生院档案。

45　例如，康桥汇世 1979 年和 1985 年对芝大预算状况的分析就包含了关于同业机构重要的对比数据。在格雷的任期内，董事会经常收到关于芝大学生援助和教员规模的对比信息，尤其是在 20 世纪 80 年代末期。

46　《学生生活和教育事宜评估工作组》，《芝加哥大学编年史》，1994 年 9 月 29 日。

47　请参阅《综合报告：本科生教育工作组，研究生教育工作组》，《芝加哥大学记录》，1996 年 3 月 14 日，特别是第 3 页。

48　当月早期，评议会委员会预览并分享了该信件。请参阅《评议会委员会会议纪要》，1996 年 4 月 16 日，第 5-7 页。

49　《与历史学家探讨》，《一年反思教员委员会，1996 年 9 月 11 日》，本科生院档案。第三位历史学家是丹尼尔·迈耶。

50　请参阅《一年反思教员委员会：委员会给评议会委员会的报告》，1998 年 1 月，本科生院档案。

51　请参阅哈罗德·斯威夫特关于伯顿的回忆，《第八次会议》，第 54 页，金普顿管理层，第 252 盒，文件夹 1。并请参阅迈耶，《芝大教员》，第 449-450 页。

52　《评议会委员会会议纪要》，1990 年 11 月 13 日，第 6 页。

53　比尔·布朗和米里亚姆·汉森写给约翰·W. 博耶的备忘录，1996 年 8 月，本科生院档案。

54　《评议会委员会会议纪要》，1998 年 3 月 3 日，第 2-8 页。

55　该事件在 1999 年 1 月 26 日的评议会委员会会议纪要第 5-8 页中有相关描述。

56　伊桑·布朗纳，《学术改革之风吹进芝加哥大学》，《纽约时报》，1998 年 12 月 28 日，第 1、24 页。

57　斯蒂芬·H. 鲍尔奇和格伦·里基茨，《芝加哥大学萎缩的核心》，《华尔街日报》，1999 年 6 月 3 日，第 A26 页。两位作者称这些新变化只是 1989 年至 1999 年间芝大的一个更为长久的"简化和政治化"模式的一部分，在此期间，"关于经典作家、重要流派和主要时期的课程的比例降到仅占 25%，而关于文学理论以及种族、'性别'和阶级三位一体的课程比例则增长到 40%"。他们的这些说法自然而然地令他们卷入了 20 世纪 80 年代以凶猛之势爆发的所谓文化战争的争论之中。

58　伊丽莎白·赫尔辛格和凯思琳·尼尔·康泽恩写给《华尔街日报》编辑的信，1999 年 6 月 8 日，本科生院档案；学者们为芝加哥大学写的信，由美国董事和校友委员会转交，给芝大董事，1999 年 4 月 14 日，本科生院档案。

59　斯通写给芝大教员的信，1999 年 2 月 16 日，本科生院档案。

60　这篇专著激起了一系列反响，对于作者和他的观点，有些人表达了苛刻的否定意见，也有些人表现出热情的支持态度。一位批评者说："让本科生院设置更为传统的课程，您就抛弃了一个在这个国家无与伦比、独一无二的理论，而进入了一个竞争激烈的角逐场，在这里，左右申请者做出决定的是地理、戏剧、体育运动、社会活动，或者教育质量。"另一位关切的校友称："您是在放弃本科生院所拥有的唯一有竞争力的优势，却没有采取任何措施来弥补它的（严重的）劣势，这些劣势都是外在的，（大部分）不是您能够控制的（即其文化中的定位和某些令人恼怒的、一直存在的缺陷）。"但是另一个人称："用推销的方式来让您的产品和其他人的打成一片并不明智，尤其是当这层包装纸——对您而言就是南区——以肤浅的外表来看绝无竞争力。您应该考虑的是靠更多地恢复哈钦斯对本科生院的那种热忱来使您的产品与众不同。"给约翰·W. 博耶的信，本科生院档案。讽刺的是，这本书获得了哈钦斯时期的两位"老兵"的青睐。"一位芝大校友……对我提及了您 10 月对本科生院教员发表的三次讲话，"钱普·沃德写道，"我发现您的讲话如此鼓舞人心，不仅在于您对近来的和一直持续的项目说得非常之好，还在于您如今预见到的进一步提高的必由之路……芝加哥大学绝对是一所值得人们关注的机构，您让我的这一信念焕然一新。"威廉·H. 麦克尼尔评论道："我从您的告诫和提醒中感到'大道乐园'的旧火仍在燃烧……我想说，我从您的话语中听到了芝大对可能达到的最好的普通教育真正的心声和关切，这让我的内心感到深深的震撼。因为正是学院的这种愿景在许久以前的 20 世纪 30 年代让我成为这样一个我，看到它今天仍然闪烁着光辉,我觉得人们会深受鼓舞。"F. 钱皮恩·沃德写给约翰·W. 博耶的信,1999 年 4 月 5 日;威廉·H. 麦克尼尔写给约翰·W. 博耶的信,1999 年 3 月 6 日,本科生院档案。

61　这并不是说中央管理层的高级成员们对"核心"课程缺乏强有力的观点。但最终这些观点并不比任何其他观点更具可信度或分量。

62　大卫·L. 科普,《飓风雨果:校长离任的暴风雨过后,芝加哥大学重新考虑他的遗产》,《通用语》11(2001):第 40-49 页。

63　这句话来自 1999 年发行的一本名为"本科生院应该扩张吗?"的大幅印刷的备忘录,其中一个匿名的教员试图总结出本科生院扩张的优势和风险。

64　《芝大的新进取精神》,《高等教育编年史》,1994 年 10 月 19 日,第 51 页。

65　请参阅斯通写给院长们的信,1994 年 2 月 16 日,本科生院档案。

66　董事会纪要,1999 年 2 月 11 日,第 12 页。

67　罗杰·盖革称,自 20 世纪 80 年代以来,顶尖美国私立大学已经开始了一个"私有化"的过程,并在此方面取得了巨大成功,找到了从私营企业和民间团体来获取财政资源的方法来加强自身的运营,以此来取代到了 20 世纪 70 年代末和 80 年代初已经"枯竭"的联邦支持的来源。请参阅盖革《当今时代的事后研究:美国高等教育的变革,1980—2010》(工作文件,3 号,宾夕法尼亚州立大学高等教育研究中心,宾夕法尼亚州立大学帕克校区,宾夕法尼亚州,2010 年 7 月),第 3-6 页。我赞同盖革的观点,但我更倾向于用"恢复私有化"这个术语,因为我相信 2000 年之后发生的长期变化将迫使许多大学更加重视以服务和教学为中心的职责,而他们在 1945 年以前就一直在自然而然地履行这样的职责。

68　盖革,《当今时代的事后研究》,第 4-10 页。

69　关于近来对公共资金减少的评论,请参阅以下刊物中的文章,《整体状况:对高等教育未来的评估》,特刊,《卡耐基通讯》,2014 年冬。

70　盖革,《当今时代的事后研究》,第 7 页。

71　杰弗里·S. 斯洛伐克,《退学率的风险:1995 年春对本科生院生活质量所作调查的一些分析》,1997 年 12 月,第 10-11 页,本科生院档案。

72　《评议会委员会会议纪要》,1999 年 2 月 23 日,第 10 页。

73　《工作小组关于学生生活质量的报告》,《芝加哥大学记录》,1996 年 5 月 23 日,第 2-7 页。

74　《职业资源与专业发展:芝加哥大学本科生院近代史论文集》(芝加哥,2020 年)一书中介绍了这一举措。

75　基础科学各系的教师人数从 114 人增至 146 人,临床教师人数从 784 人增至

842 人。然而，鉴于学生人数的增长，芝加哥大学人文学科终身教职人员的相对规模与同类院校相比已不再是一个明显的异常值。2020 年秋季，芝加哥大学拥有 802 名人文学科教师，而作为对比样本组的布朗大学、哥伦比亚大学、哈佛大学、西北大学、斯坦福大学和耶鲁大学的平均人数为 780 人。如果将通常也为许多本科生授课的工程系教师计算在内，芝加哥大学的教师人数为 833 人，而对比组为 902 人。以上数据主要来源于威廉·格陵兰。

76 如上所述，1996 年本科生院的净学费收入甚至不足以支付人文学科教师的薪酬。到 2021 年，这种情况急剧逆转：教师的工资成本为 1.316 亿美元，扣除资助费用后，本科生院的净学费收入为 2.286 亿美元。

77 请参阅里夫斯、米勒和拉塞尔，《芝大成长的趋势》，第 70 页。

78 即便如此，大学的领导者们也意识到财政优势仍然在于招收更多的本科生。据金普顿负责学术事务的副校长帕特·哈里森估计，芝大从学费中收回了本科生教育 50% 的成本，但是从研究生学费中仅能收回研究生教育 20% 的成本。请参阅《与帕特·哈里森的对话》，1958 年 2 月 10 日，贝雷尔森的文件，第 1 盒，文件夹 9。

79 贝雷尔森，《美国的研究生教育》，第 98-101 页；帕特丽夏·J. 古默波特，《研究生教育和研究：相互依存与施压》，阿尔特巴赫、伯达尔和古默波特，《21 世纪的美国高等教育》，第 437-441 页；以及盖革，《研究与相关知识》，第 217-229 页。

80 古默波特，《研究生教育和研究》，第 440 页。

81 《研究生教育委员会报告》，《芝加哥大学记录》，1982 年 5 月 3 日，第 82 页。

82 2004 年，芝大有 1248 名人文科学学生和 1528 名社会科学学生，而伯克利的相应数量为 1036/975，哥伦比亚大学为 1063/770，哈佛大学为 836/1391，斯坦福大学为 558/534，耶鲁大学为 651/606。《高校招生对比》，本科生院档案，2004 年秋。

83 科学方向，尤其是生物医学方向的招生人数减少，这可能反映出教师的外部资助较弱，因为以实验室为基础的博士生项目非常依赖这类支持。

84 《布拉德伯恩报告》，第 18 页。

85 《研究生教育委员会报告》，第 132 页。

86 历史系的经历很可能具有典型性：据 1973 年的一份报告预测，"随着福特计划的终止，芝大资源的萎缩，以及能够预料到的政府对高等教育支出的削减，该系后年的援助预算将减少 50%"。卡尔·M. 莫里森著《截至 1973 年 1 月 27 日历史系状况的报告》的《附件 C：学生退学与财政援助》，历史系，《记录》。

87 《社会科学部代表会议回复：贝克委员会报告》，1983 年 5 月 9 日，本科生院档案。

88 盖革，《研究与相关知识》，第 227-228 页。

89 《本科生项目委员会报告》，1978，第 2 页，本科生院档案。

90 请参阅巴里·D. 卡尔，《本科生委员会初步报告》，1976 年 4 月 2 日，第 4 页，本科生院档案。在 1967—1968 年和 1972—1973 年的六年间，历史系平均每年录取 63 名新博士生，录取率为 60%，而其每年的申请规模为 422 人，平均有 257 人做出积极录取决定。

91 约翰·T. 威尔逊，《关于本科生院的评论》，《芝加哥大学记录》，1998 年 3 月 17 日，第 40 页。

92 《本科生院委员会会议纪要》，1984 年 10 月 30 日，第 14 页。

93 《本系对（贝克）委员会关于研究生教育的报告的回应》，1982 年 11 月 1 日，人类学系，《记录》，第 60 盒，文件夹 2、7。

94 《研究生教育委员会报告》，第 122、149、157 页。

95 1984 年 2 月 7 日的评议会委员会会议纪要第 4-5 页中记录了详情。

96 《评议会委员会会议纪要》，1984 年 4 月 10 日，第 2-5 页。

97 罗斯·B. 埃米特，《研习会中的磨砺工具：研习会制度和芝加哥学派的成功》，罗伯特·范·霍恩、菲利普·米罗夫斯基和托马斯·A. 斯泰普尔福德编，《建构芝加哥的经济学：关于美国最强大的经济学项目历史的新观点》（剑桥，2011），第 93-115 页；埃米特，《确保学科竞争力：普通教育的职责和芝大经济学的研究生研究》，第 134-150 页。

98 我任职高等研究委员会主席二十三年（1986—2009），见证了研习会从一个由论文支持的非正式集会到一个具有更广泛使命的组织形式的转变过程，现在的研习会致力于帮助学生准备出色的求职演说，磨砺会议陈词的各种技能，并接收针对将要提交给学术期刊的论文草稿的反馈意见。

99 《研究生教育委员会报告》，第 89-90 页。

100 J. 马克·汉森，《芝加哥大学新博士学位获得者的就业安置》，2001 年 4 月 9 日，第 1、8 页，本科生院档案。

101 我非常感激人文科学部的教导主任玛蒂娜·C. 芒斯特提供给我这些统计资料。

102 埃里克·斯劳特（Eric Slauter）等人，《写作项目评审委员会报告》，2022 年 12 月，本科生院档案。

103 《研究生教育委员会报告》，第 115、117 页。

104 2006 年，人文科学的接受率为 32%，社会科学为 42%。相应的 1982 年的录取率分别是 28% 和 34%。

105 《六年时间里芝大在研究生援助方面投入了 5000 万美元》，《芝加哥大学编年史》，2007 年 2 月 15 日。人文科学部早在 2006 年就已经开始朝着完全资助研究员职位的方向迈进，为新的研究生计划铺平了道路。

106 《芝加哥大学研究生教育委员会报告》，2019 年 3 月，第 80 页。

107 新资助方法基于三个原则。参见迪尔迈尔 2019 年 10 月 8 日致教职员工的信：所有注册的博士生将在整个学程中获得全额资助，并享有有保障的助学金水平；经济支持对于让学生全身心投入研究至关重要。一旦完全实施，神学院、人文学院、社会科学部（SSD）和社会服务管理学院（SSA）将确保每一位注册的博士生在学术表现良好的情况下，能够在其项目期间获得全额学费覆盖、健康保险费支付以及至少达到保障助学金水平的资助（按适用税率扣税）。当前年度（2019—2020）的保证助学金水平为 31000 美元。从 2016 年夏季或之后开始博士项目的学生将保证在其项目期间获得资助；2016 年夏季之前开始的学生可能有资格从其学院或学部获得额外资助，如通过论文完成奖学金（DCFs）。

博士生的教学将作为有指导的教学体验并与资助分开：芝加哥大学的博士教育不仅应让学生参与具有重要意义的原始研究，还应帮助他们学习如何教学以及如何传达其领域的研究路径、理论、成果和方法。每个项目的教职员工将决定学生在其学科内所需的指导教学体验的类型和数量，为其定制教学培训计划并让教职员工积极参与。不论学生在特定学期或年份是否有教学任务，其总助学金水平不会改变。

项目总规模：研究生教育委员会指出，虽然以前的资助模式研究生援助计划（GAI）提供了关键的资金支持，但并未成功缩短学位完成时间或减少后期退学率。委员会建议解决这一问题的一种方法是"固定项目的总体研究生人数"（第 83 页）。未来，人文学院、社会科学部（SSD）、社会服务管理学院（SSA）和神学院将固定总规模，即特定学院或学部的博士生总人数将是固定的，并且除非目前在读学生毕业或退出其项目，将不再录取新生。该模式允许各领域在学位完成时间上的差异，并为各部门在招生规模与项目年限之间的权衡提供自主权。虽然每个项目可以有不同的平均或最长学位完成时间，但各学院和学部需每年达到总规模目标。

108 与大卫·里斯曼的谈话，1958 年 1 月 31 日，贝雷尔森的文件，第 1 盒，文件夹 9。

109 社会思想委员会写给威廉·H. 克鲁斯卡的信，1983 年 1 月 21 日，本科生院档案。

110 《芝加哥大学研究生教育委员会报告》，2019 年 3 月，第 10 页，第 27 至 29 页。

111 汉森，《新博士学位获得者的就业安置》，第 8 页。

112 路易斯·梅纳德，《如何作一个博士》，《纽约时报杂志》，1996 年 9 月 22 日，第 78-81 页。

113 罗德里克·M. 奇泽姆写给伯纳德·贝雷尔森的信，1958 年 5 月 19 日，贝雷尔森的文件，第 1 盒，文件夹 2。

114　关于早期学校的状况,请参阅斯托尔,《哈珀的芝大》,第134-146、285-306页。

115　盖茨,《我人生的章节》,第179、279-280页;欧内斯特·E. 艾恩斯,《拉什医学院的故事》(芝加哥,1953),第32-38页。

116　1929年至1930年,商学院仅授予了16个高级学位,而社会服务管理学院则颁发了23个硕士学位和博士学位,同一时期艺术与科学系授予了526个研究生学位(法学院的表现颇为抢眼,授予了120个学位)。在1919年至1930年间,由各艺术与科学系授予的高级学位的数量增加了72%(从1918年至1924年的1711人增加到了1925年至1930年的2940人),而由专业学院授予的学位的数量仅增加了45%(324个增加到469个)。这些院系的教员规模一直不大:例如,法学院1929年仅有10名全职教员,社会服务管理学院有12名,神学院有15名,商学院有25名,而同时期艺术和科学教员的总数达到了383人。里夫斯、米勒和拉塞尔,《芝大成长的趋势》,第11-12、81、101、118页。

117　布拉德伯恩报告,第19页。早期学校中的两所后来不复存在了:1975年6月,教育学研究生院被并入了教育系,而图书馆学研究生于1989年1月停止招生。

118　关于美国大学内部专业教育的起源,请参阅安德鲁·阿伯特,《专业的体制:一篇关于专家劳作分工的论文》(芝加哥,1988),第205-211页。

119　《校长报告:管理层》,第lxxxiii页。

120　关于该学院的早期历史,请参阅弗兰克·L. 埃尔斯沃尔斯,《大道乐园的法学:芝加哥大学法学院的建立》(芝加哥,1977);以及伯纳德·D. 梅尔策,《芝加哥大学法学院:沉思与回忆》,《芝加哥大学法律评论》70(2003):第233-257页。

121　霍华德·W. 莫特,《法学院校友分析》,金普顿管理层,第159盒,文件夹8。此统计中仅包含校友办公室拥有其确切地址的校友。

122　里夫斯和拉塞尔,《芝大学生的录取与保留》,第264-269页。

123　哈里·A. 比奇洛,《新法学院课程》,《芝加哥大学杂志》,1937年3月,第5-6、22页;威尔伯·G. 卡茨,《法学教育四年制项目》,《芝加哥大学法律评论》4(1937):第527-536页。卡茨尤为关注的是,随着联邦监管形势在"新政"下扩大,律师们将被迫把会计和金融经济学当作理所当然的事,而法学院有责任在这些领域做好准备。

124　关于该课程的历史,请参阅丹尼斯·J. 哈钦森,《法的要素》,《芝加哥大学法律评论》70(2003):第141-158页。

125　爱德华·H. 列维,《给课程委员会的报告》,未注明日期(很可能是1941年3月),法学院,《记录》,第8盒。1977年,列维回忆,新计划"激发了自那时起法学教育中大多数的发展……正是这一新计划拓展了法学院的视野,将经济学和会计学这样激进的科目吸收了进来。但它并没有止步于此。它还吸收了社会学、犯罪学和比较法。它认为法律史很重要。它还引入了导师制,另一家法学院也采用了该制度,但人们认为芝大才是发明者。它强调法律体系和伦理学……和所有的新计划一样,它后来也经过了修订,但我想更多是在其结构要素方面,而非其目标方面"。"回忆录",《芝加哥大学法学校友期刊》3(1977):第26页。

126 卡茨,《四年制项目》,第530页。

127 哈里·卡尔文,《法学院研究和阐述训练:芝加哥大学项目》,《法律教育杂志》1(1948):第107-123页。

128 丹尼斯·J.哈钦森,《法律学者爱德华·列维》,第6页。我很感激以下段落中丹尼斯·哈钦森提出的许多见解。

129 请参阅R.W.哈里森写给列维的信,1959年1月14日,金普顿管理层,第159盒,文件夹3。

130 富兰克林·E.齐姆林,"美国的陪审团计划和芝大法学院"(2003年富尔顿的讲座);乔治·W.利布曼,《一般法律传统:五位法律学者的集体肖像》(新不伦瑞克,新泽西州,2006),第79-148页;施莱格尔,《美国的法律现实主义和经验主义社会科学》,第238-244页。库兰于1953年被聘为副教授,他的薪水是从福特法律和行为科学项目基金中支付的。

131 1947年,迪雷克托以非终身研究副教授的职位被列入了法学院的预算,他的薪水为7111美元,其中的8/9是由福尔克尔基金支付的。1948年8月,法学院将他的职称变为法学院经济学教授。迪雷克托最终于1953年获得了终身教职。关于福尔克尔基金的职责,请参阅罗布·范·霍恩和菲利普·米罗夫斯基,《芝大经济学院的崛起和新自由主义的诞生》,菲利普·米罗夫斯基和迪特尔·普勒韦编,《朝圣山之路:新自由主义思想集团的形成》(坎布里奇,马萨诸塞州,2009),第151-156页;以及史蒂文·G.梅德玛,《漫步在从多元主义到波斯纳的路上:20世纪法律和经济学的转型》,艾伦·马尔恰诺,《法律与经济学读本》(纽约,2009),第20-25页。更多资料,请参阅罗宾·I.莫德芬和玛莎·费尔齐格·纳戈尔斯基,《芝大与法律和经济学的历史》,《芝加哥大学法学院记录》,2011年秋。

132 请参阅史蒂文·G.梅德玛,《芝大价格理论和芝大法律和经济学:两种转变》,范·霍恩等,《建构芝加哥的经济学》,第163-174页,作者很好地探索了芝加哥的经济学家们关于法律和经济学的理论差异;以及艾德蒙·W.基奇,《真理之火:芝加哥法律和经济学回忆,1932—1970》,《法律和经济学杂志》26(1983):第163-234页。

133 罗宾·I.莫德芬,《成功的研讨会》,《芝加哥大学法学院记录》,2014年春,第 46-51 页。

134 《外国法项目》，马克斯·莱因斯坦的文件，第 48 盒，文件夹 7。

135 请参阅爱德华·H. 列维，《法律教育中的政治性、专业性与审慎》，《法律教育杂志》11（1958）：第 459 页。

136 关于这一普遍问题，请参见贾斯汀·麦克克雷里（Justin McCrary）、乔伊·米利根（Joy Milligan）和詹姆斯·菲利普斯（James Phillips）的文章《1960—2011 年美国法学院博士学位的增加：这对法学教育意味着什么》，刊载于《法律教育杂志》第 65 卷（2016 年）：543-579 页，特别是 561-562 页。

137 1955 年，在总共大约 3300 名校友中，法学院拥有 119 名从事专业教学或研究的校友。请参阅 1955 年 8 月 3 日的备忘录，莱因斯坦的文件，第 49 盒，文件夹 1；以及堂娜·福萨姆，《法学教授：法律专业教学分支简况》，《美国律师基金会研究期刊》5（1980）：第 508 页。

138 近 90% 的书记员职位是在联邦法院。

139 "其标准将是令学院成为一个教育的动力室，而不是一个教育自助餐厅。"利昂·C. 马歇尔，《一所大学商学院》，马歇尔编，《大学商学院：20 世纪四分之一结束时的状况》（芝加哥，1928），第 190-191 页。

140 请参阅托马斯·W. 古德斯皮德，《伊莱·比尔·威廉和霍巴特·W. 威廉》，《芝加哥大学传略》，第 1 卷，第 279-287 页。

141 罗伊·H. 特纳，《芝加哥大学商学院历史：J. 劳伦斯·劳克林和学院早期》（芝加哥，1958），第 57 页。

142 请参阅罗伊·H. 特纳，《芝加哥大学商学院历史：关于 1920 年至 1940 年间某些方面的报告》（芝加哥，1958），第 23-28 页。

143 《关于芝加哥大学商学院的一份报告》，1957 年 1 月 31 日，第 7 页，金普顿管理层，第 59 页，文件夹 3。

144 引自约翰·范·奥弗特韦德，《芝加哥学派：芝加哥大学如何聚集了发动经济学和商学革命的思想家》（芝加哥，2007），第 249 页。

145 罗伯特·A. 戈登和詹姆斯·E. 豪，《商业高等教育》（纽约，1959）；以及史蒂文·L. 施洛斯曼、迈克尔·W. 塞德拉克和哈罗德·S. 韦克斯勒，《"新面貌"：福特基金会和商学教育的革命，研究生管理和录取委员会》（洛杉矶，1987）。关于福特基金会的影响，最近有人做过很好的研究，请参阅拉凯什·库拉纳，《从高目标到雇工：美国商学院的社会转型和管理学作为一门专业未兑现的承诺》（普林斯顿，新泽西州，2007），第 233-288 页。

146　沃利斯用20世纪30年代他在芝大和哥伦比亚大学所受的数理经济学和统计学的训练将心理学的优势结合在了一起。在芝大期间，他和几个研究生结下了友谊，包括米尔顿·弗里德曼和乔治·斯蒂格勒，并在1942至1945年间和他们一起供职于战时统计研究小组，该小组是美国科学研究和发展办公室的组成部分。沃利斯于1946年秋重返芝大并担任商学院统计学教授。1949年，他协助了建立统计委员会的谈判，该委员会后来于1957年被重新命名为芝大统计学系。请参阅英格拉姆·奥尔金，《与W. 艾伦·沃利斯的对话》，《统计科学》6（1991）：第121-140页；斯蒂芬·M. 施蒂格勒，《芝加哥大学统计系》，A. 阿格雷斯蒂和孟晓丽（音）编，《数字优势：美国学术统计部门的崛起》（纽约，2013），第339-351页。

147　詹姆斯·H. 洛里，《商学院1957—1966》，1956年10月11日。该报告是为在密歇根湖畔召开的一次董事会议而准备。

148　阿诺德·哈伯格、丹尼尔·布尔斯廷、大卫·里斯曼和霍华德·亨特也是其成员。

149　关于详情，请参阅爱德华·尼克－哈，《乔治·斯蒂格勒，研究生商学院和芝加哥学派的支柱》，范·霍恩等，《建构芝加哥的经济学》，第116-150页。

150　库拉纳，《以更高的目标》，第274页。

151　马里恩·富尔卡德和拉凯什·库拉纳，《从社会控制到金融经济学：美国20世纪经济学和商业相互关联的生态学》，《理论与社会》42（2013）：第136n. 17页，以及第145-150、154页。到了20世纪90年代初，安妮·奥·克鲁格在《经济学文献期刊》29（1991）：第1039页的文章《委员会关于研究生经济学教育的报告》中称，"在学术界中，商学院已经成为对博士经济学者需求的主要来源"。关于专业背景，请参阅马里恩·富尔卡德，《经济学家和社会：19世纪90年代至20世纪90年代美国、英国和法国的学科与专业》（普林斯顿，新泽西州，2009）。

152　艾因霍恩在将决策研究和教学整合到商学院课程中发挥了关键的领导作用。请参阅罗宾·M. 贺加斯编，《决策的思考：赞希勒尔·J. 艾因霍恩》（芝加哥，1990），第xiii页。1985年10月，GSB主持了一场重要的关于经济学理论行为基础的全国大会，除了其做出的实质性贡献以外，还标志着心理学将在商学院未来的学术和课程发展中产生重要影响。请参阅罗宾·M. 贺加斯和梅尔文·W. 雷德，"序言"，《商业期刊》59（1986）：S181-S183。

153　比德尔管理层，第67盒，文件夹2。

154　请参阅《经济学教师项目，1961年8月：应用经济学的进展》，比德尔管理层，第67盒，文件夹2。

155　请参阅理查德·N. 罗塞特写给菲利普·W. K. 斯威特的信，1977年2月8日，校长办公室,威尔逊管理层,《记录》,第66盒,文件夹7。

156　艾米·梅里克(Amy Merrick),《发现的世纪》,载于《芝加哥布斯博士项目:100年的卓越研究,1920—2020》(芝加哥,2020年),第6页。

157　《洛杉矶时报》,1974年12月9日,第3页;《芝加哥论坛报》,1977年11月21日,第E10页。

158　《芝加哥每日新闻》,1976年10月13日,第54页。

159　《毕业生评级》,1976年9月,威尔逊管理层,第66盒,文件夹8。

160　《商业周刊》,1988年11月28日,第78—79页。

161　弗朗西斯·富拉姆,《对MBA学生调查开放式问题回应的初步分析》,1989年2月13日,默顿·米勒的文件,第80盒,文件夹6。

162　史蒂文·霍克和马克·兹姆鸠斯基,《校园和190份调查问卷总结》,1989年2月13日,默顿·米勒的文件,第80盒,文件夹6。

163　《纽约时报》,1958年11月16日,第3版,第1页。

164　约翰·E.约伊克,《课程委员会'讨论稿报告'》,第14—17页,1970年8月28日,本科生院档案。

165　请参阅《委员会关于研究生商学院的报告》,附有欧文·B.哈里斯写给约翰·T.威尔逊的信,1976年7月21日,威尔逊管理层,第66盒,文件夹9。

166　《高级管理调查(1986年12月)》。该调查是建立在埃瑞克和拉维奇公司针对150位高管所做的一项调查的基础上的。1986年秋由马丁·E.贾妮斯公司所做的一项类似的商业新闻记者调查发现,GSB在学术的卓越性方面有着较高的声誉,但是在其学生"理论联系实际"的能力方面几乎是最差的。请参阅《芝加哥大学研究生商学院社论审查》,1986年11月。我很感激哈里·戴维斯提供给我这些文件的副本。

167　《三位赞助者和他们的主要特性》(1987年由古尔德和戴维斯准备的意见书,目的是向教员委员会陈述关于院长职位的意见)。感谢哈里·戴维斯提供该文件。

168　关于详情,请参阅《芝加哥商业》,1989年5月30日,第1—3页。

169　标注日期为1989年5月17日的该报告的副本存档于《默顿·米勒的文件》,第80盒,文件夹6;此处为第8—9页。

170　《弗兰奇教授讨论他的同名报告》,《芝加哥商业》,1989年5月30日,第3页。

171　《将真实世界带给商学院》,《芝大布斯商学院期刊》,2004年冬,第24页。

172　杰弗里·安德森和史黛丝·R.科尔的下列文章中详细介绍了该项目的组织,《领导效能与发展:构建自我意识和洞察技巧》,斯科特·斯努克、尼汀·诺瑞亚和拉凯什·库拉纳,《教学领导手册:知、行、是》(千橡市,加利福尼亚州,2012),第181—196页。

173 哈里·L. 戴维斯和罗宾·M. 贺加斯,《反思管理教育:芝大的观点》,《论文选集系列,布斯商学院》(芝加哥,2013),第 12 页。

174 《院长报告,1989,研究生商学院》(芝加哥,1989),第 2 页。

175 《芝加哥布斯商学院:百年开创性研究》(芝加哥,2020)讲述了该项目的历史。

176 1924 年,已经成为经济学系领导的利昂·马歇尔和接替马歇尔成为商学院院长的 W.H. 斯潘塞,向校长伯顿提议将这两个部门合并为一个新的经济学和企业管理学院。这个想法在几年内赢得了一定支持,学校还成立了一个临时理事会来联系两个部门,但是到了 1929 年,这个计划终于被彻底放弃了。请参阅特纳,《关于芝加哥大学商学院早期历史某些要素的简要总结》(芝加哥,1958),第 8-9 页。

177 《商业职业生涯和杰夫·梅特卡夫实习计划:2022—2023 年度报告》(芝加哥,2023)。

178 截至 2023 年,经济系的已申报主修课程为 1523 个。其中,商业经济学方向 869 个,标准方向 509 个,数据科学方向 145 个。

179 2022 年,布斯商学院招收了 615 名 MBA 新生,还有几十名新生来自布斯与法学、计算机科学和哈里斯学院的联合项目。

180 1971 年,学院保留了其学费收入中的 83% 用于运营,将 17% 上交给了芝大总校,而到了 1977 年,学校允许商学院保留的比例已经降到了 57%,反映出中央管理层已发现自身面临着严重的财政压力。

20 世纪 90 年代中叶,本科生院和商学院对于整个芝大经济的重要性十分明显,例如,1996 年至 1997 年间,GSB 学费净收入为 5430 万美元,本科生院为 4400 万美元,研究生部门只有 350 万美元。参阅《1996—1997 年度预算摘要》,1996 年 8 月 21 日,本科生院档案。截至 2019 年,在芝大 5.12 亿美元的学费净收入中,本科生院创造了 2.11 亿美元,商学院创造了 1.65 亿美元。

181 罗伯特·赫钦斯,《美国的高等教育》,第 42-43 页。

182 到 20 世纪 70 年代初,芝大放松了对社区问题的关注。"在城市改造期间,芝大校长和其他高级官员们在社区事务方面投入了大量时间和学校资源。在这一时期结束时,芝大减少了对社区发展的关注。"亨利·S. 韦伯,《芝加哥大学和它的近邻:关于社区发展的一个案例研究》,大卫·C. 佩里和维姆·维维尔编,《作为城市开发者的芝大:案例研究与分析》(阿尔蒙克,纽约州,2005),第 73-74 页。芝大的确决定用略少于 200 万美元的资金买下温德米尔和滨岸酒店以保留这些房产并阻止东海德公园地区的住宅市场进一步恶化。请参阅《社区委员会》,1975 年 5 月 29 日的报告,威尔逊管理层,第 104 盒,文件夹 9。1975 年,乔纳森·科林伯德报告称,"1973 年以来在房地产方面加强的工作力度，包括购置温德米尔和滨岸酒店的行动，已经缓和了人们对东海德公园的焦虑感，人们似乎已经不再忙着'逃离'这个社区了"。克莱因伯德写给威尔逊的信，1975年5月27日，同上。

183 《高校向少数族裔学生敞开新校门》，《芝加哥论坛报》，1989年2月19日，第2版，第3页。

184 《即将迎来的新家园》，《海德公园先驱报》，1993年12月29日，第3、14页；《城市改造的十字路口：奥克兰和北肯伍德如何抉择》，《科伦的芝加哥商业》，1996年10月7日。关于其背景，请参阅玛丽·E.帕蒂略，《被售卖的黑人：芝加哥城的种族和阶级政治》（芝加哥，2007），第237-240页。

185 《伍德劳恩开启新住房计划》，《海德公园先驱报》，1994年5月4日，第3页。1987年由亚瑟·M.布雷热主教建立的伍德劳恩保护与投资公司在这些开发项目中发挥了关键作用。关于布雷热后来对这些事件的反思，请参阅他在2008年的讲座，"一个没有组织的社区不可能发展起来"（地方行动支持公司社区综合发展研究所，2011年10月24日）。

186 例如，请参阅科林伯德写给保罗·皮特里的信，1976年2月26日，1976年12月2日，威尔逊管理层，第105盒，文件夹2。

187 科林伯德写给约翰·T.威尔逊的信，1978年1月31日，威尔逊管理层，第105盒，文件夹1。

188 例如，请参阅罗伯特·麦克洛里，《摧毁北肯伍德地区的阴谋》，《芝加哥读者》，1993年10月14日。

189 《建立一个学校改善中心的提议：芝加哥大学教育系、芝加哥公立学校研究与评估部，和国家教育学院的联合行动》，1989年6月14日；以及《给芝大社区信托机构的关于支持学校改善中心的一个两年提案》，1992年10月，由托尼·布里克提供给作者。关于该小组工作的全面介绍，请参阅安东尼·S.布里克、莎伦·格林伯格、阿尔伯特·贝尔塔尼、佩妮·赛布林、史蒂文·E.托泽尔和蒂莫西·诺尔斯合著的《一个城市如何学会改善学校》（剑桥，马萨诸塞州，2023年），重点阅读第223-226页。

190 请参阅安东尼·S.布里克和佩妮·B.西布林，"激励改革：芝加哥学校研究会社的工作"，2000年8月，本科生院档案；以及安东尼·S.布里克、佩妮·B.西布林、大卫·科尔博、莎伦·罗洛和约翰·Q.伊斯顿，《记录芝加哥学校改革：民主地方主义作改革的杠杆》（博尔德，科罗拉多州，1998）；佩妮·B.西布林和安东尼·S.布里克，《芝加哥的学校领导和底线》（芝加哥学校研究会社，2000年2月）；以及梅利莎·罗德里克、约翰·Q.伊斯顿和佩妮·B.西布林，《芝加哥学校研究会社：研究在支持城市学校改革中所发挥的作用的新模式》（芝加哥，2009）。

191 该中心同时也关注一些更大的结构性问题，如促进教师专业素质和本地学校运营的改善，最终目标是让学校领导和教师在家庭、亲人和学校之间建立更密切的合作关系并"为更加人性化的社会生活创造条件"。《建立一个学校改善中心的提议：芝加哥大学教育系、芝加哥公立学校研究与评估部，和国家教育学院的联合行动》，第 10 页，本科生院档案。

192 布里克和西布林，《激励改革》，第 52 页。

193 安东尼·S. 布里克、佩妮·B. 西布林、伊莱恩·艾伦斯沃思、斯图尔特·卢佩斯库和约翰·Q. 伊斯顿，《组织学校进行改善：来自芝加哥的经验》（芝加哥，2010）。

194 安东尼·S. 布里克和芭芭拉·施耐德，《社会信任：学校改善的一种道德资源》（芝加哥大学学校改善中心，1996 年 6 月）。

195 请参阅《学校改善中心的提议》（北肯伍德特许学校，1997 年 10 月 6 日），第 28 页，由托尼·布里克提供给作者。学校是从学龄前、幼儿园、一至五年级学生开始，最终扩展至 K-8 小学学生。

196 《学校改善中心的提议》（北肯伍德特许学校，1997 年 10 月 6 日），第 3 页。

197 想了解他们早期在当地学校做出的努力，请参阅伊丽莎白·麦克吉·哈斯里克、斯蒂芬·W. 劳登布什、丽莎·罗森合著的《野心勃勃的小学：构想、设计和对教育平等的影响》（芝加哥，2017 年），第 40-51 页。

198 中心全体员工决定，"为了让我们的工作朝着我们期许的方向前进，我们需要我们自己的学校。我们现在正用来训练人们去做的，同时也是我们所主张的这种读写教学遭遇到的人们在一个大的城市体系中可以料想到的所有的官僚障碍"。马文·霍夫曼，《追求地狱的恶魔》，2006 年 10 月由北达科他研究小组所做的访谈，第 53-54 页，本科生院档案。

199 伊丽莎白·麦克吉·哈斯里克、斯蒂芬·W. 劳登布什、丽莎·罗森，《野心勃勃的小学》，第 61 页。

200 请参阅帕蒂略，《被售卖的黑人》，第 156-158、174-175 页。

201 2013 年 11 月 11 日安东尼·S. 布里克和作者间的沟通。

202 学校早期的成功被记录在其第二个五年改造申请中。马文·霍夫曼和迈克尔·T. 约翰逊，"特许改造申请，2002—2003"，2002 年 12 月 16 日，第 17-26 页，本科生院档案。截至 2002 年，学校招收了 333 名学生，其中有 75% 的学生家庭收入较低，38% 的学生居住在北肯伍德-奥克兰，所有的学生都是非洲裔美国人。同上，第 43 页。霍夫曼就他任校主任最初几年的情况书写过坦诚而动人的文字，他介绍了一位白人领导和许多白人教师是如何在一个全部都是非洲裔美国孩子的学校工作的,并坦诚地探讨了在这背后潜伏的(偶尔显露出来的)种族紧张关系。请参阅丽莎·阿拉斯蒂亚和马文·霍夫曼,《启动:来自10所新学校的重要经验和教训》(纽约,2010),第12-30页。

203 《城市教育研究所——伍德劳恩校园》,资本规划委员会,2016年2月9日,本科生院档案。

204 位于东37街707号的多诺霍校园于2005年9月开放,位于南学府大道6420号的伍德劳恩高中于2006年9月开放,位于南埃文斯大道4414号的伍德森中学于2008年9月开放。

205 布里克等人,《一个城市如何学会改善学校》,第27-28页。

206 2005年UEI启动时原名为"城市教育计划"。请参阅《芝加哥大学:城市教育计划》,2005年5月28日,本科生院档案。2008年6月,因为建立了更为集中的管理架构,其名称变更为"城市教育研究所"。2004年,布里克离开芝大去斯坦福作了教授。2008年,他当选为卡耐基教学促进基金会主席。2015年,诺尔斯离开芝加哥,于2021年至卡内基梅隆大学接替布莱克的位置。

207 由于在全国的教育社区内产生了严重恐慌,在经过一系列被动的内部和外部评估之后,芝大于1997年废除了教育系,2001年生效。最终,尽管该系的废除令相关人士心痛,但它为理解和解决公共教育政策和实践的关键性问题打开了一片更为开阔的天地。

208 还有一个问题是,会社开展的研究是否具有内在重要性——芝大的一些领导非常重视这一点,而其他领导则认为会社的研究还没有达到取得真正学术成就的水平。

209 2013年11月11日安东尼·S.布里克和作者间的沟通。

210 《芝加哥论坛报》,2001年10月16日,第5页。2003年,警力覆盖面也扩展到了北肯伍德-奥克兰地区。关于其背景,请参阅韦伯,《芝加哥大学与其近邻》,第65-79页;韦伯,《构建有效的城市-大学合作关系:来自中心地区的经验教训》(波士顿地区研究计划,政策简报,2012年4月);亨利·S.韦伯和米卡埃尔·斯特罗姆,《为何社区投资对非营利性社区锚定机构有益:理解战略选择的成本、收益和范围》(芝加哥,2009);以及帕蒂略,《被售卖的黑人》,第286-287页。

211 在2008年3月的董事会第二次规划会议上,齐默指出:"过去十年学院的复兴为在学术和课外活动计划以及财务援助方面的持续投资提供了坚实的基础。"2008年3月,《投资大学的未来:应对下一个十年的战略挑战和机遇》,第15页。

212 《芝加哥大学的战略挑战》,董事会撤退会议,2006年9月8日,第2页,学院档案。

213 《卓越与影响力：在未来十年平衡战略机遇与风险》（2012年3月），第7页。

214 《投资于大学的未来》，第14页，第16页。

215 《芝加哥大学的战略挑战》，董事会撤退会议，2006年9月8日，学院档案馆。

216 《前进：大学面对风险和机遇的战略方法》（2009年9月），第32—46页。

217 此转折点的关键性质在上述文献中得到了明确承认，第28页。

218 2022—2023学年的赤字增至2.3亿美元以上。2008—2009年之后的大学投资策略也比许多同行更为保守。在2008—2009年之后，一些董事主张，应保持大部分捐赠基金固定收益，而不投资于公共和私人股票。然而，其他同行机构则更多地采取后者，因此芝加哥大学的捐赠基金增长（以15年期年回报率衡量）低于其顶级同行的中位数，这些同行采取更为积极的投资策略。

219 参见劳伦斯·赫尔曼等人，《芝加哥大学校园总体规划》，NBBJ，芝加哥，1999年；与斯基德摩尔、欧文斯和梅瑞尔公司，《芝加哥大学：规划21世纪；加强中央校园和公共领域》，第二卷《最终草案》，芝加哥，2010年10月。

220 斯基德摩尔、欧文斯和梅瑞尔公司，《芝加哥大学：校园规划倡议，第二阶段》，2009年2月20日。

221 到2021年，大学在伍德劳恩大道的总投资达到了1.57亿美元。5740号和5750号伍德劳恩大道的房屋被纳入了赛赫适应性再利用项目，用于经济学系。参见《资本规划委员会每月会议》，2014年2月9日；以及《芝加哥大学伍德劳恩大道规划第0区域，2017—2021年》，学院档案。

222 《资本规划委员会每月会议》，2012年9月11日，2012年10月16日和2012年10月29日，学院档案。我对第56街和斯托尼岛项目持有疑虑，并敦促大学当局在中心草坪附近找到一个步行距离便利的场地建设新的住宅项目。因此，2012年3月的皮尔斯危机对该建筑的居住者来说是不幸的，但对学院住房的未来却是幸运的，因为它结束了住房设施不可能或不明智地超出校园范围的想法。皮尔斯的管道危机表明，意外事件常常与精明的正式规划同样重要。

223 《资本规划委员会每月会议》，2014年3月19日，学院档案。

224 "凯勒中心：项目更新，"2015年10月7日；"凯勒中心设计和预算更新，"2016年1月5日，学院档案馆。2007年6月，哈里斯学院最初提议在东60街1155号建筑后建造一个新结构，但2008年11月，大学决定重新利用爱德华·杜雷尔·斯通设计的会议中心。资金授权于2016年2月，金额为8000万美元。

225 "凯勒中心：概念设计，"2015年9月15日，学院档案馆。

226 南校区作为"20世纪现代主义"的概念是由Diller, Scofidio, 和Renfro建筑师在他们关于鲁宾斯坦论坛的展示中提出的。参见"大卫 M. 鲁宾斯坦论坛设计更新，"2015 年 6 月 10 日，第 24 页，学院档案馆。

227　艾克哈特中心以 20 亿美元的捐赠命名给威廉·艾克哈特。

228　《新研究建筑战略规划》，资本规划委员会，2013 年 9 月 17 日，学院档案馆。到 2023 年，这座新建筑的居住者，现在被命名为新工程与科学大楼，还将包括芝加哥量子交换以及来自伊利诺伊大学厄巴纳－香槟分校的量子研究人员。

229　《大学的战略发展：过去十年与未来五年》，2017 年 5 月 25 日，第 13 页，学院档案馆。

230　《向前迈进：大学面对风险和机遇的战略》，第 39 页。

231　罗伯特·夏洛夫，《芝加哥大学改善其社区》，《纽约时报》，2012 年 10 月 23 日，B8 页。

232　奥马尔·布莱克致汉克·韦伯，2007 年 9 月 5 日；《海德公园零售评估：为芝加哥大学准备，2007 年 6 月》，第 2-5 页，大学档案。

233　《53 街叙述》，2009 年 12 月 22 日，第 1-3 页，学院档案。美国股权公司提供了额外的咨询支持，特别建议大学首先在哈珀庭项目上进行定位和顺序安排，然后再尝试街道上的其他项目。

234　截至 2007 年，当时 4800 名本科生中有 45% 居住在校外，9800 名研究生中几乎有 40% 居住在邻近地区，集中在 53 街周围。几乎 50% 的教职员工和 23% 的员工也住在海德公园。请参阅《芝加哥大学：房地产和零售发展战略》，2007 年 5 月 17 日，第 9-10 页，学院档案。

235　《大学理事会房地产分委员会备忘录》，2010 年 9 月 16 日，第 3 页，大学档案。大学早在 2003 年就已购买了空置的哈珀剧院和先驱大厦，但直到 2011—2012 年才重新开发该建筑。

236　《53 街愿景：芝加哥大学对 53 街和哈珀庭开发计划的信息》，2010 年 5 月。有关整个项目的概述，请参阅"哈珀庭"，ULI 案例研究，城市土地研究所，2013 年 10 月，大学档案。

237　与之前的凯悦酒店项目类似，大学保留了对这家酒店物业设计和承包商选择的批准权，旨在保持街道上的美学质量水平。

238　截至 2007 年，大学在海德公园拥有约 1900 套公寓，其中大部分位于旧建筑中，用于研究生和员工住宿，以及海德公园购物中心。这个投资组合使大学在塑造或改善社区设施方面几乎没有任何影响力。因此，53 街的这些举措代表了大学在商业地产部门参与中的重大变化。

239　芝大以剑桥的肯德尔广场和南环路的富尔顿实验室为模型，于 2016 年 7 月开始设计构想这一项目。但与开发商 Wexford Science and Technology 的谈判未能成功，项目计划于 2021 年 3 月终止。2021 年 4 月，芝大向潜在开发商发布了新的请求提案。

240　请参见芝加哥大学公民参与办公室，《战略计划 2016—2018》（芝加哥，2016 年）。后续的一份规划文件对内容做出了调整，将支持经济发展、扩展教育机会、增加公民参与以及推进公民和政府关系纳入在内。参见芝加哥大学公民参与办公室，《创造更大影响：战略框架》，2020 年 7 月至 2023 年 6 月（芝加哥，2020 年）。

241　南区有超过 80 万居民无法获得优质医疗服务，而迈克尔·里斯医院关闭，几家当地医院面临财务困境，导致住院床位骤降，情况更加恶化。这些社区的许多居民都经历过社会经济动荡，遭受贫困、失业以及医疗服务减少等问题的困扰。在这种情况下，芝大医疗中心便成为这些居民的主要医疗提供者，其中许多人是医疗补助患者。例如 2011 年，医疗中心的住院患者中有 33% 是医疗补助患者，在芝加哥市同级医院中占比最高。到 2015 年，芝大医疗中心的医疗保险和医疗补助患者占比近 60%。医疗保险和医疗补助的报销金额不足以覆盖实际住院成本，门诊服务的报销率则更低。

242　《芝加哥大学艺术区》，2013 年 11 月 19 日，第 1—2 页，本科生院档案。华盛顿公园社区的人口从 1960 年的 5 万减少到 2010 年的约 1.3 万，空置地块超过一千。通过收购加菲尔德大道和国王大道附近的土地，芝大表明了与社区领导者合作的意愿，尝试通过商业开发和创造就业机会来稳定社区的发展。

243　2011 年 1 月末，德里克·道格拉斯所推动的议程在副校长大卫·格林生成的讨论文件中有所体现，该文件呼吁构建"芝大城市关系的全面性、概念性和程序性框架"。《大学与城市参与会议：讨论问题》，2011 年 1 月，本科生院档案。

244　路易斯·贝滕科特，《五年回顾：曼苏托城市创新研究所》（芝加哥，2022 年）。

245　为了探索未来芝大与当地社区之间可能展开的合作，芝大领导层于 2021 年 12 月成立了芝加哥大学/社区关系委员会：历史、当代和未来，研究芝大与芝加哥南区关系的历史。芝大和社区成员以相同比例共同组成该独立委员会。

246　《受托人协调员联合口头报告摘要》，受托人委员会研讨会，纽约，2006 年 9 月 7 日至 10 日，主题会议，第 2 页，本科生院档案。

247　罗伯特·齐默和托马斯·罗森鲍姆给生物科学和物理科学系教职工的备忘录，2006 年 11 月 30 日，本科生院档案。

248　例如，2009 年 11 月，数学系提出新的"杰出教授"提案，规定如果某位杰出教授离开芝大，则数学系有权进行"一次破格全职教授任命"；2009 年 12 月，天文学与天体物理学系提出提案，申请在传感器开发领域新增两个初级职位。

249 理查德·乔丹，《化学系新教师职位设立提案》，备忘录，2009 年；乔丹，《化学系五年招聘计划》，2011 年 5 月 2 日，本科生院档案。

250 该项目耗资 5000 万美元，其中 1000 万美元由芝加哥社区信托基金会的塞尔基金提供。戈登中心开放后，塞尔提供的资金原本要分配给其他单位，但化学系领导表示，为提高国际声誉、扩展新领域发展，就需要掌握塞尔的资金。化学系最后成功获得资金。

251 罗伯特·齐默和埃里克·艾萨克斯给执行委员会的信，2015 年 10 月 22 日，第 2 页，本科生院档案。

252 托马斯·罗森鲍姆给高级管理人员的信，2007 年 7 月 17 日，第 2 页，本科生院档案。

253 《计算策略》，2015 年，第 1 页，本科生院档案。

254 斯托尔，《哈珀的大学》，第 133-135 页，第 285-286 页。

255 《校长报告》，1892 年 7 月—1902 年 7 月，第 xviii 页。

256 麦克尼尔，《哈钦斯的大学》，第 86 页。1936 年，在《美国高等教育》一书中，哈钦斯对芝大建立工程学院面临的财务负担表示担忧，他在书中幽默地说道，"十名古典学教授的需求与十名工程师的需求相比显得微不足道"，第 34 页。

257 劳伦斯·格雷森，《美国工程教育简史》，《IEEE 航空和电子系统学报》，1980 年 5 月，第 386-387 页。格雷森指出，战后，"教师工资上涨，设施设备升级，研究经费充裕，学术标准提高，课程要求更严。科学家和工程师在政府领导层中担任了新的角色，尤其是在肯尼迪政府时期。这种情况几乎持续到战后时期结束，确保了研究与工程学院的教育目标紧密结合。20 世纪 50 年代和 60 年代，学术机构可用资金大幅增加，大学用于研发的资金从 1953 年的 3.34 亿美元增加到 1968 年的 26 亿美元"。

258 《芝加哥大学面临的战略性挑战》，2007 年 5 月 31 日，第 7、9 页，本科生院档案。

259 国家工程院，《理解工程师的教育和职业发展路径》（华盛顿，2018 年），第 61 页。

260 《分子工程临时教职委员会报告》，2007 年 2 月 14 日，第 2-3 页，本科生院档案。

261 《分子工程外部委员会报告》，2007 年 4 月 30 日，第 2-4 页，本科生院档案。

262 《芝加哥大学面临的战略性挑战》，2007 年 5 月 31 日，本科生院档案。

263 截至 2023 年，分子工程学的 33 名全职教师中，有 12 人在阿贡国家实验室也有相关任命。

264 埃里克·艾萨克斯，唐纳德·利维和托马斯·罗森鲍姆，《分子工程研究所，提交给美国能源部，2009 年 11 月 23 日》，本科生院档案。

265 早期给教师的邀约信由代表芝大的马特·提雷尔和代表阿贡实验室的埃里克·艾萨克斯共同签署。2009 年到 2014 年，艾萨克斯担任阿贡实验室主任。2011 年，芝大还与能源部保持沟通，汇报遴选新实验室主任的详细情况，甚至考虑安排三位最终候选人前往华盛顿与能源部高层领导会面。

266　交易所由普利兹克分子工程学院的戴维·奥沙格姆领导2017年的初代成员包括芝加哥大学、阿贡实验室和费米实验室。伊利诺伊大学于2018年10月加入。2020年，伊利诺伊大学签订了一份正式的谅解备忘录，交易所正式成为一个由四家成员组成的多机构合作组织。除四个"核心"成员外，该交易所还有两个固定成员，威斯康星大学和西北大学，这两所大学均于2019年加入。在组织上，芝加哥量子交易所隶属于普利兹克分子工程学院，普利兹克分子工程学院为其提供约50%的年度预算。

267　请参考《通往10万量子比特的路线》，IBM研究日志，2023年5月21日。戴维·奥沙格姆早年曾在IBM沃森研究中心非平衡态物理部担任研究人员和经理，这可能有助于他与IBM的谈判。

268　关于医疗中心的早期历史，请参考科尼利厄斯·弗默伦，《为绝大多数人谋取最大利益：医疗中心史（1927—1977）》，芝加哥大学，（芝加哥，1977）。

269　1986年的协议规定，芝加哥大学将是这家名为芝加哥大学医院的新公司的唯一成员，后者将由芝加哥大学任命的一个最多由40名成员组成的董事会管理。医院董事会负责任命医院的首席执行官。

270　《芝加哥大学十年财务模型：2002—2003至2011—2012》，第10页，财务规划委员会，2002年6月6日，本科生院档案。近年来，芝加哥大学在美国国立卫生研究院资助方面的排名进一步下降。

271　《芝加哥生物医学重组对一致性的注重》，《芝加哥大学纪事》，2009年2月19日；《医疗分流》，《芝加哥大学杂志》，2009年7/8月。康拉德·吉列姆撰写的报告《生物科学系科学评审特设委员会》，2009年3月11日—9月24日，《解决生物科学系治理和决策实践问题的建议》，本科生院档案。

272　新医院为医疗中心的预算增加了8000万至9000万美元的年度运营成本。

273　马丁·费德致约翰·博耶的电子邮件，2023年7月21日，本科生院档案。另见汤姆·基亚雷拉《信息疗法：大数据即将彻底改变我们的抗癌方式》，《芝加哥期刊》，2016年12月14日。

274　教师备忘录，2013年6月12日；《常见问题：芝加哥大学－伍兹霍尔实验室附属关系》，2013年6月12日，本科生院档案。

275　在附属关系建立的第一年（2013—2014年），芝大提供了600万美元的补贴。截至2023年，伍兹霍尔实验室每年需要从芝大获得超5300万美元的补贴。

276　这些医院包括森林湖医院、中央杜帕奇医院、亨特利医院、格伦布鲁克医院、伍德斯托克医院、麦克亨利医院以及芝加哥大都会区的其他几家医院。

277　《芝加哥大学的战略挑战》，2006年9月，第10页，本科生院档案。

278　请参考莫顿·格罗津斯，《关于考尔斯委员会和芝加哥大学的一些说明》，1954年8月12日，金普顿行政办公室，第93号信箱，5号文件夹。

279　请参考菲利普·米洛斯基，《考尔斯委员会：反凯恩斯主义的堡垒》，佩德罗·加西亚·杜阿尔特、吉尔伯托·塔杜·利马主编，《微观基础再思考：从历史角度看微观与宏观经济学的关系》（切尔滕纳姆，英国，2012年），第157-158页。1952—1953年，年轻的加里·贝克尔担任考尔斯小组的研究助理。

280　考尔斯给金普顿的信，1954年7月30日，金普顿行政办公室，第93号信箱，5号文件夹；沃特金斯给劳埃德的信，1955年1月25日，同上。哈里森向董事会报告，这对芝大当局来说是个"完全的意外"，但考虑到系里的紧张关系，情况可能并非完全如此。管理部门试图通过大幅加薪来说服库普曼斯和马沙克留任，但到了1954年秋，这一策略显然失败了。

281　杰米·佩克，《方向：芝加哥学派研究》，载于凡·霍恩等人的《建设芝加哥经济学》，第34-35页，梅尔文·雷德，《芝加哥经济学：表现与改变》，《经济学期刊》20（1982）：第10页。

282　《建立米尔顿·弗里德曼研究所的建议》，《投资于大学的未来》，第279-288页。实际报告由戴维·格林和拉尔斯·汉森起草。研究所"建立在经济系、商学院和法学院教师密切合作的宝贵传统之上"。同上，第28-29页。

283　爱德华·尼卡在《芝加哥新自由主义与米尔顿·弗里德曼研究所的起源（2006—2009年）》中对这一争议进行了详细描述，载于凡·霍恩等人的《构建芝加哥经济学》，第368-388页。

284　请参考2008年5月21日一些抗议教师的声明，其中声称"本校的许多中心都做了重要的开创性工作……这些批判性思想中心也可以从芝大对米尔顿·弗里德曼研究所的慷慨资助中受益"。本科生院档案。鉴于弗里德曼研究所的反对者随后在2011年和2012年坚持认为，教务委员会有权（或应该有权）投票批准建立新的研究中心和研究所，这里指的是新成立的格罗斯曼定量生物学与人类行为研究所，因此这场争论还引发了更大的（也更危险的）涉及教务管理的管辖权问题。2011年4月至2012年6月，参议院理事会委员会和参议院进行了大量的辩论，有时还表现出激烈的情绪。行政部门断然否决了这一观点，认为创建不授予学位的研究中心是个别教师或教师小组的特权，须经主管院长批准，不应经过正式的立法程序。在此过程中产生了几份相互竞争的报告，包括：帕琴·马克尔、雅莉·阿米特和霍莉·希斯勒的《关于参议院理事会权力的备忘录》，2012 年 5 月 11 日；罗伯特·托佩尔等人的《委员会章程第 12.5.3 条 提交给参议院理事会的报告》，2012 年 5 月 12 日；《委员会章程第 12.5.3 条 罗伯特·托佩尔和大卫·马丁的观点》，2012 年 5 月 12 日；《委员会章程第 12.5.3 条 向教代会理事会提交的报告》，2012 年 5 月 12 日；《委员会章程第 12.5.3 条 罗伯特·托佩尔和戴维·梅尔策的观点》，2012 年 5 月 6 日；以及罗伯特·皮平等人的《2012 年教员治理委员会报告》，2012 年 5 月 9 日。所有内容均可在本科生院档案查阅。令人欣慰的是，这个问题从未提交给校董会进行正式的法律解决，因为这将迫使后者开创先例，侵入教职员工的治理结构。

285 请参考拉尔斯·彼得·汉森，《历史近距离：贝克尔·弗里德曼经济研究所初创时期的反思（2007—2017 年）》（芝加哥，2017），第 32-35 页；马克·汉森，《2008 年 10 月 15 日会议上的评论》，本科生院档案。

286 弗里德曼研究所的反对者要求在这次会议上进行优先表决，但教务委员会理事会拒绝了这一想法，理由是教务委员会作为教职工大会，既不是议事机构，也不是立法机构，因此没有资格就涉及设立新的研究或学术项目的事项进行表决。

287 请参考戴维·格林，《芝加哥大学：关于弗里德曼研究所的激烈争论中的冷静讨论》，《高等教育纪事报》，2008 年 10 月 16 日。

288 《米尔顿·弗里德曼经济研究所：最新情况》，董事会简报，2009 年 3 月 5 日，第 1 页，本科生院档案。

289 这次活动的营销抓住了这一复调策略，宣称会议的主题是"芝加哥理念"，用 16 号字体显示，而会议的重点恰好是"塑造 21 世纪经济学"，用 8 号字体显示。

290 贝克尔·弗里德曼经济研究所还是能源政策研究所、BFI 中国、能源与环境实验室、发展经济学中心和宏观金融研究项目的发起人。

291 在美国每年约 500 个经济学专业预备博士职位中，有 150 个在联邦储备银行系统内，150 个在贝克尔·弗里德曼经济研究所和芝加哥大学布斯学院。数据来源：萨姆·奥拉。

292 关于科尔作品的最新研究，见谢尔登·罗斯布拉特，《克拉克·科尔：两种抉择》，罗斯布拉特主编，《当克拉克·科尔的高等教育世界进入 21 世纪：特殊历史的篇章》（多德雷赫特，2012 年），第 1-42 页，以及《当克拉克·科尔的高等教育世界进入 21 世纪：关于科尔的生活、工作和遗产的研讨会》，2012 年 10 月 25—26 日，纽约大学斯坦哈特高等教育政策研究所。

293 尤见保罗·赖特和查德-韦尔蒙，《永久危机：失意时代的人文学科》（芝加哥，2021 年），第 53-80 页，此处为第 70 页。

294 罗伯特·泽姆斯基，《让改革发挥作用：美国高等教育改革案例》（新布伦瑞克，新泽西州，2009 年），第 22—56 页，对 20 世纪 90 年代末的许多此类文献进行了细致的总结。更直接的批评详见本杰明·金斯伯格的著作，《教师的衰落：行政化大学的崛起及其重要原因》（纽约，2011 年），以及威廉·德雷谢维奇的《领头羊：美国精英教育的错误和通往有意义生活的道路》（纽约，2014 年），但该流派规模庞大，且不断壮大。

295　"是什么让芝加哥大学成为一所伟大的教育机构？是这里紧张、艰苦、持续的智力活动。正是这种活动使学生的生活成为一种教育体验"。哈钦斯接着引用了他的名言"空气是带电的"，"学生在这里获得的智力开发将持续一生"。威廉·迈克·墨菲和 D. J. R. 布鲁克纳主编，《芝加哥大学的理念：1891 年至 1975 年芝加哥大学前八位首席执行官的论文集》（芝加哥，1976 年），第 40 页。

296　怀特写给卡尔文的信，1967 年 3 月 8 日，卡尔文的文件，第 28 盒。

297　施蒂格勒对这一点的担忧在呈示给评议会委员会的最终版本中有所体现，具体可见该文件第 5 页上的附言。

298　请参阅董事会会议纪要，1967 年 6 月 8 日，第 10 页。该报告于 1967 年 11 月初发表于新的《芝加哥大学记录》。董事会前任主席格伦·A. 劳埃德在 1967 年 12 月才收到他的副本。请参阅 1967 年 12 月 7 日卡尔文写给查尔斯·D. 奥康奈尔的信，卡尔文的文件，第 28 盒。

299　斯托尔用一个中世纪工匠来做恰当的类比——这个工匠的个人自由来自他所生活的镇子的自由。斯托尔，《哈珀的芝大》，第 96 页。

300　罗伯特·J. 齐默和托马斯·F. 罗森鲍姆，《言论自由与抗争》，2009 年 10 月 20 日，《学院档案》。

301　罗伯特·J. 齐默在 2009 年 10 月 21 日于哥伦比亚大学举办的"学术自由的目的是什么？"（What Is Academic Freedom For?）会议上发表了演说。他关于言论自由的演讲和其他文献可以在芝加哥大学网站的"言论自由"类别下找到。详见：https://freeexpression.uchicago.edu。

302　罗伯特·J. 齐默，《关于教职员工、言论自由和多样性的声明》，2020 年 11 月 29 日。

303　这一重点在萨姆·罗伯茨（Sam Roberts）发表的讣告中得到了明确体现："罗伯特·J. 齐默，倡导校园言论自由者，享年 75 岁"，《纽约时报》，2023 年 5 月 24 日。另见布雷特·斯蒂芬斯（Bret Stephens），"前往争辩"，同上，2023 年 6 月 2 日；以及布莱恩·墨菲（Brian Murphy），"罗伯特·齐默，校园言论自由的捍卫者，享年 75 岁"，《华盛顿邮报》，2023 年 5 月 26 日。

304　罗杰·金伯尔，《有终身职位的激进派：一篇附言》，《新准则》，1991 年 1 月，称（用金伯尔的话来说）"西方自由价值的优先性"正在被大学教员们纯粹而令人生厌的意识形态方面的党派褊狭系统性地加以破坏，这种症状反映了更为普遍的现象。20世纪80年代和90年代所谓的文化战争影响美国主要大学人文学科研究的方式尚未被完全分析过。关于一些批评者的观点，请参阅罗杰·金伯尔，《有终身职位的激进派：政治是如何让我们的高等教育腐败的》（纽约，1990），迪尼斯·德索萨，《不自由的教育：校园种族与性别政治学》（纽约，1991），以及艾伦·布卢姆，《美国思想的终结：高等教育如何舍弃民主并让当今学生的灵魂枯竭》（纽约，1987）。

305 理查德·H.戴维斯，《芝大南亚历史》（芝加哥，1985），第18-19页。

306 《教育和研究区域项目》，1944年4月27日，第3、8、14页，罗伯特·雷德菲尔德的文件，第60盒。并请参阅米尔顿·辛格，《罗伯特·雷德菲尔德对文明社会人类学的发展》，约翰·V.默拉编，《早期美国人类学》（圣保罗，1976），第191-195页。

307 1951年福特基金会年度报告，第13页。

308 雷德菲尔德-辛格文明项目在克利福德·威尔科克斯的《罗伯特·雷德菲尔德与美国人类学的发展》（兰汉姆，2006年）一书中有详细描述，见第138-157页。

309 罗伯特·雷德菲尔德，《项目的简要说明》，《福特基金会文化研究项目记录》，1951—1961，第5盒，文件夹6。

310 雷德菲尔德写给哈钦斯的信，1951年6月7日，《福特基金会文化研究项目记录》，第5盒，文件夹10。

311 米尔顿·辛格，《罗伯特·雷德菲尔德，1897—1958》，希尔斯，《记住芝加哥大学》，第420页。

312 戴维斯，《芝大南亚历史》，第38页。克里福德，《罗伯特·雷德菲尔德》，第149-151页。

313 《人类学342：1953年春季学期总结与分析》，第7页，辛格的文件，第94盒。

314 《关于联合学院-社会科学学士项目的建议》，1956年1月6日，《学院教员会议纪要》。1963年，麦克尼尔通过芝加哥大学出版社发表了他自己关于世界史的鸿篇巨制，《西方崛起：人类群落的历史》。

315 《阿萨辛的命令：早期尼扎日·伊斯玛仪派反对穆斯林世界的斗争》（海牙，1955）。

316 请参阅马歇尔·G.S.霍奇森，《一门非西方文明的通识教育课程，特别关注伊斯兰文明》，《通识教育期刊》12（1959）：第39-49页。

317 正如艾德蒙·伯克三世所称，《伊斯兰的冒险》是关于伊斯兰文化和文明的一门透彻的历史，但同时也是关于比较世界历史的一种深刻实践，因为霍奇森强烈试图以比较世界历史的视角来理解伊斯兰文明。马歇尔·G. S. 霍奇森，《反思世界历史：关于欧洲、伊斯兰和世界历史的论文》，艾德蒙·伯克三世编（剑桥，1993），第 307 页。

318 《关于历史和文化研究的报告》，《1984 计划：工作组关于设计问题的报告》，第 89 页。

319 1960 年，福特基金会向芝加哥大学提供了 540 万美元的资助，以支持该大学的新区域研究项目，为期十年，随后在 1966 年又提供了第二笔主要资助。

320 汉娜·霍尔本·格雷，《寻找乌托邦：大学与其历史》（伯克利，2012），第 57 页。

321 大卫·A. 霍林格，《二战以来的人文科学和内容动态》前言，第 6 页。据约翰·麦卡隆称，质疑传统西方文化标准的争论在"Soc 2""核心"课程中由来已久，在很多方面与非欧洲文明秩序的崛起所引发的争论相类似。请参阅约翰·J. 麦卡隆编，《社会科学通识教育：芝加哥大学本科生院百年来的反思》（芝加哥，1992），第 11 页。

322 《芝加哥大学中国中心的提案：专门中国委员会向校长和教务长提交的报告，2008 年 10 月 29 日》，第 4 页，《学院档案》。

323 《印度专门委员会报告：建立芝加哥大学新德里高级研究院的提案》，2010 年 2 月 1 日，第 8 页，《学院档案》。

324 《展望未来：大学应对风险和机遇的战略方法》，2009 年 9 月，第 37 页。

325 最初在新加坡的布斯 MBA 项目，其学生的平均年龄为 38 岁，拥有 12 到 15 年的工作经验，项目发现很难从中国招募学生。超过 3 亿人居住在距离香港两小时路程内，这使得香港作为新地点更具吸引力。

326 主要捐助者是克里斯托弗·戴维斯、纳瑟夫·萨维里斯、拜伦·特罗特、克劳迪娅和詹姆斯·乔伊斯、肯尼斯·考夫曼、山姆·甘地、乔·黄、罗伯特·贝哈尔、格雷戈里·温特、大卫·米勒、里奇·韩、亚历克西斯和史蒂夫·斯特朗、伊姆兰和索林·西迪基、史蒂夫·斯特兰德伯格、卡莉·蒙塔兹、詹妮弗·塞伦迪、阿努·李曼、约瑟夫·纽鲍尔、大卫·霍夫特、吉姆·麦克丹尼尔、艾米和保罗·卡博恩、马克·芬顿、保罗·约沃维奇、哈桑·埃尔马斯里、艾米莉·尼克林、亚当·谢泼德、罗兰多·巴尔辛德和米歇尔·席勒。

327 芝加哥财政不足的一个有力佐证是 2007 年由首席财务官收集的有关每名全职教师和学生的平均获得捐赠的数据，该数据将芝大与常春藤联盟中的其他名校进行了比较。《常春藤联盟每名全职学生 2006 财年的捐赠》和《常春藤联盟每名教师 2006 财年捐赠》，大学档案馆。到 2022 年，尽管 Inquiry and Impact 的资本筹集活动在 2020 年筹集了 54 亿美元，但这些财政差距却变得更加严重。在对 2022 财年十三所领先私立大学全职教师的捐赠分析中，芝大在十三所大学中排名第十二。第二个例子是芝大致力于招募和留住杰出的高级教师，这在全职正教授的平均工资上就有所体现，尽管芝大获得的捐赠款项明显少于其顶尖名校，但芝大全职正教授的工资在这些大学中却排名第三。《2008年春季规划指标和数据趋势》，第12、53页，大学档案馆。

328 《1930年12月5日对克利夫兰斐陶斐荣誉学会、西储大学校友和芝加哥大学校友的演讲》，第13-14页，《哈钦斯论文集》，第355框，文件夹12。

329 这种情况几乎与20世纪40年代和50年代的哈钦斯学院的情况完全相反，当时哈钦斯学院已经拥有了自己的教师队伍，并且可以自主设定反映学院教学的高价值薪酬。

330 克拉克·科尔，《大学的用途》，第49页。

331 斯坦利·N.卡茨，《约翰·杜威和21世纪的通识教育思想》，内文斯讲座，亨廷顿图书馆，2009年1月29日，第16页。

332 罗伯特·M.哈钦斯，乔治·戴尔访谈录，1973年5月29日，罗伯特·M.哈钦斯律师事务所，口述历史访谈，第1框，文件夹9。

333 布拉德本报告，第17页。

334 盖格和海勒，《高等教育的财务趋势：美国》，第16页。

335 卡斯珀，《自由之风》，第203页。

336 《教学委员会的报告》，芝加哥大学记录，1973年1月15日，第11页。

337 卡尔·J.温特劳布，《代表人文学科》，载于《芝加哥大学：卓越的自由》；《三种观点》（芝加哥，1974年），第19-20页。

338 《芝加哥大学的理念》，第337页。

339 如果希望让大学成为另一个政府机构，那么当然，这将会产生一个额外的政府机构。对于芝大的设想并非出于对健康、教育和福利的考量，它也不是由专业的教育学家提出的，它源于我们为了追求知识本身而探索的过程。正是在这个基础上，大学才与其他事业不同，也才值得我们的支持。《芝加哥大学的理念》，第66-67页。

340 同上，第42、70页。

# 参考文献

## Archival Sources

**UNIVERSITY OF CHICAGO, SPECIAL COLLECTIONS RESEARCH CENTER, JOSEPH REGENSTEIN LIBRARY**

### *Papers*

Adler, Mortimer J. Papers.
Arnett, Trevor. Papers.
Bell, Laird. Papers.
Benton, William B. Papers.
Berelson, Bernard L. Study of Graduate Education. Records, 1958–61.
Blum, Walter J. Papers.
Burgess, Ernest Watson. Papers.
Burton, Ernest DeWitt. Papers.
Cate, James L. Papers.
Coggeshall, Lowell T. Papers.
Filbey, Emery T. Papers.
Gates, Frederick Taylor. Papers.
Goetz, Rachael Marshall. Papers.
Goodspeed, Edgar J. Papers.
Goodspeed, Thomas W. Papers.
Harper, Samuel Northrup. Papers.
Harper, William Rainey. Papers.
Hutchins, Robert M. Papers.
Hutchinson, William T. Papers.
Judd, Charles H. Papers.
Kalven, Harry. Papers.
Kimpton, Lawrence A. Papers.
Knight, Frank H. Papers.
Lee, Elon N., and Edson S. Bastin. Papers.
Levi, Edward H. Papers.
Lloyd, Edward H. Papers.
Lloyd, Glen A. Papers.
Maclean, Norman. Papers.
McKeon, Richard P. Papers.
Merriam, Charles E. Papers.
Miller, Merton. Papers.
Nef, John Ulric, Jr. Papers.
Nef, John Ulric, Sr. Papers.
Nitze, William A. Papers.
Ogburn, William F. Papers.
Pierce, Bessie Louise. Papers.
Price, Ira M. Papers.
Redfield, Robert. Papers.
Redfield, Robert. Ford Foundation Cultural Studies Program Records.
Rheinstein, Max. Papers.
Ruml, Beardsley. Papers.
Scott, Arthur P. Papers.
Shorey, Paul. Papers.
Singer, Milton. Papers.
Small, Albion W. Papers.

Storr, Richard J. Papers.
Swift, Harold H. Papers.
Tufts, James Hayden. Papers.
Walker, George C. Scrapbook.
Ward, F. Champion. Papers.
Wirth, Louis. Papers.
Wirth, Mary Bolton. Papers.

*Other Sources*

American Baptist Education Society. Records, 1887–1902.
American Institute of Sacred Literature. Records, 1880–1943.
Architectural Drawings Collection.
Baptist Theological Union and Baptist Union Theological Seminary. Records, 1865–1944.
Blackfriars. Records.
College Archive.
Department of Anthropology. Records.
Department of Buildings and Grounds. Records.
Department of History. Records.
Department of Mathematics. Records.
Department of Sociology. Interviews.
Development and Alumni Relations. Donor Relations. Records.
Development Campaigns and Anniversaries. Records.
Divinity School. Records.
Division of the Humanities. Records.
Division of the Social Sciences. Records.
The First Annual Report. President Harper, 1892.
Ford Foundation. A Profile of the University of Chicago, 1965–66.
Hutchins, Robert M., and Associates. Oral History Interviews.
Law School. Records.
Minutes of the Board of Trustees.
Minutes of the College Council.
Minutes of the Committee of the Council of the University Senate.
Minutes of the Council of the Senate.
Minutes of the Faculty of the College.
Minutes of the Faculty of the Division of the Humanities.
Minutes of the Faculty of the Division of the Social Sciences.
Minutes of the University Senate.
Office of the President.
  Beadle Administration. Records.
  Harper, Judson, and Burton Administrations. Records.
  Hutchins Administration. Records.
  Kimpton Administration. Records.
  Levi Administration. Records.
  Mason Administration. Records.
  Wilson Administration. Records.
Office of the Vice President Records.
Old University of Chicago. Records, 1856–90.
PP Addenda, 1997-006, 1997-060, 1998-006.
Presidential Search Committee. Records, 1950–77.
University of Chicago Founders' Correspondence, 1886–92.
University of Chicago. Oral History Program.

ADDITIONAL ARCHIVAL COLLECTIONS

Angell, James R. Presidential Records. Manuscripts and Archives. Sterling Memorial Library, Yale University.

First Baptist Church of Hyde Park. Records, Archives of the Hyde Park Union Church, Chicago.
Ford Foundation Records. Rockefeller Archive Center, Pocantico Hills, Sleepy Hollow, NY. Grant File PA65-367.
Hutchins, William J. Papers. Special Collections and Archives. Hutchins Library, Berea College.
Hutchinson, Charles L. Papers, 1854–1924. Special Collections. Newberry Library, Chicago.
Laura Spelman Rockefeller Memorial. Records. Rockefeller Archive Center, Pocantico Hills, Sleepy Hollow, NY.
Payne, William Morton. Papers, 1858–1919. Special Collections. Newberry Library, Chicago
Ryerson, Martin A. Papers. Collections Records. Institutional Archives. The Art Institute of Chicago.
Scott, Walter Dill. Papers. Northwestern University Archives.
Whitney, William D. Papers. Manuscripts and Archives. Sterling Memorial Library, Yale University.

## Published Primary Sources

### NEWSPAPERS AND JOURNALS

*American Bar Foundation Research Journal.*
*Boston Evening Transcript.*
*Chicago Booth Magazine.*
*Chicago Business.*
*Chicago Journal.*
*Chicago Maroon.*
*Chicago Reader.*
*Chicago Record-Herald.*
*Chicago Teacher and School-Board Journal.*
*Chicago Tribune.*
*Christian Science Monitor.*
*Christian Times and Witness.*
*Chronicle of Higher Education.*
*Crain's Chicago Business.*
*The Dial: A Semi-Monthly Journal of Literary Criticism, Discussion, and Information.*
*Educational Review.*
*Fortune.*
*Harper's Magazine.*
*Harvard Monthly.*
*Hebraica.*
*The Hebrew Student: A Monthly Journal in the Interests of Old Testament Literature and Interpretation* (1882–83).
*The Old Testament Student* (1883–89).
*The Old and New Testament Student* (1889–92).
*The Biblical World* (1893–1920).
*Journal of Religion* (1920–present).
*Herald-Examiner.*
*Hyde Park Herald.*
*Journal of Law and Economics.*
*Journal of Legal Education.*
*Lingua Franca.*
*The Living Age.*
*New York Times.*
*New York Times Magazine.*
*North American Review.*
*Our Day.*
*The Pulse.*
*Saturday Evening Post.*

School Review.
Scribner's Magazine.
The Standard.
University of Chicago Bulletins.
University of Chicago Chronicle.
University of Chicago Law Alumni Journal.
University of Chicago Law Review.
University of Chicago Magazine.
University of Chicago. Official Bulletin. Chicago, 1891.
University of Chicago Record.
University of Chicago Weekly.
The Volante.
Wall Street Journal.
The Watchman.

PAMPHLETS, REPORTS, AND PROCEEDINGS

*Addresses and Appeals in Behalf of the University of Chicago and the Baptist Theological Seminary.* Chicago, 1867.
*Annual Register of the University of Chicago, 1916–1919.*
*Annual Report of the Ford Foundation for 1951.* New York, 1951.
*Annual Report of the General Education Board, 1923–1924.* New York, 1925.
*Annual Report of the General Education Board, 1930–1931.* New York, 1932.
*The Baptist Union Theological Seminary, Morgan Park, Ill.: A Great Opportunity.* Morgan Park, IL, 1885.
*The Dean's Report, 1989, Graduate School of Business.* Chicago, 1989.
*First Annual Catalogue of the University of Chicago: Officers and Students for the Academic Year 1859–1860.* Chicago, 1860.
*The Great Investigation.* Chicago, 1949.
*Great University Memorials, with a Reference to the Plans for the Development of the University of Chicago.* Chicago, 1925.
Morehouse, H. L. "A Seven Years' Survey." In *Fifty-Fourth Annual Report of the American Baptist Home Mission Society, Convened in Educational Hall, Asbury Park, NJ, May 27, 28, and 29, 1886.* New York, 1886.
*The National Baptist Convention and Organization of the American Baptist Education Society Held in the Calvary Baptist Church at Washington, D.C., May 16 and 17, 1888.* Washington, D.C., 1888.
*The President's Report, July, 1892–July 1902: Administration.* The Decennial Publications, 1st ser., vol. 1. Chicago, 1903.
*The President's Report, July, 1897–July, 1898, with Summaries for 1891–97.* Chicago, 1899.
*The President's Report, July 1902–July 1904.* Chicago, 1905.
*The President's Report, July, 1904–July, 1905.* Chicago, 1906.
*The President's Report, July 1908–July 1909.* Chicago, 1910.
*The President's Report, Covering the Academic Year July 1, 1919, to June 30, 1920.* Chicago, 1921.
*The President's Report, Covering the Academic Year July 1, 1922, to June 30, 1923.* Chicago, 1924.
*The President's Report, Covering the Academic Year July 1, 1923, to June 30, 1924.* Chicago, 1925.

*The President's Report, Covering the Academic Year July 1, 1924, to June 30, 1925.* Chicago, 1926.

*The President's Report, Covering the Academic Year July 1, 1926, to June 30, 1927.* Chicago, 1928.

*The President's Report, Covering the Academic Year July 1, 1929, to June 30, 1930.* Chicago, 1931.

*The Registrar's Report to the President, 1938–1939; 1941–1942; 1943–1944.*

*The Regulations of the University of Chicago.* Chicago, 1903.

*The Responsibility of Greatness: A Statement Presented by the Board of Trustees of the University of Chicago.* Chicago, 1955.

*Twenty-Seventh Annual Catalogue of the University of Chicago, including the Union College of Law.* Chicago, 1886.

*The University of Chicago in 1921.* Chicago, 1921.

### MEMOIRS AND OTHER FACULTY WRITINGS

Adler, Mortimer. "The Chicago School." *Harper's Magazine*, September, 1941, pp. 377–88.

———. *Philosopher at Large: An Intellectual Biography.* New York, 1977.

Benton, William B. *The University of Chicago's Public Relations.* Chicago, 1937.

Boise, James R. *Exercises in Greek Prose Composition, Adapted to the First Book of Xenophon's "Anabasis."* New York, 1867.

———. *First Lessons in Greek, Adapted to the Grammar of Goodwin, and to That of Hadley as Revised by Frederic D. Forest Allen.* Chicago, 1891.

Bolza, Oskar. *Aus meinem Leben.* Munich, 1936.

Booth, Wayne C. *My Many Selves: The Quest for a Plausible Harmony.* Logan, UT, 2006.

Boucher, Chauncey S. "The College of Arts, Literature, and Science." In *The President's Report, Covering the Academic Year July 1, 1927, to June 30, 1928.* Chicago, 1929.

Burton, Ernest D. "Charles L. Hutchinson and the University of Chicago." In *Charles Lawrence Hutchinson, 1854–1924.* Chicago, 1925.

———. *A Critical and Exegetical Commentary on the Epistle to the Galatians.* New York, 1920.

———. *Education in a Democratic World.* Chicago, 1927.

———. *The University of Chicago in 1940.* Chicago, 1925.

Compton, Arthur H. *Atomic Quest: A Personal Narrative.* New York, 1956.

Dewey, John. "Rationality in Education"; "President Hutchins' Proposals to Remake Higher Education"; "The Higher Learning in America." *Social Frontier*, December 1936, pp. 71–73; January 1937, pp. 103–4; March 1937, pp. 167–69.

Douglas, Paul. *In the Fullness of Time: The Memoirs of Paul H. Douglas.* New York, 1972.

Everts, W. W. *The Life of Rev. W. W. Everts, DD.* Philadelphia, 1891.

Faust, Clarence. "How the University of Chicago Is Meeting the Emergency." In

John Dale Russell, ed., *The Colleges in Wartime: New Responsibilities*. Chicago, 1943.

Gates, Frederick Taylor. *Chapters in My Life*. New York, 1977.

Gideonse, Harry D. *Against the Running Tide: Selected Essays on Education and the Free Society*. Edited by Alexander S. Preminger. New York, 1967.

———. *The Higher Learning in a Democracy: A Reply to President Hutchins' Critique of the American University*. New York, 1937.

———. "Integration of the Social Sciences and the Quest for Certainty." *Social Studies* 27 (1936): 363–72.

———. "Quality of Teaching or Content of Education?" In *The Preparation and In-Service Training of College Teachers, Proceedings of the Institute for Administrative Officers of Higher Institutions* 10 (1938): 65–75.

Goodspeed, Edgar J. *As I Remember*. New York, 1953.

———. *The University of Chicago Chapel. A Guide*. Chicago, 1928.

Goodspeed, Thomas W. *The University of Chicago Biographical Sketches*. 2 vols. Chicago, 1922–25.

Harper, Samuel N. *The Russia I Believe In: The Memoirs of Samuel N. Harper, 1902–1941*. Chicago, 1945.

Harper, William Rainey. "The College President." In Robert N. Montgomery, ed., *The William Rainey Harper Memorial Conference, Held in Connection with the Centennial of Muskingum College, New Concord, Ohio, October 21–22, 1937*. Chicago, 1938.

———. *A Critical and Exegetical Commentary on Amos and Hosea*. New York, 1905.

———. "Ideals of Educational Work." In *National Educational Association, Journal of Proceedings and Addresses, Session of the Year 1895*. St. Paul, 1895.

———. "Shall the Theological Curriculum Be Modified, and How?" *American Journal of Theology* 3 (1899): 45–66.

———. "Some Features of an Ideal University." In *Third Annual Meeting of the American Baptist Education Society, Held with the Southern Baptist Convention, Birmingham, Ala., May 8 and 9, 1891*. Chicago, 1891.

———. *The Trend in Higher Education*. Chicago, 1905.

Herrick, Robert. *Chimes*. New York, 1926.

Hutchins, Robert M. *The Higher Learning in America*. New Haven, CT, 1936.

———. *No Friendly Voice*. Chicago, 1936.

———. "The Upper Divisions of the University of Chicago." In William S. Gray, ed., *Recent Trends in American College Education*. Chicago, 1931.

Hutchinson, Dennis J. "Elements at 75." *University of Chicago Law School Record* (Spring 2013): 22–31.

Judson, Harry Pratt. *Caesar's Army: A Study of the Military Art of the Romans in the Last Days of the Republic*. Minneapolis, 1888.

———. *Europe in the Nineteenth Century*. New York, 1900.

———. *The Growth of the American Nation*. New York, 1906.

———. *A History of the Troy Citizens Corps, Troy, N.Y.* Troy, NY, 1884.

Laing, Gordon. "The Graduate School of Arts and Literature." In *The President's Report, Covering the Academic Year July 1, 1923, to June 30, 1924*. Chicago, 1925.

———. "The Graduate School of Arts and Literature." In *The President's Report, Covering the Academic Year July 1, 1927, to June 30, 1928*. Chicago, 1929.

Laughlin, J. Laurence. *Twenty-Five Years of the Department of Political Economy at the University of Chicago*. Chicago, 1916.

Levi, Edward H. *An Introduction to Legal Reasoning*. Chicago, 1961.

———. *Points of View: Talks on Education*. Chicago, 1969.

Levi, Julian. *The Neighborhood Program of the University of Chicago*. Chicago, n.d. [1961].

Lochner, Louis P. *Always the Unexpected: A Book of Reminiscences*. New York, 1956.

Lovett, Robert. *All Our Years: The Autobiography of Robert Morss Lovett*. New York, 1948.

Marshall, Leon C. *The Collegiate School of Business: Its Status at the Close of the First Quarter of the Twentieth Century*. Chicago, 1928.

Meltzer, Bernard D. "The University of Chicago Law School: Ruminations and Reminiscences." *University of Chicago Law Review* 70 (2003): 233–57.

Millis, H. A., et al. *Report of the Faculty-Student Committee on the Distribution of Students' Time, January 1925*. Chicago, 1925.

Mixer, Albert H. *Manual of French Poetry with Historical Introduction, and Biographical Notices of the Principal Authors, for the Use of the School and the Home*. New York, 1874.

Public Statement of H. Stanley Bennett, February 8, 1969. College Archive.

Public Statement of John Hope Franklin, February 7, 1969. College Archive.

Public Statement of a Group of Concerned Faculty Members, February 11, 1969. College Archive.

Public Statement of Professor O. J. Kleppa, February 5, 1969. College Archive.

Rockefeller, John D. *Random Reminiscences of Men and Events*. New York, 1909.

Ruml, Beardsley. *Memo to a College Trustee: A Report on Financial and Structural Problems of the Liberal College*. New York, 1959.

Slosson, Edwin E. "University of Chicago." In *Great American Universities*. New York, 1910.

Small, Albion. "Americans and the World Crisis." *American Journal of Sociology* 23 (1917): 145–73.

———. *The Cameralists: The Pioneers of German Social Polity*. Chicago, 1909.

———. "The Graduate School of Arts and Literature." In *The President's Report, Covering the Academic Year Ending June 30, 1913*. Chicago, 1914.

———. "The Graduate School of Arts and Literature." In *The President's Report, Covering the Academic Year July 1, 1922, to June 30, 1923*. Chicago, 1924.

———. *Origins of Sociology*. Chicago, 1924.

———. "Will Germany War with Us?" *Collier's Weekly*, December 10, 1904.

Vice, James W. "Memoirs: Demonstrations, 1968–1969; 1973." Unpublished manuscript, 2004.

Wayland, Francis. *The Education Demanded by the People of the United States: A Discourse Delivered at Union College, Schenectady, July 25, 1854, on the Occasion of the Fiftieth Anniversary of the Presidency of Eliphalet Nott, DD, LLD*. Boston, 1855.

## Secondary Sources

Abbott, Andrew. *Department and Discipline: Chicago Sociology at One Hundred*. Chicago, 1999.
———. "Library Research Infrastructure for Humanistic and Social Scientific Scholarship in the Twentieth Century." In Charles Camic, Neil Gross, and Michèle Lamont, eds., *Social Knowledge in the Making*. Chicago, 2011.
———. "Pragmatic Sociology and the Public Sphere: The Case of Charles Richmond Henderson." *Social Science History* 34 (2010): 337–71.
———. *The System of the Professions: An Essay on the Division of Expert Labor*. Chicago, 1988.
Abrahamson, Julia. *A Neighborhood Finds Itself*. New York, 1959.
Abt, Jeffrey. *American Egyptologist: The Life of James Henry Breasted and the Creation of His Oriental Institute*. Chicago, 2011.
Altbach, Philip G. *Student Politics in America: A Historical Analysis*. New York, 1974.
Altbach, Philip G., Berdahl, Robert O., and Gumport, Patricia J., eds. *American Higher Education in the Twenty-First Century: Social, Political, and Economic Challenges*. 2nd ed. Baltimore, 2005.
Anderson, Earl W. "Salaries in Certain Professions." *Educational Research Bulletin*, January 11, 1933, pp. 1–9.
Anderson, Frederick L. *Galusha Anderson: Preacher and Educator, 1832–1918*. Privately published, 1933.
Anderson, Jeffrey, and Kole, Stacey R. "Leadership Effectiveness and Development: Building Self-Awareness and Insight Skills." In Scott Snook, Nitin Nohria, and Rakesh Khurana, *The Handbook for Teaching Leadership: Knowing, Doing and Being*. Thousand Oaks, CA, 2012.
Andreas, Alfred T. *History of Chicago from the Earliest Period to the Present Time*. 3 vols. Chicago, 1884–86.
Andresen, Julie T. *Linguistics in America, 1769–1924: A Critical History*. London, 1990.
Anheier, Helmut K., and Hammack, David C., eds. *American Foundations: Roles and Contributions*. Washington, D.C., 2010.
Archibald, Raymond C. *A Semicentennial History of the American Mathematical Society, 1888–1938*. New York, 1938.
Arnold, Charles H. *God before You and behind You: The Hyde Park Union Church through a Century, 1874–1974*. Chicago, 1974.
Arrastía, Lisa, and Hoffman, Marvin. *Starting Up: Critical Lessons from 10 New Schools*. New York, 2012.

Ash, Mitchell G. "Bachelor of What, Master of Whom? The Humboldt Myth and Historical Transformations of Higher Education in German-Speaking Europe and the US." *European Journal of Education* 41 (2006): 245–67.

———, ed. *German Universities: Past and Future; Crisis or Renewal?* Providence, 1997.

Axtell, James. *The Making of Princeton University: From Woodrow Wilson to the Present*. Princeton, NJ, 2006.

Bachin, Robin F. *Building the South Side: Urban Space and Civic Culture in Chicago, 1890–1919*. Chicago, 2004.

Bailey, Fred Arthur. *William Edward Dodd: The South's Yeoman Scholar*. Charlottesville, VA, 1997.

Bannister, Robert C. *Sociology and Scientism: The American Quest for Objectivity, 1880–1940*. Chapel Hill, NC, 1987.

Barrow, Clyde W. *Universities and the Capitalist State: Corporate Liberalism and the Reconstruction of American Higher Education, 1894–1928*. Madison, WI, 1990.

Beadle, Muriel. *The Hyde Park-Kenwood Urban Renewal Years*. Chicago, 1964.

———. *Where Has All the Ivy Gone? A Memoir of University Life*. Chicago, 1977.

Beasley, James P. "'Extraordinary Understandings' of Composition at the University of Chicago: Frederick Champion Ward, Kenneth Burke, and Henry W. Sams." *College Composition and Communication* 59 (2007): 36–52.

Beck, Kenneth N. "The American Institute of Sacred Literature: A Historical Analysis of an Adult Education Institution." PhD diss., University of Chicago, 1968.

Bell, Daniel. *The Reforming of General Education: The Columbia Experience in Its National Setting*. New ed. New Brunswick, NJ, 2011.

Bender, Thomas. *Intellect and Public Life: Essays on the Social History of Academic Intellectuals in the United States*. Baltimore, 1993.

Bender, Thomas, and Schorske, Carl, eds. *American Academic Culture in Transformation: Fifty Years, Four Disciplines*. Princeton, NJ, 1998.

Berelson, Bernard. *Graduate Education in the United States*. New York, 1960.

Berry, Brian J. L., Parsons, Sandra J., and Platt, Rutherford H. *The Impact of Urban Renewal on Small Business: The Hyde Park-Kenwood Case*. Chicago, 1968.

*Biographical Sketches of the Leading Men of Chicago*. Chicago, 1868.

Blakey, George T. *Historians on the Homefront: American Propagandists for the Great War*. Lexington, KY, 1970.

Bledstein, Burton J. *The Culture of Professionalism: The Middle Class and the Development of Higher Education in America*. New York, 1976.

Block, Jean F. *The Uses of Gothic: Planning and Building the Campus of the University of Chicago, 1892–1932*. Chicago, 1983.

Bloom, Allan. *The Closing of the American Mind: How Higher Education Has Failed Democracy and Impoverished the Souls of Today's Students*. New York, 1987.

Bowen, William G. *The Economics of Major Private Universities*. Berkeley, 1968.

Boyer, John W., ed. *The Aims of Education*. Chicago, 1997.

———. *"A Noble and Symmetrical Conception of Life": The Arts at Chicago on the Edge of a New Century*. Chicago, 2010.

———. *"Teaching at a University of a Certain Sort": Education at the University of Chicago over the Past Century*. Chicago, 2012.

———. *Three Views of Continuity and Change*. Chicago, 1999.

———. *"A Twentieth-Century Cosmos": The New Plan and the Origins of General Education at the University of Chicago*. Chicago, 2007.

———. *"We Are All Islanders to Begin With": The University of Chicago and the World in the Late Nineteenth and Twentieth Centuries*. Chicago, 2008.

Brand, Edward P. *Illinois Baptists: A History*. Bloomington, IL, 1930.

Brazier, Arthur M. *Black Self-Determination: The Story of the Woodlawn Organization*. Grand Rapids, MI, 1969.

Breasted, Charles. *Pioneer to the Past: The Story of James Henry Breasted, Archaeologist*. New York, 1943.

Breneman, David W., and Finn, Chester E., Jr., eds. *Public Policy and Private Higher Education*. Washington, D.C., 1978.

Brereton, Virginia L. "The Public Schools Are Not Enough: The Bible and Private Schools." In David L. Barr and Nicholas Piediscalzi, eds., *The Bible in American Education: From Source Book to Textbook*. Philadelphia, 1982.

———. *Training God's Army: The American Bible School, 1880–1940*. Bloomington, IN, 1990.

Brinkley, Alan. "1968 and the Unraveling of Liberal America." In Carole Fink, Philipp Gassert, and Detlef Junker, eds., *1968: The World Transformed*. Cambridge, 1998.

Brocke, Bernhard vom. "Der deutsch-amerikanische Professorenaustausch: Preussische Wissenschaftspolitik, internationale Wissenschaftsbeziehungen und die Anfänge einer deutschen auswärtigen Kulturpolitik vor dem Ersten Weltkrieg." *Zeitschrift für Kulturaustausch* 31 (1981): 128–82.

Brown, E. Richard. *Rockefeller Medicine Men: Medicine and Capitalism in America*. Berkeley, 1979.

Brubacher, John S., and Rudy, Willis. *Higher Education in Transition: A History of American Colleges and Universities, 1636–1976*. New York, 1976.

Bruendel, Steffen. *Volksgemeinschaft oder Volksstaat: Die "Ideen von 1914" und die Neuordnung Deutschlands im Ersten Weltkrieg*. Berlin, 2003.

Bryk, Anthony S., and Schneider, Barbara. "Social Trust: A Moral Resource for School Improvement." University of Chicago Center for School Improvement, June 1996.

Bryk, Anthony S., and Sebring, Penny B. "School Leadership and the Bottom Line in Chicago." University of Chicago Consortium on Chicago School Research, February 2000.

Bryk, Anthony S., Sebring, Penny B., Allensworth, Elaine, Luppescu, Stuart, and Easton, John Q. *Organizing Schools for Improvement: Lessons from Chicago*. Chicago, 2010.

Bryk, Anthony S., Sebring, Penny B., Kerbow, David, Rollow, Sharon, and

Easton, John Q. *Charting Chicago School Reform: Democratic Localism as a Lever for Change*. Boulder, CO, 1998.

Bucklin, Steven J. "The Wilsonian Legacy in Political Science: Denna F. Fleming, Frederick L. Schuman, and Quincy Wright. PhD diss., University of Iowa, 1993.

Bulmer, Martin. *The Chicago School of Sociology: Institutionalization, Diversity, and the Rise of Sociological Research*. Chicago, 1984.

———. "The Early Institutional Establishment of Social Science Research: The Local Community Research Committee at the University of Chicago, 1923–1930." *Minerva* 18 (1980): 51–110.

Bulmer, Martin, and Bulmer, Joan. "Philanthropy and Social Science in the 1920s: Beardsley Ruml and the Laura Spelman Rockefeller Memorial, 1922–1929." *Minerva* 19 (1981): 347–407.

Burke, Colin B. *American Collegiate Populations. A Test of the Traditional View*. New York, 1982.

Burtchaell, James T. *The Dying of the Light: The Disengagement of Colleges and Universities from Their Christian Churches*. Grand Rapids, MI, 1998.

*Calendar of the Martin A. Ryerson Collection of Court and Manorial Documents from the Estate of Sir Nicholas Bacon in the University of Chicago Library*. Chicago, 1974.

Callahan, Raymond E. *Education and the Cult of Efficiency: A Study of the Social Forces That Have Shaped the Administration of the Public Schools*. Chicago, 1962.

Carter, Robert L. "The 'Message of the Higher Criticism': The Bible Renaissance and Popular Education in America, 1880–1925." PhD diss., University of North Carolina, 1995.

Casper, Gerhard. *The Cares of the University: Five-Year Report to the Board of Trustees and the Academic Council of Stanford University*. Stanford, CA, 1997.

———. *The Winds of Freedom: Addressing Challenges to the University*. New Haven, CT, 2014.

Castle, Terry. "Tickle and Flutter: Terry Castle on the Strange Career of Maude Hutchins." *London Review of Books*, July 3, 2008.

Chambers, John Whiteclay II. *To Raise an Army: The Draft Comes to Modern America*. New York, 1987.

Chambers, Mortimer. "The 'Most Eminent Living Historian, The One Final Authority': Meyer in America." In William M. Calder and Alexander Demandt, eds., *Eduard Meyer: Leben und Leistung eines Universalhistorikers*. Leiden, 1990.

Cheit, Earl F., and Lobman, Theodore E. *Foundations and Higher Education: Grant Making from Golden Years through Steady State; A Technical Report for the Ford Foundation and the Carnegie Council on Policy Studies in Higher Education*. Berkeley, 1979.

———. *The New Depression in Higher Education: A Study of Financial Conditions at 41 Colleges and Universities*. New York, 1971.

Chernow, Ron. *Titan: The Life of John D. Rockefeller, Sr.* New York 1998.

Chiappetta, Michael. "A Recurrent Problem: The Professional Preparation of College Teachers." *History of Education Journal* 4 (1952): 18–24.

Clotfelter, Charles T. *Buying the Best: Cost Escalation in Elite Higher Education.* Princeton, NJ, 1996.

Cohen, Adam, and Taylor, Elizabeth. *American Pharaoh: Mayor Richard J. Daley; His Battle for Chicago and the Nation.* Boston, 2000.

Cohen, Arthur M. *The Shaping of American Higher Education: Emergence and Growth of the Contemporary System.* San Francisco, 1998.

Cohen, Robert. *When the Old Left Was Young: Student Radicals and America's First Mass Student Movement, 1929–1941.* New York, 1993.

Cohen, Robert, and Zelnik, Reginald E., eds. *The Free Speech Movement: Reflections on Berkeley in the 1960s.* Berkeley, 2002.

Collins, Cherry W. "Schoolmen, Schoolma'ams, and School Boards: The Struggle for Power in Urban School Systems in the Progressive Era." PhD diss., Harvard University, 1976.

Counts, George S. *The Selective Character of American Secondary Education.* Chicago, 1922.

Crandall, Lathan A. *Henry Lyman Morehouse: A Biography.* Philadelphia, 1919.

Crane, Ronald S. "History versus Criticism in the Study of Literature." *English Journal* 24 (1935): 645–67.

Craver, Earlene. "Patronage and the Directions of Research in Economics: The Rockefeller Foundation in Europe, 1924–1938." *Minerva* 24 (1986): 205–22.

Cutlip, Scott M. *Fund Raising in the United States: Its Role in America's Philanthropy.* New Brunswick, NJ, 1965.

Davis, Harry L., and Hogarth, Robin M. "Rethinking Management Education: A View from Chicago." In Selected Papers Series, Booth School of Business. Chicago, 2013.

Davis, Lawrence B. *Immigrants, Baptists, and the Protestant Mind in America.* Urbana, IL, 1973.

Davis, Richard H. *South Asia at Chicago: A History.* Chicago, 1985.

Deegan, Mary Jo. "The Chicago School of Ethnography." In Paul Atkinson et al., *Handbook of Ethnography.* Thousand Oaks, CA, 2001.

Delbanco, Andrew. *College: What It Was, Is, and Should Be.* Princeton, NJ, 2012.

Diggins, John P. *The Bard of Savagery: Thorstein Veblen and Modern Social Theory.* New York, 1978.

———. *The Promise of Pragmatism: Modernism and the Crisis of Knowledge and Authority.* Chicago, 1994.

Dillow, Myron D. *Harvesttime on the Prairie: A History of the Baptists in Illinois, 1796–1996.* Franklin, TN, 1996.

Diner, Steven J. *A City and Its Universities: Public Policy in Chicago, 1892–1919.* Chapel Hill, NC, 1980.

Dorrien, Gary. *The Making of American Liberal Theology: Idealism, Realism, and Modernity, 1900–1950.* Louisville, 2003.

———. *The Making of American Liberal Theology: Imagining Progressive Religion, 1805–1900.* Louisville, 2001.

Douglas, Crerar, ed. *Autobiography of Augustus Hopkins Strong*. Valley Forge, PA, 1981.
Douglass, Paul F. *Teaching for Self Education—As a Life Goal*. New York, 1960.
D'Souza, Dinesh. *Illiberal Education: The Politics of Race and Sex on Campus*. New York, 1991.
Dzuback, Mary Ann. *Robert M. Hutchins: Portrait of an Educator*. Chicago, 1991.
Edwards, Marcia. *Studies in American Graduate Education*. New York, 1944.
Eells, Walter Crosby. *Surveys of American Higher Education*. New York, 1937.
Ehrenberg, Ronald G. *Tuition Rising: Why College Costs So Much*. Cambridge, MA, 2000.
Ehrlich, Thomas. "Dewey versus Hutchins: The Next Round." In Robert Orrill, ed., *Education and Democracy: Reimagining Liberal Learning in America*. New York, 1997.
Ellsworth, Frank L. *Law on the Midway: The Founding of the University of Chicago Law School*. Chicago, 1977.
Elsbach, Kimberley D., and Kramer, Roderick M. "Members' Responses to Organizational Identity Threats: Encountering and Countering the Business Week Rankings." *Administrative Science Quarterly* 41 (1996): 442–76.
Emmett, Ross B. "Entrenching Disciplinary Competence: The Role of General Education and Graduate Study in Chicago Economics." *History of Political Economy* 30 (1998): 134–50.
———. "Sharpening Tools in the Workshop: The Workshop System and the Chicago School's Success." In Robert Van Horn, Philip Mirowski, and Thomas A. Stapleford, eds., *Building Chicago Economics: New Perspectives on the History of America's Most Powerful Economics Program*. Cambridge, 2011.
Evensen, Bruce J. *God's Man for the Gilded Age: D. L. Moody and the Rise of Modern Mass Evangelism*. New York, 2003.
Farge, Arlette. *The Allure of the Archives*. New Haven, CT, 2013.
Finder, Morris. *Educating America: How Ralph W. Tyler Taught America to Teach*. Westport, CT, 2004.
Findlay, James F. *Dwight L. Moody, American Evangelist, 1837–1899*. Chicago, 1969.
Fish, John Hall. *Black Power/White Control: The Struggle of the Woodlawn Organization in Chicago*. Princeton, NJ, 1973.
Fisher, Donald. *Fundamental Development of the Social Sciences: Rockefeller Philanthropy and the United States Social Science Research Council*. Ann Arbor, MI, 1993.
Flanagan, Maureen A. *Charter Reform in Chicago*. Carbondale, IL, 1987.
———. *Seeing with Their Hearts: Chicago Women and the Vision of the Good City, 1871–1933*. Princeton, NJ, 2002.
Flexner, Abraham. *I Remember: The Autobiography of Abraham Flexner*. New York, 1940.
Foard, Ashley A., and Fefferman, Hilbert. "Federal Urban Renewal Legislation." *Law and Contemporary Problems* 25 (1960): 635–84.

Ford, Franklin L. "Our Universities: National and Regional Roles." *Virginia Quarterly Review* 43 (1967): 220–32.
Foster, Laurence. *The Functions of a Graduate School in a Democratic Society*. New York, 1936.
Fourcade, Marion. *Economists and Societies: Discipline and Profession in the United States, Britain and France, 1890s to 1990s*. Princeton, NJ, 2009.
Fourcade, Marion, and Khurana, Rakesh. "From Social Control to Financial Economics: The Linked Ecologies of Economics and Business in Twentieth-Century America." *Theory and Society* 42 (2013): 136–54.
Franklin, John Hope. "*The Birth of a Nation*: Propaganda as History." In *Race and History: Selected Essays, 1938–1988*. Baton Rouge, 1989.
Freeland, Richard M. *Academia's Golden Age: Universities in Massachusetts, 1945–1970*. New York, 1992.
Freeman, Maria. "Study with Open Mind and Heart: William Rainey Harper's Inductive Method of Teaching the Bible." PhD diss., University of Chicago, 2005.
Frisbie, Margery. *An Alley in Chicago: The Ministry of a City Priest*. Kansas City, 1991.
Frumkin, Peter. *Strategic Giving: The Art and Science of Philanthropy*. Chicago, 2006.
Funk, Robert W. "The Watershed of the American Biblical Tradition: The Chicago School, First Phase, 1892–1920." *Journal of Biblical Literature* 95 (1976): 9–14.
Furner, Mary O. *Advocacy and Objectivity: A Crisis in the Professionalization of American Social Science, 1865–1905*. Lexington, KY, 1975.
Furniss, Edgar S. *The Graduate School of Yale: A Brief History*. New Haven, CT, 1965.
Gardner, Howard. *Leading Minds: An Anatomy of Leadership*. New York, 1995.
Gates, Frederick Taylor. *Chapters in My Life*. New York, 1977.
Geiger, Roger L. "The Era of the Multipurpose Colleges in American Higher Education, 1850–1890." In Geiger, ed., *The American College in the Nineteenth Century*. Nashville, 2000.
———. *Knowledge and Money: Research Universities and the Paradox of the Marketplace*. Stanford, CA, 2004.
———. "Postmortem for the Current Era: Change in American Higher Education, 1980–2010." Working Paper No. 3, Penn State Center for the Study of Higher Education, University Park, PA, July 2010.
———. *Research and Relevant Knowledge: American Research Universities since World War II*. New York, 1993.
———. "Research Universities in a New Era: From the 1980s to the 1990s." In Arthur Levine, ed., *Higher Learning in America, 1980–2000*. Baltimore, 1993.
———. *To Advance Knowledge: The Growth of the American Research Universities, 1900–1940*. New York, 1986.
Geitz, Henry, Heideking, Jürgen, and Herbst, Jurgen, eds. *German Influences on Education in the United States to 1917*. Cambridge, 1995.

Gelfand, Mark I. *A Nation of Cities: The Federal Government and Urban America, 1933–1965.* New York, 1975.

George, Timothy, ed. *Mr. Moody and the Evangelical Tradition.* London, 2004.

Germer, Stefan. "Traditions and Trends: Taste Patterns in Chicago Collecting." In Sue Ann Prince, ed., *The Old Guard and the Avant-Garde: Modernism in Chicago, 1910–1940.* Chicago, 1990.

Gerschenkron, Alexander. *Continuity in History and Other Essays.* Cambridge, MA, 1968.

Gilbert, James. *Perfect Cities: Chicago's Utopias of 1893.* Chicago, 1991.

Gilpin, W. Clark. *A Preface to Theology.* Chicago, 1996.

Ginsberg, Benjamin. *The Fall of the Faculty: The Rise of the All-Administrative University and Why It Matters.* New York, 2011.

Goldman, Eric F. "Hermann Eduard von Holst: Plumed Knight of American Historiography." *Mississippi Valley Historical Review* 23 (1936–37): 511–32.

Good, Carter V. *Teaching in College and University: A Survey of the Problems and Literature in Higher Education.* Baltimore, 1929.

Goodspeed, Thomas W. *Ernest DeWitt Burton: A Biographical Sketch.* Chicago, 1926.

———. *A History of the University of Chicago: The First Quarter-Century.* Chicago, 1916.

———. *The Story of the University of Chicago: 1890–1925.* Chicago, 1925.

Gordon, Robert A., and Howell, James E. *Higher Education for Business.* New York, 1959.

Graff, Gerald. *Professing Literature: An Institutional History.* Chicago, 1987.

Gray, Hanna H. *Searching for Utopia: Universities and Their Histories.* Berkeley, 2012.

Gruber, Carol S. *Mars and Minerva: World War I and the Uses of the Higher Learning in America.* Baton Rouge, 1975.

Gumport, Patricia J. "Graduate Education and Research: Interdependence and Strain." In Philip G. Altbach, Robert O. Berdahl, and Patricia J. Gumport, eds., *American Higher Education in the Twenty-First Century: Social, Political, and Economic Challenges.* 2nd ed. Baltimore, 2005.

Gunther, John. *Chicago Revisited.* Chicago, 1967.

Haarlow, William N. *Great Books, Honors Programs, and Hidden Origins: The Virginia Plan and the University of Virginia in the Liberal Arts Movement.* New York, 2003.

Hacker, Andrew, and Dreifus, Claudia. *Higher Education? How Colleges Are Wasting Our Money and Failing Our Kids—and What We Can Do about It.* New York, 2010.

Haggerty, Melvin E. "The Improvement of College Instruction." *School and Society* 27 (1928): 25–36.

Hall, G. Stanley. "How Can Universities Be So Organized as to Stimulate More Work for the Advancement of Science?" *Journal of Proceedings and Addresses of the Eighteenth Annual Conference of the Association of American Universities,* 1917, pp. 25–54.

Harsha, E. Houston. "Illinois: The Broyles Commission." In Walter Gellhorn, ed., *The States and Subversion*. Ithaca, NY, 1952.

Hart, D. G. *The University Gets Religion: Religious Studies in American Higher Education*. Baltimore, 1999.

Haskell, Thomas L., ed. *The Authority of Experts: Studies in History and Theory*. Bloomington, IN, 1984.

———. "Justifying the Rights of Academic Freedom in the Era of 'Power/Knowledge'." In Louis Menand, ed., *The Future of Academic Freedom*. Chicago, 1996.

Heldke, Lisa. "Robert Maynard Hutchins, John Dewey, and the Nature of the Liberal Arts." *The Cresset* 59 (2005): 8–13.

Herbst, Jurgen. "From Moral Philosophy to Sociology: Albion Woodbury Small." *Harvard Educational Review* 29 (1959): 227–44.

———. *The German Historical School in American Scholarship: A Study in the Transfer of Culture*. Ithaca, NY, 1965.

Herrick, Mary J. *The Chicago Schools: A Social and Political History*. Beverly Hills, CA, 1971.

Hewa, Soma. "The Protestant Personality and Higher Education: American Philanthropy beyond the 'Progressive Era'." *International Journal of Politics, Culture and Society* 12 (1998): 135–63.

Hilkey, Judy A. *Character Is Capital: Success Manuals and Manhood in Gilded Age America*. Chapel Hill, NC, 1997.

Hilliard, Celia. *"The Prime Mover": Charles L. Hutchinson and the Making of the Art Institute of Chicago*. Chicago, 2010.

Hirsch, Arnold R. *Making the Second Ghetto: Race and Housing in Chicago, 1940–1960*. Cambridge, 1983.

Hirsch, Edwin F. *Frank Billings, the Architect of Medical Education, an Apostle of Excellence in Clinical Practice, a Leader in Chicago Medicine*. Chicago, 1966.

Hodgson, Marshall. "A Non-Western Civilization Course in a Liberal Education with Special Attention to the Case of Islam." *Journal of General Education* 12 (1959): 39–49.

———. *The Order of Assassins: The Struggle of the Early Nizârî Ismâ'îlîs against the Islamic World*. The Hague, 1955.

———. *Rethinking World History: Essays on Europe, Islam, and World History*. Edited by Edmund Burke III. Cambridge, 1993.

Hoffman, Lars. "William Rainey Harper and the Chicago Fellowship." PhD diss., University of Iowa, 1978.

Hofstadter, Richard. *The Age of Reform: From Bryan to FDR*. New York, 1955.

Hofstadter, Richard, and Hardy, C. DeWitt. *The Development and Scope of Higher Education in the United States*. New York, 1952.

Hofstadter, Richard, and Metzger, Walter P. *The Development of Academic Freedom in the United States*. New York, 1955.

Hofstadter, Richard, and Smith, Wilson, eds. *American Higher Education: A Documentary History*. 2 vols. Chicago, 1961.

Hogan, David J. *Class and Reform: School and Society in Chicago, 1880–1930.* Philadelphia, 1985.

Hogarth, Robin M., ed. *Insights in Decision Making: A Tribute to Hillel J. Einhorn.* Chicago, 1990.

Hogarth, Robin M., and Reder, Melvin W. "Prefatory Note." *Journal of Business* 59 (1986): S181–S183.

Holl, Jack M. *Argonne National Laboratory, 1946–1996.* Urbana, IL, 1997.

Hollinger, David A. *After Cloven Tongues of Fire: Protestant Liberalism in Modern American History.* Princeton, NJ, 2013.

———, ed. *The Humanities and the Dynamic of Inclusion since World War II.* Baltimore, 2006.

———. "Inquiry and Uplift: Late Nineteenth-Century American Academics and the Moral Efficacy of Scientific Practice." In Thomas L. Haskell, ed., *The Authority of Experts: Studies in History and Theory.* Bloomington, IN, 1984.

———. "The Problem of Pragmatism in American History." *Journal of American History* 67 (1980): 88–107.

Horowitz, Helen L. *Campus Life: Undergraduate Cultures from the End of the Eighteenth Century to the Present.* New York, 1987.

———. *Culture and the City: Cultural Philanthropy in Chicago from the 1880s to 1917.* Chicago, 1989.

Horowitz, Norman H. "George Wells Beadle, 1903–1989." In *National Academy of Sciences Biographical Memoirs.* Washington, D.C., 1990.

Hughes, Raymond M. *A Study of the Graduate Schools of America.* Oxford, OH, 1925.

Hutchinson, Dennis J. "Elements of the Law." *University of Chicago Law Review* 70 (2003): 141–58.

Hutchison, William R. "Cultural Strain and Protestant Liberalism." *American Historical Review* 76 (1971): 386–411.

Hyman, Sidney. *The Lives of William Benton.* Chicago, 1969.

Irons, Ernest E. *The Story of Rush Medical College.* Chicago, 1953.

Janowitz, Morris, ed. *W. I. Thomas on Social Organization and Social Personality: Selected Papers.* Chicago, 1966.

Janowitz, Rebecca. *Culture of Opportunity: Obama's Chicago; The People, Politics, and Ideas of Hyde Park.* Chicago, 2010.

Jencks, Christopher. "The Next Thirty Years in the Colleges." *Harper's Magazine,* October 1961, pp. 121–28.

Jencks, Christopher, and Riesman, David. *The Academic Revolution.* New York, 1968.

Johannsen, Robert W. *Stephen A. Douglas.* New York, 1973.

Johnstone, Quintin. "The Federal Urban Renewal Program." *University of Chicago Law Review* 25 (1958–59): 301–54.

Jones, Dorothy V. *Harold Swift and the Higher Learning.* Chicago, 1985.

Kalman, Laura. *Legal Realism at Yale, 1927–1960.* Chapel Hill, NC, 1986.

Kalven, Harry. "Law School Training in Research and Exposition: The University of Chicago Program." *Journal of Legal Education* 1 (1948): 107–23.

Kargon, Robert H. *The Rise of Robert Millikan: Portrait of a Life in American Science*. Ithaca, NY, 1982.

Karl, Barry D. *Charles E. Merriam and the Study of Politics*. Chicago, 1974.

Karl, Barry D., and Katz, Stanley N. "Foundations and Ruling Class Elites." *Daedalus* 116 (1987): 1–40.

Kass, Amy A. "Radical Conservatives for Liberal Education." PhD diss., Johns Hopkins University, 1973.

Katz, Friedrich. *The Secret War in Mexico: Europe, the United States, and the Mexican Revolution*. Chicago, 1981.

Katz, Wilbur G. "A Four-Year Program for Legal Education." *University of Chicago Law Review* 4 (1937): 527–36.

Kay, Lily E. *The Molecular Vision of Life: Caltech, the Rockefeller Foundation, and the Rise of the New Biology*. New York, 1993.

Kelley, Brooks Mather. *Yale: A History*. New Haven, CT, 1974.

Kelly, F. J. "The Training of College Teachers." *Journal of Educational Research* 16 (1927): 332–41.

Kennedy, David M. *Over Here: The First World War and American Society*. Oxford, 1980.

Kerr, Clark. *The Uses of the University*. Cambridge, 1963.

Khurana, Rakesh. *From Higher Aims to Higher Hands: The Social Transformation of American Business Schools and the Unfulfilled Promise of Management as a Profession*. Princeton, NJ, 2007.

Kimball, Roger. *Tenured Radicals: How Politics Has Corrupted Our Higher Education*. New York, 1990.

———. "Tenured Radicals: A Postscript." *New Criterion*, January 1991.

Kirp, David L. "Hurricane Hugo: Following the Stormy Departure of Its President, the University of Chicago Reconsiders His Legacy." *Lingua Franca* 11 (2001): 40–49.

Klemek, Christopher. *The Transatlantic Collapse of Urban Renewal: Postwar Urbanism from New York to Berlin*. Chicago, 2011.

Kliebard, Herbert M. *The Struggle for the American Curriculum, 1893–1958*. New York, 1987.

Kloppenberg, James T. "Pragmatism: An Old Name for Some New Ways of Thinking?" *Journal of American History* 83 (1996): 100–138.

Kohler, Robert E. *From Medical Chemistry to Biochemistry: The Making of a Biomedical Discipline*. Cambridge, 1982.

———. "The Management of Science: The Experience of Warren Weaver and the Rockefeller Foundation Programme in Molecular Biology." *Minerva* 14 (1976): 279–306.

———. *Partners in Science: Foundations and Natural Scientists, 1900–1945*. Chicago, 1991.

———. "Science, Foundations, and American Universities in the 1920s." *Osiris*, 2nd ser., 3 (1987): 140–47.

Kronman, Anthony T., ed. *History of the Yale Law School: The Tercentennial Lectures*. New Haven, CT, 2004.

Krueger, Anne O. "Report of the Commission on Graduate Education in Economics." *Journal of Economic Literature* 29 (1991): 1039.

LaCapra, Dominick. "The University in Ruins?" *Critical Inquiry* 25 (1998): 32–55.

Lagemann, Ellen Condliffe. *An Elusive Science: The Troubling History of Education Research*. Chicago, 2000.

———. *The Politics of Knowledge: The Carnegie Corporation, Philanthropy, and Public Policy*. Middletown, CT, 1989.

Learned, William S. *The Quality of the Educational Process in America and in Europe*. New York, 1927.

———. *Realism in American Education*. Cambridge, MA, 1932.

Leslie, William Bruce. *Gentlemen and Scholars: College and Community in the "Age of the University," 1865–1917*. University Park, PA, 1992.

Lester, Robin. *Stagg's University: The Rise, Decline, and Fall of Big-Time Football at Chicago*. Urbana, IL, 1995.

Levine, David O. *The American College and the Culture of Aspiration, 1915–1940*. Ithaca, NY, 1986.

Levine, Donald N. *Powers of the Mind: The Reinvention of Liberal Learning in America*. Chicago, 2006.

Lewis, Andrew B. *The Shadows of Youth: The Remarkable Journey of the Civil Rights Generation*. New York, 2009.

Liebmann, George W. *The Common Law Tradition: A Collective Portrait of Five Legal Scholars*. New Brunswick, NJ, 2006.

Light, Jennifer S. *The Nature of Cities: Ecological Visions and the American Urban Professions, 1920–1960*. Baltimore, 2009.

Lindberg, David L. "The Oriental Educational Commission's Recommendations for Mission Strategy in Higher Education." PhD diss., University of Chicago, 1972.

Lingelbach, Gabriele. "Cultural Borrowing or Autonomous Development: American and German Universities in the Late Nineteenth Century." In Thomas Adam and Ruth Gross, eds., *Traveling between Worlds: German-American Encounters*. College Station, TX, 2006.

———. "The Historical Discipline in the United States: Following the German Model?" In Eckhardt Fuchs and Benedikt Stuchtey, eds., *Across Cultural Borders: Historiography in Global Perspective*. Lanham, MD, 2002.

———. *Klio macht Karriere: Die Institutionalisierung der Geschichtswissenschaft in Frankreich und den USA in der zweiten Hälfte des 19. Jahrhunderts*. Göttingen, 2003.

Livingston, Dorothy Michelson. *The Master of Light: A Biography of Albert A. Michelson*. New York, 1973.

Loss, Christopher P. *Between Citizens and the State: The Politics of American Higher Education in the 20th Century*. Princeton, NJ, 2012.

Mabry, W. Alexander, ed. "Professor William E. Dodd's Diary, 1916–1920." *John P. Branch Historical Papers of Randolph-Macon College*, n.s., 2 (March 1953): 7–86.

MacAloon, John J., ed. *General Education in the Social Sciences: Centennial Reflections on the College of the University of Chicago*. Chicago, 1992.

MacDonald, Dwight. *The Ford Foundation: The Men and the Millions*. New York, 1956.

Maienschein, Jane. "Whitman at Chicago: Establishing a Chicago Style of Biology?" In Ronald Rainger, Keith R. Benson, and Jane Maienschein, eds., *The American Development of Biology*. Philadelphia, 1988.

Marvick, Elizabeth Wirth. "Louis Wirth: A Biographical Memorandum." In Albert J. Reiss Jr., ed., *Louis Wirth: On Cities and Social Life; Selected Papers*. Chicago, 1964.

Massa, Mark S. *Charles Augustus Briggs and the Crisis of Historical Criticism*. Minneapolis, 1990.

May, Henry F. *The End of American Innocence: A Study of the First Years of Our Own Time, 1912–1917*. New York, 1959.

Mayer, Milton. *Robert Maynard Hutchins: A Memoir*. Berkeley, 1993.

McArthur, Benjamin. "A Gamble on Youth: Robert M. Hutchins, the University of Chicago, and the Politics of Presidential Selection." *History of Education Quarterly* 30 (1990): 161–86.

McCarthy, Kathleen D. *Noblesse Oblige: Charity and Cultural Philanthropy in Chicago, 1849 to 1929*. Chicago, 1982.

———. "The Short and Simple Annals of the Poor: Foundation Funding for the Humanities, 1900–1983." *Proceedings of the American Philosophical Society* 129 (1985): 3–8.

McManis, John T. *Ella Flagg Young and a Half Century of the Chicago Public Schools*. Chicago, 1916.

McNeill, William H. *Hutchins' University: A Memoir of the University of Chicago, 1929–1950*. Chicago, 1991.

———. *The Rise of the West: A History of the Human Community*. Chicago, 1963.

Medema, Steven G. "Chicago Price Theory and Chicago Law and Economics: A Tale of Two Transitions." In Robert Van Horn, Philip Mirowski, and Thomas A. Stapleford, eds., *Building Chicago Economics: New Perspectives on the History of America's Most Powerful Economics Program*. Cambridge, 2011.

———. "Wandering the Road from Pluralism to Posner: The Transformation of Law and Economics in the Twentieth Century." In Alain Marciano, ed., *Law and Economics: A Reader*. New York, 2009.

Meier, Christian. *From Athens to Auschwitz: The Uses of History*. Cambridge, MA, 2004.

Menand, Louis. "College: The End of the Golden Age." In Stephen J. Gould and Robert Atwan, eds., *The Best American Essays, 2002*. New York, 2002.

———. *The Marketplace of Ideas: Reform and Resistance in the American University.* New York, 2010.

Merriam, Charles. *The Making of Citizens: A Comparative Study of Methods of Civic Training.* Chicago, 1931.

Meyer, Daniel. "The Chicago Faculty and the University Ideal: 1891–1929." PhD diss., University of Chicago, 1994.

———. *Stephen A. Douglas and the American Union.* Chicago, 1994.

Miller, Donald L. *City of the Century: The Epic of Chicago and the Making of America.* New York, 1996.

Millikan, Robert A. "The New Opportunity in Science." *Science* 50 (1919): 285–97.

Mirowksi, Phillip, and van Horn, Rob. "The Rise of the Chicago School of Economics and the Birth of Neoliberalism." In Phillip Mirowski and Dieter Plehwe, eds., *The Road from Mont Pèlerin: The Making of the Neoliberal Thought Collective.* Cambridge, MA, 2009.

Mordfin, Robin I. "Workshopping for Success." *University of Chicago Law School Record*, Spring 2014, pp. 46–51.

Mordfin, Robin I., and Nagorsky, Marsha Ferziger. "Chicago and Law and Economics: A History." *University of Chicago Law School Record,* Fall 2011, pp. 8–17

Mosher, Frederic J. "William Morton Payne." *Newberry Library Bulletin*, 2nd ser., 7 (October 1951): 193–212.

Moynihan, Daniel P. "The Politics of Higher Education." *Daedalus* 104 (1975): 128–47.

Murchison, Carl. "James Rowland Angell." In Murchison, ed., *A History of Psychology in Autobiography*, vol. 3. Worcester, MA, 1936.

Murphy, Marjorie. "From Artisan to Semi-Professional: White Collar Unionism among Chicago Public School Teachers, 1870–1930." PhD diss., University of California at Davis, 1981.

Nagler, Jörg. "A Mediator between Two Historical Worlds: Hermann Eduard von Holst and the University of Chicago." In Henry Geitz, Jürgen Heideking, and Jurgen Herbst, eds., *German Influences on Education in the United States to 1917.* Cambridge, 1995.

Nasaw, David. *The Chief: The Life of William Randolph Hearst.* Boston, 2000.

Newman, A. H., ed. *A Century of Baptist Achievement.* Philadelphia, 1901.

Niehoff, Richard O. *Floyd W. Reeves, Innovative Educator and Distinguished Practitioner of the Art of Public Administration.* Lanham, MD, 1991.

Nik-Khah, Edward. "George Stigler, the Graduate School of Business, and the Pillars of the Chicago School." In Robert Van Horn, Philip Mirowski, and Thomas A. Stapleford, eds., *Building Chicago Economics: New Perspectives on the History of America's Most Powerful Economics Program.* Cambridge, 2011.

Novick, Peter. *That Noble Dream: The "Objectivity Question" and the American Historical Profession.* Cambridge, 1988.

Olkin, Ingram. "A Conversation with W. Allen Wallis." *Statistical Science* 6 (1991): 121–40.

O'Mara, Margaret Pugh. *Cities of Knowledge: Cold War Science and the Search for the Next Silicon Valley*. Princeton, NJ, 2005.

Osterbrock, Donald E. "Chandra and His Students at Yerkes Observatory." *Journal of Astrophysics and Astronomy* 17 (1996): 233–68.

Osterhammel, Jürgen. "Transnationale Gesellschaftsgeschichte: Erweiterung oder Alternative?" *Geschichte und Gesellschaft* 27 (2001): 464–79.

Overtveldt, Johan van. *The Chicago School: How the University of Chicago Assembled the Thinkers Who Revolutionized Economics and Business*. Chicago, 2007.

Parshall, Karen H. "Eliakim Hastings Moore and the Founding of a Mathematical Community in America, 1892–1902." *Annals of Science* 41 (1984): 313–33.

Parshall, Karen H., and Rowe, David E. *The Emergence of the American Mathematical Research Community, 1876–1900: J. J. Sylvester, Felix Klein, and E. H. Moore*. Providence, 1994.

Pattillo, Mary. *Black on the Block: The Politics of Race and Class in the City*. Chicago, 2007.

Pauly, Philip J. "The Appearance of Academic Biology in Late Nineteenth-Century America." *Journal of the History of Biology* 17 (1984): 369–93.

Pennoyer, John C. "The Harper Report of 1899: Administrative Progressivism and the Chicago Public Schools." PhD diss., University of Denver, 1978.

Perloff, Harvey S. *Urban Renewal in a Chicago Neighborhood: An Appraisal of the Hyde Park-Kenwood Renewal Program*. Chicago, 1955.

Pierson, George W. *Yale College: An Educational History, 1871–1921*. New Haven, CT, 1952.

Potts, David B. *Baptist Colleges in the Development of American Society, 1812–1861*. New York, 1988.

———. *Liberal Education for a Land of Colleges: Yale's Reports of 1828*. New York, 2010.

Press, Valetta. *Hyde Park/Kenwood: A Case Study of Urban Renewal*. Chicago, 1971.

Pugh, Willard J. "A 'Curious Working of Cross Purposes' in the Founding of the University of Chicago." *History of Higher Education Annual* 15 (1995): 93–126.

Purcell, Edward A., Jr. *The Crisis of Democratic Theory: Scientific Naturalism and the Problem of Value*. Lexington, KY, 1973.

Rast, Joel. "Creating a Unified Business Elite: The Origins of Chicago Central Area Committee." *Journal of Urban History* 20 (2011): 1–23.

———. "Critical Junctures, Long-Term Processes: Urban Redevelopment in Chicago and Milwaukee, 1945–1968." *Social Science History* 33 (2009): 393–426.

———. "Regime Building, Institution Building: Urban Renewal Policy in Chicago, 1946–1962." *Journal of Urban Affairs* 31 (2009): 173–94.

Readings, Bill. *The University in Ruins*. Cambridge, MA, 1996.

Reder, Melvin W. "Chicago Economics: Permanence and Change." *Journal of Economic Literature* 20 (1982): 1–9.

Reeves, Floyd W., and Henry, Nelson B. *Class Size and University Costs*. Chicago, 1933.

Reeves, Floyd W., Henry, Nelson B., Kelly, Frederick J., and Klein, Arthur J. *The University Faculty*. Chicago 1933.

Reeves, Floyd W., Kelly, Frederick J., and Works, George A. *The Organization and Administration of the University*. Chicago, 1933.

Reeves, Floyd W., and Miller, Ernest C. *Trends in University Growth*. Chicago, 1933.

Reeves, Floyd W., and Peik, W. E. *Instructional Problems in the University*. Chicago, 1933.

Reeves, Floyd W., and Russell, John Dale. *Admission and Retention of University Students*. Chicago, 1933.

———. *The Alumni of the Colleges*. Chicago, 1933.

———. *Some University Student Problems*. Chicago, 1933.

Reid, Robert L., ed. *Battleground: The Autobiography of Margaret A. Haley*. Urbana, IL, 1982.

———. "The Professionalization of Public School Teachers: The Chicago Experience, 1895–1920." PhD diss., Northwestern University, 1968.

Rhodes, Richard. *The Making of the Atomic Bomb*. New York, 1986.

Riesman, David. *Thorstein Veblen: A Critical Interpretation*. New York, 1953.

Ritchey, Sara M. *Life of the Spirit, Life of the Mind: Rockefeller Memorial Chapel at 75*. Chicago, 2004.

Robertson, Darrel M. *The Chicago Revival, 1876: Society and Revivalism in a Nineteenth-Century City*. Metuchen, NJ, 1989.

Robins, R. H. *A Short History of Linguistics*. Bloomington, IN, 1967.

Roderick, Melissa, Easton, John Q., and Sebring, Penny B. *The Consortium on Chicago School Research: A New Model for the Role of Research in Supporting Urban School Reform*. Chicago, 2009.

Rodgers, Daniel T. *Atlantic Crossings: Social Politics in a Progressive Age*. Cambridge, MA, 1998.

Rose, Kenneth W. "John D. Rockefeller, the American Baptist Education Society, and the Growth of Baptist Higher Education in the Midwest." Unpublished manuscript, 1998.

———. "Why Chicago and Not Cleveland? The Religious Imperative behind John D. Rockefeller's Early Philanthropy, 1855–1900." Unpublished manuscript, 1995.

Rosenthal, Robert, ed. *The Berlin Collection: Being a History and Exhibition of the Books and Manuscripts Purchased in Berlin in 1891 for the University of Chicago by William Rainey Harper with the Support of Nine Citizens of Chicago*. Chicago, 1979.

Ross, Dorothy. *The Origins of American Social Science*. Cambridge, 1991.

Rossi, Peter H., and Dentler, Robert A. *The Politics of Urban Renewal: The Chicago Findings*. New York, 1961.

Rothblatt, Sheldon, ed. *Clark Kerr's World of Higher Education Reaches the 21$^{st}$ Century: Chapters in a Special History*. Dordrecht, 2012.

Rothman, Stanley, and Lichter, S. Robert. *Roots of Radicalism: Jews, Christians, and the Left*. Rev. ed. New Brunswick, NJ, 1996.

Rucker, Darnell. *The Chicago Pragmatists*. Minneapolis, 1969.
Rudolph, Frederick. *The American College and University: A History*. New York, 1962.
———. *Curriculum: A History of the American Undergraduate Course of Study since 1636*. San Francisco, 1977.
———. "Who Paid the Bills? An Inquiry into the Nature of 19th-Century College Finance." *Harvard Educational Review* 31 (1961): 144–57.
Ruegg, Walter, ed. *A History of the University in Europe*. Vol. 3, *Universities in the Nineteenth and Early Twentieth Centuries, 1800–1945*. Cambridge, 2004.
Ryan, Mark B. *A Collegiate Way of Living: Residential Colleges and a Yale Education*. New Haven, CT, 2001.
Ryan, W. Carson. *Studies in Early Graduate Education: The Johns Hopkins, Clark University, the University of Chicago*. New York, 1939.
Sacks, Benjamin J. "Harvard's 'Constructed Utopia' and the Culture of Deception: The Expansion toward the Charles River, 1902–1932." *New England Quarterly* 84 (2011): 287–93.
Sale, Kirkpatrick. *SDS*. New York, 1973.
Sampson, Robert J. *Great American City: Chicago and the Enduring Neighborhood Effect*. Chicago, 2012.
Sams, Henry W. "The Hutchins College after the War." *Journal of General Education* 30 (1978): 59–64.
Sayvetz, Aaron. "The Rational Revolutionary." *Journal of General Education* 30 (1978): 3–9.
Schäfer, Axel R. *American Progressives and German Social Reform, 1875–1920: Social Ethics, Moral Control, and the Regulatory State in a Transatlantic Context*. Stuttgart, 2000.
Schlegel, John Henry. *American Legal Realism and Empirical Social Science*. Chapel Hill, NC, 1995.
Schlereth, Thomas J. "Big Money and High Culture: The Commercial Club and Charles L. Hutchinson." *Great Lakes Review* 3 (1976): 15–27.
Schlossman, Steven L., Sedlak, Michael W., and Wechsler, Harold S. *The "New Look": The Ford Foundation and the Revolution in Business Education*. Graduate Management Admission Council. Los Angeles, 1987.
Schneider, James C. *Should America Go to War? The Debate over Foreign Policy in Chicago, 1939–1941*. Chapel Hill, NC, 1989.
Schrecker Ellen W. *No Ivory Tower: McCarthyism and the Universities*. New York, 1986.
Shavelson, Richard J. *A Brief History of Student Learning Assessment: How We Got Where We Are and a Proposal for Where to Go Next*. Washington, D.C., 2007.
Shils, Edward. "Robert Maynard Hutchins." In Shils, ed., *Remembering the University of Chicago: Teachers, Scientists, and Scholars*. Chicago, 1991.
Silverstein, Michael, ed. *Whitney on Language: Selected Writings of William Dwight Whitney*. Cambridge, MA, 1971.

Singer, Milton. "Robert Redfield, 1897–1958." In Edward Shils, ed., *Remembering the University of Chicago: Teachers, Scientists, and Scholars*. Chicago, 1991.

———. "Robert Redfield's Development of a Social Anthropology of Civilizations." In John V. Murra, ed., *American Anthropology: The Early Years*. St. Paul, 1976.

Smith, Alice Kimball. *A Peril and a Hope: The Scientists' Movement in America, 1945–47*. Chicago, 1965.

Smith, Henry Justin. *Chicago: A Portrait*. New York, 1931.

Smith, Joan K. *Ella Flagg Young: Portrait of a Leader*. Ames, IA, 1979.

Smith, John David. *An Old Creed for the New South: Proslavery Ideology and Historiography, 1865–1918*. Athens, GA, 1985.

Smith, Justin A. *A History of the Baptists in the Western States East of the Mississippi*. Philadelphia, 1896.

Smith, Wilson, and Bender, Thomas, eds. *American Higher Education Transformed, 1940–2005: Documenting the National Discourse*. Baltimore, 2008.

Snyder, Thomas D. *120 Years of American Education: A Statistical Portrait*. Washington, D.C., 1993.

Stackhouse, Perry J. *Chicago and the Baptists: A Century of Progress*. Chicago, 1933.

Stavish, Mary B. "Leonard Porter Ayres." In *American National Biography*, vol. 1, pp. 800–801.

Stevenson, Louise L. *Scholarly Means to Evangelical Ends: The New Haven Scholars and the Transformation of Higher Learning in America, 1830–1890*. Baltimore, 1986.

Stigler, Stephen M. "University of Chicago Department of Statistics." In A. Agresti and X. L. Meng, eds., *Strength in Numbers: The Rising of Academic Statistics Departments in the U.S.* New York, 2013.

Storr, Richard J. *The Beginnings of Graduate Education in America*. Chicago, 1953.

———. *Harper's University: The Beginnings*. Chicago, 1966.

Strandmann, Hartmut Pogge von. "The Role of British and German Historians in Mobilizing Public Opinion in 1914." In Benedikt Stuchtey and Peter Wende, eds., *British and German Historiography, 1750–1950: Traditions, Perceptions, and Transfers*. Oxford, 2000.

Strassler, Robert B., ed. *The Landmark Thucydides: A Comprehensive Guide to "The Peloponnesian War."* New York, 1998.

Sutton, Francis X. "The Ford Foundation: The Early Years." *Daedalus* 116 (1987): 41–91.

Szöllösi-Janze, Margit. "Science and Social Space: Transformations in the Institutions of 'Wissenschaft' from the Wilhelmine Empire to the Weimar Republic." *Minerva* 43 (2005): 339–60.

Taylor, Marion A. *The Old Testament in the Old Princeton School (1812–1929)*. San Francisco, 1992.

Tewksbury, Donald G. *The Founding of American Colleges and Universities before the Civil War, with Particular Reference to the Religious Influences Bearing upon the College Movement*. New York, 1932.

Thurstone, Louis L. *The Reliability and Validity of Tests: Derivation and Interpretation of Fundamental Formulae Concerned with Reliability and Validity of Tests and Illustrative Problems*. Ann Arbor, MI, 1931.

Tischauser, Leslie V. *The Burden of Ethnicity: The German Question in Chicago, 1914–1941*. New York, 1990.

Towler, Katherine. "The Men behind the Plan." *Exeter Bulletin,* Fall 2006, 24–33, 103.

Towne, Edgar A. "A 'Singleminded' Theologian: George Burman Foster at Chicago." *Foundations* 20 (1977): 36–59, 163–80.

Troncone, Anthony C. "Hamilton Fish, Sr., and the Politics of American Nationalism, 1912–1945." PhD diss., Rutgers University, 1993.

Turner, Roy Steven. "Humboldt in North America? Reflections on the Research University and Its Historians." In Rainer Christoph Schwinges, ed., *Humboldt International: Der Export des deutschen Universitätsmodells im 19. und 20. Jahrhundert*. Basel, 2001.

Unger, Irwin. *The Movement: A History of the American New Left, 1959–1972*. New York, 1974.

Veblen, Thorstein. *The Higher Learning in America: A Memorandum on the Conduct of Universities by Businessmen*. Reprint, New Brunswick, NJ, 1993.

Veith, Ilza, and McLean, Franklin C. *The University of Chicago Clinics and Clinical Departments, 1927–1952: A Brief Outline of the Origins, the Formative Years, and the Present State of Medicine at the University of Chicago*. Chicago, 1952.

Vermeulen, Cornelius W. *For the Greatest Good to the Largest Number: A History of the Medical Center, the University of Chicago, 1927–1977*. Chicago, 1977.

Veysey, Laurence R. *The Emergence of the American University*. Chicago, 1965.

Wacker, Grant. *Augustus H. Strong and the Dilemma of Historical Consciousness*. Macon, GA, 1985.

Wallace, Elizabeth. *The Unending Journey*. Minneapolis, 1952.

Ward, F. Champion. Review of *The Academic Revolution*, by Christopher Jenks and David Riesman. *Ethics* 80 (1969): 74–75.

Ward, Robert D. "The Origin and Activities of the National Security League, 1914–1919." *Mississippi Valley Historical Review* 47 (1960–61): 51–65.

Weart, Spencer R., and Szilard, Gertrud Weiss, eds. *Leo Szilard: His Version of the Facts: Selected Recollections and Correspondence*. Cambridge, MA, 1978.

Weaver, Warren. "Max Mason, October 26, 1877–March 22, 1961." In *National Academy of Sciences Biographical Memoirs*. Washington, D.C., 1964.

Webber, Henry S. "The University of Chicago and Its Neighbors: A Case Study in Community Development." In David C. Perry and Wim Wiewel, eds., *The University as Urban Developer: Case Studies and Analysis*. Armonk, NY, 2005.

Webber, Henry S., and Karlstroem, Mikael. *Why Community Investment Is Good for Nonprofit Anchor Institutions: Understanding Costs, Benefits and the Range of Strategic Options*. Chicago, 2009.

Wechsler, Harold S. *The Qualified Student: A History of Selective College Admission in America*. New York, 1977.

Weintraub, Karl J. "In Behalf of the Humanities." In *The University of Chicago: Freedom to Be Excellent; Three Views*. Chicago, 1974.

Wheatley, Steven C. "The Partnerships of Foundations and Research Universities." In Helmut K. Anheier and David C. Hammack, eds., *American Foundations: Roles and Contributions*. Washington, D.C., 2010.

White, Woodie T. "The Study of Education at the University of Chicago 1892–1958." PhD diss., University of Chicago, 1977.

Wilde, Arthur H., ed. *Northwestern University: A History, 1855–1905*. New York, 1905.

Wind, James P. *The Bible and the University: The Messianic Vision of William Rainey Harper*. Atlanta, 1987.

Winling, LaDale. "Students and the Second Ghetto: Federal Legislation, Urban Politics, and Campus Planning at the University of Chicago." *Journal of Planning History* 10 (1) (2011): 59–86.

Worcester, Kenton W. *Social Science Research Council, 1923–1998*. New York, 2001.

Wright, Quincy. "International Affairs: International Law and Totalitarian States." *American Political Science Review* 35 (1941): 738–43.

Wrigley, Julia. *Class Politics and Public Schools: Chicago, 1900–1950*. New Brunswick, NJ, 1982.

Yeomans, Henry A. *Abbott Lawrence Lowell, 1856–1943*. Cambridge, MA, 1948.

Young, Warren Cameron. *Commit What You Have Heard: A History of the Northern Baptist Theological Seminary, 1913–1988*. Wheaton, IL, 1988.

Zemsky, Robert. *Checklist for Change: Making American Higher Education a Sustainable Enterprise*. New Brunswick, NJ, 2013.

———. *Making Reform Work: The Case for Transforming American Higher Education*. New Brunswick, NJ, 2009.

Zimring, Franklin F. "The American Jury Project and the Chicago Law School." Fulton Lectures 2003.

Zmarzlik, Hans-Günter. "Hermann Eduard von Holst." In Johannes Vincke, ed., *Freiburger Professoren des 19. und 20. Jahrhunderts*. Freiburg am Breisgau, 1957.

# 索引

阿道夫·厄尔曼 (Erman, Adolf), 135

阿道夫·冯·贝耶尔(Beyer, Adolf von), 140

阿德勒(Adler), 250; 世界政府章程 (and constitution for world government), 307–10; 伟大经典(and Great Books), 243; 观察解释与整合(and OII), 257

阿德勒和哈钦斯的"伟大经典"课程(Adler–Hutchins Great Books course), 参见"伟大经典"课程(Great Books courses)

阿尔·钱伯斯,《纽约时报》(Chambers, Al, and *New York Times*), 414–15

阿尔比恩·W. 斯莫尔(Small, Albion W.) , 64, 78, 92, 98–99, 122, 125, 132, 149, 156, 158, 189;《美国人与世界危机》("Americans and the World Crisis"), 156; 德国的影响(German influence and), 137–38; 哈珀(and Harper), 72–73; 毕业项目的质量(and quality of graduate programs) , 86–87

阿尔法·德尔茨(Alpha Delts), 89

阿尔法·泽塔·贝塔(Alpha Zeta Beta), 246

阿尔弗雷德·E. 爱默生 (Emerson, Alfred E.), 256

阿尔弗雷德·罗默(Romer, Alfred), 331

阿贡国家实验室 (Argonne National Laboratory), 313–14, 421

阿莱特·法尔热 (Farge, Arlette), 2

阿朗佐·J. 索耶(Sawyer, Alonzo J.), 19–20

阿朗佐·K. 帕克 (Parker, Alonzo K.), 59

阿朗佐·阿伯内西(Abernethy, Alonzo) ,22,29

阿里斯蒂德·佐尔伯格(Zolberg, Aristide), 429

阿洛伊斯·里尔(Riehl, Alois), 136

阿摩司·阿朗佐·斯塔格 (Stagg, Amos Alonzo), 89, 反奥运(and Counter–Olympics) ,263–65

阿诺德·赫希 (Hirsch, Arnold), 351

阿瑟·高尔特 (Galt, Arthur), 263

埃德加·古德斯皮德 (Goodspeed, Edgar), 73, 174–75

埃德加·温德(Wind, Edgar), 303

埃德温·E. 斯洛森(Slosson, Edwin E.), 93, 110

埃德温·R. 恩布里 (Embree, Edwin R.), 218

埃德森·S. 巴斯汀(Bastin, Edson S.), 17, 34, 194

埃卡尔特楼 (Eckhart Hall), 180, 183

埃米尔·G. 赫希 (Hirsch, Emil G.), 358

埃默里·T. 菲尔 (Filbey, Emery T.), 79–80, 231, 302, 305, 328, 330

埃瓦尔德·皮奇(Pietsch, Ewald), 158

埃兹拉·J. 克劳斯 (Kraus, Ezra J.) 179–80

艾伯特·A. 迈克逊(Michelson, Albert A.), 78, 105, 161;

艾伯特·布什内尔·哈特 (Hart, Albert Bushnell), 78, 153

艾伯特·皮克国际研究学会堂(Albert Pick Hall for International Studies), 365

艾伯特·斯普拉格与道格拉斯(Albert Sprague, and Douglas), 262

艾伯特·谢勒, 筹款(Shere, Albert, fund–raising), 174–75

艾达诺伊斯会堂 (Ida Noyes Hall), 395

艾德蒙·E. 戴 (Day, Edmund E.,) 218

艾迪生·W. 摩尔(Moore, Addison W.), 知识实用主义 (and intellectual pragmatism), 242

艾迪生·希巴德 (Hibbard, Addison), 288–89

艾拉·弗拉格·杨(Young, Ella Flagg), 130

艾莉森·邓纳姆 (Dunham, Allison), 440

艾伦·布林克利(Brinkley, Alan), 373

艾伦·施雷克(Schrecker, Ellen), 280

艾伦·沃利斯(Wallis, Allen), 443–46

艾伦·辛普森(Simpson, Alan), 337, 366

爱德华·H. 列维 (Levi, Edward H.), 2–3, 147, 164, 337, 387, 400, 437, 441; 背景(background of), 358–59; 比德尔 (and Beadle), 357–58; 法律要素 ("Elements of Law"), 359; 福特基金会 (and Ford Foundation), 362, 384; 菲尔恩斯塔尔报告 (and Furnstahl report), 408; 哈钦斯 (and Hutchins), 321, 367–71, 440; 卡尔文报告 (and Kalven report), 461; 金普顿 (and Kimpton), 387–88; 遗产(legacy of), 387–90, 471–72; J. 列维 (and J. Levi), 347; "列维遗产" (and "Levi legend"), 391; 拥有大学 (and "owning" the university), 2, 147; 作为校长 (as president), 371–90; 职业学校 (and professional schools), 437, 439–43; 担任教务长 (as provost), 357–71; 辞职 (resignation of), 386, 391–92; 讲话 (speeches of), 368–71; 大学统一 (and unity of university), 75, 363, 368, 371, 383; 芝加哥大学出版社 (and University of Chicago Press), 369; 愿景(vision of), 364, 472

爱德华·O. 劳曼 (Laumann, Edward O.), 394

爱德华·奥尔森(Olson, Edward), 58

爱德华·比米斯(Bemis, Edward), 141

爱德华·古德曼 (Goodman, Edward), 59

爱德华·哈克尼斯 (Harkness, Edward), 290

爱德华·克瑞格 (Kracke, Edward), 465

爱德华·拉拉比·巴恩斯(Barnes, Edward Larrabee), 382

爱德华·赖尔森(Ryerson, Edward), 358

爱德华·迈耶(Meyer, Eduard), 143

爱德华·希尔斯(Shils, Edward), 444

爱国团体 (patriotic corporation), 大学 (university as), 154

爱国主义和第一次世界大战 (patriotism and World War I), 152, 154,157

爱丽丝·博伊西(Boise, Alice), 14

爱丽丝·弗里曼·帕尔默 (Palmer, Alice Freeman), 87

爱丽丝·金伯尔·史密斯(Smith, Alice Kimball), 306

安德鲁·C. 麦克劳克林(McLaughlin, Andrew C.), 92, 96–97, 159

安德鲁·H. 格林 (Green, Andrew H), 118

安德鲁·阿尔伯特(Abbott, Andrew), 58

安德鲁·哈克 (Hacker, Andrew), 458

安德鲁·麦克利什 (MacLeish, Andrew) ,119, 125–26

安德森 E. 本杰明(Andrews, E. Benjamin), 68, 127–29

安东尼·齐格蒙德(Zygmund, Antoni), 303

安全地区(safety neighborhood), 326, 352, 452

安通·J. 卡尔森 (Carlson, Anton J.), 194, 200, 235–36; 与阿德勒辩论(debate with Adler, 246–47

昂德希尔·摩尔(Moore, Underhill), 216

奥格登科学学院(Ogden School of Science), 222

奥古斯都·H. 斯特朗:芝加哥地理位置(Strong, Augustus H.: and Chicago as location), 46–48; 教育视野(educational vision of), 39; 哈珀(and Harper), 39–40, 46–48, 53, 55–56, 77–78, 82, 118; 芝大新计划(and plan for new U of C), 53; 研究型大学(and research university), 46–48; 洛克菲勒(and Rockefeller), 38–40, 47–48

奥肯瓦尔德(Oakenwald), 8, 13; 芝加哥浸信会联盟神学院(and Chicago Baptist)

奥斯卡·博尔查(Bolza, Oskar), 99–100, 139

奥托·冯·西姆森(Simson, Otto von), 304

奥托·吉尔克 (Gierke, Otto), 193

奥托·斯特鲁维(Struve, Otto), 192

奥运会(Olympic Games), 265


巴伯尔·森(Barbour, Sen.), 275

巴顿-贾德森法庭(Burton–Judson Courts), 205, 210, 425; 提议扩大(proposed expansion), 382

巴拉克·奥巴马(Obama, Barack), 352

巴黎中心(Paris Center), 426

巴里·D. 卡尔 (Karl, Barry D.) 49, 54, 161, 193, 203, 292, 401, 411

巴特利特体育馆(Bartlett Gymnasium), 157

芭芭拉·施耐德(Schneider, Barbara), 454

百年运动(centennial campaign), 399, 418

《柏林大全》(Berlin Collection), 105, 139

柏林的侨民 (expatriates in Berlin), 136

班级,城市复兴 (class, and urban renewal), 353

班级规模 (class size), 96, 226, 397, 401

班级认同 (identity, class), 90–91, 180. 参见校友 (alumni)

邦德·威廉姆(Bond, William), 266

邦德礼堂和巴顿(Bond Chapel, and Burton), 180

棒球(baseball), 16

保护社区委员会 (Community Conservation Board), 349

保留,教员(retention, faculty), 166, 178, 223, 338, 353, 359–61, 405

保留,学生(retention student)。见辍学率 (dropout rates)

保罗·G. 霍夫曼 (Hoffman, Paul G.), 361

保罗·H. 道格拉斯 (Douglas, Paul H.), 262–66, 268, 442

保罗·W. 布罗伊尔斯(Broyles, Paul W.), 276; 布罗伊尔斯委员会(and Broyles Commission), 276–77, 280

保罗·埃尔利希 (Ehrlich, Paul), 143

保罗·康奈尔 (Cornell, Paul), 8, 30

保罗·罗素 (Russell Paul S.), 297; 教授命名(professorship named for), 360

保罗·曼德维尔 (Mandeville, Paul), 哈珀 (and Harper), 146

保罗·萨莉 (Sally, Paul), 452

保罗·肖里(Shorey, Paul), 78, 136–37, 156

保密:冶金实验室(secrecy: and Met Lab), 304–6

保守社区理事会 (Conservation Community Council), 349

报纸,学生 (newspaper, student), 14, 16, 20. 参见《放逐报》(*Maroon*);《沃兰特》(*Volante*)

暴乱,民主党全国代表大会 (riots, at Democratic National Convention), 373

北部浸信会神学院 (Northern Baptist Theological Seminary), 119

北京中心 (Beijing Center), 426

北肯伍德-奥克兰(North Kenwood–Oakland), 453–57

北肯伍德-奥克兰保护社区委员会(North Kenwood–Oakland Conservation Community Council), 452

北四方院(North Quadrangle), 1964年提出(proposed 1964), 383

贝尔《我们害怕自由吗？》[*Are We Afraid of Freedom?* (Bell)], 280

贝克尔芝加哥价格理论中心(Becker Center on Chicago Price Theory), 450

贝克研究生教育委员会 (Baker Commission on graduate education), 396, 428, 430–35

贝努斯蒂亚诺·卡兰萨(Carranza, Venustiano), 155

贝塔·西塔·派,"一战"(Beta Theta Pi, and World War I), 158

本·罗斯布拉特(Rothblatt, Ben), 379

本地社区研究委员会 (Local Community Research Committee) 180, 190

本杰明·S. 特里(Terry, Benjamin S.), 101, 141

本杰明·哈钦森 (Hutchinson, Benjamin), 106

本杰明·纳尔逊(Nelson, Benjamin), 260

本科教育 (graduate education): 贝克委员会 (Baker Commission and), 430–32; 教员关系 (and faculty relationships), 396; 哈珀 (Harper and), 91–98; 哈钦斯 (Hutchins and), 231, 281–87; 19世纪20年代 (1920s), 185–193; 结果 (and outcomes), 435–36; 质量 (quality of), 186–87; 近期发展 (recent developments), 427–37. 参见教学 (teaching); 本科生与研究生教育 (undergraduate vs. graduate education)

本科教育执行委员会 [Executive Committee on Undergraduate Education (ECUE)], 330

本科生对研究生教育(undergraduate vs.graduate education), 3–4, 5–6, 140, 168, 172–173, 177, 185–203, 435

本科生生源地 (geographic origins of undergraduates), 208

本科生特点(undergraduates,characterized), 80–91, 197, 200

本科生委员会(Undergraduate Council), 157

比尔德的《美国政府与政治》[*American Government and Politics* (Beard)], 238

比亚兹莱·鲁梅尔(Ruml, Beardsley), 147, 176, 188, 190–91, 230, 289, 319

彼得·罗西(Rossi, Peter), 351

俾斯麦(Bismarck), 151

毕业生教育委员会 (Committee on Graduate Education, and Laing), 188–89

毕业生职业(careers of graduates). 参见学生收入(outcomes, student)

庇护政治(patronage politics), 126, 128–30

编码, 理事会 (codes, and trustees), 264

标准(Standard), 11, 21, 59, 61

标准·普尔股票价格指数(Standard and Poor), 446

波斯(Persia), 贾德森(Judson and), 155, 162

波特·帕尔默 (Palmer, Potter), 102

波因德克斯特·S. 亨森 (Henson, Poindexter S.), 38, 118

伯恩斯托夫和贾德森(Bernstorff, and Judson), 154–55

伯洛伊特学院, 与第一所芝大比 (Beloit College, compared to first U of C), 29

伯纳德·贝雷尔森(Berelson, Bernard), 435–36

伯纳德·科恩 (Cohn, Bernard), 465–66

伯纳德·梅尔策(Meltzer, Bernard), 441

伯纳德·桑尼 (Sunny, Bernard), 183–84,262

伯纳德·西尔贝曼(Silberman, Bernard), 403, 412–13

伯特霍尔德·德尔布吕克 (Delbrück, Berthold), 143

伯特伦·格罗夫夫纳·古德休 (Goodhue, Bertram Grosvenor), 179

博士项目(PhD programs). 参见贝克委员会针对研究生教育提出的几项重要建议(Baker Commission on graduate education); 研究生教育(graduate ducation); 在学位授予时间(time-to-degree); 本科生教育与研究生教育(undergraduate vs. graduate education)

博士学位(PhD degree), 92–93, 95, 286; 1910年颁发(awarded by 1910), 93; 商学院(and business school), 442, 445; 八爪鱼(octopus), 187; 教学学位(as teaching degree), 231–32, 281, 283–85

不可知论：教员(agnosticism: faculty and), 118; 赖尔森(Ryerson and), 104; 学生(students and), 120

不列颠百科全书 (Encyclopaedia Britannica), 313

不朽的芝加哥大学(secular, U of C as), 104

《不友好的声音》(哈钦斯)[*No Friendly Voice* (Hutchins)], 219, 262

布莱克会堂(Blake Hall), 170

布雷纳德·柯里 (Currie, Brainerd), 440

布斯商学院 (Booth Graduate School of Business). 参见商学院(Graduate School of Business)

财务方面的成功 (financial success), 作为教育目标 (as goal of education), 172

财政 (finances): 邦迪 (Bundy on), 355; 商学院 (and business school), 445; 第一所芝大倒闭 (and collapse of first U of C), 29–30; 第一所芝大 (and first U of C), 17–24; 格雷 (and Gray), 393–96; 大萧条 (and Great Depression), 287–300; 哈珀 (and Harper), 79–80; 哈钦斯 (and Hutchins), 314–16, 321; 贾德森 (and Judson), 149–50; 金普顿 (and Kimpton), 325–26, 337–43; E. 列维 (and E. Levi), 378–87; 赖尔森 (and Ryerson), 109; 索南夏因 (and Sonnenschein), 407–9. 参见精英 (elites); 董事们 (trustees)

财政经济 (financial economics),商学院 (and business school), 444

财政援助 (financial aid), 为研究生 (for graduate students), 287, 396, 398, 428–29. 参见奖学金制度 (fellowships); 工作 (jobs), 学生兼职和全职 (student part–and full–time); 奖学金 (scholarships)

参议理事会 (Council of the Senate), 286, 392, 414; 班级排名 (and class rankings), 459; 商业发展 (and commercial development), 453; 一年期调研委员会 (and Committee for a Year of Reflection), 411, 414; 格雷 (and Gray), 395, 398, 453; 格林斯通报告 (and Greenstone report), 401; 卡尔文报告 (and Kalven report), 459, 462; 学业住校期 (and scholastic residence), 431; 静坐 (and sit–ins), 372, 374

参议院委员会 (Committee of the Council of the Senate), 374

参与军事科学课程(military science courses, enrollment in), 157

测试(testing), 200; 扩展(expansion of), 257–58; 聪慧(intelligence), 207; 心理(psychological), 213, 216; 参见博士大考(comprehensive exams)

查尔顿·贝克(Beck, Charlton), 294

查尔斯·A. 比尔德(Beard, Charles A.), 238

查尔斯·A. 布里格斯(Briggs, Charles A.), 56–57; 异端审判(heresy trial of), 72

查尔斯·D. 奥康奈尔(O'Connell, Charles D.), 333, 374

查尔斯·E. 梅里安姆(Merriam, Charles E.), 125, 161, 188–93, 201, 224, 230, 232, 296; 学术自由(and academic freedom), 267–68, 270–71

查尔斯·J. 赫尔 (Hull, Charles J.), 58

查尔斯·L. 哈钦森 (Hutchinson, Charles L.), 4, 24, 51–52, 100–114, 118

查尔斯·M. 蔡尔德(Child, Charles M.), 179–80

查尔斯·O. 惠特曼(Whitman, Charles O.), 78, 179–80

查尔斯·P. 斯利克特(Slichter, Charles P.), 391

查尔斯·R. 亨德森 (Henderson, Charles R.), 58, 120, 125

查尔斯·R. 沃尔格林(Walgreen, Charles R.), 274, 277, 279, 444, 458; 共产主义(and communism), 268–75; 捐赠给芝大(donation to U of C), 273

查尔斯·W. 贝克(Baker, Charles W.), 269–70

查尔斯·W. 科尔 (Cole, Charles W.), 324

查尔斯·W. 尼达姆(Needham, Charles W.), 59

查尔斯·Z. 克劳德 (Klauder, Charles Z.) 209–10

查尔斯·埃文斯·休斯 (Hughes, Charles Evans), 151

查尔斯·奥克斯纳德(Oxnard, Charles), 403

查尔斯·吉尔基，(Gilkey, Charles), 217–18

查尔斯·贾德 (Judd, Charles) 200–202, 218, 221, 224–25, 232, 282

查尔斯·克劳特费尔特 (Clotfelter, Charles), 397

查尔斯·麦克莱兰(McClelland, Charles), 133

查尔斯·珀西(Percy, Charles), 238

查尔斯·钱德勒(Chandler, Charles), 69, 144

查尔斯·赛克斯(Sykes, Charles), 458

查尔斯·沃克(Walker, Charles), 9–10; 道格拉斯(and Douglas), 26; 乔治·C. 沃克 (Walker, George C.), 58–59; 摩根公园(and Morgan Park land), 26, 37, 41–42; 莫斯丑闻(and Moss scandal), 21

昌西·S. 布歇(Boucher, Chauncey S.), 195; 取消学院(and abolition of College), 197; 阿德勒(and Adler), 241–43; 背景 (background of), 195–96; 综合考试(and comprehensive exams), 258–59; 课程(and curriculum), 203, 229, 235, 240, 413, 439; 学位(and degrees), 239, 281; 兄弟会(and fraternities), 212; "伟大经典"(and Great Books), 243; 哈钦斯(and Hutchins), 231–32, 329; 院系独立(and independence of departments), 198;《放逐报》攻击(and *Maroon* attack), 247–48; 新计划(and New Plan), 232–33, 284, 297; 辞职(resignation of), 248, 252; 发展方向(and training tracks), 283; 本科项目(and undergraduate program), 197–98; 前景(vision of), 234

长老会教徒(Presbyterians), 8–9, 19, 67, 72, 215; 异端邪说的指控(charges of heresy), 56–57

长崎(Nagasaki), 306

超智主义 (hyperintellectualism), 326, 328, 331–34, 341, 415

成本(costs), 芝大教育(of U of C education), 205, 226. 参见财政援助, 对研究生(financial aid, for graduate students); 工作 学生兼职和全职(jobs, student part–and full–time)

承诺, 未完成(pledges, unfulfilled), 11, 17–19, 23, 25; 1871年芝加哥因奶牛踩翻马灯而引发的大火事件 (and fire of 1871), 20

承诺,兄弟会(pledges, fraternity). 参见兄弟会(fraternities)

城市改革,哈珀时代(urban reform, Harper era and), 124–25, 129–30

城市改造 (and urban renewal), 350–51, 353

城市规划委员会 (Committee on Urban Planning), 350

城市化,学术(urbanism, academic), 125

城市教师教育计划(Urban Teacher Education Program), 455–56

城市教育学院(Urban Education Institute), 456,458

城市俱乐部(Cosmopolitan Club), 158

城市社会学,沃思(urban sociology, and Wirth), 238

城市卫生倡议(Urban Health initiative), 457

城市重建(urban renewal), 338, 343–54, 451–53; 四柱(four pillars of), 348; 哈钦斯(Hurchins and), 262, 310; 金普顿(Kimpton and), 310, 343–54,458

赤字(deficits) :周年纪念基金(and Anniversary Fund) , 295; 福特计划(and Ford Plan) , 363; 格雷(Gray and) ,398;大萧条(in Great Depression) , 288; 哈珀(Harper and) ,79–80, 110–14; 哈钦斯 (Hutchins and) ,266, 316–17; 贾德森(Judson and) ,149–50; E. 列维(E. Levi and) , 379, 384; 洛克菲勒(and Rockefeller) , 79–80, 108–13, 149, 288, 314, 342; 索南夏因 (Sonnenschein and) , 407–9

筹款 (fund–raising):安德森 (and G. Anderson), 31; 浸信会 (and Baptists), 103–4; 比德尔 (and Beadle), 357; 伯顿 (Burton and), 173–85; 伯顿的继任者们 (and Burton's successors), 183; 神职人员 (clergy and), 18; 教员 (by faculty), 19–20; 菲尔恩斯塔尔报告 (and Furnstahl report), 407–8; 通识 (general), 293–94; 格雷 (Gray and), 399; 哈珀 (Harper and), 89–90, 122–23; 哈钦斯 (Hutchins and), 287–300; 贾德森 (Judson and), 173–74; 金普顿 (Kimpton and), 337–43, 353; 芝大新校址 (and location of new U of C), 60; 为了新芝大 (for new U of C), 46, 50–52; 莱尔森 (Ryerson and), 108–9; 索南夏因 (Sonnenschein and), 418. 参见校友 (alumni); 财政 (finances); 董事们 (trustees)

出版物(publications): 第一批芝加哥大学教员(by first U of C faculty,)17,哈珀(Harper and), 80; 哈钦斯 (and Hutchins)

出国学习(study abroad), 89, 412; 德国(and Germany), 133–34; 近期安排(recent program), 425–26; 参见德国影响(German influence)

《出人头地》(Getting On in the World),《人生成功之要诀》(马修斯) [or Hints on Success in Life (Mathews)], 17

出于良知而拒服兵役者("一战"期间)[conscientious objectors (World War I)], 156

初级学院 (Junior College) 231 初级学院(junior colleges), 使命(mission of) 245 正义之战 (just war), 珍珠港 (Pearl Harbor and) 302

传教:学术自由 (mission: and academic freedom), 460–62; 芝加哥大学浸信会(of Baptists at U of C), 119; 商学院(of business school), 442–43; 第一所芝加哥大学(of first U of C), 12, 35–36; 哈珀(Harper and), 143,148, 438; 金普顿(Kimpton and), 354;法学院 (of Law School), 439; E. 列维 (E. Levi and), 369, 371; 芝加哥大学宗教(and religion at U of C), 114–15; 芝加哥大学(of U of C), 5, 50, 58, 70, 472, 459, 470; 城市改造(and urban renewal), 349; 战时研究(and wartime studies), 463

传教士:伯顿(missionary: Burton as), 165, 171; 学生(students As), 171

传统(traditions), 1–3, 406–20

创始人 (founder), 洛克菲勒 (Rockefeller as), 7, 63, 109–11, 113, 300. 参见约翰·D. 洛克菲勒 (Rockefeller, John D), 马里恩·富尔卡德 (Fourcade, Marion), 444

创作 瞬间形象 (creation, image of instantaneous), 7

辍学率 (dropout rates), 95, 336–37, 381–82, 401,405, 423–24. 参见学生生活(student life)

慈善，竞争捐款(charities, as competition for donations), 28; 大学(universities as), 65

达尔林·奥克斯(Oaks, Dallin), 375

达尔文·安德森 (Anderson, Darwin), 247

大卫·H. 史蒂文斯, 洛克菲勒董事会(Stevens, David H., and Rockefeller boards), 176, 290–91

大卫·布斯, 布斯商学院(Booth, David, and Booth Graduate School of Business), 450

大卫·霍林格 (Hollinger, David), 120, 467

大卫·科普 (Kirp, David), 417

大卫·里斯曼(Riesman, David), 231,259–60,388, 435

大卫·罗伯森(Robertson, David), 154, 174

大卫·洛克菲勒 (Rockefeller, David), 355

大萧条 (Great Depression): 建楼计划 (and building plans), 210; 伯顿 (and Burton), 182, 261; 19世纪20年代的经济 (economy in 1920s), 183–84; 录取 (and enrollment), 207; 教员 (and faculty), 192; 筹款 (and fundraising), 221–22; 本科项目 (and graduate programs), 284; 哈钦斯 (and Hutchins), 219, 221–22, 229–31, 266, 287, 319; 专业院校 (and professional schools), 437; 社会科学 (and social science), 239; 学生花销 (and student costs), 205; 学生工作 (and student jobs), 206

大萧条中裁员 (job cuts, in Great Depression) 287

大萧条时期停止招聘 (hiring freeze in Great Depression), 284

大学：地区 (colleges: "area,"), 366

大学部 (collegiate divisions), 366–67, 402

大学出版社,1933年的研究(university press, and 1933 study), 226,245,254,281

《大学的功能》, 克尔[Uses of the University, The (Kerr)], 320

大学的士气(moral force, university as), 12, 220, 471–72

大学的统一性 (unity of university)：哈珀(Harper and), 146; E. 列维(E. Levi and), 75, 363, 368, 371, 383

大学基金 (College Fund), 399

大学纪律委员会, 狄克逊事件(University Disciplinary Committee, Dixon affair), 375

大学教学(College teaching), 260; 威望(and prestige), 147;芝加哥大学 (U of C and), 74–77. 参见威望研究 (See also prestige; research); 芝加哥大学出版社(University of Chicago Press)

大学教员(College faculty), 401; 离开大学(separate from University), 252–53, 255–57, 259–61. 参见教员与教员文化(faculty and faculty culture)

大学课程委员会 伟大经典 (College Curriculum Committee, and Great Books, 241

大学名称的变换(transfer of university name), 59

大学认同 (identity,university): 布朗纳故事 (and Bronner story), 417; 第一所芝大 (and first U of C), 34–35; 兄弟会 (fraternities and), 335–36; 宗教信仰 (and religion), 62, 49–51, 114–15. 参见教员与教员文化 (faculty and faculty culture); 研究 (research); 学生生活 (student life)

《大学商业的一面》(哈珀)["Business Side of a University, The" (Harper)], 145

大学审计员(auditor, university), 223

大学体育协会(University Athletic Association), 405

《文学研究中的历史与批评》(克兰)["History versus Criticism in the University Study of Literature" (Crane)], 244

大学戏剧委员会(University Theater Committee), 405

大学学院,(University College), 哈珀(Harper and). 参见学院, 初级/高级体系(College, Junior/ Senior structure)

《大学与城市》(哈钦斯)["University and the City, The"(Hutchins)], 345

《大学与民主》(哈珀)["University and Democracy, The"(Harper)], 115–16, 143

大学预科 (gymnasium), 德国的 (German), 作为典范 (as model), 194

大学在战争的任务(war, role of universities in), 302, 306, 463

大学重组(reorganization of the university) (1930–31), 221–31; 结局(outcomes), 229–31

大学作为整体(whole, university as),109; 参见大学的统一性(unity of university)

大一新生 (freshmen), 兄弟会 (and fraternities), 212

大战 (Great War). 参见第一次世界大战 (World War I)

《代达罗斯》,"美国高等教育：驶向不确定的未来" (*Daedalus*, "American Higher Education: Toward an Uncertain Future,") 389

贷款 (loans), 合众人寿保险公司 (Union Mutual Life Insurance Company) 11, 19–20, 22–23, 30–33, 60

贷款 (loans), 学生贷款 (guaranteed student), 396–97. 参见经济援助 (financial aid), 研究生 (for graduate students)

丹·霍尔 (Hall, Dan), 401

丹佛斯基金 (Danforth Foundation,) 428

丹尼尔·P. 莫伊尼汉(Moynihan, Daniel P.), 389

丹尼尔·贝尔(Bell, Daniel), 259–60

丹尼尔·罗杰斯(Rodgers, Daniel), 135

丹尼尔·迈耶(Meyer, Daniel), 151

丹尼斯·哈钦森 (Hutchinson, Dennis), 440

丹尼逊大学 (Denison University), 68–69, 78, 127, 146, 164

丹特勒 (Dentler, Robert), 351

《当代哲学》(*Modern Philology*), 243

道德教育(moral education): 第一所芝加哥大学(first U of C and), 14;哈钦斯(Hutchins and), 220; 新芝加哥大学(and new U of C), 58; 赖尔森(Ryerson on), 106

道格拉斯会堂 (Douglas Hall), 筹款修建 (fund–raising for and construction of), 18

道格拉斯营(Camp Douglas), 16, 18

德国 (Germany), 语言学 (and linguistics), 68. 参见第一次世界大战 (World War I); 第二次世界大战 (World War II)

德国公民制度 (civic system, German), 138

德国公务员 (civil service, German), 133

德国集体主义 (collectivists, German), 138

德国教育 (pedagogy: German), 133; 哈珀(Harper and), 74, 121–23, 125–31. 参见教学方法(teaching Methods)

德国社会政策协会(Verein fur Sozialpolitik), 138

德国学术文化 (culture, German academic), 135–37, 143

德国学者 (German scholars), 1904访问 (1904 visit), 131, 143–44

德国影响 (German influence), 39, 304; 伯顿 (Burton and), 164; 公寓结构 (and department structure), 79, 92; 本科生项目 (and graduate program), 98; 大学预科模式 (and gymnasium as model), 194; 哈珀 (Harper and), 78, 131–44; 贾德森(Judson and), 149, 151; 莱恩 (Laing and), 190; 第一次世界大战后 (post–World War I), 192–93; 研讨会 (and seminars), 94

德里中心 (Delhi Center), 426

德特勒夫·W. 布朗克 (Bronk, Detlev), 324

等级 (hierarchy), 德国影响 (and German influence), 133, 144

地区研究和福特基金 (area studies, and Ford Foundation), 466

帝国主义 (imperialism): 美国人 (American), 141; 民主的 (democratic), 116; 教员 (and faculty), 124

第二次世界大战(World War II), 6, 253, 300–310; 结束(end of)306–7, 310; 法学院(and Law School)440; 大学(and university status), 3

第二所芝大的建立(University of Chicago, establishment of second), 67–148

第一次世界大战(World War I), 152–6; 后果(aftermath), 160–63; 大学课程(in college coursework), 237; 哈钦斯(Hutchins in), 215; 贾德森(Judson and), 152–61

第一次世界大战(World War I), 160

第一次世界大战中的德国籍美国人 (German Americans during World War I), 153

第一所芝大(University of Chicago, first), 5–65,472; 垮台(collapse), 7,14; 教员(faculty), 16–17, 20; 建立 (founding), 7–13; 科学(science at), 13–14; 南校区 (as South Side college)28

第一所芝大的倒闭(collapse of first U of C) 29–38, 40, 42, 51, 61–62, 65;新芝大校址 (and location of new U of C), 59–60

第一所芝大的职业培训(vocational training, first U of C and), 12–13, 27

第一所芝大和第二所芝大的持续性 (continuities between first and second U of C), 58–65

第一所芝大建筑(buildings, first U of C), 11, 18–19. 参见道格拉斯会堂(Douglas Hall); 琼斯会堂(Jones Hall); 奥肯瓦尔德(Oakenwald)

第一所芝大金融委员会 (Committee on Finances, at first U of C), 19–20

第一所芝加哥大学 (first University of Chicago). 参见第一所芝大 ( University of Chicago, first)

蒂莫西·德怀特 (Dwight, Timothy), 73

蒂莫西·诺尔斯 (Knowles, Timothy), 456

电报(telegraphs), 8

电影研究中心 (Film Studies Center), 395

电子邮件和布朗纳的报道 (e–mail and Bronner story), 416

调查课程(survey courses), 参见核心课程, 普通教育课程(Core curriculum; general education curriculum)

东方研究所(Oriental Institute), 184; 小洛克菲勒(and Rockefeller, Jr.), 342

东南芝加哥委员会(SECC), 347, 349

洞察力 (insight skills), 449

独立 (independence of), 98, 101, 190–92, 198, 222, 337

独立 (independence): 各部门 (of departments), 98, 101, 190–92, 198, 222, 337; 教员 (of faculty), 144, 147, 262

杜鲁门, 哈钦斯(Truman, and Hutchins), 306

镀金时代 (Gilded Age), 106, 125

多个 ("multiple"), 366

多样性 (diversity), 文化的 (cultural), 396, 467


额定系统(quota system), 校友基金募集(and alumni fund–raising), 181

厄尔·F. 凯特(Cheit, Earl F.), 385

厄尔·J. 麦格拉斯(McGrath, Earl J.), 458

厄尔·路德金 (Ludgin, Earle) 340

恩格尔伍德的吉瓦尼斯社 (Englewood Kiwanis Club), 311

恩里科·费米 (Fermi, Enrico), 303–4, 306, 313

恩里科·费米研究所 (Enrico Fermi Institute). 参见原子能研究所 (*See* Institute for Nuclear Studies)

恩里科·费米研究所(Enrico Fermi Institute), 286, 305

二加二范式(two–plus–two paradigm), 330

"二战"后财政 (post–World War II finances), 325–26

发展 (development), 174, 176, 184, 394, 399, 418. 参见资金筹集(fund–raising); 芝加哥中心城区发展规划理事会 (Trustees Development Plan for the Central Area of Chicago), 352

发展关系委员会 贾德森 (Committee on Development and Relations, and Judson), 223

发展委员会 [Committee on Development (trustees)], 183, 289, 293–94

《法定推理导论》(E. 列维)[*Introduction to Legal Reasoning, An*(E. Levi)], 359

法国对芝大的影响 (French influence on U of C), 132, 137

法国哥特式风格 (French Gothic style), 209

法兰兹·鲍亚士(Boas, Franz), 238

法律改革 (legal reform), 哈钦斯 (Hutchins and), 216

《法律和经济学杂志》(*Journal of Law and Economics*), 441

《法律评论》(*Law Review*), 358

法律系(law department), 在第一所芝加哥大学 (at first U of C), 13–14

法律学科(prelegal studies), 哈珀(Harper and), 439

《法律研究》(*Journal of Legal Studies*) , 441

"法律要素"(E. 列维) ["Elements of Law" (E. Levi)], 359

法学院 (Law School), 343, 437–42, 451; 第一所芝加哥大学(first U of C), 16–17, 30

《凡尔赛和约》(*Versailles, Treaty of* ), 158–59, 300,307

反奥林匹克 (Counter–Olympics), 263–64

反共产主义思想,赫斯特出版 (anticommunism, and Hearst press), 267–75

反历史主义 (anti–historicism), 1

反奴隶制 (antislavery). 参见奴隶制(slavery)

反排名学生联盟(SAR), 372

"反思管理教育:芝加哥大学的态度,""Rethinking Management Education: A View from Chicago,"), 449

反智主义 (anti–intellectualism), 369

犯罪 (crime), 344, 346–47, 351, 451, 453. 参见安全性,邻居(safety, neighborhood)

犯罪实验室 (Crime Lab), 457

方言 (阿德勒)[Dialectic (Adler)], 242

《放逐报》(*Maroon*) , 271, 333–34; 共产主义 (and communism) 273; 选修科目(and electives) 255; 吉第昂斯 (Gideonse) 248–49; 居住成本 (and housing costs) 383; 贾德森 (and Judson), 154; 请愿者 (and memorialists) 286; 新计划 (and New Plan) 246–48; 学生爱国者(and student patriotism)157; 女性寝室 (and women's dorms) 381; 第一次世界大战(and World War I) 158

非教派的(nondenominational), 新芝加哥大学(new U of C as), 50–52. 参见浸信会(Baptist), 芝加哥大学(U of C as); 身份(identity), 大学(university); 宗教和宗教动机(religion and religious motivations); 宗派主义(sectarianism)

"非美活动委员会" (House Committee on Un–American Activities), 278

非宗派的(nonsectarian), 参见宗派主义(See sectarianism)

菲尔恩斯塔尔,劳伦斯 (Furnstahl, Lawrence), 407–8, 411

菲利克斯·布劳德 (Browder, Felix), 392

菲利普·D. 阿穆尔 (Armour, Philip D.), 24, 102

菲利普·阿尔特巴赫(Altbach, Philip), 370

菲利普·库兰(Kurland, Philip)441

废除本科生院(abolition of Colleges), 197, 202–3

费迪南德·W. 佩克(Peck, Ferdinand W.), 59

费迪南德·谢维尔(Schevill, Ferdinand ), 141, 158, 236–37, 244

分区(zoning)344, 351

分析技巧,以及哈钦斯学院(analytic skills, and Hutchins College), 258

弗兰克 (Franck), 原子能研究所 (Institute for Nuclear Studies), 313

弗兰克·H. 奈特 (Knight, Frank H.), 190, 230, 248, 285, 442; "现代思想是反智的吗?"("Is Modern

Thought Anti–Intellectual?,"), 248

弗兰克·J. 古德诺 (Goodnow, Frank J.), 197

弗兰克·R. 利利 (Lillie, Frank R.), 179–80, 235

弗兰克·S. 怀廷(Whiting, Frank S.), 202–3

弗兰克·阿尔伯特 (Abbott, Frank) , 97

弗兰克·基纳汉(Kinahan, Frank), 405

弗兰克报道(1923)[Frank report (1923)], 187–88

弗朗茨·德里慈 (Delitzsch, Franz), 70

弗朗西斯·哈特(Hart, Frances), 135

弗朗西斯·A. 艾伦(Allen, Francis A.), 440

弗朗西斯·E. 欣克利 (Hinckley, Francis E.), 21, 59

弗朗西斯·比德尔(Biddle, Francis), 359

弗朗西斯·富拉姆 (Fullam, Francis), 446

弗朗西斯·韦兰(Wayland, Francis), 12

弗雷德·梅里菲尔德(Merrifield, Fred), 158

弗雷德里克·A. 史密斯(Smith, Frederick A.), 59

弗雷德里克·C. 伍德沃德(Woodward, Frederic C.), 196, 201–3, 217, 231; 学术自由(and academic freedom), 262–63; 代理校长(as acting president), 202–3, 209, 217–18, 225; 住房(and housing)173, 208–10, 212; 西北大学的合并(Northwestern merger), 288; 洛克菲勒(and Rockefeller), 291, 299

弗雷德里克·J. E. 伍德布里奇(Woodbridge, Frederick J. E.), 186

弗雷德里克·L. 舒曼(Schuman, Frederick L.), 267, 271

弗雷德里克·安德森与G. 安德森(Anderson, Frederick L., and G. Anderson), 31

弗雷德里克·盖茨 (Gates, Frederick), 49, 64–65, 103, 120; 作为洛克菲勒的代言人 (as agent for Rockefeller), 54–55, 150; 美国浸信会教育协会 (and American Baptist Education Society), 41, 43–44; 安德鲁斯 (and Andrews), 127; 背景 (background), 41–42; 浸信会 (and Baptists), 29, 35; 教员 (and faculty), 17, 78–79; 财政 (and finances), 109, 111–12; 古德斯皮德 (and Goodspeed), 42, 44, 46; 哈珀 (and Harper), 45, 54–56, 78–79; 国家教育体系 (and national system of education), 78; 新芝大 (and new U of C), 7, 45–48, 50–52, 60, 148; 宗教 (and religion) 在芝大 (at U of C), 114–21; 洛克菲勒 (and Rockefeller), 38, 42–56, 113, 119; 赖尔森 (Ryerson and), 108–9; 董事们 (and trustees), 110, 150

弗里德里希·凯斯勒(Kessler, Friedrich)304, 359

弗洛伊德·W. 里夫斯(Reeves, Floyd W.), 95, 205–7, 213, 224–27, 232

福斯特会堂 (Foster Hall), 170

福特概要 (Ford Profile), 362, 380, 383

福特基金会 (Ford Foundation), 390, 428–29; 区域研究 (and area studies), 466; 商学院 (and business school), 443–44; 依赖于 (dependence on), 384; 录取 (enrollment and), 384; 哈钦斯 (and Hutchins), 323; 金普顿 (and Kimpton), 342–43; 法学院 (and Law School), 440–41; E. 列维 (E. Levi and), 384, 387

福特基金会条件捐赠 (Ford Foundation challenge grants), 379. 参见特别教育计划 ( Special Program in Education), 福特基金会 (Ford Foundation and)

福特计划 (Ford Plan), 362–65, 380; 大学组织 (and college organization), 367; 失败 (failure of), 383–84

福特计划(and Ford Plan), 364

福特文化研究项目 (Ford cultural studies research project), 465–66

福音派在天主教大学的作用 (evangelical role of Christian university),120

腐败 政治 (corruption, police), 347

妇女领袖(women leaders), 341, 393

妇女选举权(suffrage, woman), 151

附属，虔诚学生[affiliation, student religious (1920)], 120

富兰克林·D. 罗斯福(Roosevelt F. D.), 269, 296, 哈钦斯(and Hutchins), 273

富兰克林·福特 (Ford, Franklin), 387


《改变》杂志(*Change* Magazine), 446

盖茨–布莱克楼 (Gates–Blake Hall), 与学生军训练团 (and SATC), 159

盖茨会堂 (Gates Hall), 170

盖洛德·唐纳利 (Donnelley, Gaylord), 392

盖瑞·贝克(Becker, Gary), 441, 450

高等博士生研究会(workshops: for advanced doctoral students), 431–32; 法学院(Law School), 441; 比较世界文化(world cultures, comparative)462–68

高等院校管理人员协会 (Institute for Administrative Officers of Higher Institutions), 198

高级学院(Senior College), 231

高能物理学楼 (High Energy Physics Building), 365

高效 (efficiency), 各学院 (in schools), 226, 239

高中 (high school):提前录取制度 (and Early Admission Program), 327; 教育与殷实 (education and affluence), 204; 录取率 (enrollment percentages), 204; 质量 (quality of), 85–86. 参见教师 (teachers)

戈登·J. 莱恩 (Laing, Gordon J.), 188, 201, 203, 209–10, 217–18, 281, 283

哥伦布纪念博览会(World's Columbian Exposition), 107

哥特风格 (Gothic style), 第一所芝大 (first U of C), 11

革新 (innovation): 邦迪 (and Bundy), 355; "芝大创新交流"项目 (and Chicago Innovation Exchange) 457; 合作教育 (and coeducation), 13; 教育的 (educational), 3, 425, 433, 467, 469; 哈珀 (and Harper), 122, 147; 哈钦斯 (and Hutchins), 218, 222, 254, 284, 295, 297, 323, 335; 金普顿 (and Kimpton), 190, 329, 338; E. 列维 (and E. Levi), 352, 367; 索南夏因 (and Sonnenschein), 410, 417; 结构的 (structural), 7, 15, 76, 101, 132, 431

格哈德·卡斯珀(Casper, Gerhard), 369, 394, 442, 470

格哈德·迈耶(Meyer, Gerhard), 260, 303, 372–73

格兰特·瓦克尔(Wacker, Grant), 38–39, 117

格雷厄姆·沃拉斯(Wallas, Graham), 238

格林会堂 (Green Hall), 170

格伦·劳埃德 (Lloyd, Glen): 比德尔(and Beadle), 358; 邦迪(and Bundy), 354–55; 科森 (and Corson), 356; 法学院建筑 (and Law School building), 343; E. 列维 (and E. Levi), 357, 391–92

格特鲁德·希梅尔法布 (Himmelfarb, Gertrude), 415

葛利泽中心 (Gleacher Center), 449

根据需求(need–based), 419

工会(unions, labor), 126, 130, 151

工商管理硕士(MBA), 创作(creation of), 442

工商管理硕士杂志(*MBA Magazine*), 446

工业与研究 (industry and research), 161; 薪水 (salaries)(1930), 205

工作 (jobs), 学生全职或兼职 (student part–and full–time), 16, 87, 100, 206, 210; 学业进步(and academic progress), 76; 校园生活(and campus life), 212

工作 (jobs), 职工支持 (for faculty support), 17

公共服务(public service), 156, 242–87, 370

公共关系和宣传(public relations and publicity), 168, 203, 239, 275, 326, 331–33, 337, 414–15;哈钦斯 (Hutchins and), 215, 266–67, 287–300. 参见伊桑·布朗纳(Bronner, Ethan), 布朗纳故事(Bronner story);精英 (elites)

公共关系委员会 (Committee on Public Relations), 175

公共事业公司,道格拉斯(utility companies, and Douglas),262–63

公共政策学院(Public Policy, School of), 395, 437

公共知识分子(public intellectual). 参见理智主义( intellectualism), 哈钦斯(Hutchins and)

公立大学(public colleges), 教育质量(quality of education at), 5–6

公立大学(public universities), 质量(and quality), 389–90

《公民素质研究》(梅里安姆)[*Studies in the Making of Citizens*(Merriam)], 193

公民自由,"一战" (civil liberties, and World War I), 155–56

公益事业(public good): 优势(merit as), 172; 大学教学(and university teaching), 471–72

共产党 (Communist Party), 263

共产主义 (communism), 263, 272, 275–76, 318;校友 (and alumni), 297; "二战"后 (post–World War II), 276; 斯莱(and Slye), 278–79; 沃尔格林事件 (and Wal–green affair), 268–75

《共产党宣言》马克思 [*Communist Manifesto* (Marx)], 268, 271

共和党(Republican Party),芝加哥 (Chicago), 127; G. 安德森(G. Anderson and), 30; 共产党候选人(and Communist Party candidate), 263; 哈珀(Harper and), 124; 贾德森(Judson as), 151

共同事业 (Common Cause), 309

购物(shopping), 349, 352, 452–53, 457

古典文学博士 (LHD), 281

雇佣 (employment), 研究生 (graduate student), 436.参见成果(outcomes), 学生 (student)

关联(relevance), 369–70, 462–68; 商学院课程(of business school curriculum), 447–48

观察解释与整合(OII, Observation, Interpretation, and Integration), 257

官方公报1号(Official Bulletin No. 1), 74–75

管理(management), 科学 (scientific), 226 管理系统(management systems), 专业化的 (professionalized) 393–94, 406

管理：成长(administration: growth of), 223;

灌输 (indoctrination), 暴动调查 (and sedition investigation), 271–73

广岛 (Hiroshima), 306

广告，筹资(advertising, and fund–raising), 176

广义常春藤盟校 (Ivy Plus group), 录取 (and admissions), 405, 421. 参见与同类机构的对比(comparison with peer institutions)

国防劳动委员会 贾德森 (Committee on Labor of the National Council on Defense, Judson and), 155

国际工人运动会 (International Workers Athletic Meet), 263

国际公寓 (International House), 191, 302

国际教育董事会 (International Education Board), 东方学院 (and Oriental Institute), 184

国际联盟 (League of Nations), 193

国际商学院项目 (international business school programs), 449–50

国际艺术与科学展览会和代表大会(International Exposition and Congress of Arts and Science), 132

国家安全联盟(National Security League), 153

国家教育体系(national education system): 盖茨(Gates and), 78; 哈珀 (Harper and), 62, 73, 75, 77–78, 85–86, 125–26

国家科学基金会(National Science Foundation), 357

国家社会主义(National Socialism). 参见第二次世界大战"本土主义者"态度(World War II nativist attitude),151


哈德罗·尤里(Urey, Harold), 279, 313

哈佛 (Harvard), 宗派的 (as sectarian), 35; 对法学院的影响 (and influence on Law School), 439

哈佛大学三百周年纪念庆典 (Harvard Tercentenary), 294

哈佛大学项目 (Program for Harvard College), 邓肯(Duncan and), 175

哈佛的态度 (Harvard attitude), 哈钦斯之于 (Hutchins on), 230

哈克尼斯四方院 [Harkness Quadrangle (Yale)], 209

哈里·A. 比奇洛(Bigelow, Harry A.), 358, 440

哈里·A. 荣格 (Jung, Harry A.) 272

哈里·D. 吉第昂斯 (Gideonse, Harry D.), 237–38, 268, 271–72; 阿德勒 (and Adler), 249; 教员认可 (faculty recognition of), 250; 哈钦斯 (and Hutchins), 249–52;《放逐报》(and *Maroon*), 248–49; 新计划 (and New Plan), 240, 246; 任期 (and tenure), 249–51

哈里·J. 阿德勒(Carman, Harry J.), 199

哈里·阿什莫, 冶金实验室 (Ashmore, Harry, and Met Lab), 306

哈里·戴维斯 (Davis, Harry), 447–49

哈里·卡尔文 (Kalven, Harry) , 441, 459; 卡尔文报告 (and Kalven report), 459–62, 467–68

哈里·普拉特·贾德森 (Judson, Harry Pratt), 149–63, 169, 171, 197, 324; 背景 (background of), 149, 151–53; 德国影响 (and German influence), 140–41; 研究机构 (and research institutes), 161–62; 辞职(retirement of), 162–63, 223; 洛克菲勒资助 (and Rockefeller gift), 223; 反战学生 (and student war protests), 158–59; 斯威夫特 (and Swift), 163, 167–68; 第一次世界大战 (and World War I), 152–61, 303

哈伦·H. 巴罗斯(Barrows, Harlan H.), 282–84

哈罗德·D. 拉斯韦尔 (Lasswell, Harold D.) , 120, 192, 196, 206, 212

哈罗德·E. 法克特, (Fackert, Harold E.), 309

哈罗德·H. 斯威夫特: 学术自由(Swift, Harold H.: and academic freedom), 262–64, 266, 270, 272, 274–76, 279; 埃尔斯报告(and Eyres report) , 227–28, 232; 背景(background of), 167; 伯顿(and Burton), 164, 167, 169, 172–76, 180–81, 194; 集资(and fund–raising), 173–77, 180–83, 228, 231, 289, 290–91,315, 341, 385; 芝大校长的目标(goals for U of C presidency), 217; 哈钦斯(and Hutchins), 217–19, 227, 231–32, 240, 262–64, 266, 270, 272, 274–76, 279, 291, 312–14; M. 哈钦斯(and M. Hutchins), 311; 贾德森(Judson), 150, 162–63, 167–68, 174; 金普顿(and Kimpton), 324, 341; 梅森(and Mason), 182–83, 209, 290; 西北合并(and Northwestern merger), 288–89; 第二次世界大战后期财政状况(and post–World War II finances), 314–15; 教授职位(professorship named for), 360; 研究(and research), 150; 罗森沃尔德(and Rosenwald), 209–10; 南校区(and south campus complex), 173, 209–10; 弗雷德里克·C. 伍德沃德(and Woodward), 173, 209–10, 217,262; 受托人 (trustees)

哈罗德·豪 (Howe, Harold), 385

哈罗德·穆顿(Mouton, Harold), 218

哈罗德·伊克斯 (Ickes, Harold), 哈钦斯 (and Hutchins), 296

哈珀–格林辩论 (Harper–Green debates), 72

哈珀纪念图书馆 (Harper Memorial Library), 197, 362–63

哈珀剧院 (Harper Theater), 457

哈珀商业综合体购物中心 (Harper Court Shopping Center), 457

哈珀研究员项目 (Harper Fellow program), 403, 427

哈钦斯 (Hutchins), 313,324, 458

哈钦斯 (Hutchins), 莫德·菲尔普斯·麦克维 (Maude Phelps McVeigh), 311–13

哈钦斯(Hutchins), 306–7

哈钦斯本科生院 (Hutchins College), 252–61; 校友 (and alumni), 341; 预算 (budget of), 313; 部门冲突 (and conflict with divisions), 257–61; 结局 (end of), 328, 354; 金普顿 (Kimpton and), 327–28; 后来的教员联系 (later faculty connections to), 412, 417; 新计划 (and New Plan), 253–54; 学生生活 (and student life), 334–35. 参见罗伯特·梅纳德·哈钦斯 (Hutchins, Robert Maynard); 超智主义 (hyperintellectualism)

哈钦斯操纵选票(vote rigging, Hutchins and), 253

哈钦斯的思想控制(thought control, and Hutchins), 277

哈钦斯–康威管理 (Hutchins–Colwell governance), 356

哈钦斯食堂 (Hutch Commons), 405

哈钦斯作为普世主义者(Universalist, Hutchinson as), 118

哈斯凯尔/沃克/罗森沃尔德综合设施 (Haskell/Walker/Rosenwald complex), 392

哈斯凯尔东方博物馆 (Haskell Oriental Museum), 115

哈维 B. 莱蒙(Lemon, Harvey B.), 194, 236, 256

海德公园 (Hyde Park); 康奈尔 (and Cornell), 8, 30; 教员住宅 (and faculty residences), 360, 453; 哈珀 (Harper and), 121–22; 住房热 (housing boom), 417; 哈钦斯 (Hutchins and), 321; "环线"公司 (and Loop), 352; 宗教特性 (religious character of), 121–22; 芝大新址 (site for new U of C), 60–61; 大学投资 (university investments in), 343–54. 参见肯伍德邻里 (Kenwood neighborhood); 安全性 (safety), 邻居 (neighborhood); 南边 (South Side); 城市改造 (urban renewal); 伍德劳恩邻里(Woodlawn neighborhood)

海德公园购物中心 (Hyde Park Coop), 457

海德公园购物中心 (Hyde Park Shopping Center), 453, 457

海德公园浸信会教堂 (of Hyde Park Baptist Church), 121; 哈佛作为榜样Oxford as model, 108; 约瑟夫·瑞根斯坦图书馆 (and Regenstein Library), 364–65; 南校园住宿计划 (and south campus plan), 209. 参见哥特式风格(Gothic style);新哥特建筑 (neo–Gothic architecture); 新哥特现代主义建筑档案和历史(neo–Gothic–modernist architecturearchives, and history), 2

海德公园浸信会教堂(Hyde Park Baptist Church), 121–22

海德公园浸信会教堂罗马式设计(Romanesque design of Hyde Park Baptist Church), 121

海德公园没落 (deterioration of Hyde Park), 345–46, 348, 350–51. 参见犯罪(crime); 城市复兴 (urban renewal)

《海德公园先驱报》(*Hyde Park Herald*), 宗派主义 (and sectarianism), 33–34

海德公园种族暴力冲突(racial violence, in Hyde Park), 346

海德公园种族结构(racial composition, of Hyde Park), 346–47, 350–53

海军训练学校(navy training school)第二次世界大战(World War II), 303

海伦·黛维达·哈珀(Helen Davida Harper), 89

海伦·霍洛维茨,(Horowitz, Helen), 24

海伦·卡尔弗(Culver, Helen), 58

海外公民 (Civ–Abroad), 458

海沃德·凯尼斯顿 (Keniston, Hayward), 237

海因里希·马施克 (Maschke, Heinrich), 139

函授课程 哈珀 (correspondence courses, Harper and), 70, 74, 77–78, 317

汉克·韦伯(Webber, Hank), 455

汉密尔顿·菲什三世(Fish, Hamilton, III), 与反共产主义思想 (and anticommunism), 267–68

汉娜·H. 格雷 (Gray, Hanna H.), 374, 467; 背景 (background of), 393; 贝克委员会 (and Baker

Commission), 430; 狄克逊问题 (and Dixon affair), 374–75, 393; 菲尔恩斯塔尔报告 (and Furnstahl report), 408; 海德公园的发展 (and Hyde Park development), 453; 遗产 (legacy of), 406, 418–20; 西北大学 (and Northwestern University), 393; 作为校长 (as president), 393–406; 退休 (retirement of), 406; 1969年的静坐示威 (and sit-in of 1969), 393; 愿景 (vision of), 394, 398–99, 406

汉斯·采泽尔(Zeisel, Hans), 441

汉斯·罗特费尔斯(Rothfels, Hans), 303

汉斯·摩根索(Morgenthau, Hans), 303

好 (good), 公众与私人 (public and private), 6, 172, 471–72

合唱团 (choir), 211

合唱与曼陀林俱乐部 (Glee and Mandolin Club), 89–90

合众人寿保险公司(Union Mutual Life Insurance Company), 11, 19–20, 22–23; G. 安德森 (and G. Anderson), 30–31; 取消赎回权(and foreclosure), 31–33; 新芝大用地(and land for new U of C), 60; 洛里默(and Lorimer), 33

合作式教学与研究 (collaborative teaching and research), 188, 229, 286, 450, 468. 参见商学院(Graduate School of Business); 多学科研究, 法学院 (inter–disciplinary studies; Law School)

和父母 (with parents), 405

"和平的主张"("Proposition Is Peace, The")

和平目标 (peace, as goal), 463

和平主义者(第一次世界大战) [pacifists (World War I)], 156, 158. 参见抗议运动 (protest movements)

核科学(nuclear science). 参见冶金实验室[Metallurgical Laboratory (Met Lab)]

核物理研究机构 (Institute of Nuclear Physics), 308

核心课程 (Core curriculum), 6, 199, 258, 321, 400–404, 416, 429, 439; 哈钦斯学院 (and Hutchins College, 240, 253–54, 414; 减少 (reduction of), 411–14; 学生生活 (and student life), 404–5; 留学 (and study abroad), 426; 世界文明课程 (and world civilization courses), 466–67. 参见普通教育课程(general education curriculum)

赫伯特·P. 齐默尔曼(Zimmerman, Herbert P.), 294, 297

赫伯特·巴克斯特·亚当斯(Adams, Herbert Baxter), 137

赫伯特·胡佛 (Hoover, Herbert), 238

赫伯特·胡佛的《美国个人主义》[*American Individualism* (Hoover)], 238

赫尔会堂 (Hull House), 107, 125

赫尔曼·I. 施莱辛格(Schlesinger, Hermann I.), 194, 236, 255–56

赫尔曼·冯·霍尔斯特 (Holst, Hermann von), 78–79, 124, 134, 140–42, 151, 462

赫尔曼·塞内克(Sinaiko,Herman), 404–5

赫尔曼·韦佛(Wever, Hermann), 143

赫斯特出版社 (Hearst press), 267–76

黑尔, 威廉, 加德纳 (Hale, William Gardner), 78, 112

黑衣修士戏剧团(Blackfriars theater), 211, 405

亨利·C. 梅彼 (Mabie, Henry C.), 59–60

亨利·R. 拉斯特(R. Rust, Henry), 59

亨利·T. 希尔德 (Heald, Henry T.), 361–64

亨利·W. 布洛杰(Blodgett, Henry W., Judge), 32–33

亨利·W. 格林 (Green, W. Henry), 72

亨利·盖尔 (Gale, Henry), 182, 201, 203, 217, 230, 281

亨利·克朗体育馆 (Henry Crown Field House), 翻修 (renovation), 392

亨利·莫尔豪斯(Morehouse, Henry), 49, 51, 64–65;美国浸信会教育协会(and American Baptist Education Society), 40–42; 盖茨 (and Gates), 41–42, 45, 48, 52; 哈珀(and Harper), 55, 57; 新芝加哥大学地址 (and location of new U of C), 60–61

亨利·莫斯莱(Moseley, Henry), 236

亨利·萨姆斯(Sams, Henry), 259

亨利·苏塞罗(Suzzallo, Henry), 218

亨斯滕贝格图书馆 (Hengstenberg Library), 27

红十字(Red Cross), 第二次世界大战 (and World War II), 302

洪堡理想 (Humboldtian ideal), 大学 (and university), 133, 142

后备军官训练团(ROTC), 157, 160, 303

《华尔街日报》(*Wall Street Journal*), 415

华莱士·巴特里克(Buttrick, Wallace), 223

划船俱乐部 (boating club), 16

黄金时代 (Golden Age): 本科学习 (of graduate study), 427–28; E. 列维 (E. Levi and), 387; 19世纪60年代 (1960s as), 379;第二次世界大战后 (post–World War II), 390; 芝大 (of U of C), 3–4

惠勒儿童医院(Wyler Children's Hospital), 365

霍巴特·W. 威廉姆斯 (Williams, Hobart W.), 173, 442

霍尔斯·斯图尔特(Stuart, Hall), 450

霍华德·拉什莫尔(Rushmore, Howard), 279

霍米·巴巴(Bhabha, Homi), 415

基督教 (Christianity). 参见浸信会(Baptists); 神学院(Methodists); 长老会教徒(Presbyterians); 宗教和宗教动机(religion and religious motivations)

基督教青年会运动(YMCA movement), 28

《基督时报》(*Christian Times*), 10

基斯·M. 贝克 (Baker, Keith M.), 430, 470. 参见贝克研究生教育委员会 (Baker Commission on graduate education)

激进主义(radicalism), 274;芝加哥大学的名声 (and reputation of U of C), 293, 296. 参见共产主义 (communism); 社会主义(socialism), 恐慌(fear of)

及格/不及格系统 (pass/fail system), 189

吉第昂斯 (Gideonse), 250

吉尔伯特·A. 布利斯(Bliss, Gilbert A)., 139

吉尔伯特·F. 怀特(White, Gilbert F.), 324, 460–61

吉尔伯特·默里(Murray, Gilbert), 238

极权国家(police state), 277

极权哲学(totalitarian philosophy), 239

集体行动, 个人权利 (collective action, and individual rights), 460

集资系统 (fund–raising systems). 参见发展 (development)

计算机系统, 投资 (computer systems, investment in), 395

纪律性 (discipline): 研究生 (graduate students and) 202; 学生静坐示威 (and student sit-ins), 372, 374–75

纪念碑, 大战(memorial, Great War), 162–63

纪念碑请愿书(memorial petition), 285–86

技术工程学校 (Institute for Molecular Engineering), 437

加布里尔·林格尔巴克 (Lingelbach, Gabriele), 133

加菲尔德·V. 考克斯 (Cox, Garfield V.), 442

加勒特圣经学院 (Garrett Biblical Institute), 28

加卢沙·安德森(Anderson, Galusha), 29–36; 背景(background of), 29; 哈珀的成功(and Harper's success), 59; 大学的前景(vision of university), 30

加略山公司(S. Calvary and Company), 105, 139

家 (home), 学生住家 (students living at), 101, 170, 205,208, 212

家庭购买支援 (home–purchasing assistance), 457

贾斯汀.A. 史密斯 (Smith, Justin A.), 11, 61

简·亚当斯 (Addams, Jane), 272

建立计算机科学院 (Computer Science, Department of, Established), 395

建议, 学生(advising, student), 195, 198, 425

建筑 (architecture), 4, 78; 布斯商学院 (and Booth GraduateSchool of Business), 450; 第一所芝加哥大学 (of the first U of C), 11

建筑土地委员会 (Committee on Buildings and Grounds): 哈钦斯 (Hutchinson and), 108; 赖尔森 (Ryerson and), 104, 108

剑桥协会(Cambridge Associates), 304

讲师 (instructors), 当代 (temporary), 196

讲座与讨论的形式 (lecture/discussion format), 236–37, 258

奖学金: 竞争的(scholarship: competitive), 205–6; 诺伊斯(Noyes), 161; 永续的提议(proposed perpetual), 23

奖学金制度 (fellowships): 贝克委员会 (and Baker Commission), 430, 433–34; 格雷 (and Gray), 395; 哈珀治下 (under Harper), 92; 博士后 (postdoctoral), 195, 282; 社会科学 (social science), 188; 出国留学 (and study abroad), 426; 在法学院教课 (and teaching in Law School), 440

交叉学科研究 (interdisciplinary studies), 99–100, 180, 188–91, 228–29, 366, 438, 440, 469

交流项目 (exchange program), 专业的 (professorial), 142

教派,第一所芝大(denomination, and first U of C).参见浸信会,芝加哥大学(Baptist, U of C as)

教师(teachers);需求(demand for), 95; 扩展计划(and extension program), 77; 哈珀(and Harper)85, 125–31; 硕士学位(and MA degree)91, 94,186, 189; 训练(training for), 128–29, 225.参见大学教学(College; teaching)

教授之战(war of the professors), 154

教授职位(professorships), 58, 105, 178–79, 360, 387

教堂,强制(chapel, mandatory), 198

教务长(provostship), 356–58

教学(teaching): 天主教影响(and Catholic influence), 130–31; 合作(collaborative), 180, 188, 229, 286, 450, 468; 发现(as discovery), 64;研究生(by graduate students), 92, 196, 198, 397, 401, 433–34, 470; 准备(preparation for), 281–83, 432–33; 质量(quality of)35–36, 99, 195–96, 198, 448; 大学生(undergraduate), 84–85, 88, 197–98, 367, 412, 429

教学方法(teaching methods), 96, 186, 260.参见讲座、讨论形式,研讨会(lecture/discussion format; seminars)

教学方式(methods, teaching), 186, 260.参见讲座/讨论形式(lecture/discussion format); 研讨会(seminars); 国外学习(study abroad); 研讨会(workshops)

教学负担(teaching loads), 14, 17, 95, 189, 287, 403, 410

教学理事会 (Council on Teaching), 412

教学委员会报告("Report of the Committee on Teaching"), 470–71

教学研究(teaching and research),7, 49, 91, 95, 131, 133, 189, 196, 255, 331, 469; 哈珀(Harper and), 98–99; 詹克斯(Jencks on),5–6; 医疗中心(Medical Center and), 179–80; 新计划(in New Plan), 336–40, 252; 赖尔森(Ryerson and), 105

教学质量(quality of teaching), 195–96, 198; 公立大学(and public universities), 389–90; 静坐示威(and sit-ins), 377

教学中心(Center for Teaching and Learning), 433

教学自由 (Lehrfreiheit), 143

教育 (Education),系 (Department of),教学 (and teaching),283

教育 (Education), 学院 (School of), 92, 437; 教师扩招 (expansion of faculty), 225; 通识教育委员会 (and GEB), 184; 科学 (science of), 224

教育部门(ministry, and education), 35; 第一所芝加哥大学(and first U of C), 8, 24, 30

"教育理念"(威尔金斯)["Theory of Education, A(Wilkins)], 194–95

教育特设项目,福特基金会(Special Program In Education, Ford Foundation and)361–66, 384

教育委员会 (Committee on Education), 456

教育者 (educators), 作为校友 (alumni as), 181

教员,筹资 (clergy, and fund–raising), 18

教员的士气(morale: faculty), 166, 203, 218, 260, 338, 392;学生 (student), 336, 377

教员俱乐部 (faculty club), 76

索引 727

教员们操控的学术(academics, as controlled by faculty),113–14. 参见狄克逊, 马琳 (Dixon, Marlene), 狄克逊事件(Dixon affair);独立(independence)

教员学生关系 (faculty–student relationships), 委员会 (committee on), 372–73

教员与教员文化 (faculty and faculty culture), 122, 356–57, 469; 校友 (and alumni), 202–3; 伯顿 (Burton and), 172–73; 商学院 (business school), 446–51; 大学 (College), 253, 256–57, 330; 第一代退休 (first generation retirements), 188; 第一所芝大 (first U of C), 16–17, 20; 外国出生的 (foreign–born), 134, 192–93; 筹款 (and fund–raising), 19–20, 175–76; 德国 (and Germany), 134–42; 增长 (growth), 359–61, 364, 387, 426–27; 哈钦斯 (and Hutchins), 221, 254, 285, 295–96, 313, 318, 321; 海德公园 (and Hyde Park), 345–46, 351–53; 贾德森 (and Judson), 150–51, 162; 钥匙遗失 (loss of key), 166;士气 (morale), 166, 203, 218, 260, 338, 392;升职 (promotions), 230; 反叛 (rebellion), 哈钦斯 (Hutchins and), 285; 招聘 (recruitment), 78, 81, 84, 112, 162, 178, 222, 226; 减少 (reduction), 386–87, 396; 后备军官训练团 (and ROTC), 160; 学生军训练团 (and SATC), 159–60; 第二代 (second generation), 185; 静坐示威 (and sit–ins), 371–78, 459–60; 结构 (structure), 79, 178; 第一次世界大战 (and World War I), 155–56. 参见学术自由 (academic freedom); 德国人影响 (German influence); 独立 (independence); 名声 (prestige);薪水 (salaries), 教员 (faculty)

教员赞助(sponsor, faculty), 95

教职, 哈钦斯学院教学 (tenure, and Hutchins College teaching), 260

教职员工的战争服役(war service, by faculty), 155

杰出贡献教授职位 (Distinguished Service Professorships),360

杰弗里·R. 斯通(Stone, Geoffrey R.), 207, 408–9, 411, 416, 418, 442. 参见雨果·F. 索南夏因 (Sonnenschein, Hugo F.)

杰弗里·S. 斯洛瓦克(Slovak, Jeffrey S.), 421

杰弗里·安德森 (Anderson, Jeffrey), 449

杰罗姆·G. 科尔温 (Kerwin, Jerome G.) 237–38

杰米·洛里 (Lorie, Jamie), 443, 445–46

结构(structure), 222–23,226–27, 310

结婚和教学 (marriage and teaching), 哈珀(Harper on), 97

金属研究所(詹姆斯·弗兰克研究所)[Institute for the Study of Metals (James Franck Institute)], 286, 305, 313

进步人士和进步时代(Progressives and Progressive Era), 116, 124, 129, 130

进化论 (evolutionary theory), 235; 教员 (and faculty), 118

晋升 (promotions), 教员(faculty), 230

浸信会教徒:巴顿 (Baptists: Burton and), 166; 第一所芝大 (and first U of C), 9–10, 12, 18, 63–64; 哈珀 (and Harper), 55–56; 高等教育 (and higher education), 35, 40–46, 65, 118; 新芝大 (and new U of C), 37–38, 42, 63, 65, 103–4; 国家教育制度 (and system of national education), 41–45. 参见美国浸信会教育协会(American Baptist Education Society);第一所芝大的倒闭(collapse of first U of C)

浸信会神学联盟 (Baptist Theological Union), 24, 118–19; 神学院 (and Divinity School), 54, 56, 118–19

禁止(prohibition), 151

经典,第一所芝大 (classics, at first U of C), 12–13, 17, 44

经济 (Economics), 系 (Department of), 商学院 (and business school), 450

精英 (elites): 被哈钦斯异化 (alienated by Hutchins), 266–67; 周年纪念基金 (and Anniversary Fund), 298–99; 商学院 (and business school), 445; 民主 (and democracy),116; 第一所芝大学 (and first U of C), 23, 29; 筹款 (and fund–raising), 185, 294, 296, 317; 哈珀 (and Harper), 122, 148; 哈钦森 (and Hutchinson),106–7; 非教派大学 (and nondenominational university), 118; 赖尔森 (and Ryerson), 102–4;社会科学系 (and social science departments), 190;学生是未来 (students as future), 171; 支持芝大 (and support for U of C), 52, 173, 175

精英和英才教育(merit and meritocracy), 6, 62, 87, 164, 172, 178–79, 363, 393, 459, 469, 472

精英主义思想 (elitism): 在哈珀的报告中 (in Harper report), 129; 私立大学 (and private universities), 389–90

静坐运动(sit–ins), 371–78; 教员(and faculty), 376; 1966年(of 1966), 459; 1969年(of 1969), 386, 388, 460

镜子滑稽剧和委员会(Mirror Revue and Board), 211

九校 (College Nine), 16

《旧约》学生(*Old Testament* Student), 70

旧芝大更名(name, transfer of old university), 59

救济和援助社(Relief and Aid Society), 107

俱乐部,早期女性 (clubs, early women's), 211–12, 214

"剧作家戏剧俱乐部"(Playwrights' Theatre Club), 334

捐赠 (endowment): 与百年筹款 (centennial fundraising), 399; 招致 (drawn down), 295, 314,386; 教员支持 (and faculty support), 177–78; 菲尔恩斯塔尔报告 (and Furnstahl report), 407–8; 增长(1950)[growth of (1950)], 315–16; 金普顿 (Kimpton and), 332; 由伯勒斯花费 (spent by Burroughs), 30; 股票市场(20世纪70年代)[and stock market (1970s)], 384, 386.参见教授职位 ( professorships); 洛克菲勒董事会 (Rockefeller boards); 洛克菲勒基金会 (Rockefeller Foundation)

《捐赠有什么好处？》(哈钦斯)["What Good Are Endowments?" (Hutchins)], 295

军人,学生(soldiers, student). 参见学生军训练团,第二次世界大战 (SATC, and World War II)

军事科学系(Military Science, Department of)

军事研究学院 (Institute of Military Studies), 303

卡尔·F. 胡特 (Huth, Carl F.), 95

卡尔·J. 温特劳布(Weintraub, Karl J.), 391, 471;《代表人类》("In Behalf of the Humanities,"), 471

卡尔·卢埃林 (Llewellyn, Karl), 440

卡尔·马尔 (Marr, Karl), 142

卡尔·马克思 (Marx, Karl), 268, 310

卡尔·皮奇(Pietsch, Karl), 158

卡尔·西奥多·魏尔施特拉斯(Weierstrass, Karl Theodor), 139

卡罗尔·格鲁珀 (Gruber, Carol), 156

索引 729

卡洛琳·哈斯凯尔 (Haskell, Caroline), 115

卡明斯生命科学中心 (Cummings Life Science Center), 365

卡耐基基金, 金普顿(Carnegie Foundation, and Kimpton), 342–43

卡耐基教学促进会(Carnegie Foundation for the Advancement of Teaching), 199, 465

卡特·H. 哈里森 (Harrison, Carter H.), 126–27, 129

开除 (expulsion), 学生 (student), 16, 158, 372, 375–76

凯里教堂 (Kelly Hall), 170

凯瑟琳·麦金农 (MacKinnon, Catherine), 415

凯瑟琳·麦卡锡(McCarthy, Kathleen), 23, 107

凯瑟琳·赛普(Seipp, Catherine), 142

凯思琳·康泽恩 (Conzen, Kathleen), 415

凯文·墨菲(Murphy, Kevin), 450

《堪萨斯–内布拉斯加法案》(*Kansas–Nebraska Act*), 9

康拉德·赛普(Seipp, Conrad), 142

抗议运动(protest movements): E. 列维(E. Levi and), 369, 371–78; 第一次世界大战(World War I), 156, 158

考试 (exams), 入口 (entrance), 83, 85, 204; 通识教育 (general education), 200; "新计划"课程 (and New Plan courses), 233. 参见综合考试 ( comprehensive exams)

考试办公室 (Examiner's office), 通识教育 (and general education), 258

考试委员会(Board of Examinations), 225, 234

考特剧院 (Court Theater), 395

科布会堂 (Cobb Hall), 362, 395

科洛内尔·伦纳德·艾尔斯 (Ayres, Leonard, Col.), 226–27, 229, 232

科学(Wissenschaft), 144, 164, 187

《科学》(*Science*), 161

科学方法(scientific method): 圣经研究(Bible study), 70–71;普通教育(in general education), 235; 缺乏培训(lack of training in), 188

科学与神学(science and theology), 哈珀(Harper and), 117

科学至上主义(scientism), 190–91, 252; 参见事实 vs. 想法(See also facts vs. ideas)

克拉克·吉尔平 (Gilpin, Clark), 117

克拉克·克尔 (Kerr, Clark), 354–55, 458

克拉拉·拉蒂默·培根 (Bacon, Clara Latimer), 99

克拉丽丝·安德森(Anderson, Clarice), 247

克拉伦斯·福斯特(Faust, Clarence), 252, 260; 大学课程 (and College curriculum), 253; 福特基金会 (and Ford Foundation), 361, 363; 哈钦斯 (and Hutchins), 327; 哈钦斯本科生院 (and Hutchins College), 253, 255, 257; 哲学学士学位 (and PhB), 254; 辞职 (resignation of), 256

克拉伦斯·卡斯尔(Castle, Clarence), 69

克拉伦斯·兰德尔(Randall, Clarence), 295

克里勒图书馆 (Crerar Library), 395

克里斯蒂安·麦克奥尔 (Mackauer, Christian), 260, 303

克里斯多夫·克莱梅克 (Klemek, Christopher), 348

克里斯托弗·洛斯 (Loss, Christopher), 389

克里斯托弗·詹克斯 (Jencks, Christopher), 5

克林顿·布鲁斯(Clinton, Bruce), 452

克林顿实验室 冶金实验室 (Clinton Laboratories, and Met Lab),305

克斯滕物理学中心(Kersten Physics Center), 395

克斯汀·布朗公司(Kersting, Brown & Company) 315, 339. 参见罗伯特·F. 邓肯(Duncan, Robert F.)

课程:布歇 (curriculum: Boucher and), 229; 文化 (and culture), 6; 第一所芝大 (first U of C), 12–18; 哈珀 (and Harper), 96; 哈钦斯 (under Hutchins), 203, 251, 253; 莱恩报告 (and Laing report), 189; 列维 (E. Levi and), 368; 莱文 (Levine and),402–3;

课程委员会 (Curriculum Committee), 248

肯尼思·W. 达姆 (Dam, Kenneth W.), 394

肯尼思·卡尔普·戴维斯 (Davis, Kenneth Culp), 440

肯尼斯·R. 弗兰奇 (French, Kenneth R.), 448

肯特化学实验室 (Kent Chemical Laboratory), 翻新 (renovation of), 395

肯伍德地区 (Kenwood neighborhood) 344. 参见海德公园 (Hyde Park)

空间基金管理公司 (Dimensional Fund Advisors), 450

孔子学生 (Confucian students), 120

库维阿桑斯内尔克节 (Kuviasungsnerk Winter Festival), 404

跨文化多元主义(pluralism, intercultural), 466

昆西·赖特(Wright, Quincy), 193

扩展项目 (extension programs), 62, 74–75, 77, 141,226, 287, 317

拉丁美洲和美国对外政策 (Latin America, and American foreign policy), 141

拉尔夫 W. 杰勒德 (Gerard, Ralph W.), 256

拉尔夫·W. 尼古拉斯(Nicholas, Ralph W.), 406

拉尔夫·马勒(Muller, Ralph), 394

拉尔夫·泰勒(Tyler,Ralph), 258, 304, 318

拉里·霍金斯 (Hawkins, Larry), 452

拉塞尔·惠特曼(Whitman, Russell), 271

拉什医学院(Rush Medical College), 179–80, 437

拉维恩·诺伊斯(Noyes, LaVerne), 161, 173

拉维恩·诺伊斯基金会(Noyes Foundation, LaVerne), 206

莱尔德·贝尔(Bell, Laird), 274–76, 279, 314–15; 哈钦斯学院的终结(and end of Hutchins College), 329; 哈钦斯(and Hutchins), 279–80, 312–13; 金普顿(and Kimpton), 324, 341

莱缪尔·莫斯(Moss, Lemuel, Dr.), 21–22

赖尔森支持(Ryerson support for), 105

兰德尔 (under Randel), 420

蓝岛土地与建筑公司，摩根公园(Blue Island Land and Building Company, and Morgan Park location), 37

劳埃德·A. 弗莱 (Fry, Lloyd A.), 弗莱基金会 (and Fry Foundation), 452

劳工 (labor): 民间精英 (and civic elites), 130; 哈珀(Harper and), 126

劳拉·伯侯特(Bornholdt, Laura), 452

劳拉·费米 (Fermi, Laura), 304

劳拉·斯佩尔曼·洛克菲勒纪念馆 (Laura Spelman Rockefeller Memorial), 176, 183–84, 188, 190–91. 参见洛克菲勒董事会法律和经济学活动(Rockefeller boards law and economics movement), 441, 445

劳伦斯·K. 弗兰克 (Frank, Lawrence K.), 与洛克菲勒董事会 (and Rockefeller boards), 187–88

劳伦斯·金普顿 (Kimpton, Lawrence), 190, 257, 311, 321–56, 427, 440, 445; 背景 (background of), 321–24; 商学院(and business school), 443–44; 学院 (and College), 417–18; 社区 (and current neighborhood), 458; 二元管理 (and dual governance), 356; 哈钦斯学院的结束(and end of Hutchins College), 329; 招生 (and enrollment), 400, 419, 421; 哈钦斯 (and Hutchins), 322–24, 329, 331; 遗产 (legacy of), 353–54, 388–90; E. 列维 (and E. Levi), 367–68, 387–88; 辞职 (resignation of), 354; 城市改造 (and urban renewal), 343–54, 458; 眼界 (vision of), 332–33

老鼠和共产主义(mice, and communism), 278–79

乐队 (band), 211

雷·L. 威尔伯(Wilbur, Ray L.), 182

雷德菲尔德和辛格的跨文化研究项目(Redfield–Singer intercultural studies research project), 福特基金会 (and Ford Foundation), 463–66

雷尔森物理实验室(Ryerson Physical Laboratory), 105

雷夫·亚多尼兰·J. 乔斯林 (Joslyn, Adoniram J., Rev.), 12

雷克什·库拉纳 (Khurana, Rakesh), 444

雷克斯福德·G. 特格韦尔 (Tugwell, Rexford G.), 279–80; 世界政府章程(and constitution for world government), 308–10; 海德公园社区(and Hyde Park neighborhood), 344

雷蒙德·B. 福斯迪克 (Fosdick, Raymond B.), 119, 164, 219, 296, 385; 洛克菲勒基金会 (and Rockefeller Foundation), 217, 291–93

雷蒙德·M. 休斯 (Hughes, Raymond M.), 186, 281

雷诺兹俱乐部(Reynolds Club), 302

蕾妮·格兰维尔-格罗斯曼 (Granville–Grossman, Renee), 425

冷战 (Cold War), 310; 雷德菲尔德和辛格项目 (and Redfield–Singer project), 464

李维·D. 布恩Boone, Levi D., 11; 莫斯丑闻(and Moss scandal), 21–22

里昂·C. 马歇尔 (Marshall, Leon C.) 188, 194, 200, 442–43

理查德·J. 戴利 (Daley, Richard J.,) 348, 350, 352

理查德·M. 戴利 (Daley, Richard M.,) 417, 453

理查德·P. 陶布(Taub, Richard P.), 404, 411, 424

理查德·T. 克兰 (Crane, Richard T.), 24, 102

理查德·波斯纳 (Posner, Richard), 441

理查德·弗拉克斯 (Flacks, Richard), 373

理查德·麦克基翁(McKeon, Richard), 241, 252, 261

理查德·萨勒(Saller, Richard), 421, 455

理查德·沙沃森(Shavelson, Richard), 234

理查德·斯托尔(Storr, Richard) , 83–83, 99, 149, 320, 461

理查德·瓦格纳(Wagner, Richard), 143

理性主义(rationalism), 117–18

理学博士 (ScD), 281

理学士,哈珀治下 (SB, under Harper), 84

历史 (history): 哈珀的信仰 (and Harper's beliefs), 117; 社会科学 (and social sciences), 243; 芝大 (of U of C), 特点 (characterized),3

历史学家 (historians), 索南夏因计划 (and Sonnenschein plan), 411

历史主义(a–historicism), 1

丽贝卡·贾诺威茨 (Janowitz, Rebecca), 352

利昂·德斯普莱斯 (Despres, Leon), 238

利奥·西拉德(Szilard, Leo), 306

利奥波德·克罗内克 (Kronecker, Leopold), 139

《利比希化学纪事》(*Liebigs Annalen der Chemie*), 140

《连续性与变革的三种观点(博耶)》[*Three Views of Continuity and Change*(Boyer)], 416

联邦埃迪森 (Commonwealth Edison), 263

联合法学院(Union College of Law), 14–15

联合国与世界政府(United Nations, and world government), 309

联盟俱乐部(Union League Club), 268

列奥·斯特劳斯(Strauss, Leo), 303

林恩·戈登(Gordon, Lynn), 87

林恩·威廉姆斯(Williams, Lynn), 311, 323;《我们害怕自由吗？》(and *Are We Afraid of Freedom?*), 280

林肯·帕特森 (Patterson, Lincoln), 17

临时公民课程(哥伦比亚)布歇[Contemporary Civilization course (Columbia), Boucher and], 199

灵活性 (flexibility), 课程的 (curricular), 255. 参见新计划 (New Plan)

领导技能 (leadership skills), 商学院 (and business school), 447–49

领导力教育与开发计划 [Leadership Education and Development (LEAD) program], 448–49

溜冰场, 福特计划(skating rink, and Ford Plan), 363

刘易斯·科赛 (Coser, Lewis), 259

刘易斯·斯图尔特(Stuart, Lewis), 74

流亡学者(refugee scholars), 第二次世界大战(World War II and),303–4

流言：抵押品赎回权的取消(scandal: foreclosure as),32; 莫斯(Moss), 21–22

露西尔·诺顿(Norton, Lucille), 268–75

鲁宾·弗洛丁(Frodin, Reuben), 311, 319

鲁道夫·卡纳普(Carnap, Rudolf), 304

陆军专业培训学校 (Army Specialized Training School), 463

录取 (enrollment), 119, 204, 326, 383, 397, 408–10; 布歇 (and Boucher), 198; 布朗纳故事 (and Bronner story), 415; 商学院 (business school), 445; 衰退 (collapse of), 261, 325–27, 399, 427, 429; 当前 (current), 421–24, 427; 在第一所芝大 (at first U of C), 13, 15, 23; 福特基金会 (and Ford Foundation), 363, 365–66, 380–83, 385, 388; 毕业趋势 (graduate trends), 428, 435; 格雷 (and Gray), 395, 398, 400–402, 406, 410, 420; 大萧条 (and Great Depression), 207, 288; 哈珀治下 (under Harper), 81–83; 内战 (interwar), 400; 金普顿 (and Kimpton), 335–36, 339, 353, 365, 406, 419; 法学院 (Law School), 440; E. 列维治下 (under E. Levi), 365–67, 383; 内战后 (post–Civil War), 18; "一战"后 (post–World War I), 160–62, 168, 185, 196, 207; 专业学院 (professional school), 437; 索南夏因治下 (under Sonnenschein), 417, 420–21; 第二次世界大战 (and World War II), 205, 302. 参见赤字 (deficits); 金融 (finances); 学费收入 (tuition revenue)

路德维格·巴赫霍夫 (Bachhofer, Ludwig), 304

路易斯·D. 布兰代斯(Brandeis, Louis D.), 272

路易斯·L. 瑟斯通(Thurstone, Louis L.), 233–34, 240, 256, 258

路易斯·布洛克房产(Block, Louis, estate), 357

路易斯·芒福德(Mumford, Lewis), 238

路易斯·梅南(Menand, Louis), 261, 436

路易斯·沃思(Wirth, Louis), 158, 238, 250, 255–56; 《凡尔赛和约》(and *Treaty of Versailles*),300

旅居柏林(Berlin, expatriates in), 136

伦纳德·E. 狄克逊 (Dickson, Leonard E.), 139

伦纳德·怀特(White, Leonard), 164

伦纳德·斯维特(Swett, Leonard) , 32

论文 (dissertation), 96, 187, 189, 431–32, 436

罗宾·贺加斯 (Hogarth, Robin), 449

罗宾·莱斯特 (Lester, Robin) 89, 298

罗伯森.史密斯(Smith, W. Robertson), 70

罗伯特·E. 帕克 (Park, Robert E.), 188, 190–91

罗伯特·F. 邓肯 (Duncan, Robert F.), 175–77, 183, 294–96, 298, 315, 341; 金普顿 (and Kimpton) 339

罗伯特·F. 肯尼迪(Kennedy, Robert F.), 373

罗伯特·J. 齐默(Zimmer, Robert J.): 背景(background of), 420–21; 现任校长(as current president), 420–73; 研究生援助倡议(and Graduate Aid Initiative),434–35; 索南夏因计划(and Sonnenschein plans), 421

罗伯特·福格尔 (Fogel, Robert), 445

罗伯特·戈登 (Gordon, Robert), 443

罗伯特·哈马达 (Hamada, Robert), 449

罗伯特·哈珀 (Harper, Robert), 89

罗伯特·哈维格斯特 (Havighurst, Robert), 279

罗伯特·赫里克 (Herrick, Robert), 7, 96–97, 100, 153, 156, 236

罗伯特·卡特(Carter, Robert), 118

罗伯特·科勒 (Kohler, Robert), 182, 292

罗伯特·拉蒙特 (Lamont, Robert), 181

罗伯特·雷德菲尔德 (Redfield, Robert), 260, 339, 462–63; 世界政府章程 (and constitution for world government), 308–10; 跨学科的目标(and interdisciplinary goals), 230

罗伯特·雷尼克(Reneker, Robert), 393

罗伯特·麦克·亚当斯(Adams, Robert McC.), 394, 400–401

罗伯特·梅里安姆(Merriam, Robert), 238

罗伯特·梅纳德·哈钦斯 (Hutchins, Robert Maynard), 6, 149, 215–320, 385, 458; 学术自由 (and academic freedom), 262–81; 阿德勒 (and Adler), 241, 250, 458; 安吉尔 (and Angell), 215–16, 218–20; 原子弹 (and atomic bomb), 305–6; 背景 (background of), 215–17; 布朗纳故事 (and Bronner story), 416; 预算 (and budget), 287–300; 作为名誉校长 (as chancellor), 310–20; 特点 (characterized), 217, 219–21, 312; 世界政府宪法 (and constitution for world government), 307–10; 赤字 (and deficits), 316–17; 提前录取制度 (and Early Admission Program), 326–27; 哈钦斯学院的终结 (and end of Hutchins College), 329; 现实与理念 (and facts vs. ideas), 245–48; 教员 (and faculty), 221, 295–96; 足球 (and football), 214; 研究生项目 (and graduate programs), 98, 281–87, 431; 伟大著作 (and Great Books), 241, 243–44, 247, 250, 313, 358; 遗产 (legacy of), 313–21, 369–70, 468–72; E. 列维 (and E. Levi), 358, 367–71, 440; 婚姻 (marriage of), 311–14; 新计划 (and New Plan), 231–52; 政治观点 (political views of), 267; 《和平的主张》("The Proposition Is Peace"), 306–7; 种族契约 (and racial covenants), 344–45; 大学的重组 (and reorganization of the university), 221–31; 声誉 (reputation of), 274, 319; 辞职 (resignation), 312, 323–24; 洛克菲勒 (and Rockefellers), 184, 296, 299; 资深教员 (and senior faculty), 285, 313, 318, 321; "芝大与这座城市"("University and the City, The,") 345;愿景 (vision of), 220, 243;《慈善的好处》("What Good Are Endowments?,") 295; "何为大学？"("What Is a University?,") 273; 第二次世界大战 (and World War II), 300–310

罗伯特·密立根 (Millikan, Robert), 全国科学研究委员会(and NRC), 161–62

罗伯特·摩尔斯·洛维特 (Lovett, Robert Morss) 155–56, 158–59, 236, 267, 271, 275; 哈珀的资产 (and Harper's finances), 80

罗伯特·桑普森(Sampson, Robert), 352

罗伯特·斯特里特(Streeter, Robert), 319, 331, 367

罗伯特·沃尔纳(Woellner, Robert), 257–58

罗伯特和海伦·琳达 (Lynd, Robert and Helen), 238

罗德里克·奇泽姆 (Chisholm, Roderick), 436

罗恩·盖瑟 (Gaither, Rowan), 361

罗杰·H. 希尔德布兰德 (Hildebrand, Roger H.), 384, 391

罗杰·盖革 (Geiger, Roger), 396, 420, 429, 469

罗林·D. 索尔西伯里 (Salisbury, Rollin D.), 78

罗纳德·S. 克兰 (Crane, Ronald), 243–44, 252;

罗纳德·科斯 (Coase, Ronald), 441

罗盘手 (Compass Players), 334

罗桑伯格财产(Rosenberger estate), 58

罗斯福大学(Roosevelt College), 277

罗斯科·斯蒂芬(Steffen, Roscoe), 359, 440

洛厄尔·T. 科吉歇尔 (Coggeshall, Lowell T.), 324, 356–57

洛克菲勒慈善机构(Rockefeller Charities), 参见洛克菲勒董事会(Rockefeller boards)

洛克菲勒董事会(Rockefeller boards), 176, 183–84, 206, 300；伯顿(Burton and), 167, 174；弗兰克(and Frank), 187–88；哈钦斯(and Hutchins), 289–90；大学总经费(and overall U of C funding), 291；总捐赠(total gifts of), 185. 参见通识教育委员会基金(General Education Board grants)；劳拉·斯佩尔曼·洛克菲勒纪念馆(Laura Spelman Rockefeller Memorial)；洛克菲勒基金会(Rockefeller Foundation)

洛克菲勒基金会(Rockefeller Foundation) ,183–84, 290–91, 385；金普顿(and Kimpton), 342–43；梅森(Mason and), 182, 201；对于芝加哥大学的不满(resentment towards U of C), 290–91；文森特(Vincent and), 176；第一次世界大战(and World War I),155

洛克菲勒纪念教堂((Rockefeller Memorial Chapel), 163, 179, 220, 273, 354

洛特斯·D. 柯夫曼 (Coffman, Lotus D.), 217

马丁·A. 赖尔森(Ryerson, Martin A.), 52, 97, 101–14, 148, 180；美国浸礼会教育学会(and American Baptist Education Society), 103；柏林收藏(and Berlin Collection), 105；伯顿(and Burton), 164, 167；建筑物与地面委员会(and Committee on Buildings and Grounds), 104；哈珀(and Harper), 112–13, 147；金普顿集资(Kimpton fund–raising), 341；校园用地(and land for campus), 105；作为中间人(as middleman), 112–13；教授身份(and professorship), 178–79；洛克菲勒(and Rockefeller), 105, 108–13；受托人(and trustees), 103–4, 108, 167, 180, 341

马丁·肯内利 (Kennelly, Martin), 348

马丁·路德·金 (King, Martin Luther, Jr.) 373

马丁·迈耶森(Meyerson, Martin), 260

马丁·A. 赖尔森教授职位 (Martin A. Ryerson Professorship), 178–79

马尔科姆·夏普(Sharp, Malcolm), 279, 439–40

马克斯·莱因斯坦(Rheinstein, Max), 304, 441

马克斯·梅森 (Mason, Max), 185, 197, 213, 218, 290；行政结构 (and administrative structures), 227–28；作为管理者 (as administrator), 182–83；背景 (background of), 182；布歇 (and Boucher), 195, 198–99；校长任职 (presidency), 182–85, 195–201, 203, 208–9, 223；命名的教授职位(professorship named for), 360；辞职(resignation of), 201, 209, 217；洛克菲勒董事会 (and Rockefeller boards), 176, 201, 290；本科生项目 (and undergraduate program), 195–96

马克斯·派里维斯基电影院(Max Palevsky cinema), 395

马克斯·派里维斯基住宿综合楼 (Palevsky Residential Commons), 425

马克斯·派里维斯基住宿综合楼(Max Palevsky Residential Commons), 336

马克斯·韦伯(Weber, Max), 76, 217

马里恩·塔尔博特(Talbot, Marion), 87

马琳·狄克逊 (Dixon, Marlene), 狄克逊事件 (and Dixon affair),373–75, 393

马文·霍夫曼 (Hoffman, Marvin), 454–55

马歇尔·菲尔德 (Field, Marshall), 24, 60–61, 102–3, 105, 147, 296, 315

马歇尔·霍奇森 (Hodgson, Marshall), 465–66

马歇尔·斯通(Stone, Marshall), 257

马修斯·J. B. (Matthews, J. B.), 278

玛格丽特·奥玛拉(O'Mara, Margaret), 353

玛吉特·瑟勒希·让泽(Margit Szöllösi–Janze), 192

玛丽·爱丽丝·纽曼(Newman, Mary Alice), 336, 381

玛丽·伯杰(Berger, Marie), 247

玛丽·弗里曼·梅森 (Mason, Mary Freeman), 182

玛丽·赫里克 (Herrick, Mary), 130

玛莎·道格拉斯 (Douglas, Martha), 8–9

玛莎·努斯鲍姆(Nussbaum, Martha), 415

迈克尔·希尼 (Heaney, Michael), 191

迈伦·吉尔摩 (Gilmore, Myron), 393

麦卡锡主义(McCarthyism), 276

麦克吉姆·马里奥特 (Marriott, McKim), 465

麦克乔治·邦迪(Bundy, McGeorge), 354, 361, 387; 对芝大的评论(critique of U of C), 355

麦肯锡公司(McKinsey & Company), 356

曼德尔会堂(Mandel Hall), 153, 347, 395

曼哈顿计划 (Manhattan Project) 305, 322. 参见冶金实验室[Metallurgical Laboratory (Met Lab)]

冒险, 哈珀(risk–taking, Harper and), 147

没有终身教职的教员(non–tenure track faculty), 469–70

梅尔文·W. 雷德(Reder, Melvin W.), 190

梅纳德·克鲁格 (Krueger, Maynard), 249

美北浸信会差会委员会(American Baptist Foreign Mission Society), 165

美国–波斯救济委员(American–Persian Relief Commission), 162

美国大学教授联合会 (AAUP), 276

美国大学协会 (Association of American Colleges), 281

《美国的高等教育》(哈钦斯)[*Higher Learning in America*) (Hutchins)], 219–20, 245, 249, 262, 317, 320

《美国的高等教育》(维布伦)[*(Higher Learning in America*) (Veblen)],144–45, 317

美国教育协会(American Council of Education), 207, 239–40, 319

美国浸信会国内传教协会(American Baptist Home Mission Society), 40

美国浸信会教育委员会(American Baptist Educational Commission), 23

美国浸信会教育协会(American Baptist Education Society), 40–41, 43, 52, 60, 103

美国联防情报联合会(American Vigilante Intelligence Federation), 272

美国陆军部,学生军训练团(War Department, and SATC), 159

"美国陪审团计划"(American Jury project), 441

美国青年进步者(Young Progressive of America), 277

美国人(American), 267–69

美国神圣文学研究所(American Institute of Sacred Literature), 70, 121

美国数学学会(American Mathematical Society), 139

美国物理教师协会(American Association of Physics Teachers), 236

美国校友委员会(American Alumni Council), 340

"美国与世界危机"(斯莫尔)"Americans and the World Crisis" (Small), 156

《美式英语词典》(*Dictionary of American English*), 193

美西战争(Spanish–American War), 115, 124

《米德尔敦:当代美国文化研究》[*Middletown: A Study in Contemporary American Culture* (R. and H. Lynd)], 238

米德维尔神学学生联盟(Meadville eological Students Association), 277

米德维工作室(Midway Studios), 翻新(renovation of), 395

米尔顿·G. 温特尼茨(Winternitz, Milton G.), 229

米尔顿·H. 托马斯(Thomas, Milton H.), 320

米尔顿·弗里德曼研究所(Milton Friedman Institute), 450

米尔顿·辛格(Singer, Milton), 260–61, 462, 465

米歇尔·奥巴马(Obama, Michelle), 456

免学费(tuition waiver), 92

民间团体和精英 (civic community and elites), 2, 65, 103–4, 106, 113, 173, 293, 300, 317, 318, 339, 341, 343, 346; 哈珀(Harper on), 62, 77, 89, 121–31; 芝加哥公民联合会 (Civic Federation of Chicago), 125, 129

民政培训学校 (Civil Affairs Training School), 303, 446–63

民主:美国榜样 (democracy: America as model), 193; 教育 (and education), 251–52; 哈珀 (Harper and), 62, 116, 145, 147; 大学(and university), 250, 370, 472

民主党 城市政治 (Democratic Party, and municipal politics), 30

民主国家公约 (Democratic National Convention), 373

《民族报》(*Nation*), 137

民族研究 ( ethnic studies), 462

名声(reputation):学术自由 (and academic freedom), 262;商学院( business school), 446; 第一所芝加哥大学(of first U of C), 21–22, 24, 35, 38; 哈珀(and Harper), 91, 122–24;哈钦斯 (of Hutchins), 274, 317,

319; 大学(of university), 24, 83, 317, 339, 345–46, 427. 参见威望(prestige)

名誉校长, 校长(chancellorship, and presidency), 356. 参见二元管理(dual governance)

命名的教授职位(professorship named for), 360

摩根公园(Morgan Park), 新芝加哥大学地址(as location for new U of C), 41–45, 49

摩根公园神学院(Morgan Park Seminary), 25–27, 40, 48, 59, 64, 165; 速度(and Goodspeed), 36–37; 哈珀(and Harper), 54, 69, 78; 新芝加哥大学(and new U of C), 33, 35–37; 洛克菲勒(and Rockefeller), 31

摩根公园神学院受托人(trustees of Morgan Park Seminary), 27–28

摩根会堂(Morgan Hall), 26

摩门教学生(Mormon students), 120

莫德·斯莱, 共产主义(Slye, Maud, and communism), 278–79

莫蒂默·阿德勒 (Adler, Mortimer), 241–42, 246, 248,339, 358, 370; 世界政府章程(and constitution for world government), 308–10; 与卡尔森辩论(and debate with Carlson), 246–47; 吉第昂斯(and Gideonse), 250; 哈钦斯(and Hutchins), 313, 324, 458

莫里斯·菲利普森(Philipson, Morris), 芝加哥大学出版社(and University of Chicago Press), 369

莫里斯·简诺维兹 (Janowitz, Morris), 374, 379

莫斯丑闻(Moss scandal), 21–22, 32

莫斯科电台(Moscow Radio), 310

墨西哥, 第一次世界大战(Mexico, and World War I), 155

目前的挑战(challenges, current), 5

穆迪运动(Moody movement), 28

穆里尔·比德尔(Beadle, Muriel), 344, 353, 357

内战: 第一所芝大的财务状况 (Civil War: and finances of first U of C), 18–19; 贾德森 (Judson and), 152; 学生 (students and), 16

纳粹德国(Nazi Germany), 1969年的大规模静坐示威(and sit–in of 1969), 376

纳撒尼尔·卡尔弗 (Culver, Nathaniel), 24

男女同校(coeducation), 14–15; 哈珀 (Harper and), 88; 住房 (and housing), 381; 早期大学比率(ratios, early College), 204

南岸国家俱乐部(South Shore Country Club), 284

南美, 投资(South Africa, investments in), 459–60

南区(South Side), 8–9, 28, 348, 457; 种族构成(and racial composition), 350. 参见海德公园；城市重建 (Hyde Park; urban renewal).

南校区, 伯顿(south campus complex, Burton and), 169—73, 209–10 参见伯顿：大学梦想(Burton: and "dream of the Colleges")

南亚文明序列(South Asian civilization sequence), 465

尼尔·哈里斯 (Harris, Neil), 411

尼尔森·E. 休伊特(Blake, E. Nelson), 59, 61; 摩根公园神学金融(and Morgan Park Seminary finances), 26–27; 莫斯丑闻(and Moss scandal), 21; 中立财富(and neutral wealth), 35, 61; 新芝大(and new U of

C), 41; 作为理事会主席(as president of trustees), 103–4

尼古拉斯·卡岑巴赫 (Katzenbach, Nicholas) 440

尼古拉斯·默里·巴特勒(Butler, Nicholas Murray), 129

《你的大学及其未来》(*Your University and Its Future*), 296

牛津大学(Oxford University), 典型(as model), 108, 170

《牛津英语词典》(*Oxford English Dictionary*), 193

《纽约客》(*New Yorker*), 333

《纽约时报》(*New York Times*), 239, 337, 414–17

纽约协和神学院(Union Theological Seminary), 215

纽约协和神学院(Union Theological Seminary), 25–27

奴役：浸礼会教徒(slavery: Baptists), 9; 道格拉斯(Douglas and), 12; 贾德森(Judson on), 151–52

女性主义 (feminism), 415

女学生(women students): 第一所芝大入学(admission at first U of C), 14; 住房(and housing),336, 340. 参见性别问题(gender issues)

女学生训练团(Women Students' Training Corps), 155

诺贝尔奖(Nobel Prize), 105, 140, 279, 355, 444, 445

诺克斯学院 (Knox College), 与第一所芝加哥大学相比(compared to first U of C) 29

诺曼·M. 布拉德伯恩 (Bradburn, Norman M.), 394, 398, 400; 布拉德伯恩委员会(and Bradburn committee), 428, 469

诺曼·麦克莱恩 (Maclean, Norman), 237, 254, 322; 谢维尔 (and Schevill), 236–37

诺曼·托马斯(Thomas , Norman), 238, 262

欧内斯特·C. 克威尔(Colwell, Ernest C.), 310, 344

欧内斯特·M. 霍普金斯 (Hopkins, Ernest M.), 164, 182, 217

欧内斯特·W. 伯吉斯 (Burgess, Ernest W.), 190, 279

欧内斯特·德威特·伯顿(Burton, Ernest DeWitt), 4, 160, 163–85, 193–94, 223, 228, 261, 340, 367–68; 废除学院(and abolition of College), 197; 任命的校长(appointed president), 167; 结构(and architecture), 108; 背景(background of), 164–66; 大众拓展教育(and civic outreach), 131; 死亡(death of), 181, 224; 学院梦想(and "dream of the Colleges,") 167, 170, 173, 210, 383;院系(and faculty), 218, 360; 筹资(and fund–raising), 296; 德国影响(and German influence), 165; 大萧条(and Great Depression), 201; 哈珀(and Harper),72–73, 163, 166; 遗产(legacy of), 181–82, 184–85; 个性(personality of), 164, 172, 181; 校长任期(presidency of), 167–85; 荣誉(reputation of), 166, 290; 宿舍楼(and residence halls), 201, 208, 411; 洛克菲勒(and Rockefellers), 167; 前景(vision of), 167–68, 176–77, 472

欧内斯特·弗雷德 (Freund, Ernst), 439

欧内斯特·匡特雷尔(Quantrell, Ernest), 217–19, 297

欧内斯特·威尔金斯(Wilkins, Ernest), 193–95, 198, 200; 教育理论("A Theory of Education,"), 194–95

欧文·B. 哈里斯 (Harris, Irving B.), 395, 447

欧洲的大学 (European universities), 影响 (influence of),8; "一战"后 (post–World War I), 192. 参见德国影

响 (German influence)

欧洲的大学(universities, European), 参见欧洲大学的影响(European universities, influence of); 德国的影响(German influence)

欧洲文化传统 (European cultural tradition), 与人文学科通识课程 (and humanities general survey course), 237

排名(rankings): 商学院 (business school), 446; 班级(class), 459; 大一新生(of freshmen), 207; 哈钦斯 (Hutchins and), 284; 大学(of universities), 系统的(systematic), 186; 价值(value of), 76. 参见选征兵役制(Selective Service system)

派系之争 (factionalism), 教员 (faculty), 217–19, 221

皮尔斯波利学院(Pillsbury Academy), 42

剽窃(plagiarism), 101

平庸这个祸根 (bane of the average), 199

评级 (grading), 100, 189, 199, 232–33

珀西·加德纳 (Gardner, Percy), 96

普鲁士文化部(Prussian Ministry of Culture), 143

普鲁士主义(Prussianism). 参见德国军国主义(militarism: German)

普通大学(Ordinarienuniversität), 147; 流亡学者(and refugee Scholars), 304

普通概论课程(biology, general survey course in), 235

企业代理 大学 (corporate agent, university as), 460–61

起源(origin), 盖茨新芝加哥大学账户(Gates account of new U of C), 63–64

气象学院 (Institute for Meteorology), 第二次世界大战 (and World War II), 302–3

气象员(Weathermen), 375

潜艇战(submarine warfare), 155

强制参加 (attendance: mandatory), 100; 可选的 (optional), 232, 234, 258

强制拆除(relocation, forced), 城市改造(and urban renewal), 351

乔纳森·史密斯(Smith, Jonathan), 400

乔纳森·F. 范东 (Fanton, Jonathan F.), 394

乔纳森·科林伯德 (Kleinbard, Jonathan) 452–53

乔治·戴尔 (Dell, George), 229, 306

乔治·A. 沃克斯(Works, George A.), 226, 233

乔治·C. 洛里默 (Lorimer, George C.) 33, 38, 51

乔治·E. 黑尔 (Hale, George E. ), 161

乔治·E. 文森特 (Vincent, George E), 176, 182, 219

乔治·J. 斯蒂格勒(Stigler, George J.), 444–45, 卡尔文报告(Kalven report), 460–61

乔治·P. 舒尔茨(Shultz, George P.), 444

乔治·S. 古德斯皮德 (Goodspeed, George S.), 53

乔治·W. 诺思拉普(Northrup, George W.), 25, 48, 54–55, 65; 第一所芝加哥大学的倒闭 (and collapse of first U of C), 33–35; 亨斯滕贝格图书馆(and Hengstenberg Library), 27

乔治·比德尔(Beadle, George), 381–82, 459; 背景(background of), 355–56; 邦迪(and Bundy), 365; 特色(characterized), 357; 征兵局(and draft boards), 372; 福特基金会(and Ford Foundation), 361–62, 364; 成为校长(becomes president), 355

乔治·伯曼·福斯特 (Foster, George Burman), 56, 119

乔治·贺伯特·米德(Mead, George Herbert), 78, 242

乔治·康茨 (Counts, George), 204, 207

乔治·普尔曼(Pullman, George), 24, 102

乔治·斯威夫特(Swift, George), 126

乔治·威尔格莱姆(Wilgram, George), 346

乔治·沃特金斯(Watkins, George), 316, 326–27, 339, 341, 354

青年民主俱乐部(Young Democratic Clubs), 266

轻佻女郎 (flapper generation), 311

穷人流离失所 (displacement of poor people), 350

琼斯会堂 (Jones Hall) 11–12; 在芝加哥大学新校舍(at new U of C), 183

琼斯实验室 (Jones Laboratory), 翻新 (renovation of), 395

取消抵押赎回权 (foreclosure), 关于第一所芝大 (on first U of C), 31–33

全国广播公司(NBC), 307

全国浸信会教育大会(National Educational Convention of Baptists), 40

全国科学研究委员会[National Research Council (NRC)], 161

全国民意研究中心(National Opinion Research Center, and survey), 341

全国学者协会(National Association of Scholars), 415

权利, 学生, 大学治理(rights, student, in university governance), 372–73, 376

权威教员 (authority, faculty), 132–33, 377, 414. 参见独立(independence)

确定性, 制度(certainty, systems of), 250

人口统计学 (demographics), 3–4, 15–16, 86, 92–93, 338, 410, 420, 437–38

人类关系研究机构(耶鲁)[Institute of Human Relations (Yale)], 228

人类和社会科学高级研究理事会 (Council on Advanced Studies in the Humanities and Social Sciences), 431

人文科学学院 (Institute of Liberal Studies), 285

人文学科通识课程(humanities general survey course), 236; 第一次世界大战 (and World War I), 237

人性主义与科学 (humanism, vs. science), 243

人质, 研究生被认为是 (hostage, graduate student taken as), 347

任期(presidency): 名誉校长(and chancellorship), 356; 哈珀(Harper on), 145, 148; 哈钦斯的观点( Hutchins view of), 319; 非教派(made nondenominational), 182; proposed dual, 356; 教务长(and provostship), 356–58

任务 (mission of), 443; 社会科学 (and social sciences), 443–46

容忍与争议(tolerance; and controversy), 276; 流亡学者(and refugee scholars), 304

瑞根斯坦家族(Regenstein family), 福特计划(and Ford Plan), 365

瑞根斯坦图书馆(Regenstein Library), 179, 364–65, 383, 387, 425

瑞瓦和大卫洛根艺术中心(Reva and David Logan Center for the Arts), 457

萨拉·斯普尔拉克(Spurlark, Sara), 455

塞拉斯·H. 斯特朗(Strawn, Silas H.), 263

塞拉斯·科布 (Cobb, Silas), 59

塞缪尔·N. 哈珀 (Harper, Samuel N.), 76, 89–90, 124, 159; 关于哈珀的财政 (on Harper's finances), 79–80

塞缪尔·英萨尔 (Insull, Samuel), 262

塞斯·伯纳德特(Benardete, Seth), 415

塞伊经济学厅(Saieh Hall for Economics), 450

三级联盟体育协会 (Division III athletics), 405

三卡帕(Tri Kappa), 16

瑟尔化学实验室(Searle Chemistry Laboratory), 365

瑟曼·阿诺德 (Arnold, Thurman), 359, 369

森·格雷厄姆 (Graham, Sen.), 275

沙勒迈恩·托尔(Tower, Charlemagne), 144

莎士比亚小学(Shakespeare Elementary School), 455

煽动罪调查 (sedition investigations), 267–75. 参见学术自由(academic freedom), 沃尔格林事件(Walgreen affair)

商学院 (College of Commerce), 99–100, 437, 442. 参见商学院(Graduate School of Business)

商学院 (Graduate School of Business), 442–51; 经济学系 (and Department of Economics), 444–46, 450; 福特基金会 (and Ford Foundation), 343; 法学院 (and Law School), 441;

商学院美国机构沃尔格林主席(Walgreen Chair of American Institutions in the Business School), 444

商学院研究生委员会 (Council on the Graduate School of Business), 445

商学院执行项目 (executive business school program), 445

商业，大学(business, university as), 35, 112, 145, 150, 316, 355

商业界：商学院(business community: and business school), 445; 保罗·道格拉斯(and P. Douglas), 262–63; 社会主义俱乐部(and socialist club), 263. 参见精英(elites); 城市复兴(urban renewal)

商业俱乐部 (Commercial Club), 51–52, 107

商业研究素材(Materials for the Study of Business), 442–43

商业周刊(BusinessWeek), 446, 448

尚武精神：欧洲 (militarism: European), 151; 德国 (German), 136–38, 154, 156, 158

设施 (facilities), 环境状况 (condition). 参见维护问题 (maintenance issues)

社会背景价值(social background, value of), 76

社会党(Socialist Party), 262

《社会风俗》(夏季学期)[*Folkways* (Summer)], 238

社会服务管理学院(School for Social Service Administration), 457

社会服务中心(Social Service Center), 365

社会工程，城市重建(social engineering, and urban renewal), 353

索引 743

社会经济地位(socioeconomic status), 207–8. 参见人口统计学；收入，城市重建；城市改造 (demographics; income, and urban renewal)

社会科学：院系自治(social sciences: autonomy of departments), 190–92; 商学院(and business school), 443–46, 451; 普查课程(and general survey course), 237–39; 大萧条(and Great Depression), 239; 跨学科性(and interdisciplinarity), 228–29; 法学院(and Law School), 440–41, 451; 都市化(and urbanism), 125

社会科学部 (Division of the Social Sciences), 创建 (created),228

社会科学研究大楼(Social Science Research Building), 191, 228

社会科学研究委员会创建(SSRC, creation of), 190–91

社会科学咨询委员会(Social Science Advisory Committee), 444

社会信任(trust, social)454

社会信任度，特许学校(social trust, and charter schools), 454

《社会学起源》(斯莫尔) [*Origins of Sociology* (Small)], 138

社会研究学会(Society for Social Research), 191

社会主义俱乐部(socialist club), 263

社会主义恐惧(socialism, fear of), 151; 参见煽动叛乱的调查(sedition investigations)

社会主义联盟(Socialist Alliance), 126

社区 大学 (community, university as limited), 461

社区(neighborhood). 参见海德公园(Hyde Park); 安全(safety), 社区(neighborhood); 城市改造(urban renewal)

社区参与，城市复兴 (community involvement, in urban Renewal), 349–51

社区服务中心 (Community Service Center), 456

社区合作 (partnerships, neighborhood), 451–58

社区事务办公室(Office of Community Affairs), 452

社区学校项目(neighborhood schools program), 452

社区重建与振兴基金会 (Fund for Community Redevelopment and Revitalization), 452

社团组织(Psi Upsilon), 16, 89

摄政公园(Regents Park), 452

神话的机构(myths, institutional), 2, 406–20

神童(quiz kid), 333–34, 337. 参见芝加哥大学学生成见(stereotyping of U of C students)

神学院 (Divinity School), 70, 118–19, 192, 437; 浸信会神学联盟 (and Baptist Theological Union), 54,56; 伯顿 (Burton and), 166, 180; 建设 (construction of), 115; 住房 (residences for), 170; 洛克菲勒 (and Rockefeller), 55

神学院 (divinity schools), 角色 (role of), 117

神学院(seminary), 拟议长老会(proposed Presbyterian), 8

《神学总结》(托马斯) [*Summae* (Thomas)], 242

审查制度，哈珀(censorship, Harper and), 117

审计官哈罗德·E. 贝尔(Bell, Harold E., comptroller), 394

生物科学部 (Division of Biological Sciences), 组建 (organized),180

生物科学学习中心(Biological Sciences Learning Center), 395

圣保罗, 伯顿(St. Paul, Burton and), 166

圣保罗大学教堂(St. Paul's University Church), 13

圣经翻译(Bible: interpretation of), 71–72; 普及 (popularization of), 70

《圣经世界》(Biblical World), 70, 72, 77, 121

圣经研究(Bible studies), 74; 伯顿相关(Burton and), 165–66; 哈珀相关(Harper and), 119, 122, 138–39

盛会 (pageantry), 哈珀 (Harper and), 123

《诗歌》杂志(Poetry magazine), 107

《什么是大学？》(哈钦斯)["What Is a University?"(Hutchins)], 273

《时代》杂志(Time magazine), 273–74, 337

"时代生活奖", 推动校友筹款(Time–Life Award, for alumi fund–raising promotion), 340

"实地研究"研讨会 (Field Studies seminar), 190

"实践科学"(practicality of science), 8, 236

实习项目 (internship programs), 425

实验 (experiment), 大学 (university as), 468

实验室(labs), 本科生(undergraduate), 170

"实验性改善计划"(Pilot Enrichment Program), 452

实验学校 (Lab School), 245, 343, 358

实用主义哲学 (pragmatism, philosophical), 135, 242,249, 252, 327. 参见约翰·杜威(Dewey, John); 詹姆斯·H. 塔夫茨(Tufts, James H.)

史黛丝·科尔 (Kole, Stacey), 449

史蒂倍克剧院(Studebaker Theater), 89–90

史密森学会(Smithsonian Institution), 8

世界本质以及人类本质(Nature of the World and Man course), 195, 235

世界观, 人文课程(Weltanschauung, and humanities coursework), 237

世界联邦共和体 (Federal Republic of the World), 308–10

《世界宪法草案初稿》(Preliminary Draft of a World Constitution), 307–10

世界政府的研究机构 (Institute for World Government), 308. 参见世界政府宪法 (constitution for world government

世界政府宪法 (constitution for world government), 307–10

世界政府章程(constitution forworld government), 308–10

市区学校 (inner–city schools), 452, 454

市政投票者联盟(Municipal Voters League), 124

事实：伯顿的视角(truth; in Burton vision), 177; 哈珀(Harper and), 116–17, 119, 471; 哈钦斯(Hutchins and), 220, 471–72; 芝大的教派(and religion at U of C), 114–15

事实与理念 (facts vs. ideas), 245–48, 255, 258

视角(vision): 布歇(of Boucher), 234; 伯顿(of Burton), 167–68, 172, 176–77, 210, 383, 472; 格雷(of Gray), 394, 398–99, 406; 哈珀(of Harper), 62, 112–13; 哈钦斯(of Hutchins), 220, 243; 贾德(of Judd), 225; 金普顿(of Kimpton), 332–34; E. 列维(of E. Levi), 364, 472; 索南夏因(of Sonnenschein), 409–10

收入(income), 城市改造(and urban renewal), 350–51, 353

首都运动: 第一(capital campaign: first), 185; of 1936, 274; of 1955–58, 7, 338–43; of 1965–75, 363;

受托人(trustees): 学术自由(and academic freedom), 264; 一百周年(and centennial), 399, 418; 第一所与第二所芝大的衔接(continuity between first and second U of C), 59; 赤字(and deficits)79, 108–14, 288–89, 293–95, 314–16, 337, 363, 379; 宗派(and denomination), 50, 103–4, 167; 第一所芝大(at first U of C)10–11, 17–20, 22–23; 筹款(and fund–raising), 173, 176, 180, 299, 180, 314–15; 哈珀(and Harper), 52–53, 55, 57, 101–14; 哈钦斯(and Hutchins), 267, 313, 324; 金普顿(and Kimpton), 339, 354; 土地方案(and land scheme of 1871), 20; J. 列维(and J.Levi)348–49; 莫斯丑闻(and Moss scandal), 21–22; 洛克菲勒(and Rockefeller), 79–80, 150–51; 索南夏因(and Sonnenschein), 410, 417. 参见筹款(fund–raising); 福德雷里克·盖茨(Gates,Frederick); 小约翰·D·洛克菲勒(Rockefeller,John D.,Jr); 赖尔森·马丁·A(Ryerson,Martin A.); 哈罗德·H·斯威夫特(Swift,Harold H.)

受托人参与筹款(trustee involvement in fund–raising), 294

受限的才能, 金普顿(restricted gift, Kimpton on), 342

授予 (grants): 阿内特 (and Arnett), 223–27, 290; 布歇 (and Boucher), 231; 大萧条时期 (in Great Depression), 288, 290–91, 295; 梅森 (and Mason), 183–84; 匹配捐赠 (matching gift of), 176; 东方学院 (and Oriental Institute), 184. 参见洛克菲勒董事会 (Rockefeller boards)

暑假课程(summer program), 93, 287, 445, 452

数学(mathematics), 德国影响(German influence on), 139

数学青年学者计划(Young Scholars Program in Mathematics), 452

双层管理结构 (dual–track classwork), 提出 (proposed), 231

双层管理体系 (dual governance):盖茨与小洛克菲勒 (Gates and Rockefeller Jr.), 110, 150; 哈钦斯与科威尔 (Hutchins and Colwell),310–11; 莫斯与伯勒斯 (Moss and Burroughs),21–22.又见: 名誉校长 (chancellorship), 任期 (and presidency); 教务长(provostship)

"双学季"模式 (doublet model), 413–16

私立大学(private universities), 精英主义(and elitism), 389–90

私有产品(private good), 大学教学(and university teaching), 471–72

思想自由 (freedom of thought). 参见学术自由 (academic freedom)

斯蒂芬·A. 道格拉斯 (Douglas, Stephen A.), 参议员(Senator), 8, 10–13, 32–33

斯蒂芬·W. 劳登巴什(Raudenbush, Stephen W.), 456

斯蒂芬·杰默 (Germer, Stefan), 104

斯科特·布坎南(Buchanan, Scott), 241, 250

斯莫尔(Small on), 187. 参见伟大经典课程; 新计划; 特殊化, 本科项目; 教学; 学位授予时间(Great Books courses; New Plan; specialization, in undergraduate program; teaching; time–to–degree)

斯内尔楼(Snell Hall) 170, 205; 学生军训练团(and SATC), 159

斯塔尔·墨菲(Murphy, Starr J.), 110–13, 145

斯塔格体育场：发展(Stagg Field: expansion of), 404–5, 冶金实验室(and Met Lab), 306; 后备军官训练团(and ROTC), 153; 学生军训练团(and SATC), 159

斯坦利·卡茨 (Katz, Stanley), 49, 54

斯特林费洛·巴尔(Barr, Stringfellow), 241, 243, 250

斯图尔特·塔夫(Tave, Stuart), 470–71

斯托斯演讲(耶鲁)[Storrs, Lectures(Yale)], 220

斯威夫特家族，神学院(Swift family, and Divinity School), 119

四方院(Quadrangles), 111, 166, 200, 288, 302, 335, 384, 386

四方院俱乐部(Quadrangle Club), 312

四希腊字母兄弟会之一(Phi Kappa Psi), 16

四种自由 (four freedoms), 301, 307

苏布拉马尼扬·钱德拉塞卡种族主义(Chandrasekhar, Subrahmanyan, and racism), 230

苏格拉底，用于新计划评判(Socrates, used in New Plan critique), 246

苏拉吉·辛哈(Sinha, Surajit), 465

苏联认可(Soviet Union: recognition of) 262, 267. 世界政府(and world government), 309

苏尼尔·库马尔 (Kumar, Sunil), 450

苏珊·基德维尔和基德维尔报告(Kidwell, Susan and Kidwell report), 424–25

宿舍大楼(residence halls), 205,404,406; 贝克委员会(and Baker Commission),431;布歇(Boucher and), 200; 伯顿(Burton and), 169–71, 208–9; 注册(enrollment), 380–83, 401; 福特计划(and Ford Plan), 363,365; 金普顿 (Kimpton and), 336; 克劳德计划(Klauder design), 209; E. 列维治下(under E.Levi), 389；学校规定(and on–campus requirements), 380；近期建设(recent construction), 422, 424–25；住房建设(and residential construction), 457；第二次世界大战(and World War II), 302,335；参见校友(alumni)；南校区，伯顿(south campus complex, Burton and)；学生(student life)

索尔·塔克斯(Tax, Sol), 346–47

索福尼斯巴·布雷肯里奇(Breckinridge, Sophonisba), 125

索亚·门契科夫(Mentschikoff, Soia), 440

塔楼玩家(Tower Players), 211

泰德·斯奈德(Snyder, Ted), 450

《贪婪的社会》(托尼)[*Acquisitive Society* (Tawney)], 238

探讨会(seminars), 94, 258; 雷德菲尔德–辛格项目(and Redfield–Singer project), 465. 参见德国影响(German influence)

唐·迈克尔·兰德尔(Randel, Don Michael), 420; 索南夏因计划(and Sonnenschein plans), 421

《唐怀瑟》(*Tannhauser*), 143

唐纳德·N. 莱文 (Levine, Donald N.) 335, 402, 404–5

唐纳德·赫勒 (Heller, Donald), 469

唐纳德·肯尼迪 (Kennedy, Donald), 391

唐纳德·施莱辛格(Slesinger, Donald), 216

特别项目办公室(Office of Special Programs), 452

特雷弗·阿内特 (Arnett, Trevor), 176, 218, 223–28, 290

特里·卡斯尔(Castle, Terry), 312

特许学校(charter schools), 453–56

提前录取制度 (Early Admission Program), 326–27

体育馆 (Field House), 伯顿 (and Burton), 180

天文台, 在第一所芝加哥大学(astronomical observatory, at first U of C), 18

天主教(Catholicism), 120, 130–31

田纳西州橡树岭(Oak Ridge, TN), 冶金实验室(and Met Lab), 305

通货膨胀 (inflation), 第一次世界大战后 (post–World War I), 162

通勤学生 (commuter students), 210, 212–13, 425. 参见住家学生(home, students living at)

通识教育课程 (general education curriculum): 布歇 (Boucher and), 198–200, 235; 相对版本 (competing visions of), 251; "双学季"模式 (and doublet model), 413; 结束 (end of), 328–29; 考试办公室 (and examiner's office), 258; 兄弟会住房 (and fraternity housing), 336; 格雷治下 (under Gray), 403–4; 哈钦斯本科院 (and Hutchins College), 229, 232, 252–61, 313, 317; 金普顿治下 (under Kimpton), 329–30, 337, 402; E. 列维治下 (under E. Levi), 366, 402; 在"新"大学 (in "new College,") 330–31; "新计划"(and New Plan), 232–33, 251; 学生评论 (student critiques of), 247–48; 两年的项目 (two–year program), 244–45. 参见核心课程 (Core curriculum); 哈钦斯本科院 (Hutchins College); 本科生项目的专业化 (specialization, in undergraduate program); 本科生与研究生教育 (undergraduate vs. graduate education)

通识教育委员会 [General Education Board (GEB)]

通讯(communications): 入学(and admissions), 423; 师生 工作室 (faculty–student, and workshops), 432; 盖茨 (Gates and), 42–43;

通用电气公司 (General Electric Corporation), 445

通用费用(utility costs),397

图书馆(libraries): 伯顿 (Burton and) 166; 部门的 (departmental) 94; 藏书的发展 (development of collection) 105; 福特计划 (and Ford Plan) 362; 菲尔恩斯塔尔报告 (and Furnstahl report) 407–8; 格雷和系统 (Gray and system) 395; 1933研究(and 1933 study) 226; 本科生 (undergraduate) 170, 200, 209; 城市改造材料 (urban reform materials and) 124. 参见柏林收藏(Berlin Collection); 哈珀纪念图书馆 (Harper Memorial Library); 瑞根斯坦图书馆 (Regenstein Library)

图书馆研究生院 (Graduate Library School), 437

图书馆政策联合委员会(Joint Commission on Library Policy), 166

土地征用 (eminent domain), 大学 (university and), 348

退伍军人 :学识(veterans: and scholarships), 161; 学费补助(and tuition grants), 206

退休年龄:与工资费用(retirement age: and salary costs), 396; 强制的(mandatory), 398. 参见退休基金, 教

员 (pension fund, faculty)

托尔·皮尔斯(Pierce Tower), 336, 380–82, 425

托基尔·雅各布森 (Jacobsen, Thorkild), 192

托灵顿·伦特 (Lunt, Orrington), 西北大学 (and Northwestern University), 28

托马斯.V. 史密斯(Smith, Thomas V.), 194, 318–19

托马斯·C. 钱柏林(Chamberlin, Thomas C.), 78

托马斯·D. 西摩(Seymourr, Thomas D.), 73

托马斯·W. 斯旺(Swan, Thomas W.), 216

托马斯·本德尔(Bender, Thomas), 65, 190

托马斯·古德斯皮德 (Goodspeed, Thomas), 29, 53, 64–65, 101, 103, 105, 174; 《外国人契约劳工法》(and *Alien Contract Labor Law of* ) 1885, 134; 背景 (background), 12–13, 36; 芝加哥浸信会 (and Chicago Baptist) 纽约协和神学院 (Union Theological Seminary), 26; 赤字 (and deficits), 110–14; 第一所芝大 (and first U of C), 11, 33, 63; 盖茨 (and Gates), 42, 44, 46, 48, 63; 哈珀 (and Harper), 38, 46–48, 56, 80–81; 海德公园浸信会教堂 (and Hyde Park Baptist Church), 121–22; 摩根公园神学院的财政 (and Morgan Park Seminary finances), 26–28; 新芝大 (and new U of C), 7, 50–52; 芝大的宗教 (and religion at U of C), 114–21; 洛克菲勒 (and Rockefeller), 38–40, 45, 113; 出国留学 (and study abroad), 133–34

托马斯·霍因 (Hoyne, Thomas), 10, 19

托马斯·罗森鲍姆(Rosenbaum; Thomas), 421; 研究生援助倡议(and Graduate Aid Initiative), 434–35

托马斯·唐纳利 (Donnelley, Thomas), 219, 264–65

托马斯的《美国的出路》[*America's Way* (Thomas)], 238

托马斯主义(Thomism), 参见莫蒂默·阿德勒(Adler, Mortimer)

托马斯主义的"投石党"运动(Thomistic Fronde), 242–52

托尼·布里克(Bryk, Tony), 453–56

托斯丹·范伯伦 (Veblen, Thorstein), 107, 112, 152; 哈珀(and Harper)144–45, 317–18, 458; 哈钦斯(and Hutchins), 231, 317


瓦尔特·韦佛(Wever, Walther), 142–43

外国出生的教员 (foreign–born faculty). 参见教员与教员文化 (faculty and faculty culture): 外国出生的 (foreign–born); 流亡学者 (refugee scholars), 第二次世界大战 (World War II and)

外国法项目 (Foreign Law Program), 441

网络(network), 浸信会(Baptist), 盖茨(and Gates), 42–43

威博尔特厅(Wieboldt Hall), 180, 183

威尔伯·卡茨 (Katz, Wilbur), 和法学院课程(and Law School curriculum), 439–40

威拉德·皮尤(Pugh, Willard), 81

威利斯·鲁迪(Rudy, Willis), 186

威廉·Z. 福斯特 (Foster, William Z.), 263–64

威廉·B. 奥格登(Odgen, William B.), 第一所芝加哥大学的建立(and construction at first U of C), 19

威廉·B. 奥格登(Ogden, William B.), 10, 23, 58, 118; 命名的教授职位(professorship named for), 360

威廉·C. 布拉德伯恩 (Bradbury, William C.), 335–36

威廉·H. 麦克尼尔(McNeill, William H.), 465

威廉·H. 扎克赖亚森(Zachariasen, William H.), 192

威廉·H. 斯潘塞(William H. Spencer) 442

威廉·I. 纳普 (Knapp, William I.) 78

威廉·J. 哈钦斯 (Hutchins, William J.), 215, 218

威廉·M. 佩恩(Payne, William M.), 137

威廉·O. 道格拉斯 (Douglas, William O.), 216

威廉·R. 黑登 (Haden, William R. ), 394

威廉·S. 勒尼德 (Learned, William S.), 199, 201

威廉·T. 哈钦森 (Hutchinson, William T.), 312

威廉·W. 埃弗茨(Everts, William W.): 浸信会神学联盟(and Baptist Theological Union), 24; 伯勒斯 (and Burroughs), 18–20; 筹款 (fund–raising and), 18–19; 亨斯滕贝格图书馆 (and Hengstenberg Library), 27; 芝大新址 (and location of new U of C), 59–61

威廉·W. 博因顿 (Boyington, William W.), 11

威廉·奥格本(Ogburn, William), 190, 307

威廉·保克 (Pauck, Wilhelm), 192

威廉·本顿(Benton, William), 275, 293–95; 哈钦斯学院的终结(and end of Hutchins College), 329; 哈钦斯 (and Hutchins), 312–13

威廉·博拉(Borah, William), 272

威廉·德怀特·惠特尼(Whitney, William Dwight), 68, 78

威廉·多德 (Dodd, William), 97, 151–52, 197, 200–202, 209–10, 217–18, 232, 272

威廉·冯·克莱斯特 (Christ, Wilhelm von), 137

威廉·哈钦森 (Hutchison, William), 72

威廉·赫尔曼 (Herrmann, Wilhelm), 143

威廉·亨利 (Henry, William), 374

威廉·霍尔珀林 (Halperin, William), 240

威廉·霍华德·塔夫脱(Taft, William Howard), 151

威廉·克雷吉 (Craigie, Sir William), 193

威廉·兰德斯 (Landes, William), 441

威廉·雷尼·哈珀 (Harper, William Rainey), 67–148; 接受校长任职 (accepts presidency), 52–57, 74; 背景 (background of), 36–37, 67–73, 76; 董事会 (and board of trustees), 101–14;《大学商业的一面》("Business Side of a University, The"), 145; 学院与大学 (and college vs. university), 80–91; 第一所芝大与第二所芝大的连续性 (and continuities between first and second U of C), 58–65; 死亡 (death of), 72–73, 121, 170; 赤字 (and deficits), 110–14; 神学院 (and Divinity School), 54–56, 70, 74, 115,

117–19, 136, 438; 信念 (and faith), 69; 家庭 (family of), 89, 134–35; 足球 (and football), 297–98; 本科项目 (and graduate programs), 91–98; 贾德森 (and Judson), 150–53; 法学院 (and law school), 438–39; 遗产 (legacy of), 144–48, 340, 369, 371, 470–72; 巧妙处理 (as manipulative), 111, 118, 123; 莫尔豪斯 (and Morehouse), 55, 57; 国家教育体系 (and national education system), 62, 73, 75, 77–78, 85–86, 125–26; 专业化教育 (and professional education), 437, 451; 进步主义 (and progressivism), 116; 出版发行 (publications of), 70–73; 公众形象 (public image of), 122–24, 127; 公众参与 (and public involvement), 121–31; 芝大中的宗教 (and religion at U of C), 114–21; 洛克菲勒 (and Rockefeller), 39, 46–49, 52–57, 126; 斯特朗 (and Strong), 39–40, 47–48, 53, 55–56, 82, 118; "民主大学"("University and Democracy, The"), 115–16, 143; 范伯伦 (and Veblen), 112, 144–45, 317, 458; 版本 (vision of), 62, 64, 67, 73–80; 耶鲁 (and Yale), 52–53, 55, 57

威廉·雷尼·哈珀纪念馆(William Rainey Harper Memorial Library), 166

威廉·鲁道夫·赫斯特 (Hearst, William Randolph), 267, 269; 罗斯福 (and Roosevelt), 273

威廉·马修斯(Mathews, William), 17

威廉·麦吉本(McKibben, William), 165

威廉·麦金利(McKinley, William), 124

威廉·琼斯 (Jones, William) 10

威廉·托利弗(Taliaferro, William), 391

威廉·沃恩·穆迪(Moody, William Vaughn), 236

威廉·詹姆斯 (James, William) 187

威望(prestige), 24, 147, 185–86, 218, 338, 340, 357, 363, 435; 城市(and city), 64, 108, 175–76; 教员(and faculty), 53, 62, 166–67, 178, 185, 191, 435; 外国学者(and foreign Scholars), 144, 193, 304; 教育目标 (as goal of Education), 172; 哈钦斯(and Hutchins), 221–22, 260, 274–78, 307, 319, 355;职业学校(and professional schools), 437, 446; 研究(and Research), 177, 185, 188, 260, 435, 437; 社会(social), 172, 315;社会科学(and social sciences), 191–92; 教学 (and teaching), 197, 367–68

为地球物理学而建的亨利·海因兹实验室 (Henry Hinds Laboratory for the Geophysical Sciences), 365

"为了人文科学"(温特劳布)["In Behalf of the Humanities"(Weintraub)], 471

韦恩·布斯(Booth, Wayne C.), 383, 402; 教学委员会(and Council on Teaching), 412; E. 列维(and E. Levi), 378; 学生抗议 (and student protests), 376–77

维护问题 (maintenance issues), 30, 336–37. 参见皮尔斯楼 (Pierce Tower); 伍德沃德苑(Woodward Court)

维诺里·拉斐尔 (Vinoly, Rafael), 450

维斯塔·萨顿·奥立克 (Orlick, Vesta Sutton), 313

伟大的责任(Responsibility of Greatness), 7, 340

伟大著作课程 (Great Books courses), 243–44, 247, 250; 哈钦斯 (Hutchins and), 220, 313; E. 列维 (E. Levi and), 358; 新计划 (and New Plan), 241; 学生的刻板印象 (and stereotyping of students), 332. 参见莫蒂默·阿德勒 (Adler, Mortimer)

委员会 (Committee of), 85, 374

《委员会关于芝大参与政治和社会行动责任的报告》(卡尔文的报告)["Report of the Committee on the

University's Role in Political and Social Action" (Kalven report)], 459–62

卫理公会教徒(Methodists):神学院( and Divinity School), 119;西北大学(and Northwestern University), 28–29

卫理公会教徒作为董事会主席(Methodist as president of trustees), 167

文化 校园 (culture, campus), 6, 16, 100–101, 171–72, 210–14, 251; 专业学院(and professional schools), 437–38. 参见学生生活(student life)

文化,海德公园早期(culture, early Hyde Park), 122

文化,学术 (culture, academic), 6, 469; 作为市民目标 (as civic goal), 24; 教育 巴顿 (and education, Burton on), 168. 参见教员和教员文化(faculty and faculty culture)

文化文明比较研究 (Comparative Studies of Culture and Civilization), 465

文化与文明比较研究(personality and culture, comparative study of), 260

文化与行为的统一(unity of culture and action), 75, 78

文学批评 (literary criticism), 克兰 (and Crane), 243–44

文学硕士学位:学部 (MA degrees: and divisions) 256; 早期(early), 92, 94; 整体教育大纲 (and general education curriculum) 232–33; 作为研究学位 (as research degree), 189; 夏季项目(and summer program), 93; 为了教学 (for teaching), 92, 94, 186, 189;终端( terminal), 437

《文学文摘》(*Literary Digest*), 239

《我的观点:论教育》(E. 列维)[*Points of View: Talks on Education* (E. Levi)], 368–69

《我们学校的落后者》(艾尔斯) [*Laggards in Our Schools* (Ayres)], 226

沃尔格林事件(Walgreen affair), 268–75, 280, 293

沃尔克基金(Volker Fund), 441

沃尔特·伊尔斯 (Eells, Walter), 226, 228

沃尔特·J. 布卢姆(Blum, Walter J.), 382, 441

沃尔特·伯恩斯(Berns, Walter), 415

沃尔特·迪尔·斯科特(Scott, Walter Dill ), 272, 288

沃尔特·佩普基 (Paepcke, Walter), 315

沃尔特·皮亚科夫斯基(Piakowski, Walter), 309

沃克博物馆的返修(Walker Museum, renovation of), 395

沃克礼堂 (Walker Hall), 450

《沃兰特》(*Volante*), 16

沃利斯–卢尔商业教育模式(Wallis–Lorre model of business education), 446, 448

沃伦·韦弗(Weaver, Warren), 291

沃纳·威克(Wick, Warner), 381, 383

乌利希·米德尔多夫(Middeldorf, Ulrich), 304

乌托邦故事(芒福德)(Story of Utopias, Mumford), 238

无神论学生(atheist students), 120

五十周年纪念日 (fiftieth anniversary), 293–94, 299

伍德隆保全投资公司(Woodlawn Preservation and Investment Corporation), 452

伍德隆社区(Woodlawn neighborhood), 344, 452, 456–57; 参见海德公园(Hyde Park)

伍德隆组织(Woodlawn Organization), 350

伍德罗·威尔逊(Wilson, Woodrow), 151–52, 154, 300. 参见伍德罗·威尔逊基金会(Woodrow Wilson Foundation)

伍德罗·威尔逊基金会(Woodrow Wilson Foundation), 428

伍德沃德法院(Woodward Court), 336, 380–82

物理科学(physical sciences, general survey course in), 236

西奥多·G. 索尔斯(Soares, Theodore G.), 120, 152, 206

西奥多·O. 英特玛(Yntema, Theodore O.), 442

西奥多·罗斯福(Roosevelt, Theodore), 124; 法学院(and Law School), 438–39

西北(Northwest), 芝加哥(Chicago as), 10, 12. 参见西部(West and Western), 芝加哥–西北大学(U of C as Northwestern University), 14, 16, 28, 78, 341, 393; 合并(merger with), 288–89, 320; 商学院排名(and ranking of business schools), 446

西部的, 芝加哥大学(West and Western, U of C as)7, 8, 11, 28, 34, 39–40, 49–50, 61, 83, 93, 98, 113; 浸礼会目标(Baptist goals in), 43–45; 哈珀的声望(Harper's reputation in), 123; 摩根公园神学院(Morgan Park Seminary as), 28

西部的大学(University of the West), 50; 参见西部的, 芝加哥大学校长的角色(See also West and Western, U of C as university president, role of), 329

西部与东部大学工资对比(Western vs. Eastern college salaries), 17

西德尼·戴维森 (Davidson, Sidney), 444

西德尼·肯特(Kent, Sidney), 59

西德尼·纳格尔(Nagle, Sidney), 413

西尔维娅·特鲁普(Thrupp, Sylvia), 260

西方文明, 格雷的传统(Western civilization, Gray on traditions of), 467

西方文明, 辛格·雷德菲尔德计划(Western civilization, and Redfield Singer project), 464

西方文明史课程 (History of Western Civilization course), 258, 415, 471; 海外留学 (and study abroad), 426

西方修辞学(rhetoric of the West), 28

希伯来语 (Hebrew): 伯顿 (Burton and), 165; 哈珀与 (Harper and), 68–70

《希伯来语》(*Hebraica*), 70, 72

《希伯来语学生》(*Hebrew Student*), 70

希腊生活 (Greek life): 在第一所芝大 (at first U of C), 16; 哈钦斯 (Hutchins and), 299; 突出的 (prominent), 211–14; 连根拔起 (uprooted), 334. 参见兄弟会 (fraternities)

希腊正教学生 (Greek Orthodox students), 120

希区柯克楼 (Hitchcock Hall), 170, 205; 学生军训练团 (and SATC), 159

习惯 (habits), 智力 (intellectual), 177

《系统神学》[*Systematic Theology*(strong)], 8

系统研究芝大(systematic study of U of C), 224–25

狭隘(narrowness), 学术知识(intellectual), 187, 229, 257, 281, 320, 463

夏洛特·蒙哥马利·格雷 (Grey, Charlotte Montgomery), 212

夏威夷 (Hawaii), 141

《先驱者报》(*Herald*), 275

现代方法论(methodology, modern), 187–88

"现代思想是反智的吗"(奈特)["Is Modern Thought Anti–Intellectual?" (Knight)], 248

现代语言系楼(modern languages building), 197. 参见威博尔特楼(Wieboldt Hall)

《宪法与美国政治历史》[*Constitutional and Political History of the United States* (Holst)], 140

向大学捐款 (donations to university), 未受限制 (unrestricted),384

向上跃进(Upward Bound), 452

消防员 (firefighters), 给儿童的奖学金 (scholarships for children of), 452

消费,明显的 (consumption, conspicuous), 23

萧条 (Depression). 参见1873年大萧条(Great Depression depression of 1873), 20

小弗朗西斯·帕克 (Parker, Francis, Jr.), 哈珀 (and Harper), 146

小红学舍 (Little Red Schoolhouse), 433

小克里夫顿·R. 沃顿(Wharton Clifton R., Jr.), 391

小约翰·D. 洛克菲勒(John D. Rockefeller Jr.), 芝加哥大学浸信会影响(and Baptist influence on U of C),119; 芝加哥大学五十周年(and fiftieth anniversary of U of C), 299; 金普顿(and Kimpton), 342; 洛克菲勒纪念教堂(and Rockefeller Memorial Chapel), 179; 作为受托人(as trustee), 110, 150; 受托人 (and trustees), 110–14

小詹姆斯·W. 谢尔登(Sheldon, James W.. Jr.), 381

肖托夸教育体系(Chautauqua System of Education), 70, 78

效忠宣誓(oaths, loyalty), 276

校长(principals), 学校改革(and school reform), 454

校长夫人联谊(socializing, and president's wife), 182, 311

校内体育活动(sports: intramural), 405,第一次世界大战期间(during World War I), 157. 参见足球运动员 (athletics, football)

校友:废除本科生院(alumni: and abolition of Colleges), 202–3;学术自由( academic freedom), 268, 273, 275–76; 田径运动(athletics), 89, 214, 297–99, 315; 攻击高级教员and attack on senior faculty, 202–3; 布朗纳故事( Bronner story), 416–17; 商学院(business school), 447–48;学院指导(College mentoring), 425; 共产主义(communism), 297; 第一所芝加哥大学(first U of C), 15, 59;菲尔恩斯塔尔报告(Furnstahl report), 407–8; 近期进展(recent improvements), 425; 研究(research), 459; 洛克菲勒支持(Rockefeller support), 174, 292;学生生活(student life), 88, 180, 211, 404

校友筹款(alumni fund-raising), 169, 173–74, 180–81, 202–3, 315, 323, 326, 338–42, 385, 419–20; 校友基金 (Alumni Fund), 174; 周年纪念基金(Anniversary Fund), 294–300; and 百年 (centennial), 399; 学院基金(College Fund), 399; 筹资调查(survey on fund–raising), 294; 有的放矢的策略(targeted appeals),

399

校友关系(alumni relations): 伯顿掌下(under Burton), 169; 哈珀相关(Harper and), 90–91; 哈钦斯相关(Hutchins and), 216, 268, 313, 318; 金普顿相关 (and Kimpton), 339; E. 列维相关(and E. Levi), 369–70; 梅森指掌下(under Mason), 184; 赖尔森相关(Ryerson and), 106; 索南夏因相关(Sonnenschein and), 418; 斯威夫特相关(Swift and), 174

校友总务委员会 (General Alumni Committee), 180–81

校园警察(police: campus), 452, 457; 海德公园(and Hyde Park), 347–48; 为孩子们设立的奖学金(scholarships for children of), 452; 1969年的大规模静坐示威(and sit–in of 1969), 376; 哥伦比亚学生罢课活动(and student strike at Columbia), 373

谢勒·马修斯(Mathews, Shailer), 70, 77, 174

"谢莉与克雷默"一案 (*Shelly v. Kraemer*), 346

谢里登·福特 (Fort Sheridan), 156

心理测试(Psychological Examination), 207, 239–40

心理测试(psychological testing), 213, 216

辛西娅·霍巴特·惠特克(Whitaker, Cynthia Hobart), 136

《新俄国初级读本》(伊林)[*New Russia's Primer* (Ilin)], 269–70

新哥特式建筑(neo–Gothic architecture), 4, 78, 104, 121

新哥特式与现代主义建筑(neo–Gothic–modernist architecture), 瑞根斯坦图书馆(and Regenstein Library), 364–65

新计划(New Plan), 231–253; 布歇(and Boucher), 284, 297; 挑战(challenges to), 243–44; 学历(and Degrees), 254–55; 通识教育委员会(and GEB), 290; 哈钦斯(and Hutchins), 242–52, 328; 宣传(publicity from), 239–40. 参见"伟大经典"课程(Great Books Courses)

《新教伦理》(韦伯)[*Protestant Ethic* (Weber)], 76

新年攻势(Tet Offensive), 373

新院系部门(New Collegiate Division), 366

《新约》的史实性(*New Testament*, historicity of), 165

新政(New Deal), 哈钦斯(and Hutchins), 269

新芝大的变迁(transition to new U of C), 36–65.参见古德斯皮德(Goodspeed), 托马斯(Thomas); 哈珀(Harper, William Rainey); 约翰·D. 洛克菲勒(Rockefeller, John D.)

新芝大章程(charter, new U of C), 52

新芝加哥大学校址 (location of new U of C), 43–48, 59–60

新芝加哥大学用地 (land for new U of C), 37, 41, 60–61, 103–5

新中世纪建筑(neo–medieval architecture), 洛克菲勒教堂(and Rockefeller Chapel), 179

薪金, 院系: 管理职责(salaries, faculty: administrative duties), 92; 伯顿(Burton and), 166, 169, 177–78; 1892年(in 1892), 78; 第一所芝大(first U of C), 17, 19–20, 30; 福特基金会(and Ford Foundation), 342–43, 362; 格雷治下(under Gray), 394–98; 大萧条时期(in Great Depression), 287; 哈珀(and Harper), 62; 金普顿(and Kimpton), 353; E. 列维治下(under E. Levi), 360, 364; 1930年(in 1930), 205;

第一次世界大战之后(post–World War I), 162; 学费收入(and tuition revenue), 407–8; 大学生住房(undergraduate housing), 209; 无薪教员(unpaid faculty), 30; 威尔逊(and Wilson), 392

信息病 (information disease), 220, 244. 参见事实与理念 ( facts vs. ideas)

行动力(action skills), 449

行政楼(Administration Building), 223, 314–15

性别问题 (gender issues), 87–88, 130, 396

性别研究 (gender studies), 414–15

性研究(sexuality studies), 414

兄弟会 (fraternities): 校友 (and alumni), 315; 在某方面下降 (decline in), 336; 哈珀 (Harper and), 89; 作为住房 (as housing), 211–13, 335–36; "一战"中的军事服务 [and military service(World War I)], 156–57, 159

雄辩(oratory), 哈钦斯(Hutchins and), 219–20

休伊特 (Hewitt), 272

修昔底德(Thucydides), 1–2

需求,对学生观点 (demands, faculty views of student), 376–78

宣传(propaganda): 教员(faculty and), 156; 托马斯主义(Thomism as), 248; 第一次世界大战(World War I), 154

选修课 (electives), 核心课程 (and Core), 413

选择学校,芝大(school of choice, U of C as), 417, 420, 423

选征兵役制(Selective Service System), 155, 162, 372, 459

学费(tuition costs), 15, 205, 396–97

学费收入(tuition revenue), 11, 30, 162, 169, 206, 326, 332, 338–39, 363, 380–84, 386, 395–97, 407–8, 419, 427, 451

学分:废除 (credits: abolished), 232; 哈钦斯 (Hutchins and), 284; 新计划下 (under New Plan), 233

学分竞争 哈珀 (competition on merit, Harper and), 62. 参见精英和英才教育(merit and meritocracy)

学季制(quarter system), 90–91, 180; 大学教员(and College faculty), 253; 教育咨询(and educational consulting), 226; 哈珀(Harper and), 13, 68, 75–76, 317; 学生课程负担(and student workload), 413

学科 (disciplines), 萎缩 (narrowing of), 187, 189

学生:金普顿的目标(student body: Kimpton's goals for), 332–337; 第一次世界大战后期(post–World War I), 204; 第二次世界大战后期(post–World War II), 334. 参见第一次世界大战中学生的种族背景,社会经济地位,学生生活(ethnic background of students, and World War I; socioeconomic status, student life)

学生成就(outcomes, student), 15, 87, 91, 98–101, 297, 405, 432–33, 435–36, 470; 校友作为教育者(and alumni as educators), 181; 哈钦斯学院学生(of Hutchins College students), 259; 法学院学生(of Law School students), 442

学生的民族背景 (ethnic background of students), 第一次世界大战 (and World War I), 158. 参见人口结构 (demographics)

学生抵抗第一次世界大战,(resistance to World War I, student), 156, 158–59

学生高退学率 (attrition rates, for students), 196, 404, 421–22, 429–30; 研究生资助计划 (and Graduate Aid Initiative), 434–35.参见辍学率(dropout rates); 学生生活(student life)

学生剧场(theater, student), 157, 170, 211, 334, 363, 395, 405

学生军训练团(SATC), 159–60

学生军训练团,第二次世界大战(SATC, and World War II), 302–3

学生民主行动组织(Students for Democratic Action), 277

学生入学咨询委员会(Advisory Committee on Student Enrollment), 384

学生社会背景 (background, student social), 203–8

学生社会需求(social needs, students and) 171–72; 学生生活(student life)

学生生活(student life):伯顿(and Burton), 169–71, 177, 354; 商学院 (at business school), 446–47, 459; 中心(and Core), 404–5; 福特计划 (and Ford Plan), 88–89; 哈钦斯学院 (and Hutchins College), 328, 334–35; 提高(improved), 405–6, 41–25, 468; 金普顿 (and Kimpton), 340, 354; 引线程序(and LEAD program), 449; E. 列维(and E. Levi), 368, 377, 388–90; 新建工程(and new construction), 424; 20世纪20年代(in the 1920s), 185–214; 1938年调查(1938 survey of), 297;1995年调查(1995 survey of), 411; 索南夏因(and Sonnenschein), 410; 威尔逊(and Wilson)392; 第一次世界大战(and World War I)156–60, 203–14; 第二次世界大战(and World War II)203, 334–35.参见退学率;宿舍大楼(dropout rates; residence hall)

学生宿舍, 1964年提议(village, student, proposed 1964), 382–82; 参见住房:宿舍大楼(housing: residence halls)

学生文化,社会科学毕业生(student culture, social science graduate), 191. 参见校园文化,学生生活 (culture, campus; student life)

学生意见的普遍激化[radicalization of student opinion (1960s)], 373

学生战争行动委员会(第一次世界大战)[Students War Activities Committee(World War I)], 155

学生争取民主社会组织(SDS), 373, 377, 459–60

学生争取自由选择(Students for a Free Choice), 372

学生志愿服务(volunteerism, student), 456

学生志愿协会(voluntary associations, student), 201–11

学士学位 (BA degree), 84, 199, 201, 239, 253, 256, 403; 奖励 (awarding of), 233, 253, 328; 哈钦斯学院 (and Hutchins College), 254–55, 285, 328; 金普顿 (and Kimpton), 328

学术革命(academic revolution), 6

学术休假( sabbatical), 75, 91, 94

学术严谨(rigor, academic), 6,100,142, 390, 459, 469;入学目标(and admission goals), 200;布朗纳故事(Bronner story), 415;精英主义(and elitism), 370;第一所芝大(at first U of C), 14;福特计划(and Ford Plan), 363;国外研究(and foreign study), 192;法律学院(and Law School), 441;新计划(and New Plan), 239;本科生准备工作(and preparation of undergraduates), 196;学季制(and quarter system), 413;西方学术标准(and western academic standards), 83

学术专门性界限(specialties, limits of academic), 187

学术专业主义(professionalism, academic), 62, 133

学术自由 (academic freedom), 96, 124, 131–33,141–42, 144, 177, 419, 467–68; 哈钦斯相关 (Hutchins and), 261–81, 317–18; 个体成员社区权力(and rights of individual members of community), 460–62. 参见哈里·卡尔文 (Kalven, Harry: and Kalven report)

学位(degrees): 商学院(business school), 442; 从第一所到第二所芝大的延续(continuity from first to second U of C), 59; 博士(doctoral), 281, 283, 286, 436; 在第一所芝大(at first U of C), 13–14; 哈珀治下(under Harper), 84; 名誉(honorary), 131–32, 144, 154–55; 哈钦斯(Hutchins and), 229, 253, 285; 法律(law), 99; 古典文学博士(LHD), 281; 医学(medical), 99; 授予数量(numbers awarded), 92–93, 427–28; 理学士(SB), 84; 理学博士(ScD), 281;教学 (for teaching), 92, 126, 186; 转校生 (and transfer students), 86; 教工重视 (as valued by faculty), 435. 参见学士学位(BA degree); 硕士学位(MA degrees); 工商管理硕士(MBA), 创造(creation of); 博士学位(PhD degree)

学位授予时间(Time–to–degree), 287, 429–30, 468; 研究生援助倡议(and Graduate Aid Initiative), 434–35

学习习惯(study habits), 240

学校改善中心(Center for School Improvement), 453–55

《学校评论》(School Review), 77, 125

学院 (College), 3–4, 6, 48–50, 202, 401; 布歇计划 (Boucher plan for), 200–201; 伯顿 (Burton and), 169–70; 格雷 (under Gray), 406; 哈珀 (Harper and), 54, 80–91, 169; 哈钦斯 (and Hutchins), 232, 286; 近期发展 (recent developments), 417, 421–27; 在金普顿掌管下重建 (restructured under Kimpton), 328–31, 337; E. 列维治下重组 (re–structured under E. Levi), 365–68, 389; 传闻废除 (rumored abolition of), 197, 201–3. 参见课程(curriculum); 伟大经典课程(Great Books courses); 新计划(New Plan); 学生生活(student life)

学院 中级/高级结构 (College, Junior/Senior structure), 82, 84–86, 88, 90, 99, 168–69

学院(academy): 作为中学(as high school), 86; 第一所芝大的预备学校(preparatory at first U of C), 13, 18, 30

《学院和大学金融》(阿内特) [College and University Finance (Arnett)], 223

学院结构 (department structure), 79, 92, 144;

学院理事会 (College Council), 366–67, 383, 414; 模型理论 (and doublet model), 413–14, 416

学院梦想 (dream of the Colleges).参见欧内斯特·德威特·伯顿,(Burton, Ernest DeWitt)

学者 (Gelehrten), 304

寻找下一任院长或校长：1922年(search for next president or chancellor: in 1922), 163–64; 1925年(in 1925), 182; 1928年(in 1928),201–2, 217–19, 222; 1929年(in 1929), 324; 1951年(in 1951), 324; 1960年(in 1960), 354–57; 1967年(in 1967), 371; 1975年(in 1975), 391–93; 1992年(in 1992), 406; 1999年(in 1999), 420; 2006年(in 2006), 420

雅典娜神殿 (Athenaeum), 16

雅各布·瓦伊纳 (Viner, Jacob), 190, 442

亚伯拉罕·弗莱克斯纳 (Flexner, Abraham), 223

亚历山大·E. 夏普(Sharp, Alexander E.), 394

亚伦·J. 布伦博(Brumbaugh, Aaron J.), 250, 252

亚伦·迪雷克 (Director, Aaron), 411

亚伦·塞韦茨(Sayvetz, Aaron), 259

亚瑟·M. 萨斯曼(Sussman, Arthur M.), 394

亚瑟·P. 斯科特(Scott, Arthur P.), 237, 244, 255, 256

亚瑟·霍利·康普顿 (Compton, Arthur H.), 304, 306, 322. 参见冶金实验室[Metallurgical Laboratory(Met Lab)]

亚瑟·齐默尔曼(Zimmermann, Arthur), 155; 齐默尔曼事件(Zimmermann affair), 154–55

研究(Research), 105, 150, 161, 252, 470; 生物学(biological), 179–80; 伯顿(Burton and), 167, 177, 181; 商学院 (and business school), 444, 446–47, 450; 教育的(educational), 453–56; 第一所芝加哥大学 (and first U of C), 24; 哈珀(Harper and), 46–48, 62, 94–95;法学院 (and Law School), 441; "二战"后 (post–World War I), 161–62;威望(prestige of), 177, 185, 188, 260, 429, 435, 437; 公立学校and public schools, 453–56; 训练(training in), 187–88; 第二次世界大战(and World War II), 6, 302–6, 313. 参见德国影响(German influence); 大学和政府间合作(government, cooperation with university); 研究生项目政府支持(government support for graduate programs); 社会科学(social sciences); 教学与研究 (teaching and research)

研究生的招生标准(admissions criteria for graduate students), 283

研究生多来自中西部(Midwestern origin of graduate students), 93

研究生资助计划 (Graduate Aid Initiative), 422, 434–35

研究型大学本身形象(self–image of research university), 370

演讲比赛(oratorical contests), 16

养老基金 (pension fund), 教员 (faculty), 150

邀请 (invitation), 选课人数 (course enrollment by), 195

耶基斯天文台(Yerkes Astronomical Observatory), 105

耶鲁大学 (Yale) ,35, 47, 209, 358, 393; 哈珀(and Harper), 52–53, 55, 57, 68–71, 73, 76, 78; 哈钦斯(and Hutchins), 215–17, 221; 大学的榜样(as model for College), 47, 421

冶金实验室[Metallurgical Laboratory (Met Lab)], 303–5, 314, 322

《一个民主国家的高等教育》(吉第昂斯)[*Higher Learning in a Democracy*(Gideonse)], 250

一年期调研委员会 (Committee for a Year of Reflection), 410–11, 414

"一战"后 (post–World War I), 177;

伊迪丝·阿尔伯特(Abbott, Edith) , 125

伊迪丝·福斯特·弗林特 (Flint, Edith Foster), 212–213

伊莱基姆·黑斯廷斯·摩尔(Moore, Eliakim Hastings), 78, 88, 139,161

伊丽莎白·迪林(Dilling, Elizabeth ) 272–73

伊丽莎白·赫尔辛格 (Helsinger, Elizabeth), 415

伊丽莎白·华莱士(Wallace, Elizabeth), 155

伊利诺伊中央铁路 (Illinois Central Railroad), 8

伊利诺伊州参议院与暴动调查 (Illinois Senate and sedition investigation),269–75, 277

伊利诺伊州公用事业消费和投资联盟 (Illinois Utility Consumers and Investors League), 262

伊利诺伊州共产党 (Illinois Communist Party), 277

伊利诺伊州商业委员会 (Illinois Commerce Commission), 263

伊利诺伊州议会 (Illinois General Assembly), 129, 276

伊利诺伊州众议院 (Illinois House), 277, 280

伊林 (Ilin), 269

伊桑·布朗纳,布朗纳故事 (Bronner, Ethan, and Bronner story), 414–17

《伊斯兰冒险》(马歇尔·霍奇森)[*Venture of Islam*(Hodgson)], 466

伊斯兰文明系列 (Islamic civilization sequence), 465–66

医保花销 (health care costs), 398

医学院和医院(Medical School and hospital), 169, 179–80, 206; 洛克菲勒董事会(and Rockefeller boards), 176, 184, 291;

医院 (hospital). 参见医学院与医院人质 (Medical School and hospital)

以法莲·戈特利布 (Gottlieb, Ephraim), 158

以利·B. 费尔森塔尔 (Felsenthal, Eli B.), 59

艺术孵化器 (Arts Incubator), 457

艺术和公共生活计划 (Arts and Public Life initiative), 457

艺术和公民自愿精神 (arts, and voluntarism), 211

艺术节 (Festival of the Arts), 404

艺术与文学研究生学院 (Graduate School of Arts and Literature), 222

艺术展以及赖尔森 (art collection, Ryerson and), 104

异端 (heresy), 56–57, 72

意识形态的中立(neutrality, ideological), 459, 467. 参见卡尔文(Kalven), 哈里(Harry): 卡尔文报告(and Kalven report)

印度 (India), 雷德菲尔德与辛格计划 (and Redfield–Singer project), 465

印度文明系列 (Indian civilization sequence), 465

英国人影响 (English influence), 78, 132, 137; 在建筑方面 (on architecture), 179. 参见牛津大学作为典型 (Oxford University as model)

婴儿潮,研究生教育 (baby boom, and graduate education), 435

"幽灵"研究生 (ghost graduate students), 431

尤尔根·赫布斯特 (Herbst, Jurgen), 132–33

尤金·罗斯托(Rostow, Eugene), 381

尤金·诺维奇(Rabinowitch, Eugene), 306

犹太教学生 (Jewish students), 120

犹太人 (Jews), 偏见 (prejudice against), 359

犹太人的支持(Jewish support), 非教派身份(and nondenominational identity) 52

有形哥特 (Concrete Gothic), 405

又见：马歇尔·菲尔德( Field, Marshall); 查尔斯·L. 哈钦森 (Hutchinson, Charles L.); 马丁·A. 赖尔森，(Ryerson, Martin A.); 董事们 (trustees)

与家长进行沟通 (parents, communication with), 405

与同类研究生比较 (comparison with peer institutions), 97, 100, 162, 166, 178, 180–81, 202, 259, 315–17, 325–26, 363, 382, 388, 396–98, 407, 418–19, 421–26, 428–29, 433–35

雨果·F. 索南夏因：背景(Sonnenschein, Hugo F.: background of) 406–7; 博耶专著(Boyer monographs), 1; 伯顿(and Burton), 411; 特许学校(and charter school), 455; 核心课程(and Core curriculum), 416; 教员(and faculty), 414; 遗产(legacy of), 419–20; 校长(as president), 406–20; 辞职(resignation of), 420; 资本不足(and undercapitalization) ,398; 视野(vision of), 409–10

雨果·普罗伊斯(Preuss, Hugo), 193

语言学(linguistics), 243; 哈珀 (Harper and), 68–69, 77

预科学院(Academic College),哈珀相关(Harper and)，参见学院中级/高级结构 (College, Junior/Senior structure)

预算(budget).参见管理(administration); 赤字(deficits); 金融(finances); 筹款(fund–raising)

预算问责制(accountability, budget), 227

员工(employer), 348, 芝大 (U of C as), 348. 又见：薪金水平 (salaries), 教员 (faculty)

《原始人的心智》(博厄斯)[*Mind of Primitive Man* (Boas)], 238

原子弹 (atomic bomb). 参见世界政府研究机构(constitution for world government);冶金实验室 [Metallurgical Laboratory (Met Lab)]

原子能研究所(Institute for Nuclear Studies)

原子武器对人类的意义 ("Atomic Force: Its Meaning for Mankind,") 307

援助：研究生(aid: graduate student), 433–35;

院系领导 (deans): 资金募集 (and fund–raising), 418; 哈钦斯调整(and Hutchins restructuring), 228–29; 教学, 哈珀(and teaching, Harper on), 99

院系咨询 (consulting, by faculty), 226

约翰·A. 洛根 (Logan, John A.), 202

约翰·C. 伯勒斯(Burroughs, John C.), 18–23, 29–30, 64; 作为校长(as chancellor), 21; 埃弗茨(and Everts), 18–20; 金融(and finances), 18, 20–23, 30; 法学院(and law department), 13–14; 莫斯丑闻(and Moss scandal), 21; 辞职(resignation), 19–21; 辞去校长(resignation as chancellor), 29

约翰·C. 弗里曼 (Freeman, John C.), 17

约翰·C. 库尔特 (Coulter, Merle C.), 235, 256

约翰·D. 洛克菲勒(John D.Rockefeller), 54–55, 64, 126, 149–50, 174, 206, 292; 行政办公楼(and administration building), 315; G. 安德森(and G.Anderson), 31; 安德鲁斯(Andrews), 127, 129; 浸礼会慈善(and Baptist philanthropy), 36, 118; 伯顿(Burton and), 167; 慈善家的品格(character of as philanthropist), 37–38; 中国(and China), 165; 赤字(and deficits), 79–80, 108–13, 149, 288, 314, 342; 1888年提议(1888 proposal to), 46; 最后的礼物(Final Gift, 1910), 113, 223, 299–300; 创立者(as founder), 7, 48–49, 63, 109–11, 113, 300; 盖茨(and Gates), 42–56, 119; 古德斯皮德(and Goodspeed),

索引 761

38–41; 哈珀(and Harper), 39, 46–49, 52–57, 123, 145–47; 哈珀纪念馆(and Harper Memorial Library), 166; 哈钦斯(and Hutchins), 296; 海德公园选址(and Hyde Park location), 60–61; 法学院(and Law School), 438–39; 摩根公园神学院(and Morgan Park Seminary), 26–27; 赖尔森(and Ryerson), 105, 108–13; 总捐赠(total gifts of), 185; 受托人(and trustees), 109–14. 参见捐赠(endowment)

约翰·D. 洛克菲勒(Rockefeller, John D.); 小约翰·D. 洛克菲勒(Rockefeller, John D., Jr.); 奥古斯都·H. 斯特朗 (Strong, Augustus H.)

约翰·H. 坎齐 (Kinzie, John H.), 10

约翰·I. 柯克帕特里克 (Kirkpatrick, John I.), 316

约翰·J. 科森 (Corson, John J.), 356

约翰·J. 科斯 (Coss, John J.), 199

约翰·L. 斯波尔丁(John L. Spalding), 130–31

约翰·M. 范·埃斯戴尔 (Van Asdel, John M), 41

约翰·M. 库尔特(Coulter, John Merle), 131–32, 144, 179–80, 235

约翰·P. 古尔德 (Gould, John P.), 446–49

约翰·P. 豪 (Howe, John P.), 268, 295–96

约翰·P. 内瑟顿(Netherton, John P.), 259, 334

约翰·T. 威尔逊(Wilson, John T.), 357, 371, 374, 383–84, 386–87, 392–93, 429

约翰·U. 内夫(Nef, John U.), 德国影响(German influence on), 78, 139–40, 230

约翰·W. 博耶：布朗纳的故事(Boyer, John W.: and Bronner story), 416; 作为学院主任(as dean of College), 411–12; 作为大学历史的参与者(as participant in history of university), 2–3

约翰·埃文斯(Evans, John), 西北大学 (and Northwestern University), 28

约翰·巴伯尔(Barden, John), 246–48

约翰·布鲁贝尔(Brubaker, John), 186

约翰·布罗德斯(Broadus, John), 55

约翰·戴尔·罗素(Russell, John Dale), 205–7, 213, 226

约翰·杜威 (Dewey, John), 78, 125, 130, 136, 171, 225, 242, 249, 251, 272

约翰·厄斯金 (Erskine, John), 241–42

约翰·霍普·富兰克林 (Franklin, John Hope), 376

约翰·克勒拉图书馆 (John Crerar Library). 参见克勒拉图书馆 (John Price Jones Corporation), 166, 173, 175, 183, 274, 293–96, 339

约翰·马克·汉森 (Hansen, John Mark), 191

约翰·马修斯·曼利 (Manly, John Matthews), 197, 236

约翰·麦克唐纳(McDonough, John), 340

约翰·莫尔兹(Moulds, John), 295

约翰·施莱格尔(Schlegel, John), 221

约翰·斯图尔特·密尔(Mill, John Stuart), 467

约翰·伊根(Egan, John), 350

约翰·约伊克 (Jeuck, John), 447

约翰·霍普金斯大学 (Johns Hopkins University), 7, 39, 94, 137, 197

约瑟夫·B. 弗莱明 (Fleming, Joseph B.), 271

约瑟夫·H. 比尔(Beale, Joseph H.), 439

约瑟夫·古斯菲尔德 (Gusfield, Joseph), 259

约瑟夫·科勒 (Kohler, Josef), 143

约瑟夫·瑞根斯坦基金会 (Joseph Regenstein Foundation), 365

约瑟夫·瑞根斯坦图书馆 (Joseph Regenstein Library). 参见瑞根斯坦图书馆 (Regenstein Library)

约瑟夫·施瓦布(Schwab, Joseph), 220, 257

约瑟夫·邦德教堂(Joseph Bond Chapel). 参见邦德教堂 (Bond Chapel), 伯顿 (and Burton)

越南战争:研究生招生(Vietnam War; and graduate enrollment), 430; 1966年静坐抗议(and sit-in of 1966), 371–73

运动 (athletics), 16, 89, 122–23, 168, 213, 334, 405–6; 运动设备 (and athletic facilities), 363, 382–83; 最近 (recent), 425

运输到循环(transportation to Loop), 61

在南非的投资 (investments in South Africa), 459–60

在通识教育中引入印度文明"("Introducing India in Liberal Education"), 465

在线课程(online courses), 458

赞钦格、博里和梅德利公司(Zantzinger, Boire, and Medary), 210

泽塔·普西(Zeta Psi), 16

《怎么了》,商学院("What's Going On", and business school), 445

债务 (debt), 第一所芝大 (first U of C), 19–20, 22–23; G. 安德森 (and G. Anderson), 30–31. 亦见于债务,学生 (deficits debt, student), 420; 背叛 (defection); 教师 (faculty), 150. 亦见于留校,教师(retention, faculty)

詹姆斯·B. 奥尔科特(Olcott, James B.), 18

詹姆斯·H. 毛雷尔(Maurer, James H.), 262

詹姆斯·H. 塔夫茨 (Tufts, James H.), 71, 76, 82, 90–91, 135–36, 150, 152, 172, 197, 249

詹姆斯·H. 伍德沃思(Woodworth, James H.), 10, 23

詹姆斯·L. 里德(Reed, James L.), 309

詹姆斯·Q. 威尔逊(Wilson, James Q.), 391

詹姆斯·R. 安吉尔 (Angell, James R.), 76, 78, 91, 95, 100–101, 120, 157, 176, 242; 背景(background of), 163;作为哈钦斯的导师(as mentor to Hutchins), 215–16, 218–20; SATC项目(and SATC), 159–60

詹姆斯·R. 博伊西(Boise, James R.), 14, 17

詹姆斯·R. 杜利特尔 (Doolittle, James R.), 22

詹姆斯·布雷斯特德:出版(Breasted, James: publications), 135; 德国研究(studies in Germany), 134–35

詹姆斯·道格拉斯 (Douglas, James), 274–75

詹姆斯·弗兰克 (Franck, James), 303, 306

詹姆斯·弗兰克研究所 (James Franck Institute). 参见金属研究所

詹姆斯·甘布尔·罗杰斯(Rogers, James Gamble), 121

詹姆斯·豪厄尔(Howell, James), 443

詹姆斯·吉尔伯特 (Gilbert, James), 102

詹姆斯·凯特(Cate, James), 237

詹姆斯·科南特 (Conant, James), 322

詹姆斯·林 (Linn, James), 157

詹姆斯·马丁 (Martin, James), 247

詹姆斯·南多夫(Nondorf, James), 423

詹姆斯·纽曼(Newman, James), 334

詹姆斯·帕克·霍尔 (Hall, James Parker), 439

詹姆斯·斯蒂夫勒(Stifler, James), 267, 289, 293

詹姆斯·肖特维尔(Shotwell, James), 152

战俘(prisoners of war). 参见道格拉斯营(See Camp Douglas)

招聘 (hiring), 少数 (minority), 457

招生(admissions), 187, 196, 200, 400–401, 414, 417, 422–24;哈珀相关(Harper and), 82–83, 90, 94–95; 哈钦斯(and Hutchins), 239–40, 259;金普顿的目标 (Kimpton's goals for), 333, 337; 不以学生支付能力为基础 (need–blind), 396; 1933年学习型(and 1933 study), 226; 程序 (procedures), 198, 204–5;概率 (rates), 405; 索南夏因 (and Sonnenschein), 410–11; 转校生(and transfer students), 86

招生范围 (applicant pool). 参见招生(admissions)

哲学学士(PhB), 84, 254–55

《这一代人的考验》(默里)["Ordeal of This Generation" (Murray)], 238

珍·阿拉德(Allard, Jean), 391

珍·布洛克(Block, Jean), 201

珍妮特·卡尔文 (Kalven, Janet), 247

珍珠港 (Pearl Harbor), 302–3

箴言 芝加哥大学(motto, U of C), 284

征兵局 (draft boards), 162, 372, 459. 又见：在选征兵役制 (Selective Service system)

征兵委员会 大学教师培训 (Commission on Enlistment and Training of College Teachers), 281

正教授(Ordinarius), 143–44; 霍尔斯特(Holst as), 142, 144

证据 (evidence), 心理逻辑 (psychological logic of), 241

政府对本科生项目的支持 (government support for graduate programs), 343, 370, 389, 395–98, 428–29, 434; 下降 (declining), 379–80, 384, 395–96, 419–20

政府与大学合作 (government cooperation with university), 61, 305. 参见冶金实验室 [Metallurgical Laboratory (Met Lab)]

政治 (politics): 教育董事会(Board of Education), 126–29; 芝加哥(Chicago), 345, 348, 351; 集体利益 (collective interest), 460; 库克县(Cook County), 348; 第一所芝加哥大学(and first U of C), 9–10; J.

列维(and J. Levi), 347–48; 科学研究(scientific study of), 191. 参见理查德·J. 戴利(Daley, Richard J.); 理查德·M. 戴利(Daley, Richard M.); 卡特·H. 哈里森(Harrison, Carter H.); 肯内利(Kennelly); 乔治·斯威夫特(Swift, George); 城市改造(urban renewal)人口(population), 美国的教育(education in general United States), 204

政治宣传(political advocacy), 学术自由(and academic freedom), 262–66

《政治中的人性》(沃拉斯)[*Human Nature in Politics* (Wallas)], 238

政治组织(political groups), 注册 (registration of), 276

支出委员会 (Committee on Expenditures), 223, 227

芝大：发展(Chicago: development of), 15, 23–24, 29, 102; 商学院项目(and downtown business school program), 445; 作为社会科学研究地点(as field site for social science, 238, 451–58; 第一所芝大(and first U of C), 11, 19, 23; 作为西部中心(as hub of the West), 7–8, 43–45; 哈珀(Harper and), 124–25; 生源(as source of students), 77, 208; 支持芝大(and support for U of C), 61, 174–76, 183–84,292–93; 大学关系(and university relations), 9–10, 34–35, 203. See also Daley, Richard J.; 精英; 海德公园; 南区; 城镇复兴(elites; Hyde Park; South Side; urban renewal)

芝大的红色宣传("Red Propaganda at the U. of C.,") 275–76

芝大的外国学生 (foreign students at U of C), "一战"后 (post–World War I), 192

芝大的一个致力于促进本校体育运动事业发展而组建的优秀运动员联盟(Order of the C), 333

芝大浸信会 (Baptist, U of C as), 7–8, 10, 63, 103–4, 114–15. 参见非教派，新芝加哥大学 (nondenominational, new U of C as); 宗派主义 (sectarianism)

芝大评议会(University Senate), 142, 168, 172, 177, 201, 229, 328, 356; 布歇(and Boucher), 199–201; 哈钦斯(and Hutchins)245, 253–54, 282, 284–86

芝大评议会研究委员会(Committee on Research of the University Senate), 168

芝大学生的刻板印象(stereotyping of U of C students), 326, 331–34, 341, 415

芝大学生会 (associations, student, at first U of C), 16

芝大影响力计划(UChicago Impact program), 456

芝大注定的命运(predestined, university as), 146

芝加哥《放逐报》(Chicago *Maroon*). 参见《放逐报》(*Maroon*)

芝加哥布斯商学院(Chicago Booth School of Business). 参见商学院(Graduate School of Business)

芝加哥城市俱乐部 (City Club of Chicago), 125

芝加哥城市委员会(Chicago City Council), 125

芝加哥大火 (Great Chicago Fire). 参见1871年那场大火 ( fire of 1871)

芝加哥大学出版社(University of Chicago Press), 77, 154, 188, 193, 369, 465–66. 参见出版(publications)

芝加哥大学调查项目(University of Chicago Survey Project), 213

《芝加哥大学记录》(*University of Chicago Record*), 379

芝加哥大学农学研究(agriculture studies, at first U of C), 13

芝加哥大学戏剧协会(University of Chicago Dramatic Association), 211

芝加哥大学校友基金会(University of Chicago Alumni Foundation), 297

《芝加哥大学有多"红"》(How "Red" Is the University of Chicago?)

芝加哥大学战争文件(war papers, University of Chicago), 154

芝加哥第二浸信会教堂(Second Baptist Church of Chicago), 29

芝加哥第一浸信会教堂 (First Baptist Church of Chicago), 8, 18, 118; 1871年土地方案 (and land scheme of 1871), 20

芝加哥公共图书馆(Chicago Public Library), 107

芝加哥公立学校(public schools, Chicago), 453–54, 458; 哈珀(Harper and), 125–31; 海德公园社区(and Hyde Park neighborhood), 351, 453–56

芝加哥公立学校(schools, Chicago public). 参见特许学校(charter schools); 市内学校(inner–city schools); 公立学校(public schools), 芝加哥(Chicago)

芝加哥公民(Chicago School of Civics), 125

芝加哥孤儿院(Chicago Orphan Asylum), 107

芝加哥哈珀教育委员会(Board of Education, Chicago, Harper and), 126–29

芝加哥价格理论中心 (Initiative on Chicago Price Theory), 450

芝加哥交通管理局, 芝大广告(CTA, and U of C advertising), 176

芝加哥教师联合会(Chicago Teachers Federation), 129–30

《芝加哥教育委员会报告》(Report of the Educational Commission of the City of Chicago), 127–29

芝加哥浸信会牧师大会(Chicago Baptists Pastors' Conference), 41

芝加哥浸信会社区 (Baptist community in Chicago), 27, 34–35, 49, 59; 在海德公园 (in Hyde Park), 121–22

芝加哥浸信会神学联盟: 加入(Chicago Baptist Union Theological Seminary: enrollment at), 25, 27; 建立 (funding of), 25; 脱离第一所芝大(secession from first U of C), 24–29

芝加哥劳工联合会(Chicago Federation of Labor), 129–30

《芝加哥论坛报》(Chicago Tribune), 20, 22, 31–33, 117, 122, 239, 269, 309, 457

《芝加哥日报》(Chicago Daily News), 285

芝加哥神学院(Chicago Theological Seminary), 192, 450

芝加哥土地清理委员会(Chicago Land Clearance Commission), 350

《芝加哥先驱者和审查官报》(Chicago Herald and Examiner), 267–69

芝加哥宪章公约(Chicago Charter Convention), 125

芝加哥新经典经济学派(Chicago School of neoclassical economics), 445

芝加哥学校, 出现(Chicago Schools, emergence of), 190

芝加哥学校, 克兰(Chicago School, and Crane), 243

芝加哥学校, 芝加哥之战(Chicago School, and Chicago Fight), 242

芝加哥学校研究会社 (Consortium on Chicago School Research), 453–54, 456

芝加哥研究(Study Chicago), 458

芝加哥移民 (immigrants to Chicago), 28–29, 40

芝加哥艺术馆 (Art Institute of Chicago), 103–4, 107–8

芝加哥运动(Campaign for Chicago), 379–80, 386;

芝加哥作为工业大都市 (industrial metropolis, Chicago as), 24

职业规划(career planning), 389, 425

职业教育(professional education), 371, 437–51; 研讨会(workshops as), 432

职业教育论(vocationalism), 99–101, 129, 133, 189, 204, 220, 291, 320, 332, 442, 450

指导(mentoring), 95, 99, 425; 高级研讨会(and advanced workshops), 432; 教学中心(and Center for Teaching and Learning), 433; 核心教员(and Core staffs), 433;研究生项目(in graduate programs), 287; 城市教师(of inner–city teachers), 455

智力测验 (intelligence testing), 207

智力习惯 (intellectual habits), 177, 240, 243

智力主义 (intellectualism), 哈钦斯 (Hutchins and), 219–20, 316, 451

中北部高校和中学协会(North Central Association of Colleges and Secondary Schools), 204

中国分校 (China, branch campus in), 165

中国文明影响 (Chinese civilization sequence), 465

中立财富(neutral wealth), 35, 61

中西部芝加哥大学(Midwest, and U of C), 65, 78, 136, 144, 174. 参见西部芝加哥大学(West and Western, U of C as)

《钟声》(赫里克)[*Chimes* (Herrick)], 156

种族仇恨(racial hatred), 欧洲(European), 300

种族隔离(race, and segregation), 277

种族隔离(segregation, racial), 277

种族关系(race relations), 151–52, 396, 459

种族契约(racial covenants), 344–46

种族问题(racial issues): 经济(and economics), 352; 城市改造(and urban renewal), 348, 351–53

种族主义(racism): 教员(and faculty), 230; 世界政府(and world government), 310

重聚，班级认同 (reunions, and class identity), 180

州立大学，芝加哥大学代表团(state universities, and U of C mission) ,168. 参见公立大学, 质量(public universities, and quality)

州权(states' rights), 151

《周六晚邮报》(*Saturday Evening Post*), 295

"周年纪念基金"(Anniversary Fund), 294–300.参见校友(alumni); 精英(elites)

朱利安·H. 列维 (Levi, Julian H.) 345; 狄克逊事件 (and Dixon affair) 375; 受托人 (and trustees) 348–49; 城市改造 (and urban renewal), 347–50, 352–53

朱利叶斯·罗森沃尔德 (Rosenwald, Julius), 173, 175, 180, 290, 298; 赫希(and Hirsch), 358; 南校区计划 (and south campus plan), 210;斯威夫特(and Swift), 209–10

朱利叶斯·罗森沃尔德基金会 (Julius Rosenwald Fund), 218

朱利叶斯·斯蒂格利茨(Stieglitz, Julius), 161,194, 197–98, 200

朱利叶斯·维尔豪森(Wellhausen, Julius), 70

朱塞佩·博尔杰塞世界政府研究机构(Borgese, Giuseppe, and constitution for world government), 307–10

主/副修制 (major/minor system), 哈珀(Harper and), 75–76, 84–85

主考人办公室(Office of the Examiner), 本科生指导(and undergraduate Instruction), 198

主日学校, 哈珀(Sunday school, Harper and), 121–22

住宅 (housing), 208–9, 343, 350; 校园生活 (and campus life), 211–12; 第一所芝大 (and first U of C), 15; 福特计划 (and Ford Plan), 380; 豪华教员 (luxury faculty), 360; 邻居 (neighborhood), 349–50, 452; 第二次世界大战后 (post–World War II), 335; 学生成就 (and student achievement), 213; 女性学生 (and women students), 336, 381. 参见兄弟会 (fraternities); 家, 学生住在 (home, students living at); 海德公园 (Hyde Park); 宿舍楼 (residence halls); 学生生活 (student life); 城市改造 (urban renewal)

助教金(teaching assistantships), 433–44

专攻本科课程(specialization, in undergraduate program), 84–85, 100, 200, 232, 260, 328, 330, 368, 389, 403, 412

专制的观点(tyranny of opinion), 467

转学学生(transfer students), 82, 86–87, 90–91, 101, 181, 204, 210, 325

咨询委员会 贝尔 (Counseling Committee, Bell and), 279–80

资产阶级(Besitzbürgertum), 133

资金支持 (financing), 19世纪学院 (nineteenth–century college), 11, 17

自卫队, 学生(militia, student), 16

《自由教育》(哈钦斯) [*Education for Freedom* (Hutchins)],219

自由市场研究项目 (Free Market Study project), 441

宗教和宗教动机(religion and religious motivations): 浸信会(Baptist), 40, 44–45; 早期学生(and early students), 120–21; 早期大学(in early university), 114–21; 哈珀(Harper and), 55–56, 97, 127; 新芝加哥大学(and new U of C), 50, 65; 实用的(practical), 122; 洛克菲勒(Rockefeller and), 49, 54–55. 参见不可知论(agnosticism); 无神论者学生(atheist students); 浸信会(Baptists); 犹太教学生(Jewish students); 卫理公会教徒(Methodists); 长老会教徒(Presbyterians)

宗教偏见(religious prejudice), 359

宗派主义, 哈珀(sectarianism: Harper and), 117–19; 限制(limits of), 33, 35; 受托人(and trustees), 167; 大学校长(and university presidency), 182; 芝加哥大学特性(U of C Identity and), 51

综合测试 (comprehensive exams), 233–34, 246, 257–59, 317

综合大学(Multiversity), 369, 392, 458

足球 (football), 213–14, 297–99; 校友 (and alumni), 214, 315; 消除 (eliminated), 298; 哈珀 (Harper and), 89

组织(organization), 简单(simplicity in), 109

《组织学校进行改善：来自芝加哥的经验》(*Organizing Schools for Improvement:Lessons from Chicago*), 454

最高法院复审(Supreme Court Review), 441

"最后的神童要走了"《放逐报》["Last Queer Kid Leaves Campus" *Maroon*)], 333–34

作弊(cheating), 101

作为实证主义教育的研究生教育(positivism, graduate studies as), 187

1857年的大恐慌 (panic of 1857), 11, 18

1871年那场大火 (fire of 1871), 20, 23, 29

1871年土地方案 (land scheme of 1871), 20

1874年那场大火 (fire of 1874), 25

1876年浸信会百年运动(Baptist Centennial Movement of 1876), 23

1885年的《外国人契约劳工法》(*Alien Contract Labor Law* of 1885), 134

《1921年的芝大》(E. 古德斯皮德)["University of Chicago in 1921, The"(E. Goodspeed) ], 174

1940年选择性培训和服役法(Selective Training and Service Act of 1940), 303

1947年的社区重建公司法案(Neighborhood Redevelopment Corporation Act of 1947), 348

1949年、1954年和1959年的《住房法案》(*Housing Acts* of 1949, 1954, and 1959), 344

1990—1992年的经济衰退(recession of 1990–92), 398

A. J. 卡尔森动物研究设施(A. J. Carlson Animal Research Facility), 365

A. J. 雷柏林 (Liebling, A. J.), 333

A. 劳伦斯·洛厄尔 (Lowell, A. Lawrence), 96

C. E. 休伊特 (Hewitt, C. E.), 27

C. F. 林奇( Linzee, C. F.), 124

C. K. 奥格登(Ogden, C. K.), 241

C. 赖特·米尔斯(Mills, C. Wright), 260

C商场 (C Shop), 405

D. B. 切尼(Cheney, D. B.), 25

D. 盖尔·约翰逊 (Johnson, D. Gale), 374, 394

E. 列维的狂暴(violence, E. Levi on), 378

E. 列维演说(speeches, E. Levi and), 368–71

F. 钱皮恩·沃德,教员(Ward, F. Champion, and faculty), 256–57, 260–61; 哈钦斯(and Hutchins),319, 370; 辞职(resignation of), 328–29

G. W. 参孙(Samson, G.W., Dr.,), 9

G. 斯坦利·霍尔 (Hall, G. Stanley), 145–46

G. 威廉·霍斯利 (Horsley, G. William), 277

H. C. 考尔斯 (Cowles, H. C.), 194

H. 斯坦利·班尼特(Bennett, H. Stanley), 376

H. A. 米利斯(Millis, H. A)., 206, 208, 212

I. R. 盖尔 (Gale, I. R.), 17

J. A. 史密斯, 莫斯丑闻(Smith, J.A., and Moss scandal), 22

J. W. 克拉克 (Clarke, J. W.), 272

J. 大卫·格林斯通 (Greenstone, J. David), 401–2; 与格林斯通的报道 (and Greenstone report), 401–2, 421

J. 沃伦·梅里尔(Merrill, J. Warren), 28

J. 杨·斯开蒙(Scammon, J. Young), 10, 23

J. 富兰克林·詹姆逊 (Jameson, J. Franklin), 142

J·劳伦斯·劳克林 (Laughlin, J. Laurence) ,78–79, 99, 112, 141–43, 462

L. R. 斯蒂尔(Steere, L. R.), 212

M．N．斯里尼瓦(M. N. Srinivas), 465

MBA学生与课程院长咨询委员会 (Dean's Advisory Committee on MBA Students and Curriculum), 448

N. K. 费尔班克 (Fairbank, N. K.), 24

R. C. 阿奇博尔德 (Archibald, R. C.), 139

R. H. 托尼(Tawney, R. H.), 238

R. 温德尔·"帕特"·哈里森 (Harrison, R. Wendell "Pat,"), 356

S. S. 戴维斯 (Davis, S. S.), 17

W. C. 阿利(Allee, W. C.), 194

W. G. 萨姆纳(Summer, W.G.), 238

W. I. 托马斯(Thomas , W. I.), 152

# 本书增订版致谢

本书的新版本对最后一章进行了大幅扩充和修订，涵盖了罗伯特·J. 齐默从 2006 年到 2021 年任职期间的主要事迹，从而将芝大的故事带到了现在。要撰写芝大当代的历史，就必须拥有大量的数据来源，但获取这样的数据并不是一件容易的事情。我很幸运，许多同事与我分享了重要的印刷材料和档案资料。这些人包括艾丽西亚·伯格、安东尼·S. 布里克、凯蒂·卡洛·莱特、德里克·R. B. 道格拉斯、乔尔·哈默尼克、劳伦斯·希尔、苏珊·休伊、理查德·F. 乔丹、丹尼尔·科勒、斯图尔特·A. 库尔茨、迈克尔·C. 拉巴贝拉、维克多·利马、安吉·马克斯、玛丽弗朗西斯·麦考特、杰森·默昌特、马达夫·V. 拉詹、斯蒂芬·W. 劳登布什、伊万·萨姆斯坦、哈雷什·萨普拉、佩妮·A. 赛百灵、马修·V. 蒂雷尔和卡罗尔·E. 威林斯基。

我还得到了许多在过去二十年担任行政或学术领导职务的同事的慷慨帮助，感谢他们愿意接受我的采访，这使我受益良多。他们是安德鲁·M. 阿尔珀、凯瑟琳·贝克尔、詹姆斯·S. 克朗、丹尼尔·迪尔迈尔、德里克·R. B. 道格拉斯、格雷格·恩格尔、马丁·E. 费德、罗伯特·A. 费弗曼、大卫·B. 菲蒂安、黛博拉·戈尔曼史密斯、大卫·A. 格林、迈克尔·格林斯通、迈克尔·格罗斯、J. 马克·汉森、劳伦斯·希尔、迈克尔·D. 霍普金斯、理查德·F. 乔丹、肯尼斯·考夫曼、爱德华·W. 科尔布、约翰·R. 克罗尔、斯图尔特·A. 库尔茨、乔纳森·李尔、唐纳德·H. 利维、查尔斯·A. 刘易斯、玛丽·弗朗西斯·麦考特、杰森·麦昌特、托马斯·J. 迈尔斯、约瑟夫·L. 纽鲍尔、艾米莉·尼克林、山姆·奥里、胡安·德·巴勒罗、肯尼斯·S. 波隆斯基、马达夫·V. 拉詹、斯蒂芬·W.

劳登布什、达伦·赖斯伯格、托马斯·F. 罗森鲍姆、罗伯特·罗斯纳、伊万·萨姆斯坦、哈雷什·萨普拉、佩妮·A. 赛百灵、莎拉·A. 希恩、尼尔·H. 舒宾、史蒂文·J. 西贝纳、约书亚·西里夫曼、巴拉吉·斯里尼瓦桑、杰弗里·R. 斯通、马修·V. 蒂雷尔和罗伯特·J. 齐默。我特别感谢有机会与齐默讨论他担任校长期间的关键问题，他的领导对芝大的长期的学术成就具有非凡意义。

感谢他们的坦诚和真知灼见。

芝加哥，2023 年 9 月

# 本书第一版致谢

多年来，许多同事协助我研究和撰写本书。感谢他们就芝大历史的各个方面与我进行了深刻的讨论和富有见地的交流，他们是安德鲁·阿博特、苏珊·阿特、米切尔·阿什、莱奥拉·奥斯兰德、佩吉·贝文顿、莱昂·博特斯坦、多米尼克·C.博耶、诺曼·M.布拉德本、比尔·布朗、格哈德·卡斯珀、詹姆斯·钱德勒、托马斯·克里斯滕森、特里·N.克拉克、凯瑟琳·N.康岑、爱德华·M.库克、大卫·克拉布、哈里·L.戴维斯、康斯坦丁·法索特、马丁·E.费德、劳伦斯·福恩斯塔尔、迈克尔·盖尔、扬·E.戈德斯坦、汉娜·H.格雷、亚当·格林、大卫·格林、J.马克·汉森、尼尔·哈里斯、托尼·赫舍尔、马文·霍夫曼、埃米尔·卡拉菲奥尔、凯瑟琳·卡武尼斯、蒂莫西·诺尔斯、史黛西·科尔、约翰·R.克罗尔、苏尼尔·库马尔、拉尔夫·勒纳、唐纳德·N.莱文、查尔斯·A.刘易斯、约翰·露西、丹尼尔·迈耶、比尔·米歇尔、罗伯特·J.莫里西、珍妮尔·穆勒、大卫·L.墨菲、黛博拉·L.纳尔逊、大卫·尼伦伯格、安德鲁·帕特纳、莫伊什·波斯托内、鲍勃·里斯曼、托马斯·F.罗森鲍姆、理查德·A.罗森加滕、玛莎·T.罗斯、马歇尔·萨林斯、艾伦·桑德森、迈克尔·西尔弗斯坦、乔尔·斯奈德、詹姆斯·T.斯派洛、杰弗里·R.斯通、洛娜·P.斯特劳斯、理查德·A.斯特里尔、理查德·P.陶布、威廉·维德、凯蒂·温特劳布和罗伯特·J.齐默，以及我已故的同事韦恩·C.布斯、伯特·科勒、巴里·D.卡尔、弗里德里希·卡茨、爱德华·H.列维、查尔斯·D.奥康奈尔和赫尔曼·L.西奈科。我还要感谢吉姆·斯帕罗和理查德·F.泰克格莱伯为我提供了有关查阅美国高等教育史的书目建议；感谢马克·汉森、黛比·尼尔森和艾伦·桑德森，与我进行了有关研究生教育史的极有价值的讨论；感谢蒂姆·诺尔斯和查克·刘易斯，他们为我提供了有关城市教育研究所及其各种项目早期历史的重要信息；感谢约翰·J.麦卡隆，与我进行了有关文明研究和社会科学的富有见地的对话。

特别感谢安东尼·S.布里克、哈里·L.戴维斯、劳伦斯·福恩斯塔尔、马文·霍夫曼、唐纳德·N.莱文、亚历山大·E.夏普和泰德·施奈德对他们在大学的行政工作进行了深刻的反思。

许多以前的研究生在我查询档案过程中给予了帮助，其中包括约翰·迪克、雷切尔·费恩马克、帕特里克·霍利汉、艾莉森·莱夫科维茨、米希尔·潘迪亚、杰拉德·西亚尼、彼得·西蒙斯、托马斯·萨顿和纳奥米·沃恩。我尤其要感谢丹尼尔·科勒多年来给予我的大力支持和为我提供的准确的建议，以及威廉·格林兰、彼得·威尔逊和斯科特·坎贝尔在招生和入学统计方面给予我的帮助。我的同事迈克尔·R.琼斯和玛莎·L.梅里特对本书的许多内容提出了建设性的批评和独到的建议，同时他们也是学术上杰出的领军人物。我的历史学家同事丹尼斯·J.哈钦斯在芝大历史的许多细节方面一直给予我启发，并为我提供许多有用的信息。

由丹尼尔·迈耶和艾琳·A.艾尔米尼领导的芝加哥大学特藏研究中心的档案管理员们，在本书研究的多年时间里，为我提供了无私的帮助和鼓励。在芝加哥大学出版社，莱斯利·凯罗斯出色地完成了本书庞大而复杂的手稿的编辑工作。出版社的资深编辑蒂莫西·梅内尔以敏锐的判断力提出的严谨的建议使本书的内容更加完善。

我特别感谢汉娜·格雷校长于 1992 年 5 月首次任命我为本科生院院长。她在向我描述这个职位的职责时说，事实上，这个职位更像是一所高校的校长，而不是普通学院的学术院长。无论如何，对于一个历史学家来说，能够由内而外地观察一所杰出大学在重大变革时期的自我发展，都是一次令人难忘的经历。

最后，感谢芭芭拉·博耶对人性精准而慷慨的评价，这对我理解芝大既作为一所令人惊叹的世界性大学，同时又是一所坚定根植于本土的大学这一悖论至关重要。

芝加哥，2015 年 1 月